Ernst Heinrich Kneschke

Neues Allgemeines Deutsches Adelslexikon

Eberhard Graffen

Ernst Heinrich Kneschke

Neues Allgemeines Deutsches Adelslexikon
Eberhard Graffen

ISBN/EAN: 9783337226831

Printed in Europe, USA, Canada, Australia, Japan

Cover: Foto ©Paul-Georg Meister /pixelio.de

More available books at **www.hansebooks.com**

Neues allgemeines

Deutsches Adels-Lexicon

im Vereine mit mehreren Historikern

herausgegeben

von

Prof. Dr. Ernst Heinrich Kneschke.

Dritter Band.

[Eberhard—Graffen.]

Leipzig,
Verlag von Friedrich Voigt.
1861.

Subscribentenverzeichniss III.

Altenburg.
Löbl. *Schnuphase'sche* Buchhandlung.

Ammelshain bei Brandis.
Hr. *Eduard von der Becke*, Herr auf Ammelshain.

Braunschweig.
Hr. Reichsgraf *v. der Schulenburg* auf Wolfsburg.

Breslau.
Hr. Freiherr *v. Richthoffen*, K. Pr. Lieutenant in 2. Schles. Grenadier-Regim. (11.).

Schloss **Fall** in Livland.
S. D. Fürst *Wolkonsky* auf Schloss Fall etc.

Fulda.
Hr. *Aloys Maier*, Buchhändler.

Hermannstadt.
Hr. *Theodor Steinhaussen*, Buchhändler, 2 Exemplare.

Mainz.
Löbl. *Le-Roux'sche* Hofbuchhandlung.

Neu-York.
Hr. *L. W. Schmidt*, Buchhändler.

Rein in Steiermark.
S. H. G. Hr. *Ludwig Chrofius*, infulirter Abt des Cistercienser Stiftes Rein.

Schloss **Retschke** bei Storchnest im Grossh. Posen.
Hr. *Ferdinand v. Leesen*, Herr auf Rètschke.

Subscribentenverzeichniss III.

Tiflis.

Hr. *Gustav Baerenstamm*, Buchhändler.

Torgau.

Löbl. *Wienbrack'sche* Buchhandlung.

Triest.

Hr. *F. H. Schimpff*, Buchhändler, noch 1 Exempl.

Eberhard, Eberhardt (in Schwarz ein silberner Turnierkragen mit drei Lätzen, von welchen der mittlere länger, als die beiden äusseren, ist). Altes, lausitzisches und schlesisches Adelsgeschlecht, aus welchem Michael v. E., Herr auf Küpper, 1491 Zeuge bei der v. Debschützschen Grenztheilung war. Nach der Mitte des 16. Jahrh. lebten die beiden Brüder Georg v. E. auf Küpper und Michael v. E. auf Ullersdorf am Queis und Lichtenau, welche Beide den Stamm fortsetzten. Zu den Nachkommen des Ersteren gehörte Hans Albrecht v. E. auf Nieder-Küpper, welcher 1714 noch lebte, und ein Enkel des Michael v. E. war Michael II., welcher 1670 als Herr auf Lichtenau vorkommt. — Ausser den genannten Gütern hatte die Familie auch in der Oberlausitz die Güter Rennersdorf, Sohland und Taubenheim an sich gebracht und besass auch Ober-Langenöls im jetzigen Kr. Lauban, welches noch 1794 derselben zustand. Das Geschlecht hat im 19. Jahrh. fortgeblüht und mehrere Sprossen desselben haben in der k. preuss. Armee gestanden. Friedrich Wilhelm Magnus v. E., k. preuss. Major und Commandant des Regim. v. Grawert, fiel 1806 in der Schlacht bei Jena; ein Neffe desselben aus einer Seitenlinie, Carl v. E., war Major im k. preuss. 22. Inf.-Reg. und später Oberstlieutenant a. D.; Maximilian v. E., ein Bruder des Letzteren, blieb als Capitain im 6. westphäl. Landwehr-Regim. bei Belle alliance; Wilhelm v. E., ein Sohn des zuerst genannten Majors Friedrich Wilhelm Magnus v. E., welcher sich, noch ganz jung, schon bei Jena und dann bei Königswartha sehr tapfer erwiesen, war später Major und Director der Cadetten-Anstalt zu Potsdam, und Friedrich v. E., Capitain im k. preuss. 8. Infant.-Regim., zeichnete sich bei Chateau Thierry, so wie Alexander v. E., noch als Porteépée-Fähnrich, bei Belle alliance aus.

J. Drester, Gloria et Memoria Eberhardiana. Zittau, 1668. — *Curpzov*, Ehrentempel d. Markg. Oberlausitz. II. S. 268. — *Sinapius*, I. S. 346 u. II. S. 602. — *Gauhe*, I. S. 462 u. 463. — *Zedler*, VIII. S. 44. — N. Pr. A.-L. II. S. 483 u. 484. — *Frh. v. Ledebur*, I. S. 184. *Siebmacher*, I. 54: Die Eberhardt, Schlesisch. — *Spener*, Theor. Insig., S. 49. — *v. Meding*, III. S. 146. — W.-B. d. sächs. Staaten, III. 85.

Eberhard. Ausser den im vor- und nachstehenden Artikel aufgeführten Familien dieses Namens gab es noch in Bayern, in Nördlingen u. in Biberach gleichnamige Geschlechter, deren Wappen Siebmacher erhalten hat, doch sind dieselben weiter und näher nicht bekannt. Die v. E. in Bayern, die auch nach Württemberg gekommen sein sollen, führten einen von Silber, Blau, Gold und Roth schräggevierten Schild, in der Mitte mit einer sechsblättrigen, goldenen Rose; im Wappen der Nördlingenschen v. E. wuchs in Gold aus einem Mauerwerke ein springender, schwarzer Eber auf, und die Biberachschen v. E. hatten im goldenen Schilde den Kopf und Hals eines schwarzen Ebers.

Siebmacher, II. 68: Bayerisch; V. 268: Nördling. Patric. u. V. 277: Biberachsch. Patric.

Eberhard, Ritter. Erbländ.-österr. Ritterstand. Diplom von 1851 für Otto Eberhard, k. k. Obersten. Derselbe commandirte 1856 das Infant.-Regim. Nr. 17 Prinz Gustav Wilhelm Hohenlohe-Langenburg.

Augsb. Allg. Zeit. 1851. — Milit.-Schemat. 1856.

Eberhard v. Eichenburg. Erbländ.-österr. Adelsstand. Diplom von 1815 für Carl Eberhard, k. k. Artillerie-Hauptmann, mit dem Prädicate: v. Eichenburg.

Megerle v. Mühlfeld, S. 175.

Eberharz, s. Dornkreil v. Eberharz, S. 554.

Eberl, Freiherren. Erbländ.-österr. Freiherrnstand. Diplom von 1815 für Raymund v. Eberl, k. k. Obersten. Derselbe stammte aus einer Familie, welche 5. März 1547 einen kaiserlichen Wappenbrief und 19. Sept. 1612 den Adelsstand erhalten hatte.

Leupold, I. S. 264 u. 265. — Megerle v. Mühlfeld, S. 46. — Siebmacher, IV. 51. — W.-B. d. österr. Mon. XI. 28.

Eberl. Reichsadelsstand. Bestätigungs-Diplom des der Familie 1606 verliehenen Adels von 1763 für Johann Michael Eberl, niederösterr. Landschafts-Secretair.

Megerle v. Mühlfeld, Ergänz.-Bd. S. 272.

Eberl v. Ebenfeld, Ritter. Erbländ.-österr. Ritterstand. Diplom vom 30. Juli 1760 für Anton Joseph Eberl, wegen der Verdienste seines Vaters, Gabriel Ignaz Eberl, gewesenen Eisenobmannes in Oesterreich ob und unter der Enns und später innerösterr. Hofkammerraths, mit dem Prädicate: v. Ebenfeld. — Der Stamm hat fortgeblüht: Ignaz Franz E. v. E. war 1856 Hauptmann im k. k. 35. Inf.-Regim.

Megerle v. Mühlfeld, S. 106. — Kneschke, III. S. 111 u. 112.

Eberl v. Wallenburg. Erbländ.-österr. Adelsstand. Diplom von 1755 für Johann Ferdinand Eberl, Concipisten bei der k. k. Commerz-Hofcommission, mit dem Prädicate: v. Wallenburg.

Leupold, I. S. 265 — Megerle v. Mühlfeld, S. 175

Eberle v. Gnadenthal, Freiherren. Fürstl. hohenzollern-hechingenscher Freiherrnstand. Diplom vom 1. Dec. 1826 für Carl Theodor v. Eberle, ehemaligen k. sächs. Lieutenant, mit dem Prädicate: v. Gnadenthal.

Frh. v. Ledebur, III. S. 244.

Ebersbach, Eberspach (Schild von Roth und Silber, oder von Silber und Roth viermal quergetheilt mit gewechselten Tincturen). Altes, schlesisches Adelsgeschlecht, welches Einige aus Bayern ableiten wollten, doch kommt schon 1320 Peregrinus v. E., im Namslau'schen begütert, am Hofe des Herzogs Conrad zu Oels vor. Das spätere Stammhaus der Familie war Brunzelwalde bei Freystadt, auf welchem dieselbe bis 1570 blühte, wo Hans v. E., Ritter, den Mannsstamm schloss. Die Erbtochter desselben, Ursula v. E., vermählte sich mit Christoph v. Kottwitz und brachte ihrem Gemahle das Stammhaus ihrer Familie, Brunzelwalde, zu. Nicht unwahrscheinlich ist, worauf v. Meding aufmerksam macht, dass durch diese Vermählung die halben Mühlsteine auf den Helm der v. Kottwitz und auf die beiden Helme der Freiherren v. Kottwitz gekommen sind. Der Ebersbach'sche Helm trug zwei neben einander aufgerichtete Mühlsteine, welche mit drei wechselweise roth und silbernen Straussfedern besetzt waren, und der v. Kottwitzsche Helm die Hälfte eines querdurchschnittenen, silbernen Mühlsteins, welcher, aufgerichtet, mit der runden Seite auf dem Helme ruht und mit einem rothen Schafte überlegt ist, aus welchem ein Busch schwarzer Hahnenfedern hervorkommt. Bei Erhebung der Familie v. Kottwitz wurde dem Wappen ein zweiter Helm mit gleichem Schmucke hinzugefügt. — Der einen Linie der Familie hatte auch in der Oberlausitz das Gut Ebersbach bei Görlitz zugestanden. Als die Hussiten 1426 die Lausitz verwüsteten, zerstörten sie auch das Schloss der Ebersbache, auf welchem zwei Brüder wohnten, von denen der eine Parochus loci, der andere der eigentliche Besitzer des Gutes war. Ersteren ermordeten die Hussiten, Letzterer floh ins Ausland und kam später nach Schweden, wo er der Stammherr eines adeligen Geschlechts wurde, welches sich auch in Liefland und Preussen ausbreitete.

Sinapius, I. S. 847 u. II. S. 603. — *Gauhe*, I. S. 463 u. 464. — *Zedler*, VIII. S. 58. — N. Pr. A.-L. II. S. 100. — *Siebmacher*, I. 56. — *v. Meding*, II. S. 140.

Ebersberg, Grafen (im Schilde ein auf einem Dreiberge schreitender Eber). Altes, im 11. Jahrh. vorgekommenes, bayerisches Dynastengeschlecht, dessen Stammhaus das spätere Kloster Ebersberg bei Wasserburg war. Eberhart kommt 1008 und Adalbert, der Letzte des Stammes, noch 1048 vor.

Wigul. Hund, I. S. 139.

Ebersberg. Zwei längst erloschene, schwäbische Adelsgeschlechter, das eine, 1415 ausgegangene, aus dem gleichnamigen Stammhause im jetzigen württembergischen Oberamte Tettnang, das andere aus dem Stammhause dieses Namens bei Murrhart im Oberamte Backnang. Letzteres starb mit Engelhard v. E. aus, welcher 1328 die Herrschaft an Württemberg verkaufte.

v. Hefner, ausgestorbener schwäbischer Adel, Tab. 2 u. S. 10.

Ebersberg, genannt Weyers, Ebersberg, genannt Weyers und Leyen, auch Freiherren (Stammwappen und Wappen der Freiherren v. Ebersberg, genannt Weyers: in Blau eine silberne Lilie. Wappen der Freiherren Ebersberg, genannt Weyers und Leyen: Schild geviert: 1 u. 4 in Blau die silberne Lilie des Stammwappens, und 2 u. 3 in Schwarz ein abgekürzter, silberner Sparren, über demselben in jedem Oberwinkel drei, 2 u. 1, und unter demselben in der Mitte des Schildes vier, 1, 2 u. 1, silberne Schindeln: Leyen). Reichsfreiherrnstand. Diplom von 1733 (1734) für Ernst Friedrich v. Ebersberg, genannt Weyers, unter Hinzufügung des Namens und Wappens des in der Person seines Schwiegervaters, des kaiserl.- und Reichs-General-Feldzeugmeisters Hans Eberhard Freih. v. Leyen 1732 ausgestorbenen Geschlechts der v. Leyen, zu seinem angestammten Namen und Wappen. — Altes, fränkisches Adelsgeschlecht, welches schon im 12. Jahrh. vorkommt, dem ehemaligen Reichsritter-Canton Rhön-Werra, Buchischen Quartiers, einverleibt war und sich in Franken, Hessen und am Rhein weit ausgebreitet hatte. Das gleichnamige Stammhaus war schon im 14. Jahrh. durch Elss, Tochter und Erbin des Kunz v. u. zu Ebersberg, an den Gemahl derselben, Friedrich Truchsess v. Wetzhausen, gekommen. Gegen Ende des 18. Jahrhunderts blühten nur noch zwei Linien des früher so gliederreichen Stammes: die Linie des unteren Schlosses zu Gersfeld (Giesfeld) und die des oberen Schlosses. Erstere besass die ganze beträchtliche Herrschaft Gersfeld auf der Rhön, führte den von dem Freiherrn Ernst Friedrich, s. oben, in dieselbe gebrachten freiherrlichen Titel und den Namen: v. Ebersberg, genannt Weyers und Leyen, und beruhte damals nur noch auf dem Freiherrn Bonifacius, Domcapitular zu Fulda, w. Geh.-Rath und Propst zu Holzkirchen, und auf dem Freiherrn Amand Ernst Philipp, k. k. Kämmerer und Burgmann zu Friedberg, nach dessen Ableben die Herrschaft Gersleben an seine, an einen Grafen v. Frohberg-Montjoie vermählte Tochter und ihre männlichen Nachkommen gelangt ist. — Die Linie des unteren Schlosses hat sich erst in diesem Jahrhundert des freiherrlichen Titels bedient, ist aber auch im September 1848 im Mannsstamme mit dem Freiherrn Gustav Alexander, grossherzogl. hessischen Generallieutenants und Generaladjutanten erloschen, worauf das in der Nähe von Fulda gelegene Familienlehen zu Gersfeld und Hasselbach an die Krone Bayern zurückgefallen ist. — Gustav Alexander v. Ebersberg, gen. Weyers, geb. 1769, war noch mit seinem Bruder, Julius Albrecht Friedrich, geb. 1775, k. preuss. Hauptmann und Mitbelehnten auf die Herrschaft Gersfeld, 31. Januar 1818 in die Adelsmatrikel des Königr. Bayern eingetragen worden. — In neuester Zeit lebten nur noch zwei weibliche Sprossen des Stammes: Franzisca Isabella a. d. Hause Vercken, seit 1835 Wittwe des landgräfl. hessischen Postmeisters zu Homburg, Wilhelm Freiherr Gremp v. Freudenstein und Caroline, seit 1848 Wittwe des herzogl. nassauischen Regierungsrathes v. Meer zu Mesen.

Schannat, S. 75. — *Gauhe*, I. S. 464 u. S. 2876. Im Artikel: Weyers, so wie II. S. 227—229. — *v. Hattstein*, III. S. 152—156 u. Tab. X. — *Biedermann*, Canton Rhön-Werra, Tab. 142—155. — *Salver*, S. 219, 221, 225, 233, 236 u. 241. — *Frh. v. Krohne*, I. S. 263 u. 264. — N. Geneal. Handb., 1777, S. 51—58. — *v. Lang*, Suppl., S. 93. — Geneal. Handb. d. freih. Häuser, 1859, S. 151. — *Siebmacher*, I. 103. — *v. Meding*, I. S. 135 u. 136. — Suppl. zu Siebm. W.-B. III. 4: Freih. v. E., gen. W. u. L. — *Tyroff*, I. 156: Freih. v. E., gen. W. u. L., u. 103: v. E., gen. W., u. *Siebenkees*, I. S. 342—344. — W.-B. d. Kgr. Bayern, V. 13: v. E., gen. W., u. XIV. 41: Freih. v. E., gen. W.

Eberschlager v. Hoflegg, Hoflegg. Erbländ.-österr. Adelsstand. Diplom von 1651 für Jacob Eberschlager, mit dem Prädicate v. Hoflegg. — Die Familie ist in die tiroler Landesmatrikel eingetragen worden.

Provinz.-Handb. von Tirol u. Vorarlberg für 1847, S. 290: E. v. Kofregg. — *v. Hefner*, Tiroler Adel, S. 4 u. Erganz.-Bd Tab. 9 u. S. 22.

Eberschwein, Eberswin. Ein im 16. und 17. Jahrh. zur Ritterschaft der Grafschaft Mark und zum Stadtadel von Hamm gehöriges Adelsgeschlecht, aus welchem Gottfried Eberhard v. E., kurbrandenburgischer Oberstlieutenant 1676 in Vorpommern die bei Wolgast gelegenen Güter Hohensee und Schallensee erhielt.

Frh. v. Ledebur, I. S. 189.

Ebersdorf (im Schilde ein Einhorn). Altbayerisches Adelsgeschlecht aus dem gleichnamigen Stammhause im Gerichte Moosburg, aus welchem Ebran v. E. urkundlich 1249 und Kalhoch und Reinbert v. E. 1288 vorkommen. Ein anderes, ebenfalls bayerisches Adelsgeschlecht führte im Schilde eine Rose.

Monum. boic., III. S. 116 u. V. S. 176.

Eberspeck. Altbayerisches Adelsgeschlecht, welches auch nach Oberösterreich gekommen sein soll. Dasselbe führte, wie die alte bayerische Familie v. Ebersbach, im Schilde einen halben Eber und war daher wohl eines Stammes mit derselben. Das Geschlecht erlosch um 1530.

Wig. Hund, III. S. 241. — Monum. boic., IV. S. 440 u. V. S. 288.

Eberstädt, s. Janus, Jahnus v. u. zu Eberstädt.

Eberstein, Grafen (in Blau ein gekrönter, silberner Löwe). Niedersächsisches Dynastengeschlecht, welches schon im Anfange des 12. Jahrhunderts vorkommt und sich in zwei Aeste theilte. Der eine, welcher seine Besitzungen an der Weser hatte, ist mit dem Grafen Hermann 1423 ausgestorben, worauf das herzogliche Haus Braunschweig die eröffneten Lehne und Wappen, Feld 3 der ersten Reihe des herzogl. braunschweigischen Wappens, an sich nahm; der andere Ast hatte sich in Pommern niedergelassen, schrieb sich Eberstein-Naugarten, Naugard, und ist im Mannsstamme 3. Decbr. 1663 mit dem Grafen Ludwig Christoph ausgegangen. — Das Geschlecht stammte aus der Burg Everstein bei Amelunxborn im Braunschweigischen und war im Besitze des Landes, der sogen. Grafschaft, Naugard und des Landes Massow. Der Letzte der Hauptlinie, Graf Hermann, hatte übrigens schon 1408 die Herrschaft seinem Schwiegersohne, dem Herzog Otto von Braunschweig, überlassen; Hermann's Sohn soll, der Sage nach, wegen eines Mordes flüchtig geworden und nach Pommern gekommen sein, wo er Stammvater der Grafen v. Eberstein-Naugard geworden wäre. Aeltere Schriftsteller: Heuninges, Micrael, Spener, Hübner u. A. haben die niedersächsischen Grafen v. Eberstein mehrfach mit den schwäbischen Grafen dieses Namens verwechselt, was bei Benutzung älterer Quellen nicht zu übersehen ist. — Ueber die in Pommern zu grossem Grundbesitz gekommene Linie des Stammes finden sich mehrere nicht unwichtige Angaben in dem N. preuss. Adelslexicon, welche, von der erwähnten, wohl grundlosen Sage abweichend, auf Folgendes zurückgehen: Otto Gr. v. E., ein Sohn des zu Braunschweig hingerichteten Grafen Dietrich, kam 1263 nach Pommern. Derselbe war ein Schwestersohn des Bischofs Hermann zu Camin, aus dem Hause der Grafen Gleichen, welcher ihn im genannten Jahre mit der Stadt Naugard und den dazu gehörigen Gütern belehnte. Von seinen Nachkommen erbaute Graf Ludwig das einst so schöne Schloss zu Naugard, welches jetzt in Ruinen liegt. — Graf Georg I. wurde 1523 von dem Herzoge Boleslav X. in Pommern mit dem Lande Massow belehnt, welches zu der Grafschaft Naugard kam. Seit dieser Zeit schrieben die Sprossen des Stammes sich: Grafen v. Eberstein, Herren des Landes zu Naugard und Massow. Eine lange Stammreihe derselben, in welcher sich der 1471 zum zweiundzwanzigsten Bischof zu Camin erwählte Graf Ludwig befindet, hat Micrael mitgetheilt. Die pommernsche Linie erlosch, wie oben angegeben, 1663. Schon 1625 hatte Herzog Boguslav XIV. in Pommern dem Herzoge Ernst Bogislaus zu Croy und Arschott die Anwartschaft auf Naugard und Massow ertheilt, und die wirkliche Belehnung erfolgte 1665. Nach dem 1684 erfolgten Tode des genannten Herzogs fielen diese Herrschaften dem Kurhause Brandenburg anheim und wurden in kurfürstl. Domainengüter verwandelt. — Die gesammten Besitzungen der pommernschen Linie von 1274 (oder 1263) an hat Freih. v. Ledebur sehr genau angegeben.

Micrael, VI. S. 446. — *Hübner*, II. Tab. 485—487. — *D. Polyc. Leyser*, Histor. comitum Ebersteinius, in Saxonia. Helmst. 1724, so wie die durch diese Schrift hervorgerufenen Gegenschriften; C. B. Behrens, Resp. ad Observ. Leyseri in tabul. geneal. Comit. Eberst. ad Visurgin; Leyseri Vindiciae, und Behrens, abgenöthigte Remonstration. — *Gauhe*, II. S. 229—233. — *J. L. L. Gebhard*, von den Eberstein'schen Grafen an der Weser; in dem hannöv. Magazin, 1752, S. 1255 u. sq. — *G. E. L. Preuschen*, die Successions-Ordnung in den deutschen Reichsländern schwäbischen Rechtes, in D. Aug. Friedr. Schott's Juristischem Wochenblatte, Jahrg. 2 S. 171. — *Wutstrack*, Beschreib. von Pommern, S. 68, 526, 534 etc. — *Brüggemann*, II S. 290 u. 291. — *c. Spitcker*, Beiträge zur älteren deutschen Geschichte, Arolsen, 1833. Bd. II. — N. Pr. A.-L., II. S. 100 u. 101. — *Frh. v. d. Knesebeck*, S. 363. — *Frh. v. Ledebur*, I. 189 u. III. S. 244. — *Siebmacher*, I. 17, III. 15 u. 26. — *Spener*, Histor. Insign. S. 399. — *v. Meding*, II S. 141 u. 142.

Eberstein, Grafen (Schild quergetheilt: oben in Silber eine rothe, blaubesamte Rose und unten in Gold auf grünem Hügel ein schwarzer Eber — oder geviert: 1 und 4 die Rose und 2 und 3 der Eber. Das älteste Wappen war eine Rose, wie eine solche die alte Ebersteinsche Stadt Gernsbach von jeher geführt hat: der Eber ist erst in späterer Zeit zu der Rose hinzugekommen). Altes, schwäbisches Dynastengeschlecht, welchem die gleichnamige Grafschaft zustand. Zuerst kommt mit dem Titel: Comes Otto I., Sohn Eberhard's III., 1148 in einer herrenalbschen Urkunde vor. Der Stamm blühte bis in das 17. Jahrh. fort und denselben schloss 22. Dec. 1660 Graf Casimir. Schon bei seinem Leben hatte das markgräfl. Haus Baden die Grafschaft Eberstein an sich gebracht und kaufte später auch die andere Hälfte, worauf das Ebersteinsche Wappen als zweites Feld der ersten Reihe in das Wappen der Markgrafen von Baden gekommen ist. Derselbe hatte sich erst 1660 mit Maria Eleonora Grf. zu Nassau-Weilburg vermählt, und die nach seinem Tode, 20. Mai 1661, geborene Tochter, Albertina Sophie Esther, wurde später die Gemahlin des Herzogs Friedrich August zu Württemberg-Neustadt.

Lucae, Grafensaal, S. 913—958. — *Gauhe*, II. S. 233—235. — *Preuschen*, in Schott's Juristischem Wochenbl. 2. Jahrg. S. 171. — *Siebmacher*, I. 14 Nr. 11: das einfache Wappen mit der Rose, u. II. 14 Nr. 2: das gevierte Wappen. — *v. Meding*, II. 142 u. 143.

Eberstein, auch Freiherren (Stammwappen: in Blau ein silbernes, eingebogenes Dreieck, durchbrochen und auf der Spitze stehend, dessen Ecken jede mit einer silbernen Lilie besetzt ist. Wappen der Freiherren v. Eberstein-Büring: Schild einmal quer- und zweimal der Länge nach getheilt, sechsfeldrig, mit Mittelschilde. Im Mittelschilde das Stammwappen. 1 und 6 in Gold ein einen Felsen hinan klimmender, schwarzer Eber; 2 von Silber und Roth quergetheilt mit einem Adler von gewechselten Farben; 3 und 4 in Silber drei, 2 u. 1, rothe Rosen und 5 in Roth ein goldener Löwe). Altes, aus dem Fuldaischen stammendes Adelsgeschlecht u. zwar aus dem gleichnamigen Stammhause bei Milseburg, welches der Familie schon 1282 zustand. Der mehrfach früher angenommene Zusammenhang mit den alten Dynasten dieses Namens ist unerwiesen, gewiss aber ist, dass Dienstmannen der Voigte der alten niedersächsischen Grafen v. E. de Everstein sich schrieben und so mag wohl aus diesen das fuldaische Geschlecht hervorgegangen sein. Dasselbe wurde später in den Rittercantonen Rhön-Werra und Baunach, in welchen es aber im Anfange des 17. Jahrh. wieder ausging, so wie in Thüringen und in der Grafschaft Mansfeld begütert, wo es Gehofen im Kr. Sangerhausen schon 1530 besass. Zu dieser Besitzung kamen im Laufe der Zeit mehrere andere Güter, von welchen noch Gehofen, Mohrungen etc. dem Geschlechte zustehen, auch besass dasselbe 1779 Stein-Oelsa in der Oberlausitz und kam in neuerer Zeit in den Besitz des Rittergutes Schönefeld bei Leipzig. Valent. König, dessen Angaben über den Ursprung der Familie dahin gestellt bleiben mögen, führt einen Hofmarschall K. Carl V. Philipp v. E. an, welcher den kaiserl. Hof verliess, das Rittergut Gehofen an sich brachte und Hofmeister und Rath des Grafen Hoyer zu Mansfeld wurde. Von seinen Enkeln starb 1676 Ernst Albrecht von E., Herr auf Neuhaus, Gehofen etc., welcher früher k. dänischer, später kursächs. General-Feldmarschall, Geh. und Kriegs-Rath etc. war. Von den Söhnen desselben setzten Christian Ludwig und Georg Sittig den Stamm fort. Von Ersterem, Herrn auf Gehofen, kursächs. u. fürstl. anhaltschem Oberaufseher, stammten, neben anderen Söhnen, Ernst Friedrich, Herr auf Leinungen, k. poln. und kursächs. Abgesandter an mehreren kurfürstl. Höfen, welcher den Reichsgrafenstand erhielt und seine Linie mit einem Sohne, dem Grafen Friedrich, fortsetzte — und Carl, fürstl. nassau-dillenburgischer Ober-Jägermeister, welcher mehrere Söhne hinterliess; Georg Sittig aber, ebenfalls Herr auf Gehofen, war mit einer Freiin v. Werther a. d. Hause Brücken vermählt, aus welcher Ehe ein Sohn, Ernst Georg, stammte. — Das Geneal. Taschenb. d. freih. Häuser giebt an, dass das Geschlecht seinen Namen von dem auf der hohen Rhön liegenden, längst schon in Ruinen zerfallenen Burg Eberstein habe, nach welcher sich zuerst Botho v. E., von 1106—1125 Gaugraf in Grapfeld, nannte. Von den Söhnen desselben führte nur der älteste, Adelbert, dessen Nachkommenschaft schon in der dritten Generation wieder ausging, den Grafentitel fort. Die ordentliche Stammreihe des Geschlechts beginnt mit Bernhard v. E., Ritter, um 1311. Von den drei Enkeln desselben wurde Eberhard der Stammvater zweier Linien, der noch jetzt blühenden und der mit Georg Sittig v. E. 1600 erloschenen Linie zu Ginolfs, welche zum Rittercanton Rhön-Werra gehörte. Mangold stiftete die Linie zu Schackau und Eckweissbach im ebengenannten Canton, welche 1546 mit Conrad v. E. erlosch. Noch eine andere, schon 1480 wieder ausgegangene Linie zu Marksteinach, einem würzburg. Lehen, hatte der dritte Enkel Bernhard's, Gerlach, gegründet. — Aus der noch fortblühenden Stammlinie, welche sich später in zwei Hauptäste schied, war Hinz v. E., ein Enkel des obengenannten Eberhard, in Diensten des Herzogs Wilhelm zu Sachsen, während Letzterer mit seinem Bruder, dem Kurfürsten Friedrich dem Sanftmüthigen, kriegte. Nach diesem Kriege kaufte Hinz die thüringischen Güter Dornburg, Flurstädt, Zeimern etc., welche seine Nachkommen wieder verkauften und dafür 1516 zwei Güter in Gehofen an sich brachten, welche noch jetzt der zweiten Linie, s. unten, zustehen. Ernst Albrecht, s. oben, gest. 1676, früher in hessischen, k. k. und k. dänischen, zuletzt in kursächs. Diensten, ist der nächste Stammvater aller jetzigen Freih. v. Eberstein. In seiner zweiten Ehe mit Elisabeth v. Dittfurth wurden ihm acht Söhne und sechs Töchter geboren, von welchen der vierte Sohn, Anton Albrecht, Domherr zu Halberstadt und der fünfte, Christian Ludwig, s. oben, kursächs. Major der Rittergarde und anhalt-bernburg. Ober-Berghauptmann, den Stamm dauernd fortpflanzten. — Christian Ludwig, Stifter der jüngeren Linie, war mit Eleonore Sophie Herrin v. Werthern a. d. Hause Beichlingen vermählt und hatte sieben Söhne, von welchen vier eben so viele Nebenlinien stifteten. Der jüngste Sohn, Wilhelm, geblieben als k. preuss. Major bei Collin, stiftete das Familie-Fideicommiss zu Gehofen. Zwei der vier Nebenlinien, die reichsgräfliche und die Wolf-Dietrich'sche, sind im Mannsstamme erloschen, Erstere 1772 mit dem Grafen Friedrich, s. oben, kurmainz. General, Letztere 1824 mit dem Freiherrn Heinrich Wolf. Die beiden anderen Nebenlinien blühen noch fort. Christian Ludwig's dritter Sohn, Carl, s. oben, fürstl. nassau-dillenburg. Ober-Jägermeister, verm. mit Eva Freiin v. Büring, Schwester des letzten Freih. v. Büring, wurde Stammvater der büringschen Speciallinie, indem sein gleichnamiger Sohn, der nachmalige k. preuss. Oberst und Commandeur des Dragon.-Regim. v. Appenburg, 1719 von seinem Oheim, dem erwähnten letzten Freiherrn v. Büring, adoptirt wurde und zwar mit der Bestimmung, dass nach der Majorats-Ordnung jeder Aelteste von seinen Nachkommen den Namen: v. Büring führen und in den beiden früher reichsritterschaftlichen Gütern Eichen und Lehnberg nachfolgen solle. — Christian Ludwig's sechster Sohn, August Christian Ludwig, stiftete die mohrungische Speciallinie. Aus derselben wurde Carl Christian Heinrich Wilhelm, k. preuss. Oberstlieutenant, verm. mit einer v. Closter a. d. Hause Putthorst, von dem Oheime seiner Gemahlin, dem Drosten und Capitularen v. Eller, zum Erben eingesetzt, mit der Bestimmung, dass er den alten Familiennamen v. Eller annehmen und dass sein vierter Sohn, Ludwig, in dem Besitze des Gutes Bustedt folgen solle, welche Bestimmung auch durch K. Preuss. Diplom vom 11. Aug. 1819 genehmigt wurde. Für den ältesten Sohn des Freih. Carl, den Freih. Emil, wurde von seiner Cousine, Frau v. Möllendorf, geb. Freiin v. Eberstein, aus den von ihrem Bruder ererbten väterlichen Familien-Gütern Mohrungen und Rotha 1824 ein Fideicommiss gegründet, dessen Nutzniessung 1827, nach dem Tode der Stifterin, auf denselben überging. — Der freiherrliche Stamm blüht jetzt in zwei Linien: der Anton-Albrechtschen Linie und der Christian-Ludwigschen Linie, und Letztere in zwei Speciallinien, der Büringschen und der Mohrungenschen, oder der Eller-Ebersteinischen Special-Linie. — Den gesammten Personalbestand der gliederreichen Familie in den Jahren 1855 und 1856 hat das geneal. Taschenb. der freiherrl. Häuser angegeben. Als Haupt der Anton-Albrechtschen Linie wurde aufgeführt: Freih. Carl Friedrich August, geb. 1797, k. preuss. Oberst à la suite des 28. Infant.-Regim. und Commandant der Festung Jülich, verm. 1822 mit Emilie v. Budritzka, aus welcher Ehe, neben zwei Töchtern, sieben Söhne stammen; — als Haupt der Büringischen Special-Linie: Freih. Carl, geb. 1779, Mitbesitzer der Fideicommissgüter zu Gehofen, k. preuss. Oberst a. D., verm. in erster Ehe mit Amalia v. Gläser, gest. 1817, und in zweiter mit Henriette v. Seebach, aus welchen Ehen je ein Sohn und eine Tochter entsprossten; — und als Haupt der Mohrungenschen oder v. Eller-Ebersteinschen Special-Linie: Freih. Emil, geb. 1804, Erbherr und Besitzer der Güter zu Gehofen, Mohrungen, Rotha, Gross-Leinungen, Horla, Bustedt und Patthorst, k. preuss. Premier-Lieutenant a. D., verm. 1831 mit Mathilde Freiin v. Toll, geb. 1814, aus welcher Ehe ein Sohn und eine Tochter leben.

Schannat, S. 75. — *Valent. König*, III. S. 238—274. — *Gauhe*, I. S. 464—466. — *Estor*, S. 845. — *Biedermann*, Canton Baunach, Tab. 215—218. — *Salver*, S. 260 — N Pr. A.-L. I. S. 101. — *Frh. v. Ledebur*, I. S. 189 u. 190 u. III. S. 244. — Geneal. Taschenb. d. freih. Häuser 1855, S. 130—137 u. 1856, S. 153—156 u. S. XV. — *Siebmacher*, I. 104: v. Eberstein, Fränkisch. r. *Meding*, II. S. 143 u. 144. — *Tyroff*, I. 146 u. *Siebenkees*, I. S. 344. — W.-B. d. sächs. Staaten II. 17: Freih. v. E. u. V. 29: v. E.

Eberstein, s. Firnhaber v. Eberstein.

Eberstorff. Altes, 1556 erloschenes, nieder-österr. Herrengeschlecht, welches von den Grafen v. Thierstein im Elsass stammte, das Erbkämmerer-Amt in Oesterreich unter der Enns besass und noch 1553 mit kaiserlicher Erlaubniss den Namen: Grafen v. Thierstein wieder angenommen hatte.

Gauhe, I. S. 464, im Artikel: v. Eberspach. — *Zedler*, VIII. 59. — *Wissgrill*, II. S. 30 f. u. ff.

Eberswald, s. Siegler v. Eberswald.

Eberswein, s. Eberschwein, S. 5.

Ebert. Ein im 17. und 18. Jahrh. in Litthauen und Ostpreussen begütert gewesenes Adelsgeschlecht, aus welchem zuerst Jost v. E. vorkommt. In Litthauen stand Rogainen im Kr. Holdapp 1615 und noch 1681 und in Ostpreussen Dingewangen, so wie Paddeim im Kr. Labiau 1750 der Familie zu.

N. Pr. A.-L. V. S. 140. — *Frh. v. Ledebur*, I. S. 190.

Ebert v. Ehrentreu. Erbländ.-österr. Adelsstand. Diplom von 1773 für Ludwig Albert Ebert, k. k. Hauptmann und adeligen Leibgardisten, mit dem Prädicate: v. Ehrentreu.

<small>Megerle v. Mühlfeld, Ergänz.-Bd. S. 272.</small>

Ebertsfeld. Ein im N. Preuss. Adelslexicon aufgeführtes, näher nicht bekanntes Adelsgeschlecht. — Johann Leonhard v. E. lebte zu Krotoschin in Polen und Johann Clemens v. E., kurbrandenburg. Hauptmann, war mit Eleonore Hedwig v. Görtzke vermählt und starb 1690 mit Hinterlassung dreier Kinder.

<small>N. Pr. A.-L. S. 140.</small>

Eberty, Ebertl. Ein in Preussen vorgekommenes Adelsgeschlecht, aus welchem einige Sprossen in der k. preuss. Armee dienten. Zu denselben gehörte der Major im k. preuss. Cadettencorps v. Eberty, welcher 1822 als Oberstlieutenant pensionirt wurde und 1824 starb.

<small>N. Pr. A.-L. I. S. 102 u. V. S. 140. — Frh. v. Ledebur, I. S. 190.</small>

Eberts (Schild geviert mit Mittelschilde. Im blauen Mittelschilde ein quergelegtes, goldenes Jagdhorn mit nach Oben stehendem Bande. 1 und 4 in Gold der einwärtsgekehrte, silbern bewehrte Kopf eines schwarzen Ebers und 2 und 3 in Schwarz ein einwärtsgekehrter, gekrönter, doppelt geschweifter, goldener Löwe). Preuss. Adelsstand. Diplom vom 29. Mai 1811 für den Gutsbesitzer Ebertz, Herrn auf Merzestwo bei Neustadt im Reg.-Bez. Danzig. Ein Nachkomme desselben war 1843 k. preuss. Regierungsrath zu Breslau.

<small>v. Hellbach, I. S. 309. — N. Pr. A.-L. II. S. 102, III. S. 6 u. V. S. 140. — Frh. v. Ledebur, I. S. 190. — W.-B. d. preuss. Mon. III. 11. — Kneschke, III. S. 112.</small>

Eberz (Schild geviert: 1 und 4 in Gold ein rechtsgekehrter, silbern bewehrter Eberskopf und 2 und 3 in Schwarz ein linksgekehrter, gekrönter, doppelt geschweifter, goldener Löwe). Reichsadelsstand. Diplom vom 10. Sept. 1667 für Abraham Eberz, Bürgermeister zu Isny. Derselbe stammte aus einem alten Patriciergeschlechte der jetzt unter württembergischer Oberhoheit den Grafen v. Quadt-Wykradt gehörigen, ehemaligen freien Reichsstadt Isny an der Argen, welches in der Person des Caspar Eberz 1543 einen kaiserlichen Wappenbrief erhalten hatte. Leonhard v. E., geb. 1750, in vierter Generation von Abraham v. E. stammend, evangelischer Pfarrer zu Aeschach bei Lindau, wurde der Adelsmatrikel des Kgr. Bayern einverleibt.

<small>v. Lang, S. 323. — W.-B. d. Kgr. Bayern, V. 13. — v. Hefner, bayer. Adel, I. 83 u. S. 74 u. Ergänz.-Bd. S. 12. — Kneschke, III. S. 112 u. 113.</small>

Eberz, Ebertz, Eberz v. Ebertzfeld, Ritter (Schild durch eine aufsteigende Spitze von Gold und Schwarz getheilt, 3feldrig und in jedem Felde ein Eberkopf von gewechselten Farben). Böhmischer Ritterstand. Diplom vom 24. April 1675 für Johann Leonhard Ebertz, mit dem Prädicate: v. Ebertzfeld. Die Familie war zu Anfange des vorigen Jahrh. in Schlesien mit Dziewentline im Kr. Militsch und im Posenschen mit Introschin im Kr. Krochen begütert.

<small>Sinapius, II. S. 603. — Frh. v. Ledebur, I. S. 190. — Siebmacher, V. Zusatz, 10.</small>

Ebertz und Rockenstein, Freiherren (in Roth zwei schrägrechte, silberne Balken. Gegen die rechte Ober- und linke Unter-Ecke des Schildes liegt ein abgehauener Eberkopf und gegen die linke Ober- und rechte Unter-Ecke stehen neben einander zwei Straussenfedern, roth, silbern). Ein aus dem Limburgischen stammendes Adelsgeschlecht, dessen Freiherrnstand durch Zeugen-Aussage und Lehns-Briefe weit über 150 Jahre zurück erwiesen ist. — Die Gebrüder Johann Wilhelm Heinrich Joseph Freih. v. Eberz, geb. 1783, k. bayer. Hauptm. a. D. und Ritter-Lehen-Vasall zu Lockenstein und Johann Baptist Michael Freih. v. E., geb. 1786, k. bayer. Lieut. a. D., wurden in die Adelsmatrikel des Kgr. Bayern eingetragen.

v. Lang, Nachtrag, S. 40. — W.-B. d. Kgr. Bayern, II. 89 u. s. *v. Wölckern*, 2. Abth. S. 197. — *v. Hefner*, bayer. Adel, Tab. 29 u. S. 32. — *Knechke*, III. S. 113 u. 114.

Eblschwald, s. Eybiswald, Eibiswald.

Ebmer v. Ebenau, Ritter. Erbländ.-österr.- u. Reichsritterstand. Diplom von 1735 für Samuel Franz Ebmer, Tabackgefälls-Administrator in Steyermark und Kärnten, mit dem Prädicate: v. Ebenau.

Meyerle v. Mühlfeld, S. 106.

Ebner, Ritter. Böhmischer Ritterstand. Diplom von 1694 für Susanna Renata Ebner, geb. Brause und für die drei Söhne derselben, Ferdinand Johann, Georg Adam und Leopold Joseph Ebner, so wie für den Enkel, Franz Ludwig E. Die Notification dieser Erhebung erfolgte 17. Apr. 1694 an die k. Oberamts-Regierung zu Breslau.

Frh. v. Ledebur, I. S. 130.

Ebner v. Eschenbach, auch Freiherren (von Blau und Gold neunmal von oben nach unten gespitzt, so dass von jeder Farbe vier und eine halbe mittelgrosse Querspitze erscheinen). Im Kgr. Bayern anerkannter Freiherrnstand. Anerkennungsdiplom von 1824 für die ältere Linie des Stammes. Eins der ältesten nürnbergischen Adelsgeschlechter, welches nach dem 1552 von den Harsdörfern durch Vermählung erlangten, an der Pegnitz im k. bayer. Landgerichte Hersbruck gelegenen Rittergute Eschenbach sich: Ebner v. Eschenbach geschrieben hat. Dasselbe ist schon seit dem 17. Jahrh. bekannt und kommt in lateinischen Urkunden mit den Namen: Ebnarii, Ebenarii, Ebneri, in deutschen mit den Namen: Ebener und Ebner vor. Unter den Familien, welche gleich nach 1138 nach Nürnberg zogen, oder diese Stadt nach der hergestellten Ruhe aufs Neue zum Sitze wählten, befanden sich auch die Ebner, deren mehrere in den Urkunden der nächsten Zeit genannt werden. Bereits 1285 sass Hermann Ebner im Rathe zu Nürnberg und um dieselbe Zeit erscheint Eberhard Ebner als Schöpf des kaiserlichen Landgerichts zu Nürnberg. Derselbe, verm. mit Anna Teufflin, war der nähere Stammvater des ganzen Geschlechts, aus welchem mehrere Sprossen in der folgenden Zeit den Ritterschlag erhielten und zu kaiserlichen Dienern ernannt wurden. 1530 ertheilt ein kaiserliches, zu Bologna ausgefertigtes Diplom dem „erbaren" Geschlecht der Ebner besondere Freiheiten. — Von früher Zeit an verwendete die Familie ihren Reichthum zu Stiftungen für Kirchen, Klöster und Arme, auch zeichneten sich mehrere Glieder des Geschlechts als Gelehrte und in Staatsdiensten aus. Zu letzteren gehören namentlich Paul Ebner, gest. 1691, Senator in Nürnberg und der Sohn desselben, Hieronymus Wilhelm Ebner, gest. 1752, Losunger der Stadt Nürnberg, Ritter und k. k. w. Rath, welcher wegen seiner grossen Bibliothek und seinen reichen Kunstsammlungen in weiten Kreisen bekannt war. Nachdem 1793 seine Linie mit dem Enkel erloschen war, kamen seine Schätze durch die Allodial-Erben 1813 und 1819 zur Versteigerung. — 1813 wurde die Familie in die Adelsmatrikel des Kgr. Bayern eingetragen und zwar nennt v. Lang folgende Familienglieder: die Brüder Paul Wilhelm E. v. E., geb. 1733, k. bayer. pens. Stadtrichter zu Nürnberg und Johann Sebastian E. v..E., geb. 1744, k. bayer. Major a. D., mit den Söhnen des verstorbenen Bruders Johann Wilhelm: Jobst Wilhelm, geb. 1761, k. bayer. Hauptm. a. D. und Paul Sigmund, geb. 1766. — 1824 aber wurde, wie oben angegeben, das Geschlecht der Freiherren-Classe des Kgr. Bayern einverleibt. — Die jetzigen Freiherren E. v. E. sind Nachkommen des 1754 verstorbenen Friedrich Wilhelm E. v. E., Pfleger der freien Reichsstadt Nürnberg zu Hersbruck, verm. mit Anna Maria Grundherr v. Altenthann, gest. 1751. — Aus dieser Ehe stammte Paul Wilhelm E. v. E., gest. 1819, Stadt- und Bannrichter zu Nürnberg, verm. in erster Ehe mit Anna Maria Grundherr v. Altenthann, gest. 1774 und in zweiter mit Anna Catharina Freiin Löffelholz v. Colberg, gest. 1816. Aus erster Ehe entsprossten zwei den Stamm fortsetzende Söhne: Freih. Wilhelm und Freih. Ferdinand. Freih. Wilhelm, geb. 1796. k. bayer. Kammerjunker und Revierförster, verm. sich in erster Ehe mit Helena v. Scheurl auf Schwarzenbruck, gest. 1834 und in zweiter mit Katinka Magdalena v. Gelpert-Pflaumer, geb. 1798, Freih. Ferdinand aber, gest. 1843, war mit Susanna Weinhold, geb. 1802, vermählt. Die Nachkommen Beider sind im Geneal. Taschenb. der freih. Häuser eben so genau aufgeführt, wie die der aus der zweiten Ehe des Paul Wilhelm E. v. E. stammenden beiden Söhne, welche den Stamm fortpflanzten. Diese beiden Söhne sind: Christoph Andreas Wilhelm E. v. E., gest. 1837, k. bayer. Hauptm. u. Platz-Adjutant in München, verm. in erster Ehe mit Benigna Pfretscher, gest. 1816, in zweiter mit Amalie Freiin v. Hacke zu Schweinspeunt, verw. Freifrau v. Andrian, gest. 1822 und in dritter mit Eva Conrad, geb. 1800 und Gottlieb E. v. E., geb. 1787, Senior der Familie und Regierer des Stammguts Eschenbach, Administrator des Freih. v. Huttenschen Damenstifts zu Nürnberg etc., verm. mit Barbara Ackermann aus Wolfersdorff, gest. 1853.

Biedermann, Nürnberg. Patric. Tab. 22—45. — N. Geneal. Handb., 1777 S. 199—202 u. 1778 S. 262. — *v. Lang*, S. 323. — Geneal. Taschenb. d. freih. Häuser, 1859 S. 151—158. — *Siebmacher*, I. 206 u. VI. 21 u. 25. — *Tyroff*, I. 46 u. *Siebenkees*, I. S. 345 u. 346. — W.-B. d. Kgr. Bayern, V. 19; E. v. E. u. IX. 97; Freih. E. v. E., — *v. Hefner*, bayr. Adel. Tab. 29 u. S. 32.

Ebner v. Rosenstein. Erbländ.-österr. Adelsdiplom von 1839 für Johann Nepomuk Ebner, k. k. Gouvernementsrath, mit dem Prädicate: v. Rosenstein.

Augsb. Allg. Zeit. 1829.

Ebnetter. Ein in Schlesien angesessen gewordenes Adelsgeschlecht, aus welchem der k. preuss. Major a. D. v. E. 1819 Herr auf Görlitz im Kr. Oels war.

Frh. v. Ledebur, III. S. 244.

— 13 —

Ebra, Ebra, genannt Pfaff. Altes, thüringisches Adelsgeschlecht, dessen Name schon um die Mitte des 13. Jahrh., Everha und Ebera geschrieben, vorkommt und dessen Stammhaus wohl Ebra im Schwarzburg-Sondershausischen war. Im 14. und 15. Jahrh. sass das Geschlecht im Rathe der Stadt Heiligenstadt im jetzigen Regierungsbezirk Erfurt und besass später im 16. und 17. Jahrh. die Güter Bila und Ustrungen im Kr. Sangerhausen. — Zu demselben gehörte Wilhelm August Ludwig v. Ebra, k. preuss. Generallieutenant und zuletzt commandirender General in den Provinzen zwischen der Elbe und der Weser, welcher, einige Jahre nach Zurücktritt aus dem activen Dienste, 28. Juni 1818 starb. So viel bekannt ist, schloss derselbe den Mannsstamm seines Geschlechts und sein Schwiegersohn, Wilhelm Pfaff, k. preuss. Lieutenant, erhielt 1822 die königliche Erlaubniss, sich v. Ebra, genannt Pfaff schreiben und das v. Ebra'sche Wappen (in Blau eine schräg links gelegte, silberne Leiter mit fünf Sprossen) führen zu dürfen. Letzterer ist nach Allem der im N. Preuss. Adelslexicon als Sohn des General-Lieutenants v. E. aufgeführte Officier im k. preuss. 7. Kuirassier-Regimente v. E., welcher sich früher im Reitergefechte bei Hainau in Schlesien ausgezeichnet hatte.

<small>N. Pr. A.-L. II. S. 102 u. V. S. 141. — Frh. v. Ledebur, I. S. 190 u. III. S. 244. — Siebmacher, I. 148; v. Ebra, Thüringisch. — W.-B. d. Preuss. Monarch. III. 11; v. Ebra, sonst gen. Pfaf. — Kneschke, I. S. 130 u. 131.</small>

Ebran v. Wildenberg. Altes, altbayerisches Adelsgeschlecht. Der Name Ebran war zuerst Taufname, wurde aber später Geschlechtsname: der Stamm beerbte die v. Rohrbach und nahm zu seinem Schilde: (von Silber und Blau mit Zinnen schräg-links getheilt) das Rohrbach'sche Wappen (in Silber drei linke, schwarze Spitzen) an. — Johann E. v. W. reiste 1840 zum heiligen Grabe und Anna E. v. W., Gemahlin Adam's v. Muggenthal, starb 1614. Mit derselben ist wohl der Name des Geschlechts erloschen. Das Ebran-Rohrbach'sche Wappen kam an die v. Dürsch, s. Bd. II. S. 600 u. 601, welche in dem gevierten Hauptschilde im 1. u. 4. Felde das Rohrbach'sche, im 2. und 3. das Ebran'sche Wappen führen.

<small>Wigul. Hund. II. S. 63.</small>

Ebrowski. Ein in Preussen vorgekommenes Adelsgeschlecht, aus welchem 1836 ein Sprosse dem k. preuss. 7. Uhlanen-Regimente aggregirt und bei dem 28. Landwehr-Regimente zur Dienstleistung commandirt war.

<small>N. Pr. A.-L. II. S. 102. — Frh. v. Ledebur, I. S. 190.</small>

Eccard, Ritter. Reichs- und erbländ.-österr. Ritterstand. Diplom von 1725 für Werner Johann Eccard, k. k. Kammerdiener. Derselbe, gest. 1763 ohne Nachkommen, war am 23. Jan. 1737 unter die neuen Geschlechter des niederösterreichischen Ritterstandes aufgenommen worden.

<small>Wissgrill, II. S. 323. Megerle v. Mühlfeld, S. 106.</small>

Eccher, Egger, Eggern zu Marienfreud, Marienfreid, Marienfrid. Ein in die tiroler Adelsmatrikel unter dem Namen: Egger zu Marienfreud eingetragenes Adelsgeschlecht, in welches nach Megerle v. Mühlfeld

1726 in der Person des Georg Eggern, nach Anderen Johann Sebastian Egger, Stadt- und Landrichters zu Kufstein in Tirol, der Adel mit dem Prädicate: v. Marienfrid kam.

<small>*Megerle v. Mühlfeld*, Ergänz.-Bd. S. 274. — Provinzial-Handbuch von Tirol für 1847. S. 280 in der tiroler Landesmatrikel. — *v. Hefner*, tiroler Adel, Tab. 5. u. S. 5. u. Ergänz.-Bd. Tab. 9. S. 23.</small>

Eccher, Egger v. Echo, Eccho, Ecco und Marienberg. Tiroler Adelsgeschlecht, in welches nach Megerle v. Mühlfeld 1791 zwei Diplome gekommen sind. Das Eine erhielt Christian Stephan Egger v. Echo, von Deutschmetz, Gerichts Kronmetz in Tirol, mit dem Prädicat: Edler v. Marienberg, das Andere aber Christian Egger unter Anerkennung seiner Abstammung von der adeligen Familie Egger v. Echo und mit Verleihung des Prädicats: v. Marienberg.

<small>*Megerle v. Mühlfeld*. S. 176. (das hier angegebene Prädicat: Marienfels ist unrichtig) u. Ergänz.-Bd. S. 274 (mit dem richtigern Prädicate v. Marienberg). — *v. Hefner*, tiroler Adel. Ergänz.-Bd. Tab. 13 u. S. 29: *Eccher v. Eccho u. Marienberg*.</small>

Echt, s. Bachof (Bachoven) v. Echt, Bd. I. S. 163 u. 164.

Echten. Altes Adelsgeschlecht, welches zur westphälischen Ritterschaft gehörte. Dasselbe führte im silbernen Schilde drei, 2 u. 1. schwarze Adler und stand wohl im Zusammenhange mit dem ebenfalls zur westphälischen Ritterschaft zählenden Geschlechte v. Kovenden, deren Wappen in Gold drei rothe Adler zeigte.

<small>N. Pr. A.-L. II. S. 102. — *Siebmacher*, III. 134. u. V. 146.</small>

Echter v. u. zu Mespelbrunn, auch **Freiherren.** Altes, fränkisches Adelsgeschlecht, welches durch seine Besitzungen der Ritterschaft des ehemaligen reichsfreien Canton Steigerwald einverleibt war. Aus demselben erhielt, wie Gauhe angiebt, Peter E. v. M., welcher 1530 als Herr auf Rothenfels und kurmainzischer Rath vorkommt, mit seinem Bruder Valentin den Freiherrnstand: eine Angabe, welche nicht ganz richtig sein kann, da es feststeht, dass Valentin E. v. M., gewesener Domherr zu Würzburg 17. März 1623 in des H. R. R. Freih.- u. Edlen-Pannerherrnstand erhoben worden ist. Ein Sohn des Peter E. v. M., war der bekannte Bischof Julius zu Würzburg, gest. 1617, welcher dem Hochstifte 44 Jahre lang vorstand und welcher, 1582 beinahe Kurfürst zu Mainz geworden wäre. Von dem Bruder desselben, Dieter E. v. M., stammte Philipp Christoph, Amtmann zu Rotenfels. Der Stamm ist 1665 mit Johann Philipp E. v. M., welcher unvermählt starb, ausgegangen, worauf die Nachkommen des 1659 verstorbenen Philipp Ludwig v. Jngelheim, Amtmanns zu Miltenberg u. Oberstlieutenants, welcher sich 1648 mit Maria Ottilia, der Erbtochter des Carl Rudolph Echter v. Mespelbrunn, vermählt hatte, mit kaiserlicher Genehmigung 1698 mit ihren angestammten Namen und Wappen den Namen und das Wappen der Familie Echter u. Mespelbrunn vereinigten. Später, 1737, kam in die Familie v. Jngelheim, genannt Echter v. u. zu Mespelbrunn, der Grafenstand und in dem gevierten Schilde derselben zeigt Feld 2 u. 3 das alte Wappen der Echter von Mespelbrunn: in Blau ein schrägrechter, silberner, mit drei blauen Ringen belegter Balken.

<small>*Bucelini*, II. Sect. 2. S. 107. — *Humbracht*, S. 44. — *Gauhe*, I. S. 466 u. 467, nach Pastorii Franconia rediviva und Jmhoff, Not. Prov. Jmp. Lib 3 Cap. 4. — *v. Hattstein*, I. S. 137</small>

u. III. S, 157 u. 164. — *Zedler*, VIII. S. 129. — *Estor*, Tab. II. u. S. 500. — *Biedermann*, Canton Steigerwald, Tab. 202—205. — *Salver*, S. 265. 440. 448. 476. 487. 494. 500. 515 u. 538. — *Siebmacher*, I. 105. — *v. Meding*, II. S. 144 u. III. S. 838.

Echterdingen. Altes, schwäbisches, bis 1418 vorgekommenes Adelsgeschlecht aus dem gleichnamigen Stamm-Hause bei Stuttgart.

v. Hefner, ausgestorbener schwäbischer Adel, Tab. 2 u. S. 18.

Echzel, Echzelle. (Schild mit von Roth und Silber gerautetem Schildeshaupt. Im silbernen Schilde und in der Mitte desselben, also das Schildeshaupt mitbelegend, ein Ring, an welchem sechs Lilienstäbe zusammenlaufen.) Altes, oberhessisches, zuerst 1237 vorkommendes, zum Fuldaischen Lehnshofe gehörendes Adelsgeschlecht, aus welchem zuletzt 1495 Johann v. Echzel als Fuldaischer Lehnmann beliehen wurde.

Schannat, S. 75. — *v. Meding*, III. S. 147,

Echzel, Ritter. Georg Wendl v. Echzel, Reichs-Ritter aus Schwaben, nach Allem aus einem von der im vorigen Artikel aufgeführten Familie verschiedenen Geschlechte, wurde 10. Febr. 1663 unter die neuen Geschlechter des nieder-österr. Ritterstandes aufgenommen, starb aber schon nach einigen Jahren ohne männliche Nachkommenschaft.

Wissgrill, II. S. 323 u. 324.

Eck. (Schild der Länge nach getheilt: rechts in Roth zwei schräge linke, silberne Balken und zwischen denselben zwei schräggestellte, silberne Rauten; links ein schwarzer Greif mit ausgeschlagener, rother Zunge und aufgerecktem Schweife). Ein von Siebmacher unter den Geadelten aufgeführtes Adelsgeschlecht, dessen Wappen v. Meding nach einer Stammbuchzeichnung von 1593 mit der Unterschrift: Adam v. Eck beschrieben hat.

Siebmacher, IV. S. 56. — *v. Meding*, I. S. 138 u. 139.

Eck (in Blau fünf, 3 u. 2, goldene Lilien). Ein aus der Provinz Ober-Yssel stammendes Adelsgeschlecht, aus welchem im 17. Jahrh. Michal v. Eck als Drost zu Stichhausen in Fürstl. Ost-Friesische Dienste kam. Von seinen Töchtern war die Eine, wie seine Schwester, Stifts-Fräulein zu Deventer, die andere aber Hofdame der Königin Charlotte Amalie von Dänemark und die dritte vermählte sich mit dem herz. Sachsen-Eisenach. Geh.-Rath v. Harstall. — Der einzige Sohn war erst k. dänischer u. später k. Capitain. — v. Meding führt eine Stammbuchzeichnung von 1600 mit der Unterschrift: Henrick van Eck an.

Gauhe, I. S. 467 nach dem MSt. Geneal. — *Siebmacher*, V. 40. v. Eck, Burgundisch. — *v. Meding*, II. S. 145 u. 146.

Eck (in Silber ein schräglinker, oben und unten fünfmal gezinnter Balken). Ein aus Dillenburg im Nassauischen stammendes, ursprünglich niederländisches, 1824 in Frankfurt a. M. eingebürgertes und in den Niederlanden bedienstetes Adelsgeschlecht. — Bartholomaeus Jacob v. Eck, geb. 1719, kam nach Deutschland und wurde später Fürstl. Nassau. Oranischer Regierungsrath. Von den Nachkommen war Friedrich v. E. bis vor einigen Jahren in Nassau begütert und der Bruder desselben, August v. E., war im 3. u. 4. Jahrzehnt dieses Jahrh. k. niederl. Legationsrath und Geschäftsträger am k. württemb. Hofe.

<small>*v. Hefner*, nassauischer Adel, Tab. 12 u. S. 11. — *Kneschke*, IV. S. 101.</small>

Eck (im Schilde ein gekrönter, eine Raute haltender Löwe). Ein in Pommern mit Lentschow bei Stralsund ansässig gewordenes Adelsgeschlecht, welches aus Holland nach Pommern gekommen sein soll und aus welchem einige Sprossen in der k. preuss. Armee dienten. Noch 1852 stand ein Lieutenant v. Eck im 10. Landwehr-Husaren-Regimente u. 1854 war in Schlesien im Kr. Guhrau das Gut Kahlau in der Hand der Familie.

<small>N. Pr. A. L. V. S. 141. — *Freih. v. Ledebur*, I. S. 190. u. III. S. 244.</small>

Eck. Reichsadelstand. Diplom von 1712 für Martin Johann Eck, k. k. Oberstwachtmeister.

<small>*Megerle v. Mühlfeld*, Ergänz.-Bd. S. 273.</small>

Eck, Ritter. Böhmischer Ritterstand. Diplom v. 1725 für Johann Helfried v. Eck, k. k. Capitain-Lieutenant bei Freih. v. Sickingen Infanterie.

<small>*Megerle v. Mühlfeld*, Ergänz.-Bd. S. 136.</small>

Eck und Hungersbach, Egg, Eckh, Egkh v. Hungersbach, auch **Freiherren und Grafen**. (Schild geviert mit Mittelschilde. Mittelschild der Länge nach getheilt: rechts in schwarz ein silberner Querbalken und links von Schwarz und Silber fünfmal mit gewechselten Farben quer getheilt, oder auch von Schwarz und Silber geschacht. 1 u. 4 von Silber und Roth der Länge nach getheilt mit einem Monde von gewechselten Farben und 2 u. 3 in Silber ein springender, gekrönter, blauer Wolf). Erbländ.-österr. u. Reichs-Freiherrn- u. Grafenstand. Erbländ.-österr. Freiherrnstandsdiplom vom 13. März 1560 für Magnus v. Eck u. Hungersbach, k. Reichshofrath und die Vettern desselben, Bonaventura und Johann v. H.; Reichsfreiherrnstands-Diplom vom 28. Dec. 1588 für Ernst und Ludwig Freiherren v. Egkh u. H., Erb-Land.-Stabelmeister des Herzogthums Krain u. der windischen Mark und Reichsgrafendiplom vom 4. Juli 1695 für Hannibal Freih. v. Egkh u. H. — Altes, krainer Adelsgeschlecht, welches nach Einigen aus Bayern stammen soll. Ulrich v. Eck lebte um 1375 in Krain und pflanzte den Stamm fort. Sein Sohn Heinrich v. Egkh, nach andern Angaben ein Sohn des Veit v. E. aus der Ehe mit Ursula v. Liebenberg, war um 1450 mit Margaretha v. Hungersbach, der Letzten ihres alten Stammes, vermählt. Aus dieser Ehe entspross Georg v. E., gest. 1537, des K. Maximilian I. Rath u. Landeshauptmann zu Görz. Derselbe erhielt laut Kaufbriefes vom 30. Juli 1500 das Schloss Neuburg an der Rauneck in Krain mit der kaiserlichen Bewilligung, die verfallene Burg zu bauen und Egkh zu benennen u. eben so belehnte der Kaiser 1502 ihn und seinen Bruder mit dem nach dem Tode der Mutter denselben zugefallenen Schlosse Hungersbach in Krain, so wie mit dem Titel, Wappen und dem von dem Hungersbachschen Geschlechte getragenen Obersten-Erbland-Stabelmeister-Amte des Herzogthums Krain und der windischen Mark. — Aus der Ehe mit Catharina v. Lichtenstein-Castelcorn hinterliess Georg

v. E. u. H. drei Söhne, Bonaventura, Anton u. Johann, welche die Stifter dreier Linien wurden. Die Nachkommenschaft Bonaventura's, die ältere Linie, in welche, s. oben, der Reichsgrafenstand gekommen war, erlosch 15. Dec. 1760 mit Leopold Friedrich Grafen v. E. u. H., Fürstbischof z. Ollmütz; Anton's Linie, die mittlere, ging 1618 mit Marquard Freih. v. E. u. H., deutsch- Ordensritter und Land-Comthur der Balley Oesterreich, aus, Johanns Linie aber, die jüngere, blühte nach seinem 1579 erfolgten Tode dauernd fort. Derselbe war mit Martha v. Madruzzy vermählt, und von ihm läuft die Stammreihe, wie folgt, fort: Freih. Bartholomäus: zweite Gemahlin: Maria Grf. v. Khevenhüller; — Freih. Volckard: Catharina von Thannhausen; — Freih. Johann Paul: Felicitas Freiin v. Moschkon; — Freih. Georg Volckard, gest. 1678: Anna Elisabeth Freiin Geinger v. Grunpichel; — Freih. Georg Ehrenreich, gest. 1741, k. k. Kämm. u. Oberst: Johanna Franziska Köchler v. Schwandorf; — Freih. Johann Ignaz, gest. 1771, kurpfälzischer Kämm., Oberstlieutenant im Regim. Zweibrücken, Herr zu St. Georgen a. der Stifling in Steiermark, Dürrenhard u. Gindringen in Schwaben etc.: Maria Anna Grf. v. Gleisbach, gest. 1801: — und Freih. Maximilian Joseph, gest. 1838, Herr auf St. Georgen in Steiermark, k. k. Kämmerer, ständischer General-Einnehmer zu Graetz etc.: Aloysia Gräfin v. Wurmbrand-Raittenau, geb. 1788 u. verm. 1807. Aus dieser Ehe leben, neben zwei Töchtern, Grf. Adele, geb. 1820 und Grf. Henriette, geb. 1825, drei Söhne: Freih. Franz, geb. 1807., Oberst-Erbland-Stabelmeister des Herzogth. Krain u. der windischen Mark, k. k. Rittm. v. d. Armee, Freih. Gustav, geb. 1812, k. k. Kämm. u. Oberstlieut. im Adjutanten-Corps u. Freih. Moritz, geb. 1817, k. k. Rittm. verm. 1850 mit Ida Grf. Du Parc, geb. 1825, aus welcher Ehe zwei Töchter, Adele, geb. 1851 u. Mathilde, geb. 1854, stammen.

Bucelini, II. Sect. 2. S. 108. — *Spener*, Histor. Insign. S. 732 u. Tab. 5. — *Seifert*, Ahnentafel. — *Hübner*, III. Tab. 831—834. —. *Gauhe*, I. S. 467 u. 468. — *Wissgrill*, II. S. 324—337. — *Schmutz*, I. S. 294 u. 295 — Geneal. Taschenb. d. Freih.-Häuser, 1848, S. 92—94, 1849 S. 109—102 u. 1857. S. 152 u. 153. — *Siebmacher*, I, 23: Freih. v. Eckh u 49: v. Eckh, Steyerisch — v. *Meding*, I. S. 137 u. 138: Eckh. — Suppl. zu Siebm. W.-B. II. C. v. *Hefner*, krainer Adel, Tab. 5 u. S. 8.

Eck v. Mainzeck. Reichsadelstand. Diplom von 1710 für Johann Adam Eck, k. Reichshofkanzlei-Verwandten, mit dem Prädicate: v. Mainzeck.

Megerle v. Mühlfeld, Ergänz.-Bd. S. 272.

Eck v. Pantaleon. Ein von Siebmacher dem burgundischen Adel zugezähltes Geschlecht, welches auch unter dem cölnischen Adel vorgekommen ist.

Siebmacher, V. 308 u. 353 oder Zusatz, V. 35 u. 40.

Eckardsleben. Thüringisches, längst erloschenes Adelsgeschlecht, welches 1223 vorkam.

v. Hellbach, I. S. 310 nach Thuringia Sacra, S. 211 u. *Brückner*, Kirchen- u. Schulenstaat im Herz. Gotha, II. Stück S. S. 54.

Eckardt, Eckart. (Schild quer getheilt: oben zwei übereinander gelegte Wolfsangeln und unten geschacht). Ein in der Saline Gross-Salze, Kr. Calbe, Prov. Sachsen, begütert gewesenes Adelsgeschlecht, welches auch im 15. u. 16. Jahrh. zu den Pfännern und Thalschöppen in Halle gehörte. — Cyriacus E. kommt 1479 und Peter E. 1510 als Pfänner vor, doch beginnt der Stammbaum der Familie erst später m.it Hermann v. E. Von den Nachkommen desselben hatte Christian Wilhelm v. E. zu Gross-Salze drei Söhne: Eberhard, gest. 1756, 1734 Rittmeister bei den k. preuss. Gensdarmen und 1739 k. preuss. Ober-Küchenmeister, verm. mit einer v. Schmettau, aus welcher Ehe zwei Töchter stammten; Hieronymus Willhelm v E., geblieben 1757 bei Breslau, k. preuss. Oberst, verm. mit Charlotte Albertine v. Bosse, aus welcher Ehe Nachkommen nicht entsprossten und Johann Philipp v. E., gest. 1758 an ehrenvollen Wunden, k. preuss. Major, welcher sieben Töchter hatte, von denen die Eine sich mit dem Obersten v. Grolmann in Colberg vermählte.

N. Pr. A.-L. V. S. 141. — Frh. v. Ledebur, I. S. 190.

Eckardt. (Schild quer und in der obern Hälfte von Roth und Silber der Länge nach getheilt: unten in Gold ein schwarzer Sparren, zwischen welchem und einem auf grünem Boden nach rechts stehenden, oben kurz abgehauenen Eichenstamme, welcher durch die Mitte des ganzen Schildes einen grünen, befruchteten Eichenzweig treibt, nach der rechten Seite ein weisser Hund läuft). Reichsadelsstand. Kursächsisches Reichs-Vicariatsdiplom vom 7. August 1790 für Johann Ludwig Eckardt, Doctor der Rechte, Herz. sächs.-weimar. Geh. Hofrath, Professor der Rechte und Ordinarius der Juristen-Facultät zu Jena. — Das dem Diplomsempfänger ertheilte Wappen führte, s. Freih. r. Ledebur, I. S. 190 u. 191 und Siebmacher, III. 94, eine schlesische Adelsfamilie dieses Namens, welche in der Mitte des 17. Jahrh. im Oelsischen mit Mühlwitz begütert war. — Die hier in Rede stehende Familie erlosch 1801 im Mannesstamme.

Handschriftliche Notizen. — Tyroff, I. 197. — Kneschke, III. S. 114 u. 115.

Eckardt, Eckart. (Schild durch einen schräg rechten, rothen Balken getheilt: rechts in Silber drei unter einander stehende, sechsstrahlige, goldene Sterne und links in Blau eine nach der linken Seite fliegende weisse Taube, mit einem Oelzweige im Schnabel). Preussischer Adelsstand. Diplom vom 30. Sept. 1786 für Johann Friedrich Eckardt, k. preuss. Capitain bei dem Cadettencorps in Stolpe. Derselbe starb später als Major und Commandeur des Cadettenhau es in Stolpe, ohne männliche Nachkommen zu hinterlassen.

v. Hellbach, I. S. 310. — N. Pr. A.-L. II. S. 102, III. S. 2 u. V. S. 141. — Frh. v. Ledebur, I. S. 190. — W.-B. d. Preuss. Monarch., III. 11. — Kneschke, III. S. 115 u. 116.

Eckardt, Eckard, Eckhardt v. Eckardtstein, Eckardstein, Eckhardtstein, Freiherren. (Schild quer getheilt: oben in Silber der Preussische Adler mit Scepter und Reichsapfel und unten von Gold und Blau schrägrechts und durch einen rothen Querbalken getheilt, auf welchem neben einander drei silberne Eicheln stehen). Freiherrnstand des Königreichs Preussen. Diplom vom 11. Oct. (nach Anderen vom 20. Febr.) 1799 für Ernst Jacob Eckardt (der Name wi wie angegeben, sehr verschieden geschrieben), Gutsbesitzer im Br denburgischen, unter Beilegung des Namens v. Eckardtstein. —

Stamm blühte fort und schied sich in die vier Häuser Falkenhagen, Prötzel, Deutsch-Wilmersdorf und Leuenberg, von welchen die beiden letztern im Mannesstamme später ausgegangen sind. Das Haupt des Hauses Falkenhagen, welchem die 1805 erworbene Herrschaft Falkenhagen im Kr. Lebus und die Herrschaft Loewen im Kr. Brieg zustehen, ist: Freiherr Ernst Carl Julius, geb. 1834 — Sohn des 1844 verstorbenen Freih. Julius aus der Ehe mit Imma Grf. Finck v. Finckenstein, geb. 1817 u. verm. 1833 — Besitzer (in Gemeinschaft mit seinen Geschwistern) der genannten Herrschaften, k. preuss. Lieutenant im Garde-Dragoner-Regimente. Die beiden Brüder desselben, neben einer Schwester, Freiin Imma, geb. 1837, verm. 1858 mit Leo Freih. v. Romberg, sind: Freih. Wilhelm Bernhard Julius, geb. 1835, k. preuss. Lieut. in der Garde-Landwehr-Cav., verm. mit Thecla Grf. Kleist v. Nollendorf, geb. 1834 und Freih. Julius, geb. 1844. — Haupt des Hauses Prötzel, welches im Kr. Ober-Barnim die Güter Prötzel, Praedikow, Reichnow, Herzborn, Grunow mit 16 anderen Gütern und in West-Priegnitz Klepke, Hooren und Karthan besitzt, ist Freih. Ernst, geb. 1824 — Sohn des 1856 verstorbenen Freiherrn Arnold aus der Ehe mit Sophie v. Bredow, geb. 1805 und vermählt 1823. — Herr auf Prötzel etc., verm. 1854 mit Maria, des k. preussischen Geh.-Ober-Finanz-Raths Wenzel dritter Tochter, aus welcher Ehe ein Sohn: Arnold, geb. 1857 stammt. Die Geschwister des Freiherrn Ernst sind: Freiin Metta, geb. 1826, vermählt 1851 mit Bernhard Grafen v. d. Schulenburg a. d. Hause Trampe, k. preuss. Hauptmann a. D. und Freih. August, geb. 1828, Herr auf Haselberg Leuenberg etc. — Das Haus Deutsch-Wilmersdorf (im Kreise Teltow) ist mit Freih. Franz, geb. 1785, k. preussischem Kammerh. und Major d. Cav. ausgegangen und es lebt nur noch die Wittwe desselben, Albertina, geb. Grf. v. Hertzberg. — Das Haus Leuenberg (das betreffende Gut gehört jetzt dem Freih. August, s. oben) schloss im Mannsstamme Freih. Georg, Herr des Rittergutes Leuenberg, verm. 1800 mit Charlotte Freiin v. Loën, gest. 1855, aus welcher Ehe zwei Töchter entsprossten: Freiin Johanna, geb. 1808, verm. 1826 mit Erdmann Gr. Pückler, Freih. v. Groditz, Herrn auf Schedlau, Groditz etc., k. preussischem Staatsminister etc. und Freiin Agnes, verm. m. Herrn v. Beulwitz auf Bullendorf, Wittwe.

<small>v. *Hellbach*, I. S. 310. — N. Pr. A.-L. II. S. 105 u. III. S. 5. — Frh. v. *Ledebur*, I. S. 190 und III. S. 244. — Geneal.-Taschenbuch d. Freih.-Häuser, 1859 S. 159—161. — W.-B. der Preuss. Mon. II. 85. — Schles. W. B. Nr. 188. — *Knechke*, I. S. 131 u. 132.</small>

Eckart, genannt **Ecker auf Mörlach, Freiherren und Grafen.** (Stammwappen: Schild von Silber u. Roth, der Länge nach getheilt, mit einem aufrecht gestellten Eichenzweige, oben mit drei Eicheln und unten auf jeder Seite mit einem Blatte. Freiherrl. und Gräfl. Wappen: Schild geviert, mit Mittelschilde. Im Mittelschilde das Stammwappen. 1 und 4 in Roth drei aneinander geschobene, silberne Rauten und 2 und 3 von Gold und Roth der Länge nach getheilt, mit einem ganzen Sparren von gewechselten Farben). Reichs-, Adels-, Freiherrn- und Grafenstand. Adelsdiplom vom 15. Mai 1748 für Franz Peter E., kurmainz. Hofgerichtsrath (dessen Eltern und Voreltern am kurmainz. Hofe als Räthe gestanden); Freiherrndiplom von 1784 für die beiden Söhne des Franz Peter v. E.: Georg Joseph v. E., Weihbischof zu Erfurt und Heinrich Christian Adam v. E., kurmainz. Geh. Rath, und kurpfälz. Reichs-Vicariats-Grafen-Diplom vom 24. Sept. 1790 für den Sohn des Letzteren, Wilhelm Carl Joseph Adam Freih. v. E., mit dem Privilegium non usus. Derselbe, geb. 1758, wurde als Graf im Kgr. Bayern 1810 ausgeschrieben und der Adelsmatrikel als k. bayer. Kämm. und Generallieut. in der Grafenclasse einverleibt. Die gräfliche Linie ist später wieder erloschen.

v. Lang, S. 22. — W.-B. des Kgr. Bayern, I. 31 u. v. *Wölckern*, I. Abth. — *v. Hefner*, bayer. Adel. Tab. 8 S. 9 u. Ergänz.-Bd. S. 1.

Eckartsberg, Eckersberge. Altes thüringisches Adelsgeschlecht, welches in Thüringen und Sachsen erloschen ist, in Schlesien aber noch blüht. Als Stammhaus wird die jetzige Kreisstadt Eckardsberga in der Provinz Sachsen angenommen, welche schon 1197 vorkommt. Im 16. Jahrh. sass das Geschlecht auf den meissen'schen Gütern Berge und Weisstropp und im 17. Jahrh. breitete sich dasselbe aus dem Hause Nieder-Zauche im Sprottauischen aus und erwarb im Laufe der Zeit auch andere Güter, von welchen Zauche, Neudeck, Parchau etc. noch in letzter Zeit in der Hand der Familie waren. Johann v. Eckersberg starb 1406 als Dompropst zu Naumburg. — Heinrich v. E., gest. 1604, — ein Sohn des Oswald v. E., Herrn auf Berge, und der Euphemia v. Haugwitz, — besass Weisstropp und war Hausmarschall des Kurfürsten Christian II. zu Sachsen. Seine eben genannte Mutter starb verwittwet 1625 als Hofmeisterin der kurfürstlichen Wittwe zu Lichtenburg. — Christian Heinrich v. E., Herr auf Zauche, war 1681 Landes-Deputirter des Sprottauischen Kreises, setzte den Stamm in Schlesien fort und Einer seiner Nachkommen hat Zauche zu einem der schönsten Landsitze Schlesiens umgeschaffen. — Johann Ludwig v. E. wurde 1793 als k. preuss. Generalmajor und Chef eines Füsilierreg. pensionirt. — Carl Heinrich v. E., früher auf Kunzendorf, war 1836 Landrath des Kr. Glogau. Von seinen Brüdern war um diese Zeit der ältere, der Landesälteste und Kreisdeputirte v. E., verm. mit einer Gräfin v. Logau, Herr auf Parchau im Kr. Lüben und der jüngere, Friedrich Wilhelm v. E. und Weisstropp, verm. seit 1820 mit Luise Grf. Monts de Mazin, Herr auf Nieder-Zauche und Mittel-Giessmannsdorf, ist k. preuss. Major a. D. und Landschafts-Director der Fürstenthümer Glogau und Sagan.

Knauth, S. 501. — *Oettrich*, Epitaph. Dresden. S. 56. — *Sinapius*, II. S. 603. — *Gauhe*, I. S. 3077 u. 78. — N. Pr. A.-L. II. S. 103 — *Frh. v. Ledebur*, I. S. 191 u III. S. 241. — *Siebmacher*, I. 148: v. Eckersberg, Thüringisch. — *v. Meding*, I. S. 139 u. 140. — Schles. W.-B. Nr. 139.

Eckartshausen. Ein in der Mitte des 17. Jahrh. in Schlesien vorgekommenes Adelsgeschlecht, welches auch Eckershausen und Ekwerthausen geschrieben wurde und aus welchem Eckwert v. Eckartshausen Landes-Deputirter des Fürstenthums Münsterberg war. Eine Tochter desselben, Anna Maria Elisabeth v. E., vermählte sich 1680 mit Heinrich v. Blankenstein. — Einige Schriftsteller setzen das Geschlecht auch unter die Ritterschaft des Fürstenthums Liegnitz.

Lichtenstern, Fürstenkrone S. 307. — *Henel*, Silesiogr. C. 8. S. 771. — *Sinapius*, II. S. 603. — N. Pr. A.-L. II. S. 103 u. 104.

Eckartshausen. (Schild geviert: 1 und 4 in Blau auf grünem Boden ein Haus und 2 und 3 in Silber ein einwärts gekehrter, gekrönter und doppelt geschweifter, in den Pranken ein Maurer-Loth haltender Löwe). In Kurbayern anerkannter Adelsstand. Legitimirungs-Diplom vom 5. Febr. 1776 für den natürlichen Sohn eines Grafen v. Haimhausen und einer geborenen Eckart, Carl, mit der Ermächtigung ein adeliges Wappen und den zusammengesetzten Namen: Eckartshausen führen zu dürfen. Der Diploms-Empfänger war später kur-bayer. Hofrath und erster Hausarchivar und ein Sohn desselben, Max Joseph v. E., geb. 1802, wurde in die Adelsmatrikel des Kgr. Bayern eingetragen.

<small>*v. Lang*, S. 324. — W.-B. d. Kgr. Bayern, V. 19. — *v. Hefner*, Tab. 83 u. S. 74.</small>

Eckbrecht-Dürckheim-Montmartin, Grafen, s. Dürckheim, Grafen, Bd. II. S. 598 u. 599.

Ecke v. der Ecke (im Schilde ein vorwärts gekehrter Büffelskopf). Ein von v. Meding nach einem Manuscripte von Pfeffinger aufgeführtes Adelsgeschlecht, von welchem nur das am Epitaphium des Arend v. Torney von 1614 befindliche Wappen bekannt ist.

<small>*v. Meding*, I. S. 139.</small>

Ecke v. Rosenstern. Erbländ.-österr. Adelsstand. Diplom von 1841 für Carl Ecke, k. k. Hauptmann, mit dem Prädicate: v. Rosenstern. — Der Stamm ist fortgesetzt worden. Carl E. v. R. war neuerlich Ober-Lieut. im k. k. Raketeur-Regimente und Rudolph E. v. R. Feldkriegs-Commiss.-Adjunct I. Classe.

<small>Ausgab. Allg. Zeit., 1841. — Militair-Schematism.</small>

Eckelborn, Ockelberen. Altes, westphälisches Adelsgeschlecht, aus welchem Jasper v. Eckelborn, Ritter, 1481 vom Propste zu Meschede mit dem zwischen Hamm und Lippstadt gelegenen Rittersitze seines Namens belehnt wurde. Das Wappen (in Silber ein schwarzer Bär mit goldenem Halsbande) fand sich am v. Beringhausenschen Epitaphium in der Kirche zu Hilbeck. — Später ist das Geschlecht erloschen.

<small>*v. Steinen*, II. S. 1481. — *v. Meding*, II. S. 146.</small>

Eckenberg. Eine aus Harzgerode im Anhalt-Bernburgischen stammende Adelsfamilie, aus welcher Carl v. E. 1733 Unternehmer der Assembleen war, welche wöchentlich zweimal am königl. Hofe stattfanden. Derselbe besass eine so auffallende Körperstärke, dass er unter dem Namen: „der starke Mann" allgemein bekannt war.

<small>Gen. Diplom. Jahrb. für den preuss. Staat, 1841. Bd. I. S. 78. — N. Pr. A.-L. VI. S. 26. — Frh. v. Ledebur, III. S. 244.</small>

Eckenbrecher. Preussischer Adelsstand. Diplom vom 20. Jan. 1792 für Johann August Eckenbrecher, k. preuss. Artillerie-Hauptmann. Derselbe, Herr auf Gutenpaaren im West-Havellande, starb 1822 als k. preuss. Generalmajor a. D.

<small>*v. Hellbach*, I. S. 310. — N. Pr. A.-L. II. S. 104 u. V. S. 142. — Frh. v. Ledebur, I. S. 191 und III. S. 244. — W.-B. d. preuss. Mon. III. 11. — Kneschke, I. S. 131.</small>

Ecker, genannt Drechsel. Ein von Sinapius unter dem schlesischen Adel aufgeführtes Geschlecht.

<small>Sinapius, II. S. 604. — Siebmacher, III. 93.</small>

Ecker zu Eckh. (Schild von Silber und Schwarz schräg rechts getheilt). Altes, bayerisches Adelsgeschlecht, welches sich auch Ecker v. Seldenburg nannte und im Mannesstamme um 1420 mit Albrecht Ecker zu Eckh und Seldenburg erloschen ist. Das Wappen kam an die Ecker v. Kapfing.
Wig. Hund, I. S. 182.

Ecker v. Eckheim. Schild quer getheilt (oben in Silber drei schwarze Wecken neben einander und unten Schwarz, ohne Bild). Altes, bayerisches Adelsgeschlecht, eines Stammes und Wappens (doch mit gewechselten Farben) mit den Ecker v. Neuhaus. Ott Ecker v. Eckheim kommt 1315 als Wohlthäter des Klosters Wessobrunn vor.
Wig. Hund, III. S. 283.

Ecker v. Eckhofen, auch Freiherren. (Schild von Silber und Schwarz der Länge nach getheilt, mit einem ganzen, gestürzten Sparren, dessen rechter Schrägbalken roth, der linke golden ist). Im Königr. Bayern anerkannter Freiherrnstand. Anerkennungs-Diplom vom 22. Mai 1817 für Julius Freih. Ecker v. Eckhofen, k. bayer. Lieuten. und General-Adjutanten bei der 2. Infant.-Brigade des General-Commando's München. — Altes, ursprünglich böhmisches Adelsgeschlecht, welches bei Prag angesessen war, aus Böhmen nach Schlesien kam und auch nur Eghofen oder Eckhofen geschrieben wurde. — Wenzel Ecker v. Eghofen, gest. 1611, war kaiserl. Ober-Zoll-Amtmann der Herzogthümer Ober- und Niederschlesien und wird in einem Leichengedichte von 1698: Wenzeslaus Eckherr ab Eckhoff, Eques Bohemus, genannt. Mit ihm oder bald nach ihm ist wohl die Familie in Schlesien ausgegangen, doch hat ein nach Bayern gekommener Zweig fortgeblüht, aus welchem der obengenannte Freih. Julius entspross.
Henel, Silesiogr. Cap. 8 S. 765. — Sinapius, II. S. 604. — Zedler, VIII. S. 151. — e. Lang, Nachtrag N. 41. — N. Pr. A.-L. II. S. 104 u. V. S. 142: v. Ecker u. Eckhoff, oder Eckhofen. — Frh. v. Ledebur, I. S. 191 u. III. S. 244: Ecker v. Eckhofen. — Siebmacher, II. 49: Ecker v. Eckhofen, Schlesisch. — Tyroff, II. 39: Freih. v. Ecker v. Eckhofen. — W.-B. des Kgr. Bayern, II. 89 u. v. Wölckern, 2. Abth. S. 196 u. 197: Freih. E. v. Eckhofen. — Hefner, bayer. Adel, Tab. 29 u. S. 32 u. 33 u. Erg.-Bd. S. 12. Desselben preuss. Adel, Tab. 50 u. S. 40. — Kneschke, III. S. 116 u. 117.

Ecker, Eghher v. Kapfing u. Lichtenegg, Freiherren. (Schild geviert, mit Mittelschilde. Im schwarzen Schilde drei silberne Wecken neben einander (Stammeswappen). 1 u. 4 von Silber schrägrecht getheilt, ohne Bild (Ecker zu Eckh) u. 2 u. 3 quergetheilt: oben in Schwarz drei silberne Wecken u. unten Silber ohne Bild (Ecker v. Pöring). Kurbayerischer Freiherrnstand. Diplom vom 24. Jan. 1691 für Johann Franz Eckher, Domdechanten zu Freising, die beiden Brüder desselben, die kurbay. Kämm.: Oswald Ulrich E., Oberstlieutenant bei dem kais. Kreisregim. und N. N. E., Pfleger zu Burghausen und für die Nachkommen der beiden letzteren. — Eins der ältesten, ministerialen Adelsgeschlechter Bayerns, dessen fortlaufende Stammreihe mit Thiemo Eckher v. Eckh anfängt, welcher 1103 und 1108 in freisingischen Urkunden vorkommt. Die Nachkommen desselben schieden sich in viele Linien, namentlich in die zu Lichtenegg,

Oberpöcring, Eibach, Neuhaus, Kapfing etc., welche alle mehr oder weniger verschiedene Wappen führten, welche später der Hauptstamm, nachdem die anderen Linien wieder ausgegangen waren, in seinem Wappen vereinigte. — In den Hauptstamm kam später, wie angegeben, der Freiherrnstand. Von den drei Brüdern, welche das Freiherrn-Diplom erhalten hatten, wurde Johann Franz 1695 zum 57. Bischof u. Reichsfürsten von Freising erwählt und Oswald Ulrich Egkher v. Kapfing u. Lichtenegg auf Kalling und Köging, gest. 1712 als Fürstl. Freising. Kämm. u. Hofmarschall, sezte den Stamm fort. Derselbe war mit Rosina Goder v. Kriegsdorf, Erbin von Kalling und Wittwe des Johann Hector von Leoprechting verm. und von seinem Enkel, dem 1781 verstorbenen Freih. Joseph Christoph Daniel, Herrn zu Kalling und Köging, kurbayer. Kämm., Geh.-Rath u. Fürstl. Freising. Pfleger zu Burgrain, stammte aus der Ehe mit Caroline Freiin v. Lützelburg, gest. 1778, Freih. Ludwig, k. bayer. Kämm. und Appellat.-Gerichts-Präsident zu Amberg, welcher 28. April 1826 den Mannsstamm seines alten Geschlechts schloss. Derselbe war mit Josepha Grf. v. Holnstein aus Bayern, gest. 1836, verm. und hinterliess zwei Töchter, Freiin Anna, geb. 1785, vormals Schlüsseldame der verstorbenen Kurfürstin Maria Anna Leopoldine von Bayern und Freiin Theresia, geb. 1796, Wittwe seit 1850 von dem k. preuss. Hauptmann Max v. Steiner. — Die Schwester des Freih. Ludwig, Freiin Maria, hatte sich 1794 mit dem 1834 verstorbenen Franz Xaver Grafen v. Holnstein, k. bayer. Kämm. u. Appellat.-Gerichts-Director, vermählt. — Die vorstehenden Angaben neuerer Schriftsteller stimmen nicht mit den von Gauhe nach Seifert gegebenen, sind aber wohl richtig. Seifert beginnt die Stammreihe des Geschlechts mit Siegmund Eckher zu Käpffing u. Puegendorff, Ritter, um 1480. Derselbe war, nach Seiferts Annahme, der Grossvater Christophs E. z. K. zum Thurn u. Frontenhausen, von dessen Enkel Ulrich, gest. 1631, Johann Christoph erster Freih. v. Käpffing u. Lichtenegg, stammte, welcher drei Söhne hinterliess: Oswald Ulrich, Hofmarschall zu Freisingen, Johann Franz, gest. 1727, Bischof zu Freisingen und Johann Christian, kurbayer. Oberstwachtmeister u. später Fürstl. Freisingenscher Ober-Stallmeister, Hofmarschall u. Geh.-Rath zu Freisingen, welcher den Stamm mit vier Söhnen fortsetzte. Von den Töchtern wurde die Eine, Freiin Christina, 1720 Aebtissin des Klosters auf dem Anger zu München.

Wig. Hund, I. S. 69 u. 70. — *Seifert*, Stammtafeln, I. No, 4 u. desselben: recht auf einander folgende Ahnentafeln Tab. II. — *Gauhe*, I. S. 468 u. 469. — *v. Lang*, S. 117 u. 118. — Gen. Taschenbuch d. Freih. Häuser 1854 S. 126—128 u. 1857. S. 153. — W. B. des Kgr. Bayern, II. 90 u. v. Wölckern, Abth. 2. — *v. Hefner*, bayer. Adel, Tab. 29 u. S. 83 u. Ergänz.-Bd. Tab. 5. u. 8. 12.

Ecker, Eck v. Kellheim. Altbayerisches Adelsgeschlecht, welches sich nach der Stadt Kellheim am Zusammenflusse der Altmühl mit der Donau schrieb, wie der v. Aufsess auf einem Querbalken eine Rose, doch mit anderen Farben, führte und früher Huber hiess. Sigmund Eck, genannt Huber, Sohn des Bürgers zu Kellheim Peter Huber kommt 1461 u. Leonhard Eck zu Peugham, Landrichter zu Kellheim,

1488 vor. Der Sohn des Letzteren, Dr. Leonhard v. E., gest. 1550 hinterliess aus der Ehe mit Felicitas Freiberg von Aschau, neben einer Tochter, Maria, einen Sohn, Oswald von E. Später ging der Stamm aus.

Wig. Hund. III. S. 267.

Ecker v. Kraus, Edle. Erbländ. österr. Adelsstand. Diplom von 1842 für Johann Ecker, k. k. Kriegscommissar, mit dem Prädicate: Edler v. Kraus. Derselbe war 1856 Ober-Kriegs-Commissar 1. Cl. u. zwei Söhne, Rudolph u. Julius E. Edler v. K., standen als Hauptleute, ersterer im Geniestabe, letzterer bei der Infanterie der k. k. Armee.

Handschriftl. Notiz. — Milit. Schemat.

Ecker v. Mässing (Schild quergetheilt, oben in Schwarz drei silberne Wecken und unten Silber ohne Bild.) Altbayerisches Adelsgeschlecht, eines Stammes mit den Ecker v. Kapfing. Peter E. v. M. kommt 1356 als Pfleger zu Burghausen vor.

Wig. Hund. III. S. 283.

Ecker auf Mörlach, s. Eckart, genannt Ecker auf Mörlach, S.

Ecker v. Neuhaus (Schild wie die Ecker v. Mässing). Altbayerisches Adelsgeschlecht, welches früher v. Pelheim hiess, später aber, nachdem 1412 der Stamm vom Herzoge Heinrich zu Niederbayern mit dem, Scherding am Inn gegenüberliegenden Schlosse Neuhaus belehnt worden war, sich nach diesem Sitze nannte.

Wig. Hund. III. S. 284.

Ecker zu Pöring, Oberpöring (Schild wie die Ecker v. Mässing u. Ecker v. Neuhaus). Altbayerisches Adelsgeschlecht. eines Stammes mit den genannten Familien. Ulrich E. v. P. starb 1380.

Wig. Hund. III. S. 284.

Eckerfeld. Ein in Ostpreussen vorgekommenes Adelsgeschlecht, welches 1571 Rlodehlen im jetzigen Kreise Rlastenburg und 1620 Torms im Kr. Friedland besass.

Frh. v. Ledebur, I. S. 191.

Eckerevörde. Ein von v. Meding nach dem Manuscripte abgegangener meklenburg. Familien aufgeführtes Adelsgeschlecht, aus welchem Bolto Eckerevörde, Ritter, 1316 urkundlich erscheint.

v. Meding, I. S. 139.

Eckersberg, s. Eckartsberg, s. S. 20.

Eckersberg. Preussischer Adelsstand. Diplom vom 18. Januar 1702 für Johann Philipp Cebrowski aus Preussen mit dem Namen: v. Eckersberg.

v. Hellbach, I. S. 311. — N. Pr. A.-L. II. S. 104. — Frh. v. Ledebur, I. S. 191.

Eckersdorff. Altes schlesisches und böhmisches Adelsgeschlecht aus dem gleichnahmigen Stammhause in der Grafschaft Glatz. Wenzel v. E. wurde nach Balbin vom Könige Georg in Böhmen 1464 mit Schild u. Helm begnadigt. Adrian v. E. auf Labitsch und Poditau im Glatzischen, ein Urenkel des 1525 verstorbenen Adrian (I.) v. E. und ein Sohn Heinrichs v. E. des Jüngeren, starb 1641 ohne männliche Erben und mit ihm ist wohl der Stamm erloschen.

Sinapius, I. S. 347 u. II. S. 604. — *Gauhe*, I. S. 3078. — *Siebmacher*, I. 65. — *v. Meding*, II. S. 146.

Eckert v. Labin. Erbländ.-österr. Adelsstand. Diplom von 1840 für Procop Eckert, k. k. Staatsrath, mit dem Prädicate: von Labin.

Augsb. Allg. Zeit. 1840.

Eckhard (Schild geviert: 1 in Silber eine Fortuna. 2 in Gold ein blaues, in den Winkeln von vier schwarzen Adlern begleitetes Ordenskreuz; 3 in Grün ein silberner Opferaltar mit brennender Flamme u. 4 in Silber ein einwärts gekehrter, rother Greif). Preussischer Adelsstand. Diplom vom 5. Juli 1738 für Johann Gottlieb Eckhard, k. preuss. Kriegs- u. Domainenrath. Der Stamm hat nicht fortgeblüht.

v. Hellbach, I. S. 308 u. 309. — N. Pr. A.-L. I. S. 39; v. Eccard u. II. S. 105; v. Eckhard — *Frh. v. Ledebur*, I. S. 191. — W.-Bd. der Preuss. Mon. III. 12. — *Kneschke*, IV. S. 104 und 105.

Eckhard, Edle. Erbländ.-österr. Adelsstand. Diplom von 1780 für Georg Jacob Eckhard, k. k. Hauptmann u. Commandant zu Szamos-Ujvar in Siebenbürgen, mit dem Prädicate: Edler v.

Megerle v. Mühlfeld, Ergänz.-Bd. S. 272 u. 273.

Eckhard v. Starkeneck. Erbländ.-österr. Adelsstand. Diplom v. 1856 für Anton Eckhard, k. k. Hauptmann mit dem Prädicate: von Starkeneck.

Augsb. Allg. Zeit. 1856.

Eckhardt, Freiherren. Erbl.-österr. Freiherrnstand. Diplom von 1820 für Christoph Ludwig v. Eckhardt, k. k. General-Major.

Megerle v. Mühlfeld, Ergänz.-Bd. S. 54.

Eckhardt v. Eckhardtsburg. Erbländ.-österr. Adelsstand. Diplom von 1814 für Philipp Eckhardt, k. k. pension. Capitain-Lieutenant, mit dem Prädicate: v. Eckhardtsburg. Der Stamm wurde fortgesetzt und neuerlich waren zwei Söhne des Diplomsempfängers, Andreas u. Gustav E. v. E., Hauptleute in der k. k. Armee.

Megerle v. Mühlfeld, Ergänz.-Bd. S. 273. — Militair-Schematismus.

Eckhardtsau, Eckardtsau, Eckersau. Altes, urkundlich schon 1175 vorkommendes, österreichisches Adelsgeschlecht aus dem Stamme der v. Berchtoldsdorf. Dasselbe ging im 16. Jahrh. im Mannsstamme mit Wilhelm von Eckhardtsau aus. Die Erbtochter Anna, Herrin von Eckhardtsau, hatte sich mit Sigmund Freih. v. Polhaim verm. und der Sohn derselben, Paul Sigmund Freih. v. Polhaim, erhielt mit seinen Brüdern durch Diplom vom 15. Dec. 1573 die kaiserliche Erlaubniss, neben dem angestammten Wappen das von der Mutter ererbte Eckhardtsau'sche Wappen: (in Schwarz ein silberner, golden gekrönter Löwe, um den Hals mit einer herabhängenden, goldenen Kette: Feld 2 u. 5 des Wappens der Grafen v. Polhaim, Polheim, Linie in Welss zu Partz) führen zu dürfen.

Wissgrill, II. S. 332.

Eckhart (Stammwappen: in Gold ein aufgerichteter, schwarzer Bär mit ausgestreckter, rother Zunge, welcher einen dürren, dünnen

Stamm mit abgestutzten Zweigen und einigen Wurzeln in die Höhe hält. Vermehrtes Wappen nach dem Diplom von 1703: Schild geviert mit Mittelschild. Mittelschild von Schwarz und Gold quer getheilt mit einem gekrönten, doppeltgeschweiften, silbernen Löwen, welcher mit den Vorderpranken einen silbernen Schlüssel emporhält. 1 in Gold der Bär des Stammwappens; 2 ebenfalls in Gold ein, aus einer dreimal gezinnten u. mit zwei silbernen Lilien belegten, rothen Mauer aufwachsender, schwarz bekleideter, mit der Rechten drohend eine schwarze Streitkolbe haltender Mann mit schwarzer Mütze; 3 schrägrechtsgetheilt: oben mit einem ausgebrochenen, goldenen, an jeder Ecke mit einem goldenen Kleeblatte geschlossenen Dreieck und unten in Gold drei aus dem Boden des Schildes neben einander schräg aufwärts gehende, schwarze Spitzen und 4 in Gold zwei über einander laufende Hunde mit silbernen Halsbändern). Reichsadelsstand. Diplom vom 14. Aug. 1593 für Hans und Georg Gebrüder Eckhart, unter Verbesserung des der Familie durch kaiserlichen Wappenbrief vom 5. Juli 1545 in der Person des Hanns Eckhart ertheilten Wappens und Bestätigungsdiplom des der Familie zustehenden Adels vom 31. Juli 1703 für Johann Friedrich v. Eckhart und die Gemahlin desselben, Sophia Catharina Schlüter mit Nachkommenschaft, unter Ausdehnung auf die österreichischen Erbländer und Vermehrung des Wappens, s. oben. — Sächsisches Adelsgeschlecht, welches im vorigen Jahrh. im Saalkreise Burg u. Döllnitz, so wie Wendelstein bei Querfurt und Kohren und Salis unweit Leipzig besass. Der oben genannte Johann Friedrich v. Eckhart war k. grossbritann. und k. polnischer u. kursächs. Geh.-Rath, Decan des Stifts Goslar u. Herr auf Döllnitz. Derselbe hatte vier Söhne: Johann Friedrich, Christian Wilhelm, August Friedrich und Ludwig Rudolph v. E. Der Aelteste derselben war k. dän. Rittmeister und verkaufte Döllnitz an die Familie v. Einsiedel. Als v. Meding schrieb (1786), war ein Sprosse des Geschlechts Herr auf Goseck im jetzigen Querfurter Kreise. In neuerer Zeit ist, wenigstens im Königr. Sachsen, die Familie nicht mehr vorgekommen: dieselbe soll 1806 erloschen sein.

v. Meding, II. S. 116—151 (giebt die Wappen nach Abschriften der Diplome. — N. Pr. A.-L. V. S. 142. — *Frh. v. Ledebur*, I. S. 191.

Eckhart (Schild von Gold und Silber durch einen rothen Querbalken getheilt: oben ein aufwachsender, rother Löwe u. unten ein aufrecht gestellter Eichenzweig mit einer Frucht und zwei Blättern). Reichsadelsstand. Diplom vom 17. Novemb. 1721 für Johann Georg Eckhart, k. grossbritannischen u. kurbraunschw. lüneburg. Historiograph u. Bibliothekar. Der Stamm blühte fort und drei Enkel des Diploms-Empfängers, die Gebrüder Adolph Joseph Anton v. E., geb. 1756, k. bayer. Landrichter zu Mainberg, Georg Ludwig Aloys v. E. geb. 1762, k. bayer. Landrichter zu Eltmann, und Franz Melchior Anton Ignaz v. E., geb. 1767, Kreissecretair in Würzburg, wurden in die Adelsmatrikel des Kgr. Bayern eingetragen.

Zedler, VIII. S. 146. — *v. Lang*, Suppl. S. 93. — *Megerle v. Mühlfeld*, Ergz.-Bd. S. 273 giebt die Erhebung so an, wie die in den erbl. österr. Adelstand angegeben werden). — W.-B. d. Kgr. Bayern, V. 20: v. Eckart. — *v. Hefner*, bayer. Adel, Tab. 83 u. S. 74.

Eckhart v. Ekenfeld. Erbländ.-österr. Adelsstand. Diplom von 1801 für Adam Eckhart, k. k. Rittmeister bei den Szeckler Husaren, mit dem Prädicate: v. Ekenfeld.

<small>*Megerle v. Mühlfeld*, Ergänz.-Bd. S. 273.</small>

Eckhler. Erbländ.-österr. Adelsstand. Diplom v. 1754 für Johann Caspar Eckhler, Niederösterreichischen Repräsentations- u. Kammer-Taxator.

<small>*Megerle v. Mühlfeld*, Ergänz.-Bd. S. 273.</small>

Eckhler v. Nedorost. Erbländ.-österr. Adelsstand. Diplom von 1767 für Johann Eckhler, Revisor bei d. k. k. Hofkriegsbuchhaltung, mit dem Prädicate: v. Nedorost.

<small>*Megerle v. Mühlfeld*, Ergänz.-Bd. S. 273.</small>

Eckhofen, s. Ecker v. Eckhofen S. 22.

Eckoldt v. Eckoldtstein, Eckold v. Eckoldstein. Adelsstand des Fürstenthums Hohenzollern-Hechingen. Diplom vom 20. April 1810 für Christian Gottlob Eckoldt, Doctor Medicinae zu Leipzig, Leibarzt der Herzogin von Curland und Sagan u. k. schwedischen Hofrath mit dem Prädicate: v. Eckoldtstein. Derselbe, ein Sohn des zu seiner Zeit bekannten, 1809 verstorbenen Leipziger Wundarztes Johann Gottlob Eckoldt, vermählte sich mit einer Freiin v. Lützow a. d. Hause Drei-Lützow, früher Hofdame I. M. der verewigten Königin Luise von Preussen, und hat den Stamm durch Söhne und Töchter fortgesetzt, von welchen ersteren der Eine in k. preuss. Staatsdienste trat und 1851 auch Sec.-Lieut. beim 3. Bataillon des 5. k. preussischen Landwehr-Regiments war. Die hinterlassene Wittwe des Hofraths Dr. E. v. E., welche mit ihren Kindern, so viel bekannt auf Grund eines k. schwedischen Freiherrndiploms, den freiherrlichen Character führte, ist später in Leipzig verstorben

<small>Handschriftl. Notizen. — *Frh. v. Ledebur*, I. S. 191 u. III. S. 242.</small>

Eckolm, s. Jakobi v. Eckolm.

Eckstein v. Ehrnegg. Erbländ.-österr. Adelsstand. Diplom von 1616 für Albrecht Eckstein, mit dem Prädicate: v. Ehrnegg. Ein Sohn desselben, Christoph E. v. E., k. k. Rath, wurde 4. Mai 1630 unter die neuen nieder-österr. Ritterstandsgeschlechter aufgenommen. Der Stamm ist später wieder ausgegangen.

<small>*Wissgrill*, II. S. 350.</small>

Eckstern, s. Jagsch v. Eckstern.

Eckwart, Eckwricht, Eckwreicht, auch Freiherren. (Schild von Roth und Blau geviert, mit darüber gelegtem silbernen Querbalken). Altes, Schlesisches Adelsgeschlecht aus dem Stammhause Schreibersdorf im Briegschen, welches sich nach Allem in mehrere Linien schied, welche sich, wie angegeben, schrieben. Dieselben führten einen und denselben Schild, unterschieden sich aber durch den Helmschmuck. Die v. Eckwart führten auf dem Helme einen von Roth und Silber quer nach seiner Rundung getheilten, gestürzten Mond, oben mit drei Büschen silberner Straussfedern, jeden Busch von drei Federn, besetzt, die v. Eckwricht und Eckwreicht aber, wie v. Meding nach Siebmacher bestimmt, einen nicht ganz hervorkommenden, länglicht runden Spiegel, welcher mit fünf einzelnen silbernen Straussfedern rings umher besteckt war, oder wie Andere annehmen, eine mit diesen Federn besteckte, silberne Kugel. — Bernhard und Joachim Ernst v. Eckwart waren 1654 Landesdeputirte des Münsterbergischen Fürstenthums und des Frankensteinschen Weichbildes; Caspar Bernhard v. Eckwart auf Masswitz, Kochern und Neudorff kommt 1664 als Director der Landes-Casse des Fürstenthums Brieg vor, wird aber in dem im genannten Jahre gedruckten Leichen-Conducte Herzogs Georg III. zu Brieg nicht, wie sonst, sondern: Eckwricht geschrieben und Sigmund Anton Freih. v. Eckwart war 1740 kurbayer. Kämmerer und Fürstlicher Hof-Marschall. — Die v. Eckwricht, Eckwreicht, besassen, als Gauhe schrieb (1747), Ober- und Nieder-Münchenhoff im Münsterbergischen, während sie früher Schreibersdorff im Strehlischen und Seifersdorfi im Neissischen besessen hatten und sollen 1741 vom Könige Friedrich II. von Preussen nach der Huldigung zu Breslau in der Person des schlesischen Landraths v. Eckwricht den freiherrlichen Character erhalten haben, doch ist über das betreffende Diplom nirgends Näheres aufzufinden. — Was ältere Sprossen des Stammes anlangt, so war 1540 ein v. Eckwricht u. Schreibersdorf mit einer v. Wadewitz vermählt. Caspar v. E. war 1586 Herr auf Schreibersdorf und Helene v. Eckwricht aus dem Hause Schreibersdorf starb 1641 als Wittwe des k. dän. Obersten Hans v. Kaltenhoff. — In der zweiten Hälfte des 18. Jahrh. ist wohl der ganze Stamm erlos hen.

Sinapius, I. S. 347 u. 348 u. II. S. 605. — *Gauhe*, I, S. 469 u. II. S. 236 u. 237. — N. Pr. A.-L. II. S. 105 u. 106 u. V. S. 142. — *Siebmacher*, I. 54: Die Eckwart, Schlesisch u. V. 70; v. Eckwricht. — *v. Meding*, II. S. 151.

Eddebere. Adeliges Patriciergeschlecht der Stadt Lüneburg, welches, wenn auch Büttner unter den lüneburg. Patricierfamilien dasselbe nicht aufgeführt hat, zweifelsohne im 16. Jahrh. in Lüneburg blühte, eine Linie des Geschlechts v. Adebar, s. Bd. I. S. 10, war und mit demselben ein und dasselbe Wappenbild: einen Storch in Grün (der adebarsche Schild wird blau angenommen) führte. Beide Namen zeigen in Niedersachsen einen Storch an und es sind also redende Wappen.

v. Meding, I. S. 140 u. 141.

Eddigerode. Altes, längst erloschenes Adelsgeschlecht, welches im Calenbergischen und Lüneburgischen begütert war und dessen Güter meist an die v. Alten kamen.

Freih. v. Krohne, I. S. 264.

Edel. Ein zu dem neueren bayerischen Adel gehörendes Geschlecht, welches nur dem Wappen nach (Schild der Länge nach getheilt: rechts ein an den äussern Rand des Schildes angeschlossener, blau bekleideter Arm, welcher in der Hand einen rautenförmig geschliffenen Edelstein emporhält und links in Roth drei schrägrechte, silberne Balken) bekannt ist.

W.-B. d. Kgr. Bayern, XII. 91. — *v. Hefner*, bayer. Adel. Tab. 83 u. S. 74.

Edelbach, s. Geyer v. Edelbach, Ritter und Freiherren.

Edelbeckh, Edelpech zu Narrass. Ein aus Bayern nach Oesterreich gekommenes Rittergeschlecht, welches vom 14. Jahrh. an bis in das 16te blühte. Der letzte Sprosse des Stammes starb zu Wien 26. Sept. 1522.

<small>*Wissgrill*, II S. 231.</small>

Edeling, Edling (im von Blau und Gold in die Länge getheilten Schilde eine goldene, halbe Sonne und eine blaue, halbe Lilie zusammengesetzt, oder beides an die Perpendicularlinie geschlossen). Pommersches Adelsgeschlecht, welches von der Mitte des 16. Jahrh. an bis Ende des 18. in Pommern mehrere Güter an sich brachte, vorübergehend im 17. Jahrh. auch in der Uckermark und im 18. Jahrh. in Westpreussen sich ansässig machte und, wie das Wappen ergiebt, von der Familie der Freiherren und Grafen v. Edling in Oesterreich, s. den betreffenden Artikel, mit welchem dasselbe oft verwechselt worden ist, ganz verschieden war. Zu den älteren Besitzungen gehörten die Güter Alten-Pleen, Medewitz, Preetz, Ravenhorst und Sommerfeld. Später brachte Georg Friedrich v. E. durch Vermählung mit der Erbtochter des Prälaten Wilhelm v. Mildenitz die Güter Ribbecard, Völzin und Wittenfelde im Greifenberger Kreise in die Familie. Von den Nachkommen des Georg Friedrich v. E. war Bogislav Wilhelm v. E. k. preuss. Landrath und der einzige Sohn desselben, Egidius Carl Wilhelm v. E., k. preuss. Kammerherr. Mit Letzterem ist der Stamm ausgegangen, denn König Friedrich II. von Preussen hatte 1779 dem k. preuss. General-Major Heinrich Wilhelm v. Lettow und dem Bruder desselben, dem k. preuss. Land-Jägermeister v. L., die Anwartschaft auf die zu eröffnenden v. Edelingschen Lehne gegeben und, soviel bekannt ist, gelangte 1803 die Familie v. Lettow in den Besitz dieser frei gewordenen Lehne.

<small>*Micrael*, VI. S. 480. — *Brüggemann*, I. 2. Hptst. — N. Pr. A.-L. S. 106. — *Frh. v. Ledebur*, I. S. 191 u. III. S. 244 u. 245. — *Siebmacher*, III. 160. — *v. Meding*, II. S. 151 u. 152. — Pomm. W.-B. IV. 48.</small>

Edelkirchen. Ein ursprünglich märkisches Adelsgeschlecht, welches aber zeitig nach Westphalen kam, sich aus dem gleichnamigen Stammsitze im jetzigen Kreise Altena, welcher der Familie schon 1338 zustand, ausbreitete und in der Grafschaft Mark bald mehrere Güter erwarb. Gegen Ende des 17. Jahrh. wurde die Familie auch im Rheinlande und zwar im Bergischen und später noch in Hessen begütert. 1750 waren noch Edelkirchen und Heesfelde im Kr. Altena und Heide im Kr. Hamm in der Hand des Geschlechts, welches nach dieser Zeit erloschen ist.

<small>*Schannat*, S. 75. — *v. Hattstein*, I. S. 105, 106, 294, 295, 429 u. 611. — N. Pr. A.-L. II. S. 106. — *Fahne*, I. S. 86 u. II. S. 35 u. 36. — *Frh. v. Ledebur*, I. S. 192. — *v. Steinen*, XVI. I. — Suppl. zu Siebm. W.-B. III. 16. — *Tyroff*, I. 46 u. *Siebenkees*, I. S. 346.</small>

Edelmann zu Starzhausen. Altes bayerisches Adelsgeschlecht, aus welchem Ulrich E. zu St. 1424 als Pfleger zu Vohburg vorkommt und welches Ende des 16. Jahrh. erloschen ist.

<small>*Wig. Hund*. III. S. 282.</small>

Edelsheim, Freiherren. Reichsfreiherrnstand. Diplom v. 31. Dec. 1706 für Johann Georg Seifert v. Edelsheim, kurmainz. Geh. Rath und Landes-Präsidenten der Grafschaft Hanau-Münzenberg. Derselbe war der Stammvater der freiherrlichen Familie v. Edelsheim, welche zu der ehemaligen reichsunmittelbaren Ritterschaft der Cantone am Rhein gehörte, hatte 12. Dec. 1673, als des gräflichen Gesammthauses Hanau verordneter Rath, den Reichsadelsstand mit dem Prädicate: v. Edelsheim erlangt, war mit Elisabeth v. Speckhan vermählt und starb 1723. — Von ihm steigt die Stammreihe, wie folgt, herab: Friedrich Christian, gest. 1722: Clara Elisabeth Rau v. Holzhausen; Philipp Reinhard, gest. 1772: Friederica Freiin v. Zechlin; — Georg Ludwig, gest. 1814, grossh. bad. Geh. Rath, Staatsminister des Hauses und der auswärtigen Angelegenheiten, Ritterschaftsrath des Cantons Mittel-Rhein etc.: Friedericia Adelheid, Freiin v. Keyserlingk, gest. 1819; — Wilhelm Heinrich Carl, gest. 1840, grossh. bad. Geh. Rath, Oberst-Kämmerer und Ceremonienmeister: Friederica Freiin v. Gemmingen-Hornberg, geb. 1803, später Oberst-Hofmeisterin I. K. H. der verw. Grossh. Sophie v. Baden; — Freih. Ludwig, geb. 1823, grossh. bad. Kammerherr etc. Die beiden Brüder des Letzteren, neben einer Schwester, Freiin Sophia, geb. 1837, sind: Freih. Wilhelm, geb. 1824, grossh. hessischer Kammerherr, verm. 1851 mit Mathilde Freiin v. Spiegel zum Desenberg, geb. 1827, aus welcher Ehe eine Tochter stammt: Freiin Anna, geb. 1852 und Freih. Leopold, geb. 1826, k. k. Kämm, Oberst etc. — Von den Töchtern des Freih. Georg Ludwig war Freiin Adelheid Wilhelmine Luise, gest. 1830, mit dem 1841 verstorbenen Carl Grafen v. Einsiedel, k. sächs. Gesandten zu München und Freiin Julie Marie Anna, gest. 1830, mit dem 1831 verstorbenen Ignaz Grafen Gyulai de Maros-Nemeth et Nadaska, k. k. General-Feldzeugm., Hofkriegspräsidenten und Ban von Croatien, vermählt gewesen.

<small>N. Pr. A.-L. II. S. 106. — Geneal. Taschenb. d. freih. Häuser, 1848 S. 90—92. 1849 S. 99 u. 100 u. 1859 S. 161 — Frh. v. Ledebur, I. S. 191 u. 192. — Kneschke, I. S. 132 u. 133. — v. Hefner, hess. Adel, Tab. 7 u. S. 8.</small>

Edelstein, Ritter. Böhmischer Ritterstand. Diplom vom 9. Sept. 1652 für Balthasar Springel, mit dem Prädicate: v. Edelstein. Von dem Sohne desselben, Balthasar Franz, gest. 1657, kais. Ober-Amts-Rathe in Schlesien, stammte Johann Stephan, Kloster-Stiftsamtmann zu Lieguitz und Herr des 1654 in die Familie gekommenen Burglehns Krolkwitz im Breslauschen, welcher 3. Juli 1659 den Stamm schloss. —

<small>Henel, Silesiogr. Cap. 7 S. 298 u. C. 12 S. 1157. — Lucae, S. 1326. — Sinapius, II. S. 60.5 — N. Pr. A.-L. I. S. 106 u. 107. — Frh. v. Ledebur, I. S. 192.</small>

Edelstetten. Altes fränkisches und schwäbisches von 1380 bekanntes Adelsgeschlecht, welches die gleichnamige Herrschaft in Franken besass und aus welchem 1647 Hans Jacob v. E., k. k. Kämmer- und Oberst u. Commandant von Memmingen, starb. Die Herrschaft Edelstetten war in Folge des Reichs-Deputations-Abschlusses dem Fürsten v. Ligne als Entschädigung zugefallen, wurde aber 1804 an den Fürsten Nicolaus Esterházy v. Galantha verkauft. Dieselbe wurde 1805 zu einer reichsgefürstetnn Grafschaft erhoben, aber die Reichsstandschaft erlosch schon 1805 mit Auflösung des deutschen

Reichs und Edelstetten kam durch die Rheinbundacte unter bayerische Souverainetät. Die Fürsten Esterházy v. Galantha schreiben sich nach dieser Besitzung auch: gefürstete Grafen zu Edelsteten und das Edelstettensche Wappen ist in das vollständige Wappen der genannten Fürsten gekommen.
Bucelini, III. — *Gauhe*, I. S. 470. — Oberbayer. Archiv, VI. S. 250 u. 288. — *Siebmacher*, I. 117: v. Edelstetten, Schwäbisch.

Edelzhauser. Altes, bayerisches Adelsgeschlecht, welches vom 13. bis in die zweite Hälfte des 15. Jahrh. vorkommt.
Wig. Hund. III. S. 282. — Monum. boic. VI. S. 213.

Eden, Ehden, Eidene, Ede. Altes, pommersches Adelsgeschlecht, welches auf Rügen Gross- und Klein-Karow schon 1350 und später auch Bartfehn und Giesendorp besass. Dasselbe war nach 1639 auf Rügen begütert, begab sich aber im 17. Jahrh. mit Philipp Ludwig v. E. nach Curland, wo Jacob Friedrich v. E. 1718 das Indigenat erlangte. Später ist die Familie erloschen.
Micrael, S. 480. — N. Pr. A.-L. II. S. 111. — *Frh. v. Ledebur*, III. S. 245. — *Siebmacher*, III. 160. — *v. Meding*, III. S. 149. — Pomm. W.-B. V. 5.

Edenbüttel. Erloschenes bremensches Adelsgeschlecht, welches zur Ritterschaft des Landes Kehdingen gehörte.
Musshard, S. 221.

Eder. (Schild geviert: 1 und 4 ein Greif und 2 und 3 zwei schräglinke Balken). Schlesisches, längst erloschenes Adelsgeschlecht, aus welchem Bernhard v. E. 1598 Domherr zu Breslau und Ollmütz war.
Paprocius, Speculum Moraviae, S. 231. — *Sinapius*, II. S. 606.

Eder, Ritter. Erbländ.-österr. Ritterstand. Diplom von 1786 für Leopold Eder, k. k. General-Feldwachtmeister und Brigadier in Mähren. —
Megerle v. Mühlfeld, Ergänz.-Bd. S. 136.

Eder, Freiherren. Erbländ.-österr. Freiherrnstand. Diplom von 1852 für Dr. J. Eder, k. k. Vice-Appellations-Gerichts-Präsidenten, in Galizien. Zwei Söhne desselben, die Freiherren Johann und Emil stehen in der k. k. Armee.
Augsb. Allg. Zeit. 1852. — Milit.-Schemat.

Eder v. Edersheim, Edle u. Ritter. Erbländ.-österr. Ritterstand. Diplom vom 10. Dec. 1788 für Johann Michael Joseph Eder, mit dem Prädicat: Edler v. Edersheim.
Handschriftl. Notiz. — *Megerle v. Mühlfeld*, Ergänz.-Bd. S. 136.

Eder v. Edersthal, Edle. Erbländ.-österr. Adelsstand. Diplom vom 10. April 1779 für Johann Eder, k. k. Ober-Einnehmer bei dem Haupt-Zollamte zu Wien, mit dem Prädicate: Edler von Edersthal. Derselbe war später Administrator der k. k. Bankalgefälle ebendaselbst und setzte den Stamm durch zwei Söhne und drei Töchter fort.
Leupold, I. 2 S. 266. — *Megerle v. Mühlfeld*, S. 175. — *Kneschke*, II. S. 127 u. 128.—

Eder v. Eichenheim. Erbländ.-österr. Adelsstand. Diplom von 1831 für Friedrich Eder, k. k. Rittmeister, mit dem Prädicate: von Eichenheim.
Handschr. Notiz.

Eder v. Hartenstein. Erbländ.-österr. Adelsstand. Diplom v. 1764 für Ferdinand Eder, k. k. Hauptmann bei Wied-Runkel-Infanterie, wegen 55jähriger Dienstleistung, mit dem Prädicate: v. Hartenstein.
Megerle v. Mühlfeld, S. 175.

Eder v. Kainpach, s. Kainpach, Eder v. Kainpach.

Eder v. Redenthal. Erbländ.-österr. Adelsstand. Diplom v. 1820 für Franz Eder, k. k. Bancal-Cassen-Verwalter in Brünn, mit dem Prädicate: v. Redenthal.
Megerle v. Mühlfeld, S. 175.

Ederheimb, s. Elstern v. Ederheimb.

Edl. Erbländ.-österr. Adelsstand. Diplom von 1777 für Franz Xaver Edl, k. k. Landschaftsbeamten in Steiermark.
Megerle v. Mühlfeld, S. 278. — Suppl. zu Siebm. W.-B. XII. 17.

Edler v. Edlersberg. Reichs- und erbländ.-österr. Adelsstand. Diplom von 1756 für Jacob Andreas Edler, Schlosshauptmann im Belvedere mit dem Prädicate: v. Edlersberg.
Megerle v. Mühlfeld, S. 175 u. 176. — Suppl. zu Siebm. W.-B. XII. 18.

Edling, Freiherren und Grafen. (Schild geviert: 1 u. 4 von Gold und Schwarz schrägrechts getheilt u. in der Mitte ein schräglinks gelegter, schwarzer Haken mit kleeblattförmigem, goldenen Griffe, also von gewechselten Farben u. 2 u. 3 in Silber ein schrägrechter, rother Balken, oben von einer schwarzen Adlerskrallen und unten von einem offenen, schwarzen Flug besetzt). Altes krainer Adelsgeschlecht, wie das Wappen ergiebt, ganz verschieden von der erloschenen, pommerschen Adelsfamilie v. Edeling, s. S. 29, welche bisweilen auch Edling geschrieben wurde. Dasselbe erlangte die görzer Landstandschaft 20. Februar 1501 und hat in späterer Zeit den Freiherrn- und Grafenstand erlangt. Gegen Ende des 18. Jahrh. (1791) lebten nach Siebenkees folgende Sprossen des Stammes: Baptist Aloysius Graf v. E., bischöfl. Freising. geistlicher Rath und zweiter kathol. Domherr zu Lübeck (war 1800 nicht mehr am Leben); Wenzel Graf und Herr v. E., Domherr zu Wien und Görz (war nach 1800 Dom-Cantor u. Erzbischöfl. Consistorialrath zu Wien); Johann Nepomuk, k. k. w. Kämm. u. Hofrath von der böhm. u. österr. Hofcanzlei; Johann Baptist Freih. u. Herr v. E., 1784 verm. mit Maria Eleonora Grf. von Attems und Philipp Graf u. Herr v. E., k. k. w. Geh.-Rath, Kämm. u. Oberstsilberkämmerer (lebte ebenfalls noch 1800). Der Stamm hat fortgeblüht, doch fehlen über das Fortblühen desselben bis auf die neueste Zeit nähere Nachrichten.
Leupold, I. S. 97. — Suppl. zu Siebm. W.-B. VII. 1. — Tyroff, I. 3. 299 u. Siebenkees, I. S. 346 u. 347. — v. Hefner, krainer Adel, S. 27.

Edlinger auf Haarbach (Schild geviert: 1 u. 4 quergetheilt: oben von Silber u. Roth und unten von Roth u. Silber achtmal quer gestreift und 2 u. 3 in Blau ein schrägrechter, silberner, mit drei unter einander stehenden Pfeilen belegter Balken). Ein 1825 der Adelsmatrikel des Königr. Bayern einverleibtes Adelsgeschlecht.
W.-B. d. Kgr. Bayern, X. 19. — v. Hefner, bayer. Adel, Tab. 83 u. S. 74.

Edlinger, Ritter. Erbländisch-österr. Ritterstand. Diplom v. 1852 für Carl Edlinger, k. k. Major. Derselbe war später k. k. Oberst und Commandant des Feld-Artill.-Reg. No. 3.

_{Augsb. Allg. Zeit. 1852. — Milit.-Schemat.}

Eelking. Ein im Königreiche Hannover zum ritterschaftlichen Adel gehörendes Geschlecht, in welches gegen Ende des 18. Jahrh. der Reichsadelsstand kam und welches das Gut Vossloh im Bremenschen erwarb.

_{Freih. v. d. Knesebeck, S. 122. — v. Hefner, sächs. Adel, Tab. 26 u. S. 25.}

Eerde, Erde, auch Freiherren. Ein aus der niederländischen Provinz Drenthe stammendes, mit Buirse, Eerde und Pleckenpoel begütertes Adelsgeschlecht, welches sich in Geldern, im Cölnischen und in Westphalen ausbreitete. In den Rheinlanden war schon 1439 Vraselt im jetzigen Kreise Rees in der Hand der Familie und Franz Carl Freih. v. E. besass noch 1782 das Gut Eprath unter Thönisberg im Kreise Rheinberg, das Lehngut Häfmanns nebst Erbpächten unter Rayen, Haumannshof zu Neukirchen, das Haus Eyll im Kr. Geldern und einige Güter auch in Westphalen. — Fahne giebt bis 1776 sechzehn Ahnen des Stammes an.

_{N. Pr. A.-L. II. S. 137; v. Erde, Freih. — Fahne, II. S. 35. Frh. v. Ledebur, I. S. 192: Eerde, Erde. — Robens Elem. Werk, II. 13. u. desselben vollständige Sammlung d. im kurcöln. ritterb. Collegio z. Bonn u. im westphäl. ritterb. Collegio zu Arnsberg aufgeschworenen Wappen. 2. Samml. S. 18. — W.-B. der Preuss. Rheinprov. II. Tab. 16. Nr 31 u. S. 131. — v. Hefner, preuss. Adel, Tab. 50 u. S. 41.}

Effelder. Erloschenes, sonst auf dem Eichsfelde begütert gewesenes Adelsgeschlecht.

_{v. Hellbach, I, S. 313 nach: Wolf, Urkundenbuch S. 12.}

Effern, Efferen, auch genannt Hall, genannt Stolberg, Freiherren und Grafen. Altes, rheinländisches Adelsgeschlecht aus dem Stammsitze Efferen im Landkreise Cöln, welches mit Zander (Alexander) v. E. schon 1409 vorkommt u. später in die Linien Effern-Effern, Effern-Zieverich u. Effern-Giesdorf zerfiel. — Johann v. E. begleitete 1562 den Herzog Wilhelm zu Jülich auf den kaiserlichen Wahltag nach Frankfurt a. M.; Heinrich v. E. (Henriccus ab Efferhen), ein zu seiner Zeit berühmter Doctor der Theologie, starb 1591 als Pastor Ecclesiae Winedensis; Heinrich v. E. war 1590 Domherr zu Speier; Wilhelm v. E. gest. 1616, wurde 1612 Bischof zu Worms; ein anderer Wilhelm v. E. war um diese Zeit nach Liefland gezogen, wo die Familie die Nerffschen Güter erwarb und 1620 unter dem Namen: Ueberstolz, genannt Effen, in die Curländische Matrikel eingetragen wurde; Agnes Elisabeth Freiin v. Effern vermählte sich um 1638 mit dem berühmten k. k. General Peter Melander, nachmaligem Herrn und Reichsgrafen v. Holzapfel (geblieben 1648 bei Zusmarshausen) und kaufte die Herrschaft Schaumburg von dem Fürsten v. Nassau, welche Herrschaft die einzige Tochter derselben, Grf. Elisabeth Charlotte, ihrem Gemahle, dem Grafen Adolph v. Nassau-Dietz, zubrachte; Ferdinand Wilhelm v. E., Herr zu Maubach u. Ahrenthal, Herausgeber des sonst sehr bekannten Manuale politicum de ratione Status etc. war 1660 k. k. Rath, etc. etc. Nach Anfange des 18 Jahrh. gelangten Sprossen der Familie zu den höchsten kurpfälzischen Ehrenstellen. Der kurpfälz. Staatsminister und Gesandte v. E. erhielt 1714 den Reichsgrafenstand; Johann Wilhelm Gr. v. E. starb 1724 als kurpfälz. Generallieutenant und Inspector der Cavallerie und einem Grafen v. E. wurde 1739 das erledigte kurpfälz. Regiment v. Zobel verliehen. In späterer Zeit ist der Stamm, in dessen Hand noch 1700 Morshofen im Kreise Kempen war, ausgegangen. Zu demselben gehörte übrigens auch, wie die Aehnlichkeit der in Siebmacher's W.-B. befindlichen Wappen ergiebt, die cölnische Adelsfamilie dieses Namens, welche von einer Besitzung den Beinamen Stolberg führte und aus welcher Johann Dietrich v. E. z. Stolberg, welcher nach Pressburg gekommen war, 1638 den Freiherrnstand erhielt.

Gauhe, I. S. 470. — N. Pr. A.-L. S. 107. — *Fahne*, I. S. 86 u. II. S. 36. — *Frh. v. Ledebur*, I. S. 192. — *Siebmacher*, I. 132: v. Effern, Rheinländisch u. V. 307: v. E. Cöllnisch. Suppl. zu Siebm. W. B. VII. 1: Gr. v. E.

Effinger, E. v. Wildeck, Wildegk (in Silber neun, 3, 3, 2 und 1, auch sechs, 3, 2 u. 1, zusammengesetzte, rothe Hügel). Altes schweizerisches Adelsgeschlecht aus dem Bergschlosse Wildeck bei Lenzburg im Canton Bern. Später erlangte dasselbe das Bürgerrecht in Bern, wo dasselbe noch blüht, und wurde auch im Elsass begütert. Eine Stammtafel bis zur Mitte des 17. Jahrh. hat Bucelini gegeben. — Verschieden von dieser Familie war die schwäbische Adelsfamilie v. Effinger, welche in Roth einen silbernen Sparren führte.

Bucelini, III. S. 102. — *Gauhe*, II. S. 297. — *v. Hattstein*, im Special-Register. — *Salver*, S. 620: Anmerkung, 630 u. 631. — *Siebmacher*, I. 199: Die Effinger v. Wildegk u. V. 210: Effinger v. Bruckh u. Willdeck, Schweizerisch, so wie V. 120: v. Effinger, Schwäbisch. — *Berner*, W. B. von 1829.

Effner. Kurbayerischer Adelsstand. Diplom vom 4. März 1765 für Gaudenz Joseph Effner, kurbayer. Regierungsrath zu Straubing und Salzbeamten zu St. Nicolai. Derselbe war ein Urenkel des Georg E. aus Pfreumt im Leuchtenburgischen, Hofgärtners im Neudecker Garten, welcher 1625 einen Wappenbrief erhalten hatte, Enkel des Christian E., Hofgärtners zu Dachau und Sohn des Joseph E., kurbayerischen Hof-Kammerraths und Oberbau- u. Gartendirectors zu München und sein Sohn, Johann Nepomuk v. Effner, geb. 1757, wurde als k. bayer. Geh.-Rath u. Geh.-Justiz-Referendar in die Adelsmatrikel des Königr. Bayern eingetragen.

v. Lang, S. 324. — W.-B. Kgr. Bayern, V. 20. — *v. Hefner*, bayer. Adel. Tab. 83 u. S. 74. — *Kneschke*, IV. S. 105.

Ega. Altes, erloschenes, schwäbisches Adelsgeschlecht, dessen Name in Ahnentafeln der Freih. v. Greiffenclau zu Vollraths vorkommt.

Salver, S. 722. — *Siebmacher*, I. 121. — *v. Meding*, III. S. 148 u. 149.

Egefeld, s. Ehinger v. Egefeld.

Egelhofsberg, s. Enders v. Egelhofsberg.

Egeln, Egel (im Schilde ein liegender Ast mit Eicheln). Ostpreussisches Adelsgeschlecht, welches mit dem deutschen Orden aus dem Reiche nach Preussen gekommen sein soll. Die Nachkommen, zu denen Caspar Otto Egel, 1602 Burggraf auf Sehesten, gehörte, legten den Adel ab, welchen aber Friedrich Egeln als kurbrandenburg.

Staabsofficier wieder aufnahm. Derselbe, seit 1688 Herr des Vorwerks Arrende bei Tilsit, starb kinderlos 1734 als k. preuss. Generallieutenant und Chef eines Kuirassierregiments. — Die von Siebmacher, III. 54 aufgeführte Familie v. Egell, oder Egeln ist dem Wappen nach: Schild geviert: 1 u. 4 in Schwarz ein goldener Löwe und 2 und 3 in Silber ein dreifacher rother Spitzenschnitt) ein anderes, doch näher nicht bekanntes Geschlecht.

N. Pr. A.-L. I. S. 108. — Frh. v. Ledebur, I. S. 192.

Egeln, s. Eglen, Egeln, Grafen, S. 39 u. 40.

Egenberg, Egenburg (in Blau eine goldene Egge). Altes mit den Herren und nachmaligen Fürsten von Eggenberg nicht zu verwechselndes Oberösterreichisches Adelsgeschlecht, dessen gleichnamiges Stammschloss im Traun-Viertel lag. — Der Stamm erlosch im 15. Jahrhundert, die Angabe, dass derselbe bis 1675 geblüht habe, ist, wie sich aus dem Werke des Freih. v. Hoheneck ergiebt, unrichtig. Später kam das Schloss Egenberg auch an die Fernberger v. Auer, welche die kaiserliche Erlaubniss erhielten, sich Auer v. Egenberg, s. Bd. I. S. 140, schreiben und das Egenbergsche Wappen führen zu dürfen.

Gauhe, II. S. 238 nach dem M.-S.-Cpt. geneal.

Egenberger v. Eggenberg. Ein im 17. Jahrh. in Niederösterreich mit mehreren Herrschaften und Gütern angesessenes Adelsgeschlecht, welches aber in die nieder-österr. Ritterstandsmatrikel nicht eingetragen worden ist, weshalb Wissgrill das Wappen nicht angeben konnte. Die Besitzungen der Familie wurden von den Ständen Schulden halber wieder eingezogen.

Wissgrill, II. S. 352.

Egenburger v. Egenburg. Ein von 1201 bis 1531 in Niederösterreich begütert gewesenes Adelsgeschlecht, aus welchem Wissgrill mehrere Sprossen angeführt hat.

Wissgrill, II. S. 352 u. 353.

Egendorff. Altes, oberösterr. Adelsgeschlecht, welches bis zu dem 1574 erfolgten Erlöschen im Besitze des im Traun-Viertel gelegenen Stammschlosses und Ritterguts Egendorff war.

Freih. v. Hoheneck, II. S. 611. — Gauhe, II. S. 238.

Egendorffer v. Egendorf. Ein im 13. u. 14. Jahrh. in Niederösterreich vorgekommenes Adelsgeschlecht.

Duellii, Excerpt. hist.-geneal. Lib. II. S. 194. — Wissgrill, II. S. 353.

Eger, auch Ritter und Edle. Böhmischer Adels- und erbländischösterr. Ritterstand. Adelsdiplom von 1738 für Johann Friedr. Eger k. k. Hofsecretair und Ritterstandsdiplom von 1759 für denselben als Niederösterr. Regierungsrath, wegen 39jähriger Dienstleistung, mit dem Prädicate: Edler v.

Megerle v. Mühlfeld, S. 107 u. Ergänz.-Bd. S. 273.

Eger, Freiherren. Erbländ.-österr. Feiherrnstand. Diplom von 1796 für Friedrich Edlen v. Eger, k. k. Staats- und Conferenz-Rath. Derselbe hatte 1779 die krainer- und 1780 die kärntner Landstandschaft erlangt.

Megerle v. Mühlfeld, S. 46. — Tyroff, II. 74. — v. Hefner, krainer Adel, Tab. 24 u. S. 27.

Eger v. Seeck, Edle. Erbländ.-österr. Adelsstand. Diplom von 1754 für Johann Georg Eger, niederösterr. Handgrafenamts-Registrator, mit dem Prädicate: Edler v. Seeck.

Megerle v. Mühlfeld, Ergänz.-Bd. S. 273.

Egeregg, s. Heidler v. Egeregg.

Eggartner v. Kollhoff. Erbländ.-österr. Adelsstand. Diplom von 1719 für Johann Leopold Eggartner, mit dem Prädicate v. Kollhoff.

Megerle v. Mühlfeld, Ergänz.-Bd. S. 274.

Eggelkraut zu Wildengarten, Edle. Im Königr. Bayern bestätigter Adelsstand. Bestätigungs-Diplom vom 4. Juli 1817 des durch pfalzgräfl. v. Zeilsches Diplom 1797 erworbenen Adels für Johann Friedrich Edlen v. Eggelkraut zu Wildengarten, geb. 1756, welcher als vormaliger Reichstags-Agent und Fürstl. Waldburg-Zeilscher- und Leiningen-Heidenau-Billigheimischer Rath, in die Adelsmatrikel des Königreich Bayern eingetragen wurde.

v. Lang, Suppl. S. 94. — W.-B. des Königr. Bayern, V. 21. — v. Hefner, bayer. Adel. Tab. 84 u. S. 74.

Eggen, Egen, v. Dürnstein, Thurnstein. Tiroler, aus Meran stammendes Adelsgeschlecht, in welches in der ersten Hälfte des 16. Jahrhunderts der Adel kam und welches, mit Schloss Dürnstein angesessen, der tiroler Landmannschaft einverleibt wurde. — Johann Egen v. Thurnstein war 1856 k. k. Hauptmann in der Zeugs-Artillerie und Feuerwerksmeister in Olmütz.

Provinzial-Handbuch von Tirol, 1847. S. 290; v. Egen. — Milit.-Schemat. — v. Hefner, tiroler Adel S. 5.

Eggenberg, Freiherren und Fürsten (in Silber drei, 2 u. 1, gekrönte, schwarze Adler, von denen die beiden oberen seitlich gegeneinder gestürzt sind, der untere aber aufrecht steht u. zwischen denselben in der Mitte eine goldene Krone). Reichsfreiherrn- und Fürstenstand. — Freiherren-Diplom vom 29. December 1598 für Siegfried v. Eggenberg, und Fürsten-Diplom vom 31. Aug. 1623 für Johann Ulrich Freiherrn v. E. — Eine ursprünglich augsburgische, sehr reiche Familie, welche in Steiermark, Krain, Böhmen etc. zu grossen Grundbesitz gelangte und das Erbmarschall-Amt in Oesterreich, das Erbkämmerer-Amt in Steiermark und das Erbschenken-Amt in Krain und in der windischen Mark an sich brachte. Die fortlaufende Stammreihe beginnt Hübner mit Ulrich v. E., von dessen Enkel, dem obengenannten Freiherrn Siegfried aus der Ehe mit Benigna Grf. v. Gallenstein Fürst Johann Ulrich, k. k. Geh.-Rath, Landeshauptmann in Steiermark, Oberst-Hofmeister etc. entspross. Derselbe wurde mit der Herrschaft Krumau in Böhmen, welche den Titel eines Herzogthums erhielt und erbaute auch in Steiermark das nach ihm genannte Schloss Eggenberg. Von ihm stammte Fürst Anton, gestorben 1649, welcher die Herrschaft Gradisca als unmittelbares Fürstenthum, mit der Bedingung des Rückfalls an das Kaiserhaus nach Erlöschen des Mannsstammes, erhielt. Aus seiner Ehe mit Anna Maria, Markgräfin von Bayreuth, gestorben 1680, stammten zwei Söhne: Fürst Johann Christian, welcher 1654 mit Sitz und Stimme in das Reichsfürsten-Collegium eingeführt wurde und 1710 kinderlos starb und Fürst Johann Seyfried, gest. 1713. Von Letzterem entspross Fürst Johann Joseph Anton, gest. 1716, dessen Sohn, Prinz Johann Adam Seyfried, im 13. Lebensjahre, schon 13. Febr. 1717 den Stamm des Geschlechts schloss. Die Herrschaft Krumau kam an das Haus Schwarzenberg.

Bucelini, III. S. 28 u. 176. — *Hübner*, I. Tab. 245. — *Gauhe*, II. S. 238—240. — *Zedler*, VIII S. 303—307. — *Gebhardi*, histor. geneal. Abhandl III. S. 662—670. — *Wissgrill*, II. S. 354—358. — *Schmutz*, I. S. 290—292. — *Siebmacher*, I. 30 u. 48, II. 152, III. 5, VI. 7. — *Trier*, S. 398—400.

Eggenberger, Ritter. Erbländ.-österr. Ritterstand. Diplom von 1856 für Carl Eggenberger; k. k. Platzhauptmann zu Brood.

Augsb. Allg. Zeit. 1856.

Eggendorf, s. Pachner v. Eggendorf.

Eggendorff, s. Schweikhofer zu Eggendorff und Eisenburg.

Eggenstein, s. Egger zu Leben und Eggenstein.

Eggensteiner. Ein im 14. und 15. Jahrh. in Steiermark vorgekommenes Adelsgeschlecht, welches 1473 mit Sebastian v. E. erloschen ist.

Schmuts I,. S. 293.

Egger. Steiermärkisches Adelsgeschlecht, als dessen Stammvater Paul Chr. v. Egk angenommen wird, welcher, eines unglücklichen Duells wegen, aus Bayern nach Steiermark geflohen sein soll. Einer seiner Söhne, welcher k. k. Kammerrath war, brachte den Adel in die Familie.

Schmuts, I. S. 294.

Egger, Freiherren und Grafen (in Blau drei an einander gestellte, von oben bis unten reichende, silberne Wecken). Erbländ.-österr. Freiherrn- und Grafenstand. Freiherrn-Diplom von 1760 für Maximilian Thaddäus v. Egger, Inner-österr. Landrath und von 1766 für Joseph Ignaz v. Egger, Niederösterr. Regierungsrath und Grafen-Diplom von 1785 für Maximilian Thaddäus Freiherrn v. Egger, wegen seiner ausgezeichneten montanistischen Kenntnisse. Von Letzterem stammten zwei den gräflichen Stamm fortsetzende Söhne: Graf Franz Johann Nepomuk. gest. 1842, k. k. Kämm., verm. 1799 mit Catharina Freiin v. Koller und Graf Ferdinand, verm. mit Maria Josepha Freiin v. Gailberg. Von Ersterem Beider stammt Graf Gustav, geb. 1808 und vom Grafen Ferdinand entspross, neben einer Tochter, Grf. Pauline, geb. 1800, verm. 1816 mit Carl Grafen v. Christallnigg, ein Sohn: Graf Ferdinand Franz Xaver, geb. 1802, k. k. Kämm., Bergrath etc., verm. mit Nothburge Grf. Lodron-Laterano geb. 1791. Die Schwester der Grafen Gustav und Ferdinand, Grf. Maria, geb. 1771, war mit einem v. Neufbourg vermählt.

Megerle v. Mühlfeld, S. 17, 46 u. 47. — Deutsche Grafenh. d. Gegenw., I. S. 209. — Geneal. Taschenb. d. grfl. Häuser, 1858 S. 214 u. histor. Handb. zu demselben, S. 189. — W.-B. d. österr. Monarch. II. 96.

Egger. [Schild durch einen schrägrechten, blauen und einen unter demselben gezogenen, schräglinken, goldenen Balken geviert. Der blaue Balken ist mit drei sechsstrahligen, goldenen, der goldene aber mit zwei blauen Sternen belegt, so dass die Sterne im Schilde

2, 1 und 2 stehen. 1 und 4, oben und unten, ein aufwachsender Mann mit unbedecktem Kopfe und mit der Länge nach von Gold und Blau getheiltem Rocke, welcher in der Rechten drei Teichkolben emporhält und 2 und 3 in Silber ein auswärts gekehrter Kranich). Reichs-Adelsstand. Diplom vom 12. Jan. 1741 für Johann Michael Egger, Besitzer des bayer. Ritterguts Gross-Köllnbach. Der Grossvater und der Vater desselben hatten sich 1683 und 1717 mit grossen Lieferungen zur Oesterr. Armee nach Belgrad und Wien befasst und der Urgrossvater war unter Kurfürst Max I. von der Oberpfalz als Rittmeister an erhaltenen Wunden gestorben. Ein Enkel des Diplom-Empfängers, Johann Nepomuk v. Egger, Herr auf Gross-Köllnbach, geb. 1763, wurde in die Adelsmatrikel des Kgr. Bayern eingetragen.

v. Lang, 8. 325. — W.-B. d. Kgr. Bayern, V. 21. — v. Hefner, bayer. Adel, Tab. 84 u 8. 74 u. 75. — Kneschke, IV. S. 106

Egger, Edle. Erbländ.-österr. Adelsstand. Diplom von 1815 für Franz Egger, Nieder-österr. Regierungs-Rath und Professor der Rechtswissenschaft, mit dem Prädicate: Edler von.

Megerle v. Mühlfeld, Ergänz. Bd. S. 214.

Egger v. Eggenwald, Edle. Erbländ.-österr. Adelsstand. Diplom von 1770 für Joseph Paul Egger, Radmeister zu Vordernberg und inneren Rath zu Leoben in Steiermark, mit dem Prädicate: Edler v. Eggenwald.

Megerle v. Mühlfeld, S. 176.

Egger v. Eggstein, Edle. Erbländ.-österr. Adelsstand. Diplom von 1801 für Joseph Egger, k. k. Generalmajor mit dem Prädicate: Edler v. Eggstein.

Megerle v. Mühlfeld. Ergänz.-Bd. S. 274.

Egger zu Leben und Eggenstein. Erbländ.-österr. Adelsstand. Diplom von 1770 für die Gebrüder Joseph Martin Egger, Doctor der Rechte und Christian Joseph Egger, Doctor der Medicin, mit dem Prädicate: zu Leben und Eggenstein.

Megerle v. Mühlfeld, Ergänz.-Bd. S. 274.

Egger zu Marienfreid, s. Echer v. Marienfreid, S.

Egger zu Roreck. Nieder-österreichisches, von 1451 vorgekommenes Adelsgeschlecht, welches mit Georg E. zu R. nach 1542 erlosch.

Frh. v. Hoheneck, III. S. 115. — Wissgrill, II. S. 274.

Egger v. Weissenegg. Erbländ.-österr. Adelsstand. Diplom von 1720 für Franz Narciss Egger aus Tirol, mit dem Prädicate: v. Weissenegg.

Megerle v. Mühlfeld, Ergänz.-Bd. S. 274.

Eggerer v. Wildberg u. Portenheim. Erbländ.-österr. Adelsstand. Diplom vom 16. März 1692 für die Gebrüder Hans, Veit und Jacob Eggerer in Tirol. Der Stamm ist mit Jacob E. v. W. und P. wieder erloschen.

Handschriftl. Notiz.

Eggers (Schild geviert: 1 in Gold ein rechtsgekehrter, einen Zweig emporhaltender, schwarzer Löwe; 2 in Grün eine silberne Lilie; 3 in Schwarz fünf zusammengebundene goldene Aehren und 4 in Blau eine silberne Egge.) Schwedischer Adelsstand. Diplom vom 21. Nov. 1751 für Jacob Eggers, Chef der k. schwed. Feldbrigade. Derselbe, früher kursächs. Oberst, erwarb das Rittergut Sarlhusen und starb 1798 mit Hinterlassung mehrerer Nachkommen. Der älteste Sohn, Christian Ullrich Dettlow v. E., k. dän. Legationsrath, früher Professor an der Universität Kopenhagen, soll 1806 den Reichsfreiherrnstand erhalten haben, doch ist über das Diplom nichts aufzufinden. Ein anderer Sohn, Emil August Friedrich v. E. war 1805 k. dän. Regierungsrath und besass das Gut Criesebrügge im Schleswigschen.

Frh. v. Ledebur, I. S. 192 u. III. S. 243. — Suppl. zu Siebm. W.-B. XI. 9.

Eggers. Reichsadelstand. Diplom von 1790 für Heinrich Friedrich Eggers, Lehrer am Colleg. Carolinum zu Braunschweig. Derselbe war später k. dän. Conferenz-Rath und Vicekanzler bei der holsteinischen Regierung zu Glückstadt und zu seinen Nachkommen gehörte der 1819 verstorbene aggregirte Capitain v. Eggers, welcher nach dem N. Preuss. Adels-Lexicon folgendes Wappen führte: Schild der Länge nach und in der linken Hälfte quer getheilt: rechts in Silber ein an die Theilungslinie angeschlossener, halber, schwarzer Adler und links in Roth oben eine goldene Sonne und unten ein goldener Querbalken. Sollte diese Angabe richtig sein, so gäbe es noch eine dritte Familie v. Eggers, von welcher in Wappensammlungen mit möglichst genau bestimmten Namen ein einfaches und ein vermehrtes Wappen vorkommt. Im ersteren ist der Schild der Länge nach getheilt: in die rechte silberne Hälfte springt aus der Theilungslinie ein gelber Löwe hervor und in der linken rothen Hälfte ist an die Theilungslinie eine halbe, goldene Lilie angeschlossen — im letzteren Wappen ist der Schild quer getheilt: oben befindet sich der eben beschriebene, halbe Löwe mit der halben Lilie, unten aber steht in Schwarz eine silberne Egge.

N. Pr. A.-L. I. S. 108. — Frh. v. Ledebur, I. S. 192 u. III. S. 245.

Eggs v. Rheinfelden. Erbländ.-österr. Adelsstand mit dem Prädicate: v. Rheinfelden. Johann E. v. Rh., wohl der Empfänger des Adelsdiploms, war 1856 k. k. Major im 14. Infant.-Reg.

Milit. Schemet. 1856 S. 200.

Eghele, s. Cappenberg genannt Eghele, Bd. II. S. 216.

Egitto, s. Cassis-Pharaone, Cassis d'Egitto, Bd II. S. 234.

Egk, Egkh, s. Eck u. Hungersbach, Freiherren u. Grafen S. 16.

Eglen, Egeln. Grafen. Altes Grafengeschlecht im Magdeburgischen, dessen Sprossen sich auch: die Herren von Hadmarsleben und v. Egeln, schrieben. Das Stammschloss und Städtchen gleichen Namens lag an der Bode und der Stamm erlosch 1417 mit dem Grafen Conrad im Mannesstamme. Die einzige Tochter desselben, Margaretha, war mit dem Fürsten Waldemar (nach Anderen Albert) zu Anhalt vermählt, erbte aber Egeln nicht, da schon 1357 die Grafen v. Barby von Kursachsen die Anwartschaft auf Egeln erhalten hatten. Die genannten Grafen kamen später wegen Egeln mit dem Erzstifte Magdeburg in einen langen Process, welchen erst der Osnabrücksche Frieden endigte, in welchem Egeln an Kur-Brandenburg kam und mit dem Herzogthum Magdeburg vereinigt wurde.

Hoppenrod, Stammbuch S. 53. — Beckmann, V. S. 128. — Gauhe, II. S. 240—242.

Eglingen. (Schild quer getheilt: oben ohne Bild und unten zwei wellenförmige Schrägbalken). Altes, bayerisches Adelsgeschlecht aus dem Stammhause Egling bei Wolferzhausen, welches schon in der ersten Hälfte des 11. Jahrh. vorkommt und das Erbschenken-Amt des Klosters Tegernsee an sich brachte. Der Stamm erlosch mit Leonhard v. E., welcher 1511 noch lebte: 1515 besass schon die Familie v. Sonderstorff das erwähnte Erbschenken-Amt.

Hund, III. S. 291.

Eglingen (in Blau eine silberne Egge). Altes, bayerisches Adelsgeschlecht, welches nach Ostpreussen kam und mit Henneberg im Kr. Heiligenbeil und im Schaakenschen begütert war.

Frh. v. Ledebur, III. S. 245. — Siebmacher, II. 67: v. Eglingen, Bayerisch.

Egloff. (Schild geviert: 1 und 4 in Blau ein schrägrechter, silberner Balken, belegt mit drei hinanlaufenden Schlangen und 2 und 3 geviert von Roth und Silber und die obere silberne Abtheilung jedes Feldes ist mit einer fünfblättrigen rothen Rose an einem kurzen, sich rechts krümmenden Stengel belegt, an welchem zu jeder Seite ein grünes Blatt steht. Altes, schwäbisches Adelsgeschlecht, welches in der zweiten Hälfte des 16. Jahrh. auch in Bayern vorkam.

v. Hattstein, III. S. 165. — v. Meding, II. S. 152.

Egloff (in Silber zwei gekreuzte, braune Bärentatzen). In Preussen anerkannter Adelsstand. Anerkennungs- und Legitimations-Diplom vom 11. Juni 1792 für die von dem k. preuss. Major Otto Friedrich Grafen v. Egloffstein auf Arklitten, nach dem Tode seiner Gemahlin, mit Anna Barbara Stein erzeugten Kinder: Friederike Barbara, Luise Gottliebe und Ludwig Heinrich Carl August, mit dem Namen v. Egloff und mit dem oben erwähnten Wappen. — Ludwig Heinrich Carl August v. Egloff war 1836 k. preuss. Major im 1. Husaren-Regimente, Friederike Barbara v. E. war die Gemahlin des Landschafts-Directors v. Knoblauch auf Bausen im Ermelande und Luise Gottliebe v. E. war mit dem k. preuss. General v. Mayer vermählt.

N. Pr. A.-L. II. S. 108 u. V. S. 143. — Frh. v. Ledebur, I. S. 192. — W.-B. d. Preuss. Monarch. III. 12.

Egloff. Erbländ.-österr. Adelsstand. Diplom von 1805 für Dominik Egloff, k. k. Oberst-Lieutenant.

Megerle v. Mühlfeld, Ergänz.-Bd. S. 274.

Egloff v. Päl. Bayerisches Adelsgeschlecht, aus welchem Johann Wilhelm E. v. P., Decan zu Landshut, seiner Schwester, Anna Regina, welche sich 1659 mit Johann Ferdinand v. Perfall vermählte, das Schloss Päl bei Weilheim schenkte.

Ober-Bayer. Archiv, VI. S. 354.

Egloff v. Stadhof. Erbländ.-österr. Adelsstand. Diplom von

1727 für Carl Anton Egloff, Doctor der Medicin und Professor der Anatomie zu Innsbruck, mit dem Prädicate: v. Stadhof.

Meyerle v. Mühlfeld, Ergänz.-Bd. S. 274.

Egloff v. Zell. Bayer. Adelsgeschlecht, aus welchem Hans Caspar E. v. B., dessen Mutter eine v. Knöringen war, 1641 vorkommt.

Ober-Bayer. Archiv, VI. S. 283.

Eglofsheim. Altes, bayerisches Adelsgeschlecht aus dem gleichnamigen Stamm-Hause unweit Regensburg, welches schon gegen Mitte des 12. Jahrh. vorkommt und mit Eglof v. E. nach 1370 erloschen ist.

Wig. Hund. III. S. 292. — Monum. boic. XIII. S. 125 u. 173.

Egloffstein v. u. zu Egloffstein, Freiherren und Egloffstein zu Arklitten, Grafen. (Stamm- und freiherrliches Wappen: in Silber der Kopf und Hals eines rechts gekehrten, schwarzen Bären mit roth ausgeschlagener Zunge; gräfliches Wappen: Schild geviert: 1 und 4 das Stammwappen und 2 und 3 in Gold der gekrönte, schwarze, preussische Adler mit den goldenen Kleestengeln auf den Flügeln und einwärts sehend). Preussischer Grafenstand. Diplom v. 19. Sept. 1786 für Albrecht Dietrich Gottfried v. Egloffstein, k. preuss. Generalmajor und den Bruder desselben, Otto Friedrich v. E., k. preuss. Major, so wie für die vier Söhne des Letzteren. — Eins der ältesten, zu der ehemaligen reichsunmittelbaren Ritterschaft der Cantone Gebürg und Steigerwald und zu den Ganerben der Bergveste Rothenberg gehörendes, fränkisches Adelsgeschlecht, welches 975 mit Herzog Ernst, welcher vom K. Otto II. mit dem Nordgau belehnt wurde, aus Nieder- oder Seeland in das jetzige Franken gekommen sein soll, wo es das noch ganz erhaltene und im steten Besitze der Familie verbliebene Stammschloss Egloffstein bei Gräfenberg erbaute. Die genealogischen Verhältnisse des ganzen Stammes von 1290—1747 hat Biedermann, s. unten, möglichst genau angegeben. Derselbe schied sich im Laufe der Zeit in mehrere Linien, von welchen die gaunhardtshöfer, hartensteiner, gailenreuther, henfenfelder, leopoldsteiner, wannbacher und mühlhäuser zeitig wieder erloschen sind, während die bernfels-egloffsteiner Hauptlinie in sehr zahlreichen Sprossen fortgeblüht hat. — Schon in früher Zeit kam das Geschlecht zu grossem Ansehen. Otto v. E. war 1060 Bischof zu Regensburg und Reichsfürst; Leopold I. 1333 Bischof zu Bamberg und Herzog in Franken; Conrad III. 1398 Deutschmeister und Reichsfürst; Wolfram I., 1398 deutscher Ordensritter und Land-Comthur zu Ellingen; Johann IV., 1401 Fürstbischof zu Würzburg, Herzog in Franken und Stifter der Universität Würzburg etc. Von den weiblichen Sprossen des Stammes wurde Catharina 1410 Fürst-Aebtissin zu Nieder-Münster bei Regensburg; Cunigunde war 1479 Fürst-Aebtissin zu Ober-Münster, Anna 1517 Fürst-Aebtissin zu Mittel-Münster und Ruffina 1561 ebenfalls Fürst-Aebtissin zu Mittel-Münster. — Leonhard II., aus der 8. Generation der Mühlhäuser Linie, Domcapitular zu Bamberg und Würzburg, stiftete 1505 ein Familien-Fideicommiss, an welchem alle männlichen Nachkommen nach dem 13. Lebensjahre Antheil haben, wodurch die Familie für immer unter sich fest und innig verbunden ist. Leonhards II. Beispiele folgte Claus I., aus der 19. Generation der Mühlhäuser Linie, welcher 1557 die Rittergüter Kunreuth und Mühlhausen zu einem Fideicommiss bestimmte und zwar ebenfalls zur Nutzniessung der Gesammtfamilie. Dieses Fideicommiss ist unter dem Namen: Obmann u. Gemein-Geschlecht von Egloffstein, im Kr. Bayern anerkannt und immatriculirt, hat den Verwaltungssitz in Kunreuth und ist durch die besten Statuten geregelt. Das noch bestehende Majorats-Fideicommiss Egloffstein stiftete 1733 der Ritterhauptmann Carl Maximilian I. v. E. aus dem halben Antheil am Rittergute Egloffstein und den Gütern Leupoldstein und Bieberbach und zwar für seinen Bruder und dessen Nachkommen, eventuell der nächst verwandten Linie, nach dem Rechte der Erstgeburt und das der gräflichen Linie zustehende Majorat Arklitten in Ostpreussen wurde 1783 von dem oben genannten Albrecht Dietrich Gottfried v. E., vor seiner Erhebung in den Grafenstand, gegründet. — Der Stammvater der fortgeblühten bernfels-egloffsteiner Linie, war Hans I., welcher, verm. mit Barbara v. Seckendorf, um 1290 lebte. Eine leicht zu übersehende Uebersicht aller 19 Generationen, in welchen das Geschlecht vorgekommen ist, findet sich im Geneal. Taschenb. der freih. Häuser, auf welche hier verwiesen werden muss. Dieselbe ist für die Geschichte der Familie eine der vorzüglichsten Quellen. In der 13. Generation entstanden durch Johann Rudolph I. u. Conrad I. Wilhelm Sigmund, Söhne des Albrecht VI. in der 12. Generation, zwei fränkische Hauptlinien: die ältere fränkische Branche, welche auch Fuldaer Linie genannt wurde und die jüngere fränkische Branche, welche letztere in der 14. Generation mit den beiden Söhnen Conrads I.: Albrecht VI. und Ludwig I., sich in zwei Linien, die hauptmännische Linie und die Obmännische Linie schied. — Die preussische, gräfliche Linie stiftete in der 11. Generation Sigmund IV., gest. 1646, älterer Sohn Sigmunds III., verm. mit Catharina v. Oels, aus welcher Ehe, neben zwei Töchtern, vier Söhne stammten. Nachdem später, wie angegeben, in diese Linie der Grafenstand gekommen war, setzte Graf Otto Friedrich, s. oben, durch zwei Söhne: den Grafen Leopold, gest 1830, k. preuss. Geh.-Regier.-Rath, Oberschenken und Kammerherrn u. dem Grafen August, gest. 1820, verm. mit Caroline v. Buddenbrock, dieselbe als ältere und jüngere Linie fort. Das Haupt der älteren Linie ist Graf Carl, geb. 1795, älterer Sohn des Grafen Leopold, Majoratsherr auf Arklitten und Herr auf Awtinten, k. preuss. Major a. D., verm. 1823 mit Charlotte Freiin v. u. zu Egloffstein, geb. 1796, aus welcher Ehe zwei Töchter stammen. Der Halbbruder des Grafen Carl aus des Grafen Leopolds zweiter Ehe mit einer v. Viereck, gest. 1852, ist Graf Friedrich, geb. 1808, Herr der Rittergüter Schwusen und Tschwirtschen in Schlesien, der attendorfer Güter im Posenschen u. der silginaer Güter in Ostpreussen, k. preuss. Kammerh., verm. 1838 in erster Ehe mit Alexandrina v. Davidoff, gest. 1851, in zweiter 1852 mit Agnes Freiin v. Korff-Schönbruch, gest. 1853 und in dritter 1856 mit Luise Grf. v. Schlieffen, geb. 1829. Aus der ersten Ehe entsprossten, neben vier Töchtern, zwei Söhne und aus der dritten eine Tochter. Die jüngere Linie besteht aus dem Grafen Julius, geb. 1801, einem Sohne des Grafen August, Herrn des Rittergutes Woopen in Ostpreussen, k. preuss. Ober-Landesgerichts-Rath a. D., verm. 1844 mit Ottilie Burg- und Grf. zu Dohna-Schlodien geb. 1811. — Die beiden freih. fränkischen Linien, die ältere und jüngere und letztere im Hauptmännischen und Obmännischen Stamme, welche insgesammt 12. Sept. 1832 in die Freiherrenclasse der Adelsmatrikel des Kgr. Bayern eingetragen wurden, sind, namentlich die jüngere Linie, an Gliedern sehr reich. Das geneal. Taschenbuch der freih. Häuser giebt diese in ihrer Gesammtheit sehr genau an, und so mögen hier nur die jetzigen Häupter dieser Linie folgen: Aeltere fränkische Linie: Freih. Ladislaus I. geb.1831, Sohn des 1842 verstorbenen Freiherren Adalbert I., k. k. Forstmeisters, aus der Ehe mit Charlotte Pisza de Boros-Jenö und Enkel des Freiherrn Heinrich V., Fürstl. Fuldaischen Kämmerers, Geh.-Raths und Ober-Stallmeisters, k. k. Rittmeister. — Jüngere fränkische Linie: Freih. Carl IX Hans Wichard, geb. 1822, Sohn des 1856 verstorbenen Freiherrn Carl VI. vierten Majorathsherrn zu Egloffstein, k. preuss. Regierungs-Raths u. fürstl. Wiedschen Ober-Forstmeisters, fünfter Majoratsherr zu Egloffstein, verm. mit Caroline Freiin von Münster, aus welcher Ehe drei Söhne stammen — und Obmännische Linie: Freih. Wilhelm VI. geb. 1775, Sohn des 1830 verstorbenen Freiherrn Ernst I., Majors u. Generaladjutantens in Nassau-Saarbrückschen Diensten, Ohmann des Geschlechts auf Egloffstein, königl. bayer. Kämm. u. Forstmeister, verm. in erster Ehe mit Amalie Marquise v. Montperny und in zweiter mit Caroline Marquise v. Montperny, aus welchen beiden Ehen eine sehr zahlreiche Nachkommenschaft erwachsen ist.

Wig. Hund. I. S. 196. — *Gauhe.* I. S. 470 u. 471 nach den Fränkischen Act. erudit. XXI. S. 745—752 — *v. Hattstein.* II. I. S. 89—95. — *Dienemann,* S. 344. Nr. 57. — N. General-Handb. 1778. S. 46—49. — *Biedermann,* Canton Geburg. Tab. 43 — 64. — *Salver,* S. 245, 249, 252, 256, 257, 262 u. 266. — *v. Lang,* S. 23 u. S. 325 u. 326. — N. Pr. A.-L. II. S. 484—487. — Deutsche Grafenh. u. Grgnw. I. S. 210 u. 211. — Frh. v. Ledebur. I. S. 245. — Geneal-Taschenb. d. gräfl. Häuser. 1859. S. 235—237 u. hist. Handb. zu demselben, S. 189. — Geneal. Taschenb. d. freih. Häuser 1857. S. 153—166 u. 1859 S. 162—168. — *Siebmacher,* I. 100 und Suppl. IV. 11. — *v. Meding.* II. S. 152 u. 153 — *Tyrof.* I. 63 und *Siebenkees,* I. S. 151—161. — W.-B. d. Kgr. Bayern, I. 32; Grafen, IV. 22; v. E. u. XI. 18; Freih. v. E. und von Wölckern, Abth. I. — W.-B. d. Preuss. Monarch. I. 36.

Eckstein, s. Egger v. Eckstein, S.

Egidy. Egydi, Egydy. Reichsadelsstand. Bestätigungsdiplom vom 12. Octbr. 1687 für Samuel v. Egidy, kursächsischen Ober-Küchenmeister. Nach dem Diplom erwarb Johann v. E., wie mehrere polnische Edelleute, das Indigenat der Freistadt Elbingen. Der Sohn desselben, der eben genannte Samuel v. E., wurde Hofmeister bei dem General-Lieutenant Grafen v. Limpurg-Styrum, trat dann in dem Regimente desselben in die Dienste der Generalstaaten, wohnte 1675 als General-Adjutant der Schlacht bei Fehrbellin bei und wurde später Oberküchenmeister am kürsächsischen Hofe. Die Familie war nach der Mitte des 18. Jahrh. und später mit Badrina bei Delitzsch und Ottersitz bei Torgau begütert, erwarb dann die Güter Kreinitz mit Lorenzkirch u. Naunhof bei Radeburg, kam auch nach Bayern u. wurde neuerlich auch mit Treschen im Kr. Breslau angesessen. — Der Stamm hat in vielen Sprossen fortgeblüht, von denen mehrere in k. sächs. Militairdiensten gestanden haben und noch stehen. Christoph Hans v. E., k. sächs. Gener.-Lieut. u. Divisionair, erhielt die Königliche Erlaubniss, sich v. Egidy-Geissmar nennen und schreiben zu dürfen.

v. Uechtritz, Diplom. Nachrichten VI. S. 23—30. — N. Pr. A.-L. V. S. 143. — Frh. v. *Ledebur*, I. S. 192 u. III. S. 245.— *Tyroff*, I. 265. — W.-B. d. Kgr. Bayern. XII. 50. — W.-B. d. sächs. Staat. I. 96 — *v. Hefner*, sächs. Adel, Tab. 26 u. S. 25 u. bayer. Adel, Tab. 81 u. S. 75. — *Knetschke*, II. S. 128 u. 129.

Eham. Reichsadelsstand. Diplom von 1588 für Michael Eham, k. Reichshofrath. Derselbe war in Niederösterreich begütert, starb aber 1608 ohne männliche Nachkommen.

Wissgrill. II. S. 359.

Eharter v. Ehrenhart. Erbländ.-österr. Adelsstand. Diplom von 1768 für Johann Eharter, k. k. Hauptmann bei dem Carlstädter-Sluiner-Regimente, mit dem Prädicate: v. Ehrenhart.

Meyerle v. Mühlfeld, Ergänz.-Bd. Sd. 275.

Ehden, s. Eden, S. 31.

Ehem. Augsburger Patriciergeschlecht, aus welchem nach Sinapius ein Zweig nach Breslau kam, wo Matthäus Christoph v. E. mit einem Sohne 1603 lebte. Georg von E. kommt nach dem genannten Schriftsteller schon unter dem Herzoge Heinrich zu Münsterberg 1480 vor. Von diesem nach Schlesien gekommenen Zweige schweigt v. Stetten. — Sprossen des Geschlechts, früher Weber, traten 1478 als Kaufleute in Augsburg auf und kamen später in den Rath. Christoph Ehem wurde kurpfälz. Kanzler und brachte wohl den Adel in seine Familie, welche mit dem Urenkel desselben, Johann Bernhard v. E., 1656 erlosch.

Sinapius. II. S. 606. — *v. Stetten*, Gesch. d. adeligen Geschlechter in Augsburg. S. 193 — N. Pr. A.-L. V. S. 143. — Freih. v. *Ledebur*, I. S. 193. — *Siebmacher*, I. 208 u. IV. 53.

Ehenheim, Ehenheim, genannt **Ubel.** Altes, fränkisches Adelsgeschlecht, welches der Ritterschaft des ehemaligen reichsfreien Cantons Altmühl einverleibt war und aus welchem Weyprecht v. E., Domcapitular zu Würzburg, 1518 starb. Der Stamm ist längst erloschen.

Zedler, VIII. S. 342. — *v. Hattstein*, III. S. 186 — 193. — *Biedermann*, Canton Altmühl Tab. 181 — *Salver*, S. 307, 343 u. 480. — *Siebmacher*, I. 100. — *Spener*, Theor. Insign. S. 142. — *v. Meding*, III. S. 149 u. 160.

Ehingen (in Schwarz ein goldener Sparren). Altes, schwäbisches Adelsgeschlecht aus dem gleichnamigen Stammhause bei Rottenburg am Neckar. Dasselbe, einst reich und gross, kam in Verfall und erlosch im 17. Jahrh. Johann Jacob Freih. v. E. zu Pöstingen, fürstl.-bischöfl. Hofmeister zu Freising, wohl der Letzte des Stammes, starb 3. Jan. 1674.

Bucelini. II. S. 72. — *Gauhe*, II. S. 248. — *Zedler*, VIII. S. 409. — *Siebmacher*, I. 113 — *v. Meding*, III. S. 150.

Ehinger, Ehinger v. Belzheim. (Schild geviert: 1 und 4 in Roth zwei gekreuzte eiserne Haken und 2 und 3 in Gold ein rother Schwan mit goldenem Schnabel und Füssen). Adeliges Patriciergeschlecht der

Stadt Ulm aus dem in Ulm am Donauufer gelegenen Stammhause Belzheim.

<small>Bucellini, II. S. 73. — v. Hellbach, I. S. 317. — Siebmacher, I. 209.</small>

Eblnger v. Egnfeld. (Schild der Länge nach getheilt: rechts in Gold ein an die Theilungslinie angeschlossener, halber, schwarzer Adler und links in Silber auf grünem Boden, auf welchem links drei Kornähren stehen, ein blaugekleideter Mann mit silbernem Gürtel und roth-silberner, linksab fliegender Kopfbinde, welcher in der Rechten eine gewürfelte Tafel nach unten hält). Reichsadelsstand. Diplom vom 18. Febr. 1734 für Johann Anton E., Salzburgischen Berg- und Landrichter zu Mittel-Sill, und für den Bruder desselben, Johann Victor (Vitel) E., kais. Ober-Proviant-Commissair, mit dem Prädicate: v. Egnfeld. Der Grossvater derselben, Georg E., hatte schon 1646 von dem Freiherrn Dietrich v. Muggenthal ein Pfalzgräfliches Adelsdiplom erhalten. Ein Enkel des Johann Anton v. E., Clemens E. v. E., geb. 1775, k. bayer. Appellat.-Gerichts-Rath in Memmingen, wurde in die Adelsmatrikel des Kgr. Bayern eingetragen.

<small>v. Lang, S. 326. — Megerle v. Mühlfeld, Ergänz.-Bd. S. 275. — Siebmacher, IV. 51. — W.-B. d. Kgr. Bayern, V. 22. — v. Hefner, bayer. Adel, Tab. 84 u. S. 75.</small>

Ehler. Polnischer Adelsstand. Diplom vom 19. Febr. 1658 für Friedrich Ehler, Bürgermeister zu Danzig. — Die später erloschene Familie zählte zu den adeligen Patriciern der Stadt Danzig.

<small>N. Pr. A.-L. V. S. 143. — Frh. v. Ledebur, I. S. 191 u. III. S. 245.</small>

Ehm, Ehem, Ehen, s. Ehem.

Ehn. Ein aus Ungarn stammendes, in Niederösterreich von 1651 bis 1590 begütert gewesenes Adelsgeschlecht, welches aber in die Landmannschaft nicht eingetragen wurde.

<small>Wissgrill, II. S. 359 u. 360.</small>

Ehrburg, s. Brandstetter v. Ehrburg, Bd. II. S. 20.

Ehren v. d. Ehr, Ritter u. Freiherren. Reichsritter- und Freiherrenstand. Ritterstands-Diplom vom 23. Nov. 1560 für Martin Beckher v. d. E., k. k. Rath und Freiherrndiplom vom 12. Jan. 1622 für Johann David B., Ritter v. d. E., k. k. Obersten. — Ein aus der Pfalz stammendes, ursprünglich Beckhern genanntes Adelsgeschlecht, welches im 14. Jahrh. nach Oesterreich kam, in Niederösterreich mit Braunstorf, Puchberg u. Praittenaich ansässig wurde und aus welchem die Freiherren Carl Joseph und Anton Ferdinand, beide in der k. k. Armee, noch 1770 lebten.

<small>Wissgrill, II. S. 360—362.</small>

Ehren, v. der Ehren, de Honore. (Schild quer getheilt: oben in Blau drei neben einander stehende, goldene Ringe und unten Gold ohne Bild). Cölnisches Adelsgeschlecht aus dem Stammsitze zur Ehren am alten Markte in Cöln. Die Familie erwarb im 16. Jahrh. im Rheinlande in den jetzigen Kreisen Düren und Bergheim mehrere Güter, erlosch aber schon in der ersten Hälfte des 17. Jahrhunderts.

<small>Fahne, I. S. 87. — Frh. v. Ledebur, I. S. 193. — Siebmacher, V. 307.</small>

Ehrenau, s. Ernau, auch Freiherren.

Ehrenbau, s. Bauer v. Ehrenbau, Bd. II. S. 228 u. 229.

Ehrenberg, Ehrnberg, Ernberg (in Silber ein, die grossen Federn unterwärts kehrender, querliegender und mit einem goldenen Mond belegter, rother Adlersflügel, welcher auf der rechten Seite mit einem linkssehenden Adlerskopfe, auf der linken Seite aber kleeblattförmig geschlossen ist). Altes, rheinländisches und fränkisches Adelsgeschlecht, aus welchem Johann v. Ehrnberg, Domscholaster zu Speier, 1157 die dortige Kirche zu St. Peter stiftete. Die ordentliche Stammreihe beginnt Humbracht mit Sigismund v. E. um 1209. Von den Nachkommen desselben wurde Gerhard v. E. 1337 Bischof zu Speier. Die Brüder desselben setzten den Stamm fort. Johann v. E. starb 1544 als Domdechant zu Mainz und Propst zu Speier; Wolf Albrecht v. E., Markgräflich Badenscher Rath und Amtmann zu Rastadt, wie auch Ober-Amtmann zu Miltenburg, hinterliess 1604 bei seinem Tode einen Sohn, Ernst Dietrich v. E. und Philipp Adolph v. E. starb 1631 als Bischof zu Würzburg. Bald nachher ging mit Johann Philipp v. E. der Stamm aus.

Humbracht, Tab. 104. — *Gauhe*, I. S. 472. — *r. Hattstein*, I. S. 162. — *Biedermann*, Canton Ottenwald, Tab. 373. — *Salver*, S. 564 u. 456. — *Frh. v. Ledebur*, I. S. 193. — *Siebmacher*, I. 103: v. Eruberg. Fränkisch. — *v. Meding*, II. S. 153 u. 154.

Ehrenberg. (Schild geviert: 1 und 4 ein drei Aehren haltender Löwe und 2 und 3 in Blau auf einem grünem Hügel drei goldene Aehren). Böhmischer Adelsstand. Diplom von 1710 für Matthias und Franz Heinrich Ehrenberg. Die Publication dieser Erhebung bei der Oberamts-Regierung zu Breslau erfolgte 3. Juli 1710. Der Stamm ist fortgesetzt worden und bis auf die neueste Zeit haben Sprossen desselben in k. preuss. Militair- und Civildiensten gestanden. Wilhelm v. E. starb 1841 als k. preuss. Regierungsrath zu Marienwerder und ein Dr. v. E. war 1843 practischer Arzt in Liegnitz.

N. Pr. A.-L. V. S. 111 u. VI. S. 26. — Diplom. Jahrb. f. d. preuss. Staat 1843 S. 321. — *Frh. v. Ledebur*, I. S. 193.

Ehrenberg. (Das Wappen gleicht ganz dem Wappen der erloschenen rheinländ. und fränkischen Familie dieses Namens, s. oben den betreffenden Artikel). Preussischer Adelsstand. Diplom vom 25. Mai 1820 für Albert Ehrenberg, k. preuss. Capitain im ostpreussischen Jägerbataillone. Derselbe war 1827 Major und Chef der 10. Garnison-Compagnie u. starb a. D. als Herr auf Läsgen im Kreise Sorau, nachdem schon 17. Jan. 1828 Namen u. Wappen auf J. C. v. Arnold, s. Bd. I. S. 110: v. Arnold-Ehrenberg, übergetragen worden war.

N. Pr. A. L. II. S. 111. — *Freih. v. Ledebur*, I. S. 193 — W.-B. d. Preuss. Monarch. III. 12. — *Kneschke*, IV. S. 106 u. 107.

Ehrenberg, s. Begontina, Edle v. u. zu Ehrenberg und Vervey, Bd. I. S. 271.

Ehrenberg. s. Gayer v. Ehrenberg.

Ehrenberg, s. Künigl v. Ehrenberg u. Warth.

Ehrenberg, Reich v. Ehrenberg. Böhmischer Adelsstand. Diplom von 1693 für David Reich, Doctor der Arzneikunde zu Breslau. Derselbe schrieb sich 1696 v. Ehrenberg und Reichenhof, war kais.

Rath und Leib-Medicus des Herzogs zu Württemberg-Oels u. besass das Gut Ostrowine im Oelsischen.
Frh. v. Ledebur, I. S. 193 u. III. S. 245.

Ehrenblüth, s. Christ v. Ehrenblüth, **Freiherren**. Bd. II. S. 270.

Ehrenblum, s. Jansky v. Ehrenblum.

Ehrenburg, Freiherren. Erbländ.-österr. Freiherrnstand. Diplom vom 27. Febr. 1761 für Joachim Philipp Erbe v. Ehrenberg, Herrn auf Nawarow. — Ein in Böhmen begütertes Freiherrengeschlecht, dessen Stammvater, Friedrich Erbe, 16. Jan. 1468 vom Herzoge Johann II. zu Liegnitz einen Wappenbrief erhielt. Der Sohn desselben, Johann Erbe, Syndicus, Rath und Primator zu Crossen in Schlesien, wurde 11. Juli 1531 in den Reichsadelsstand erhoben und Johanns Sohn, Melchior, k. Rath und Kanzler des bischöfl. Hofrichteramts zu St. Johann bei Breslau erlangte 16. Mai 1626 die Bestätigung des ihm zustehenden Adels mit dem Prädicate: v. Ehrenburg und 28. Apr. 1638 den böhmischen Ritterstand mit dem Incolate. Der Urenkel des Letzteren, der obengenannte Joachim Philipp, ein Sohn des Carl Joseph aus der Ehe mit Johanna Maria v. der Jahn und ein Enkel des mit Maria Margaretha v. Nounkel vermählt gewesenen Adam Ulrich, brachte, s. oben, den Freiherrnstand in die Familie. Derselbe gest. 1782, in erster Ehe vermählt mit Franzisca Margaretha Löw v. Erlsfeld, gest. 1745 und in zweiter mit Maria Antonia Hildprandt v. Ottenhausen, gest. 1781, hinterliess bei seinem 1782 erfolgten Tode aus erster Ehe zwei Söhne, Maximilian Jnigo und Joachim, welche zwei Linien stifteten, die ältere und die jüngere. Der Stifter der älteren Linie, Freih. Maximilian Jnigo, gest. 1814, Herr auf Lojowitz in Böhmen, k. k. Gubern.-Rath und Hauptmann des berauner Kreises, war verm. mit Theresia Schmidtgräbener von Lusteneg, gest. 1809. Aus dieser Ehe entspross Freih. Joseph, geb. 1772, k. k. Hauptmann a. D., verm. 1803 mit Vincentia Freiin v. Rummerskirch, gest. 1838 und aus dieser Ehe stammen: Freih. Joseph, geb. 1804, Herr auf Wojniz; Freih. Vincenz, geb. 1806, Dr. theol., fürsterzbisch. Consistorial-Rath, Dom- und Capitularherr zu Olmütz u. Freih. Carl, geb. 1810. — Der Stifter der jüngeren Linie, Freih. Joachim, gest. 1818, Herr auf Nawarow, vermählte sich 1771 mit Anna Freiin Gossnowez v. Wickanowa, gest. 1808. Der Sohn aus dieser Ehe war Freiherr Johann Baptist, gest. 1805, k. k. Landrath zu Prag, Herr auf Nawarow, verm. 1805 mit seiner Cousine, Barbara Freiin v. Ehrenberg, nachher verm. Grf. Kueuburg, gest. 1850 und aus dieser Ehe stammt Freih. Johann Baptist, geb. 1806, Herr auf Nawarow.

Henel, Silesiogr. ren., Cap. 7. S. 271. — Sinapius, II. S. 614. — Megerle v. Mühlfeld S. 47. — N. Pr. A. L. II. S. 111 u. 112. — Taschenb. der freih. Häuser, 1848 S. 95—97 u. 1855 S. 139 und 140. — Frh. v. Ledebur, I. S. 198 u. 206: Erbe v. Ehrenburg. und III. S. 245. Suppl. zu Siebm. W.-B. VI. 21.

Ehrenburg, s. Caballini v. Ehrenburg, **Ritter und Freiherren**, Bd. II. S. 190.

Ehrenburg, Ehrenberg, s. Canal, Cannal, v. u. zu Canal auf Ehrenberg, Bd. II. S. 206 u. 207.

Ehrenburg, Ritter und Edle, s. Gottschlig v. Ehrenburg.

Ehrenburg, Kramer v. Ehrenburg. Böhmischer Adelsstand. Diplom vom 4. Nov. 1689 für Philipp Kramer, mit dem Prädicate: v. Ehrenburg. Derselbe besass Wasser-Jentsch unweit Breslau und der Sohn desselben, Christian Florian K. v. E., war 1730 Herr auf Dominatzkerhof u Kotalinskerhof bei Troppau.

v. Hellbach, I. S. 318. — Frh. v. Ledebur, I. S. 193.

Ehrenburg, Simon v. Ehrenburg. Böhmischer Adelsstand. Diplom vom 28. Octob. 1704 für Johann Florian Simon, mit dem Prädicate: v. Ehrenburg.

v. Hellbach, I. S. 318.

Ehrenfeld. Böhmischer Adelsstand. Diplom vom 20. October 1668 für Gedeon Ehrlich, mit dem Prädicate: v. Ehrenfeld. Von den Nachkommen desselben kam Philipp Adam E. v. E. 1722, in königl. Cameraldiensten zu Liegnitz, vor.

Sinapius, II. S. 306. — v. Hellbach, I. S. 318 u. 319. — Frh. v. Ledebur, I. S. 193.

Ehrenfeld, Edle, s. Baron, Edle v. Ehrenfeld, Bd. I. S. 204.

Ehrenfeld, s. Bauer v. Ehrenfeld, Bd. II. S. 229.

Ehrenfeld, s. Donath v. Ehrenfeld, Bd. II. S. 544.

Ehrenfeld, s. Kerndlmayer v. Ehrenfeld.

Ehrenfels, Ernvels. Ein im 12—15. Jahrh. in Steiermark, Kärnten und Nieder-Oesterreich begütert gewesenes Adelsgeschlecht aus dem gleichnamigen Stammhause in Kärnten, welches später im Herrenstande erlosch.

Wissgrill, II. S. 362—366. — Schmutz, I. S. 298 u. 299.

Ehrenfels. Altes schwäbisches Adelsgeschlecht, welches vom 12. bis 14. Jahrh. blühte. Der Stamm erlosch mit dem 1385 gestorbenen Abte zu Zwiefalten v. E. Derselbe vermachte die gleichnamige Stammburg bei Zwiefalten mit seinen anderen Gütern dem Kloster zu Zwiefalten. In neuerer Zeit, 1803, kam Ehrenfels an Württemberg, welches später den k. württemb. Minister v. Normann mit dieser Besitzung belehnte, von welcher Belehnung die Grafen v. Normann den Beinamen und das Wappen führen.

v. Hellbach, I. S. 319. — Deutsche Grafenh. d. Gegenw., II. S. 160: Gr. v. Normann-Ehrenfels. — v. Hefner, erlosch. schwäb. Adel, Tab. 2 u. S. 10.

Ehrenfels. Schwedischer Adelsstand. Diplom von 1679 für Hieronymus Sellin (Henricus Sellius), k. schwed. und Pommernschen Lehnssecretair und Archivar, unter dem Namen: v. Ehrenfels. Derselbe war Herr auf Hohensee unweit Greifswalde und starb 1683 zu Stettin mit Hinterlassung eines Sohnes Jacob und einer Tochter, Julie Catharina, welche sich mit einem v. Boltenstern vermählte.

N. Pr. A.-L. V. S. 143. — Frh. v. Ledebur, I. S. 193 u. 194.

Ehrenfels, s. Hillburg v. Ehrenfels.

Ehrenfels, s. Limburger v. Ehrenfels, **Freiherren**.

Ehrenfluss, s. Fischer v. Ehrenfluss.

Ehrengreif, s. Kuttaleck v. Ehrengreif.

Ehrenhalm, s. Kornritter v. Ehrenhalm, **Ritter**.

Ehrenhard. Ein in Ostpreussen vorgekommenes Adelsgeschlecht, welches mit Gerlachsdorf im Kr. Heiligenbeil ansässig geworden.
Frh. v. Ledebur, III. S. 245.

Ehrenhardt, s. Eharter v. Ehrenhardt, S. 44.
Ehrenheim, s. Duimorich v. Ehrenheim, Bd. II. S. 604.
Ehrenheim, s. Pfülb v. Ehrenheim.
Ehrenheims, s. Reinitz v. Ehrenheims.
Ehrenhelm, s. Hausenblase v. Ehrenhelm.
Ehrenhelm, s. Hettfleisch v. Ehrenhelm.

Ehrenhold, Ritter. Böhmischer Ritterstand. Diplom von 1674 für Johann Matthias Kettelbütter, Comes Palatinus und kais. Rath mit dem Prädicate: v. Ehrenhold. Derselbe, der Sohn des Landsyndicus des glogauischen Fürstenthums Joachim Kettelbütter aus der Ehe mit Sabina Röbers, der Tochter eines Professors zu Frankfurt a. d. Oder, starb 1677 mit Hinterlassung dreier Söhne und vier Töchter. Von den Söhnen starb Johannes v. E. 1721 zu Liegnitz.
N. Pr. A.-L. II. S. 112. — *Freih. v. Ledebur*, I. S. 194.

Ehrenhold, Edle, s. Holfeld Edle v. Ehrenhold.
Ehrenkampf, s. Creutz v. Ehrenkampf, Bd. II. S. 357.

Ehrenkreuz. Ein in Preussen vorgekommenes Adelsgeschlecht, aus welchem ein Sprosse als Capitain bei den Gensdarmen aus dem activen Dienste trat und 1824 Hauptsteuer-Amts-Rendant zu Elberfeld wurde.
N. Pr. A.-L. II. S. 112. — *Freih. v. Ledebur*, I. S. 194.

Ehrenkrock, Ehrenkrook. Schwedischer Adelsstand. Diplom vom 27. Febr. 1682 für Johann Ehrenkrook. Der Stamm blühte fort und die Familie besass zu Ende des 18. Jahrh. die Güter Thune und Wenden im Herzogthume Braunschweig. Ein Premier-Lieutenant von E. stand 1852 im k. preuss. 14. Infant.-Regim.
Freih. v. Ledebur, I. S. 194 u. III. S. 245.

Ehrenkron, Edle, s. Krebs v. Ehrenkron, Edle.
Ehrenport, s. Adam v. Ehrenport, Bd. I. S. 10.

Ehrenreiter, Ehrenreuter, Freiherren v. Hoffreit, Hoffreith. Erbländ.-österr. Freiherrnstand. Diplom von 1653 für Erhard v. Ehrenreiter, mit dem Prädicate: v. Hoffreit. — Ein 1432 aus Bayern mit Georg v. E. nach Oesterreich gekommenes Adelsgeschlecht. Georg's v. E. Sohn, Gregor, war 1513 kais. Hauptmann und von diesem stammte Joachim v. E. Die Familie wurde 1599 unter die nieder-österr. Ritterstandsgeschlechter aufgenommen und hat bis gegen die Mitte des 17. Jahrh. in Niederösterreich geblüht.
Gauhe, I. S. 471 u. 472. — *Wissgrill*, II. S. 306 u. 307.

Ehrenritt, s. Boulanger v. Ehrenritt, Bd. I. S. 600.
Ehrensberg, s. Cechotti v. Ehrensberg, Ritter, Bd. II. S. 247.

Ehrenschild, Ritter. (Schild geviert: 1 in Roth drei, 2 und 1, silberne Rosen; 2 und 3 in Gold ein einwärts gekehrter, blauer Löwe und 4 in Roth drei übers Kreuz gelegte Hellebarden mit goldenen Schaften). Böhmischer Ritterstand. Diplom vom 11. Juli 1685 für Gottfried Georg Joseph Flade, Bürgermeister zu Hirschberg in Schlesien, mit dem Prädicate: v. Ehrenschild. Der Stamm blühte fort (da der Diploms-Empfänger in der Ehe mit Martha Rosalie v. Hayn eine sehr zahlreiche Nachkommenschaft hatte), besass noch 1775 Burkau im Kr. Glogau, ging aber später aus.

Sinapius, II. S. 666. — Gauhe, II. S. 1439. — Zeller, Merkwürdigkeiten der Stadt Hirschberg, I. S. 194. — N. Pr. A.-L. II. S. 112. — Frh. v. Ledebur, I. S. 194 u III. S. 245. — Dorst, Allgem. W.-Bd. I. S. 12 und 13 und S. 194. — Kneschke, IV. S. 107 und 108.

Ehrenschild. Dänischer Adelsstand. Diplom von 29. Oct. 1681 für Conrad Biermann, k. dän. Geh.-Rath, mit dem Namen: v. Ehrenschild. Derselbe, gest. 1698, wurde von der königl. dänischen Regierung zu mehreren wichtigen Gesandtschaften verbraucht und hinterliess aus der Ehe mit Anna Knopff einen Sohn, Martin Conrad von E., Herrn auf Engaard, königl. dän. Staats- u. Justizrath u. Landdrosten zu Pinneberg. — Die Annahme Einiger, dass Conrad B. v. E. zu der im vorigen Artikel besprochenen schlesischen Familie gehört habe, ist unrichtig. Derselbe stammte aus der Schweiz und war ein Sohn des Martin Biermann, Pastors zu Baden, aus der Ehe mit der aus einem angesehenen Baseler Geschlechte entsprossenen Barbara Stocker.

Gauhe, II. S. 1439—1445.

Ehrensorg, s. Kobler v. Ehrensorg.

Ehrenstamm, s. Köhlmayer v. Ehrenstamm.

Ehrenstein (in Blau ein stehender, wilder Mann). Reichsadelsstand. Diplom von 1703 für Christian Studemann, mit dem Prädicate: von Ehrenstein. Derselbe, gest. 1733, pflanzte den Stamm fort, welcher im Meklenburgischen die Güter Roserow und Görnow erwarb. Ein Major a. D. v. E. lebte in der ersten Hälfte dieses Jahrh. in Hamburg, und zwei Söhne desselben traten in königl. preuss. Militairdienste. Der ältere war in letzter Zeit Major im k. preuss. 2. Ulanen-Regim., der jüngere aber nahm 1833 den Abschied, um als Adjutant im Militaire der freien Stadt Hamburg einzutreten. In Schlesien war Kl. Jänowitz im Kr. Liegnitz 1854 in der Hand der Familie.

N. Pr. A.-L. II. S. 113. — Freih. v. Ledebur, I. S. 194.

Ehrenstein (in Silber ein aus grünem Dreihügel aufwachsender, rechts sehender, blau gekleideter Mann mit spitzer, golden aufgeschlagener, blauer Mütze, welcher mit der Rechten einen über die Achsel gelegten, ausgerissenen Baum trägt). Ein ursprünglich pfälzisches Geschlecht, welches früher Meyer, Mayer, M. zu Altenbargkstein hiess und 1644 mit dem Namen v. Ehrenstein und mit verändertem Wappen in den Adelsstand versetzt wurde. Der Stamm blühte fort, besass gegen Ende des 17. Jahrh. im Voigtlande das Gut Ruppersreuth und zu demselben gehörte Joseph v. E., gest. 1749, k. preuss. Ober-Amts-Regierungs-Rath zu Glogau und Franz Joseph v. E., gest. 1784, k. preuss. Oberstlieutenant a. D., welcher viele Kinder hinterliess. — Später ist die Familie auch nach Sachsen und Oesterreich, wo dieselbe den freiherrlichen Titel führte, gekommen. — Carl Wolf v. E., k. sächs. Geh.-Rath, wurde Director der dritten Abtheilung im k. sächs. Finanz-Ministerium.

Dresdner Calend. z. Gebr. für die Residenz, 1847. S. 157 u. 1848. S. 156. — Freih. v. Le-

debur, I. S. 194. — W.-B. d. sächs. Staaten III. 87. — *Kneschke*, I. S. 194 u. 135. — *v. Hefner*, sächs. Adel, Tab. 26 u. T. 25.

Ehrenstein, s. Hopfenstock v. Ehrenstein.

Ehrenstrom, s. Fischer v. Ehrenstrom.

Ehrenthal, Rentsch v. Ehrenthal, Edle (Schild geviert: 1 u. 4 von Silber u. Gold quer getheilt u. mit einem rechtssehenden schwarzen Adler belegt u. 2 u. 3 in Blau ein mit der Spitze nach oben schräglinks gelegtes, blankes Schwert mit goldenem Griffe). Reichsadelsstand. Diplom von 1804 für Carl Rentsch mit dem Namen: Edler v. Ehrenthal. Derselbe war, so viel bekannt ist, kursächs. Reiterofficier und ein Nachkomme desselben, Moritz v. Ehrenthal, geb. 1803, trat 1854 als k. sächs. Major u. Wirthschaftschef des 3. Reiter-Regiments aus dem activen Dienste.

Tyrof, II. 144. — *Kneschke*, II. S. 129 u. 130.

Ehrenthall, s. Cherne v. Ehrenthall, Bd. II. S. 260.

Ehrentreu, s. Ebert v. Ehrentreu, S. 10.

Ehrenwald. Böhmischer Adelsstand. Diplom vom 30. Mai 1708 für Johann Christoph Ehrenwald, Consul und Hofrichter zu Hirschberg.

Sinapius, II. S. 607. — *Freih. v. Ledebur*, I. S. 194.

Ehrenwald, s. Förster v. Ehrenwald.

Ehrenwert, s. Albrich v. Ehrenwert, Bd. I. S. 43.

Ehrenwert, s. Ronner v. Ehrenwert, Edle.

Ehrenwerth, s. Ellgier v. Ehrenwerth.

Ehrenwerth, s. Gängel v. Ehrenwerth.

Ehrenzweig, s. Kniehandt v. Ehrenzweig.

Ehrenzweig, s. Weeber v. Ehrenzweig.

Ehrfeld, s. Frass v. Ehrfeld.

Ehrhardt (in Blau ein goldener, mit einem spitzig geschliffenen Edelstein besetzter Ring, in welchem eine goldene Lilie schwebt) In Bayern bestätigter Adelsstand. Bestätigungsdiplom vom 13. Jan. 1816 für die Gebrüder Gottlieb E., geb. 1763, Doctor der Arzneikunde und k. bayer. Stadtgerichtsarzt in Memmingen, Jodocus E., geb. 1767, Kaufmann in Memmingen und Balthasar E., geb. 1776, Pfarrer in Adelsried. — Der Adel war schon ein vom Grafen Fugger ausgestelltes Diplom in die Familie gekommen und die genannten drei Brüder wurden nach Bestätigung ihres Adels in die Adelsmatrikel des Kgr. Bayern eingetragen.

v. Lang, Suppl. S. 94. — W.-B. d. Kgr. Bayern, V. 23. — *v. Hefner*, bayer. Adel, Tab. 84 u. S. 75.

Ehrhardt. Preussischer Adelsstand. Diplom von 1854 für Friedrich Ehrhardt, k. preuss. Generalmajor und Commandeur der 8. Infant.-Brigade. Derselbe erhielt im Mai des genannten Jahres den erbetenen Abschied als Generallieutenant und zugleich auch den Adel.

Freih. v. Ledebur, I. S. 194.

Ehrhart v. Erhartstein, Edle. Erbländ.-österr. Adelsstand. Diplom für D. Johann Ehrhart, k. k. Gubernialrath, Protomedicus und Director des medic.-chirurg. Studiums an der Universität zu Innsbruck, mit dem Prädicate: v. Ehrhartstein. Derselbe hat sich in der medicinischen Literatur seit 1808 durch Fortsetzung der von Hartenkeil begonnenen Salzburger medic. chirurg. Zeitung sehr bekannt gemacht. Das Diplom gehört wohl in das dritte Jahrzehnt dieses Jahrhunderts.

<small>Handschriftl. Notiz.</small>

Ehringshausen, Iringshausen. Altes, hessisches Adelsgeschlecht, welches schon 1265 vorkam und zum fuldaischen Lehnhofe gehörte.

<small>Schannat, S. 117. — Siebmacher, I. 119. - Estor, Tab. 7. - r Meding, II. S. 155 u. 156.</small>

Ehrlinger. Oesterreichisches Adelsgeschlecht, aus welchem Carl v. Ehrlinger 1856 Oberlieut. im k. k. 26. Inf.-Reg. war und welches verschieden von der Familie Ehrlinger v. Ehrenthal ist.

<small>Militair-Schematism., 1856 S. 237.</small>

Ehrlinger v. Ehrenthal. Reichsadelsstand, mit dem Prädicate: v. Ehrenthal. (Schild geviert mit Mittelschilde. Im silbernen Mittelschilde ein achtstrahliger, goldener Stern. 1 und 4 in Gold ein schrägrechter, wellenförmiger Balken und 2 und 3 in Blau ein, einen Anker haltender Greif). Ein in der zweiten Hälfte des 18. und wohl auch noch in der ersten des 19. Jahrh. in Sachsen vorgekommenes Adelsgeschlecht, aus welchem 1798 Joseph E. v. E. kursächs. Oberst und Johann Anton E. v. E., kursächs. Geh. Legationsrath und Geh. Cabinets-Registrator war. Ersterer wird 1800 von Jacobi unter den kursächs. Obersten nicht mehr genannt. Ueber das verwandtschaftliche Verhältniss Beider, so wie über das Jahr der Ausfertigung des Diploms und den Empfänger desselben ist, so viele den sächs. Adel betreffende Nachweise auch vorliegen, durchaus nichts aufzufinden. — Die Beschreibung des Wappens ist, da, so viel bekannt, Abbildungen desselben in Wappenbüchern nicht gefunden werden, nach häufig vorkommenden Lackabdrücken des deutlich gestochenen Petschafts des Obersten E. v. E. gegeben.

<small>Handschriftl. Notiz.</small>

Ehrmanns, Ritter und Edle. Reichsritterstand. Diplom von 1719 für Ferdinand Alexander v. Ehrmanns, k. k. Grenadierhauptmann, mit dem Prädicate: Edler von.

<small>Megerle v. Mühlfeld, Ergänz.-Bd. S. 136.</small>

Ehrmanns, Ehrmanns v. und zu Falckenau auf Freyenwörth, auch **Freiherren.** (Schild durch einen schrägrechts gezogenen, wellenförmigen Balken getheilt, welcher in der oberen Schildeshälfte der Länge nach silbern und roth, in der unteren aber silbern und schwarz ist. Rechts in Blau ein einwärts gekehrter, in der linken Kralle einen Stein haltender Kranich und links auf grünem Boden in wolkigem Felde drei neben einander stehende, grüne Bäume und oben auf dem rechtsstehenden Baume ein schwarzer Falke). Ein in Oesterreich vom 17. Jahrh. an vorgekommenes Adelsgeschlecht, welches zuerst in Ober- und dann in Nieder-Oesterreich begütert wurde. Von Wolff Martin v. E. v. u. zu F. auf F., kais. Rathe, stammte, nach Freih. v. Hoheneck, aus der Ehe mit Maria Eleonora Lingkin v. Walckering und Fircht: Martin Fortunat Casimir E. v. u. zu F. auf F., k. k. Rath und Landrath, wie auch Vicedom im Lande ob der Enns, welcher 1714 als Landmann unter die Stände aufgenommen wurde und 1726 starb. Aus der Ehe mit Maria Regina Theresia v. Zierendorf entsprossten zwei Söhne, Wolff Martin, welcher 1715 k. k. Rath und Landrath und, nach dem Tode des Vaters, Vicedom in Oesterreich ob der Enns wurde und Michael Joseph, Benedictiner und 1727 Professor der Philosophie und Decan auf der Universität Salzburg. Ersterer, welcher auch Wilhelm Moritz genannt wird, erhielt 1729 ein Freiherrndiplom, setzte aber seine Linie nicht fort. — Nach Wissgrill hat die Familie den erbländ.-österr. Freiherrnstand 22. Dec. 1702 erhalten und die Freiherren Ignaz Joseph, Johann Philipp Joseph, Johann Gottfried und Johann Richard wurden 1717 den niederösterr. neuen Herrenstandsgeschlechtern einverleibt. Dieselben schrieben sich auch Ehrmanns zum Schlug, wodurch v. Hellbach veranlasst worden ist, aus der nach Allem einen Familie zwei Familien zu machen.

Frh. v. Hohenech, I. S. 689 u. II. Suppl. S. 10. — *Gauhe*, II. S. 1445 u. 1146. — *Wissgrill*, II. S. 368 u. 369. — *Tyroff*, I. 46: Herren v. Ehrmanns. — *Kneschke*, III. S. 117 u. 118; *Frh. v. Ehrmanns*.

Ehrne v. Melchthal. Kurbayerischer Adelsstand. Diplom vom 31. April 1787 für Rupert E. v. M., kurbayer. Hofrath und Capitel-Syndicus des Bisthums Freisingen. — Nach Annahme der Familie stammt dieselbe aus dem durch Arnold v. Melchthal so bekannten schweizerischen Geschlechte dieses Namens. — Der Grossvater des Diplomsempfängers lebte zu Gevis in Graubünden und der Vater desselben kam nach Schwaben. Rupert E. v. M., geb. 1739, wurde später als k. bayer. Hof- und ehemaliger Freisingischer Geh. Rath und Hofcanzler in die Adelsmatrikel des Kgr. Bayern eingetragen.

v. Lang, S. 327. — *W.-B. d. Kgr. Bayern*, V. 23. — *v. Hefner*, bayer. Adel, Tab. 84 u. S. 75.

Ehrnegg, s. Eckstein v. Ehrnegg, S. 27.

Ehrnhalm, s. Kornritter v. Ehrnhalm, auch Ritter.

Ehrnstein und **Ehrnstein v. Erdmannsdorf, Freiherren.** Erbländ. österr. Freiherrnstand. Diplom von 1811 für Joseph Robert v. Ehrnstein, k. k. Oberlieutenant bei dem General-Quartiermeisterstabe und von 1818 für Carl Anton v. Ehrnstein, k. k. Hauptmann bei Erzherzog Ludwig Infanterie und zwar mit dem Prädicate: v. Erdmannsdorf. — Da, s. den Artikel: v. Ehrenstein, S. 50 angegeben worden ist, dass eine Linie des Geschlechts v. Ehrenstein nach Oesterreich gekommen sei und den freiherrlichen Titel führe, so liegt die Vermuthung nahe, dass die genannten beiden Diploms-Empfänger zu der Familie v. Ehrenstein gehören.

Megerle v. Mühlfeld, Ergänz.-Bd. S. 54.

Elb, s. Eyb.

Eybensteiner, Eibensteiner zu Eibenstein u. Nussdorf. Altes, niederösterr., in der Mitte des 17. Jahrh. erloschenes Rittergeschlecht.

Wissgrill, II. S. 369—372.

E Iberg-Wartenberg, Eichberg u. Schwarzhorn, Ritter. Oesterr. Ritterstandsgeschlecht, aus welchem Johann Ritter v. Eiberg-Wartenberg, Eichberg u. Schwarzhorn 1856 Hauptmann 1. Cl. im k. k. 17. Inf.-Reg. war.

Milit.-Schemat. 1856. S. 209.

Elbisch. Ein in Westpreussen vorgekommenes Adelsgeschlecht, welches im Pr. Eylauschen begütert war.
Frh. v. Ledebur, III. S. 245.

Elbiswald, Eybiswald. Altes, von 1280—1673 vorgekommenes steiermärkisches Adelsgeschlecht, welches die gleichnamige Herrschaft mit vielen anderen Gütern besass und 1632 mit dem Erb-Falkenmeister-Amte in Steiermark beliehen wurde. Wolf Maximilian v. Eibiswald schloss 1674 den Stamm des alten Geschlechts. Von dieser Angabe weicht, gestützt auf J. G. Reinbeck, Nachricht von dem 1730 in Berlin vorgekommenen Brande, S. 89, Gauhe, I. S. 514 bis 516 ab. Nach demselben verliess der damalige Letzte des Geschlechts, Paulus v. E., in Folge der Religions-Streitigkeiten seine Güter in Steiermark, begab sich in der Mitte des 17. Jahrh. nach Berlin, wo er später der Kirche zu St. Petri ein Capital für Arme und seine Bibliothek vermachte, welche letztere in den folgenden Jahren sehr anwuchs, bei dem Brande aber verloren ging. 1719 waren noch wirkliche Nachkommen von diesem Geschlechte bekannt gewesen.
Bucelini, III. S. 30. — *Wissgrill*, II. S. 372—374. — *Schmutz*, I. S. 304 u. 305. — *Siebmacher*, I. S. v. *Eybenwaldt*, Oesterreichisch.

Eich. Altes, sehr begütertes Adelsgeschlecht in der Eifel, dessen Stammhaus wohl das Dorf Büsch-Eich oder der Hof Nieder-Eich war, welche Beide in der Bürgermeisterei Gerolstein im Kr. Daun, Reg.-Bez. Trier, liegen, doch wird von Anderen auch Eich bei Andernach als Stammsitz genannt. — Schannat beginnt die Stammreihe des Geschlechts mit Paul v. Eich um 1318, doch kommt schon vorher Peter v. E. vor, welcher für den Vater Paul's gehalten wird. Peter erscheint als Pfandinhaber des Schlosses Olbrück, mit welchem später die Nachkommenschaft völlig belehnt wurde. Paul tritt urkundlich zuerst 1306 auf und 1307 wurden die Brüder Paul und Peter v. E. von Johann v. Braunsberg, Herren zu Isenburg und Agnes, dessen Gemahlin, mit dem Braunsbergischen Antheile des Schlosses Olbrück belehnt. Paul v. E. der Aeltere war 1309 einer der Schiedsrichter des Erzbischofs Heinrich zu Cöln bei dem Vergleiche, welchen derselbe mit Gerhard Grafen v. Jülich schloss, und von ihm stammten drei Söhne: Paul, Peter und Heinrich. Ersterer, Paul der Jüngere, hatte eine sehr reiche Gemahlin, Lysa, welche 1337 die früher gräflich Sponheimschen Güter Obermendig, Volkesfeld, Remebach und Trimbsch an sich brachte, er selbst aber schrieb sich Herr zu Olbrück und Vogt zu Lissingen. Im 14. Jahrh. kamen die Brüder Richard und Peter v. E. vor, welche den Zehnten zu Eich bei Andernach vom Stifte St. Castor in Coblenz gepachtet hatten. Heinrich v. E. wurde noch 1412 vom Erzbischofe Werner von Trier mit dem Schlosse Rauschenberg auf dem Hundsrück belehnt, doch schon in der ersten Hälfte des 15. Jahrh. ging nach Allem der Stamm des alten Geschlechts aus. Als Letzter tritt Gotthard v. E. auf und die Wittwe desselben, Truda, erscheint in einer Kaufurkunde über Güter bei Vallendar und Montacour.

Kraemer, academ. Beiträge, III. Urkund. S. 250. — *Eifia* Illustr. II. Abth. I. S. 90 u. 91. — N. Pr. A.-L. II. S. 113. — *Fahne*, I. S8 u. II. S. 36.

Eichborn. Preussischer Adelsstand. Diplom vom 15. October 1840 für Moritz Eichborn, Herrn auf Güttmannsdorf bei Reichenbach in Schlesien und Kreisdeputirten im Reichenbacher Kreise. Derselbe ist der älteste Sohn des verstorbenen Geh. Commercienrathes und Chef des berühmten Bankierhauses Eichborn in Breslau.
<small>Geneal. Diplom. Jahrb. für d. preuss. Staat. 1841. Abth. 2. S. 78. — N. Pr. A.-L. VI. S. 26. — Frh. v. Ledebur, I. S. 194 u. III. S. 245.</small>

Eichel, Eichel, genannt Schreiber. Adelsstand des Grossh. Sachsen-Weimar. Diplom von 1853 für Friedrich Eichel, genannt Schreiber, Fabrikbesitzer zu Eisenach und die Wittwe des Fabrikbesitzers C. Eichel, genannt Schreiber und die Kinder derselben. — Walther v. Eichel, Ritterguts- und Fabrikbesitzer zu Eisenach kommt 1859 als Stellvertreter im Bezirksausschusse des Verwaltungsbezirks Eisenach vor und Fräulein Anna v. Eichel ist durch Fundation einer Privatstelle Stiftsdame des Grossh. Sachs.-Weim. Carl Friedrich-Damenstifts zu Gross-cromsdorf.
<small>Augsb. Allg. Zeit. 1853. — Staats Handb. für d. Grossh. Sachsen-Weimar. S. 102 u. 337. — v. Hefner, sächs. Adel, Tab. 27 u. S. 25.</small>

Eichel, Eichel v. Rautenkrohn, Rautenkron, Edle. Reichsadelsstand. Diplom von 1680 für D. Johann Eichel, Professor juris zu Helmstädt, Kurbrandenburg. und Herz. Braunschweig. Geh. Rath und Herr auf Nadelitz mit dem Prädicate: Edler v. Rautenkrohn. — Derselbe, geb. 1621, gest. 1688, war nach Einigen der Sohn ganz armer Eltern in dem coburgischen Dorfe Gellershausen, nach Anderen der eines Lehnschulzen zu Heldtburg in Franken, welche letztere Angabe wohl die richtige ist.
<small>Die auf ihn gehaltene Leichenrede der Universität Helmstädt von 1688. — Jugler, Beiträge zur jurist. gelehrt. Historie, IV. S. 9 u. 10. — v. Hellbach, I. S. 320. — Frh. v. Ledebur, II. S. 261 u. 262.</small>

Eichelberg, Eychelberg (in Silber auf grünem Dreiberge ein Zweig mit fünf Eicheln). Altes thüringisches Adelsgeschlecht, welches schon im 13. Jahrh. zu den Ministerialen der Grafen v. Orlamünde gehörte. Später war die Familie dem Ritterkanton Rhön-Werra einverleibt, auch kam dieselbe nach Sachsen und Preussen, und in das Reussische. Ein Canzler v. E. lebte vor längerer Zeit in Gera, und Ludwig Wilhelm v. E., später k. sächs. Major a. D., hatte sich schon 1809 ausgezeichnet.
<small>Biedermann, Rhön-Werra, I. Verzeichn. — v. Hellbach, I. S. 320. — N. Pr. A.-L. VI. S. 29. — W.-B. d. Sächs. Staaten, VII. 34. — v. Hefner, sächs. Adel, Tab. 27 u. S. 26 und desselben preuss. Adel, Tab. 50 u. S. 41.</small>

Eichelberg, s. Aichelberg, Aichelberger, Eichelberg, Bd. I. S. 29 und Aichelberg, Aichler v. Aichelberg, Bd. I. S. 30.

Eichelborn. Altes, schon 1292 vorkommendes, längst aber erloschenes, schlesisches Adelsgeschlecht.
<small>Sinapius, I. S. 348.</small>

Eichelfeld, s. Eichler v. Eichenfeld, S. 60.

Eichen. Altes, bergisches Adelsgeschlecht, welches den Beinamen Heumar führte und von welchem Fahne eine Stammreihe mitgetheilt hat. 1714 kam das Geschlecht noch vor.
<small>Fahne, I. S. 87 u. II. S. 36.</small>

Eichenau, s. Kümmerlin v. Eichenau.

Eichenburg, s. Eberhard v. Eichenburg, S. 2.

Eichendorff, Freiherren (in Roth ein schräg rechts gekehrter, goldener Eichenstamm, auf der rechten Seite mit einer und auf der linken mit zwei Eicheln). Böhmischer Freiherrnstand. Diplom vom 10. März 1676 für Hartwich Erdmann v. Eichendorff. Altes, Magdeburgisches und Markbrandenburgisches Adelsgeschlecht, welches im 17. Jahrh. nach Mähren und Schlesien kam und welches, einer Familiensage nach, ursprünglich aus Bayern stammt, wie denn auch ein Altbayer. Adelsgeschlecht dieses Namens in den Monum. boic. Bd. V. genannt wird und unweit Passau noch jetzt ein Markt Eichendorff liegt. — Schon 1256 besass das Geschlecht im Magdeburgischen Eikendorf im jetzigen Kreise Calbe und in der Mark Brandenburg, wo ein Dorf Eichendorff eingegangen ist und nur noch durch eine Mühle bezeichnet wird, waren schon im 14. Jahrh. Ihlow, Reichenberg, Schulzendorf und Werstphul im jetzigen Kreise Ober-Barnim, zu welchen später mehrere andere Güter in diesem und in anderen Kreisen kamen, in der Hand der Familie und noch bis 1650 trug dieselbe Zerbow im Kreise Frankfurt zu Lehn, besass auch Pilgram und Petersdorf im Kreise Lebus, so wie die oben genannte Mühle. — Um 1353 wurde Heinrich v. E. Vogt des Landes Lebus; Otto v. E. besass Pilgram von 1485 bis 1499, worauf dasselbe an seinen Bruder, Peter v. E. auf Petersdorf, kam und 1542 wurde Christoph v. E. Vasall des Bisthums Lebus. Letzterer hatte drei Söhne, Caspar, Sigismund und Burchard. Ersterer hatte drei, der zweite vier und der dritte vier Söhne, welchen insgesammt Pilgram gehörte, welches wieder an die v. Burgsdorff verkauft wurde. 1630 starben Alle an der Pest, nur ein einziger Sohn Burchards, Hartwich Erdmann v. E., s. oben, blieb am Leben. Dieser verkaufte Zerbow und ging zu seines Vaters Bruder, Jacob v. E., welcher k. k. Rittmeister war und durch Vermählung mit einem Fräulein v. Sensiboye Deutsch Krawarn und Kauthen in Oberschlesien erlangt hatte. Jacob v. E. starb später ohne Nachkommen und seine Güter fielen an Hartwich Erdmann v. E. Derselbe kam 1657 in den mährischen Herrenstand, wurde 1676 k. k. Rath, unter Belehnung mit der Herrschaft Sedlinitz in Mähren und in den nächsten Monaten Landes-Hauptmann zu Troppau, bei welcher Ernennung er zugleich, wie angegeben, in den Freiherrnstand versetzt wurde. Die beiden Söhne desselben stifteten zwei Linien, die in Mähren und in Schlesien. Die erstere Linie, welche Sedlinitz besass, erlosch im letzten Jahrzehnt des 18. Jahrh., wodurch das genannte Lehn an die schlesische Linie kam, die damals noch Krawarn und andere Güter besass. Doch gingen diese Güter später verloren und die Familie behielt nur das mährische Lehn Sedlinitz. — 1836 lebten von der Familie Freiherr Rudolph, eine Nichte desselben, Freiin Louise und zwei Neffen, Freih. Wilhelm, k. k. Gubernialrath und Kreishauptmann zu Trient und Freih. Joseph, k. preuss. Regierungsrath, verm. mit Aloysia v. Larisch, aus welcher Ehe, s. nachstehend, neben einer Tochter, zwei Söhne entsprossten.

Freih. Joseph, geb. 1788, gest. 1857 als k. preuss. Geh. Regierungsrath a. D., gehörte zu den besseren Dichtern der romantischen Schule und nannte sich als Dichter gewöhnlich Florens. Abgesehen von seinen Romanen und Novellen, welche nicht ohne sehr gelungene Partieen sind, verdienten namentlich seine dramatisch-historischen Arbeiten die zu ihrer Zeit ihnen gewordene Berücksichtigung. — Der Bestand der Familie war 1859 folgender: Freih. Hermann, geb. 1815, Sohn des obengenannten 1857 verstorbenen Freiherrn Joseph, k. preuss. Regierungsassessor zu Aachen, verm. 1856 mit Clara Simons, geb 1826, aus welcher Ehe eine Tochter, Maria, geb. 1858, entspross. Die Schwester desselben, Freiin Theresia, geb. 1817, ist seit 1858 Wittwe von dem k. preuss. Major Ludwig Besserer v. Dahlfingen und der Bruder, Freih. Rudolph, geb. 1819, k. preuss Hauptm. a. D., vermählte sich 1853 mit Maria Thymian, geb. 1832, aus welcher Ehe eine Tochter, Hedwig, geb. 1857, stammt. Die Schwester des Freih. Joseph, Freiin Luise, geb 1804, lebt in Wien.

N. Pr. A.-L. II. S. 113 u. 114. — Frh. v. Ledebur, I. S. 194 und III. S. 245. — Geneal. Taschenb. d. freih. Häuser, 1853 S. 141 u. 1859 S. 164 u. 169. — Schlesisch. W.-B. Nr. 317.

Eichenfeld, s. Bössler v. Eichenfeld, Bd I. S. 527.
Eichenkranz, s. Aichenkranz, Bd. I. S. 31.
Eichenkron, s. Ferroni v. Eichenkron, Frischkron v. Eichenkron und Kohout v. Eichenkron.
Eichenstadt, s. Fedrigoni v. Eichenstadt.
Eichenstein, s. Kohl v. Eichenstein.
Eichenwald, s. Frischeisen v. Eichenwald.
Eichenwerth, s. Butta v. Eichenwerth, Bd. II. S. 179.
Eichenzell, s. Caspary v. Eichenzell, Bd. II S. 233.
Eichhausen, s Finker v. Eichhausen.
Eichhäuser, s. Aichhäuser, Bd. I. S. 32.
Eichhoff, Freiherren. Erbländ. österr. Ritter- und Freiherrnstand. Ritterstandsdiplom von 1834 für Peter Joseph v. E., k. k. Präsidenten der allgem. Hofkammer, und Freiherrndiplom v. 17. Sept. 1836 für Denselben. — Die Familie, aus welcher der Empfänger der genannten Diplome stammte, war eine lange Zeit am Rhein ansässig, wo der Vater desselben, Johann Joseph, zu Kessenich bei Bonn sehr begütert war. Letzterer war unter französischer Herrschaft Unterpräfect, später aber Director des Rheinschiffahrts-Octroi mit Staatsrathsrang und bedeutendem Gehalte, welchen er auch als Pension bis zu seinem 1827 erfolgten Tode bezog. Sein Sohn, der obengenannte Freih. Peter Joseph, geb. 1790, k. k. Geh. Rath und bis 1840 Hofkammer-Präsident, vermählte sich 1818 zu Mainz mit Josephine Lauteren, gest. 1835, aus welcher Ehe, neben einer Tochter, Freiin Elisabeth, geb. 1819 und verm. 1838 mit Johann Freih. Dercsény, k. k. Hofrath, ein Sohn entspross: Freih. Joseph, geb. 1822, verm 1843 mit Maria Grf. v. Hohenwart, geb. 1822, aus welcher Ehe drei Kinder stammen, Freih. Joseph Andreas, geb. 1845, Clara, geb. 1851 und Bertha, geb. 1855.

N. Pr. A.-L. V. S. 144. — Genealog. Handb. d. freih. Häuser, 1853 S. 103 u. 104 und 1857 S. 166.

Eichholtz, Eychholtz, Aicholtz (in Gold ein rother Thurm mit drei, neben einander stehenden Spitzen, unter welchen rings um den Thurm ein mit einem silbernen Monde belegtes Gesimse läuft). Schlesisches, im Liegnitzischen mit Eichholz, welches der Familie bereits 1504 zustand, sowie mit Nikolstadt und Schimmelwitz begütert gewesenes Adelsgeschlecht. — Andreas v. E. stand 1346 bei dem Herzoge Nicolaus zu Münsterberg in grossem Ansehen; Johann v. E. zum Gelobe kommt 1454 vor und ein Anderer dieses Namens auf Eichholz und Schimmelwitz war 1529 herz. liegnitzischer Rath und hatte vier Söhne, Christoph, Balthasar, Paul und Georg, über welche aber Näheres nicht bekannt ist. Gegen Ende des 16. oder im Anfange des 17. Jahrh. ist nach Allem der Stamm erloschen. — Sinapius nimmt an, dass in die Familie auch der Freiherrnstand gekommen sei und hat bei dieser Angabe wohl auf Johann Dietrich Freih. v. Eichholtz gesehen, welcher, Meklenb. Geh. Rath und Hofmarschall, 1713 Abgesandter am k. k. Hofe war und 1732 zu Hamburg starb, gewiss aber nicht aus der hier in Rede stehenden Familie stammte.

Sinapius, I. S. 348 und II. S. 607. — Gauhe, I. S. 472 u. 473. — Frh. v. Ledebur, I. S. 194. — Siebmacher, I. 51; v. Eychholtz, Schlesisch. — v. Meding, III. S. 151.

Eichholtz, Freiherren. (Schild geviert: 1 und 4 in Blau auf grünem Hügel ein Eichenzweig mit drei Eicheln und 2 und 3 in Gold ein auf einem Baumstamme sitzendes Eichhörnchen). Reichsfreiherrnstand. Diplom von 1701 für Dietrich v. Eichholtz, schlesischen Kammerrath. Zweifelsohne ist derselbe der im vorstehenden Artikel genannte Johann Dietrich v. E.

Megerle v. Mühlfeld, Ergänz.-Bd. S. 54. — N. Pr. A.-L. I. S. 115. — Frh. v. Ledebur, I. S. 194 u. 195. — Siebmacher, V. 23*.

Eichholz, Eichholtz-Jablonowski (in Blau drei, 2 und 1, goldene Sterne und zwischen denselben ein goldener, mit den Hörnern links gekehrter Halbmond). Ost- und Westpreussisches, ausgegangenes Adelsgeschlecht, welches mit Eichholz im jetzigen Kreise Heiligenbeil im Culmischen und Riesenburgischen, so wie mit Jablonowa im Kr. Strasburg angesessen war und nach letzterem Gute sich nannte.

Frh. v. Ledebur, III. S. 246.

Eichhorn (in Roth ein, mit einem goldenen Kreuze geschmückter, goldener Kirchengiebel, von drei, 2 und 1, goldenen, abwärts gekehrten Eicheln mit zwei Blättern begleitet). Preussischer Adelsstand. Diplom vom 27. Febr. 1856 für Carl Friedrich Hermann Eichhorn, k. preuss. Regierungs-Rath zu Breslau, und zwar um das Andenken seines Vaters, des kurz vorher verstorbenen k. preuss. Staatsministers a. D. Eichhorn zu ehren.

Augsb. Allg. Zeit. 1856. — Frh. v. Ledebur, III. S. 246.

Eichhorn v. Oleszkow, Edle. Erbländ.-österr. Adelsstand. Diplom von 1819 für Franz Eichhorn, Doctor der Medicin, mit dem Prädicate: Edler v. Oleszkow.

Megerle v. Mühlfeld, Erg.-Bd. S. 277.

Eichicht. Voigtländisches und fränkisches Adelsgeschlecht aus dem gleichnamigen Stammsitze bei Plauen, aus welchem Berchterus de Eichicht urkundlich schon 1323 vorkommt und einige Sprossen des Stammes 1445 als Zeugen genannt werden. Die Familie war im Anfange des 17. Jahrh. im Voigtlande noch mit Drötzsch und Reutendorff angesessen, war auch schon im 16. Jahrh. im Reussischen, sowie in Ostpreussen begütert. — Johann Georg v. Eichicht lebte nach Müller, Annal. Saxon., 1614 am Hofe des Herzogs Johann Casimir zu Coburg und noch 1624 war Molsehnen im Kr. Königsberg in der Hand des Geschlechts, welches dann ausgestorben ist.

Vgl. König, I. S. 859 u. 862. — Gauhe, I. S. 248 u. 249. — Frh. v. Ledebur. I. S. 195 u. III. S. 246. — v. Meding, I. S. 141.

Eichinger v. Eichstamm, s. Aichinger v. Aichstamm, Bd. I. S. 32 und 33.

Eichinger, s. Aichinger, Bd. I. S. 32.

Eichler. Erbländ.-österr. Adelsstand. Diplom von 1757 für Johann Conrad Eichler, k. k. Rittmeister bei Gelhay Cürassièr.

Meyerle v. Mühlfeld, S. 177. — Suppl. zu Siebm. W.-B. XI. 9.

Eichler (in Schwarz ein goldener Eichenstamm mit Wurzeln, zwei Blättern und zwei Eicheln). Ein in Preussen vorgekommenes Adelsgeschlecht, aus welchem Sprossen in der k. preuss. Armee standen. Heinrich v. E. wurde 1809 als k. preuss. Major pensionirt und starb 1831 zu Tilsit und ein Sohn desselben war 1828 k. preuss. Capitain im 17. Inf.-Reg. Der Adel ist wohl in der Person des genannten Majors v. E. in die Familie gekommen und zwar in den ersten Regierungsjahren des Königs Friedrich Wilhelm III. von Preussen, doch ist, findet sich auch das Wappen im W.-B. d. Preuss. Monarchie, s. unten, dessen erste Bände die preuss. Erhebungen enthalten, in den gewöhnlichen Quellen Näheres über das Diplom nicht zu finden.

Frh. v. Ledebur, I. S. 195. — W.-B. d. Preuss. Mon., III. 12. — Kneschke, IV. S. 108.

Eichler v. Auritz, auch **Freiherren** (freiherrliches Wappen. Schild geviert: 1 von Schwarz und Gold der Länge nach getheilt und in jeder Hälfte ein schräg gelegter, geasteter Zweig von gewechselten Farben, an welchem nach aussen drei Eicheln hängen (Stammwappen); 2 in Silber drei unter einander gestellte, gestürzte, blaue Sparren; 3 in Blau ein rechtssehender, ausgebreiteter silberner Adler und 4, wie Feld 1, doch der Länge nach von Gold und Schwarz getheilt, mit den beschriebenen Zweigen von gewechselten Farben). Reichsfreiherrnstand. Diplom vom 20. Dec. 1712 für die Gebrüder Carl (Paul) Martin und Rudolph Gottfried Eichler v. Auritz und erbländ.-österr. Adelsstand, Diplom von 1757 für Anton Eichler, k. k. Hauptmann bei Freih. Sincère Infanterie, wegen 35jähriger Dienstleistung, mit dem Predicate: v. Auritz. — Ober-Lausitzisches Adelsgeschlecht, welches den Adelsstand vom K. Rudolph II. und eine Bestätigung desselben vom K. Matthias erhalten hatte. Dasselbe war in der zweiten Hälfte des 17. und in der ersten des 18. Jahrh. in der Oberlausitz mit Poritzsch, Sänitz und Zoblitz begütert und kam in Zittau, Lauban etc. vor. Später wurde das Geschlecht wegen der Rittergüter Dennenlohe und Oberschwaningen der reichsunmittelbaren Ritterschaft des fränkischen Cantons Altmühl einverleibt und Sprossen desselben standen in k. preuss. Hof-, Staats- und Militairdiensten. —

Ein Enkel des oben genannten Freiherrn Carl Martin, Freih. Wilhelm Carl Ludwig, geb. 1764, Herr auf Dennenlohe, Oberschwaningen, Ober-Steinbach, Kossbach, Stubach und Markt Tasendorf, k. bayer. Appellat.-Gerichtsrath und Kämmerer, wurde in die Adelsmatrikel des Kgr. Bayern in der Freiherrnclasse eingetragen und ein Freih. E. v. A., seit 1792 k. preuss. Kammerherr, war 1806 Geh. Regier.-Rath und ältester Rath bei der Anspachschen Regierung. — In welcher Beziehung zu der alten Familie E. v. A. der obengenannte Anton Eichler, welcher, s. oben, den Adel mit dem Prädicate: v. Auritz erlangte, gestanden hat, ist nicht bekannt.

<small>v. Lang, Suppl. S. 40 u. 41. — Megerle v. Mühlfeld, S. 177. — N. Pr A.-L. II. S. 115. . — Frh. v. Ledebur, I. S. 195 — Tyroff, I. 63. — Suppl. zu Siebm. W.-B. III. 4. — W.-B. d. Kgr. Bayern, II. 80 und v. Wölckern, 2. Abtheil. S. 201 u. 202. — v. Hefner, bayer. Adel, Tab. 29 u. S. 33 u Ergänz.-Bd. S. 12 und desselben preuss. Adel, Tab. 50 u. S. 41. Kneschke, III. S. 118 u. 119.</small>

Eichler v. Eichelfeld. Reichsadelsstand. Diplom von 1765 für Carl Eichler mit dem Prädicate: v. Eichelfeld.

<small>Megerle v. Mühlfeld, Ergänz.-Bd. S. 277.</small>

Eichlitz. Ein in Preussen vorgekommenes Adelsgeschlecht, zu welchem der k. preuss. Hauptmann a D. v. E. gehörte, welcher 1836 Einnehmer bei dem Unter-Steuer-Amte zu Laskowitz im Kr. Ohlau war.

<small>N. Pr. A.-L. II S. 115. Frh. v. Ledebur, I. S. 195.</small>

Eichmann. (Schild durch einen schräglinken goldenen Balken getheilt: oben in Blau zwischen zwei sechsstrahligen, goldenen Sternen ein mit den Hörnern rechtsgekehrter, silberner Halbmond mit Gesicht und unten in Silber auf grünem Boden eine grün belaubte Eiche). Preussischer Adelsstand. Diplom vom 18. Jan. 1701 für Ewald Joachim Eichmann, Doctor der Rechte und Bürgermeister zu Colberg (nach Anderen Landrath zu Stolpe). Derselbe erkaufte 1704 das Gut Neurese im Fürstenthum Caminer Kreise, zu welchem die Familie später noch mehrere Güter erwarb. Von seinen Söhnen trat Martin Ludwig v. Eichmann, geb. zu Colberg 1710, 1791 als k. preuss. General der Infanterie in den Ruhestand. Nach dem N. Preuss. Adelslex. soll mit dem jüngeren Sohne des Ewald Joachim v. E., Emanuel Ernst v. E., k. preuss. Kriegsrathe, der Stamm erloschen und Neurese an die Wittwe, eine v. Broich, gefallen sein. Ein anderer Sohn des Landraths Ewald Joachim v. E. wäre 1760 ebenfalls ohne männliche Nachkommen gestorben. Die Angabe vom Erlöschen des Stammes, wie dieselbe das genannte Werk gegeben hat, ist jedenfalls nicht genau, denn Neurese war noch 1803 und Plauentin noch 1826 in der Hand der Familie und noch in neuester Zeit ist der Stamm von Anderen als blühend angenommen worden.

<small>Freih. v. Krohne, I. S. 264—267. — Brüggemann, I. S. 150. — v. Hellbach, I. S. 321. — N. Pr. A.-L. II. S. 115 u. 116. — Frh. v. Ledebur, I. S. 195. — W.-B. d Preuss Monarch. III. 13. — Pommersches W.-B. S. 192 und Tab. 72. — Kneschke, I. S. 135 u. 136.</small>

Eichmann. Preussischer Adelsstand. Diplom von 1860 für Friedrich Christoph Eichmann, k. preuss. w. Legationsrath und für Carl Georg Eichmann, k. preuss. Seconde-Lieutenant im I. ostpreuss. Grenadierregimente (Nr. 1).

<small>Preuss. Staatsanzeiger vom 9. Oct. 1860.</small>

Eichsdorff. Dänisches Adelsgeschlecht, aus welchem Georg Maximilian v. Eichsdorff, ein geborener Däne, 28. Juni 1785 als k. preuss. Major im Regimente v. Braun, ohne Nachkommen starb.
Frh. v. Ledebur, I. S. 195.

Eichstaedt (in Blau drei Schwerter mit goldenen Griffen, deren Spitzen im Schildesfusse an einander stehen). Altes, märkisches Adelsgeschlecht, welches, wie schon die Wappen ergeben, von der Pommernschen Familie v. Eickstädt, Eickstedt ganz verrshieden ist, mit Letzterer aber mehrfach verwechselt worden ist: eine Verwechselung, welche in Bezug auf die uckermärkischen Güter, wie selbst der so kundige Freih. v. Ledebur zugiebt, schwer zu vermeiden sein möchte. — Das gleichnamige Stammhaus in der Altmark war schon 1264 und noch 1723 in der Hand des Geschlechts, welches auch schon 1249 Zechlin im jetzigen Kr. Ost-Priegnitz der Provinz Brandenburg besass und im 14. Jahrh. in der Altmark Arneburg, Storbeck und in den folgenden Jahrhunderten mehrere andere Güter erwarb. Der Stamm blühte noch in das 19. Jahrh. hinein, hatte noch 1804 Baumgarten im Kr. Stendal inne, ist aber später erloschen.
Gauhe, I. S. 478. — Frh. v. Ledebur, I. S. 195. — Siebmacher, I. 175 u. III. 141.

Eichstamm, s. Eichinger v. Eichstamm, S. 59.

Eichthal, Freiherren (in Blau zwei aus dem Schildesfusse neben einander aufsteigende, silberne Berge mit fünf Spitzen, über welchen zwei sechsstrahlige goldene Sterne schweben). Freiherrnstand des Kgr. Bayern. Diplom vom 22. Sept. 1814 für Aaron Elias Seligmann, k. bayer. Hofbanquier in München, unter dem Namen: v. Eichthal und unter Ertheilung des angegebenen Wappens, welchem das Wappen der erloschenen Augsburger Familie v. Thalmann (Schild der Länge nach getheilt: rechts in Gold ein rechts sehender, schwarzer Adler und links, doch, nach Siebmacher, III. 138, in Schwarz die erwähnten zwei Berge und zwei Sterne) zu Grunde gelegt worden war. — Der Empfänger des Diploms, gebürtig aus Laim, erfreute sich der besonderen Gunst des Königs Max Joseph I. von Bayern und in dem Freiherrndiplome wird auch der früheren Dienste desselben Erwähnung gethan, welche er dem Könige schon als Pfalzgrafen und Herzog von Zweibrücken durch treue Anhänglichkeit vierzig Jahre hindurch bewiesen hatte. Von den Söhnen desselben folgte Freiherr Simon im münchener Bankhause, welches er durch mehrere gelungene Finanzoperationen zu einem hohen Standpuncte erhob. Derselbe starb 1854 als k. bayer. Hofbanquier, k. griechischer Staatsrath, Director der bayer. Hypotheken- und Wechsel-Bank etc. und sein Bruder, Freih. Ludwig, gest. 1840, gründete zu Paris das grosse Bankhaus: Louis d'Eichthal. Beide hatten, wie der älteste Sohn, Freiherr Arnold, Nachkommenschaft und gründeten die drei Linien, in welcher der Stamm fortblühte. — Die erste Linie bildet Freih. August, geb. 1795, Sohn des Freih. Arnold. Als Haupt der zweiten Linie ist zuletzt angegeben worden: Freih. Gustav, geb. 1804, Sohn des Freih. Ludwig, verm. mit Félicité Cécilie Rodrigues, aus welcher Ehe drei Söhne entsprossten: Johann, geb. 1843, Eugen, geb. 1844 und Georg, geb. 1845. — Von den Geschwistern des Freih. Gustav vermählte sich Freiin Anna Elisabeth, geb. 1817 mit Michael Charles Chéragay, Rath am k. franz. obersten Gerichtshofe, ehemaligem Deputirtem etc. und Freih. Adolph, geb. 1805, vormaliger Deputirter etc., vermählte sich 1834 mit Elisabeth de la Rue, aus welcher Ehe eine Tochter, Luise Rosa, geb. 1835 und zwei Söhne, Ludwig, geb. 1837 und Adolph, geb. 1841, stammen. — Das Haupt der dritten Linie, Freiherr Carl, geb. 1813 — ältester Sohn des Freiherrn Simon — Herr des Landgutes Hohenberg in Oberbayern und der Herrschaft Cerekiew in Galizien, k. bayer. Kämm., Hofbanquier und Chef des Bankhauses: A. E. v. Eichthal in München, vermählte sich 1843 mit Isabella Grf. Khuen zu Belasi, geb. 1826, aus welcher Ehe, neben drei Töchtern, ein Sohn Carl Robert, geb. 1845, entspross. Die drei Brüder des Freiherrn Carl, neben zwei Schwestern, Freiin Sophie, geb. 1850, Besitzerin von Schönwald und Sophienreuth, verm. 1837 mit Caspar Gr. v. Berchem auf Saldenburg, k. bayer. Kämm. und charact. Major und Freiin Amalie, geb. 1817, sind: Freih. Ludwig, geb. 1819, Besitzer des Landguts Ebersberg etc. in Oberbayern; Freih. Julius, geb. 1822, verm. in erster Ehe 1847 mit Maria Grf. v. Armansperg, gest. 1850, aus welcher Ehe ein Sohn, Friedrich Joseph Ludwig, geb. 1849 stammt und in zweiter Ehe mit Caroline Josephine Freiin v. Seckendorff-Aberdar, geb. 1829 — u. Freih. Bernhard, geb. 1823, k. bayer. Kammerjunker und Lieut., verm. 1855 mit Clotilde Grf. Bossi-Federigotti v. Ochsenfeld, geb. 1836, aus welcher Ehe eine Tochter, Julie, geb. 1856, entspross.

<small>*v. Lang*, S. 118. — Geneal. Taschenb. d. freih. Häuser, 1857 S. 166 u. 167 und 1859 S. 169 u. 170. — W.-B. d. Kgr. Bayern, II. 91 n. v. Wölckern, 2. Abtheil. — *v. Hefner*, bayer. Adel, Tab. 29 u. S. 33. — *Kneschke*, IV. S. 108 u. 109.</small>

Eichwald, s. August v. Eichwald, Bd. I. S. 147.

Eick, Eicken, Eichen. Drei Adelsgeschlechter, welche, wegen des ähnlichen, nur in den Tincturen und Farben verschiedenen Wappens, wohl eines Stammes waren. Die v. der Eick oder Eick zu Cöln, wo sie zu Ende des 17. Jahrh. ausstarben, führten in Gold vier blaue Querbalken und besassen 1545 Westhofen im jetzigen Kreise Mühlheim. Die v. Eichen, genannt Heumar, hatten im silbernen Schilde drei rothe Querbalken und sassen 1649 zu Heumar in Kr. Mühlheim und 1673 zu Markelsbach und die v. Eicken zur Clee (im Grün drei goldene Querbalken) gingen zu Ende des 16. Jahrh. im Clevischen aus. Nach Freih. v. Ledebur gab es im Rheinlande mehrere schon früher ausgestorbene Familien dieses Namens, welche andere Wappen führten und daher nicht eines Stammes waren.

<small>*Fahne*, I. S. 89 u. II. S. 37. — *Frh. v. Ledebur*, I. S. 195.</small>

Eicke, Eick (in Silber ein in grünem Schilfe auf dem Wasser stehendes Wasserhuhn, welches im Schnabel einen Fisch hält). Altes, schlesisches Adelsgeschlecht, welches vom 14. Jahrh. an in Schlesien mehrere Güter erwarb und im 18. Jahrh. in der Oberlausitz bedeutenden Grundbesitz erwarb. — Sinapius fängt die Stammreihe der milie mit Betzkone (Peczko) Eicke, um 1342 Fürstl. Hofrichter Schweidnitz, an. Von den zwei Söhnen desselben war Nicol 1409

Landes-Hauptmann zu Glatz, von Heintze aber stammte Georg, von dessen drei Enkeln Georg II. auf Gross-Pohlwitz Hofrichter zu Liegnitz war. Die Nachkommen des zweiten Enkels, Hans, besassen Nieder-Reppersdorf und Kaudewitz und der dritte Enkel, Melchior, war Herr auf Klein-Baudis. Von Letzterem stammte als Enkel Adam auf Dambritzsch, dessen Sohn, Adam Wilhelm, erst k. k. Hauptmann und später Landesältester der Fürstenthümer Jauer und Schweidnitz war. Letzterer starb 1699 mit Hinterlassung eines Sohnes Carl Wilhelm, Herrn auf Gross-Sierakowitz im Oppelschen im jetzigen Kreise Tost-Gleiwitz. Der Stamm, in dessen Hand 1804 Strien im Kr. Wohlau, 1814 Rosogawe im Kr. Militzsch und 1836 Haltauf im Kr. Ohlau war und welcher noch im ebengenannten Kreise Marschowitz, Peltschütz und Poppelwitz in neuester Zeit besass, blühte fort und mehrere Sprossen desselben waren in Kursachsen bedienstet und standen in k. preuss. Militairdiensten. Zu denselben gehören namentlich Johann Christian v. Eick, Herr auf Giesmannsdorf, kursächs. Hauptmann a. D., welcher 1798 Landcommissar zu Görlitz war und der k. preuss. General-Lieut. v. E., welcher 1825 pensionirt wurde. Noch 1836 stand ein v. E. als Major im k. preuss. 11. Infant.-Regim., während ein anderer Major v. E. aus dem activen Dienste der k. preuss. Armee getreten und ein v. E., Herr auf Haltauf, k. preuss. Kreis-Polizei-Districts-Commissarius war.

Sinapius, I. S. 349 u. 350 und II. S. 608—610. — *Gauhe*, I. S. 474 u. 475. — *Zedler*, VIII. S. 471—473. — N: Pr. A.-L. II. S. 116. — *Frh. v. Ledebur*, I. S. 195 u. III. S. 246. — *Siebmacher*, I. 66. — *v. Meding*, II. S. 156. — Schlesisches W.-B. Nr. 172.

Eickel (in Silber ein schrägrechter, mit drei silbernen (nach Siebmacher goldenen) Wecken belegter, rother Balken). Altes, westphälisches Adelsgeschlecht, welches auch Egckel, Ekel, Eclo und Eikelo geschrieben wurde und welches mehrfach für das älteste Adelsgeschlecht der Grafschaft Mark, in welcher das Stammhaus Ekel liegt, gehalten worden ist. Dasselbe war im 15. Jahrh. mit Dungelen, Gahr, Gosewinkel, Horst, Hulse, Krange und Sevinghausen begütert und hatte im 16. Jahrh. in Westphalen noch andere Güter inne, besass auch 1590 in dem Rheinlande Eyll im Kr. Cleve und blieb im 17. Jahrh. in dem Besitze dieses Gutes, zu welchem später noch Groin im Kr. Rees und Hüsberden im Kr. Cleve kamen. Das Gut Groin besass 1656 Georg v. Eickel, Justiz- und Hofrath bei dem Hofgerichte zu Cleve. 1711 stand der Familie in Westphalen noch das Gut Berghofen im Kr. Dortmund zu, doch ist nachher der Stamm in Deutschland ausgegangen, während ein Zweig des Geschlechts in Curland unter dem Namen: v. Eckeln, genannt Hülsen, fortblühte und, wie oben zuerst angegeben wurde, in rothen schrägrechten Balken silberne Rauten führte.

v. Steinen, II. S. 685 u. Tab. 31 Nr. 2. — N. Pr. A.-L. II. S. 116 u. 117. — *Frh. v. Ledebur*, I. S. 196. — *Fahne*, II. S. 37. — *Siebmacher*, II. 110. — *v. Meding*, II. S. 156 u. 157.

Eickstedt, Eickstädt, Eickstedt-Peterswaldt, Grafen. (Stammwappen: in Gold zwei schwarze Querbalken, von welchen der obere mit zwei, der untere mit einer goldenen Rose belegt ist. Gräfliches Wappen: Schild geviert mit das Stammwappen enthaltendem Mittelschilde. 1 und 4 in Roth ein silberner Querbalken, welcher mit einem rechtssehenden, schwarzen, wilden Schweinskopfe mit hervorstehender Bewehrung belegt ist (Peterswaldt) und 2 und 3 in Blau ein aufrecht gestellter, den Bart links kehrender, goldener Schlüssel). Preussischer Grafenstand. Diplom vom 28. Jan. 1753 für Friedrich Wilhelm v. Eickstädt, k. preuss. Staatsminister, Grandmaitre de la Garderobe etc. und für den Neffen desselben, August Ludwig Maximilian v. E., unter Hinzufügung des v. Peterwaldtschen Namens und Wappens zu dem angestammten Namen und Wappen und vom 15. October 1840 für Friedrich v. E., General-Landschafts-Director und Erbkämmerer in Pommern, Besitzer des gräfl. v. Eickstädt-Peterswaldtschen Majorates etc., nach dem Rechte der Erstgeburt. — Die Familie v. Eickstädt, welche in alten Urkunden meist Estede, aber auch Eicstede und Eikstedte geschrieben wurde, ist ein altes, ursprünglich sächsisches Adelsgeschlecht, welches seinen Namen von dem zwischen Halle und Querfurt liegenden Dorfe Eckstedt, welches von Vielen mit dem bei Erfurt gelegenen Dorfe dieses Namens verwechselt worden ist, angenommen hat. Die Familie kam zeitig in die Marken und nach Pommern und breitete sich in vielen Zweigen weit aus, doch blieb auch ein Zweig in Sachsen und Thüringen zurück, welcher sich, nachdem derselbe das von Kurmainz ihm übertragene Vicedominat von Erfurt 1352 aufgegeben hatte, Vitzthum v. Eickstedt, meist aber Eckstedt nannte und noch in mehreren Linien blüht. Von dem pommerschen Zweige oder dem Hause Rothen-Clempenow blüht noch die Nachkommenschaft des Virigenz I. in den Linien seiner Söhne Dubslaff III. und Georg V. Die Nachkommen des Ersteren bilden die rothe, die des Letzteren die schwarze Linie des Stammes. Von dem altmärkischen, in der zweiten Hälfte des 13. Jahrh. von Conrad II. gestifteten Zweige sind Linien im Lande Bellin, im Lande Ruppin und auch die Neumärkische und die Uckermärkische Linie ausgegangen und nur von dem altmärkischen Zweige leben noch Sprossen. Der weit ausgebreitete pommersche Stamm gehört, wie angegeben, zur Clempenowschen Linie und alle Glieder dieses Stammes besitzen die gesammte Hand an den Lehen derselben, haben sich aber im Laufe der Zeit nach ihren Besitzungen in die Clempenowsche, Hohenholzsche, Coblenzsche, Tantowsche etc. Linie geschieden. In Pommern wurde übrigens die Familie zu den sog. Schlossgesessenen gerechnet, welche ihre Afterlehnleute, nach Micräl die v. Pfuhl und v. Kötteritz in der Mark, hatte, auch erlangte dieselbe das Erbkämmerer-Amt von Pommern. — Den grossen Grundbesitz der Familie hat Freih. v. Ledebur sorgfältig zusammengestellt und von den zahlreichen Sprossen des Stammes, von welchen Viele zu hohen Würden und Ehrenstellen gelangt sind, werden mehrere in dem N. Preuss. Adels-Lexicon genannt. Die Familie selbst ist im Besitze der vollständigsten Stammbäume und aller auf dieselben Bezug habenden Nachrichten und die von einem Sprossen des Stammes seit länger als dreissig Jahren aus Archiven und den besten Quellen mit grösster Sorgfalt zusammengetragene Familiengeschichte ist, falls dieselbe noch nicht erschienen ist, in nächster Zeit zu hoffen. — Was die Grafen v. Eickstedt-Peterswaldt anlangt, so hatte Friedrich Wilhelm v. Eickstedt, Herr auf Coblenz und Krugsdorf, k. preuss. Landrath, zwei Söhne, von denen der gleichnamige jüngere, s. oben, mit seinem Neffen, August Ludwig Maximilian v. Eickstedt, einem Sohne des Philipp Maximilian v. E. und später Oberhofmeister der Frau Markgräfin zu Schwedt, Erbkämm. von Pommern etc., mit dem Beinamen v. Peterswaldt, eines alten, ursprünglich schlesischen Geschlechts, den Grafenstand in die Familie brachte. Dieser Beiname kam von einem mütterlichen Oheime des Grafen Friedrich Wilhelm, dem kurhannov. Oberstallmeister v. Peterswaldt her, welcher Ersteren zum Erben eingesetzt hatte. Nachdem Graf Friedrich Wilhelm kinderlos verstorben war, folgte im Besitze der Güter desselben sein obengenannter Neffe, Graf August Ludwig Maximilian, welcher ebenfalls ohne Nachkommen starb, worauf vertragsmässig das Majorat aus dem v. Peterswaldtschen Erbe an diejenige Linie des Geschlechts v. Eickstedt gelangte, welcher dasselbe noch jetzt zusteht und zwar zuerst an Christoph Friedrich Ludwig v. E., dann an den Sohn desselben, Johann Georg Ephraim v. E. und später an den Enkel, den oben erwähnten Grafen Friedrich, welcher von Neuem den Grafenstand, s. oben, in die Familie brachte. Schon vor dieser zweiten Erhebung in den Grafenstand führte mit Königlicher Erlaubniss der jedesmalige Besitzer des aus einem auf Damm eingetragenen Capitals bestehenden v. Peterswaldtschen Majorats das gräflich v. Eickstedt-Peterswaldtsche Wappen. — Graf Friedrich, Sohn des Johann Georg Ephraim v. E., Herr auf Hohenholz, Rothen-Klempenow, Eickstedt, Damm, Wollin und Ziemkendorf, k. preuss. Ober-Landesgerichts-Rath a. D., General-Landschafts-Director und Erbkämmerer in Pommern, vermählte sich in erster Ehe mit Jeannette v. Ramin, gest. 1818 und in zweiter 1822 mit Mathilde v. Berge. Aus erster Ehe stammen, neben einer Tochter, Freiin Auguste, geb. 1803 und verm. 1823 mit Ludwig Grafen v. Rittberg, k. preuss. w. Geh. Rath, Appellations-Gerichtspräsidenten etc., zwei Söhne Ernst v. E., geb. 1804, verm. mit Ottilie v. Enckevort und Victor v. E., geb. 1806, verm. mit Luise v. Seltzer, aus zweiter Ehe aber entspross Frl. Euphemie v. E., geb 1823, verm. mit dem Freiherrn v. Steinacker auf Rosenfeld in Pommern.

Handschriftl. Notizen. — *Micrael*, S. 480. — *Gauhe*, I. S. 475 u. 476. — *Dienemann*, S. 196 nr. 15 u. S. 202, S. 251 u. Nr. 7 u. S. 349 Nr. 81 u. S. 434. — *Brüggemann*, I. 2. Hptst. — *Johann Joachim Steinbrück*, histor. geneal. Nachr. von dem angesehenen Geschl. der v. Eickstedt, nach Lehnbriefen und Urkunden, mit Wappen und Stammtafel, Stettin, 1791. — Cod. dipl. Brandenb. XIII. S. 222, 438 u. a. v. a. O. — N. Pr. A.-L. II. S. 118 u. 19 u. VI. S. 142. — Diplom. Jahrb. für den preuss. Staat, 1841. Abth. 2. S. 30. — Deutsche Grafenh. d. Gegenw. III. S. 94—96. — Frh. v. *Ledebur*, I. S. 196 u. III. S. 246. — Geneal. Taschenb. d. gräfl. Häuser 1859 S. 237 u. histor. Handb. zu demselben, S. 191. — Siebmacher, I. 175: v. Eckstedt in Mecklenburg, III. 159. v. E., Pommerch. — W.-B. der durchl. Welt, II. — v. Meding, III. S. 151—154. v. E. u. Gr. v. E.-P. — Suppl. zu Siebm. W.-B. VI. 9: Gr. v. Eichstett u. 17. Edle v. E. — W.-B. d. Preuss. Mon. I. 36: Gr. v. E.-P. — Schlesisches W.-B. Nr. 157: v. E. — v. *Hefner*, preuss. Adel, Tab. 7. u. 8. 6: Gr. v. E.-P.

Eidner v. Eindritz, s. Eitner v. Eiteritz, S. 77 u. 78.

Eigelsberg, s. Formberger, Fernberger, auf Eigelsberg und Erlastegen.

Eilenbeck u. Eilenburg, s. Eulenbeck u. Eulenburg.

Eilenfels. Böhmischer Adelsstand. Diplom vom 20. Nov. 1684 für Lucas Siegmund Eilenfels.

v. Hellbach, I. S. 323.

Eilsleben. Altes, magdeburgisches Adelsgeschlecht aus dem Stammhause dieses Namens im Kr. Neu-Haldensleben. Dasselbe besass das Burglehn Wanzleben, auf welchem Hans v. E. 1446 Burgherr war. Mit Carl Friedrich v. E., welcher 1622 kinderlos starb, erlosch der Stamm.

N. Pr. A.-L. V. S. 144. — Frh. v. Ledebur, I. S. 196.

Eimbeck, Einbeck. (Schild von Roth und Gold der Länge nach getheilt, mit einem schräglinks gelegten, die Spitze nach unten und rechts, das Gefieder nach oben und links kehrenden Pfeile). Altes, altmärkisches Adelsgeschlecht, nach Einigen ursprünglich ein altes, niedersächsisches und markbrandenburgisches, nach Anderen ein pommernsches Geschlecht. — Arnold v. Eimbeck erscheint als Zeuge 1154 in einem dem Augustiner-Kloster zu Reichenberg unweit Goslar verliehenen Donationsbriefe und Ludolph v. Eimbecke, Subdiaconus des Stifts Hildesheim, 1382 in einem dem Jungfrauen-Kloster zu Wienhausen im Lüneburgischen von dem Bischofe Conrad zu Hildesheim ertheilten Diplome. — Dieses zeitige Vorkommen des Geschlechts in Niedersachsen war wohl die Veranlassung, dass Gauhe meinte, dasselbe habe vielleicht früher in Eimbeck, der ersten Stadt des Fürstenthums Grubenhagen, sich aufgehalten und von diesem Sitze den Namen angenommen, doch bleibt diese Annahme nur eine Vermuthung. — Die ersten sicheren Nachrichten über die Familie betreffen das Vorkommen derselben in der Altmark, in welcher sie schon im 14. Jahrh. angesessen war. Bereits 1363 war das längst schon wüste liegende Schloss Eimbeck bei Rogätz im Kr. Wolmirstedt in der Hand des Geschlechts, ebenso 1375 Holzhausen und Schernebeck und 1384 Arneburg, sämmtlich im jetzigen Kreise Stendal. In den nächsten Jahrhunderten blühte unter wechselndem Güterbesitz der Stamm namentlich in den Häusern Bretsch und Priemern, beide im Kr. Osterburg. Diese Häuser verschmolzen später in ein Haus, als Christoph Daniel v. E., gest. 1684, Herr auf Bretsch, sich mit Elisabeth v. Eimbeck, Erbtochter des Balthasar Veit v. E., Herrn auf Priemern, vermählte. Aus diesem Doppelhause stammte zuletzt Thomas Valentin v. E., gest. 7. Febr. 1754 zu Troppau, k. preuss. Major und Herr auf Priemern, Bretsch, Dewitz und Drüsedow, verm. mit Charlotte Clara Elisabeth v. der Schulenburg. Der einzige aus dieser Ehe stammende Sohn, Levin Gustav Werner v. E., starb, erst 15 Jahre alt, schon 1758 und schloss den Mannsstamm seines alten Geschlechts, worauf die Güter der Familie an den Gemahl der älteren Schwester, Christiana Wilhelmine v. E., den nachmaligen k. Preuss. Generalmajor August Ferdinand v. d. Schulenburg, übergingen. Nach dem N. Preuss. Adelslexicon a. u. a. O. soll mit der genannten Frau Generalmajor v. d. Schulenburg 8. Juni 1787 auch der Name des Eimbeckschen Geschlechts ausgegangen sein. Ist diese Angabe richtig, so ist am nächsten Tage der Gemahl derselben gestorben, denn, so viel bekannt, starb 9. Juni 1787 der k. preuss. Generalmjor A. F. v. d. Schulenburg.

Pfefinger, I. S. 77 u. II. S. 136. — *Gauhe*, II. S. 249. — N. Pr. A.-L. V. S. 141. — *Frh. v. Ledebur*: über die in den Jahren 1740—1840 erloschenen märkischen Adelsgeschlechter in den Märkischen Forschungen, II. S. 374—388 (S. 379) und Derselbe, I. S. 196. — *Siebmacher*, I. 140: Die Einbecken, Mark-Brandenburgisch. — *Kneschke*, IV. S. 109—111.

Eimbeck, s. v. Kattenburg und Eimbeck, Grafen.

Einberger v. Einberg. Galizischer Adelsstand. Diplom von 1794 für Joseph Einberger, Galizischen Landrechts-Secretair, mit dem Prädicate: v. Einberg.

Megerle v. Mühlfeld, S. 177.

Eindhofen, s. Enzenhofer v. Eindhofen.

Eindritz, s. Eitner v. Eindritz.

Einem (in Blau ein silberner Querbalken, auf welchem ein schwarzes Windspiel mit goldenem Halsbande nach rechts läuft und welcher von drei goldbesamten, silbernen Rosen, zwei oben und eine unten, begleitet ist). — Adeliges Patriciergeschlecht der Stadt Eimbeck, welches Calenbergische und Grubenhagensche Lehne zu Eilensen, Eimbeck, Einem, Negelborn und Strodthagen besitzt. — A. G. A. v. Einem starb 1833 als Rathsmann und Stadt-Secretair zu Werben im Reg.-Bez. Magdeburg und G. v. E. war 1850 Lieutn. im 31. k. preuss. Infant.-Regiment.

Frh. v. d. Knesebeck, S. 355. — N. Pr. A.-L. II. S. 119. — *Frh. v. Ledebur*, I. S. 197. — W.-B. des Kgr. Hannover, D. 11 u. S. 6.

Einem v. Einemdorf. Erbländ.-österr. Adelsstand. Diplom vom 9. Mai 1840 für Wilhelm Einem, k. k. pensionirten Capitainlieutenant zu Teschen, mit dem Prädicate: v. Einemdorf.

Handschr. Notiz.

Einhorn. Ein in Preussen vorgekommenes Adelsgeschlecht, aus welchem ein Sprosse als Hauptmann bei dem k. preuss. Garnison-Regimente v. Lattorf stand. Derselbe starb 13. April 1770.

Frh. v. Ledebur I. S. 197.

Einöd, s. Ainoedt, Ainoed und Einöd, Bd. I. S. 34 u. 35.

Einsiedel, auch **Grafen.** Reichsgrafenstand. Kursächsisches Reichs-Vicariats-Diplom vom 25. Octob. 1745 für Hans Georg v. Einsiedel, kursächs. ersten Hofmarschall. — Die Familie v. Einsiedel, welche zu den ältesten und angesehensten, an Sprossen und Gütern reichsten sächsischen Adelsfamilien zählt, soll nach Einigen aus der Schweiz, nach Anderen, und wohl richtiger, aus Böhmen ihren Ursprung genommen haben. In Sachsen kommt dieselbe seit Ende des 13. Jahrh vor, breitete sich immer weiter aus und durch vier Söhne des kursächs. Raths Heinrich Hildebrand v. Einsiedel schied sich der Stamm in vier Linien. Von diesen vier Söhnen stiftete nämlich Heinrich v. E., kursächs. Geh. Rath, Oberhofrichter zu Leipzig und Amts-Hauptmann zu Colditz, die Linie zu Sahlis; Haubold v. E., kursächs. Kanzler und Ober-Inspector der Consistorien, die Linie zu Scharfenstein; Hildebrand v. E., kursächs. Landrath und Ober-Steuer-Einnehmer, die Linie zu Gnandstein und Abraham v. E., Herr auf Syra und Hopfgarten, welcher im Rufe grosser Gelehrsamkeit stand, die Linie zu Syra. Ueber die Fortsetzung dieser Linien haben Valent. König und Gauhe bis zu ihrer Zeit mehrere, für die genealogischen Verhältnisse des Gesammtstammes, so wie für die Geschichte desselben interessante Mittheilungen gemacht und für die folgenden Jahrzehnte hat v. Uechtritz durch seinen Fleiss Vieles zusammengetragen, was im Falle des Bedarfes Auskunft geben kann, die Gränzen dieses Werkes aber weit überschreitet und nur in Monographieen gehört. Nach v. Uechtritz treten in Bezug auf das der Wiesenschaft Zugängige auch hier, wie bei so vielen Familien, die Lücken ein, welche das später lange vernachlässigte Studium der Genealogie hervorgerufen hat und welche im Ganzen wohl nie mehr auszufüllen sind, im Einzelnen aber durch Monographieen jetzt wohl noch ausgefüllt werden könnten und neuerlich durch treue Sorge der Familien in einzelnen Fällen sehr gut ausgefüllt worden sind. — Nur in Bezug auf die gräflichen Linien des Stammes liegen bis auf die neueste Zeit die genealogischen Verhältnisse klar vor. Diese gräflichen Linien sind aus der Scharffensteiner Linie entsprossen und der nähere Stammvater derselben ist der jüngere Sohn Haubold's, des Stifters der Scharffensteiner Linie, s. oben: Heinrich Haubold v. E., kursächs. Rath, Vice-Ober-Hofrichter zu Leipzig etc. Von demselben entspross Rudolph Haubold v. E., gest. 1654, Herr auf Wolckenburg (seit 1632 in der Familie), welcher einen Sohn, Hans Haubold v. E., gest. 1700, kursächs. Geh. Rath und Oberhofmeister, hinterliess. Der Sohn des Letzteren aus der Ehe mit Anna Sophie v. Rumohr, gest. 1725, war der obengenannte Hans Georg v. E., welcher, wie angegeben, den Reichsgrafenstand in seine Linie brachte und welcher, verm. mit Eva Charlotte Friederike Grf. v. Flemming, gest. 1758, zwei Söhne hatte, die Grafen Johann Georg Friedrich und Detlev Carl, welche die Stifter der beiden Linien, der älteren und jüngeren, wurden, in welchen beiden die gräfliche Linie fortgeblüht hat. Die ältere gräfliche Linie gründete Graf Johann Georg Friedrich, gest. 1811, Herr der freien Standes-Herrschaft Seidenberg mit Reibersdorf etc., früher kursächs. Minister, verm. 1766 mit Eleonore Henriette v. Ponicau, aus welcher Ehe zwei Söhne entsprossten, von welchen der jüngere, Graf Heinrich, gest. 1842, k. sächs. Oberschenk, Kammerherr etc., verm. 1810 mit Ernestine v. Warnsdorf, seine Linie fortsetzte. — Die jüngere Linie stiftete Graf Detlev Carl, gest. 1810, k. sächs. Conferenz-Minister u. w. Geh. Rath und die Söhne aus erster Ehe mit Sidonie Albertine Grf. zu Schönburg-Lichtenstein, gest. 1787, haben auch diese Linie fortgepflanzt. — Der neuere Personalbestand dieser Linien ist folgender: Aeltere Linie: Graf Curt, geb. 1811, — Sohn des Grafen Heinrich, s. oben — freier Standesherr der Herrschaft Reibersdorf-Seidenberg etc., erbl. Mitglied der 1. Kammer der sächs. Landstände und Ober-Hof-Mundschenk Sr. Maj. des Königs v. Sachsen, verm. 1836 mit Natalie Freiin v. Blome a. d. Hause Saltzau, geb. 1813, aus welcher Ehe ein Sohn stammt, Graf Hans, geb. 1844. — Der Bruder des Grafen Curt, Graf Alexander, geb. 1813, Herr der

Rittergüter Kreba, Hammerstadt und Mücka im Kr. Rothenburg in der Oberlausitz, k. sächs. Kammerherr, vermählte sich 1845 mit Friederike Freiin v. Blome a. d. Hause Saltzau, geb. 1827, aus welcher Ehe, neben zwei Töchtern, Charlotte Sophie, geb. 1848, und Marie, geb. 1854, zwei Söhne stammen: Johann Georg, geb. 1848 und Clemens Adolph, geb. 1853. — Jüngere Linie: das bisherige Haupt derselben, Graf Carl, geb. 1801, Sohn des 1841 verstorbenen Grafen Carl, k. sächs. Geh. Rathes und Enkel des Grafen Detlev Carl, s. oben — k. k. Kämm. und Oberstlieut. in d. A., Mitglied der Ersten Kammer des Kgr. Sachsen, Herr auf Wolkenburg etc. ist 20. Januar 1861 zu Dresden gestorben. Derselbe hatte sich 1833 mit Anna Freiin v. Hardoncourt, geb. 1809, vermählt und aus dieser Ehe stammen drei Söhne, die Grafen: Carl, geb. 1834, k. k. Lieutenant; Wilhelm, geb. 1839 und Franz, geb. 1845. — Von den Geschwistern des Grafen Carl, k. sächs. Geheimen Rathes, ist hier namentlich zu nennen: Graf Detlev, geb. 1773, Dechant des Hochstifts Meissen, Herr der Herrschaft Mückenberg und Herr der Rittergüter Sallgast und Frauenhof, k. sächs. w. Geh. Rath u. Staats- und Cabinets-Minister a. D. Derselbe hatte sich 1800 mit Johanne Friederike Luise Grf. v. d. Schulenburg-Closter-Roda, gest. 1832, vermählt und aus dieser Ehe entspross Grf. Auguste, geb. 1805, verm. in erster Ehe mit Heinrich Grafen v. Bünau, k. sächs. Assessor bei dem Landes-Justiz-Collegium, gest. 1842 und in zweiter Ehe 1851 mit Carl Sahrer v. Sahr. — Von dem Bruder des Grafen Detlev, dem Grafen Adolph, gest. 1821, k. preuss. Obersten der Infanterie, stammt aus der Ehe mit Clementine Grf. zu Reuss-Köstritz, geb. 1789, neben einer Tochter, Grf. Marie, geb. 1819, verm. 1839 mit Julius v. d. Schulenburg aus dem Hause Priemern, k. preuss. Oberst a. D. und Hofmarschall Sr. k. H. des Prinzen Albrecht von Preussen, ein Sohn, Graf Clemens, geb. 1817, k. preuss. Lieut. a. D., verm. 1844 mit Elisabeth, geb. 1823, Tochter des Georg James Campbell Esq. v. Freesbanks in Schottland, aus welcher Ehe, neben sechs Töchtern, zwei Söhne, die Grafen Detlev, geb. 1848 und Clemens, geb. 1849, entsprossten. — Die Schwester der Grafen Carl, Detlev und Adolph, Grf. Johanna, geb. 1783, war die Gemahlin des 1838 verstorbenen k. preuss. Kammerherrn August Grafen v. Haeseler. — Als Besitzungen der adeligen Linien des Stammes im Königreiche Sachsen wurden neuerlich angegeben: Gnandstein und Priessnitz, Beide schon vom Anfange des 15. Jahrh., Weissbach bei Chemnitz mit Dittersdorf, Einsiedel im Erzgebirge, Reichenhain, Scharffenstein, Wolftitz, Syra bei Borna, sämmtlich schon seit 1460, Grosszössen, seit 1570 und Drehsa, auch war früher die Familie mehrfach in den sächsischen Fürstenthümern, im Anhaltischen und im Brandenburgischen begütert. — Aus den adeligen Linien des Geschlechts standen viele Sprossen in kur- und k. sächs. Militair- und Staatsdiensten und stehen noch jetzt in denselben. Carl Heinrich v. E. trat 1845 als k. sächs. Generalmajor aus dem activen Dienste und starb 1860, Curt v. E., k. sächs. Oberst, quittirte 1847, Alexander Friedrich Haubold v. E., k. sächs. Oberstlieutn. 1838 etc. Auch haben mehrere Glieder der Familie in k. preuss. Civil- und Militairdiensten gestanden. Zu letzteren gehörte namentlich Gottfried Emanuel v. E. aus dem Hause Vatterode (im Mansfelder Seekreise), welcher 1745 als k. preuss. Generallieutenant starb.

Albini, meissnische Landchronik, S. 473. — *Peccenstein*, Theat. Sax 8. 73. — *Knauth*, S. 501 u. 502. — *Beckmann*, VII. S. 211–215 u. Tab. A. — *Gleichenstein*, Nr. 21. — Val. *König*, I. S. 239–300. — *Gauhe*, I. S. 475–481. — *v. Hattstein*, II. Suppl. S. 11–13. — *Dienemann*, S. 188 u. Nr. 26 u. S. 342. — *v. Uechtritz*, dipl. Nachr. II. S. 31 u. III. S. 132 –135 u. desselben Geschl. Erzähl. I. Tab. 7 u. p. — *Jacobi*, 1800, II. S. 195 u. 196. — Allgem. geneal. u. Staats-Handb. 64. Jahrg. 1824 I. S. 543–545. — N. Pr. A.-L. II. S. 449 u. 120. — Deutsche Grafenb. d. Gegenw. I. S. 212–214. — *Frh. v. Ledebur*, I. S. 197. — Geneal. Taschenb. d. gräfl. Häuser, 1859 S. 237–239 u. histor. Handb. zu demselben, S. 193. — *Siebmacher*, I. 153. — *v. Meding*, I. S. 141–143. — Suppl. zu Siebm. W.-B. VII. 25: v. E. — *Tyroff*, II. 94: Gr. v. E. — W.-B. d. Sächs. Staaten, I 20: Gr. v. E. u. II, 60; v. E. — *v. Hefner*, sächs. Adel, Tab. 1 u. S. 2: Gr. v. E. u. Tab. 27 u. S. 25: v. E.

Einwinkel. Adelsgeschlecht der Altmark aus dem gleichnamigen Stammsitze im Kr. Osterburg, welches Holzhausen in demselben Kreise schon 1375 besass und im 16. Jahrh. auch mit Cröchern und Lückstedt begütert wurde. Daniel v. E. auf Einwinkel kommt mit seinem Bruder, Busso v. E., noch 1616 vor und Johann v. E., ein Sohn des Ersteren, besass noch Cröchern (im Kr. Wolmirstedt). Später wird der Name nicht mehr gefunden.

N. Pr. A.-L. V. S. 145 nach den Königschen Sammlungen auf d. K. Bibliothek zu Berlin. — *Frh. v. Ledebur*, I. S. 197.

Einzinger v. Einzing, Eyxing, Elzing, auch Freiherren. Ein aus Einzing in Niederbayern stammendes Adelsgeschlecht, welches nach Nieder-Oesterreich kam, im damaligen Viertel Untermansberg Schloss und Herrschaft Schraitenthal, 2 Meilen von Znaim, besass und den freiherrlichen Titel führte. Nach Gauhe lebten, nach dem bekannten, ihm zur Benutzung überlassenen MSCt. geneal., 1580 sechs Freiherren E. v. E.: Albrecht, Andreas, Christoph, Michael, kais. Rath und Abgesandter, durch mehrere historische Schriften zu seiner Zeit bekannt, Oswald, Herr zu Wagerburg und Schraitenthal und Paul. In Niederösterreich ging die Familie im 17. Jahrh. aus. — Zu der in Bayern verbliebenen Linie gehörte später Johann Martin Maximilian E. v. E., geb. 1725, kais. u. kurpfalzbayer. Pfalzgraf und Notarius publicus zu München, welcher als Verfasser des Werkes: „Bayerischer Löwe, d. i. histor. und geneal. Verzeichniss der Bayerschen Turniere und Helden, 2 Bde. München 1762, 4." Bd. I. S. X. u. XI. dieses Werkes genannt worden ist und derselbe hat auch eine nicht uninteressante Schrift: Historische Wappengallerie über den Ursprung und das Alter der deutschen Wappen, Regensburg, 1788 herausgegeben. — Derselbe, welcher sich bemühte, sein Geschlecht unter den bayer. Turnieradel zu versetzen, starb als Letzter des Stammes, erblindet und arm, 1798.

Wig. Hund, III. S. 307. — *Bucelini*, II. S. 153. — *Jöcher*, Compend. Gelehrt. Lexic. von 1726, S. 906: Michael Eytging. — *Gauhe*, II. S. 270. — *Zedler*, VIII. S. 2485.

Eisack, Eysack, Eysax, Eysachs. Ein in Ostpreussen vom 15–17. Jahrh. vorgekommenes Adelsgeschlecht, in dessen Hand 1490 die Güter Katzenblick, Mednicken und Wargen im jetzigen Kreise Fischhausen waren, 1554 das Gut Zimmerbude in demselben Kreise besass, im 16. Jahrh. auch noch andere Güter erwarb und 1600 noch

Reichenau im Kr. Osterode inne hatte. Der Name desselben war dem Gute Eysachs entnommen worden. Mit Johann Casimir v. Eisack, Landvogt in Oettingen, erlosch 22. Dec. 1645 der Stamm.
Frh. v. Ledebur, I. S. 197 u. 198 u. III. S. 246. — Siebmacher, II. 61.

Eisank v. Marienfels. Tiroler Adelsgeschlecht, in welches Franz Eisank 1630 den Adel mit dem Prädicate: v. Marienfels brachte. Hans Einsank, Bürger zu Linz, hatte 1552 einen kaiserliches Wappenbrief erhalten.
v. Hefner, tiroler Adel. S. 22.

Eisdorff. Ein längst ausgestorbenes Adelsgeschlecht, welches im Grubenhagenschen begütert war und welches nur dem Wappen nach (in Gold drei Tannenzapfen) bekannt ist.
v. Meding, II. S. 157; aus alten Nachrichten.

Eiseler, Eyseler. Oesterreichisches Adelsgeschlecht, aus welchem 1596 Job v. E. zu Haindorf, k. k. Hauptmann und 1599 der Neffe desselben, Matthaeus, später Herr zu Egenburg, dem niederösterr. Ritterstande einverleibt wurde. Mit den jung verstorbenen Kindern des Sebastian Ritter v. E. zu Haindorf, gest. 1609, ging der Stamm aus.
Wissgrill. II. S. 374.

Eiselsberg, auch **Freiherren.** Ein in Schlesien vorgekommenes Adelsgeschlecht, aus welchem im Anfange des 18. Jahrh. Freih. Franz Joseph mit Gr. u. Kl. Glockersdorff im Troppauischen begütert war.
Sinapius, II. S. 330. — Zedler, VIII. S. 603.

Eiselsberg, s. Eyselsberg zum Weyr, Freiherren.

Eisen. Schlesisch-Böhmisches u. Oesterreichisches Adelsgeschlecht, welches 1641 in der Person des Leopold v. Eisen unter die neuen nieder-österreichischen Ritterstandsgeschlechter aufgenommen wurde. Dasselbe ist 1706 mit Ferdinand v. E., k. k. Hofkammerrathe, wieder ausgegangen.
Wissgrill. II. S. 374.

Eisenbach. Ein früher zum Fuldaischen Lehnshofe gehöriges Adelsgeschlecht, dessen Wappen (in Roth eine niedrige, fünfmal gezinnte, silberne Mauer, mit gewölbter Thüröffnung und zwei runden silbernen Thürmen, die jeder zwei Schiessscharten über einander haben und oben dreimal gezinnt sind) Schannat von 1420 anführt. Beim Erlöschen des Stammes kam im 15. Jahrh. durch Vermählung das gleichnamige Stammschloss an die v. Röhrenfurt und als die Erbtochter des Eckard v. Röhrenfurt, Erbmarschalls zu Hessen, Margret, gest. 1464, sich mit Hermann Riedesel, genannt der goldene Ritter, gest. 1463, vermählt hatte, zugleich mit den Röhrenfurtschen Gütern und dem mit diesem verbundenen Erbmarschall-Amte zu Hessen, an die v. Riedeselsche Familie, worauf die Nachkommen des Hermann v. Riedesel und seiner Gemahlin Namen und Wappen des Eisenbachschen Geschlechts annahmen und der Eisenbachsche Schild 1680 bei Erhebung der betreffenden Riedeselschen Linie in den Freiherrnstand als Mittelschild in das gevierte Schild der Freiherren v. Riedesel zu Eisenbach, s. den Artikel dieses Namens, aufgenommen wurde. Während Schannat auf der Mauer nur zwei gezinnte Thürme angibt, zeigt der erwähnte Mittelschild deren drei.
Handschriftl. Notiz. — Schannat, S. 75. — Salver, S. 257. — v. Meding, I. S. 113.

Eisenbach, Edle. Erbländ.-österr. Adelsstand. Diplom von 1789 für August in Eisenbach, Herrschafts-Pächter in Steiermark, mit dem Prädicate: Edler von.
Megerle v. Mühlfeld, Ergänz.-Bd. S. 277.

Eisenbauer. Erbländ.-österr. Adelsstand. Diplom von 1853 für Franz Eisenbauer, k. k. Major. — Derselbe war 1856 nicht mehr im activen Dienste.
Augsb. Allg. Zeit. 1853.

Eisenberg, Isenberg. Ein im 13. Jahrh. urkundlich in Thüringen vorgekommenes Adelsgeschlecht. Ortolf und Otto Gebrüder v. E. treten 1230 in einem Diplome des Landgrafen Heinrich in Thüringen als Zeugen auf und eben als solche auch 1289 und 1294 drei Ottones v. Isenburg. Das Wappen einer späteren Familie dieses Namens (in Silber drei, 2 und 1, schwarze Hüte oder Mützen mit rothem, Stulpe und goldenen Knöpfen) hat Siebmacher, I. 148 unter dem thüringischen Adel gegeben, doch ist nicht aufzufinden, ob diese Familie mit dem alten Geschlechte v. Eisenberg irgend in Zusammenhange gestanden habe, wie denn auch nähere Nachrichten über die Familie v. Eisenberg fehlen, welche nach v. Hellbach, wie derselbe sagt, in neueren Zeiten in Franken vorgekommen sein soll.
Struve, Tr. de Palat. Sax., S. 1629 u. 22. — Gauhe, II. S. 249 u. 250.

Eisenberg, Eissenberg (in Silber zwei schwarze Querbalken und in der Mitte ein blauer Schild mit einem goldenen Löwen: das alte isenburgsche Wappen). Den Namen Eisenberg führten die Söhne und Töchter des 1685 verstorbenen Johann Ludwig Grafen v. Isenburg, Offenbachscher Linie, aus dritter Ehe mit Eleonora Bilgen, Tochter des Gräfl. Wittgensteinschen Raths Ernst Bilgen, welche sich später des Titels: Madame v. Eisenberg bediente. Neben zwei Töchtern, Philippine und Eleonore v. Eisenberg, kamen drei Söhne aus dieser Ehe vor: Georg Ludwig, Herr v. Eisenberg, welcher sich früher als Gräfl. Isenburgscher Jägermeister zu Marienborn aufhielt, später aber seinen Sitz zu Selbold nahm, Friedrich, welcher sich an den Gräfl. Isenburgschen Hof zu Birstein begab und Moritz, welcher am fürstlichen Hofe zu Darmstadt in der Garde in Diensten trat.
Gauhe, II. S. 250 nach dem Geneal. Handb. II. S. 6. — Suppl. zu Siebm. W.-B. XII. 19: v. Eissenberg.

Eisenberg, s. Eisenberger v. Eisenberg, Fritscheisen v. Eisenberg, Ritter, und Kaltschmied v. Eisenberg, Freiherren.

Eisenberg, s. Richter v. Eisenberg.

Eisenberger v. Eisenberg, Edle. Erbländ.-österr. Adelsstand. Diplom von 1774 für Matthias Eisenberger, wegen Errichtung einer orientalischen Galanterie-Waaren-Fabrik auf eigene Kosten und wegen Beförderung des Commerzes, mit dem Prädicate: Edler v. Eisenberg.
Leupold, I. 2. S. 267. — Megerle v. Mühlfeld, S. 177 u. 178.

Eisenburg, s. Schweikhofer zu Eggendorff und Eisenburg.

Eisendecher. Erblicher Adelsstand des Kaiserreichs Russland Diplom vom 11. Juni 1821 für den k. russ. Major Georg Eisendecher in Hannover, bei dem Eintritte desselben in die achte russische Rangclasse. — Dr. Wilhelm v. Eisendecher, grossh. Oldenburgischer Geh. Staatsrath, wurde 30. Mai 1851 für Oldenburg, Anhalt und Schwarzburg Gesandter und bevollmächtigter Minister bei dem deutschen Bundestage zu Frankfurt a. M.

Frh. v. d. Knesebeck, S. 122.

Eiseneck, Eysseneck, s. Baur v. Eysseneck, Freiherren, Bd. I. S. 236.

Eisenegg, s. Schmitt v. Eisenegg.

Eisenfeld, s. Fryscheisen v. Eisenfeld.

Eisenfels, s. Swoboda v. Eisenfels.

Eisenhart (Schild geviert: 1 und 4 in Roth ein rechts gekehrter, doppelt geschweifter, silberner Löwe und 2 und 3 in Gold eine blaue Lilie). Im Königreiche Preussen, erneuerter und bestätigter Reichsadelsstand. Diplom vom 2. Oct. 1786 für Johann Friedrich v. Eisenhart, k. preuss. Kriegsrath, Rendanten und Herrn auf Bernsdorf (im Kr. Regenwalde, Pommern) unter Vermehrung des Helmschmuckes (eines aufwachsenden, eine blaue Lilie haltenden, silbernen Löwen) mit einem offenen, schwarzen Adlersfluge. Der Reichsadelsstand war durch Diplom vom 29. Juli 1596 für Lucas Eysenhardt, wegen treuer, dem Hause Oesterreich geleisteter Dienste, in die Familie gekommen. — Der Stamm ist fortgesetzt worden und ein Sohn des genannten Johann Friedrich v. E., Friedrich Johann v. E., den nachstehenden Artikel, starb 1839 als k. preuss. Generalmajor. — In die Hand der Familie sind in neuerer Zeit in Pommern die Güter Mackvitz, Neuenhagen, Liezow und Düsterbeck gekommen, s. ebenfalls den nachstehenden Artikel.

Frh. v. Krohne, I. S. 267. — N. Pr. A.-L. II. S. 149-151 mit Angaben aus den Diplomen. — Frh. v. Ledebur, I. S. 198. — Siebmacher, IV. 55 (das Wappen nach dem Diplome von 1596). — W.-B. d. Preuss. Monarch., III. 13. — Pommersches W.-B. II. S, 43 u. 44 u. Tab. 16. — Knesschke, I. S. 146.

Eisenhart-Rothe. (Schild der Länge nach getheilt: rechts das geviertete, im vorstehenden Artikel beschriebene v. Eisenhartsche Wappen und links in Silber auf einem dreihügeligen, rothen Berge ein rechtsgekehrter, schwarzer Rabe mit ausgebreiteten Flügeln: Rothe). Ein aus der Familie v. Eisenhart stammendes, preussisches Adelsgeschlecht. Diplom vom Könige Friedrich Wilhelm III. von Preussen für die Gebrüder Ferdinand, Friedrich und Sigismund v. Eisenhart zur Führung des Namens: v. Eisenhart-Rothe und zur Verbindung des v. Rotheschen Wappens mit dem, denselben angestammten Wappen. — Adolph Gotthilf v. Rothe, k. preuss. Hauptmann, welcher aus einem der ältesten thüringisch-sächsischen, später nach Preussen gekommenen Adelsgeschlechte stammte, hatte durch Vermählung mit der ältesten Tochter des k. preuss. Kammerdirectors v. Miltitz die pommernschen Güter Neuenhagen, Mackvitz und Liezow, alte Blüchersche Lehne, sämmtlich im Kr. Regenwalde, an sich gebracht. Der einzige Sohn desselben, Sigmund Heinrich Theodor v. Rothe, fiel im Befreiungskriege und so kamen die genannten Güter nach dem Tode des Erwerbers an den im vorstehenden Artikel genannten k. preuss. Generalmajor Friedrich Johann v. Eisenhart, welcher mit der Tochter des Hauptmanns Adolph Gottlieb v. Rothe, Helene v. Rothe, vermählt war. Aus dieser Ehe entsprossten die drei obengenannten Gebrüder v. Eisenhart, welche das erwähnte Königliche Diplom erhielten.

Frh. v. Ledebur, I. S. 198. — Pommersches W.-B. II. S. 44 u. Tab. 16. — *Kneschke*, I. S. 147.

Eisenhart, Eysenhart, s. Rhost, Edle Herren und Reichsritter.

Eisenhofen. Altbayerisches Adelsgeschlecht, dessen Sprossen zu den Ministerialen der Grafen v. Dachau gehörten und welches sich zuerst, um die Mitte des 12. Jahrh., v. Rotbach genannt haben soll. Das gleichnamige Stammhaus lag unweit Dachau an der Glon. Urkundlich tritt zuerst Conrad v. E. 1214 und zuletzt 1488 Peter v. E. auf. Als Letzter des Stammes wird Wolfgang v. E., Comthur zu Ellingen, genannt, welcher 1515 noch lebte.

Wig. Hund, III. S. 180. — Monum. boica, X. S. 226 u. XIV. S. 124. — Oberbayer. Archiv VI. S. 268.

Eisenhofen auf **Wizmannsberg**. Im Königreiche Bayern anerkannter erblicher Adelsstand. Anerkennungs-Diplom vom 25. Febr. 1819 für Theodor Lambert v. Eisenhofen, k. bayer. Major u. quiesc. Commandant von Burghausen, Besitzer der vormaligen Gräfl. Tauffkirchen'schen Herrschaft Wizmannsberg.

v. Lang, Suppl. S. 94 u. 95. — W.-B. d. Kgr. Bayern, XIII. 38. — *v. Hefner*, bayer. Adel, Tab. 84 u. S. 75.

Eisenkolb, s. Brecheisen v. Eisenkolb, Bd. II. S 35.

Eisenmann. Ein längst ausgegangenes münchner Adelsgeschlecht, von welchem noch jetzt eine Strasse in München den Namen führt. Ulrich E. erscheint als Zeuge 1288 und Hans der Eisenmann siegelte 1425.

Monum. boic. XVIII. S. 8, 14 u. 373 — *v. Hefner*, Münchner Stadtgeschlechter.

Eisenmayer, Eysenmayer, Ritter. Böhmischer Ritterstand. Diplom von 1713 für Anton Ignaz Eisenmayer, k. Burggrafen-Amts-Adjuncten zu Liegnitz. Derselbe besass 1720 Ulbersdorf und Kottwitz im Kr. Goldberg-Hainau und war Landesältester im Hainauischen Weichbilde und Landesbestallter des Liegnitzschen Fürstenthums. Der Stamm ist später erloschen.

Sinapius, I. S. 351 u. 352 u. II. S. 615. — *Zedler*, VIII. S. 2432. — *Gauhe*, II. S. 269 u. 270. — *Megerle v. Mühlfeld*, Ergänz.-Bd. S. 136. — N. Pr. A.-L. I. S. 120. — *Frh. v. Ledebur*, I. S. 198.

Eisenreich, auch **Freiherren** (in Roth ein silbernes Mühleisen). Reichsfreiherrnstand. Diplom vom 11. März 1656 für Christoph Bruno und Georg Wilhelm v. Eisenreich und vom 28. Febr. 1668 für Georg Carl v. Eisenreich. — Ein im 15. u. 16 Jahrh. sehr bekannt gewordenes Breslauer Patricier-Geschlecht. Zu demselben gehörte namentlich der Sohn des Conrads v. E., Rathsherrn zu Breslau, aus der Ehe mit Catharina v. Poppelau: Lucas v. E., geb. 1430, gest. 1506. Er wurde mehrmals zum Bürgermeister der Stadt Breslau gewählt und verwaltete in den schwierigsten Zeiten zu grosser Zufriedenheit das Amt eines Landeshauptmanns des Fürstenthums Breslau. 1466 führte er dem Könige Matthias in Ungarn 1800 Reiter gegen Georg Podiebrad zu Hülfe und erschien unerwartet, aber höchst willkommen, mit seiner Reiterschaar zu Olmütz. König Casimir IV. in Polen schätzte ihn so hoch, dass er ihn in dem genannten Jahre als Zeuge bei dem Friedensschlusse mit dem Grossmeister des deutschen Ordens nach Thorn berief. — Das Wappen der Familie giebt Siebmacher, I. 94: die Eysenreich unter dem bayerischen Adel und auch Wig. Hund, III. S. 304 u. ff. führt das Geschlecht auf. Da der Name desselben schon im 13. und 14. Jahrh. und auch noch im 16. Jahrh. in Bayern vorgekommen ist, so lässt sich die Annahme bayerischen Ursprunges nicht von der Hand weisen. — Aus Bayern kamen die Eisenreiche auch nach Niederösterreich, wo die Dörfer Eisenreichs und Eisenreichdornach das Andenken an die Familie erhalten haben. Hans Ehrenreich zu Ryzendorf tritt urkundlich als Zeuge 1387 auf und Jörig zu Eisenreichs kommt 1468 vor. Die Letzte des Stammes in Niederösterreich, Therese v. Eisenreich, war von 1665—1669 Aebtissin des Jungfrauenklosters zu St. Lorenz zu Wien.

Henel, Silesiogr. renov. c. 8 S. 765. — Hancke, Siles. Indigen. Erudit. Cap. 53. — Conradi, Siles. Togat. — Sinapius, II. S. 610. — Wissgrill, II. S. 377 u. 378. — N. Pr A.-L. II. S. 120 u. 121. — Frh. v. d. Knesebeck, Archiv für Geschichte u. Genealogie, I. S. 8 — Frh. v. Ledebur, I. S. 198.

Eisenschmidt (in Silber ein schwarzes, nach der rechten Seite gallopirendes, ungezügeltes Ross). Ein zu dem Preussischen Adel gehörendes Geschlecht, in welches der Adel in Folge eines K. Preuss. Erhebungs- oder Bestätigungs-Diplomes gekommen ist, da das Wappen der Familie sich im dritten Bande des Wappenbuches der Preussischen Monarchie befindet, welches bekanntlich bis mit dem vierten Bande nur die Wappen derjenigen Familien enthält, in welche derartige Diplome gelangt sind, doch hat Näheres über das betreffende Diplom selbst Freih. v. Ledebur, so gross auch der demselben zu Gebote stehende Apparat ist, nicht angegeben. — Ernst v. Eisenschmidt war 1806 Premier-Lieutenant im k. preuss. Husaren-Regimente, Prinz Eugen v. Württemberg, zeichnete sich, wie schon früher in einem Gefechte bei Sobielowa, 1806 und 1807 in Schlesien mehrfach als Führer von Streifcommandos vor Neisse und Cosel, später aber, namentlich im Cavalleriegefechte in der Nähe von Hainau aus und wurde nach dem Feldzuge 1813 als Major und Kreisbrigadier bei der Gensd'armerie angestellt. Derselbe starb 25. Jan. 1836 zu Brieg und hinterliess aus seiner Ehe mit einer v. Larisch drei Töchter. — Die Familie wurde in Schlesien begütert und besass 1855 das Gut Jacobsdorf im Kr. Kreutzburg.

N. Pr. A.-L. II. S. 121 u. V. S. 145. — Frh. v. Ledebur, I. S. 198 u. III. S. 246. — W.-B. d. Preuss. Monarch. III. 13.

Eisenstein, Eisenstain, Ritter. Reichsritterstand. Diplom von 1691 für Matthias v. Eisenstein, k. k. Zeugobersstlieutenant. Derselbe, später kais. Hofkriegsrath, gest. 1727, erwarb zuerst die Herrschaft Ranzenbach, wurde 27. Juni 1712 den neuen Ritterstandsgeschlechtern der niederösterr. Stände einverleibt und brachte 1716 auch die Herrschaft Haimberg an sich. Sein Sohn aus der Ehe mit Anna Johanna Ludovica Freiin v. Wertemann: Freih. Franz Anton, niederösterr. Landrath, setzte den Stamm fort und aus der Ehe des Letzteren mit Catharina Freiin v. Füger, entspross Freih. Johann Albert, gest. 1785, k. k. Oberstlieutenant, verm. mit Maria Anna Grf. Sedlnitzky v. Choltitz. v. Hellbach übersah, dass Wissgrill die Worte hinzugesetzt: „und hatte Succession", nahm daher den Freiherrn Johann Albert als Letzten seines Stammes und so findet sich diese Angabe auch in anderen Werken, doch hat das Geschlecht dauernd fortgeblüht und zahlreiche Sprossen desselben standen und stehen in der K. K. Armee. In den neuesten Jahrgängen des Militair-Schematismus finden sich folgende Familienglieder vor: Carl Ritter v. E., Rittm. 1. Cl. im 4. Husar.-Regim., Carl Ritter v. E., Oberlieut. im 39. Inf.-Reg., Felix Ritter v. E., Hauptmann-Auditor 1. Cl. und Vincenz Ritter v. E., Oberlieut. im 4. Jäger-Bataill.

Wissgrill, II. S. 378 u. 379.

Eisenstein, Eissenstein, s. Eisner v. Eissenstein.

Eisenthal, s. Eisner v. Eisenthal und Eisinger v. Eisenthal.

Eisersdorf, Eissersdorf. Altes, schlesisches Adelsgeschlecht, wohl aus dem gleichnamigen Gute und Dorfe im Kr. Glatz. Im 16. Jahrh. kam dasselbe in Ostpreussen zu Cammerlak im Kr. Labiau vor und 1595 begab sich Hans v. E. nach Schweden. Später kam aus Schlesien ein Zweig auch in die Oberlausitz und blühte in Zittau, weshalb auch Mönch in dem auf der Stadtbibliothek zu Zittau befindlichen Wappenbuche Zittauischer Geschlechter das Wappen der Familie (unter Nr. 14, ganz wie Siebmacher, gegeben hat): in Silber eine goldene Mauer mit drei Zinnen, aus welcher ein rother, golden gekrönter Löwe aufwächst. Später ist der Stamm erloschen.

Preuss. Archiv. 1792. Monat Mai, S 25. — Frh. v. Ledebur, I. S. 198. — Siebmacher, I. 51: v. Eysersdorf.

Eisinger v. Eisenthal. Erbländ.-österr. Adelsstand. Diplom von 1827 für Franz Eisinger, k. k. Oberlieutenant, mit dem Prädicate: v. Eisenthal.

Handschr. Notiz.

Eisleben, Esleben. Altes, sächs. Adelsgeschlecht, welches den Namen wohl von der Stadt Eisleben im Mansfelder Seekreise, Provinz Sachsen, angenommen hat und später Heimersleben (Hadmersleben) im Kr. Wanzleben besass. — Carl v. E., Herr auf Heimersleben, verm. mit Elisabeth v. Germershausen, kommt 1582 vor und Christian Friedrich v. E. wurde 1633 Statthalter des Eichsfeldes. Nach dieser Zeit wurde der Name des Geschlechts nicht mehr aufgefunden.

N. Pr. A.-L. V. S. 145: Eisleben. — Frh. v. Ledebur, I. S. 208 u. 209; Esleben, Eisleben.

Eismost, s. Bock v. Eismost, Bd. I. S. 497.

Eisner v. Eisenthal. Reichsadelsstand. Diplom von 1712 für Carl Joseph Eisner, kaiserlichen Hofkammerdiener und für den Bruder desselben, Franz Jacob E., kärtnerisch-ständischen Beamten mit dem Prädicate: v. Eisenthal.

Megerle v. Mühlfeld, Ergänz. Bd. 277. — Tyroff, III. 82 c.

Eisolzrieder. Altbayerisches Adelsgeschlecht, welches schon gegen Ende des 12. Jahrhunderts vorkommt, auf Eisolzried sass und sein Stift und Begräbniss zu Inderstorf im Glon- und Moisach-Thale hatte. Bereits 1390 stand Eisolzried den Preisingern zu und um diese Zeit sind wohl die Eisolzrieder ausgegangen.

Wig. Hund, II. S. 293. — *Monum. boic.*, X. S. 422 u. XIV. S. 127. — *v. Hefner*, ausgestorb. bayer. Adel, Tab. 2 u. S. 4.

Eissner v. Eissenstein. Erbländ.-österr. Adelsstand. Diplom von 1773 für Johann Ignaz Eissner, Gutsbesitzer in Böhmen mit dem Prädicate: v. Eissenstein.

Megerle v. Mühlfeld, Ergänz.-Bd. S. 277.

Eissner v. Eissenstein, Ritter. Reichsritterstand. Diplom von 1793 für Johann Ignaz Eissner, mit dem Prädicate: v. und zu Eissenstein. Da Megerle v. Mühlfeld schreibt: Johann Ignaz Eissner und nicht: Johann Ignaz Eissner v. Eissenstein, so muss man wohl annehmen, dass der im vorstehenden Artikel genannte Johann Ignaz E. verschieden von dem Johann Ignaz E. dieses Artikels sei und es sind daher Beide nicht in einen Artikel verschmolzen worden.

Megerle v. Mühlfeld, S. 156 u. Ergänz.-Bd., Berichtig. S. 7.

Eitelberg, Ritter u. Edle. Erbländ.-österr. Ritterstand. Diplom von 1753 für Johann Baptist v. Eitelberg, mit dem Prädicate: Edler von.

Megerle v. Mühlfeld, Ergänz.-Bd. S. 136.

Eitelberger v. Ehrenberg. Erbländ.-österr. Adelsstand, mit dem Prädicate: v. Ehrenberg. Emanuel E. v. E. war 1856 Hauptmann 1. Classe im k. k. 29. Inf.-Regimente und Wilhelm E. v. E. k. k. Feldkriegs-Commissar.

Milit.-Schematism. 1856 S. 245 u. 813.

Eiterltz, s. Eitner v. Eiteritz.

Eitner, Ritter und Freiherren (in Roth ein schwarzer Kamm). Böhmischer Ritter- und Freiherrenstand. Ritterstands-Diplom von 1672 für Tobias Joseph v. E., kais. Ober-Salzamtmann zu Tarnowitz und Freiherren-Diplom von 1691 für denselben und für seinen Bruder Gottfried Franz Ritter v. E. — Schlesisches Adelsgeschlecht, welches vom 16. bis ins 18. Jahrh. in Schlesien vorkam. Matthias v. Eitner, Canonicus bei St. Johann zu Breslau und Dompropst zu Neisse, starb 1599 und Joseph Jgnaz Johann Freih. v. E. als Canonicus des Domstifts zu Breslau und des Fürstbischöfl. General-Vicariats-Amts-Assessor 23. Dec. 1753. Spätere Sprossen des Stammes sind nicht bekannt.

Sinapius, II. S. 390 u. III. S. 246 u. 247. — *N. Pr. A.-L.* II. S. 121. — *Frh. v. Ledebur*, I. S. 198.

Eitner v. Eiteritz, (Schild fünfmal von Roth und Silber quer und durch eine Spitze getheilt, über welcher innerhalb eines Lorbeerkranzes der goldene Namenszug F. III. steht und in der blauen Spitze ein Pelican). Böhmischer Adelsstand. Diplom von 1653 für Zacharias Augustin Eitner, königl. böhmischen Kammerexpeditor, mit dem Prädicate: v. Eiteriz. — Zu diesem Geschlechte gehörte noch Hans Christoph E. v. E., welcher 1720 als kaiserl. Rath zu Breslau lebte. Später ist der Stamm erloschen.

Freih. v. Ledebur, I. S. 198 u. III. S. 247. — Siebmacher, V. 76.

Eitzing, Freiherren. Ein aus Niederbayern stammendes, nach dem gleichnamigen Schlosse genanntes Adelsgeschlecht, welches im 14. Jahrh. nach Niederösterreich kam, später zu Haugsdorf, Schrattenthal etc. sass und das Oberst-Erblandkämmerer-Amt in Oesterreich an sich brachte. — Hans der Eitzinger kommt urkundlich 1318 als Zeuge und Ulrich Eitzinger, geb. 1398 als erster Freih. vor. Derselbe soll den Herrenstand 1439 erhalten haben, doch ist diese Angabe nicht genau nachzuweisen. Der Stamm blühte noch ins 17. Jahrh. hinein, erlosch aber 22. Mai 1613 mit Philipp Christoph Freih. v. E., Oberst-Erblandkämmerer in Oesterreich, welcher 1581 geboren worden war. Die Namen: Eitzing, Eyzing, Eizing und Einzing sind übrigens gleichbedeutend, wie sich deutlich aus dem Artikel: Einzinger v. Einzing ergiebt. Die dort angeführten Mittheilungen Gauhe's nach dem Manuscr. genealog. beziehen sich nach Allem auf die hier in Rede stehende Familie.

Wissgrill, II. S. 379—391.

Ekart v. Ekenfeld, s. Eckhart v. Ekenfeld, S. 27.

Ekensteen. Schwedischer Adelsstand. Diplom vom 5. April 1663 für Bernhard Ekensteen. — Mehrere Sprossen des Stammes haben in der k. preuss. Armee gestanden. Ein v. E. war 1843 k. preuss. Steuerrath zu Swinemünde u. der Sohn desselben, Carl Philipp v. E., starb 1853 als Lieutenant im k. preuss. 2. Landwehr-Regimente.

Freih. v. Ledebur, I. S. 198 u. III. S. 247.

Ekhardsberg. s. Schier v. Ekhardsberg.

Elbel. Altes, schlesisches Adelsgeschlecht, in dessen Hand 1520 Wiltschkau im Kreise Neumarkt war und dessen Hauptlinie sich Elbel v. Tunkendorf schrieb, welches Stammgut schon im 17. Jahrh. an den Rath zu Schweidnitz verkauft wurde. Hans und Georg v. Elbel waren noch 1626 Herren auf Keulendorf u. Meesendorf im Kr. Neumarkt, so wie auf Tief-Hartmannsdorf im Kreise Schönau, auch hatte die Familie Grunau im Schweidnitzschen besessen. Später ist das Geschlecht erloschen.

Sinapius, I. S. 350 u. II. S. 640. — Gauhe, II. 251 u. 252. — N. Pr. A. L. I. S. 124 u. 122. — Freih. v. Ledebur, I. S. 198. — Siebmacher, I. 61. — v. Meding, III. S. 151.

Elben, Elben zu Elbenberg. Altes hessisches Adelsgeschlecht, welches schon im 14. Jahrh. vorkam und aus welchem Berthold v. Elben der 39. Abt des Stifts Hersfeld war. Dasselbe trug Lehne von Nassau und gehörte zu den Burgmännern zu Dillenburg. Die Hauptlinie in Hessen erlosch nach Einigen 1536 mit Curt v. E., während andere angeben, dass noch 1668 in Hessen eine Familie von Elben — bei Richtigkeit der Angabe wohl kein anderes, sondern das hier in Rede stehende Geschlecht — geblüht habe; doch hatten sich Zweige nach Sachsen und Ostpreussen gewendet, wo dieselben noch längere Zeit fortblühten. Hans Abraham v. Elben wohnte der feierlichen Leichenprocession der verstorbenen Gemahlin des Herzogs Friedrich Wilhelm zu

Altenburg bei und Rodameuschel im Altenburgischen stand 1688 und noch 1752 der Familie zu, in Ostpreussen aber hatte dieselbe die Güter Kalischken, Linken, Neuendorf, Sacherau und Transsau erworben. Nach der Mitte des 18. Jahrhunderts ist der Stamm völlig ausgegangen.

Müller, Annal. Saxon. S. 478. — *Gauhe* II. S. 252. — *Zedler*, VIII. S. 691. — *Rommel*, hessische Geschichte II. S. 227. — *Freih. v. Ledebur*, I. S. 198. —. *Siebmacher*, I. 143.

Elbenstein, s. Niemetz v. Elbenstein.

Elbersdorf. Ein nur dem Namen nach von v. Hellbach aufgeführtes, erloschenes, hessisches Adelsgeschlecht.

v. Hellbach, I. S. 325.

Elckershausen, Elckershausen, genannt Klüppel. Altes rheinländisches, in der Wetterau, im Nassauischen und im Trierschen vorgekommenes Adelsgeschlecht, dessen Stammreihe Humbracht nach 1300 beginnt. Dieter v. Elckershausen lebte um 1317 und die Urenkel desselben nahmen sämmtlich nach Anfange des 15. Jahrh. den Beinamen: Klüppel an. Johann v. E., genannt von K. starb 1576 als Domherr zu Trier und Joerg Wilhelm K. v. E. war noch 1639 des deutschen Ordens Comthur zu Ellingen, Land-Comthur in Schwaben, k. k. Rath u. Kämm., wie auch Statthalter der Herrschaften Freudenthal und Ellenberg in Schlesien. Des Letzteren Bruders-Sohn, Philipp Adam K. v. E., wurde Domherr zu Würzburg, verzichtete aber auf diese Würde 1683 und vermählte sich mit einer Gräfin v. Hatzfeld und Johann Philipp v. E. genannt K. starb 1685 zu Würzburg als Senior Capituli. — Der Stamm blühte ins 18. Jahrh. hinein, erlosch aber 1726 mit dem k. k. Oberstlieutenant Franz K. v. E.

Humbracht, Tab. 148. — *Schannat*, S. 75. — *v. Gauhe*, I. S. 484. — *v. Hattstein*, I. S. 161. — *Salver*, S. 567, 568 u. 627. — *Frh v. Ledebur*, I. S. 198 u. 199. — *Siebmacher*, II. 81. — *v. Meding*, II. S. 157 u. 158. — *Suppl. zu Siebm.* W. B. VI.28.

Eldendorf. Lüneburgisches Adelsgeschlecht, von welchem nur das Wappen: (Schild von Gold u. Roth sechsmal quergetheilt) durch das Epitaphium des Abts v. Haselhorst in der Klosterkirche zu St. Michaelis in Lüneburg von 1642 bekannt ist.

v. Meding, I. S. 143.

Elderhorst. Reichsadelsstand. Diplom vom 15. Nov. 1782 für Johann Ludwig Elderhorst, herzogl. mecklenburg. Geb.-Domainenrath.

v. Hefner, mecklenb. Adel. S. 8. u. Ergänz.-Bd. S. 31.

Eldern, Elderen. (Schild geviert mit Mittelschilde. Im goldenen Mittelschilde fünf 2, 1 u. 2, rothe Lilien. 1 u. 4 in Roth fünf silberne Rauten neben einander, u. 2 u. 3 in Gold drei schrägrechte blaue, von einem schwarzen Löwen überdeckte Balken). Lüttichsches Adelsgeschlecht, welches Cronendal 1450, Sart 1546, Eldern 1555 und Luye 1557, letzteres Gut auch noch 1607 besass. Neben Luye hatte dasselbe in der genannten Zeit im Rheinlande auch Kirchoven im Kr. Heinsberg inne. Später ist der Stamm, von welchem Fahne eine Abstammung gegeben hat, erloschen. — Es gab übrigens noch zwei andere Familien dieses Namens, welche ganz verschiedene Wappen führten, über welche aber weitere Nachweise fehlen. Die Eine führte nach Siebmacher, II. 113: v. E. Rheinländisch, in Silber einen goldenen Querbalken und über demselben eine, unter ihm aber zwei Reihen Eisenhütchen, die Andere aber in Gold ein rothes Kreuz und zwischen den Armen desselben je fünf ins Kreuz gesetzte, goldene Steine.

Kuhne, II. S. 38. — Frh. v. Ledebur, I. S. 199. — Suppl. zu Siebm. W. B. 1. 7: Elderen, Barone.

Elding, v. u. zu Eldingen. Altes, im Lüneburgischen begütert gewesenes Adelsgeschlecht, von welchem schon von 1370 sich ein Siegel im Kloster-Archive zu St. Michael in Lüneburg befindet. Die Familie blühte bis in die zweite Hälfte des 17. Jahrh. hinein, bis Hans Ernst v. u. zu Eldingen den Mannsstamm 1672 schloss. Der Name des Geschlechts ging mit Ursula v. Elding (auf dem Epitaphium zu Lüneburg Eldingk geschrieben) aus. Dieselbe war mit Franz August v. Estorff vermählt und starb 1678.

v. Meding, I. S. 144 u. II. S. 725.

Elditten, Elditt, Eldith. Altes, stiftsfähiges Adelsgeschlecht im Halberstädtischen, aus welchem Carl Ludwig v. Elditten 1728 Johanniterordens-Ritter und zum Comthur von Werben designirt wurde. Sprossen des Stammes waren bis zur Aufhebung des Hochstifts Halberstadt in der Reihe der Prälaten und Domherren und der letzte Subsenior des Stifts und einer der Electi waren aus diesem Geschlechte und zwar die von Jacobi und Siebenkees genannten Friedrich Wilhelm Leopold v. E. und Carl Ludwig v. E. — Die Familie war im Magdeburgischen 1760 mit Gross-Saltze im Kr. Calbe begütert und hatte schon zu Ende des 16. Jahrh. in Ostpreussen die Güter Gielauchen und Scharfenort inne, während ein den Namen der Familie führendes Gut derselben zustand. Im 17. u. 18. Jahrh. wechselte in Folge neu erworbener Güter der Grundbesitz des Geschlechts mehrfach und noch 1820 waren in der Hand desselben die Güter Janckenwalde, Klein-Klingbeck, Podlak und Wobsau.

Jacobi, 1800. I. S. 157 u. 158. — N. Pr. A.-L. II. S. 127. — Frh. v. Ledebur, I. S. 199 u. III. S. 247. — Halberstädtscher Stiftskalender — v. Meding, I. S. 144 u. 145. — Suppl. zu Siebm. W. B. 1. 7. — Tyroff, I. 46 u. Siebenkees, I. S. 347.

Elend, Elendt, v. Elendsheim. Reichsadel. Diplom von 1749 für Gottfried Heinrich Elend, herzogl. holsteinischen Geh.-Legations-Rath, mit dem Prädicate: v. Elendsheim. Der Stamm hat fortgeblüht und wurde später in Ostpreussen im Pr. Eylauschen begütert.

Handschriftl. Notiz. — Freih. v. Ledebur, III. S. 247. — Suppl. zu Siebmachers W.-B. IX. 13: v. Elent.

Elerdt (in Gold drei, 2 u. 1, Tannenzapfen). Eine ursprünglich bürgerliche Familie in Berlin, aus welcher Christoph Elerdt, später k. preuss. Oberst, 1688 das Gut Radach im Kr. Sternberg, Provinz Brandenburg, Reg. Bez. Frankfurt, erwarb. Der ältere Sohn war 1704 k. preuss. Rittm. und der zweite Sohn Fähnrich. — Ein Lieutenant v. Elerdt im k. preuss. Regim. v. Stechow kommt 1743 mit dem freiherrlichen Titel vor und ein Hauptmann Wilhelm Friedrich v. Elerdt starb 1800 in Curland. — Ueber eine Standeserhöhung ist Näheres nicht bekannt.

Frh. v. Ledebur, I. S. 199.

Elern. Reichsadelsstand. Diplom vom 24. Sept. 1638 für den Leibmedicus D. Johann Elern zu Lüneburg. Der Stamm hat fortgeblüht und ein k. preuss. Major v. Elern war 1852 Commandeur des Spremberger Bataillons des 12. Landwehr-Regim.

Freih. v. d. Knesebeck, S. 123. — Freih. v. Ledebur, I. S. 199 und III. S. 247.

Elfen, s. Elfen v. Painagl.

Elger v. Elgenfeld. Erbländ.-österr. Adelsstand. Diplom von 1808 für Franz Elger, k. k. Unterlieutenant bei Freiherrn v. Vogelsang-Infant.

Megerle v. Mühlfeld, Erg.-Bd. S. 277.

Elgger v. Frohberg. Erbländ.-österr. Adelsstand. Diplom von 1816 für Carl Elgger, k. k. pensionirten Generalmajor, mit dem Prädicate: v. Frohberg.

Megerle v. Mühlfeld, Ergänz.-Bd. S. 278.

Eliat, Ritter und Edle. Reichs-Ritterstand. Diplom von 1789 für Paul Eliat, Grosshändler zu Nieschen in Klein-Russland, mit dem Prädicate: Edler v.

Handschriftl. Notiz. — Suppl. zu Siebm. W. B. XI. 5.

Eliatscheck v. Siebenburg, Freiherren. Erbländ.-österr. Freiherrnstand. Diplom vom 19. April 1851 für Wenzel Eliatscheck Edlen v. Siebenburg, k. k. Feldmarschall-Lieutenant u. Militair-Commandeur für Tirol u. Vorarlberg. Derselbe, geb. 1779, war als k. k. Oberst u. Regiments-Commandant 11. August 1834, in Anerkennung einer mit Auszeichnung vollendeten 38jährigen Dienstzeit, mit dem Prädicate: Edler v. Siebenburg, in den erbländ.-österr. Adelsstand erhoben worden, war dann zum General und Truppenbrigadier in Tirol gestiegen, erlangte später die im Eingange des Artikels angegebene hohe Stellung und trat hierauf 1850, nach fast 55jähriger Dienstleistung, in den Ruhestand. Aus seiner Ehe mit Franzisca Romana Willner, geb. 1796, verm. 1815, entsprossten, neben drei Töchtern, den Freiinnen: Charlotte, geb. 1816, Emilie, geb. 1825, und Gabriele, geb. 1830, drei Söhne, die Freiherren: Eduard, geb. 1818, Hugo, geb. 1831 u. Maximilian, geb. 1839. — Freih. Eduard, k. k. Hauptmann, vermählte sich mit Mathilde Institori Edlen v. Mossocz, geb. 1833, aus welcher Ehe, neben zwei Töchtern, Elisabeth, geb. 1856 und Franzisca, geb. 1858, drei Söhne stammen: Hugo, geb. 1853, Eduard, geb. 1854 u. Rudolph, geb. 1855.

Geneal. Taschenb. der freih. Häus. 1857 S. 169 u. 170 u. 1859. S. 171 u. 172.

Elkan v. Elkansberg. Erbländ.-österr. Adelsstand mit dem Prädicate: v. Elkansberg. Die Familie E. v. E. in Wien wurde 1825 in die Adelsmatrikel des Kgr. Bayern eingetragen. Dieselbe gehört dem Wappen nach: (in Blau ein silberner Sparren, welcher rechts von einem Mercurstabe, und links von einem im linken Obereck begleiteten Stern beseitet ist und unter welchem in Wasser auf grünem Dreiberge ein in der linken Kralle einen Stein haltender Kranich steht) wohl zu dem Handelsstande.

W. B. d. Kgr. Bayern. X. 20 — v. Hefner, bayer. Adel, Tab. 81 u. S. 75.

Ellebracht. Ein ursprünglich westphälisches Adelsgeschlecht, welches später nach Ostpreussen und Dänemark gekommen ist. Anton Günther v. E. war 1651 kurbrandenburgischer Oberstwachtmeister bei dem Regimente Witgenstein und später k. dänischer Generallieutenant und Casimir Heinrich v. E., k. preuss. Major, besass 1737 und noch 1752 die Güter Sporwitten und Waldhausen. Nach dieser Zeit ist der Name erloschen.

v. Steinen, I. Tab. 18 u. S. 936. — N. Pr. A.-L. V. S. 145. — Freih. v. Ledebur, I. S. 189.

Ellen. Ein zum Fuldaischen Lehnshofe gehöriges, schon 1451 vorgekommenes Adelsgeschlecht.

Schannat, I. S. 75. — v. Meding, I. S. 145.

Ellenbach, Elnbach (Schild von Silber und Roth in vier Reihen, jede von drei Steinen, geschacht mit einer den ersten Platz der obern beiden Reihen, also ein Sechstheil des Schildes einnehmenden, mithin länglicht schmalen, rothen Vierung, welche mit einer silbernen Lilie belegt ist). Altes, schwäbisches Adelsgeschlecht, welches v. Hattstein im grossen Specialregister zu dem Adel des Niederrheins rechnete, und welches mit dem ebenfalls schwäbischen Adelsgeschlechte v. Ellerbach, s. den betreffenden Artikel, wie die Wappen ergeben, nicht zu verwechseln ist. — Der Stamm blühte noch ins 17. Jahrh. hinein, bis Johann Diether von Ellenbach, Amtmann zu Winterberg (im Kr. Andernach), 1603 denselben schloss.

Humbracht, S. 239. — Schannat, S. 75. — Frh. v. Ledebur, I. S. 199. — v. Meding, II. S. 158 u. 159.

Ellenberg, Ellenberger. Niederländisches Adelsgeschlecht, aus welchem besonders im 17. Jahrh. Johann Carl v. E. bekannt worden ist. Derselbe diente zuerst mit Auszeichnung in der k. dänischen Armee, trat dann als Generalmajor in k. gross-britannische Dienste, wurde den Alliirten in den Niederlanden gegen Frankreich zu Hülfe geschickt, sollte 1694 die Festung Dixmuyden vertheidigen, übergab aber dieselbe, gegen ausdrücklichen Befehl seines Kriegsherrn, an den französischen Marschall Villeroy und bahnte demselben den Weg zur Beschiessung der Stadt Brüssel. Vor ein Kriegsgericht gestellt, traf ihn der strengste Spruch desselben. Später wurden wegen seiner früheren Verdienste die eingezogenen niederländischen Güter den Kindern zurückgegeben. Nach Allem gehörte zu seinen Nachkommen der k. preuss. Geh.-Rath v. Ellenberger, welcher 1725 in den Ruhestand trat und noch in demselben Jahre zu Berlin starb. Sein grosser Reichthum fiel, da er unvermählt gewesen, an seine Verwandten.

Europ. Fama, VII. S. 733 u. 792. — Gauhe, II. S. 252 u. 253.

Ellenhofen. Ein im Braunschweigischen begütert gewesenes Adelsgeschlecht, dessen letzter Sprosse in der ersten Hälfte des 14. Jahrhunderts bei einem Streite mit dasselschen Bürgern umkam.

Letzner, dasselsche u. einbecksche Chronik, S. 165. a. u. 6. — v. Hellbach, I. S. 326. - Siebmacher, II. 124: v. K., Braunschweigisch.

Ellenrieder. Im Königr. Bayern anerkannter Adelsstand. Anerkennungsdiplom vom 24. Februar 1819 für Franz Xaver Jgnaz Leonhard v. Ellenrieder, Fürstl. Oettingen-Wallersteinischen Justiz- und

Canzlei-Director und Geh.-Rath. Derselbe hatte 1813 von dem Fürsten Anselm Maria v. Fugger-Babenhausen, kraft des demselben zustehenden grösseren Comitivs, einen Adelsbrief erhalten.

<small>v. Lang, Nachtrag, S. 95. — W. B. des Kgr. Bayern, V. 24. — v. Hefner, bayer. Adel Tab. 34 u. S. 75. — Kneschke, III. S. 124.</small>

Eller (Schild v. Blau und Gold um ein rothes Herzschild geständert). Altes, aus dem Stammhause Eller im nassauischen Amte Hadamar stammendes, rheinländisches und westphälisches Adelsgeschlecht, welches auf Schraffenberg im Kr. Opladen schon 1354 sass, 1424, neben einem gleichnamigen Gute im jetzigen Kreise Düsseldorf, die Güter Blick und Elbroich in demselben Kreise, so wie Buntebroich inne hatte und im 16. und 17. Jahrh. mehrere andere Güter erwarb. In Westphalen war bereits 1572 Sümmern im Kr. Iserlohn in der Hand der Familie und zu dieser Besitzung kamen im 17. Jahrhundert Bustede im Kr. Bünde, welches noch 1810 dem Geschlechte gehörte und mehrere andere Güter, auch erlangte die Familie die Würde eines Landdrosten der Grafschaft Ravensberg. — Wolf Ernst v. Eller, gest. 1680, war kurbrandenb. Geh. Kriegsrath, General, Oberster über zwei Regimenter, Gouverneur von Minden und Sparenberg etc. Derselbe war mit Juliane Charlotte v. Calcum, gen. Leuchtmar, vermählt, aus welcher Ehe mehrere Kinder stammten. Einer seiner Nachkommen war 1806 Drost zu Berum im Fürstenthume Ostfriesland und ein Anderer k. preuss. Major im Regim. v. Hagken zu Ahlen. Letzterer starb 1813 und hat den Stamm geschlossen.

<small>N. Pr. A.-L. II. S. 122 u. 123 — Fahne, I. S. 91 u. II. S. 37 u. 38. — Frh. v. Ledebur, I. S. 199 a; III. S. 217. — Siebmacher, II. 119: v. E., Rheinländisch.</small>

Eller-Eberstein, Freiherren, s. im Artikel: Eberstein, auch Freiherren, S. 8 und 9, sowie W.-B. d. Preuss. Monarchie, III, 13.

Ellerbach. (Schild von Gold und Grün geviert, ohne Bild). Altes, schwäbisches Adelsgeschlecht, welches schon im Anfange des 12. Jahrh. vorkam und welches, wie das Wappen deutlich zeigt, von der ebenfalls schwäbischen Familie v. Ellenbach, s. S. 82 ganz verschieden war. Zu demselben gehörte Burchard v. Ellerbach, welcher 1404 als Bischof zu Augsburg durch Streitigkeiten mit den Bürgern und Domherren zu Augsburg und mit den Herzogen in Bayern das Hochstift in grosse Misshelligkeiten brachte. — Der Stamm erlosch gegen Ende des 16. Jahrh und wurde von dem Geschlechte v. Ulm beerbt, welches 1622 bei Erhebung in den Freiherrnstand das Ellerbachsche Wappen, s. Feld 2 des Freih. v. Ulmschen Wappens, in sein Wappen aufnahm,

<small>Hübner, Histor. polit., VII. S. 367. — Gauhe, II. S. 258. — Siebmacher, II. 91. — Matth. a. Bappenheim tr. de origine et familia Dominorum de Calatin, S. 311. — Sutter, S. 611. — v. Meding, III. S. 155. — v. Hefner, ausgest. schwäbischer Adel, Tab. 2. S. 10.</small>

Ellert, Ellerdt (in Roth ein seine Jungen fütternder, weisser Pellican). Ein in Ostpreussen vorgekommenes, von der Familie v. Ellerts, s. S. 84 wie das Wappen ergiebt, ganz verschiedenes Adelsgeschlecht, welches Plathen im Kr. Osterode 1704 und noch 1733, Alt- und Neu-Pockracken im Kr. Tilsit 1775 und Kissitten im Kr. Pr. Eylau 1785 inne hatte. — Plathen besass 1704 Christian v. E., k. preuss. Oberst-Lieutenant, welcher den Stamm durch zwei Söhne,

Michael und Adam v. E. fortsetzte. Friedrich Wilhelm v. Ellert, k. preuss. Oberst, starb 2. April 1792 und war wohl der Letzte seines Stammes.

N. Pr. A.-L. V. S. 445. — Frh. v. Ledebur, I. S. 199.

Ellerts (Schild geviert: 1 in Blau eine goldene Sonne; 2 und 3 in Roth ein silberner Pfahl und 4 in Blau ein goldener Mond). Ein im Kgr. Preussen vorgekommenes Adelsgeschlecht, welches mit den Familien v. Elerdt und v. Ellert, s. die angegebenen Wappen, nicht zu verwechseln ist. Ein Sprosse desselben war 1843 Bergrath und Justitiar in Dortmund und 1847 Geh. Justizrath in Berlin und ein Fräulein Sophie v. Ellerts 1843 Canonissin im Stifte Gesecke.

N. Pr. A.-L. II. S. 123 u. VI. S. 137. Frh. v. Ledebur, I. S. 199 u. III. S. 247.

Ellgau, s. Bodeck, Bodeck zu Elgau, Bd. I. S. 504—506.

Ellgier v. Ehrenwerth. Galizischer Adelsstand. Diplom von 1788 für Gabriel Ellgier, General-Commissair der Scipionischen Herrschaft Skolot, mit dem Prädicate: v. Ehrenwerth.

Megerle v. Muhlfeld, Ergänz. Bd. S. 275.

Ellguth, s. Kloch auf Ellguth, Freiherren.

Ellingen. Altes, längst erloschenes, märkisches Adelsgeschlecht, aus dem gleichnamigen Stammsitze bei Prenzlau, welches vom 13. bis 15. Jahrh. urkundlich vorkommt. Busso, Drosekin et Gerhard Milites de Ellingen erscheinen 1286 in einem Boitzenburgischen Klosterbriefe, und Otto de Ellinghen, Schenk der Markgrafen von Brandenburg, tritt 1288 als Zeuge in der Schenkung der Markgrafen Otto und Conrad über ein Talent jährlicher Rente an das Sabinenkloster auf. Janicke v. Ellingen lebte 1375 auf seinem Rittersitze in Klakow und Parseyne v. E. war noch 1431 Zeuge bei dem Kaufe über Strehl zwischen Claus, Wilke und Otto Gebrüder v. Arnim und Claus Schultzen.

Grundemann, S. 137. — Codex Brandenb. XIII. S. 29 u. 225. — N. Pr. A.-L. V. S. 146.

Ellrichshausen, Elrichshausen, Freiherren. Eins der ältesten fränkischen Adelsgeschlechter, welches dem ehemaligen Reichsrittercanton Ottenwald in Folge seiner Besitzungen, so wie auch früher dem Canton Kocher in Schwaben einverleibt war und welches bei vielen deutschen Hochstiften und im deutschen Orden vielfach aufgeschworen hat. Das gleichnamige Stammhaus liegt in Franken und auf demselben soll die Familie schon in früherer, dunkler Zeit gelebt haben. Für das Alter derselben spricht hinlänglich das geschichtlich Feststehende: Siegfried v. E. war schon 1286 Fürst-Bischof zu Augsburg und Conrad v. E. von 1441—1450, so wie Ludwig v. E. von 1450 bis 1467 Fürst und Hochmeister des deutschen Ordens. — Die fortlaufende Stammreihe des Geschlechts fängt mit Conrad v. E. an, welcher um 1380 Landrichter, Praefectus der Grafschaft Greispach war, sich mit Catharina v. Seckendorff vermählt hatte und 1424 starb. Die Nachkommen desselben stifteten die Linien zu Schopfloch, Breitenau, Lobenbach etc., welche im Laufe der Zeit wieder erloschen, während der Hauptstamm dauernd fortblühte und später Hans Christoph v. E., gest. 1617, verm. mit Anna Maria v. Eysac, das ganze Besitzthum

des Stammes in seiner Hand hatte. Die Enkel desselben, die Söhne des Johann Friedrich v. E., gest. 1656, k. schwed. Oberstlieutenants und Commandanten zu Bobenhausen und Ritterraths des Cantons Ottenwald, zuerst mit Sophia Truchsess v. Wollmershausen und dann mit Anna Dorothea v. Adelsheim vermählt: Johann Friedrich und Johann Christoph v. E., stiften zwei neue, noch bestehende Linien, Ersterer die ältere zu Neidenfels, Letzterer die jüngere zu Assumstadt.
— Die ältere Linie, früher die neidenfelser, heisst jetzt die jaxtheimer und umfasst die Nachkommenschaft des Johann Friedrich v. E., gest. 1675 und vermählt mit Johanna Sibylla v. Ellrichshausen-Lobenbach. Von ihm läuft die Stammreihe seiner Linie, wie folgt, fort: Albrecht Friedrich: Barbara Sophia Cordula v. Würzburg; — Carl Ludwig zu Neidenfels und Satteldorf, geb. 1701, fürstl. Würzburgischer Hauptmann: Elisabeth Antonia Freiin v. Bibra, verm. 1733, gest. 1746; — Ludwig Wilhelm Philipp, gest. 1792, Herr auf Neidenfels, Jaxtheim, etc.: Caroline Amalie Luise Senft v. Sulzburg; — Carl Gottfried Wilhelm, gest. 1851, Herr auf Jaxtheim und Antheil Matzenbach im Kgr. Württemberg; Louise v. Falkenhausen, geb. 1780, verm. 1803; — Freiherr Gottfried, geb. 1814, jetziges Haupt der älteren, jaxtheimer Hauptlinie, Herr auf Jaxtheim und Antheil Matzenbach, k. württemb. Rittmeister, verm. 1834 mit Amalia Freiin w. Stetten, geb. 1817. - Die beiden Schwestern des Freih. Gottfried sind: Freiin Maximiliana, geb. 1808, Stiftsdame zu Oberstenfeld und Freiin Luise, geb. 1810, verm. 1833 mit dem Doctor medic. Stettenbacher zu Pappenheim. — Die jüngere Haupt-Linie zu Assumstadt, welche, s. unten, durch drei Söhne des Freiherrn Eberhard Ludwig, die Freiherren Wilhelm, Ernst und Carl, sich in drei Speciallinien: die ältere assumstädter Speciallinie, die mittlere, auch maisenhölder und die jüngere schied, umfasst die Nachkommenschaft des Johann Christoph v. E., gest. 1690, verm. mit Maria Cunigunde Kolbin von Rheindorf. Von ihm läuft die Stammreihe dieser Linie, wie folgt, fort: Johann Friedrich: Juliana Magdalena Freiin v. Neipperg; — Eberhardt Friedrich Wilhelm, Herr auf Assumstadt und Züttlingen: Catharina v. Gemmingen-Hornberg; — Eberhard Ludwig, gest. 1799, k. k. Kämm. und Rittmeister: Philippine Marie Caroline Freiin Schilling v. Canstadt, gest. 1837; — Wilhelm Julius Ludwig, gest. 1832, älterer Sohn des Freih. Eberhard Ludwig und Stifter der älteren assumstädter Speciallinie, Herr auf Assumstadt, k. württemb. Kämm. und Director des forstwissensch. Instituts zu Hohenheim: Wilhelmine Grf. v. Gronsfeld-Diepenbroick zu Limpurg-Sontheim, gest. 1858 (war in zweiter Ehe vermählt mit Ludwig Grafen zu Erbach-Schönberg); — Freih Alfred, geb. 1819, Haupt der älteren assumstädter Speciallinie: k. württ. Hauptmann. Die drei Brüder des Letzteren sind, neben drei Schwestern, von welchen die mittlere, Freiin Malwine, mit Werner Freih. v. Spörcken, hannov. Rittersguts-Besitzer, vermählt ist: Freih. Otto, geb. 1821, k. k. Rittm.; Freih. Ernst, geb. 1822 u. Freih. Carl, geb. 1823, k. württ. Oberlieutenant. — Die mittlere assumstädter (maisenhölder) Speciallinie bildet Freih. Friedrich,

geb. 1792, mittlerer Sohn des Freiherren Eberhard Ludwig, s. oben und Bruder der Freiherren Wilhelm und Ernst, grossh. bad. Kammerherr und Geh. Rath, verm. 1819 mit Henriette Freiin v. Schilling v. Canstadt, gest. 1840. — Der Stifter der jüngeren assumstädter Speciallinie war Freih. Ernst, gest. 1855. k. württemb. Generalmajor und erster Adjutant Sr. Maj. des Königs, verm. mit Mathilde Grf. v. Beroldingen, geb. 1807. Aus dieser Ehe entsprossten, neben zwei Töchtern, Freiin Pauline, geb. 1825, verm. mit Hermann Freih. v. Gemmingen-Hornberg zu Babstadt und Freiin Wilhelmine, geb. 1833, zwei Söhne, Freih. Carl, geb. 1829, k. württemb. Oberlieutenant u. Freih. Joseph, geb. 1832, k. württemb. Lieut. bei der Leibgarde zu Pferde.

Pastorius, Francon. rediviva, S. 453. — *Hartknoch*, Alt- und Neu-Preussen, II. cap. 2. — *Gauhe*, I. S. 435. — *v. Hattstein*, II. S. 86 u. Tab. 1. — *Biedermann*, Canton Ottenwald, Tab. 208—217. — *Salver*, S. 286, 310 u. 311. — N. Geneal. Handbuch, 1777 S. 58 u. 59 und 1778 I. S. 56—58. — *Mader*, reichsritterschaftl. Magazin, XII. S. 476. — N. Pr. A.-L. II. S. 123. — *Cast*, Adelsbuch d. Kgr. Württemb. S. 182—187. — Geneal. Taschenb. d. freih. Häuser, 1849 S. 104—107, 1853 S. 104—106 u 1857 S. 170—172. — *Frh. v. Ledebur*, I. S. 199 u. 200. — *Siebmacher*, I. 108 v. Elrichshausen, Fränkisch. — *v. Meding*, II. S. 159; v. Elrichshausen. — Suppl. zu Siebm. W.-B. II. 15. — *Tyroff*, I. 63 u. *Siebenkees*, I. S. 347 u. 348. — W.-B. d. Kgr. Württemberg Nr. 81 u. S. 27; Freih. v. E. — *v. Hefner*, württemb. Adel. Tab. 8 u. S. 7. — *Kneschke*, I. S. 137 u. 138.

Ello. Ein ursprünglich Wälschtirol angehörendes Adelsgeschlecht, welches im 16. Jahrh. nach Niederösterreich kam und hier bis gegen die Mitte des 18. Jahrh. blühte, in welcher Zeit dasselbe 3. Sept. 1746 mit Joseph Anton v. Ello erlosch.

Wissgrill, II. S. 391 u. 392.

Ellrodt, auch **Freiherren** und **Grafen.** (Freiherrliches Wappen: Schild geviert mit Mittelschilde. Im rothen Mittelschilde ein schrägrechter, mit drei rothen Rosen belegter, silberner Balken. 1 und 4 in Silber ein rechtsseheuder, schwarzer Adler und 2 und 3 von Blau und Silber sechsmal quergestreift. Gräfliches Wappen: Schild dreimal der Länge nach und einmal quer getheilt, 8feldrig mit Mittelschilde. Der Mittelschild und die Felder 2, 3, 6 und 7, somit die mittleren Felder des Schildes, zeigen den Mittel- und den Hauptschild des freiherrlichen Wappens; 1 und 8 in Silber ein schrägrechter, wellenweise gezogener, rother Balken und 4 und 5 in Roth eine weisse Kirche mit nach rechts stehendem, spitzigen Thurme. Adeliges Wappen nach dem Diplome von 1764: Schild mit Schildeshaupte. Im silbernen Schildeshaupte drei neben einander stehende, sechsblätterige, rothe Rosen. Schild durch eine aufsteigende Spitze in drei Felder getheilt: 1 und 2, rechts und links, in Blau ein einwärts gekehrter, goldener Löwe und 3, in der Spitze, in Silber ein golden bewehrter, schwarzer Adler). Reichs-Freiherrn- und Grafen- und Reichsadelsstand. Freiherrn-Diplom von 1759 für Philipp Ellrodt, markgräfl. brandenb.-bayreuthschen Geh. Rath etc.; Grafendiplom von 1763 für denselben und Adelsdiplom von 1764 für Wolfgang Friedrich Ellrodt, markgräfl. Brandenb.-Bayreuthschen Regierungsrath. — Philipp Graf v. Ellrodt, Herr auf Reipolzkirchen, starb 1. Jan. 1767, nachdem sein einziger Sohn, Friedrich Gr. v. E., Herr auf Neudrossenfeld, markgr. Brandenb.-Bayreuth. w. Geh. Rath und Comitial-Gesandter zu Regensburg, ohne männliche Nachkommen zu hinterlassen, schon 23. Nov. 1765, also vor dem Vater, gestorben war: somit ist der gräfliche Stamm mit dem Empfänger des Freiherrn- und Grafen-Diploms wieder ausgegangen. — Wolfgang Friedrich v. Ellrodt, s. oben, soviel bekannt Bruders-Sohn des Grafen Philipp, setzte seine Linie, in welche er den Adel gebracht hatte, fort und von ihm stammen die später in Preussen vorgekommenen v. Ellrodt ab. Tyroff gab 1791 das Wappen eines Fürstl. Brandenburg. Kammerherrn und Majors v. E. und Siebenkees sagt, dass im genannten Jahr ein v. E. k. preuss. Major und ein anderer Hauptmann gewesen sei. — Später, 1806, standen zwei Gebrüder v. E. in der k. preuss. Armee. Der Eine war Stabs-Capitain und Werbe-Inspections-Adjutant, trat 1807 aus dem activen Dienste und lebte noch 1830 zu Frankfurt a. M., der Andere aber schied 1820 als Capitain und Kreis-officier bei der Gensdarmerie aus dem Dienste. Ueber ein weiteres Fortblühen der Familie fehlen Nachweise.

<small>N. Pr. A.-L. II, S. 123. — Frh. v. Ledebur, I. S. 200 u. III. S. 247. — Suppl. zu Siebmachers W.-B. II. 17; v. Ellrod auf u. zu Drosen; III. 19; Gr. v. E. zu Reipoltskirchen und III. 2; Freih. v. E. — Tyroff, I. 65; v. E. u. Siebenkees, I. S. 348. — Knesckke, III. S. 121 u. 122.</small>

Elm. Fränkisches, schon 1260 vorgekommenes, durch Besitz der Güter Rimpach, Klingenberg etc. der reichsunmittelbaren Ritterschaft des Cantons Rhön-Werra einverleibt gewesenes, mit Wilhelm v. E., Herrn zu Klingenberg, 1444 erloschenes Adelsgeschlecht.

<small>Biedermann, Canton Rhön-Werra, Tab. 385.</small>

Elme. Altes, braunschweigisches, aus dem Stamme der Freiherren v. Bederkesa entsprossenes Adelsgeschlecht, welches mit Johann v. Elme 1485 erloschen ist.

<small>Musshard, S. 223.</small>

Elmelo. Ein früher im Braunschweigischen und Oldenburgischen vorgekommenes Adelsgeschlecht, welches vor Musshard's Zeiten im Bremenschen angesessen war.

<small>Musshard, S. 224.</small>

Elmendorff, auch **Freiherren.** (Schild von Gold und Roth fünf- oder sechsmal quer gestreift). Altes, stiftsfähiges, oldenburgisches und osnabrückisches Adelsgeschlecht, dessen Freiherrenstand, nach Angabe der Familie, mindestens seit dem 17. Jahrhunderte aus einem kaiserlichen Documente für die Söhne des Otto v. Elmendorff, die beiden Freiherren Franz Anton Diedrich und Friedrich Caspar Adolph, nachzuweisen ist. Dasselbe soll, der Sage nach, im Anfange des 10. Jahrh. sich aus Norwegen, wo es den Beinamen der: Starken geführt habe, an der Nordsee zu Jadelehe im Rüstlinger Lande niedergelassen haben. Im 11. Jahrh. lebten, so fährt die Sage fort, zwei Brüder Elmo des Stammes am Elmendorfer Meer (Zwischenahner See), wo dieselben auf dem Ammerlande in der Grafschaft Oldenburg grosse Besitzungen mit der Gerichtsbarkeit zu Zwischenahn und Edewecht inne hatten. Der See wurde nach der Familie das Elmendorfer Meer genannt und noch jetzt findet sich in dieser Gegend ein Dorf Elmendorf und eine Waldung, das Elmendorfer Holz. Von den erwähnten Brüdern wohnte der Eine auf der Burg zu Zwischenahn, der Andere zu Elmendorf, auf drei Hügeln, welche noch unter dem Namen: Dreiberge vorkommen. 1134 entstand zwischen Beiden Fehde, in welcher der Eine, ungewiss ist, welcher, im Zweikampfe fiel. Der Ueberlebende, mit dem Kirchenbanne belastet, floh nach Elmeloh in der Grafschaft Delmenhorst bei Bremen, wo er anfangs einsam lebte, bis er vom Erz-Bischofe zu Bremen, unter dem Versprechen, den Kirchenbann ihm abzunehmen, um Hülfe in einer Fehde mit den Herren v. Hodenberg und dem Grafen v. Hoya angegangen wurde. Auf den Ruf des Elmendorfer kam bald viel Kriegsvolk zusammen, mit welchem der Feind überfallen und nachdem Bremen entsetzt worden war, hinter Hoya zurückgetrieben wurde. Dieser Elmendorfer soll später eine Burg im Weserstrome erbaut haben und dann in einem Kloster gestorben sein. 1287 tritt Diedrich v. Elmendorpe als Zeuge in einer Urkunde des Klosters Rastede auf und von ihm an beginnen die sicheren Nachrichten über die Familie. Im Anfange des 14. Jahrh. lebte ein Zweig derselben auf seinen Gütern in der Grafschaft Vechta und namentlich auf der Elmendorffs-Burg, welche, als Vechta später befestigt wurde, in den Bereich der Stadt kam und seit 1421 war das Gut Füchtell bei Vechta fortwährend das Stammgut und der Familiensitz des Geschlechts. Sprossen des Hauptstammes haben mehrfach in den Hoch- und Domstiften Hildesheim, Paderborn, Lübeck und Osnabrück, so wie zu allen Zeiten bei der Münsterschen und Osnabrückischen Ritterschaft aufgeschworen, auch zog ein zweiter Sohn des Herbordt des Aelteren 1560 mit dem Herzoge Kettler nach Curland und wurde der Stifter der noch in Curland blühenden Speciallinie der Familie. — Die urkundlich feststehende, fortlaufende Stammreihe des Geschlechts beginnt mit Herbordt dem Aelteren, welcher 1532 mit Gusta v. Langen, genannt Kreyenribbe, vermählt war und läuft, wie folgt, fort: Herbordt der Jüngere, gest. 1608, ältester Sohn Herbordts des Aelteren: Anna v. Manell a. d. Hause Landeck, verm. 1573; — Johann, gest. 1654: Margaretha v. Duythe a. d. Hause Landeck, verm. 1606; — Arnold, gest. 1679: Sophie Mete v. Kobring a. d. Hause Daren, verm. 1641; Johann Otto, gest. 1708: erste Gemahlin: Catharina Elisabeth v. Lipperheide a. d. Hause Ihorst, verm. 1678 und zweite Gemahlin: Anna v. Dorgelo, aus d Hause Bretberg, vem. 1695; — Franz Anton Diedrich, gest. 1744, Sohn des Johann Otto aus erster Ehe: Maria Friederike v. Dumpfstorff a. d. Hause Halstenbeck, verm. 1709, gest. 1753 (der Sohn Johann Otto's aus zweiter Ehe: Friedrich Caspar Adolph, verm. mit Maria Hedwig Grf. v. Waffenberg, starb 1767 als k. k. Generalmajor der Infant. ohne Nachkommen); — Caspar Franz, gest. 1779, kurcöln. Kammerh. u. w. Geh. Rath: zweite Gemahlin: Franzisca Helena v. d. Haen a. d. Hause Opherdicke, gest. 1773; — Maximilian, gest. 1836: Maria Anna Freiin v. Wrede zu Amecke verm. 1797; — Franz Freih. v. Elmendorff, Herr zu Füchtel, Elmendorffsburg, Gr. Arkenstede, Vosshagen, Welpe, Vehr etc., 1855 (neuere Nachrichten über die Familie fehlen) Haupt des Stammes, grossh. oldenbug. Kammerh., verm. 1835 mit Luise Freiin Spiegel v. Desenberg-Borlinghausen, Erbin zu Borlinghausen und Willebadessen, aus welcher Ehe, neben zwei Töchtern, Freiin Caecilie, geb. 1836 und Freiin Maria, geb. 1838, ein Sohn entspross: Freih. Franz, geb. 1837. — Die drei Brüder des Freiherrn Franz sind, neben einer Schwester, Eleonora verw. Freifrau v. Böselager-Eggermühlen, Freih. Carl, grossh. oldenb. Kammerherr und Hauptmann; Freih. Friedrich, k, hannov. Lieut. a. D. (hat sich im Staate Illinois angekauft) und Freih. Ludwig, Herr zu Müdlinghoven und Dahlhoff; grossh. oldenb. Hauptmann a. D. und Kammerjunker, verm. 1844 mit Maria Freiin v. Kerkering-Borg, aus welcher Ehe, nebenzwei Töchtern, Maria, geb. 1845, und Franzisca, geb. 1848, drei Söhne stammen: Otto, geb. 1846, Carl, geb. 1849 und Maximilian, geb. 1851. — Von dem Bruder des Freiherrn Maximilian. dem Freiherrn Christoph, geb. 1774, Domherrn zu Lübeck und Paderborn, entspross in aus der Ehe mit Luise Rohden eine Tochter, Caroline und zwei Söhne, Ferdinand und Ludwig. — Durch Besitz eines Burgmannshofs in Quakenbrück im Osnabrückschen gehört die Familie auch im Kgr. Hannover zu dem ritterschaftlichen Adel der Osnabrückischen Landschaft.

Frh. v. Krohne, I. S. 268 u. 269 u. S. 339. — N. Pr. A.-L. II S. 123 u. 124. — *Frh. v. d. Knesebeck*, S. 123. — *Frh. v. Ledebur*, I. S. 200. — W.-B. d. Kgr. Hannov. C. 38 u. S. 6.

Elmenreich. Eine schwedische Adelsfamilie, aus welcher ein Capitain v. E. 1815 aus k. schwedischen Diensten in die k. preuss. Armee eintrat. Derselbe stand später bei der 4. Invaliden-Compagnie zu Wolgast.

N. Pr. A.-L. II. S. 124. — *Frh. v. Ledebur*, I. S. 200.

Elmershausen, Ellmershausen, Elmershaus. Ein in den Diemel-Gegenden Hessens, im Paderbornschen und im Lippeschen ansässig gewesenes, wohl in der zweiten Hälfte des 17. Jahrh. ausgegangenes Adelsgeschlecht. Die v. Elmershausen kommen 1268 als Burgmänner zu Schwalenberg vor; Jutta v. E. war gegen Ende des 15. Jahrh. mit Albrecht v. Haxthausen vermählt, auf dessen Nachkommen der Name Elmershaus als Taufname überging und Rave Wilhelm v. E. und Heinrich Wilhelm v. E. gehörten noch 1649 zu der Ravensbergischen Ritterschaft.

N. Pr. A.-L. V. S. 146. — *Frh. v. Ledebur*, I. S. 200.

Elmpt, auch **Freiherren** und **Grafen.** Reichsgrafenstand. Kurpfälzisches Reichsvicariats-Diplom vom 25. Mai 1790 für Johann Martin v. Elmpt, k. russ. General-Lieutenant, General-Commandanten in Liefland, Erb-Starosten zu und auf Luschosno etc. — Altes, rheinländisches Adelsgeschlecht, welches den Namen von der Burg Elmpt im Geldernschen bei Erkelenz angenommen hatte und dessen späterer Stammsitz Burgau im Herzogthume Jülich bei Düren war. Letzterer Sitz war ein Lehn von Heinsberg und hiess früher Au, Auwe, später Burg zu Au, woraus dann zusammengezogen der Name Burgau entstand. Schon 1233 kommt Gobelo v. Elmete in einer geldernschen Urkunde vor und Wilhelm v. Elmpt wurde 1475 mit dem Schlosse und der Herrlichkeit Burgau belehnt. Derselbe hatte sich mit einer v. Auwe, Erbtochter zu Burgau, vermählt und sein Sohn

Johann folgte im Besitze von Burgau. — Die fortlaufende Stammreihe beginnt mit Heinrich Adam v. E., Herrn zu Burgau, belehnt 1560 und von 1572—1577 Fürstl. Jülichscher Schenk. Derselbe hatte sich 1591 mit Cäcilie v. Bongard vermählt, welche 1594 als Wittwe vorkommt und aus dieser Ehe entspross Johann Heinrich, Herr zu Elmpt, verm. zuerst mit Christine v. Frenz und später mit Anna Maria v. Holtop. Von dem Sohne des Letzteren, Wilhelm, Herrn zu Dammerscheidt, verm. mit Anna Margaretha v. und zu Dammerscheidt, stammte Caspar, Herr zu Dammerscheidt, dessen Gemahlin dem Namen nach nicht bekannt ist. Der ältere seiner drei Söhne war der obengenannte Johann Martin v. E. zu Dammerscheidt, Herr zu Burgau etc., welcher, wie angegeben, den Grafenstand in die Familie brachte. Derselbe, geb. 1726 und gest. 1802, später k. russ. General-Feldmarschall, hinterliess einen einzigen Sohn, den Grafen Philipp, k. russ. General-Lieutenant, Herrn auf Gross- und Klein-Schwitten in Curland, welcher sich 1802 mit Anna Magdalena v. Baranoff, seit 1798 verw. Freifrau Bönningshausen v. Budberg, gest. 1845, Erbfrau der Schwittenschen Güter in Curland und später Oberhofmeisterin der Grossfürstin Helene Paulowna von Russland, vermählte. Aus dieser Ehe entsprossten zwei Töchter, Grf. Anna Maria, geb. 1807, Hoffräulein I. M. der Kaiserin Alexandra von Russland, welche 1852 in Rom starb und Grf. Caecilie Philippine, geb. 1812, Hofdame I. M. der Kaiserin Alexandra von Russland und Besitzerin des Ritterguts Burgau bei Düren in der Preuss. Rheinprovinz, welche sich mit dem k. russischen General-Adjutanten und General-Lieutenant Joseph v. Anrepp — s. Bd. I. S. 88 den Artikel v. Anrepp — vermählte. Der Beschluss des k. russischen dirigirenden Senats, dem Letzteren und seinen Nachkommen die Erlaubniss zu ertheilen, Namen, Titel und Wappen der Grafen v. Elmpt, als Vorfahren der Gemahlin des General-Lieut. v. Anrepp, mit Beibehaltung des angestammten Familiennamens und Wappens, anzunehmen, ist von Sr. Maj. dem Kaiser Nicolaus von Russland 6. Mai 1853 genehmigt worden. — Die freiherrliche Linie des Stammes hat fortgeblüht und ist, während die gräfliche Linie laut Eingabe d. d. Nideggen, 12. Aug. 1830, in die Grafenclasse der Preuss. Rheinprovinz unter Nr. 18 eingetragen wurde, der Freiherrenclasse dieser Matrikel in der Person des Franz Joseph, Freiherrn v. Elmpt, laut Eingabe d. d. Düsseldorf, 12. Juni 1829, so wie des Carl Philipp Freiherrn v. Elmpt, laut Eingabe d. d. Jülich, 5. Aug. 1829, unter Nr. 41 einverleibt worden.

<small>N. Pr. A.-L. V. S. 146. — *Fahne*, I. S. 90, mit Stammtafel u. II. S. 37 u. 217. — Deutsche Grafenh. d. Gegenw. III. S. 97 u. 98. — *Frh. v. Ledebur*, I. S. 200. — Geneal. Taschenb. d. gräfl. Häuser, 1859 S. 39 u. 240: Gr. v. Anrep-Elmpt u. histor. Taschenb. zu demselben, S. 195. — *Robens*, Element. Werk, I. 23. — W.-B. d. Preuss. Rheinprovinz, Tab. 32 Nr. 64 u. Tab. 33 Nr. 65 u. S. 33 u. 34. — *r. Hefner*, preuss. Adel, Tab, 7 S. 6 u, 41. — Nächstdem auch in Bezug auf Anrep-Elmpt die Bd. I. S. 88 angeführten Schriften.</small>

Eloy. Erbländ.-österr. Adelsstand. Diplom von 1780 für Johann Baptist Eloy, Doctor der Medicin zu Gratz.

<small>*Meyerle v. Mühlfeld*, Ergänz.-Bd. S. 278. — Suppl. zu Siebm. W.-B. I. 10.</small>

Elpons, d'Elpons, s. Delpont, d'Elpons, Bd. II. S 448.

Els, Elst. Ein ursprünglich niederländisches Adelsgeschlecht, welches 1563 Ameliswerde, unweit Utrecht, inne hatte, später auch in die Rheinprovinz kam und 1737 mit Lehmkulen im jetzigen Kreise Lennep begütert war.
<small>Frh. v. Ledebur, III. S. 247.</small>

Elsanowski, v. Elsenau-Elzanowski. Polnisches Adelsgeschlecht, welches mit dem deutschen Orden nach Preussen gekommen sein soll und früher sich Elzanow schrieb. — Lucas v. E. war 1629 Castellan von Culm und Adam v. E. besass in der Mitte der zweiten Hälfte des 18. Jahrh. einen Antheil an Gajewo im Kr. Strassburg. Um diese Zeit war die Familie auch in Westpreussen mit Ostrowitt im Kr. Marienwerder und mit Gr. Turze im Kr. Stargard, so wie im Posenschen mit Jaxice im Kr. Inowraclaw begütert. Albrecht Jacob v. E. stand als Officier bei dem Cadettencorps in Culm und trat später in k. russ. Dienste und ein Lieut. v. E., welcher 1806 zur Invaliden-Compagnie des k. preuss. Infant.-Regim. v. Treskow gehörte, starb 1827 als Premierlicut. der 2. Invaliden-Compagnie.
<small>N. Pr. A.-L. V. S. 147. — Frh. v. Ledebur, I. S. 200.</small>

Elsern. Ein in Niederösterr. von 1292—1397 vorgekommenes Adelsgeschlecht, über welches Wissgrill einige Nachrichten gegeben hat.
<small>Wissgrill, II. S. 392 u. 393.</small>

Elsasser v. Grienewald, Grünenwaldt u. Wunderegg. Erbländisch-österr. Ritter- und Freiherrnstand. Ritterstands-Diplom von 1702 für Franz Ferdinand Elsasser v. Grünenwaldt und Wunderegg und Freiherrn-Diplom von 1713 für Franz Adam Elsasser v. u. zu Grienewald und Wunderegg. Der Adel war durch kaiserliches Diplom vom 15. Juli 1591 für die Gebrüder Maximilian und Bernhard, die Elsasser, in die Familie gekommen.
<small>Meyerle v. Mühlfeld, Ergänz.-Bd. S. 54 u. 137. — Siebmacher, III. 70. — v. Hefner, tiroler Adel, Tab. 5 u. S. 5.</small>

Elsen. Altes, paderbornsches Adelsgeschlecht aus dem gleichnamigen Stammsitze unweit Paderborn. — Hermann v. E. war 1428 Drost zu Ravensberg und wurde 1438 mit Kaldenhof im jetzigen Kreise Halle belehnt. Die letzte Erbtochter des Geschlechts, Margaretha v. E. zu Kaldenhof, starb 1656 und mit ihr ging auch der Name des Stammes aus.
<small>Frh. v. Ledebur, I. S. 200.</small>

Elsenau, s. Degen, Edle v. Elsenau. Bd. II. S. 437.

Elsenbeck zu Gutting. Oberpfälzisches Adelsgeschlecht aus dem Schlosse Gutting. Ulrich Elsenbeck war im löwler Bunde gegen den Herzog Albrecht und in den Kämpfen des Bundes wurde das genannte Schloss niedergebrannt. Wig. Hund erzählt, dass Hans Ulrich E. 1583 zu ihm gesagt habe, dass er Schloss Gutting wieder aufbauen wolle.
<small>Wig. Hund, III. S. 297.</small>

Elsenhaim. Reichsadelsstand. Diplom von 1605. Die Vorfahren des Geschlechts waren Salzburgische Bürger gewesen, welche im 16. Jahrh. sich emporschwangen. Die Familie erbaute unweit Salzburg das Schloss Elsenhaim und kam in bayerischen Diensten sehr zu Ansehen. Schon 1632 besassen drei Brüder v. E. die grossen Hofmarken Woluzach, Oberpöring und Haimming. Der Stamm blühte bis um die Mitte des 18. Jahrh., starb dann aus und wurde von der Familie Ritz v. Sprinzenstein beerbt.

<small>Oberbayer. Arch. V. S. 184.</small>

Elsholte. Altes, erloschenes meklenburgisches Adelsgeschlecht. Albrecht van E. kommt 1270 in einer uckermärkischen Urkunde vor; Hinrich und Achim v. E. lebten 1443 und 1550 war das Geschlecht noch im Meklenburgischen begütert.

<small>Cod. dipl. Brandenb., XIII. S. 263 — v. Meding, I. S. 145 u. 146.</small>

Elsholtz, Melsholz (in Silber ein schwarzes Kreuz). Ein in der Uckermark, in Pommern und in Ost-Preussen vorgekommenes Adelsgeschlecht, welches in der Uckermark schon 1400 Grüneberg im Kr. Prenzlau und später Göritz, Luckow und Storckow besass. In Pommern war dasselbe 1466 mit Petershagen und Wollin und 1562 mit Cunow, Gartz und Pinnow angesessen und in Ostpreussen kamen Anklappen und Sergitten im Kr. Pr. Eylau, sowie Mageinen in die Hand der Familie; dieselbe blühte in das 17. Jahrh. hinein, bis Hans v. E., Herr auf Grüneberg, 1621 den Stamm schloss.

<small>Grundmann, S. 137. — Ledebur, I. S. 200 u. III. S. 247. Pommerusch. W.-B. I. Tab. 34</small>

Elsholz, Elzholz-Blomering, Elsholtz-Blomering. Franz Elsholz, Sohn eines Kaufmanns in Berlin, früher k. preuss. Regierungs-Secretair zu Cöln, später Herz. Sachsen-Coburg-Gothaischer Geschäftsträger am k. bayer. Hofe, vermählte sich 1833 mit Josephe Grf. v. Törring, Linie zu Seefeld, geb. 1789, wurde in den Adelsstand erhoben, schrieb sich v. Elsholz-Blomering und machte sich als Lustspieldichter bekannt. In neuester Zeit wurde derselbe als ehemaliger Geschäftsträger am k. bayer. Hofe aufgeführt.

<small>Frh. v. Ledebur, III. S. 247.</small>

Elshout, s. Heusden v. Elshout, Freiherren.

Elsner. (Schild mit Schildeshaupte. Im blauen Schildeshaupte drei goldene Sterne neben einander und im silbernen Schilde ein blauer Löwe. Der k. preuss. General-Lieut. Carl Christian v. E. erhielt die Königliche Erlaubniss, den Schild der Länge nach getheilt, rechts mit dem Schlosse Crakau, links mit dem Löwen des angestammten Wappens zu führen). Böhmischer Adelsstand. Diplom vom 20. Febr. 1693 für die Gebrüder Joachim Tobias und Ernst Ferdinand Elsner. Schlesisches Adelsgeschlecht, welches seit 1642 in Schlesien und namentlich im Breslauischen begütert ist. — Zuerst werden Joachim E. und der Sohn desselben, Joachim Georg E. genannt. Des Letzteren Söhne waren die beiden angegebenen Brüder, welche den Adel in die Familie brachten. Von den Nachkommen standen Mehrere in der k. preuss. Armee und Zwei derselben stiegen bis zur General-Lieutenants-Würde. Von diesen starb der Eine, wohl der Carl Christian v. E., Chef des Regiments Gensd'armen, 1808, der Andere aber, welcher zuletzt Commandant der Festung Wittenberg war, 1815 zu Dessau. Der Enkel des Ersteren und der Sohn des 1831 verstorbenen k. preuss. Rittmeisters und Landesältesten

Friedrich Ludwig Joachim v. E., war 1836 Herr auf Zieserwitz und ein Anderer, der Landesälteste v. E., verm. mit einer v. Debschitz a. d. Hause Rackschütz, besass Pilgramsdorf bei Goldberg. — Der Besitz der Familie hatte im Laufe der Zeit mehrmals gewechselt. Schon gegen Ende des 17. Jahrh. waren die Güter Blaschwitz, Sponsberg und Tschirne in der Hand des Geschlechts; den späteren Besitz hat Freih. v. Ledebur genau angegeben und zu den noch in neuester Zeit der Familie zustehenden schlesischen Gütern gehören namentlich Pilgramsdorf, Zieserwitz, Niederadelsdorf etc. — Von den jetzt lebenden Sprossen des Stammes ist Benno Joachim v. Elsner, Fürstl. **Schwarzburg-Sondershausenscher w. Geh. Rath u. Staatsminister, Chef des Ministeriums und Dirigent der I. u. II. Abtheilung.**

Sinapius, II. S. 611. — *Zedler*, VIII. S. 932. — N. Pr. A.-L. II. S. 124. — *Frh. v. Ledebur*, I. S. 200 u. III. S. 247. — Schlesisches W.-B. Nr. 95. — *v. Hefner*, schwarzburg. Adel, S. 58.

Elsner v. Gronow (in Gold zwei schräge sich kreuzende, schwarze Baumstämme, oben und unten abgehauen und jeder mit fünf gestümmelten Astenden an den Seiten). — Ein in Schlesien und im Grossherzogthum Posen begütertes Adelsgeschlecht, welches ein Zweig des alten, berühmten, böhmischen Herrengeschlechts Howora ist. — Nach der am. 8. Nov. 1620 am weissen Berge bei Prag gelieferten Schlacht verliess die Familie, der Religion wegen, Böhmen und begab sich nach Grosspolen, aus welchem sie später nach Schlesien kam. Durch königliches Diplom vom 6. April 1787 erhielt dieselbe das Incolat in Schlesien und am 23. Oct. 1852 die Erlaubniss zur Führung des alten Prädicats: v. Gronow. In Böhmen waren die Güter Klinstein, Kosteletz, Rostok und Schworetz in der Hand der Familie gewesen und in Schlesien hatte dieselbe Ober-Hayduk, Repten, Rosniontau und Zernik etc. erworben. In neuester Zeit, 1854, gehörten dem Stamme in Schlesien Kalinowitz im Kr. Gross-Strelitz und Pniow im Kr. Tost, so wie im Grossherz. Posen Grunau im Kr. Fraustadt und Konojad im Kr. Kosten. — Von den Sprossen des Geschlechts ist hier namentlich der k. preuss. Ober-Landesgerichts-Rath Elsner v. Gronow in Bromberg zu nennen, welcher, als ein sehr kundiger Genealoge und Heraldiker, die durch Umfang, Vollständigkeit und Richtigkeit sich so sehr auszeichnenden Angaben über die in Westpreussen und in der Provinz Posen vorkommenden Adelsfamilien, welche Freiherr v. Ledebur in seinem Adelslexicon der Preuss. Monarchie geben konnte, laut Vorrede I. S. V. u. VII., grossentheils verfasst hat.

Frh. v. Ledebur, I. S. 201 u. III. S. 247. — Schlesisches W.-B. Nr. 294.

Elsner, Freiherren (in Silber auf grünem Dreihügel ein achtspeichiges, schwarzes Wagenrad, aus welchem ein vorwärts gekehrter, blau gekleideter Mann mit goldenem Kragen und Gürtel aufwächst. Die blaue Mütze desselben ist mit einer rechts abfliegenden, rothen Hahnenfeder besetzt und mit den Händen hält er einen am Kopfe und Schwanze erfassten Fisch gerade vor sich hin). — Ein in Oesterreich als freiherrlich anerkanntes Adelsgeschlecht, welches aus Preussisch Schlesien stammen und ein Zweig der in Schlesien begüterten Familie v. Elsner sein soll, doch sind die Wappen, s. den vorstehenden Artikel, sehr von einander verschieden. — Der Grossvater des unten genannten Freiherrn Friedrich, Freiherr Friedrich Wilhelm, ein Sohn des Friedrich Wilhelm v. E. aus der Ehe mit Eleonore Freiin v. Krammer, war bei Krappitz an der Hotzenplotz (Reg. Bez. Oppeln) geboren, trat in k. k. Militairdienste und starb 1799 als Oberst a. D. Aus der Ehe desselben mit Anna Freiin v. Apfaltren entspross Freih. Franz Friedrich, gest. 1840, ehemaliger Gutsbesitzer und Hauptmann in der krainischen Landwehr, später k. k. quiesc. Kreis-Secretair zu Laibach, welcher sich 1803 mit Barbara Grf. v. Thurn-Valsassina-Como-Vercilli, Freiin zum Kreuz, gest. 1851, vermählt hatte, aus welcher Ehe Freiherr Friedrich, geb. 1813 zu Schloss Strobelhof in Krain, k. k. Hauptmann a. D., stammt. Die drei Schwestern des Letzteren sind die Freiinnen: Caroline, geb. 1806, ständische Stiftsdame in Krain, Marie, geb. 1809 und Henriette, geb. 1816, verm. mit Carl Edlem v. Buchwald, Besitzer des Guts Zirkna in Krain.

<small>General. Taschenb. der freih. Häuser, 1857 S. 173 u. 1859 S. 172. — *v. Hefner*, krainer Adel. S. 8.</small>

Elster (in Blau eine silberne Elster, welche im Schnabel einen Fisch trägt). Ein in der Lausitz vorgekommenes Adelsgeschlecht, zu welchem Carl August v. Elster gehörte, welcher 1803 als k. preuss. Generalmajor und Commandant von Cosel starb.

<small>N. Pr. A.-L. II. S. 125. — Frh. v. Ledebur, I. S. 201.</small>

Elstermann, Elster v. Elstermann, Elstermann v. Elster (Schild quergetheilt: oben in Roth ein silberner, geharnischter, in der Faust ein Schwert schwingender Arm und unten schräglinks getheilt: oben in Blau ein halber Pfau und unten gegittert). Reichsadelsstand. Diplom von 1755 für Theodor und Johann Gebrüder Elstermann, Hauptleute in dem k. polnischen Regimente Fürst Lubomirski, mit dem Prädicate: v. Elster. — Die Familie war 1774 in Schlesien mit Czieschowa im Kr. Lublinitz und mit Ullersdorf im Kr. Grottkau begütert, und Sprossen des Stammes standen bis auf die neueste Zeit in der k. preuss. Armee. Ein Elstermann v. Elster war 1836 Major und Chef der Garnison-Compagnie des 12. k. preuss. Infanterie-Regiments. Der Bruder desselben, Theodor Carl v. Elstermann, war 1806 Landrath des Kreises Neustadt.

<small>N. Pr. A.-L. II. S. 125. — Freih. v. Ledebur, I. S. 201, u. III. S. 247.</small>

Elstern und Ederheimb, Freiherren. Reichsfreiherrnstand. Diplom von 1712 für Albrecht v. Elstern, k. k. Obersten und General-Feldquartiermeister, mit dem Namen: v. Elstern und Ederheimb.

<small>Megerle v. Mühlfeld, Ergänz.-Bd. S. 54.</small>

Elstibors, s. Kameytsky v. Elstibors.

Elsnitz, Elssnitz. Ein von Sinapius aufgeführtes, schlesisches Adelsgeschlecht, von welchem derselbe nur nach Siebmacher das Wappen gibt (in Schwarz ein goldener, schrägrechter, mit drei schwarzen Kugeln belegter Balken). Die Familie war zweifelsohne eines Stammes mit dem alten sächsischen Geschlechte v. der Oelsnitz, welches, s. den betreffenden Artikel, in Gold einen mit drei silbernen Kugeln belegten, schrägrechten, rothen Balken führt.

<small>Sinapius, II. S. 611. — Siebmacher, II. S. 47: v. E. Schlesisch.</small>

Elten. Altes, lüneburgisches Adelsgeschlecht, welches im 16. Jahrh. noch blühte, später aber erloschen ist. In den auf der Bibliothek zu Wolfenbüttel befindlichen geneal. Collectaneen Pfeffingers ist dasselbe Bd. II. S. 390 genannt. — Das Döring'sche Wappenbuch giebt das Wappen, wie es um 1500 geführt wurde (in Roth ein schwarzes, halb abgehauenes, springendes Windspiel mit weissem Maule und rothem Halsbande). Dagegen glich in der später abgebrannten Klosterkirche zu Medingen, am Epitaphium des Hauptmanns Rudolph v. Bothmer und seiner Gemahlin, Anna v. Reden, gest. 1572, das halbe Thier einem Iltis und war weiss in Roth.

<small>Zedler, VIII S. 982. — Frh. v. d. Knesebeck, S. 390. — v. Meding, I. S. 146 u. III. S. 326.</small>

Eltenberg, s. Steiner v. Eltenberg.

Elter. Ein v. Hattstein im Specialregister aufgeführtes und zu dem niederrheinländischen Adel gerechnetes, altes Adelsgeschlecht, aus welchem Johann Burkard v. E. noch 1648 als k. schwedischer Oberst und Commandant zu Wasserburg am Inn war und Franz Reinbard v. E. 31. Aug. 1687 als Domcapitular zu Würzburg starb.

<small>Mone, Zeitschr. für d. Geschichte des Oberrheins III. S. 168. — Salzer, S. 601. — v. Meding, III. S. 155 u. 156.</small>

Elterlein. (Schild von Blau und Gold quer getheilt mit einem rechtsgekehrten, gekrönten Löwen von gewechselten Farben, welcher mit den Vorderpranken ein Schwert mit goldenem Griffe vor sich nach oben hält). Reichsadelsstand. Diplom vom 24. April 1783 für die Gebrüder Elterlein: Hans Heinrich, Hans August, August Benjamin und Johann August. — Dieselben stammten aus einem alten Nürnberger Patriciergeschlechte, welches nach Annaberg im Erzgebirge gekommen war und aus welchem Hans Elterlein, Stadtvoigt und Amtsverwalter zu Annaberg, 24. Mai 1514 einen kaiserlichen Wappen- und Adelsbrief erhalten hatte, weshalb auch von Einigen das Diplom von 1783 nicht als Adelserhebungs-, sondern als Adels-Erneuerungsdiplom angeführt wird. Ein im Dresdner Calender zum Gebrauche für die Residenz, 1847 S. 157 erwähntes Erneuerungsdiplom von 1792 ist näher nicht bekannt. Zu den das oben erwähnte Wappen und den Adel nach dem Diplome von 1783 führenden Linien des Geschlechts gehören die später in Sachsen und Preussen vorgekommenen und in Sachsen noch vorkommenden Glieder der Familie, doch gab es früher noch eine, ein anderes Wappen führende, wieder ausgegangene Linie, in welche, laut Notification d. d. Dresden 27. Juli 1767, der Reichsadelsstand in der Person des Hans Heinrich Elterlein 28. Oct. 1766 gekommen war. So viel bekannt ist, führte diese Linie das zweite, in zuverlässigen sächsischen Siegel-Sammlungen mit dem Namen: v. Elterlein vorkommende Wappen: Schild von Blau und Gold quer getheilt mit einem geharnischten, einen gekrönten Löwenkopf habenden Ritter von gewechselten Farben, welcher mit beiden Fäusten ein die Spitze rechts kehrendes Schwert quer vor den

Hals hält. — Die Familie besass früher Drehbach bei Wolkenstein und später in der Niederlausitz Drieschnitz im Kr. Cottbus, welches noch 1837 in der Hand derselben war. — Carl Christian Friedrich v. E., Herr auf Drieschnitz, k. sächs. Oberstlieut. a. D., starb 1837 im 74. Jahre und hinterliess eine Wittwe, Wilhelmine Charlotte Helene v. Zeschau, einen Sohn, Carl Friedrich Julius v. E. und eine Tochter, Luise Mariane Mathilde v. E. — Hans Heinrich v. E. und Curt Alexander v. E. erhielten 1850 in k. sächs. Militairdiensten das Patent als Hauptleute und Ersterer wurde Wirthschafts-Officier der Cadettenschule.

<small>Handschriftl. Notiz. — *A. D. Richter*, de dominis quibusdam ab Elterlein, Annabergae olim claris. Annabergae, 1742. — N. Pr. A.-L. V. S. 146. — *Frh. v. Ledebur*, I. S. 201 und III. S. 247 u. 248. — *Tyroff*, I. 244. — Suppl. zu Siebm. W.-B. IX. 13. — W.-B. d. Sächs. Staaten. I, 97. — *Aureschke*, I. S. 13b u. 139. — *v. Hefner*, sächs. Adel. Tab. 27 u. S. 25.</small>

Eltershofen. Schild von Schwarz, Silber und Roth quergetheilt, ohne Bild). Altes, fränkisches Adelsgeschlecht, dessen Stammhaus das spätere Elpershofen an der Jaxt, zwei Stunden von Langenburg, war und welches zur reichsunmittelbaren Ritterschaft des Cantons Altmühl gehörte. — Eberhard v. E. war 1228 Abt zu Comburg. Der Stamm blühte in mehreren Linien und wurde noch in das 17. Jahrh. fortgepflanzt. — Biedermann nennt als Söhne des 1606 verstorbenen Eberhard v. E. zu Ipsheim, Markgr. Brandenb.-Culmbachschen Rathes und Amtmanns zu Hohenegg, vier Brüder: Hans Ludwig, geb. 1589, Hector Christian, geb. 1590, Hans Georg, geb. 1594 und Hans Gottfried v. E., geb. 1599. — Eva Rosina v. E., in erster Ehe verm. mit Hans Joachim v. Stiebar und zweiter mit Georg Philipp v. Lentersheim, starb 1644 und Maria Barbara v. E., verm. mit Hans Albrecht v. Wöllwart, 12. April 1670. Mit Letzterer ist wohl auch der Name des Geschlechts ausgegangen.

<small>*Biedermann*, Canton Altmühl, Tab. 191 u. 192. — *Siebmacher*, I. 108.</small>

Eltershofen, Eltershoven, genannt Nagel, Nagl. (Schild nach Angabe Einiger von Silber und Schwarz schneckenweise in vier Theile getheilt. Siebmacher giebt, ohne den Schild zu tingiren, den aus dem untern rechten Schildesfusse nach des Schildes Mitte gehenden, breiten Schneckenschnitt silbern und den zu demselben von der oberen und linken Schildesseite herabgehenden roth an und ein Lackabdruck des Wappens der v. Buhl, s. Bd. II. S. 144, welche 1825, als Besitzer des Schlossguts Eltershofen, das Eltershofensche Wappen und den Beinamen: Edle v. Eltershofen angenommen haben, zeigt allerdings in der linken Schildeshälfte Roth). — Ein von 1240—1516 vorgekommenes schwäbisches Adelsgeschlecht, welches zu den hohenlohe'schen und limpurgischen Vasallen und später zu den schwäbisch-haller Familien gehörte und das Schlossgut Eltershofen bei Hall besass. Nach Erlöschen des Stammes nahm die haller Familie Nagel Namen und Wappen an und blühte bis 1714.

<small>*v. Hefner*, ausgestorb. schwäb. Adel, Tab. 2 u. S. 1. — *Siebmacher*, V. 262.</small>

Eltingshausen. Fränkisches Adelsgeschlecht aus dem gleichnamigen Stammschlosse und Dorfe unweit Ebenhausen, welches der reichsunmittelbaren Ritterschaft des Cantons Rhön-Werra einverleibt war — Hermann v. u. zu Eltingshausen lebte um 1286. Der Mannesstamm blühte fort bis Hans v. u. zu E., welcher die väterlichen Lehen zu Trimberg, Bodenlauben und Eltingshausen empfangen hatte, 1465 starb. Derselbe hinterliess nur eine Tochter, Margaretha v. E. Das Stammschloss E. fiel an das Hochstift Würzburg zurück.

Biedermann, Canton Rhön-Werra, Tab. 386.

Eltz, Freiherren und Grafen. (Gräfliches Wappen: Schild geviert mit Mittelschilde und einem in der unteren Reihe eingeschobenen 5. Felde. Im gekrönten, von Roth und Silber quer getheilten Mittelschilde oben ein aufwachsender, goldener Löwe und unten ohne Bild: Stammwappen. 1 und 4. in Gold (nach Andern in Silber) ein rother Querbalken, vor welchem und im Felde ein doppelter gekrönter, schwarzer Adler mit goldener Bewehrung steht; 2 und 3 in Schwarz ein silberner Querbalken und vor demselben und im Felde ein einwärts gekehrter, silberner Greif und im eingeschobenen 5. Felde ein Schach von Gold und Roth von 5 Reihen, jede zu fünf Feldern und im ersten Felde der oberen Reihe mit einem schwarzen Sterne belegt: Faust v. Stromberg. Freiherrliches Wappen: der Mittelschild des gräflichen Wappens als das Stammwappen der Familie, s. oben). Herren- und Reichsgrafenstand. Bestätigungsdiplom des alten Herrenstandes der Familie vom 19. Juni 1646 für Hugo Friedrich v. Eltz, Domdechanten zu Trier und für das ganze Geschlecht und Grafen-Diplom vom 9. Nov. 1733 für Carl Anton Freih. v. Eltz und für die jüngeren Brüder desselben, Damian Heinrich und Ernst Philipp Freih. v. E. — Altes, rheinländisches Adelsgeschlecht, aus dem gleichnamigen Stammschlosse unweit Münster-Mayfeld im jetzigen Kr. Mayen, Reg.-Bez. Coblenz, welches Schloss eine unmittelbare Ganerbschaft des h. röm. Reichs war, von der alle Ganerben ritterlichen Geschlechts den Namen annahmen. Der Reichslehnverband dieses Schlosses hörte im 14. Jahrh. auf und dasselbe wurde ein Lehn des Erzstiftes Trier, daher die v. Eltz aus früheren Reichsvasallen Lehnleute von Trier wurden. — Nach Angabe des N. Preuss. Adelslexicons soll urkundlich feststehen, dass Rudolph v. E., welcher um 1160 lebte, vom Schlosse Eltz den Namen angenommen hatte. — Humbracht beginnt die Stammreihe mit Georg um 938. Von den Nachkommen desselben wird um 1080 Conrad genannt, dessen Enkel, Conrad (II.) und Wilhelm, zwei Linien stifteten, welche sich dadurch unterschieden, dass die Linie des Ersteren später im Schilde einen goldenen, die des Letzteren einen aufwachsenden, silbernen Löwen führte. Die Linie mit dem goldenen Löwen besass das Stammschloss Eltz und schied sich im 11. Gliede mit den drei Söhnen Johanns, gest. 1480: **Johann (II.)**, Peter und Johann (III.) in drei Linien. Die Nachkommenschaft Johanns (II.), geb. 1504 oder die Linie zu Langenau starb mit den Kindern seines Urenkels, Johann Heinrich, aus; die Nachkommenschaft Peters oder die Linie zu Pyrmont, erlosch um 1660 mit den Töchtern seines Urenkels Franz, die Nachkommenschaft Johanns (III.) aber blühte fort und von seinen Söhnen stiftete Johann (IV.), gest. 1547, die ältere, jetzt gräfliche Linie, die Linie zu Kempenich (im Kr. Adenau) und Friedrich, gest. 1556, die jüngere, freiherrliche Linie, die Linie zu Rübenach (im Kr. Coblenz). Nach anderen Angaben fällt die Stiftung der Linie zu Rübenach in eine weit frühere Zeit und diese Angaben sind folgende: Werner Brender, Herr zu Eltz, übertrug 1311 seinem Sohne Peter die Voigtei zu Rübenach und so entstanden die noch blühenden Linien der Grafen und Edlen Herrn Eltz zu Eltz und die der Freiherren Eltz zu Rübenach. Letztere Linie erhielt 1312 von dem Grafen Ruprecht v. Firneburg die zur Voigtei Rübenach gehörigen Güter und 1563 wurde diese Linie von Neuem von den Herzögen von Luxemburg mit Rübenach und Bisholder belehnt. — Die von Wilhelm, s. oben, um 1165 gestiftete Linie mit dem silbernen Löwen im Schilde, blühte in den Rheinlanden bis zum 17. Sept. 1676, an welchem Tage dieselbe im 11. Gliede mit Johann Ludwig, Domdechanten zu Trier, ausstarb. — Das Erbmarschallamt im Erzstifte Trier gelangte 1575 in die Familie, deren Sprossen übrigens, so lange die Väter noch lebten, Söhne und Töchter, sonst aber Edle Herren und Frauen v. u. zu Eltz genannt wurden. — Vom Stifter der später gräflichen Linie, Johann (IV) entspross aus der Ehe mit Margarethe v. Breidbach, neben Jacob, welcher von 1567—1581 Kurfürst und Erzbischof zu Mainz war, Georg, kurmainzischer Amtmann, geb. 1562, welcher, verm. mit Anna v. Burgthurm, seine Linie dauernd fortsetzte. Von einem Urenkel desselben, Johann Jacob, geb. 1636, k. k. Oberstwachtmeister und kurtrierschen Rath und Amtmann, verm. mit Anna Maria Antoinette Schenk v. Schmidburg, stammten vier Söhne, von welchen der ältere, Philipp Carl 1732 zum Kurfürsten von Mainz erwählt wurde, der zweite aber, Carl Anton Ernst, wie oben angegeben ist, mit seinen beiden jüngeren Brüdern den Reichsgrafenstand in die Familie brachte. — Graf Carl Anton Ernst, gest. 1736, k. k. und kurmainz. Geh. Rath, setzte, verm. mit Helene Catharina Freiin Wamboldt v. Umstadt, gest. 1763, den gräflichen Stamm fort. Aus dieser Ehe entspross Graf Anselm Casimir Franz, gest. 1778, k. k. Kämm. u. Geb. Rath, verm. mit Maria Eva Johanna Freiin Faust v. Stromberg, gest. 1800, der Letzten ihres alten rheinländischen Adelsgeschlechts, welcher 16. Nov. 1737 die kaiserliche Erlaubniss erhielt, mit seinem angestammten Namen und Wappen, Namen und Wappen der Familie Faust v. Stromberg vereinigen zu dürfen. Von Letzterem stammte Graf Hugo Philipp Carl, geb. 1742, k. k. w. Geb. Rath, verm. 1763 mit Maria Sophia Walperge Freiin Boos zu Waldeck und Montfort, geb. 1744, welcher die grosse Herrschaft Vukovár in Ungarn erwarb. Derselbe hatte, neben einer Tochter, Grf. Antonia, geb. 1768, welche Stiftsdame zu Münster-Bilsen war, fünf Söhne, die Grafen Emmerich, Clemens Jacob, Lothar, August und Franz. Näheres über dieselben ist Folgendes: Graf Emmerich, gest. 1844, k. k. Kämm., Geb. Rath etc., war in erster Ehe verm. mit Maria Henriette Grf. v. Colloredo-Mansfeld, gest. 1814 und in zweiter mit Maria Grf. Somogyi v. Medgyes, geb. 1796, verm. 1821 und aus erster Ehe entsprossten drei Töchter, Grf. Isabella, geb. 1795, seit 1844 Wittwe von Carl Anselm Fürsten von Thurn und Taxis, k. k. Geh. Rath etc.; Grf. Maria Henriette, geb. 1800 und Grf. Caroline, geb. 1810, verm. 1831 mit Heinrich Grafen Chotek v. Chotkowa und Wognin, k. k. Kämm. — Graf Clemens, geb. 1770, war Domherr zu Trier, Speier und des Ritterstifts St. Alban. — Graf Jacob, gest. 1844, k. k. Kämmerer, vermählte sich 1813 mit Maria Anna Freiin v. Wamboldt zu Umstadt, gest. 1852, später Obersthofmeisterin I. M. der Königin Therese v. Bayern. Aus dieser Ehe stammt das jetzige Haupt der Familie: Carl Graf und Edler Herr v. u. zu Eltz, Freih. Faust v. Stromberg, geb. 1823, Herr zu Eltz und Vukovár, k. k. Kämm., verm. 1853 mit der Wittwe seines Bruders Hugo: Ludvine Grf. Pejácsevich v. Veröcze, geb. 1823, aus welcher Ehe drei Töchter leben, die Gräfinnen: Sophie, geb. 1854, Marianne, geb. 1856 und Antonie, geb. 1858. Von den Geschwistern des Grafen Carl vermählte sich Gräfin Sophie, geb. 1814, 1833 mit Erwein Grafen v. Schönborn, Grafen und Herren zu Wiesentheid und Grf. Bernhardine, geb. 1815, 1845 mit Rudolph Grafen v. Lützow zu Drei-Lützow u. Seedorf, k. k. Kämm. und Rittm. in d. A., Graf Hugo aber, Herr zu Vukovár, ist 1848 gestorben. Derselbe war, s. oben, mit Ludvine Grf. Pejácsevich v. Veröcze vermählt, aus welcher Ehe eine Tochter, Hugoline, geb. 1849, lebt. — Graf Lothar, geb. 1782, wurde Domherr zu Mainz und Trier. — Graf August, geb. 1783, k. k. Kämm. und Feldmarschall-Lieut. a. D., vermählte sich mit Rosina Freiin v. Brentano, aus welcher Ehe ein Sohn stammt, Graf Franz, geb. 1823, k. k. Hauptmann — und Graf Franz, geb. 1786, der jüngste der oben genannten fünf Söhne des Grafen Hugo Philipp Carl, k. k. Kämm., Geh. Rath und Feldmarschall-Lieut., auch Oberst-Hofmeister bei I. K. H. der H. H. Hildegarde, geb. Prinzessin von Bayern, vermählte sich 1824 mit Antonia Grf. Lodron-Laterano, geb. 1795, Obersthofmeisterin bei der oben genannten Frau Erzherzogin K. H. — Was die freiherrliche Linie anlangt, wurden Emmerich Joseph und Clemens Wenzeslaus Freie und Edle Herren v. u. zu Eltz-Rübenach, laut Eingabe d. d. Haus Wahn im Regier.-Bez. Cöln, 19. Juni 1829, der Adelsmatrikel der Preuss. Rheinprovinz in der Classe der Freiherren unter Nr. 48 einverleibt. — Ueber die mehrfachen Speciallinien, welche in früherer Zeit aus dem Stamme hervorgegangen, später aber nach und nach wieder erloschen sind, so wie über mehrere für die weitere Geschichte der Familie wichtige, ältere Sprossen derselben, giebt der unten angeführte Artikel im N. Preuss. Adelslexicon genauere Auskunft.

Bucellini, II. S. 75, Sect. 2 S. 3 u. III. S. 224. — *Humbracht*, Tab. 128—131 u. 273. — *Gauhe*, I. S. 485—489. — v. *Hattstein*, I. S. 139—160. — *Zedler*, VIII. S. 957. — v. *Lang*, Suppl. S. 19. — Allgem. geneal. u. Staatshandb. 64. Jahrg. 1824 I. S. 545—547. — N. Pr. A.-L. II. S. 125—128. — Deutsche Grafenh. d. Gegenw. I. S. 214—216. — *Frh. v. Ledebur*, I. B. 201 u. 202. u. III. S. 248. — Geneal. Taschenb. d. gräfl. Häuser, 1859 S. 240 u. 241 u histor. Handbuch zu demselben, S. 196. — *Siebmacher*, I. 123: v. Eltz, Rheinländisch. — *Bohmer*, Corpus Tradit. Fuldens., 1724. (Kupfer vor der Zueignung). — Durchl. Welt, II. 123: Gr. v. E. — v. *Meding*, III. S. 156—160. — Suppl. zu Siebm. W.-B. II. S: Edle Herren v. E. u. III. I: Gr. v. E.-Kempenich. — *Tyrof*, I. 110: Gr. v. E.-K. und *Siebenkees*, I. S. 349—351: Freih. u. Grafen v. E. — *Robens*, Element-Werk, I. 23: Freih. v. E. — W.-B. d. Kgr. Bayern, I. 33 u. v. *Wölckern*, Abthl. 1: Gr. v. E. — W. B. der Preuss. Rheinprovinz, I. Tab. 33. Nr. 66: Freih. v. E.-Rübenach u. II. Tab. 16 Nr. 82: Gr. v. E.-K. u. S. 34 u. 131 u. 132. — v. *Hefner*, bayer. Adel, Tab. 3 u. S. 9, preuss. Adel, Tab. 50 u. S. 41 Nassauer Adel, Ergänz.-Bd. S. 4.

Elvelingerode. Altes, lüneburgisches Adelsgeschlecht, welches, wie das Wappen ergiebt, zu dem Blankenburg-Campenschen Geschlechte, s. Bd. I. S. 459 u. Bd. II. S. 203 u. 204: v. Campe, Campen v. Isenbüttel, gehörte. — Urkundlich kömmt Ludewicus miles de Elvelingerode vor, welcher 1296 seine Güter an das Kloster Walkenried verkaufte und Steffens führt ebenfalls nach einer Urkunde von 1331 einen Lodewich v. E., nach Allem eine und dieselbe Person, auf.

Erath, Cod. dipl. Quedlinb., S. 421. — Steffens, Campen-Isenbüttelsche Geschlechtsgeschichte, S. 190. — v. Meding, I. S. 146 u. 147. — Urkunden-Buch für Niedersachsen, II. S. 358.

Elvenich. Erbländ.-österr. Freiherrnstand. Diplom von 1772 für Sylvester v. Elvenich, k. k. Obersten und Capitain-Lieutenant der Leibgarde zu Fuss. — Ein aus Cöln stammendes Adelsgeschlecht, dessen Stammvater wohl Balthasar v. E., Doctor beider Rechte zu Cöln, war. Söhne und Enkel desselben standen in der k. k. Armee. Von den Enkeln erwarb Friedrich v. E., k. k. Hauptmann, das Gut Hradisch in Böhmen und ein anderer Enkel war der genannte Empfänger des Freiherrndiploms Sylvester v. E.

Freih. v. Krohne, I. S. 299 u. 300. — Megerle v. Mühlfeld, S. 47. — Frh. v. Ledebur, I. S. 202.

Elvenich, Ritter. Erbländ.-österr. Ritterstand. Diplom v. 11. Sept. 1829 für Emerich Elvenich, Gutsbesitzer in Böhmen. Der Stamm ist fortgesetzt worden. — Carl, Ritter v. Elvenich war in neuester Zeit Major im k. k. 17. Infant.-Regimente und ein Sohn desselben, Heinrich Ritter v. E., war k. k. Lieutenant.

Handschriftl. Notiz. — Militair-Schematism.

Elverfeld, Elverfeld-Beverförde, Freiherren (in Gold fünf rothe Querbalken, oder wie Andere angeben: Schild von Gold und Roth elfmal quergetheilt: Stammwappen der v. Elverfeld. Wappen der Freiherren v. Elverfeld-Beverförde: Schild geviert: 1 und 4 das Elverfeldsche Stammwappen und 2 und 3 in Gold ein natürlicher, schrägrechts emporspringender Biber: Beverförde). Reichsfreiherrnstand. Diplom vom 11. Oct. 1517 für die Gebrüder Friedrich Werner v. Elverfeld und Johann Werner v. Elverfeld, Domherrn zu Münster und Havelberg und vom 10. Mai 1789 für Friedrich Clemens Freiherrn v. Elverfeld über die kaiserliche Bewilligung, zu seinem angestammten Namen und Wappen den Namen und das Wappen der v. Beverförde hinzufügen zu dürfen. — Die Familie v. Elverfeld ist ein altes, stiftsfähiges, urkundlich schon 1264 und 1282 vorgekommenes, westphälisches und rheinländisches Adelsgeschlecht, dessen Namen Einige von der jetzt so bekannten Stadt Elberfeld im Herzogthum Berg ableiten, während Andere als die vormalige Stammburg des Geschlechts das Städtchen Elberfeld oder Elverfeld in der Grafschaft Mark nennen. — 1282 lebte Conrad Elverfelde und Freih. v. Ledebur hat den Besitz der Familie vom 13. u. 14. Jahrh. in Westphalen und vom 14. u. 15. in der jetzigen Rheinprovinz genau nachgewiesen. In Westphalen breitete sich das Geschlecht, welches später in den Erzstiften zu Cöln, Münster, Paderborn und Osnabrück, so wie bei dem deutschen- und Johanniter-Orden vielfach aufgeschworen hat, namentlich in der Grafschaft Mark aus, auch kam eine Linie nach Niedersachsen, zu welcher Jonas v. E. gehörte, welcher in der zweiten Hälfte des 16. Jahrh. ein lateinisches Werk über den holsteinischen Adel in Versen schrieb. Dasselbe erschien 1592 zu Hamburg und ist jetzt sehr selten. — Die Familie, in deren Hand in der Rheinprovinz Hamm bei Gennep noch 1835 war, ist in Westphalen reich begütert und gehört auch im Kgr. Hannover zu dem ritterschaftlichen Adel der Grafschaft Bentheim. — Die abwärts steigende Stammreihe der jetzigen Freiherren v. Elverfeld-Beverförde ist folgende: Freih. Heinrich v. Elverfeld, Herr zu Herbede: Henriette v. Schall zu Bell und Schwadorf; — Robert zu Herbede und Dalhausen: Anna Cunigunde Stael v. Holstein zu Steinhausen; — Franz Sigmund zu Herbede u. Dalhausen: Regina Theresia Freiin v. Galen zu Bisping; — Friedrich Christoph Georg zu Stein- und Dalhausen: Maria Victoria Freiin v. Wolf-Metternich zu Wehrden; — Carl Friedrich zu Steinhausen, Herr zu Bispinghof, Ahlen, Ober- und Nieder-Werries etc., kurcöln. u. Fürstl. Münsterscher Geh. Rath und Droste des Amtes Bocholt: Franzisca Christina Freiin v. Vittinghof, genannt Schell v. Schellenberg, verm. 1765. Aus dieser Ehe entspross der obengenannte Freiherr Friedrich Clemens, geb. 1767, gest. 1835, welcher von dem k. preuss. Staatsminister Freiherrn v. Beverförde-Werries als Sohn und Erbe mit der Bedingung adoptirt wurde, den Namen und das Wappen seines alten, mit ihm dem Erlöschen nahen Stammes, s. den Artikel: Beverförde, Bd. I. S. 401, fortzuführen. Derselbe vermählte sich 1794 mit Anna Maria Grf. v. Westerholt-Gysenberg, aus welcher Ehe, neben einer Tochter, vier Söhne entsprossten. Der älteste der Letzteren ist Carl Adolph Maria Freih. v. Elverfeld, genannt v. Beverförde-Werries, geb. 1795, Herr zu Langen, Ober- und Nieder-Werries, Hamsweerum, Bönninghausen, Bispinghof, Falkenhof, Loburg, Nierhoven etc., Burgmann zu Horstmar und Nienborg, k. preuss. Kammerherr, verm. 1831 mit Clara v. Briest, geb. 1807, aus welcher Ehe, neben drei Töchtern, den Freiinnen: Maria Anna, geb. 1836, Wilhelmine geb. 1839 und Marie, geb. 1842, ein Sohn stammt: Freih. Carl Maximilian, geb. 1845. — Die Geschwister des Freiherrn Carl Adolph Maria sind, neben einer Schwester, Freiin Wilhelmine, geb. 1801, seit 1841 Wittwe des k. preuss. Generalmajors Lebrecht v. Graevenitz, die drei Brüder Friedrich, Maximilian und Wilhelm. Freih. Friedrich, geb. 1796, k. preuss. Generalmajor a. D., vermählte sich 1837 mit Marie Grf. v. Kospoth, aus welcher Ehe eine Tochter, Freiin Clementine, geb. 1838, verm. 1858 mit dem k. preuss. Lieutenant Ferdinand Freih. v. d. Recke auf Uentrup und zwei Söhne stammen, die Freiherren Max, geb. 1840 und Carl, geb. 1843. — Freih. Marimilian, geb. 1798, k. preuss. Major a. D., hat sich 1842 mit Franzisca Freiin v. Oer zu Egelburg vermählt — und Freih. Wilhelm, geb. 1799, k. preuss. Major a. D., vermählte sich 1827 mit Laura Freiin v. d. Lippe, aus welcher Ehe zwei Söhne leben, die Freiherren: Friedrich, geb. 1828, k. preuss. Lieutenant a. D. und Carl. geb. 1829.

v. Steinen. III. S. 1506 u. l. Tab. 5 Nr. 3. — N Pr. A. L. II. S. 128 u. 129. — *Frh.*

v. d. Knesebk. I. S. 123. — Fahne, I. S. 94 u. II. S. 34. — General. Taschenb. d. freih. Häuser 1848 S. 107-120, 1853, S. 144 u. 149 u. 1859, S. 172 u. 173. — Frh. v. Ledebur, I. S. 202 u. III. S. 248. — Siebmacher, I. 124 v. Elverfeldt, Westphälisch. — v. Meding, II. S. 159. — Suppl. zu Siebm. W. B. VII. 5. Freih. v. E. u. XI. 5: v. E. — Tyroff, I. 143 Freih. v. E. — W. B. d. Kgr. Hannover C. 50 Nr. 1: v. E. u. Nr. 2: v. E. genannt v. B. u. W. u. S. 6. — Knöschke, III. S. 123-126. — v. Hefner, preuss. Adel, Tab. 30 u. S. 41.

Elverich, genannt **Haes, Haess.** Niederrheinisches Adelsgeschlecht, welches in Westphalen mit dem Gute Barel begütert war und aus welchem noch 1656 Hermann v. G., genannt Häss als Geh. Regier.- und Amts-Kammerrath im Fürstenthume Cleve vorkam.
Histor.- polit.- geogr.- statist.-milit. Beiträge, die k. preuss. Staaten betreffend, II. 1 S. 72. — N. Pr. A.-L. III. S. 129 u. V. S. 146. — Freih. v. Ledebur, I. S. 202.

Elvern, Elver. Lüneburgisches, adeliges Patriciergeschlecht, dessen altes Wappen, wie Büttner angiebt, durch einen kaiserlichen Wappenbrief von 1324 vermehrt wurde und in welches Hieronymus Stephan v. Elvern, welcher 1624 als Kaiserl. Reichs-Hofrath starb, den Adel brachte. — Zu dieser Familie gehörte später der um seine Vaterstadt Lüneburg sehr verdiente Consul Leonhard v. Elver. Der Stamm erlosch in Lüneburg im März 1701 mit Statz Georg v. Elver, doch sollen einige Sprossen desselben sich nach Lübeck gewendet und daselbst im Anfange des 18. Jahrh. noch gelebt haben.
Freih. v. Krohne, I. S. 270. — v. Meding, III. S. 160 u. 161; nach Büttner, General. der Lüneb. adel. Patric. Geschl.

Elwern. Ein in Pommern vorgekommenes Adelsgeschlecht, welches 1639 mit Relzow im Kr. Greifswald begütert war. Nach Allem gehörte dieses Geschlecht wohl zu der im vorstehenden Artikel abgehandelten lüneburgischen Patricier-Familie.
Frh. v. Ledebur, III. S. 248.

Elzanowski, s. Elsanowski, v. Elsenau-Elzanowski. S. 91.

Elzenbaum auf Wiesenheim, Wiesenhain, Edle. Reichsadelstand. Diplom vom K. Leopold I. für die Gebrüder Daniel, Carl u. Christoph Elzenbaum, mit dem von ihrem Besitzthume hergenommenen Beinamen: auf Wiesenheim. — Die Familie gehört zu dem Adel in Tirol. Der Stamm hat fortgeblüht und Florian Edler v. Wiesenhain war in neuster Zeit Oberlieutenant im k. k. 11. Jägerbataill.
v. Hefner, tiroler Adel. Tab. 24 u. S. 22.

Embach. Kurbayer. Adelsstand. Diplom vom 16. Nov. 1685 für Joachim Embacher, Mitglied des äusseren Raths in München. Derselbe, aus einer Münchner Bürgerfamilie stammend, kam später in den innern Rath und starb als Bürgermeister 25. März 1705. Dreimal vermählt, ist doch das Geschlecht mit ihm, oder bald nach ihm erloschen.
v. Hefner, Stammbuch, I. S. 332.

Embden, Emden. Ein ursprünglich magdeburgisches Adelsgeschlecht, dessen gleichnamiger Stammsitz im jetzigen Kr. Neu-Haldensleben liegt. Die Familie besass 1578 Ebendorf im Kr. Wolmirstedt und Gross-Saltze im Kr. Calbe und kam auch nach Sachsen, wo sie 1598 Riesa inne hatte, so wie nach Ostpreussen in das Angerburgische. Später ist der Stamm erloschen.
Knauth, S. 502 u. 503. — Frh. v. Ledebur, I. S. 202 u. III. S. 248.

Embden. Reichsadelsstand. Diplom von 1791 für Carl Adam Embden, Fürstl. Salm-Salmschen Geh.-Rath und Ober-Amtmann.
Handschr. Notiz.

Emberg. Schlesisches Adelsgeschlecht, welches 1689 Dometzko im Kr. Oppeln besass, später aber erloschen ist.
Freih. v. Ledebur, III. S. 248.

Embring. Tiroler Adelsgeschlecht, in welches Andrae Embring 1563 den Reichsadel brachte und welches 1650 mit Carl v. E., Pfleger zu Toblach, erloschen ist.
v. Hefner, ausgest. tiroler Adel, Tab. 2.

Embsi, Embs, Emps (in Roth der Kopf und Hals einer weissen Gemse). Altes, fränkisches Adelsgeschlecht, welches früher mit mehreren Gütern angesessen, der reichsunmittelbaren Ritterschaft des Cantons Altmühl einverleibt war. Aus demselben stammte noch die letzte Aebtissin des 1807 aufgehobenen, adeligen Jungfrauen-Klosters zu Düssern bei Duisburg. — Der bei Angabe dieses Geschlechts von Einigen angeführte Grafenstand gehörte zweifelsohne nicht in diese Familie, sondern in die von Hohenems, auch Ems genannt, welche bekanntlich ein ganz anderes Wappen führte: in Blau einen springenden, goldenen Bock mit schwarzen Hörnern.
Biedermann, Canton Altmühl. Tab. 193. — N. Pr. A.-L II. S. 129. — *Frh. v. Ledebur*, I. S. 202. — *Siebmacher*, I. 109: v. Embs, Fränkisch.

Emendorffer, Emerstorffer. Oberpfälzisches Adelsgeschlecht, aus welchem, nach Wig. Hund, Albrecht E. 1359 lebte und ein Anderer des Stammes noch 1444 vorkam.
Wig. Hund, III. S. 295.

Emerberg, Emmerberg. Niederösterreichisches Adelsgeschlecht aus dem gleichnamigen Stammschlosse, westwärts von Wienerisch-Neustadt im Gebirge, welches nach Steiermark kam und das Truchsessen- u. Erbkuchelmeister-Amt des Herzogthums Steiermark an sich brachte. Erenfridus de E. tritt zuerst 1165 urkundlich auf und Dietrich v. E., der Letzte des Stammes, lebte noch 1461.
Wissgrill, II. S. 393—396. — *Schmutz*, I. S. 320 u. 321.

Emerich, Emmerich. Reichsadelsstand. Diplom vom 26. Mai 1559 für die Gebrüder Hans und Urban Emerich und Adelsbestätigungsdiplom von 1654 für Philipp Werner E., kaiserl. Reichsfiscal zu Speier, vom 31. März 1732 für die ganze Familie und vom 6. Nov. 1742 für das Geschlecht im Oettingenschen, Mainzischen und Augsburgischen, namentlich für Franz Valentin v. E., kurmainz. Rath und Fürstl. Augsburg. Geh.-Rath und Referendar in Spiritualibus und für Wendelin v. E., Fürstl. Oettingen-Wallersteinschen Geh. Hofrath. — Altes, ursprünglich görlitzer Stadtgeschlecht, welches später in der Lausitz begütert wurde und aus welchem ein Zweig nach Bayern gekommen ist. — Von den frühern Sprossen der Familie ist besonders Georg Emerich, Bürgermeister zu Görlitz, dadurch bekannt, dass er, nach der Rückkehr von einer Reise nach Palästina, 1481 die noch ganz erhaltene Kirche zum heiligen Grabe nebst dem heiligen Grabe, eine Nachbildung des heiligen Grabes zu Jerusalem, nach einem von ihm aus Palästina mitgebrachten Modelle erbauen liess. — In neuerer Zeit haben Sprossen der Familie, welche 1783 mit Hermsdorf unweit Görlitz in der Oberlausitz begütert war, in der kur- u. k. sächs., so wie in der k. preuss. Armee gestanden, auch hat der nach Bayern gekommene Zweig fortgeblüht. In die Adelsmatrikel des Königreich Bayern wurden eingetragen: die Gebrüder Joseph Aloys v. E., geb. 1762, Beneficiat zu Heiligenstädt und Franz Xaver v. E., geb 1765, k. bayer. Posthalter und Salzfactor zu Mindelheim, mit dem Sohne ihres verstorbenen Bruders, des ehemaligen Gräfl. Fuggerschen Verwalters Anton von E. zu Schmichen; Joseph v. E., geb. 1808 und mit ihrem Vetter: Franz Ferdinand v E., geb. 1789, Official des K. Bayer. Grenz-Postamts Hof.

<small>v. Lang, S. 328. — N. Pr A L. II. S.129. — Freih. v. Ledebur, I. S. 202 u. III. S. 245. — Suppl. zu Siebm. W.-B. I. 34. — Tyroff, I Gb u. Siebenkees, I. S. 351. — W.-B. d. Kgr. Bayern. V. 25. — Schlesisch. W.-B Nr. 577. — W.-B. des Sächs. Staat. VI. 78; v. Emmerich. — v. Hefner, bayer. Adel. Tab. 84 u. S. 75 — Knechke, III. S. 126 u. 127</small>

Emerklngen. Altes, schwäbisches Adelsgeschlecht, dem Wappen nach: (in Silber ein schwarzer, schräglinks liegender, doppelter Widerhaken) eines Stammes mit der alten Familie Schenck v. Winterstädt. — Das gleichnamige Stammhaus, ein noch bewohntes Schloss bei Munderkingen im heutigen Grossh. Baden, kommt in früher Zeit vor und das nach ihm sich nennende Edelgeschlecht war reichenauscher Dienstadel. Walther und Heinrich v. Aemerkingen, Beide Ritter, und Egloff v. Aemerkingen treten urkundlich 1366 auf und der Stamm blühte noch 1509.

<small>Mone, Zeitschr. für Geschichte des Oberrheins, III. S. 90. — v. Hefner, ausgestorbener schwäb. Adel. Tab. 2. S. 11.</small>

Emersleben, s. Schenk v. Flechtingen.
Emerstorffer, s. Emendorffer S 103.
Emhoffer. Oberpfälzisches, aus Kitzbühel in Tirol stammendes Adelsgeschlecht, aus welchem Hans E. 1488 zu Ammerthal und Achatz E. 1503 zu Schirling angesessen war.

<small>Wig. Hund. III. S. 295.</small>

Eming, s. Krempelhuber, Edle auf Eming.
Emleben. Altes, thüringisches Adelsgeschlecht, welches im 12.—14. Jahrh. das gleichnamige, eine halbe Stunde von Gotha gelegene Dorf besass.

<small>v. Hellbach, I. S. 329, nach Brückner, Beschreib. d. Kirchen- und Schulenstaats im H. Gotha, II. Strk. 4. S. 35.</small>

Emling, Emlinger v. Emling, Jmling, Jmlinger. Niederösterreichisches, von 1291—1387 vorgekommenes Ritterstandsgeschlecht.

<small>Wissgrill, II. S. 386 u. 397.</small>

Emme, Ritter u. Edle. Reichsritterstand. Diplom von 1764 für Friedrich Emme, mit dem Prädicate: Edler v. — Der Stamm wurde fortgesetzt.

<small>Handschr. Notiz. — Suppl. zu Siebm. W.-B. XI. 5.</small>

Emmerling. Erbländ.-österr. Adelstand. Diplom von 1815 für Gottfried Emmerling, k. k. Oberlieutenant.

<small>Megerle v. Mühlfeld, Ergänz.-Bd. S. 278.</small>

Emmershofen. Altes, schwäbisches Adelsgeschlecht, welches besonders in Nördlingen blühte und später in dem ehemaligen bayer. Rezatkreise angesessen war.

<small>Bucelini, II. S. 76. — Zedler, VIII. S. 1015. — Freih. v. Krohne, I. S. 271—273. — Siebmacher, II: 91.</small>

Emminger. Erbländ.-österr. Freiherrnstand. Diplom von 1856 für Dr. J. W. Emminger, k. k. w. Geh.-Rath und Statthalter in Nieder-Oesterreich.

<small>Augsb. Allg. Zeit. 1856.</small>

Emminghaus, Emminghauss, Edle. Reichsadelsstand. Diplom von 1774 für Heinrich Theodor Emminghausen, k. preuss. Geh. Regierungs-Rath, mit dem Namen und Prädicate: Edler v. Emminghaus u. K. Preuss. Anerkennungsdiplom des demselben verliehenen Adelsstandes vom 5. Juli 1774.

<small>v. Hellbach, I. S. 329. — N. Pr. A.-L. I. S. 46 u. V. S, 147. — Frh. v. Ledebur, I. S. 202. — Suppl. zu Siebm. W.-B. VI. 12 u. VIII. 12. — W.-B. d Preuss. Monarch. III. 14. — Kneschke, III. S. 127 u. 128.</small>

Emperger, Edle. Erbländ.-österr. Adelsstand. Diplom von 1766 für Benedict Alphons Emperger, Advocaten und Bannrichter in Kärnten, mit dem Prädicate: Edler v.

<small>Megerle v. Mühlfeld. Ergänz.-Bd. S. 278.</small>

Empich. Reichsadelsstand. Kursächs. Reichsvicariatsdiplom vom 1. Juni 1792 für Carl Ferdinand Empich, h. meklenb.-schwerin. Domainenrath u. K. Preussisches Anerkennungsdiplom des demselben verliehenen Adels v. 3. Jan. 1794. — Der Diploms-Empfänger kaufte sich in den nächsten Jahren in Pommern mit den Gütern Dochow, Giesebitz, Grossendorff, Warbelin und Zipkow im Stolper Kreise an, hat aber in der Ehe mit Susanna Elisabeth v. Braunschweig den Stamm nicht fortgesetzt.

<small>v. Hellbach, I. S. 330. — N. Pr. A.-L. II. S. 129. III. S. 4 u. V. S. 147. — Frh. v. Ledebur, I. S. 202 u. III. S. 248. — Tyroff, I. 189. — W.-B. d. Preuss. Monarch. III. 14. — Kneschke, II. S. 130 und 131.</small>

Ems, s. Hohenembs, Grafen.

Enbers. Ein in Cleve vorgekommenes Adelsgeschlecht, aus welchem Friedrich Heinrich d'Enbers 1802 als k. preuss. Generalmajor pensionirt wurde. Derselbe starb ohne Nachkommen 1803.

<small>Freih. v. Ledebur, I. S. 203.</small>

Enck v. der Burg. Reichssadelstand. Diplom vom 30. Mai 1747 für Franz Enck, Salzburg. Hofkammerrath u. Garderobe-Inspector. Nach v. Hefner, Stammbuch, I. S. 333. starb der Diploms-Empfänger 4. März 1776 zu Salzburg, die Wittwe desselben, Eva v. Waldmüller 1789 und die 1765 geborene einzige Tochter, Victoria, im Jahre 1832. Doch giebt von Lang an, dass zwei Enkel des Franz E. v. d. B.: die Gebrüder August Leopold Augustin, geb. 1797 und Carl Ernst Leopold E. v. d. B., geb 1800, in die Adelsmatrikel des Kgr. Bayern eingetragen worden sind.

<small>v. Lang, S. 328. — Suppl. zu Siebm. W.-B. IX. 13. — W. B. des Kgr. Bayern, V. 25.</small>

Enckevoirt, Enckevoirdt, Eukevolrd, Enckefort, Freiherren u. Grafen. (nach Wissgrill: Schild mit Herzschilde. Im blauen Herzschilde eine schwebende, offene, goldene Krone, in welcher zwei emporstehende, gekreuzte, grüne Palmenzweige stecken und im Schilde das alte Enckovoirtsche Wappen: Schild golden und durch eine schwarze Linie quergetheilt mit drei, 2 u. 1, schwarzen Adlern. Ganz verschieden von diesem Wappen ist das in den Supplementen zu Siebm. W.-B. gegebene:

Schild geviert, mit Mittelschilde. Mittelschild quergetheilt: oben in Silber fünf, 3 u. 2, Hermeline und unten Roth, ohne Bild. 1 und 4 in Roth zwei gekreuzte, mit einem rothen Bande zusammengebundene Commandostäbe und 2 und 3 von Gold und Schwarz der Länge nach getheilt mit einer Arabeske aus zehn gebogenen Strahlen von gewechselten Farben). Reichsgrafenstand. Diplom von 1651 für Adrian Freih. v. E , k. k. Feldmarschall. — Ein aus Brabant stammendes Adelsgeschlecht, welches mit dem freiherrlichen Titel nach Oesterreich kam, im genannten Jahre den Grafenstand erlangte und später die Herrschaften Grafenwerth, Ober-Seeborn, Schönberg etc. erwarb. — Von den früheren Sprossen des Stammes war namentlich der gelehrte Cardinal Wilhelm v. Enckevoirt bekannt, welcher 1534 als Bischof zu Tortosa und zu Utrecht starb. — Die nach Oesterreich gekommenen Glieder der Familie machten sich im 30jährigen Kriege mehrfach um das Erzhaus Oesterreich verdient. Der Mannesstamm blühte fort, bis derselbe mit Wenzel Adrian Gr. v. E., k. k. Geh.-Rath etc., 20. Aug. 1738 erlosch, da derselbe nur zwei Töchter hinterliess.

Jöcher. Compend. Gelehrt.-Lexic., Ausgabe von 1726, S. 869. — *Gauhe*, I. S. 489 u. 490. — *Wissgrill*, II. S. 397—400. — Suppl. zu Siebm. W.-B. XII. 19.

Enckevort (Schild quergetheilt durch einen schmalen, rothen, mit drei neben einander stehenden, silbernen Kugeln belegten Querbalken. Oben in Gold zwei einwärtssehende, schwarze Adler u. unten in Silber auf grünem Rasen ein vorwärtssehender, sitzender, goldener Löwe zwischen zwei grünen Palmenbäumen, welche derselbe mit den ausgebreiteten Vorderpranken umfasst). Reichsadelstand. Diplom vom 16. Februar 1663 für Daniel Ingkefort, kurbrandenburg. General-Proviantmeister und Ober-Salzfactor und kurbrandenburg. Anerkennungsdiplom des demselben verliehenen Adels vom 18. Jan. 1665, unter Schreibung des Namens: v. Enckevort. — Die Annahme Einiger, dass die Familie des Diplom-Empfängers vermuthlich mit dem im vorstehenden Artikel besprochenen brabantischen Geschlechte im Zusammenhange gestanden habe, wird wenigstens von der Heraldik, s. den vorstehenden Artikel, nicht unterstützt. — Die Familie erwarb nach und nach ansehnliche Güter in Pommern und in der Neumark, namentlich in Pommern die Güter Vogelsang, Lukow, Warsin, Mönkeberg etc. im Kr. Ueckermünde. Die eben genannten Güter kaufte ein Enkel des Daniel v. E., Berndt Friedrich v. E., k. preuss. Hauptmann, von welchem sechs Söhne stammten, von denen Carl Gottlob v. E. die Güter erbte. — Von den späteren Sprossen des Geschlechts war Berndt Friedrich v. E. k. preuss. Oberst bei dem Cadettencorps in Berlin und Gustav Heinrich k. preuss. Regierungspräsident. Die Nachkommen des Letzteren, zu denen der Landschaftsdeputirte Heinrich v. E. gehörte, besassen 1836 Garz und Rosenfelde im Kr. Pyritz und um die selbe Zeit war Eduard v. E. Herr auf Vogelsang und Albrechtsdorf. Der Name des Geschlechts ist übrigens so wie früher, auch in neuester Zeit mehrfach in den Listen der königl. preuss. Armee vorgekommen. 1853 waren zwei Sprossen des Stammes k. preuss. Rittmeister, der eine im Garde-Cuirassier-Regim. und der andere im 2. Cuirassier-

Regim. und zwei dienten als Lieutenants. — Die zuletzt bekannt gewordene Belehnung mit den pommerschen Gütern Bellin, Berndshof, Damgarten, Luckow, Mönkeberg, Plönzig, Rosenfelde, Vogelsang und Warsin erfolgte 1850.

Brüggemann, I. Hptst. 10. — *v. Hellbach*, I. S. 333. — N. Pr. A.-L. II. S. 134 u. 135. — *Frh. v. Ledebur*, I. S. 203 u. III. S. 248. — W. B. der Preuss. Monarch. III. 14. — Pomm. W.-B. I. Tab. 11. u. S. 30. — *Kneschke*, I. S. 139 u. 140.

Ende, auch **Freiherren** (in Gold ein grauer, nach der rechten Seite springender Wolf). Reichsfreiherrenstand. Bestätigungs-Diplom des schon 1426 der Familie erneuerten Freiherrnstandes vom 31. Octob. 1530 für Nicolaus v. Ende, Herrn auf Wolkenburg, Lansnitz, Königsfeld und Fuchshain, Doctor der Rechte, kaiserlichen Hofrath, Kammergerichts-Assessor etc., so wie vom 10. Mai 1705 für Christian Vollrath v. Ende. — Altes, sächsisches, seit dem 13. Jahrh. näher bekanntes Adelsgeschlecht, welches sich im Laufe der Zeit weit ausbreitete, ansehnliche Güter im jetzigen Königreiche Sachsen, in der Provinz Sachsen, den sächsischen Fürstenthümern, im Anhaltschen, Reussischen etc. erwarb, den Erb-Ritterstand erlangte und später auch nach Oesterreich, Westpreussen, Hannover und beide Hessen gekommen ist. — Der eigentliche Ursprung der Familie liegt im Dunkel einer Zeit, über welche sichere Nachrichten vielfach fehlen. Spangenberg wollte das Geschlecht aus Franken herleiten, Peccenstein hielt es für ein eingeborenes meissensches Geschlecht und Gauhe folgte der Mehrzahl früherer Schriftsteller, welche die Anfänge des Stammes in der Schweiz und zwar im Canton St. Gallen suchen, in welchem ein Schloss Endt oder Enne lag, nach welchem ein später nach Tirol gekommenes Rittergeschlecht sich genannt hatte. Sonach ist es wohl am besten, bei dem Obengesagten, dass das Geschlecht eins der ältesten in Sachsen sei, einfach zu bleiben und diese Angabe ist historisch leicht zu begründen. Otto v. Ende, früher schon getreuer Rath des Markgrafen Heinrich zu Meissen, stand später mit Heinrich v. Ende dem Landgrafen Friedrich mit der gebissenen Wange und dem Bruder desselben, Diezmann, eben so treu zur Seite und in der Geschichte der beiden Letzteren kommt der Name der Ersteren vielfach mit Ehren vor. Heinrich v. E., des Markgrafen Friedrich Rath und Oberst, pflanzte den Stamm durch zwei Söhne, Heinrich II. und Gottfried, fort. Letzterer lebte um 1290 und von seinen Nachkommen war Heinrich v. E., Herr auf Lindenberg, erst des Kurfürsten Friedrich des Streitbaren zu Sachsen Orator, später aber Rath des Königs Sigismund, welcher ihm das Schloss Carlstein in Böhmen lebenslang einräumte und von welchem Schlosse er sich auch Erb-Pannerherr nannte. Die Nachkommenschaft desselben erlosch wieder, Heinrich II. aber, Kriegsoberst des Markgrafen Friedrich, setzte den Stamm durch zwei Söhne, Heinrich III. und Ulrich, in Sachsen fort. Zu Heinrichs III. Nachkommen gehörte der oben genannte Nicolaus v. E., welcher das erwähnte Bestätigungsdiplom des Freiherrenstandes der Familie von 1530 erhielt und dessen Nachkommenschaft sehr gliederreich wurde, von Ulrichs Söhnen aber erhielten Ulrich II. und Heinrich IV. durch kaiserl. Diplom von 1463, ihrer Tapferkeit wegen, auf den Helm ihres

Wappen eine goldene Krone. Aus dieser Linie war schon Hans Adam v. E., gest. 1706, k. preuss. Oberst und Amtshauptmann zu Rosenfeld, Herr auf Alt-Jessnitz unweit Bitterfeld, Trinum im Anhalt-Cöthenschen etc., welche noch jetzt in der Hand der Familie sind, nachdem diese Besitzungen, da Hans Adam v. E. ohne Leibes-Erben gestorben, auf seine nächste Verwandtschaft kam. — Ueber die frühern und spätern genealogischen Verhältnisse der Familie haben bis zu ihrer Zeit Val. König, Gauhe und v. Uechtritz und neuerlich das geneal. Taschenbuch d. freih. Häuser näheren Aufschluss gegeben, auf welche hier verwiesen werden muss. — Nach Hannover, wo die Familie durch Erwerbung des Gutes Bierde im Lüneburgischen dem ritterschaftlichen Adel der Lüneburgischen Landschaft einverleibt wurde, kam dieselbe 1759 mit dem Ober-Appellationsrathe Gotthelf Dieterich v. E., welcher früher herz. Braunschw.-Wolfenbüttelscher Hofrath gewesen war, doch hatte schon in 2. Hälfte des 17. Jahrh. Rudolph v. Ende als General in Braunschw.-lüneburgischen Diensten gestanden. Zu dieser Hannöverschen Linie gehörte auch der Sohn des kurbraunschw.-lüneburg. Staatsministers Freih. v. E. aus der Ehe mit einer v. d. Schulenburg: Friedrich Albrecht v. E., welcher 1829 als k. preuss. Generallieutenant starb. — Nach dem geneal. Taschenb. der freih. Häuser blüht der freiherrliche Stamm jetzt in zwei Linien, in der zu Alt-Jessnitz, welche in einen älteren und jüngeren Zweig zerfällt und in der Linie zu Düdelsheim, doch dürfte nach den oben angeführten Diplomen dem ganzen Stamme der freiherrliche Titel zustehen und dass einige Linien sich nur des adeligen Prädicats bedienen, hängt wohl nur davon ab, dass diese Linien nicht die betreffenden Intimationen eingelöst, oder dass die Vorfahren den freiherrlichen Titel nicht geführt haben. Die Linie zu Alt-Jessnitz besitzt das Majorat Alt-Jessnitz im Bitterfelder Kreise, Reg.-Bezirk Merseburg, so wie die Lehengüter Trinum im Herz. Anhalt-Cöthen und Dittersbach im Kgr. Sachsen. Haupt des älteren Zweiges dieser Linie ist Freih. Heinrich, geb. 1833 — Sohn des 1856 verstorbenen Freiherrn Otto, k. sächs. Kammerherrn und Mitgliedes des K. Preuss. Herrenhauses — Majoratsherr auf Alt-Jessnitz, Herr auf Trinum, k. preuss. Lieut. im Grenadier-Regiment K. Alexander. Die beiden Brüder desselben sind, neben drei Schwestern, den Freiinnen: Charlotte, geb. 1837, Anna, geb. 1841 und Geraldine, geb. 1843, Freih. Otto, geb. 1836, ebenfalls k. preuss. Lieut. im Grenad.-Reg. K. Alexander und Freih. Hermann, geb. 1840, Beide Mitbesitzer des Lehensgutes Trinum. — Das Haupt des jüngeren Zweiges ist Freih. Friedrich, geb. 1782 — Sohn des 1813 verstorbenen Freih. Friedrich Carl, k. sächs. Stiftskammeraths — k. sächs. Kammer- und Jagdjunker. Die Schwester desselben, Freiin Auguste, geb. 1786, war mit dem k. sächs. Major v. d. Mosel vermählt. — Von dem Bruder des Freih. Friedrich Carl, dem Freih. Christian Wilh. gest. 1813, k. sächs. Generalmajor, stammen aus der Ehe mit einer Grf. v. Bylandt: Freih. August, geb. 1799, Herr auf Dittersbach, k. s. Kammer- und Jagdjunker, verm. 1839 mit Bertha v. Sandersleben, aus welcher Ehe ein Sohn, Georg, geb. 1847, entsprossen ist — und Freiin Elisabeth, geb. 1801, verm. 1828 mit dem k. sächs. Kammerherrn u. Vicariatsrathe v. Brochowsky. — Das Haupt der Linie zu Düdelsheim im Grossh. Hessen ist Freih. Wilhelm, Herr d' Düdelsheim bei Büdingen, verm. mit Maria Franzisca Grf. zu Alt-Leiningen-Westerburg, gest. 1837, aus welcher Ehe zwei Töchter, Pauline Eleonore und Auguste und zwei Söhne, Freih. Friedrich, k. k. Hauptmann und Freih. Otto, k. k. Oberlieutenant, stammen. — Im Kgr. Sachsen sind bis auf die neueste Zeit Freiherren und Herren v. E. in Hof- Civil- u. Militairdiensten vorgekommen. Oscar v. E. k. sächs. Oberlieutenant der Reiterei trat 1851 aus dem activen Dienste u. Arthur v. E. ist k. sächs. Hauptmann. Der Familie v. E. stand in neuester Zeit Jahna unweit Meissen zu.

Peccenstein, Theat. Saxon. I. S. 102. — *Knauth*, S. 508 u. 501. — *Albin*, Werthersche Geschichte S. 63. — *Sinapius*. II. S. 611 u. 612. — *Val. König*, I. S. 301—336. — *Gauhe*. I. S. 490—495. — *Diethmar*, S. 13 u. Nr. 39. — *e. Dreyhaupt*, Tab. 42. — *v. Uchtritz*, Diplom. Nachricht IV. S. 46—49 u. V. S. 26—30 (von 1686—1781). — N. Pr. A.-L. II. S. 129—131. — *Freih. v. d. Knesebeck*, S. 124. — *Freih. v. Ledebur*, I. S. 203 u. III. S. 248. — Geneal. Taschenb. d. freih. Häuser 1858. S. 147 u. 1859, S. 173—175. — *Siebmacher*. I. 154. — *v. Meding*, I. S. 147—149. — W.-B. des Kgr. Hannover, C. 19 u. S. 6. — W.-B. d. sächs. Staat. I. 52: Freih. v. E. u. II. S. 61: v. E. — *v. Hefner*, sächs. Adel, Tab. 26 u. 27 u. S. 8 u. 9. u. preuss. Adel, Tab. 50 u. S. 41.

Endell. Preuss. Adelsstand. Diplom vom 15. Oct. 1850 für E. G. Endell, k. preuss. Geh.Commercien-Rath bei der Hauptverwaltung der Staats-Schulden. Ein Sohn desselben wurde in der Gegend von Crossen begütert.

Geneal. diplom. Handb. für d preuss. Staat, I. S. 78. — N. Pr. A.-L. V. S. 28 und S. 143. — *Frh. v. Ledebur*, I. S. 204.

Endelau. s. Fischer v. Endelau.

Endelshauser. Altbayerisches Adelsgeschlecht, welches nach v. Hefner, vielleicht mit den in den Monum. boic., VIII. S. 386, 507 etc. aufgeführten alten Endelzhausen im Zusammenhange standen, eher aber wohl Stamm- und Wappen-Genossen der Taufkircher waren und sich von Endelzhausen im Gerichte Wolfrazhausen nannten. Hans Endelzhauser war von 1445—1457 Unterrichter zu München.

Wig. Hund, III. S. 296. — *v. Hefner*, Münchner Geschlechter.

Ender, Enders, Enderss, Enderss. (Schild geviert: 1 und 4 in Roth ein aufrecht zum Sprunge nach Rechts gerichtetes, silbernes Einhorn und 2 und 3 in Blau ein sechsstrahliger, goldener Stern). Böhmischer Adelsstand. Bestätigungs-Diplom des alten Adels der Familie vom 22. März 1564 für die Brüder Martin, Christoph und Hans die Ender und nochmaliges Adelsbestätigungsdiplom für das Geschlecht von 1587. Die Familie, welche mit Geschlechtern von gleichlautenden Namen nicht zu verwechseln ist und in der Oberlausitz die Güter Cosma und Leopoldshain im Kr. Görlitz erworben hatte, erlosch 26. Aug. 1646 mit Carl Walther v. Ender.

Frh. v. Ledebur, I. S. 204. — *Dorst*, Allgem. W.-B., II. S. 142 u. 143 u. Nr. 248.

Enderes, Ritter. Erbländ.-österr. Ritterstand. Diplom von 1858 für Carl Enderes, k. k. Ministerial-Rath.

Augsb. Allg. Zeit. 1858. April.

Enderle, Edle u. Ritter. Erbländ.-österr. Adels- u. Ritterstand. Adelsdiplom von 1820 für Johann Enderle, Niederösterr. Appellationsrath, mit dem Prädicate: Edler von und Ritterstandsdiplom vom 10 Jan. 1844 für denselben als k. k. w. Hofrath.

<small>Handschr. Notiz. — Megerle v. Mühlfeld, Ergänz.-Bd. S. 278.</small>

Enderlin, Enderlein. Brandenburgisches Adelsgeschlecht, welches Cunersdorf, Wildenbruch und Zauchwitz im jetzigen Kr. Zauche-Belzig schon 1375 und Miersdorf im Kr. Teltow 1451 besass. In späterer Zeit kamen Gallun, Gersdorf, Gross-Machenow und Malsow in die Hand der Familie und bis zur Mitte des 18. Jahrh. hatte dieselbe noch Falkenberg im Kr. Lebus inne. Das N. Pr. A.-L. giebt nach den Königschen Sammlungen an, dass der Mannesstamm im Anfange des 18. Jahrh. mit Hans Dietrich v. E., k. preuss. Lieutenant, verm. mit einer v. Zieten a. d. Hause Dechtow, erloschen sei und dass die an die Krone Preussen heimgefallenen Güter einem v. Montaigne zugetheilt worden waren.

<small>N. Pr. A.-L. V. S. 117. — Frh. v. Ledebur, I. S. 204.</small>

Enderndorf, s. Harsdörfer, Harsdorf v. Enderndorf.

Enders, Edle und Ritter. Erbländ.-österr. Ritterstand. Diplom vom 8. Jan. 1767 für Christoph Enders in Steiermark, wegen der von ihm anzuhoffenden, nützlichen Dienste, mit dem Prädicate: Edler von.

<small>Megerle v. Mühlfeld, S. 107. — Anesohke, IV. S. 112.</small>

Enders v. Egelhofsberg. Erbländ.-österr. Adelsstand. Diplom von 1813 für Johann Enders, k. k. Oberlieutenant bei v. Lindenau-Infanterie, mit dem Prädicate: v. Egelhofsberg

<small>Megerle v. Mühlfeld, S. 178.</small>

Endewat. Lüneburgisches, adeliges Patriciergeschlecht, aus welchem in einer alten Genealogie Johannes Endewat ausdrücklich Nobilis genannt wurde. Das Wappenbild hatte grosse Aehnlichkeit mit den Bildern des Schildes der v. Langlingen und v. Spörcke, s. die betreffenden Artikel. — Cord Endewat, welcher zwischen 1440 und 1468 lebte, wird als Letzter des Stammes genannt. — Büttner, im Anhange zur Geneal. der Lüneburg. adel. Patricier-Geschlechter.

<small>v. Meding, I. S. 148 u. 149.</small>

Endingen. Altes, elsassisches und schwäbisches Adelsgeschlecht, aus welchem Johannes de E. urkundlich 1307 und Rudolph v. E., Ritter, 1331 vorkommen. — Jacob Reichardt v. Endingen schrieb sich noch 1608 in ein Stammbuch ein.

<small>Mone, Zeitschr. für die Gesch. des Oberrheins, IV. S. 370 u. 379. — Siebmacher, I. 193: v. Endingen, Elsassisch. — v. Meding, III S. 161.</small>

Endmann, Endemann. Ein in Preussen im vorigen Jahrh vorgekommenes Adelsgeschlecht. Ein Oberst v. E., welcher bei dem k. preuss. Dragoner-Regimente Kronprinz gestanden hatte, starb 1753 und der Bruder desselben Friedrich Paul v. E. war Oberst und Commandant des Regim. Holstein-Gottorp. Letzterer kam 1725 als Lieutenant des k. preuss. Leibregiments zu Pferde ohne Angabe des adeligen Prädicats vor.

<small>Frh. v. Ledebur, I. S. 204.</small>

Endorfer zu Rendorf. Altbayerisches Adelsgeschlecht, wohl aus

dem Stammhause Endorf oberhalb des Würmsees. Wernhard E. tritt urkundlich um 1130 auf und Hans E. zu Mendorf noch 1439.
<small>Wig. Hund, III. S. 296. — Monum. boic. II. S. 291.</small>

Endsee, Frei- und Pannerherren. Fränkisches Herrengeschlecht, welches sich Pannerherren nannte und von dem Schlosse und der grossen Herrschaft Endsee den Namen angenommen hatte. Der Stamm muss schon in sehr früher Zeit erloschen sein, denn die alten Grafen v. Rothenburg in Franken schrieben sich schon 825 Herren zu Endsee. — K. Ruprecht liess 1408 das Schloss Endsee einreissen, von dem noch im Anfange des vorigen Jahrh. Ueberreste zu sehen waren. Schon vor Zerstörung dieses Schlosses kam auf demselben ein Rittergeschlecht Lösch vor, welches den Beinamen: v. Endsee führte und aus welchem 1341 Götz Lösch v. Endsee, Ritter, Zeuge bei einem Vertrage war, welchen Hans und Erkinger v. Seldeneck errichteten. Ob mit diesen Lösch v. Endsee die späteren Familien Lösch v. Hilgartshausen in Bayern oder die Lösch v. Müllenheim in Hessen, s. die betreffenden Artikel, irgend im Zusammenhange gestanden haben, muss dahingestellt bleiben.
<small>v. Falckenstein, Antiqu. Nordg. II. S. 287 u. 304. — Gauhe, II. S. 1446. — Salver, S. 190.</small>

Endsmann v. Ronow. Erbländ.-österr. Adels- und Ritterstand. Adels-Diplom von 1818 für Carl Endsmann, auf Krizanau in Mähren und Ruppersthal in Nieder-Oesterreich, mit dem Prädicate: v. Ronow und Ritterstands-Diplom vom 6. Nov. 1820 für Anton E. v. R., k. k. Oberlieutenant.
<small>Handschriftl. Notiz. — Meyerle v. Mühlfeld, S. 156 u. Ergänz.-Bd. S. 137.</small>

Endter. (Schild geviert: 1 und 4 in Schwarz auf freistehendem, grünem Boden eine rechtsgekehrte goldene Ente und 2 und 3 in Blau ein schräglinker, wellenförmig gezogener, silberner Balken). Nürnberger Patriciergeschlecht, aus welchem Wilhelm Maximilian Andreas E., der Rechte Doctor, mit Paul und Wolfgang E. 1623 eine Kaiserliche Wappen-Verbesserung mit der Erlaubniss, sich v. E. zu schreiben, erhielten.
<small>Siebmacher, V. 218. — Suppl. zu Siebm. W.-B. I. 12. — Tyroff, I. 65. — W.-B. d. Kgr. Bayern. V. 26</small>

Enenckhl, Enenkel v. Albrechtsburg, Freiherren. Erbl.-österr. Freiherrnstand. Diplom vom 14. Jan. 1594 für Albrecht, Josias und David v. Enenckhl. — Altes, österr. Adelsgeschlecht. Die Stammreihe desselben beginnt Bucelini mit Theodoricus E., welcher um 1108 lebte. Von den Nachkommen, welche sich v. Albrechtsburg schrieben, verfasste Johann v. E., Domherr zu St. Stephan in Wien, ein Fürstenbuch von Oesterreich und Steyerland in deutschen Versen. — David Freih. E. v. A. war 1583 erzh. österr. Mundschenk und Georg Achaz E. Freih. v. Hohenegg übersetzte im Anfange des 17. Jahrh. den Thucydides ins Deutsche, schrieb einen Tractat: Sejanus, s. de praepotentibus regum ac principum ministris und war besonders durch sein Werk: de privilegiis juris civilis, welches noch 1720 neu aufgelegt wurde, bekannt. Der Stamm erlosch 9. Febr. 1627 mit dem Freih. Job Hartmann, dessen einzige Tochter, Judith Elisabeth, sich 1639 mit Christoph Ehrenreich, Gr. v. Schallenberg vermählte.
<small>Bucelini, III. S. 33 — Jöcher, Comp. Gelehrt. Lex., S. 869. — Frh. v. Hoheneck, III. S. 122—154.</small>

Gauhe, I. S. 495. — *Zedler*, VIII. S. 1173. — *Wissgrill*, II. S. 410. — *Siebmacher*, I. 33. Knenkhl. Herren u. Freih. — *Tyrof*, I. 65 : Ennickhl v. Albrechtsperg. u. *Siebenkees*, I. S. 352; Knenkel v. Albrechtsburg.

Enenkl v. Enkelstern. Erbländ.-österr. Adelsstand. Diplom mit dem Prädicate: v. Enkelstern. — Joseph Enenkl v. Enkelstern war 1856 Hauptmann 1. Classe im k. k. 41. Infant.-Regim.

Milit. Schematism., 1856 S. 281.

Enfans, des Enfans d'Avernus, Grafen, s. Desenffans d'Avernus, Grafen, Bd. II. S. 460 u. 461.

Engel, Freiherren. Erbländ.-österr. Freiherrnstand. Diplom von 1756 für Elias Engel, k. k. Rath und Protomedicus.

Megerle v. Mühlfeld, S. 47.

Engel. Erbländ.-österr. Ritterstand. Diplom von 1851 für J. Engel, k. k. Major a. D.

Augsb. Allg. Zeit. 1851.

Engel, Edle. Erbländ.-österr. Adelsstand. Diplom von 1808 für Franz Stephan Engel, k. k. Hofkriegs-Secretair mit dem Prädicate: Edler von.

Megerle v. Mühlfeld, Ergänz. Bd. S. 278.

Engel. (Schild der Länge nach getheilt: rechts in Gold ein Engel mit einem Schwerte in der Rechten und links in Blau ein aus Wolken hervorkommender, einen Kranz haltender, geharnischter Arm). Schwedischer Adelsstand. Diplom vom 26. Oct. 1656 für Hans Heinrich Engel, k. schwed. Obersten aus dem Lande Kehdingen. Die Familie kam ins Bremensche und besass 1656 die Güter Gewensieck und Kuckenbüttel und 1685 Freiburg. Die beiden ersteren Güter waren noch 1700 in der Hand der Familie.

Mushard, S. 225 u. 226. — *Kobbe*, Gesch. d. Herzogth. Bremen, I. S. 298. — *Frh. v. d. Knesebeck*, S. 124. — *Frh. v. Ledebur*, I. S. 204.

Engel (in Gold auf grünem Boden ein vorwärts sehender Engel mit rothem Ober- und blauem Unterkleide und mit schwarzen Flügeln, welcher in der Rechten ein Schwert hält. Die Angabe Einiger, dass im silbernen Schilde der Erzengel Michael mit dem Drachen sich finde, muss auf einem Irrthume beruhen). Reichsadelsstand. Diplom vom 17. Dec. 1739 für Hans David Engel, k. dänischen Capitain, Herrn auf Breesen in Mecklenburg. Der Grossvater desselben, Hans E., Herr auf Gewezin, Labs und Podewall im Meklenburgischen, k. schwedischer Oberst, hatte schon 18. Nov. 1662 den schwedischen Adelsstand erlangt. — Von den Nachkommen des Hans David v. E. erhielt Carl Heinrich v. E., Ritter und Herr auf Breesen 1790 durch Reception die Rechte des eingeborenen meklenburgischen Adels und noch in neuerer Zeit 1836 kamen in Mecklenburg vor: Kammerherr v. Engel, Herr auf Breesen und Kammerherr v. E., Herr auf Feldberg. Zu dem nach Sachsen gekommenen Zweige der Familie gehört namentlich Carl August Maximilian v. Engel, geb. 1795 zu Dresden, seit 1849 k. sächs. Generallieutenant, Königl. General-Adjutant, Oberstallmeister etc.

N. Pr. A.-L. II. S. 131. — *Frh. v. Ledebur*, I. S. 204 u. III. S. 245. — *Mecklenb. W.-B.* Tab. 14 Nr. 31 u. S. 6 u. 20. — *W. B. d. sächs. Staaten*, III. 86. — *Kneschke*, I. S. 140. — *v. Hefner*, sächs. Adel, Tab. 27 u. S. 26 u. meklnb. Adel, S. 8.

Engel (im Schilde ein Querbalken, oben von zwei, unten von einer Rose begleitet). Altes, cölnisches Geschlecht.
<small>Fahne, I. S. 94. — Frh. v. Ledebur, I. S. 204.</small>

Engel v. Engelsburg, Ritter. Erbländ.-österr. Ritterstand. Diplom von 1772 für Stephan Engel, k. k. Legations-Secretair zu Venedig, mit dem Prädicate: v. Engelsburg.
<small>Meyerle v. Mühlfeld, Ergänz.-Bd. S. 137.</small>

Engel v. Engelsfuss, Ritter. Böhmischer Ritterstand. Diplom vom 27. Febr. 1664 für Servatius E., mit dem Prädicate: v. Engelsfuss.
<small>v. Hellbach, I. S. 331.</small>

Engelberg. Ein in der Eifel vorgekommenes Adelsgeschlecht, aus welchem Lorenz Friedrich v. E. zu Orsbeck die v. Heimbachschen Güter zu Baasem bei Crouenburg zu Lehn erhielt, welche später durch Vermählung an die v. Klinkhammer gelangten. Der Letzte des Stammes soll im ersten Jahrzehnt dieses Jahrh. mit Hinterlassung einer Wittwe, gebornen v. Mylius, zu Cöln gestorben sein. — Gleichnamige Geschlechter gab es übrigens mehrere, so z. B. die v. E. in der Schweiz (Schild quergetheilt: oben in Gold ein aufwachsender, blauer Löwe und unten Roth ohne Bild); die v. E. in Tirol (im Schilde ein aus einem Dreiberge aufwachsender Engel), welche um 1500 erloschen sein sollen etc.
<small>Eldis illustrata, II. Abth. I. — N. Pr. A.-L. II. S. 131. — Frh. v. Ledebur, I. S. 204.</small>

Engelberg, s. Angelini v. Engelberg, Bd. I. S. 83.

Engelbrecht (in Blau eine Burg mit runder Umfassungsmauer und zwei Zinnenthürmen, zwischen welchen eine goldene Krone schwebt, aus welcher eine goldene Lilie hervorgeht). Schwedischer und Reichs-Adelsstand. Schwedisches Adels-Diplom vom 17. März 1684 für Georg Engelbrecht, k. schwed. Tribunals-Assessor und Consistorial-Director zu Wismar und Reichsadelsdiplom von 1744 für Hermann Heinrich v. E., k. schwed. Vicepräsidenten der Kammer und des Obersten Appellations-Tribunals zu Wismar. Der Stamm blühte fort und zu demselben gehörte Hermann v. E., gest. 1818, Enkel des Hermann Heinrich v. E., k. preuss. Generallieutenant und Chef des 33. Inf.-Regim. Derselbe war früher in der k. schwedischen Armee bis zum Generalmajor und Chef eines Infanterie-Regiments gestiegen, wurde 1805 General-Adjutant des Königs und Commandant der Goetha-Garde zu Stockholm, trat 1815 mit dem Range eines General-Lieutenants aus k. schwedischen Diensten und wurde in demselben Jahre k. preuss. Generallieutenant und bald darauf Gouverneur von Stralsund, Inspecteur der pomm. Landwehr etc. — Die im Vorstehenden Genannten waren Sprossen eines mehrfach verzweigten Schwedisch-Pommerschen Geschlechtes, in welches, nach den verschiedenen bekannt gewordenen Wappen, s. weiter unten, auch mehrere Adelsdiplome gekommen sein müssen, über welche aber genauere Nachrichten bis jetzt noch fehlen, wie denn überhaupt in Bezug auf die Familien dieses Namens und über die, vom Freiherrn v. Ledebur angegebenen Güter derselben noch Mehreres zu sichten übrig bleibt.
<small>Swea Rikes Matrikel, II. S. 984 u. 985. — N. Pr. A.-L. II. S. 131 u. 132. — Frh. v. d. Knesebeck, S. 125. — Frh. v. Ledebur, I. S. 204 u. III. S. 243.</small>

<small>Kneschke, Deutsch. Adels-Lex. III.</small>

Engelbrecht, Engelbrechten. (Schild von Gold und Roth schräg geviert mit Schildesfusse. Schild auf der Mitte belegt mit einem vorwärts sehenden, silbernen, geflügelten Engelskopfe, über welchem ein blauer Turnierkragen mit drei Lätzen schwebt und im rothen Schildesfusse ein sechsstrahliger, goldener Stern). In Kur-Braunschweig-Lüneburg und im Kgr. Hannover anerkannter Adelsstand. Adels-Erneuerungs-Bekanntmachung in Hannover vom 15. October 1728 für den Ober-Appellationsrath Georg Engelbrecht, mit dem Prädicate: v. Engelbrechten und vom 15. August 1736 auf Grund eines Kaiserlichen Diploms vom 15. Nov. 1728 für den Hofrath und Procurator Gottlieb Ludwig Engelbrechten, Halbbruder des Georg v. E., für sich und seine Nachkommenschaft, mit der Freiheit, sich von den Gütern zu nennen und zu schreiben. — Beide waren Enkel des Fürstlich Braunschw.-Wolfenbüttelschen Canzlers und Geh. Raths Dr. Arnold Engelbrecht, Herrn auf Voldagsen, Gronau und Riedeburg. Ersterer, Georg v. Engelbrechten, starb 12. Dec. 1735 ohne männliche Nachkommenschaft zu hinterlassen, die des Gottlieb Ludwig v. E. aber blühte fort, gehört im Kgr. Hannover durch Besitz eines Gutes zu Gronau im Hildesheimischen zu dem ritterschaftlichen Adel der hildesheimischen Landschaft und mehrere Sprossen des Stammes standen und stehen in der k. hannov. Armee. Dem erwähnten Wappen der Familie liegt wohl das von Siebmacher II. 132 unter dem Elsassischen Adel angegebene Wappen zum Grunde: von Gold und Roth ein Andreaskreuz getheilt, mit blauem Turnierkragen.

Manecke, biograph. Skizzen, S. 30 u. 40. — *Frh. v. d. Knesebeck*, S. 125. — *Frh. v. Ledebur*, I. S. 204 u. III. S. 245. — W.-B. d. Kgr. Hannov. E. 11 u. S. 6. — *Kneschke*, II. S. 130 u. 131.

Engelbrecht. Schwed.-pomm. Adelsgeschlecht, eines Stammes mit den in beiden vorstehenden Artikeln besprochenen Familien dieses Namens, doch mit verschiedenen Wappen. Eine Familie v. E. in Neu-Vorpommern führte in Roth auf grüner Erde einen weissen Thurm und ein Geschlecht in Wismar, wo der Name desselben mehrfach vorkam, ebenfalls in Roth einen Thurm. Eine andere Familie v. E. hatte im rothen Schilde einen geflügelten Engelskopf und Siebmacher, IV. 54 giebt unter den Geadelten das Wappen einer Familie v. Engelbrecht folgendermassen an: in Gold ein rothes Andreaskreuz und zwischen dem oberen Arme ein rechtsgekehrter Eberkopf. — Von in das Geschlecht weiter gekommenen Adelsdiplomen ist nur noch ein Reichsadelsdiplom vom 3. Oct. 1757 für Carl Philipp E., k. dänischer Lieutenant, bekannt, doch fehlen Nachweise über das demselben ertheilte Wappen.

Frh. v. Ledebur, I. S. 204 u. III. S. 245.

Engelbronner, Engelbrunner, d'Aubigny, genannt Engelbronner. Reichsadelsstand. Diplom vom 25. Nov. 1800 für Johann Conrad Engelbronner, Herz. Sachs. Goth. Geh. Legationsrath. — Derselbe stammte aus einer elsassischen Familie, welche in Folge der Religionsstreitigkeiten sich in das Clevische begeben hatte und führte den Geschlechtsnamen seiner Gemahlin, Jacobina d'Aubigny, welche die Letzte ihres Stammes war, fort, indem er sich d'Aubigny, genannt Engelbronner, schrieb.

Handschriftl. Notiz. — Strieder, Hessische Gelehrten-Geschichte, Bd. 37 S. 361.

Engelhard v. Steinberg. Erbländ.-österr. Adelsstand. Diplom von 1759 für Anton Engelhard, k. k. Rittm. bei Carl Gr. v. Pálffy-Cuirassieren.

Megerle v. Mühlfeld. S. 178.

Engelhardt. Preussischer Adelsstand. Diplom vom 11. Aug. 1835 für Ludwig Wilhelm Engelhardt, k. preuss. Rittmeister und Legationssekretair bei der Gesandtschaft am k. schwedischen Hofe.

Frh. v. Ledebur, I. S. 205 u. III. S. 248.

Engelhardt v. Adlershoffen. Erbländ.-österr. Adelsstand. Diplom von 1704 für Franz Joseph Engelhardt, Licentiat der Rechte und Canzleiverwalter der Stadt Riedlingen, mit dem Prädicate: v. Adlershoffen.

Megerle v. Mühlfeld. Ergänz.-Bd. S. 278.

Engelhart, Engelhart u. Schnallenstein, Schnellenstein, auch Freiherren. (Stammwappen: Schild quer getheilt: oben in Blau ein vorwärts sehender, aufwachsender Engel mit goldener Krone und goldenen Flügeln, mit der Rechten ein Schwert emporhaltend und unten in Roth drei schrägrechte goldene Balken. Freiherrl. Wappen nach dem Diplome von 1772 und nach den Suppl. zu Siebm. W.-B., VI. 21: Schild geviert mit Mittelschilde, in welchem das Stammwappen zu sehen ist. 1 und 4 in Gold ein einwärts sehender, golden bewehrter, schwarzer Adler und 2 und 3 in Blau auf grünem Boden ein vorwärts sehender, gekrönter Engel, welcher in der Rechten ein Schwert hält, die Linke aber in die Seite setzt). — Erbländ.-österr. Freiherrnstand. Diplom von 1772 für Vincenz v. Engelhart und Schnellenstein, k. Oberstlieutenant. — Schlesisches Adelsgeschlecht, in welches zwei Wappenverbesserungsbriefe vom 10. Dec. 1558 und 19. Dec. 1573 und ein Anerkennungsdiplom des Adels vom 4. Mai 1597 gekommen sind. — Nach Angabe Einiger soll das Geschlecht aus der Schweiz stammen und mit Hans Engelhard, dem „Langen" nach Schlesien gekommen sein, während Andere die Familie als breslauisches Patricier-Geschlecht gegeben haben. Gewiss ist, dass die Familie bereits 1390 mit Wünschelburg im Glatzischen angesessen war, und, nachdem Valentin E. diese Besitzung 1414 verkauft hatte, das Bergschloss Schnallenstein oder Schnellenstein und bald darauf andere Besitzungen in der Grafschaft Glatz an sich brachte und dass dieselbe zeitig nach Lief- und Curland gekommen und daselbst sich auch ausgebreitet hat. — Die genauere Stammreihe des Geschlechts wird mit Johann v. E. und S. begonnen, welcher 5 Söhne: Gottfried, Ferdinand, Hans Heinrich, Christian und Hans Ernst, hatte. Gottfried v. E., Herr auf Dreske (das jetzige Juliusburg im Oelsischen) und später auf Haidau im Wohlauischen, war des Ohlauischen Weichbildes Cassa-Director und von dem Sohne desselben, Carl Ferdinand, Herrn auf Haunold im Münsterbergischen, stammten drei Söhne, Carl Friedrich, Herr auf Noldau, k. preuss. Hauptmann, Sylvius Wilhelm, Herr auf Dobergast, ebenfalls in k. preuss. Kriegsdiensten und Carl Sigmund v. E. — Ferdinand v. E. blieb 1647 als k. k. Oberst bei Bozzolo unweit Cremona; — Hans Heinrich war 1648 herz. liegnitzscher Rath und Kammerjunker; — von Christian's Enkeln war Christian Wilhelm Landes-Commissar des Fürstenthums Schweidnitz und Vater zweier Söhne und Christoph Gottfried, erst in k. preuss., später in k. k. Kriegsdiensten, bis 1737 Oberst und Commandant zu Orsova, hinterliess einen Sohn und drei Töchter. — und Hans Ernst, k. k. Premier-Lieut. und Adjutant im Regim. König von Bayern-Dragoner gewesen. Ein Sohn des Letzteren war 1853 Rittm. im 2. k. preuss. Dragoner-Regimente und ein Enkel des oben genannten Freiherrn Vincenz: Alexander Freiherr Engelhart v. Schnellenstein, wurde 1856 unter den k. k. unangestellten Feldmarschall-Lieutenants aufgeführt.

Stumpf, Beschreib. d. Eidgenossenschaft, 13. Buch, S. 361. — *Sinapius*, I. S. 350. und III. S. 612—614. — *Gauhe*, I. S. 496—498. — *Zedler*, VIII. S. 1195—1197. — *Hupel*, Material, 1788 S. 227. — *Meyer v. Mühlfeld*, Ergänz. Bd. S. 55. — *v. Firks*, Urspr. d. Adels in d. Ostseeprovinzen, S. 157. — N. Pr. A.-L. II. S. 132 u. 133. — *Frh. v. Ledebur*, I. S. 205 u. III. S. 248. — *Siebmacher*, II. 53. — Suppl. zu Siebm. W.-B. XII. 19: v. E., Ritter v. E. u. Freih. v. E. — *Kneschke*, I. S. 141 u. 142.

Engelhofer, Engelshofer. Niederösterreichisches, zu Schirmannsreutt und Marbach begütertes Adelsgeschlecht, aus welchem Joachim E. 1548 und Georg Sigmund E. noch 1629, und zwar Letzterer in einem Testamente, vorkommen.

Wissgrill, II. S. 400 u. 401.

Engelke. Im Kgr. Preussen erneuerter Adelsstand. Adels-Erneuerungs-Diplom vom 10. März 1805 für Peter Gottlieb Engelke, Privatgelehrten in Danzig. — Nach Angabe Einiger ist das erwähnte Diplom ein Adelsdiplom, wie z. B. v. Hellbach angiebt, (welcher, ehe die preussischen Erhebungen durch neuere Werke näher bekannt geworden sind, in Folge ihm überlassener handschriftlicher Notizen Nachweise über diese Erhebungen gegeben hat und daher, dem Prioritätsrechte gemäss, in Bezug der Preuss. Erhebungen in unserem Werke citirt wird, während sonst die Nennung seines Namens durch die den Artikeln beigefügte Literatur unnöthig wird) und in den dem 1. und 3. Bande des N. Preuss. Adelslexicons vorgesetzten Notizen über die Preussischen Erhebungen ist das Diplom der Familie v. Engelke als Adelsdiplom vom 16. März 1810 aufgeführt. — Die in Rede stehende Familie soll übrigens ein altes, aus Westphalen mit den deutschen Rittern nach Preussen gekommenes Adelsgeschlecht sein und das N. Preuss. Adelslexicon erzählt eine, den im 14. Jahrh. lebenden Ritter Hart v. Engelke betreffende Familiensage, welche das jetzige Wappen (Schild quer getheilt: oben in Gold ein Rabe, mit einem Ringe im Schnabel und unten in Blau drei, 2 und 1 in einander geschlungene, goldene Ringe) zu deuten versucht. — Peter Gottlieb

v. E. war später Präsident des evangelischen Consistoriums zu Warschau und ein Sohn desselben stand 1833 als Lieutenant in der k. preuss. 1. Artillerie-Brigade zu Danzig.

v. Hellbach, I. S. 332. — N. Pr A.-L. II. S. 133 III. S. 6 u. V. S. 147 u. 148. — *Frh. v. Ledebur*, I. S. 205 u. III- S. 248: Engelke, auch Engelcke v. Biedekau In Preussen. — W.-B. d. Preuss Monarch. III. 14. — *Kneschke*, IV. S. 112 u. 114.

Engellis, s. Katzmann v. Engellis.

Engelmann. (Schild der Länge nach getheilt: rechts in Blau ein von zwei Sternen begleiteter, goldener Querbalken und links ein Ritter mit geschwungenem Schwerte). Preussischer Adelsstand. Diplom vom 10. Sept. 1840 für den k. preuss. Geh. Finanzrath und Provinzial-Steuer-Director Engelmann zu Königsberg, Herrn auf Przybor im Steinauer Kreise Schlesiens. Derselbe war ein Sohn des verstorbenen Landraths im Jauerschen Kreise E. Ausser dem erwähnten Gute Przibor unweit Steinau erwarb die Familie auch in Ostpreussen Kl. Schwansfeld im Kr. Friedland.

Geneal.-diplom Jahrb. für d. preuss. Staat, I. S. 79. N. Pr. A.-L. VI. S. 28 u. S. 139. *Frh. v. Ledebur*, I. S. 205 u. III. S. 248.

Engelmann v. Engelsthal. Erbländ.-österr. Adelsstand. Diplom von 1804 für Johann Engelmann, k. k. Hauptmann bei Marquis Manfredini Infanterie, mit dem Prädicate: v. Engelsthal.

Megerle v. Mühlfeld. S. 178.

Engelmann v. Freyenthal auch **Freidenthal** (Schild geviert: 1 u. 4 in Gold ein aufwachsender, vorwärtssehender Engel mit schwarzen Flügeln, welcher Arme und Hände vor sich hält und 2 und 3 in Roth ein aus der oberen, linken Ecke des Feldes hervorkommender, im Ellbogen nach unten gekrümmter, rechts gekehrter, blau geharnischter Arm, welcher in der Faust ein Schwert nach unten und rechts, als Variante auch einen Ring, hält). Böhmischer Adelsstand. Diplom vom K. Rudolph II. für Adalbert Engelmann, mit dem Prädicate: v. Freyenthal. — Der Diploms-Empfänger war aus Zittau gebürtig, kam jung an den Hof des K. Carl V. als Amanuensis, wurde dann unter K. Ferdinand I. in der Reichs-Canzlei und unter K. Maximilian II. als Secretair in der k. Kammer zu Breslau angestellt, lebte später lange am Hofe des K. Rudolph II. und ging zuletzt wieder in seine Vaterstadt zurück, wurde in den Rath aufgenommen, erlangte das Bürgermeisteramt und starb 1616 im 85. Jahre.

Carpzov, Analecta Fastorum Zittaviensium, 1716. II. 4. S. 280 u. V. 9. S. 317: Engelmann v. Freyenthal. — *Mönch*, W.-B. Zittauischer Geschlechter (Manuscr. auf der Stadtbibliothek zu Zittau). Tab. 10: Engelmann v. Freidenthal. — *Kneschke*, IV. S. 113 u. 114.

Engelmor zu Aufkirchen und Moregg. Tiroler, ursprünglich den Namen: Mor v. Aufkirchen führendes Adelsgeschlecht, welches, da mehrere Sprossen desselben den Taufnamen Engelinus führten, um sich von den tiroler Familien Mohr zu unterscheiden, den Namen Engelmor annahm. Der, der Familie zustehende Hof bei Enneberg wurde 1634 von dem Bischofe zu Brixen als adeliger Sitz, unter dem Namen Moregg, anerkannt, doch schon bald darauf ging der Mannesstamm aus. Von der Letzten dieses Namens stammte Joseph Ignaz Declara, De Clari, s. Bd. II. S. 435: Declara-Engelmor v. Aufkirchen zu Moregg, welcher, nachdem er den Adel erhalten, ohne Nachkommen starb.

v. Hefner, ausgest. tiroler Adel, Tab. 2.

Engelsbrunn, Freih., s. Gentillott v. Engelsbrunn, Freiherren.

Engelsburg, s. Engel v. Engelsburg, S. 113.

Engelschalchveld. Niederösterreichisches, im 13. u. 14. Jahrh. vorgekommenes Adelsgeschlecht, welches auf Engelschalichsvelde, dem späteren Schlosse Enzesfeld, sass. Berchtold v. E. kommt urkundlich schon 1249 und Dietrich v. E. 1339 vor. 1378 hatten die Dynasten v. Walsee Enzesfeld bereits pfandweise inne.

Wissgrill, II. S. 403.

Engelschalk. Oberbayerisches Adelsgeschlecht, welches einen gefreiten Edelsitz im Markte Murnau hatte, denselben aber 1500, wegen Friedensbruch des Asmus E., verlor. — Die Familie war auch zu München, Augsburg und Innsbruck angesessen und erlosch 1539 mit Gabriel, oder nach Anderen mit Georg E.

Wig. Hund, III. S. 295. — Monum. boic. X. S. 225. — v Hefner, Münchener Geschlechter

Engelschall, Edle u. Ritter. Reichsritterstand. Diplom v. 1694 für die Gebrüder Heinrich Bernhard und Martin Georg Engelschall, mit dem Prädicate: Edle von.

v. Hefner, Stammbuch, I. S. 336.

Engelschein, s. Thim v. Werthenfeld u. Engelschein.

Engelsfuss, s. Engel v. Engelsfuss, S. 113.

Engelshaus, Grafen. Erbländ.-österr. Grafenstand. Diplom von 1709 für Johann Erasmus Freiherrn v. Engelshaus.

Meyerle v. Mühlfeld, Ergänz.-Bd. S. 13.

Engelshofen, Ritter und Freiherren. Erbländisch österreichischer Ritter- und Freiherrnstand. Ritterstandsdiplom von 1697 für Johann Sigmund und Johann Ignaz Ponz, mit dem Prädicate und Namen: Edle v. Engelshofen und Freiherrndiplom von 1731 für Franz Leopold Ritter und Edlen v. Engelshofen, k. k. General-Feldzeugmeister, Hofkriegsrath und Obersten des Slavonischen Husaren-Regiments. Letzterer ist 1761 gestorben. — Als Wissgrill schrieb (1795) lebte noch Ferdinand Edler v. E., Herr der Herrschaften Stockern und Albrechtsberg, verm. mit Aloysia Edlen v. Stettner, doch fand sich bis dahin männliche Nachkommenschaft aus dieser Ehe nicht vor.

Wissgrill, II. S. 401 u. 402.

Engelskirchen, Edle und Ritter. Reichsritterstand. Diplom von 1708 für Johann Ignaz Engelskirchen, k. k. Hof- und Feldkriegs-Secretair und für den Bruder desselben, Leopold E., k. k. Hoflieferanten mit dem Prädicate: Edle v. und zu E.

Meyerle v. Mühlfeld, Ergänz.-Bd. S. 137.

Engelstein. Böhmischer Adelsstand. Diplom vom 30. Jan. 1647 für Gabriel Engelstein.

v. Hellbach, I. S. 332.

Engelsthal, s. Engelmann v. Engelsthal, S. 117.

Engelstorf. Altes, zum Adel in der Eifel gehöriges Geschlecht, welches im 14. Jahrh., wohl durch Vermählung, die Herrschaft Reuland an sich brachte. Edmund v. Engelstorp kommt urkundlich 1357 vor und Edmund v. E., Herr auf Reuland, wurde 1388 von dem Herzoge zu Jülich mit Wildenburg belehnt. Aus der Ehe des Letzteren, verm. mit einer v. Merode, stammte Dietrich v. E., Herr auf Reuland, Engelsdorf, Wildenburg, Asselborn, Kinsweiler, Thurn und Maubach, welcher der Letzte seines Mannsstammes war. Die einzige Erbtochter, Alverada v. E., vermählte sich 1401 mit Werner v. Palland, welchem sie ihr reiches Erbe, die genannten Herrschaften und Güter, zubrachte.

Eiflia Illustr. I. Abth. 2. S. 1091 u. II. Abth. 1. S. 105. — N. Pr. A.-L. II. S. 133 u. 134, auch unter Berufung auf Kramer, Academ. Beiträge und Urkunden zur Geschichte der Herren v. Heinsberg. — *Fahne*, I. S. 94 u. II. S. 30 u. 217.

Engeström, auch **Grafen.** Schwedischer Adels- und Grafenstand. Adelsdiplom vom 22. Nov. 1751 und Grafendiplom v. 1814 für Lars v. E., k. schwedischen Minister der auswärtigen Angelegenheiten. — Ein Sohn des Letzteren war 1826 aggreg. Major des k. preuss. 7. Husaren-Regimentes, trat später in k. russische Dienste, ist als k. russ. Generalmajor gestorben und hat zwei Söhne, die Grafen Edmund u. Lorenz, hinterlassen. Letzterer war 1854 Herr auf Ostrowiecko im Posenschen, wo schon Graf Lars mit Jancowize etc. ansässig war. In Schweden besitzt die Familie Rönneholm bei Malmöe. — Aus der adeligen Linie war ein Rittmeister v. E. 1836 Landrath d. Kr. Bergen.

Sueu Rikes, S. 64. — N. Pr. A.-L. II. S. 134 u. V. S. 118. — *Frh. v. Ledebur,* I. S. 205 III. S. 248.

Engl v. und zu Wagrain, Freiherren und Grafen (Schild geviert: 1 u. 4 von Roth und Silber quergetheilt mit einem, auf einem Hügel einwärts springenden Windhunde von gewechselten Farben und mit goldenem Halsbande u. 2. u. 3 in Silber ein blauer (richtiger wohl ein rother) Wolf: Wiessenstein). Reichs-Freiherrn- u. Reichs- und erbländ.-österr. Grafenstand. Freiherrn-Diplom vom 8. Juli 1681 für Sigmund Friedrich Engl v. und zu W., Herrn der Herrschaft Starein und Mühlbach in Nieder-Oesterreich und niederösterr. Regierungs-Rath, so wie für den Vetter desselben, Gottfried Engl zu Wagrain u. für das ganze Geschlecht und Grafen-Diplom vom 4. Jan. 1717 für die Freiherren Franz David, Landrath in Oesterreich ob der Enns, und Franz Georg E. z. W., k. k. Kämmerer und Reichshofrath, wegen alt-adeligen Geschlechts und dem Reiche und dem Hause Oesterreich geleisteter Dienste. — Altes, in Ober-Oesterreich schon über 4 Jahrh. begütert gewesenes Adelsgeschlecht, welches sich später auch in Niederösterreich ansässig machte und welches Prevenhuber zu dem Adel der Stadt Speier zählte. — Georg Engl v. Purgstall (einem gefreiten, adeligen Sitze in Vöcklabruck) starb 1398 und von dem Sohne desselben, Albert, K. Friedrich's III. Hofdiener und Jägermeister in Oesterreich ob der Enns, stammten vier Söhne, Albert II, Oswald, Augustin und Georg, welche 10. März 1504 eine Kaiserliche Bestätigung und Verbesserung ihres alten, angestammten Wappens erhielten, nachdem Albert II., k. Mautner und Aufschläge-Einnehmer, 1499 die

Kaiserliche Erlaubniss erlangt hatte, seinen Hof- und Burgstall Wagrain von Neuem zu bauen, zu einem adeligen Sitze zu erheben und sich und sein Geschlecht nach diesem Sitze zu nennen und zu schreiben. Von den vier oben genannten Brüdern pflanzte Augustin durch seinen Sohn, Stephan, den Stamm fort und die beiden Söhne des Letzteren, Simon und David, stifteten zwei Linien, die ältere und die jüngere. Die von Simon gestiftete, ältere Linie erlosch schon 1683 mit dem oben erwähnten Freiherrn Sigmund Friedrich, während die von David gegründete, jüngere Linie fortgesetzt wurde und die von Davids Enkel, dem Freih. Gottfried, Herrn zu Säussenburg und Pöttenbach, aus der Ehe mit Maria Maximiliane Freiin Spindler v. Hofeck stammenden zwei Söhne, Franz David und Friedrich Georg, s. oben, den Grafenstand in die Familie brachten. Von diesen zwei Brüdern gingen zwei Linien aus, nämlich vom Grafen Franz David die ältere zu Wagrain und vom Grafen Franz Georg die jüngere zu Säussenburg und in Niederösterreich. — Die fortlaufende Stammreihe der noch blühenden, älteren Linie ist folgende: Graf Franz David, gest. 1722, Stifter der Linie, Verordneter des niederösterreichischen Herrenstandes: Polyxena Elisabeth Freiin v. Grienthal; — Graf Johann Weickard Adam, gest. 1755, kurpfälz. Geh.-Rath: Maria Josepha Theresia Freiin von Hoheneck, verm. 1720; — Graf Joseph Weickard Christoph Otto, geb. 1728, k. k. Kämm. u. Verordneter des Niederösterr. Herrenstandes: Ernestine Josepha Grf. v. Herberstein, verm. 1758; — Graf Franz Friedrich Joseph, geb. 1762: Walpurga Christina Grf. v. Auersperg, verm. 1792; — Graf Philipp, gest. 1842, k. k. Kämmerer: Maria Josepha Freiin v. Hingenau, gest. 1837. — Aus der Ehe des Grafen Philipp stammt als älterer Sohn: Graf Sigmund, geb. 1828, jetziges Haupt der Familie, Besitzer der Majorats-Herrschaft Säussenburg und der Allodial-Herrschaften Wagrain und Schöndorf in Ober-Oesterreich, k. k. Kämm., verm. 1854 mit Maria Freiin Zessner v. Spitzenberg, geb 1833. Die Schwester des Grafen Sigmund, Grf. Sophie, geb. 1833, vermählte sich 1851 mit Alfred Freih. v. Hingenau, k. k. Kämm. und Landesgerichtsrath zu Triest und der Bruder, Graf Julius, geb. 1831, steht als Lieutenant in k. k. 8. Cuirass.-Regim. Prinz Carl v. Preussen. — Die Stammreihe der jüngeren, in neuerer Zeit erloschenen Linie lief, wie folgt, fort: Graf Franz Georg, gest. 1721, Stifter der Linie, k. k. Kämm. u. Geh.-Rath: Anna Margaretha Freiin v. Engl, gest. 1728; — Graf Franz Friedrich Thomas, gest. 1767, k. k. Kämm. u. Regierungs-Rath: erste Gemahlin: Maria Josepha Susanna Grf. v. Sinzendorf, gest. 1747; — Graf Franz Sigmund Adam, gest. 1796, k. k. Kämm. u. w. Geh.-Rath: erste Gemahlin: Josepha Franzisca Lucia Grf. Mamucca della Torre, verm. 1763; — Graf Franz Sigmund, geb. 1775. k. k. Kämm. und Majoratsherr auf Säussenburg in Oberösterreich. Derselbe erwarb 1841 die Allodialherrschaft Wagrain in Oberösterreich vom Grafen Philipp E., auf Grund eines Familienvertrags von 1695, käuflich u. bestimmte zu Gunsten der beiden Söhne des Grafen Philipp eine Schenkung dahin, dass nach dem Tode des Käufers einer der Söhne des Verkäufers, die Grafen Sigmund oder Julius, s. oben, je nach Verfügung des Grafen Franz Sigmund E. auf Säussenburg und Wagrain, letztere Herrschaft schuldenfrei erhalten solle. Nach Bestimmung des Grafen Franz Sigismund ist Wagrain an den Grafen Sigmund, s. oben, gekommen, an welchen auch das Majorat Säussenburg fiel.

Bucelini, III. — *Hübner*, III. Tab. 960. — *Gauhe*, I. S. 495 u. 496. — *Wissgrill*, II. S. 404—410. *Megerle v. Mühlfeld*, S. 17. - *Schmutz*, I. S. 322. — D. Grafenh. d. Gegenwart I. S. 216—218. — Geneal. Taschenb. der gräfl Häuser. 1859. S. 242 u. hist. Handb. zu demselben, S. 197. — Suppl. zu Siebm. W.-B, I. 29 u. VII. 19. — *Tyroff*, II. 50.

Englert v. Meerfels. Ritter. Erbländ.-österr. Ritterstand. Diplom von 1855 für J. Fr. Englert k. k. Ober - Finanzrath, mit dem Prädicate: v, Meerfels.

Augsb. Allgem. Zeitung, 1856.

Enhuber, Ritter. Kurpfälzischer Ritterstand. Diplom vom 11. Aug. 1790 für Georg Joseph Enhuber, kurpfälz. Hofkammerath in Sulzbach. —. Fünf Söhne desselben, die Brüder: Tobias Joseph Adam, geb. 1762, k. bayer. geistlicher Rath und Pfarrer zu Raswang; Moritz Egid, geb. 1766, k. bayer. Rath in Amberg; Egid Joseph, geb. 1768, k. bayer. Hauptmann; Max Joseph, geb. 1770, k. bayer. Pfarrer zu Bergen u. Carl Joseph Ritter v. E geb. 1775, k. bayer. Maut- und Hall-Oberbeamter, wurden in die Adelsmatrikel des Kgr. Bayern eingetragen.

v. Lang, S. 329. — W.-B. d. Kgr. Bayern, V. 26. — *v. Hefner*, bayer. Adel. Tab. 84 u. S. 75. — *Kneschke*, II. S. 131 u. 132.

Enis v. Atter, Enis v. Atter und Jveagh, Ritter und Freiherrn (Stammwappen: Schild mit grünem Schild-Haupte, in welchem eine die innere Fläche vorwärtskehrende, rechte Hand schwebt und im gleichfalls grünem Schilde ein rechtsgekehrter, doppelt geschweifter, rother Löwe. Freiherrliches Wappen: In Silber ein rother, doppelt geschweifter rechtsspringender Löwe, über welchem frei ledig eine offene, natürliche Hand schwebt). Böhmischer Ritter- u. Freiherrnstand. Ritterstands-Diplom vom 27. Octob. 1680 für Niclas Mac Enis v. Atter, mit Verleihung des böhmischen Incolats und Freiherrn-Diplom vom 6. Februar 1784 für Joseph Enis v. Atter und Jveagh, Herrn auf Bukowan in Böhmen und für den Bruder desselben, Franz Enis v. A. u. J., Herrn auf Lazan-Mieltschiz. Das oben erwähnte Freiherrndiplom von 1784 hat Megerle v. Mühlfeld, Ergänz.-Bd. S. 13. als Grafendiplom aufgeführt, doch muss dies auf einem Irrthume beruhen, da die Familie selbst, unter Berufung auf dieses Diplom, nur den freiherrlichen Titel führt. — Die Familie der Freiherren Enis v. Atter und Jveagh stammt aus dem alten irländischen Geschlechte der Enis v. Atter Grafen v. Jveagh, aus welchem sich in Folge der Religions-Unruhen unter König Heinrich VIII. u. der Königin Elisabeth ein Zweig nach Böhmen wendete. Zu diesem Zweige gehörte der Sohn des Roger E. v. A. aus der Ehe mit Rosa Mac-Arton v. Kinalerth, der oben genannte Niclas Mac Enis v. A., welcher, mit dem Incolate in Böhmen, wie angegeben, den Ritterstand in die Familie brachte. Von demselben stammte aus der Ehe mit Catharina Witanowsky v. Wlczkowiz: Joh. Ernst Mac-Enis v. A. u. J., verm. mit Maria Anna Pezowsky v. Lub u. aus dieser Ehe entspross Franz Ernst Mac-Enis v. A. u. J. verm. mit Victoria Kbeck

v. Schwarzbach. Letzterer hinterliess drei Söhne, Wenzel, Franz und Joseph Enis v. A. u. J., von welchen die beiden Letzteren, s. oben, den Freiherrnstand erlangten und Freih. Joseph die freiherrliche Linie fortsetzte, während von seinen Brüdern Wenzel nur weibliche, und Freih. Franz keine Nachkommen hinterliess. Wenzel Mac Enis, gest. 1796, Herr auf Borzikau und Malloniz in Böhmen, hatte sich mit Eugenie Freiin Haugwitz v. Biskupiz vermählt, aus welcher Ehe zwei Töchter entsprossten: Liberata, welche sich 1795 mit Moritz Freih. v. Trautenberg und Maria Anna, welche sich 1802 mit Johann Wilhelm Gr. v. Klebelsberg, k. k Kämm. und Oberstlieut., vermählte, — und Freih. Franz, verm. mit Nothburga Chanowsky-Krasilowsky-Dlauhowsky v. Langendorf, starb 1814 kinderlos. — Wie angegeben, setzte Freih. Joseph die freiherrliche Linie dauernd fort. Derselbe, gest. 1824, Herr auf Bukowan in Böhmen, hatte sich in erster Ehe mit Maria Barbara v. Zadubsky-Schönthal, gest. 1776, u. in zweiter mit Antonie Dlauhowesky v. Langendorf, verm. 1780, gest. 1808, vermählt und aus der zweiten Ehe entspross Freih. Joseph Franz, geb. 1784, gest. 1852, k. k. Kämm. und Major in d. A., verm. mit Regina Freiin v. Notmitt, genannt von Nottheim, geb. 1792 und vermählt 1820. — Der Personalbestand der Familie war neuerlich nur bis 1854 bekannt und wurde, wie folgt, angegeben: Freih. Wenzel, geb. 1820, — Sohn des Freiherrn Joseph Franz — Herr auf Unter-Pocernitz, k. k. Rittmeister im 4. Husaren-Regim. Graf Schlik und Adjutant des Regiments-Inhabers, verm. 1850 mit Pauline Grf. v. Schlick zu Bassano und Weisskirchen, geb. 1827. Als Schwestern des Freih. Wenzel wurden genannt: die Freiinnen Anna, geb. 1822, Leopoldine, geb. 1825 und Rosa, geb. 1831 und als Hinterlassene des Grossvaters des Freiherrn Wenzel, des Freiherrn Joseph aus zweiter Ehe, s. oben, wurden aufgeführt zwei Töchter: Freiin Elisabeth, verm. 1813 mit Franz Bieschin v. Bieschin, k. k. Hauptmann, Wittwe seit 1849 und Freiin Eleonore, verm. 1815 mit Franz Grafen Bubna v. Littitz und vier Söhne, die Freiherren Carl, geb. 1790, Herr auf Lacan-Milzitz, k. k, Kämm.; Franz. geb. 1796, k. k. Lieut. a.D.; Johann, geb. 1797 und Emanuel, geb. 1800.

<small>Geneal. Taschenb. d. freih. Häuser, 1848 S. 99—101 u. 1855 S. 145 u. 146. — Suppl. zu Siebm. W.-B. VII. 17; Ritter u. Freih. v. E. — Tyroff, II. 290; Ritter und Freih. K. v. A. Hyrtl. I.: Freih. E. v. A.</small>

Enkevoirt, s. Enckevoirt, Grafen, S. 105.

Enneberger v. Enneberg. Erbländ.-österr. Adelsstand. Diplom von 1759 für Johann Michael Enneberger, Weltpriester, wegen seiner philosophischen und theologischen Kenntnisse, mit dem Prädicate: v. Enneberg.

<small>Meyerle v. Mühlfeld, S. 178 u. 179.</small>

Enenkl, s. Enenkl, Freiherren, S. 112.

Ennershausen. Ein zu dem Adel der Rheinprovinz gehöriges Adelsgeschlecht, dessen Namen und Wappen Bernd 1835 noch unter dem nicht immatriculirten Adel der genannten Provinz aufgeführt hat und von welchem derselbe in dem unten angeführten Wappenbuche,

S. VII, sagt, dass dasselbe zu denjenigen Familien gehöre, welche wohl im Mannsstamme erloschen wären.

Frh. v. Ledebur, I. S. 205. — W.-B. d. Preuss. Rheinprov. II. Tab. 17 Nr. 33 u. S. 132.

Enno, s. Alberti v. Enno, Albertis de Enno, Bd. I. S. 39 u. 40.

Ennoy, s. Saint-Ennoy, Freiherren.

Ennsbruck, s. Klopfstein v. Ennsbruck, Freiherren.

Ensch, Freiherren. Erbländ.-österr. Freiherrnstand. Diplom von 1813 für Franz v. Ensch, Hauptmann der k. k. 3. Jäger-Division.

Meyerle v. Mühlfeld, Ergänz.-Bd. S. 55.

Enchringen. Altes, luxemburgisches Adelsgeschlecht aus dem gleichnamigen Stammhause im Luxemburgischen, welches später zu dem angesehensten Adel der Eifel und der Jülichschen Lande gehörte und als dessen Stammvater Ludwig v. Enchringen, welcher um 1230 lebte, genannt wird. — Zu den Gütern der Familie kamen bald durch Vermählungen die Burg Rittersdorf und die Burg Schwarzenburg mit allen zu denselben gehörenden Besitzungen und viele Sprossen des Stammes gelangten in Kurtrier zu hohen Würden. Die Hauptlinie, die zu Rittersdorf und Schwarzenburg blühte, erlosch 1605 mit Gerhard v. E., welcher in der Mosel ertrank und dessen Erbtochter aus der Ehe mit Ursula v. Braunsberg zu Burg Brool, Anna Magdalena v. E., sich mit Johann Freiherrn v. d. Reck vermählte. — Eine Nebenlinie, die der v. E. zu Lissem, soll nach Humbracht schon früher mit Philipp v. E. erloschen sein, doch kommt in der Eiflia illustrata Wilhelm Dietrich v. E. als Herr zu Lissem und Wolfsfeld urkundlich noch 1684 vor. Eine andere Nebenlinie, die der v. E. zu Ell ist nach dem eben genannten Werke mit Franz Hermann v. E., dessen Güter die Schwester desselben, Maria Anastasia v. E., an ihren Gemahl, Franz Friedrich v. Sickingen, brachte, (wohl um 1630) ausgegangen und von der Linie zu Bitburg, welche aber Einige nicht annehmen, lebte noch 1664 Johann Dietrich v. E., welcher, verm. mit Sibylla Regina v. Koppenstein, später kinderlos starb. Einer neueren Angabe nach soll der ganze Stamm 1700 mit Franz Adam v. E. erloschen sein, doch finden sich über den Abgang der Familie sehr verschiedene Angaben. So nimmt v. Meding an, dass Franz Hartmann (nach allen der oben genannte Franz Hermann), welcher noch jung nach 1630 gestorben, der Letzte gewesen sei und bei so verschiedenen Angaben giebt wohl Freih. v. Ledebur am richtigsten an, dass das Geschlecht gegen Ende des 17. Jahrh. ausgestorben sei.

Bucellini, III. S. 225. — Humbracht, Tab. 19. — Gauhe, I. S. 498. — v. Hattstein, I. S. 169. — Eiflia illustr. II. Abth. I. S 106. — N. Pr. A.-L., II. S. 135 u. 136. — Frh. v. Ledebur, I. S. 205 u. III. S. 248. — v. Meding, II. S. 160.

Ense. Altes, ursprünglich aus dem Waldeckschen stammendes, niederrheinisch-westphälisches Adelsgeschlecht, welches Balkinghof bei Erwitto schon 1333 besass, im 15. Jahrh. Gerkendael und Schermbeck und im 16. Jahrh. Anröchte, Bredenol, Ense, Erleburg und Westerkotten besass, auch in Iserlohn angesessen war. Das Gut Westerkotten stand der Familie noch 1691 zu. — Das Geschlecht hatte sich in zwei Linien getheilt, in die v. Ense, genannt Varnhagen, s. den Artikel: Varnhagen v. Ense und die v. Ense, genannt Schneidewind, Snydewinth, auch genannt v. Kegeler. Die erstere Linie führte das Wappenbild, eine schwarze Bremse, oder Schneidezange, in Gold, die letztere Linie aber in Silber.

v. Hattstein, I. S. 407 u. 607. — v. Steinen, I. S. 1142—1150 u. Tab. VII. 2. — Frh. v. Ledebur, I. S. 205. — Siebmacher, II, 114: v. Ense, Niederrheinländisch. — Rohens Elem. Werk, II. Nr. 45 u. S. 59.

Entier. Preussischer Adelsstand. Diplom von 1769 für Johann Entier, k. preuss. Major im Regimente v. Lossow-Husaren. Derselbe setzte den Stamm nicht fort.

v. Hellbach, I. S. 333. — N. Pr. A.-L. I. S. 45 u. V. S. 148. — Frh. v. Ledebur, I S. 205. — W.-B. d. Preuss. Monarch., III. 15. — Kneschke, IV. S. 114 u. 115.

Entner v. Entnersfeld, Edle. Erbländ.-österr. Adelsstand. Erneuerungs-Diplom von 1765 für Franz Friedrich Entner, Fürstl. Passauischen Hofrath und Mitglied mehrerer öconomischer Gesellschaften, mit dem Prädicate: Edler v. Entnersfeld. Nach Angabe des Diploms waren die Voreltern desselben schon in den Adelsstand versetzt worden und er selbst hatte sich bei der böhmisch-österreichischen Hofcanzlei in Wien sehr verdient gemacht.

Leupold, I. 2. S. 268. — Meyerle v. Mühlfeld, S. 179.

Entres, Edle. Erbländ.-österr. Adelsstand. Diplom von 1770 für Joseph Entres, Temeswarer Administrations-Secretair, mit dem Prädicate: Edler von.

Meyerle v. Mühlfeld, S. 179.

Entress v. Fürsteneck, auch Freiherren. Adels- und Freiherrnstand des Königreichs Württemberg. Adelsdiplom vom 18. Dec. 1822 für Heinrich Entress, k. württemb. Regierungs-Director zu Ellwangen, mit dem Prädicate: v. Fürsteneck und Freiherrndiplom vom 16. Nov. 1858 für den Sohn desselben, den k. württemb. Obersten E. v. F.

Württ. Regier.-Blatt, 1822. Nr. 84. — Württemb. Staats-Anzeiger vom 20. Nov. 1858. — v. Hefner, württemb. Adel, Tab. 19 u. S. 15 u. Ergänz.-Bd. Tab. 16 u. S. 35.

Entzebeck, genannt v. Pangerwitz. Ein aus Pommern stammendes, nach Ostpreussen gekommenes Adelsgeschlecht, welches die Güter Lenken, Lenkeningken und Naujeningken im Kr. Ragnit, Lepienen im Kr. Niederung und Pieragienen im Kr. Insterburg erworben hatte und auch im Preuss. Markschen sich ansässig machte.

Frh. v. Ledebur, III. S. 248.

Entzenberg, Entzberg (in Blau drei, 1 und 2, rothe, zur Hälfte weggeschnittene, sechsblättrig gewesene Rosen, welche schrägrechts so gelegt sind, dass die Blätter nach oben und links, die verstümmelten Theile aber sich nach rechts kehren). Altes, rheinländisches Adelsgeschlecht, welches zum fuldaischen Lehnshofe gehörte, im Eichsfeldischen begütert war und mit Familien von gleichlautenden Namen nicht verwechselt werden darf. Nach Schannat war Eccard v. Entzenberg 1417 der erste und Johann v. E. 1520 der letzte Fuldaische Vasall dieses Stammes.

Schannat, S. 75. — Wolf, Urkundenbuch des Eichsfeldes, S. 12. — Siebmacher, I. 130: v. Entzberg, Rheinländisch. — v. Meding, III. S. 161 u. 162.

Entzersdorf, Enzersdorf, Enzesdorf, Enzinsdorf. Altes, österreichisches Adelsgeschlecht aus dem gleichnamigen Stammschlosse an der Donau, 2 Meilen von Wien. Dasselbe kommt urkundlich zuerst mit Dietericus miles de Encinsdorff 1261 vor und blühte bis Wolf Christoph v. u. zu Entzersdorff im Langenthal, kais. Rath und Landrechtsbeisitzer in Niederösterreich, 1598 den Stamm schloss.

Gauhe, II. S. 255 u. 256. — *Wissgrill*, II. S. 417—421. — *Schmutz*, I. S. 325. — *Siebmacher*, I. 34: v. Entzersdorf, Oesterreichisch, in der „Declaration": v. Entzersdorf.

Enzberg, Enzberg zu Mühlheim, Freiherren (in Blau ein goldener, oben mit einem Rubin besetzter Ring). Altes, schwäbisches Adelsgeschlecht, dessen Freiherrnstand aus einem Kaiserlichen Diplome vom 17. Juli 1671 erweislich ist, welches Georg v. Enzberg, Ritter, erhielt. Die Stammburg, welche dem Geschlechte den Namen gab, lag zunächst des Flusses Enz im ehemaligen Enzingaue, unweit Maulbronn an der badischen Grenze und gehörte später zu dem reichsunmittelbaren Canton Craichgau. Aus dieser Burg verbreitete sich der Stamm diess- und jenseits des Rheins nach Schwaben, Elsass und Bayern und erkaufte 1409 die zum schwäbischen Ritter-Canton Hegau gehörige Herrschaft Mühlheim an der Donau. — Die früher mehrfach als fest bestehend angenommene Angabe, dass Zweige des Stammes sich auch nach Tirol verbreitet hätten und dass die aus denselben hervorgegangenen jetzigen Grafen v. Enzenberg zum Freien- und Jöchelsthurm, s. den nachstehenden Artikel, eines Stammes mit den Freiherren v. Enzberg zu Mühlheim wären, ist neuerlich wiederholt angefochten worden und namentlich hat v. Hefner ausgesprochen, dass beide Geschlechter ganz verschiedenen Ursprunges wären und in gar keiner Verbindung mit einander ständen, wenn auch das Enzbergsche Wappenbild: der goldene Ring in Blau, 1671 bei Erhebung der Familie Enzenberg in den Freiherrnstand in das Wappen gekommen sei. Nach Allem schwebt wohl noch die Frage, welche Annahme die richtige sei. — In früher Zeit und bis zum Anfange des 14. Jahrh. waren die Enzberge Lehenmannen der Grafen v. Vaihingen, als aber die Macht und das Ansehen dieser Grafen erlosch, wurden sie Vasallen des regierenden Hauses Württemberg. Von dem Kloster Maulbronn, über welches Sprossen des Stammes urkundlich schon 1185 als Schirmvogte gesetzt waren, trugen dieselben bis 1285 mehrere Güter zu Lehen, doch gab die Advocatie über dieses Kloster später Anlass zu grossem Zwiste, welchen erst 1285 ein Kaiserlicher Compromiss-Vergleich hob, doch waren diese Vorgänge wohl Mitursache, dass die Gebrüder Georg und Friedrich, die Enzberge, 1438 alle ihre Güter, und selbst das Stammschloss, verkauften und nach Oberschwaben zogen, wo sie schon, wie oben angezeigt, die früher den Grafen v Zollern zustehende, von diesen aber an die v. Weiden gekommene reichsunmittelbare Herrschaft Mühlheim erworben hatten, welche noch jetzt im Besitze der Familie ist und durch Vertrag mit Baden seit 1807 unter Württembergischer Landeshoheit steht. — Der nächste allgemeine Stammvater der späteren und jetzigen Freiherren v. Enzberg ist Johann v. E., verm. mit Magdalena Voigtin v. Alten-Gummerau und Prassberg, welcher 1841 lebte und von dessen Nachkommen Mehrere in Hochstiften und Orden des H. R. Reichs aufgeschworen hatten. Von demselben stammte in der 7. Generation Freiherr Niclas Carl — ein Sohn des Freih. Niclas Friedrich aus der Ehe mit Maria Elisabeth v. Rottberg und ein Enkel des Johann Friedrich und der Maria Anna v. Herbstheim — welcher, verm. mit Maria Ursula Regina Freiin v. Hallweil, zwei Söhne hinterliess, die Freiherren Niclas Ludwig August und Niclas Friedrich Veit, welche Beide den Stamm fortsetzten. Der Erstere derselben, verm. mit Antonie Caroline Roth v. Schreckenstein, starb 1817 und seine Nachkommenschaft erlosch mit seinen Söhnen: Niclas Honorius, welcher, verm. mit Maria Eleonore Grf. v. Truchsess-Waldburg, 1844 ohne Nachkommen starb — und Joseph, Obersten des vormaligen schwäb. Kreis-Regimentes Hohenzollern-Cuirassiere, unvermählt, gest. 6. Juli 1846. — Freih. Niclas Friedrich Veit aber setzte den Stamm weiter fort. Aus seiner Ehe mit Maria Franzisca Euphemia Freiin v. Flachslanden entspross Freih. Niclas Friedrich II., verm. in erster Ehe mit Constantia Freiin Zweyer v. Evenbach und in zweiter mit Anna Maria Freiin Pappus v. Trazberg und von ihm stammte Freiherr Leopold, gest. 1855, verm. mit Josephine Grf. v. Waldburg-Zeil u. Trauchburg, geb. 1786. Der Sohn aus dieser Ehe ist das Haupt der Familie: Nicolaus Freih. v. Enzberg, geb. 1816, Herr zu Mühlheim und zu Bronnen, verm. 1843 mit Luise Freiin v. Leuprechting, geb. 1826, aus welcher Ehe zwei Söhne, Rudolph, geb. 1846 und Bruno, geb. 1847 und zwei Töchter, Emma, geb. 1850 und Maria, geb. 1855, stammen. — Die Schwestern des Freiherrn Nicolaus sind: die Freiinnen: Johanna, geb. 1812, Anna, geb. 1813, Josepha, geb. 1814. verm. 1841 mit Maximilian Grf. v. Waldburg-Hohenems, Maximiliana, geb. 1817, verm. mit Wilhelm Grf. v. Truchsess-Waldburg-Zeil und Trauchburg, Wittwe seit 1847 und Franzisca, geb. 1820, verm. 1839 mit Johann Wilhelm Freih. v. Bodmann, grossh. bad. Kammerherrn und Oberhofgerichtsrath. — Von dem Bruder des Freiherrn Leopold, dem Freih. August, gest. 1831, k. württemb. Oberstlieutenant, leben aus der Ehe mit Charlotte Freiin v. König, geb. 1779, eine Tochter, Freiin Pauline, geb. 1827 und ein Sohn, Freih. August, geb. 1828.

<small>*Bucelini*, II. Sect. II. S. 122. — *Gauhe*, I. S. 498 u. 499: nach Bucellini u. Spangenberg P. II. — *Cast*, Adelsb. d. Kgr. Württemb. S. 188—190: unter Berufung auf *Crusius* Chronik von Schwaben, Bd. I. u. II. und *Gehres*, Chronik von Pforzheim — Geneal. Taschenb. d. freih. Häuser, 1849 S. 110—113 u. 1857 S. 175 u. 176. — *Siebmacher*, I. 110: v. Entzberg, Schwäbisch und 193; v. Entzenberg, Elsassisch. — *v. Meding*, III. S. 389 und 390 in dem Artikel: v. Schnchen. — *Tyroff*, I. 108 und *Siebenkees*, I. S. 65 u. 66. — W.-B. d. Kgr. Württemberg: Freih. v. E.</small>

Enzenberg, Enzenberg zum Freien- und Jöchelsthurm, Grafen. (Schild geviert mit Mittelschilde. Im gekrönten blauen Mittelschilde ein goldener, oben mit einem Rubin besetzter Ring: Wappenbild der schwäbischen Enzenberge, bei Erhebung in den Freiherrnstand 1670 ins Wappen gekommen. 1 und 4 in Gold eine auf drei Bergen einwärts aufspringende Gemse: Gemns v. Grensen und 2 und 3 in Roth drei aufrechtstehende, bis an den Feldesrand reichende, neben einander stehende, silberne Spitzen: Wappenvermehrung von 1628). Reichsgrafenstand. Diplom vom 4. April 1764 für Cassian Ignaz

Bonaventura, Freih. v. Enzenberg. — Altes tiroler Adelsgeschlecht, welches man früher allgemein für einen Zweig der alten schwäbischen Familie v. Enzberg, s. den vorstehenden Artikel, nahm und mit letzterer Familie dadurch in Verbindung brachte, dass der im Nachstehenden genannte Eberhard Enzenberg, der Stammvater der späteren und jetzigen Enzenberge, als Bruder des Johann v. Enzberg gegeben wurde, welcher oben als nächster Stammvater der Enzberge angeführt worden ist. Neuerlich ist, wie schon im vorstehenden Artikel erwähnt wurde, die Verbindung beider Geschlechter in Zweifel gezogen worden und v. Hefner glaubt, dass er die beste Aufklärung darüber gegeben habe, dass beide Geschlechter ganz verschiedenen Ursprunges wären. Wie dem auch sei — beide sind sehr angesehene Geschlechter, was hier genügen mag. Neuere Forschungen gehen nun auf Folgendes zurück: der nächste Stammvater der Enzenberge, Eberhard E., leistete im Schweizer Kriege 1498 dem K. Maximilian I. treue Dienste, machte sich später zu Klausen ansässig, vermählte sich mit Christina Grennsin v. Grennsen aus Pusterthal und nahm mit kaiserlicher Erlaubniss das Wappen derselben, in Gold eine Gemse, an. Der Enkel desselben, Georg, brachte 1578 durch Kauf den Hof Freienthurm bei Mühlbach im Tirol an sich und wurde vom Erzherzoge Ferdinand von Oesterreich in Tirol 16. Dec. 1578 in den Adelsstand **mit dem Namen:** v. Enzenberg zum Freyenthurm, und zwar unter Bestätigung des angestammten Wappens und mit Eröffnung des Helms desselben, erhoben. Die beiden Söhne desselben, Michael und Ananias v. E. zum F., stifteten zwei besondere Linien, die ältere und jüngere, von welchen Letztere bald wieder ausging, Erstere aber dauernd fortblühte. Michaels Sohn, Georg, wurde 27. Dec. 1628 in den Reichsritterstand versetzt, wobei eine Vermehrung des Wappens mit den drei silbernen Spitzen in Roth statt hatte und der Sohn desselben, Franz, erhielt 14. Juli 1671 den Reichsfreiherrnstand mit der Erlaubniss, sich v. E. zum Freyen- und Jöchelsthurm nennen und schreiben zu dürfen, da sein Vater, Georg, zu dem Besitzthume der Familie, dem Hofe Freyenthurm, auch den Jöchelsthurm gekauft hatte. Bei dieser Erhebung in den Freiherrnstand wurde dem Wappen ein Mittelschild mit dem erwähnten Wappenbilde der schwäbischen Enzberge zugesetzt. — Von den beiden Söhnen des Freiherrn Franz, Christoph und Ferdinand gründete Ersterer die gräfliche Linie durch seinen oben genannten, wie erwähnt, in den Grafenstand versetzten Enkel, Cassian Ignaz Bonaventura, welcher, gest. 1772, mit Sophie Amalie Grf. Schack v. Schackenburg, gest. 1788, vermählt war. Aus dieser Ehe entspross Graf Franz Joseph (I.), geb. 1747, verm. 1771 mit Walburga Grf. v. Rost und von ihm stammte Graf Franz Joseph (II.), gest. 1843, k. k. Kämm., Herr der Herrschaften Singen und Megdberg in Schwaben etc., verm. in erster Ehe 1798 mit Maria Franzisca Freiin v. Enzenberg, gest. 1830 und in zweiter 1832 mit Maria Elisabeth Grf. v. Bissingen-Nippenburg, gest. 1836. — Der spätere Personalbestand der gräflichen Linie (über den freiherrlichen Stamm fehlen genauere Nachrichten) wurde neuerlich, wie folgt, angegeben: Franz Graf v. Enzenberg zum Freyen- und Jöchelsthurm, geb. 1802, Sohn des Grafen Franz Joseph II. aus erster Ehe, s. oben, Grundherr auf Singen und Arten, Herr und Landmann in Tirol, Kärnten, Krain, Steiermark, Görtz und Gradisca, Patricier in Triest, Gewerbs- und Schmelzherr in Tirol, k. k. Kämm., verm. 1831 mit Ottilie Grf. v. Tannenberg, Freiin zu Tratzberg, geb. 1801, Herrin von Kampan, Liebeneich und Neuhaus in Tirol, aus welcher Ehe, neben einer Tochter, Grf. Marie, geb. 1836, verm. 1857 mit Oswald, Gr. v. Trapp, Freih. zu Pisein und Caldonatsch, k. k. Kämm. etc. drei Söhne stammen, die Grafen: Rudolph, geb. 1835, Hugo, geb. 1838 und Arthur, geb. 1841. — Die Geschwister des Grafen Franz sind die vier Schwestern, die Gräfinnen: Franzisca Josepha, geb. 1799, Sophie, geb. 1803, Leopoldine, geb. 1817, Profess des Ordens zum heiligen Herzen Jesu in Kienzheim im Elsass und Agnes, geb. 1821, Profess des Ordens der Heimsuchung Mariae zu Dietramszell in Bayern und die drei Brüder: Graf Gustav, geb. 1811; Graf Carl, geb. 1813, grossh. bad. Hauptmann, verm. 1846 mit Johanna Freiin v. Maydell, aus welcher Ehe ein Sohn, Hermann, und eine Tochter, Olga, stammt und Graf Werner Friedrich, geb. 1816, Weltpriester. — Der Halbbruder des Grafen Franz aus des Vaters zweiter Ehe, s. oben, ist: Graf Alfred, geb. 1834, k. k. Oberlieutenant.

Leupold, I. S. 268—283 mit den in die Familie gekommenen Diplomen. — Megerle v. Mühlfeld, S. 17. — Schmutz, I. S. 324. — Cast. Adelsb. d. Grossh. Baden, Abth. 7. — Deutsche Grafenh. d. Gegenwart, I. S. 219 u. 220. — Geneal. Taschenb. der gräfl. Häuser, 1859 S. 242—244 u. histor. Handb. zu demselben, S. 193. — Suppl. zu Siebm. W.-B. XI. 2. — Tyroff, II. 92. — W.-B. d. Kgr. Bayern, II. 91 u. XIII. 8. — Oesterr. W.-B. II. 99. — v. Hefner, bayer. Adel, Tab. 3 u. 8. 9; tiroler Adel, Tab. 5 u. 6 u. 8. 5; krainer Adel, S. 8 u. Ergänz.-Bd. S. 4, 12 u. 38.

Enzenhofer v. Eindhofen. Reichsadelsstand. Diplom von 1763 für Carl Enzenhofer, k. k. Grenadier-Oberlieutenant bei Graf Forgácz-Infanterie, mit dem Prädicate: v. Eindhofen.

Megerle v. Mühlfeld, Ergänz.-Bd. S. 278.

Enzenweiser. Niederösterreichisches, im 16. Jahrh. vorgekommenes Adelsgeschlecht, aus welchem Johann v. E. 1529 ständischer Hauptmann zu Wien war. Die Erben desselben kamen noch 1534—1542 als Besitzer von Peygarten vor.

Wissgrill, II. S. 416.

Enzianer. Niederösterreichisches, mit Biddermannstorf und Proderstorf begütertes Adelsgeschlecht, in welches zwei Brüder, Johann Enzianer, Doctor der Medicin und Georg E. 10. August 1515 den Adel gebracht hatten. Der Stamm erlosch zwischen 1590—1592 mit Christoph v. Enzianer.

Wissgrill, II. S. 421 u. 422.

Enzlingen, Entzlingen. Altes, fränkisches, längst erloschenes Adelsgeschlecht, dessen Wappen sich an dem prachtvollen Denkmale befindet, welches dem 1610 verstorbenen Würzburgischen Domdechanten Johann Conrad Kotwitz v. Aulenbach errichtet worden ist.

Saleer, S. 456. — Siebmacher, II. 81. — v. Meding, III. S. 163.

Enzmüller, Enzmüller v. u. zu Kirchberg auf Windsbag, Pragthal u. Lasenegg. Erbländ.-österr. Freiherrn- und Grafenstand. Freiherrn-

Diplom vom 5. Jan. 1651 für Joachim v. Enzmüller, Niederösterr. Regimentsrath und Grafendiplom von 1669 für denselben, mit dem Namen: Graf v. und zu Windshag. Der Diploms-Empfänger war aus Schwaben gebürtig und wurde 1641 unter die neuen Geschlechter des niederösterr. Ritterstandes aufgenommen.

Wissgrill, II. S. 422.

Epen, Oepen, s. Oepp.

Eppan, Eppaner v. Eppurg. Tiroler Adelsgeschlecht, welches vielleicht ursprünglich zu den Ministerialen der alten tiroler, um 1295 erloschenen Dynasten und Grafen Eppan oder Hoheneppan gehörte. — Die Familie war im Anfange des 14 Jahrh. in Brixen ansässig und wurde später, im Besitze von Eppurg, landsässig. Der Stamm ist mit Georg E. v. E., welcher 1564 zu Klausen starb, ausgegangen.

v. Hefner, ausgestorbener tiroler Adel, Tab. 3.

Eppele. Oesterreichisches Adelsgeschlecht, in welches durch die Gebrüder Marcus und Paul Eppele 1588 der Adel gekommen war. Ersterer kommt als Herr auf Gross-Heinrichs 1598 vor, findet sich aber in die Matrikel des niederösterr. Ritterstandes nicht eingetragen und Letzterer wurde noch von 1612—1618 genannt.

Wissgrill, II. S. 423.

Eppe (in Gold ein, an einem Stabe eine Rose emporhaltender Affe). Altes, westphälisches, später auch im Waldeckschen begütertes Adelsgeschlecht, nicht zu verwechseln mit der im Anhaltschen vorgekommenen Familie Oepp oder Epen und Oepen. — Das Geschlecht gehörte 1290 zu den Burgmännern von Warburg und kommt 1434 unter der Ritterschaft des Herzogthums Westphalen vor. Im Waldeckschen sass die Familie auf einem Sitze ihres Namens und besass Godelsheim 1515 und noch 1586 und Reckenberg ebenfalls 1586 und noch 1649.

Frh. v. Ledebur, I. S. 205 u. 206.

Eppendorf. Ein in Meissen vorgekommenes Adelsgeschlecht, aus welchem sich in der ersten Hälfte des 16. Jahrh. Heinrich v. E., gebürtig aus Freiberg, ein Schüler des Ulrich Zasius, Professors der Rechte zu Freiburg und Freundes Ulrichs v. Hutten, so wie des Erasmus v. Rotterdam, durch mehrere mit Letzterem gewechselte Streitschriften bekannt machte.

Jöcher, Compend. Gelehrten-Lexic. Ausg. von 1726, S. 876. — Zedler, VIII. S. 1444.

Eppenstein, s. Carnea-Steffaneo di Tapogliano zu Kronheim u. Eppenstein, s. Bd. II. S. 229.

Eppingen, Eppinger. Ein ursprünglich aus der Unterpfalz und zwar aus dem gleichnamigen Stammhause unweit Bretten im Craichgau stammendes, mit dem deutschen Orden 1450 nach Preussen gekommenes Adelsgeschlecht, aus welchem Andreas v. Eppingen 1499 Castellan von Pommerellen war und welches von dem Gute Boroschau im jetzigen Kreise Karthaus auch den Beinamen Boreszowski führte. Die Familie erwarb in Ostpreussen im Laufe der Zeit eine grosse Anzahl Güter, hatte namentlich im 17. Jahrh. und in der ersten Hälfte des 18. viele Besitzungen inne und besass noch 1765 Wesselshöfen im Kr. Heiligenbeil. Nach dieser Zeit ist der Stamm erloschen. Ausser dem oben genannten Andreas v. E. finden sich noch folgende Sprossen des Stammes aufgezeichnet: Hartmann v. E. befand sich 1530 mit dem Kurfürsten von der Pfalz als Geh. Rath auf dem Reichstage zu Augsburg; Wilhelm v. E. kommt 1540 als kurbrandenb. Landrath und Hauptmann zu Marienwerder vor; Johann Wilhelm bekleidete 1690 die eben genannten Aemter und 1727 lebten Fabian Abraham v. E., Herr auf Pockerau und Ernst Ludwig v. E., Herr auf Wesselshöfen.

Gauhe, I. S. 499. — N. Pr. A.-L. V. S. 148 u. 149. — *Frh. v. Ledebur*, I. S. 206 u. III. S. 245 u. 249. — *Siebmacher*, V. 174.

Epplen auf Härtenstein. Adelsstand des Königr. Bayern. Diplom vom 4. Aug. 1814 für Joseph Franz Xaver E., Fürstlich Thurn- und Taxischen Geh. Hofrath in Regensburg und für die Söhne seines verstorbenen Bruders: Franz Valentin Anselm, geistlichen Rath und Canonicus zu St. Moritz und Peter in Augsburg, Joseph Thaddäus, k. bayer. Obersten und Commandanten zu Regensburg und Joseph Heinrich Joachim, Pfarrer zu Oberrot im Illerkreise. Dieselben, welche durch dieses Diplom für Adelige des Reichs erklärt und in die Adelsmatrikel des Kgr. Bayern eingetragen wurden, waren Nachkommen des Franz Anton Eppelen, gräflich Königseggschen Geh. Raths und Canzlei-Verwalters, welchem 1717 von Albert Eusebius Grafen zu Königsegg und Rothenfels, Kraft inne gehabter grossen Pfalzgrafen-Comitive, adeliger Stand und Wappen verliehen worden war.

v. Lang, Suppl. S. 95 u. 96. — W.-B. d. Kgr. Bayern, V. 27. — *v. Hefner*, bayer. Adel. Tab. 85 u. S. 75. — *Kneschke*, I. S. 142.

Eppstein, Epstein, Gräfinnen. Die beiden Töchter des 1739 verstorbenen Landgrafen Ernst Ludwig zu Hessen-Darmstadt aus der Ehe desselben mit einer Freiin v. Spiegel, vermählt gewesenen Grf. v. Seiboltsdorf, führten den Namen: Gräfinnen v. Eppstein. Dieser Name war von dem Schlosse und der Herrschaft Eppstein entnommen worden, welche das alte Herrengeschlecht dieses Namens, s. den Artikel: Epstein, die späteren Grafen v. Königstein, besassen. Nach Erlöschen dieses Stammes kam ein Theil der Besitzungen an Hessen-Darmstadt und Landgraf Ernst Ludwig verlieh Eppstein seinen zwei Töchtern.

v. Hellbach, I. S. 335.

Eps, Ebs. Altbayerisches Rittergeschlecht aus dem gleichnamigen Stammhause am rechten Innufer bei Kufstein. Eberhart und Fridericus de Ebs treten schon 1190 in Scheiernschen Urkunden auf und der Stamm blühte, bis Ott Epser 1468 den Stamm schloss.

Wig. Hund, I. S. 197. — Monum. boica, X. S. 422.

Epstein, Eppstein, auch **Grafen**. Ein in früher Zeit zu dem unmittelbar reichsfreien schwäbischen Adel gehörendes, später reichsgräfliches Geschlecht in der Wetterau aus dem in Letzterer gelegenen Stammschlosse und reichsfreien Herrschaft Epstein, welche nach Erlöschen des Stammes theils an Kur-Mainz, theils an Hessen-Darmstadt fiel. — Spener, Winckelmann, Lucae u. A. leiten das Geschlecht von den ehemaligen Grafen v. Mürtzthal in Steiermark her, während

Neuere die schwäbischen Epsteine als Ahnherren der steierisch-kärntner Grafen v. Mürtzthal und Eppstein annehmen. — Wiederandus, Herr v. E. starb 1075 als Abt zu Fulda und Siegfried v. E. war 1059, Siegfried II. 1200 und Siegfried III. 1225 Erzbischof und Kurfürst zu Mainz. Zu Anfange des 13. Jahrh. hatte übrigens der Stamm das Schloss und die Herrschaft Königstein an sich gebracht, nannte sich nach diesen Besitzungen und blühte, bis Eberhard Graf v. Königstein und Herr von Epstein 1544 den alten Stamm schloss, worauf Ludwig Graf zu Stolberg, Sohn der Schwester des Grafen Eberhard, Anna, verw. Grf. zu Stolberg, die Reichslehne des Stammes seiner Mutter in Besitz nahm, welche, als derselbe erblos starb, 1581 Kur-Mainz an sich nahm und, wie auch das Haus Stolberg dagegen stritt, an sich behielt, so dass diesem Hause nur Name und Wappen der Grafschaft Königstein: (in Gold ein schwarzer, rechtsschreitender Löwe: Herrschaft Königstein und von Silber und Roth sechsfach sparrenweise getheilt: Herrschaft Epstein) als erstes und zweites Feld des zweiten Pfables ihres Wappens verblieben sind.

Lucae, Grafensaal, S. 226—243. — *Gauhe*, I. S. 3079—3081, S. 3100 u. 8101, im Artikel: Königstein u. II. S. 1446—48. — *Zedler*, VIII. S. 1447. — *Wenks* diplom. Nachricht. von den ausgestorbenen Dynasten v. Eppenstein, Darmstadt, 1775 u. 76. — *Salver*, S. 225 u. 229. — *Schmutz*, I. S. 326.

Epstein v. Ankerberg. Erbländ.-österreich. Adelsstand. Diplom von 1789 für Wenzel Epstein, k. k. Gubernial- und Präsidial-Secretair in Oesterreich ob der Enns, mit dem Prädicate: v. Ankerberg.

Megerle v. Mühlfeld, S. 179.

Erasmo, s. Caraccioli, Stella Caracciolo, Grafen, s. Bd. II. S. 218.

Erath. Reichsadelsstand. Diplom von 1750 für Anton Ulrich Erath, Fürstl. Oranien-Nassauischen Regierungs-Rath zu Dillenburg. — Der Stamm hat fortgeblüht und die Familie ist im Nassauischen begütert.

Meusel, Lexicon verstorb. deutscher Schriftsteller, III. S. 142. — Suppl. zu Siebm. W.-B. X. 12: v. E., Ritter. — *v. Hefner*, nassauischer Adel, Tab. 6 u. S. 6.

Erb. Erbländ.-österr. Adelsstand. Diplom von 1732 für Johann Franz Carl Erb, k. k. Hofrichter und Verwalter des Stifts Lambach und für den Bruder desselben, Georg Joseph Erb, Landschafts-Verordneten in Oesterreich ob der Enns.

Megerle v. Mühlfeld, Ergänz.-Bd. S. 279.

Erb v. Brockhausen. Ein in der Grafschaft Hoya, im Lippe'schen und im Bremen'schen vorgekommenes Adelsgeschlecht, aus welchem in den genannten Gegenden mehrere Sprossen im 16. Jahrh. hohe Ehrenstellen bekleideten.

v. Hellbach, I. S. 335.

Erbach, Erpach, Schencken, Herren und Grafen. (Schild geviert: 1 und 4 quer getheilt: oben in Roth zwei neben einander stehende, sechsstrahlige, silberne Sterne und unten in Silber ein solcher rother Stern: Grafschaft Erbach und 2 und 3 in Silber zwei rothe Querbalken: Herrschaft Breuberg. Wappen der Grafen Erbach-Erbach: der eben beschriebene, gevierte Schild mit einem durch Diplom von

1775 zugesetzten goldenen, den kaiserlichen Adler zeigenden Mittelschilde. Wappen der Grafen zu Erbach-Wartenberg-Roth: Schild geviert mit goldenem, den kaiserlichen, schwarzen Adler enthaltenden Mittelschilde: 1 das Wappen der Grafschaft Erbach: die drei Sterne im quergetheilten Felde; 2 in Silber ein rother Querbalken, welcher von drei rothen Kugeln, oben zwei neben einander und unten einer, begleitet ist: Grafen zu Wartenberg; 3 in Roth ein rechtsgekehrter, silberner Greif und 4 in Silber zwei rothe Querbalken: Herrschaft Breuberg). Reichsgrafenstand. Diplom von 1532 für Eberhard Herrn zu Erbach, wegen seiner Verdienste im Bauernkriege und unter Erhebung der Herrschaft Erbach zur Reichsgrafenschaft. — Altes, fränkisches Herren- und Grafengeschlecht, als dessen Stammeltern Eginhard, Kaiser Carls des Grossen Canzler und Geheimschreiber, später Abt und Stifter des Klosters Seeligenstadt am Main und die Gemahlin desselben, Imma, des Kaisers Tochter, genannt werden und welches noch das Land inne hat, welches Eginhard vom K. Ludwig dem Frommen 815 erhielt und 819 dem Kloster Lorsch mit der Bestimmung vermachte, dass es als Lehn seinen Nachkommen verbleibe. Die Nachkommen waren Stände des Reichs und erschienen als solche schon in sehr früher Zeit auf den Reichs- und Kreistagen. — Georg, Herr zu Erbach, gest. 1209, wurde von Kurpfalz mit dem Erbschenkenamte beliehen, welches der Familie bis 1806 zustand; Eberhard, gest. 1269, hatte Antheil an dem vom Könige Wilhelm von Holland abgeschlossenen Landfrieden, zu dessen Aufseher und Beschützer später Eberhard, gest. 1322, Conrad, gest. 1393 und Eberhard der Aeltere, gest. 1425, eingesetzt waren; Dietrich wurde 1434 Erzbischof und Kurfürst zu Mainz und Eberhard, gest. 1539, welchem seine Gemahlin, Maria Grf. zu Werthheim, die halbe Grafschaft Breuberg zugebracht hatte, erhielt, wie oben angegeben, für sich und sein Geschlecht den Reichsgrafenstand. — Durch die Nachkommenschaft dreier Brüder: Eberhard, gest. 1269, Conrad, gest. 1283 und Hans, gest. 1270, theilte sich der Stamm in drei Linien, die sich später in mehrere, im Laufe der Zeit wieder erloschene Zweige ausbreiteten, in der Mitte des 17. Jahrh. aber durch Georg Albrechts I., gest. 1647, Söhne: Georg Ludwig I., gest. 1693 und Georg Albrecht II., gest. 1717, wieder in die beiden Linien Erbach-Erbach und Erbach-Fürstenau theilten. Die Linie Erbach-Erbach erlosch 1731 mit dem Grafen Friedrich Carl, die Linie Erbach-Fürstenau aber, welche jene beerbte, schied sich durch die drei Söhne des Stifters: Philipp Carl, gest. 1736, Georg Wilhelm, gest. 1757 und Georg August, gest. 1758, in die drei Linien Erbach-Fürstenau, jetzt Erbach-Wartenberg, Erbach-Reichenberg, jetzt Erbach-Erbach und Erbach-Schönberg, welche nicht nach dem Alter der Abstammung, sondern nach dem des jedesmaligen Hauptes jeder Linie rangiren, in Folge welcher Familien-Bestimmung in neuester Zeit Erbach-Schönberg als erste Linie, Erbach-Fürstenau als zweite und Erbach-Erbach als dritte aufgeführt wird. — Aus der ältesten Linie Erbach-Fürstenau besassen die Söhne des Stifters, des Grafen Philipp Carl, s. oben: die Grafen Ludwig Friedrich Carl Eginhard, gest.

1794 und Georg Albrecht III., gest. 1778, den Fürstenauer Landesantheil gemeinschaftlich, errichteten aber 1756 eine Primogenitur-Constitution. Ein Sohn des Letzteren, Graf Christian Carl August Albrecht, seit 1794 allein regierender Graf, erkaufte die zu den Besitzungen der erloschenen Dynasten v. Hirschhorn gehörige Herrschaft Rothenberg. — Die Linie Erbach-Reichenberg, welche jetzt den Namen Erbach-Erbach oder Erbach-Wartenberg-Roth führt, gründete, wie angegeben, Graf Georg Wilhelm. Nach Verordnung desselben führen alle Grafen dieser Linie den Namen Franz und im Wappen den durch Kaiserliches Diplom von 1755 demselben beigesetzten kaiserlichen Adler. In diese Linie kam später durch Adoption die Grafschaft Wartenberg-Roth im Kgr. Württemberg mit dem Amte Steinbach im Kgr. Bayern. Es nahm nämlich 4. Dec. 1804 Ludwig, Graf Kolb v. Wartenberg, der Letzte seines Stammes, seine beiden Neffen, Franz Carl Friedrich und Franz Georg Friedrich, Grafen v. Erbach-Erbach mit der Bestimmung an Kindesstatt an, dass dieselben seinen Geschlechtsnamen und Wappen neben dem angestammten Namen und Wappen führen, und dass nach seinem Tode der ältere Adoptivsohn nach dem Rechte der Erstgeburt succediren solle. Graf Franz Carl Friedrich trat 3. Febr. 1809 in Mitbesitz und, nach dem Tode seines Adoptivvaters, 10. März 1818 in Alleinbesitz der Grafschaft Wartenberg-Roth. Die Primogenitur in dieser Linie wurde 1784 von dem Grafen Franz, gest. 1823, Grossvater des Grafen Franz Eberhardt, s. unten, eingeführt. — Die Linie Erbach-Schönberg gründete, wie oben erwähnt wurde, Graf Georg August, Grossvater des Grafen Ludewig, s. unten. — Die Stammreihen sämmtlicher drei Linien des Hauses Erbach sind möglichst genau in dem Werke: deutsche Grafenhäuser der Gegenwart angegeben, auf welches, im Falle des Bedarfs dieser Stammreihen, hier verwiesen werden muss. — Von dem neueren Personalbestande der Familie, deren Häuptern aller Linien das Prädicat: Erlaucht zukommt, mag hier, und zwar in der oben erwähnten Ordnung nach dem Alter der Häupter der Linien, Folgendes einen Platz finden: I. Linie Erbach-Schönberg: Graf Ludewig, geb. 1792, — Sohn des Grafen Gustav Ernst, aus der Ehe mit Henriette Christine Grf. zu Stolberg und Enkel des Grafen Georg August, Stifters der Linie Erbach-Schönberg — Herr der Standes-Herrschaft Schönberg im Grossh. Hessen etc., grossh. hess. Generallieutenant, verm. in erster Ehe 1837 mit Maria Grf. v. Gronsfeld, gest. 1852 und in zweiter 1854 mit Wilhelmine Grf. v. Gronsfeld, verw. Freifrau v. Ellrichshausen, gest. 1858. Aus erster Ehe stammt, neben einer Tochter, Grf. Marie, geb. 1839, ein Sohn, Erbgraf Gustav, geb. 1840. —
II. Erbach-Fürstenau: Graf Alfred, geb. 1813 — Sohn des Grafen Albert, gest. 1851, aus der Ehe mit Fürstin Amalie zu Hohenlohe-Neuenstein-Ingelfingen, geb. 1788 und Enkel des Grafen Christian Carl August Albrecht, gest. 1803, verm. mit Dorothee Luise Grf. v. Degenfeld-Schomburg, verm. 1786. — Graf zu Erbach-Fürstenau, Herr zu Breuberg, Rothenburg etc., k. k. Major. Die Geschwister desselben sind die fünf Schwestern: Grf. Emma, geb. 1811, Wittwe

seit 1841 von dem Erbgrafen zu Stolberg-Wernigerode, Grf. Thecla geb. 1815, verm. 1836 mit dem regierenden Fürsten zu Isenburg-Büddingen, Grf. Luitgarde, geb. 1817, verm. 1840 mit dem regierenden Grafen v. Rechteren zu Limpurg, Grf. Adelheid, geb. 1822, verm. 1843 mit Botho Grafen zu Stolberg-Wernigerode und Grf. Clotilde, geb. 1826, verm. 1843 mit dem regierenden Grafen Franz Eberhardt zu Erbach-Erbach und von Wartenberg — und die drei Brüder: Graf Edgar, geb. 1818, k. k. Major, Graf Adalbert, geb. 1828 und Graf Hugo, geb. 1832, k. k. Hauptmann. — III. Erbach-Erbach, Graf Franz Eberhardt, geb. 1818. — Sohn des Grafen Carl, gest. 1832, aus der Ehe mit Anna Sophie Grf. zu Erbach-Fürstenau und Enkel des Grafen Franz, gest. 1823 aus erster Ehe mit Luise Charlotte Polyxene, Prinzessin v. Leiningen, gest. 1785. — Graf zu Erbach und v. Wartenberg, Herr zu Breuberg, Wildenstein, Steinbach, Curl und Ostermannshofen, erbl. Reichsrath der Krone Bayern u. k. bayer. Oberst à la suite, verm. 1843 mit Grf. Clotilde zu Erbach-Fürstenau, s. oben, aus welcher Ehe, neben zwei Töchtern, Sophie, geb. 1851 und Emilie, geb. 1852, sechs Söhne stammen, die Grafen: Georg Albrecht, geb. 1844, Ernst, geb. 1845, Eberhard, geb. 1847, Alfred, geb. 1848 und Alexander und Arthur, Zwillinge, geb. 1849. — Zu dem reichen Grundbesitz der Familie gehören die Herrschaften Erbach und Breuberg, letztere mit Werthheim, gemeinschaftlich unter grossh. hessischer Oberhoheit; das Mediatgericht Eschau unter k. bayer. Oberhoheit; die Standesherrschaft Wartenberg-Roth im Kgr. Württemberg, die Allodialgüter des gräflichen Hauses Wartenberg etc. etc.

Bucelini, II. S. 3. II. Sect. S. 5 u. III. Append. S. 103. — *Spener*, S. 441 u. Tab. V. *Hübner*, II. Tab. 584—586, — *Sinapius*, II. S. 70 u. 71. — *Trier*, S. 545 u. 546. — *Daniel Schneider*, hochgräfl. Erbach'sche Stammtafel etc. Frankf. a. M. 1736. — *Biedermann*, Fränk. Grafen, Tab. 62—78, Canton Baunach, Tab. 79 u. Canton Steigerwald, Tab. 179. — *Frh. v. Krohne*, I. S. 274—283. — *Salver*, S. 226. 229. 234. 241. 242. 256. 282 u. 339. — *W. Luck*, histor. Geneal. des Hauses Erbach, Frankf. a. M. 1786. — *Jacobi*, 1800, II. S. 78 u. 79. — A. Geneal. u. Staats-Handb. 1824. I. S. 547—551. — Gothaischer geneal. Hofcalender, 1834. S. 165—169 u. 1859 S. 236—238. — N. Pr. A.-L. II. S. 136 u. 137. — *Cast*, Adelsb. d. Kgr. Württemb. S. 7—9. — Deutsche Grafenh. d. Gegenw. I. S. 220—228. — *Frh. v. Ledebur*, I. S. 206. — *G. Simon*, Geschichte der Dynasten v. Grafen zu Erbach und ihres Landes, Frkf. a. M. 1858. — *Siebmacher*, I. 15 u. VI. 13. — Durchlaucht. Welt, II. S. 528. — *v. Meding*, III. S. 164—167. — Suppl. zu Siebm. W.-B. X. 2 u. XII. 20. — *Tyroff*, I. 234 u. *Siebenkees*, I. S. 352—354. — W.-B. d. Kgr. Bayern, II. 48; Gr. v. Wartenberg-Roth. — W.-B. d. Kgr. Württemb.: Gr. v. E. — *v. Hefner*, bayer. Adel, Tab. 4 u. S. 9; württemb. Adel, Tab. 2 u. S. 2; hessischer Adel, Tab. 7 S. 8 u. Ergänz.-Bd. S. 4 u. 35.

Erbe und **Ehrenburg**, s. Ehrenburg, Freiherren, S 47.

Erben, Ritter und **Freiherren.** Erbländ.-österr. Ritter- und Freiherrnstand. Ritterstands-Diplom von 1789 für Johann Joseph Erben, k. k. Gubernialrath und Staatsgüter-Administrator in Böhmen, wegen Einführung des Robot-Abolitions-Systems und Verbreitung des Normalschulen-Instituts in Böhmen und Freiherrn-Diplom von 1815 für Denselben als k. k. Hofrath der Hofkammer.

Megerle v. Mühlfeld, S. 47 u. S. 107.

Erberg, Freiherren. Erbländ.-österr. Freiherrnstand. Diplom vom 16. Juni 1714 für die Gebrüder Johann Daniel v. Erberg und Johann Adam v. E. mit dem Prädicate: zu Lusthal und Osterburg. — Der Ahnherr der Familie war Veit Erber, Bürger und Rathsmann zu Laibach. Derselbe bekam 12. Aug. 1567 einen kaiserlichen Wappenbrief und sein Urenkel, Leonhard Erber, ein Sohn des Adam Erber aus der Ehe mit Johanna Hofstetter, wurde 27. Mai 1668 mit dem Prädicate: v. Erberg in den erbländ.-österr. Adelsstand versetzt. Von Letzterem stammten die oben genannten beiden Brüder, welche den Freiherrnstand in die Familie brachten. Freih. Johann Daniel, geb. 1716, war in erster Ehe verm. mit Susanna Margaretha Dinzl v. Angerburg, gest. 1699 und aus dieser Ehe entspross Freih. Franz Michael, gest. 1760, von dessen Sohne aus der Ehe mit Renata Therese Freiin Gall v. Gallenstein, dem Freih. Wolfgang Daniel, gest. 1783, verm. mit Maria Anna Grf. v. Neuhaus, gest. 1774, Freih. Joseph Augustin, stammte. Letzterer, gest. 1843, Herr zu Lusthal und Osterburg in Krain, k. k. Kämm. und Geh. Rath etc. hatte sich 1794 m.t Josepha Catharina Grf. v. Attems-Pezzenstein vermählt und der Sohn aus dieser Ehe Freih. Joseph Ferdinand, Herr zu Lusthal und Osterburg, k. k. Kämm. und Legationsrath, schloss 27. April 1847 den Mannsstamm des Geschlechts. — Die Schwester desselben, Freiin Catharina, geb. 1807, hat sich 1839 mit Ludwig Grafen v. Attems-Pezzenstein, k. k. Kämmerer, vermählt.

Megerle v. Mühlfeld, Ergänz.-Bd. S. 55. — *v Schönfeld,* II. S. 124. — Jahrb. d. deutschen Adels. 1848 S. 288. — Geneal. Taschenb. d. freih. Häuser, 1848 S. 103—105. 1855 S. 147 u. 148 u. 1857 S. 176. — *Tyroff,* II. 39. — *v. Hefner,* krainer Adel, S. 8.

Erbmannszahl, s. Ditterich v. u. zu Erbmannszähl, Ritter u. Edle, Bd. II. S. 507.

Erbs v. Grochowski. Reichsadelsstand. Diplom von 1753 für Andreas Erbs, k. poln. Postmeister zu Krakau, mit dem Prädicate: v. Grochowski.

Handschr. Notiz. — Suppl. zu Siebm. W.-B. X. 12.

Erckert. Reichsadelsstand. Diplom vom 22. Jan. 1766 für den brandenburg-culmbachschen Geh. Rath Erckert. Der Stamm war fortgesetzt worden und zwei Söhne des ehemaligen Hauptmanns v. E. im Cadetten-Corps zu Culm und Enkel des Diploms-Empfängers standen 1851 in der k. preuss. Armee.

N. Pr. A.-L. II. S. 137. — *Frh. v. Ledebur,* I. S. 206. — Suppl. zu Siebm. W.-B. IX. 12.

Erde, s. Eerde, auch Freiherren, S. 33.

Erdélyi, Freiherr. Erbländ.-österr. Freiherrnstand. Diplom vom Febr. 1859 für B. v. Erdélyi, griechischen Bischof zu Grosswardein.

Augsb. Allg. Zeit. 1859.

Erder, Ertler, Hertler. Ein früher in Ostpreussen vorgekommenes, später erloschenes Adelsgeschlecht, welches mit Arcklitten, Awtinten und Korblack im Kr. Gerdauen begütert war.

Frh. v. Ledebur, III. S. 249.

Erdmann, Erdtmann. Schwedischer Adelsstand. Diplom vom 13. Aug. 1703 für Jacob Erdmann. Ein Major v. Erdmann, welcher auch Erdtmann geschrieben wurde, stand 1806 im k. preuss. Infant.-Regim. v. Pelchrzim und starb 1824 im Pensionsstande und ein v. Erdtmann war 1843 Oberförster zu Kruttinen in Ostpreussen. Auch kam ein Adelsgeschlecht dieses Namens in Oesterreich vor, aus welchem Stephan v. Erdmann 1830 k. k. Generalmajor und Brigadier in der Lombardei war.

N. Pr. A.-L. II. S. 137. — *Frh. v. Ledebur,* I. S. 206 u. III. S. 249.

Erdmannsdorf. Eins der ältesten und angesehensten sächsischen Adelsgeschlechter aus dem gleichnamigen Stammhause unweit Augustusburg, welches schon aus dem 12. Jahrh. bekannt ist. Nach Horn, Henricus illustr., S. 296 u. 340 kommt Werner v. E. 1230 in einem dem Kloster zu Lusewitz ertheilten Donationsbriefe vor und Johann v. E. erscheint 1272 in einer Urkunde des Klosters Dobrilugk als Zeuge. Menelius v. E. wohnte nach Weck, Dresdner Chronik, S. 459, 1451 dem Landtage zu Grimma bei und hatte gegen die Hussiten sich so tapfer gezeigt, dass er zum Ritter geschlagen wurde; Dietrich v. E. war um 1546 herz. Sachsen-Coburgscher Hofmarschall, Nicol v. E., Herr auf Gaschwitz und Güldengossa, 1590 kursächs. Ober-Steuer-Einnehmer des Leipziger Kreises etc. etc. Im 17. und im Anfange des 18. Jahrh. lebten zwei Söhne des Hans Dietrich v. E., Herrn auf Kössern und Böhlen, kursächs. Inspectors der Landesschule zu Meissen: Wolf Dietrich v. E., kursächs. Oberjägermeister und Ober-Hauptmann zu Nossen, welcher 1720 ohne Nachkommen starb und Ernst Dietrich v. E., kursächs. Kammerherr und Hausmarschall, welcher bald nach seinem Bruder gestorben ist. Von Letzterem stammten zwei Söhne: Johann Friedrich v. E., Herr auf Rennersdorf, kursächs. Kammerherr und Land-Jäger- und Ober-Forstmeister zu Bärenfels und Ernst Ferdinand, Herr auf Neukirchen, Kössern etc., kursächs. Kammerherr und Hausmarschall. — Der Stamm hat dauernd fortgeblüht und bis auf die neueste Zeit haben mehrere Sprossen desselben in kur- und kön. sächs. Hof-, Civil- und Militairdiensten gestanden. Zu denselben gehören: Heinrich Otto v. E., Herr auf Schönfeld, k. sächs. Lieut. in d. A. und Mitglied der I. Kammer der Stände des Kgr. Sachsen und Hermann v. E., k. sächs. Hauptmann, auch waren mehrere Glieder der Familie in Preussen bedienstet. Ein v. E. starb als Chef-Präsident der Regierung zu Liegnitz und der Sohn desselben aus der Ehe mit einer v. Rappard stand 1836 im k. preuss. 26. Infanterie-Regim.; Julius Bernhard Richard v. E., Herr auf Weissig, wurde 1832 k. preuss. Kammerherr und der k. preuss. Ober-Forstmeister v. E. besass Hohen-Ahldorf unweit Jüterbock in der Provinz Brandenburg. Von den Töchtern des Letzteren war Therese Emma v. E., gest. 1848, seit 1831 in morganatischer Ehe vermählt mit dem Prinzen Georg zu Anhalt-Dessau und war bei ihrer Vermählung zur Gräfin v. Reina erhoben worden. Die Kinder aus dieser Ehe führen den Namen: Grafen und Gräfinnen v. Reina. — Das obenerwähnte Stammhaus der Familie blieb bis 1484 in derselben und stand zuletzt dem kursächs. Amtshauptmanne zu Hohnstein, Heinrich v. E. zu, dagegen ist das Geschlecht, welches schon 1360 Chemnitz im Erzgebirge besass, in den Besitz anderer ansehnlicher Güter gelangt und Knauth nannte zu seiner Zeit namentlich Neunkirchen, Steinbach, Elbersdorf, Kössern, Böhlen etc., wie es in damaliger Zeit hiess: in Meissnischer, Hohensteiner und Colditzer Pflege. In neuester Zeit wurden als Besitz der Familie im Kgr. Sachsen Schönfeld bei Hayn, Linz mit Ponickau, Zschorna bei Radeburg und Cunsdorf bei Reichenbach genannt und in dem preussischen Antheile der Oberlausitz standen Jahmen,

Reichswalda und Weissig 1832, Boxberg 1847 und Paulsdorff 1855 dem Geschlechte zu.

<small>Knauth, S. 504. — Valent. König, II. S. 371—378. — Gauhe, I. S. 500 u. 501. — Zedler, VIII. S. 1568. — v. Uechtritz, diplom. Nachr. II. S. 37—41. — N. Pr. A.-L. II. S. 138. Frh. v. Ledebur, I. S. 206 u. III. S. 249. — Siebmacher, I, 159: v. Ertmannsdorf, Meissnisch. — W.-B. der sächs. Staaten, I. 98. — Schlesisch. W.-B. Nr. 166. — Kneschke, I.S. 143. — v. Hefner, sächs. Adel, Tab. 27 u. S. 26.</small>

Erdmannsdorf, s. Ehrnstein u. Ehrnstein v. Erdmannsdorf, Freiherren, S. 53.

Erdödy, Erdödy zu Monyorókerék und Monte Claudio, Grafen. Eins der ältesten und angesehensten ungarischen Geschlechter, welches sich weit ausgebreitet hat und reich an Besitzungen wurde, eines Stammes mit den Pálffys, d. h. wie Mehrere annehmen, dass die Familie Pálffy durch Vermählung Geblüt, Namen und Wappen des Geschlechts Erdödy führt. — Das gräfliche Haus Erdöd schied sich zeitig in eine ältere und jüngere Linie: erstere stiftete Georg I., letztere Gabriel I., Söhne des Grafen Christoph I. In deutschen genealogischen Werken wird mehrfach als gemeinschaftlicher Stammvater des Geschlechts Thomas I. von Bakacs, ältester Sohn des Nicolaus Kecskess, genannt, welcher 1389 den Adel erlangte und dessen Bruder, Franz I. v. Erdöd, das Prädicat: Nobilis de Szathmár erhielt, Lehotzky aber hält, nach ungarischen Historikern, den Nicolaus I. Erdöd, von Erdöd, einer Dragffischen Besitzung im Szathmárer Comitate genannt, Castellan zu Kecske, für den Stammvater des Geschlechts, während Andere dasselbe von dem Aulicus des Bartholomaeus Dragffi, Valentin, ableiten. Nach Allem haben die Angaben Lehotzkys das Meiste für sich und derselbe ist auch für die früheren genealogischen Verhältnisse der Familie die beste Quelle. Da das Werk des genannten Schriftstellers Mehreren nicht leicht zugänglig sein möchte, so wird hier auf das verwiesen, was aus demselben die deutschen Grafenhäuser der Gegenwart, s. a. u. a. A., mitgetheilt haben. — Der Grafenstand mit dem Prädicate: v. Monoszlo, Freiherren v. Monyorókerék kam durch Peter II. 1511 in die Familie und Thomas Graf Erdödy v. Monoszlo, Banus von Croatien, erlangte 1607 die Erb-Obergespanswürde im Warasdiner Comitate, welche Würde die beiden Hauptlinien der Familie, die ältere, welche sich in einen älteren und jüngeren Ast geschieden hat, und die jüngere Hauptlinie gemeinschaftlich bekleiden. — Vollständige und leicht übersichtliche Stammreihen beider Hauptlinien finden sich in den Grafenhäusern der Gegenwart, und den neuesten Personalbestand des gräflichen Gesammthauses ergiebt das geneal. Taschenbuch der gräfl. Häuser. Hier können aus dem gliederreichen Stamme nur Nachstehende genannt werden: Aeltere Hauptlinie: Aelterer Ast: Franz Graf Erdödy v. Monyorókerék und Monoczló, geb. 1830 — Sohn des 1856 verstorbenen Grafen Cajetan aus der Ehe mit Ernestine Freiin v. Lerchenfeld-Prennberg, geb. 1801 — Herr der Majoratsherrschaft Galgócz und Pötsjén, so wie der Allodialherrschaften Monyorókorék, Jánosháza, mit Nagy-Somlyó und Vép in Ungarn, k. k. Kämm., verm. 1853 mit Helene Grf. v. Oberndorff, geb. 1831, aus welcher Ehe drei Söhne stammen: Emmerich, geb. 1854, Thomas, geb. 1855 und Carl, geb. 1857. — Von den sechs Schwestern des Grafen Franz vermählte sich Grf. Franzisca, geb. 1821, 1848 mit Carl Freih. v. u. zu Leoprechting, k. bayer. Kämm., Grf. Caroline, geb. 1823, 1847 mit Hippolyt Marquis Pallavicini, k. k. Kämm. und Rittm. in d. A. und Grf. Eugenie, geb 1826, 1849 mit Georg Grafen Festitics, k. k. Kämm. und Oberstlieut. in d. A. — Jüngerer Ast: Graf Johann, geb. 1794, — zweiter Sohn des Grafen Alexander aus der Ehe mit Amalia Grf. v. Pálffy — Mitherr von Csaszárvár, k. k. Kämm., wirkl. Erb-Obergespan des warasdiner Comitats und Beisitzer der Gerichtstafeln in Dalmatien, Croatien und Slavonien, verm. 1840 mit Therese Grf. Raczynska, geb. 1820. — Der jüngere Bruder des Grafen Johann, Graf Anton, geb. 1797, Mitherr von Csaszárvár, k. k. Kämm., vermählte sich 1836 mit Luise Freiin v. Lo Prestl de Fontana d'Argioli, geb. 1819, aus welcher Ehe, neben zwei Töchtern, ein Sohn stammt: Johann Nepomuk, geb. 1847. — Von dem 1815 verstorbenen Grafen Sigismund, einem Bruder des oben genannten Grafen Alexander, stammt aus der Ehe mit Maria Grf. Festetics v. Tolna, gest. 1837, ein Sohn: Graf Alexander, geb. 1804, Mitherr der Herrschaft Vép in Ungarn und von Csaszárvár in Croatien, Herr von Ebergeny und Drecsizlovéz, k. k. Kämm., verm. 1843 mit Leopoldine Grf. Batthyány-Strattmann, geb. 1824. — Jüngere Hauptlinie: Graf Georg, geb. 1785 — Sohn des Grafen Ladislaus, gest. 1786, aus der zweiten Ehe mit Agathe Freiin v. Stillfried — Herr der halben Herrschaft Monyorókerék, k. k. Kämm. u. w. Geh. Rath, verm. 1807 mit Maria Grf. Aspremont-Linden und Baindt, Erbherrin der Burgen und Herrschaften Lednitz, Onod, Sgerenz, Borsie, Makowicza etc., aus welcher Ehe, neben drei Schwestern: Grf. Agathe, geb. 1808, verm. 1825 mit Johann Gr. Széchényi, k. k. Kämm., Grf. Franzisca, geb. 1812, verm 1833 mit Philipp Freih. Skrbensky v. Hrzistie, k. k. Kämm., Geh. Rathe etc. und Grf. Maria, geb. 1817, verm. 1839 mit Anton Gr. v. Wolkenstein-Trostburg, k. k. Rittm. in d. A., drei Söhne stammen: Graf Stephan, geb. 1813, Herr der Herrschaft Vöröswár, k. k. Kämm., verm. 1835 mit Justine Freiin v. Müller-Hoernstein, gest. 1845, Graf Ludwig, geb. 1814, Herr der Herrschaft Füzes, verm. 1841 mit Johanna v Reimann und Graf Carl, geb. 1816, Herr der Herrschaften Monoszló, Sellin und Kuttina in Croatien, verm. 1845 mit Juliane Grf. Kolowrat-Krakowsky, geb. 1823, welche drei Brüder sämmtlich durch zahlreiche Sprossen den männlichen und weiblichen Stamm ihrer Linie fortgesetzt haben. Der bedeutende Güterbesitz des gräflichen Gesammthauses ist bei den einzelnen Gliedern desselben angegeben worden.

Zedler, VIII. S. 1571—1576. — *Lehotzky*, Stemnatographia. II. S. 117—122. — *Jacobi*, I. S. 197—199. — Allgem. geneal. u. Staatshandb. 1824, I. S. 551 u. 552. — Deutsche Grafenhäuser d. Gegenwart, III. S. 99—108. — Geneal. Taschenb. d. gräfl. Häuser. 1859. S. 244—247 u. histor. Handb. zu demselben. S. 200. — *Siebmacher*, III. 30. — *Tyroff*, II. 103. — v. *Hefner*, krainer Adel, Tab. 4 u. S. 8.

Erdt, Ritter und Freiherren. Reichs- und erbländischer Ritter- und Reichsfreiherrnstand. Ritterstandsdiplom von 1719 für Johann Georg v. Erdt, kurbayer. Hofkammerrath und Oberst-Landzeugamts-Commissair, in Betracht seiner Civil- und Militairwissenschaften und

Freiherrendiplom vom 28. Febr. 1764 für den Sohn desselben, Joseph Ignaz Reichsritter v. Erdt, kurbayer. Geh. Rath und Cabinets-Secretairs des Kurfürsten Joseph Maximilian von Bayern, so wie Administrator der Herrschaft Haag. Dieselben stammten aus einer salzburger und tiroler Landsassen-Familie, welche die erste Adelsbestätigung 1621 von dem Erzherzoge Leopold von Oesterreich erhalten hatte. — Ein Sohn des Freiherrn Joseph Ignaz, Freih. Joseph Marcus, geb. 1749, wurde in die Adelsmatrikel des Königr. Bayern in die Classe der Freiherren eingetragen.

v. Lang, S. 118 u. 119. — *Megerle v. Mühlfeld*, S. 107 u. 108. — Suppl. zu Siebm. W.-B. X. 12: Frh. v. E. — W.-B. d. Kgr. Bayern, II. 92 u. v. Wölckern, Abth. II. S. 205 und 206. — *v. Hefner*, bayer. Adel. Tab. 30 u. S. 33 — *Kneschke*, III. S. 128—130.

Erffa, auch **Freiherren**. Altes, thüringisches Adelsgeschlecht, welches sonst auch Erfa und Erff geschrieben wurde, aus dem gleichnamigen Stammhause, dem jetzigen Friedrichswerth im Gothaischen, welches urkundlich 1310 in der Hand der Familie war. Nach dem Stammregister in der Gotha diplomatica soll das Geschlecht in einer sehr frühen Zeit aus Ungarn nach Thüringen gekommen sein und zeitig das genannte Stammhaus, eine Meile von Gotha an der Nesse, erbaut haben. Nach Spangenberg, Mansfeldische Chronik, wurde Wenzel Erffa 964 vom K. Otto d. Gr. zum Ritter geschlagen und derselbe Schriftsteller meldet im Adelsspiegel, dass Hartung E., des Landgrafen Ludwigs in Thüringen Hofmeister, 1237 im gelobten Lande seine Tapferkeit bewiesen habe. Später kommt derselbe 1242 in einer Donationsurkunde des Klosters Georgenthal als Zeuge vor Hartung (II.) v. E. erscheint nach Horn, Frideric. bellic., in drei Urkunden von 1384, und in einer Urkunde von 1390 werden ihm, als Geh. Rathe, und seinen Erben von den Landgrafen in Thüringen und den Markgrafen in Meissen Friedrich, Wilhelm und Georg etliche jährliche Gulden von den Stadt-Renten zu Jena als Unterpfand eingesetzt; Heinrich v. E. war 1540 kursächs. Rath; Hans Hartmann v. E., ein Sohn des Fürstl. Sächs. Raths und Commandanten zu Coburg, Georg Friedrichs v. E., starb 1660 als Landes-Hauptmann und Commandant zu Coburg und hinterliess zwei Söhne: Hartmann Friederich, k. grossbrit. Obersten und Hans Heinrich, gest. 1695, herz. sächs. Geh. Rath, Ober-Aufseher zu Eisenberg, des Fränkischen Kreises Kriegsrath und Amtshauptmann zu Camburg, von welchem letzteren zwei Söhne, Friedrich Moritz und Wilhelm Heinrich stammten, und von einem Bruder des oben genannten Hans Hartmann v. E., dem Fürstl. Altenburg. Land- und Kriegsrathe Georg Sigmund v. E., entspross Hans Christoph, Fürstl. Hofrath zu Altenburg. Georg Hartmann v. E., gest. 1720, Herr auf Lind bei Neustadt an der Heyde im Coburgischen, war Markgräfl. Ausbachischer Geh. Rath und commandirender General-Feldzeugmeister des Fränkischen Kreises und der Sohn desselben, Johann Friedrich Crafft v. E., früher k. grossbrit. Legationsrath, wurde 1737 k. poln. u. kursächs. Geh. Rath und Abgesandter, nachdem er den Reichsfreiherrnstand in seine Linie, zu welcher nach Allem Hartmann Freih. v. E., kurhannov. Geh. Rath und 1740 Resident am k. k. Hofe, gehörte, gebracht hatte. — Von den späteren Sprossen des Stammes war gegen Ende des vorigen Jahrh. Gotttieb Friedrich Hartmann v. E. herz. Sachsen-Meining. Reise-Oberstallmeister. — Die Familie war namentlich im 17. Jahrh. in den thüringischen Landschaften mit mehreren Gütern angesessen und im genannten Jahrh. wurde eine Linie derselben der reichsunmittelbaren Ritterschaft des Fränkischen Rittercantons Ottenwald einverleibt, in welchem Cantone 1770 der Familie die Güter Gackstall, Mistlau, Rüdern, Saurach, Schmerach und Triftshausen zustanden.

Knauth, S. 504: v. Erff. — *v. Gleichenstein*, Nr. 72 — *Schannat*, S. 75. — *Val. König*, II. S. 379—380). — *Gauhe*, I. S. 501—508. — *Bruckner*, Beschr. d. Kirchen- u. Schulenstaates im Herz. Gotha, III. II. Stck. S. 37 u. 38 u. S. 49. — *Biedermann*, Canton Ottenwald, Tab. 246—247 u. Canton Rhön-Werra im 1. Verzeichnisse. — *Frh. v. Krohne*, II. S. 406—410. — *v. Uechtritz*, Geschl.-Erzähl. I. Tab. 74. u. 75 — S. Pr. A.-L. II. S. 135. — *Frh. v. Ledebur*, I. S. 206. — *Siebmacher*, I. 149. — *v. Meding*, II. S. 161. — Suppl. zu Siebm. W.-B. IV. 11. — *Tyroff*. I. 158 u. Siebenkees, I. S. 354. — W.-B. d. Sächs. Staaten, IV 11: Frh. v. E. — *v. Hefner*, sächs. Adel, Tab. 8 u. 9 u. Schwarzburg. Adel, S. 58.

Erggelet, Freiherren. Erbländ.-österr. Freiherrnstand. Diplom von 1808 für Johann Fidelis Erggelet, Hofrath der k. k. vereinigten Hofcanzlei.

Megerle v. Mühlfeld. S. 47.

Ergolding. Altbayer. Adelsgeschlecht aus dem gleichnamigen Stammhause im Gerichte Landshut, aus welchem Dietmarus de Ergoltingen urkundlich schon 1153 vorkommt. Nach Erlöschen des Stammes sollen die v. Muggenthal den Schild der Ergoldinger (von Blau, Schwarz und Roth der Länge nach getheilt) angenommen haben, doch kommt derselbe im Wappen der Freiherren v. Muggenthal nicht vor.

Monum. boic., IV. S. 528, V. S. 276 u. VIII. S. 508. — *v. Hefner*, Ergänz.-Bd. Tab. 5 u. S. 17: Muggenthal.

Ergoltsbach. Altes, niederbayerisches Adelsgeschlecht, aus welchem Eberhart v. E. mit seinem Sohne, Hermann, und seiner Tochter, Otilige, urkundlich 1318 vorkommt. Im 14. und 15. Jahrh. gehörte das Geschlecht auch zu dem Regensburger Patriciate: Hans Berthold v. E., Ritter, war 1353 und Berthold v. E. 1483 Bürgermeister zu Regensburg.

Wig. Hund, III. S. 298. — Monum. boica, XI. S. 387.

Erhardt, auch Freiherren. (Schild geviert mit Mittelschilde. Mittelschild quer getheilt: oben, in Silber eine fünfblättrige rothe Rose und unten in Roth zwei neben einander stehende, silberne Rosen. 1 und 4 in Gold ein rechtssehender, gekrönter, schwarzer Adler und 2 und 3 in Roth ein einwärts gekehrter, gekrönter goldener Löwe, welcher in den Pranken eine blaue Kugel emporhält). Erbländ.-österr. Adels- und Freiherrnstand. Adelsdiplom von 1677 für Augustin Erhardt, Doctor der Rechte und k. k. Rsgierungsrath und Hof-Secretair und Freiherrn-Diplom für denselben vom 12. August 1687. — Der Diploms-Empfänger war aus Bayern gebürtig und früher in kurbayer. Diensten auch als Regierungsrath angestellt. Derselbe, mit Clara v. Nundorf vermählt, wurde in Niederösterreich mit mehreren Gütern angesessen und hinterliess 1695 nur eine Tochter, Maria Theresia Freiin v. E., welche sich mit Ehrgott Grafen v. Kueffstein vermählte.

Wissgrill, II. S. 423 u. 424. — *Knoschke*, III. S. 130.

Erhardt, Erhard. (Schild der Länge nach getheilt: rechts in

Gold ein aufspringender Hirsch und links in Schwarz drei silberne Querbalken). Preussischer Adelsstand. Diplom vom 19. Oct. 1835 für Johann Christian Ludwig Erhardt, k. preuss. Major. Derselbe stieg später zum Generallieutenant und Brigadier der Garde-Artillerie.

<small>N. Pr. A.-L. II. S. 138. — Frh. v. Ledebur, I. S. 206.</small>

Erich v. Erichstein, Ritter. Reichsritterstand. Diplom von 1800 für Johann Erich, Grosshändler zu Lübeck und für den Sohn seines verstorbenen Bruders, Matthias Jonas Erich, mit dem Prädicate: v. Erichsen.

<small>Handschriftl. Notiz.</small>

Erich v. Melambuch und Lichtenheim, auch Ritter. Oesterreichisches Adels- und Rittergeschlecht, in welches der Adel durch Diplom vom 1. Dec. 1550 für Peter u. Ambrosius Hans E. gekommen ist. — Leopold E. v. M. und L. starb 1790 zu Salzburg. In neuester Zeit (1856) standen in der k. k. Armee: Ludwig Ritter E. v. M. u. L., Major im 43. Inf.-Reg. und Georg Alois E. v. M. und L., Hauptm. im 27. Inf.-Regim.

<small>Milit. Schematism. 1856 S. 239 u. 267.</small>

Erichsen, Erichson, Erichsen v. Zitzewitz. Ein in Preussen vorgekommenes Adelsgeschlecht, wohl holsteinischen und dänischen Ursprungs, aus welchem mehrere Sprossen in der K. Preuss. Armee standen. Schon in der Armee des Kurfürsten Georg Wilhelm zu Brandenburg diente ein Erichson als Oberstlieutenant und Regiments-Commandant und in neuerer Zeit stand Carl Gustav v. E., geb. 1743 zu Moscau, in der k. preuss. Armee, trat 1813 aus dem activen Dienste und starb 1827 mit Hinterlassung eines Sohnes, welcher als k. preuss. Major pensionirt wurde. — Ein Rittmeister v. E. erhielt 1812 die königliche Erlaubniss, mit seinem Namen und Wappen ihn und das Wappen seiner Adoptivmutter, einer verw. Frau v. Zitzewitz, verbinden und sich v. Erichson, genannt Zitzewitz nennen und schreiben zu dürfen und ein Nachkomme desselben, welcher Lieutenant im k. preuss. 6. Infant.-Reg. war, unterschrieb sich vollständig: v. Erichsen-Wasa-Ainski, genannt v. Zitzewitz-Trolle.

<small>v. Hellbach, I. S. 337. — N. Pr. A.-L. II. S. 139. — Frh. v. Ledebur, I. S. 207 u. III. S. 249.</small>

Ering. Altes, niederbayerisches Herrengeschlecht aus dem gleichnamigen Stammhause am Inn, aus welchem zuerst Meinhart um 1090 vorkommt. Pabo, welcher in der 2. Hälfte des 12. Jahrh. lebte, wird in den Monum. boic., in welchen der Name des Geschlechts mehrfach genannt wird, sehr oft erwähnt. Der Stamm ist wohl 1302 mit Heinrich E. ausgegangen.

<small>Wig. Hund, I. S. 43.</small>

Erkel. Altes, geldernsches Dynastengeschlecht, welches den Reichsadelsstand besass, ohne dass sich dasselbe unter die Reichsfürsten und Fürstengenossen zählen durfte. Es entstanden daher grosse Streitigkeiten, als im 15. Jahrh. Johann v. Erkel, der Gemahl der Tochter des Herzogs Wilhelm zu Geldern und Jülich, Johanna, der Letzten ihres Stammes, Ansprüche auf das Geldernsche und Jülichsche Erbe machte. Derselbe kam namentlich mit den Grafen v. Holland in grosse Processe, welche ihm Gut und Freiheit kosteten, so dass er sich zuletzt genöthigt sah, das Wenige, was er noch besass, dem Hause Egmont zu überlassen.

<small>N. Pr. A.-L. II S. 139. — Fahne, II. S. 38 u. 217.</small>

Erkelen, Grafen. Altes, geldernsches und jülichsches Herrengeschlecht, wahrscheinlich eines Stammes mit dem im vorhergehenden Artikel besprochenen Geschlechte, welches sich Grafen und Erbdrosten zu Erkelen, Erkeln, schrieb. Heinrich Graf und Erbdrost zu Erkelen war Abgesandter des Herzogs Wilhelm zu Jülich bei dem 1528 zu Gorkum geschlossenen Frieden mit Carl v. Egmont, Herzog zu Geldern.

<small>N. Pr. A.-L. II. S. 139. — Falke, Cod. dipl. Corb. S. 314.</small>

Erkmannsdorf, Erckmannsdorf. Meissnisches, von Knauth nur dem Namen nach aufgeführtes erloschenes Adelsgeschlecht, welches nach Gauhe mit der meissenschen Familie v. Ettmannsdorf, s. den betreffenden Artikel, nicht zu verwechseln ist.

<small>Knauth, S. 504.</small>

Erko, Ritter. Erbländ.-österr. Ritterstand. Diplom von 1779 für Johann Edmund Erko.

<small>Megerle v. Mühlfeld, Ergänz.-Bd. S. 137.</small>

Erla, Erlah. Ein in Niederösterreich und Steiermark von 1146 bis 1631 ansässig gewesenes Rittergeschlecht, welches später ausgegangen ist. Da das Geschlecht auch Erlach geschrieben wurde, war dasselbe vielleicht eines Stammes mit einem Geschlechte dieses Namens, doch ist darüber, da das Wappen nicht bekannt ist, keine Gewissheit zu erhalten.

<small>Wissgrill, II. S. 424 u. 425.</small>

Erlach, auch Freiherren und Grafen. (Stammwappen: in Roth ein silberner Pfahl, welcher mit einem schwarzen Sparren belegt ist). Reichsgrafenstand. Diplom von 1745 für Hieronymus Freih. v. Erlach, k. k. Feldmarschall-Lieutenant. — Altes Adelsgeschlecht der Schweiz, welches von Stumpff und anderen schweizerischen Historikern zu den sechs ältesten schweizerischen Adelsfamilien gerechnet wird, das alte, gleichnamige Stammschloss im Canton Bern bis in das 13. Jahrh. inne hatte und, wie viele alte schweizerische Adelsgeschlechter, seinen Ursprung von den Grafen v. Neufchatel ableitet. — Die ordentliche Stammreihe der Familie, welche schon in früher Zeit vorkam und in späterer Zeit auch nach Deutschland kam und im Anhaltschen, im Brandenburgischen und in Ostpreussen begütert wurde, beginnt Bucelini mit Huldrich E., welcher um 1270 Herr zu Rychenbach war. Rudolph v. E. schlug als Feldherr der Berner 1339 die Herzoge zu Oesterreich und die Grafen zu Nidow und um 1360 war Burchard v. E. österr. Landvoigt in der Schweiz. Wolfgang v. E. starb 1551 als Voigt zu Mülden und ein gleichnamiger jüngerer Sohn 1607 als Würzburg. Kriegsrath, Oberster und Ober-Amtmann zu Mårstadt und Neustadt. — Von Wolfgangs ältestem Sohne, Burchard, stammen zwei Söhne, Erasmus, welcher 1514 Unter-Marschall zu Mainz war und einen, in den Württemberg. Bauernunruhen umgekommenen Sohn, Wolfgang, hinterliess, und Burchard, gest. 1640 als Fürstl. Anhaltscher Rath und Hof-Marschall. Von den Söhnen des Letzteren hatte August, gest. 1684, Fürstl. Anhaltscher Rath, sieben Söhne, von welchen Christian Leberecht und Carl Heinrich, Anhaltscher Rath, den Stamm fortsetzten. Nächstdem machten im 17. und 18. Jahrh. sich folgende Glieder der Familie bekannt: Johann Ludwig, Freih. v. E., gest. 1660, k. franz. General-Lieutenant etc.: Hans Jacob, gest. 1694, ebenfalls k. franz. General-Lieutenant: Siegmund, gest. 1699, Schultheiss des Cantons Bern etc.; Hieronymus, k. k. General-Feldmarschall-Lieutenant, Schultheiss des Canton Bern, Herr auf Hindelbanck, Beryswil etc., welcher, wie oben angegeben, den Grafenstand in die Familie brachte; Sigmund v. E., Freih. v. Copet, gest. 1722, k. preuss. General-Major und Hofmarschall, bis 1713 Colonel und Commandant der hundert Schweizer des Königs Friedrich I. und Victor v. E., Bruder des Freih. Sigmund, Capitain aux Gardes des Königs Ludwig XV. von Frankreich. Ausser dem genannten Freiherrn Sigmund sind im Königr. Preussen mehrere Familienglieder zu hohen Würden gelangt. Albrecht Friedrich Graf v. Erlach, geb. 1696, gest. 1788, wohl ein Sohn des Grafen Hieronymus, Schultheiss zu Bern und Herr zu Hindelbanck und Urthenau, erhielt 1780 den schwarzen Adlerorden und Friedrich August Freih. v. Erlach, ein Sohn des herz. anhalt-bernburg. Hofmarschalls August Leberecht v. E. aus der Ehe mit einer v. Schenk, stieg zum k. preuss. General-Lieutenant und Chef eines Füsilierregim., trat 1791 aus dem activen Dienste und starb 1801 als Herr auf Ober- und Nieder-Sürding und Bogenau im Breslauischen. Aus seiner Ehe mit einer v. Wallwitz, verw. Frau v. Rauchhaupt, stammten drei Töchter und ein Sohn, welcher zuletzt in Mannheim als Privatmann lebte. Von den Töchtern vermählte sich die eine mit dem Grafen v. Pückler, Herrn auf Gimmet, die andere mit dem Freih. v. Röhl auf Grossreichen und die dritte lebte noch 1836 als Wittwe des Freiherrn v. Zedlitz auf Teichenau bei Schweidnitz und zwar als Letzte des Geschlechts in den preussischen Staaten. Dagegen hat im Stammlande, der Schweiz, wo das Geschlecht die Güter Erlach, Castelen, Siegelsberg etc. etc. besass, der Stamm dauernd fortgeblüht.

Bucellini, III. S. 234 u. IV. S. 71. — *Stumpf*, Schweiz. Chronik, Lib. 8. c. 9. — *May*, Hist. milit. de la Suisse, VI. S. 62 u. ff. — *Leu*, Schweizer Lexic. VI. S. 392—411. — *Lutz*, Nekrolog merkwürd. Schweizer, S. 124—130. — *Beckmann*, Th. 7 S. 216—219 u. Tab. A. — *Gauhe*, I. S. 502—505 u. II. S. 1448. — *v. Hattstein*, III. Suppl. S. 33. — *Zedler*, VIII. S. 1677. — *Estor*, S. 400. — *Megerle v. Mühlfeld*, Ergänz.-Bd. S. 13. — N. Pr. Adelslex. II. S. 139 u. 140. — *Frh. v. Ledebur*, I. S. 207. — *Siebmacher*, I. 200: v. E. Schweizerisch. — *v. Meding*, III. S. 167. — Suppl. zu Siebm. W.-B. VII. 29. v. E. u. IX. 2: Gr. v. E. — Berner W.-B. von 1829.

Erlach (in Blau ein mit einer rothen Rose belegter, silberner Querbalken). Altes, niederbayerisches Adelsgeschlecht, eines Schildes mit denen v. Aufsess, welches urkundlich seit der Mitte des 11. Jahrh. vorgekommen ist und aus welchem noch 1583 Wolf v. E., Oberst des Herzogs Ernst v. Bayern, Kurfürsten zu Cöln, war. — Von einem alten, im 13. Jahrh. vorgekommenen fränkischen Adelsgeschlechte dieses Namens aus dem Stammhause Erlach bei Neustadt am Main, welches zu den Hohenlohoschen Dienstmannen gehörte, fehlen Angaben über das Wappen und es ist daher nicht zu bestimmen, ob dasselbe mit einem der anderen Geschlechter v. Erlach im Zusammenhange gestanden habe.

Wig. Hund. III S. 299. — Monum. boic. II. S. 324. VI. S. 37 u. VIII. S. 203.

Erlach, s. Fischer v. Erlach, Freiherren.

Erlacher v. Erlach. (Schild geviert: 1 und 4 in Roth eine silberne, ganze Spitze und in derselben auf grünem Dreiberge ein grüner Baum und 2 und 3 in Blau ein einwärts gekehrter, goldener Greif). Erbländ.-österr. Adelsstand. Diplom von 1745 für Johann Baptist Erlacher, Vicefactor bei dem Oberst-Berg- und Schmelzwerkamte zu Schwatz in Tirol, mit dem Prädicate: v. Erlach.

Megerle v. Mühlfeld, Ergänz.-Bd. S. 279. — W.-B. d. Kgr. Bayern, V. 27. — v. Hefner. bayer Adel, Tab. 85 u. S. 75 u. tiroler Adel, Tab. 24 u. S. 22.

Erlacher v. Khay, Erlacher de Khai. Oesterreich. Adelsgeschlecht, aus welchem Sprossen in neuester Zeit in der k. k. Armee standen. Edmund Erlacher de Khai war 1856 Oberlieutenant im 30. Infant.-Regim. und Adolph Erlacher v. Khay Lieuten. im 24. Inf.-Regim.

Militair-Schematism., 1856. S. 231 u. 249.

Erlebach. Altes, thüringisches Adelsgeschlecht, aus welchem Christoph v. E., Herr zu Kirchen-Sittach im Thüringischen, 1530 im kursächs. Comitate auf dem Reichstage zu Augsburg bei Uebergabe der Augsburgischen Confession war. Der Stamm erlosch zu Ende des 16. Jahrh., worauf die v. Thoss (die Thossen), s. den betreffenden Artikel, welche 1719 ausstarben, den Beinamen: v. Erlebach annahmen. — Der Beiname Erlebach kommt übrigens auch bei dem alten thüringischen Adelsgeschlechte v. Marschall, genannt Greiff, vor.

Gauhe, II. S. 256 u. 257. — Zedler, VIII. S. 1680.

Erlenbach (in Roth eine stehende, silberne Gans). Altes, von v. Hattstein zum rheinländischen, von Siebmacher zum bayerischen Adel gezähltes Geschlecht, welches auch im Nassauischen blühte und daselbst noch 1566 vorkam. Humbracht, welcher die Beinamen: genannt Weilbach, Wilbacher, auch Hofmann dem Geschlechte beilegt, schliesst die von ihm gegebene Stammreihe mit Johann v. E., welcher 1530 lebte und nur eine einzige Tochter, Maria, hatte, welche ins Kloster ging und 1590 starb, doch sagt Humbracht nicht, dass Johann v. E. den Stamm beschlossen habe.

Humbracht, S. 239. — v. Hattstein, im Special-Register. — Siebmacher, II. 57: v. Erlbach, Bayerisch. — v. Meding, III. S. 168.

Erlenhaupt, s. Hund v. Saulheim, Erlenhaupt, Hürth.

Erlenkamp, Freiherren. Reichsfreiherrnstand vom 21. März 1674 für Johann v. Erlenkamp. Ein nach Angabe einiger Schriftsteller ursprünglich aus dem Königreiche Neapel stammendes Geschlecht, welches nach Schwaben kam und früher den Namen de Campo oder Kamp führte, welcher später in Erlenkamp verwandelt wurde, weil Ulricus de Campo, der gegen die Türken sehr tapfer gefochten und von K. Carl V. den Reichsadel erlangt hatte, an einem Orte lebte, an welchem viele Erlen standen. Nach Bagmihl im Pommernschen Wappen-Buche u. A. war aber der Stammvater des freiherrl. Geschlechts v. Erlenkamp, Hans E., ein reicher Bürger und Kaufmann zu Hamburg, welchem Herzog Gustav Adolph von Mecklenburg-Güstrow 1670 das Amt Plau verpfändete und welcher dann im Mecklenburgischen und Lauenburgischen mehrere Güter kaufte, auch den Freiherrnstand, s. oben, in seine Familie brachte. — Namen und Wappen der Freiherren v. Erlenkamp sind durch k. Preuss. Diplom vom 3. Juli 1776 auf Adolph Friedrich v. Langermann, k. preuss. Lieutenant und den Bruder desselben, Ludwig Christoph v. Langermann, Herrn auf Bollewick und Spitzkuhn übergegangen, welche Beide, s. den Artikel: v. Langermann-Erlenkamp, Freiherren, als Abkömmlinge weiblicher Seite des Freiherrn Johann, Anwarter des von diesem errichteten Majorats-Fideicommisses waren, welches zu damaliger Zeit ein 75jähriger Freiherr v. E. ohne Nachkommenschaft inne hatte.

Siebmacher, V. Zusatz 5 Nr. 3: Freih. v. E. — *v. Meding*, III. S. 168—170: v. E. und Freih. v. E. nach handschriftlichen Nachrichten. — *Kneschke*, I. S. 259 u. 260, im Artikel v. Langermann-Erlenkamp, Freiherren.

Erler, Edle. Erbländ.-österr. Adelsstand. Diplom von 1754 für Johann Engelbert Erler, mit dem Prädicate: Edler v.

Megerle v. Mühlfeld, Ergänz.-Bd. S. 279.

Erligheim, Erlenheim. Altes, von 1143—1544 vorgekommenes, schwäbisches Adelsgeschlecht aus dem gleichnamigen Stammhause bei Bessigheim im jetzigen Kgr. Württemberg. Dasselbe gehörte auch zu den kurpfälz. Vasallen und zu den Afterlehnsleuten der v. Magenheim.

Mone, Zeitschr. f. d. Gesch. d. Oberrheins, I. S. 425, VI. S. 307 u. X. S. 300. — *v. Hefner*, ausgestorb. schwäb. Adel, Tab. 3 u S. 11.

Erlinger, Erlingen. Altbayerisches, zuerst in der Mitte des 12. Jahrh. und später bis 1344, wo Otto de Erlinger urkundlich erscheint, vorgekommenes Adelsgeschlecht. Bald im Letzterem ist wohl im Anfange des 15. Jahrh. mit Heinrich v. E. der Stamm erloschen.

Wig. Hund, III. S. 298. — Monum. boic., VI. S. 473, VIII. S. 128 u. X. S. 89.

Erlingshofen. Fränkisches, durch Besitz des Gutes Erlingshofen, drei Stunden von Weissenberg, der reichsunmittelbaren Ritterschaft des Canton Altmühl einverleibt gewesenes Adelsgeschlecht. Rüdiger v. u. zu E. machte 1332 das Stammhaus dem Hochstifte Eichstädt lehnbar und Christoph v. E. zu Bechthal kommt noch 1539 vor.

Biedermann, Canton Altmühl, Tab. 194.

Erlingshofer. Altes, niederbayerisches Adelsgeschlecht, welches urkundlich 1305 erscheint und aus welchem noch 1410 Rüger Erlingshofer vorkommt.

Wig. Hund, III. S. 298. — Monum. boic. XI. S. 383.

Erlsfeld, Ritter. Böhmischer Ritterstand. Bestätigungs-Diplom von 1699 für Johann Franz Leopold v. Erlsfeld.

v. Hellbach, I. S. 338.

Ermanns v. Biberau. Reichsadelsstand. Diplom von 1718 für Johann Carl Ermanns, k. k. Unter-Lieutenant, mit dem Prädicate: v. Biberau.

Megerle v. Mühlfeld, Ergänz.-Bd. S. 279.
Kneschke, Deutsch. Adels-Lex. III.

Ermentraut, Ermtraut, Freiherren, s. Irmtraut und v. Werkamp, Ermtraut, genannt Alt-Berkhausen.

Ermreicher. Altbayerisches Adelsgeschlecht, aus welchem Hanns E. 1453 Landrichter zu Kelheim und Conrad E. 1484 Archivar zu München war.
Wig. Hund, III. S. 298.

Ernau, Ernow, auch **Freiherren**. Altes, ursprünglich steiermärkisches Adelsgeschlecht aus dem gleichnamigen Stammhause sieben Meilen von Bruck, welches auch nach Kärnten und Oesterreich kam und später auch den freiherrlichen Titel führte. Bucelini beginnt die Stammreihe 1151 mit Jacob v. E. und setzt dieselbe bis zu seiner Zeit um 1669 fort. 1720 lebte noch ein k. k. Capitain v. Ernau, welcher durch einen 1717 auf den Fürsten von der Moldau unternommenen Anschlag bekannt geworden war.
Bucelini, II. S. 77. — Gauhe, I. S. 505. — Wissgrill, II. S. 426 u. 427. — Schmutz, I. S. 298. — Siebmacher, I. 46: v. Ernau, Kärnturrisch u. V. 48.

Ernberg, Ehrnberg, s. Ehrenberg, Ehrnberg, Ernberg, S. 46.

Erndorfer, Ehrndorf. Niederösterreichisches, im 14. und 15. Jahrh. vorgekommenes Adelsgeschlecht.
Wissgrill, II. S. 427.

Ernest (in Gold ein schwarzer Widder). Altes Patriciergeschlecht der Stadt Bern, aus welchem mehrere Landvoigte und andere hohe Staatsbeamte hervorgegangen sind und aus welchem Johann Victor v. E., geb. 1742 zu Bern, aus fremden 1786 in k. preuss. Militairdienste trat. Derselbe starb 1817 als k. preuss. Generalmajor a. D. Ein Sohn von ihm, früher Officier im k. preuss. Feldjäger-Regimente, war 1836 k. preuss. Regier.- und Forstrath zu Breslau.
N. Pr. A.-L., II. S. 141. — Frh. v. Ledebur, I. S. 207.

Ernesti. Böhmischer Adelsstand. Diplom von 1718 für Adam Ernesti, Hofrichter der königl. böhmischen Städte.
Megerle v. Mühlfeld, Ergänz.-Bd. S. 279.

Ernesti v. Faulbach, Edle. (Schild durch einen von Gold und Roth zwölfmal schrägrechts gestreiften Querbalken getheilt: oben in Gold drei, 2 und 1, fünfblättrige, rothe Rosen mit goldenen Butzen und unten in Blau zwei ins Andreaskreuz gelegte, silberne Anker, welche von zwei sechsstrahligen, silbernen Sternen, dem einen rechts, dem anderen links, begleitet sind). In Kur-Bayern bestätigter Adelsstand. Bestätigungs- und Ausschreibungs-Diplom v. 17. April 1774 für Gabriel Ernesti, Kauf- und Handelsherrn in Luxemburg. Derselbe hatte von Franz Anton Grafen v. Waldburg-Zeil, Kraft der ihm zustehenden grossen Reichs-Comitive, 4. Jan. 1758 ein Pfalzgräfliches Edeln-Diplom erhalten. Der Sohn des Diplom-Empfängers, Niclas, war in kurbayerische Militairdienste getreten und starb als Oberst mit Hinterlassung eines Sohnes, Joseph Ferdinand Maria Edler E. v. F., welcher, geb. 1773, k. bayer. Hauptmann der mobilen Legion, mit seinem Vetter, Michael Edlen E. v. F., geb. 1781, k. bayer. Lieutenant, in die Adelsmatrikel des Kgr. Bayern eingetragen wurde.
v. Lang, S. 329 u. 330. — Suppl. zu Siebm. W.-B. V. 26. — W.-B. d. Kgr. Bayern, V. 28. — v. Hefner, bayer. Adel, Tab. 85 u. S. 75.

Ernst, Freiherr. Erbländ.-österr. Freiherrnstand. Diplom von 1818 für Gregor Ernst, k. k. Oberstwachtmeister des 2. Szekler-Grenz-Infant.-Regiments.
Megerle v. Mühlfeld, S. 47.

Ernst. (Schild geviert: 1. ein von zwei Sternen begleiteter, aus Wolken kommender, geharnischter, in der Faust ein Schwert schwingender Arm; 2. ein Patriarchenkreuz, 3. drei rothe Schrägbalken und 4. ein Halbmond, begleitet von drei Sternen). Ein zu dem preuss. Adel gehörendes Geschlecht, aus welchem in neuerer Zeit einige Sprossen in der k. preuss. Armee gestanden haben.
N. Pr. A.-L. II. S. 141. — Frh. v. Ledebur, I. S. 207.

Ernst v. Almanshausen. In Kurbayern ausgeschriebener Reichsadelsstand. Adelsdiplom vom 12. Dec. 1682 für Johann Ernst, kurbayer. Kämm. und Oberst zu Fuss und Ausschreibung dieses Diploms in Kurbayern vom 8. März 1684. Der Empfänger des Adelsdiploms war ein Sohn des 1667 zu München verstorbenen kurbayer. Geh. Raths Johann Ernst aus der Ehe mit einer v. Prugglack. Noch 1802 war Felicitas v. E. Mutter im Ridler-Regelhaus zu München. Später ist die Familie erloschen. Almanshausen liegt am Würmsee.
v. Hefner, Stammbuch. I. S. 342.

Ernst v. Ernest. Schild geviert: 1 und 4 in Silber ein von Gold und Roth in zwei Reihen geschachter Sparren und im blauen Feldeshaupte drei neben einander stehende, die Hörner nach oben kehrende Halbmonde und 2 und 3 in Roth zwei gekreuzte Greifsklauen, über welchen oben ein goldener Stern schwebt). Reichsadelsstand. Diplom vom 1. Mai 1773 für Johann Carl Ernst, kursächs. Hofrath, mit dem Prädicate: v. Ernest. Derselbe starb bald nach seiner Erhebung in den Adelsstand, worauf seine beiden Söhne, Johann August E. v. E., kursächs. Legationsrath und Christian (nach Anderen Christoph) Sigismund E. v. E., kursächs. Kammer-Assistenz-Rath, um Notification des ihrem Vater verliehenen Adelsstandes baten, welche Notification auch in Kursachsen 8. Febr. 1774 erfolgte. Die letzt genannten Beiden lebten noch 1798. Ueber das Fortblühen des Stammes im 19. Jahrh. fehlen genaue Nachrichten. Im Kgr. Sachsen kommt schon seit längerer Zeit die Familie nicht vor.
Handschriftliche Notizen. — W.-B. d. Sächs. Staaten. III. 39.

Ernst v. Ernsthausen. (Schild durch einen schräglinken, rothen Balken getheilt: rechts, oben, drei nach der ovalen Rundung des Schildes gestellte, sechsstrahlige, goldene Sterne, und unten, links, golden, ohne Bild). Preuss. Adelsstand. Diplom vom 7. Nov. 1786 für Victor Tobias Ernst, k. preuss. Geh. Finanzrath und Präsidenten des Ober-Collegii medici, mit dem Prädicate: v. Ernsthausen. — Das hier nach den gewöhnlichen Angaben erwähnte Diplom führt das Wappenbuch der Preussischen Rheinprovinz, welches das Wappen der Familie unter denen des nicht immatriculirten Adels dieser Provinz giebt, als Renovations- oder Confirmations-Diplom des Adels auf. Der Präsident E. v. E. pflanzte den Mannsstamm durch zwei Söhne fort, von denen der ältere 1813 als k. k. Rittm. starb, der jüngere aber trat als k. preuss. Major aus dem activen Dienste und wurde später Landrath des Kreises Gummersbach im Reg.-Bez. Cöln. — Der durch einen Irrthum v. Hellbach's von Einigen zu dieser Familie gerechnete k. k. Oberstwachtmeister Gregor Freih. v. Ernst, s. den betreffenden Artikel, S. 147 gehört gar nicht zu diesem Geschlechte. Derselbe ist ohne ein Prädicat nur mit seinem Geschlechtsnamen in den Freiherrnstand erhoben worden.

v. Hellbach, I. S. 339. — N. Pr. A.-L. II S. 141 u. 142, III. S. 2 u. VI. S. 28. — *Frh. v. Ledebur*, I. S. 207. — W.-B. d. Preuss. Monarch. III 15. — W.-B. d. Preuss. Rhein-Provinz, II. Tab. 17 Nr. 34 u. S. 132 u. 133. — *Aneschke*, II. S. 135 u. 136.

Ernst v. Felsenberg, Edle und Ritter. Reichsritterstand. Diplom von 1765 für Wilhelm Ernst, Vorder-Oesterr. Regierungs- und Kammerrath, mit dem Prädicate: Edler v. Felsenberg.

Megerle v. Mühlfeld, Ergänz.-Bd. S. 137.

Eroltzheim. Altes, schwäbisches Adelsgeschlecht, aus welchem Hans Friedrich v. E. und Wigelius v. E., nach v. Meding, 1586 vorkamen und Hans Erhard v. E. 1634 k. k. Rittmeister war. Der Stamm ist später ausgegangen.

v. Hattstein, I. Suppl. S. 29. — Oberbayer. Archiv, VI. S. 281. — *Siebmacher*, I. 120. — *v. Meding*, III. S. 170.

Erp. Westphälisches Adelsgeschlecht, in der zweiten Hälfte des 16. Jahrh. im Cleveschen mit Langenfeld und Techelen angesessen. Der Mannsstamm ging wohl zu Ende des 16. Jahrh. aus: Töchter des Geschlechts lebten noch zu Anfange des 17. Jahrh.

Fahne, II. S. 39. — *Frh. v. Ledebur*, I. S. 207.

Erpensen, Erpensol, Arpensen (Schild mit runden Schneckenlinien grün, roth und weiss in drei Theile getheilt und in der Mitte, wo die Schneckenlinien zusammenlaufen, eine weisse fünfblättrige Rose). Altes Patriciergeschlecht der Stadt Lüneburg, genannt: die Erpensen mit der einfachen Rose, welches bis gegen Ende des 15. Jahrh. geblüht hat. Heinrich v. E., welcher 1463 nach einem Monumente im Dome zu Bardowick beerdigt wurde und nach demselben Venerabilis Dominus Henricus de Erpensen, Decanus, genannt wurde, schloss wohl den Stamm.

v. Meding, III. S. 170 u. 171: nach Büttner, Geneal. der Lüneburg. adel. Patriciergeschlechter.

Erpensen (in Blau ein schrägrechter, wellenweise gezogener, silberner Balken). Eine ebenfalls, wie das im vorstehenden Artikel angeführte Geschlecht dieses Namens, zu dem adeligen Patriciat in Lüneburg gehörende, dem Wappen nach aber mit jenem Geschlechte nicht zu verwechselnde Familie, welche nach Allem mit Heinrich v. E., Rathsherrn zu Lüneburg, 1487 erloschen ist.

v. Meding, III. S. 171: nach Büttners Geneal. d. adel. Patriciergeschl. Lüneburgs.

Erpfingen. Altes, im 14. und 15. Jahrh. vorgekommenes, tiroler und schwäbisches Adelsgeschlecht.

Gr. v. Brandis, II. S. 54. — *Zedler*, VIII. S. 751.

Erps, Bolschotte v. Erps, Grafen. In Kur-Bayern bestätigter Reichsgrafenstand. Bestätigungs-Diplom des 1644 in die Familie gekommenen Grafenstandes im Kurpfälzischen Reichs-Vicariate vom 2. Sept.

1790 für Joseph Theodor B. v. E., Pfleger und Registratur-Inspectors zu Trausnitz. — Derselbe gehörte zu einer Seitenlinie des im Hauptstamme nach Anfang des 18. Jahrh. erloschenen, brabantischen Grafengeschlechts Roischott, s. Bd. I. S. 541 u. 542, welche durch den Kurfürsten Maximilian Emanuel nach Bayern gekommen war und drei seiner Söhne wurden in die Grafenclasse der Adelsmatrikel des Kgr. Bayern eingetragen, die Grafen: Aloys Emanuel Johann Nepomuck, geb. 1763, k. bayer. Rentbeamter in Braunau, Joseph Johann Baptist Anton, geb. 1767, k. bayer. Kämm. und Maut-Ober-Inspector in Salzburg und Maximilian Joseph Theodor, geb. 1777, Johanniter-Ordens-Ritter, Comthur und Professus.

<small>v. *Lang*, S. 25 u. 26. — W.-B. d. Kgr. Bayern, I. 34 u. v. Wölckern, Abth. I S. 77 und 78. — v. *Hefner*, bayer Adel, Tab. 2 u. S. 7 u. Ergänz.-Bd. S. 4.</small>

Erskein, Erskine, Freiherren. Schottisches Baronengeschlecht, welches den Namen von dem Schlosse Erskine in der Baronie Renfrey erhielt, den gräflichen Character von Marr, Kelly etc. führte und zu den schottischen Pairs gehörte. Als Ahnherr des Stammes wird Henricus v. E. genannt, welcher im 13. Jahrh. unter dem Könige Alexander II. von Schottland lebte. — Von den Nachkommen erwarb Alexander v. Erskine, gest. 1657, Herr auf Erskin-Schwinge bei Bremen etc., Erbkämmerer des Herzogthums Bremen, k. schwed. Kriegs- und Staatsraths-Präsident etc., 1654 die Güter Hohen-Barnekow und Roloffshagen im jetzigen Regier.-Bezirke Stralsund. Dass derselbe den Stamm fortgesetzt habe, ist nicht bekannt und das Geschlecht in Deutschland mit ihm, oder bald nach ihm wohl erloschen.

In Schottland blühte der Stamm fort und Thomas Lord Eskine, geb. 1750 und gest. 1823, ein Sohn des Grafen Buchan, wurde als britischer Anwalt und Staatsmann sehr berühmt, trat 1806 in das von Fox gebildete Ministerium als Grosscanzler ein, zog sich aber nach dem Tode Fox's wieder zurück und lebte fern von Staatsgeschäften. — Nach dem geneal. diplom. Jahrb. für den preuss. Staat, Bd. I. Abthl. 2 S. 79 und dem N. Preuss. Adelslexicon soll aus diesem Stamme das Stralsundische Adelsgeschlecht v. Pommer-Esche, s. den betreffenden Artikel, herzuleiten sein: eine Angabe, welche von der Heraldik nicht unterstützt wird. Das Wappen der schottischen Erskine wird als gevierter Schild angenommen: 1 und 4 in mit goldenen Kreuzchen bestreutem Blau ein schräglinker, goldener Balken und 2 und 3 in schwarz zwei silberne Ziegel, während die v. Pomme-Esche ein redendes Wappen führen: in Silber auf grünem Boden ein grünender Eschenbaum und auf dem Helme ein stehender Greif (Pommernscher Greif), welcher in der rechten Pranke ein Schwert und einen Lorbeerkranz hält.

<small>Fortsetzung d. allgem. histor. Lexic. S. 451. — *Gauhe*, II. S. 257—260. — N. Pr. A.-L. II. S. 142 u. VI. S. 28. — *Frh. v. Ledebur*, I. S. 207 u. II. S. 216; im Artikel Pommer-Esche.</small>

Erstenberg zum Freyenthurm, Freiherren. Erbländ.-österr. Freiherrnstand. Diplom vom 1. Mai 1812 für Simon Joseph Ritter v. Erstenberg zum Freyenthurm, k. k. Reichs-Hofraths-Agenten. — Niederösterreichisches Adelsgeschlecht, in welches Andreas Erstenberger, Secretair des Erzbischofs und Kurfürsten Daniel zu Mainz,

13. Nov. 1562 den Reichsadel brachte und zwar mit Besserung seines, der Familie durch Kaiserlichen Wappenbrief von 1461 ertheilten Wappens. Derselbe erlangte später, 18. Juli 1571, den Reichsritterstand mit dem Prädicate: v. Erstenberg zum Freyenthurm, einem Edelhofe bei Mannswerth in Nieder-Oesterreich, wurde 15. Mai 1582 in das Consortium der Niederoesterr. Stände aufgenommen, war mit Eva Hegenmüller von Dubenweiler vermählt und starb 1593 als kaiserl. Reichs-Hofrath. Seine Nachkommen bekleideten in Kur-Mainz Hof- und Staatsämter und waren am Rheine, zu Aschaffenburg und zu Külzheim mit mehreren adeligen Lehen begütert, hielten sich aber nicht weiter zu den Niederösterr. Ständen. Erst 1810 nahm der oben genannte Simon Joseph Ritter v. E. z. F. die niederösterr. Landmannschaft wieder in Anspruch und erwies durch fortlaufende Lehnsbriefe seine Abstammung von Andreas Erstenberger, s. oben, durch sieben Generationnn, wie folgt: Johann Gottlieb Erstenberger v. Erstenberg zum Freyenthurm, Sohn des Andr. v. Erstenberger: Helena Hötzenberger von Kronberg, verm. 1583. — Johann Wilhelm, gest. 1625 im Felde als Führer einer auf eigene Kosten für den kaiserlichen Dienst in den spanischen Niederlanden errichteten und unterhaltenen Compagnie zu Pferde: Elisabeth Luck von Hohenstein, verm. 1616; — Johann Sigmund, gest. 1672, kurmainz. Hof-Kammerrath: Anna Maria Burckhart v. der Klee; — Jacob Adam: Anna Catharina Schramm v. Wogenstadt; — Peter Carl, gest. 1765: Anna Catharina Ortner v. Orth; — Friedrich Anton, gest. 1796: Catharina Franzisca v. Eberhard, gen. v. Schwinden; — Freiherr Simon Joseph, gest. 1850, herz. braunschw. und anhaltscher Kammerh., Geh. Legationsrath und Geschäftsträger am K. K. Hofe zu Wien, 1811 in die Niederösterr. Landmannschaft und 1834 in den Herrenstand derselben aufgenommen. Aus der Ehe des Letzteren mit Marie Magdalene Freiin v. Geramb, geb. 1776 und verm. 1801, entspross Freih. Eduard geb. 1812, Mitglied des Niederösterr. Herrenstandes, verm. 1840 mit Camilla Freiin Münch v. Bellinghausen, geb. 1820, aus welcher Ehe, neben zwei Töchtern, Maria, geb. 1841 und Leontine, geb. 1845, ein Sohn stammt: Freih. Eduard II., geb. 1843. Die beiden Schwestern des Freih. Eduard sind: Freiin Mathilde, geb. 1803, verm. 1823 mit Carl Grafen v. Strachwitz-Susky-Gross-Zauche und Kamminietz, k. k. Kämm. und Landrath des Tost-Gleiwitzer Kreises in Schlesien und Freiin Attala, geb. 1806, verm. 1826 mit Mauritz Gr. v. Strachwitz, k. k. Kämmerer.

<small>*Wissgrill*, II. S. 429. — *v. Lang*. Supplem. S. 41. — *Megerle v. Mühlfeld*, S. 47 u. 48. — Geneal. Taschenb. d. freih. Häuser, 1849 S. 114 u. 115 u. 1857 S. 176. — *Siebmacher*, I. 39: Die Erstenberger, Oesterreichisch. — W.-B. d. österr. Monarch. XI. 28. — W.-B. d. Kgr. Bayern, II. 92: Freih. v. E. zu F. V. 29: v. E. u. v. Wölckern, II. Abth. S. 206 und 207: Frh. v. E. — *v. Hefner*, bayer. Adel, Tab. 30 u. S. 33 u. Ergänz.-Bd. S. 12. — *Aneschke*, III. S. 131 u. 132.</small>

Ertel v. Krehlau, Freiherren. (Schild geviert, mit Mittelschilde. Mittelschild von Silber und Blau quergetheilt mit einem vorwärts sehenden, stehenden Manne, dessen kurzer Rock etc. gewechselte Farben zeigt und welcher in der Rechten ein Schwert emporhält. 1 und 4 in Gold ein schwarzer, gekrönter Adler und 2 und 3 in Blau ein rechts gekehrter, silberner Halbmond). Erbländ.-österr. Freiherrnstand. Diplom vom 26. Jan. 1793 für Johann Wenzel Ertel v. Krehlau, k. Richter zu Iglau in Mähren. — Ein ursprünglich schlesisches, aus Gross-Glogau stammendes Adelsgeschlecht, in welches Johann Nepomuk Ertel, Syndicus der Stadt Glogau und später k. k. und kurpfälzischer w. Rath und Bürgermeister zu Glogau, 19. Jan. 1728 den böhmischen Adelsstand brachte, nachdem schon 21. Aug. 1661 der Grossvater, Johann Ertel, Bürger und Rathsmann zu Gross-Glogau, einen Kaiserlichen Wappenbrief erhalten hatte. Von dem genannten Empfänger des Adelsdiploms stammten zwei Söhne: Anton Rudolph v. Ertel, Herr auf Denkowitz im Glogauischen, k. k. Fiscal in den Fürstenthümern Troppau, Jägerndorf und Teschen, welcher den adeligen Stamm fortsetzte und von welchem Nachkommen in k. k. und k. preussischen Militairdiensten standen und der oben erwähnte Freiherr Johann Wenzel, welcher, vor seiner Erhebung in den Freiherrnstand, als Herr der Güter Ober- und Nieder-Krehlau im Fürstenthume Wohlau in den erbländ.-österreich. Ritterstand mit dem Prädicate: v. Krehlau versetzt worden war. Derselbe war in erster Ehe mit Maria Magdalena Lorber, gest. 1797 und in zweiter mit Francisca Freiin Göldlin v. Tiefenau vermählt und hatte aus erster Ehe neben einer Tochter, Philippine, gest. 1815, verm. mit Joseph Vogel, k. k. Verpflegungs-Officier, sechs Söhne, die Freiherren Carl, Johann, Heinrich, Franz, Joseph und Leopold, von welchen Franz und Joseph den Stamm fortgesetzt haben. Freih. Franz, gest. 1826, k. k. Oberst a. D. hatte sich 1796 mit Aloysia v. Loewenfeld vermählt und aus dieser Ehe entsprosste Freiin Cäcilie, geb. 1812, verm. 1834 mit Clemens Cortesi v. Arnal, k. k. Generalmajor a. D. und zwei Söhne: Freih. Franz (II.) geb. 1799, verm. 1820 mit Eleonore Wagner, geb. 1803, aus welcher Ehe, neben einer Tochter, Cäcilie, geb. 1825, zwei Söhne stammen: Freih. Franz (III.), geb. 1821, k. k. Rittm. und Freih. Johann, geb. 1824, k. k. Rittm., — und Frh. Rudolph, geb. 1809, k. k. Rittmeister. — Freih. Joseph starb als k. k. Major und hinterliess aus der Ehe mit Antonia Freiin Tauber v. Taubenfurth eine Tochter, Constantia, geb. 1804 und zwei Söhne, die Freiherren: Wilhelm, geb. 1802, Auscultanten des mährischen Landrechts und Joseph, geb. 1806.

Leupold, I. S. 283 u. 284. — Megerle v. Mühlfeld, S. 48, 109 u. 179. — Taschenb. der freih. Häuser, 1849 S. 116 u. 117 u. 1855 S. 149. — Frh. v. Ledebur, I. S. 207. — Kneschke, II. S. 136.

Ertel v. Seau. Erbl. österr. Adelsstand mit dem Prädicate : v Seau. Rudolph E. v. S. war 1856 Oberst-Lieutenant im k. k. 20. Infant.-Regimente und ist wohl Empfänger des Adelsdiploms.

Militair-Schematism. 1856, S. 218.

Erthal, Ehrthal, auch **Freiherren.** Altes, fränkisches Adelsgeschlecht aus dem Stammhause Erthel, welches die Güter Hessles, Kissingen, Elfershausen, Schwartzenau, Gochsheim, Leutzendorf und am Ober-Rheine Gross-Winterheim im Ingelheimer Grunde an sich gebracht hatte, zu der reichsfreien Ritterschaft der Cantone Ottenwald und Baunach gehörte und in den Hochstiften zu Mainz und Bamberg zu hohen Würden gelangt war. — Humbracht beginnt die Stamm reihe des Geschlechts mit Heinrich v. E. um 1170, von dessen Enkeln Heinrich (II.) 1261 als gefürsteter Abt zu Fulda starb, Conrad aber den Stamm fortsetzte. Von den Nachkommen desselben wurde Burchard v. E., Herr auf Schwartzenau, 1520 von der Fränkischen Ritterschaft an den Kaiserlichen Hof gesendet und von seinem Urenkel, Johann Christoph v. E., gest. 1637, Fürstl. Würzburg. Rath und Amtmann zu Hassfurt, stammte unter anderen Söhnen Julius Gottfried v. E., Herr auf Schwartzenau, Fürstl. Würzburg. Rath und Amtmann zu Bischofsheim, wie auch ältester Ritterrath in Franken. Von den Söhnen desselben starb Johann Christoph v. E. 1714 als Domherr zu Bamberg und Fürstl. Bamberg. Geh. Rath und Kammer-Präsident, Philipp Valentin aber, Fürstl. Würzburg. Geh. Rath und Ober-Schultheiss, wie auch Ober-Amtmann zu Trimberg und des kaiserlichen Landgerichts in Franken Assessor und ältester Ritter-Rath in Franken, setzte den Stamm durch sechs Söhne fort, von denen Carl Friedrich v. E., Herr auf Leutzendorf, Fürstl. Anspachischer Canzler, Amtshauptmann zu Wassertruhendingen und Ritterrath des Cantons Baunach, 1726 mit Hinterlassung von vier Söhnen starb. — Später kam das Geschlecht durch einen der letzten Sprossen des Stammes, durch Friedrich Carl Joseph Freih. v. E. zu hohem Glanze. Derselbe, geb. 1719, — ein Sohn des 1748 verstorbenen Philipp Christoph Freih. v. und zu Erthal, k. k. und kurmainz. Geh. Raths, Oberst-Hofmarschalls und Ober-Amtmanns zu Lohr aus erster Ehe mit der 1738 verstorbenen Maria Eva Freiin v. Bettendorf — wurde 1774 zum Erzbischof zu Mainz, des H. R. Reichs durch Germanien Erzkanzler und Kurfürsten, so wie zum Bischofe zu Worms erwählt, 1775 consecrirt und starb 1802. Als Brüder desselben wurden angegeben: Lothar Franz Michael, geb. 1717, k. k. und Kurmainz. w. Geh. Rath, Obersthofmeister, erster Staats- und Conferenz-Minister und Hofgerichts-Präsident, welcher 1800 noch lebte und Franz Ludwig Philipp Carl Anton, geb. 1730 und gest. 1795, seit 1779 Fürst-Bischof zu Würzburg und Bamberg. — Das alte Geschlecht ist 1805 erloschen und wohl mit dem erwähnten Freiherrn Lothar Franz Michael.

Humbracht, Tab. 20. — *Gauhe*, I. S. 505 u. 506. — *v. Hattstein*, III. S. 167 u. 174. — *Zedler*, VIII. S. 1793. — *Biedermann*, Canton Baunach, Tab. 13—29 und Canton Rhön-Werra, Tab. 13. — *Hörschelmann*, Sammlung zuverl. Ahnentafeln, S. 13; Ahnentafel des nachher. Kurfürsten Fr. C. J. zu Mainz. — *Salver*, S. 468 526, 535 u. a. v. a. O. — N. Geneal. Handb. 1777 S. 59—62 u. Nachtrag, I. S. 49. — *Jacobi*, 1800. I. S. 183 u. 184. — *Siebmacher*, I. 104 ; v. E., Fränkisch. — Suppl. zu Siebm. W.-B 19. — *Tyroff*, II. 6.

Ertingen, s. Leutrum v. Ertingen, Grafen.

Ertl, Ritter. Erbländ. österr. Ritterstand. Diplom vom 1. Mai 1773 für Johann Nepomuk Ertl, k. k. wirklichen Rath, auch Hof- und Nieder-Oesterr. Vice-Kammer-Procurator.

Meyerle v. Mühlfeld, S. 108. — *Kneschke*, IV. S. 115.

Erwitte, auch **Freiherren** (in Gold drei rothe, oder in Roth drei goldene Querbalken, so wie auch von Gold und Roth balkenweise getheilt und darüber ein rother Löwe). Altes westphälisches Rittergeschlecht aus dem Stammhause Erwitte oder Erwete im Paderbornschen, welches schon 1022 durch den Bischof Meinwercus in die Familie gekommen sein soll. Urkundlich stand dem Geschlechte diese Besitzung schon 1188 und noch 1309 zu, später aber kam dieselbe aus der Hand der Familie und im 16. Jahrh. nahm eins der drei alten westphälischen Adelsgeschlechter Droste von diesem Sitze den Beinamen an und nannte sich Droste v Erwit oder Erwite, s. den betreffenden Artikel, Bd. II. S. 584, welches Geschlecht mit dem hier besprochenen nicht zu verwechseln ist. — Die v. Erwitte waren Vögte des Stifts Geseke und begütert zu Endeke, Elbinghausen etc. und hatten 1633 noch in Westphalen Vosdeel und Welschenbeck und im Rheinlande Oeffte im jetzigen Kr. Mettmann inne. — Dittmar v. E. kommt 1605 als k. dän. Oberst vor und Dietrich Ottmar v. E. blieb als k. k. Generalmajor 1631 bei Leipzig. Von Letzterem stammten Ferdinand Freih. v. E., welcher noch 1697 als Abt des kaiserlichen freien Stifts Werden lebte und Heinrich Franz v. E., welcher in der zweiten Hälfte des 17. Jahrh. kurcöln. Staatsminister und Gesandter an mehreren Höfen war. Nach dieser Zeit ist der Stamm erloschen.

Gauhe, I. S. 507 nach: Imhof, Notit. Proc. Imper. Rom. — N. Pr. Adelslex. II. S. 142 — *Fahne,* I. S. 95. — *Frh. v. Ledebur,* I. S. 207. — Suppl. zu Siebm. W.-B. XII. 20.

Erwitte, s. Droste v. Erwit, Erwite, Droste zum Füchten etc. Bd. II. S. 584.

Erzdorff, Ertzdorff. Altes, sächsisches und märkisches, längst erloschenes Adelsgeschlecht, welches von Müller, Annal. Saxon., dem sächs. Adel zugerechnet wird und aus welchem Angelus, Märk. Chronik, den Busso v. E. anführt, welcher 1244 als Oberst der Harzgrafen sich in der Mark niederliess. Bernhard v. E. stiftete 1246 einen ewigen Frieden zwischen dem Erzbischofe zu Magdeburg und den Markgrafen zu Brandenburg und Hans Wilhelm v. E. auf Hersdorf wohnte nach Müller, Annal. Sax. S. 472, mit Anderen vom Adel den Exequien des 1668 verstorbenen Herzogs zu Sachsen-Altenburg bei.

Gauhe, I. S. 510 am Schlusse des Artikels: v. Etzdorf und II. S. 260. — N. Pr. A.-L. II. S. 142.

Erxleben. Altes, märkisches Adelsgeschlecht aus dem gleichnamigen Stammhause im jetzigen Kreise Osterburg der Altmark, welches in der zweiten Hälfte des 16. Jahrh. im Brandenburgischen mit Niebel im Kr. Zauche-Belzig und Selbelang im Kr. West-Havelland begütert wurde und in der Mitte des 18. Jahrh. in Pommern die Güter Jessonke, Lubben und Seehof im Kr. Rummelsburg besass. Selbelang, Retzow, Hoppenrade etc. waren 1843 in der Hand des k. preuss. Majors a. D. v. E., Domdechanten des Dom-Capitels zu Brandenburg etc.

N. Pr. A.-L. II. S. 142 u. VI. S. 127. — *Frh. v. Ledebur,* I. S. 207 und III. S. 249.

Erzberg, Cattarini v. Erzberg. Erbl. österr. Adelsstand. Diplom von 1782 für Johann Baptist Cattarini zu Görtz, mit dem Namen v. Erzberg.

Megerle v. Mühlfeld, Ergänz.-Bd. S. 258.

Esbeck (in Roth drei silberne Ströme) Soester Patricier-Geschlecht, nicht zu verwechseln mit der ursprünglich braunschweigischen Adelsfamilie v. Esebeck, welches das Gut Brockhausen bei Soest besass. — Von Goswin v. E., Herrn zu Brockhausen, stammte aus der Ehe mit Anna v. Michels: Anna Maria Elisabeth v. E., welche als Erbin des Gut Brockhausen 1679 ihrem Gemahle, Johann Florenz v. Krane zubrachte. Später kommt noch Jan Florenz v. E. vor, welcher sich 1713 mit Christiana Helena v. Dael vermählte.

v. Steinen, Tab. 33. — Frh. v. Ledebur, I. S. 208.

Escars, d'Escars, Grafen. Französisches Grafengeschlecht, aus welchem Johann Graf d'Escars 1793 aus k. franz. Diensten in k. preussische als Generalmajor v. d. A. trat. Später ging derselbe wieder nach Frankreich zurück und starb 1822 als k. franz. Generallieutenant und Herzog d'Escars.

N. Pr. A.-L. II. S. 142. — Frh. v. Ledebur, I. S. 208.

Esch (im Schilde drei, auch mehrere Querbalken) Altes, schon gegen Ende des 13. Jahrh. erloschenes Dynastengeschlecht, dessen Stammsitz das heutige Kaisersesch im Kr. Cochem, Regier.-Bez. Coblenz, war und welches noch 1284 Lehne zu Liefer und Winterich im Kr. Berncastel besass.

Frh. v. Ledebur, I. S. 208.

Esch, Esch v. Langwiesen, auch Freiherren. (Schild quer getheilt: oben in Gold ein aufwachsender rother, doppeltgeschweifter Löwe und unten in Blau zwölf halbe, silberne Lilien; von welchen fünf an die Theilungslinie stossen, die übrigen aber zu 4 und 3 gestellt sind, oder nach Anderen in Folge alter Siegel unten Blau mit Eisenhütchen). Altes Adelsgeschlecht aus dem Stammsitze Esch im Kr. Wittlich, Regier.-Bez. Trier, welches Burgmannssitze zu Manderscheid und Neuenburg besass und aus welchem schon im Anfange des 16. Jahrh. Philipp v. E. die Güter Dreis, Gladbach, Langenwiesen und Luxem inne hatte. Eva v. Esch war um 1530 mit Kuno Herrn zu Eltz vermählt. — Der Reichsfreiherrnstand kam 16. Mai 1679 in der Person des Edmund v. E. in die Familie, und dieselbe schrieb sich nun meist Esch v. Langwiesen, nach einer Besitzung dieses Namens im jetzigen herz. nassauischen Amte Wallmerod, wegen welcher die Familie der ehemaligen reichsunmittelbaren Ritterschaft des Mittelrheins einverleibt war. Langwiesen, welches neuerlich in die Hand der Grafen v. Walderdorff zu Molsberg kam, gelangte im 16. Jahrh. aus dem Geschlechte der v. Irmtraut in die Familie, welche von 1685 auch mit der Voigtei zu Weidenhan im Amte Wallmerod von Nassau belehnt war und jetzt noch den Erlerhof bei Selters besitzt. — Mehrere Sprossen des Geschlechts stiegen im 18. Jahrh. zu hohen Ehrenstellen in der k. k. Armee und gegen Ende des 18. und im Anfange des 19. Jahrh. lebten: Carl Friedrich Freih. v. E. und L., kurtrierscher Kammerherr, Ritterrath bei dem Canton Mittelrhein und Burgmann zu Friedberg in der Wetterau; Philipp v. E., Kammerpräsident und Domcapitular zu Corvey; Carl Friedrich v. E., kurtrierscher Kammerh. und Oberamtmann und Franz Philipp Freih. v. E. zu L., Archidiaconus im Domcapitel zu Minden. Ein Freiherr v. E. zu L. erhielt 1814 die Landobersten-Stelle bei dem herz. nassauischen Bataillon und ein anderer Sprosse des Stammes ist jetzt Herr des Erlerhofes im Amte Selters.

v. Hattstein, I. S. 158. — Frh. v. Krohne, I. S. 293 u. 294. — N. Pr. A.-L. II. S. 143.

Frh. v. Ledebur, I. S. 208. — Geneal. Taschenb. d. freih. Häuser, 1859 S. 175 u. 176. — *Siebmacher*, V. Zusatz 4. — *Tyroff*, I. 181 u. *Siebenkees*, I. S. 355. — *Knschke*, IV. S. 115 u. 116. — *v. Hefner*, nassauischer Adel. Tab. 6 u. S. 6 u. preuss. Adel. Tab. 51 u. S. 42.

Esch zu Bitburg (im mit Kreuzchen bestreuten Roth drei, 1 und 2, Jacobus-Muscheln). Altes, triersches Adelsgeschlecht, welches sich nach der jetzigen Kreisstadt Bitburg nannte und aus welchem Catharina v. E. zu Bitburg mit Otto Reinhold v. Rolshausen zu Stautenberg vermählt war.

Frh. v. Ledebur, I. S. 208.

Esch zu Oberesch (in Roth zwei silberne Querbalken, von welchen der obere mit drei, der untere mit zwei goldenen Kugeln belegt ist). Triersches Adelsgeschlecht aus dem Sitze Oberesch im jetzigen Kr. Saarlouis, welchem schon 1471 Neunkirchen im Kr. Ottweiler zustand.

Frh. v. Ledebur, I. S. 208.

Eschenau, s. Gergens v. Eschenau.

Eschenbach. Altes, oberpfälzisches und fränkisches Adelsgeschlecht, aus welchem, neben der Tochter Walthers v. Eschibach, Gemahlin Mangolds Grafen v. Nellenburg, um 1287, hier besonders Wolfram v. E., einer der berühmtesten deutschen Dichter aus der ersten Hälfte des 13. Jahrh., zu nennen ist. Man weiss von ihm nur, dass er als Ritter an mehreren Kreuzzügen Theil nahm, sich 1207 unter den Dichtern bei dem Sängerkriege auf der Wartburg befand, Schreiber des Herzogs Otto von Oesterreich war, gegen Ende seines Lebens sich in seine Heimath, die Oberpfalz, zurückzog und auf dem Stammsitze seiner Familie starb. Seinen Grabstein im Markte Eschenbach sah und beschrieb noch 1462 der Sänger und Ritter Jacob Püterich v. Reicherzhausen (aus einem österr. Rittergeschlechte) und im Interesse der Heraldik mag hier angeführt sein, dass im Wappenschilde sich ein Hafen (Topf) mit Henkel und Schnäuzchen und auf dem Helme das Schildesbild, gefüllt mit Blumen, fand. — Ueber eine von Knauth, S. 504 nur den Namen nach unter dem meissenschen Adel genannte Familie v. Eschenbach fehlen alle nähere Nachrichten.

Schmeller, über Grab und Wappen Wolframs v. Eschenbach, München 1837. — *Mone*, Zeitschr. für die Geschichte des Oberrheins. I. S. 79.

Eschenbach, s. Ebner v. Eschenbach, auch Freiherren, S. 11 u. 12.

Eschenbacher, Ritter. Erbländ.-österr. Ritterstand. Diplom von 1850 für Joseph Eschenbacher, k. k. Major bei der Artillerie. Derselbe war 1856 k. k. Oberst und Commandant des Artillerie-Zeugs-Verwaltungs-Districtes zu Mantua.

Handschriftl. Notiz. — Milit.-Schemat., 1856 S. 66.

Eschenberg, Eschenber. Thüringisches Adelsgeschlecht, welches schon im Anfange des 12. Jahrh. vorkommt und noch im 14. Jahrh. auf seinem, eine Meile von Gotha entfernten Stammsitze sass.

v. Hellbach, I. S. 340.

Eschenburg, Purtscher v. Eschenburg, Ritter u. Freiherren. Erbländ.-österr. Ritter- und Freiherrnstand. Ritterstands-Diplom vom 21. Jan. 1817 für Franz Xaver Purtscher, k. k. Geh. Rath und Appellations-

Gerichts-Präsidenten zu Innsbruck mit dem Prädicate: v. Eschenburg, und Freiherrn-Diplom vom 14. Dec. 1836 für denselben, mit Aufnahme in die Landmannschaft der gefürsteten Grafschaft Tirol und Vorarlberg. Der Diploms-Empfänger stammte aus dem Vintschgau und starb 1841 zu Verona als Präsident des lombardisch-venetianischen Senats der obersten Justizstelle. Aus seiner zweiten Ehe mit Therese Edlen v. Rotterheim stammt Freih. Heinrich Clemens Carl, geb. 1818, tirolischer Landstand und k. k. Landesgerichts-Rath, verm. 1852 mit Therese Dumreicher Edlen v. Oesterreicher, geb. 1827. Die Kinder desselben sind zwei Töchter, Helene, geb. 1854 und Marianne, geb. 1856 und ein Sohn, Carl, geb. 1857. — Die Schwester des Freih. Heinrich Clemens Carl, Antonia, geb. 1820, vermählte sich 1847 mit Fortunato Bevilacqua, Grosshandlungs-Associé zu Verona.

Megerle v. Mühlfeld, S. 138. — Geneal. Taschenb. d. freih. Häuser, 1855 S. 149 u. 150 u. 1859, S. 176 u. 177. — W. B. d. österr. Monarch. XV. 38. — *Kneschke*, II. S. 137 u. 138.

Escher, Escher vom Glas, Escher v. der Linth (im blauen, mit einem besternten, goldenen Rande eingefassten Schilde ein freistehendes weisses Trinkglas und über demselben ein sechsstrahliger, goldener Stern). Altes, schweizerisches, seit 1385 mit dem Züricher Bürgerrechte versehenes Adelsgeschlecht. Dasselbe stammt aus dem Städtchen Kaiserstuhl und die Sprossen desselben gehörten zu den adeligen Dienst- und Lehnleuten der Grafen v. Kyburg, Habsburg, Lupfen und der Freiherren v. Regensburg. — Jacob Aischere lebte 1190 als adeliger Dienstmann der Grafen v. Habsburg. — Rudolph Escher, Bürgermeister in Zürich, erhielt 15. Nov. 1491 einen Kaiserlichen Adelsbestätigungs-Brief, mit Wappenvermehrung: den angegebenen goldenen Rand mit Sternen. Zu diesem Stamme gehörte der hochverdiente Erbauer der beiden Linthcanäle (angefangen 1804 und vollendet 1822): Johann Conrad Escher, gest. 9. März 1823. Nach seinem Tode wurde nach dem Beschlusse der Tagesatzung seinen Nachkommen der Beiname: v. d. Linth beigelegt.

Handschriftl. Notiz. — *Siebmacher*, I. 199: Die Escher v. Glas, Schweizerisch. — Züricher Wappenbuch, 1857 Nr. 97 u. 98.

Escher, Escher vom Luchs. (Schild schrägrechts getheilt: rechts, unten, Gold ohne Bild, links, oben, in Roth ein auf der Theilungslinie nach oben schreitender Luchs). Schweizerisches Adelsgeschlecht und ein Zweig der alten Escher vom Glas, welcher sich 1433 von dem Hauptstamme absonderte. Im genannten Jahre wurde nämlich Gottfried Escher, geb. 1400, Züricher Gesandter am K. K. Hofe, vom K. Sigmund zum Ritter geschlagen und erhielt das beschriebene Wappen, welches seine Nachkommen, die in zwei Linien: Escher vom Luchs und Escher v. Berg (Beiname von einer Besitzung) fortgeblüht haben, führen. — Die Familie gehört auch zu dem Berner Adelshause Distelzwang.

Handschriftl. Notiz. — *Siebmacher*, I. 198: Die Escher v. Luchs, Schweizerisch. — Züricher W.-B. s. oben u. Berner W.-B. von 1829.

Escherde, Escherte, Eschede. Altes braunschweigisches und braunschweig-lüneburgisches Adelsgeschlecht, aus welchem, nach

Grupen, Johann, Ludolff und Dietrich, alle drei Ritter E., 1292 in einer Urkunde des Klosters Marienrode vorkommen und Hugo, Ritter, und Johannes, die Escherte genannt, auf Escher-Camp 1314 urkundlich auftreten, auch wird von Lauenstein Basilius v. Escherde 1249 und Hatto v. Escherte 1393 unter den Domherren zu Hildesheim aufgeführt. — Der Stamm ist 1439 mit Hartwich v. E. erloschen und die Güter kamen an die v. Bortfeld und v. Hanensee.

Grupen, Antiquit. Hannov., I. S. 59 u. 83. — *Lauenstein*, Historia Hildesiens. I. S. 229 u. 231. — *Musshard*, S. 228. — *Gauhe*, II. S. 261. — *Zedler*, VIII. S. 1867. — *Spangenberg*, Vaterländ. Magaz. III. S. 327.

Escherich, Freiherren. (Schild geviert: 1 und 4 in Blau ein von Gold und Blau in zwei Reihen, jede zu fünf Feldern, geschachter Schildesfuss, auf welchem ein gekrönter, goldener Löwe einwärts springt und 2 und 3 in Roth ein wellenweise gezogener, silberner Querbalken, hinter welchem zwei Lilienstengel im Kreuz liegen). Erbländ.-österr. Freiherrnstand. Diplom vom 26. Jan. 1790 für Adam Franz v. Escherich, Herrn auf Tuczag, Budislau und Zalschy in Böhmen, k. k. Appellationsrath (und später Landrechts-Präsidenten zu Prag). Derselbe stammte aus einem österreich. Adelsgeschlechte, welches von Einigen für einen Zweig der alten schweizerischen Adelsfamilie Escher v. Luchs gehalten wird, doch sprechen für diese Annahme die Wappen beider Familien, s. oben und den Artikel: Escher vom **Luchs**, S. 156 eben nicht, doch behaupten Einige, dass der Löwe im **Wappen** dadurch entstanden sei, dass man einen Luchs in einen Löwen verwandelt habe. — Werner Escherich, nach den eben genannten Einigen, ein Urenkel des Niclas Escher, welcher, aus dem schweizerischen, sich in viele Aeste und Zweige geschiedenen und in entfernte Länder gekommenen Adelsgeschlechte dieses Namens stammend, sich mit einer Gräfin v. Biniagen vermählte und durch dieselbe die gleichnamige Herrschaft im Elsass an sich brachte, war Vogt des Klosterhauses zu Ursperg und erhielt 27. Juni 1643 eine kaiserliche Bestätigung seines altadeligen Standes und Herkommens. Der Enkel desselben, Anton v. Escherich, diente dem Erzhause Oesterreich in den ungarischen und Reichskriegen und blieb 1687 als k. k. Major vor Landau, nachdem er in der Ehe mit Amalia v. Irmtraud den Stamm fortgesetzt hatte. Ein Enkel des Letzteren, Georg Lorenz v. E., früher k. k. Lieutenant, später Fürstl. Schwarzenberg. Hauptmann der Herrschaft Krumau in Böhmen, erlangte als solcher 18. Oct. 1743 den böhmischen Ritterstand und das Incolat und aus seiner Ehe mit Maria Josepha Catharina Marchesa Alvarez de Toledo stammte der obengenannte Freiherr Adam Franz, welcher 1814 starb und mit Elisabeth Ludmilla Günther v. Sternegg vermählt war. Aus dieser Ehe entspross Freih. Georg, gest. 1846, k. k. Kämm., Gubernialrath und Kreishauptmann zu Tarnow in Galizien, verm. mit Eveline v. Abdank-Melbechowska, geb. 1784 und von demselben stammen vier Söhne: Freih. Severin, geb. 1804, (1857) k. k. Raths-Secretair des obersten Gerichts- und Cassationshofes zu Wien; Freih. Alfred, geb. 1806; Freih. Oscar, geb. 1814, Concipist der k. k. Landes-Finanz-Direction zu Lemberg und Freih. Hermann, geb. 1815, k. k. Kämmerer und Oberst in d. A., verm. 1855 mit Maria Freiin v. Hennet, geb. 1828.

<small>*Megerle v. Mühlfeld*, S. 48. — Geneal. Taschenbuch der freih. Häuser, 1849 S. 117—119 u. 1857 S. 178. — Suppl. zu Siebm. W.-B. VII. 17: Ritter v. E. (bei der Ueberschrift ist eine Verwechselung mit Schluttzky erfolgt). — *Tyroff*, II. 290. — W.-B. der Oesterr. Monarch. X. 45. — *Kneschke*, II. S. 138 u. 139.</small>

Eschstruth. Reichsadelsstand. Diplom v. 1773 für Johann Eschstruth und von 1776 für Johann Adolph E., hessischen Obersten.

<small>*v. Hefner*, Tab. 7 und S. 8.</small>

Eschwege. Altes, hessisches und fränkisches Adelsgeschlecht, welches sonst auch Aschinwege, Eschinwege und Eschwe geschrieben wurde und aus welchem Hans und Orban v. Aschinwege 1425 urkundlich auftreten. — Ob die Familie mit der hessischen Kreis- und Amtsstadt Eschwege an der Werra in Verbindung gestanden und die Burgmannschaft dieser Stadt besessen habe, ist genau nicht bekannt, wohl aber dass schon zeitig dieselbe an der Werra, namentlich mit Aue, Reichenbach etc. begütert war und auch in Thüringen das Gut Kammerforst etc. erwarb. Früher war das Geschlecht auch in der gefürsteten Grafschaft Henneberg mit Rossdorf angesessen und Müller führt in den Annal. Saxon. an, dass Curt v. Eschwege 1584 bei den Exequien des letzten Fürsten Georg Ernst zu Henneberg das Hennebergische Wappen getragen habe. Die Familie hat fortgeblüht, ist in Hessen ansehnlich begütert und besitzt auch Lehne im Kgr. Hannover. — Rudolph Friedrich Carl v. E. wurde 1848 Lieutenant in der k. hannov. Garde du Corps.

<small>*v. Gleichenstein*, Nr. 24. — *Schannat*, S. 75. — *Gauhe*, II. S. 261 und 262. — *Zedler*, VIII. S. 1869. — *Rommel*, Geschichte von Hessen I, Anmerk. S. 227 u. IV. Anmerk. S. 494. — *Freih. v. d. Knesebeck*, S. 126. — *Siebmacher*, I. 138; v. E. Hessisch. — *v. Meding*, II. S. 161 u. 162. — W. B. d. sächs. Staaten, VII. 35. — *v. Hefner*, Hessischer Adel, Tab. 7 u. S. 8. — *Kneschke*, I. S. 143 u. 144.</small>

Esebeck, auch **Freiherren.** Reichsfreiherrnstand Diplom im Kurpfalz-Bayerischen Reichsvicariate von 1740 für Hans Asmus v. Esebeck, Herrn zu Ingweyler u. auf Grossen-Salza, Liebehna u. Locherau, herz. pfalz-zweibrückschen. w. Geh.-Rath und Etatsminister etc. und K. Bayer. Bestätigungsdiplome des der Familie zustehenden Freiherrnstandes vom 8. Januar 1834 und 5. Febr. 1838. — Altes, ursprünglich braunschweigisches Adelsgeschlecht, welches Einige bis in das 10. Jahrh. zurückführen und welches früher den Namen Hasbeck und später Asbeck und Esbeck, woraus der jetzige Name entstanden, gehabt haben soll. Das Stammschloss Esbeck oder Esebeck bei Schöningen im Braunschweigischen, mit welchem die Familie vom K. Heinrich I. in Anerkennung der 936 in der Schlacht bei Merseburg bewiesenen Tapferkeit, der Sage nach, beliehen wurde, kam 1263 durch Kauf an das Bisthum Halberstadt und von diesem an Braunschweig, worauf es bis 1422 wieder an die Familie v. Esebeck, nach dieser Zeit aber an die v. d. Asseburg gelangte. Neben diesem Stammhause besass das Geschlecht im 13. u. 14. Jahrh. auch mehrere andere Güter im Braunschweigischen, verliess aber schon im 13. Jahrh. das Stammland, wendete sich ins Magdeburgische, in welchem es bedeutende Lehen inne hatte und wurde vom 14. Jahrh. an auch im Anhaltischen begütert. Gross-Salze mit Jehmig bei Halle war lange, bis

1714 ein Hauptsitz der v. Esebeck, welche daselbst grosse Salzwerke angelegt hatten. Im Departement Niederrhein des Elsasses stand der Familie Ingweiler von 1540—1793 zu und in neuerer Zeit ist dieselbe zu bedeutendem Grundbesitz in der Provinz Preussen gelangt und hat auch im Salzburgischen Güter an sich gebracht. Als Besitz des Geschlechts wurden 1856 angegeben: in Ober-Oesterreich Mammling und Sunzing bei Brauau; in Ostpreussen, die aus 22 Ortschaften bestehenden Peistenschen Güter und in Litthauen: Albrechtau und Ernstwalde, später, 1859 wurden genannt: in Preussen die Peistenschen Güter 18 Ortschaften und in der Mark Reichenwalde bei Storckow. — Was frühere und spätere Sprossen des Stammes anlangt, so war nach Angabe Einiger Ludwig de Asbecke 1205 Dapifer des K. Otto IV., Heinricus de Asbecke aber 1276 Ministeriale des Herzogs Albrecht zu Braunschweig, doch fragt sich immer noch, ob hier nicht eine Verwechselung mit dem alten westphälischen Geschlechte von Asbeck vorkommen könnte. Bertram de Esbeck kommt gegen Ende des 13. Jahrh. als Commendator der Tempelritterschaft in Alemannien und Böhmen und Friedrich 1297 als Comthur des deutschen Ordens zu Mewe vor. Nach dieser Zeit treten urkundlich mehrere Sprossen des Stammes als: Milites auf. — In der zweiten Hälfte des 16. Jahrh. war Hans Asmus (I.) v. E., Herr auf Grossen-Zalta, Liebehnau, Locherau im Anhaltschen und Jehmig im Magdeburgischen, mit **Anna Catharina** v. Werdensleben a. d. Hause Brumby vermählt und ein Sohn aus dieser Ehe, Burkard v. E., commandirte später im 30jährigen Kriege die Ritterpferde im Herzogthume Magdeburg. Letzterer hatte aus der Ehe mit Rosina v. Spitznase acht Kinder, von welchen ein Sohn, Joachim Friedrich, sächs. Kammerjunker und ein Anderer, Hans Asmus (II.) kais. Capitain war. Der Sohn des Letzteren, Hartwig Jordan, blieb 1698 als Hauptmann im Kriege gegen die Türken in Ungarn. — Philipp Jordan v. E., gest. 1746, Herr auf Liebehnau, Locherau etc., Anhalt-Bernburg. Ober-Stallmeister, war vermählt mit Auguste Elisabeth v. Einsiedel, aus welcher Ehe 11 Kinder entsprossten. Von diesen setzte der oben genannte Freiherr Hans Asmus den Stamm fort. Derselbe war mit Johanna Friederike v. Göllnitz, gest. 1771, vermählt und wurde nach seiner Erhebung in den Freiherrnstand, s. oben, bei der Reichsritterschaft als Freiherr immatriculirt. Von seinen Söhnen musste, während des 7jährigen Krieges, da ein Theil der Besitzungen der Familie unter preussischer Lehenshoheit stand, der Eine, Freih. Carl (I), sich in Preussen zum Militairdienste stellen, stieg später zur Würde eines k. preuss. Generals, wurde Inhaber eines Dragoner-Regiments, war Herr auf Siegelsdorf bei Bitterfeld und stiftete die preussische Linie der Familie, während sein Bruder, Freih. Eberhard, gest. 1817, k. französ. Maréchal de Camp, verm. mit Catharina Grf. v. Luxburg, die zweibrückensche Linie des Stammes gründete. Die anderen vier Söhne des Freih. Hans Asmus waren, neben einer Tochter, Freiin Luise, verm. mit dem franz. Feldmarschall Baron v. Closen und nach dem Tode desselben mit Carl Gustav Grafen von Stralenheim-Wasaburg, k. französ. Generallieutenant, Freih. Ludwig, pfalz-zweibrückenschen Geh.-Rath, Staatsminister, Oberjägermeister u. Oberamtmann zu Trarbach, verm. mit Caroline Auguste Freiin Gayling v. Altheim; Freih. Friedrich, Capitain in k. franz. Regimente Royal Deux-Ponts; Freih. Heinrich, gest. 1809, ebenfalls k. franz. Capit. im genannten Regimente, verm. mit einer Gräfin Firnhaber von Eberstein und Freih. Georg, gest. 1823, Oberst der Garde zu Fuss u. Kammerherr des Herzogs von Zweibrücken, verm. mit Charlotte Freiin v. Closen auf Haydenburg. — Die Familie blüht jetzt in den obenerwähnten zwei Linien, der Zweibrückenschen u. Preussischen Linie. Vom Stifter der Zweibrückenschen Linie, dem Freiherrn Eberhard, stammte Freih. Friedrich Ludwig Hans, gest. 1852, k. franz. Oberst, verm. 1818 mit Maria Anna Miss Atwell-Smith, geb. 1800. Aus dieser Ehe entspross Freih. Friedrich, geb. 1820, k. bayer. Rittm., verm. 1847 mit Therese v. Fritsch, geb. 1830, aus welcher Ehe zwei Söhne, August, geb. 1850 u. Oscar, geb. 1851 stammen. Die Schwester des Freiherrn Friedrich, Freiin Marie, geb. 1818, vermählte sich 1849 mit dem k. bayer. General-Staats Procurator Max Loë. — Der Stifter der Preussischen Linie, der oben genannte Freiherr Carl, war mit Wilhelmine Schönberg v. Brenkenhoff vermählt. Aus dieser Ehe entspross Freih. Carl, (II.) geb. 1786, Herr auf Reichenwalde, k. preuss. General-Lieut. a. D., verm. in erster Ehe mit Friederike v. Sauken, gest. 1830 und in zweiter 1832 mit Therese v. Stülpnagel, geb. 1810. Aus erster Ehe stammen, neben zwei Töchtern, Freiin Natalie, geb. 1815, verm. 1833 mit Hermann Freih. Hofer v. Lobenstein, k. preuss. Obersten und Regiments-Commandanten und Freiin Elise, geb. 1823, vier Söhne: Freih. Rudolph, geb. 1812, k. preuss. Major etc.; Freih. Hermann, geb. 1816, Herr auf Wangnick, Katlack und Buchholtz, königl. preuss. Landwehr-Hauptmann a. D., verm. 1843 mit Laura v. Studnitz, geb. 1821, aus welcher Ehe drei Söhne leben: Freih. Hugo, geb. 1818, Herr der Peistenschen Güter, k. preuss. Rittm. a. D., verm. 1845 mit Anna v. Schön, geb. 1817, aus welcher Ehe zwei Töchter entsprossten; und Freih. Carl, geb. 1821, k. preuss. Hauptmann, verm. 1851 mit Clara Freiin v. Rothkirch-Panthen, geb. 1828, aus welcher Ehe ein Sohn und drei Töchter stammen. Aus der zweiten Ehe des Freih. Carl, (II.), s. oben, entsprossten zwei Töchter und drei Söhne, die Freiherren: Ferdinand, geb. 1833, Friedrich, geb. 1835 und Constanz, geb. 1836, sämmtlich k. preuss. Lieutenants. — Nächstdem leben noch mehrere Nachkommen der oben genannten Brüder des Freih. Carl (I.), der Freiherren Heinrich und Georg, und zwar Enkel und Urenkel Beider. Die Enkel des Freih. Heinrich sind: Freih. Christian Philipp, geb. 1817, Sohn des 1839 verstorbenen Freih. Heinrich Christian, grossh. hess. Majors, k. k. Hauptmann in d. A. und die Freiherren Carl und Gustav, Beide in Paris, Söhne des 1824 verstorbenen Freih. Franz. Von dem Sohne des Freih. Georg, dem Freih. Carl, gest. 1831, Präfecten zu Mainz und später Bürgermeister zu Zweibrücken, stammen aus der Ehe mit Christine v. Krentzer zwei Söhne: Freih. Carl, geb. 1810, k. preuss. Kammerh.

und fürstl. hohenzollern-sigmaring. Major a. D., verm. mit Therese Freiin v. Fahnenberg, geb. 1815 und Freih. Georg, k. bayer. Kammerjunker u. Rittm. a. D., verm. in erster Ehe mit Maria Freiin v. Magerl, gest. 1841 und in zweiter mit Wilhelmine Jung.

Beckmann, VII. 2. S. 219—221 u. Tab. A. Nr. 13. — Gauhe, I. S. 507 u. 508. — Zedler, VIII. S. 1378. — N. Pr. A.-L. II, S. 143 u. 144 u. VI. S. 78. — Geneal. diplom. Jahrb. für d. preuss. Staat, 1841 I. Bd. 2. Abth. S. 79. — Frh. v. Ledebur, I. S. 208 u. III. S. 249. — Geneal. Taschenb. d. freih. Häuser, 1856 S. 168—174 u 1859 S. 177—180. — Siebmacher, I. 167: v. Esenbeck, Sächsisch. — W.-B. d. Kgr. Bayern, XI. 19: v. E. Freih. — Kneschke, II. S. 139 u. 140. — v. Hefner, bayer. Adel, Tab. 30 u. S. 33, preuss. Adel, Tab. 51 u. S. 42 u. hess. Adel, Tab. 7 u. S. 8.

Esel v. Alten-Schönbach. Altes, fränkisches Adelsgeschlecht, welches früher Esel hiess, sich aber nach Erwerb des Gutes Alt-Schönbach am Steigerwald nach demselben nannte und durch diesen Besitz der reichsfreien Ritterschaft des Cantons Steigerwald einverleibt wurde. Das Gut Alt-Schönbach kam 1545 durch Wolf v. Crailsheim an den Stamm desselben. — Conrad E. war 1297 des h. röm. Reichs Schultheiss zu Nürnberg; Heinrich E. besass 1303 Lehne in Steft, Windsheim, Westheim und Ulshofen und Hans Philipp E. v. A.-S., sesshaft zu Neustadt a. d. Aisch, lebte noch 1581 und war wahrscheinlich der Letzte seines Stammes. Früher hatten sich Einige des Geschlechts Esel v. Illesheim, einem Sitze 1 Stunde von Windsheim, genannt und Einige schrieben sich Esel v. Windsheim, oder Nordenberg, weil sie daselbst wohnten.

Biedermann, Canton Steigerwald, Tab. 206 und 207.

Esel v. Berg u. Esel v. Sawenheim. Zwei nur aus Siebmachers W.-B. bekannte Adelsgeschlechter, ersteres ein fränkisches, letzteres ein elsassisches. Die Esel v. Berg führten in Gold einen rechtsschreitenden Esel von natürlicher Farbe und die Esel v. Sawenheim hatten einen quergetheilten Schild, oben Silber ohne Bild und unten in Schwarz einen gehenden, weissen Esel.

Siebmacher, II. 80: Esel v. Berg, Fränkisch u. II. 129: E. v. Sawenheim, Elsassisch.

Esel v. Eselstein. s. Ottensteiner.

Eselarn, Esselarn, Eslarn. Altes, österreichisches Adelsgeschlecht, welches von 1228—1413 in Niederösterreich, und namentlich in Wien, sehr begütert war.

Wissgrill, II. S. 428—432.

Eselskopf-Motzerode, s. Auer v. Eselskopf-Motzerode, Bd. I. S. 140.

Esenwein. Bayerischer Adelsstand. Diplom vom 22. Febr. 1821 für Wilhelm Eberhard Friedrich Esenwein, Herrn unf Virnsberg.

Regier.-Blatt d. Kgr. Bayern, 1821. — W.-B. d. Kgr. Bayern, V. 30. — v. Hefner, bayer. Adel, Tab. 85 u. S. 75.

Eskeles, Edle, Ritter u. Freiherren. Erbländ.-österr. Adels-, Ritter- und Freiherrnstand. — Adelsdiplom von 1798 für Bernhard Eskeles, Gesellschafter des Grosshändlers Freiherrn v. Arnsteiner, mit dem Prädicate: Edler v.; Ritterstandsdiplom von 1811 für denselben als Grosshändler in Wien, aus allerhöchst eigenem Antriebe und Freiherrndiplom von 1822 ebenfalls für denselben als Banquier zu Wien.

Megerle v. Mühlfeld, S. 108 u. 179 u. Ergänz.-Bd. S. 55.

Esken, Estken. Altes, ursprünglich aus Westphalen stammendes

Adelsgeschlecht, welches früher zu den alten preussischen Landesrittern, später zu den Patriciern in Thorn gehörte und die Güter Gruben und Langendorf besass.

Frh. v. Ledebur, I. S. 209 u. III. S. 249.

Esleben, s. Eislen, S. 76.

Esmann, Essmann. Ein in Meklenburg vorgekommenes Adelsgeschlecht, aus welchem Sprossen seit der Mitte des 18. Jahrh. in der k. preuss. Armee standen. Ein Major v. E. wurde 1792 in das Infant.-Regim. v. Manstein versetzt, nachdem er mehrere Jahre Adjutant bei der westphälischen Inspection der Infanterie gewesen war und ein Sohn desselben stand als Officier im Regimente Kurfürst v. Hessen und nahm 1812 den Abschied.

N. Pr. A.-L. II. S. 144. — Frh. v. Ledebur, I. S. 209.

Espallart, Freiherren. Reichsfreiherrnstand. Diplom von 1701 für Franz Philipp Espallart, k. k. Rittmeister.

Megerle v. Mühlfeld, Ergänz.-Bd. S. 65.

Espelingeroda. Altes Adelsgeschlecht der ehemaligen Grafschaft Dassel im jetzigen Kgr. Hannover. Dasselbe stammte aus dem Geschlechte Rieme. Goserich, einer der Söhne des von seinem Rittersitze Bockelnhagen, s. den Artikel Bockelnhagen, Bd. I. S. 501, zugenannter Pencesslaus Rieme, baute sich zu Espelingeroda an nannte sich nach seinem Sitze und behielt das Bockelnhagensche Wappen; (in Roth zwei silberne, mit der Spitze nieder- und auswärts gekehrte Fischangeln) bei. Der Stamm ist längst erloschen.

Letzer, Dasselsche Chronik, S. 172 u. 173. — Wolf, eisfeld. Urkundenbuch, S. 12. — v. Meding, I. S. 149.

Espinard de Cologne, Freiherren. Altes, elsassisches Rittergeschlecht, welches der Ritterschaft im Elsass einverleibt war. Aus demselben stammte Benignus Johann Claudius E. de C., geb 1754, k. bayer. Generalmajor der Artillerie, Staatsrath und General-Director des Staatsministeriums der Artillerie, welcher mit dem Sohne seines verstorbenen Bruders, des k. bayer. Generalmajors Franz Alexander E. de C.: August Alexander Heinrich E. de C., k. bayer. Artillerie-Oberlieutenant, in die Adelsmatrikel des Kgr. Bayern, und zwar in der Classe der Freiherren, eingetragen wurde, nachdem der Freiherrnstand bis in das 5. Glied hinauf urkundlich nachgewiesen worden war.

v. Lang, Suppl. S. 41 u. 42. — W.-B. d. Kgr. Bayern, II. 78 u. v. Wölckern, Abth. 2. — v. Hefner, bayer. Adel, Tab. 26 u. S. 30.

Essellen. Im Kgr. Preussen anerkannter und erneuerter Adelstand. Diplom vom 12. März 1787 für Friedrich Heinrich Dietrich v. Essellen, k. preuss. Justizrath und Herrn auf Krengeldanz und Krewinkel im Cleveschen. — Derselbe gehörte zu einem westphälischen Adelsgeschlechte und von seinen und den Nachkommen des k. preuss. Landrichters und Justizraths v. Essellen zu Bochum haben Mehrere in k. preuss. Staats- und Militairdiensten gestanden.

v. Hellbach, I. S. 341. — N. Pr. A.-L. II. S. 144 u. 145 u. V. S. 149. — Frh. v. Ledebur, I. S. 209. — W.-B. d. Preuss. Monarch. III. 15. — Knesclke, III. S. 133.

Essen, auch Freiherren und Grafen. (Stammwappen: in Silber ein schräglinker, schwarzer, mit drei goldenen Rauten belegter Balken). Altes, ursprünglich westphälisches Adelsgeschlecht, eines Stammes und Wappens mit den v. Düngeln, s. Bd. II. S. 595 und den v. Eickel, S. 63, welches am Niederrhein und in der Niederländischen Provinz Geldern begütert wurde, zeitig nach Curland, Liefland, auf die Insel Oesel und nach Schweden, wo dieselbe den Freiherrn- und Grafenstand erlangte, kam und im 17. Jahrh., so wie in der ersten Hälfte des 18. Jahrh. im Brandenburgischen, in der zweiten Hälfte des 18. Jahrh. aber in Westpreussen und in Pommern angesessen war. — Friedrich Wilhelm v. E., k. preuss. Oberst, besass nach der Mitte des 18. Jahrh. Gross-Volz im Kr. Rummelsburg; Peter v. E. war im Anfange dieses Jahrh. k. russ. General der Infanterie und Gouverneur zu Petersburg und ein k. preuss. Major v. E. kommt 1815 als Commandant von Memel vor und starb 1818.

Brüggemann, I. 9. Hptst. — *Hupel*, Materialien, 1788 S. 203. — *v. Firks*, Ursprung des Adels in den Ostseeprov. S. 157. — N. Pr. A.-L. II. S. 145; — *Frh. v. Ledebur*, I. S. 209 u. III. S. 249. — *Siebmacher*, V. 35.

Essen, Edle und Ritter. (Schild der Länge nach getheilt: rechts in Gold ein rothes Füllhorn und links in Silber auf grünem Dreihügel ein Weinstock). Reichs-Ritterstand. Diplom vom 26. März 1706 für Franz E., k. schwedischen Hofgerichtsrath, mit dem Prädicate: Edler von. — Derselbe, aus einer angesehenen Greifswalder Familie stammend, setzte den Stamm fort und von seinen Nachkommen besass der Landschaftsrath v. Essen, gest. 1834, das Gut Nadrense im Kr. Ueckermünde.

N. Pr. A.-L. II. S. 145. — *Frh. v. Ledebur*, I. S. 209 u. III. S. 249.

Essen, Essenius v. Essen (in Silber ein das Feld ganz überziehendes Kreuz). Reichsadelsstand. Diplom vom 30. Dec. 1767 für August Franz Essenius, kursächs. Legationsrath und am k. polnischen Hofe accreditirten Residenten. — Die Notification dieser Erhebung erfolgte in Kursachsen 28. Juli 1768. — Der Stamm wurde fortgesetzt und das Geschlecht gehört jetzt zu dem Adel der freien Stadt Frankfurt a. M.

Handschriftl. Notizen. — *v. Hefner*, frankfurter Adel.

Esser. Erbländ.-österr. Adelsstand. Diplom von 1774 für Christian Esser, k. k. Oberlieutenant bei dem Infant.-Regim. Gr. v. Deym.

Megerle v. Mühlfeld, Ergänz.-Bd. S. 279.

Esslinger. Schlesisches Adelsgeschlecht, welches aus der ehemaligen freien Reichsstadt Esslingen, 2½ Stunde von Stuttgart, stammte. Dasselbe wurde zuerst im österreichischen Schlesien begütert, später aber liessen sich Zweige auch in den Fürstenthümern Breslau, Schweidnitz und Münsterberg, so wie auch in der Standesherrschaft Militsch nieder. Im Breslauischen, wo Lohe schon 1558 der Familie zustand, wurde Bohrau im Kr. Strehlen das Stammhaus, nach welchem sich das Geschlecht schrieb. — Nicolaus v. Esslinger und Bohrau (Bohre) war 1634 Hofmeister zu Militsch und mit Barbara v. Lüttwitz vermählt. Die Familie blühte in das 18. Jahrh. hinein und besass noch 1719 Ober-Bögendorf im Schweidnitzischen. Später ist der Stamm erloschen.

Sinapius, I. S. 351 u. II. S. 614. — *Ganhe*, II. S. 262. — N. Pr. A.-L. II. S. 145. — *Frh. v. Ledebur*, I. S. 209. — *Siebmacher*, I. 51: Die Esslinger, Schlesisch.

Esslinger v. Esslingen. Erbländ.-österr. Adelsstand. Diplom von 1853 für Jacob Esslinger, k. k. Artillerie-Hauptmann, mit dem Prädicate: v. Esslingen.

<small>Augsb. allg. Zeit. 1853.</small>

Essmeister. Ein in Niederösterreich nur von 1473—1513 vorgekommenes Adelsgeschlecht.

<small>Wissgrill, II. S. 412.</small>

Esterházy-Galantha, Grafen und Fürsten. Reichsgrafen- und Fürstenstand. Grafendiplom vom 10. Aug. 1626 für Niclas E., Freih. v. G., vom 17. Nov. 1683 für Johann (III.) E., k. k. Kämm., General etc. für sich, seine Nachkommen und seine Agnaten und Fürstendiplom vom 7. Dec. 1687 für Paul (IV.) Gr. E, — Schloss und Herrschaft Galantha im Pressburger Comitate, von welcher Besitzung die Familie das Prädicat führt, kamen 1421 in dieselbe und 10. Aug. 1626 erlangte das Geschlecht, in Folge des Besitzes der Herrschaft Forchtenstein, den Titel: Erbgrafen zu Forchtenstein. — Eins der ältesten, durch viele seiner Sprossen berühmtesten und durch grossen Güterbesitz vornehmsten, edlen Geschlechter Ungarns, als dessen Stammvater Paul Estoras genannt wird. Derselbe, der Sage nach ein Sohn des Heerführers der Hunnen Eurs oder Eörs, wurde 969 getauft und erhielt den Namen Paul, behielt aber mit seinen Nachkommen den Namen Estoras bei. Die Gemahlin desselben soll die Tochter des ungarischen Fürsten Aba III., Serena, gewesen sein, welche in der Taufe Christine genannt wurde. — Die genealogischen Verhältnisse der Familie sind von einem Nachkommen Pauls, Ludwig Estoras, an, welcher, Feldherr des Königs Salomon I. in Ungarn, um 1070 vor dem jetzigen Belgrad blieb, bekannt und finden sich nach den besten, unten angegebenen Quellen aus dem 18. Jahrh. wohl am übersichtlichsten und kürzesten in den deutschen Grafenhäusern der Gegenwart zusammengestellt, auf welche hier verwiesen wird. Ludwig's zweiter Sohn, Michael Estoras, rettete dem König Ladislaus, dem Heiligen, als Oberst der königlichen Leibwache in einer Schlacht mit den Cumanen um 1090 das Leben und erhielt als Belohnung 1095 zuerst das Wappen, welches die Familie noch führt: in Blau einen rechtsgekehrten, gekrönten, goldenen, in der rechten Pranke einen Säbel emporhaltenden Greif. Dieses Wappen wurde später, 1225, durch Königl. Diplom für Matthias Estoras dadurch vermehrt, dass der Greif in die linke Pranke drei Rosen erhielt und auf einer goldenen, königlichen Krone zu stehen kam. Von den Nachkommen desselben erhielt Nicolaus I. v. Estoras 1421 die obengenannte Herrschaft Galantha und von Nicolaus I. in der 7. Generation stifteten die drei Gebrüder Daniel I., Paul III. und Nicolaus II., — Söhne des 1595 verstorbenen Franz IV., welcher zuerst mit dem Namen Esterházy vorkommt, früher sich aber Estoras Baro de Galantha schrieb, — drei Linien: die ältere oder erste Hauptlinie zu Czessnek, die mittlere oder zweite zu Zolyom oder Altsohl und die jüngere oder dritte, später fürstliche, zu Frakno oder Forchtenstein und die aus dieser hervorgegangene gräfliche Nebenlinie zu Papa. Die Eintheilung in diese drei Hauptlinien, welche sämmtlich fortblühten, hat bis auf die neuere Zeit bestanden, in welcher dieselbe etwas verändert worden ist. Man theilt nämlich jetzt den Stamm Esterházy-Galántha in vier Häuser ein: in das Haus Forchtenstein, Hallewyl, Altsohl und Czessnek. Das Haus Forchtenstein zerfällt in zwei Linien, die ältere, fürstliche, und die jüngere, gräfliche, welche Letztere aus einem älteren und jüngeren Zweige besteht. Die Häuser Hallewyl und Altsohl haben keine Unterabtheilungen, das Haus Czessnek aber hat sich in eine ältere und jüngere Linie geschieden. — Der reiche Güterbesitz, in welchen der Stamm im Laufe der Zeit gekommen ist, kann hier nicht vollständig angegeben werden: es genüge von demselben anzuführen: in Ungarn die Herrschaften Csákvár, Dotis, Gesztes, Papa, Ugod, Devecser und Mezzölak; die Herrschaft Tallos; die Herrschaften Landschütz und Wartberg und Frankno; die Herrschaft Grodeck etc. in Russland: die Herrsch. Dárda und Gattendorf; die Herrsch. Zélez, Megyer und Visk; die Herrsch. Szombathhely und Czessnek im Vessprimer Comitate, Sáfrod im Stuhlweissenburger und Bressing im Oedenburger Comitate; in Siebenbürgen: die Herrsch. Gyalu, Obrázso, Móts; die Güter Iklód, Sztána, Zamosfalva und Abasfalva; in Niederösterreich die Herrsch. Schwarzenbach und Pottenstein; in Bayern die gefürstete Grafschaft Edelstetten; in Baden die Herrsch. Gailingen etc. etc. — Wie über die fortlaufenden Stammreihen der sämmtlichen Linien des Hauses Esterházy v. Galántha und über die genealogischen Verhältnisse derselben bis 1854 nach dem oben Mitgetheilten die deutschen Grafenhäuser im Falle des Bedarfs die genauesten Nachweise ergeben, so ist hinsichtlich des neuesten Personalbestandes des so gliederreichen Stammes auf die letzten Jahrgänge des Gothaischen genealogischen Taschenbuchs und des genealogischen Taschenbuchs der gräflichen Häuser zu verweisen und es kann hier nur auf die jetzigen Häupter der Familien und auf diejenigen Sprossen der Familie Rücksicht genommen werden, welche für die spätere Geschichte des Stammes von besonderer Bedeutung werden können. Es mögen daher nachstehende Angaben hinreichen: Haus Forchtenstein Aeltere, fürstliche Linie: Paul Anton Fürst Esterhazy v. Galántha, geb. 1786, gefürsteter Graf zu Edelstetten, Herr zu Forchtenstein, k. k. Kämm. und w. Geh. Rath, folgte seinem Vater, dem Fürsten Nicolaus, 1833, verm. 1812 mit Prinzessin Therese zu Thurn und Taxis, geb. 1794, aus welcher Ehe, neben zwei Töchtern, ein Sohn entspross: Prinz Nicolaus, geb. 1817, k. k. Kämm. und Rittm. in d. A., verm. 1842 mit Lady Sarah Frederica Caroline, des George Child Villiers Earl of Jersey Tochter, gest. 1853, aus welcher Ehe eine Tochter und drei Söhne stammen, die Prinzen: Paul, geb. 1843, Rudolph, geb. 1848 und Nicolaus, geb. 1851. — Jüngere Linie. Aelterer Zweig: Nicolaus Graf v. Esterházy, Freih. zu Galántha, Erbgraf zu Forchtenstein, geb. 1804, Sohn des 1856 verstorbenen Grafen Nicolaus, k. k. Kämm. und w. Geh. Rath, Herr zu Csákvár, Dotis, Gesztes, Papa, Ugod, Dévecser und Mezzölak, verm. 1809 mit der Erbtochter des letzten Grafen Maximilian v. Plettenberg-Wittem zu Mietingen, Maria Grf. zu Plettenberg-Mietingen, geb. 1809, Besitzerin der plettenbergschen Güter, aus welcher Ehe, nach deren Vollziehung Graf Nicolaus den Namen Esterházy-Plettenberg annahm, drei Söhne entsprossten, d e Grafen Paul, geb. 1834, Maximilian, geb. 1837 und Nicolaus, geb. 1839. — Jüngerer Zweig: Gr. Michael, geb. 1794, Herr der Herrschaft Tallos, k. k. Kämm., verm. 1817 mit Sophie Freiin op dem Hamme, genannt v. Schopping, verw. Grf. v. Fünfkirchen, gest. 1844. — Von den beiden Brüdern des Grafen Michael, dem Grafen Joseph, gest. 1847 und dem Grafen Carl hat Letzterer den Mannsstamm fortgesetzt. Derselbe, gest. 1856, Herr zu Frakno, k. k. Kämm u. w. Geh. Rath, gewesener Obergespan des raaber Comitats, vermählte sich 1820 mit Antonie Freiin v. Perényi, gest. 1847 und aus dieser Ehe stammen drei Söhne, die Grafen Anton, Franz und Ernst. Graf Anton, geb. 1820, Herr zu Hody im pressburger Comitate, k. k. Kämmerer, vermählte sich 1848 mit Vera Fürstin v. Troubetzkoi, aus welcher Ehe zwei Söhne stammen, Michael, geb. 1853 und Franz, geb. 1856; Graf Franz, geb. 1823, ist k. k. Major in d. A. und Graf Ernst, geb. 1826, vermählte sich 1854 mit Euphemie v. Tengoborsky. — Haus Hallewyl: Graf Valentin, geb 1814, Sohn des 1838 verstorbenen Grafen Valentin aus der Ehe mit Anna Grf. Weissenwolff, k. k. Kämm. u. Geh. Rath, a. o. Gesandter u. bevollm. Minister am k. russ. Hofe. Ein Bruder seines Vaters, Graf Ladislaus, geb. 1797, k, k. Kämm., ist Herr der Herrschaft Grodeck etc. in Russland. — Haus Altsohl: Graf Casimir, geb. 1803, Sohn des 1829 verstorbenen Grafen Johann Nepomuk Casimir, Herr auf Zólyom und Dobronyiva, k. k. Kämm., verm. in erster Ehe mit Leopoldine Grf. Szápáry, gest. 1838 und in zweiter mit Aspasia Freiin v. Montval, geb. 1804. Aus der ersten Ehe entsprossten drei Töchter, aus der zweiten aber eine Tochter und ein Sohn, Graf Daniel, geb. 1843. — Haus Czessnek: Aeltere Linie: Graf Aloys, geb. 1780, Sohn des 1840 verstorbenen Grafen Johann Nepomuk aus der Ehe mit Agnes Grf. v. Bánffy, k. k. Kämm. und Oberstlieut. in d. A., verm. 1818 mit Johanna Grf. v. Batthyány, geb. 1797. Die vier Brüder desselben waren und sind: Graf Georg, geb. 1781, k. k. Kämm., Geh. Rath und Ober-Stabelmeister, verm. 1808 mit Caroline Grf. v. Praschma, gest. 1846; — Graf Michael, geb. 1783, verm. 1817 mit Antonia Freiin v. Schröffl-Mannsberg; — Graf Dionys, geb. 1788. 1824 mit Caecilie Grf. v. Haller; — und Graf Ladislaus, geb. 1790, k. k. Kämm. und Hofrath bei der vormal. siebenbürgischen Hofcanzlei. Die Grafen Georg, Michael und Dionys haben den Stamm fortgesetzt. Vom Grafen Georg entsprossten zwei Söhne: Graf Georg, gest. 1856, k. k. Kämm., Geh. Rath, a. o. Gesandter u. bevollm. Minister am k. preuss. Hofe, verm. mit Luise, des Herzogs Anna Ludwig Ferdinand v. Rohan-Chabot Tochter, geb. 1824, aus welcher Ehe, neben zwei Töchtern, ein Sohn, Graf Georg, geb. 1848, stammt und Graf Carl, geb. 1820, k. k. Kämm. Vom Grafen Michael stammen vier Töchter und drei Söhne, die Grafen: Stephan, geb. 1822, Anton, geb. 1825 und Franz, geb. 1829 und vom Grafen Dionys eine Tochter und drei Söhne, die Grafen Johann, geb. 1825, Michael, geb. 1826 und Koloman, geb. 1831, verm. mit Pauline Grf. Bethlen v. Bethlen, geb. 1834. — Jüngere Linie: Graf Joseph, geb. 1799, Sohn des Grafen Joseph, vermählt 1823 mit Rosalie Freiin v. Barthodiosky, aus welcher Ehe ein Sohn, Graf Geiza, geb. 1834, stammt. Die vier Söhne seines Vaters-Bruders, des Grafen Emmerich, gest. 1838, sind die Grafen: Paul, geb. 1804, k. k. Rittm. in d. A., verm. mit Antonie Grf. Viczay, geb. 1812; Emmerich, geb. 1808, k. k. Rittm. in d. A.; Alexander, geb. 1810, k. k. Kämm. und Oberst ad honores in Pension und Graf Ladislaus, geb. 1812, k. k. Kämmerer u. Rittm. in d. A., verm. mit Elisabeth Freiin v. Orczy, geb. 1822. Von diesen vier Brüdern haben die Grafen Paul und Ladislaus Nachkommenschaft.

Imhof, Not. Proc. Germ. Lib. V. c. 24 S. 276. — Trophaeum nobiliss. et antiquiss. Domus Estorasianae, Viennae 1700. — Illustres Esterhazianae Gentis heroes, Tyrnaviae, 1727. — Zedler, VIII. S. 1987. — Leupold, I. S. 285—325, mit Diplomen und Ahnentafel. — Wissgrill, II. S. 432—464, mit 3 Ahnentafeln. — Jacobi, 1800, I. S. 521—523 u. II. S. 200 u. 201. — v. Lang, S. 2—4. — Megerle v. Mühlfeld, S. 4 u. 5 u Ergänz.-Bd. S. 9 — Schmutz, I. S. 334—337. — Allg. geneal. u. Staats-Handb. 64. Jahrg. 1824. I. S. 274—279. — Deutsche Grafenh. d. Gegenw. III, S 104 - 112. — Frh. v. Ledebur, III. S. 249. — Gothaisches geneal. Taschenb. 1859 S. 127 u. 123: unter Berufung auf 1836, S. 99 und 1348, S. 174. — Geneal. Taschenb. d. gräfl. Häuser, 1859 S. 247—253. — Siebmacher, V. 5. — Suppl. zu Siebm. W.-B. I. 21, VIII. 1 u. XII. 20. — Tyroff, II. 113. — W.-B. d. Kgr. Bayern, I. 3 u. v. Wölckern, Abth. 1 — W.-B. d. österr. Monarch. Bd. I. — Hyrtl, Bd. I. — e. Hefner, hoher Adel, Fürsten E. v. G. und krainer Adel, S. 27. — Illustr. deutsche Adelsrolle, I. Tab. 2 Nr. 7 u. S. 20—22.

Esterno, Grafen. Altes, französisches Grafengeschlecht, aus welchem 1789, bei dem Ausbruche der Revolution, Glieder nach Preussen kamen. Einer derselben wurde 1798 k. preuss. Kammerherr.

N. Pr. A.-L. II. S. 146.

Estken, s. Esken, S. 161.

Estocq, l'Estocq, auch Grafen. Reichs-Grafenstand. Diplom vom 7. April 1744 für Johann Hermann v. L'Estocq, k. russ. Geh. Rath etc. — Französisches, aus der Picardie und Champagne stammendes Geschlecht, dessen protestantische Linie nach Aufhebung des Edicts von Nantes sich nach England, Schottland und später nach Deutschland, namentlich nach Hannover, begab. Die Familie wurde zuerst durch das bewegte Leben des oben genannten Grafen Johann Hermann, geb. 1692 zu Celle, bekannt, welcher ohne Nachkommen 7. Sept. 1767 zu Petersburg starb. — Mehrere Sprossen des Stammes kamen in Preussen zu hohen Ehrenstellen und zu denselben gehörten namentlich Anton Wilhelm und Ludwig Heinrich v. L'E. Ersterer, geb. 1738 zu Celle, der Sohn des in demselben Jahre als Oberstlieutenant in die k. preuss. Armee eingetretenen, aber bald verstorbenen v. L'E. aus der Ehe mit einer v. Grabow, wurde von einem Oheime, welcher k. preuss. Kriegsrath und Canzler der Universität Königsberg war, erzogen, trat in die Armee 1758 ein, stieg von Stufe zu Stufe, nahm als General der Cavallerie und Gouverneur von Breslau 1814 seinen Abschied und starb 1815. Unter den Augen des Königs Friedrich II. in Ziethen's Schule gebildet, wurde er einer der ausgezeichnetsten Führer der Reiterei und zeichnete sich in vielen Schlachten, besonders aber bei Eylau aus, wo er namentlich zum Ausschlage der Schlacht beitrug. Aus seiner Ehe mit einer v. Koppelow, welche als Wittwe Oberhofmeisterin der Prinzessin Wilhelm wurde, entspross ein Sohn, welcher als k. preuss. Major aus dem activen Dienste trat und Hofmarschall des Grossherzogs von Meklenburg-Strelitz wurde, später aber diese Stellung aufgab und sich in der Oberlausitz mit Ebersbach, Girbigsdorf, Kiessingswalde und Ober-Neundorf bei Görlitz ankaufte. — Ludwig Heinrich v. L'E., s. oben, ein Neffe des Generals Anton Wilhelm v. L'E., trat 1815 als k. preuss. Generalmajor aus der Armee, war dann Ministerresident mehrerer deutschen Bundesfürsten am k. preuss. Hofe und starb 1837. Ein Sohn desselben, Ernst v. L'E. war um diese Zeit k. preuss. Regierungsrath in Merseburg.

<small>N. Pr. A.-L. II. S. 146 u. 147. — Diplom. Jahrb. f. d. preuss. Staat, 1841. 2. Abth. S. 79. — Frh. v. Ledebur, I. S. 209 u. II. S. 249. — Schlesisches W.-B. Nr. 202.</small>

Estorff (in Roth eine schrägrechts gelegte, doppelte, silberne Lilie). Altes, braunschweigisches, urkundlich schon 1239, 1247, 1251 und 1281 vorkommendes Adelsgeschlecht, nach Pfeffinger, wofür allerdings das Wappen spricht, eines Stammes mit der Familie v. Schack, s. den betreffenden Artikel. Die Familie v. Schack besass nämlich das Gut Estorff (Estorp) im Braunschweigischen, nach welchem sich, laut Urkunden von 1200 und 1342, Glieder dieses Geschlechts nannten. — Mangold v. E. wird 1281 als Burgherr zu Lüneburg, und Conrad v. E. mit der gleichen Würde 1307 aufgeführt; Ludolph v. E. war 1448 Dompropst zu Halberstadt und ein anderer Ludolph v. E. 1507 herz. braunschw. lüneb. Geh. Rath, Grossvogt zu Celle und Hauptmann zu Winsen; Emerentia Catharina v. E. stand von 1642—1667 und Dorothea Emerentia v. E. von 1722—1731 dem Stifte Ebsdorf als Aebtissin vor; Ludolph Otto v. E. starb 1691 als Abt zu St. Michaelis in Lüneburg und erster Landschafts-Director und Dietrich Hartwig 1700 als Dompropst und Senior zu Havelberg, kurbrandenb. Kriegs-Commissar und Director des Priegnitzschen Kreises; Otto v. E. war 1729 k. grossbrit. Hofrichter zu Celle und Landrath etc. etc. — Die Familie, deren ältester lüneburgischer Lehnbrief von 1487 ist und welche 1533 das von denen v. Hitzacker 1292 erkaufte Gut Veersen freiwillig dem Landesherrn zu Lehn auftrug, hat fortgeblüht und gehört jetzt im Kgr. Hannover durch Besitz der Güter Barnstedt, Veersen, Teiendorf und zweier Güter in Netze, wie auch in Bleckede zu dem ritterschaftlichen Adel der Lüneburgischen Landschaft. Sprossen desselben haben mehrfach in der k. hannov. und k. preuss. Armee gestanden. Neuerlich ist die Familie auch in Westpreussen, Posen und Franken begütert worden.

<small>J. Burmeister, Genealogia familiae Estorfiorum, Hamburgi, 1616. fol. — Pfeffinger, I. S. 433—442. — Gauhe, I. S. 508 u. 509. — Schmidt, Beiträge zur Geschichte des Adels, I. S. 192 u. 193 u. II. S. 309. — N. Pr. A.-L. V. S. 149. — Frh. v. d. Knesebeck, S. 126. — Frh. v. Ledebur, I. S. 209. — Siebmacher, I. 184. — Köhler, Abhandl. vom silbernen 1516 zu Alt-Oetting verlobten Schiffe, Tab 1 Nr. 4 und S. 24. — c. Meding, I. S. 149 u. 150. — W.-B. d. Kgr. Hannover, C. 8 u. S. 3. — Kneschke, II. S. 140—142.</small>

Estorff, Estorp (in Grün ein oben und unten abgehauener, schrägrechts liegender und an jeder Seite zweimal geasteter silberner Baumstamm). Altes, bremensches, zum Adel im Kedinger Lande gehörendes Geschlecht, welches in der ersten Hälfte des 18. Jahrh. erloschen sein soll und welches, wie schon die Wappen ergeben, mit der im vorstehenden Artikel besprochenen lüneburgischen Familie dieses Namens in keiner Stammverwandtschaft gestanden hat.

Mushard, S. 229. — Gauhe, I. S. 503. — Frh. v. Krohne, I. S. 284 u. 285. — v. Meding, I. S. 150. — Suppl. zu Siebm. W.-B. V. 16.

Etschfeld, s. Brandhuber v. Etschfeld, Bd. II. S. 17.

Ettenberg, s. Biermann v. Ettenberg, Bd. I. S. 426.

Ettenreich, Ritter. (Schild geviert: 1 und 4 in Gold der kaiserliche Reichsadler und 2 und 3 in Roth zwei verschlungene Hände und über denselben eine Bürgerkrone). Erbländ.-österr. Ritterstand. Diplom von 1853 für Georg Ettenreich, Bürger in Wien, in Anbetracht der muthigen Beihülfe zur Abwehr des am 18. Febr. 1853 gewagten meuchlerischen Attentates auf Sr. Maj. des K. Franz Joseph I. von Oesterreich geheiligte Person.

Handschriftl. Notiz.

Ettenreicher v. Ettenreich. Erbländ.-österr. Adelsstand. Diplom von 1755 für Heinrich Ettenreicher, Tuchhändler, wegen Monturs-Tücher-Lieferung, mit dem Prädicate: v. Ettenreich.

Megerle v. Mühlfeld, S. 179.

Ettinghausen, auch Ritter. Erbländ.-österr. Adels- und Ritterstand. Adelsdiplom von 1812 für Constantin Ettinghausen, k. k. General-Feldwachtmeister und Ritterstands-Diplom von 1857 für A. v. Ettinghausen, k. k. Regierungsrath und Professor an der Universität zu Wien.

Megerle v. Mühlfeld, Ergänz.-Bd. S. 279. — Augsb. allg. Zeit., 1857.

Ettinghausen, Oettinghausen, s. Brunnen, zum Brunnen, Bd. II. S. 108.

Ettmannsdorf. Altes, meissensches, erloschenes Adelsgeschlecht, welches, wie Gauhe angibt, ganz verschieden von den meissenschen Familien v. Erdmannsdorf und Erckmannsdorff war. — Herte und Heinrich v. E. waren 1476 im Comitate des Herzogs Albrecht zu Sachsen auf der Reise nach Palästina, wie Müller, Annal. saxonic. S. 42 erzählt, und Asmus v. Ettmannsdorf besass noch nach Gauhe um die Mitte des 16. Jahrh. die Rittergüter Gross-Städteln, Keschwitz und Gossa im Meissenschen. — Knauth erwähnt die Familie nicht und Gross- und Klein-Städteln und Gaschwitz (ein Dorf Keschwitz in Sachsen ist nicht bekannt) waren einst in der Hand der Familie v. Erdmannsdorff. So könnte denn Gauhe wohl geirrt und die von ihm Angeführten zu letzterer Familie gehört haben.

Gauhe, II. S. 262.

Ettmayer v. Adelsburg, auch Ritter. Erbländ.-österr. Adels- und Ritterstand. Adelsdiplom von 1812 für Anton Ettmayer, Buchhalter der Galizischen Provinzial-Staatsbuchhaltung, wegen 50jähriger Dienstleistung, mit dem Prädicate; v. Adelsburg und Ritterstandsdiplom von 1822 für denselben als jubilirten Galizischen Provinzial-Staatsbuchhalter. Der Stamm wurde fortgesetzt und Andreas E. Ritter v. A. war 1835 k. k. Kreishauptmann zu Tarnow in Galizien.

Megerle v. Mühlfeld, S. 179 u. Ergänz.-Bd. S. 137.

Ettner und Elteritz, Ritter. Böhmischer Ritterstand. Diplom von

1708 für Johann Christoph Ettner, k. k. Rath, mit dem Prädicate: v. Ettner und Eiteritz.

<small>*Megerle v. Mühlfeld*, Ergänz.-Bd. S. 137.</small>

Etzbach, Etzbach v. Dückenburg. Niederrheinisches Adelsgeschlecht, welches schon 1440 Dückenburg im jetzigen Kreise Opladen besass und im 16—18. Jahrh. auch andere Güter am Niederrhein inne hatte. Im Anfange der ersten Hälfte des 17. Jahrh. stand der Familie im Bentheim'schen das Gut Langen zu, welches noch 1780 Eigenthum derselben war. Spätere Besitzungen sind nicht bekannt.

<small>*v. Hattstein*, I. S. 398 u. S. 430. — *Fahne*, I. S. 96 u. II. S. 39. — *Frh. v. Ledebur*, I. 209.</small>

Etzdorff, Ezdorff, auch **Freiherren und Grafen.** (Stammwappen: in Silber ein mit den Hinterläufen auf einem grünen Dreihügel stehender, mit den Vorderfüssen springender, rother Hirsch). Reichsfreiherrnstand. Diplom vom 17. Juli 1684, nach anderen Angaben vom 23. Juli 1682, für Georg Carl v. E., Vicedom und Landschafts-Präsidenten, und Reichsgrafenstand: Diplom im Kurpfälzischen Reichs-Vicariate vom 19. Aug. 1790. nach v. Lang für Ludwig Adam Freih. v. E., Domherrn zu Freising und Regensburg etc. mit seinen zwei Brüdern, Johann Nepomuk, kurpfälz. Geh. Regier.-Rathe zu Landshut und Pfleger zu Kirchberg und Gottlieb, Vicedom zu Ellwangen. Dagegen nehmen Andere an, dass der Letztere dieser Brüder Franz Xaver geheissen habe, kurpfälz. Kämm., Geh. Rath, Vicedom und Landschafts-Präsident gewesen sei und dass von ihm die jetzigen Sprossen der gräflichen Linie abstammten. — Die Familie v. Etzdorff ist ein altes, thüringisches Adelsgeschlecht aus dem gleichnamigen Stammhause im Amte Eisenberg des Herzogthums Sachsen-Altenburg — Heinrich Ezelsdorf, Ritter, kommt urkundlich als Zeuge bereits 1270 vor und 1274 überliess derselbe seine beiden Höfe in Eisenberg dem Landgrafen Albrecht in Thüringen, welcher diese Höfe dem Kloster zu Eisenberg schenken wollte. Balthasar v. E. lebte um 1496 und die Brüder, Hans Heinrich und Melchior v. E. besassen 1547 die Güter Behmen im Weimarschen und Herrschdorf im Meiningenschen. Die Söhne der Letzteren, Joachim und Wilibald, schlossen ihrer Besitzungen wegen 1575 einen Vertrag; Heinrich v. E. war um diese Zeit herz. sächs. Coburg. Rath und Rentmeister; Friedrich 1588 Hauptmann zu Jena und Christoph im demselben Jahre Amtmann zu Römhild. Hans Wilhelm v. E. starb 1640 als Gräfl. Stolbergscher Haus- und Forstmeister und Hans Friedrich und Heinrich v. E. hatten noch 1670 mehrere Güter im Altenburgischen inne. Um diese Zeit war Georg Friedrich v. E. h. sachs. gothaischer Obersteuereinnehmer und Oberkriegscommissar. Von der zahlreichen Nachkommenschaft desselben kam ein Sprosse nach Bayern, wo als erstes Glied der Familie Johann Georg v. E., verm. mit Anna v. Weise, genannt wird. — Ausser den Besitzungen in den thüringischen Landen wurde das Geschlecht auch in Franken ansässig und gehörte zu der reichsfreien Ritterschaft des Cantons Ottenwald. In Bayern kam zuerst das Gut Weyhenstephan in die Hand desselben und nach diesem Gute schrieb sich auch die Familie, später erwarb sie auch Pfetrach etc. — Von der freiherrlichen Linie lebten gegen Ende des 18. Jahrh., als Siebenkees schrieb, die Freiherren Johann Nepomuk Joseph und Franz Gottlieb. Ersterer war kurpfalz.-bayer. Kämm.-, Geh. und Regierungsrath zu Landshut und der Landschaft in Bayern Verordneter des Rentamts Straubing und wurde 1785 in die Reichsritterschaft des Cantons Ottenwald aufgenommen, nachdem Letzterer, kurbayer. Kämmerer, Geh.- und Regierungsrath zu Straubingen und dann kurmainz. und Fürstl. Ellwangscher Geh. Rath und Vicedom zu Ellwangen, der genannten Ritterschaft schon 7. Juni 1780 einverleibt worden war. — Beide sind nach Allem die oben erwähnten Mitempfänger des Grafendiploms, was Siebenkees nicht gewusst hat, da er von der gräfl. Linie nur den Grafen Ludwig Adam angeführt hat. — Die gräfliche Linie hat in Bayern fortgeblüht und nach v. Lang waren in die Adelsmatrikel des Königreichs Bayern eingetragen: Ludwig Adam Gr. v. E., s. oben, geb. 1739, k. bayer. Geh. Rath, Senior und Jubilar des Hochstifts Regensburg und die fünf Neffen desselben, die Grafen: Joseph Maria, geb. 1763, Herr auf Pfetrach, k. bayer. Kämm., früher Regierungsrath in Landshut, Carl Wilhelm, geb. 1766, k. bayer. Kämm. und quittirter Hauptmann, Joseph Anselm Ignaz, geb. 1775, Maria Sigmund, geb. um 1778 und Franz Wilhelm, geb. 1782. — Was den späteren Personalbestand der gräflichen Linie anlangt, so hinterliess Franz Xaver, s. oben, aus erster Ehe mit Maria Grf. v. Fugger-Göttersdorf zwei Söhne, den Grafen Carl, geb. 1766, welcher später als k. bayer. Kämm. und Hauptmann à la suite und als kinderloser Wittwer in Landshut lebte und den Grafen Joseph Maria, gest. 1848, k. bayer. Kämm., Regierungsrath etc., verm. in erster Ehe mit Maria Theresia Grf. Hörl v. Wattersdorf und in zweiter mit Maria Anna v. Nagl. Aus der ersten Ehe entspross Grf. Caroline, geb. 1797, verm. 1817 mit Carl Theodor Gr. v. Holnstein, k. bayer. Kämm. und Regierungs-Rath und aus zweiter Ehe: Graf Joseph, geb. 1807, k. bayer. Kammerjunker, verm. 1843 mit Adriana Grf. Balbi, aus welcher Ehe Grf. Anna, geb. 1844 und Graf Joseph, geb. 1846, stammen. — Aus einer adeligen Linie der Familie stammte Carl v. E., welcher als Generalmajor in der k. württemb. Armee stand, im Pensionsstande 1837 starb und zwei Töchter, Frl. Dorothee, geb. 1799 und Wilhelmine, geb. 1804 und einen Sohn, Carl, geb. 1806, hinterliess.

Schannat, S. 75. — *Valent. König*, III. S. 275—283. — *Gauhe*, I. S. 509 u. 510. — Allg. histor. Lexic. II. S. 196. — *Zedler*, VIII. S. 2046. — *Biedermann*, Canton Ottenwa!d, Tab. 300. — *v. Lang*, S. 24 u. 25. — N. Pr. A.-L. II. S. 147. — *Cast*, Adelsb. d. Kgr. Württemberg, S. 417. — Deutsche Grafenh. d. Gegenw, I. S. 224 u. 225. — *Frh. v. Ledebur*, I. S. 210. — Geneal. Taschenb. d. gräfl. Häuser, 1859 S. 257 unter Berufung auf 1856 S. 218 u. histor. Handb. zu demselben, S. 203. — *Siebmacher*, I. 156; v. Etzdorf, meissnisch u. VI. 15: vermehrt. — *v. Meding*, I. S. 151. — *Tyroff*, I. 165; Freih. v. E. und Siebenkees, I. S. 358 u. 359. — Suppl. zu Siebm. W. B. XII. 20. — W.-B. des Kgr. Bayerns, I. 35 u. XII. 7: Gr. v. E. W.-B. d. Sächs. Staaten, III. 90. — *v. Hefner*, bayer. Adel, Tab. 4 u. 8. 10; württemb. Adel, Tab 3 u. S. 7; sächs. Adel, 8. 26 u. schwarzburg. Adel, S. 53.

Etzel. (Schild geviert mit Mittelschilde. Im blauen Mittelschilde eine goldene Bardenharfe mit schrägrechts darüber gelegtem silbernem Wurfspiesse. 1 und 4 in Silber ein schwarzes, schwebendes

Kreuz und 2 und 3 in Schwarz ein rother Pfahl). Im Königr. Preussen erneuerter und anerkannter Adelsstand. Diplom von 1846 für Franz August v. E., k. preuss. Generalmajor und Telegraphen-Director. — Die Familie v. Etzel, ursprünglich O'Ethel geschrieben, ist ein altes, irländisches Häuptlingsgeschlecht des Königreichs Ulster, welches seine Abstammung von dem sagenhaften spanischen Helden Mileagh herleitet, welcher in sehr früher Zeit ganz Irland eroberte und die Sitze des Geschlechts O'Ethel lagen in der Gegend des heutigen Londonderry, nordwestlich dieser Stadt an der Foyle-Bucht. — An den jacobitischen Kämpfen auf Seiten der Stuarts betheiligt, wurden die O'Ethels nach der Schlacht am Boyne 1690 aus ihren Besitzungen vertrieben und zerstreuten sich, in der Zahl von vier Brüdern, in Frankreich und den Niederlanden. Die beiden ältesten starben in den Kriegen Ludwigs XIV. unbeerbt, die Nachkommen der Jüngeren aber traten zur protestantischen Religion über und widmeten sich dem Kriegs- und Seedienste der General-Staaten. Im 18. Jahrh. erloschen diese Nachkommen bis auf einen Sohn, welcher sich in Rotterdam niedergelassen und den Handelsstand ergriffen hatte. Um die Mitte des 18. Jahrh. siedelte derselbe nach Bremen über und erwarb daselbst als Schiffscapitain und Schiffseigner das Gross-Bürgerrecht, wobei er den Namen, in welchem bereits in Holland das h sich in z verwandelt hatte, dadurch änderte, dass er das O zu demselben zog, den Apostroph wegliess und dem gemäss das E klein schrieb. Später wurde derselbe in die Dienste des Königs Friedrich II. von Preussen berufen, wodurch seine Nachkommen in das Preussische Heer kamen, welchem sie sämmtlich angehörten und noch angehören. Bei Erneuerung des Adelsstandes im Kgr. Preussen wurde die schon früher wieder aufgenommene Schreibart des Namens: O'Etzel in die einfachere, jetzt gebräuchliche: v. Etzel verändert. Der obengenannte Empfänger des Erneuerungs-Diploms starb 1850 und einer der zur Zeit lebenden Gebrüder v. Etzel erwarb in Preussisch-Litthauen die Güter Wittanten und Tlichen.

<small>Handschriftl. Notizen. — *Frh. v. Ledebur,* 1. S. 210 u. III. S. 249.</small>

Etzendorfer, Ritter. Erbländ.-österr. Ritterstand. Diplom von 1829 für Carl Etzendorfer, k. k. Präsidenten in Lemberg.

<small>Handschriftl. Notiz.</small>

Euen. Ein zum Adel der Mark Brandenburg, Ostpreussens und Schlesiens gehörendes Adelsgeschlecht. Dasselbe besass im Kreise West-Havel bereits 1665 und noch 1803 das Gut Retzow, erwarb in Ostpreussen Rauschken im Kr. Osterode und Skandlack im Kr. Rastenburg und hatte 1854 in Schlesien Jawornitz im Kr. Lublinitz inne. — Mehrere Sprossen des Stammes standen in k. preuss. Diensten. Ferdinand v. E. war 1806 Kriegsrath und Consul dirigens der Stadt Habelschwert in der Grafschaft Glatz. In demselben Jahre war ein v. E. Oberst im Regiment Königin Dragoner, welcher 1815 im Pensionsstande starb. Ein Hauptmann v. E. stand im Regimente Prinz Ludwig Ferdinand und wurde 1813 als Major pensionirt und ein v. E.

lebte 1836 als Major a. D. Um diese Zeit waren noch zwei v. E. Officiere im 19. Infanterie-Regimente.

N. Pr. A.-L. II. S. 147 u. 148. — Frh. v. Ledebur, I. S. 210 u. III. S. 249.

Eulenbeck, Ellenbeck. Ein thüringisches, voigtländisches und meissensches, erloschenes Adelsgeschlecht. Als Ahnherr des Stammes wird Peter Eulenbeck, Herr auf Barby und der Grafen zu Barby Canzler, genannt, dessen redendes Wappen K. Maximilian I. im Anfange des 16. Jahrh. vermehrte. Von demselben stammten Wolfgang, gest. 1596, kursächs. Geh. Rath und Orator und Daniel, gest. 1595, Doctor der Rechte, kursächs. Rath und Prof. der Rechte zu Jena. Neben Beiden kam noch ein kurbrandenburg. Canzler D. Eulenbeck vor, nach Allem ein Bruder der eben Genannten. Wolfgang empfing 1578 zu Prag als kursächs. Gesandter die Kursächsischen Lehne und erhielt für sich und sein Geschlecht den Adel. Aus seiner Ehe mit Ursula Maria v. Sode, Wittwe des Leipziger Rathsmannes und Baumeisters Lindemann, stammte ein Sohn, Daniel v. E., welcher 1587 als Studirender in Folge eines unglücklichen Sturzes starb und eine Tochter, Catharina, welche sich mit D. Sigismund Rölingen, Herrn auf Wildberg, kursächs. Hofrath, vermählte. So viel bekannt ist, setzte Wolfgangs Bruder, Daniel v. E., den Stamm fort. Von den Nachkommen war Wolfgang Christoph v. E. 1659 Kammerjunker am h. sachs.-weim. Hofe und noch 1743 stand in der Kursächs. Armee ein Premierlieutenant v. Eulenbeck, dessen Siegel mit der Umschrift I. G. A. v. E, in vollständigen sächsischen Wappensammlungen vorkommt. Dasselbe zeigt im Schilde eine ausgebreitete Eule und im Schildesfusse eine gebogene Spitze mit drei, 1 und 2, Kugeln. Der Helm trägt einen offenen, mit den drei Kugeln belegten Adlersflug. Die Farben sind nicht angegeben. Siebmacher theilt den Schild quer von Gold und Blau: oben in einer blauen, gestürzten Spitze eine weisse Eule, unten in einer aufsteigenden, goldenen Spitze drei, 2 u. 1, blaue Wecken. Um oder nach der Mitte des 18. Jahrh. ist der Stamm ausgegangen.

Knauth, S. 504. — R. Schöttgen, Progr. Vitam Wolfg. ab Eulenbeck sistens, Lips. 1740. — Gauhe, II. S. 262—265. — Siebmacher, IV. 53.

Eulenburg, Grafen. Preussischer Grafenstand. Diplom vom 19. Febr. 1786 für Thomas Freiherrn v. Eulenburg, k. preuss. Geh. Rath und für den Vetter desselben, Ernst Christoph Freih. v. Eulenburg, so wie für das ganze Geschlecht. — Altes, sächsisches und preussisches Adelsgeschlecht, welches schon im 13. und 14. Jahrh. das freiherrliche Prädicat mit der Bezeichnung der höheren Nobilität geführt hat. Ueber den Ursprung desselben finden sich sehr verschiedene Angaben vor. Beckler und Andere halten das Schloss und die Stadt Eilenburg a. d. Mulde, Prov. Sachsen, Reg. Bez. Merseburg, Kr. Delitzsch, für das Stammhaus und geben an, dass Otto v. Ronow um 1289 von der Krone Böhmen Schloss und Stadt Eilenburg zu Lehn erhalten und für sich und seinen Stamm den Namen Eilenburg angenommen habe, doch schon am Ende des 12. Jahrh. kommen Otto und Bodo v. Jlenburg im Copialbuche des Klosters Dobrilugk vor, welche Beide zu diesem Geschlechte, doch auch zu einem anderen gehören können, da auch im Magdeburgischen ein Schloss Jlenburg lag, von dem nicht sicher bekannt ist, welcher Stamm dasselbe erbaut habe. In späterer Zeit haben Mehrere, nach Reusner, den Ursprung des Geschlechts aus dem Wettinschen Stamme der Markgrafen zu Meissen herleiten wollen und diese Abstammung ist auch durch ein Attest des Heroldsamtes zu Cöln a. d. Spree vom 4. April 1709 bestätigt worden, doch lassen Reusners Angaben manchen historischen Zweifel aufkommen und sehr zu beachten sind die Bedenken, welche Freih. v. Ledebur, Dynastische Forschungen, II. S. 60, gegen den Ursprung aus Wettinschem Stamme ausgesprochen hat. — Vom 15. Jahrh. an ist die Familie in Ostpreussen sehr bekannt geworden. Botho Wenceslaus Freih. v. E., Herr auf Sonnenwalde (Prov. Brandenburg, Reg.-Bez. Frankfurt, Kr. Luckau) wurde 1445, wegen tapferer Vertheidigung des Schlosses Marienburg gegen die Polen, mit den ostpreussischen Gebieten Gallingen und Leunebnrg, welche noch jetzt dem Stamme zustehen, belehnt. Ein Urenkel desselben, Gottfried, gest. 1660, wurde 1654 Landhofmeister von Preussen und der gleichnamige Enkel des Letzteren war 1743 k. preuss. w. Geh. Kriegsrath und Obermarschall von Preussen. Durch die Nachkommen kam, wie oben angegeben, der Grafenstand in die Familie. — Die jetzigen Sprossen des gräflichen Hauses sind Nachkommen des Grafen Ernst Christoph, aus dessen Ehe mit Hedwig Grf. v. d. Gröben fünf Söhne entsprossten, die Grafen: Wilhelm, Heinrich, Ernst, Ludwig und Friedrich. Graf Wilhelm, geb. 1778, verm. mit Wilhelmine v. Klüchtzner, gest. 1811, k. preuss. General-Major, trat seine Majoratsgüter an seinen einzigen Sohn, den Grafen Elimar, ab. Letzterer, Graf Elimar, gest. 1849, Herr der leuneburg-prassenschen Majoratsgüter, k. preuss. Kammerherr und Landrath a. D., war vermählt mit Bertha Grf. zu Dohna-Schlodien, geb. 1813, aus welcher Ehe, neben vier Töchtern, zwei Söhne leben: Graf Richard, geb. 1838, k. preuss. Lieutenant und Graf Wilhelm, geb. 1846. — Graf Heinrich, gest. 1842, k. preuss. Major a. D., war vermählt mit Charlotte Grf. Finck v. Finckenstein-Gilgenburg, gest. 1812, aus welcher Ehe, neben einer Tochter, Grf. Agnes, geb. 1803, verm. mit Friedrich Freih. v. Korff, Herrn auf Schönbruch, ein Sohn stammt: Graf Botho, geb. 1804, Herr der Wickenschen Güter, k. preuss. Kammerh., Vice-Landtags-Marschall der Provinz Preussen, Präsident der Regierung zu Marienwerder etc., verm. 1830 mit Therese Grf. v. Dönhoff und Friedrichsstein, aus welcher Ehe zwei Töchter und vier Söhne leben. — Graf Ernst, gest. 1845, k. preuss. Oberstlieut. a. D., war vermählt mit Friederike v. Rauter, gest 1811, aus welcher Ehe ein Sohn entspross: Graf Ludwig, geb. 1811, Herr der gallingenschen Güter, k. preuss. Rittm. a. D., verm. 1844 mit Malwina Grf. zu Dohna-Schlodien, verw. Grf. v. Klinkowström, geb. 1816, aus welcher Ehe drei Töchter und ein Sohn leben. — Graf Ludwig, geb. 1786, trat als k. preuss. Major aus dem activen Dienste, — und Graf Friedrich, gest. 1845, k. preuss. Rittm. a. D., verm. mit Amalie v. Kleist, gest. 1830. Derselbe hinterliess zwei Söhne, den Grafen Friedrich, geb. 1815, k. preuss. Legationsrath und General-Consul in Antwerpen und den Grafen

Philipp, geb. 1820, k. preuss. Rittm. und Adjutanten bei dem General-Feldmarschall Freih. v. Wrangel, verm. mit Alexandrine Freiin v. Rothkirch-Panthen, geb. 1824, aus welcher Ehe eine Tochter und zwei Söhne entsprossten.

Angeli, märk. Chronik, S. 132. — *Simonis* Eulenburg. Chronik, S. 329. — *Nic. Reusner*, Liberi Barones ab Eylenburg: gedruckte Tabelle von 1314—1661 geheud. — *Hartknoch*, Alt- u. Neu-Preussen, S. 342. — *P. Heckler*, histor. Bericht von dem uralten Hause Howora, Hof, 1694. — *Gauhe*, II. S. 265—268. — N. Pr. A.-L. II. S. 143. — Deutsche Grafenh. der Gegenw. I. S. 225—227. — Frh. v. *Ledebur*, I. S. 210 u. III. S. 249. — General. Taschenb. d. grfl. Häuser, 1859 S. 253—255 u. histor. Handb. zu demselben, S. 202. — *Siebmacher*, I. 31: v. Eylenburgk, Herren. — W.-B. d. Preuss. Monarch. I. 37. — Sächsisches W.-B. I. 21. — v. *Hefner*, preuss. Adel, Tab. 7 u. S. 6.

Eulenthaler. Altes, augsburgisches Adelsgeschlecht, welches eines Stammes und Wappens mit den v. Hörwarth war und um die Mitte des 14. Jahrh. ausgegangen ist.

v. Stetten, Gesch. d. adel. Geschlechter in Augsburg, S. 132.

Eurich. Ein zum Cleveschen Adel gehörendes Geschlecht, aus welchem Gerhardt v. E. 1787 zu Nieder-Wesel lebte. Der Sohn desselben war königl. Salzfactor zu Cleve.

N. Pr. A.-L. V. S. 149 nach König's Sammlungen.

Eussenheim. Altes, fränkisches Adelsgeschlecht, dem Canton Gebürg einverleibt. Otto Husslin v. Ussenheim kommt schon um 1100 vor. Später nannte sich die Familie Haeusslein und dann nach dem Sitze Eussenheim unweit Volckach und Geubach, später sass dieselbe auf Sachsendorf mit Bilgendorf und Kissingen. Als Biedermann schrieb, lebte Heinrich H. v. E., würzburg. Ober-Forstmeister, mit zwei Söhnen: Franz, geb. 1742, und Philipp, geb. 1744.

Biedermann, Canton Gebürg, Tab. 107—115.

Everde. Altes, pommernsches Adelsgeschlecht, dessen Sprossen Afterlehnleute der v. Buggenhagen in Vorpommern waren. Das Geschlecht wird 1639 noch erwähnt, ist aber später erloschen.

Micrael, S. 483. — *Zedler*, VIII. S. 2095. — N. Pr. A.-L. V. S. 140. — Frh. v. *Ledebur*, III. S. 249. — *Siebmacher*, II. 159. — v. *Meding*, II. S. 162. — Pommernsch. W.-B. V. 67.

Everhardt und Mittelburg, Everhard, auch Freiherren. (Schild von Blau und Gold geviert und in der Mitte mit einer Rose belegt). Bayerisches Adelsgeschlecht, welches auch in Schwaben auf Loerheim sass. Bucelini beginnt die Stammreihe desselben mit Nicolaus Everhard zu Mittelburg, welcher zwei Söhne seines Vornamens hinterliess, von welchen der Eine den Beinamen: der Grössere, der Andere: der Kleinere hatte. Nicolaus der Grössere, gest. 1532, war zuerst Professor der Rechte zu Löwen und später des dortigen grossen Raths Präses. Von demselben stammten fünf Söhne: Peter, der Theologie Doctor und Abt des Prämonstratenser-Ordens; Johann, gest. 1536 im 25. Jahre als kaiserlicher Geh. Secretair; Hadrian, k. span. Canzler in Zütphen und Geldern; Nicolaus, k. span. Rath und Gesandter in Venedig und Eberhard v. Mittelburg, gest. 1561, Eques auratus und Präsident des hohen Raths in den Niederlanden, dessen beide Söhne, Carl und Arnold, Letzterer Präsident zu Gravenhaag, unvermählt die niederländische Linie schlossen. — Nicolaus der Kleinere liess sich in Antwerpen nieder. Der gleichnamige Sohn, welcher den Beinamen: der Amsterdamer hatte, starb 1570 als Professor der Rechte zu Ingolstadt und hinterliess drei Söhne: Georg, gest. 1585,

Caspar, gest. 1573 und Nicolaus, gest. 1596, welche sämmtlich als Juristen in Ingolstadt bedienstet waren. Von Letzterem stammten vier Söhne: Ferdinand, Hauptmann zu Neumark in der Ober-Pfalz; Nicol, welcher Responsa Juris herausgegeben, Albert, zuerst Professor zu Ingolstadt, später Gräflich Hohenzollernscher und zuletzt Abtei Weingartenscher Canzler und Wilhelm, gest. 1590 als Fürstl. Bayer. Rath. — Der Stamm wurde fortgesetzt und noch 1712 lebte Franz Sigmund Ferdinand Freih. v. Everhard und Mittelberg, Herr zu Lichtenhaag, bischöfl. Freising. Geh. Rath und Administrator der Grafschaft Engersdorff.

Gauhe, I. S. 510 u. 511 nach Bucelini, II. — Siebmacher, IV.

Evermes, Armiss, Ermis. Ein in Liefland seit dem 15. Jahrh. begütertes Adelsgeschlecht, wahrscheinlich sächsischen Ursprungs.

Hupel, Materialien zu einer liefländ. Adelsgesch., 1788 S. 95—98. — v. Firks, über den Ursprung des Adels in den Ostseeprovinzen, S. 161.

Evershausen. Ein früher auf dem Eichsfelde angesessen gewesenes, längst erloschenes Adelsgeschlecht.

v. Hellbach, I. S. 344 nach Wolff, Eichsfeldisches Urkundenbuch, S. 12.

Ewesum. Altes, ostfriesisches Adelsgeschlecht, welches v. Hattstein im grossen Specialregister fälschlich nach Thüringen versetzt hat. Onno v. Ewesum gehörte schon 1428 zu dem Ostfriesischen Adel.

v. Meding, II. S. 162—164.

Ewich (in Roth ein silbernes Eichenblatt). Clevesches Adelsgeschlecht, aus welchem Gerhard v. E., ein Sohn des Salzfactors im Cleveschen v. Ewich, 1787 Cammerarius in Schermbeck war.

Fahne, II. S. 40. — Frh. v. Ledebur, I. S. 210.

Ewig (im Schilde ein Querbalken und über demselben zwei neben einander stehende Mühleisen). Cölnisches, wie das Wappen ergiebt, von der Familie v. Ewich verschiedenes Adelsgeschlecht, welches 1661 das Jülichsche Lehn Graitbroich besass.

Fahne, I. Tab. II. Nr. 66. — Frh. v. Ledebur, I. S. 210.

Exdorf (in Roth drei schrägrechts über einander gestellte silberne, golden besaamte Rosen). Altes, fränkisches Adelsgeschlecht, welches aus der Mark Brandenburg stammen soll und nicht mit der thüringischen Familie v. Etzdorf zu verwechseln ist. Schon im 14. Jahrh. kommt Heinrich Schenk v. Exdorf vor, doch wird bei späteren Sprossen des Stammes das Schenkenamt nicht mehr erwähnt. Ritterbürtige Ahnen des Geschlechts hat Biedermann Mehrere aufgeführt.

Schannat, S. 75. — v. Hattstein, III. S. 174. — Biedermann, Canton Gebürg, Tab. 145, 281, 305 u. 311; Canton Ottenwald, Tab. 232; Rhön-Werra, Tab. 398; Baunach Tab. 21 und Vogtland, Tab. 215. — Salver, S. 257. — Siebmacher, V. 88. — v. Meding, I. S. 151 und II. S. 739. — Tyroff, I. S. 135 u. Siebenkees, I. S. 355 u. 356.

Exenbeckh, Oechsenbeckh. Ein in Niederösterreich von 1524—1551 vorgekommenes und dann bald erloschenes Adelsgeschlecht.

Wissgrill, II. S. 464.

Exner. Erbländ.-österr. Adelsstand. Diplom von 1797 für Anton Carl Exner, jubilirten Inspectorats-Oberamts-Beisitzer, Obergoldeinlöser und Bergwerks-Haupt-Cassen-Einnehmer zu Zalathna.

Megerle v. Mühlfeld, Ergänz.-Bd. S. 279.

Exter. Ein in Preussen im ersten Jahrzehnt des 19. Jahrh. in der Person des Hofraths D. v. Exter vorgekommenes Adelsgeschlecht, welcher in Berlin practicirte.

<small>Handbuch für den k. preuss. Hof und Staat, 1804. S. 423. — N. Pr. A.-L., II. S. 148.</small>

Exterde. Ein zu dem Lippeschen Adel gehörendes, bereits 1490 vorkommendes Adelsgeschlecht, welches später auch in das Ravensbergische und nach Hannover kam, wo dasselbe im Osnabrückschen Lehne besitzt. Im Lippeschen stand der Familie bereits 1550 Iggenhausen zu und in der ersten Hälfte des 18. Jahrh. erwarb dieselbe Herberhausen u. Amsen, welches letztere Gut noch 1850 in ihrer Hand war. Sprossen des Geschlechts standen in der k. Hannöv. Armee, auch diente ein Lieutenant v. E. 1820 im k. preuss. 2. Garde-Reg. zu Fuss.

<small>Freih. v. Krohne, I. S. 285. — Freih. v. d. Knesebeck, S. 127. — Frh. v. Ledebur, I. S. 210. — Tyroff, II. 59. — W.-B. d. Kgr. Hannov. C. 21 und S. 6. — Kneschke, I. S. 144.</small>

Eyb, auch Freiherren. Reichsfreiherrnstand. Diplom vom 23. Aug. 1694 für Friedrich Ludwig v. Eyb, Dettelsauer Linie, für sich und seine ganze Linie und von 1695 für die Linie zu Eyerloh, dann zu Kammersdorf u. Wiedersbach. — Altes, fränkisches Adelsgeschlecht, welches, reichbegütert, zu der früher reichsunmittelbaren Ritterschaft der Cantone Altmühl und Ottenwald gehörte und welches 1482 das Erbkämmerer-Amt im Markgrafenthume Brandenburg, so wie im Anfange des 16. Jahrh. das Erbschenken-Amt im Hochstifte Eichstädt an sich brachte. — Bilgram oder Peregrin v. E. erscheint schon im 12. Jahrh. in nürnbergischen und anspachischen Urkunden und zwei Söhne desselben, Georg, genannt Pfau und Bilgram II, 1266 burggräflicher Rath und Senator zu Nürnberg, stifteten zwei Linien, die Pfauen und die Pilgrime. Die Pfauen besassen Eyburg im Eichstädtschen, unweit Anspach und waren der unmittelbaren reichsfreien Ritterschaft im fränkischen Kreise einverleibt, die Pilgrime aber lebten in Nürnberg und hatten die ersten Stellen im Rathe inne. Die Pilgrime, welche im rothen Schilde einen silbernen Pfeil führten, starben mit Ludwig, Burgvogt zu Rothenberg, am Schlusse des 14. Jahrh. aus, die Pfauische Hauptlinie aber (in Silber drei, 2 und 1, gestürzte, rothe Muscheln und auf dem Helme ein aufwachsender Pfau mit ausgebreiteten Flügeln) wurde durch den Urenkel des Stifters, Ludwig I., im Anfange des 14. Jahrh., dauernd fortgesetzt. Durch die Enkel Ludwigs II., Söhne Ludwigs III., entstanden zwei Hauptlinien: von Martin I. ging die Vestenbergische, von Ludwig IV. die Rundingensche Linie aus, welche Letztere, nach 400jährigem Bestehen, ausgegangen ist. Aus ihr erlangte Ludwig, gest. 1502, Landrichter und Rath zu Anspach, 1482 das Brandenburgische Erbkämmerer-Amt, s. oben. Von seinen Söhnen war Gabriel v E., gest. 1535, 39 Jahre Fürstbischof zu Eichstädt, Ludwig IV. aber, gest. 1521, pflanzte den Stamm fort, welchem Fürstbischof Gabriel das Eichstädtsche Erbschenkenamt verliehen hatte. Die Söhne Ludwigs VI., Georg Ludwig und Ludwig VII, gründeten die wieder erloschenen Linien zu Dettelsau u. Rundingen. In die Dettelsauer Linie brachte, s. oben, Friedrich Ludwig den Freiherrnstand, und später auch noch den Reichsgrafenstand, doch erlosch diese Linie schon mit seinem jüngeren Bruder u. die Güter gelangten an die ältere Rundingensche Linie, welche aber auch bald erlosch, wogegen die Vestenbergische, welche jetzt in drei Linien blühte, fortbestand. Der Stifter dieser Linie, Martin I., gest. 1450, war Herr auf Vestenberg, nach welchem Schlosse sich später die Linie nannte. Von seinen Söhnen setzten Conrad und Martin II. das Geschlecht fort u. zwar Ersterer im Hauptstamme, Letzterer in einer bald wieder ausgestorbenen Nebenlinie. Der Hauptstamm schied sich, nachdem mehrere Seitenäste wieder erloschen waren, mit zwei Brüdern, Georg Bernhard, gest. 1677 und Albrecht Ludwig, gest. 1715, in die ältere Vestenbergische und in die jüngere Linie. Die ältere erlosch mit Anton Richard, Geh.-Rath, Hofraths-Präsidenten und Capitular zu Würzburg und Bamberg, welcher 1717 auch kaiserlicher Rath geworden war. — Die fortblühende, jüngere Linie trennte sich durch die fünf Söhne des Stifters, die Gebrüder Johann Albrecht, Johann Ludwig, Johann Christian, Johann Carl und Christian Friedrich in die fünf Speciallinien zu Rammersdorf, Eyerlohe, Wiedersbach, Dörzbach A. u. Dörzbach B. Von denselben ging die Linie zu Dörzbach A. schon 1740, die zu Rammersdorf aber 1789 aus u. die Güter kamen an die übrigen drei Linien. Die Linien zu Eyerlohe, Wiedersbach u. Dörzbach B. blühen jetzt in vielen Sprossen und gehören zunächst zu dem ritterschaftlichen Adel im Kgr. Württemberg, haben aber auch, ausser dem Antheile an der, unter k. bayer. Oberhoheit gelegenen Herrschaft Vestenberg, mehrere Güter im Kgr. Bayern und im Grossherzogthum Baden. — Was den neueren Personalbestand aller drei Linien anlangt, so ist derselbe von Cast a. u. a. O. sehr genau mitgetheilt worden.

Bucelini, II. 2. S. 79 u. III. S. 259. — *Gauhe*, I. S. 511—514, nach Spangenberg, Müller, Annal. Sax. etc. — *v. Hattstein*, I. S. 171—180 u. II. S. 96—98 und Tab. 2. — *Zedler*, VIII. S. 2416—2421. — *Biedermann*, Canton Altmühl, Tab. 4—25 und desselben Patriciat in Nürnberg. Supplem., Tab. 13. — *Salver*, S. 271, 298, 301, 314, 319 und v. a. O. — *v. Lang*, S. 119 u. 120. — *Cast*, Adelsbuch d. Kgr. Württemberg. S. 190—197. — *Frh. v. Ledebur*, I. S. 210 u. 211. — *Siebmacher*, I. 103. — *S. W. Oetter*, histor. Beschreib. d. Wappens der Herrn v. Eyb, Augsburg, 1784. — *Tyrof*, I. 63 u. *Siebenkees*, I. S. 356 u. 357. — Suppl. zu Siebm. W.-B. IV. 11. — W.-B. d. Kgr. Bayern, II. 98 u. *Wölckern*, 2. Abth. S. 209 und 210. — W.-B. d. Kgr. Württemberg, Nr. 83 a. S. 27. — *v. Hefner*, bayer. Adel, Tab. 30 S. 33 u. Ergänz.-Bd. S. 12 u. württemb. Adel, Tab. 8. S. 7. — *Kneschke*, II. S. 141—145.

Eyben, auch **Grafen.** Dänischer Lehnsgrafenstand. Diplom vom 17. October 1817 für Friedrich v. Eyben, k. dänischen Conferenz-Rath etc. — Die Familie v. Eyben ist ein altes, ostfriesländisches Adelsgeschlecht, welches in früher Zeit in der Gegend von Essens angesessen war. Ein Vorfahre des Hajo v. Eyben erhielt laut des Anerkennungsdiploms des alten Adels der Familie von 1682, s. unten, als Anerkennung für seine nach den heiligen Orten vorgenommene Reise, wohl im Absehen der Nägel des heiligen Kreuzes, das Recht, auf dem im Eybenschen goldenen Schilde befindlichen schwarzen Adler zwei Nägel zu führen. Hajo v. E. kommt als Hereditarius Seremiae Westeracoremi, so wie als Rath und Oberamtmann des Grafen Ulrich v. Ostfriesland vor. Der Sohn desselben, Hulderich, geb. 1629, k. Rath und Reichskammergerichtsrath, bekam 16. März 1682 ein Anerkennungs- und Erneuerungsdiplom des ihm zustehenden Adels mit dem Prädicate: Edler v. u. wurde der unmittelbaren rheinischen Reichsritterschaft einverleibt. Des Letzteren Sohn, Christian Wilhelm v. E., war erşt markgräflich baden-durchlachscher Hofrath, dann h. braunschw.-lüneburg. Hof- und Regier.-Rath und später h. holstein-gottorp. Minister und Reichstagsgesandter. Von den Brüdern desselben standen mehrere in Kriegsdiensten, Ulrich aber war h. holst-gottorp. Hofrath. — Von den Söhnen des Christian Wilhelm v. E. aus der Ehe mit einer v. Fabrice, erwarb der älteste, Friedrich v. E., vermählt mit einer Tochter des k. schwed. Ministers Freiherrn v. Görtz, die meklenburgischen Güter Lütgendorf, Dassow etc. und starb später als k. dän. Geh.-Rath. Von dem zweiten Sohne Christian Wilhelms, Christian August, gest. 1785, k. dän. Kammerherr und Geh.-Rath, seit 1763 Domdechant zu Lübeck, stammten vier Söhne, Adolph Gottlieb, Christian, k. dän. Oberst, August, k. russ. Oberst und ein vierter, in der kursächs. Armee stehender Sohn. Der älteste dieser Brüder, Adolph Gottlieb, erst längere Zeit h. sachsen-meining. Minister, war später k. dän. Geh.-Rath und Canzler von Holstein. Da des Vaters Bruder, Friedrich v. E., kinderlos war, wurde Adolph Gottlieb v. E. Erbe der Lütgenhofer Güter und wurde als Herr derselben 1792 der eingeborenen meklenburg. Ritterschaft einverleibt. Aus erster Ehe mit einer v. Rackel aus dem Meiningenschen entsprosste, neben drei Töchtern, ein Sohn, Friedrich v. E., die zweite Ehe mit einer v. Qualen aber blieb kinderlos. Friedrich v. E., gest. 1825, 1803 Gesandter am Reichstage zu Regensburg, dann k. dän. Gesandter am k. preuss. Hofe und zuletzt k. dän. Conferenzrath und Gesandter am Bundestage zu Frankfurt a. M., brachte, wie oben angegeben, den dänischen Lehnsgrafenstand in sein Geschlecht. Der Sohn des Letzteren, Graf Friedrich Adolph Gottlieb, geb. 1805, kaufte 1830 die Güter Setzin und Ruhethal, war seit 1842 Landrath und trat 1854 als Ober-Landdrost in grossh. meklenb. strelitzsche Dienste. Von ihm stammt, neben einer Tochter, Grf. Agnes Maria, geb. 1839, ein Sohn, Graf Adolph Friedrich, geb. 1834, Officier im grossherz. meklenb.-schwer. Dragoner-Regimente. Die Schwester des Grafen Friedrich Adolph Gottlieb, Grf. Adelheid, vermählte sich mit dem früheren k. dän. Bundestagsgesandten, jetzigen Gouverneur des Herzogthums Lauenburg, Geh. Conferenzrathe Freih. v. Pechlin.

Gauhe, I. S. 513 u. 514 im Artikel: v. Eyb, zu welcher die Familie nicht gehört. — Lexicon over adel. Famil. i. Danmark, I. S. 134 u. Tab. 24 Nr. 14. v. Eyben. — *Jugler*, Beitr. zur jurist. gelehrt. Gesch. I. S. 215. — *Freih. v. d. Knesebeck*, S. 126 und 127. — Deutsche Grafenh. d. Gegenwart, III. S. 112 u. 113 u. S. 491 u. 492 nach handschr. Notiz. — *Freih. v. Ledebur*, I. 210. — Meklenb. W.-B. Tab. 15. Nr. 53 u. S. 7. 20 u. 21. — *v. Hefner*, meklenb. Adel, Tab. 5. S. 8 und Ergänz.-Bd. Tab. 14. S. 31. — *Masch*, Meklenburger Adel etc. S. 14 und 15.

Eyberger v. Werttenegg. In den erbländ.-österr. Landen bestätigter Adelsstand. Diplom von 1725 für Johann Leopold E. v. W., Pfleger in Tirol.

Megerle v. Mühlfeld, Ergänz.-Bd. S. 280.

Eybiswald, s. Eibiswald, S. 54.

Eychelberg, s. Eichelberg, S. 55.

Eychendorff, s. Eichendorff, Freiherren, S. 56 u. 57.

Eydeburg. Altes, von 1353 bis 1452 in Schlesien vorgekommenes Adelsgeschlecht, welches Sinapius mit den von Reydeburg in Verbindung bringen will, was aber noch nicht erwiesen ist.

Sinapius, I. S. 351. — Zedler, VIII. S. 2425.

Eydlitz, s. Hofmann v. Eydlitz.

Eydtner, s. Eitner, Ritter und Freiherren, S. 77.

Eyff. Preussischer Adelsstand. Friedrich August v. Eyff, k. pr. Major war von 1784—1792 Chef des Stulbener Land-Regiments. Sehr wahrscheinlich ist derselbe der Empfänger des Adelsdiploms, doch ist Näheres über das Diplom in keiner der betreffenden Schriften aufzufinden, wohl aber im W.-B. der preussischen Monarchie das Wappen unter den preussischen Erhebungen. Die Familie gehört jetzt zu dem hessischen Adel.

N. Pr. A.-L. II. S. 149. — Frh. v. Ledebur, I. S. 211. — W.-B. d. Preuss. Monarchie III. 15. — v. Hefner, hessischer Adel. Tab. 8 u. S. 9.

Eyll. Altes, niederrheinisches Adelsgeschlecht aus dem gleichnamigen Stammhause im Clevischen, welches demselben schon 1393 zustand. Die Familie erlangte das Erbkämmerer-Amt des Herzogthums Cleve, erwarb mehrere Güter am Niederrhein, besass noch 1659 Heideck im Kreise Rheinberg, ist aber später erloschen.

Fahne, I. S. 96 und II. S. 40. — Freih. v. Ledebur, I.S. 211.

Eynatten, Freiherren. Reichsfreiherrnstand. Diplom von 1632 für Stephan v. Eynatten, Herrn der Herrschaft Nütt; Freiherrndiplom vom 25. October 1712 für Nicolaus v. Eynatten, Herrn zu Terheyen, Terhaegen (Terrheeg und Geradmont) u. Anerkennungsdiplom des Freiherrnstandes im Kgr. Preussen von 1817. — Die Familie v. Eynatten soll der Sage nach altgermanischen Ursprunges und aus dem Volksstamme der Enten oder Eneten hervorgegangen sein, welche zuerst als Küstenbewohner an der See, später als Grenzbewohner an beiden Rheinufern vorkamen. Die Stammburg lag zwischen Aachen u. Eupen und gab dem dortigen Marktflecken Eynatten den Namen. Die Burg selbst wurde 1410 von dem damaligen Besitzer verlassen und verfiel später gänzlich. — Die fortlaufende Stammreihe beginnt um 1371 mit Johann v. E. und durchläuft 14 Generationen. Johanns gleichnamiger Sohn verm. mit Johanna v. Neuerburg, bezog 1410 das Schloss Neuerburg und durch die Söhne desselben schied sich der Stamm in die Linien zu Opsinnig, Lichtenberg, Neuerburg und Reimersbach. Die drei ersteren erloschen im Laufe der Zeit, die letztere aber blühte fort und zu ihr, welche später zu Nütt und zu Trips genannt wurde, gehören die nachfolgenden und jetzigen Sprossen des Stammes. Freih. Stephan, s. oben, gest. 1633, erwarb die Herrschaft Nütt (Nuth) und Freih. Johann Ulrich durch Vermählung mit Ferdinanda Salome Bergh v. Trips 1658 die Herrschaft Trips. Als Herr letzterer Herrschaft wurde Freiherr Max Theobald Heinrich, gest. 1782, verm. mit Felicitas Luise Freiin v. Mirbach zu Harff, 1764 der jülichschen Ritterschaft einverleibt und in dieselbe wurde 1783 sein Sohn, Freiherr Carl Theodor, aufgenommen. Derselbe, gest. 1842, ehemaliger pfalz-bayerischer w. Hof-Kammerath, Ober-Amtmann zu Enskirchen etc. war mit Balduine Freiin v. Rolshausen zu Türnich, gest. 1852, vermählt u. aus dieser Ehe stammte Freih. Adolph, gest. 1834, k. preuss. Premierlieut., verm. mit Caroline v. Kleist. Derselbe hinterliess eine Tochter, Freiin Adolphine, geb. 1829 und drei Söhne, den Freih. Carl Hubert, geb. 1826, k. preuss. Premier-Artillerie-Lieutenant und die Freiherren: Maximilian, geb. 1827, u. Georg, geb. 1831, Beide k. preuss. Artillerie-Lieutenants. Freiherr Maximilian vermählte sich mit Luise Freiin v. Negri, aus welcher Ehe zwei Töchter leben, Adolphine, geb. 1854 und Auguste, geb. 1855. Zu den Geschwistern des Freiherrn Adolph gehören Freiherr Ludwig, geb. 1801, in k. preuss. Militairdiensten und Freiherr Carl, geb. 1806, Herr auf Trips, k. preuss. Premier-Lieut. a. D. und Landrath des Kr. Geilenkirchen, verm. 1837 mit Aloysia Freiin v. Asbeck, geb. 1812, aus welcher Ehe drei Töchter und sechs Söhne leben. — Von dem Bruder des Freiherrn Carl Theodor, s. oben, dem Freih. Carl Adolph v. E. zu Heinsberg, gest. 1810, entsprossten, neben mehreren anderen Kindern, Freih. August Friedrich, gest. 1860, k. k. Feldmarschall Lieutenant und Freih. Franz Adolph, geb. 1801, Herr auf Derendorf und k. preuss. Rittm. a. D., verm. mit Therese Freiin v. Kyllmann, aus welcher Ehe ein Sohn, Freih. Adolph, geb. 1833, k. preuss. Lieut. stammt. — Von genauen Stammreihen der Familien hat Fahne zwei gegeben. Die erstere beginnt mit Johann v. E., um 1371, s. oben und reicht bis auf die ersten Jahrzehnte dieses Jahrhunderts, die zweite aber fängt mit Theobald v. E., Herrn zu Obsinning und Heukelum, in der zweiten Hälfte des 15. Jahrh. an u. endigt mit einer Enkelin des Freih. Nicolaus v. E. — Aus der in Rhein-Preussen angesessenen Familie wurden, laut Eingabe d. d. Trips, 4. Juli 1829, Carl Theodor Philipp Joseph Freih. v. E. mit den Kindern desselben: Adolph, Ludwig, Carl, Therese und Ludovike, in die Freiherrnclasse der Adels-Matrikel der preussischen Rheinprovinz unter Nr. 93 eingetragen.

Butkens, Troph. de Brabant, II. Suppl. S. 177. — *Gauhe*, II. S. 268. — Freih. v. Krohne, I. S. 285. — N. Pr. A.-L, II. S. 149. — *Fahne*, I. S. 96. — Freih. v. Ledebur, I. S. 211. — Geneal. Taschenb. d. freih. Häuser, 1857. S. 182—185 u. 1859 S. 181 und 182. — *Siebmacher*, II. 113 — *Tyroff*, I. 291 und *Siebenkees*, I. S. 358. — *Robens*, Niederrheinischer Adel, I. S. 342. — W.-B. d. Preuss. Rheinprovinz, I. Tab. 34, Nr. 67 u. S. 34. — *Kneschke*, II. S. 145 u. 146. — *v. Hefner*, preuss. Adel, Tab. 51 u. S. 42.

Eynenburg. Altes, rheinländisches Adelsgeschlecht, dessen Stammhaus wohl Eynenburg bei Aachen war. Die Sprossen desselben waren Ganerben zu Langenau im Nassauschen u. das Geschlecht kommt im Nassauschen, Cölnschen und Dietzschen bis 1463 vor. Nach Fahne soll der Stamm erst in der ersten Hälfte des 16. Jahrh. ausgegangen sein.

Vogl, Topogr. v. Nassau, S. 211. — *Fahne*, I. S. 89.

Eynern. Clevisches Adelsgeschlecht, aus welchem die v. Eynern zu Lohnhorst 1737 zu dem im Herzogth. Cleve angesessenen Adelsfamilien gehörten. B. v. Eynern kommt 1845 als Mitglied der Handelskammer zu Elberfeld und Barmen vor.

Frh. v. Ledebur, I. S. 211.

Eyrl v. Waldgries. Tirolisches Adelsgeschlecht, welches 1602 einen Adelsbrief und eine Verbesserung des durch kaiserlichen Wappenbrief früher erlangten Wappens mit einem zweiten Helme erhielt. Später kommt das Geschlecht mit dem freiherrlichen Charakter vor.

v. Hefner, tiroler Adel, Tab. 6. S 5.

Eyss, Freiherren (Schild schräg geviert, mit Mittelschilde. Im silbernen Mittelschilde drei schräglinke, rothe Balken. 1 und 4, oben und unten, in Gold ein rechtssehender, auf einer rothen Rose sitzender, blauer Eisvogel und 2 und 3, rechts und links, in Silber zwei rothe Querbalken) Reichsfreiherrnstand. Diplom von 1782 für den kurtrierschen Geh.-Rath und Canzlei-Director v. Eyss. Derselbe stammte aus einer alten Patricierfamilie der ehemaligen Reichsstadt Aachen und das Geschlecht wurde in der Person der Elisabeth Freifrau v. Eyss, geb. Freiin v. Wetzel, genannt Carben, laut Eingabe d. d. Horchheim, 23. Januar 1830, unter Nr. 93 der Freiherrnclasse, in die Adelsmatrikel der Preussischen Rheinprovinz eingetragen. Dasselbe steht, dem Wappen nach, mit dem im nachstehenden Artikel erwähnten Adelsgeschlechte in keiner Verbindung. Nach dem N. Pr. Adels-Lexicon lebte 1839 Joseph Freih. v. E. zu Ehrenbreitstein bei Coblenz und Johann Baptist Freih. v. E. zu Horchheim bei Coblenz. — Zweige der Familie kommen auch in Wiesbaden und Weilburg vor.

N. Pr. A.-L. II S. 151 und V. S. 150. — Freih. v. Ledebur, I. S. 211. — W.-B. der Preuss. Rheinprov. I. Tab. 35 Nr. 68 und S. 34 und 35. — Knesschke, II. S. 146 u. 147. — v. Hefner, preuss. Adel, Tab. 51 u. S. 42 und nassauscher Adel, Tab. 6 u. S. 6.

Eyss, Els, genannt Beusdahl (Schild geviert: 1 und 4 in Roth ein das ganze Schild durchziehendes, silbernes Kreuz und 2 und 3 ebenfalls in Roth ein schrägrechter, goldener Balken, oben und unten je von sechs goldenen Schindeln begleitet, oben 3, 2 und 1 und unten 1 2 und 3). Altes, früher zu der Niederrheinischen Ritterschaft gehörendes, namentlich im Herzogthum Limburg begütertes Adelsgeschlecht aus dem gleichnamigen Stammhause unweit Limburg, in dessen Nähe auch das, schon 1333 der Familie zustehende Gut Beusdahl liegt. Zu diesen Besitzungen kamen später andere und noch 1780 besass das Geschlecht im Kr. Lechenick das Gut Vernich. Im Wappenbuche der Preussischen Rheinprovinz ist die Familie unter dem nicht immatrikulirten Adel genannt und nach Allem ausgegangen. Dass dieselbe nicht mit den Freiherren v. Eyss zu verwechseln ist, wurde oben angegeben.

Fahne, I. S 98. u. II. S. 217. — Freih. v. Ledebur, I, S. 211. — Robens, niederrhein. Adel, I. S. 206—209. — W.-B. d. Preuss. Rheinprov. II. Tab. 14 Nr. 35 und S. 133.

Eyselt, s. Klim'pely, Edle.

Eysenberg, s. Nettolizky v. Eysenberg, **Freiherren**.

Eysenhardt, s. Eisenhart, S. 73.

Eysenhafen, s. Eisenhofen, S. 74.

Eysenmayer, s. Eisenmayer, S. 74.

Eysersdorf, s. Eisersdorf, Eissersdorf, S. 76.

Eysack, s. Eisack, S. 70 u. 71.

Esel (in Schwarz drei neben einander stehende, goldene Säulen und auf der mittelsten derselben eine goldene Krone). Ein nur dem Namen und Wappen nach bekanntes, längst ausgegangenes, schlesisches Adelsgeschlecht, welches mit der jetzt blühenden Familie v. Etzel, s. S. 171, nicht in Verbindung gebracht werden darf.

Sinapius, I. S. 352. — Zedler, VIII. S. 2436. — Siebmacher, I. 65: v. Esel, Schlesisch. — v. Meding, III. S. 171.

F.

Fabacz v. Herrenberg. Erbländ.-österr. Adelsstand. Diplom von 1818 für Nicolaus Fabacz, k. k. Hauptmann, mit dem Prädicate: v. Herrenberg.

Megerle v. Mühlfeld, Ergänz.-Bd. S. 280.

Fabeck, Fabecki. Polnisches, zum Stamme Jastrzembiec gehöriges Adelsgeschlecht, aus welchem in der zweiten Hälfte des 18. Jahrh. Matthias v. Fabecki Güter bei Ortelsburg in Ostpreussen erwarb. Die Söhne desselben erhielten das preussische Indigenat. Jablonken, Kulcken und Waldpusch waren bereits 1775 in der Hand der Familie. Ein Bruder des Matthias v. F. war früher Commandeur eines k. pr. Grenadierbataillons und starb 1832 als Oberst a. D. Nachkommen Beider standen in der k. preuss. Armee. Zu denselben gehört Carl Friedrich Wilhelm v. F., welcher 1840 Generalmajor wurde.

N. Pr. A.-L., II. S. 152. u. V. S. 150. — Frh. v. Ledebur, I. S. 212.

Faber, Ritter. Erbländ.-österr. Ritterstand. Diplom von 1754 für Johann Friedrich Faber, k. k. Hauptmann.

Megerle v. Mühlfeld, Ergänz.-Bd. S. 138.

Faber, Ritter. Erbländ.-österr. Ritterstand. Diplom von 1851 für Wilhelm Faber, k. k. Obersten. Derselbe war 1856 Generalmajor und Brigadier bei dem 12. Armee-Corps.

Handschriftl. Notiz. — Milit.-Schemat., 1856 S. 56.

Faber (Schild durch einen blauen Querbalken getheilt: oben in Silber ein aus dem Balken aufwachsender, rechtssehender, doppelt geschweifter, goldener Löwe, welcher in den Pranken drei rothe Rosen an einem grünen Stengel hält und unten, ebenfalls in Silber, drei nebeneinander stehende, blaue Anker). Reichsadelsstand. Diplom im kurbayer. Reichsvicariate vom 10. Sept. 1745 für Johann Peter Faber, kurbayer. Hauptmann. Der Stamm hat fortgeblüht und die Familie wurde später in die Adelsmatrikel des Königr. Bayern eingetragen. Ein Sohn des Diploms-Empfängers, Georg Michael v. Faber, geb. 1743, k. bayer. Oberförster zu Schönthal, wurde nämlich dieser Adelsmatrikel einverleibt. Ueber eine andere, in Bayern blühende Familie v. Faber, (in Roth ein rechtsgekehrter, goldener Pelican, welcher in seinem freistehenden Neste vier Junge nährt,) in welche der Reichsadel durch Diplom von 1764 gekommen ist und deren Wappen das Wappenbuch des Kgr. Bayern, Bd. V. giebt, fehlen genaue Angaben. In die Adelsmatrikel des Kgr. Bayern wurde die Familie 22. Dec. 1820 eingetragen.

<small>v. Lang, S. 330. — W.-B. d. Kgr. Bayern. V. 30. — v. Hefner, bayer. Adel, Tab. 85 und S. 75.</small>

Faber (in Blau ein goldener Querbalken, über welchem drei nebeneinander gestellte sechsstrahlige, silberne Sterne schweben u. unter welchem ein bis an den unteren Rand desselben reichender, silberner Sparren steht, in dessen Mitte unten eine silberne Lilie schwebt). Reichsadelsstand. Diplom vom 14. Mai 1788 für Johann Friedrich Wilhelm v. Faber, Lientenant im kursächs. Dragoner-Regiment v. Gersdorf. Derselbe war ein Sohn des kursächs. Kriegsraths Joseph Wilhelm v. Faber.

<small>Handschriftl. Notiz. — Tyroff, II. 149. — Suppl. zu Siebm. W.-B. XI. 9. — W.-B. der Sächs. Staaten, VI. 24. — Kneschke, III. S. 134.</small>

Faber (Schild der Länge nach getheilt: rechts in Silber ein entblösster Arm, welcher einen Hammer emporhält und links in Blau drei unter einander stehende, silberne Sterne). Ein in Schlesien mit Krolkwitz im Kr. Freistadt begütertes Adelsgeschlecht. Der Adelsstand ist durch Königlich Preussische Erhebung in die Familie gekommen, doch geben die betreffenden Werke Näheres über das Diplom nicht an. Mehrere Sprossen des Stammes standen früher in der k. preuss. Armee. Ein v. Faber, Major in der schlesischen Artillerie-Brigade starb 1813 und ein Major v. F., früher im 2. k. preuss. Artillerie-Regimente, 1825 im Invalidenhause zu Berlin. Ein Capitain v. Faber starb 1818 als Inspector des grossen Friedrichs-Waisenhauses zu Berlin. — Als Herr auf Krolkwitz wurde 1857 Eugen v. Faber genannt.

<small>N. Pr. A.-L. II. S. 152 und V. S. 150. — Frh. v. Ledebur, I. S. 219 und III. S. 260. — W.-B. d. Pr. Monarch., III. S. 16. — Schlesisch. W.-B. Nr. 523.</small>

Faber v. Faborn, Ritter. Reichsritterstand. Diplom von 1715 für Joseph Edlen v. Faber, k. k. Hof-Quartiermeister, mit dem Prädicate: v. Faborn.

<small>Megerle v. Mühlfeld, S. 108.</small>

Faber du Faur. Erbländ.-österreich. Freiherrnstand. Diplom von 1779 für Christian Wolfgang Faber, k. k. Feldmarschalllieutenant mit dem Prädicate: du Faur. Derselbe stammte aus einer französischen, besonders der Provinz Languedoc angehörenden Familie und die Nachkommen breiteten sich namentlich in Oesterreich und Württemberg weiter aus.

<small>Megerle v. Mühlfeld, Ergänz.-Bd. S. 55. — Suppl. zu Siebm. W.-B. VII. 12. — v. Hefner, württemb. Adel, Tab. 19 und S. 15 u. Ergänz.-Bd. Tab. 16 u. S. 35.</small>

Faber v. Lanegg (Schild der Länge nach getheilt mit einem gekrönten, silbernen Mittelschilde und in demselben ein gekrönter, rother Adler. Im Schilde zwei Sparren, rechts in Schwarz golden u. links in Roth silbern). Tiroler Adelsgeschlecht. Abraham Faber, Erzherz. österr. Kammerrath, erhielt 2. Sept. 1652 vom Erzherzoge Ferdinand von Tirol den Adel und zwar unter Vermehrung des Wappens mit dem Adler Tirols und durch kaiserliches Diplom v. 12. Februar 1666 bekam Abraham v. F. das Prädicat: v. Lanegg. Der Stamm blühte in das 19. Jahrh. hinein und ist 1818 mit Ignaz Faber v. Lanegg erloschen.

<small>v. Hefner, tiroler Adel, Tab. 25 u. S. 22.</small>

Faber v. Rosenstock. Ein aus Oesterreich nach Tirol gekommenes Adelsgeschlecht, welches 1613 in Tirol landständisch wurde, 1615 auf dem Sitze Rosenstock Freiung erhielt und in der Mitte des 17. Jahrh. ausgegangen ist.

<small>v. Hefner, ausgest. tirol. Adel, Tab. 3.</small>

Faber v. Taworn. Erbländ.-österreich. Adelsstand. Diplom von 1757 für Franz Wilhelm Faber, mit dem Prädicate: v. Taworn, wegen 30jährigen Militairdienstes.

<small>Megerle v. Mühlfeld, S. 180.</small>

Faber v. Weinau, Edle. Erbländ.-österr. Adelsstand. Diplom von 1812 für Aloys Faber, k. k. Major, mit dem Prädicate: Edler von Weinau.

<small>Megerle v. Mühlfeld, S. 130.</small>

Fabert. Ein ursprünglich elsassisches Adelsgeschlecht, aus welchem Johann v. Fabert, geb. 1436 zu Strassburg, Herr auf Moulin, Vorsteher der Sorbonne in Paris wurde. — Johann Carl v. F. trat um 1660 in die Dienste des Fürsten v. Sponheim und Birkenfeld u. von seinen Söhnen kamen zwei, und unter diesen Franz Anton v. Fabert, später in markgräfl. badische Dienste. Der Stamm hat im Grossherz. Baden fortgeblüht.

<small>Cast. Adelsbuch des Grossherz. Baden Abtheil. 3.</small>

Fabian. Märkisches Adelsgeschlecht, welches schon 1491 mit Gartow im Ruppinschen begütert war, 1592 Dessow, 1677 Lössow, und im 18 Jahrh., neben Gartow, welches der Familie noch 1781 zustand, u. Lögow, Metzelthin, Cantow und Wildberg, sämmtlich im Kr. Ruppin, inne hatte, auch 1768 in Meklenburg-Strelitz Hohenzieritz besass. — Mehrere Sprossen des Stammes standen in der königl. preuss. Armee. Christian Georg v. F., k. preuss. Rittmeister, wurde bei Chotusitz und Kunersdorf schwer verwundet und ein Major v. Fabian, welcher sich 1814 in Frankreich ausgezeichnet hatte, stand 1836 im 23. k. preuss. Infanterie-Regimente. — Durch Maria Luise v. F. aus d. Hause Gartow, verm. mit Sigismund Ehrenreich v. Bredow auf Prillwitz etc., kam der Name des Geschlechts in die Bredowschen Ahnentafeln.

<small>N. Pr. A.-L. II. S. 152. — Freih. v. Ledebur, I. S. 250 u. III. S. 213.</small>

Fabian v. Breitewiese. Erbländ.-österr. Adelsstand. — Diplom von 1813 für Johann Blasius Fabian, k. k. Oberlieutenant bei dem mährischen Beschäl- und Remontirungs-Wesen, mit dem Prädicate: von Breitewiese. — Derselbe ist später ohne männliche Nachkommen gestorben.

<small>Megerle v. Mühlfeld, S. 280. — Horst, Allgem. W.-B. I. S. 131.</small>

Fabiankowski (in Roth eine silberne Lilie). Polnisches, nach

Preussen gekommenes Adelsgeschlecht, aus welchem 1854, ein Sprosse Referendar zu Breslau war.

<small>Frh. v. Ledebur, III. S. 250.</small>

Faborn, Edle und Ritter. Reichsritterstand. Diplom von 1715 für Joseph Edlen v. Faborn, k. k. Hofquartiermeister.

Faborn, s. Faber v. Faborn, S. 184.

Fabrice (Schild quergetheilt: oben in Silber ein rechtsgekehrter Kranich, welcher in der rechten Kralle eine weisse Kugel hält und oben von zwei sechsstrahligen, goldenen Sternen, einem rechts und den anderen links, beseitet ist; unten in Roth ein quergelegter Stengel, aus welchem links unten ein Stiel nach rechts und oben mit zwei grünen Blättern und oben mit einer weissen sechsblättrigen Blume treibt). Reichsadelsstand. Diplom vom 19. Nov. 1644 für die Söhne und Enkel des Gräflich Isenburgschen Raths Weipart Fabricius: D. Philipp Ludwig Fabricius, Fürstlich-Hessen-Darmstädtschen Geh.-Rath u. Canzler, D. Esaias F., ebenfalls Fürstlich-Hessen-Darmstädtscher Geh.-Rath und Vice-Canzler, Jacob F., F. Hess.-Darmst. Kämmerer und die Söhne des verstorbenen D. Philipp Conrad F.: Jacob und Johann Richard F. — Die Familie schrieb sich später: v. Fabrice und verbreitete sich aus Hessen nach Hannover, so wie nach Meklenburg. In Hannover, wo ein Sohn des D. Philipp Ludwig v. Fabricius: Weipart Ludewig v. F., Geh.-Rath u. Präsident des Ober-Appellationsgerichts zu Zelle war, ist die Familie später wieder ausgegangen. Von Weipart Ludwig's Söhnen, die sich mehr wie der Vater: Fabricius, sondern Fabrice schrieben, war der Eine, Johann Ludwig, Hannov. Geh.-Rath und der Andere, Ernst Friedrich Hannov. Kammerherr. Letzterer stand bei dem Kurfürsten Georg, dem ersten Könige von England, in grosser Gunst und der König starb auch in seinen Armen. Später war derselbe Land-Drost. In Meklenburg wurde 1801 für August Georg Maximilian v. Fabrice, Drosten und Herrn auf Roggendorf, die Indigenats-Rechte von der eingeborenen meklenburgischen Ritterschaft anerkannt. Aus Meklenburg ist später die Familie nach Sachsen gekommen und Glieder derselben sind in k. sächs. Militairdiensten zu grossen Ehrenstellen gelangt. — Friedrich v. Fabrice, geb. 1786 zu Roggendorf im Meklenburgischen, trat 1804 in kursächs. Dienste, wurde 1832 Generalmajor und war Königl. Generaladjutant und Oberstallmeister; Oswald v. F., k. sächs. Oberlieutenant in der A., ist k. sächs. Kammerherr und Georg Friedrich Alfred v. Fabrice, k. sächs. Major, ist Souschef im k. sächs. Generalstabe.

<small>v. Behr, Res. Meklenb. S. 1680. — Manecke, biograph. Skizzen, S. 14 u. 15. — Frh. v. d. Knesebeck, S. 127 u. 128. — Dresdner Calender z. Gebr. f. die Residenz, 1847, S. 158 u. 1848, S. 157. — Frh. v. Ledebur, I. S. 212 u. III. S. 250. — Siebmacher, V. 21. Die Fabricii v. Westerstetten. — Meklenb. W.-B. Tab. 15, Nr. 54. und S. 11 und 21. — Kneschke, II. S. 147 und 148. — v. Hefner, meklenb. Adel, S. 8. — Masch, Meklenb. Adel etc. S. 15.</small>

Fabrice (Schild geviert: 1 und 4 in Blau auf einem goldenen Dreiberge ein rechts gekehrter Kranich, welcher in der aufgehobenen rechten Kralle einen Stein hält; 2 und 3 in Roth ein aufwachsender, vorwärtssehender, gekrönter Mann in blauer Kleidung etc., welcher in der Rechten einen grünen Kranz und in der Linken einen goldenen Aesculapstab emporhält). Reichsadelsstand. Diplom vom 4. Sept. 1731 für Andreas Gottlieb Fabricius, kaiserl. Reichshofraths-Agenten in Wien, unter Umänderung des Namens Fabricius in: Fabrice. — Das hier in Rede stehende Geschlecht ist von der im vorstehenden Artikel besprochenen Familie v. Fabrice wohl zu unterscheiden. wenn sich auch durch den, einen Stein haltenden Kranich in den Wappen beider Familien (wahrscheinlich des durch Wappenbrief erlangten Schildesbildes des Stammes Fabricius) annehmen liesse, dass in früherer Zeit Beide mit einander im Zusammenhange gestanden hätten. — Die, das in diesem Artikel beschriebene Wappen führende Familie v. Fabrice, gehört zu dem Adel des Kgr. Bayern und nach v. Lang wurde in die Adelsmatrikel dieses Königreichs der Enkel des Diploms-Empfängers: Christian Erich v. Fabrice, geb. 1773, k. bayer. Landes-Gerichts-Arzt zu Altorf, eingetragen. — Dafür, dass die in der Preussischen Rheinprovinz blühende Familie v. Fabricius, s. den betreffenden Artikel, zu den Nachkommen des oben genannten Andreas Gottlieb Fabricius, oder zu einer der beiden erwähnten Familien v. Fabrice gehöre, spricht die Heraldik durchaus nicht und in Bezug auf Unterscheidung gleichnamiger Familie ist u. bleibt derselben doch die erste Stimme.

v. Lang, S. 330 u. 331. — *Megerle v. Mühlfeld,* Ergänz.-Bd. S. 280. — W.-B. d. Kgr. Bayern, V. 32. — *v. Hefner,* bayer. Adel, Tab. 80 u. S. 76. — *Kneschke,* IV. S. 117.

Fabrici v. Clessheim, s. Clessheim, Fabrici v. Clessheim, etc., Bd. II. S. 288.

Fabrici v. Lauenburg, s. Fabricius v. Levenburg,

Fabrici v. Westerstetten, s. Fabrice, S. 186. — Das Prädicat: v. Westerstetten ist der Familie in Siebmachers W.-B. V. 21. beigelegt.

Fabricius (Schild geviert: 1 u. 4 in Roth ein schwarzer Ambos und 2 und 3 in Silber ein aus dem äussern Schildesrande hervorkommender, schwarz gekleideter und golden aufgeschlagener Arm in der Faust mit einem eisernen Hammer an goldenem Stiele). Kurpfälzischer Adelsstand. Diplom vom 11. März 1774. — Die Familie wurde in der Person der Frau Anna Maria Ernestina v. Fabricius, laut Eingabe d. d. Rothe-Erde bei Aachen, 24. Juni 1829, der Adelsmatrikel der Preuss. Rheinprovinz unter Nr. 106 der Classe der Edelleute einverleibt. — Das Gut Rothe-Erde besass 1836 Caspar Ludwig Franz v. Fabricius. — Die Angabe Einiger, dass dieses Geschlecht mit den Familien v. Fabrice im Zusammenhange stehe, ist schon in Folge der Verschiedenheit der Wappen unrichtig.

Frh. v. Ledebur, I. S. 212 u. III. S. 250. — W.-B. der Preuss. Rheinprovinz, I. Tab. 35, Nr. 69 u. S. 35 u. 36. — *Kneschke,* II. S. 148, am Schlusse des Artikels: v. Fabrice.

Fabricius v. Hohenfall. Reichsadelsstand. Erneuerungs-Diplom von 1618 für Philipp Fabricius, Geh.-Secretair der Statthalterei zu Prag, mit dem Prädicate: v. Hohenfall. Derselbe, — ein Enkel des zu seiner Zeit sehr bekannten Dichters und Philologen Georg Fabricius, Rectors zu Meissen, welcher kurz vor seinem 1571 erfolgten

Tode den Reichsadel erhalten hatte — wurde den 23. Mai 1618 mit den kaiserlichen Statthaltern Slawata und Martinicz von den böhmischen Ständen, als dieselben über Aufrechterhaltung des vom K. Rudolph 1609 ertheilten Majestätsbriefes keine bestimmte Erklärung erhielten, auf dem Prager Schlosse zum Fenster hinausgeworfen, blieb aber am Leben. — Die Erneuerung des Adelsstandes erfolgte mit Verleihung ausehnlicher Güter.

Handschriftl. Notiz. — *Jöcher*, Comp. Gelehrten-Lexic. 2. Ausg. S. 917 u. 918. — *Zedler*, IV. S. 39.

Fabricius v. Levenburg, Fabrici v. Lauenburg, Fabricius v. Leyenburg (Schild der Länge nach getheilt: rechts in Gold ein rothes Ankerkreuz und links in Blau ein rother Krebs). Böhmischer Adels- und Ritterstand. Adelsdiplom vom 29. Dec. 1654 für Georg Fabrici, mit dem Prädicate: v. Lauenburg und Ritterstandsdiplom vom 19 Mai 1674 für Valerian Fabricius, mit dem Prädicate: v. Levenburg. Beide gehörten einem Stamm an und zu demselben ist, nach Freih. v. Ledebur, wohl der aus Schlesien stammende Officier v. Fabricy zu zählen, welcher 1763 in k. preuss. Diensten, zuletzt im Regiment v. Quadt, stand u. noch zwei Brüder in der Armee hatte.

v. Hellbach, I. S. 347. — *Frh. v. Ledebur*, I, S. 212 u. III. S. 250.

Fabris auf Mayerhofen. Kurbayer. Adelsstand. Diplom v. 22. März 1782 für den kurpfälz. Forstmeister des Amtes Painten Anton Wilhelm Fabris. Derselbe, ein Sohn des Neuburgischen Regierungs-Raths und Conferenz-Secretairs Fabris, stammte aus einem ursprünglich venetianischen Geschlechte. Der Stamm wurde fortgesetzt und drei Söhne desselben, die Gebrüder Bernard August v. F., geb. 1775, k. bayer. Landgerichts-Actuar zu Landau, Johann v. F., geb. 1776, k. bayer. Lieutenant und Franz Anton, geb. 1777, k. bayer Revierförster zu Tapfheim, in die Adelsmatrikel des Kgr. Bayern eingetragen.

v. Lang, S. 331. — W.-B. d. Kgr. Bayern, V. 33. — *v. Hefner*, bayer. Adel, Tab. 85 u. S. 76. — *Kneschke*, IV. S. 118.

Fabritius v. Tengnagel (Schild geviert mit Mittelschilde. Im goldenen Mittelschilde zwei mit Hämmern auf einen Ambos schlagende Arme. 1 in Blau drei, 2 u. 1, halbe Monde; 2 in Gold ein schwarzes Kreuz; 3 in Gold drei, 1 u. 2, silberne Lilien und 4 in Blau ein goldenes Andreaskreuz, begleitet von vier silbernen Hufeisen). Geldernsches Adelsgeschlecht, aus welchem Julius F. v. T., Componist, gest. 1852, längere Zeit in Berlin lebte. Die Gemahlin desselben, Ida Pfand, starb 1853.

Freih. v. Ledebur, I. S. 212.

Faby, Edle. Erbländ.-österreich. Adelsstand. Diplom von 1790 für Joseph Ignaz Faby, Niederösterr. Appellations-Rath, mit dem Prädicate: Edler v.

Megerle v. Mühlfeld, Ergänz.-Bd. S. 280.

Fachbach v. Lohnbach. Erbländ.-österreich. Adelsstand. Diplom von 1821 für Joseph Fachbach, k. k. Hauptmann, mit dem Prädicate: v. Lohnbach.

Megerle v. Mühlfeld, Ergänz.-Bd. S. 280.

Fachner v. Fraustein, Edle und Ritter. Reichs- und böhmischer

Ritterstand. Reichs-Ritterstandsdiplom von 1733 für die Brüder Johann Ernst Fachner, k. k. Lieutenant und D. Michael Anton F., Leibmedicus der Königin in Polen und Kurfürstin zu Sachsen, Maria Josepha, mit dem Prädicate: Edle v. Trauenstein und Böhmisches Ritterstandsdiplom von 1744 für den Sohn des genannten Leibmedicus F. Edlen v. T., D. med. Johann Anton Michael Edlen F. v. T. u. für die Vettern desselben, Johann Franz und Johann Michael Fachner, mit demselben Prädicate.

Megerle v. Mühlfeld, Ergänz.-Bd. S. 138. — Kneschke, IV. S. 118 u. 119.

Facius. Ein in Preussen vorgekommenes Adelsgeschlecht, aus welchem ein Sprosse 1839 Assessor bei dem Stadtgerichte zu Königsberg war. — Bei der k. russ. Gesandtschaft am k. preuss. Hofe befand sich 1806 ein Collegien-Assessor v. Facius.

N. Pr. A.-L. V. S. 151. — Freih. v. Ledebur, I. S. 212.

Fachenhofen. Ein, 1852 in die Adelsmatrikel des Kgr. Bayern eingetragenes Adelsgeschlecht, welches ein altes Geschlecht sein soll, doch sind die dasselbe betreffenden älteren Urkunden verloren gegangen. Die Stammreihe beginnt mit Sicherheit vom 17. Jahrh. an.

v. Hefner, bayer. Adel, Tab. 85 u. S. 76.

Fackh, Ritter. Erbländ.-österr. Ritterstand. Diplom von 1744 für Edmund Fackh, Landrath in Oesterreich ob der Enns.

Megerle v. Mühlfeld, S. 103.

Faerber, F. zu Nechelheim (in Roth auf grünem Dreihügel ein weisser Wartthurm, oben viermal gezinnt). Altes, längst erloschenes, steiermärkisches und kärntner Adelsgeschlecht, welches von 1389—1537 vorkommt.

Schmutz, I. S. 343. — Siebmacher, II. 46. — v. Meding, II. S. 165 u. 166.

Faes, Freiherren v. Tiefenfeld. Reichsfreiherrenstand. Diplom im Kurpfälzischen Reichs-Vicariate vom 17. Juli 1790 für Leonhard Anton Faes, Herrn des Rittergutes Tiefenfeld im Trientinischen und für den Bruder desselben, Aloys Faes, Fürstlich Passauischen Hauptmann. Ersterer hatte 1787 von dem Bischofe Peter Vigil zu Trient den Adel erhalten und ein Sohn des Letzteren, Thomas Anton Faes, Freih. v. Tiefenfeld, geb. 1793, wurde als Lieutenant im k. bayer. Grenadier-Garde-Regimente in die Adelsmatrikel des Kgr. Bayern in der Freiherrnclasse eingetragen.

v. Lang, S. 120. — W.-B. d. Kgr. Bayern, II. 94 und v. Wölckern, Abtheil. 2. — v. Hefner, bayer. Adel, Tab. 30 u. S. 34.

Fagel. Holländisches, auch polnisches und galizisches Adelsgeschlecht, welches dem polnischen Stamme Rawicz einverleibt und 1782 und 1825 in die Galizische Adelsmatrikel eingetragen wurde. — Der spätere niederländische Generallieutenant u. a. o. Gesandte u. bevollmächtigte Minister des Königs der Niederlande am kön. französ. Hofe v. Fagel war bis 1806 in der k. preuss. Armee Major und Adjutant des Prinzen von Oranien.

N. Pr. A.-L. II. S. 152 und 153. — Freih. v. Ledebur, I. S. 212.

Fahnenberg, auch Freiherren. Reichsadelsstand. Diplom vom 27. Febr. 1715 für Franz Ferdinand Mayer, Doctor beider Rechte u.

Stadtschreiber zu Freiburg im Breisgau, mit dem Prädicate: v. Fahnenberg und zwar wegen seines rühmlichen Verhaltens, seiner zweckmässigen Anordnungen und seiner persönlichen Tapferkeit bei der Belagerung der Stadt Freiburg durch die Franzosen. — Nach vierwöchentlicher Belagerung hatte die österreichische Besatzung sich endlich aus der Stadt in die beiden Schlösser und auf den Schlossberg zurückgezogen und die Stadt ihrem Schiksale überlassen. Die Belagerer rückten zum Sturme gegen die Bresche an. Jeder dachte in der Stadt nur an sich und die versammelt gewesenen Behörden waren, ohne Beschlüsse zu fassen, wieder auseinander gegangen. Da entschloss sich Mayer rasch das einzige Mittel zur Rettung der Stadt zu versuchen, eilte mit zwei Bürgern auf die Bresche und steckte unter dem Feuer der Feinde die weisse Fahne auf, worauf Letztere ohne jede Gewaltthat von der Stadt Besitz nahmen. Die Stadt Freiburg ertheilte später ihrem Retter für sich und seine Nachkommenschaft das Ehrenbürger-Recht. — Durch den Sohn des Franz Ferdinand Mayer v. Fahnenberg, Franz Xaver M. v. F., verm. mit Ursula v. Beaurieux, ist der Stamm dauernd fortgesetzt worden. Von Letzterem stammte Egid Freih. v. Fahnenberg, geb. 1749 und gest. 1826, welcher, bekannt durch seine Schriften über Geschichte u. Staatsrecht, 1795 kaiserlicher Directorial-Assessor bei der Reichsversammlung zu Regensburg wurde. — Der Personalbestand der Familie war in den letzten Jahren folgender: Anton Freih. v. Fahnenberg, geb. 1783. — Sohn des 1826 verstorbenen Freiherrn Egid aus der Ehe mit Caroline v. Rüding, gest. 1815. — Herr zu Burgheim-Rothweil und des Rittergutes Amoltern in Baden, so wie der Grundherrschaften Einödhausen und Melkers im Meiningenschen, k. k. Kämmerer u. Rittmeister in d. A., verm. mit Johanna Grf. v. Seilern und Aspang, geb. 1797, aus welcher Ehe zwei Söhne, Freih. Philipp, geb. 1829 und Freih. Stephan, geb. 1831, k. k. Lieutenants in d. A. u. zwei Töchter stammen, Freiin Julie, geb. 1833, verm. 1853 mit Franz Grafen v. Cappy, k. k. Oberlieutenant in d. A. und Freiin Wilhelmine, geb. 1838. — Die Brüder des Freih. Anton, Freih. Egid (II), gest. 1855, k. württemb. Kammerherr und früher Ober-Forstmeister zu Neuenstadt am Kocher, verm. in erster Ehe mit Amalie Freiin von Baden, gest. 1814 und in zweiter mit Sophie Freiin v. Kahlden, gest. 1854 und Freih. Friedr., gest. 1833, grossh. bad. Kammerherr und Gesandter am k. bayer. Hofe, verm. mit Maria Magdalena v. Dietterich-Schönhoffen, haben nur weibliche Nachkommen hinterlassen, durch welche das Geschlecht mit den Familien der Freih. v. Gemmingen, Fürfeld, der Freih. von Schütz-Pflummern zu Hohenstein, der Grafen v. Uexküll-Güllenband und der Freih. v. Esebeck versippt worden ist.

<small>Cast, Adelsb. d. Kgr. Württemberg, S. 417 und 418 u. desselben Adelsb. d. Grossherz. Baden, S. 77—79. — Geneal. Taschenb. der freih. Häuser, 1855. S. 151—153. 1857. S. 185 u. 186 u. 1858. S. 157. — Siebmacher, V. 345: v. Fahnenberg. Mitherr zu Burgheim, Rheinländisch und Suppl. VII. 7. — Tyroff, II. 171. — W.-B. d. Sächs. Staaten, II. 20. — Kneschke, I. S. 145 u. 146. — v. Hefner, bayer. Adel, Tab. 36 u. S. 34 und württemb. Adel, Tab. 19 und S. 15.</small>

Fahnenfeld, s. Codelli von Fahnenfeld und Sterngreif. Freiherren, Bd. II. S. 298 u. 299.

Fahnenthal, s. Lupprecht v. Fahnenthal.

Fahner, s. Cämmerer v. Fahner, Vaure, Bd. II. S. 192.

Fahrenheit, Farenheid. Preuss. Adelsstand. Diplom vom 2. Oct. 1786 für Johann Friedrich Wilhelm Fahrenheit, k. preuss. Kriegs- und Domainen-Rath. Derselbe, welcher sehr ansehnliche Güter in der Provinz Preussen besass, stammte aus einer Danziger wohlhabenden Familie, zu welcher auch Daniel Gabriel Fahrenheit, geb. um 1690, gest. 1740, gehörte. Letzterer, zuerst für den Kaufmannsstand bestimmt, folgte bald seiner vorherrschenden Neigung für das Studium der Natur, machte grosse Reisen, verfertigte 1714 die ersten genau übereinstimmenden Thermometer, war der Erste, welcher zur Füllung der Thermometer anstatt des Weingeistes Quecksilber gebrauchte und hat sich überhaupt um Physik vielfach verdient gemacht. Der Empfänger des Adelsdiploms setzte den Stamm fort u. ein Sohn desselben, Herr auf Angerap im Kr. Darkehmen etc., unterhielt ein in vorzüglichem Rufe stehendes Gestüt.

<small>*v. Hellbach*, I. S. 348. — N. Pr. A.-L. II. S. 153. — *Freih. v. Ledebur*, I. S. 212 und 213. — W.-B. d. Pr. Monarch. III. 16.</small>

Fahrenholz, Fahrenholtz. Altes, in der Alt- Mittel- und Uckermark, so wie im Meklenburgischen und in Pommern begütert gewesenes Adelsgeschlecht. Grundmann sagt, das Geschlecht sei in der Altmark schon lange ausgegangen, in der Mittelmark habe noch 1644 das Geschlecht Zummet (Summt) besessen und Christian v. F. noch 1684 gelebt, in der Uckermark aber sei die Familie schon im Anfange des 17. Jahrh. erloschen. Nach diesen Angaben ist mehrfach angenommen worden, dass der Stamm im 18. Jahrh. nicht mehr geblüht habe, doch hatte in demselben das Geschlecht noch Görne und Retzow im Kr. West-Havelland etc. inne und blühte auch noch in das 19. Jahrh. hinein, in welchem es nach Allem 1822 mit dem königl. preuss, Obersten a. D. Albrecht Friedrich v. Fahrenholz erloschen ist.

<small>*Grundmann*, S. 37. — N. Pr. A.-L. II. S. 153 u. V. S. 151. — *Freih. v. Ledebur*, I. S. 213. — *Siebmacher*, IV. 68. mit dem unrichtigen Namen: v. Fohrenwaldt.</small>

Fahrensbach, Fahrensbeck. Altes, liefländisches Adelsgeschlecht, aus welchem Thomas Wilhelm v. F., Georg v. F. a dem Hause Wallkelt und Georg, der Jüngere in der ersten Hälfte des 17. Jahrh. sich bekannt machten. Ersterer war kursächs. Oberst-Wachtmeister und brachte 1637 nach Pufendorff die von den Schweden besetzte Moritzburg bei Halle durch List in die Hand der Sachsen; Georg v. F., war erst k. dän. Ober-Hof-Marschall etc., begab sich aber dann in Dienste der Krone Polen, wurde 1598 Gouverneur von Liefland, wendete sich später der Krone Schweden und dann nochmals Polen zu, kam 1620 in der Schlacht am Dniester in türkische Gefangenschaft, blieb in derselben im schwarzen Thurm zu Constantinopel drei Jahre u. starb bald nach seiner Entlassung aus demselben. Georg der Jüngere, des Vorigen Sohn, wechselte, wie der Vater, mehrfach die Kriegsdienste und wurde 1630 kurbayer. Oberst. 1633 wurde ihm mit dem General Cratz v. Scharffenstein die Festung Ingolstadt anvertraut. Die Annahme, dass er mit Letzterem die Festung den Schweden habe überliefern wollen, brachte ihn vor das Kriegsgericht, dessen harter Spruch ihn zum Schwerte verurtheilte.

<small>Gauhe, II. S. 271—275 nach: Chytraeus, Sax., u. Pufendorff, Schwed. Histor.</small>

Fahrenwalde. Längst erloschenes, uckermärkisches Adelsgeschl. aus dem gleichnamigen Stammhause in der Uckermark. Bethicke de Fahrenwalde kommt 1368 urkundlich in einem Sabinerbriefe und 1372 in einem Lehnbriefe über das halbe Dorf Blindow vor.

<small>Grundmann, S. 38. — N. Pr. Adelslex. V. S. 151.</small>

Falais, s. Falletz, Falais, **Grafen.**

Falaiseau. Ein aus Frankreich nach Berlin gekommenes Adelsgeschlecht, welches zu der dortigen französ. Colonie gehörte und aus welchem Peter v. F., Geh. Staatsrath, 1682 als kurbrandenb. Gesandter nach London und 1687 als a. o. Gesandter an den k. schwed. Hof nach Stockholm gesendet wurde.

<small>Freih. v. Ledebur, III. S. 250.</small>

Falbenhaupt, Valbenhaupt, Freiherren und Grafen. Erbländ.-österr. Freiherrn- und Grafenstand. Freiherrndiplom vom 26. Jan. 1624 für Christoph v. Falbenhaupt und für die beiden Söhne seines Bruders, Jacob u. Johann Gottfried v. F. und Grafendiplom vom 26. Juni 1692 für Georg Ferdinand Freiherrn von Falbenhaupt, k. k. w. Geh.-Rath, Kämmerer und Statthalter der Inner-Oesterr. Lande zu Gräz. — Die Familie v. Falbenhaupt war ein altes, ursprünglich kärntner Adelsgeschlecht, welches nach Steiermark und später nach Niederösterreich kam, in welchem Letzteren Andreas Falbenhaupt, Ritter, 1518 zu Rauhenwart und Heinrich F., welcher 1547 mit den landesfürstlichen Lehenstücken zu Rainpoltenbach belehnt wurde, mit Thurn u. Rainpoltenbach begütert war, wenn auch das Geschlecht später in der niederösterr. Matrikel nicht vorkommt. Von dem obengenannten Freiherrn Jacob stammte Freih. Georg Sigismund, verm. mit Constantia Elisabeth Grf. v. Schrattenbach und aus dieser Ehe der erwähnte Freih. Georg Ferdinand, welcher, s. oben, den Grafenstand in die Familie brachte. Doch vermählte derselbe, welcher 1706 das Kapuziner-Kloster zu Schwamberg in Steyermark stiftete, sich nicht und schloss im hohen Alter, im Januar 1750 den alten Stamm.

<small>Bucelini, P. III. — Gauhe, I. S. 515. — Zedler, IX. S. 113. — Wissgrill, III. 1—4. — Schmutz, I. S. 339. — Siebmacher, I. 49: Die Falmhaubt, Steyerisch, V. 19: Herren v. Falmhaupt und V. 69: Falmhaupdt: Steyerisch. — v Meding, II. S. 164 und 165.</small>

Falcke, Valcke, Valke. (Schild von Roth und Silber quergetheilt, mit zwei über einander stehenden Greifen von gewechselter Farbe). Altes, märkisches Adelsgeschlecht, welches zeitig nach Sachsen und später auch nach Pommern kam. In der Mark Brandenburg besass dasselbe schon 1359 das später eingegangene Schloss Neuhaus u. Thyrow im Kr. Teltow, und Saarmund im Kr. Zauche-Belzig, so wie 1375 die Güter Brusendorf, Klein-Kienitz, Kunersdorf etc. In Sachsen hatte die Familie bereits 1340 das im Laufe der Zeit eingegangene Dorf Lissnitz unweit Wittenberg, 1355 Göertzke im jetzigen Kr. Jerichow und 1480 Nauenhof bei Moritzburg inne, sass auch noch 1613 zu Bleddin bei Wittenberg. In Pommern war dieselbe 1583 mit Burzen im Kr. Fürstenth. Camin und Lümzow im Kr. Neu-Stettin angesessen.

Das Geschlecht blühte in der Mark Brandenburg ins 18. Jahrhundert hinein und noch 1734 war Satzker im Kr. Ost-Havelland in seiner Hand. Nach dieser Zeit erlosch dasselbe.

Knauth, S. 505. — Micrael, S. 483 — Gauhe, I. S. 515 u. 516. — Freih. v. Ledebur, I. S. 213 u. III. S. 250. Siebmacher, III. 159. — v. Meding, I. S. 152. — Pommernsch. W.-B. II. Tab. 9. —

Falcke, vom Falcken (in Silber drei, 2 und 1, runde hölzerne, aufgerichtete, rothe Hammer). Altes hessisches Adelsgeschlecht, welches im 17. Jahrhundert erloschen ist.

Siebmacher, I. 143: vom Falcken, Hessisch. — v. Meding, I. S. 151 und 152.

Falcke, Freiherr (in Silber ein rechtssehender, rother Falke auf einem etwas schrägrechts gelegten, belaubten Aste von natürlicher Farbe). Freiherrnstand des Königr. Hannover. Diplom von 1832 für Georg Friedrich Falcke, k. hannov. Geh. Cabinetsrath und zwar in Betracht der nützlichen u. mannigfaltigen Dienste, welche derselbe dem königlichen Hause und dem Lande eine Reihe von Jahren hindurch geleistet. Das ausgefertigte Diplom ist in Hannover 25. Mai 1832 amtlich bekannt gemacht worden. Der Diploms-Empfänger ist vor mehreren Jahren, ohne männliche Nachkommen zu hinterlassen, gestorben.

Hannov. Anzeig. 1842. Nr. 42. S. 1088. — Freih. v. d. Knesebeck, S. 128. — W.-B. des Kgr. Hannover, B. 11 und S. 6. — Kneschke, I. S. 146.

Falckenberg, Falkenberg (in Silber zwei mit den Ringen unten, mit den Kämmen aber oben und von einander gekehrte schwarze Schlüssel). Altes, nach Einigen aus dem Rheinlande stammendes, hessisches und westphälisches Adelsgeschlecht, aus welchem Hermannus et Conradus fratres de Huxaria 1323 mit den Falckenbergschen Schlüsseln siegelten. — Das gleichnamige Stammhaus der Familie in Hessen stand derselben schon 1272 und noch 1618 zu und in Westphalen sass das Geschlecht bereits 1323, hatte auch Herstelle im Kr. Höxter noch 1760 inne. Später ist wohl der Stamm ausgegangen.

Letzner, Corbey'sche Chronik, S. 93. b. — Rommel, Hessische Geschichte, II. 228. — Fahne, II. S. 217. — Freih. v. Ledebur, I. S. 214. — Siebmacher, I. 131: v. Falckenberg zu Falckenberg, Hessisch und 182: v. Falckenberg, Braunschweigisch. — v. Meding, I. S. 152 und 153.

Falckenberg, Falkenberg (in Schwarz ein weiss bedeckter, länglich viereckiger, und nach der Länge des Schildes gesetzter Tisch, mit goldenem Tischgestelle. Das Tischtuch hängt etwas über und auf dem Tische stehen an der Seite die Länge herab vier, also überhaupt 8 silberne Teller). Altes, schlesisches Adelsgeschlecht, aus welchem Conrad v. Falckenberg schon 1290 als herz. Rath zu Jauer vorkommt. Hedwig v. F. war 1413 Aebtissin des St. Clara-Klosters in Breslau und Christoph v. F. 1520 fürstl. Rath zu Teschen. Caspar, Herr auf Netsche, herz. Rath und Landrichter zu Oels starb 1611 und Hans, Herr auf Neglitz, Raake, Netsche etc. Landesältester des Fürstenthums Oels, 1676. — Georg Friedrich, dessen Vater verrätherischer Weise 1645 erschossen worden war, starb 1713 und Friedrich Ferdinand v. F. lebte noch 1730 auf seinem Rittersitze Schierau im Goldbergischen. Später ist der Stamm erloschen.

Sinapius, I. S. 352. — Gauhe, I. S. 517. — Frh. v. Ledebur, I. S. 214. — Siebmacher, II. 48. — v. Meding, I. S. 153.

Falckenberg, Falkenberg (in Blau auf einem goldenen Berge ein Falke von natürlicher Farbe). Schlesisches, wie das Wappen ergiebt, von der im vorstehenden Artikel besprochenen Familie ganz verschiedenes Adelsgeschlecht, welches Sinapius unter dem Namen: Falkenberger a. d. Hause Lamirsch aufführt. Der genannte Schriftsteller hat diese Angabe u. das Wappen einem Manuscripte der Familie entnommen.

Sinapius, I. S. 353. — *v. Meding*, I. S. 153.

Falckenberg, Falkenberg, Herren. (Schild der Länge nach getheilt: rechts Roth, ohne Bild, links von Gold und Schwarz schräg geschacht). Die Herren u. Freien v. Falkenberg, nach alter Schreibart: Valchenberg und Valckhenberg, Barones et Ministeriales, waren eins der ältesten Herrenstandsgeschlechter in Niederösterreich, welches schon unter den ersten Herzogen Babenbergischen Stammes bekannt war und welches das Erbschenken- und Marschall-Amt von Niederösterreich besass. Das gleichnamige Stammschloss soll zwischen Zwetl u. dem grossen Arbeser Walde ostwärts gestanden haben. Urkundlich kommt zuerst Rapoto de Valchenberch 1195 vor und Rapoto V., der Jüngere, Hadmars einziger Sohn aus der Ehe mit Agnes von Sunnberg, welcher zwischen 1350 und 1357 starb, schloss den Stamm. Die ansehnlichen Herrschaften und Schlösser des Stammes kamen an Ulrich und Eberhard Herren von Capell und Friedrich und Heinrich Herren von Walsee, als von Seite ihrer Grossmutter und Mutter der v. Falkenberg nächste Anverwandte.

Fugger, Ehrenspiegel des Hauses Oesterreich, II. Buch, S. 171 (das der Familie beigelegte Wappen: in Silber auf einem schwarzen Dreihügel drei Falken gehörte der Familie nicht. — *Wissgrill*, III. S. 4—10.

Falckenberg, Falkenberg (Schild geviert: 1 und 4 drei Käfer und 2 und 3 zwei Pfähle). Cölnisches Patriciergeschlecht, welches 1611 in Cöln den Hof Mecklinhofen besass und in dessen Hand 1703 das Gut Schornstein war.

Fahne, I. S. 97. — *Frh. v. Ledebur*, I. S. 213.

Falckenstein, Vogel v. Falckenstein (Schild geviert, mit Mittelschilde. Im silbernen Mittelschilde ein gebarnischter Mann mit gezücktem Schwerte. 1 und 4 in Schwarz ein goldener Löwe und 2 und 3 in Silber ein, einen Lorbeerzweig haltender Falke über Felsen). Böhmischer Adelsstand. Diplom aus der ersten Hälfte des 18. Jahrh. Die Familie besass 1716 Starrwitz im Kr. Grottkau und noch 1770 Ober-Kunzendorf im Kr. Münsterberg.

Frh. v. Ledebur, I. S. 213.

Falderen, Faldern, Feldern. Böhmischer Ritterstand. Diplom vom 4. Jan. 1730 für Johann Franz Faldern, k. k. Kammerrath. Die Nachkommen desselben besassen die Güter Woitsdorf, Langendorf u. Ulbersdorf im Kr. Poln.-Wartenberg etc. Noch im Anfange des 19. Jahrh. waren Beatenhoff im Kr. Gross-Strelitz so wie Seichwitz und Uschütz im Kr. Rosenberg in der Hand der Familie. — Zwei Sprossen des Stammes standen 1839 in der k. preuss. Armee und 1851 war ein v. Falderen Premier-Lieutenant im 27. Inf.-Reg. und Adjutant bei der 12. Landwehr-Brigade.

Megerle v. Mühlfeld, Ergänz.-Bd. S. 138: v. Feldern. — N. Pr. A.-L. II. S. 163: v. Feldern u. V. S. 152: v. Faldern. — *Frh. v. Ledebur*, I. S. 213.

Falk, Falcke, Valk, auch **Freiherren** (in Roth ein rechts gekehrter goldener Falke). Reichsadelsstand. Diplom vom 20. Sept. 1521 für Eckhard Valk. Derselbe wird im Diplome als conseiller de la régence de la Ville de Grietzyl — wohl Greetsyhl, Königr. Hannover, Provinz Ostfriesland, Amt Pewhum — et grand ecuyer de l'Empereur Charles V. aufgeführt. — Die Nachkommenschaft des Diploms-Empfängers blühte namentlich in den Niederlanden fort und kam später auch nach Hessen, wo sie den freiherrlichen Titel führte, in neuester Zeit aber nur noch im weiblichen Stamme vorkam. Zu der hessischen Linie gehörte der 1836 verstorbene grossherzoglich hessische Generallieutenant und Kriegsminister Georg Abraham Carl Freih. v. Falck, welcher sich 1828 mit der Ganerbentochter Wilhelmine Maria Natalie Freiin v. Günderrode vermählte und durch diese Vermählung Aufnahme in die altadelige Ganerbschaft des Hauses Alten-Limpurg zu Frankfurt am M. fand. In den Niederlanden bedient sich die Familie des freiherrlichen Titels nicht, wenn auch Anton Reinhart Falk, als derselbe sich mit einer Freiin v. Raisin vermählte, vom Könige Wilhelm II. der Niederlande diesen Titel angeboten erhielt.

Rietstap, Wappenregister. — *v. Hefner,* Hess. Adel, Tab. 8 und S. 9. — *Kneschke,* IV. S. 119 und 120.

Falke v. Lilienstein. Erbländ.-österr. Adelsstand. Diplom von 1786 für Johann Gottlieb Falke, k. k. Hauptmann bei dem Invaliden-Institute zu Pettau in Steiermark, mit dem Prädicate: v. Lilienstein.

Megerle v. Mühlfeld, Ergänz.-Bd. S. 280.

Falken, Falken-Plachecki, Plachetzki (in Blau ein von einem Pfeile durchschossener, nach anderen Siegeln auf einem quergelegten Aste sitzender, weisser Falke, welcher eine Taube geraubt hat). Ein in Westpreussen mit Bromke und Pniewno im Kr. Schwetz begütertes Adelsgeschlecht, aus welchem mehrere Sprossen in der k. preuss. Armee bis auf die neueste Zeit standen.

Frh. v. Ledebur, I. S. 213 und III. S. 250.

Falkenau, v. und zu Falkenau auf Freyenwart, Freiherren. — Reichsfreiherrnstand. Diplom von 1733 für Wolf Martin Ehrmann v. u. zu Falkenau, k. k. Landrath und Landes-Vice-Dom in Oesterreich ob der Enns. Weiteres s. S. 52 und 53: Ehrmanns, Ehrmanus v. u. zu Falckenau auf Freyenwörth, Freiherren.

Megerle v. Mühlfeld, S. 48.

Falkenberg, auch **Grafen** (Schild von Silber und Roth in vier Reihen, jede zu drei Feldern, geschacht). Schwedischer Grafenstand. Diplom vom 7. Juni 1693 für Gabriel v. Falkenberg, k. schwed. Geh.-Rath u. Präsidenten des Hof-Gerichts zu Abo in Finnland. — Schwedisches Adelsgeschlecht, welches wahrscheinlich aus der märkischen Adelsfamilie dieses Namens, s. den nachstehenden Artikel, entsprossen ist, u. zu welchem die Gebrüder Dietherich und Melchior v. F. gehörten. Ersterer, 1626 Hofmarschall des Königs Gustav Adolph in Schweden, starb 1630 als Commandant von Magdeburg und Letzterer war 1632 k. schwed. General-Commissar der Stifte Magdeburg und Halberstadt und des ganzen niedersächsischen Kreises. — Nach

Gauhe soll schon Heinrich v. F., schwedischer Reichsrath, welcher 1697 Präsident des Ober-Hofgerichts zu Stockholm war und 1710 als Assessor des, in Abwesenheit des Königs angeordneten grossen Raths zu Stockholm starb, den Grafenstand in die Familie gebracht haben.

Gauhe, II. S. 1451—1453; nach einem Manuscripte: Collect. genealog. und Pufendorff, Schwed. deutsche Kriegsgeschichte. — *Frh. v. Ledebur*, I. S. 214 u. III. S. 260. — Schwed. W.-B. Grafen, Tab. 4.

Falkenberg (Schild mit Schildeshaupte. Im silbernen Schildeshaupte zwei neben einander stehende, goldene Kronen und Schild von Blau und Silber in drei Reihen, jede zu fünf Feldern, geschacht). Altes, märkisches Adelsgeschlecht, dessen Name ein Sitz im Kr. Ober-Barnim erhielt. Dasselbe war in der Mark Brandenburg bereits 1336 mit Zachow im Kr. Königsberg und 1337 mit Cladow im Kr. Landsberg und Neuenburg im Kr. Soldin begütert, erwarb in der zweiten Hälfte des 14. Jahrh., so wie in den folgenden Jahrhunderten mehrere andere Güter, wurde auch in der Altmark ansässig und hatte noch 1809 Gethlingen im Kr. Osterburg und 1839 Striegleben im Kr. West-Priegnitz inne. Einzelne Sprossen dieses und der anderen gleichnamigen Geschlechter anzugeben, stösst auf grosse Schwierigkeiten, da alle diese Familien früher mehrfach mit einander verwechselt worden sind. Bauer, Adressbuch der Rittergutsbesitzer in den preussischen Staaten, 1857, führt die Familie nicht mehr auf.

Freih. v. Ledebur, I. S. 213 und 214.

Falkenberg, s. Grundemann-Falkenberg, **Grafen.**
Falkenberg, s. Berg v. Falkenberg, Bd. I. S. 336.
Falkenberg, s. Hebold v. Falkenberg.
Falkenberg, s. Hund v. Falkenberg.
Falkenburg. Altes, steiermärkisches Adelsgeschlecht aus dem gleichnamigen Schlosse im Ennsthale, welches von 1256—1277 vorkam.

Zedler, IX. S. 135. — *Schmutz*, I. S. 340.

Falkenburg, s. Foltaneck v. Falkenburg.
Falkenburg, s. Barfus-Falkenburg, Bd. I. S. 198.
Falkenhagen, s. Falkenhayn, **Freih. und Grafen.**
Falkenhagen. Ein im Havellande vorgekommenes Adelsgeschlecht, welches die Güter Falkenhagen und Ferbitz 1589 und noch 1676 besass und auch Kuhweide und Schönermark in der Uckermark inne hatte. Joachim und Dietrich v. Falkenhagen lebten 1589 auf Falkenhagen und Ferbitz.

N. Pr. A.-L. V. S. 152; nach König's Sammlungen. — *Freih. v. Ledebur*, I. S. 214.

Falkenhausen, Freiherren. Reichsfreiherrnstand. Diplom vom 12. März 1747 für Friedrich Carl und Eleonore v. Falkenhausen. Dieselben waren natürliche Kinder des 1757 verstorbenen Markgrafen Carl Wilhelm Friedrich zu Anspach-Bayreuth. — Freiherr Friedrich Carl, gest. 1796, war markgr. brandenburg.-anspachscher Geh.-Rath und ein Sohn desselben, Freih. Carl Friedrich Wilhelm Philipp, starb 1835 als k. preuss. w. Geh.-Rath und Ober-Landesgerichts-Präsident zu Breslau. — Die Familie blüht jetzt in zwei Linien, welche nach Rittergütern genannt sind, nämlich die Linie zu Wald/ u. zu Trautskirchen. Beide Güter liegen im Fränkischen, doch ist Trautskirchen nicht mehr in der Hand der Familie. Die Trautskirchener Linie gründete der oben genannte Freih. Friedrich Cárl, welcher nach v. Lang 22. März 1747 in den Grafenstand erhoben worden sein soll, doch ist über diese Erhebung Näheres nicht bekannt und die Nachkommen bedienen sich nur des freiherrlichen Titels. Die Linie zu Waldkirchen wird von einem nachgeborenen Bruder des Freiherrn Friedrich Carl abgeleitet, auf welchem das freiherrliche Diplom von 1747 ausgedehnt wurde. — Haupt der Trautskirchener Linie war 1857 Freih. Edmund, geb. 1803 — Sohn des Freih. Wilhelm, k. bayer. Majors — k. k. Oberst in d. A., verm. 1850 mit Clotilde Pickl Edlen v. Witkenberg, aus welcher Ehe zwei Söhne entsprossten, Wilhelm, geb. 1851 und Edmund, geb. 1853. Die beiden Brüder des Freih. Edmund sind: Freih. Franz, k. k. Oberlieut. in d. A. und Freih. Friedrich. — Von den Brüdern des Freiherrn Wilhelm hat Freiherr Carl Friedrich Wilhelm Philipp, s. oben, in Preussisch-Schlesien blühende Nachkommenschaft hinterlassen, Freih. Ferdinand starb als k. k. Oberst, Freih. Friedrich gest. 1840, k. preuss. Oberstlieutenant a. D., war Herr auf Pischkowitz, Wallisfarth etc. und Landes-Aeltester in der Grafschaft Glatz und Freih. Ernst blieb als k. preuss. Rittm. im Feldzuge von 1813. Der oben genannte Freih. Friedrich war mit Charlotte Grf. v. Magnis vermählt, welche 1857 Herrin auf Ober- u. Nieder-Pischkowitz und Rauschwitz unweit Glatz war. Von den Töchtern aus dieser Ehe vermählte sich eine an Constantin Freiherr v. Zedlitz-Neukirch, die Andere Freiin Charlotte aber mit einem jüngeren Bruder desselben, Theodor Freih. v. Zedlitz-Neukirch. Eine dritte starb 1839 als Gemahlin des Freiherrn v. Zedlitz-Neukirch auf Neukirch. Der adoptirte Sohn des Freiherrn Friedrich, Freih. Friedrich, wurde laut väterlichen Testaments Herr der Herrschaft Wallisfurth. Nächstdem wurde neuerlich nach genannt Freih. Friedrich Gustav, Herr auf Bieland und Eilau unweit Neisse. — Durch die Schwestern des Freiherrn Wilhelm ist die Familie mit den Stämmen der Freiherren von Stutterheim, Künsberg, Crailsheim u. Schirndinger v. Schirnding und der Grafen v. Minucci versippt worden. — Von der Linie zu Wald, auch zu Wald und Lauffenburg, wurden die Gebrüder: Freiherr Julius Otto Christian, geb. 1777, Gutsherr zu Wald und Freiherr Wilhelm Friedrich, geb. 1782, k. bayer. Husaren-Rittmeister, in die Adelsmatrikel des Kgr. Bayern eingetragen.

v. Lang, S. 121. — Diplom-Jahrb. für den Preuss. Staat 1841. Abth. 2. S. 64. — N. Pr. A.-L. VI. S. 29. — *Freih. v. Ledebur,* I. S. 214 u. III. S. 250. — Geneal. Taschenbuch der freih. Häuser. 1857 S. 187 u. 188 u. 1858 S. 158. — W.-B. d. Kgr. Bayern, II. 94 u. v. *Wölckern,* Abtheil. II. — v. *Hefner,* bayer. Adel, Tab. 30 u. S. 34. — Schlesisch. W.-B. Nr. 149.

Falkenhayn, auch Falkenhagen und Falkenhahn, Freiherren und Grafen (Stammwappen: in Silber ein rothes, die Mündung rechtskehrendes Jagdhorn ohne Beschlag und Band. Gräfliches Wappen: Schild geviert mit dem Stammwappen als Mittelschild. 1 u. 4 in Blau drei schrägrechts unter einander gestellte, goldene Kugeln; 2 in Roth ein rechtsgekehrter, doppelt geschweifter, silberner Löwe und 3 von Silber und Schwarz quergetheilt mit einem einwärts gekehrten, in der unteren Hälfte in einem gekrümmten Fischschwanze endigenden Einhorne von gewechselten Farben). Böhmischer Freiherrn- u. Grafenstand, so wie Reichsgrafen- und Preussischer Grafenstand. Böhmisches Freiherrndiplom vom 8. Oct. 1621 für Sigmund v. F.; böhm. u. erbländ.-österr. Grafendiplom vom 1. Aug. 1682 u. Reichsgrafendiplom vom 9. Dec. 1689 für Friedrich Freih. v. F., k. k. Geh.-Rath etc. und preussisches Grafendiplom vom 6. Nov. 1741 für Ernst August Freih. v. F. Nächstdem giebt Megerle v. Mühlfeld an, dass Graf Ernst August schon 1736 den böhmischen Grafenstand und Sigmund v. F. 1721 den böhmischen Freiherrnstand erhalten habe. Ueber ein vom Freih. v. Ledebur angeführtes Grafendiplom vom März 1786 fehlen nähere Nachweise. — Die Familie v. Falkenhayn ist schon seit dem 12. und 13. Jahrh. in Schlesien bekannt und gab dem Sitze Falkenhayn bei Schönau den Namen, oder nannte sich nach dieser Besitzung. Als Stammvater wird von Einigen Falko genannt, welcher nach der Schlacht bei Merseburg 933 zum Ritter geschlagen und mit Falkenhayn im Stifte Wurzen belehnt worden sein soll, so dass demnach das Geschlecht ein ursprünglich meissensches sei. — Aus Schlesien kam das Geschlecht im Laufe der Zeit ins Brandenburgische, nach Pommern, Schweden, Elsass und Oesterreich. Die fortlaufende Stammreihe der österreichischen Linie fängt mit Balthasar v. F. an, welcher 1504 als fürstl. liegnitzischer Ober-Küchenmeister vorkommt. Von Letzterem stammte im vierten Gliede Georg, um 1617 herzogl. liegnitzischer Geh.-Rath und der Fürstenthümer Schweidnitz u. Jauer Landes-Aeltester. Der Sohn desselben war der oben genannte Freih. Sigmund, aus dessen zweiter Ehe mit Eva v. Nimptsch Graf Friedrich, s. oben, entspross. Derselbe, geb. 1649 kam als kur-braunschw.-lüneburg. Geh.-Rath und a. o. Gesandter am k. k. Hofe zuerst nach Oesterreich, trat in k. k. Dienste, wurde Hofkriegs-Rath und General-Kriegs-Commandeur, k. k. Kämm. und endlich w. Geh.-Rath u. hinterliess aus der Ehe mit Maria Magdalene v. Holzapfel den Grafen Ernst August Rudolph, welcher 1718 unter die niederösterreichischen Herrenstände aufgenommen wurde und 1743 starb. Aus seiner zweiten Ehe mit Maria Elisabeth Grf. v. Abensperg-Traun entspross Graf Nicolaus Norbert, gest. 1777, k. k. Kämm. und niederösterr. Regierungsrath, verm. mit Maria Franciska Grf. v. Kollonitz, aus welcher Ehe zwei Söhne entsprossten, die Grafen Ernst August und Graf Eugen, von welchen die jetzigen Grafen v. Falkenhayn abstammen. Graf Ernst August, gest. 1841, k. k. Kämm. war in erster Ehe vermählt mit Therese Freiin v. Kalckreuth und in zweiter Ehe mit Maria Freiin von Königsbrunn, gest. 1819, Graf Eugen aber, gest. 1826, k. k. Kämmerer, war mit Maria Anna Grf. v. Veterani-Mallentheim, gest. 1852, vermählt. — Der neuere Personalbestand der gräflichen Linie in Oesterreich war folgender: Graf Theodor, geb. 1811 — Sohn des Grafen Ernst August aus zweiter Ehe s. oben, — Herr auf Kyowitz in Oesterr.-Schlesien, k. k. Kämm., verm. 1843 mit Ida Freiin v. Hauer, geb. 1820, aus welcher Ehe eine Tochter, Grf. Bertha, geb. 1844, entspross. Die Halbschwester des Grafen Theodor aus des Vaters erster Ehe, Grf. Francisca, geb. 1805, vermählte sich als Wittwe des Landeshauptmanns und Landrechts-Präsidenten der Fürstenthümer Troppau und Jägerndorf Ignaz Freih. v. Sobeck und Kornitz 1835 mit Carl Grafen v. Sternberg auf Rothwasser, die Schwester aber aus des Vaters zweiter Ehe, Grf. Caroline, geb. 1817 hat sich 1841 mit Anton Freih. Sedlnitzky-Odrowons v. Choltic, Herrn auf Jaeschkowitz und Dirschkowitz vermählt. — Von dem 1826 verstorbenen Grafen Eugen, s. oben, entsprossten zwei Söhne: Graf Eugen Isidor und Graf Johann, geb. 1801, k. k. Kämmerer und Feldmarschalllieutenant in d. A. Graf Eugen Isidor, gest. 1853, Herr der Herrschaften Girincs, Dross, Ottenschlag und Rechberg, k. k. Kämm., Geh.-Rath, Feldzeugmeister, General der Cavall. etc. hatte sich 1825 mit Caroline Grf. Colloredo-Waldsee, gest. 1835, vermählt und aus dieser Ehe stammen drei Söhne: Graf Franz, geb. 1827, k. k. Kämm. und Rittm., verm. 1854 mit Eleonore Prinzessin v. Oettingen-Wallerstein, gest. 1856, aus welcher Ehe ein Sohn, Moritz, geb. 1856, entspross; — Graf Julius, geb. 1829, k. k. Kämm. u. Rittm. in d. A., verm. 1857 mit Victoria Grf. Folliot v. Crenneville, verw. Grf. Keglevich v. Buzin, geb. 1816 und Graf Ladislaus, geb. 1833, k. k. Kämm., Rittm. im Adjutanten-Corps und Adjutant Sr. Maj. des Kaisers. — Aus den adeligen Linien des Geschlechts, welche sich nach mehreren ihrer Güter in Schlesien schreiben und welche auch Grundbesitz im Brandenburgischen, in der Ober-Lausitz, im Posenschen und in Ost- und Westpreussen erwarben, haben mehrere Sprossen des Stammes und unter diesen namentlich Friedrich Gotthelf v. F., k. preuss. Generallieutenant und Gouverneur der Festung Schweidnitz, gest. 1786, bis auf die neueste Zeit in der k. preuss. Armee gestanden. — Nach Bauer, Adressbuch, 1857, besass der k. preuss. Rittm. a. D. v. Falkenhayn Gross-Breesen im Kr. Guben, ein v. F. Gross-Bialvehowa im Kr. Graudnitz, Wilhelm Ludwig v. F. Kamnig im Kr. Grotkau und Hugo v. F., k. preuss. Lieutenant, Janischau im Kr. Rosenberg.

Sinapius, I. S. 354–360 und II. S. 71. — *Gauhe*, I. S. 518–520. — Ober-Lausitz. Nachr. 1772 S. 105: Nachricht vom Stammbaume des J. R. v. F. — *Leupold*, I. S. 326–329. — *Wissgrill*, III. S. 10–16 mit zwei Stammtafeln. — *Megerle v. Mühlfeld*, Ergänz.-Bd. S. 13 und 55. — N. Pr. A.-L. I. S. 40 u II. S. 154 u. 155. — Deutsche Grafenh. der Gegenw. I. S. 227–229. — *Freih. v. Ledebur*, I. S. 214 u. 215 u. III. S. 250. — Geneal. Taschenb. der gräfl. Häuser, 1839 S. 257–259 u. histor. Handb. zu demselben, S. 204. — *Siebmacher*, I. 58; v. Falkenhein, Schlesisch und 178; v. Falkenhayn, Märkisch. — *Hermann*, Praxis heraldia. S. 71. — *v. Meding*, III. S. 172 u. 173. — W.-B. der Preuss. Mon. Bd. I. Gr. v. F. — W.-B. d. Oesterr. Monarch. Bd. II. Gr. v. F. — Schlesisch. W.-B. Nr. 502. — *v. Hefner*, Preuss. Adel. Tab. 8 u. S. 7.

Falkenrehde, Falkenrehe. Mark-brandenburgisches Adelsgeschlecht aus dem gleichnamigen Stammhause im jetzigen Kreise Ost-Havelland, wo dasselbe 1625 noch die Güter Fahrland und Satzkorn besass. Der Name des Geschlechts ging 16. Juni 1625 mit Elisabeth v. Falkenrehde, vermählten v. d. Gröben, aus u. 18. Oct. 1627 gab Kurfürst Georg Wilhelm zu Brandenburg die verfallenen Lehne des Geschlechts an Georg Ehrenreich v. Burgsdorff.

N. Pr. A.-L. V. S. 152 nach König's Sammlungen. — *Freih. v. Ledebur*, I. S. 215.

Falkenstainer zu Mannerstorff (Schild der Länge nach getheilt: rechts ein breites, grosses Kreuz, ähnlich einem Deutsch-Ordens-Kreuze und links auf einem Berge ein grosser Vogel, wohl ein Falke). Nieder-österreichisches Adelsgeschlecht, welches sich theils Valckenstainer, theils Falkenstainer schrieb und zu den in Wien sesshaften adeligen Familien gehörte, welche vormals im wiener Bürgerstande gewesen waren. Chunrad Valchkenstainer kommt urkundlich 1324 vor. Der Stamm blühte bis in die zweite Hälfte des 16. Jahrh. hinein und denselben schloss Carl Falkenstainer, Herr zu Männerstorf, welcher 1581 noch lebte. — Der Name des Geschlechts ging 12. März 1590 mit Barbara, des Edlen Carl Falkenstainer zu Männerstorf ehelicher Hausfrau, aus.

Wissgrill, III. S. 20 u. 21.

Falkenstein, Grafen im Harze (im Schilde drei, 2 u. 1, Falken). Altes Dynastengeschlecht, dessen Ursprung in dunkle Zeit sich verliert. Man nimmt meist an, dass dasselbe aus dem Geschlechte der Ritter von Conradsburg hervorgegangen sei. Diese Ritter hätten, nachdem sie die Conradsburg der Kirche geschenkt, im 11. Jahrh. ein neues Schloss erbaut und dasselbe, wie sich selbst, Falkenstein genannt. Zuerst soll diesen Namen Lambert v. F. um 1144 geführt haben. Burkhard I. v. F. kommt um 1152—1179 vor und sein gleichnamiger Sohn tritt zuerst als Graf auf. Im Anfange des 13. Jahrh. erscheint Hoyer Graf v. Falkenstein, auf dessen Veranlassung um 1215 Epko v. Repkau (auch Eyke v. Repgow) ein anhaltscher Edelmann und Gerichtsschöppe des Grafen Hoyer, den so bekannt gewordenen „Sachsenspiegel:" eine Sammlung von richterlichen Entscheidungen über vorzügliche Rechtsfälle, veranstaltete. — Der Stamm blühte noch in das 14. Jahrh. hinein und erlosch dann um 1338, worauf durch Vermächtniss die Grafschaft an das Domcapitel zu Halberstadt kam, welches 1386 den einen Theil an die v. Burgesdorf, den andern mit der Burg Falkenstein und der Umgegend derselben 1480 an die v. d. Asseburg verkaufte. — Siebmacher, I. 193, hat ein gleiches Wappen einem von ihm der Ritterschaft im Elsass zugezählten Geschlechte v. Falckenstein beigelegt.

Hoppenrod, Stammb. etc. Strassburg 1570. S. 33 u. 34. — Gottschalk, Ritterburgen, II. S. 227.

Falkenstein, Grafen (Schild geviert: 1 und 4 Gold, mit einem dreifachen gewöhnlichen, oder vier- auch fünffachen, engen, rothen Gitter überzogen: Daun u. 2 und 3 in Blau ein sechsspeichiges, silbernes Spuhlrad: Grafschaft Falkenstein). Altes, rheinländisches Grafengeschlecht aus dem gleichnamigen Stammschlosse am Donnersberge, welches aus dem Stamme der Grafen v. Daun hervorgegangen ist. — Von Einigen wird Cuno v. Daun, welcher im 14. Jahrh. lebte, von Anderen Wirich v. Daun, welcher sich um 1289 mit Irmengardis, der Tochter und Erbin Philipps Herrn zu Falkenstein, vermählte, als Stammvater genannt. Gauhe beginnt die Stammreihe, wie folgt: Werner, Herr zu Daun, um 1209; — Wirich I., erbte von seiner Frau Oberstein; — Wirich II., Urenkel des Wirich I., Herr zu Oberstein und Falkenstein, welches letztere Schloss seine Gemahlin ihm zubrachte; — Cuno, Enkel des Wirich II.; — Wirich III., Cunos Enkel (der Bruder, Conrad, (nach Anderen Cuno) wurde 1362 Kurfürst zu Trier und starb 1388); — Wirich IV., Graf zu Falckenstein, Herr zu Ober- und Willenstein, Neuen-Baimberg etc. gest. 1501; — Melchior; — Wirich V., Graf zu Falkenstein und Limburg, Herr zu Broich a. d. Ruhr, Statthalter zu Ravenspurg etc; — Wirich VI., Statthalter der Herzogthümer Jülich, Cleve und Berg, gest. 1598. — Johann Adolph; — Wilhelm Wirich, starb im August 1682 als Letzter des Mannstammes seines zur Wetterauischen Grafenbank gehörenden Geschlechts auf seinem Schlosse zu Broich. Von den Töchtern aus erster Ehe mit Elisabeth Grf. zu Waldeck vermählte sich die Eine, Anna Sibylle, mit Johann Ludwig Grafen v. Leiningen zu Günthersblum, die zweite, Christine Luise, mit Erich Christian Grf. v. Leiningen u. Dagsburg u. nach dem Tode desselben mit einem Rheingrafen zu Kyrn u. die Dritte, Carola Augusta, mit dem reformirten Pfarrer Sibel zu Mollen. Der einzige Sohn, Carl Alexander, war lange vor dem Tode des Vaters, 1660, im 17. Lebensjahre erschossen worden. — Das reiche Erbe kam je zu einem Drittheil an die genannten drei Töchter.

Lucae. S. 960. — Imhof. Lib. VI. c. 3. — Humbracht. Tab. 127. — Gauhe. I. S. 520 u. 521. — Durchl. Welt. Ausg. von 1710, II. S. 18 und 19. — v. Meding. III. S. 174 u. 175.

Falkenstein, Grafen in Schwaben (in Blau auf einem dreispitzigen Hügel ein goldener Hirsch). Altes, schwäbisches Grafengeschlecht, welches das Erb-Kämmerer-Amt des h. röm. Reichs besass, in früher Zeit an der Schiltach reich begütert war und sich in die v. Falkenstein und v. Kamstein geschieden hatte. Schon im 14. Jahrh. hatte der Glanz des Geschlechts sehr abgenommen und im Anfange des 16. Jahrh. ging nach Allem der Stamm aus, da bereits 1507 Eitel Friedrich Graf zu Hohenzollern in der Unterschrift der Kammergerichtsordnung zu Costnitz des h. röm. Reichs Erbkämmerer genannt wird. Ende des 16. Jahrh. war kaum noch bekannt, wo etwa die Burg Falkenstein gestanden habe.

Gauhe. I. S. 522 nach Lucae Grafensaal. S. 960.

Falkenstein, Falkenstein und Nuinberg, Grafen in Bayern. Altes, mächtiges, in Bayern, Tirol und Oesterreich überreich begütertes Grafengeschlecht, dessen gleichnamige Stammburg am Eingange des Unter-Innthales unweit des jetzigen Marktes Rosenheim lag. Dasselbe besass zu den Zeiten der Carolinger mit den Grafen v. Wasserburg das ganze Innthal von Hull bis Passau und gründete das in der Geschichte Bayerns wichtige Kloster Weyarn. Der Stamm blühte bis 1272, wo der letzte Sprosse desselben, Siboth, von einem seiner Ministerialen, Otto v. Prantberg (Brannenburg), im Bade erstochen wurde.

Lucae. S. 960. — Wigul Hund, I. S. 46—52. — Dachauer, Geschichte des Petersberges und desselben Chronik von Brannenburg und Umgebung.

Falkenstein, Grafen in der Wetterau (im Schilde ein aufrecht sitzender, schwarzer Hund). Altes Grafengeschlecht aus dem gleichnamigen Stammschlosse unter dem s. g. hohen Feldberge unweit Idstein und Ober-Ursel, aus welchem Werner 1272 Erzbischof und Kurfürst von Mainz wurde. Der Stamm erlosch 1418 mit Werner, Erzbischof und Kurfürsten zu Trier.

Lucae, uralter Grafensaal. S. 959 u. 960. — Gauhe. I. S. 522.

Falkenstein, Grafen in der Schweiz (im Schilde auf einem dreispitzigen Hügel ein ausgebreiteter Falke). Altes, schweizerisches Grafengeschlecht, dessen Stammschloss zwischen Solothurn und Basel lag. Das Schloss wurde 1371 von den Grafen v. Nidow und Kyburg und von den Baselern erobert und zerstört, wobei Hans Graf v. Thierstein in Gefangenschaft kam.

<small>Lucae. S. 960.</small>

Falkenstein, s. Trautson, **Fürsten und Grafen.**

Falkenstein, auch Freiherren (in Gold eine rothe Mütze mit einem weissen, mit vier Hermelinen besetzten Ueberschlage. Der Zipfel der Mütze, welcher mit einem goldenen Knopfe und mit fünf schwarzen Hahnenfedern besteckt ist, von denen zwei sich rechts, drei links wenden, kehrt sich nach links und unten). Eins der ältesten, sächsischen Adelsgeschlechter, dessen Ursprung sich in eine Zeit verliert, über welche mehrfach genaue Nachrichten fehlen. So finden sich denn über den Ursprung verschiedene Angaben: Knauth giebt an, die Familie sei im Amte Voigtsberg angesessen und werde sonst von Spangenberg unter dem alten bayerischen Adel aufgeführt und auch unter dem braunschweigischen gefunden; Biedermann nennt das Geschlecht ein altes, edles, rheinländisches, welches sich in verschiedenen Landen ausgebreitet habe; v. Hellbach citirt bei dieser Familie, welche er nach Siebmacher eine meissensche nennt, Hoppenrod, Stammbuch etc. Strassburg, 1570. S. 33, auf welcher Seite von den alten Grafen v. Falkenstein im Harze gesprochen wird, und Neuere haben den Stamm einen thüringisch-fränkischen genannt. — Nach Allem war das Stammhaus die alte Burg am Falkensteine bei der Bergstadt Falkenstein an der Göltzsch unweit Plauen im sächsischen Voigtlande, welche im Anfange des 14. Jahrh. „Walkenstein in der Plawischen Art gelegen" hiess, in späteren Jahren des 14. Jahrh. den Herren v. Lobdeburg-Elsterberg zustand, schon 1528 nach Angabe des „Pirnaischen Mönches" ein verwüstetes Schloss war und jetzt fast spurlos verschwunden ist. Nach dieser Burg nannten sich — Burchard v. F. kommt nach Herzog schon 1120 urkundlich vor — Johann v. Valckenstein auf Valckenstein und Oberlauterbach, welcher 1270, und Conrad v. V. auf Valckenstein, welcher 1317 unter den Vasallen der Voigte des Voigtlandes vorkommen. Als Zeugen in von Lehnsherren derselben ausgestellten Urkunden treten auf: Johannes de Valkinstein 1276, Arnoldus de Walkenstein 1321 und 1329 und Jan und Lupp Gebrüder v. Falkenstein 1351. Früher schon, 1279, kam Heinrich v. F. als Kanzler des Markgrafen Dietrich v. Landsberg vor. — Eegehardt v. Falkenstein schenkte 1412 seinen Hof zu Neukirchen (dem jetzigen Markneukirchen) der Pfarrkirche zu St. Nicolas daselbst zur Stiftung eines, der heiligen Catharina geweihten Altars und Margaretha v. Falkenstein gab 1425 zwei Theile eines Hofes zu Zedtwitz dem Nonnenkloster zu St. Clara in Hof zu einem ewigen Seelengeräthe. — Im Anfange des 16. Jahrh. gelangte die Familie in den Besitz des Gutes Magwitz unweit Plauen, in welchem es bis zu Anfange des 18. Jahrh. verblieb. Schon 1542 werden unter den Lehnsleuten des Amtes Voigtsberg im

Erblehnbuche daselbst Arnold u. Christoph v. Falkenstein zu Magwitz und Brotenfeld (bei Schöneck) genannt, welche ihre Güter: „mit einem Ritterpferde zu verdienen haben." Im 17. Jahrh. erwarb das Geschlecht auch noch das bei Magwitz gelegene Rittergut Planschwitz. Aus dem Hause Magwitz liegt folgende Stammreihe vor: Bernhard v. Falkenstein, Herr auf Magwitz: Sabina v. Wolframsdorf a. d. Hause Neumark; — Hans v. F. auf Magwitz: Catharina v. Hayn a. d. Hause Lömnitz; — Hans Abraham v. F. auf Magwitz: Magdalena v. Feilitzsch a. d. Hause Gutenfürst; — Magdalena, verm. mit Hans Georg v. d. Heyde auf Misslareuth, Gröba und Bobennenkirchen und Salome v. F., gest. 1669 zu Döla bei Hof als nachgelassene Wittwe des Hans Assmus v. Beulwitz auf Tenriga. Der Sohn des Hans Abraham v. F., Salomon v. F. verpflanzte das Geschlecht in das Brandenburg-Culmbachische und hinterliess aus der Ehe mit Elisabeth v. Beulwitz einen Sohn, Wilhelm Weigand v F., welcher später fürstl. brandenb.-culmbachischer Oberstlieutenant und Pfleger zu Lichtenfels wurde und von welchem aus der Ehe mit Eva Barbara v. Murach ein Sohn entspross: Carl Jonatius Otto v. F., Fürstl. bambergscher Rittmeister bei dem fränkischen Kreisregimente, verm. mit Johanna Maria Francisca v. Boyneburg-Lengsfeld, nachgelassener Wittwe Johann Friedrichs v. Molk, aus welcher Ehe, unter Anderen, eine Tochter stammte: Margaretha Francisca v. F., welche sich 1740 mit Ludwig Freiherrn v. Guttenberg zu Sternberg etc. k. k. Kämmerer, vermählte. — Ausser den obengenannten Schwestern, Magdalena und Salome v. F., kamen aus dem Hause Magwitz, zu welchem auch um 1610 Hans Adam v. F., Herr auf Magwitz, mit Rosina v. Feilitzsch a. d. Hause Treuen, gehörte, mehrere Töchter durch Vermählung in mehrere der ältesten und angesehensten Familien des Voigtlandes. Maria v. F., gest. 1569, war mit Caspar v. Raab auf Reussa etc., Agnes v. F., 1570 noch am Leben, mit Ernst v. Beulwitz auf Hirschberg etc., Appolonia v. F. mit Christoph v. Tettau auf Schilbach etc., gest. 1570, Barbara v. F. 1626 mit Jacob v. Geilsdorf, zu Rodau angesessen, etc. vermählt. — Im 17. u. 18. Jahrh. kommt die Familie, mit Röhrenhoff, Köditz, Schnarchenreuth und Döla, sämmtlich unweit Hof, begütert, vor. Die Gebrüder Jobst Christoph, Georg Wilhelm und Wolf Conrad v. F. wurden 1643 mit einem halben Hofe etc. zu Döla beliehen; Anna Catharina v. F., gest. 1730, eine Tochter des Adam Rudolph v. F. auf Röhrenhoff aus der Ehe mit Eva Rahel v. Reitzenstein a. d. Hause Regnitzlosa, vermählte sich 1684 mit Jobst Caspar v. Reitzenstein auf Hohenberg; Christoph Carl August v. F. auf Köditz, gest. 1739, vermählte sich 1723 mit Rosine Florentine v. Reitzenstein a. d. Hause Conradsreuth und Gottfried Carl v. F. auf Schnarchenreuth, k. grossbr. u. kurhann. Oberst d. Cav., lebte noch 1770 zu Battenburg bei Giessen und hatte im Braunschweigischen den Stamm fortgepflanzt. — Aus dem letzten Jahrzehnte des 18. Jahrh. blühte auch im Reussischen, in Sachsen und Pommern die Familie in das 19. Jahrh. hinein. Von einem Hauptmanne v. F., stammte aus der Ehe mit Erdmuthe v. Trützschler, gest. 1801, Friedrich August v. F., früher reuss-plauenscher Hauptmann, später Major und Commandant des fürstl. reuss. Bundescontingents, in erster Ehe verm. mit Caroline v. Bardeleben a. d. Hause Kattenburg, gest. 1808 u. in zweiter 1811 mit Friederike Auguste Freiin v. Crailsheim; in Sachsen stand 1802 Heinrich Gottlob Peter v. F., ein Sohn des 1797 zu Bayreuth verstorbenen reuss.-plauenschen Majors v. F., als Premierlieutenant und Adjutant des kurs. Carabinier-Regim. in Pegau u. kommt noch 1813 zu Schleusingen als k. sächs. Major, Commandant des Bataillons Landmiliz und Marschcommissair vor und in Pommern besass 1800 Heinrich v. F., k. preuss. Regier.-Rath, verm. mit Eleonore Freiin v. Reitzenstein a. d. H. Hartungs, gest. 1795, das Gut Konsages im Kr. Greifswald. — In neuerer u. neuester Zeit ist im Königreiche Sachsen der alte Stamm durch mehrere Sprossen von Neuem zu hohem Ansehen gekommen. Zu demselben gehören jetzt: Johann Paul v. Falkenstein, geb. 1802 zu Pegau, Doctor der Theologie, Rechte und Philosophie, k. sächs. Staatsminister und Minister des Cultus und öffentlichen Unterrichts, Herr auf Frohburg, Grosszschocher, Windorf etc., welchen die Redaction dieses geschichtlichen Werkes als tiefsten Kenner und grössten Freund der Geschichte, der wahren Magistra vitae, ehrerbietigst nennt; Ludwig August Heinrich Freih. v. F., geb. 1802 zu Dittersbach bei Stolpen, k. sächs. Oberst und Adolph Wilhelm Julius Freih. v. F., geb. 1807 zu Friedrichsthal bei Radeburg, k. sächs. Oberstlieutenant. — Von den Nachkommen des oben genannten k. preuss. Regierungs-Rathes Heinrich Freih. v. F. haben Mehrere in der k. preuss. Armee gestanden und einer derselben ist noch jetzt k. preuss. Premierlieutenant. — Auch blüht noch, nach v. Hefner, im Kgr. Württemberg aus dem Hause Köditz die Nachkommenschaft des um 1650 lebenden Johann Christoph v. F., welche im Anfange des 18. Jahrh. nach Oettingen und im 19. Jahrh. nach Württemberg kam, fort.

<small>Knauth, 3. 500. — Biedermann, Geschl.-Reg. d. Ritterschaft im Voigtlande. 2. Verzeichn. S. 4. — v. Hellbach, I. S. 350. — Schumann, Staats- etc. Lexic. von Sachsen. Bd. XV. oder Suppl. Bd. II. 1828. S. 748 u. 49. — Illustr. Zeit. Bd. I. 1843. S. 243 und 244. — Dresdner Cal. z. Gebr. für die Residenz, 1847. S. 141 und 159 und 1848. S. 141 u. S. 157 (Herzog). — Sächsische Kirchengallerie. Bd. XI. S. 191. — Freih. v. Ledebur, I. S. 215 u. III. S. 250. — Siebmacher, I. 164; v. Falckenstein, Meissnisch. — W.-B. d. sächs. Staaten, II. 58, und III. 16. — Kneschke, I. S. 146—148. — v. Hefner, Württemb. Adel, Tab. 19 u. S. 15 und sächs. Adel, S. 9 u. 26 und Ergänz.-Bd. S. 36.</small>

Falkenstein, Beiname der alten voigtländischen Adelsfamilie v. Trützschler von ihrem weit über 300jährigen Besitze in und um die sächsische Bergstadt Falkenstein unweit Plauen, s. Trützschler v. Falkenstein.

Falkenstein, Freiherren (in Blau ein nach der rechten Seite schreitender, goldener Hirsch). Erbländ.-österr.- und Reichsfreiherrnstand. Erbländ.-österr. Freiherrn-Diplom vom 26. Sept. 1664 für Hans Erhart v. Falkenstein, Kämmerer des Erzherzogs Ferdinand Sigmund und Reichsfreiherrn-Diplom vom 8. März 1708 und zwar unter Bestätigung des erbländ.-österr. Freiherrnstandes, für die Gebrüder Freih. v. F.: Franz Ignaz, Ignaz Dominik, Marquard Leopold u. Adalbert, Domherren zu Kempten. — Altes Rittergeschlecht im Elsass u. im Breisgau, dessen fortlaufende Stammreihe mit Reinhard v. F., verm. mit Anna v. Venningen, beginnt. Von seinem gleichnamigen Sohne, verm. mit Elisabeth v. Hohen-Rechberg, stammte im fünften Gliede der oben genannte Freih. Hans Erhart. Derselbe, ein Sohn des Johann Erhart v. F. aus erster Ehe mit Susanna v. Wessenberg, war k. k. Kämm., Rath u. Statthalter der ober-österr. Lande u. Obervoigt der Herrschaft Iser-Rhein, erwarb 1630 die Herrschaft Rimmsingen im jetzigen Grossh. Baden und war mit Anna Franzisca Freiin v. Mercy vermählt, aus welcher Ehe die oben genannten vier Brüder entsprossten, welche auch den Reichsfreiherrnstand in die Familie brachten. Von denselben war Freih. Marquard Leopold, gest. 1717, des deutschen Ordens Land-Comthur der Ballei Elsass und Burgund, Comthur zu Altshausen und Mainau, k. k. Kämmerer u. General der Cav. und Freih. Franz Ignaz, gest. 1737, pflanzte in zweiter Ehe mit Maria Agnes Febronia Freiin v. Plettenberg den Stamm durch seinen Sohn, den Freiherrn Rupert Marquard Ernst, gest. 1759, verm. mit Maria Johanna Freiin v. Freyberg-Oepfingen, fort. Aus der Ehe des Letzteren entspross Freih. Franz Anton Marquard, gest. 1800, verm. in erster Ehe mit Franzisca Antonia Freiin v. Schauenburg-Herlisheim u. von diesem stammte Freih. Franz Sales Zenobius, gest. 1852, verm. mit Balbina Freiin v. Roggenbach. — Der Personalbestand der Familie war neuerlich (1855) folgender: Freih. Franz, geb. 1812, Herr auf Hausen an der Möhlin, Ober-Rimmsingen und Neuershausen, grossh. bad. Rittm. und Kammerherr, verm. in erster Ehe mit Stephanie v. Holzing u. in zweiter 1845 mit Auguste Freiin v. Wangen, geb. 1827, aus welcher Ehe zwei Kinder entsprossten. Von den vier Schwestern des Freih. Franz vermählte sich Freiin Mathilde, geb. 1807, mit Friedrich Freih. v. Drais, grossh. bad. Kammerh. und Ober-Forstmeister und Freiin Ida, geb. 1810, mit August Freih. Marschall v. Biberstein, grossh. bad. Geh.-Rathe, Gesandten am deutschen Bundestage etc. — Von dem Sohne des Freih. Franz Anton Marquard, s. oben, aus zweiter Ehe mit Clara Freiin Reuttner v. Weil, dem Freiherrn Johann, gest. 1853, k. k. Rittm. und Instituts-Officier am Invalidenhause zu Wien, stammen aus der Ehe mit Augusta Freiin v. u. zu Bibra, geb. 1810, neben einer Tochter, Doris, zwei Söhne, die Freiherren Ernst und Oscar, Beide k. k. Lieutenants. Die Schwester des Freih. Johann, Freiin Franzisca, ist mit Wilhelm Freih. v. Seldeneck, Herrn auf Bötzingen, grossh. bad. General-Major und Oberst-Stallmeister vermählt. •

v. Hattstein, II. s. 99—102. — *Salver*, S. 571. 623. 680 und 684. — *Cast*, Adelsbuch des Grossh. Baden, Abth. 2. — Taschenbuch d. freih. Häuser, 1848. S. 107—109 und 1855. S. 15.: und 154. — *Siebmacher*. II. 26.

Falkenstein, Herren (in Roth auf einem dreispitzigen, weissen Felsen ein stehender Falke von natürlicher Farbe). Nieder-österreichisches Herrenstandsgeschlecht, welches früher auch unter dem Namen: Valchkenstain vorgekommen ist und mit den Herren v. Tanberg zu Pübrenstein und den Prüeschenken eines Stammes gewesen sein soll und zwar nach Reichard v. Strein Freih. zu Schwarzenau in der Art, dass, der Sage nach, der Erste v. Tanberg, v. Falkenstein und v. Prüeschenk Brüder gewesen wären. — So wie dieses Geschlecht in Nieder-Oesterreich auf dem alten Berg-Schlosse seines Namens mit der Herrschaft Falkenstein, welche den Titel einer Grafschaft hatte, sass, fand sich auch in Oesterreich ob der Enns ein altes Bergschloss mit einer Herrschaft Falkenstein, welche ein gleichnamiges Herrengeschlecht inne hatte. Letzteres führte in Blau auf drei stufenweise gestellten, grauen Quadersteinen einen zum Fluge gerichteten Falken von natürlicher Farbe, und die Aehnlichkeit des Wappens lässt vermuthen, dass dasselbe mit dem niederösterr. Geschlechte eines Stammes war. Das niederösterreichische Geschlecht kommt urkundlich vom 2. Jahrzehnt des 12. Jahrh. mehrfach vor und mit Heinrich v. Valckhenstain, welcher 1406 die Veste Piberstain im Lande ob der Enns kaufte sich dann mit Barbara Leiblfingerin v. d. Au von bayerischem Adel vermählte und mit der aus dieser Ehe stammenden Tochter, Magdalene v. F., welche mit ihrem Gemahl, Ortolff v. Waldt, noch 1444 urkundlich vorkommt, hören die Nachrichten über den Stamm auf.

Freih. v. Hoheneck, III. S. 154. — *Wissgrill*, III. S. 16—20.

Falkenstein. Altes, niederbayerisches Rittergeschlecht aus dem gleichnamigen Stammhause vor'm Wald, dessen Sprossen Ministerialen des Hochstifts Passau waren. Zuerst kommt urkundlich 1170 Kalbach de F. vor und Petrus Falkensteiner zu Falkenfells 1406. Letzterer, oder ein gleichnamiger Sohn desselben, tritt noch um 1430 auf.

Wigul Hund, I. S. 200. — Monum. boic. XI. S. 516 und XII. S. 349.

Falkenstein, Vogel v. Falkenstein, s. Falckenstein, S. 194.

Falkenstein, s. Kulliwoda v. Falkenstein.

Falkner, Falckner v. Sonnenburg. Kurbayerischer Adelsstand. Diplom vom 18. Febr. 1724 für Johann Michael Falckner, Ober-Ungelter und Landgerichts-Schreiber zu Allersbach, Rittergutsbesitzer zu Oedmiesbach, mit dem Prädicate: v. Sonnenburg. — Der Stamm blühte fort und in die Adelsmatrikel des Kgr. Bayern wurden eingetragen: Johann Christoph F. v. S., geb. 1731, Urenkel des Diploms-Empfängers, k. bayer. pens. Forstmeister zu Fürth und zwar mit den Söhnen seiner verstorbenen Brüder, Ignaz Anton und Johann Wolfgang F. v. S.: Johann Nicolaus, Besitzer von Oedmiesbach, geb. 1759 und Jacob F. v. S., geb. 1775, Besitzer von Kirchenreinbach.

v. Lang, S. 832. — W.-B. d. Kgr. Bayern, V. 34. — *v. Hefner*, bayer. Adel, Tab. 85 u. S. 76. — *Kneschke*, III. S. 134 u. 135.

Falkovich v. Kralich. Erbländ.-österr. Adelsstand. Diplom von 1763 für Michael Falkovich, k. k. Hauptmann bei dem Slavonischen-Brooder Infanterie-Regimente, mit dem Prädicate v. Kralich.

Megerle v. Mühlfeld, Ergänz.-Bd. S. 280.

Falkowski. Polnisches, zu dem Stamme Doliwa gehörendes Adelsgeschlecht, aus welchem mehrere Sprossen in der k. preuss. Armee standen. Ein Capitain v. F. hatte bis 1806 die Invaliden-Compagnie des Regiments Prinz Hohenlohe und starb 1807 und ein Major v. F. stand in der oberschlesischen Füsilierbrigade u. starb 1812 im Pensionsstande. Ein Sohn des Letzteren trat 1825 als aggreg. Capitain aus dem 29. Infant.-Regimente und stand später im 29. Landwehrregimente.

N. Pr. A.-L. II. S. 158. — Freih. v. Ledebur, I. S. 215.

Fall, v. d. Fall. Altes, von 1266 an in Steiermark, Oesterreich u. Böhmen vorgekommenes Adelsgeschlecht, aus welchem Albrecht v. d. Fall, wohl der Letzte des Stammes, noch 1377 zu Gratz lebte.

Schmutz, I. S. 342.

Fallbacher zu Fallbach, Valbach. Altes, niederösterreich. Adelsgeschlecht, welches den Namen von dem zwischen Loossdorf und der Stadt Laa gelegenen Dorfe Fallbach führte, welches in Urkunden aus dem 12. und 13. Jahrh. Valwa und Valvah genannt ist. Conrad und Niclas de Valwa treten urkundlich 1311 auf u. nach Freih. v. Ennenkels Collect. Tom. I. waren Martin und Johann v. Vallbach, Ritter, noch 1470 am Leben. Spätere Sprossen des Stammes sind nicht aufzufinden.

Wissgrill, III. S. 21—23.

Fallbusch, s. Binder v. Fallbusch, **Freiherren**, Bd. I. S. 433.

Falletz, Falais, Grafen. Brabantisches Adelsgeschlecht, dessen ursprünglicher Name: Bourgogne war, aus dem Stammhause Falais, einem brabantischen Lehn, an der Grenze der Grafschaft Namur am Flusse Mohaine zwischen den Städten Huy und Henneguy, welches 1416 vom Erzherzoge Albert und der Infantin Isabella zur Grafschaft gemacht worden war. Nach dem Diplome stammte der Stammvater des Geschlechts, Hermann von Bourgogne, Baron v. Falletz, von Balduin v. Bourgogne, einem der natürlichen Söhne des Herzogs Philipp des Gütigen von Burgund. — Ueber einige Sprossen des Stammes giebt Gauhe nähere Nachricht.

Gauhe, II. S. 278 nach L'Erection de toutes les terres et familles du Brabant, S. 12.

Fallois. Altes, aus Lothringen stammendes Adelsgeschlecht, aus welchem ein Sprosse 1777 in die k. preuss. Armee trat, nach einigen Jahren aber russische Dienste nahm. Der Sohn desselben stand von 1779—1809 in k. preussischen Kriegsdiensten, commandirte dann bis 1815 als General die grossh. meklenb.-schwerinischen Truppen u. trat später in k. preuss. Civildienste. Zwei seiner Söhne, Friedrich und Anton v. Fallois, waren neuerlich k. preuss. Oberst-Lieutenants.

N. Pr. A.-L. II. S. 159. — Freih. v. Ledebur, I. S. 215.

Fallot v. Gemeiner. Bayerischer Adelsstand. Diplom vom 15. August 1822 für Ernst Fallot, Grosshändler in Regensburg und zwar unter Hinzufügung des Namens seines Schwiegervaters: Gemeiner zu seinem Namen. — Die Familie hat neuerlich das v. Bart'sche Rittergut Eurasburg a. d. Isar an sich gebracht.

W.-B. des Kgr. Bayern, X. 20. — v. Hefner, bayerischer Adel, Tab. 86 und S. 75. — Kneschke, VI. S. 120 und 112.

Falzburg, Faltzburg. Schwedischer Adels- und Freiherrnstand. Adelsdiplom vom 18. Nov. 1648 für Johann Faltz, k. schwed. Geh.-Staats-Secretair in Pommern, mit dem Namen: v. Faltzburg und Freiherrndiplom vom 30. August 1710 für Axel und Gustav v. Falzburg.

Die Familie hatte in der zweiten Hälfte des 17. Jahrh. in Pommern die Güter Keesow im Kr. Randow, Battin im Kr. Belgard, so wie Nadrense inne und besass auch noch im 18. Jahrh. Nadrense. — Carl Christoph v. Falzburg, der Letzte des Mannsstammes, starb 1. Mai 1758. Nadrense fiel an die einzige Tochter, Luise Juliane Hedwig v. Falzburg, welche, nachdem 1765 das Lehn allodificirt worden war, noch 1777 in den Vasallentabellen vom Adel in Vorpommern genannt wird.

Brüggemann, I. II. Hauptst. — N. Pr. A.-L. II. S. 159 u. V. S. 153. — Freih. v. Ledebur, I. S. 215 u. III. S. 250. — Schwed. W.-B. Ritter. Nr 48 u. 425. — Pommersch. W.-B. IV. Tab. 34.

Fanal, Final, s. Hauspersky v. Fanal, Final, **Freiherren.**

Fargel. Ein aus der Grafschaft Hanau stammendes Adelsgeschlecht, aus welchem Johann v. Fargel, Herr zu Rückingen im Hanauschen, als kurbrandenburgischer Oberst und Gouverneur der später geschleiften Bergfestung Regenstein im Vorharze 1682 starb. Aus seiner Ehe mit Amalie v. Bachmann stammten eine Tochter und ein Sohn, Johann Lucas v. Fargel, welcher kurbrandenb. Hauptmann war.

N. Pr. A.-L. II. S. 159. — Freih. v. Ledebur, I. S. 215.

Fargow. Ein zu dem polnischen Stamme Szeliga zählendes, im Lauenburgischen Hinter-Pommerns noch 1639 und 1679 begütertes Adelsgeschlecht.

Micrael, S. 484. — Brüggemann, I. 9 Hauptstück. — N. Pr. A.-L. II. S. 160. — Freih. v. Ledebur, III. S. 260. — Siebmacher, III. 159. — Pommersch. W.-B. V. Tab. 67.

Farkas v. Homenau. Erbländ.-österr. Adelsstand. Diplom von 1820 für Johann Franz Farkas, k. k. Hauptmann von König Max Joseph Infanterie, mit dem Prädicate: v. Homenau.

Megerle v. Mühlfeld, Ergänz.-Bd. S. 281.

Farnbach. Ein zu dem fuldaischen Lehnshofe gehörendes Adelsgeschlecht, welches den Namen von dem drei Stunden von Nürnberg liegenden Burgsitze Farnbach angenommen hatte und längst erloschen ist.

Schannat, S. 63. — Salver, S. 271 und Tab. 18. Nr. 68. zu S. 146. — v. Meding, II. S. 166.

Fasching, Freiherren. Erbländ.-österr. Freiherrnstand. Diplom von 1812 für Carl Fasching, k. k. Obersten und Commandanten des ersten Feld-Artillerie-Regiments und den Bruder desselben, Johann Fasching, k. k. Oberst-Lieutenant bei dem zweiten Feld-Artillerie-Regimente.

Megerle v. Mühlfeld, S. 48.

Fasolo v. Blumenfeld. Erbländ.-österr. Adelsstand. Diplom von 1763 für Peter Fasolo, k. k. Hauptmann des Waradisner-Creuzer Infant.-Regiments, mit dem Prädicate: v. Blumenfeld.

Megerle v. Mühlfeld, S. 180.

Fasolt, Fasold. In Kur-Brandenburg anerkannter und erneuerter Adelsstand. Diplom vom 28. September 1661 für Rudolph Fasolt, Rathsverwandten zu Königsberg in Pr.

v. Hellbach, I. S. 354 u. 52. — N. Pr. A.-L. II. S. 160 und V. S. 153. — Ledebur, I. S. 215. — W.-B. d. Preuss. Mon. III. 16.

Fassignies, s. Gaillard de Fassignies, **Freiherren.**

Fastenberger v. Wallau. Erbländ.-österr. Adels- und Ritterstand. Adelsdiplom vom 9. April 1841 für Franz Fastenberger, Hofrath des k. k. Hofkriegsraths, mit dem Prädicate: v. Wallau und Ritterstandsdiplom vom 6. März 1847 für denselben. — Der Stamm ist fortgesetzt worden und Michael Fastenberger Ritter v. Wallau war 1856 k. k. Hauptmann im Genie-Stabe.

<small>Handschriftl. Notizen.</small>

Fassheber. Adelsstand des Fürstenthums Schwarzburg-Sondershausen. Diplom vom 9. Febr. 1803 für die Geschwister Günther u. Güntherine Fassheber und vom 5. Sept. 1825 für die Mutter derselben, Frau Luise Friederike Dorothea Fassheber. — Günther v. F. ist im Schwarzburg-Rudolstädtschen begütert, doch ohne Erben.

<small>v. Hefner, schwarzb. Adel, Tab. 2 und S. 58.</small>

Fassmann, Ritter und Edle (Schild blau mit einem, mit drei goldenen, sechsstrahligen Sternen belegten, durch dasselbe gezogenen, schräglinken, schwarzen Balken, hinter welchem ein goldenes Einhorn nach der rechten Seite springt). Reichsritterstand. Diplom im Kur-Pfälzischen Reichsvicariate von 1790 mit dem Prädicate: Edle v. — Ludwig Michael Ritter v. F., geb. 1785, in München und Max Aloys Ritter v. F., geb. 1801, wurden, nach v. Lang, in die Adelsmatrikel des Kgr. Bayern eingetragen.

<small>v. Lang, S. 332. — W.-B. des Kgr. Bayern. V. 35. — v. Hefner, bayer. Adel, Tab. 86 und S. 76. — Knoschke, III. S. 135 u. 136.</small>

Fassmann auf Emhof (in Roth ein mit drei sechsstrahligen, goldenen Sternen belegter, schräglinker, blauer Balken, hinter welchem ein silbernes Einhorn nach der rechten Seite springt). Adelsstand des Kgr. Bayern. Diplom vom 31. März 1819 für Joseph Adam Fassmann, Magistratsrath in Amberg, Abgeordneter des Regenkreises zur II. Kammer der ersten Ständeversammlung, Besitzer der unteren Stadt-Apotheke in Amberg und Herr des Landgutes Emhof. — Wie die nur durch die Farben verschiedenen Wappen ergeben, ist die hier in Rede stehende Familie eines Stammes mit der der Ritter v. Fassmann.

<small>v. Lang, Nachtrag, S. 97. — W.-B. d Kgr. Bayern. V. 34. — v. Hefner, bayer. Adel, Tab. 86 und S. 76. — Knoschke, III. S. 135 u. 136.</small>

Fatzi zu Nieder-Abstorf, Ritter. Erbländ.-österr. Ritterstand. Diplom vom 6. Juni 1572 für Wolfgang Fatzi, Herrn zu Nieder-Abstorf, k. k. Mauthner zu Ybbs, für sich und seine Familie. Derselbe, gest. 1586, früher des Erzherzogs Carl zu Oesterreich Hofdiener, aus einem Welsch-Tiroler Geschlechte stammend, aus welchem Cosmas Faci 1507 und 1511 unter K. Maximilian I. Hoflieferant zu Wien war, kaufte schon vor seiner Erhebung in den Ritterstand Schloss u. Gut Nieder-Abstorf in Niederösterreich und wurde später, 19. März 157- unter die neuen Ritterstandsgeschlechter aufgenommen. Die h... desselben, Wolfgang Ferdinand und Carl Ernest Fatzi ... Wolfgang Ernest F., Herrn zu Nieder-Abstorf u. Ter... des Regiments der Niederösterr. Lande — waren ... dem röm. Könige Ferdinand IV. als Erzherzog zu ... geleisteten niederösterreichischen Erbhuldigung,

wahrscheinlich ist aber mit denselben noch im 17. Jahrh. das Geschlecht, von welchem Weiteres in den Acten nicht zu finden ist, erloschen.
Wissgrill, III. S. 23—25.

Fauche-Borel. Im Kgr. Preussen anerkannter Adelsstand. Das Geschlecht gehörte dem Fürstenthume Neufchatel an.
N. Pr. A.-L. V. S. 153. — Frh. v. Ledebur, I. S. 215. — W.-B. d. Pr. Monarch. III. 16.

Faudel. Preuss. Adelsstand. Diplom vom 4. August 1803 für Tobias Faudel, k. preuss. Geh. Ober-Finanz-Rath. Derselbe, später Minister-Resident der anhaltschen, badenschen, bayer. und hohenzollernschen Höfe, starb später ohne Nachkommen.
v. Hellbach, I. S. 352. — N. Pr. A.-L. II. S. 160, III. S. 5 u. V. S. 160. — Frh. v. Ledebur, I. S. 215 u. 216. — W.-B. d. Preuss. Monarchie, III. 17. — Kneschke, III. S. 136.

Faulbach, s. Fulbach.

Faulbach, s. Ernesti v. Faulbach, **Edle.** S. 146.

Faulhaber, Fulhaber (Schild quergetheilt: oben in Silber vier neben einander aufsteigende, rothe Spitzen und unten ebenfalls in Silber drei neben einander an die Theilungslinie angeschlossene, langgestielte, gestürzte, Klee-Blätter). Altes, fränkisches Adelsgeschlecht, welches sesshaft zu Urb und Wächtersbach, dem fränkischen Rittercanton Ottenwald einverleibt war. Dietrich Vulhaber tritt schon 1221 in einem bischöfl. würzburgischen Briefe auf. Das Geschlecht blühte fort, bis Johann Ludwig v. F., verm. 1595 mit Catharina v. Ehrthal, den Stamm schloss. Die Erbtochter, Eva, vermählte sich mit Cyriacus v. Hutten zu Stöckelberg.
Schannat, S. 83. — Zedler, IX. S. 2309. — Biedermann, Canton Ottenwald, Tab. 377. — Siebmacher, II. 81.

Faulhaber. Reichsadelsstand. Diplom von 1713 für Johann Matthaeus Faulhaber, k. k. Oberstlieutenant.
Megerle v. Mühlfeld, Ergänz.-Bd. S. 281.

Faulhaber, Edle. Erbländ.-österr. Adelsstand. Diplom von 1788 für Amadeus Faulhaber, k. k. Rath und Secretär der Hofrechnenkammer, mit dem Prädicate: Edler v.
Megerle v. Mühlfeld, S. 180.

Faur, du Faur, s. Faber du Faur, S. 184.

Fauscher, Faucheur, Freiherren, s. Bretton, Freiherren, Bd. II. S. 65.

Faust (in Blau eine die eingeschlagenen Finger nach vorwärts haltende, rechte Faust von natürlicher Farbe). Ein zu dem adeligen Patriciat der freien Stadt Frankfurt gehörendes Geschlecht.
Frh. v. Krohne, I. S. 259. — Siebmacher, I. 211.

Faust v. Stromberg, auch **Freiherren** (Schild von Gold u. Roth in fünf Reihen, jede zu fünf Feldern, geschacht und das erste Feld der obersten Reihe mit einem rothen, auch schwarzen Sterne belegt). Eins der ältesten rheinländischen Adelsgeschlechter, dessen fortlaufende Stammreihe vom 13. Jahrh. an Humbracht giebt. Dasselbe ging aus dem Stamme der Grafen v. Sponheim hervor und führte auch den geschachten Schild derselben, mit dem angegebenen Sterne als Beizeichen. — Von den spätern Sprossen der Familie war Johann Salentin F. v. St. beider Rechte Doctor, erst kurmainzischer, dann kurbayer. Rath und starb 1666 als kais. Kammer-Gerichts-Rath zu Speier nach 41jähriger Dienstleistung. Franz Ludwig starb 1673 als Dompropst zu Würzburg. Von dem Bruder des Letzteren, Johann Philipp, entspross Franz Ernst, fürstbischöfl Geh.-Rath zu Würzburg und Ober-Amtmann zu Hassfurt, von welchem vier Söhne stammten: Philipp Ludwig, kurmainz. und bamberg. Geh.-Rath und Präsident der Ober-Einnahme; Franz Georg Domherr zu Mainz, Würzburg und Bamberg, wie auch kurmainz. und fürstl. bamberg. Geh.-Rath; Friedrich Joseph Dietrich, würzburg. Geh.-Rath und Amtmann zu Arnstein und Gottfried Philipp Joseph, gest. 1702, kurmainz. Geh.-Rath und Statthalter zu Erfurt, welche 9. Sept. 1700 den Freiherrnstand erhielten. — Der Mannsstamm erlosch im September 1729 mit Friedrich Joseph Dietrich F. v. St. und der Name des Geschlechts ging 1800 mit der einzigen Erbtochter Maria Eva Johanna Freiin Faust v. Stromberg, vermählten Gräfin v. Eltz, aus. Durch dieselbe war 16. Nov. 1737 mit kaiserlicher Erlaubniss Wappen und Namen ihres alten Stammes an den Gemahl und an ihre Nachkommen gelangt und so wird denn von Letzteren der Name als Beiname fortgeführt, s. S. 97—99 den Artikel: Eltz, Grafen. — Die Familie war früher in Lothringen begütert, verkaufte aber später ihre Besitzungen und machte sich in der Pfalz und am Rheine ansässig.

Humbracht, S. 21. — Schannat, S. 83. — Gauhe, I. S. 522 u. 523. — v. Hattstein, I. S. 181—184. — Freih. v. Krohne, I. S. 281 u. 282. — Salver, S. 555. 601. 610. 621. 680 u. 684. — N. Pr. A.-L. II. S. 160 u. 161. — Geneal. Taschenb. d. freih. Häuser, 1849 S. 513. — Frh. v. Ledebur, I. S. 216. — Siebmacher, V. 39. u. Suppl. VI. 28. — v. Meding, III. S. 175—177.

Faust v. Storm (in Roth zwei neben einander gestellte, die Hände in die Höhe haltende Arme). Altes, schlesisches Adelsgeschlecht, welches aus dem Elsass und zwar in der Gegend von Strassburg stammte, dann in der Altmark unweit Stendal ansässig wurde u. dann seit der Mitte des 15. Jahrh. in liegnitzischen Urkunden vorkommt. Christoph F. v. St. erscheint urkundlich 1455; im 16. Jahrh. war Martin F. v. St. des Herzogs Friedrich III. zu Liegnitz Kriegshauptmann und Rath und Lucae u. Thebesius nennen ihn als Kriegshelden. Noch im 17. Jahrh. war das Geschlecht in Schlesien im Bunzlauschen mit Eichelberg, Gross-Krausche, Kromnitz, Looswitz, Schönfeld und Seifersdorf begütert u. hatte auch in der Oberlausitz Caana unweit Rothenburg und Ober-Halbendorf bei Lauban an sich gebracht, ist aber im 18. Jahrh. erloschen. — Ueber mehrere Familien, welche den Namen Faust führten, so über die Faust in Aschaffenburg, Faust v. Illingen etc. fehlen alle nähere Angaben.

Sinapius, I. S. 964 und II. S. 1049. — Gauhe, I. S. 2494 u. 95; Sturm, genannt Faust v. — N. Pr. A.-L. II. 3. 161. — Freih. v. Ledebur, I. S. 316. — Siebmacher, II. 43.

Fautz, Ritter. Erbländ.-österr. Ritterstand. Diplom von 1855 für Ludwig Fautz, k. k. Linienschiffscapitain. Derselbe wird später als k. k. Oberst bei der Kriegs-Marine aufgeführt.

Augsb. allg. Zeit., 1855. — Militair-Schematism.

Favarger. Adelsgeschlecht des Fürstenthum Neufchâtel. Daniel v. F. war 1628 fürstl. General-Procurator u. 1633 Staatsrath; dieselbe Würde erlangte Peter v. F. unter den Herzögen v. Longueville und in der k. preuss. Armee stand 1793 ein Oberstlieutenant im Regimente Jäger zu Fuss.

<small>Leu, Schweizer Lexicon, VII. S. 50. — N. Pr. A.-L. II. S. 161. — Freih. v. Ledebur, I. S. 216.</small>

Favin. Ein in Preussen vorgekommenes Adelsgeschlecht, aus welchem zwei Brüder in k. preuss. Diensten standen. Elias Salomon v. F. war 1763 k. preuss. Regierungs-Rath zu Stettin und Friedrich v. F. Oberstlieutenant. Letzterer ging später nach Russland, wo er 1788 starb.

<small>N. Pr. A.-L. V. S. 153. — Freih. v. Ledebur, I. S. 216.</small>

Favrat. Ein in Savoyen angesessenes Adelsgeschlecht, aus welchem Franz Andreas Jacquier de Berney v. Favrat, gewöhnlich v. Favrat genannt, 1758 in k. preuss. Kriegsdienste trat, in welchen er 1804 als General der Infanterie starb. Der Stiefsohn desselben, Friedrich Leopold Vorhoff, k. preuss. Fähnrich, erhielt durch Diplom vom 2. Aug. 1793 die königliche Erlaubniss, das Wappen und den Namen: v. Favrat führen zu dürfen. Nach Angabe Einiger wurde dieses Diplom 12. Juli 1793 ausgestellt.

<small>v. Hellbach, I. S. 352. — N. Pr. A.-L. III. S. 4. — Freih. v. Ledebur, I. S 216. — W.-B. der Preuss. Mon. III. 17. — Kneschke, II. S. 137.</small>

Faye, du Faye, Freiherren. Reichsfreiherrnstand. Diplom vom 22. Nov. 1742 für Jacob Friedrich v. Faye. — Altes, französisches, aus der Provinz Languedoc stammendes Adelsgeschlecht, welches nach Deutschland kam und längere Zeit zu den angesehensten Familien in Frankfurt a. M. gehörte, wo noch um 1824 ein Freih. du Fay unvermählt im hohen Alter starb. — Die Familie war auch in Pommern mit Kriwan im Kr. Stolp 1771 u. noch 1784 begütert. Mehrere Sprossen des Stammes haben in der k. preuss. Armee gestanden. Zu denselben gehörte: Major du Faye, welcher mit einer v. Zabeltitz vermählt war und noch 1806 zu Burg lebte.

<small>Handschriftl. Notizen nach dem Krönungsdiarium K. Carl VII, II. S. 127: v. Fay und IV. S. 97: du Fay. — N. Pr. A.-L. V. S. 153. — Freih. v. Ledebur, I. S. 216 n. III. S. 250. — Tyroff, I. 53: Freih. du Fay. — v. Hefner, preuss. Adel. Tab. 51 u. S. 42.</small>

Feama, de Feama, s. Gamm.

Fechenbach, Freiherren. Reichsfreiherrnstand. Diplom vom 17. Sept. 1522 für den kurmainz. Amtmann zu Prozellen Osswald v. Fechenbach und Laudenbach, den Bruder desselben, Georg v. F., und die beiden Vettern, Wolf und Bushard v. F. — Altes, ursprünglich rheinländisches Adelsgeschlecht, welches im Anfange des 14. Jahrh. nach Franken kam und wegen ihrer ältesten Stammgüter Laudenbach und Sommerau zu der reichsfreien Ritterschaft der Cantone Rhön-Werra und Ottenwald gehörte. — Die fortlaufende Stammreihe des Geschlechts beginnt um 1224 mit Uffo v. Vechimbach, verm. mit Jutha v. Thüngen und dem Sohne aus dieser Ehe, Eberhard. — Götz v. F. kaufte 1315 von Eberhard Grafen zu Rheineck das Rittergut Laudenbach am Main im jetzigen Königr. Bayern, welches auch im steten Besitze der Familie verblieben ist. Im 6. Gliede von Götz v. F. stammte der oben genannte Freiherr Osswald, verm. mit Barbara v. Hütten und zwei Söhne seines Enkels, des Freiherrn Johann Reichard aus der Ehe mit Anna Magdalena v. Hedersdorf, die Freiherren Adam Ludwig u. Adolph Ernst, theilten 1632 die Güter des Vaters

u. stifteten die Linien von Laudenbach u. zu Sommerau. Von der Nachkommenschaft des Freih. Adolph Ernst, verm. mit Elisabeth v. Breidenbach, gen. Breidenstein, war der Urenkel, Freih. Hartmann Burckard zu Sommerau, 1849 noch der letzte männliche Sprosse, welcher nur aus erster Ehe mit Wilhelmine v. Dinklage, gest 1832, eine und aus zweiter Ehe mit Josephine Bolz zwei Töchter hatte. — Die Linie zu Laudenbach hat dauernd fortgeblüht und die Stammreihe derselben läuft, wie folgt, fort: Freih. Adam Ludwig, Stifter der Linie: Eva Dorothea v. Dietz; — Johann Georg: Sibylla Gertrud v. Breidenbach, gen. Breidenstein; — Johann Reichard, gest. 1717, k. u. fürstl. würzb. General-Feldm.-Lieut., Oberster eines Infant.-Reg. und Commandant zu Würzburg: Joseph Maria Elisabeth Freiin v. Eyb; — Christoph Hartmann, gest. 1779, Herr auf Laudenbach, kurmainz. Kämm., Geh.-Rath, Ober-Amtmann zu Amorbach, Administrator von Miltenberg und Steinheim: Sophia Leopoldine Freiin v. Busek zu Eppelbrun; — Joseph Franz, gest. 1830, Herr zu Laudenbach, kurmainz. Geb.-Rath und Kämm., Regiments-Burgmann zu Friedberg in der Wetterau: Johanna Sophie Thecla Grf. v. u. zu Eltz-Vukovar. — Aus der Ehe des Letzteren entspross Freiherr Friedrich Carl Joseph, geb. 1790, Herr auf Laudenbach, Sommerau, Roshof und Eulsbach, k. bayer. Kämm., Doctor der Rechte etc., verm. in erster Ehe mit Eleonore Freiin Reding v. Biberegg, gest. 1834 und in zweiter 1835 mit Caroline Freiin v. Mayerhofen, geb. 1801, aus welcher Ehe zwei Söhne stammen: Freih. Friedrich, geb. 1836 und Freih. Philipp, geb. 1838. — Die Schwester des Freiherrn Friedrich Carl Joseph, Freiin Thecla, geb. 1797, vermählte sich 1823 mit Johann Seidl v. Adlerstern, k. k. Obersten in d. A. — Noch sei hier erwähnt, dass Georg Carl Freih. v. Fechenbach, geb. 1749, — ein Sohn des obengenannten Freih. Christoph Hartmann — k. k. Geh.-Rath, Domdechant zu Mainz, Domicellar zu Bamberg etc. 1795 zum Fürst-Bischof zu Würzburg, auch Herzoge in Franken u. 1800 zum Coadjutor d. Fürsten und Bischofs zu Bamberg erwählt wurde.

Humbracht, Tab. 181 u. 182. — *Gauhe*, I. S. 523. — *v. Hattstein*, I. S. 185—196. — *Biedermann*, Canton Rhön-Werra, Tab. 110—120 u. Canton Ottenwald, Supplem. — *Freih. v. Krohne*, I. S. 289 und 290. — *Salver*, 654. 669. 672. 696. 738. 740 und 741. — N. Geneal. Handb. 1777. S. 65—67 und 1778, S. 62—65. — *v. Lang*, Supplem. S. 42 und 43. — Geneal. Taschenb. d. freih. Häuser, 1849. S. 121—123 und 1855. S. 154 und 155. — *Siebmacher*, I. 108 und Suppl. IV. 11. — *Tyroff*, I. 108 und *Siebenkees*, I. S. 359 und 360. — W.-B. d. Kgr. Bayerns, II. 95 und *v. Wölckern*, 2. Abth. — *v. Hefner*, bayer. Adel, Tab. 31 und S. 34 und Ergänz.-Bd. S. 13.

Fechtenberg, s. Fechtig v. Fechtenberg, **Freiherren**.

Fechthelm. Oberfränkisches, aus Hof stammendes Adelsgeschlecht, aus welchem zuerst 1815 ein Sprosse in k. württemb. Diensten als Kammerjunker und Hauptmann stand. Glieder der Familie sind noch in Württemberg bedienstet.

v. Hefner, Ergänz.-Bd. Tab. 19.

Fechtig v. Fechtenberg, Freiherren. Erbländ.-österr. Adels- und Freiherrnstand. Adelsdiplom von 1793 für Ferdinand Fechtig, k. k. Directorial-Hofrath, mit dem Prädicate: Edler v. u. Freiherrndiplom von 1813 für denselben als Vicepräsident der k. k. obersten Justizstelle, mit dem Prädicate: v. Fechtenberg.

Megerle v. Mühlfeld, Ergänz.-Bd. S. 55 u. 281.

Fechtner, Edle. Erbländ.-österr. Adelsstand. Diplom von 1781 für Johann Fechtner, k. k. Feldkriegs-Concipisten, mit dem Prädicate: Edler v.

Megerle v. Mühlfeld, Ergänz. Bd. S. 281.

Feder, Ritter. Erbländ.-österr. Ritterstand. Diplom v. 1797 für Johann Christian Heinrich Feder, fürstl. Löwenstein-wertheimischen Kammerdirector. Die Familie wurde später in die Adelsmatrikel des Königr. Bayern eingetragen.

Megerle v. Mühlfeld, Ergänz.-Bd. S. 138. — W. B. d. Kgr. Bayern, X. 21. — v. Hefner, bayer. Adel, Tab. 86. S. 76.

Federau. Ein nur dem Namen nach bekanntes, in Preussen vorgekommenes Adelsgeschlecht.

Preuss. Archiv, 1792, S. 607. — N. Pr. A.-L., V. S. 154.

Federhenne. Altes cölnisches Patriciergeschlecht, welches unter dem Namen: zum fetten Henne, de pingui gallina, auftrat.

Fahne, I. S. 97. — Frh. v. Ledebur, I. S. 216.

Federle v. Triebeswinkel, Ritter. Erbländ.-österr. Ritterstand. Diplom von 1623 für Georg Federl, mit dem Prädicate: v. und zu Triebeswinkhel. Derselbe, der Sohn des Georg Federle, insgemein Federl, eines sehr reichen, bürgerlichen Handelsmanns in Wien und Mitglieds des äusseren Stadtrathes, welcher um 1590 das Gut und Schloss Triebeswinkel erkauft und den grossen Federlhof zu Wien in der Bischofsgasse erbaut hatte, wurde 1624 als begütertes Landesmitglied in Nieder-Oesterreich unter die neuen Geschlechter des Ritterstandes aufgenommen und starb 1632 ohne Nachkommen. Seine Gemahlin, Maria Salome Bayr v. Weickherstorf, vermählte sich nach seinem Tode mit Weickard Herrn v. Starhemberg, kaiserl. Fähnrich, verkaufte 1637 Triebeswinkel an den k. k. General Johann Ludwig Gr. v. Isolani und versplitterte bald das grosse Federle'sche Erbe.

Wissgrill, III. S. 26.

Federspiel, Federspihl, Vederspil, auch **Freiherren.** Erbländ.-österreich. Freiherrnstand. Diplom von 1716 für Lucius Rudolph v. Federspihl, k. k. Schlosshauptmann zu Fürstenburg. — Altes graubündtner Adelsgeschlecht, welches sich in einen bündtner- und tirolischen, in die landständische Matrikel eingetragenen Zweig geschieden hatte. Ersterer erlosch 1826 mit Christian v. Federspihl und der Name des Letzteren ging 28. Dec. 1858 mit Crescentia Freiin v. F. aus. — Zu dieser Familie gehörte Ulrich v. F., welcher v. 1692—1728 Fürstbischof zu Chur war. Nach Einigen soll derselbe zuerst den Freiherrnstand gebracht haben und es wird auch ein Freiherrndiplom von 1702 angeführt. Johann Anton Freih. v. Federspiel war 1739 Domherr und 1764 Fürstbischof zu Chur.

Gauhe, II. S. 279. — Megerle v. Mühlfeld, Ergänz.-Bd. S. 55. — Siebmacher, V. 184. — Gatterer, Wappen-Calender von 1764. — v. Meding, II. S. 166 u. 167.

Fedrigoni v. Eichenstadt, Ritter. Erbländ.-österr. Ritterstand. Diplom von 1813 für Justus Fedrigoni v. Eichenstadt, k. k. Oberstwachtmeister a. D.

Megerle v. Mühlfeld, S. 108.

Fedrigoni v. Eichstadt. Erbländ.-österr. Adelsstand. Diplom von 1856 für Richard Fedrigoni, k. k. Major im 19. Gendarmerie-Regimente, mit dem Prädicate v. Eichstadt, Eichenstadt.

_{Handschr. Notiz. — *Kneschke*, III. S. 137 u. 138.}

Fedrigoni v. Etschthal, Edle. Erbländ.-österr. Adelsstand. Diplom von 1839 für Anton Fedrigoni, k. k. Major, mit dem Prädicate: Edler v. Etschthal. — Der Stamm wurde fortgesetzt. Julius Edler v. Etschthal war 1856 Rittmeister im k. k. 5. Gendarmerie-Regimente.

_{Handschriftl. Notiz.}

Fedrigotti v. Bosi und Belmonte, Edle. Erbländ.-österr. Adelsstand. Diplom von 1786 für Jacob Carl Fedrigotti, aus Sacco in Tirol, mit dem Prädicate: Edler v. Bosi und Belmonte. Die Familie des Diplom-Empfängers soll aus Mailand stammen und durch Vermählung den Beinamen: Belmonte erhalten haben. Die Familie blüht in Tirol.

_{*Megerle v. Mühlfeld*, Ergänz.-Bd. S. 281. — *v. Hefner*, tirol. Adel, S. 6.}

Fedrigotti, Federigotti, Bossi-Federigotti v. Ochsenfeld, Grafen. Reichs- und erbländ.-österr. Grafenstand. Reichsgrafen-Diplom im kurpfälzischen Reichs-Vicariate vom 16. Sept. 1790 für Joseph Maria Bossi-Federigotti v. Ochsenfeld und für den Neffen desselben, Johann Peter v. Bossi-Federigotti und Bestätigungsdiplom der früher erhaltenen Reichsgrafenwürde, unter Verleihung des erbländisch-österr. Grafenstandes vom 14. März 1827 für den Grafen Johann Peter und die beiden Söhne desselben, die Grafen Anton und Ludwig. — Die Grafen v. Bossi-Fedrigotti, Federigotti, stammen aus dem alten, ursprünglich mailändischen Adelsgeschlechte Bossi, Bosi, welches sich 1440 nach Sacco bei Roveredo in Tirol wendete und die noch wenig betriebene Schifffahrt auf der Etsch hob. Wegen Vermählung eines Sprossen der Familie mit der Erbtochter des Hauses Fedrigotti nahm derselbe den Beinamen: Fedrigotti an, welcher bald den eigentlichen Geschlechtsnamen verdrängte. Zu diesem Stamme gehörte auch die im vorstehenden Artikel besprochene Familie. — Die Gebrüder Johann und Friedrich v. B.-F. erhielten den ihnen zustehenden alten Adel durch kaiserliches Diplom vom 23. Jan. 1717, mit dem Prädicate: v. Ochsenfeld, bestätigt und in die Nachkommenschaft gelangte, wie oben angegeben, der Grafenstand. — Der neuerlich bekannt gewordene Personalbestand der Familie ist folgender: Anton Graf Bossi-Federigotti v. Ochsenfeld, geb. 1797 — Sohn des Grafen Johann Peter aus der Ehe mit Johanna Gräfin Bortolazzi — Lehnsherr der k. k. Post zu Roveredo und Landstand in Tirol. Die Schwester desselben ist Gräfin Luise Ginevra, geb. 1793. Der Bruder, Graf Ludwig, gest. 1842, ebenfalls Lehensherr der k. k. Post zu Roveredo und Landstand in Tirol war mit Josephe Edle v. Rosmini vermählt, aus welcher Ehe sechs Söhne und fünf Töchter entsprossten: die Grafen Joseph, geb. 1830, Peter, geb. 1831, k. k. Lieutenant, Friedrich, geb. 1834, Philipp, geb. 1838, Alphons, geb. 1839 und Ludwig, geb. 1842 und die Gräfinnen: Johanne, geb. 1828, vermählt 1850 mit Marquis Anton Dondi dall Orologio in Padua; Therese, geb. 1829, verm. 1850 mit Cesar Marquis Lalatta, k. k. Kämm. zu Parma;

Auguste, geb. 1833, verm. 1855 mit Franz Xaver Capello Grafen v. Wickenburg, k. k. Lieut. in d. A.; Clotilde, geb. 1836, verm. 1855 mit Bernhard Freih. v. Eichthal, k. bayer. Kammerjunker und Lieut. und Maria, geb. 1841.

Megerle v. Mühlfeld, Ergänz.-Bd. S. 281. — Deutsche Grafenh. d. Gegenwart, III. S. 114 und 115. — Geneal. Taschenb. d. gräfl. Häuser, 1859. S. 259 und 260. — v. Hefner, tiroler Adel, S. 6. u. Ergänz.-Bd. Tab. 9. S. 23.

Federigotti v. Campoboario, s. Bosio Federigotti v. Campoboario, Bd. I. S. 592.

Feer v. Castelen. Altes, schweizerisches Adelsgeschlecht aus dem Stammsitze Castelen in der Schweiz. Bucelini beginnt die Stammreihe mit Wernher Feer, welcher um 1372 Geh.-Rath der Republik Luzern war. Der Sohn desselben, Leuthold, blieb als Hauptmann bei Sempach. Von Letzterem stammte Leopold, welcher die Herrschaft Castelen an sich brachte und von diesem entspross Petermann F. v. C., Ober-Hauptmann von Lucern. Heinrich war 1460 Propst zu Münster und der Bruder desselben, Johann, des deutschen Ordens Comthur zu Hiltzkirch. Mit Balthasar F. v. C., welcher um 1670 Hauptmann war und den Stamm mit drei Söhnen fortgesetzt hatte, schliesst Bucelini die Nachrichten über das Geschlecht.

Bucelini, IV. S. 77. — Gauhe, I. S. 524.

Fegerl v. Moldberg. Erbländ.-österr. Adelsstand. Diplom von 1816 für Michael Fegerl, niederösterreich. Appellationsrath, wegen zwanzigjähriger Dienstzeit, mit dem Prädicate: v. Moldberg.

Megerle v. Mühlfeld, S. 180.

Fegersheim. Ein von v. Hattstein in einigen Ahnentafeln genanntes und von ihm dem elsässischen Adel zugerechnetes Geschlecht, dessen Wappen: in Roth ein goldener Querbalken, v. Meding nach einem Stammbaume beschreibt. Urkundlich kommt 1299: Her Sifrid v. Vegersheim in einer Strassburger Urkunde vor.

Mone, Zeitschr. für Geschichte des Oberrheins, V. S. 392. — v. Meding, II. S. 167.

Fehdenfeld, s. Fetter v. Fehdenfeld.

Fehlmayer, Edle. Erbländ.-österr. Adelsstand. — Joseph Edler v. Fehlmayer war 1856 k. k. Oberst und Commandant des Brooder Grenz-Infant.-Reg. No. 7.

Milit.-Schemat., 1856 S. 61.

Fehr, Edle. Erbländ.-österr. Adelsstand. Diplom von 1795 für Johann Heinrich Fehr, Kupfer-Verschleiss-Factor und Vorsteher der Reserve-Casse in Frankfurt, wegen Rettung der Aerarialgelder, mit dem Prädicate: Edler v.

Megerle v. Mühlfeld, S. 180.

Fehr, Edle. Adelsstand des Königr. Bayern. Diplom vom 29. Mai 1808 für Johann Felix Fehr, k. bayer. Commerzienrath in Kempten, mit dem Prädicate: Edler v. — Derselbe, geb. 1760, stammte aus einer Familie, welche 1566 einen kaiserlichen Wappenbrief erhalten hatte und deren spätere Sprossen Grosshändler in Venedig, Augsburg und Kempten waren.

v. Lang, S. 332 Tab. 86 und S. 76. und 333. — W.-B. d. Kgr. Bayern, V. 35. — v. Hefner, bayer. Adel.

Fehrentheil und Gruppenberg, Ferentheil u. G. Altes, schlesisches und oberlausitzisches Adelsgeschlecht, welches als Ahnherrn den kaiserlichen Rittm. Hans F. annimmt, welcher wegen bewiesener Tapferkeit gegen die Türken 1576 den Adel erhielt. Die Familie hatte bereits 1591 Schilkwitz im Wohlauschen inne und führte schon damals den Beinamen Gruppenberg, dessen sich später nur einzelne Zweige des Geschlechts bedienten. Gegen Ende des 17. Jahrh. stand der Familie auch schon. Ober- und Nieder-Wikoline ebenfalls im Wohlauschen zu, im 18. Jahrh. wurde der Grundbesitz derselben bedeutender und noch ist das Geschlecht ansehnlich in Schlesien begütert. Als Sinapius schrieb, war Sigmund v. F. Land-Commissar im Fürstenthume Oels und setzte den Stamm durch mehrere Söhne fort. Derselbe hat dauernd fortgeblüht. Carl Friedrich v. F. war lange Zeit Präsident der herz. braunschw. Regierung zu Oels; ein Prem.-Lieut. v. F. in k. preuss. 18. Infant.-Regim. starb 1813 zu Prag an seinen Wunden; der k. preuss. Major v. F., früher im Kuirassier-Regim. Graf v. Henckel war 1836 Postmeister in Oels; um dieselbe Zeit besass der k. preuss. Hauptmann v. F. Gross- und Klein-Breesen und Esdorf im Kreise Trebnitz; der Stiftsverweser v. F. war Herr auf Ober-, Mittel- und Nieder-Bellmannsdorf bei Lauban etc. und noch ist hier namentlich Eduard v. Fehrentheil und Gruppenberg, Lieutenant im k. preuss. 6. Jäger-Bataillon, zu nennen, welcher, wie Freih. v. Ledebur im Vorworte zu dem Adelslexicon der preuss. Monarchie dankend erwähnt, demselben sehr fleissige Zusammenstellungen aus den in seinem Besitze befindlichen Urkunden, Stammbäumen u. Ahnentafeln über den Güterbesitz von 127 Familien Schlesiens übersendet hat.

Sinapius, I. S. 361 und II. S. 622. — *Gauhe*, I. S. 530 und 531: Beide v. Ferentheil.— N. Pr. A.-L., II. S. 161 u. 162. — *Frh. v. Ledebur*, I. S. 216 und III. S. 251. — *v. Meding*, I. S. 154. — Schlesisches W.-B. Nr. 378. — *Kneschke*, III. S. 138 u. 139.

Feichter v. Feichtenthal. Erbländ.-österreich. Adelsstand. Diplom von 1797 für Gottlieb Feichter, Doctor und Professor der Wundarzenei und Geburtshülfe zu Ollmütz, mit dem Prädicate: v. Feichtenthal.

Megerle v. Mühlfeld, S. 180.

Feige, Ficinus. Hessisches Adelsgeschlecht, in welches Johann Feige, fürstl. hessenscher Canzler, 1517 den Reichsadel brachte. Derselbe, so wie seine Nachkommen, haben von dem Adelstitel keinen Gebrauch gemacht, doch führen Letztere das Wappen im genannten Diplome der Familie fort.

Strieder, hessische Gelehrten Geschichte, IV. S. 92.

Feigelfeldt, s. Fleigl v. Feigelfeld.

Feigenputz v. Griessegg, auch **Ritter**. Reichsritterstand. Diplom von 1718 für Johann Georg Rudiger Feigenputz v. Griessegg, ungarischen Kammerrath. — Tiroler, aus Neumarkt stammendes Geschlecht, in welches Elias Feigenputz 1694 den erbländ.-österr. Adelsstand mit dem Prädicate: v. Griessegg brachte. Mit einem Sohne desselben, Joseph F. v. G., welcher blind war, soll die Linie in Tirol erloschen sein. Ein anderer Sohn, Johann Bartholomae Feigenputz v. G., des

Fürst-Bischofs zu Regensburg Hofrath und früher Pflege-Administrator der fürstl. Herrschaft und Stadt Pechlarn in Nieder-Oesterreich, wurde, nachdem er 1712 aus der Verlassenschaft des Ferdinand Grafen v. Zinzendorf Gut und Schloss Donaudorf gekauft, 1712 unter die neuen Geschlechter des nieder-österr. Ritterstandes aufgenommen. Nach Wissgrill hat derselbe bei seinem 1732 erfolgten Tode aus der Ehe mit Maria Regina v. Pifani keine Nachkommen hinterlassen und die Familie ist später nicht mehr in Oesterreich vorgekommen. Wahrscheinlich war der obengenannte Johann Georg Rudiger F. v. G. ein dritter Bruder der erwähnten beiden Brüder.

Wissgrill, III. S. 27. — Megerle v. Mühlfeld, Ergänz.-Bd. S. 138. — v. Hefner, ausgestorbener tiroler Adel, Tab. 3.

Feigl v. Feigelfeldt. Erbländ.-österr. Adelsstand. Diplom von 1768 für Joseph Anton Feigl, Fiscaladjuncten und Professor zu Prag, mit dem Prädicate: v. Feigelfeldt.

Megerle v. Mühlfeld, Ergänz.-Bd. S. 281.

Feigl v. Streitenfeld. Erbländ.-österr. Adelsstand. Diplom von 1766 für Franz Feigl, k. k. Stückhauptmann, wegen 32jähriger Dienstleistung, mit dem Prädicate: v. Streitenfeld.

Megerle v. Mühlfeld, S. 180 und 181.

Feil. Erbländ.-österr. Adelsstand. Diplom von 1815 für Franz Ignaz Feil, ob der ennsischer Landrath und provisorischer Bürgermeister zu Linz.

Megerle v. Mühlfeld, S. 181.

Feilenbeck. Erbländ.-österr. Adelsstand. Diplom von 1756 für Carl Matthäus Feilenbeck, Ingrossisten bei der k. k. Kupfer- und Bergwesens-Hauptcasse.

Megerle v. Mühlfeld, S. 181.

Feilitzsch, Feilltsch, auch Freiherren. (Schild von Silber, Roth und Schwarz quergetheilt, ohne Bild). Eine der ältesten und angesehensten Familien des Voigtlandes und des Markgrafenthums Bayreuth aus dem gleichnamigen Stammhause in der Nähe der jetzt bayerischen Stadt Hof, an der Grenze des sächsischen Voigtlandes, welcher Stammsitz urkundlich schon 1296 dem Geschlechte zustand. Doch ist dasselbe mit Recht in eine noch frühere Zeit zu versetzen und in Bezug auf derartige Angaben nicht zu übersehen, dass nach der Stadtchronik von Hof der erste Grund dieser Stadt 1080 von dem Feilitzsch'schen Geschlechte mit den v. Kotzau, Rabenstein u. A. gelegt wurde. Die ordentliche Stammreihe des Geschlechts, eines Stammes und Wappens mit den alten Familien v. Zedtwitz, v. d. Heyde (Heiden, Heydten), v. Roeder und v. Perglas, beginnt mit Matthias v. F. zu Feilitzsch um 1296. Der gleichnamige Enkel desselben, Herr auf Feilitzsch, Sachsengrün etc. kommt urkundlich in einem Kaufbriefe der Stadt Hof vor und von den Nachkommen desselben kamen später mehrere zu hohem Ansehen und grossem Rufe. Zu diesen gehören namentlich: Fabian v. F., des Kurfürsten Friedrich des Weisen zu Sachsen Geh.-Rath, welcher um die Mitte des 16. Jahrh. mit den wichtigsten Staats- und Religions-Angelegenheiten betraut wurde; Philipp v. F., ein

Sohn des Heinrich v. F., Herrn auf Feilitzsch, Wiedersberg, ebenfalls kursächs. Rath, welcher von 1522 an fünfmal Kursachsen auf dem Reichstage zu Nürnberg vertrat u. A. — Im Laufe der Zeit erwarb die Familie zu den alten Besitzungen viele neue und zwar im sächsischen Voigtlande und im Ober-Mainkreise Frankens, war auch im Anfange des 18. Jahrh. in Schlesien mit Kawallen im Trebnitzischen begütert. Wie mit der Zeit der Güterbesitz grösser wurde und auch mehrfach wechselte, so zweigten sich auch vom Hauptstamme mehrere Aeste ab und es entstanden die Häuser Zedwitz, Trogen, Zech, Gutenfürst, Kürbitz u. A., welche aber meist nach einiger Dauer wieder erloschen. Aus dem Hause Kürbitz entspross Moritz Heinrich v. F., Herr auf Kürbitz, kursächs. Ober-Kreis-Steuer-Einnehmer im Voigtlande, welcher die sehr fleissig gearbeitete, unten angeführte Geschichte seiner Familie schrieb. — Von den späteren Sprossen haben mehrere in kursächsischen, markgräflich-brandenburgischen und k. preuss. Diensten gestanden und sind in denselben zu hohen Ehrenstellen gelangt. In Preussen wurde namentlich Carl Adam Heinrich v. F. a. d. Hause Treuen und Unter-Lautenbach im Voigtlande bekannt. Derselbe erhielt wegen der bei Kesselsdorf empfangenen Wunden als Oberst das Commando über das Invalidencorps in Berlin und starb 1768. — Die Familie blüht jetzt in den Königreichen Sachsen und Bayern, in welchem Letzteren 1847 der Freiherrnstand der Familie anerkannt worden ist. — Nach v. Lang waren in die Adelsmatrikel des Kgr. Bayern eingetragen: Auf Feilitzsch: die Brüder *Friedrich Heinrich Moritz* v. F., geb. 1767, k. bayer. Lieut. in d. A. und *Wilhelm Heinrich Ferdinand* v. F., geb. 1769, k. preuss. Hauptmann a. D. und Mitbesitzer des Ritterguts Feilitzsch. Auf Trogen: *Carl August Ludwig* v. F., geb. 1772, k. preuss. Hauptmann a. D. u. Herr auf Stenndorf, Saaleck und Nentschau und *Ludwig Christoph Carl Philipp* v. F. geb. 1745, k. preuss. Rittm. a. D. und Herr auf Trogenzech. Auf Weinzlitz: die Brüder *Heinrich Carl Philipp* v. F., geb. 1751, k. bayer. Oberforstmeister in Ansbach und *Carl Christoph Leberecht* v. F., geb. 1756. Auf Brandstein: *August Heinrich Friedrich Lazar* geb. 1780, k. preuss. Lieut. a. D. — Im Kgr. Sachsen war in neuester Zeit die Familie begütert mit Kürbitz (seit 1296) Heinersgrün (seit 1330), Kemnitz, Posseck, Möschwitz, Misslareuth, Treuen oberen Theils (seit 1505) Obertribel p. r. u. Wendischbohra. — Von den k. sächs. Militairdiensten gestandenen Sprossen des Stammes trat Moritz Alexander v. F., Rittm. im Cuirass.-Reg. v. Zastrow 1813 und Philipp Heinrich Wilhelm Lazarus v. F., Oberstlieutenant im Husaren-Regimente 1815 aus dem activen Dienste, in welchem in neuester Zeit Moritz Oscar v. F. als k. sächs. Artillerie-Hauptmann stand. In der Provinz Sachsen ist jetzt mit Stenndorf im Kr. Naumburg begütert Carl Heinrich August v. F., Capitular des Dom-Capitels zu Naumburg u. k. bayer. Kammerjunker.

M. M. *Pfuntalii Analect. histor. de origine, patria, dignitate, virtutibus, et rebus gestis Nobilium a Feilitzsch. Cur. Var.* 1628, 4. 12 Bogen. — *Seifert*, Geneal. adel. Aeltern u. Kinder, S. 97 und 98. — *Sinaplus*, I, S. 360. — *Moritz Heinrich v. Feilitzsch*, Geneal. histor. Beschreibung nebst den Stamm- u. Ahnentafeln des altadeligen Geschlechts derer v. Feilitzsch, Hof, 1725 F. 1. Alphab. und 15 Bogen, mit 11 Ahnentafeln. — *Val. König*, I. S. 337—392. —

Gauhe, I. S. 524—528. — Biedermann, Ritterschaft des Voigtlandes, Tab. 106—129. — Dienemann, S. 259 u. Nr. 49. — Saleer, S. 321. — N. Geneal Handbuch, 1778. II. Bd. S. 263—265. — v. Lang, S. 333 und 334. — N. Pr. A.-L. II. S. 162. — Freih. v. Ledebur I. S. 216 u. III. S. 251. — Siebmacher, I. 153 u. V. 90. — v. Meding, II. S. 167 u. 168. — W.-Bd. des Kgr. Bayern, V. 36; v. F. und XII. 51; Freih. v. F. — W. B. d. sächs. Staaten, I. 99. — v. Hefner, bayer. Adel, Tab. 31 und S. 34 u. Ergänz.-Bd. S. 13; Freih. v. F. u. sächs. Adel Tab. 27 und S. 26.

Fellner zu Draesing, s. Feullner.

Feist. Cölnisches Patriciergeschlecht.
Fahne, I. S. 97. — Freih. v. Ledebur, I. S. 217.

Feistmantel, Ritter. Erbländ.-österr. Ritterstand. Diplom von 1811 für Vincenz Feistmantel, Advocaten in Brünn, wegen landwirthschaftlicher Verdienste.
Megerle v. Mühlfeld, S. 108.

Feistritzer. Steiermärkisches Rittergeschlecht, welches die Herrschaft Feistritz in Ober-Steiermark, Windisch-Feistritz etc. inne hatte und von 1182—1440 vorgekommen ist.
Schmutz, I. S. 359.

Fekede, Fekede v. Galantha, Freiherren auch Grafen. Erbländisch-Österreich. Freiherrnstand. Freiherrndiplom von 1859 für M. F. v. G., Bischof zu Gran mit Ausdehnung auf den Neffen desselben, J. F. v. G., Raths-Secretair-Adjuncten bei dem k. k. obersten Gerichtshofe. — Dieselben gehörten zu einem alten Adelsgeschlechte, in welches auch der Grafenstand gekommen ist. Franz Graf v. Fekede wurde 1791 k. k. Kämmerer.
Augsb. Allg. Zeitung Aug. 1859.

Fekkar v. Burggreif. Erbländ.-österreich. Adelsstand. Diplom von 1859 für Johann Fekkar, k. k. Platzmajor und Commandanten zu Rovigo, mit dem Prädicate: v. Burggreif.
Augsb. Allg. Zeit. Aug. 1859.

Fekondo v. Früchtenthal. Erbländ.-österr. Adelsstand. Diplom von 1794 für Caspar Fekondo zu Triest, mit dem Prädicate: v. Früchtenthal.
Megerle v. Mühlfeld, S. 181.

Felber v. Felsenstein. In den k. k. Erblanden bestätigter Adelsstand. Bestätigungsdiplom des von dem Fürsten v. Eggenberg dem Johann Ferdinand Felber, mit dem Prädicate: v. Felsenstein ertheilten Adels.
Megerle v. Mühlfeld, Ergänz.-Bd. S. 281.

Felbiger, Ritter. Böhmischer Ritterstand. Diplom von 1733 für Ignaz Anton Felbiger, k. k. Ober-Fiscal.
Megerle v. Mühlfeld, Ergänz.-Bd. S. 138.

Felchenbauer, s. Felgenhauer.

Feldbacher, Ritter. Erbländ.-österr. Ritterstand. Diplom von 1784 für Franz Feldbacher, Advocaten zu Graetz. Derselbe ist 1803 ohne männliche Nachkommen gestorben.
Megerle v. Mühlfeld, Ergänz.-Bd. S. 139.

Feldberg. Längst erloschenes, meklenburgisches Adelsgeschlecht, welches zu den ältesten und vornehmsten Geschlechtern des Landes

gehörte. Der Stammsitz desselben war das Schloss u. Flecken Feldberg im jetzigen Stargarder Kreise des Grossh. Meklenburg-Strelitz.
<small>v. Pritzbuer, S. 16. — Gauhe, II. S. 279.</small>

Felde, v. der Felde. Erloschenes, eichsfeldisches Adelsgeschlecht.
<small>Wolf, eichsfeld. Urkundenb., S. 12.</small>

Felde, v. dem Felde. Ein in Ostpreussen vorgekommenes, später wieder ausgegangenes Adelsgeschlecht, welches mit Korblack und Laugmichels im Kr. Gerdauen, Winkelhagen im Kr. Mohrungen etc. begütert war.
<small>N. Preuss. Prov.-Blätter, 2. Folge, V. Hft. 4. S. 264 u. 265. — Freih. v. Ledebur, 1. S. 217.</small>

Feldegg, Freiherren. Erbländ.-österr. Freiherrnstand. Diplom von 1817 für Christoph v. Feldegg, k. k. Hauptmann im 6. Jäger-Bataillon. Der Stamm ist fortgesetzt worden. Carl Freih. v. Feldegg, k. k. Hauptmann, wird im Milit.-Schematism. d. österr. Kaiserthums unter den Rittern des k. k. Maria-Theresien-Ordens aufgeführt.
<small>Meyerle v. Mühlfeld, Ergänz Bd. S. 56,</small>

Feldegg, Feldeck, Pilch v. Feldegg. Oberösterreichisches Adelsgeschlecht, nicht zu verwechseln mit der böhmischen Familie Fellner v. Feldegg. Das Stammschloss gleichen Namens lag im s. g. Hausrück-Viertel an der bayerischen Grenze am Prom und wurde um 1400 von Pilch v. Feldegg erbaut, dessen ältester Sohn, Hans Pilch v. F. 1488 bei seinem Tode nur eine Tochter, Barbara, hinterliess, welche sich mit Caspar v. Ritschän vermählte. Letzterer nahm den Beinamen: v. Feldegg an und sein Sohn, Christoph Abraham v. Ritschän und Feldegg, baute 1594 das Stammschloss Feldegg von Neuem von Grund aus. Doch kam dasselbe bald in andere Hände und gehörte, als Freih. v. Hoheneck schrieb, der Familie Willinger v. Au.
<small>Freih. v. Hoheneck, II. S. 322. — Gauhe, II. S. 279 und 280.</small>

Feldegg, s. Fellner v. Feldegg.

Felden (in Purpur auf grünem Dreihügel drei goldene Aehren neben einander). Ein aus dem Braunschweigischen stammendes Adelsgeschlecht, aus welchem ein Sprosse als k. preuss. Major 1807 starb. Ein Sohn desselben commandirte in neuester Zeit als k. preuss General-Major die 12. Infant.-Brigade.
<small>N. Pr. A.-L. II. S 163 und V. S. 154. — Freih. v. Ledebur, 1. S. 217 u. III. S. 251.</small>

Felden. Böhmischer Adelsstand. Diplom vom 27. Febr. 1698. Die Familie war in der Nieder-Lausitz 1718 mit Wellersdorf unweit Sorau angesessen. Um und nach dieser Zeit war Erdmann v. F. Besitzer von Wellersdorf. Derselbe hinterliess später zwei Söhne, Hans Christian v. F., geb. 1721 und Erdmann v. F., geb. 1726.
<small>v. Hellbach, I. S. 355. — N. Pr. A.-L. II. S. 163 und V. S. 154. — Frh. v. Ledebur, 1 S. 217.</small>

Felden-Wypczynski, F.-Wybziuski (in Blau ein kleines, goldenes Ordenskreuz auf einem silbernen Hufeisen, zwischen dessen nach unten gekehrten Stollen ein silberner, golden befiederter Pfeil abwärts hervorgeht). Polnisches, zum Stamme Dolenga gehörendes Adelsgeschlecht, aus welchem Christoph v. Felden, genannt Wybzinski 1779 in Ostpreussen das Gut Scharnick an sich brachte. Der Bruder desselben, Carl v. F.-W., lebte noch 1805.
<small>N. Pr. A.-L. V. S. 154. — Freih. v. Ledebur, 1. S. 217.</small>

Felden-Zakrzewski (in Roth drei übereinander schrägrechts gestellte, oben und unten abgehauene Baumäste; aus dem untersten Aste treiben drei grüne Blätterzweige hervor, der mittlere hat nur drei gestümmelte Zweigenden und der oberste auf der äussern Seite zwei grüne Blätter-Zweige und auf beiden Seiten noch ist, wie auch am untersten Aste, ein gestümmeltes Zweigende). Ein in der zweiten Hälfte des 18. Jahrh. in Westpreussen vorgekommenes Adelsgeschlecht, welches mit Sackrenten und mit Zigalnen im Kr. Marienwerder begütert war.

Frh. v. Ledebur, I. S. 217 u. III. S. 151 u. 152.

Feldenreich, s. Gaffer v. Feldenreich.

Feldern, Ritter. Böhmischer Ritterstand. Diplom v. 1729 für Johann Franz v. Feldern, k. k. Kammerrath in Schlesien.

Megerle v. Mühlfeld, Ergänz.-Bd. S. 138. — N. Pr. Adelslex. II. 163. — Freih. v. Ledebur, I. S. 217.

Feldmannsdorff, s. Walter v. Feldmannsdorff.

Feldner, Fuldner. Ein in Schlesien vorgekommenes Adelsgeschlecht, aus welchem Caspar v. F., 1679 fürstl. württemb.-ölsnischer Regierungs-Rath und Kammerdirector, stammte. Das Geschlecht wurde sonst auch: Füldner und Faldner geschrieben, soll Schwaben, wo eine Familie v. Feldner, genannt Beyer, vorkam, angehören und mit den Herzögen v. Württemberg Oels und Bernstadt nach Schlesien gekommen sein.

Sinapius, II. S. 620. — Gauhe, II. S. 280 im Artikel: Felner v. Feldegg. — N. Pr. A.-L. II. S. 163. — Freih. v. Ledebur, I. S. 217. — Siebmacher, IV. 67.

Feldstedt. Danziger Adelsgeschlecht, welches in Ostpreussen mit Dolstädt, wohl im Kr. pr. Eylau, begütert war.

Freih. v. Ledebur, I. S. 217.

Felgenhauer, Felchenhauer. Reichsadelsstand. Diplom von 1606 für Christoph Felgenhauer, Herrn auf Leyss. Derselbe war ein Sohn des Christoph Leonhard Felgenhauer, Oberstlieutenants der General-Staaten und vermählte sich mit Catharina Eck von Leineck, welche ihm das erwähnte Gut Leyss zubrachte. Aus dieser Ehe entspross Christoph v. F. der Jüngere, Herr auf Riesa und Radeburg im Meissenschen, welcher 1626 kursächs. Geh.-Kammerrath und Director der Geflösse war. Der Stamm blühte in Sachsen fort und erwarb im Meissenschen, so wie in der jetzigen Provinz Sachsen, um Torgau, Querfurt und Sangerhausen, mehrere Güter. Radeburg und Riesa standen der Familie schon 1625, Letzteres noch 1731 und Böbla bei Hain noch 1770 zu. — Aus diesem Stamme entspross: Wolf Christoph Friedrich v. Felgenhauer, welcher 1789 Präsident des kursächsischen Kriegs-Raths-Collegium, 1794 General-Lieutenant der Infanterie und 1798 Commandant zu Neustadt-Dresden wurde. In den beiden ersten Jahrzehnten dieses Jahrh. ist der Stamm in Sachsen ausgegangen, doch hatte sich ein Zweig in Cur- und Liefland ausgebreitet, welcher, so viel bekannt, noch blüht.

Knauth, S. 505. — Gauhe, I. S. 529. — Freih. v. Ledebur, I. S. 217. — Siebmacher, IV. 63: Felchenhauer v. und zu Riese. — Tyroff, I. 281. — Kneschke, II. S. 149.

Felgermann. Ein 1845 in Schlesien mit Nieder-Stamnitzdorf im

Kr. Löwenberg begütertes Adelsgeschlecht, aus welchem mehrere Sprossen in der k. preuss. Armee standen. — Friedrich Wilhelm v. F., k. preuss. Hauptmann a. D., starb 1831 in Berlin und ein Sohn desselben, früher Capitain des Regim. K. Franz und Examinator bei der Militair-Examinations-Commission, wurde mit Majors-Character 1835 Director des Militair-Knaben-Instituts zu Annaburg.

<small>N. Pr. A.-L. II. S. 163. — Freih. v. Ledebur, I. S. 217 u. III. S. 251.</small>

Felicetti v. Liebenfels. Reichs- und erbländ.-österr. Adelsstand. Diplom von 1745 für Simon Anton Felicetti, k. k. Hofkriegscanzlei-Tax-Gegenhändler, mit dem Prädicate: v. Liebenfels. Der Stamm ist fortgesetzt worden und in neuester Zeit stand Gustav Felicetti v. Liebenfels als Hauptmann 1. Cl. im k. k. 16. Inf.-Regimente.

<small>Megerle v. Mühlfeld, S. 181.</small>

Felicinovich v. Freustern. Erbländ.-österr. Adelsstand. Diplom von 1839 für J. Felicinovich, k. k. Staatsbuchhalter in Dalmatien, mit dem Prädicate: v. Freustern.

<small>Augsb. Allg. Zeit. 1839.</small>

Felix v. Ebenholtz. Böhmischer Adelsstand. Diplom von 1741 für Joseph Wenzel Felix, Fiscal-Adjuncten in Böhmen, mit dem Prädicate: v. Ebenholtz.

<small>Megerle v. Mühlfeld, Ergänz.-Bd. S. 281</small>

Felix v. Minensturm. Erbländ.-österr. Adelsstand. Diplom von 1820 für Georg Felix, k. k. Hauptmann, mit dem Prädicate: v. Minensturm.

<small>Megerle v. Mühlfeld, S. 281.</small>

Fellenberg. Adelsstand des Kgr. Preussen. Diplom vom 20. Apr. 1728 für Daniel Fellenberg, Mitglied des grossen Raths im Canton Bern. Der Stamm ist erloschen.

<small>v. Hellbach, I. S. 355 u. 356. — N. Pr. A.-L. I. S. 39 und II. S. 163. — Freih. v. Ledebur, I. S. 217. — W.-B. d. Preuss. Monarch., III. 17. — Kneschke, IV. S. 121 u. 122.</small>

Fellenstein, s. Fellner v. Fellenstein.

Fellenthal, s. Fellner v. Fellenthal.

Fellinger. Erbländ.-österr. Adelsstand. Diplom von 1793 für Caspar Fellinger, k. k. Rath und Ober-Einnehmer der Hauptcasse der Kupferamts- und Bergwerks-Administration, wegen 41jähriger Dienstleistung.

<small>Megerle v. Mühlfeld, S. 181.</small>

Fellner. Böhmischer Adelsstand. Diplom vom 28. Aug. 1703 für Georg Anton Fellner, k. k. Zahlmeister zu Troppau.

<small>v. Hellbach, I. S. 356.</small>

Fellner, Ritter und Freiherren. Böhmischer Ritter- und erbländ.-österreich.- und Reichsfreiherrnstand. Ritterstandsdiplom von 1740 für Johann Adam v. Fellner, k. k. Rittmeister und für die Brüder desselben, Carl Joseph v. F., k. k. Stückhauptmann in Brünn, und Georg Friedrich v. F., k. k. Feldkriegs-Concipisten; erbländ.-österr. Freiherrndiplom von 1766 für die beiden Ersteren, wegen adeligen Herkommens und Reichsfreiherrndiplom von 1800 für Andreas v. Fellner, Grosshändler in Wien, wegen Lieferungen zur österreichischen Armee und Emporbringung verschiedener Handelszweige.

<small>Megerle v. Mühlfeld, S. 48 und Ergänz.-Bd. S. 138. — Suppl. zu Siebm. W.-B. VII. 13: R. v. F.</small>

Fellner v. Feldegg. Ein ursprünglich Nürnberger Patriciergeschlecht, aus welchem sich Zweige in Böhmen ausbreiteten. Aus demselben stammte Christoph Fellner v. Feldegg, welcher den Freiherrnstand in die Familie brachte und 1739 als k. k. General-Feldmarschall-Lieutenant u. Artillerie-Oberst in der Schlacht bei Grotzka blieb. Von seinen Verwandten lebten damals unter Anderen Carl F. v. F., k. k. Artillerie-Hauptmann; Wilhelm August F. v. F., ebenfalls k. k. Artillerie-Hauptmann, mit seinem Sohne, Johann Joseph, k. k. Artillerie-Lieutenant und Wilhelm F. v. F., k. böhmischer Hofjäger auf den Herrschaften Zbirow und Törschenck, von dessen zwei Söhnen der Jüngere, Wilhelm, bei der ungarischen Artillerie stand.

Gauhe, II. S. 280.

Fellner v. Fellenstein. Erbländ.-österr. Adelsstand. Diplom von 1719 für Johann Jacob Fellner, k. k. Proviant-Ober-Commissär und für die Brüder desselben, Johann Joseph und Johann Paul Gottlieb Fellner, mit dem Prädicate: v. Fellenstein.

Megerle v. Mühlfeld, Ergänz.-Bd. S. 282. — Siebmacher, III. 70.

Fellner v. Fellenthal. Erbländ.-österr. Adelsstand. Diplom von 1773 für Jacob Fellner, k. ungarischen Architecten, wegen Erbauung mehrerer königlicher u. herrschaftlicher Paläste, mit dem Prädicate: v. Fellenthal.

Megerle v. Mühlfeld, S. 181.

Fels, v. der Fels, Feltz, F. v. Ruppe, F. v. Laroche oder Rochette (Schild geviert: 1 und 4 in Silber ein rothes Ankerkreuz und 2 u. 3 in Gold ein schwarzer, dreimal spitz gezogener Balken). Altes, luxemburgisches und rheinländisches Adelsgeschlecht, nicht zu verwechseln mit dem alten tiroler Hause Colonna Felss oder Völs, s. Bd. II. S. 315 und 316, aus der gleichnamigen, längst in Trümmern liegenden Burg im Luxemburgischen, welche sich, mit Felsen umgeben, über dem am Flüsschen Erenz gelegenen Orte Fels erhob. Die Besitzer dieser Burg treten im 13. und 14. Jahrh. unter dem Namen: de Ruppe auf u. werden namentlich von einem Aroldus de Ruppe genannt. Humbracht führt die Sprossen des Stammes, mit dem Vornamen Bernhard, als Erbpannerherren und als Erbkämmerer des Herzogthums Lützelburg und der Grafschaft Chiny auf. Das Erbkämmerer-Amt haftete auf der Herrschaft Moerstorf, als deren Herr zuerst Bernhard I. um 1449 genannt ist. Der gleichnamige Enkel desselben kommt als Erb-Kämmerer u. Pannerherr des Herzogthums Luxemburg und des kaiserl. Rath vor. Johann v. R., verm. mit Elsa v. Heffingen, war 1568 Landcomthur der Ballei Lothringen, der Sohn seines Bruders Paul aber k. spanischer und erzh.-österr. Ober-Amtmann zu Grevenmachern. Ein jüngerer Sohn Johanns, Georg, stiftete eine Nebenlinie, aus welcher Heinrich v. F. 1575 kurtrierscher Amtmann zu Camberg und der Sohn desselben, Hans Jacob, 1603 kurtrierscher Statthalter war. Um diese Zeit kommt Johann von F. als Ritter des deutschen Ordens zu Trier vor. Mit den Enkeln seiner Neffen, Paul von F., Herrn zu Mersch und Heffingen und Christoph v. F., erlosch der Mannsstamm wohl mit Peter Ernst noch im 17. oder im Anfange des 18. Jahrh. und Apollonia v. F., oder la Rochette, Herrin zu Mersch, eine Tochter des Conrad Hermann v. F. und Enkelin des obengenannten Paul v. F., brachte die Familien-Güter ihrem Gemahle, Gottfried v. Antel, zu.

Humbracht, Tab. 164. — *Gauhe*, I. S. 529 und 530. — *v. Hattstein*, I. S. 197 und III. Suppl. S. 31. — *Salver*, S. 614 u. S. 635. — *Elsia illust.* II. 1. Abth. S. 121—124. — N. Pr. A.-L. II. S. 164. — *Freih. v. Ledebur*, I. S. 217. — *v. Meding*, II. S. 168 u. 169. — Suppl. zu Siebm. W.-B. IV. 11.

Fels. Ein in Schlesien in der zweiten Hälfte des 16. und im Anfange des 17. Jahrh. vorgekommenes Adelsgeschlecht. Daniel v. Fels, ein Sohn des Adam v. Fels, aus Breslau starb 4. Febr. 1602 u. nach Allem erlosch mit ihm die Familie.

Sinapius, II. S. 616. — *Freih. v. Ledebur*, I. S. 217.

Fels (in Gold ein schwarzer, aufgerichteter Ziegenbock mit silbernem Halsbande). Näher nicht bekanntes, zum preussischen Adel zählendes Geschlecht, aus welchem Johann Rudolph v. Fels, k. preuss. Oberstlieutenant und Kammerherr, 1738 mit dem angegebenen Wappen seine Ahnentafel dem Johanniter-Orden zu Sonnenburg einreichte. — Wahrscheinlich gehörte derselbe zu einem ursprünglich schweizerischen Adelsgeschlechte, aus welchem nach Angabe Einiger in den ersten Jahrzehnten des 18. Jahrh. Sprossen in k. preussischen und in herz. württemb. Hofdiensten standen.

Frh. v. Ledebur, I. S. 217.

Fels, Freiherren. Erbländ.-österr. Freiherrnstand. Ludwig Freih. v. Fels wird 1856 unter den k. k. unangestellten Obersten genannt. Derselbe lebte zu Eger und ist wohl der Empfänger des Freiherrn-Diploms.

Militair-Schemat., 1856. S. 79.

Felsach, s. Brenner Edle v. Felsach, auch **Freiherren**, Bd. II. S. 56.

Felsberg, Grafen. Altes hessisches, schon 1211 erloschenes Grafengeschlecht.

Rommel, hessische Geschichte, I. S. 133 u. 203. Anmerk. 55. 102. 150. 151 u. Stammtafel 150.

Felsburg, s. Stainer v. Felsburg.

Felsenau, s. Chiochetti Edle v. Felsenau, Bd. II. S. 262 und 263.

Felsenberg, s. Ernst v. Felsenberg, Edle und Ritter, Bd. II. S. 148.

Felsenberg, s. Furlani v. Felsenberg.

Felsenberg, s. Furlani v. Führnberg, Fuhrer in Felsenberg.

Felsenburg, s. Förschel v Felsenburg.

Felsenburg, s. Förster v. Felsenburg.

Felsenburg, s. Klug v. Felsenburg.

Felsenschwert, s. Kraffka v. Felsenschwert.

Felsenstein, Prentzel v. Felsenstein, Prenzel v. F. (Schild geviert: 1 in Blau ein goldenes Kleeblatt, 2 und 3 in Silber zwei schrägrechte, rothe Balken und 4 in Blau ein goldenes Schiff). Reichsadelsstand.

Diplom für Johann Ferdinand Prentzel, Kauf- und Handelsherrn in Schlesien. Derselbe stammte aus einem ursprünglich bautzner, angesehenen Stadtgeschlecht, in welches auch später einige Adelsdiplome und ein Freiherrndiplom, s. die Artikel Prenzel, gekommen ist. Der Diplomsempfänger starb in der Mitte des 18. Jahrh. ohne Leibeserben und setzte testamentarisch zu Erben seiner bei Lauban gelegenen Lehngüter Nieder-Beerberg und Ober-Steinkirch des k. preuss. Commerzien-Raths Christian Gottlieb Glafey in Hirschberg ältesten Sohn zweiter Ehe, Carl Gottlieb Glafey, und nach dessen gleichfalls erfolgtem Ableben dessen Bruder, Ernst Gottlob Glafey, mit der Bedingung ein, dass Name und Wappen v. Felsenstein fortgeführt werden möge. Durch k. preuss. Cabinets-Ordre vom 17. Juni 1752 wurde zwar der Besitz bestätigt, von Führung des Namens u. Wappens aber trat Dispensation ein.

Frh. v. Ledebur, I. S. 217 und 218.

Felsenstein, s. Felber v. Felsenstein, S. 220.

Felsenstein, s. Keller v. Felsenstein.

Felsenthal, s. Dizent v. Felsenthal, Bd. II. S. 509.

Felsenthal, s. Köpp v. Felsenthal.

Felstow. Ein im Lauenburg-Bütowschen vorgekommenes Adelsgeschlecht aus dem gleichnamigen Stammhause, welches schon 1493 in der Hand der Familie war. Merzin gelangte an dieselbe 1575 und in Westpreussen war das Geschlecht 1780 mit Rosachen im Kr. Löbau begütert. Philipp Jacob v. Felstow, k. preuss. Oberst, war 1777 Herr eines Theils des Gutes Felstow. Das Stammhaus hatte die Familie noch 1803 inne, später aber ist der Stamm erloschen.

Brüggemann, I. 9. Hauptstück. — N. Pr. A.-L. II. S. 164. — Freih. v. Ledebur, I. S. 218 und III. S. 251. — Siebmacher, V. 171; v. Velstowen, Pommerisch. — Pommersches W. B. V. 62 u. S. 131.

Felss v. Hartenstein, Feltz v. H. Erbländ.-österr. Adels- und Ritterstand. Adelsdiplom vom 25. Sept. 1757 für Johann Heinrich Feltz, Tabakgefälls-Administrator in Oesterreich ob der Enns, mit dem Prädicate: v. Hartenstein u. Ritterstandsdiplom vom 10. Sept. 1767 für den k. k. Rath Felss v. Hartenstein, wegen Militair- und Cameral-Dienstleistung.

Megerle v. Mühlfeld, S. 108 u. S. 182. — Kneschke, III. S. 139 u. 140.

Feltberg, Feldberg. Schwedischer Adelsstand. Diplom vom 20. Juni 1652 für Olof Feltberg. — Die Familie war 1663 in Neu-Vor-Pommern mit Reckentin im Kr. Grimme begütert.

Freih. v. Ledebur, III. S. 251. — Schwed.-Reichs-W.-B., Ritter, Tab. 61. Nr. 541.

Fenck, Fenckh zum Steinhof. Niederösterr. Adelsgeschlecht. — Wolfgang v. Fenckh zum Steinhof, k. k. Hof-Kammerrath und später des Erzherzogs Leopold Wilhelm Hofcanzler, wurde 4. Mai 1630 als Landmann unter die neuen Geschlechter des Niederösterr. Ritterstandes aufgenommen, nachdem schon laut Steuerbuches sein Vater, Johann Gottbard Fenkh (Venck) 1592 und 1598 mit dem Gute und Edelsitze Steinhof in Nieder-Oesterreich ansässig war. Wolfgangs Sohn, Wolfgang Johann v. Fenckh, kais. Truchsess, verkaufte 1653 das Gut Steinhof an Johann Franz Freih. v. Lamberg zu Ottenstein etc.

— Das Geschlecht ist noch im 17. Jahrh. in Nieder-Oesterreich ausgegangen.
Wissgrill, III. S. 27 u. 28.

Fend. Augsburger Patriciergeschlecht, aus welchem Ulrich Fend 1282 Stadtpfleger war. Conrad F., der Letzte des Stammes, war 1478 Capuziner.
v. Stetten, Geschichte der adeligen Geschlechter in Augsburg, S. 116.

Fend v. Ammergau. Altbayerisches Adelsgeschlecht, auch zum Patriziat in München gehörig. Eine Linie schrieb sich auch Fend v. Moringen.
v. Hefner, Münchner Geschlechter.

Fengler, Ritter. Böhmischer Ritterstand. Diplom vom 28. August 1702 für Caspar Joseph Fengler, Kanzler des Fürstl. Stifts Leubus in Schlesien. — Der Familie stand 1726 in Schlesien das Gut Gubrau zu. Ein Nachkomme des Diploms-Empfängers, Ferdinand Leopold v. F., blieb als k. preuss. Premierlieut. in der Schlacht bei Zorndorf und der Bruder desselben, Johann Joseph v. F., welcher den ganzen siebenjährigen Krieg mitgemacht hatte, starb als Letzter des adeligen Stammes. Ein natürlicher Sohn des Letzteren, Carl Ludwig, welcher das adelige Prädicat fortgeführt, starb 1788 als k. preuss. Stabscapitain der Magdeburg. Füsilier-Brigade.
Sinapius, II. S. 621. — Megerle v. Mühlfeld, Ergänz.-Bd. S. 139. — N. Pr. A.-L. II. S. 165 u. V. S. 154. — Freih. v. Ledebur, I. S. 218.

Fenner v. Fennenberg. Der Herz. Nassauische Geh. Rath Dr. Fenner v. Fennenberg, Kurarzt in Langen-Schwalbach, erhielt 1821 die Erlaubniss, den Namen: Fenner v. Fennenberg, welchen die Vorfahren geführt hatten, wieder annehmen zu dürfen. Im Jahre 1848 mischte er sich in die Revolution in Oesterreich und wurde, mit Verlust des Adels, in contumaciam verurtheilt. Später stellte er sich an die Spitze der Unruhen in der Pfalz, wurde von seinen früheren Freunden verlassen und — verschwand. 1858 soll er in Newyork im Wahnsinn gestorben sein. — Die der Familie zustehenden Lehen in Tirol wurden 1848 eingezogen. Aus seiner Ehe mit einer Grf. Zichy entsprossten Sohne, auf die der, den Vater betroffene Urtheilsspruch keinen Einfluss haben wird.
v. Hefner, Stammbuch, I. S. 300.

Fenney v. Harzberg. Erbländ.-österr. Adelsstand. Diplom von 1818 für Franz Fenney, k. k. Oberlieut. des ob der Ennsischen Militair-Grenz-Cordons, mit dem Prädicate: v. Harzberg.
Megerle v. Mühlfeld, S. 182.

Fenningen, Venningen (in Gold drei sich unter einander und auch den Schildesrand oben und unten, die äussere zugleich den Seitenrand berührende und mit einem silbernen Querbalken überzogene, schwarze Wecken oder längliche Rauten). Altes, rheinländisches Adelsgeschlecht, welches, zur Unterscheidung von einem anderen, ganz verschiedenen rheinländischen Adelsgeschlechte v. Venningen (in Silber zwei ins Andreaskreuz gelegte, rothe Lilienstäbe) der Stamm der überrheinischen v. Fenningen, oder Venningen hiess. —

15*

Philipp Florentz v. Fenningen schloss nach 1549 den Mannsstamm und mit der Schwester desselben, Praxedis, verm. mit Heinrich v. Langenau, ging 18. April 1587 der Name des Geschlechts aus.

Humbracht, Tab. 144. — *v. Meding*, II. S. 169.

Fenster. Thüringisches, meist im Erfurtschen Gebiete sesshaftes und zum Erfurter Patriciat gehörendes Geschlecht.

v. Hellbach, I. S. 357, nach: Würschmidt's Sammlungen.

Fenzl v. Paumgarten. Erbländ.-österr. Adelsstand. Diplom um 1559 für Georg Fenzl, für sich, seine Nachkommen und die Söhne seines Bruders, Johann Fenzl, mit dem Prädicate: v. u. zu Paumgarten. — Nieder- und Ober-Oesterreichisches Adelsgeschlecht, welches aus einer aus Schlesien nach Oesterreich gekommenen Familie stammte. — Von Georg Fenzl, Rentmeister in Glatz, entspross Achatz (I.) Fenzl, welcher längere Zeit Kaufmann in Venedig war, später aber in der Stadt Steyer lebte. Von den sechs Söhnen desselben kaufte der oben genannte Georg F., welcher die Handlung seines Vaters fortgesetzt hatte, in Nieder-Oesterreich Schloss und Gut Paumgarten um 1559 und brachte, wie angegeben, den Adel in seine Familie. Nach einigen Jahren verkaufte er diese Besitzung wieder an einen v. Trautmannstorf und zog nach Oesterreich ob der Enns, wo er die Güter Grueb, Weyer und Wolfstein durch Kauf an sich brachte und 1593 starb. Aus seiner Ehe mit Anna Dorothea Hoernig aus Lissa stammten zwei Söhne, Achatz (II.) und Johann oder Hans, welche mit ihrem Vetter, Georg F. v. P., bei der Landschaft in Oesterreich ob der Enns 1601 als begüterte Landleute des Ritterstandes immatriculirt wurden. Achatz (II.) F. v. P. zu Feyeregg, Geissenburg und Pöttenbach in Ober-Oesterreich lebte meist auf seinem Bergschlosse Seissenburg und hatte aus der Ehe mit Dorothea Strasser zu Gleiss nur eine einzige Erbtochter, Felicitas, welche sich mit Gottlieb Engl v. Wagrain vermählte und, diesem, nachdem der Vater 1615 gestorben, die Herrschaften Seissenburg und Pöttenbach zubrachte. — Johann (insgemein Hanns) F. v. P. zu Grüb, Weyer, Piberbach und Wolfstein, Achatz's II. Bruder, vermählte sich 1596 mit Potenzia Händl von Ramingdorf und hinterliess bei seinem 1614 erfolgten Tode, also ehe Achatz (II.) starb, nur fünf Töchter: der Mannsstamm der älteren Linie des Geschlechts erlosch also mit Achatz (II.) — Was die jüngere, später ebenfalls erloschene Linie des Geschlechts anlangt, so lebte Johann Fentz, Achatz (I.) jüngerer Sohn von 1554 bis 1561 in Steyer, im Bürgerstande und war in erster Ehe verm. mit Anna Pleyer und in zweiter mit Barbara Rottaler. Aus erste Ehe entspross ein Sohn, Stephan, und aus zweiter ebenfalls ein Sohn, Georg. Letzterer, gest. 1623, wurde der Erbe seines Vaters Bruders, Lorenz Feutzl, bei dem er in Breslau erzogen worden war, ging nach Oesterreich zurück und wurde mit seinen Vettern 1601 Landmann des Oberösterr. Ritterstandes, kaufte dann in Niederösterreich den Edelsitz Eisenreichs und den Freisitz Gottschalling und wurde 1617 als Niederösterr. Ritterstands-Mitglied anerkannt. Aus seiner Ehe mit Catharina Kürsten von Klein-Görlitz stammten zwei Söhne,

Johann Georg und Gottfried, von welchem Letzteren man nur weiss, dass er mit Maria v. Benker aus Schlesien vermählt war. Johann Georgs, gest. 1669, Sohn aus erster Ehe mit Barbara Benigna v. Bsänich, Johann Jacob, setzte den Stamm fort und aus seiner ersten Ehe mit Maria Helena v. Praun zum Rothenhaus überlebten zwei Söhne, Johann Friedrich und Johann Georg, den Vater. Der Erste blieb als k. k. Lieutenant unvermählt im Kriege in Ungarn und der Zweite, welcher 1739 jung die k. k. Militairdienste verlassen, blieb unvermählt und starb 1774 als Letzter seines Stammes in Nieder-Oesterreich. Ein im 18. Jahrh. nach Schlesien in das Oppelnsche mit Johann Balthasar F. v. P. gekommener Zweig ging mit demselben wieder aus, da seine Ehe mit Catharina Elisabeth v. Stronski und Budzew kinderlos blieb.

Henel, Silesiogr., Cap. 8. S. 765. — Sinapius, II. S. 622. — Freih. v. Hoheneck, I. S. 97. — Wissgrill, III. S. 28—31. — Megerle v. Mühlfeld, Ergänz.-Bd. S. 56. — N. Pr. A.-L. V. S. 155. — Siebmacher, I. 35: Die Fenzl, Oesterreichisch.

Fenzl, Fenzel v. Baumgarten zu Grub, Freiherren. Erbländ.-österr. Freiherrnstand. Diplom von 1799 für Johann Fenzel v. Baumgarten zu Grub, k. k. General-Gouverneur zu Livorno. Der Diploms-Empfänger gehörte zweifelsohne in die im vorstehenden Artikel besprochene Familie und am wahrscheinlichsten ist wohl, dass er ein Nachkomme des Gottfried F. v. P. war, von dem man, wie angegeben, nur wusste, dass er mit Maria v. Benker sich vermählt hatte, doch könnte er auch wohl von einem der früher im Bürgerstande verbliebenen Sprossen des Geschlechts abgestammt haben.

Meyerle v. Mühlfeld, Ergänz.-Bd. S. 56.

Ferber (in Gold drei schwarze wilde Schweinsköpfe mit silbernen Hauzähnen). Altes, Danziger Patriciergeschlecht, aus welchem Moritz F. 1523 Bischof von Ermeland und Constantin F. 1576 Bürgermeister zu Danzig war. Der k. preuss. Geh. Rath Johann Constantin Ferber aus Danzig soll nach Einigen vom K. Friedrich Wilhelm I. von Preussen den Adel erhalten haben, während Andere das adelige Prädicat ihm nicht beilegen. Derselbe verfiel, angeblich wegen landesverrätherischer Handlungen, 1746 zu Spandau dem Schwerte. Die Familie besass noch 1782 die Güter Nobel und Rottmannsdorf bei Danzig.

Seifert, Lebensgeschichte des König Friedrich II. Bd. II. S. 18. — Preuss, Friedrich d. Grosse, I. S. 222. — Freih. v. Ledebur, I. S. 218.

Ferber (in Roth auf grünem Rasen eine, zwischen zwei silbernen Kleeblättern an langen Stielen aufrecht gestellte Zündruthe (Angabe des Diploms), welche oben rechts, wie links, von einem sechsstrahligen, silbernen Sterne bescitet wird). Reichsadelsstand. Diplom von 1704 für die Söhne des am 14. Oct. 1680 verstorbenen Herz. meklenb. Lebensrathes D. Johann Levin Ferber, Carl Friedrich und Gustav Ferber. — Die Familie war schon 1680 in Meklenburg mit Breedenfelde, Casbaum, Depzow, Ickendorff und Varchentin begütert und erwarb auch in der zweiten Hälfte des 18. Jahrh. mehrere Güter in Pommern. In Meklenburg erhielt 1798 Hans Adam v. Ferber, Herr auf Melz, die Indigenats-Rechte von der eingeborenen Ritterschaft anerkannt und noch in neuster Zeit standen der Familie Melz, Varchentin, Wattmannshagen etc. zu. Als Herr auf Melz wurde 1837 der Major v. F. genannt. In Pommern und zwar im Kr. Grimmen besass 1857 ein v. F. die Güter Strelow und Turow, Hans v. Ferber war Herr auf Voigtsdorf und Alexander v. F. Herr auf Zarrentin.

v. Behr, R. ■ S. 1680. — Brüggemann, I. C. 9. — N. Pr A.-L. II. S. 165. — Freih. v. Ledebur, I. S. 218 u. III. S. 251. — Meklenb. W.-B. Tab. 15. Nr. 55 u. S. 11 u. 21. — Pommernsches W.-B. III. Tab. 50 u. S. 161. — Kneschke, I. S. 148. — v. Hefner, meklenb. Adel, S. 6 u. Ergänz.-Bd. S. 31. — Masch, meklenb. Adel etc. 1858. S. 15.

Ferber, auch **Freiherren**. (Wappen nach dem Wappenbriefe von 1745: Schild durch eine bis über die Mitte desselben aufsteigende Spitze in drei Felder getheilt: 1, rechts, in Silber ein rothes Herz, in welches drei Schwerter mit goldenen Griffen eingestossen sind; 2, links, in Roth der Kopf und Hals eines rechtssehenden, mit einem Kurhute bedeckten Adlers und 3, in der Spitze, in Blau ein mit den Hörnern nach oben gekehrter, goldener Halbmond Adeliges und freiherrliches Wappen: Schild geviert: 1 in Roth der Kopf und Hals eines rechtssehenden, gekrönten, silbernen Adlers; 2 in Blau ein mit den Hörnern nach oben gekehrter, goldener Halbmond; 3 in Gold zwei blaue Querbalken und 4 in Silber ein rothes Herz mit drei in dasselbe eingestochenen Schwertern mit goldenen Griffen). Reichs-Adels- und Freiherrnstand. Adelsdiplom vom 29. Novemb. 1776 für Friedrich Wilhelm Ferber, kursächs. Geh. Finanzrath und Freiherrndiplom vom 24. April 1769 für denselben als kursächs. Geh.-Rath u. Geh. Finanzrath, Director des dritten Departements des Geh. Finanz-Collegii, wie auch Vicedirector der Landes-Oeconomie-Manufactur und Commerzien-Deputation, Herrn auf Caana und Jankendorf i. d. Oberlausitz. — Derselbe stammte aus einer Zwickauer Familie, in welche 1745 ein kaiserlicher Wappenbrief gekommen war. Ein Sohn desselben, H. V. A. Freih. v. F., wurde 1798 kursächs. Hof- und Justitienrath. In neuerer Zeit ist noch Hermann Ferdinand v. Ferber vorgekommen, welcher 1841 k. sächs. Ober-Lieutenant wurde und 1848 noch im activen Dienste stand. In den Listen der kön. sächs. Armee ist derselbe mit dem Adelsprädicate aufgeführt. In der Liste von 1855 findet sich derselbe weder unter den Officieren a. D. noch unter denen im activen Dienste.

Handschriftl. Notiz. — Freih. v. Ledebur, I. S. 215 und III. S. 251. — Tyroff, I. 246 u. 247. — W.-B. d. sächs. Staaten, III.-17: Freih. v. F. und 91: v. F. — Kneschke, II. S. 119 und 150. — v. Hefner, sächs. Adel, Tab. 8 und 26 u. S. 9.

Ferentheil, s. Fehrentheil.

Ferguson-Tepper. Danziger Adelsgeschlecht, welches in Westpreussen im Schwetzer Kreise die Güter Alt- und Neu-Marsau, Michelau, Mischke, Ober- und Nieder-Sartowitz, Gross- und Klein Schwenten und Gross- und Klein-Zappeln erwarb.

Frh. v. Ledebur, I. S. 218.

Fernau, s. Ferner v. Fernau.

Fernberger v. Aur. Das von Gauhe unter diesem Namen aufgeführte Geschlecht ist dasselbe, welches im nachstehenden Artikel unter dem Namen: Fernberger zu Egenberg besprochen wird. Gauhe nennt als Ahnherrn den zu seiner Zeit sehr bekannten kaiserlichen General Johann Fernberger, doch ist dieser nicht der Ahnherr, sondern er ging nur aus diesem Geschlechte hervor, hat auch, s. den betreffenden Artikel, seinen Stamm nicht fortgesetzt, da er unvermählt blieb. Allerdings hat er für sich und seine Vettern den Adel in die Familie gebracht und einer derselben, Johann Fernberger, der Aeltere, v. und zu Egenberg, hat das genannte Prädicat erhalten und das Geschlecht fortgepflanzt. Ob wirklich der General Johann v. F. von seinem Geburtsorte das Prädicat: v. Aur erhalten, wie Bd. I. S. 149 nach Gauhe's, später von Wissgrill mehrfach entkräfteter Angabe gesagt worden ist, muss dahin gestellt bleiben. Jedenfalls ist es unrichtig, wenn, wie neuerlich geschehen, zwei besondere Geschlechter: die Fernberger v. Aur und die Fernberger zu Egenberg angenommen werden.

<small>Gauhe, II. S. 34 u. 35.</small>

Fernberger zu Egenberg (älteres Wappen: in Silber ein mit einem goldenen Pfeile durchstochener, schwarzer Pfahl; späteres Wappen: Schild von Blau und Gold quergetheilt, mit drei Löwenköpfen; vermehrtes Wappen von 1583 nach der niederösterreichischen Ritterstandsmatrikel, Schild geviert, mit Mittelschilde. Im blauen Mittelschilde eine von der linken Seite her schräg gestellte goldene Egge. 1 und 4 von Blau und Gold quergetheilt, mit drei, 2 und 1 vorwärtsgekehrten Löwenköpfen von gewechselter Farbe und 2 und 3 von Silber, Roth, Silber u. Roth pfahlweise getheilt. Den Schild umgiebt unten ein vom Mittelschilde herabhängender, goldener Anker mit einem an denselben gehefteten Todtenkopfe. Freih. von Hoheneck giebt nur einen gevierten Schild an: 1 und 4 wie erwähnt und 2 u. 3 in Blau eine goldene Egge). Altes niederösterr. Ritterstands-Geschlecht, welches aus Franken, aus dem markgräflich brandenburg-anspachschen Lande, wo dasselbe sich nach dem Stammhause Fernberg unweit Anspach genannt hatte, stammte, aus Franken nach Tirol und später nach Oesterreich kam. — Burckard Fernberger war 1400 Ministerial des Propsts zu Ellwangen, der Enkel desselben, Ulrich F., kam um 1470 nach Tirol in die Dienste des Erzherzogs Sigismund, erhielt 1491 durch kaiserliches Diplom das oben erwähnte Wappen mit den drei Löwenköpfen, vermählte sich mit Elisabeth Staiger von Sebern und hatte sieben Söhne, von welchen Johann und Albrecht F. den Stamm fortsetzten. Aus des Letzteren Ehe mit Maria v. Langseisen entspross Johann Fernberger, geb. 1511 zu Aur in Tirol und unvermählt gest. 1584 zu Wien, k. k. General in Steiermark etc. u. später Stadt-Commandant und Stadtguardia-Hauptmann zu Wien. Derselbe erhielt durch kaiserliches Diplom vom 2. Sept. 1583 die Bestätigung des althergebrachten Adels der Familie, und zwar mit Vermehrung des Wappens. Der Bruder seines Vaters, Johann Fernberger v. u. zu Egenberg, der Aeltere seines Namens, kam um 1521 aus Tirol nach Oesterreich, wurde K. Ferdinands Erzherzogs zu Oesterreich w. Rath u. Oberst-Secretair und später Vicedom in Oberösterreich und kaufte 1531 Herrschaft u. Schloss Egenberg, von welchem er und das ganze Geschlecht später den Beinamen führte, auch erhielt derselbe mit dem gesammten Stamme 1535 das seit dem Abgange der

Herren v. Capell durch viele Jahre erledigt gewesene Erbkämmerer-Amt in Oesterreich ob der Enns. Von seinen Söhnen aus erster Ehe mit Maria Anna v. Rosen aus Burgau vermählten sich drei: Ulrich, gest. 1573 ohne Nachkommen; Friedrich, gest. 1564, verm. mit Anna v. Concin, dessen Sohn, Johann Christoph seine Linie wieder schloss und Christoph, gest. 1593, Herr der Herrschaft Hochhaus in Ober-Oesterreich. Von den beiden Söhnen des Letzteren aus der Ehe mit Ester Segger v. Messenbach setzte Carl Ludwig, gest. 1635, Herr der Herrschaften Sitzenberg und Fahrafeld etc., die Linie fort. Der Sohn desselben aus zweiter Ehe mit Seraphia Barbara Wollzogen von Neuhaus, Christoph Ferdinand Fernberger zu Egenberg, k. k. General und Oberst eines Regiments zu Fuss auch 1664 General-Land-Oberst-Lieutenant in Oesterreich unter der Enns war mit Maria Salome v. Raechwein vermählt, doch blieb die Ehe kinderlos und so ging mit ihm 1671 der Stamm in Niederösterreich aus.

Freih. v. Hoheneck. III. S. 159—164. — Wissgrill, III. S. 31—36.

Fernberger, s. Formberger auf Eigelsberg und Erlastegen.

Fernemont, Barwitz v. Fernemont, Grafen. Erbländisch-österr., in Preussen anerkannter Grafenstand. Grafendiplom von 1730 für Johann Wilhelm und Franz Carl Barwitz Freiherren v. Fernemont und preussisches Anerkennungsdiplom vom 13 Sept. 1748 für die Gebrüder Johann Franz und Ignaz Grafen v. Fernemont, Freiherren v. Barwitz. — Dieselben gehörten zu einem alten Adelsgeschlechte Piemont's, welches später sich nach Lothringen und in die Niederlande und vor Beginn des 30jährigen Krieges nach Oesterreich und Schlesien gewendet hatte. Der alte Familienname war Barbice, Barbiz, oder Barwiz, Barwitz und derselbe ist lange neben dem neuen Namen Fernemont beibehalten worden. — Johann v. Barwic, verm. mit Anna Helena v. Hornes, war zu Anfange des 15. Jahrh. Gouverneur von Poil dougre und Johann v. Barwiz, kais. Reichs-Hofrath, erhielt, unter Erneuerung und Bestätigung des alten Adels seiner Familie, 1592 den Reichsadel und brachte in Nieder-Oesterreich die Herrschaft Gilgenberg an sich. Nach Einigen soll der Sohn desselben, Johann Franz Barwitz Freih. v. Fernemont, den letzteren Namen von dem Stammgute in der Grafschaft Namur zuerst geführt haben, doch nannte, nach Wissgrill, sich schon der Vater desselben, Johann Baptist, Freih. v. Fernemont. Der genannte Johann Franz, gest. 1667, k. k. General-Feldzeugmeister und Hof-Kriegsrath u. zuletzt Gouverneur u. Commandant zu Gross-Glogau, verm. mit Clara Eugenie Grf. v. Frezin-Gaure, war Herr der Baronie Fernemont u. der Herrschaften Parlette und Touche in der Grafschaft Namur, sowie der Herrschaft Gilgenberg in Nieder-Oesterreich und wurde wegen Letzterer 1643 in den niederösterr. Herrenstand aufgenommen, kauft auch später in Schlesien Schlava nebst Zubehör und Pürschkau unweit Freistadt, welche Besitzungen er, laut Testaments vom 13. Sept. 1667, zu einem Majorate für seinen Enkel, Johann Franz Wenzel Barwitz Freih. v. Fernemont, s. unten, bestimmte. Nach Wissgrill hinterliess Ersterer zwei Söhne, Johann Alexander und Johann Wenzel. Von diesen Beiden vermählte sich Johann Alexander mit Anna Catharina v. Zierotin und aus dieser Ehe entspross Johann Franz Wenzel, gest. 1722, welcher aus der Ehe mit Franzisca Grf. v. Lodron einen Sohn, Johann Franz, hinterliess, welcher sich mit Maria Josepha Grf. v. Wilczeck vermählte. Der Bruder des Johann Alexander, Johann Wenzel, hatte aus seiner Ehe mit Maria Anna Grf. v. Praschma zwei Söhne, Johann Wilhelm und Franz Carl, welche, wie oben angegeben, den Grafenstand in die Familie brachten. Graf Johann Wilhelm, k. k. Kämmerer, kommt noch 1734 als Landrechts-Beisitzer in Schlesien u. Landesältester in Glogau vor u. hinterliess später einen Sohn, den Grafen Johann Wenzel. — Die oben erwähnten Gebrüder, Graf Johann Franz (II.), gest. 1770 und Graf Ignaz, welche das angeführte Anerkennungsdiplom in Preussen erhielten, waren die Söhne des Grafen Franz Carl (I.) und die Enkel des Freiherrn Johann Franz Wenzel. — Der neuere Personalbestand der Familie war folgender: Carl Graf v. Fernemont Freih. v. Barwiz, geb. 1817 — Sohn des 1847 verstorbenen Grafen Franz, k. preuss. Kammerh. und Regier.-Raths aus der Ehe mit Caroline v. Anhalt und Enkel des 1825 verstorbenen Grafen Johann Carl Stanislaus, k. preuss. Kammerh. — Erbherr der Herrschaft Schlawa mit Pirschkau und Rädchen. Der Bruder desselben ist Graf Franz, geb. 1821. — Die Halbschwester des Grafen Franz s. oben, Grf. Auguste, geb. 1811, vermählte sich 1839 mit Theodor Gr. v. Seckendorf, k. preuss. Kammerh., w. Geh.-Rathe und a. o. Gesandter und Minister am k. bayer. Hofe.

Henel, Silesiogr. renov. Cap. 8. S. 49. — Sinapius, II. S. 330. — Gauhe, I. S. 77 und 78 im Artikel: Barwitz-Hartlitz. — Wissgrill, III. S. 36 u. 37. — Megerle v. Mühlfeld, S. 12. — N. Pr. A.-L. I. S. 42, II. S. 165 u. V. S. 155. — Deutsche Grafenh. d. Gegenw. I. S. 229—231. — Freih. v. Ledebur, I. S. 218 u. III. S. 251. — Geneal. Taschenb. d. gräfl. Häuser. 1859. S. 260 u. histor. Handbuch zu demselben. S. 206. — W.-B. d. preuss. Monarch. I. 38. Schlesisches W.-B. Nr. 145. — v. Hefner, preuss. Adel. Tab. 8. u. S. 7.

Ferner v. Fernau. Reichsadelsstand. Diplom von 1786 für Franz Ignaz Ferner, k. Reichsagenten, mit dem Prädicate: v. Fernau.

Megerle v. Mühlfeld, Ergänz.-Bd. S. 282.

Ferner v. Fernberg. Galizischer Adelsstand. Diplom von 1786 für Ferdinand Ferner, Bochner Salinencasse-Controleur mit dem Prädicate: v. Fernberg.

Megerle v. Mühlfeld, Ergänz.-Bd. S. 282.

Feronce v. Rothencreuz, Edle. Erbländ.-österr. Adelsstand. Diplom von 1819 für Peter Franz Feronce, Associé des Gross-Handlungshauses Fries und Compagnie, mit dem Prädicate: Edler v. Rothencreutz.

Megerle v. Mühlfeld, Ergänz.-Bd. S. 282.

Ferrari, Freiherren. (Schild quer getheilt durch eine Brücke aus zwei silbernen und schwarzen Streifen, welche mit schrägen, goldenen Streifen überzogen sind und über welche sich oben ein gebogener Balken durch den Schild zieht: oben in Roth ein schwarzer Adler und unten von Gold und Blau fünfmal schräglinks getheilt). — Preussischer Freiherrnstand. Diplom vom 7. Juli 1768 für Chevalier Giulio Ferrari zu Vicenza.

v. Hellbach, I. S. 358. — N. Pr. A.-L. I. S. 45 u. II. S. 165. — Freih. v. Ledebur, I. S. 218. — W.-B. der preuss. Monarch. II. 36. — v. Hefner, preuss. Adel, Tab. 51 u. S. 42.

Ferrari v. St. Martin und v. Consiglio. Erbländ.-österr. Adelsstand. Diplom von 1798 für Angelus Maria Ferrari aus Fiarno de Sotto am Val di Ledro in Tirol, mit dem Prädicate: v. St. Martin und v. Consiglio.

Megerle v. Mühlfeld, Ergänz.-Bd. S. 282.

Ferrari, Ferraris, Grafen. (Schild quergetheilt: oben in Gold ein aufwachsender, doppelt geschweifter, silberner Löwe und unten von Roth und Gold sechsmal quer gestreift, oder nach anderen Angaben: Schild quer getheilt: oben in Gold ein aufwachsender, blauer Löwe und unten in Roth zwei goldene Querbalken). Altes, ursprünglich italienisches, später nach Lothringen gekommenes Adelsgeschlecht, welches den Grafenstand erlangte und 1735 mit Joseph Grafen v. Ferraris nach Oesterreich kam. Derselbe, geb. 1726 zu Lüneville, gest. 1814, ging, früher Edelknabe der verw. Kaiserin Amalia, Wittwe des K. Joseph I, in k. k. Kriegsdienste und stieg in demselben bis zum Feldmarschall und Vicepräsidenten des Hof-Kriegsraths. Er erhielt für bedeutende in Lothringen und Belgien verlorene Besitzungen, nachdem er 1793 im Königreiche Ungarn das Indigenat bekommen, vom K. Franz II. das Gut St. Hubert in der Torenthaler Gespanschaft und zwar mit dem für die einzige Tochter desselben hinzugefügten Erbrechte. Ueber seine Verwandten ist Näheres nicht aufzufinden. In dem Militair-Schematismus des Oesterr. Kaiserthums wurden in den letzten Jahren Otto Graf Ferraris und Marquard Graf Ferraris als k. k. Lieutenants aufgeführt. — Ob, wie Einige annehmen, die Grafen v. Ferrari wirklich eines Stammes mit den Grafen v. Ferraris sind, muss noch dahin gestellt bleiben. Die Grafen v Ferrari gehören jetzt zu dem tirolischen Adel und kommen auch unter dem Namen: Ferrari v. Ochieppo vor. Während die Krone Bayern im Besitze von Tirol war, rechnete man dieselben auch zu dem bayerischen Adel. Der Personalbestand war 1856 folgender: Johann Graf v. Ferrari, verm. mit Julie Burger, gest. 1839, aus welcher Ehe zwei Söhne: Graf Julius, geb. 1836 und Alphons, geb. 1838 und drei Töchter, die Gräfinnen: Angelica, geb. 1836, Malwina, geb. 1837 und Eleonora, geb. 1839, entsprossten. — Mit dem freiherrlichen Character kommt neuerlich unter den unangestellten k. k. General-Majors Andreas Freiherr v. Ferrari vor. — Nächstdem ist noch anzuführen, dass auch einige andere Familien dieses Namens nach Deutschland gekommen sind, doch fehlen zur Unterscheidung derselben sichere Anhaltepuncte. Als Wappen der Ferrari de Gradi hat Siebmacher, IV. 59 folgendes angegeben: in Gold ein gekrönter, schwarzer, in der rechten Pranke einen Rost haltender Löwe mit einem über den ganzen Schild gezogenen, rothen Querbalken.

Deutsche Grafenh. d. Gegenw. III. S. 115 u. 116. — Gen. Taschenb. der gräfl. Häuser 1856. S. 222 und histor. Handbuch zu demselben, S. 208. — W.-B. d. Kgr. Bayern, I. 36: Gr. v. Ferraris und v. Wölckern, I. Abtheil. — W.-B. der österr. Monarch., III. 9: Gr. v. Ferraris. — v. Hefner, tiroler Adel, Tab. 6 und S. 6. u. Ergänz.-Bd. 8. 4.

Ferrich v. Ferrenheim, Edle, Ritter. Reichs-Ritterstand. Diplom von 1801 für Stephan Ferrich, k. k. Hauptmann bei dem Gradiscaner Regimente, mit dem Prädicate: Edler v. Ferrenheim.

Megerle v. Mühlfeld, S. 109.

Ferro, Ritter. Erbländ.-österr. Ritterstand. Diplom von 1805 für D. Joseph Ferro, Niederösterr. Regierungsrath und Sanitäts-Referenten, wegen Beförderung gemeinnütziger Anstalten und wohlthätiger Erfindungen. — Derselbe, geb. 1753 und gest. 1809, war zu seiner Zeit in der medicinischen Litteratur sehr bekannt und angesehen. Er verfasste, unter anderen Arbeiten, mehrere Schriften über: Lebensluft, trat durch die Schrift: über den Nutzen der Kuhpocken-Impfung, auf Allerhöchsten Befehl gedruckt, Wien 1802 für Jenners Erfindung ein, stellte die Sanitäts-Verordnungen in Niederösterreich zusammen etc.

Meyerle v. Mühlfeld, S. 109.

Ferroni v. Eichenkron, Edle. Erbländ.-österr. Adelsstand. Diplom von 1819 für Joseph Carl Ferroni, jubilirten Rechnungs-Rath der k. k. Hofkriegsbuchhaltung, mit dem Prädicate: Edler v. Eichenkron.

Meyerle v. Mühlfeld, S. 182.

Ferry, Freiherren. Altes, französisches Adelsgeschlecht, dessen Name in der Ahnentafel der Grafen v. Seiboltsdorf, Ritterswörthischen Hauptstammes, jüngerer, oder hessischer Linie, vorkommt. Feliciane Christine Freiin v. Ferry war die Gemahlin des 1774 verstorbenen Albrecht Grafen v. Seiboltsdorf, Herrn zu Fidemühl bei Marburg etc.

Freih. v. Krohne, I. S. 290. — Jacobi, 1800. II. S. 212.

Versen, Versen, auch Freiherren und Grafen. Schwedischer Freiherrn- und Grafenstand. Freiherrn-Diplom vom 4. Nov. 1674 für Hans Fabian, Otto Wilhelm und Hermann v. Versen, mit dem Prädicate Freiherren v. Crouenthal und Grafen-Diplom vom 28. März 1712 für Reinhold Johann Freih. v. Fersen, k. schwedischen Feld-Zeugmeister etc. — Die in Pommern sich Versen, in Schweden sich Fersen schreibende Familie ist ein altes, ursprünglich pommernsches Adelsgeschlecht, welches namentlich im Stettinschen und im Stifte Camin ansehnliche Besitzungen erwarb, früher sich Vertze und Fercen schrieb, und aus welchem Conrad Versen bereits 1304 herz. Pommerscher Rath war und Curt Vertze, auf dem Siegel: Curt Fercen, 1423 urkundlich auftritt. Dasselbe kam in der 2. Hälfte des 15. Jahrh. mit Joachim v. Fersen a. d. Hause Burtzlaff bei Belgard aus Hinter-Pommern nach Liefland, wo der genannte Joachim in der Ehe mit einer v. Woppersnau den Stamm fortsetzte. Von seinen Nachkommen wurde Johann Wolthusen v. V. von einer Anzahl Rittern des Schwertordens 1475 zum Heermeister in Liefland gewählt, während Andere einen v. der Burg wählten, welcher den Ersteren in lebenslänglicher Gefangenschaft hielt. Im 17. Jahrh. kam das Geschlecht nach Schweden, wo es zu hohem Ansehen gelangte und breitete sich später auch in Dänemark aus. — Die Angabe, dass der Stamm ursprünglich ein hessischer sei, ist nicht erwiesen und über ein in Hessen vorgekommenes Adelsgeschlecht v. Fers, genannt Steuermeister, fehlen genaue Nachrichten, so dass ein etwaiger Zusammenhang dieser Familie mit dem hier in Rede stehenden Geschlechte nur Vermuthung bleibt. — Als Ahnherr der Familie in Schweden wird Reinhold v. F. genannt, welcher im Heere des Königs

Gustav Adolph als Oberstlieutenant stand. Von ihm stammte der oben genannte Freiherr Hans Fabian — Otto Wilhelm und Hermann waren Söhne seines Bruders — Hans Fabian v. F. Freih. zu Cronenthal (Kronendahl) blieb als k. schwed. Reichs- und Kriegsrath, General-Feldmarschall, General-Gouverneur in Schonen etc. 1678, indem er die Festung Malmoe gegen die Dänen tapfer beschützte. Von seinen Söhnen brachte Reinhold Johann, s. oben, den Grafenstand in die Familie und durch den Sohn des Letzteren, den Grafen Hans, wurde das Geschlecht zuerst auch in Schweden ansässig. Freiherr Otto Wilhelm, s. oben, war nach Gauhe 1703 General-Gouverneur in Ingermanland und ein anderer Freiherr v. F. (wohl Freih. Hermann) 1715 k. schwed. General-Lieutenant und Gouverneur zu Wismar. Derselbe Schriftsteller führt auch den Freih. Gustav Wilhelm, k. schwed. General-Lieutenant, an, welcher 1731 Präsident des Ober-Hofgerichts zu Stockholm wurde, bald darauf ebenfalls den Grafenstand erhielt und 1736 starb. Der Stamm blühte in Schweden, wo derselbe im Ritterhause zu Stockholm 1675 als freiherrlich und 1719 als gräflich eingeführt worden war, durch das ganze 18. Jahrh. in mehreren Sprossen fort, welche zu den höchsten Ehrenstellen im Staats- und Militairdienste gelangten und noch 1800 war Axel Gr. v. F. k. schwed. General-Major und Capitain-Lieutenant des Leib-Trabanten-Corps. In neuester Zeit findet sich, so viel bekannt, der Name unter den höchsten Würdenträgern der Krone Schweden nicht mehr. — Aus den pommerschen Linien haben Mehrere, wie früher, so auch später in k. preuss. Staats- und Militairdiensten gestanden. Ein v. V. war 1720 k. preuss. Hof-Gerichtsrath zu Cöslin und Otto Casimir v. V. starb 1774 als k. preuss. General-Major der Cavallerie. — Die Familie ist noch jetzt mit mehreren Gütern in Pommern angesessen. Leopold v. V., k. preuss. Major a. D., besitzt im Kr. Kalau die Güter Ogrosen, Bolschwitz, Gahlen und Jeschen; Eduard v. V., k. preuss. Hauptmann a. D., ist im Kr. Belgard mit Burtzlaff und Mandlatz begütert; ein v. V. ist Herr v. Krampe im Kr. Köslin, ein Anderer v. V. auf Achthuben im Kr. Mohrungen und Ernst Ludwig v. V. auf Parchlin im Kr. Neustettin und eine Frau v. V. ist Besitzerin von Schönwerder im Kr. Schlochau.

Micrael, VI. S. 182. — *Gauhe*, I. S. 2650 u. 51 u. II. S. 1454 u. 55. — *Zedler*, Bd. 47. S. 1748 u. 89. — *Hupel*, neue nordische Miscell. 13. Stück, S. 462. — *v. Firks*, Ursprung d. Adels in den Ostseeprovinzen, S. 152. — N. Pr. A.-L. IV. S. 295 u. 296; v. Versen. — Frh. *v. Ledebur*, III. S. 55 u. 354; v. Versen. — *Siebmacher*, V. 169. — Schwed. W.-B. *v. Cederoruna*; Gr. v. F. Tab. 10. Nr. 56 u. Freih. Tab. 10. Nr. 58. — Pommersches W.-B. I. 3 und altes Siegel Tab. VI Nr. 2 und S. 8—10. — *Kneschke*, II. S. 458—460; v. V.

Fesenmayr. Ein zu dem adeligen Patriciat der Stadt Augsburg gehörendes Adelsgeschlecht. Dasselbe erhielt um 1625 den Reichsadel und eine Wappenvermehrung und ging um 1730 mit Carl Ferdinand v. Fesenmayr wieder aus.

v. Stetten, Geschichte der adel. Patricier in Augsburg, S. 276.

Festenberg, Packisch oder **Backisch** genannt (in Blau eine aufspringende durch und durch von Roth und Silber geschachte Gemse). Altes, schlesisches Adelsgeschlecht, wohl zu unterscheiden von der fränkischen Familie v. Vestenberg, welche ein ganz anderes Wappen,

s. den betreffenden Artikel, führte. Das Geschlecht, als dessen Stammhaus Festenberg im jetzigen Kr. Poln-Wartenberg angenommen wird, soll schon vor dem 14. Jahrh. vorgekommen sein, in welchem 1340 Pacuslaus Festinberg urkundlich erscheint. Crato v. Festenberg war 1530 mit dem Prinzen Georg zu Münsterberg auf dem Reichstage zu Augsburg. Um diese Zeit, oder bald nachher schied sich der Stamm in zwei Linien, in die Linie zu Kreibau und in die Linie zu Leisersdorf, beide Güter im jetzigen Kreise Goldberg-Hainau. Aus beiden Linien giebt Sinapius und nach ihm Gauhe mehrere Sprossen an. Die Nachrichten über die Linie zu Kreibau beginnen mit Georg v. F., dem Vater des Heinrichs v. F. auf Kreibau, Schellendorf etc., welcher 1644 als fürstl. Rath zu Liegnitz und Landes-Aeltester und Landes-Bestallter des Fürstenthums Liegnitz starb und reichen bis auf den Urenkel, Heinrich Wilhelm v. F., Herrn auf Nieder-Kaiserswaldau und Ober-Lobendau, welcher sich 1729 mit Susanna Catharina v. Stosch a. d. Hause Seyffersdorf vermählte. — Aus der Leisersdorfer Linie, welche bereits 1595 vorkam, lebte 1730 Heinrich Sigismund v. Festenberg, Packisch genannt, des Fürstenthums Liegnitz Landesdeputirter und Land-Hofrichter, so wie 1742 ein v. Festenberg, Packisch genannt, zu Leisersdorf, welcher im genannten Jahre k. preuss. Landrath bei der Kammer zu Glogau wurde. — Ueber den Beinamen der Familie, welcher, so viel bekannt, nur bei den späteren Sprossen der Leisersdorfer Linie vorkommt, fehlen nähere Nachrichten: man weiss nur, dass die Familie in Ostpreussen mit dem Namen Packusch, Pakoscz, und zwar in den jetzigen Kreisen Heiligenbeil, Sensburg und Rössel, aufgetreten ist. Die Familie blühte in Schlesien fort, besass Schierau im Kr. Goldberg-Hainau noch 1812, so wie Rackelsdorf im Kr. Militsch 1817 und in neuester Zeit war Otto v. Packisch-Festenberg Herr auf Ober- und Mitte-Oberau im Kr. Lüben.

Sinapius, I. S. 687 u. II. S. 855 und Olsnograph., I. S. 791. — Gauhe, I. S. 1568 u. 69 und II. S. 282 und 83. — N. Pr. A.-L. IV, S. 21; v. Pakisch. — Freih. v. Ledebur, I. S. 218 u. 219, II. S. 176 u. III. S. 320. — Siebmacher, I. 51: Die Bakisch, Schlesisch. — v. Meding, II. S. 169 und 170. — Schlesisches W.-B. Nr. 131.

Festenberg, s. Festenberg v. Hassenwein, **Ritter.**
Festenberg, s. Vestenberg.
Festenburg, s. Gerard v. Festenburg.
Festenburg, s. Kraft v. Festenburg und Frohnberg.
Festeneck, s. Fränzl v. Festeneck, **Ritter.**
Festenfels, s. Klinckhorr v. Festenfels.
Festengrund, s. Häussler v. Festengrund.
Festertreu, s. Riebel v. Festertreu.
Festetics, Festetics v. Tolna, Grafen. Altes, weit ausgebreitetes und namentlich im Somogyer, Szalader, Eisenburger und Oedenburger Comitate reich begütertes, ungarisches Adelsgeschlecht, welches in zwei Stämmen, dem gräflichen und dem adeligen, vorkommt. In den ersten gelangte die Grafenwürde 1749 und derselbe blüht jetzt in zwei Hauptlinien, in der älteren und in der jüngeren, der älteren mit drei, der jüngeren mit zwei Speciallinien. Der adelige Stamm hat sich eben-

falls sehr ausgebreitet und besitzt auch ansehnliche Herrschaften. — Das von dem gräflichen Stamme geführte Prädicat: de Tolna ist der, dem Geschlechte gehörenden Herrschaft Tolna, deren Namen ein ganzes Comitat trägt, entnommen. — Was die älteren genealogischen Verhältnisse des gräflichen Stammes anlangt, so ist in dem Werke: deutsche Grafenhäuser der Gegenwart, nach Lehotzky, so wie nach der Redaction zugängig gewesenen Ahnentafeln u. anderen Quellen, das Wichtigste über diese Verhältnisse möglichst zusammengestellt worden und der neuere Personalbestand der gliederreichen Familie findet sich in dem genealogischen Taschenbuche der gräflichen Häuser. — Hier mögen und werden folgende Angaben genügen: Aeltere Hauptlinie: erste Speciallinie: Graf Tassilo, geb. 1813 — Sohn des 1846 verstorbenen Grafen Ladislaus — Herr der Herrschaften Keszthely, Balaton, Sz.-György und Sågh, k. k. Kämm., Generalmajor und Brigadier. Die beiden Brüder des Grafen Tassilo sind: Graf Georg, geb. 1815, Herr der Herrschaften Csurgo, Brennitz, Sz. Miklós, Csakathurn, Ollár, Vasvár und Molnáry, k. k. Kämm. und Oberstlieutenant i. d. A., verm. 1849 mit Eugenie Grf. Erdödy v. Monyórókerék und Monoszlo, geb. 1826, aus welcher Ehe, neben einer Tochter, Georgine, geb. 1856, drei Söhne stammen: Tassilo, geb. 1850, Eugen, geb. 1852 und Paul, geb. 1858 — und Graf Ludwig, geb. 1823, k. k. Lieut. in d. A. — Zweite Speciallinie. Zu derselben gehören nur drei Töchter aus der ersten Ehe des 1857 verstorbenen Gr. Nicolaus, k. k. Kämm. und Rittm. in d. A., mit Maria Grf. v. Lamberg, gest 1820. — Dritte Speciallinie. Laut kaiserl. Diploms von 1857 erhielt Graf August mit seinen Brüdern Samuel und Dionys und der gesammten Nachkommenschaft aller Drei den erbländ.-österr. Grafenstand. Graf August, geb. 1805, Herr der Herrschaften Dégh, Böhönye, Turbal, Galossa etc., k. k. Kämm., verm. 1831 mit Adele Grf. Almásy v. Zsadány, geb. 1807, aus welcher Ehe, neben einer Tochter, Grf. Caroline, geb. 1838, zwei Söhne stammen, die Grafen Paul, geb. 1841 und Andor, geb. 1843. Die beiden Brüder des Grafen August sind: Gr. Samuel, geb. 1806, Herr der Herrschaften Csertö und Hársågy, k. k. Kämm., verm. 1842 mit Wanda Grf. Raczynska, gest. 1845, aus welcher Ehe zwei Töchter, Anna, geb. 1843 und Wanda, geb. 1845 und ein Sohn, Emmerich, geb. 1844, entsprossten — und Graf Dionys, geb. 1813, Herr der Herrschaften Toponár, Gyöngyös, Haimás und Bogáth, k. k. Kämm., verm. 1842 mit Caroline Grf. Zichy v. Vásonykeö, geb. 1820, aus welcher Ehe, neben einer Tochter, Marie Felicie, geb. 1850, zwei Söhne leben, Colomann, geb. 1847 und Wilhelm, geb. 1848. — Jüngere Hauptlinie: Erste Speciallinie. Graf Carl, geb. 1784 — Sohn des Grafen Joseph — k. k. Kämm. und Rittm. in d. A., verm. mit Franzisca Grf. Sermage, geb. 1797, aus welcher Ehe ein Sohn, Gr. Sigmund, geb. 1821, k. k. Kämm. u. Rittm. i. d. A., stammt. — Der Bruder des Grafen Carl ist Gr. Albert, geb. 1786, Herr der Herrschaft Gaming, k. k. Kämm. und Geh. Rath etc., Herr und Landstand in Oesterreich unter der Enns, verm. mit Wilhelmine Grf. Sandor, geb. 1801, aus welcher Ehe, neben fünf Töchtern, ein Sohn, Gr. Gabriel, geb. 1837, k. k. Oberlieut. in d. A., entsprosste. Die zahlreichen, zu dieser ersten Speciallinie der jüngeren Hauptlinie gehörenden Familienglieder ergiebt sehr genau das geneal. Taschenb. d. gräfl. Häuser. — Zweite Speciallinie: Graf Vincenz — Sohn des 1826 verst. Grafen Ignaz aus der Ehe mit Franzisca Grf. Batthyány, gest. 1845 — verm. mit Fanny Freiin v. Wenkheim, aus welcher Ehe drei Töchter entsprossten. Die beiden Brüder des Grafen Vincenz sind, neben sechs Schwestern, Graf Alexander, k. k. Kämm., verm. mit Constanze Freiin Vecsey, aus welcher Ehe zwei Töchter und ein Sohn, Graf Alfred, k. k. Oberlieutenant in d. A., stammen — und Graf Ludwig, k. k. Kämm. und Feldmarschall-Lieut. in Pension.

Lehotzky, Stemmatogr., II. S. 129. — Deutsche Grafenh. d. Gegenwart III. S. 117—120. — Geneal. Taschenb. d. gräflichen Häuser, 1859. S. 215 u. 1859 S. 261—265 u. histor. Handbuch zu demselben, S. 208. — v. Schönfeld, I. S. 205. — Tyrof, II. 300.

Festi v. Ebenberg und Braunfeld, Ritter und Edle. Reichsritterstand. Diplom von 1776 für Joseph Innocenz Festi, Doctor der Rechte, mit dem Prädicate: Edler v. Ebenberg und Braunfeld.

Megerle v. Mühlfeld, Ergänz.-Bd. S. 139.

Fetter v. Fehdenfeld. Erbländ.-österr. Adelsstand. Diplom von 1822 für Carl Fetter, k. k. Rittmeister bei dem Militair-Fuhrwesen, mit dem Prädicate: v. Fehdenfeld.

Megerle v. Mühlfeld, Ergänz.-Bd. S. 283.

Fetzer. Nürnberger Adelsgeschlecht, ursprünglich aus Schwaben stammend. Matthes Fetzer erhielt 1551 von dem kaiserlichen Hofpfalzgrafen und Mathematiker Peter Apian zu Ingolstadt einen Wappenbrief. Eben dieser Matthes Fetzer, oder der gleichnamige Sohn desselben, wendete sich 1551 aus Ulm nach Nürnberg, wo er das Bürgerrecht erlangte, eine Handlung errichtete und 1556 Genannter des grösseren Raths wurde. Von ihm stammen alle Nürnbergischen Fetzer ab, welche sich in drei Linien schieden, von welchen die Eine sich von Buschschwabach schrieb. Diese Linie ist mit Philipp Jacob Franz v. Fetzer, Generalmajor des fränkischen Kreises, 14. März 1765 erloschen. — Die Sprossen des Stammes zeichneten sich namentlich im gelehrten Stande und in Civildiensten aus und die Familie wurde 1758 in Nürnberg gerichtsfähig. — Zu dem hier besprochenen Stamme gehörte auch Christoph Magnus Fetzer, welcher 1716 ohne Leibes-Erben starb, ein Fideicommiss für seine Familie errichtete und eine ansehnliche Stiftung für zweihundert arme Männer, Studirende und Handwerkslehrlinge machte. Den Reichsadel erhielt durch Diplom von 1752 Carl Johann Fetzer, Doctor der Medicin.

Will, Nürnberg. Münzbelustig., IV. S. 299. — Siebmacher, II. 164. — Jungen, Einleitung zur Heraldik, S. 158 u. Tab. 2. Nr. 10. — Tyrof, I. 28. und Siebenkees, I. S. 14 und 15.

Fetzer, Vetzer. Beiname einer Linie der rheinländischen Familie v. Geispitzheim, s. Geispitzheim.

Fetzer v. Ockenhausen. Ein von Siebmacher zum alten schwäbischen Adel gerechnetes Geschlecht. Der Beiname wurde von Ockenhausen unweit des Marktes Heidenheim a. d. Altmühl entlehnt. Wilhelm Fetzer zu Ockenhausen kommt 1490 vor.

Siebmacher, I. 115: Die Fetzer v. Ockenhausen. Schwäbisch.

Feuchtenberger v. Feuchtenberg. Erbländ.-österr. Adelsstand. Diplom von 1719 für Matthias Joseph Feuchtenberger, Niederösterr. Geh. Hofconcipisten und Tax-Amts-Gegenhändler, wegen 19jähriger Dienstleistung, mit dem Prädicate: v. Feuchtenberg.

Megerle v. Mühlfeld, S. 182.

Feuchter (in Gold ein, auf einem rothen Dreihügel aufrecht gestelltes silbernes, fünfendiges Hirschgeweih, in der Mitte über quer roth gestreift). Altes, ursprünglich österreichisches Ritterstandsgeschlecht, welches sich sowohl in Nieder-Oesterreich, wie auch in Oesterreich ob der Enns ausgebreitet hatte und mit Fridau, Grueb, Leibn und Schiferegg angesessen war. Wolfgang F. kaufte 1368 einige Güter an der Pielach und Georg F. kommt urkundlich bereits 1392 als Herr des Schlosses Fridau vor. — Die fortlaufende Stammreihe beginnt Freih. v. Hoheneck mit Otto F., 1372 Landrichter in der Riedmark und Vater zweier Söhne, Wolfgang und Oswe oder Osswald. Wolf F. kaufte 1408 den Edelsitz Schiffertseck (Schiferegg) und empfing denselben mit allem Zubehör 1424 von Georg v. Dachsberg zu Lehen. Mit dem Urenkel desselben, Wolfgang F., verm. mit Beatrix v. Knörring, ging in Oesterreich ob der Enns der Stamm wieder aus. In Niederösterreich blühte unterdessen die Linie zu Fridau fort. Aus derselben kommen Stephan F. zu Grueb und der Bruder desselben, Georg F. zu Fridau urkundlich 1402 vor. Von späteren Sprossen hat Wissgrill Mehrere angeführt. Sigmund F. zu Fridau und Leibn, verm. mit Barbara v. Prellenkirchner, lebte noch 1510 als Letzter des bald nachher erloschenen Mannsstammes. Die einzige Erbtochter, Barbara, war mit Georg v. Velderndorf zu Külb und Grünbühel vermählt und lebte noch 1521.

Freih. v. Hoheneck, III. S. 166. — Wissgrill, III. S. 37–40.

Feuchter. (Schild geviert: 1 und 4 in Roth ein goldener Stern; 2 in Blau eine geflügelte, goldene Kugel und 3 in Blau eine brennende Bombe). Ein in Ostpreussen, namentlich im Kr. Rastenburg, doch auch in den Kr. Sensburg und Friedland begütert gewesenes Adelsgeschlecht.

N. Pr. Prov. Bl. 2. Folge, Bd. V. Heft 4, S. 265. — Freih. v. Ledebur, I. S. 219 u. III. S. 251. — Suppl. zu Siebm. W.B. XI. 9.

Feuchtersleben, Freiherren. Erbländ.-österr. Freiherrnstand. Der Diploms-Empfänger war, soviel bekannt, Wilhelm Freih. v. F., k. k. Feldmarschall-Lieutenant, welcher vor zwanzig und mehreren Jahren an der Slavonischen Militairgrenze das Broder Regiment commandirte. Ein Sohn desselben, Ernst Freih. v. F., Mitglied der medicinischen Facultät in Wien, hat sich als Schriftsteller in der medicinischen Litteratur bekannt gemacht.

Handschriftl. Notiz.

Feuchtwangen. Altes, fränkisches Adelsgeschlecht aus dem gleichnamigen Stammhause im Anspachischen. Dasselbe ist namentlich durch zwei Sprossen in der Preussischen und Liefländischen Geschichte bekannt geworden. Conrad v. F. war 1279 des deutschen Ordens Landmeister in Preussen und wurde noch in demselben Jahre

Heermeister des Schwertordens in Liefland, welche letztere Würde er aber 1281 wieder niederlegte, nach Preussen zurückging und 1291 zum Hochmeister des deutschen Ordens in Preussen gewählt, seine Residenz zu Marburg in Hessen nahm. Später, 1297, ist derselbe in Böhmen gestorben. Als Hochmeister des deutschen Ordens folgte ihm Siegfried v. Feuchtwangen, welcher, als 1309 die Residenz der Hochmeister von Marburg nach Marienburg in Preussen verlegt wurde, dahin zog und bald ganz Preussen unter den Gehorsam des deutschen Ordens brachte. Polnische Chronisten, namentlich Cromerus, Chronicon de origine et rebus gestis Polonorum, beste Ausgabe: Cöln 1589, sagen ihm viele Grausamkeiten nach. Nach Einigen kam er im Feuer um, nach Andern starb er 1312 zu Marienburg. Nach Caspar Schütz, Preuss. Chronik, versah er die unter sich habenden Länder mit 21 löblichen Gesetzen und erliess auch eine strenge Verordnung, um die in jener Zeit in Preussen gewöhnliche Vergiftung durch einen Trunk gänzlich auszurotten.

Hartknoch, altes und neues Preussen, II. c 2. — Sinapius, Olsnographia, II. S. 616. — Gauhe. II. S. 783 u. 284.

Feuer, Ritter (Schild geviert mit Mittelschilde. Im blauen Mittelschilde der lateinische Buchstabe F. in Gold. 1 und 4 in Roth ein aufwachsender geharnischter Mann, welcher in der Rechten eine Feuer sprühende Hand-Granate und in der Linken einen Lorbeerzweig hält und 2 und 3 in Silber zwei mit den Sachsen gegen einander gekehrte, schwarze Adlersflügel). Böhmischer Ritterstand. Diplom von 1702 für Melchior Friedrich Feuer, kais. Rath u. Kammer-Burggrafen zu Brieg, Herrn auf Barschdorf im Liegnitzischen. Derselbe starb 1705. Von seinen Kindern lebten 1755 noch Franz Leopold v. F., Johann Friedrich v. F. und Maria Friederike, verw. v. Oussel. — Mit Johann Friedrich v. Feuer ist später der Stamm erloschen.

Sinapius, I. S. 362. — Gauhe, I. S. 531 im Artikel: Feuerschütz. — N. Pr. A.-L. II. S. 165 u. 166. — Frh. v. Ledebur, I. S. 219. — v. Meding, III. S. 177 u. 178.

Feuerbach (in Schwarz ein aus Flammen emporwachsender Mohr mit weisser Stirnbinde, in der Rechten einen Säbel schwingend). Böhmischer Adelsstand. Diplom vom 3. Juli 1545 für Hans Heinrich, Johann und Werner die Feuerbache, Gebrüder, wegen treuer Dienste, welche dieselben unter König Ferdinand von Ungarn und Böhmen in den Feldzügen gegen die Türken bewiesen.

Dorst, Allgem. W.-B. II. S. 140 u. 141.

Feuerbach, Feurbach, s. Weiss v. Feuerbach.

Feuerlein, Feyerlein, Feuerlein auf und zu Neuenstatt, Edle und Ritter. Reichsritterstand. Kurpfälzisches Reichs-Vicariats-Diplom vom 21. Sept. 1790 für Paul Jacob Feuerlein, Herrn auf Neuenstatt, kais. Hof- und Pfalzgrafen, Procanzler der Universität Altdorf und vorderen Rathconsulenten der Reichsstadt Nürnberg, mit dem Prädicate: Edler auf und zu Neuenstatt und zwar aus höchsteigenem Antriebe. Derselbe stammte aus einer ursprünglich anspachischen Familie, welche sich früher Feyerlein schrieb und aus welcher Hans Feyerlein 15. Juni 1551 einen Kaiserlichen Wappenbrief erhielt. Derselbe war um 1527 Diacon der evangelischen Kirchen zu Anspach, ging aber später wegen vielfacher Verfolgungen nach Schlesien. Aus diesem Geschlechte gingen mehrere würdige Männer und grosse Gelehrte hervor, doch ist dasselbe später wohl erloschen, da Werke über den jetzigen bayerischen Adel den Stamm nicht mehr erwähnen.

Will, Museum Noricum, Nr. 12 S. 105—114: Wappenbrief und Genealogie der Familie Feuerlein. — Tyrof, I. 106 und Siebenkees, I. S. 361.

Feuersberg, s. Kohl v. Feuersberg.

Feuerschütz, Fuerschütte. Ein im Braunschweig-Lüneburgischen vorgekommenes Adelsgeschlecht, als dessen Ahnherr Gercke-Kimme, genannt Feuerschütz, aufgeführt wird. Der Sohn desselben, Heinrich, erbaute Feuerschützen-Bostel und brachte das Gut Altenzell an sich. Von den Enkeln des Letzteren war Gerd Dietrich v. F., Herr zu Feuerschützen-Bostel, herz. braunschw. Oberstlieutenant, Commandant zu Neustadt am Rübenberg und Oberhofmeister der verw. Herzogin von Braunschweig zu Herzberg und Christian August v. F., Herr auf Garten, Fürstl. Braunschweig. Geh. Kammerrath und Hofmarschall. Letzterer starb 9. Febr. 1653 und soll nach Heise, Antiquit. Kerstlinger., S. 214, den Mannsstamm beschlossen haben, welche Angabe aber wohl unrichtig ist, denn Friedrich v. Meding, Herr auf Burum, vermählte sich in zweiter Ehe 1682 mit der Wittwe des Christian Ludwig v. Feuerschütz, einer gebornen v. Stoltzenberg. Das oben erwähnte Abgangs-Jahr des Feuerschützischen Mannsstammes ist mit dieser Angabe aus v. Meding'schen Familien-Nachrichten nicht in Einklang zu bringen.

Gauhe, I. S. 531. — Scheele.'Ducat Lüneburg. Tabula — v. Meding, I. S. 154 u. 155 u. II. S. 726. — Tyrof. II. 182.

Feuersfeld, s. Schönfelder v. Feuersfeld, Edle.

Feuerstein v. Feuersteinsberg, Freiherren und Grafen. Alter Freiherren- und erbländ.-österr. Grafenstand. Freiherrndiplom von 1757 für Anton Ferdinand Feuerstein, k. k. Oberst-Feldzeugmeister und Andreas Leopold Feuerstein, k. k. Artillerie-Obersten, mit Bestätigung des von ihren Voreltern geführten Prädicats: v. Feuersteinsberg und Grafendiplom von 1793 für Anton Franz Freiherrn v. Feuerstein und Feuersteinsberg, k. k. Oberst-Wachtmeister bei der Artillerie. — Dieselben gehörten zu einer tiroler, aus Bregenz stammenden Familie, welche 20. April 1559 einen kaiserlichen Wappenbrief erhalten hatte u. zwar in der Person des Caspar Feuerstein, oder Fewerstein, wie im Briefe steht, „für seine Dienste, so dem Hause Oesterreich durch 30 Jahre fleissig und willig, hauptsächlich in den Schmalkaldischen Unruhen leistete, als er zu jener Zeit bei der Besatzung in Bregenz stand und später Landschreiber im hinteren Bregenzer Walde war," welchen Wappenbrief sich der gleichnamige Enkel aus dem Bregenzer Walde 1559 vom Rathe und Bürgermeister der Reichsstadt Jsny bestätigen liess. — Graf Anton Franz war mit Johanna Gräfin v. Sternberg auf Rudelsdorf vermählt und aus dieser Ehe entspross Graf Anton Ferdinand, geb. 1789, k. k. Oberst in d. A., welcher 12. März 1858 zu Pressburg als letzter Sprosse seines mit ihm ganz erloschenen Geschlechts starb.

Megerle v. Mühlfeld, S. 17 u. S. 49. — Deutsche Grafenh. d. Gegenw. I. S. 231 u. 233.

— General. Taschenb. d. gräfl. Häuser, 1858 S. 241 u. 1859 S. 1001. — Suppl. zu Siebm. W.-B. VI. 2). — Dorst, allgem. W.-B. 1. S. 147, 148 u. 151.

Feullner, Fellner, Feilner zu Draesing (in Roth eine mit drei, 2 und 1, silbernen Rosen besteckte Fussangel). Altes, ursprünglich kärntner Adelsgeschlecht, welches sich in Kärnten nach dem ihm zustehenden Sitze Draesing schrieb. — In der zweiten Hälfte des 18. Jahrh. kommt die Familie mit dem freiherrlichen Character in Sachsen vor. Franz Joseph Freih. v. Feullner und Augusta Juliana Amalia Freifrau v. Feullner, geb. Freiin v. Schmidell, waren am kursächs. Hofe bedienstet. Der Stamm blühte in Kursachsen fort und Abdrücke von zwei Petschaften mit dem v. Feullnerschen Wappen aus neuerer Zeit kommen in sächsischen Sammlungen mehrfach vor und zwar das eine mit dem Roth des Schildes, das andere ohne dasselbe: der Helm trägt sechs Rosen an blättrigen Stielen. — Henriette Auguste Freiin v. Feullner war mit war Gustav v. Friederici, gest. 1860 als k. sächs. General-Lieut. u. Divisionair der Infanterie, Gouverneur der Residenz Dresden, vermählt und ist Hofdame I. M. der Königin Maria von Sachsen.

Handschriftl. Notiz.

Feur v. Au (in Roth eine gebogene, gestürzte, silberne Spitze, welche in der Mitte des Schildes in einem silbernen Kleeblatte endigt). Altes, bayerisches Adelsgeschlecht, welches bisher wohl nur dem Namen nach aus Siebmachers Wappenbuche bekannt ist.

Siebmacher, I. 85: Die Feur v. Au, Bayerisch.

Feurer, Fewer, F. v. Pfetrach. Altes, bayerisches Adelsgeschlecht, welches zuerst 1297 vorkommt und mit Ulrich F. v. P. 1579 ausgegangen ist.

Wigul Hund, III. S. 304. — v. Hefner, ausgestorb. bayer. Adel, Tab. 2 u. S. 2.

Feuri auf Hilling und Piebelsbach, Freiherren. Kurbayerischer Freiherrenstand. Diplom vom 6 August 1764 für Ferdinand Cajetan Felix Feuri, kurbayer. Reg. Rath zu Landshut, Besitzer der Hofmark Hilling etc. — Der Sohn des Diploms-Empfängers Aloys Maria Maximilian Felix, geb. 1744, Canonicus und Senior des aufgelösten Chorstifts zu Alten-Oetting, wurde in die Adelsmatrikel des Kgr. Bayern eingetragen mit den Söhnen seines verstorbenen Bruders: Joseph Anton Xaver Freih. v. F., geb. 1769, Canonicus des aufgelösten Chorstifts zu Alten-Oetting und Franz Xaver Bartholomae Freih. v. F., geb. 1774, k. bayer. Kämmerer und Postmeister zu Memmingen. Der Stamm hat fortgeblüht und der neueste Personalbestand war folgender: Freih. Xaver, geb. 1774 — Sohn des 1789 verstorbenen Freiherrn Cajetan aus der Ehe mit Adelheid Freiin v. Vieregg und Enkel des Freiherrn Johann Felix Cajetan, gest. 1766, kurbayer. Regierungs-Rathes, verm. mit der Erbtochter des kurbayer. Hofkammer-Raths Johann Georg v. Hofnagel zu Hilling auf Mayrhoven — k. bayer. Kämmerer und Postmeister zu Landshut, verm. 1800 mit Renata Freiin Karg v. Bebenburg zu Trausnitz im Thale, gest. 1838, aus welcher Ehe, neben zwei Töchtern, den Freiinnen Renata und Maria, fünf Söhne entsprossten: Freih. Ludwig, k. bayer. pens. Landgerichts-Assessor; Freih. Joseph, geb. 1805, k. bayer. Kämm. und Ober-Appellat. Gerichts-Rath zu München; Freih. Cajetan, k. bayer. pens. Hauptmann, verm. 1834 mit Isabella Grf. v. Holnstein aus Bayern, aus welcher Ehe Nachkommen leben; Freih. Theodor, k. bayer. Post-Official zu Passau und Freih. Julian, k. bayer. Oberlieutenant.

<small>v. Lang, S. 121 u. 122. — General. Taschenb. d. freih. Häuser, 1859. S. 183 und 184. — W.-B. d. Kgr. Bayern, II. 95 und v. Wölckern, 2. Abth. — v. Hefner, bayer. Adel. Tab. 31. u. S. 34.</small>

Fewer. Ein in der Mitte des 18. Jahrh. noch in Westpreussen vorgekommenes Adelsgeschlecht, aus welchem zwei schon hochbejahrte Brüder v. F., der Eine k. preuss. Capitain, der Andere k. preuss. Lieutenant, das Gut Waldau bei Marienwerder besassen.

<small>N. Pr. A.-L. V. S. 155 nach d. Königschen Sammlungen. — Freih. v. Ledebur, I. S. 219.</small>

Feyau, s. Du-Rieux v. Feyau, Bd. II. S. 611.

Feyerer v. Flammenberg. Steiermärkisches Adelsgeschlecht, welches in der Person des k. k. Rathes Johann F. v. F. 1670 der steyerischen Landstandschaft einverleibt wurde.

<small>v. Hefner, Stammbuch. I. S. 362.</small>

Feyertag. Reichsadel. Diplom von 1653 für Stephan Feyertag. Das Geschlecht blühte fort und wurde 1712 in die Salzburgische Landtafel eingetragen. — In der Adelsmatrikel des Königr. Bayern fanden Aufnahme: die Vettern Joseph v. F., geb. 1788 und Cajetan Rupert v. F., geb. 1796, Beide in Salzburg.

<small>v. Lang, S. 334. — W.-B. d. Kgr. Bayern V. 37.</small>

Feyertager (in Schwarz zwei mit dem Rücken zusammengekehrte silberne Halbmonde). Altes, aus Bayern und dem Salzburgischen nach Oesterreich gekommenes Adelsgeschlecht, aus welchem Chunrad Veyrtager, gewesener Pfleger zu Trassmauer, 1336 den Sitz zu Fridau, damals ein Lehn des Abts zu Mölck, kaufte. Ulrich Feyrtager war von 1360—1369 Propst des regulirten Chorherren-Stifts zu St. Pölten und that für dasselbe so viel, dass er der zweite Stifter genannt wurde. Sein Bruder Wulfing Feyrtager kommt urkundlich 1367 als „edelvester Ritter" vor. Christoph Feyrtager zu Haitzendorf und Weinzierl erhielt als Geschlechts-Aeltester mit seinen Vettern, Wolfgang, Johann und Bernhard Feyertager, vom K. Maximilian I. 1493 mehrere von den Voreltern inne gehabte landesfürstliche Lehen, welche in der Hand der Familie blieben, bis Joachim Wilhelm Feyertager, welcher 1608 die s. g. grosse Conföderation der Niederösterr. Stände mit den protestantischen Böhmischen und Mährenschen Ständen unterzeichnete und aus seiner Ehe mit Regina Elisabeth v. Zeller zu Rastenburg keine Nachkommen hatte, zwischen 1615 und 1617 den Mannsstamm schloss. Zwei vermählte Töchter seines Bruders, Stephan Adam F., lebten damals noch.

<small>Wissgrill, III. S. 40—44.</small>

Feyka. Reichsadelsstand. Diplom von 1763 für Johann Feyka, Doctor der Medicin.

<small>Megerle v. Mühlfeld, Ergänz.-Bd. S. 283. — Supplem. zu Siebm. W.-B. X. 12.</small>

Fiala v. Veilchenau. Erbländisch-österr. Adelsstand. Diplom von 1859 für den k. k. Hauptmann Johann Fiala bei Colloredo-Infanterie mit dem Prädicate: v. Veilchenau.

<small>Augsb. Allg. Zeit., März 1859.</small>

Fialka. Erbländ.-österr. Adelsstand. Diplom von 1856 für Moritz Fialka, k. k. Major im 28. Infant.-Regim.
Augsb. Allg. Zeit. 1856.

Fialkowski. Polnisches, zu dem Stamme Stepowron gehöriges Adelsgeschlecht, aus welchem ein Sprosse 1836 Spec.-Pächter des Domainen-Guts Pacholewo im Kr. Obornick war.
N. Pr. A.-L. II. S. 166. — Freih. v. Ledebur, I. S. 219.

Fichard, Fichard, genannt Baur v. Eiseneck, auch Freiherren. Erbländ.-österr. Freiherrnstand. Diplom von 1857 für Max v. Fichard, genannt Baur v. Eiseneck, k. k. Lieutenant. Die Familie v. Fichard erhielt 1541 den Reichsadel, zählte später zur altadeligen Ganerbschaft des Hauses Alten-Limpurg in Frankfurt a. M. und ist 1771 mit Johann Carl v. Fichard erloschen. Letzterer adoptirte seinen Pathen, Johann Carl Baur v. Eysseneck und seitdem führt ein Zweig dieses Geschlechts, s. das Weitere im Artikel Baur v. Eysseneck, Bd. I. S. 236, den Namen: v. Fichard, genannt Baur v. Eysseneck.
N. Geneal. Handb. 1777 S. 185—187 und 1778 S. 241—243. Nachtrag, S. 134 und 136 und S. 265. Zweiter Nachtr. S. 4 und S. 144. — Siebmacher, I. 211: Die Fischarden, Frankfurt a. M. Patricier u. V. 213: Die Fichard, Speierische am kais. Kammergerichte. — Suppl. zu Siebm. W.-B. II. 33: v. Fichard. — Kneschke, III. S. 141. — v. Hefner, Frankfurter Adel.

Fichtel, auch Freiherren. Erbländ.-österr. Freiherrnstand. Diplom von 1817 für Friedrich v. Fichtel, k. k. pensionirten Major. Derselbe stammte aus einer ursprünglich fränkischen Familie, welche mit einem Sprossen nach Ungarn gekommen war, dessen Urenkel 20. Nov. 1646 den erbländisch-österr. Adelsstand in die Familie brachte.
Leupold, I. S. 330. — Megerle v. Mühlfeld, S. 49. — Siebmacher, V 89.

Fichtenau, Ritter. Reichsritterstand. Diplom vom 19. Juli 1792 für Georg Jellonschegg, Jelonscheg, Edlen v. Fichtenau. Krainisches Ritterstandsgeschlecht, welches in der Person des genannten Georg J. Ritter v. F. 1795 in Krain landständisch wurde. Der Stamm ist fortgesetzt worden und Eugen Ritter v. F. war 1856 k. k. Cadet.
v. Hefner, krainer Adel, Tab. 6 und S. 8.

Fichtenberg, s. Müller v. Fichtenberg.

Fichtenstamm, s. Kempen v. Fichtenstamm.

Fichtl, Ritter und Edle. Reichsritterstand. Diplom von 1755 für Franz Leonhard Anton Fichtl, Niederösterr. Landschafts-Secretair und für die Vettern desselben, Franz Christoph und Philipp Jacob Fichtl, mit dem Prädirate: Edle v.
Megerle v. Mühlfeld, Ergänz.-Bd. S. 139. — Tyroff, II. 300.

Ficin. Reichsadelsstand. Diplom vom 29. Sept. 1506 für Antonius de Ficin, Bürger und Handelsmann zu Pettau und Graez. Derselbe vermählte sich 1508 mit Helena v. Herberstein und aus dieser Ehe entspross, neben drei Töchtern, welche sich mit Gliedern der Familien v. Lanthieri, v. Swetkowics und v. Artner vermählten, ein Sohn, Franz v. Ficin, welcher in Niederösterreich 1585 mit der Veste und Herrschaft Merkhenstein und dem Schweizerhofe begütert war. Die Ehe desselben mit Anna Catharina v. Germoll, Germolli, blieb kinderlos. Sein Erbe war ein Vetter, Joseph v. Ficin, welcher später den Freiherrnstand erhielt, ein Sohn des Laurenz II. de Ficinis aus Bergamo. Derselbe kam nach langer Streitsache 1593 durch Vergleich in die Ficinische Erbverlassenschaft und aus seiner Ehe mit Maria Magdalena Galeni stammten zwei Söhne, Prodocimus und Antonius, welche noch vor 1590 nach des Vaters Tode vorkommen. Die Tochter, Magdalena v. Ficin, vermählte sich 1591 mit Georg Philipp Herrn v. Gera.

<small>Wissgrill, III. S. 14—16.</small>

Fick, Freiherren. Kurpfälzischer Freiherrenstand. Diplom vom 12. Juli 1769 (nach Anderen von 1771) für Joachim Joseph Fick, Landsassen zu Hohendreswitz und vorsitzenden Rath der Hofkammer in Sulzbach. — Wie angegeben, führt v. Lang das Diplom an, doch haben, s. unten, Sprossen des Stammes schon früher den freiherrlichen Titel geführt, so dass es scheint, als sei dasselbe kein Erhebungs-, sondern ein neues Anerkennungs- und Bestätigungs-Diplom des früher in die Familie gelangten Reichs-Freiherrnstandes gewesen. — Ein ursprünglich fränkisches Geschlecht, aus welchem zuerst Paul Fick genannt wird, welcher im Anfange des 17. Jahrh. Kauf- und Handelsherr zu Nürnberg war. Die Familie wendete sich später in die Oberpfalz und schied sich in die beiden Linien zu Ammerthal und zu Angeltburn. Aus der ersten Linie sind mehrere Glieder zu hohen Ehrenstellen gelangt. Christian Joseph Freih. v. F. kommt 1778 als kurbayerischer Truchsess und 1782 als wirklicher Hofgerichtsrath vor; Joseph Freih. v. F. war 1764 kurbayer. Geh. Rath und Vicekanzler zu Mannheim, sowie Vicekanzler der Universität Heidelberg; Christoph Freih. v. F., Herr auf Ober- und Nieder-Ammerthal, 1784 kurbayer. Regierungsrath zu Amberg, Pfleger zu Heideck und Hippoltstein etc. und Johann Christian Freih. v. F., Doctor der Theologie, noch 1784 fürstl. Regensburg. und fürstl. Eichstädtscher geistlicher Rath, Decan u. Stadtpfarrer zu Sulzbach. — Die Augeltburner Linie ist im Grossherzogthum Baden angesessen und hat ebenfalls fortgeblüht. — Aus der Ammerthaler Linie in Bayern wurde der Enkel des obengenannten Freiherrn Joachim Joseph, Freih. Carl Franz de Paula, geb. 1774, k. bayer. Oberst des 2. Linien-Infanterie-Regiments, in die Adelsmatrikel des Kgr. Bayern in der Classe der Freiherren eingetragen. — Neueren Nachrichten zu Folge soll die bayerische Linie jetzt nur auf einem Mannssprossen beruhen, welcher von dem adeligen Prädicat gegenwärtig keinen Gebrauch macht.

<small>v. Lang, S. 121. — Cast. Adelsb. d. Grossh. Baden, 2. Abth. — Siebmacher, V. 99. — Supplem. zu Siebm. W.-B. IV. 6. u. VII. 14. — Tyroff, I. 24 u. Siebenkees, I. S. 365 u. 366. W.-B. d. Kgr. Bayern, II. 96 u. v. Wölckern, 2. Abth. — v. Hefner, bayer. Adel. Tab. 31 u. S. 34 u. Ergänz.-Bd. S. 13.</small>

Fickelscherer v. Löweneck. Erbländ.-österr. Adelsstand. — D. Franz Alois Fickelscherer v. Löweneck war im vierten Jahrzehnt dieses Jahrh. Professor der Chirurgie zu Wien.

<small>Handschriftl. Notiz.</small>

Fickenhold, Vickbold. Altes Adelsgeschlecht der früheren Grafschaft Oldenburg, in welcher der gleichnamige Stammsitz lag. Dasselbe kam schon 1230 vor und Gauhe nahm nach dem ihm überlassenen genealogischen Manuscripte an, dass zu seiner Zeit der Stamm noch geblüht habe.

<small>Gauhe, II. S. 264 u. 295.</small>

Ficker. Schlesisches Adelsgeschlecht, welches im Neumarkt-Breslauischen ansässig war. Georg Abel v. F., Herr auf Riesa und Nieder-Auerbach, kommt in der zweiten Hälfte des 17. Jahrh. als kursächs. Hof- und Justizrath vor.

<small>Henel, Silesiogr. Cap. 3. S. 772. — Sinapius, II. S. 622. — Freih. v. Ledebur, I. S. 219.</small>

Ficquelmont, Grafen. Altes, ursprünglich lothringisches Adelsgeschlecht, in welches der Grafenstand gekommen war und aus welchem in der zweiten Hälfte des 18. Jahrh. Sprossen sich nach Oesterreich wendeten. Zuerst trat Joseph Graf v. Ficquelmont, geb. 1755 zu St. Avold, 1777 in k. k. Kriegsdienste. Derselbe befehligte bei Eröffnung des Feldzuges in Italien 1799 ein Grenadier-Bataillon und kämpfte sehr tapfer bei Verona. In der Schlacht bei Magnano stellte er das Gefecht wieder her und brachte den Feind zum Weichen, wurde aber tödtlich verwundet und starb 17. April 1799 zu Verona. Das zweite in Oesterreich vorgekommene Glied der Familie war Graf Carl Ludwig, geb. 1777 zu Dienze in Lothringen, welcher 1793 k. k. Dienste nahm. Derselbe, k. k. Kämm., w. Geh. Rath, Feldzeugmeister und General der Cav., auch Inhaber des Dragoner-Regim. Nr. 6 und Staats- und Conferenz-Minister, schloss, hochverdient als Feldherr und Staatsmann, 6. April 1857 den Mannsstamm seines Geschlechts. Aus seiner Ehe mit Dorothea Grf. v. Tiesenhausen, geb. 1804, stammt Grf. Elisabeth Alexandra, geb. 1825, verm. 1841 mit Edmund Fürsten Clary und Aldringen, k. k. Kämm.

<small>Oesterr. Militair-Convers.-Lexic. II. S. 405 u. 406. — Deutsche Grafenh. d. Gegenw. III. S. 120 u. 121. — Geneal. Taschenb. d. gräfl. Häuser, 1854 S. 235. 1859, S. 266 u. hist. Handb. zu demselben, S. 210. — W.-B. der österr. Monarch. Bd. II.</small>

Fidel-Sanct, s. Sartori v. Sanct Fidel.

Fidelitate, s. Mallaesce de Fidelitate.

Fidicin. Ungarisches Adelsgeschlecht, aus welchem Gottlob Ernst v. Fidicin, in Ungarn Helios Hygadus genannt, ein Edelmann aus Neusohl, 1702, in Folge von Religionsstreitigkeiten, nach Oberschlesien kam und, verm. mit einer v. Pelchrzim, zu Czissuwka bei Pless lebte. Zwei seiner Söhne dienten in der k. preuss. Armee, fanden aber nicht die 1775 beantragte Anerkennung ihres Adels im Kgr. Preussen.

<small>N. Pr. A.-L. V. S. 155. — Freih. v. Ledebur, I. S. 219.</small>

Fidler v. Fillerstain. Erbländ.-österr. Adelsstand. Diplom von 1698 für Conrad Fidler, mit dem Prädicate: v. Fillerstain. Die Erhebung desselben wurde in Salzburg 30. Aug. 1698 amtlich bekannt gemacht.

<small>v. Hefner, Stammbuch, I. S. 363.</small>

Fidler v. Isarborn, Edle. Erbländ.-österr. Adelsstand. Diplom von 1854 für Adolph Fidler, k. k. Hauptmann und Friedrich Fidler, k. k. Hauptmann im General-Quartiermeisterstabe, mit dem Prädicate: Edle v. Isarborn. — Dieselben sind die Söhne des verstorbenen k. k. Artillerie-Hauptmanns Fr. Fiedler.

<small>Augsb. Allg. Zeit. 1854.</small>

— 248 —

Preussischer Adelsstand. Mehrere Sprossen der Familie der k. preuss. Armee, namentlich in der Artillerie, gestanden. Johann Wilhelm v. F., k. preuss. Generalmajor, starb 1822 u. ein Sohn desselben, Gustav v. F., Herr auf Krakowahne im Kr. Trebnitz, als preuss. Hauptmann, i. J. 1852. Ein Oberst und Inspecteur der 3. Artillerie-Inspection v. F. starb 1826 und ein v, F. als k. preuss. Oberstlieutenant aus dem activen Dienste.

II. S. 166 u. V. S. 156. — Frh. v. Ledebur, I. S. 219. — W.-B. d. Preuss.

(in Roth eine der Länge nach getheilte Raute, rechts links schwarz). Augsburger, adeliges Patriciergeschlecht.

II. 153. — Freih. v. Ledebur, III. S. 251.

(in Blau drei ins Schächerkreuz gestellte silberne Eicheln je mit zwei Blättern). Preuss. Adelsstand. Diplom vom 1856 für den k. preuss. Generallieutenant und Commandeur Division Fiebig, bei dem Austritte desselben aus dem activen

v. Ledebur, III. S. 251.

Fiedler, Freiherren. Erbländ.-österr. Freiherrnstand. Diplom für Joseph Edlen v. Fiedler, k. k. Feldmarschall-Lieut. u. Commandanten zu Prag. Derselbe hatte 1839 als k. k. Lieutenant den erbländ.-österr. Adelsstand mit dem Prädicate: Edler v. erhalten.

Allg. Zeit., 1859.

Fiedler v. Westin. Böhmischer Adelsstand. Diplom für Johann Jacob Fiedler aus der ersten Hälfte des 18. Jahrh., mit dem Prädicate v. Westin. — v. Hefner hat neuerlich das Geschlecht dem sächsischen Adel zugezählt.

I. S. 361. — v. Hefner, sächs. Adel, Tab. 28 u. S. 26.

Bremensches Adelsgeschlecht.

S. 231. — v. Meding, II. S. 170. — W.-B. d. Kgr. Hannover, C. 63 und S. 6.

Füeger, Füger v. Melan, F. v. Friedberg und Hirschberg, Freiherrn und Grafen. Erbländ.-österr. Freiherrn- u. Reichsgrafenstand. Bestätigungsdiplom von 1734 des dem Grossvater 1642 verliehenen Freiherrnstandes für Ehrenwerth Füger u. Grafendiplom vom 26. Sept. 1744 für Johann Raymund Freiherren v. Fieger u. von 1736 für den k. k. Oberstwachtmeister Freiherrn Füger v. und zu Hirschberg und den Bruder desselben, Johann Ernbert Freih. v. F., Landrath in Oesterreich ob der Enns. — Eins der ältesten tirolischen Adelsgeschlechter, welches nach Angabe des Gr. v. Brandis schon 1200 in Ansehen stand. Im 14. Jahrh. besass die Familie das Rittergut Deyss und schied sich im 15. Jahrh. in die Linien zu Hirschberg und zu Friedberg. Aus der Linie zu Hirschberg starb Benedict F. 1489 als Domdechant zu Brixen u. Kanzler des Erzherzog Sigmund zu Wien und 1635 liess sich Carl F. v. u. zu Hirschberg in Oesterreich ob der Enns nieder. Zu den Nachkommen desselben, welche die Schlösser Perckhaim, Gneissenau etc. an sich brachten, gehören Hans Carl, um 1693 kaiserl. Rath und Landrath des Erzherzogthums Oesterreich,

Hans Georg, kaiserl. Forstmeister, Johann Sigmund Freih. Fieger zu Hirschberg, kurmainz. Kammerherr, Hof- und ältester Regiments-Rath, wie auch Commandant zu Erfurt, gest. 1718, auf seinem Schlosse Doschütz und Martin, kaiserl. Grenzhauptmann, welcher 1704 im bayerischen Kriege im Feuer umkam. — Die Linie zu Friedberg stiftete Johann Fieger, kaiserl. und landfürstl. Rath. Derselbe kaufte 1459 Friedberg, Steinach und Cronburg und starb 1503. Sein Sohn Christoph, Herr der Vogtei Friedberg, wurde 1536 vom K. Carl V. zum Ritter des h. röm. Reichs geschlagen. Von ihm stammte Caspar, gest. 1567 als kais. w. österreich. Regierungsrath, von diesem Andreas F. zu Friedberg und Cronburg, Hoch-Natturms und Corb, gest. 1646 ebenfalls als österr. Regiments-Rath u. vom Letzterem der oben genannte erste Graf Johann Raymund, welcher das Erb-Land-Oberst-Jägermeister-Amt der Grafschaft Tirol erhielt und an sein Geschlecht brachte. Von seinen Söhnen pflanzte der ältere, Graf Dominicus Urban, den Stamm fort u. der jüngere, Graf Gabriel Raymund Matthäus, kommt 1705 als k. k. Hauptmann vor. — Das Grafendiplom v. 1736, s. oben, kam, wie erwähnt, in die Linie zu Hirschberg. Der durch Gewerkschaften sehr reich gewordene Stamm hat durch das ganze 18. Jahrh. fortgeblüht, ist aber 1802 mit dem Grafen Joseph im Mannsstamme ganz erloschen.

Freih. v. Hoheneck, I. S. 102. — Gauhe, I. S. 576—578; nach Graf Brandis, P. II. und Seiferts Ahnentafel der Familie. — Megerle v. Mühlfeld, S. 18 u. S. 51. — v. Hefner, ausgestorbener tiroler Adel, Tab. 3.

Fielitz. Adelsgeschlecht des Grossh. Posen, welches dem polnischen Stamme Rogala einverleibt ist. Dasselbe steht, wie das Wappen (Schild der Länge nach getheilt: rechts in Roth ein silbernes, links in Silber ein rothes Hirschhorn) ergibt, mit der Familie v. Filtz, welche im 16. und 17. und noch in der ersten Hälfte des 18. Jahrh. in Schlesien begütert war, im Zusammenhange. Theodor v. Fielitz lebte 1856 in Posen und Joseph v. F. ist jetzt Mitglied des Stadttheaters zu Leipzig.

Freih. v. Ledebur, III. S. 251.

Fierenz. Oesterreichisches Adelsgeschlecht, aus welchem Bernhard v. Fierenz zu Velbu u. zum Schwerthof, der niederösterr. Landschaft Secretarius, nach Aufgebung seines Amtes, mit seinem Sohne, Maximilian v. Fierenz, unter die neuen Geschlechter des niederösterr. Ritterstandes 1624 aufgenommen u. Letzterer 1625 den Ständen vorgestellt wurde. Derselbe kommt noch 1634 vor. Bernhard v. Fierenz, ein jüngerer dieses Namens, war 1659 k. k. Hof-Kammer-Secretair. — Die in die Landmannschaft aufgenommene Linie ist noch im 17. Jahrh. im Mannsstamme erloschen.

Wissgrill, III. S. 46—47.

Filippi, s. Gian v. Filippi, **Grafen und Marquis.**

Fillenbaum, Ritter und Edle. Erbländisch-österr. Ritterstand. Diplom vom 1. Decemb. 1764 für Philipp Joseph Edlen v. Fillenbaum, Doctor der Rechte, Beisitzer des Oberst-Hofmarschallamts u. Niederösterr. Landrath, Herrn zu Strebersdorf und Oberranna in Niederösterreich. Derselbe, gest. 1779, ein Sohn des k. k. Postmeisters F.

zu Neukirchen im Steinfeld, hatte 1756 als Doctor und Hof- und Gerichts-Advocat ein kaiserl. Bestätigungsdiplom des 30. Aug. 1637 in die Familie gekommenen Adels erhalten, wurde 1765 als Landmann in Nieder-Oesterreich unter die neuen Ritterstandsgeschlechter aufgenommen und war zweimal vermählt: in erster Ehe mit Anna Sabina Ferroni, welche ihm das Gut Strebersdorf zugebracht und in zweiter mit Barbara Edlen v. Managetta. Aus erster Ehe stammten drei Söhne: Ferdinand, k. k. niederösterr. Appellations-Rath, verm. mit Theresia v. Schönauer, Leopold, der niederösterr. Stände Syndicus, und Johann Nepomuk, k. k. Hauptmann, und drei Töchter: Josepha verw. de Pauli v. Enzenbichel, Franzisca verm. Molitor und Elisabeth verw. v. Altmannshofen, aus zweiter Ehe aber ein Sohn Philipp Jacob, bei dem Gubernium in Prag angestellt. — Die Geschwister des Philipp Joseph Edlen v. Fillenbaum waren: Ignaz Edler v. F., k. k. Ober-Postverwalter zu Prag, Martin v. F., gest. 1796, Weltpriester und Hofcaplan, Ferdinand, Priester der Gesellschaft Jesu, Carl Victor v. F., Registraturs-Adjunct bei dem k. k. Directorio in Public., Politc. et Cameralibus, Maria Caecilia v. F., verm. Grf. v. Fuchs und Maria Eva v. F., verm. Rohrer. — In neuester Zeit wurde im Militair-Schematismus Anton v. Fillenbaum als k. k. Kriegs-Buchhalter beim Militair.-Rechn.-Dep. zu Hermannstadt aufgeführt.

Wissgrill, III. S. 47 u. 48. — Megerle v. Mühlfeld, S. 109 u. S. 162.

Fils, Edle und Ritter. Ein in diesem Jahrh. in Bayern vorgekommenes, nur dem Wappen nach bekanntes Adelsgeschlecht.

W.-B. d. Kgr. Bayern, V. 37. — v. Hefner, bayer. Adel, Tab 86 u. S. 76.

Filster. Westphälisches Adelsgeschlecht, aus welchem Adolph v. Filster, Rittmeister, 1695 zu Brockhausen bei Unna wohnte.

v. Steinen, II. S. 1106. — Freih. v. Ledebur, I. S. 219.

Filtz, Filz. Schlesisches Adelsgeschlecht, welches Sinapius, doch ohne genügende Beweise, schon in eine frühe Zeit setzt. — Urkundlich kommt zuerst 1507 Christoph Filtz, Herr zu Schilden im Liegnitzischen, vor und 1547 kaufte Georg Filtz die Güter Pudritsch und Gross-Wilkave in Trebnitzischen. Von dieser Zeit an schrieb sich die Familie: v. F. und Pudritsch und gelangte zu ansehnlichen Ehrenstellen. Von Georgs Söhnen war Balthasar v. F., Herr auf Pudritsch, 1585 herz. liegnitz. Kammerrath und Burggraf zu Brieg und wurde 1591 Landes-Hauptmann des Fürstenthums Brieg. Von den Brüdern desselben war David v. F., Herr auf Petranowitz, zuerst Burggraf zu Wohlau und später zu Brieg, Caspar v. F. aber, Herr zu Merzdorf u. Pudritsch, erst Burggraf zu Oels und später Hauptmann zu Bernstädt, als welcher er, mit Hinterlassung eines Sohnes, Georg v. F., 1606 starb. Die Familie blühte in das 18. Jahrh. hinein. Caspar Ernst v. Filtz, Herr auf Plohe im Strehlenschen, vermählte sich 1721 mit einer v. Wentzky: später ist der Stamm ausgegangen. Hinsichtlich desselben ist übrigens der Artikel: Fielitz, S. 249 nachzusehen.

Sinapius, I. S. 363 und II. S. 622. — Gauhe, I. S. 531 u. 532. — N. Pr. A.-L. II. S. 166 u. 167. — Freih. v. Ledebur, I. S. 219 u. 220. — Siebmacher, I. 51. — v. Meding, II. S. 170.

Filtzhoffer. Reichsadelsstand. Diplom von 1726 für Johann Michael Filtzhoffer, k. k. Reichs-Hofraths-Agenten.

Megerle v. Mühlfeld, S. 283.

Filwil. Fränkisches Adelsgeschlecht, aus welchem zuerst Richard v. F. 1474 und zuletzt 1515 Eitel v. F. vorkommt.
<small>Schannat, S. 83. — v. Meding, II. S. 170 u. 171.</small>

Fin, s. De Fin, Defin, **Freiherren.** Bd. II. S. 436.

Final, s. Hauspersky v. Final, **Freiherren.**

Finance. Französisches Adelsgeschlecht, aus welchem mehrere Sprossen in der k. preuss. Armee gestanden haben. Der eine derselben starb 1822 als Capitain der Landgensdarmerie, der zweite war 1828 Capitain und Adjutant bei der 10. Division und der dritte, früher Oberstlieutenant, war 1836 Regiments-Commandant.
<small>N. Pr. A.-L. II, S. 167. — Freih. v. Ledebur, I. S. 220.</small>

Finceclair. Ein in Ostpreussen vorgekommenes, erloschenes Adelsgeschlecht, welches in Ostpreussen mit Klewienen im Kr. Labiau begütert war.
<small>Freih. v. Ledebur, I. S. 220.</small>

Finck (Schild geviert: 1 in Blau ein silberner Löwe, 2 u. 3 von Gold und Schwarz geschacht u. 4 in Blau ein silberner Stern). Ein in der Neumark, Schlesien und Pommern angesessen gewordenes Adelsgeschlecht, zu welchem Wilhelm Ernst v. F., Amtshauptmann zu Mühlenhof u. Mühlenbeck, k. preuss. Oberst u. der erste Chef des Cadettencorps, so wie Jonathan Friedrich v. Finck gehörte, welcher 1748 kön. preuss. Generalmajor und Commandant von Petz war. — Die Familie besass in der Neumark Pitzerwitz im Kr. Soldin schon 1652 und noch 1760 in Schlesien Harpersdorf im Kr. Goldberg-Hainau 1752 und in Pommern Rützenfelde im Kr. Demmin.
<small>N. Pr. A.-L. II. S. 167. — Freih. v. Ledebur, I. S. 220 u. III. S. 251.</small>

Fincke. Erbländ.-österr. Adelsstand. Diplom von 1789 für Carl Franz Fincke, k. k. Oberst-Lieutenant bei dem Warasdiner-Grenzer-Regimente.
<small>Megerle v. Mühlfeld, Ergänz.-Bd. S. 283.</small>

Finckh, Fincke, Fink. (Schild quergetheilt, oben in Silber ein rothes Ankerkreuz und unten in Gold auf drei schwarzen Hügeln ein rechts gekehrter Fink). Reichsadelsstand. Erneuerungs- und Bestätigungsdiplom vom 10. Octob. 1777 für die Gebrüder Adolph Johann Finckh, Prediger und später Propst zu Schessel im Herzogthume Verden, Peter Christian F., kurhannov. Hofrath und Amtsadvocaten in Stade, Georg Wilhelm F., Lehrer der Rechte in Hamburg und Georg Clement F., Prediger zu Steinkirchen im Bremenschen, nachdem dieselben ihre Abstammung von Andreas Finckh, welcher wegen seiner Tapferkeit gegen die Türken 5. Febr. 1543 mit seiner Familie geadelt worden war, hinlänglich nachgewiesen, u. zwar mit Erhebung in den Reichsadelsstand. — Die Erhebung wurde 8. April 1780 in Hannover amtlich bekannt gemacht. Zu diesem Geschlechte, welches 1708 in Meklenburg-Strelitz-Hohenzieritz und 1777 und noch 1791 in Hannover Esche im Kedinger Lande inne hatte, gehörte, nach den genauen Forschungen des Freiherrn v. Ledebur, Friedrich August v. Fink (wie er meist geschrieben wird), ein Sohn des h. meklenb.-strelitz. Oberschenken u. Jägermeisters Johann Wilhelm v. F., welcher auf Grund des erwähnten Diploms von 1543 den Adel geführt hatte. Derselbe trat 1744 aus k. k. russ. in k. preuss. Militairdienste und zwar als Major und königl. Flügeladjutant, zeichnete sich so aus, dass er rasch zum Generallieutenant stieg und ging, in Folge des, wie später angenommen worden ist, nicht verschuldeten Unglücks bei Maxen, in k. dänische Dienste, in welchen er, allgemein geachtet, als General der Infanterie, Deputirter bei dem General-Kriegsdirectorium, Oberst u. Chef des holsteinischen geworbenen Infanterie-Regiments etc. 1766 starb. Seine Gemahlin war die einzige Tochter des k. preuss. Landraths Julius Adolph v. Buggenhagen, Ulrike Henriette v. B. — Aus der später in den Reichsadelsstand versetzten Familie v. Finckh, wie sich dieselbe gewöhnlich schrieb, standen und stehen mehrere Sprossen in k. hannöv. Militairdiensten. Auch ist dieselbe in das Grossh. Oldenburg gekommen, in welchem jetzt ein Sprosse des Stammes grossh. oldenb. Gerichts-Director zu Varel ist. Derselbe ist mit Maria v. Schletter aus einer Adelsfamilie des Kgr. Sachsen, s. den betreffenden Artikel, vermählt.

Freih. v. Krohne, I. S. 295. — *v. Kobbe*, Geschichte des Herzogth. Bremen und Verden, I. S. 298. — N. Pr. A.-L. II. S. 167. — *Freih. v. d. Knesebeck*, S. 128 u. 129. — *Freih. v. Ledebur*, I. S. 220. — *v. Meding*, III. S. 178 u. 179. — W.-B. d. Kgr. Hannov. F. 3 u. S. 6. — *Kneschke*, II. S. 150 u. 151.

Finckh v. Aussenetz. Erbländ.-österr. Adelsstand. Diplom von 1707 für Johann Valentin Finckh, Secretair, mit dem Prädicate: v. Aussonetz.

Megerle v. Mühlfeld, Ergänz.-Bd. S. 283.

Findenigg, Ritter. Erbländ.-österr. Ritterstand. Ein aus Kärnten stammendes Geschlecht, aus welchem in neuester Zeit Arthur, Ritter v. F. k. k. Hauptmann u. Ferdinand Ritter v. F. k. k. Lieutenant war.

Milit.-Schemat. d. österr. Kaiserth.

Findinger, Vindinger. Niederösterreichisches Adelsgeschlecht, aus welchem Valentin F., Herr zu Heinrichsschlag und Dross, 1544 auf dem Landtage zu Wien auf der Ritterbank erschien und 1555 auch mit dem Gute Himberg am Wald begütert war. Nach ihm kommt Christian V. vor, welcher das letztgenannte Gut 1576 verkaufte. Die Tochter des Valentin F., Catharina, war mit Wolfgang Fatzi zu Nieder-Abstorf vermählt. Später findet sich das Geschlecht in der Ritterstands-Matrikel nicht mehr.

Wissgrill, III. S. 48 u. 49.

Findler. Erbländ.-österr. Adelsstand. Diplom von 1851 für J. Findler, k. k. Hauptmann. Schon in den nächsten Jahren wird sein Name nicht mehr im Militair-Schematismus genannt.

Augsb. Allg. Zeitung 1851.

Fineck, Finecke, Vinecke. Altes mecklenburgisches Adelsgeschlecht, aus welchem Michel Vinecke urkundlich schon 1293 vorkommt. Das Siegel eines Bernhard Finecke von 1366 giebt v. Westphalen an. Günther Vineck zu Carow tritt 1449 in einem Güstrower Kaufbriefe auf; noch 1721 lebte mit einigen Brüdern N. v. Vineck auf Cassow als k. dän. Cürassier-Oberst und um dieselbe Zeit war in Vor-Pommern ein k. schwed. Lieutenant v. Finecke mit Damerow und Passow begütert. In Meklenburg stand der Familie noch 1748 Dobbin zu. Später ist dieselbe erloschen.

<small>*Gauhe,* I. S. 532. — *Zedler,* Bd. 48. S. 1596. — *Freih. v. Ledebur,* I. S. 155. — *v. Westphalen,* Monum. inedita, IV. Tab. 19. Nr. 50. — *v. Meding,* I. S. 155. — Dänisches W.-B. I. Lit. F. — Suppl. zu Siebm. W.-B. VIII. 13. — *Tyroff,* II. 181.</small>

Finetti, Ritter. Erbländ.-österr. Ritterstand. Diplom von 1770 für Johann Franz Finetti.

<small>*Megerle v. Mühlfeld,* Ergänz.-Bd. S. 139. — Suppl. zu Siebm. W.-B. XII. 21.</small>

Fini v. Jablanaz u. Gutenegg, Freiherren. Erbländ.-österreichischer Freiherrnstand. K. k. Anerkennungsdiplome von 1817 und 1820 des der Familie zustehenden Adels u. des 1638 erlangten erblichen österreichischen Freiherrnstandes. — Das Geschlecht stammt ursprünglich aus Cypern und kam nach Venedig, wo es in zwei Linien blüht.

<small>Geneal. Taschenb. d. freih. Häuser, 1858. S. 431.</small>

Fink, Freiherren. (Schild geviert. 1 und 4 roth, ohne Bild; 2 in Silber zwei neben einander stehende, schwarze, die Sachsen einwärts kehrende Adlersflügel und 3 in Silber ein sechsstrahliger, goldener Stern). Freiherrnstand des Königreichs Sachsen. Diplom vom 1. März 1820 für Carl Eduard Fink aus Danzig, Studirenden und später Doctor der Rechte in Leipzig. Die amtliche Bekanntmachung dieser Erhebung erfolgte 28. März 1820. Der Empfänger des Diploms erwarb später das Gut Klein-Waltersdorf bei Freiberg und lebte 1842 noch in Danzig. Ein Sohn desselben, Otto Carl Freih. v. Fink, k. sächs. Lieutenant im 1. Reiter-Regimente, trat 1854 aus dem activen Dienste.

<small>Handschriftl. Notiz. — *Frh. v. Ledebur,* III. S. 251. — W.-B. d. sächs. Staaten, II. 21. — *Kneschke,* I. S. 148 u. 149. — *v. Hefner,* sächs. Adel, Tab. 8 u. S. 9 und preuss. Adel, Tab. 51. u. S. 42.</small>

Fink, Finck. (Schild mit Schildeshaupte. Im rothen Schildeshaupte ein schrägrechts gelegter Zweig mit acht Blättern, auf dessen links gekehrtem Stiele ein Vogel sitzt und Schild der Länge nach getheilt: rechts in Gold drei, 1 und 2, rothe und links in Blau drei eben so gestellte, goldene Rosen). Kurpfälzischer Adelsstand. Diplom vom 14. Dec. 1785 für Michael Alexander F., kurpfälz. Hofkammerrath. Derselbe, dessen Vater 1727 Geheimschreiber zu Kemnat, Gross- und Urgrossvater aber Forstmeister zu Waldeck i. d. Oberpfalz gewesen, wurde später als K. Bayer. pens. Hofkammerrath und ehemaliger Hauptcassier in München in die Adelsmatrikel des Kgr. Bayern eingetragen.

<small>*v. Lang,* S. 335. — W.-B. d. Kgr. Bayern, V. 33. Ritter v. Fink. — *v. Hefner,* bayer. Adel, Tab. 86 u. S. 76.</small>

Fink (in Roth drei, 2 u. 1, goldene Finken). Ein der Lübecker adeligen Zirkelgesellschaft einverleibt gewesenes Geschlecht.

<small>*Siebmacher,* III, 193.</small>

Fink, Finken v. Auerberg. Altes, bayerisches und kärntner Adelsgeschlecht, aus welchem, wie Gauhe angiebt, Heidenreich Fink v. Auerberg um 1442 Heermeister des Schwertträger-Ordens in Liefland wurde. Seine Nachkommen verbreiteten sich in Lief- u. Curland, so wie in Preussen u. nannten sich nach ihren Sitzen, zu welchen auch Schloss und Herrschaft Finkenstein, s. den Artikel: Fink v. Finkenstein,

Grafen, gehörten. Auch sollen die Fink v. Finkenberg von den Fink v. Auerberg abgestammt haben.

<small>Gauhe, II. S. 285 und 286.</small>

Fink v. Finkenberg. Ein näher nicht bekanntes Adelsgeschlecht in Preussen, aus welchem Georg F. v. F. aus dem Hause Hasenberg als Doctor beider Rechte 1596 zu Leipzig starb. Dasselbe war eines Stammes mit den F. v. Finkenstein.

<small>Stepner, Epitaph. Lips. — Gauhe, II. S. 286. — Freih. v. Krohne, I. S. 292.</small>

Fink v. Finkenstein, Grafen. (Schild geviert, mit Mittelschilde. Im blauen Mittelschilde zwei goldene, mit dem Rücken senkrecht an einander gestellte Halbmonde mit Gesicht und über denselben ein sechseckiger, goldener Stern. 1 und 4 in Roth ein silberner Querbalken und vor demselben ein rechtssehender, doppelt geschweifter, schwarzer Löwe und 2 und 3 in Blau eine goldene Krone). Reichsgrafenstand. Diplom vom 4. Febr. 1710 für Albrecht Conrad Reinhold Fink v. Finkenstein a. d. Hause Habersdorf k. preuss. General-Lieutenant, wegen besonderer Auszeichnung und geleisteter Dienste bei der Eroberung von Dornik und in der Schlacht bei Malplaquet, für sich und das ganze Geschlecht und K. Preuss. Anerkennungs-Diplom vom 11. April 1710. — Altes Adelsgeschlecht, nach neueren Angaben aus Zürich stammend, wo dasselbe das regimentsfähige Erbbürgerrecht besass, von 1111 bis Ende des 15. Jahrh. blühte und sich Fink schrieb. Ein Zweig war nach Tirol u. Kärnten gekommen u. aus demselben zog Conrad F. mit 30 Reissigen und Knechten und 100 Reitern dem deutschen Orden in Preussen zu Hülfe, und gründete die preussisch-brandenburg. Linie, aus welcher Heidenreich F., nach Einigen H. F. v. Auersberg, s. oben den Artikel F. v. Auersberg, 1442, wie erwähnt, Heermeister des deutschen Ordens in Liefland war. Die in Kärnten und Preussen von dem Stamme erbauten Sitze erhielten die Namen Finkenstein oder Finkenberg, wodurch die Namen F. v. Finkenstein u. F. v. Finkenberg aufkamen und durch Sitze in Tirol, Kärnten und Steiermark bildeten sich, wie mehrfach angenommen wird, die Namen F. v. Auersberg und F. v. u. zu Katzungen. — In Preussen wurde der Stamm immer gliederreicher, der Grundbesitz nahm bedeutend zu und es entstanden die Häuser Hasenberg, Habersdorf, welches nach 1720 Finkenstein hiess, Schönberg, Raudnitz und Gilgenburg mit Jaeskendorf. Die genannten Häuser führte man früher gewöhnlich so auf, dass man den Stamm in eine ältere, oder märkische und eine jüngere Linie schied und zu der ersten Hasenberg und Finkenstein zählte, die zweite aber in zwei Aeste theilte und als ersten Ast das Haus Schönberg mit Raudnitz, als zweiten Gilgenburg mit Jaeskendorf bezeichnete. Das Haus Hasenberg ging 1784, Raudnitz 1785 und Schönberg 1826 aus. Hasenberg gelangte an das Haus Finkenstein, welches jetzt die brandenburgische Linie genannt wird, die man in die Häuser Madlitz und Drehnow trennt, deren Stifter die Söhne des Grafen Carl Wilhelm: Graf Friedrich Ludwig Carl und Graf Franz Albert Wilhelm, s. unten, waren. — Das sonstige Haus Gilgenburg auf Jaeskendorf besteht, da Gilgenburg 1803 erloschen und der Besitz in andere

Hand gelangt ist, jetzt nur noch als Haus Jaeskendorf, welches, da Schönberg an dieses Haus gekommen, durch die Söhne des Grafen Georg Conrad: Graf Carl, s. unten u. Graf Conrad, bis 1851 in die Häuser Jäskendorf und Schönberg getheilt war. Graf Conrad starb 1851 und Schönberg kam an den ältesten Sohn des Grafen Carl, an den Grafen Conrad. Das Haus Jäskendorf heisst jetzt gewöhnlich die preussische Linie. — Der Grafenstand kam durch das spätere Haus Finkenstein in die Familie und der Diploms-Empfänger, der oben genannte Graf Albrecht Conrad Reinhold, gest. 1735 als k. preuss. General-Feldmarschall, war ein Sohn des Albrecht Christoph F. v. F. aus der Ehe mit Charlotte Caroline v. Obentraut. Derselbe hatte sich 1700 mit Susanna Magdalena v. Hof, gest. 1752, vermählt und von ihm stammen die jetzigen Häupter der Häuser Madlitz und Drehnow im vierten Gliede. — Den reichen Grundbesitz der Familie, von welchem hier nur die Herrschaften Madlitz, Jäskendorf und Schönberg und die Güter Reitwein, Heidenau, Trebichow, Simnau, Gross-Herzogswalde etc. genannt sein mögen, hat Freih. v. Ledebur, auch in Bezug auf den im Laufe der Zeit vorgekommenen Wechsel sehr genau und übersichtlich dargestellt; das Werk: deutsche Grafenhäuser der Gegenwart giebt die fortlaufenden Stammreihen der Häuser Madlitz und Drehnow der brandenburgischen, so wie der preussischen Linie, welche Letztere von dem Grafen Friedrich Reinhold, gest. 1746, — einem Sohne des Ernst F. v. F. aus der Ehe mit Juliane Charlotte F. v. Finkenstein-Hasenberg — verm. in zweiter Ehe mit Elisabeth Gottliebe Freiin Köhne v. Jasky, k. preuss. Tribunalrathe und Amtshauptmann, welcher in Folge des Diploms von 1710 den Reichsgrafenstand in seine Linie brachte, hinabsteigt und der neuere Personalbestand des weitverzweigten und gliederreichen gräflichen Hauses ist sehr genau in den geneal. Taschenbüchern der gräfl. Häuser zu finden. So mag denn hier die Angabe der Häupter der beiden Linien genügen: Brandenburgische Linie: älterer Zweig: Graf Wilhelm, geb. 1810. — Sohn des 1811 verst. Grafen Carl, k. preuss. Kammerh., a. o. Gesandten u. bevollm. Min. am K. K. Hofe aus der Ehe mit Rosa Marquise de Mello e Carvalho — Herr auf Jessnitz und Jaulitz bei Guben, verm. in erster Ehe mit Franzisca v. Greiffenberg, gest. 1842 und in zweiter 1843 mit der Schwester derselben, Luise v. Greiffenberg. — Graf Alexander, geb. 1780, Mitbesitzer der Rittergüter Alt-Madlitz, Wilmersdorf und Antheil Kersdorf, k. preuss. Rittm. a. D., verm. in erster Ehe mit Wilhelmine Freiin v. Matt, gest. 1814 und in zweiter 1820 mit Angelica v. Zychlinska, geb. 1796. — Graf Heinrich, geb. 1782, Mitbesitzer von Alt-Madlitz, Wilmersdorf und Antheil Kersdorf, verm. 1812 mit Amalie v. Voss, geb. 1787. Die ebengenannten Grafen Alexander und Heinrich sind Brüder des obenangeführten Grafen Carl. — Jüngerer Zweig: Graf Wilhelm, geb. 1792 — Sohn des 1748 geborenen Grafen Wilhelm Franz Albrecht, Herrn auf Drebnow, aus der Ehe mit Ulrike Grf. F. v. Finckenstein — Mitbesitzer der R.G. Heidenau und Trebichow bei Crossen, d. k. preuss. General-Major, a. D. — Graf Adolph, geb. 1793 — Bruder des ebengenannten Grafen

Wilhelm — Mitbesitzer der R.G. Heidenau und Trebichow, k. preuss. und grossh.-mecklenb.-strel. Kammerh., k. preuss. Oberstlieut. a. D. u. erster dienstthuender Kammerh. I. M. der Königin v. Preussen Wittwe. — Preussische Linie: Graf Carl, geb. 1794 — Sohn des 1799 verst. Grafen Georg Conrad, Landschafts-Directors im preuss. Oberlande aus der Ehe mit Henriette Freiin v. Korff, Erbfrau der Herrschaft Jäskendorf — Herr auf Jäskendorf, Landhofmeister im Kgr. Preussen, Erb-Amts-Hauptmann zu Gilgenburg, Mitglied des k. preuss. Herrenhauses auf Lebenszeit, verm. 1819 mit Wilhelmine v. Tippelskirch, geb. 1797. — Von den Söhnen aus dieser Ehe ist Graf Conrad, geb. 1820, Herr der R.G. Schönberg und Grossherzogswalde unweit Rosenberg, k. preuss. Premier-Lieut. in der Landwehr, und verm. mit Agnes, Grf. v. Kanitz, geb. 1826 u. Graf Albrecht, geb. 1821, ist Herr auf Gross-Simnau, k. Pr. Premierlieut. i. d. Landwehr und verm. mit Agnes v. Kunheim.

Gauhe, II. S. 285—289. — *Dienemann*, S. 166. 170. 336 u. 368. — *Freih. v. Krohne*, I. S. 292—295. — *Jacobi*, 1800, II. S. 203—206. — N. Geneal. u. Staats-Handbuch 1824. I. S. 553—559. — *Firks*, Urspr. d' Adels in den Ostseeprov. S. 144. — N. Pr. A. L. I. S. Mu. II. S. 163—171 : auch nach v. *Klaproth*, S. 385. 425. 433 u. 478. *König*, biogr. Lexic. aller Helden, S. 412 ff. etc. — Deutsche Grafenh. d. Gegenw, I. S. 232—235. — *Freih. v. Ledebur*, I. S. 220 u. 221 u. III. S. 251. — Geneal. Taschenb. d. Gräfl. Häuser, 1859. S. 266—271. und histor. Handb. zu demselben, S. 210. — W.-B. der durchlaucht. Welt, II. S. 132. — Suppl. zu Sieben. W.-B. I. 7. — W.-B. d. preuss. Monarch. I. 38. — *v. Hefner*, preuss. Adel, Tab. 8. u. S. 7 u. meklenb. Adel, S. 8. — Illustrirte deutsche Adels-Rolle, I. 25. Nr. 6 u. S. 149 u. 150.

Fink v. u. zu Katzenzung, Katzenzung. Altes tiroler Adelsgeschlecht, eines Stammes mit den Fink v. Auerberg, s. den betreffenden Artikel, S. 253, in Bayern und Kärnten, so wie mit den Fink v. Finkenstein. — Das Geschlecht nannte sich urkundlich zuerst: Vincarii, gehörte dem Lande an der Etsch an und schied sich in die Linien zu Katzenzung und zu Tablat. Erstere ging 1390 mit Heinrich F. zu K., Letztere bald darauf mit Jacob F. zu Tablat und mit diesem der ganze Stamm aus.

Gr. v. Brandis, P. II. S. 57. — *Gauhe*, II. S. 285. — *v. Hefner*, Stammb. I. S. 365.

Finke. Dänisches Adelsgeschlecht, in welches der Adel durch Diplom vom 1. Mai 1674 für Thomas Finke, k. dän. Assessor u. für den Bruder desselben, Johann Finke, gekommen war.

Lexic. over adel. Famil. i. Danm. I. S. 151. — *Freih. v. d. Knesebeck*. S. 129.

Finke v. Finkenthal. Galizischer Adelsstand. Diplom von 1805 für Benjamin Finke, Banquier und Gutsbesitzer zu Lubin, wegen Beförderung des österreichischen Commerzes, mit dem Prädicate: v. Finkenthal — nicht Finkenstein wie v. Hellbach, I. S. 362, fälschlich sagt.

Megerle v. Mühlfeld, S. 182.

Finkenau, s. Weiss v. Finkenau.

Fluker v. Eichhausen. Ein früher in Schwaben vorgekommenes, später ausgegangenes, nur dem Namen und Wappen nach bekanntes Adelsgeschlecht.

Freih. v. Krohne, I. S. 295. — *Siebmacher*, III. 119. — *Spener*, Histor. Insig. I. Cap. 8. S. 104.

Finsing, Funsing. Altes, oberbayerisches Geschlecht aus dem gleichnamigen Stammhause im Gerichte Ebersberg, eines Stammes u. Wappens (in Silber zwei an einander gestellte, auswärtsgekehrte, schwarze Widdershörner) mit denen v. Widerspach, welche Letztere, nach Wigul Hund, erst um 1450 den Namen Finsing fallen liessen. — Das Geschlecht kommt urkundlich zuerst um 1050 mit Wolftregil v. F. vor.

Wigul Hund, III. S. 771. — Monumenta boic., VI. S. 33.

Finsinger v. Finsing. Altbayerisches Adelsgeschlecht, dem Wappen nach (im Schilde ein mit drei Rosen belegter Querbalken) ganz verschieden von der im vorstehenden Artikel aufgeführten Familie. Hans Finsinger zu Finsing steht in der bayer. Landtafel von 1470.

v. Hefner, Stammbuch, I. S. 365.

Finster, Finster auf Urfahrn. Adelsstand des Kgr. Bayern. Diplom vom 5. Sept. 1815 für Georg Joseph Finster, Herrn des Ritterguts Urfahrn im Landgerichte Rosenheim (erworben durch Vermählung mit einer Erbtochter der Familie v. Kern) und Hallamts-Verwalter in Salzburg und vom 7. Sept. 1817 für Franz Xaver Finster, Rechnungs-Commissair bei der k. bayer. General-Zoll- und Maut-Direction und Besitzer des Gutes Urfahrn.

v. Lang, S. 335 u. Supplem. S. 97 u. 98. — W.-B. d. Kgr. Bayern, V. 38. — *v. Hefner*, bayer. Adel. Tab. 86 u. S. 76.

Finsterwalder v. Finsterwald, Edle u. Ritter. Erbländ.-österr. Ritterstand. Diplom von 1729 für Matthias Benedict Finsterwalder, Oesterreichischen Hofraths-Secretair, mit dem Prädicate: Edler v. Finsterwald.

Megerle v. Mühlfeld, Ergänz.-Bd. S. 139. — Suppl. zu Siebm. W.-B., XII. 21.

Fioreschy v. Weinfeld, Edle. Erbländ.-österr. Adelsstand. Diplom von 1781 für Matthaeus Fioreschy, Bürgermeister zu Neumarkt in Tirol, mit dem Prädicate: Edler v. Weinfeld.

Megerle v. Mühlfeld, Ergänz.-Bd. S. 283

Fircks, Freiherren und Grafen v. Blankensee-Fircks, s. Bd. I. S. 463. Eine der ältesten und angesehensten kur- und liefländischen Adelsfamilien, welche die Güter Bächhof, Dannenthal, Groesen, Kalven, Kandeln, Kühlen, Normhausen, Ockten, Rudbahren, Santen, Gr. und Kl. Scheten, Suschendorff, Wixtraud etc. an sich brachte. — Berthold Virike erscheint 1325 mit mehreren anderen Rittern als Bevollmächtigter bei dem Könige Christoph II. von Dänemark und Heinrich v. Fircks kommt 1344 unter der esthländischen Ritterschaft vor. — Das Geschlecht zählt zu denjenigen, welche nach der russischen Besitzergreifung Curlands von der neuen Regierung als freiherrlich anerkannt wurden und auch die Krone Preussen hat 18. Jan. 1844 den nach Preussen gekommenen Zweig der Familie in den alten Standesvorrechten bestätigt. Diesen preussischen Zweig stiftete Freih. Hans Ulrich aus dem Hause Groesen, einer Nebenlinie des nurmhusenschen Majorats. Derselbe trat während des 7jährigen Krieges als Hauptmann in k. preuss. Dienste und erwarb nach dem Hubertusburger Frieden die Güter Horndorf und Volkstaedt in der Grafschaft Mansfeld. Von seinem Sohne, dem 1816 verstorbenen Freiherrn Ernst Wilhelm, k. preuss. Kammerh., verm. mit Henriette v. Klüx, stammt das jetzige Haupt der preussischen Linie: Freih. Wilhelm, geb. 1794. k. preuss. Generalmajor zur Disposition, vermählt in erster Ehe 1820 mit Ordalie Prinzessin von Schönaich-Carolath, gest. 1837 und in zweiter 1840 mit Ernestine v. Rabe, geb. 1802. Aus der ersten Ehe entsprossten, neben einer Tochter, Freiin Alma, geb. 1822, verm. 1851 mit Heinrich Fürsten zu Carolath-Beuthen, k. preuss. Generallieut. und Ober-Jägermeister a. D. zwei Söhne, Freih. Heinrich, geb. 1821, Herr auf Alt-Görzig, k. preuss. Lieutenant a. D., verm. mit Agnes Grf. v. Bredow a. d. H. Klessen, gest. 1854, aus welcher Ehe ein Sohn stammt, Arthur, geb. 1854 und Clotar Graf v. Blankensee-Fircks, geb. 1824, s. oben, aus der zweiten Ehe aber lebt ein Sohn, Graf Wilhelm, geb. 1840. — In Kur- und Liefland blüht in zahlreichen Sprossen der Stamm jetzt in acht Häasern und zwar: zu Waldegahlen, früher zu Nogalen; zu Nurmhusen; zu Lesten; zu Nigranden und Rudden, früher zu Nürmhusen-Kalwen; zu Wandsen und Xeraten; zu Samiten; zu Stradzen und Hayden und zu Rudbaren und Dubnalken. Den gesammten neueren Personalbestand dieser acht Häuser ergiebt das geneal. Taschenb. d. freih. Häuser.

<small>*v. Fircks*, Ursprung des Adels in den Ostseeproviuz. Russlands, S. 136. — N. Pr. A.-L. II. S. 171. — *Freih. v. Ledebur*, I. S. 221 u. III. S. 251 u. 253. — Geneal. Taschenb. d. freih. Häuser, 1857. S. 188 u. 189 und 1859 S. 186—193. — *Siebmacher*, III. 168 und V. 157. — *Neimbt*, curländ. W.-B. — *Dorst*, Allgem. W.-B. I. S. 36 u. S. 37. — *v. Hefner*, preuss. Adel, Tab. 52 und S. 42.</small>

Firmian, Grafen. Reichs- und erbländ.-österreich. Grafenstand. Reichsgrafen-Diplom von 1728 für Franz Alphons Georg Freiherr v. Firmian, k. k. w. Geh. Rath etc. und erbländ.-österr. Grafen-Diplom von 1749 für die vier Söhne desselben: Leopold Freih. v. F., Bischof zu Seccau und bevollmächt. Coadjutor des Bisthums Trient; Vigil Freih. v. F., Bischof zu Lavant, Franz Lactanz Freih. v. F., k. k. Geh. Rath, Kämm. und Oberst-Hofmeister des Erzbischofs zu Salzburg und Carl Freih. v. F., k. k. Kämm. und Reichs-Hofrath und zwar wegen alt-ritterlichen und freiherrlichen Herkommens. — Das Haus Firmian ist ein altes, tiroler, oberösterreichisches und salzburger Adelsgeschlecht, welches, der Sage nach, in einer sehr frühen Zeit, über welche in Bezug auf einzelne Familien gewiss sichere Nachrichten fehlen, mit anderen Patriciern aus Rom nach Tirol gekommen, das Schloss Firmian in Trient erbaut und nach demselben sich genannt haben soll. Georg v. Firmian war 1442 und Nicolaus v. F. 1490 Landes-Hauptmann an der Etsch. 1497 kam in die Familie der Panner- und 1526 der Freiherrnstand, wobei das Geschlecht zu dem Ersten auf den tirolischen Hof- und Landtagen erhoben wurde, auch erhielt die Familie 1578 das Erbmarschallamt des Bisthums Trient. — Franz Freih. v. F. war in der zweiten Hälfte des 17. Jahrh. Stadthauptmann zu Triest und Oberst eines Infanterie-Regiments. Von den Söhnen desselben war Leopold Anton Eleutherius, gest. 1744, zuerst Fürstbischof zu Lavant, dann zu Seccau und zuletzt Erzbischof zu Salzburg, Franz Anton Georg aber, gest. 1748, k. k. Geh. Rath etc., verm. mit Barbara Elisabeth Grf. v. Thun und Hohenstein, gest. 1760, brachte, s. oben, den Reichsgrafenstand in die Familie und die vier Söhne desselben, die oben genannten Gebrüder Leopold, Vigil, Franz Lactanz und Carl, erhielten 1749 auch den erbländ.-österr. Grafenstand. — Was noch das Stammschloss der Familie anlangt, so wurde früher angenommen, dass dasselbe durch Kauf 1473 an den Erzherzog Sigmund zu Oesterreich übergegangen sei und den Namen Sigismundcron erhalten habe. v. Hefner erklärt neuerlich diese Angabe für falsch und giebt an, dass das jetzt dem Könige Ludwig von Bayern zustehende Schloss Sigmundskron bei Salzburg im 17. Jahrh. von dem Erzbischofe Sigmund v. Firmian zu Salzburg erbaut worden sei und dass auf dieses Schloss der bei Erhebung der Familie in den Grafenstand in das Wappen gekommene Mittelschild (in Silber auf einem rothen, an den Ecken mit gleichfarbigen Quasten gezierten Kissen eine goldene Krone) sich beziehe. — Den Stamm hat dauernd Graf Franz Lactanz, s. oben gest. 1786, fortgesetzt. Aus der Ehe desselben mit Maximiliane Grf. v. Lodron, gest. 1793, entspross unter anderen Söhnen Graf Ernst (I.), gest. 1789, k. k. Kämm. und Reichshofrath, welcher sich 1783 mit Josepha v. Sellenbach vermählte, aus welcher Ehe zwei Söhne, Graf Ernst (II.) und Graf Leopold stammten. Graf Ernst (II.), geb. 1784, vermählte sich 1812 mit Josepha v. Miorini, gest. 1841, aus welcher Ehe, neben drei Töchtern, zwei Söhne entsprossten: Graf Ernst (III.), geb. 1814, Herr der Majorats-Herrschaften Leopoldskron und Mistelbach, Herr zu Kronmetz und Meggel, Landstand in Tirol und Ober-Oesterreich und Graf Carl, geb. 1815, k. k. Kreis-Commissair zu Trient, verm. 1851 mit Maria Murmann, aus welcher Ehe eine Tochter, Anna Maria, geb. 1852 und ein Sohn, Virgil, geb. 1853, leben. — Graf Leopold, gest. 1839, hatte sich 1810 mit Johanna v. Stesenelli vermählt und aus dieser Ehe stammen vier Söhne: Graf Leopold (II.), geb. 1811, Herr zu Kronmetz und Meggel, Herr und Landstand in Tirol; Graf Johann, geb. 1816, k. k. Adjunct des gemischten Bezirksamts zu Tione in Tirol; Graf Ludwig, geb. 1819, k. k. Hauptmann in d. A., verm. 1849 mit Adele v. Piotrowski-Junosza, geb. 1831, aus welcher Ehe drei Töchter und ein Sohn, Ludwig, geb. 1852, stammen und Graf Pius, geb. 1824, k. k. Kreis-Commissair in Siebenbürgen, verm. 1856 mit Emma Horváth-Petricević v. Szeplak, geb. 1834.

Bucelini, II. S. 117—119. — *Graf v. Brandis*, P. II. — *Gauhe*, I. S. 532 u. 533 — *v. Lang*, S. 25 u. 26. — *Megerle v. Mühlfeld*, S. 17 u. 18. — Allgem. geneal. u. Staatshandb. 1824. S. 554—559. — Deutsche Grafenh. der Gegenwart, I. S. 235—237. — Geneal. Taschenb. d. gräfl. Häuser, 1859. S. 272 u. 273 u. histor. Handb. zu demselben, S. 213. — *Siebmacher*, II. 37: Herren v. F. — Suppl. zu Siebm. W. - B. X. : Fürstb. v. F. — W.-B. d. Königr. Bayern, J. 37 u. v. *Wölckern*, Abth. II. : Fr. v. F. — v. *Hefner*, bayer. Adel, Tab. 4. S. 10. Iroler Adel, Tab. 6. S. 6 u. Ergänz.-Bd. S. 6.

Firnhaber v. Eberstein. (Schild geviert: 1 von Blau und Gold der Länge nach getheilt, mit einem vorwärts gekehrten Löwen von gewechselten Farben, welcher in jeder Vorderpranke drei Haferhalme hält; 2 und 3 in Silber auf einem rothen Dreiberge ein rechtsgekehrter, schwarzer Eberkopf und 4 in Blau eine goldene Garbe). Reichsadelsstand. Diplom von 1755 für Johann Bernhard Firnhaber, Senator und gewesenen Bürgermeister der freien Reichsstadt Frankfurt a. M., mit dem Prädicate: v. Eberstein. — Derselbe, ein Sohn des aus Wertheim gebürtigen Johann Christian Firnhaber, welcher sich 1678 in Frankfurt a. M. ansässig gemacht, kam als Senator in den

Rath und bekleidete 1734 und 1743 das jüngere Bürgermeister-Amt. Der Stamm blühte fort, bis derselbe 1849 mit dem kurhess. Kammerherrn Johann Conrad Firnhaber v. Eberstein ausging, doch hatte durch grossh. hessisches Diplom vom 14. April 1826 Georg Christian Rudolph Jordis auf dem Neuhofe bei Leihgestern in der Nähe von Giessen, einziger Sohn des geh. Legationsraths Jordis, die Befugniss erhalten, den Adel und Namen und das Wappen seines Oheims, des kinderlosen eben genannten Kammerherrn Johann Conrad F. v. E. auf der Schmitte bei Giessen führen zu dürfen. Der Adoptirte ist später, nach 1849, ohne männliche Nachkommen gestorben.

<small>Handschriftl. Notizen. — N. Geneal. Handb. 1777. S. 202 u. 203 u. Nachtrag. II. S 145. — Freih. v. Ledebur, III. S. 252. — Frankfurter Wappencalender v. 1756. u. 1757. — Suppl. zu Siebm. W.-B. X. 13. — v. Hefner, hess. Adel, Tab. 6 und S. 9 und desselben frankfurter Adel. — Kneschke, IV. S. 122.</small>

Fischbach, Vispach. (Schild geviert mit Mittelschilde. Im blauen Mittelschilde drei übereinander schwimmende Fische. 1 in damascirtem Roth ein damascirter, silberner Balken; 2 und 3 in Gold ein an die Theilungslinie angeschlossener, halber, gekrönter, schwarzer Adler und 4 in Blau ein geharnischter Arm, welcher in der Faust ein durch einen Türkenkopf gestochenes Schwert schwingt). Pfalz-Neuenburgisches Adelsgeschlecht, aus welchem Franz Carl v. Vispach um 1700 die Hofmark Etterzhausen unweit des Marktes Laber in der Oberpfalz, besass und Hector v. F., Herr auf Schmidtmühlen, Pilsheim, Vilswört und Fünfaichen 1707 auf dem Landtage zu Amberg erschien. Später ist der Stamm erloschen.

<small>Freih. v. Reisach, histor.-topogr. Beschreibung des Herzogth. Neuburg, 1780. S. 172. — Siebmacher. III. 137.</small>

Fischbach, s. Fischer v. Fischbach.

Fischbeck, Fischbecke, Vischbeck, Visbeke (in Roth oder Blau, auch in Gold ein quergelegter, gekrümmter Fisch). Ein urkundlich im 13. bis 15. Jahrh. im Mindenschen, Schauenburgischen, Diepholzischen und Hoyaischen mehrfach vorkommendes Adelsgeschlecht, welches wohl zu Anfange des 17. Jahrh. erloschen ist. Im Hoyaischen war die Familie 1472 mit Liebenau und Holzhausen, mit letzterem Gute auch noch 1516, so wie mit Stolzenau 1595 begütert und im Mindenschen besass Jobst v. Vischbeck 1578 den Nienhof bei Schlüsselburg. — Siebmacher, V. 195 giebt das gleiche Wappen einer schweizerischen Familie, welche er Vischbach schreibt.

<small>Freih. v. Ledebur, III. S. 59: Vischbeck, etc. — v. Meding, I. S. 155: Fischbecke.</small>

Fischbeck, Vischpeckh (im Schilde ein, einen Fisch haltender Löwe). Altbayerisches Adelsgeschlecht, welches auf Losenstein sass und nach diesem Sitze sich auch schrieb. Die Güter und das Wappen desselben gingen um 1550 auf die v. Peuscher über.

<small>v. Hefner, Stammbuch I. S. 866.</small>

Fischborn (in Silber ein mit Kopf und Schwanz niederwärts gekrümmter, schwarzer Fisch. Auf dem Helme drei silberne Straussenfedern, über welchen das Schildesbild liegt). Altes hessisches Adelsgeschlecht, welches zum Fuldaischen Lehnshofe gehörte und aus welchem ein Zweig auch nach Franken gekommen sein soll, wogegen die

Heraldik nichts einwenden kann, da Siebmacher II. 80, unter dem fränkischen Adel mit dem Namen Fischborn ein ähnliches Wappen giebt: in Silber ein schräglinks gelegter, den Rücken krümmender. schwarzer Fisch und auf dem Helme ein grünender Baum, über dessen Stamm ein den Kopf links kehrender Fisch mit gebogenem Rücken quergelegt ist. Dagegen ist wohl ein anderes fränkisches Geschlecht dieses Namens, nach Siebmacher, I. 106: in Roth ein silberner Wolf und auf dem Helme ein geschlossener, rother Adlersflug, ein Geschlecht anderen Stammes.

Schannat, S. 83. — Siebmacher, V. 137.

Fischen, Fisch, Fiske, Fischer (Schild der Länge nach getheilt: rechts in Silber drei über einander gelegte, die Spitzen links kehrende, goldene Pfeile und über denselben ein goldener Stern u. links in Blau zwei goldene Sterne über einander und über dem oberen derselben mit einem silbernen Halbmonde mit Gesicht belegt). Altes, pommernsches Adelsgeschlecht, eines Stammes und Wappens mit der alten Familie v. Zancke, Zancken, welches Micrael als „ein Geschlecht der Freien" aufführt und welches Brüggemann, der dasselbe zu dem Adel des Landes Lauenburg zählt, nicht Fischen, sondern Fischer nennt. Der Stamm, welcher schon 1639 Trzebiatkow im Lauenburg-Bütowschen inne hatte, hat fortgeblüht u. August u. Franz v. Fischer besassen in neuester Zeit das genannte Gut mit Zemmen.

Micrael, S. 484 und 547. — Gauhe, II. S. 289. — N. Pr. A.-L. II. S. 171 und 172. — Freih. v. Ledebur, I. S. 221. und III. S. 252. — Siebmacher, III. 159. — v. Meding, III. S. 179

Fischenbach, s. Hallaz v. Fischenbach.

Fischenich. Altes Adelsgeschlecht in der Eifel aus dem gleichnamigen Stammhause im Landkreise Cöln. — Cuno v. F. wurde im Anfange des 14. Jahrh. von Cur-Cöln mit Fischenich belehnt und Adam v. F. im 15. Jahrh. vom Herzoge Gerhard zu Jülich mit einem Hause zu Dollendorf. Von einem jüngeren Bruder Adams v. F., Reinhard v. F. stammte aus der Ehe mit Eva v. Brandscheid nur eine Tochter. Der Mannsstamm erlosch mit Adams Sohne, Hermann und die Erbtochter, Margaretha, vermählte sich mit Winand v. Broil.

N. Pr. A.-L. II. S. 172. — Fahne, I. S. 97 u. II. S. 47.

Fischer, Freiherren. Erbländ.-österr. Freiherrnstand. Diplom von 1766 für Elias Fischer, k. k. Oberstlieutnant des Wied'schen Infant.-Reg.

Megerle v. Mühlfeld, S. 49.

Fischer, Freiherr. (Schild quergetheilt: oben in Schwarz auf der Theilungslinie ein goldener, leopardirter Löwe und unten in Roth ein auf dem im Schildesfusse befindlichen Wasser schwimmender Flussbarbe). Freiherrnstand des Königreichs Sachsen. Diplom vom 27. Jan. 1816 für Hans Ludwig Valerian Fischer, k. sächs. Kreishauptmann des erzgebirgischen Kreises. Derselbe ist später als k. sächs. Obersteuerdirector gestorben, ohne den Stamm fortgesetzt zu haben.

W.-B. d. sächs. Staaten, II. 22. — Knreschke, II. S. 151 und 152.

Fischer, Ritter und Edle. Reichs- und erbländ.-österr. Ritterstand.

Diplom v. 1726 für Johann Leonhard Fischer, nieder-österr. Landschafts-Obereinnehmeramts-Verwalter, mit dem Prädicate: Edler v.
<small>*Megerle v. Mühlfeld,* S. 109.</small>

Fischer, Ritter. Böhmischer alter Ritterstand. Diplom, v. 1702 für Christoph Leopold v. Fischer, k. k. Hofagenten.
<small>*Megerle v. Mühlfeld,* Ergänz.-Bd. S. 139.</small>

Fischer, Ritter. Erbländ.-österr. Ritterstand. Diplom von 1767 für Christoph Leopold Fischer. k. k. Grenadier-Hauptmann. — Alois Ritter v. Fischer war neuerlich Hauptmann in der k. k. Monturs-Branche.
<small>*Megerle v. Mühlfeld,* Ergänz.-Bd. S. 139.</small>

Fischer, s. Fischen, S. 261.

Fischer, Edle. Erbländ.-österr. Adelsstand. Diplom vom 8. Apr. 1847 für Leopold Fischer, k. k. Platzobersten zu Komorn, mit dem Prädicate: Edler v. Derselbe wurde in neuester Zeit unter den unangestellten k. k. Generalmajors aufgeführt.
<small>Handschr. Notiz.</small>

Fischer. Erbländ.-österr. Adelsstand. Diplom von 1812 für Ferdinand Aloys Fischer, Magistratsrath zu Grätz. Dieses einfache, von Megerle v. Mühlfeld klar und deutlich aufgeführte Diplom gab unter einziger Berufung auf letztgenannten Schriftsteller v. Hellbach, I. S. 364, wie folgt: „Fischer v. Endelau. Der Magistratsrath Ferdinand und Aloys F. zu Grätz, wurde 1812 geadelt." In Folge dieser Angabe wurde neuerlich gedruckt: Fischer v. Endelau. Der Magistratsrath Ferdinand F. und sein Sohn, Aloys F. zu Gratz, wurden 1812 geadelt. — Es ist doch wahrlich nicht zu viel verlangt, wenn man fordert, dass neue compilatorische Werke auf die ursprünglichen Quellen zurückgehen.
<small>*Megerle v. Mühlfeld,* S. 183.</small>

Fischer. Erbländ.-österr. Adelsstand. Diplom von 1819 für Ignaz Rösler, Stuhlwaaren-Fabrikanten zu Nixdorf in Böhmen und für den Neffen desselben, Joseph Emanuel Fischer. S. Fischer v. Röslerstamm.
<small>*Megerle v. Mühlfeld,* S. 250 u. 251.</small>

Fischer (Schild der Länge nach von Blau und Gold getheilt, mit zwei Wallfischen von gewechselten Farben und zwischen denselben ein aufgerichteter Schiffsanker). Böhmischer Adelsstand. Diplom vom 22. Aug. 1607 für Peter Fischer auf Kroschwitz bei Schweidnitz. — Derselbe, ohne männliche Nachkommen gest. 1614, war ein Bruder des 1616 verstorbenen Tobias Fischer, auf Kroschwitz, Doctor der Medicin, welcher Annales Silesiae und Stammtafeln der schlesischen Fürsten herausgab u. auch in dem Rufe eines guten Dichters stand.
<small>*Sinapius,* II. S. 623. — *Gauhe,* II. S. 289. — *Freih. v. Ledebur,* I. S. 221.</small>

Fischer. In Preussen anerkannter Adelsstand. Anerkennungsdiplom vom 14. Jan. 1789 für Daniel Leberecht v. Fischer, k. preuss. Domainenrath in Halberstadt.
<small>*v. Hellbach,* I. S. 369. — *N. Pr. A.-L.* II. S. 172 u. III. S. 3. — *Freih. v. Ledebur,* I. S. 221.</small>

Fischer (in Blau ein schrägrechts fliessender, silberner Strom, in welchem über einander drei Fische von natürlicher Farbe nach oben schwimmen und welcher von zwei goldenen Bienen beseitet ist). Preussischer Adelsstand. Diplom vom 18. Oct. 1786 für Carl Benjamin Fischer, k. preuss. Kriegsrath u. Herrn auf Tschistey im Guhrauer Kreise, Reg.-Bez. Breslau u. vom 8. März 1804 mit dem gleichen Wappen für die Gebrüder Gustav Emanuel David Fischer, Lieutenant in der oberschlesischen Füsiliergarde und Adolph Ferdinand Maximilian Fischer, Lieutenant der 2. Füselierbrigade. Letzterer starb 1811 als Stabscapitain des 5. k. pr. Inf.-Regim.

<small>*v. Hellbach*, I. S. 142 u. 143. — N. Pr. A.-L. II, S. 172 u. 173, III. S. 2. u. 5 u. V. S. 156. — *Freih. v. Ledebur*, I. S. 221. — W.-B. d. preuss. Monarch. III. 18. — *Kneschke*, III. S. 141 u. 142.</small>

Fischer (in Blau auf grünem Boden eine rechtsgekehrte, weisse Taube). Reichsadelsstand. Kursächsisches Reichsvicariatsdiplom v. 22. Juni 1792 für Johann Gottfried Fischer, Inhaber einer Leinwandgrosshandlung in Lauban. Der Familie, welcher die Güter Oberlinda und Steinkirch unweit Lauban zustanden, ist 16. Jul. 1852 mit Salomo Gotthelf v. Fischer wieder erloschen.

<small>Handschr. Notiz. — *Freih. v. Ledebur*, I. S. 221. — *Tyroff*, I. 188. — W. B. der sächs. Staaten, VI. 26. — *Kneschke*, III. S. 142.</small>

Fischer (Schild quergetheilt: oben in Roth ein schrägrechter, silberner Balken, mit drei goldenen Sternen nach einander belegt und unten in Blau zwei, mit den Köpfen sich zugewendete, mit einem nach oben geschlungenen Bande vereinigte Fische). Reichsadelsstand. Kurpfälzisches Reichs-Vicariatsdiplom vom 24. Juli 1790 für den kurpfalzbayerischen Hofrath Fischer, Donaten des Malteser-Ordens und Secretair des Fürsten v. Bretzenheim. — Der Sohn desselben, Heinrich Carl Joseph v. Fischer, geb. 1782, k. bayer. Architect und Professor der bildenden Künste und Mitglied der Academie der Wissenschaften, wurde in die Adelsmatrikel des Kgr. Bayern eingetragen.

<small>*v. Lang*, Supplement, S. 98. — W.-B. d. Kgr. Bayern, V. 39. — *v. Hefner*, bayer. Adel. Tab. 66. u. S. 76.</small>

Fischer v. Aalbach. Erbländ.-österr. Adelsstand. Diplom von 1838 für Joseph Fischer, k. k. Rittmeister, mit dem Prädicate: v. Aalbach.

<small>Handschr. Notiz.</small>

Fischer v. Adelswerth. Erbländ.-österr. Adelsstand. Diplom von 1811 für Andreas Fischer, k. k. Feldstabsarzt, mit dem Prädicate: v. Adelswerth. Der Stamm wurde fortgesetzt. Wilhelm Fischer v. Adelswerth, k. k. Major, war 1856 Militair- und Stadtcommandant zu Zengg.

<small>*Megerle v. Mühlfeld*, Ergänz.-Bd. S. 284. — Militair-Schemat. 1856. S. 109.</small>

Fischer v. Dietsburg. Erbländ.-österr. Adelsstand. Diplom von 1817 für Joseph Fischer, k. k. Lieutenant des Temeswarer Garnisons-Artillerie-Districts, mit dem Prädicate: v. Dietzburg.

<small>*Megerle v. Mühlfeld*, Ergänz.-Bd. S. 284.</small>

Fischer v. Ehrenfuss. Erbländ.-österr. Adelsstand. Diplom von

1791 für Franz Fischer, k. k. Major bei Johann Gr. Pálffy-Infant., mit dem Prädicate: v. Ehrenfluss.

Megerle v. Mühlfeld, Ergänz.-Bd. S. 284.

Fischer v. Ehrenstrom, Freiherren. Erbländ.-österr. Freiherrnstand. Diplom v. 1771 für Franz Fischer v. Ehrenstrom, k. k. Hauptmann bei Gr. Königsegg-Infant. Derselbe hatte 1770 mit dem Prädicate: v. Ehrenstrom den erbländisch-österr. Adelsstand erhalten.

Megerle v. Mühlfeld, Ergänz.-Bd. S. 56. u. S. 284.

Fischer v. Eichberg. Erbländ.-österr. Adelsstand mit dem Prädicate: v. Eichberg. — Carl Fischer v. Eichberg steht als Lieutenant im 29. k. k. Infant.-Regimente.

Militair-Schemat. 1856 u. ff.

Fischer v. Endelau, s. Fischer (Magistratsrath zu Grätz). S. 262.

Fischer v. Erlach, Freiherren. Erbländ.-österr. Freiherrnstand. Diplom von 1731 für Joseph Emanuel Fischer v. Erlach, k. k. Hofarchitecten.

Megerle v. Mühlfeld, S. 49.

Fischer v. Feldsee. Erbländ.-österr. Adelsstand mit dem Prädicate: v. Feldsee. — Carl Fischer v. Feldsee steht als Oberlieut. im 28. k. k. Inf.-Regim.

Milit.-Schemat. 1856 u. ff.

Fischer v. Fischerbach. Böhmischer Adelsstand. Diplom v. 1703 für Johann Adam Fischer, Gutsbesitzer in Schlesien, mit dem Prädicate: v. Fischerbach (Fischbach).

N. Pr. A.-L. II. S. 172. — Sinapius, II. S. 623. — Gauhe, II. S. 289. — Megerle v. Mühlfeld, Ergänz.-Bd. S. 284. — Frh. v. Ledebur, I. S. 221.

Fischer v. Fischerberg. Reichsadelsstand. Diplom von 1734 für Johann Fischer, nieder-österr. Landschafts-Buchhalter mit dem Prädicate: v. Fischerberg.

Megerle v. Mühlfeld, Ergänz.-Bd. S. 284.

Fischer v. Flembach, Edle und Ritter (Schild geviert mit silbernem Mittelschilde, in welchem in einem schrägrechts fliessenden Bache ein Hecht nach oben schwimmt. 1 und 4 in Roth ein aufwachsender Mann in goldener Kleidung etc., welcher in der Linken einen Hecht aufwärts hält und 2 und 3 in Blau ein goldgeharnischter Arm, in der Faust eine Streitkolbe haltend). Kurpfälzischer Adels- und Ritterstand. Diplom vom 14. Apr. 1796 für Franz Anton Edlen Fischer v. Flembach, Beider Rechte Licentiaten, kurpfälz. Hofgerichts-Advocaten, päpstl., kais. und kurpfälz. Landesregier.-Notar, fürstbischöfl. Regensburg. und Freising. Hofrath, kais. Hofpfalzgrafen und Administrator zu Michelfeld in der Oberpfalz und zwar unter Aufhebung des frühern Geschlechtsnamens bach, des H. R. R. Ritter- und mit dem Prädicate: Edler v. Flembach. Derselbe war 7. Febr. 1795 von Maximilian Wunibald Grafen zu Zeyl-Waldburg, in Kraft der demselben zustehenden grossen Comitive, mit dem Befugniss, sich: Edler Fischer v. Flembach zu schreiben, in den Adelsstand versetzt worden. Aus seiner Ehe mit einer gebornen Steuber entsprossten drei Söhne: Clemens Anton, geb. 1787, k. bayer. Kreis-Auwalt in Amberg, Maximilian Ignaz, geb. 1792, k. bayer. Lieuten. u. Johann Friedrich (Dieterich) geb. 1795, welche später, unter dem Namen; v. Flembach, Ritter, in die Adelsmatrikel des Kgr. Bayern eingetragen wurden.

v. Lang, S. 336. — Tyroff, I. 251 und Siebenkees, I. S. 318 und 319. — W.-B. des Kgr. Bayern, V. 11. — v. Hefner, bayer. Adel, Tab. 87. u. S. 77.

Fischer v. Kranzfeld. Erbländ.-österr. Adelsstand. Diplom von 1774 für Johann Fischer, k. k. Rittmeister bei Gr. Serbellioni-Cuirass., mit dem Prädicate: v. Kranzfeld.

Megerle v. Mühlfeld, S. 284.

Fischer v. Rieselbach, Ritter. Ritterstand der Königreiche Galizien und Lodomirien. Diplom vom 20. Juli 1782 für die Gebrüder Johann Franz Fischer, k. k. Rath und Hofcommissair in Tabakgefällsachen u. für den Bruder desselben, Adalbert Fischer, galizischen Tabaksgefälls-Canzlei-Ingrossisten, mit dem Prädicate: v. Rieselbach.

Leupold, I. S. 330-333. — Megerle v. Mühlfeld, S. 109. — Kneschke, II. S. 152 u. 153.

Fischer v. Röslerstamm, Edle. Erbländ.-österr. Adelsstand. Diplom von 1819 für Joseph Emanuel Fischer, Director der Stahlwaarenfabrik zu Nixdorf in Böhmen, mit dem Prädicate: Edler v. Röslerstamm.

Megerle v. Mühlfeld, Ergänz.-Bd. S. 284.

Fischer v. See. Erbländ.-österr. Adelsstand. Diplom von 1810 für Joseph Fischer, k. k. Obersten bei Gr. Kolowrat-Infanterie, mit dem Prädicate: v. See. Der Stamm hat fortgeblüht. In neuester Zeit standen in der k. k. Armee August und Hugo F. v. S. als Oberlieutenants und Richard F. v. S. als Unterlieutenant.

Megerle v. Mühlfeld, S. 183.

Fischer v. Streitenau. Galizischer Adelsstand. Diplom von 1797 für Severin Fischer, Landmünzprobirer in Galizien, mit dem Prädicate: v. Streitenau.

Megerle v. Mühlfeld, S. 183.

Fischer v. Tiefensee. Erbländ.-österr. Adelsstand. Diplom von 1820 für Johann Fischer, k. k. Obersten, mit dem Prädicate v. Tiefensee.

Megerle v. Mühlfeld, Ergänz.-Bd. S. 284.

Fischer v. Treuenfeld, Trenenfeld. Ein zu dem preussischen Adel gehörendes Geschlecht. Ein v. F.-T. war 1851 k. preuss. Appellationsgerichtsrath zu Naumburg a. d. Saale und ein Anderer Oberförster zu Pütt, auch stehen Sprossen des Stammes in der kön. preuss. Armee.

Frh. v. Ledebur, I. S. 221 u. 222.

Fischer v. Weikersthal, Weukersthal. Erbländ.-österr. Adelsstand. Diplom von 1812 für Bernhard Fischer k. k. pens. Hauptmann, mit dem Prädicate: v. Weukersthal. Die Familie gehört jetzt zu dem württembergischen Adel.

Megerle v. Mühlfeld, S. 183. — v. Hefner, württemb. Adel, Tab. 19 u. S. 15.

Fischer v. Wellenborn. Erbländ.-österr. Adelsstand. Diplom von 1858 für Carl Fischer, k. k. Feldkriegscommissair, mit dem Prädicate: v. Wellenborn.

Augsb. Allgem. Zeitung 1858.

Fischer, Ritter v. Weyler (Schild geviert: 1 und 4 in Roth über silbernen Wellen ein querliegender, mit dem Kopfe rechts gewendeter, silberner „Bärschling," über dessen Rücken ein fünfstrahliger, goldener Stern schwebt und 2 und 3 in Blau ein goldenes, mit dem Mundstücke links gewendetes Posthorn). Reichsritterstand. Diplom vom 8. Mai 1680 für Beatus Fischer, Berner Patricier, Secretair des grossen Rathes der Stadt Bern, Errichter der Posten in der Schweiz etc., mit dem Prädicate: v. Weyler. — Die Familie, aus welcher der Diplomsempfänger stammte, gehört schon seit länger als 500 Jahren zu den Patriciern Berns und derselbe, gest. 1698 war Herr zu Rychenbach und sass 1695 im kleinen Rathe zu Bern. Von ihm stammte Samuel F. Ritter v. W., gest. 1720, 1710 Mitglied des grossen Rathes und von diesem Rudolph Friedrich F., Ritter v. W., gest. 1781, im grossen Rathe 1760 und Zeugherr 1761. Von Letzterem entspross Carl F., Ritter v. W., gest. 1821, welcher sich aus dem grossen Rathe 1816 zurückzog und von diesem Friedrich Albrecht F., Ritter v. W., gest. 1837, im grossen Rathe 1803, Gutsbesitzer im Eichberg bei Bern und Ober-Amtmann auf Burgdorf 1824. Des Letzteren Sohn ist Carl Ferdinand F. Ritter v. W., geb. 1796, Gutsbesitzer im Eichberg und 1825 im grossen Rathe und sein Sohn Carl Albrecht Ferdinand F. Ritter v. Weyler, geb. 1821 ist k. k. Lieutenant im Gr. Thun-Hohenstein 29. Inf.-Regim.

Handschr. Notizen.

Fischer v. Wildensee, Edle. Erbländ.-österr. Adelsstand. Diplom für Johann Fischer, k. k. Capitainlieutenant, mit dem Prädicate: Edler v. Wildensee.

Handschriftl. Notiz.

Fischer v. Wilhelmsbach. Erbländ.-österr. Adelsstand mit dem Prädicate: v. Wilhelmsbach. Ludwig Fischer v. Wilhelmsbach kommt in letzter Zeit als k. k. Major vor.

Militair-Schemat. d. österr. Kaiserth.

Fischerbach, s. Fischer v. Fischerbach, S. 264.

Fischern (in Blau drei gebogen über einander gelegte Fische und in der Mitte derselben eine Kugel). Reichsadelsstand. Diplom von 1708 für die nachgelassenen Kinder des kais. Kanzlers Johann Jobst Fischer, mit dem Namen v. Fischern. Die Familie, welche ursprünglich aus England stammen soll, kommt bereits 1574 in Hessen vor u. wurde im 17. u. 18. Jahrh. in den thüringischen Fürstenthümern begütert: Graefenrode war 1690, Frankenheim 1701 u. Ebertshausen, Liebenstein u. Wenigsschwan 1769 in der Hand des Geschlechts. — Der Stamm, über welchen sich besonders Hörschelmann verbreitet, hat fortgeblüht u. aus demselben ist Carl August Friedrich Adolph v. Fischern, Doctor der Rechte, herzogl. sächs. meiningenscher Geh.-Rath, Präsident des Appellationsgerichts zu Hildburghausen etc. hervorgegangen.

Hörschelmann, Sammlung zuverlässiger Stamm- und Ahnentafeln, S. 19 und desselben geneal. Adelshistorie I. S. 147—151. — N. Geneal. Handb. 1777 S. 209 und 1778. S. 266 u. 267. — *Freih. v. Ledebur*, I. S. 222 u. III. S. 252. — *Tyroff*, 1. 188. — *v. Hefner*, sächs. Adel Tab. 28 u. S. 26 u. schwarzb. Adel, S. 53.

Fischheim, Ritter. Reichsritterstand. Kurbayerisches Reichs-Vicariatsdiplom vom 24. Sept. 1745 für Martin v. Fischheim, kurbayerischen Hoffourier. Derselbe, welcher früher, 1739, den Adel erhalten, pflanzte den Stamm fort u. zwei Enkel desselben, die Gebrüder, Carl Ludwig Ritter v. F., geb. 1770, fürstl. wallerstein- und fuggerscher Consulent und Franz Carl Ritter v. F., geb. 1778, k. bayer. quitt. Hauptmann, wurden in die Adelsmatrikel des Kgr. Bayern eingetragen.

v. Lang, S. 335. — W.-B. d. Kgr. Bayern, V. 39. — v. Hefner, bayer. Adel, Tab. 86 u. S. 76

Fischler v. Treuberg, Grafen. Grafenstand des Königr. Sachsen. Diplom vom Juli 1817 für Franz Xaver Fischler Freiherrn v. Treuberg, Herrn auf Holzen, Abmannshofen, Druisheim, Heretsried und Osterbach, herz. sächs. coburg. Geh.-Rath etc. etc. Derselbe, gest. 1835, früher Erzieher des Erbprinzen Carl Anton zu Hohenzollern-Sigmaringen, vermählte sich später mit der Schwester des Fürsten Anton zu Hohenzollern-Sigmaringen, Grf. Crescentia, geb. 1766 und erhielt 1810 den Freiherrnstand mit dem Prädicate: v. Treuberg. Aus seiner Ehe entspross ein einziger Sohn, welcher sich um 1843 mit einer Prinzessin v. Goya, Tochter des Kaisers Don Pedro v. Brasilien, welche in München erzogen wurde, vermählte und sich in Bayern sesshaft machte.

Handschriftliche Notiz. — W.-B. des Kgr. Bayern, XI. 5. — v. Hefner, bayer. Adel, Tab. 4 u. S. 10. und Ergänz.-Bd. S. 6.

Fischpeckh, Fischpoeck (in Schwarz auf einem silbernen, an den Ecken mit ebenfalls silbernen Quasten besetzten Polster ein goldenes Becken, in welchem ein Fisch von natürlicher Farbe liegt). Ein in Oesterreich ob und unter der Enns begütert gewesenes Ritterstandsgeschlecht, welches aus Bayern gestammt haben soll, da allerdings ein altes Adelsgeschlecht Fischbeck, Vischpeckh, s. den betreffenden Artikel S. 260 vorkam, doch führte dasselbe ein anderes Wappen. — Urkundlich erscheint in Oesterreich zuerst Lorenz Vischpöckh 1342 als Pfleger zu Werffenstein. Georg Fischpeckh empfing um 1411 einige regensburgische Lehen und sein Sohn, Leonhard Fischpöckh, Herr zu Vorchdorf und Seebarn 1461 tritt in Urkunden noch auf. Von dem Sohne des Letzteren, Bernhard F., stammten drei Söhne, Leopold, Christoph und Bernhard der Jüngere. Letztere Beide waren 1534 und Bernhard d. J. noch 1550 mit dem Schlosse und Gute Ober-Seebarn begütert. Mit diesem Bernhard d. J. ging in Niederösterreich der Stamm aus.

Wissgrill, III. S. 49 u. 50.

Fisenne. Altes französisches Adelsgeschlecht, dessen Adel 1701 erneuert worden ist. Der Familie standen früher die Herrschaften Fisenne, Oppagne, Rianive und Soiron in den Ardennen zu. 1845 lebte ein k. preuss. Appellations-Gerichtsrath v. F. in Cöln, mehrere Sprossen des Stammes wohnten in Cöln und einige standen in der k. preuss. Armee. — In die Adelsmatrikel der preuss. Rheinprovinz wurden, laut Eingabe d. d. Aachen 20. Juni 1829, Ludwig Anton und Peter v. Fisenne, mit Ludwig, Carl, August, Hubert und Ferdinand v. Fisenne in die Classe der Edelleute unter Nr. 21 eingetragen.

N. Pr. A.-L. II. S. 173. — Frh. v. Ledebur, I. S. 222. — W.-B. d. preuss. Rheinprovinz. I. Tab. 35. Nr. 70. u. S. 36.

Fitzgerald. Altes, ursprünglich irländisches Adelsgeschlecht, welches in der zweiten Hälfte des 18. Jahrh. in das Anspach-Bayreuthische kam, wo 1791 noch Nicolaus v. Fitzgerald als markgräfl. Anspach-bayr. Geh.-Rath lebte.

Tyroff, I. 18 und Siebenkees, I. S. 361 u. 362.

Fitzner v. Fitzenburg. Böhmischer Adelsstand. Diplom von 1737 für Joseph Wenzel Fitzner, Apotheker in Prag, mit dem Prädicate: v. Fitzenburg.

Meyerle v. Mühlfeld, Ergänz.-Bd. S. 284.

Flach (Schild fünfmal von Schwarz u. Silber quergestreift, oder in Schwarz zwei silberne Querbalken). Ritterliches Stadtgeschlecht in Cöln, längst ausgegangen. Dem Wappen nach stand dasselbe mit dem im nachstehenden Artikel besprochenen Stamme in Verbindung.

Freih. v. Ledebur, I. S. 222.

Flach v. Schwartzenberg (Schild von Schwarz und Gold fünfmal quergestreift, also in Schwarz zwei goldene Querbalken, oder: Schild fünfmal von Gold und Schwarz mit gewechselten Tincturen getheilt). Altes, rheinländisches Adelsgeschlecht, als dessen Ahnherr Wilhelm Flach v. Schwartzenberg, Ritter, welcher um 1209 lebte, genannt wird. Von den Nachkommen desselben gelangten mehrere im Erzstifte Mainz zu hohen geistlichen Würden. Der Stamm blühte vom 16. Jahrh. bis in den Anfang des 17. Jahrh. hinein und die Gebrüder Eberhard Philipps (dessen Sohn, Philipps, 1594 als Heermeister des Johanniter-Ordens starb u. welcher wohl 6. Sept. 1610 den Stamm schloss), Philipps Adam und Hans Jörg F. v. S., kais. Rath u. Ober-Amtmann zu Hanau und der Vetter derselben, Philipps Wolf F. v. S., welche vor und um letztgenannte Zeit lebten, waren die Letzten des Stammes, welchen Schannat auch als zum fuldaischen Lehnshofe gehörig aufführt. Schannat, welcher die Familie: Flach v. Swartzenburg schreibt, nimmt für die hessische Linie den von Gold und Schwarz mit gewechselten Tincturen fünfmal quergetheilten Schild an, welchen Siebmacher dem rheinländischen Stamme beilegt. Humbracht giebt für denselben in Schwarz zwei goldene Balken an, welche Siebmacher der hessischen Linie zuschreibt.

Humbracht, S. 101. — Schannat, S. 83. — Gauhe, I. S. 1383 u. 1384. — Freih. v. Ledebur, I. S. 222. — Siebmacher, I.125: Die Flachen v. Schwartzenberg, Rheinländisch u. 138: Die Flachen, Hessisch. — v. Meding, I. S. 156 und 157.

Flachenfeld, Freiherren (Schild geviert mit Mittelschilde und in demselben ein Adler. 1 und 4 ein Hirsch und 2 und 3 ein Löwe). Erbländ.-österr. Freiherrnstand. Diplom von 1739 für Lorenz Christoph v. Flachenfeld, Land- u. Hofrechts-Beisitzer in Krain. Derselbe stammte aus einem Adelsgeschlechte, welches in der Person des Johann Andreas v. F. 1682 in die krainer Landstandschaft gelangt war und sein Enkel, Freih. Carl, k. k. Oberst und Commandeur des Cuirass-Reg. Fürst Moritz v. Liechtenstein, wurde im Octob. 1813 Generalfeldwachtmeister, fiel aber, ehe er seiner neuen Bestimmung zugegangen, in der Schlacht bei Hanau.

Meyerle v. Mühlfeld, Ergänz.-Bd. S. 56. — N. Pr. A.-L. II. S. 173.

Flachenfeld, s. Flacht v. Flachenfeld.

Flachsberg, Flachsberger, Flachberger. Ein aus Tirol nach Oesterreich gekommenes Adelsgeschlecht, aus welchem Engelbrecht Flachsberger 1461 des Herzogs Sigismund in Tirol Hofdiener war. Christoph Flachsberger, auch v. Flachsberg genannt, gest. 1521, kaufte bald nach 1508 das Schloss und die Herrschaft St. Margarethen am Moos in Niederösterreich und die Söhne desselben, Achatz, Heinrich und Christoph d. J., besassen 1534 gemeinschaftlich die genannte Besitzung. Achatz Flachberger v. Flachsberg lebte noch 1552 und später ging mit Magaretha, Tochter Christophs v. Flachsberg des Aelteren, welche mit Georg Niemitz vermählt war und bereits 1551 St. Margarethen inne hatte, der Name des Geschlechts aus.

Wissgrill, III. S. 50 u. 51.

Flachsbinder. Ein in Ostpreussen vorgekommenes Adelsgeschlecht, aus welchem Johann v. Flachsbinder, genannt Dantiscus, 27. October 1548 als Bischof von Ermland starb.

Freih. v. Ledebur, III. S. 252.

Flachsland, Flachslanden, Flachslandt, Flaaland, Freiherren. Altes, elsassisches u. schweizerisches Adelsgeschlecht, welches im 17. Jahrhunderte auch nach Schlesien kam. Werner v. Flaxland blieb 1386 bei Sempach und Hanns v. F., Ritter, war 1454 Bürgermeister zu Basel. Hans Jacob v. Flachsland und Thürmenau, Herr auf Golschwitz und Hibersdorf unweit Falkenberg in Schlesien, starb 1658 als fürstl. liegnitzischer Hofmarschall. — Maria Johanna Magdalena Freiin v. Flachslanden war von 1774—1781 Fürstin und Aebtissin zu Andlau im Niederelsass und Johann Baptist Anton Freih. v. Flachslanden, geb. 1749, wurde als k. bayer. Geh.-Rath und Johanniter-Ordens Gross-Bally in Neuburg in die Adelsmatrikel des Königreichs Bayern in der Classe der Freiherren eingetragen. Mit demselben ist, so viel bekannt, 1825 der alte Stamm erloschen.

Sinapius, II. S. 624. — Gauhe, II. S. 289 u. 290. — v. Hattstein, II. S. 101. 103 104. 268. 272. Anhang, S. 31 u. III. S. 422. Anhang, S. 45 und 60. — Biedermann, Canton Ottenwald, Tab. 141. — v. Lang, S. 122. — N. Pr. A.-L. V. S. 156. — Freih. v. Ledebur, I. S. 222. — Siebmacher, I. 197: v. Flachslandt, Schweizerisch. - Suppl. zu Siebm. W.-B. VII. 23. — Tyrof I. 166 u. Siebenkees, I. S. 362. — W.-B. d. Kgr. Bayern, II. 96 u. v. Wölckern, Abth. 2.

Flacht v. Flachenfeld, Ritter. Böhmischer Ritterstand. Diplom von 4. Jan. 1715 für Johann Joachim Flacht v. Flachenfeld, Kaufmann zu Breslau. Derselbe, gest. 1718, war Herr auf Oldern und k. k. Commerzienrath, hatte 1706 mit dem Prädicate: v. Flachenfeld den Adel erhalten.

Megerle v. Mühlfeld, Ergänz.-Bd. S. 140 und 185. — Freih v. Ledebur, I. S. 222.

Flad. Ein ursprünglich aus der Rheinpfalz stammendes, in Bayern blühendes Adelsgeschlecht, dessen Adel durch Besitzthum u. ein älteres agnatisches Diplom nachgewiesen ist. — Carl Anton v. Flad kommt bereits 1767 als kurbayerischer Truchsess vor. In die Adelsmatrikel des Königreichs Bayern wurden eingetragen: die Gebrüder Carl Joseph v. F., geb. 1758, k. bayer. Conservator im statistisch-topograph. Bureau in München und Friedrich v. Flad, geb. 1772, k. bayer. Major, so wie der Vetter derselben, Philipp Joseph v. Flad, geb. 1778, k. bayer. Legationsrath in München.

v. Lang, S. 336. — W.-B. d. Kgr. Bayern, V. 48. — v. Hefner, bayer. Adel, Tab. 86 u. S. 77

Flade, Flade v. Ehrenschild, Ritter (Schild geviert: 1 in Roth drei, 2 u. 1, weisse Rosen; 2 und 3 in Gold ein einwärts gekehrter, blauer Löwe und 4 in Roth drei übers Kreuz gelegte Hellebarden mit goldenen Schäften). Böhmischer Ritterstand. Diplom vom 11. Juli 1685 für Gottfried Georg Joseph Flade, Bürgermeister zu Hirschberg in Schlesien.

<small>*Zeller*, Merkwürdigkeiten der Stadt Hirschberg, I. S. 191. — *Sinapius*, II. S. 607. — *v. Hellbach*, I. S. 366. — N. Pr. A.-L. II. S. 112. — *Durst*, Allgem. W.-B. I. S. 12 u. 13.</small>

Fladen und Ascheburg (in Roth zwei halbe, weisse Räder und dazwischen eine weisse Lilie) s. Ascheburg, v. Fladen und Aschenburg, Bd. I. S. 122, so wie den Artikel: Bressler auch **Ritter u. Grafen**, Bd. II. S 61 u. 62.

Flader, Edle. Erbländ.-österr. Adelsstand. Diplom von 1797 für Matthaeus Flader, k. k. Hofmobilien-Magazins-Verwalter, wegen 46jähriger Dienstleistung, mit dem Prädicate: Edler v.

<small>*Megerle v. Mühlfeld*, S. 183.</small>

Fladnitz, Flädnitz. Altes, steiermärkisches Adelsgeschlecht, welches urkundlich schon 1328 vorkam, 1514 mit dem Prädicate: v. Schlanning den Freiherrnstand erhielt u. mit Friedrich Freih. F. v. S. 1550 erloschen ist. Güter und Wappen: in Schwarz ein goldener Querbalken, erbten die Herren v. Gleisbach. Das Wappen zeigt der Mittelschild der Grafen v. Gleissbach.

<small>*Schmutz*, I. S. 374. — *Siebmacher*, III. 77.</small>

Fladung. Erbländ.-österr. Adelsstand. Diplom von 1780 für Peter Ferdinand Fladung, Verwalter der Bancal-Administrations-Hauptcasse in Kärnten.

<small>*Leupold*, I. 2. S. 333. — *Megerle v. Mühlfeld*, S. 183.</small>

Fladungen (im Schilde ein der Rübe ähnliches Erdgewächs). Hessisches Adelsgeschlecht, welches zum fuldaischen Lehnshofe gehörte. Dasselbe ist wohl mit Caspar v. Fladungen 1463 erloschen, da in diesem Jahre die fuldaischen Lehne des Stammes an die v. Narbe kamen.

<small>*Schannat*, S. 83. — *v. Meding*, III. S. 179 u. 180.</small>

Fladungen. Fränkisches, dem Rittercanton Rhön-Werra einverleibt gewesenes Adelsgeschlecht aus dem gleichnamigen Stammhause; dem im Würzburgischen liegenden Städtchen und Amte Fladungen. Heinrich von Fladungen kommt schon 1303 vor und Hans v. F. schloss 1514 den Mannsstamm.

<small>*Biedermann*, Rhön-Werra, Tab. 388.</small>

Flagingk. Adelsstand des Königreichs Preussen. Diplom vom 16. Apr. 1740 für Gerhard Flagingk aus der Grafschaft Lingen. Alle weitere Nachrichten über die Familie fehlen.

<small>*v. Hellbach*, I. S. 366. — N. Pr. A.-L. I. S. 39 u. V. S. 157. — *Frh. v. Ledebur*, I. S. 777. — W.-B. d. Preuss. Monarch. III. 18.</small>

Flamberg, Flammberg, Preuner Edle v. Flamberg, Ritter. Erbländ.-österr. Ritterstand. Diplom von 1702 für Georg Simon Prenner, niederösterr. Landschafts-Grenzzahlmeister, mit dem Prädicate: Edler v. Flamberg. — Der Diplomsempfänger stammte aus dem österr.

Geschlechte: Prenner, und behielt den ursprünglichen Namen bei, doch hat Wissgrill den Stamm mit dem Namen Flamberg aufgeführt und so mag derselbe auch hier seinen Platz finden. Georg Simon Prenner Edler v. Flamberg war in erster Ehe vermählt mit Catharina Pitterer und in zweiter mit Theresia v. Kolb, gest. 1778, aus welcher letzteren Ehe nur Töchter entsprossten, von welchen Maria Rosa mit Ferdinand Freih. v. d. Mark, k. k. Hofrathe etc. vermählt war. — Aus der ersten Ehe stammten Franz Joseph P. Edler v. F., k. k. Hauptmann, welcher das Schloss und Gut Praunsperg in Niederösterreich kaufte und 1723 als Landesmitglied unter die neuen Geschlechter des Ritterstandes aufgenommen wurde. Aus seiner zweiten Ehe mit Josepha Puffhüber entspross ein Sohn, Joseph P. Edler v. F., dessen Tochter aus der Ehe mit N. Lichtmanegger, Anna Maria, sich mit Franz Grafen v. Walsegg vermählte. Dieselbe war die Letzte ihres Namens.

Wissgrill, III. S. 51 u. 52. — Megerle v. Mühlfeld, S. 137 und 138: Prenner Edler v. F.

Flaming. Steiermärkisches, von 1168 bis 1460 vorgekommenes Adelsgeschlecht.

Schmutz, I. S. 937.

Flaming. Altes, cölner Stadtgeschlecht, welches von Fahne erwähnt wird.

Fahne, I. S. 100.

Flamio. Ein zu den görzer Patriziern gehörendes Geschlecht.

v. Hefner, görzer Adel, Tab. 25 u. S. 27.

Flamm, Ritter. Böhmischer Ritterstand. Diplom von 1701 für Christoph Maximilian Flamm.

Megerle v. Mühlfeld, Ergänz.-B. S. 140.

Flamm v. Flammeck. Erbländ.-österr. Adelsstand. Diplom von 1518 für Andre Flamm aus Sterzingen a. d. Eisek, mit dem Prädicate: v. Flammeck und der Erlaubniss, den ihm zustehenden Edelsitz Flammeck nennen zu dürfen. Der Stamm wurde fortgesetzt bis Georg Flamm v. Flammeck denselben bald nach 1606 schloss.

v. Hefner, ausgest. tirol. Adel. Tab. 3.

Flammersheim. Altes, niederrheinisches Adelsgeschlecht, aus dem gleichnamigen Stammschlosse im jetzigen Kr. Rheinbach, Reg.-Bez. Cöln. — Johann v. Flammersheim kommt 1381 als Vasall der Dynasten v. Blankenheim vor, während die Burg Flammersheim schon 1358 den v. Reimersheim zustand, welche mit derselben von dem Herzoge Wilhelm zu Jülich belehnt worden waren. Später kam diese Burg durch Vermählung an die Krümmel v. Eynatten, dann an die Freiherren v. Palland und durch weitere Erbtöchter an die v. Quadt, v. Dallwig-Lichtenfels, v. Vincke u. v. d. Schulenburg-Wolfsburg.

N. Pr. A.-L. II. S. 173.

Flandrin. Altes, französisches Adelsgeschlecht, aus welchem Petrus Flandrinus aus der Diöces Viviers, gest. 1381, Cardinal war und auf Befehl des Papstes Gregor XI. die Schriften des Raymund Neophytus näher untersuchte. — Die Familie soll schon in früher Zeit nach Schlesien gekommen und bereits 1138 mit Kattern im Breslauischen begütert gewesen sein. Michael v. F., welcher noch 1624 lebte, war in Schlesien angesessen, der gleichnamige Sohn desselben war Herr auf Klein- und Gross-Bresa, Nieffke und Garawenze im Breslauischen und die Familie besass noch 1720 Klein-Muritzch im Oelsnischen. Später ist der Stamm ausgegangen.

Sinapius, II. S. 624. — *Jöcher*, Comp. Gelehrten-Lexic. S. 973. — *Gauhe*, II. S. 290. — *Freih. v. Ledebur*, I. S. 222.

Flauss, Flans, Flanz. Altes, brandenburgisches Adelsgeschlecht, welches ursprünglich aus Thüringen stammen und in alten Urkunden dieses Landes unter dem Namen: v. Orlamünde vorkommen soll. — Angeli setzt dasselbe schon nach 926 in die Marken, doch ist der Stamm, aus welchem von Pfeffinger Berthold Flans 1101 als Abt zu St. Michaelis in Lüneburg genannt wird, erst aus dem 14. Jahrhundert näher bekannt: bereits 1344 stand demselben im Brandenburgischen Baumgarten unweit Ruppin und 1345 Schora im jetzigen Kr. Jerichow I., Provinz Sachsen, zu. — Hans v. F. lebte am Hofe des Herzogs Wilhelm zu Sachsen und zog mit demselben 1461 ins gelobte Land; Georg Flaus kommt 1507 als „Marschalk" u. Dietrich F. 1509 als Oberst-Hofmeister des Kurfürsten Joachim I. Nestor zu Brandenburg vor; 1511 nennt Letzterer den erbarn und lieben getreuen Bartolt Flausen, seinen Kammerdiener; Conrad F. war 1563 im Gefolge des Kurfürsten Joachim II. bei der Kaiserwahl zu Frankfurt; Hanns Flauss, Hauptmann zu Belitz und erbgesessen zu Wittbrietzen und Christoph Flanuss, Ritter, treten urkundlich 1567 auf; Hennig v. F., gest. 1630, war kurbrandenburgischer Oberschenk und Adam Christoph v. F. a. d. H. Wittbrietzen, gest. 1748, stieg in der k. preuss. Armee bis zum Generalfeldmarschall. Derselbe war mit Amalie Charlotte v. Kalkstein vermählt u. sein Bruder, Henning Ehrenreich v. F., war Herr auf Gr. und Kl. Zieten etc. Von Letzterem stammte Curt Friedrich v. F., gest. 1763 als k. preuss. Generalmajor und Chef eines Dragoner-Regiments. Derselbe war mit einer v. Friedeborn vermählt und hinterliess drei Söhne. — Den im Laufe der Zeit mehrfach wechselnden Güterbesitz der Familie in den Provinzen Brandenburg und Sachsen, im Rheinlande und in Ostpreussen hat Freih. v. Ledebur sehr genau zusammengestellt. — In der zweiten Hälfte des 18. Jahrh. kam das Geschlecht auch in das Reussische ein Sprosse desselben war, so viel bekannt, reuss-plauenscher Canzler zu Gera, wo der Stamm fortblühte. — Im Anfange dieses Jahrh. kam in Preussen der Major v. F. vor, welcher noch 1805 Gouverneur des Hofpageninstituts zu Berlin war, doch scheint nach dieser Zeit das Geschlecht nicht mehr gliederreich gewesen zu sein, so dass man schon das Ausgehen desselben annahm. Doch hat derselbe fortgeblüht: ein v. Flans studirte 1851 in Breslau und M. v. Flauss, geb. 1839 zu Breslau, studirt gegenwärtig auf der Universität Leipzig.

Angeli, märk. Chronik, S. 39. — *Pfeffinger*, I. S. 333. — *Sinapius*, II. S. 624 u. 625. — *Gauhe*, I. S. 533 und 534. — Codex brandenb. XIII. S. 195, 198 ff. — N. Pr. A.-L. II. S. 173 und 174 u. V. S. 157. — *Freih. v. Ledebur*, I. S. 222 und 223 und III. S. 252. — *Siebmacher*, I. 171: Die Flans, Sächsisch. — *Dienemann*, S. 164. Nr. 14 u. S. 182. — *v. Meding*, I. S. 157 u. 158. — W.-B. d. sächsischen Staaten, VII. 36. — *v. Hefner*, sächs. Adel, Tab. 38 und S. 26.

Flaschenberger, s. Flachsberger, S. 269.

Flaschke, Flaschky, Flaschka. Altes, ursprünglich böhmisches Adelsgeschlecht, welches aus dem Prachimer Kreise nach Schlesien kam und im Münsterbergischen und Liegnitzischen begütert wurde, auch soll sich ein Zweig nach Sachsen gewendet und bei Meissen angekauft haben. — Smilo Flaschka v. Richemburg wird 1401 als oberster Münzmeister des Königr. Böhmen genannt; Matthias Flaschka kaufte 1656 von der Familie v. Sebottendorf das Rittergut Ober-Kunern unweit Münsterberg und Johann v. Flaschka war 1686 k. Kammerrrath in Schlesien.

Balbini, Misc. Bohem. Lib. I. Dec. 2. — *Redel,* Schenaw. Prag. S. 158 (179). — *Sinapius,* II. S. 625. — *Gauhe,* II. S. 290. — N. Pr. A.-L. VI, S. 29. — *Freih. v. Ledebur,* I. S. 223.

Flaschner v. Rahberg (Schild der Länge nach getheilt: rechts in Roth eine goldene Lyra und links in Silber ein zweihügeliger, bis zum linken Schildesrande erhöhter, grüner Berg). Adelsstand des Kgr. Sachsen. Diplom vom 15. Februar 1812 für Gotthelf Benjamin Flaschner, Privatgelehrten zu Zittau, für seine Tochter, Caroline Mariana F. und seinen Sohn, Friedrich August F., mit dem Prädicate: v. Ruhberg. — Die Gemahlin des Diplomsempfängers stammte aus dem alten schlesisch-sächs. Adelsgeschlechte v. Berge. — Friedrich August F. v. R. kaufte sich später in der Lausitz an, starb aber ohne den Stamm fortgesetzt zu haben.

Dorst, Allgem. W.-B. I. S. 146 u. 147. — W.-B. d. sächs. Staaten. II. 59. — *Kneschke* II. S. 153. — *v. Hefner,* sächs. Adel. Tab. 61 u. S. 45.

Flatow (in Schwarz ein mit Saiten bespanntes Griffbret einer Laute, oder in Silber ein stehender, schwarzer Lautenhals, dessen oberer, mit goldenen Wirbeln versehener Theil links gekehrt ist). Ein von der alten meklenburgischen Familie v. Flotow wohl zu unterscheidendes Adelsgeschlecht, welches in der Neumark mit Rehfelde im Kr. Soldin 1700 und noch 1730 und in Pommern mit Billerbeck im Kr. Pyritz 1768 begütert war. Micrael sagt: Flatowen, Stettinisch, Afterlehnsleute der Rammel v. Wüsterwitz.

Micrael, S. 484. — *Freih. v. Ledebur,* I. S. 223. — *Siebmacher,* III. 159. — *v. Meding,* III. S. 180.

Flechtner. Böhmischer Adelsstand. Diplom v. 1729 für Franz Ferdinand Flechtner, böhmischen Expeditor und Taxator bei der Appellationskammer zu Prag und für den Bruder desselben, Johann Franz Flechtner, Secretair bei dem Tribunale in Mähren.

Megerle v. Mühlfeld, Ergänz.-Bd. S. 285.

Fleckh v. Benkh. Reichsadelsstand. Diplom von 1517 für Adolph Fleckh, kais. Proviantmeister aus Schwaben, mit dem Prädicate: v. Benkh. — Carl Fleckh war in Niederösterreich 1534 zu Himberg u. Wilhelm Fleck v. Benkh mit Erdberg u. Wilhelmsdorf begütert. Sebastian Fleck v. Benkh war 1573 mit Barbara Wallowitz begütert. Nach Friedesheim ging dieses ritterliche Geschlecht 1593 in Oesterreich aus.

Wissgrill, III. S. 53.

Fleckenbühl, genannt **Bürgel.** Altes, hessisches Adelsgeschlecht aus den unweit Marburg gelegenen Stamm- und Namenshäusern, dem Hofe Fleckenbühel und der Burg Bürgel mit Zubehör. — Die ordentliche Stammreihe der Familie beginnt 1309 mit Conrad v. F. u. dem Bruder desselben, Andreas und läuft, von Conrad absteigend, wie Freih. v. Krohne genau angiebt, durch das 15. bis in das 18. Jahrh. fort. In letzterem starb 1722 Philipp Otto v. F. gen. B., verm. mit Maria Christina v. Nordeck zur Rabenau. Aus dieser Ehe entspross Georg Philipp v. F. gen. B., gest. 1781., k. Reichskammer-Gerichts-Assessor zu Wetzlar, verm. mit Anna Christine Elisabeth v. Franz, aus welcher Ehe Johann Philipp Franz v. F. gen. B., gest. 1796, früher k. Reichskammer-Gerichts-Assessor zu Wetzlar und später fürstl. hessen-casselscher Staats-Minister und Präsident des Ober-Appell.-Gerichts, stammte. Derselbe, verm. mit Henriette Freiin v. Gemmingen zu Guttenberg, gest. 1852, war der Letzte seines Mannsstammes. Die einzige Tochter, Charlotte, vermählte sich mit dem hess. darmstädtschen Jägermeister Wilhelm Adam v. Curti u. später als Wittwe mit dem hess.-darmst. Capitain Christian August Stürtz.

Handschriftl. Notiz. — *Kuchenbecker*, Annal. Hass., Coll. I. S. 247. — *Gauhe*, I. S. 534 u. 535. — *Zedler*, IX. S. 1191. — *Freih. v. Krohne*, I. S. 298—301. — *Rummel*, hessisch. Gesch. II. S. 228. — *Siebmacher*, I. 138: v. F. gen. B., Hessisch.

Fleckenstein, Freiherren. Altes, rheinländisches Adelsgeschlecht, welches später den Titel: Herren und Freiherren führte, aus dem gleichnamigen, im Unter-Elsass im Wassgaue auf hohen Felsen gelegenen Stammschlosse. — Die ordentliche Stammreihe der Familie beginnt Hübner mit Henrich v. F., welcher um 1255 lebte und durch zwei Söhne, Rudolph und Heinrich (II.), der Stifter zweier Linien wurde. Rudolph fing die ältere Linie, später zu Dagstuhl im Trierschen (im jetzigen Kr. Merzig), an und sein Enkel, Heinrich (III.) vermählte sich 1380 mit einer v. Raldingen, Erbin der Herrschaft Dagstuhl. Zu den Enkeln des Letzteren gehörten die Gebrüder: Johann, von 1423 bis 1436 Bischof zu Basel und Heinrich (IV.), dessen Enkel, Friedrich 1467 den Reichsfreiherrnstand in die Familie brachte. Die Nachkommenschaft des Freiherrn Friedrich blühte bis 1644 fort, in welchem Jahre Freih. Georg, nachdem er die Herrschaft Dagstuhl an Kurtrier verkauft hatte, seine Linie schloss. — Die jüngere von Heinrich (II.) gestiftete Linie führte nur das adelige Prädicat. Aus derselben lebte zu Anfange des 17. Jahrh. Friedrich v. F., fürstl. baden-durchlach'scher Geh.-Rath und Hofrichter. Von den Söhnen desselben starb Georg Henrich 1658 als kurbayer. Oberst-Wachtmeister und Friedrich Wolfgang, k. franz. Feldmarschall, blieb 1674 im Kriege, Jacob aber setzte den Stamm fort, doch war im Anfange des 18. Jahrh. der Sohn desselben, Friedrich Jacob, Herr der Herrschaft Fleckenstein mit Sultz zwischen Hagenau u. Weissenburg, der Einzige seines Stammes. — Soweit reichen Gauhe's Nachrichten. — v. *Hellbach* giebt die Linie zu Dagstuhl als jüngere, nennt als ältere die Linie zu Möurs und sagt, dass dieselbe noch blühe, doch erwähnen neuere Werke das Fortblühen des Stammes nicht. — Gauhe giebt noch an, dass in früherer Zeit mehrere dieses Stammes vorgekommen wären, welche wohl zu einer anderen, als der von ihm nach Hübner erwähnten Linien gehört hätten. Zu denselben zählt ein v. F., welcher 1276 den Bischof Friedrich zu Speyer, Schulden halber, gefangen hielt, bis der Kaiser Rudolph v. Habsburg sich desselben annahm; Johann v. F., von 1410 bis 1416 Bischof zu Worms und Ludwig v. F., kurpfälz. Ober-Hof-Marschall, 1530 Gesandter auf dem Reichstage zu Augsburg (auf welchem auch Friedrich v. F. mit dem Bischofe zu Worms erschien) und 1532 auf dem Convente zu Nürnberg.

Bucelini, II. Sect. 3. S. 120 u. 121. — *Imhof*, Notit. Proc. J. R. Lib. 6. c. 4. — *v. Frankenberg*, europäischer Herold, I. S. 610. — *Hübner*, II. Tab. 476. — *Gauhe*, II. S. 290—292. *Zedler*, IX. S. 1193. — *v. Hellbach*, I. S. 367. — N. Pr. A.-L. VI. S. 30. — *Freih. v. Ledebur*, I. S. 223. — *Siebmacher*, I. 199: v. Fleckenstein, Elsassisch und VI. 9. Herren v. F.

Fleckhammer v. Aystetten. Erbländisch-österr. Adelsstand. Diplom von 1855 für Emanuel Fleckhammer, k. k. Oberstlieutenant beim Geniecorps, mit dem Prädicate: v. Aystetten. Derselbe war bereits 1856 als k. k. Oberst dem Genie-Comité zugetheilt.

Militair-Schematismus 1855 u. 1856. S. 67.

Fleckinger auf Herrenwörth. Adelsstand des Kgr. Bayern. Diplom vom 13. Dec. 1818 für Aloys Fleckinger, vormals Grosshändler und Banquier in München, Inhaber des Landguts Herrenwörth im Chiemsee. Das genannte Gut ist neuerlich an den Grafen v. Hunoldstein gekommen.

v. Lang, Supplem. S. 98. — W.-B. d. Kgr Bayern, V. 40. — *v. Hefner* bayer. Adel, Tab. 87 und S. 77.

Fleckschild, Vleckschild. Altes, längst ausgegangenes, bremensches Adelsgeschlecht, aus welchem die Gebrüder Johann, Marten u. Hermann F. noch 1390 lebten.

Mushard, S. 243. — *v. Meding*, II. S. 171.

Flehingen. Altes, rheinländisches Adelsgeschlecht, dessen Stammreihe Humbracht mit Berthold v. Flehingen um 1216 beginnt. Von den Urenkeln desselben führte Reinhard F. den Beinamen: Frey, Albrecht F.: Zeussenhäuser und Ulrich F.: Gibel. Letzterer wurde 1305 von einem Vetter ermordet, worauf die Brüder als Helmschmuck ihres Schildes: (in Schwarz fünf, 2. 1 und 2., silberne Kugeln) einen sitzenden grauen Wolf annahmen, welcher ein weisses Lamm im Rachen hält. Von Ulrich's Bruder, Ludwig, stammte Marquard, gest. 1413 als Abt zu Herren-Alb, welche Würde auch Eberhard v. F. 40 Jahre von 1456 im Kloster Odenheim bekleidete. Derselbe war der letzte Abt dieses Klosters. Von seinen Brüdern starb Ulrich v. F. 1499 als fürstl. württemb. Hofmeister. Dieser hatte das Stammgut Flehingen verloren, doch erhielt dasselbe sein älterer Sohn, Erph Ulrich, gest. 1542, kurpfälz. Hauptmann und württemb. Obervoigt zu Maulbrun, wieder. Der einzige Sohn des Letzteren, Ludwig Wolf, starb 1600 als kurpfälzischer Hofgerichtsrath. Er hatte aus vier Ehen 14 Kinder gehabt, doch schloss sein jüngster Sohn, Philipp Ludwig, unvermählt den ganzen Stamm, nachdem seines Grossvaters Bruder, Ulrich Wolf v. F., kurpfälz. Burggraf auf Starkenburg, Fauth zu Bretten, Untermarschall, Reiter-Hauptmann des k. Kammergerichts zu Speier, etc. 1553 seine Linie geendigt hatte.

Bucelini, II. S. 82. — *Humbracht*, S. 83. — *Gauhe*, I. S. 3084 u. 35. — *Siebmacher* I. 118: v. F., Schwäbisch. — *v. Meding*, II. S. 171 und 172.

Flehingen, Fleckenberg v. Flehingen. Ein in neuerer Zeit in Preussen vorgekommenes Adelsgeschlecht, aus welchem ein Sprosse in neuerer Zeit Hauptmann in der k. pr. Armee war.

<small>Diplom. Jahrb. für den preuss. Staat. 1843. S. 320.</small>

Fleischbein v. Kleeberg. Reichsadelsstand. Diplom vom 23. März 1639 für die in Frankfurt am Main ansässigen Gebrüder Fleischbein: Caspar Philipp, Johann Philipp und Nicolaus und zwar: weil K. Rudolph II. u. K. Ferdinand II. ihr altanererbtes, durch kaiserl. Wappenbrief von 1530 erlangtes Wappen ihrem 1627 verstorbenen Vetter, Caspar Fleischbein, J. U. L., Jurisconsultus, Pfalzgrafen u. k. k., so wie kurmainz. Hofrathe, durch Diplom vom 12. Jan. 1608 bestätigt und verbessert, ihn auch in den Adelsstand erhoben hätten, sie aber, da er ohne Leibeserben verstorben, seine nächsten Erben gewesen, aber nicht in dem Diplome von 1608 begriffen wären — und Bestätigungs- und Erneuerungsdiplom vom 23 November 1665 für den von den genannten Gebrüdern allein noch lebenden Johann Philipp v. F., mit abermaliger Verbesserung des Wappens und mit dem Prädicate: v. Kleeberg. — Das in Rede stehende Geschlecht stammte wahrscheinlich aus Babenhausen, wo 1547 Hans Fleischberg lebte, welcher später nach Frankfurt a. M. zog. — Die Nachkommenschaft des Johann Philipp F. v. K. blühte fort und gehörte von 1621 bis 1824, in welchem Jahre der Stamm erlosch zu der altadeligen Gesellschaft des Hauses Frauenstein zu Frankfurt a. M. und von 1755 mit einem Gliede, dem Johann Daniel F. v. K., auch zu der altadeligen Ganerbschaft des Hauses Alten-Limpurg in Frankfurt a. M.

<small>N. Geneal. Handb. 1777 S. 204–206 u. 1778 S. 267 und 268 und Nachtr., II. S. 145 und II. Nachtr. S. 9. — Siebmacher, IV. 61 u. 311. — Kneschke, IV. S. 126 und 127.</small>

Fleischer v. Eichenkranz, Freiherren. Erbländ.-österr. Freiherrnstand. Diplom von 1809 für Ferdinand Fleischer v. Eichenkranz, k. k. General-Feldwachtmeister. Derselbe war ein Sohn des k. k. pens. General-Feldwachtmeisters Carl Fleischer, welcher 1808 den erbländ.-österr. Adelsstand mit dem Prädicate: v. Eichenkranz erhalten hatte.

<small>Megerle v. Mühlfeld, Ergänz.-Bd. S. 58 und S. 285. — Kneschke. IV. S. 179.</small>

Fleischer v. Kämpfinfeld. Erbländ.-österr. Adelsstand. Diplom von 1769 für Franz Joseph Fleischer, k. k. Oberlieutenant bei Carl Gr. Pálffy-Cuirassier, wegen 31jähriger Dienstleistung, mit dem Prädicate: v. Kämpfinfeld (Kempfinfeld) und von 1770 für Melchior Ignaz Fleischer, k. k. Hauptmann bei Prinz Sachsen-Coburg-Dragoner, mit demselben Prädicate. — Die Diplomsempfänger waren nach Allem Brüder. Der Stamm hat fortgeblüht und Franz Fleischer v. Kämpfinfeld war in neuester Zeit k. k. Major im 10. Grenz-Infant.-Regimente.

<small>Megerle v. Mühlfeld, S. 183 u. Ergänz.-B. S. 295.</small>

Fleischess. Niederösterreichisches Rittergeschlecht, aus welchem urkundlich zuerst 1277 Fridericus Miles dictus Fleischezz vorkommt. Der Mannsstamm blühte bis in das 15. Jahrh. hinein, in welchem Mathes Fleischess von Streitwiesen noch 1441 urkundlich auftritt.

Derselbe war wohl der letzte männliche Sprosse des Geschlechts, denn 1455 empfing Jacob Schrott mit seiner ehelichen Hausfrau, Catharina Fleischessin, vom K. Friedrich III die Veste Streitwiesen zu Lehn.

<small>*Wissgrill*, III. S. 53—56.</small>

Fleischhakel v. Hakenau. Erbländ.-österr. Adelsstand. Diplom von 1816 für Franz Fleischhakel, k. k. Agenten zu Bucharest, mit dem Prädicate: v. Hakenau.

<small>*Megerle v. Mühlfeld*, S. 183.</small>

Fleischhaker. Erbländ.-österr. Adelsstand. Emmerich v. Fleischhaker war 1856 Major im k. k. 37. Infant.-Regim.

<small>Militair-Schem. 1856. S. 269.</small>

Fleischhauer. Böhmischer Adelsstand. Diplom vom 1. Aug. 1690 für Paul Fleischhauer.

<small>*v. Hellbach*, I. S. 368.</small>

Fleischmann, Freiherren. Erbländ.-österr. Freiherrnstand. Diplom von 1722 für Anselm Franz v. Fleischmann, k. k. Hofkriegsrath. Nach Siebmacher, V. 100, kam ein schwäbisches Adelsgeschlecht dieses Namens vor.

<small>*Megerle v. Mühlfeld*, S. 49.</small>

Fleissner v. Littitz. Reichs-Adelsstand. Diplom von 1729 für Franz Paul Fleissner zu Prag, mit dem Prädicate: v. Littitz.

<small>*Megerle v. Mühlfeld*, Ergänz.-B. S. 285.</small>

Fleissner v. Wostrowitz, Ritter und Freiherren (Schild geviert: 1 u. 4 in Gold ein an die Theilungslinie angeschlossener, halber schwarzer Adler und 2 und 3 in Roth ein goldener, nach unten geöffneter Zirkel). — Reichs-Adel- und Reichs- und böhmischer Ritter- so wie erbländ.-österr. Freiherrnstand. Adelsdiplom von 1733 für Joseph Nicolaus Fleissner, mit dem Prädicate: v. Wostrowa; Reichsritterstandsdiplom von 1734 und böhmisches Ritterstandsdiplom von 1741 für denselben als Gutsbesitzer in Böhmen, so wie Freiherrndiplom von 1818 für Ernst Fleissner Ritter v. Wostrowitz, Gutsbesitzer in Böhmen u. vom 25. Nov. 1841 für Emanuel Fleissner Ritter v. Wostrowitz, k. k. pens. Major. — In der k. k. Armee standen in neuester Zeit: Franz Freiherr Fleissner Ritter v. Wostrowitz, k. k. Oberst; Julius Freih. Fleissner v. Wostrowitz, k. k. Rittm. 1. Cl. im 5. Uhlanen-Regim. und Eduard Freih. F. v. W., k. k. Rittm. 1. Cl. im 10. Uhlanen-Regim.

<small>*Megerle v. Mühlfeld*, Ergänz.-Bd S. 56., 140 u. 285. — Suppl. zu Siebm. W.-B. VII. 18.</small>

Flemming, auch Grafen. (Stammwappen: in Blau ein auf den Hinterfüssen stehender, rechtsgekehrter, gekrönter, weisser Wolf, mit den Vordertatzen ein rothes Kammrad haltend. Gräfliches Wappen: Schild geviert, mit, das Stammwappen enthaltendem Mittelschilde. 1 und 4 in Gold ein, beide Felde schrägrechts durchziehender, schwarzer Marschallstab mit silbernen Beschlägen und 2 und 3 in Schwarz, auch in Blau, ein in der Mitte schneckenförmig gebogenes, goldenes Posthorn mit einmal über sich geschlungenem, goldenen Bande). Reichsgrafenstand. Diplom vom 16. Nov. 1700 für Georg Caspar u.

Haino Heinrich v. F.; kursächs. Reichs-Vicariatsdiplom vom 1. Dec. 1711 für Georg Ludwig v. F.; k. preuss. Anerkennungsdiplom des in die Familie gekommenen Reichsgrafenstandes u. Reichsgrafendiplom von 1721 für Philipp Friedrich v. F., Ivenscher Linie, k. preuss. Geh.-Rath, Erb-Landmarschall in Pommern etc. — Die Familie v. Flemming zählt zu den ältesten, angesehensten und begütersten Familien in Pommern. J. J. F. Schmidt leitet dieselbe im Geiste seiner Zeit, über welche man hinweggekommen ist, von den alten römischen Flamminiis her, während Andere für wahrscheinlich halten, dass das Geschlecht, aus Niedersachsen stammend, nach Flandern gekommen, dort den Namen der Flämminge, d. i. der Deutschen, angenommen u. im 12. Jahrh. vom Markgrafen zu Brandenburg Albertus Ursus, nach Vertreibung der Wenden, an die Elbe in das Magdeburgische u. Anhaltische gerufen worden sei und von da sich in Thüringen und Pommern ausgebreitet habe, doch sind alle diese Angaben historisch nicht sicher nachzuweisen. Fest steht nur, dass das Geschlecht schon in früher Zeit in Pommern zu den Schloss- u. Burggessenen gehörte, u. 1315 Conrad Flemingen lebte, dass dasselbe das Erblandmarschallamt in Pommern in der Person des Dame Fleming vom Herzoge Bogislav VIII. im Anfange des 15. Jahrh. erhielt und sich in mehrere deutsche und auswärtige Länder ausbreitete. Die fortlaufende Stammreihe fängt mit Tham Flemmingen an, welcher um 1295 in Pommern lebte. Die Söhne desselben, Curt und Erdmann, gründeten zwei Hauptlinien: Ersterer die Böckische, Letzterer die Martenthinische Linie. Die Böckische Hauptlinie schied sich durch die Söhne des Curt F., Hans und Heinrich, in die Speciallinien zu Schwirsen und zu Pazig u. aus Letzterer entstanden die Häuser Matzdorf und Pibbernow.— Der Stifter der Martenthinischen Linie, Erdmann v. F., hinterliess zwei Söhne, Claus und Hans. Von Claus stammten die v. Flemming in Schweden, von Hans v. F. aber durch seine Urenkel, Hans Heinrich und Joachim v. F., die späteren Grafen v. Flemming: von Hans Heinrich, dem Sohne des Felix Paris v. F., entsprossten die jetzt noch blühenden Grafen v. F., von Joachim's Sohne aber, Jacob, die im 17. Jahrh. berühmt gewordenen, im Mannsstamme 1777. s. unten, erloschenen Grafen v. F. — Jacob's Söhne aus der Ehe mit Barbara v. Pfuhl waren die oben genannten Gebrüder, Georg Caspar, gest. 1703 und Haino Heinrich, gest. 1706, welche zuerst den Reichsgrafenstand in die Familie brachten. Graf Georg Caspar, kurbrandenb. Geh.-Rath etc. hinterliess aus der Ehe mit Agnes Helene v. Flemming, gestorb. 1696, drei Söhne, Joachim Friedrich, k. poln. und kursächs. General en Chef der Cavallerie, Gouverneur v. Leipzig etc., Jacob Heinrich, gest. 1728, k. poln. u. chursächs. General-Feldmarschall, Geh. Staats- und Kriegsminister und Bogislav Bodo, gest. 1732, k. poln. und kursächs. General-Lieutenant, mit welchem die Linie des Grafen Georg Caspar im Mannsstamme ausging. — Graf Haino Heinrich, gest. 1706, k. preuss. w. Geh. Staats- und Kriegsrath, General-Feldmarschall u. Gouverneur von Pommern, hinterliess aus dritter Ehe mit Dorothea Elisabeth v. Pfuhl, gest. 1742, zwei Söhne: Georg Joachim, gestorb.

1746, k. poln. und kursächs. General-Feldzeugmeister u. Gouverneur von Litthauen und Johann Georg, gest 1747, k. poln. und kursächs. General-Lieutenant, mit dessen Sohne, Friedrich, k. preuss. Hauptmanne, die Nachkommenschaft des Grafen Haino Heinrich 1777 im Mannsstamme ausstarb, da ein dritter Sohn des Letzteren, Adam Friedrich, k. poln. und kursächs. Kammerherr, gest. 1744 aus der Ehe mit Catharina Henriette v. Ahlefeld nur eine Tochter, Franzisca, Frau auf Puschwitz, hatte, welche als verw. Freifrau v. Rackuitz 1790 starb. — Hans Heinrich's Enkel, Philipp Christian, gest. 1738, ein Sohn des Felix Paris v. F. aus der Ehe mit Catharina Sabina v. Schwerin, k. preuss. Geh.-Rath etc., aus der Ivenschen Linie des Geschlechts stammend, brachte, wie oben angegeben, abermals den Reichsgrafenstand in seine, noch fortblühende Linie. Derselbe hinterliess aus der Ehe mit Dorothea Sophia v. Flemming zwei Söhne: Georg Detlev, gest. 1771, k. poln. und kursächs. General der Inf. etc. und Carl Georg Friedrich, gest. 1767, kursächs. Geh. Cabinets-Minister etc. Aus der Ehe des Letzteren mit Henriette Charlotte Prinzessin v. Lubomirska, gest. 1782, entspross Graf Johann Georg, gest. 1830, vormals k. poln. Krongrossschwertträger, verm. mit Christiana Maria Charlotte Freiin v. Hardenberg und aus dieser Ehe stammt. Graf Carl, geb. 1783, Herr auf Krossen und Grosshelmsdorf in der Provinz Sachsen, so wie Joen mit Flemmingsfelde und Martenthin in Pommern, bis 1844 Chef-Präsident der k. preuss. Regier. zu Erfurt, verm. 1812 mit Wilhelmine Grf. v. Hardenberg zu Neu-Hardenberg geb. 1792. Die drei Söhne aus dieser Ehe, neben vier Töchtern: Gr. Aurelie, verm. Freifrau v. Bockum-Dolffs auf Ahsse, geb. 1819, Grf. Clementine, vermählte Freifrau v. Gustedt auf Dardesheim, geb. 1820, Grf. Antonie, vermählte Freifrau von Gustedt auf Deersheim u. Rhoden, geb. 1822 u. Grf. Marie, geb. 1826, sind: Graf Albert, geb. 1813, Herr der Lehngüter Buckow, Garzin und Obersdorf in der Provinz Brandenburg, k. preuss. Legations-Rath etc.; Graf Felix, geb. 1814, k. preuss. Prem.-Lieut. a. D., verm. 1853 mit Clotilde v. Forcade de Biaix, geb. 1824 und Graf Edmund, geb. 1827, k. preuss. Lieut. im 32. Landw.-Regim. — Ueber die Besitzungen der gräflichen, so wie der im Adelsstande verbliebenen Linien und Häuser der Familie in Pommern, wo ein ganzer Kreis früher der Flemmingsche hiess, in den Provinzen Brandenburg und Sachsen etc. hat Freih. v. Ledebur die genauesten Nachrichten gegeben. Auch aus den adeligen Linien sind mehrere Sprossen zu hohen Ehrenstellen in der k. preuss. Armee gelangt u. der Stamm ist in Pommern, namentlich im Kreise Kammin noch reich begütert. In neuester Zeit wurde aufgeführt: Carl Wilhelm Franz v. F. auf Baseuthin, Beverdick, Benz, Bresow a und b, Claushagen, Drammin, Lance c, Paatzig, Pemplow, Ribbertow, Tager und Zebbin, sämmtlich im Kr. Kammin, so wie Matzdorf im Kr. Naugard, ein v. F., k. preuss. Lieut. a. D., besitzt Boeck und Langendorf im Kr. Kammin und ein v. F., k. preuss. Reg.-Referendar, Leussin im Kr. Usedom-Wollin.

Micrael, S. 484. — *Knauth*, S. 505. — *Chr. Bornmann*, Flemmingus in arena et lauris,

1700. — *J. J. F. Schmidt*, Genealogia Flemingiana, Stargard, 1703. — *Sinapius*, II. S. 73–79. — *Gauhe*, I. S. 535–545 u. II. S. 1455–1471. — *Kuster*, Access. ad. Biblioth. Brandenburg. S. 77. — *Zedler*, IX. S. 1222. — *H. Eggemann*, I. Hptst. 2 und 11. — *Jacobi*, 1800, II. S. 207 und 208. — Allg. Geneal. und Staatshandb. 1824, I. S. 560–562. — N. Pr. A.-L. II. S. 174–176. — Deutsche Grafenh. d. Gegenw. I. S. 237–239. — Geneal. Taschenb. d. grfl. Häuser, 1859, S. 273 und 274 u. hist. Handb. zu demselben, S. 215. — *Siebmacher*, III. 155 und 159; v. F. — *Dienemann*, S. 183. Nr. 3. — *v. Meding*, III. S. 150–182; v. F. und Gr. v. F. — *Tyroff*, II. 93 u. 119. — Pommersches W.-B. IV. Tab. 13 und S. 54–42; v. F. und Gr. v. F. und Tab. 17 und 18: sehr alte Siegel der Familie. — W.-B. der sächs. Staaten, I. 22: Gr. v. F. und VII. 17; v. F. — *v. Hefner*, preuss. Adel, Tab. 8 u. S. 7; Gr. v. F.

Flemming, Vlemming (in Silber drei rothe Querbalken, jeder mit drei (der untere wohl auch nur mit zwei) goldenen Kugeln belegt). Altes, pommersches Adelsgeschlecht, nach Einigen eines Stammes mit der im vorstehenden Artikel besprochenen Familie, wenn auch die Wappen ganz verschieden sind. Dasselbe besass im jetzigen franzburger Kreise Kirr bereits 1326, Krukenshagen vor 1480 u. Hohen-Barnekow etc. vor 1525 und ist wohl in Pommern vor 1600 erloschen. Ein Zweig des Geschlechts war aber nach Schweden gekommen und als Ahnherr desselben wird meist Claus Flemmingen aus der Martenthinschen Linie angenommen, welcher zu Ende des 14. Jahrh. mit dem Herzoge Heinrich V. in Pommern, dem späteren Könige Erich XIII. von Schweden, nach Schweden gekommen sein soll. Die Familie kam in Schweden zu hohem Ansehen und erhielt den Freiherrn- u. Grafenstand, breitete sich auch in Dänemark und dem Lauenburgischen aus. Im Wappen findet sich das Stammwappen, wie dasselbe oben angegeben worden ist.

Frh. v. Ledebur, III. S. 252. — Schwed. W.-B. Ritter, I. 3, Freih. 15. VI. 35. XXIV. 139; Grafen, V. 26. — Suppl. zu Siebm. W.-B. XII. 11; v. Flemming a. d. Hause Baweisse (der untere Balken mit zwei Ringen belegt).

Flemming, Fläming zu Mauer bei Mölck und zum Sitze in Thal (in Gold ein auswärts gekehrter, schwarzer Büffelskopf). Ein im 13. bis in das 15. Jahrh. in Nieder-Oesterreich blühendes Rittergeschlecht, aus welchem zuerst Pilgrimus v. Flemminch urkundlich 1287 vorkommt. Von den späteren Sprossen des Stammes starb Johann v. F. als Abt des Benedictiner-Stifts zu Mölck und Jacob und Georg Flemming, Ritter zu Sitzenthal und ihre Schwester Apolonia, Wittwe des Gebhard Reutter zu Wocking, kamen noch 1463 vor.

Wissgrill, III. S. 56 u. 57.

Flemming (im rotheingefassten, silbernen Schilde ein nach der rechten Seite hochaufspringender Wolf). Reichsadelsstand. Kursächs. Reichs-Vicariats-Diplom vom 11. Sept. 1745 für Christian Friedrich Flemming, Besitzer des Rittergutes Falkenhayn bei Luckau in der Niederlausitz. Die amtliche Bekanntmachung dieser Erhebung erfolgte in Kursachsen 23. Oct. 1745. — Zu diesem Geschlechte gehören wohl die in letzter Zeit in den Ranglisten der k. sächs. Armee vorgekommenen Officiere dieses Namens. Heino Friedrich v. F. geb. 1794 zu Luckau, trat 1848 als Major aus dem activen Dienste und Curt Heino v. F. wurde 1849 k. sächs. Hauptmann.

Handschriftl. Notiz. — Dresdner Calend. z. Gebr. f. d. Resid., 1846, S. 146. — W.-B. d. sächs. Staaten VII. 37. — *v. Hefner*, sächs. Adel. Tab. 28 u. S. 26.

Flemmler. Ein früher in Ostpreussen vorgekommenes Adelsgeschlecht, welches mit Klein-Kessel und Rakowen im Kr. Johannsburg und mit Legen im Kr. Lyck begütert war.

Freih. v. Ledebur, I. S. 223.

Flersheim, Fleursheim. Altes, oberrheinländisches Adelsgeschlecht, dessen Stammreihe Humbracht mit Weynand v. Flersheim um 1338 beginnt. Von den Nachkommen desselben wurde Philipp v. F., Doctor der Rechte, erst Domherr zu Worms, dann Propst zu Weissenburg u. 1529 Bischof zu Speier. Der Stamm blühte bis in die zweite Hälfte des 17. Jahrh. fort, in welcher 11. Octob. 1655 Philipp Franz v. Flersheim den Mannsstamm schloss. Von den weiblichen Sprossen lebte damals noch Judith v. Flersheim, verm. mit Johann Casimir Kolbe von Wartenberg, kurpfälz. Geh.-Rath, Mutter des bekannten k. preuss. Premierministers u. Ober-Kammerherrn Johann Casimir Kolbe Gr. v. Wartenberg, gest. 1712, ein Jahr nach Entlassung aus den k. preuss. Diensten. — Mit diesem oberrheinischen Geschlechte ist ein nach Fahne, I. S. 101, in früherer Zeit im Cölnischen vorgekommenes Geschlecht v. Flerzheim aus dem gleichnamigen Stammsitze im Kr. Rheinbach nicht zu verwechseln.

Humbracht, Tab. I. — *Gauhe*, I. S. 545 und 546 u. II. S. 292 und 293. — *e. Hattstein*, I. S. 199. — N. Pr. A.-L. II. S. 176. — *Freih. v. Ledebur*, I. S. 223 u. 224. — *Siebmacher*, I. 124. — *e. Meding*, I. S. 159. — Suppl. zu Siebm. W.-B. VI. 21.

Fleschner-Jetzer, Freiherren. Erbländ.-österr. Freiherrnstand. In neuester Zeit war Eugen Freih. v. Fleschner-Jetzer k. k. Hauptmann 1.-Cl. im 58. Inf.-Reg.

Handschr. Notiz.

Flesse v. Seilbitz, Seilbitz. Reichsadelsstand. Diplom vom 8. Juli 1646 für Johann Flesse, kursächs. Amtsschösser, mit dem Prädicate v. Seilbitz.

Knauth, 8, 576. — *v. Hefner*, Stammbuch, I. S. 370, nach der Copie des Diploms.

Flette v. Flettenfeld. Erbländ.-österr. Adelsstand. Diplom von 1786 für Philipp Flette, Hauptmann im k. k. Infant.-Regim. Graf Murray de Melgum, mit dem Prädicate: v. Flettenfeld.

Megerle v. Mühlfeld, Ergänz.-Bd. S. 285.

Fletscher, Fletsscher, auch **Freiherren.** Reichsadelsstand. Diplom für David Fleischer, Handelsmann und des Raths zu Leipzig Verwandten, mit dem Prädicate: v. Fletscher. Die Erhebung wurde in Kursachsen 3. Mai 1704 amtlich bekannt gemacht. Ueber das Freiherrndiplom fehlen genaue Angaben. Mit dem freiherrlichen Titel kam später die Familie in Sachsen nur unter dem Namen Fletscher vor. Wie Freih. v. Ledebur angiebt soll das Geschlecht nach einem Zeugnisse von 1706 aus Schottland stammen, auch gleicht das Wappen: in Schwarz ein von vier Muscheln begleitetes Lilienkreuz, dem der englischen Familie Fletscher. — Schon 1700 besass das Geschlecht die Güter Crossen und Nickelsdorf unweit Zeitz und erwarb später noch andere Güter im Meissenschen, im Erzgebirge und in der Oberlausitz. — So viel bekannt erlosch der Mannsstamm 9. Oct. 1794 mit Maximilian Robert Freiherrn v. Fletscher, kursächs. Geh.-Rath etc. Herrn auf Langenburkersdorf und Klipphausen. Die Erbtochter, Johanna Friederike Freiin v. Fletscher, geb. 1756, Frau auf Jankeudorf und Cana i. d. Oberlausitz und auf Langenburkersdorf u. Klipphausen im Meissenschen, vermählte sich in erster Ehe mit Carl Adolph v. Schönberg, Domherrn in Meissen etc. und in zweiter, 1792, mit

Heinrich XXXVIII. Grafen zu Reuss-Köstritz, k. preuss. Rittmeister, Herrn auf Stohnsdorf. Mit derselben ging 28. Juni 1815 auch der Name des Geschlechts aus, welchem Sachsen mehrere Stiftungen, namentlich das Fletschersche Schullehrer-Seminar zu Dresden, zu verdanken hat.

<small>Handschriftl. Notiz. — *Freih. v. Ledebur*, I. S. 224.</small>

Flick. Erbländ.-österr. Ritterstand. Diplom von 1810 für Johann Peter Flick, Besitzer der Herrschaft Althart in Mähren, wegen Rural-Industrie.

<small>*Megerle v. Mühlfeld*, S. 110.</small>

Fliegels v. Fliegelsfeld. Erbländ.-österr. Adelsstand. Diplom von 1779 für Joseph Fliegels, Gutsbesitzer in Böhmen u. Salzversilberer, mit dem Prädicate: v. Fliegelsfeld. Der Stamm blühte fort u. unter den Officieren, welche im Genusse des Instituts-Emolumenten-Aequivalents des Invalidenhauses zu Prag ausserhalb desselben sind, wurde noch in neuester Zeit Leopold v. Fliegelsfeld, k. k. Lieuten. zu Gratz aufgeführt.

<small>*Megerle v. Mühlfeld*, Ergänz.-Bd. S. 285. — *Tyrof*, III. 83.</small>

Flieser, Fliesser, Edle u. Freiherren. Erbländ.-österr. Adels- u. Freiherrnstand. Adelsdiplom von 1812 für Franz Fliesser, Hofbuchhalter und Vorsteher der Einlösung- und Tilgungs-Deputation-Hofbuchhaltung, mit dem Prädicate: Edler v. und Freiherrndiplom von 1858 für L. v. F., k. k. Geh.-Rath und Sections-Chef im Justizministerium.

<small>*Megerle v. Mühlfeld*, Ergänz.-Bd. S. 183. — Augsb. Allg. Zeit. 1858.</small>

Fliessbach v. Fliessenhausen. Reichsadelsstand. Diplom vom 31. Aug. 1692 für Johannes Theodoratus Fliessbach, mit dem Prädicate: v. Fliessenhausen und zwar weil derselbe sich durch seine im Druck herausgelassenen sinnreichen Bücher berühmt gemacht. — Der Diploms-Empfänger ist ohne Nachkommen gestorben.

<small>*v. Hefner*, Stammbuch, I. S. 370 nach dem Diplom.</small>

Fliet, Flieth. Altes brandenburgisches Adelsgeschlecht aus dem Stammhause Flieth im Templinschen Kreise, welches Gut später an die v. Arnim kam. Hans v. F. kommt schon 1375 vor, Claus lebte 1444 zu Flieth u. Caspar v. F., v. Arnimscher Hauptmann, auf dem Schlosse Boitzenburg, starb 1611. Der Vetter, Samuel v. F. auf Pasmen gewann des Verstorbenen Bürgerrecht zu Parmen wieder.

<small>*Grundmann*, S. 38 und 2. Ausgabe S. 40. — N. Pr. A.-L. V. S. 157. — *Frh. v. Ledebur*, I. S. 224.</small>

Fligély. Ein zum österreichischen Adel gehörendes Geschlecht, aus welchem in neuester Zeit August v. Fligély als k. k. Oberst bei dem General-Quartiermeister-Stabe und Director des militair-geographischen Instituts zu Wien u. Adolph v. Fligély als k. k. Oberstlieutenant und Platz-Commandant zu Schärding aufgeführt wurde.

<small>Handschriftl. Notiz.</small>

Flitzinger v. Flitzing (Schild der Länge nach getheilt: rechts Roth ohne Bild und links von Blau u. Gold geweckt). Altbayerisches Adelsgeschlecht, mit Adam v. Flitzing 1630 erloschen.

<small>*Wigul Hund*, III. S. 309.</small>

Flintzinger v. Glashausen (im Schilde drei, 2 und 1., gestürzte

Lindenblätter). Altbayerisches Adelsgeschlecht, aus welchem Caspar F., Ritter, 1440 starb.

<small>Wigul Hund, III. S. 309.</small>

Floch, Ritter und Edle Herren. Reichsritterstand. Diplom vom 4. Aug. 1797 für Joseph Floch, k. k. w. Reichskriegs-Commissair, mit dem Prädicate: Edler Herr.

<small>Megerle v. Mühlfeld, Ergänz.-Bd. S. 140. — Kneschke, IV. S. 128.</small>

Flodorff, Flodroff, auch **Freiherren und Grafen v. Flodroff-Wartensleben.** Altes Adelsgeschlecht des Herzogthums Limburg aus dem in demselben gelegenen gleichnamigen Stammhause, welches am Niederrhein und an der Niedermaas reich begütert war. Die Sprossen des Stammes waren Erbhofmeister von Geldern und Erbvoigte zu Roermonde und sassen bereits 1390 zu Roermonde im Limburgischen und zu Leuth in Geldern. — Das Geschlecht blühte in das 18. Jahrh. hinein und der Letzte des Stammes adoptirte mit kaiserl. Genehmigung den ältesten Sohn des 1706 in den Reichsgrafenstand erhobenen Alexander Hermann v. Wartensleben, k. preuss. General-Feldmarschalls: Carl Philipp v. Wartensleben, welchem in dem Grafendiplome der Familie von 1706 auch erlaubt wurde, sich Graf v. Flodroff-Wartensleben zu nennen und zu schreiben. Letzterer, k. poln. und kursächs. Geh. Cabinetsminister und a. o. Gesandter am k. grossbritann. Hofe, verm. mit der Erbtochter des Letzten v. Flodroff, starb 7. Oct. 1751 ohne männliche Nachkommen. Die einzige Erbtochter Gräfin Amalia Esperance, geb. 1715, Erbin der mütterlichen Güter, hatte sich 1743 mit Heinrich.IX. Grafen zu Reuss-Köstritz, k. preuss. w. Geh. Staats-Kriegs- und dirigirendem Minister etc. vermählt u. bei ihrem 22. Apr. 1787 erfolgten Tode ging der v. Flodorffsche Name aus. S. übrigens den Artikel: v. Wartensleben, auch Grafen.

<small>Handschriftl. Notizen. — Gauhe, I. S. 546. — N. Pr. A.-L. II. S. 176 und 177 und V. S. 157. — Fahne, I. S. 102 u. II. S. 42. — Freih. v. Ledebur, I. S. 224. — Siebmacher, II. 110. — v. Meding, II. S. 645—647: Gr. v. Flodroff-Wartensleben.</small>

Flödnigg, Freiherren. Erbländ.-österr. Freiherrnstand. Diplom vom 5. Sept. 1698 für Johann Adam Peer v. Bernburg, Landrath zu Laibach, und für den Bruder desselben, Franz Peer v. Bernburg, Priester der Societät Jesu und zwar mit der Bewilligung, sich, mit Weglassung des bisherigen Namens Peer, mit dem Prädicate: v. Bernburg-Pernburg, von der ihnen als Besitzthum zustehenden Herrschaft Flödnigg im Kgr. Illyrien, allein Freiherren v. Flödnigg zu nennen u. zu schreiben. — Der Ahnherr der Familie war Osswald Peer, dessen Vater bei dem Aufschlagamte zu Gottsche in Krain als Einnehmer vorkommt. Dieser Ahnherr, der lange gegen die Türken gedient, erhielt 29. Juni 1599 den erbländ.-österr. Adelsstand und von seinen Nachkommen wurde Johann v. P., der krainer Landschaft General-Einnehmer und Amts-Verwalter, mit seinem Bruder, Andreas v. P. und seinem Vetter, Johann Erber, Erstere mit dem Prädicate: v. Pernburg, Letztere mit dem Prädicate: v. Erberg, in den erbländ.-österr. Ritterstand erhoben. — Johann Adam Freih. v. Flödnigg, s. oben, ein Sohn des Johann Peer v. Pernburg aus der Ehe mit Maria Katzianer v. Katzenstein, vermählte sich mit Franzisca Freiin Roden

v. Hirzenau und aus dieser Ehe entspross Freih. Franz Carl, verm. mit Maria Anna Grf. Barbo v. Waxenstain. Von Letzterem entspross Freih. Franz, verm. mit Josepha Crescentia v. Hohenwarth, aus welcher Ehe zwei Söhne stammten: Freih. Carl Clemens Johann, gest. 1831, verm. mit Franzisca Josepha Honorata v. Tahy, Grundherrin in Ungarn und Freih. Carl, k. k. Kämm. und Gubernial-Rath zu Laibach. Soviel bekannt, war Freiherr Eduard, welcher 1848 als Rittmeister im k. k. 12. Husaren-Regimente stand, ein Sohn des Freih. Carl Clemens Johann.

<small>Geneal. Taschenb. d. freih. Häuser, 1848. S. 514. — *v. Hefner*, krain. Adel. Tab. 6 u. 8. 8.</small>

Flögen. Reichsadelsstand. Diplom für den herz. braunschw. Geheim-Rath Flögen. Genaue Angaben über das Diplom fehlen. Das Geschlecht ist wieder ausgegangen.

<small>Freih. v. d. Knesebeck. S. 404 nach Manecke's MS. II. S. 47. b. — Suppl. zu Siebm. W.-B. IX. 14.</small>

Flörke (in Blau ein silberner Greif, welcher zwei gekreuzte, mit dem preussischen Adler geschmückte Standarten hält). Adelsstand des Kgr. Preussen. Diplom vom 23. Juli 1732 für den k. preuss. Major Flörke im Regim. v. Waldow. Die Familie erwarb in Ostpreussen im Kr. Fischhausen die Güter Mischen, Perkuiken und Zielkeim. — Ob der um 1830 zu Liegnitz verstorbene k. preuss. Oberstlieutenant u. Brigadier der Landgensd'armerie v. Flörken, welchen das N. preuss. Adelslex. als Baron v. Flörken aufführt, ein Nachkommen des Major v. F. gewesen, muss dahin gestellt bleiben.

<small>v. Hellbach, I. S. 370. — N. Pr. A.-L. II. S. 177. u. V. S. 157. — Freih. v. Ledebur, I. S. 224. — W.-B. d. preuss. Monarch. III. 18.</small>

Flörke. Reichsadelsstand. Diplom von 1744 für J. E. Flörke, herz. sachs. gothaischen Geh. Regierungsrath.

<small>v. Hellbach, I. S. 370.</small>

Flohr, Flohr v. Flohrowy und Grafen v. Flohr. Ein nur dem Wappen nach durch die Siebmacherschen Supplemente bekanntes Adelsgeschlecht, in welches der Grafenstand nach der Mitte des 18. Jahrhunderts gekommen ist. Alle irgend zugängigen Quellen geben dasselbe nicht an.

<small>Supplem. zu Siebm. W.-B. II. 4: Gr. v. Flohr und X. 13. Flohr v. Florowy.</small>

Florantin v. u. zu Plumenfeld. Reichsadelsstand. Diplom von 1716 für Franz Florantin zu Innsbruck, mit dem Prädicate: v. u. zu Plumenfeld.

<small>Megerle v. Mühlfeld, Ergänz.-Bd. S. 285.</small>

Florentin, Ritter. Erbländ.-österr. Ritterstand. Diplom von 1799 für Joseph Florentin, Capitular-Dechanten auf dem Wischehrad zu Prag.

<small>Megerle v. Mühlfeld, Ergänz.-B. S. 140.</small>

Florentin v. Biederheim, Edle. Erbländ.-österr. Adelsstand. Diplom vom 7. Dec. 1845 für Felix Florentin, k. k. Stadt- und Landrath zu Linz, mit dem Prädicate: Edler v. Biederheim.

<small>Handschr. Notiz.</small>

Florentin v. Blumfeld, Edle. Erbländ.-österr. Adelsstand. Diplom von 1768 für Ferdinand Wolf Florentin, Syndicus zu Klagenfurt, mit dem Prädicate: Edler v. Blunfeld.

<small>*Megerle v. Mühlfeld*, Ergänz.-B. S. 286.</small>

Florkiewicz v. Mloszowa. Erbländ.-österr. Adelsstand. Diplom von 1806 für Cajetan Florkiewicz Bürger und Gutsbesitzer zu Krakau, mit dem Prädicate: v. Mloszowa.

<small>*Megerle v. Mühlfeld*, Ergänz.-Bd. S. 286.</small>

Flosshammer, s. Burger, Burger auf Floss- u. Holzhammer, **Edle und Ritter,** Bd. II. S. 159.

Flotke, genannt **Guttin,** auch **Guttin,** genannt **Flotke.** Schlesisches Adelsgeschlecht, aus welchem Melchior Guttin Fluttcke 1589 und Balthasar Flotke Guttin 1617 vorkommen.

<small>*Sinapius*, I. S. 363 u. II. S. 625. — *Siebmacher*, I. 64; Die Guttten, Schlesisch. — *v. Meding*, III. S. 192.</small>

Flotow auch **Grafen.** Reichsgrafenstand. Kursächs. Reichsvicariats-Grafendiplom vom 11. Sept. 1790 für Johann Friedrich v. Flotow, k. preuss. w. Kammerherrn und Besitzer mehrerer Güter in Meklenburg. — Altes, meklenburg. Adelsgeschlecht, aus welchem Heinrich v. F. urkundlich schon 1228 vorkommt und die Brüder Johann und Ulrich v. Flotau ebenfalls schon in Urkunden des 13. Jahrh. auftreten. Die Familie, zu deren ältestem Besitz Stuer etc. unweit Malchow, in welcher Stadt dieselbe die Stadtgericht inne hatte, gehörte, unterschrieb 1523 die bekannte Union des meklenburgischen Adels, breitete sich weit aus, kam nach Pommern, Dänemark, Bayern, Sachsen etc. und blüht in mehreren, wie Einige angeben, in sechs Linien. — In eine dieser Linien kam, wie angegeben, der Grafenstand, und nach dem N. preuss. Adelslex. besass noch 1836 der k. preuss. Kammerh. Graf v. Flotow das Gut Hammer im Czarnikower Kreise der Prov. Posen, doch führen die neuesten Verzeichnisse der gräfl. Familie im Königr. Preussen denselben nicht mehr auf. Die Familie ist in Meklenburg mit Toitendorf, (Teutendorf) Wahlow, Woltzegarten, Kogel, etc. etc. und in Bayern mit Göpmannsbühl bei Bayreuth, so wie auch mit anderen Gütern im Ober-Mainkreise Frankens angesessen. In der Provinz Brandenburg kommen die v. F. aus Meklenburg, allem Anscheine nach eines Ursprunges mit dem gleichnamigen, in Westphalen zu Vlotho an der Weser, bereits im 12. Jahrh. aufgetretenen Geschlechte des Edlen Herrenstandes, im 14. Jahrh. unter der Ritterschaft der Priegnitz vor und sassen in neuerer Zeit, 1790, zu Nessondorf und 1844 zu Bäck; in Pommern waren noch 1856 die Güter Bonin und Wutzig im Kr. Dramburg in der Hand der Familie, die auch im Voigtlande im Kr. Ziegenrück 1844 Bodelwitz erwarb. — Zahlreiche Sprossen des Stammes sind zu hohen Ehrenstellen in Staats- und Militairdiensten gelangt. In Meklenburg war ein v. Flotow 1837 Kammerdirector in Schwerin; der Rittmeister v. F. besass um diese Zeit Feutendorf und drei andere Sprossen des Stammes die oben genannten Güter Wahlow, Woltzegarten und Kogel. Noch in neuer Zeit standen acht Glieder der Familie in der k. preuss. Armee und unter diesen drei als Stabsofficiere. In die Adelsmatrikel des Kgr. Bayern wurden bei erster Entwerfung eingetragen: die drei Gebrüder v. Flotow: Georg Friedrich Carl, geb. 1786, k. bayer. Oberlieutenant und Adjutant, später kön. bayer. Kämm., Generallieutenant, Commandant der 1. Armeedivision und als Freih. aufgeführt; — Friedrich Wilhelm Heinrich, geb. 1787, Herr auf Göppmannsbühl u. Gustav Friedrich, geb. 1789, mit k. Erlaubniss in k. sächs. Diensten als Kammerrath in Dresden, später k. sächs. Geh.-Rath und Director der zweiten Abtheilung im k. sächs. Finanz-Ministerium. — In weiten Kreisen des In- und Auslandes ist seit Jahrzehnten der Name des Geschlecht durch Friedrich v. Flotow bekannt geworden, welcher in der ersten Reihe der deutschen Opern-Componisten der Neuzeit glänt. Derselbe, geb. 1812, ein Sohn des oben erwähnten Rittmeisters v. F., Herrn auf Teutendorf, welches Gut sich jetzt in seiner Hand befindet, ist seit 1855 Intendant des grossherz. Hoftheaters zu Schwerin.

v. Pritsbuer, S. 42. — Gauhe, II. S. 293; Flotau, die Floten. — v. Lang, S. 137. — N. Pr. A.-L. I. S. 177 u V. S. 157. — Freih. v. Ledebur, I. S. 234 und III. S. 253. — Suppl. zu Siebm. W.-B. V. 27. — v. Meding, III. S. 123. — Daenisches W.-B. I. Tab. 28 und S. 153. — Tyrof, II. 122; Gr. v. F. — W.-B. d. Königr. Bayern, V. 42. — Meklenb. W.-B. Tab. 15 Nr. 56. und S. 3 und 21. — W.-B. d. sächs. Staaten II. 60. — Kneschke, I. S. 149 und 150. — v. Hefner, bayer. Adel, Tab. 87 und S. 77, sächs. Adel, Tab. 28 und S. 26 u. meklenb. Adel, S. 3.

Floyt. Eins der reichsten und ansehnlichsten früheren Ritterstandsgeschlechter Niederösterreichs, welches zu Streitdorf, Steinabrunn, Russbach, Gross-Sierndorf etc. sass. Hans Floyt, unter Herzogs Albrecht v. Habsburg Regierung, 1298 Forstmeister in Oesterreich, wird in Chünringischen Urkunden genannt. Der Stamm blühte bis in die zweite Hälfte des 15. Jahrh., in welcher Bernhard Floyt, als Vormund seines verstorbenen Bruders Wilhelm F. Sohnes, Bernhard F. des Jüngeren, 1460 einige, Letzterem zugehörige Gülten und landesfürstliche und Streinische Lehenstücke verkaufte. Dieser Bernhard F. der Jüngere war nach Allem der Letzte seines Stammes, da K. Maximilian I. die Veste und Lehen zu Steinabrunn und Streitdorf den v. Volckra als anheim gefallene Lehen verlieh.

Wissgrill, III. S. 58 u. 59.

Flug, s. Aspermont, Flug v. Aspermont, Bd. I. S. 127.

Flügelau. Grafengeschlecht im Schwäbischen, nach der Burg Flügelau im jetzigen k. württembergischen Ober-Amte Crailsheim genannt. Dasselbe kommt von 1078 vor und erlosch 1317.

v. Hefner, ausgestorb. schwäb. Adel, S. 11.

Flügge. Ein in der Altmark vorgekommenes Adelsgeschlecht, welches im Kr. Salzwedel Germenau 1723 und noch 1734, so wie Immerath 1726 besass. Später ist dasselbe ausgegangen.

Freih. v. Ledebur, I. S. 225.

Flusshart. Ein ursprünglich wiener Adelsgeschlecht, welches sich später als Landleute in Oesterreich ob und unter der Enns ansässig machte und die Güter zum Stein, Pottendorf, Dorf an der Enns und Thall besass. Dietrich Flusshardt, ein Sohn des Chunrad F., war 1344, 1345 und 1347 Stadtrichter, 1351 und 1357 Bürgermeister zu Wien u. dann bis zu seinem Tode Ober-Münzmeister daselbst. Durch zwei Enkel desselben, Johann und Veit, Söhne des 1451 und 1459 urkundlich vorkommenden Peter F., schied sich der Stamm in eine ältere u. jüngere Linie. Die von Veit F. von Pottendorf zum Stein, welcher die Veste Stein, Stain, 1517 gekauft hatte, gegründete Linie erlosch im Mannsstamme schon mit des Stifters Sohne, Georg F. zu Stein und Anhof, welcher von 1570—1576 Verordneter des Ritterstandes in Oesterreich ob der Enns war und 1611, mit Hinterlassung zweier Töchter, Agnes und Eva, starb. Der Stifter der älteren Linie, Johann, hatte zwei Söhne, Christoph und Johann den Jüngeren, welche Beide den Stamm fortsetzten. Von Johann dem Jüngeren stammten die Söhne Trojan und Polycarp, dessen Sohn, Johann Andreas, jung und unvermählt, die Nachkommenschaft Johann des Jüngeren schloss. Christoph F. zu Pottendorf hatte, neben sieben Töchtern, sieben Söhne, doch nur von einem derselben, Paul Christoph, welcher 1579 Schloss und Gut Pottendorf übernahm, stammten fünf Söhne, von welchen Hans Paul F. zu Pottendorf und Vesten-Thal durch einen Sohn, Hans Christoph, den Stamm fortsetzte. Mit Hans Christoph, welcher unvermählt 31. Jan. 1651 im 29. Jahre starb, erlosch der alte Stamm und alte Name.

Bucelini, II. Sect. 3. S. 122. — r, Hattstein, im Specialregister. — Wissgrill, III. S. 58 —64. — Siebmacher, I. 36; Die Flushart, Oesterreichisch. — v. Meding, III. S. 183.

Fluske. Böhmischer Adelsstand. Diplom vom 11. Febr. 1665 für Franz Fluske.

v. Hellbach, I. S. 370.

Fock, auch **Freiherren.** (Schild quergetheilt: oben in Silber ein grüner Baum u. unten in Silber zwei silberne Kugeln). Schwedischer Adels- und Freiherrnstand. Adelsdiplom vom 30. Aug. 1651 für Heinrich Johann Fock und Freiherrndiplom vom 23. Mai 1719 für Gustav v. Fock. — Die Familie war auf Rügen 1683 mit Sallentin u. in Curland mit Prekuln 1630 u. mit Tückern 1703 begütert. Später kommen in k. preuss. Staats- und Militairdiensten mehrere Sprossen des Geschlechts vor. Ein v. F. starb 1827 als k. preuss. Oberstlieutenant a. D. und 1836 war bei der Regierung in Posen ein Oberforstmeister v. F. angestellt, welcher sich in dem Befreiungskriege durch Errichtung eines Jägerdetaschements u. durch persönliche Tapferkeit ausgezeichnet hatte. — Eine Linie des Geschlechts schreibt sich Brucken, genannt v. Fock, auch nur v. Fock, s. den Artikel: v. Brucken, genannt v. Fock, v. Fock, s. Bd. II. S. 92 und 93. — Zu dieser Linie gehörte in neuester Zeit der k. preuss. Ober-Regierungs-Rath a. D. v. Fock, Mitglied des Abgeordneten-Hauses, Herr auf Stücken im Kr. Jauche-Belzig, auch stand 1836, und zwar mit dem freiherrl. Titel, ein Baron. v. Brucken, genannt v. Fock als Premier-Lieutenannt im 2. k. preuss. Husaren-Regimente.

N. Pr. A.-L. II. S. 177 und 178. — Freih. v. Ledebur, I. S. 225 und III S. 253.

Fockhy, Ritter und Edle. Reichsritterstand. Diplom von 1714 für Jacob Ignaz Fockhy, k. k. Leibmedicus, mit dem Prädicate: Edler v.

Megerle v. Mühlfeld, Ergänz.-Bd. S. 140

Federmayer, Edle. Erbländ.-österr. Adelsstand. Diplom von 1855 für Wilhelm Ludwig Fodermayer, k. k. Hauptmann vom Inf.-Reg. Graf Khevenhüller Nr. 35, mit dem Prädicate: Edler v.

<small>Militair-Schemat. 1856. S. 1015.</small>

Foedran, Födcran v. Foedransperg, Ritter. Erbländ.-österr. Ritterstand. Diplom von 1778 für Gregor Födran v. Foedransberg. Derselbe hatte als Postmeister zu Unterpössendorf in Krain 1769 den Adel mit dem Prädicate: v. Foedransperg erhalten. Der Stamm hat fortgeblüht. In neuester Zeit wurde unter den k. k. unangestellten Obersten aufgeführt: Franz Ritter v. Födransberg und August Ritter v. F., k. k. Oberlieut., war bei dem militair-geograph. Institute bedienstet.

<small>Megerle v. Mühlfeld, Ergänz.-Bd. S. 140 u. S. 286. — v. Hefner, krainer Adel Tab. 6 und S. 8.</small>

Földerhan, s. Gauthoi v. Földerhan.

Völkersamb, s. Völkersahm.

Fölsch, Edle. Erbländ.-österr. Adelsstand. Diplom von 1802 für Johann Bernhard Fölsch, nieder-österr. Regierungs-Rath, Director des juridischen und politischen Studiums an der Theresianischen Ritter-Academie und Professor an der Universität Wien, mit dem Prädicat: Edler v.

<small>Megerle v. Mühlfeld, S. 183 und 184.</small>

Förder, s. Bennigsen-Förder, Bd. I. S. 308.

Förster v. Felsenburg. Erbländ.-österr. Adelsstand. Diplom von 1764 für Heinrich Förster, k. k. Hauptmann bei Carl Colloredo-Infant., mit dem Prädicate: v. Felsenburg.

<small>Megerle v. Mühlfeld, S. 184.</small>

Förstenthal, s. Förster v. Förstenthal.

Förster, Ritter. (Schild durch einen schräglinken, silbernen Balken getheilt: rechts in Blau drei, 2 und 1, aufsteigende, goldene Sterne; links in Roth auf grünem Boden ein rechtsgekehrter, goldener Greif, welcher in der rechten Kralle einen sechsstrahligen, goldenen Stern trägt). Böhmischer Ritterstand und im Königr. Preussen anerkannter Adelsstand. Ritterstandsdiplom von 1739 für die Gebrüder Ernst Gottlieb Förster, k. preuss. Commerzienrath und Johann Heinrich Förster, Gutsbesitzer. Die Notification dieser Erhebung erfolgte im Kgr. Preussen 27. Jan. 1740. Später, 31. Dec. 1787, erhielt die Familie ein neues Bestätigungsdiplom des ihr zustehenden Adels. Dieselbe erwarb in Schlesien mehrere Güter und hatte unter Anderen noch 1834 Kurtwitz im Kr. Nimptsch inne.

<small>Megerle v. Mühlfeld, Ergänz.B., S. 140. — N. Pr. A.-L. II. S. 178 u. V. S. 138. — Frh. v. Ledebur, I. S. 226 und III. S. 253. — W. B. d. preuss. Monarch. III. 18. — Schlesischer W.-B. Nr. 513. — Kneschke, III. S. 143 und 144.</small>

Förster. Reichsadelsstand. Diplom vom 28. Juli 1762. Freiherr v. Ledebur vermuthet, dass aus diesem Geschlechte der am 3. Juni 1802 zu Berlin verstorbene k. preuss. Major Curt Wilhelm v. F. gestammt habe, welcher im Reg. v. Möllendorf stand und aus dem Anspachischen gebürtig war.

<small>Freih. v. d. Knesebeck, Archiv, I. S. 8. —, Freih. v. Ledebur, I. S. 226.</small>

in Blau vier, 2. 1 und 1., fünfblättrige, rothe Rosen,
drei schmale, silberne Bänder vereinigt sind. Zwei
 im Schilde, die eine rechts, die andere links, die
Mitte des Schildes und die vierte unter der drit-
rechten Rose geht ein schrägrechtes, von der
 Band zu der mittleren und von dieser ein
 and zu der unteren Rose. Adelsstand des Kgr.
 vom 15. Octob. 1786 für Jeremias Förster Herrn
 ttel-Mittlau im Bunzlauer Kreise. Die Familie brachte
ere Besitzungen in den Kreisen Löwenberg, Liegnitz, Schö-
 Freistadt an sich und Sprossen des Stammes standen und
 en in der k. preuss. Armee. — Nach Bauer, Adressbuch, S. 64
besass Ernst Ferdinand v. Förster, k. preuss. Major a. D. und Landes-
Aeltester, 1857 die Güter Obermittlau im Kr. Bunzlau, Moschendorf
im Kr. Goldberg-Hainau und Ober-Langenau und Flachenseiffen im
Kr. Löwenberg.

v. Hellbach, I. S. 371. — N. Pr. A.-L. II. S. 177 u. III. S. 7. — *Freih, v. Ledebur*, I. S. 216 u. 217 u. III. S. 253. — W.-B. d. preuss. Monarch. III. 19. — Schlesisches W.-B. Nr. 118. — *Kneschke*, III. S. 143.

Förster v. Ehrenwald. Galizischer Adelsstand. Diplom von 1788 für Johann Förster, Fiscal-Adjuncten und Unterthans-Advocaten, mit dem Prädicate: v. Ehrenwald.

Megerle v. Mühlfeld, Ergänz.-Bd. S. 286.

Förster v. Förstenthal. Erbländ.-österr. Adelsstand. Diplom von 1784 für Friedrich Simon Förster, k. k. Rittmeister bei v. Zeschwitz-Cuirassier mit dem Prädicate: v. Förstenthal.

Megerle v. Mühlfeld, Ergänz.-Bd. S. 286.

Förtsch v. Thurnau. Altes, fränkisches Adelsgeschlecht, welches zu der Ritterschaft des Cantons Gebürg gehörte u. welches im Mannsstamme 1565 mit Wolfgang Förtsch v. Turnau v. Thurnau und Besten erloschen ist. Die Herrschaft Thurnau, wie dieselbe jetzt geschrieben wird, unweit Culmbach fiel nebst anderen ansehnlichen Gütern an die Geschlechter v. Giech und Künsberg. — Die neuere Angabe, dass auch das Förtsch'sche Wappen in das Giech'sche gekommen sei, beruht wohl auf einem Irrthum. Der Förtsch'sche Schild: von Roth und Silber schrägrechts mit sechs kleinen (oder auch fünf ganzen und einer halben) gestürzten rothen Spitzen getheilt, findet sich in keinem der 9 Felder des Wappens der jetzigen Grafen v. Giech.

Fr. W. A. Bayrits, Beitrag zur Geschichte der Förtsch v. Thurnau, Bayreuth. 1706. — *Estor*, S. 62; Forsch zu Thoraw. — *v. Hattstein*, im Specialregister; Förtsch v. Thürnau.— *Biedermann*, Canton Gebürg, Tab. 815 u. ff. — *Salver*, S. 359 und Kupfertafel zu S. 96. — *Siebmacher*, II. 79. Pförtsch v. Türnau, Fränkisch. — *v. Meding*, III. S. 185.

Fogalari zu Toldo, auch **Fogelari**. Erbländisch-österr. Adelsstand. Diplom von 1776 für Joseph Fogalari, k. k. Kupferverschleissbeamten zu Roveredo und für den Bruder desselben, Johann Baptist F., mit dem Prädicate: zu Toldo.

Megerle v. Mühlfeld, Ergänz.-Bd. S. 286.

Foglar, Foglarn, Fuglar, auch **Freiherren.** Böhmischer Freiherrnstand. Diplom von 1726 für Johann Niclas v. Foglarn und Kaltwasser. Altes, schlesisches Adelsgeschlecht, welches in Ober-Schlesien und im Oesterr. Schlesien begütert war. Nach Sinapius kommt zuerst Johann v. F. auf Godow im Kr. Rybnik vor, welcher 1607 mit Hinterlassung zweier Töchter starb. Später war die Familie namentlich im Teschenschen angesessen und 1723 lebte Georg Jaroslau v. F. u. Kaltwasser auf Godow, Chechlo etc. Der Stamm blühte in die zweite Hälfte des 18. Jahrh. hinein und noch 1752 waren Ozego u. Schambierz im Kr. Beuthen in der Hand desselben. Erdmuthe Charlotte Eleonore Freiin v. Foglar u. Kaltwasser, Tochter des Carl Jaroslaus v. F. und K., lebte noch zu Anfange des 19. Jahrh. als Wittwe des 1796 verstorbenen Carl Wilhelm Erdmann Grafen v. Röder auf Hohlstein. Spätere Besitzungen sind nicht aufzufinden.

Sinapius, II. S. 625. — *Gauhe*, II. S. 293 u. 294. — *Megerle v. Mühlfeld*, Ergänz.-Bd. S. 56. — N. Pr. A.-L. V. S. 158. — *Freih. v. Ledebur*, I. S. 225.

Foglia v. Vezzanhof. Reichsadelstand. Diplom von 1740 für Florian Foglia, Bürgermeister zu Trient, mit dem Prädicate: v. Vezzanhof.

Megerle v. Mühlfeld, Ergänz.-Bd. S. 286.

Foiker, Ritter. Erbländ.-österr. Ritterstand. Diplom von 1853 für Victor Foiker, k. k. Oberlieutenant. Derselbe war später Rittmeister im k. k. 2. Ulanen-Regim.

Handschr. Notiz.

Foitzig v. Molinowka. Böhmischer Adelsstand. Diplom von 1733 für Adam Joseph Foitzig, Geh. Hofzahlmeister des Prinzen Jacob Sobiesky, mit dem Prädicate: v. Molinowka.

Megerle v. Mühlfeld, Ergänz.-Bd. S. 286.

Folgersberg, s. Acoluth v. Folgersberg, **Ritter**, Bd. I. S. 9.

Folimonow, Freiherren. Erbländ.-österr. Freiherrnstand. Diplom von 1807 für Johann v. Folimonow, russischen Grosshändler, wegen Beförderung des österreichischen Handels.

Megerle v. Mühlfeld, S. 49.

Follenius, Freiherren. Freiherrnstand des Grossherzogthums Hessen. Diplom vom 6. Aug. 1812 für Justus Leonhard Follenius, grossh. hess. General-Lieutenant. Von demselben, gest. 1838, entspross aus der Ehe mit Sophie Friederike Rube Freiherr Friedrich Ludwig, geb. 1796, grossh. hessischer Hofgerichtsrath, verm. 1835 mit Elisabeth v. Kopp, geb. 1803, aus welcher Ehe, neben zwei Töchtern, Freiin Sophie, geb. 1837 u. Freiin Pauline, geb. 1846, ein Sohn stammt, Freiherr Wilhelm, geb. 1839.

Geneal. Taschenb. der freih. Häuser, 1858. S. 155. — Illustrirte Adelsrolle, I. Tab. 9. und S. 70.

Foller, Follert. Ein dem Fürstenthume Halberstadt angehöriges, mit dem deutschen Orden nach Ostpreussen gekommenes u. daselbst mit mehreren Gütern ansässig gewordenes Adelsgeschlecht. Das Gut Mischen im Kr. Fischhausen stand der Familie schon 1670 zu u. im 17. und 18. Jahrh. kamen zu demselben noch mehrere andere Besitzungen. Jankendorf im Kr. Preuss. Eylau und Partsch im Kr. Heiligenbeil waren noch 1775 und Bonslaken im Kr. Wehlau 1780 in der Hand der Familie. Spätere Besitzungen sind nicht bekannt. —

Ein v. Foller war 1806 als Kriegs- u. Domainenrath bei der k. preuss. Kriegs- und Domainenkammer zu Kalisch angestellt; der k. preuss. Major v. F., zuletzt Commandeur des 1. ostpreuss. Brigadegarnisonsbataillons, starb 1820 und der k. preuss. Major v. F. war 1836 Präses der Examinationscommission für Port d'epée-Fähnrichs u. Director der Schule der 9. Division.

<small>N. Pr. A.-L. II. S. 178 u. 179. — Freih. v. Ledebur, I. S. 225.</small>

Follewille, auch **Freiherren**. Französisches, in die Rheinlande u. nach Westphalen gekommenes Adelsgeschlecht, welches schon im Anfange des 18. Jahrh. mit Neheim im Kr. Arnsberg begütert war und aus welchem Adam Wilhelm Freih. v. F., kurcöln. Kammerherr, noch 1782 in Westphalen Neheim und Breitenhaupt im Kr. Brackel und im Rheinlande Greffrath im Kr. Kempen und Langendonk in Geldern besass. Derselbe hatte zwei Söhne, Franz und Ludwig v. F., u. einen Bruder, Ludwig Freih. v. F., Propst zu St. Albertus in Aachen und Domherrn zu Wimpfen, welche sämmtlich noch zu Anfange dieses Jahrh. lebten.

<small>Histor. Beiträge etc. III. Bd. I. S. 307: Beschreib. d. Herz Geldern. — N. Pr. A.-L. II. S. 179. — Freih. v. Ledebur, I. S. 225.</small>

Folliot v. Crenneville, Grafen. — Altes, normännisches Rittergeschlecht, aus welchem ein Zweig mit dem Könige Wilhelm dem Eroberer in der zweiten Hälfte des 11. Jahrh. nach England gekommen sein soll. Die v. Folliot in der Normandie, welche im s. g. Contentin auf Manfarville, Mondonville etc. sassen, gingen aus, doch ein Folliot aus dem englischen Zweige, aus welchem Gilbert F., gestorb. 1187, Bischof zu Herford u. später Bischof zu London, stammte, blieb, 1450 bei Formigni schwer verwundet, in der Normandie zurück, kaufte sich bei Valognes an und seine Nachkommenschaft, den alten Adel fortwährend behauptend, erhielt die Lehengüter Des-Carreaux, Fierville etc. Bereits zu Ende des 16. Jahrh. war, namentlich durch Jean F., Herrn der eben genannten Güter, das Geschlecht mit den angesehensten Familien des Landes in verwandtschaftlicher Verbindung. Jean's Sohn, Jean Francois, kämpfte unter Turenne und der Enkel, Jean Jaques, früher in Militairdiensten, war später Präsident der Stände von Volognes. Durch zwei Söhne des Letzteren schied sich der Stamm, dessen Adel 12. Jan. 1717 in Frankreich von Neuem anerkannt und bestätigt wurde, in die Linien Folliot de Fierville u. F. d'Urville. Von dem Stifter des letztgenannten Zweiges, Adrien F., Herrn auf Presle und Urville, stammten mehrere Söhne, von welchen der Aelteste den Stamm unter dem Namen d'Urville fortsetzte, der Jüngste aber, Franz Mederich F., Herr auf Presle und d'Huisen, wurde Graf v. Crenneville, Maréchal de Camp etc. Derselbe war in erster Ehe vermählt mit Anna Pierette Freiin v. Poutet und sein ältester Sohn aus dieser Ehe, Graf Ludwig Carl, gest. 1840, k. k. Kämmerer, General der Cavall., Geh.-Rath etc. ging im Anfange der französischen Revolution nach Oesterreich und vermählte sich mit seiner Nichte, Victoria Freiin v. Poutet, geb. 1789 Aus dieser Ehe entsprossten, neben einer Tochter, Gräfin Victoria, geb. 1816, vermählt in erster Ehe mit dem 1856 verstorbenen Johann Grafen Keglevich v. Buzin, k. k. Kämm., Geh.-Rath etc. und in zweiter 1857 mit Julius Grafen v. Falkenhayn, k. k. Kämm. und Rittm. in der A., drei Söhne: Graf Carl, geb. 1811, k. k. Kämm. und Major in d. A., verm. in erster Ehe mit Caroline Grf. Esterházy-Galantha, gest. 1861 und in zweiter 1853 mit Anna Grf. Lázansky v. Bukowa, geb. 1821; — Graf Ludwig, geb. 1813, k. k. Kämm., General-Major etc., vermählt 1852 mit Ernestine Grf. Kinsky zu Wchinitz und Tettau, geb. 1827 — und Graf Franz, geb. 1815, k. k. Kämm., Feldmarschall-Lieut. etc., verm. 1844 mit Hermine Grf. Chotek v. Chotkowa und Wognin, geb. 1815, aus welcher Ehe drei Söhne stammen: Victor, geb. 1847, Heinrich, gebor. 1855 und Franz, geb. 1856. — Die Familie hat 1844 das ungarische Indigenat und das Incolat in Böhmen und Mähren erhalten.

<small>Deutsche Grafenh. d. Gegenw. III, S. 122 und 123. — Geneal. Taschenb. d. gräfl. Häuser, 1859 S. 274 und 275 u. histor. Handb. zu demselben, S. 217.</small>

Folschen. Pommernsches Adelsgeschlecht, welches in Vorpommern noch 1639 vorkam. Das Wappen wird verschieden angegeben: nach Einigen in Blau zwei gekreuzte, grüne Lorbeerzweige, nach Anderen in Blau ein halber Hirsch mit einer Stange.

<small>Micrael, S. 486. — Freih. v. Ledebur, III. S. 253. — Siebmacher, III. 159. — Pomm. W.-B. V. S. 136 u. Tab. 64: Beschreib. u. Abbildung verschieden.</small>

Foltaneck v. Falkenburg. Erbländ.-österr. Adelsstand. Diplom von 1804 für Franz Foltaneck, k. k. Hauptmann bei Freih. v. Beaulieu-Infant.

<small>Megerle v. Mühlfeld, Ergänz.-Bd. S. 286. u. 287.</small>

Fomann v. Waldsachsen. Reichsadelsstand. Diplom vom 26. Nov. 1545 für die Fomann zu Waldsachsen, einem Schlosse und Rittergute im damaligen Sachs.-Coburg-Saalfeldschen und Erneuerungsdiplom des alten, der Familie zustehenden Adels vom 18. Febr. 1711.

<small>Hörschelmann, Sammlung zuverl. Stamm- und Ahnentaf. S. 70 und desselben Adelshistorie. I. S. 152—152; mit den Diplomen. — N. Geneal. Handb. 1777. S. 206 u. 2778. S. 262. — v. Hellbach, I. S. 372.</small>

Fontaine. Erbländ.-österr. Adelsstand. Diplom von 1812 für Heinrich Fontaine, k. k. Hauptmann bei Gr. Erbach-Infant.

<small>Megerle v. Mühlfeld, S. 184.</small>

Fontana. Erbländ.-österr. Adelsstand. Diplom von 1789 für Felix Fontana, Experimental-Physiker des Erzherzogs Grossherzogs Leopold und Director des Museums zu Florenz, wegen der für die Josephinische Militair-Academie unter seiner Leitung verfertigten Wachspräparate. Derselbe starb 1803: ob der Stamm fortgeblüht ist nicht bekannt.

<small>Megerle v. Mühlfeld, S. 184.</small>

Fontana v. Zwendendorf. Erbländ.-österr. Adelsstand. Diplom von 1815 für Georg Fontana, k. k. Lieutenant, mit dem Prädicate: v. Zwendendorf.

<small>Megerle v. Mühlfeld, Ergänz.-B. S. 287.</small>

Forbach, Grafen, s. Zweibrücken, **Freiherren.**

Forbus, Forbes, auch **Freiherren.** Schwedischer Adels- und Freiherrnstand. Adelsdiplom vom 2. Aug. 1651 für Peter F. und Freiherrndiplom vom 4. Juni 1652 für Arvid F. — Die ursprünglich aus England stammende Familie war in Schwedisch-Pommern vor 1777 begütert.

<small>Freih. v. Ledebur, III. S. 253. — Schwed. W.-B., Ritter Tab. 19, 27 u. 59; Freih. Tab.6.</small>

Forcade, de Forcade, Marquis de Biaix. Altes, ursprünglich aus Spanien stammendes Adelsgeschlecht, welches in die ehemalige Landschaft Bearn, jetzt zu den Niederpyrenäen, als südliche französ. Provinz in Westen, gehörig, kam. Ein Sprosse desselben, Jean Quérin de Forcade, Marquis de Biaix — Urenkel des franz. Schatzmeisters Charles de F. Marquis de B. und der Marie Marquise de Lonz, Comtesse de Sausons, Enkel des k. franz. Oberstlieutenants Philippe de F. u. der Charlotte de Navailles u. Sohn des k. franz. Feldmarschalls Jacques de F. und der Philippine d'Espalungue Baronne d'Arros — wendete sich, nach Aufhebung des Edicts von Nantes, in die kurbrandenburgischen Staaten, wurde Capitain bei der Garde, stieg später in der k. preuss. Armee immer höher, erhielt 1716 als Oberst das Infanterie-Regiment Nr. 23 und starb 1729 als Generallieutenant und Commandant von Berlin. Aus seiner Ehe mit Juliane v. Hohnstädt a. d. Hause Erdeborn entspross, neben einigen Töchtern, ein Sohn: Friedrich Wilhelm Quérin de F. Marq. de B., welcher als einer der tapfersten und umsichtigsten Officiere der damaligen k. preuss. Armee und namentlich durch die Schlachten bei Sorr und später durch die Schlacht bei Leuthen bekannt geworden ist. König Friedrich II. schrieb seiner Tapferkeit einen grossen Theil des Sieges bei Sorr zu und verlieh ihm die Landeshauptmannschaft zu Zinna, so wie, neben Zulage, eine Domherrnstelle zu Havelberg, brachte ihm auch selbst, als er 1746 bei der Cour sich wegen seines verwundeten Fusses ans Fenster lehnte, einen Stuhl mit den Worten: „mein lieber Forcade, einem so braven und würdigen Manne muss ich selbst einen Stuhl bringen." 1747 erhielt er vom Könige Friedrich II., als derselbe bei dem dritten Sohne, Friedrich Heinrich Ferdinand Leopold, die Pathenstelle angenommen hatte, die Drostei Neuenrade mit der Bestimmung, dass dieselbe später an diesen Sohn kommen solle. Im nächsten Jahre bekam er als General-Major das 23. Infant.-Regim., dessen Chef früher sein Vater, s. oben, gewesen war und 1757 wurde er Generallieutenant. Nach dem Hubertusburger Frieden machte ihm der König ein bedeutendes Geldgeschenk und ernannte ihn noch zum Chef-Präsidenten des Collegium sanitatis. Aus seiner Ehe mit Maria Baronne de Montolieu St. Hippolyte entsprossten 23 Kinder, von welchen bei seinem Tode, 1765, noch 11, vier Söhne und sieben Töchter, lebten. Der älteste Sohn, Friedrich Wilhelm, starb unvermählt 1778 als k. preuss. Oberst und Commandeur des Infant.-Regim. Nr. 24. — Der zweite Sohn, Wilhelm, Major im k. preuss. Husaren-Regim. Nr. 1. nahm krank 1804 seinen Abschied und starb 1806. Von ihm stammte unter Anderen ein Sohn, welcher 1831 als k. preuss. Premier-Lieutenant starb und aus seiner Ehe mit einer v. Krahne-Mathena, neben einer Tochter, zwei Söhne hinterliess. Der dritte Sohn, Friedrich Heinrich Ferdinand Leopold, s. oben, gest. 1808, als k. preuss. Oberstlieutenant a. D., erhielt nach dem Tode seines Vaters die Drostei Neuenrade u. besass auch das schöne Gut Schleibitz im Oelsnischen. Aus seiner Ehe mit Wilhelmine v. Koschembahr-Skorkau überlebten ihn drei Söhne. Auf den ältesten derselben, Friedrich Wilhelm Leopold Constantin Quérin v. F., k. preuss. Kammerherrn und Hauptmann a. D., fiel nach dem Tode des Vaters die Drostei Neuenrade. Derselbe war mit Amalie v. Poser-Nädlitz, gest. 1818, vermählt, aus welcher Ehe mehrere Kinder entsprossten, doch lebte von denselben später nur noch eine Tochter, welche sich mit dem k. preuss. Lieutenant und Gutsbesitzer Adolph v. Randow a. d. Hause Cracowahne im Trebnitzischen vermählte. Von seinen Brüdern starb Ferdinand Heinrich v. F., k. preuss. Major und Chef der 10. Divisions-Garnisoncompagnie, verm. mit Josephine v. Neumann, 1835 kinderlos. — Neben den Besitzungen in Schlesien wurde die Familie im 18. Jahrh. auch in Pommern im Kr. Pyritz begütert.

<small>N. Pr. A.-L. II. S. 179 und IV. S. 390—392. — Freih. v. Ledebur, I. S. 225 und III. S. 253.</small>

Forchtenau, Forchtenau, genannt **Ramläufer.** Schlesisches, im 16. und 17. Jahrh. vorgekommenes Adelsgeschlecht, aus welchem Achatius v. F., kais. Landvoigt über die Fürstenthümer Schweidnitz, Striegau und Jauer, drei Söhne hatte, von welchen Achatius (II.) 1604 in den Aemtern seines Vaters stand, Wenzeslaus Kanzler des Fabian Edlen v. Schöneich zu Carolath war und Sigismund 1592 als fürstl. Magdeburg. Kammer-Secretair starb.

<small>, Sinapius, II. S. 526. — Freih. v. Ledebur, I.S. 225.</small>

Forckenbeck, Forkenbeck. Adelsstand des Kgr. Preussen. Diplom vom 19. Octob. 1804 für Friedrich Christian Forckenbeck, k. preuss. Geh. Hofrath in Münster und vom 11. Novemb. 1804 für Maximilian Bernhard F., k. preuss. Geh. Kriegs- und Domainenrath. Der Stamm blühte fort u. zu demselben gehörte 1836 der k. preuss. Regierungsrath v. F., General-Consul zu Warschau und der k. preuss. Oberlandesgerichtsrath v. F. zu Breslau.

<small>v. Hellbach, II. S. 181. — Freih. v. Ledebur, I. S. 225 und 226. — W.-B. der Preuss Monarch. III. 19.</small>

Forell, Forell-Griset, Freiherren (in Schwarz ein aufrechtstehender, weisser Steinbock). Altes, aus Savoyen stammendes Adelsgeschlecht, welches später in die Schweiz kam und im Canton Freiburg, in welchem auch das gleichnamige Stammgut liegt, mehrere Güter erwarb und schon seit dem 15. Jahrh. das Freiburger Erbbürgerrecht besitzt. Dasselbe hat dem genannten Cantone mehrere Staatsräthe, Landvoigte, Schultheissen und Rathsherren gegeben. Der Stammsitz Forell verlor durch die franz. Revolution 1798 seine Herrschaftsrechte. — Franz Nicolaus v. F. wurde Malteser und kam durch den Orden zu hohen Würden und sollte 1777 Grossprior von Deutschland werden, doch gab das Heitersheimer Capitel einem Freiherrn v. Truchsess den Vorzug. Später war derselbe Ober-Hofmeister des Prinzen Xaver von Sachsen und dann k. poln. und kursächs. w. Oberhofmarschall, welche Stelle er 1786, in welchem Jahre er auch starb, mit dem Character als Geh. Cabinets-Minister niederlegte. Ein Neffe desselben, Joseph Ludwig Bruno v. Forell, Major im Dienste der Eidgenossenschaft, war ebenfalls Malteserritter u. wurde 1776 Coadjutor der Comthurei Weissensee. — Johann Heinrich Freiherr v. F.-G. wurde 1769 Hauptmann der kursächs. Schweizergarde und 1779 kursächs. General. Später haben auch mehrere Sprossen des Stammes in der k. preuss. Armee gestanden und noch 1848 wird die Familie als am k. sächs. Hofe bedienstet aufgeführt.

Leu, Schweizer-Lexicon, IX. S. 243 u. 244. — *May*, Histoire militaire de la Suisse, VIII. S. 484—490. — *Lutz*, Necrolog der Schweiz, S. 182—184. — N. Pr. A.-L. II. S. 180. — *Frh. v. Ledebur*, I. S. 226 u. III. S. 253. — *Tyrof*, II. 77.

Forell (Schild quer getheilt: oben in Blau zwei übereinander nach der rechten Seite schwimmende Forellen und unten in Roth ein goldenes Kleeblatt). Adelsstand des Königreichs Preussen. Diplom vom 10. Juli 1803 für den Landsyndikus Johann Peter Wilhelm Forell. — Soviel bekannt gehören in diese Familie Friedrich v. Forell, Amtmann des Amtsbezirks Herne, Herr auf Strünkede im Kr. Bochum u. N. N. v. F. Herr auf Loszeinen im Kr. Rössel.

v. Hellbach, I. S. 372. — N. Pr. A.-L. II. S. 180. III. S. 5 u. V. S. 158. — *Freih. v. Ledebur*, I. S. 226. — W.-B. d. Preuss. Monarch. III. 19.

Forest, Forest v. Prianthal und Lemberg. Steiermärkisches Adelsgeschlecht, aus welchem Franz Melchior F. v. P. u. L. 1663 unter die neuen Geschlechter des niederösterr. Ritterstandes aufgenommen wurde. Derselbe hatte durch Vermählung mit Elisabeth Blumberger, verw. v. Greiffenfelss das Gut Ober-Ranna an sich gebracht, welches Letztere als Wittwe noch 1675 besass. Aus dieser Ehe stammte Franz Sigismund Forest, welcher in seine Heimath zurückging und 1675 Landstand in Steiermark war.

Wissgrill, III. S. 64.

Foresti, Ritter. Erbländ.-österr. Ritterstand. Diplom vom 12. Dec. 1841 für Johann Baptist Foresti, k. k. Hauptmann in d. A.

Handschriftl. Notiz.

Forestier. Altes, französisches, auch den Vicomte-Titel führendes, aus dem Languedoc stammendes Adelsgeschlecht, aus welchem eine Linie in die Schweiz und eine andere nach Oesterreich kam. Aus ersterer stammte Alexander August v. F., welcher als k. preuss. Major a. D. 1833 starb. Ein Sohn desselben war noch 1855 kön. preuss. Oberlandesgerichtsrath in Posen. — Von der österreichischen Linie standen die Gebrüder Victor Chevalier de F. und August Vicomte F. als Rittmeister im k. k. Ulanenregim. Fürst Schwarzenberg. Ersterer hatte in der Schlacht bei Hanau ein Bein verloren und war später Commandant zu Como. Im genannten Regimente diente noch in neuester Zeit Ferdinand Vicomte Forestier.

N. Pr. A.-L. II. S. 180 und 181. — *Freih. v. Ledebur*, I. S. 220 u. III. S. 253.

Forgách, Forgacs v. Ghymes und Gács, Grafen (in Blau eine nackte, gekrönte Jungfrau mit fliegenden, blonden Haaren, welche aus einer goldenen Krone aufwächst und deren gefaltete Hände mit einer goldenen Schnur gefesselt sind. Dieselbe ist oben, rechts wie links, von einem goldenen, die Hörner einwärtskehrenden Halbmonde begleitet).

Erbländ.-österr. Grafenstand. Diplom vom 12. Mai 1640 für Adam I. Freih. Forgách, Jüngerer Linie und vom 4. (11.) Mai 1675 für Andreas VII. Freih. Forgách, Aelterer Linie. — Altes, schon weit über 6 Jahrhunderte in Ungarn berühmtes Geschlecht, welches von den längst erloschenen Grafen v Hount, oder Hunt-Paznan hergeleitet wird, im 12. und 13. Jahrh. den Geschlechtsnamen Ivanch Iwanka, auch Juanka führte und sich nach dem Schlosse Fogaras in Siebenbürgen nannte. — Ivanch Graf v. Hunt-Paznan war 1187 und 1200 unter den Königen Bela III. und Emerich als Krieger bekannt und zugleich Castellan. Der Sohn desselben, Ivanka, welcher im blauen Schide einen wachsenden, weissen Wolf führte, oberster Stallmeister des Königs Andreas II., blieb 1235 in einer Schlacht gegen die Tartaren. Von Ivankas Söhnen, Thomas I. und Andreas I., Comes de Banya, nannte sich Letzterer zuerst Forgacs. Derselbe rettete dem Könige Bela IV. in einer Schlacht das Leben, erhielt von dem Könige 1274 Nieder-Ghymes zum Geschenk und baute daselbst ein Schloss. Von seinen fünf Söhnen pflanzte Nicolaus I. den Stamm dauernd fort. Nicolaus I. Forgacs, Graf v. Lekenye, welcher namentlich um 1321 u. 1333 vorkommt, war mit Anna v. Bebek vermählt, aus welcher Ehe als ältester Sohn Nicolaus II., gest. 1381, entspross. Der Sohn des Letzteren, Blasius I., Mundschenk der Königin Maria in Ungarn, spaltete 1386 dem eingedrungenen ungarischen Könige Carolus Parvus, Könige von Neapel, im Schlosse zu Ofen während der Tafel mit einem Säbelhiebe den Kopf und rettete die Königin Elisabeth u. ihre Tochter Maria mittelst Flucht von den einheimischen Feinden, worauf Blasius von der Königin Elisabeth das Wappen erhielt, welches die Familie noch jetzt, s. oben, führt. Blasius I. wurde 1387 von der Partei des getödteten Königs ermordet. — Den Stamm setzte Andreas III., Bruder des Nicolaus II. und jüngerer Sohn des Nicolaus I., fort. Derselbe, Herr der Schlösser Lekenye u. Koszmal, starb 1381 und von seinen vier Söhnen wurde Peter I. 1418 des Königs Sigismund Oberst-Hofmeister. Von den sieben Söhnen des Letzteren aus erster Ehe mit Clara Thuroczy war Johann V. zuerst mit Dorothea Bánffy v. Also-Lendva und später mit Margaretha Dobo v. Buska vermählt. Von seinen vier Söhnen wurden der ältere, Peter III. und der dritte, Gregor I., die Stifter zweier Hauptlinien des Stammes. Ersterer, welcher um 1505 lebte und mit Catharina v. Haga vermählt war, stiftete die ältere Hauptlinie zu Ghymes, Letzterer, gest. 1815, vermählt mit Sophie Dobo, die jüngere zu Gács. Beide blühen noch jetzt und zwar jede in zwei Zweigen: die ältere Hauptlinie in dem älteren Zweige zu Ghymes und in dem jüngeren zu Gomba im somogyer Comitate und die jüngere Hauptlinie in dem älteren Zweige zu Gács und dem jüngeren zu Szécseny. — Ueberdies ist aus der älteren Hauptlinie durch Nicolaus IX., einen Sohn Stephans VII., welcher Letztere im vierten Gliede von dem Stifter der Linie, Peter III., stammte, eine Nebenlinie entstanden, welche im freiherrlichen Stande, s. den nachstehenden Artikel, fortgeblüht hat. — Die Ahnentafeln des Geschlechts in beiden Hauptlinien und den Zweigen derselben finden sich in den deutschen Grafenhäusern der Gegenwart und der neueste Personalbestand der Familie ist aus den geneal. Taschenb. d. gräflichen Häuser zu ersehen. So genüge denn hier die Angabe der Häupter der Zweige beider Hauptlinien in neuester Zeit: Aeltere Linie zu Ghymes: Aelterer Zweig zu Ghymes: Graf Carl, geb. 1783 — Sohn des Grafen Joseph III. aus der Ehe mit Juliane v. Sandor — Herr der Fidei-Comm. Herrschaft Ghymes und der Herrschaft Varano, Veltschitz und Csejte, k. k. Kämm., vermählt mit Philippine Freiin v. Walterskirchen zu Wolfsthal, geb. 1791, aus welcher Ehe, neben einer Tochter, Grf. Julie, verw. Frau v. Adamovich, ein Sohn stammt: Graf Carl, geb. 1825. — Jüngerer Zweig zu Gomba: Graf Xaver, geb. 1783 — Sohn des Grafen Thaddäus und N. N. Gräfin Taaffe — k. k. Kämm., vermählt mit Juditha v. Deseö, aus welcher Ehe drei Söhne entsprossten: Gr. Moritz, geb. 1813, k. k. Kämm., Oberst und Commandant des 1. Gendarm.-Reg., verm. mit Emilie Freiin v. Biela, gest. 1843; Gr. August, geb. 1814, Domherr zu Gran und inful. Abt der heil. Jungfrau v. Kalos und Gr. Anton, geb. 1818, k. k. Kämm., vermählt mit Anna Freiin v. Majthenyi, geb. 1830. Die Grafen Moritz und Anton haben Nachkommenschaft. — Jüngere Linie zu Gács; Aelterer Zweig zu Gács: Gr. Julius, geb. 1823 — Sohn des 1851 verstorbenen Gr. Anton, k. k. Kämm. aus der Ehe mit Johanna v. Balás, gest. 1843 — Herr der Herrschaften Vilke und Kokova, verm. mit Elise Grf. Forgách, geb. 1824, aus welcher Ehe ein Sohn stammt: Aloys, geb. 1852. — Die Herrschaft Gács steht den drei Brüdern des Grafen Anton zu, den Grafen: Anton, geb. 1819, k. k. Kämm. u. Vicepräsidenten bei der Statthalterei in Böhmen, Emil, geb. 1828, k. k. Kämm. und Rittmeister und Joseph, geb. 1829, k. k. Kämmerer. — Jüngerer Zweig zu Szécseny: Gr. Stephan, geb. 1782 — Sohn des 1829 verstorbenen Grafen Joseph — Herr der Herrschaften Varano und Ecseg. — Die Herrschaft Szécseny gehörte dem 1854 verstorbenen Grafen Paul, Bruder des Grafen Stephan, welcher aus der Ehe mit Maria v. Lipthay, gest. 1858, sechs Töchter hinterliess. Der Bruder der Genannten, Graf Sigmund, geb. 1787, verm. mit Maria Grf. Forgách, ist Herr der Herrschaft Szalanez und ein Sohn desselben, Gr. Kolomann, geb. 1820, Herr der Herrschaft Kemencze, hat sich mit Eleonore Freiin v. Pongrátz, geb. 1825, vermählt.

Leupold. I. S. 334—345. — *Lehotzky,* Stemmatographia. II. S. 130—138. — *Wissgrill,* III. S. 65—79. — Deutsche Grafenh. d. Gegenw. III. S. 124—129. — Geneal. Taschenb. d. gräfl. Häuser, 1859. S. 275—278 u. historisches Handbuch zu demselben, S. 219. — *Tyroff,* II. 261.

Forgatsch v. Forgatsch, Freiherren. (Schild geviert: 1 in Silber ein rother, einwärts springender und gegen die Rechte zurücksehender Fuchs. 2 und 3 in Roth ein freilediger, geharnischter, einwärts gebogener Arm, welcher in der Faust einen von einem grünen Lorbeerkranze umgebenen, goldenen Stern emporhält u. 4 in Silber zwei blaue quer, der obere einwärts, der untere auswärts gewendet, über einander liegende Fische). Erbländ.-böhmischer Freiherrnstand. Diplom vom 6. März 1651 für Niclas Forgatsch, kaiserlichen Rittmeister, mit dem Prädicate: v. Forgatsch. — Die Freiherren Forgatsch v. Forgatsch stammen, wie allgemein angenommen wird, aus der alten ungarischen Familie Forgach, s. den vorstehenden Artikel, und werden, wenn auch dieselben ein ganz anderes Wappen führen, als eine Nebenlinie der älteren Hauptlinie des Forgàchschen Stammes angenommen. Der Name Forgatsch ist der deutsche Name für Forgách oder Forgacs. — Der Diplomsempfänger, Freiherr Niclas, dessen Vater, Stephan F., als kaiserl. Hauptmann, der Oheim aber als kaiserlicher Oberst lange gegen die Türken gekämpft hatte, vermählte sich mit Johanna Peterswaldsky v. Peterswald, welche ihm die mährischen Güter Moschtieniz und Slawitschin zubrachte. Sein Sohn, Freih. Peter, war mit Maria Anna v. Mühlbach und sein Enkel, Freiherr Anton Ignaz, gest. 1768, zuerst mit Josepha Zablatzky v. Tuleschitz und später mit Maria Anna Brabansky v. Chobrzan vermählt. Aus diesen beiden Ehen stammten vier Töchter und vier Söhne. Von den Töchtern war Freiin Ottilie, gest. 1790, vermählt mit Wolf Franz Freih. Kaltschmidt v. Eisenberg, k. k. Kämm. und Kreis-Hauptmann zu Znaim; Freiin Josepha Raphaele 1769 mit Joseph Freih. Kossorz-Mallowez v. Mallowiz auf Zwiestow; Freiin Maria Dominica mit dem k. k. Feldmarschall-Lieutenant Toussaint Freih. v. Bourgeois, gest. 1820 und Freiin Maria Anna Aloisia, gest. 1805, in erster Ehe mit Wenzel Hassenwein v. Festenberg und in zweiter mit Johann Christoph Grafen v. Blümegen, Landeshauptmann in Mähren, gest. 1803. — Von den vier Söhnen hinterliess Freiherr Anton, gest. 1792, aus der Ehe mit Franzisca Freiin Podstazky und Prusinowiz nur eine Tochter, Freiin Johanna, welche mit Wilhelm Freih. v. Mundi, gest. 1792, vermählt war; Freih. Johann Nepomuk, verm. mit Catharina Freiin v. Mallowez, starb 1788 ohne Kinder; Freih. Ignaz Fortunat, geb. 1746, Herr auf Tuleschiz in Mähren, war mit Josephine v. Hartlieb auf Klenau und Neudorf und der Sohn aus dieser Ehe, Freiherr Friedrich mit Josepha Freiin Staader v. Adelsheim vermählt; Freih. Johann Baptist endlich, gest. 1800, Herr auf Lehen Chorin, k. k. Kämmerer u. Gubernialrath zu Brünn, vermählte sich 1780 mit Maria Anna Freiin Kalkschmidt v. Eisenberg. Aus dieser Ehe entsprossten, neben drei Töchtern: Freiin Caroline, geb. 1797, vermählten Freifrau v. Beess u. Chrostin auf Konskau; Freiin Emma, geb. 1799 und Freiin Josepha geb. 1803, verm. Freifrau v. Königsbrunn. sechs Söhne: Freih. Rudolph, geb. 1794, k. k. Kämm. und mährischer Statthalterei-Rath zu Brünn, verm. mit Leopoldine Grf. Bukawky v. Bukuwka, geb. 1809; — Freih. Ludwig, geb. 1795, gew. Lieutenant in der k. k. 1. Arcieren-Leibgarde; — Freih. Michael, geb. 1800, Herr auf Weiss-Oehlhütten, k. k. Kämm. und Vorsteher des Bezirks-Amts zu Znaim, verm. mit Emilie Grf. v. Vetter und Herrin v. der Lilie, Freiin zu Burgfeistritz, geb. 1815. — Freih. Ernst, geb. 1801, k. k. Rittm. in d. A., verm. mit Caroline Grf. Braida v. Ronsecco und Cornigliano, geb. 1800; — Freih. Anton, geb. 1804, k. k. Cameral-Bezirks Commissair a. D. — und Freih. Eugen, geb. 1806, k. k. Landes-Gerichtsrath zu Brünn, verm. mit Catharina Freiin v. Pillersdorf, geb. 1820. — Die gesammten Gebrüder, welche sich vermählten, haben Nachkommenschaft.

v. *Hellbach*, I. S. 872. — Geneal. Taschenb. d. freih. Häuser, 1845 S. 111—113 u. 1856. S. 177 u. 178.

Forgete. Ein in die Adelsmatrikel der preuss. Rheinprovinz in der Person des Hermann Jacob Joseph v. Forgete, laut Eingabe d. d. Malmedy, 15. Juli 1829, unter Nr. 16 der Edelleute, eingetragenes Adelsgeschlecht.

Freih. v. Ledebur, I. S. 226. — W.-B. d. preuss. Rheinprov. I. Tab. 36. Nr. 71 u. S. 36.

Forgow. Altes, zu Ende des 17. Jahrh. erloschenes, meklenburgisches Adelsgeschlecht.

v. Behr, Rer. Meckl. L. S. 1570. — *v. Meding*, II. S. 172.

Foris. Ein in Preussen vorgekommenes Adelsgeschlecht, aus welchem J. v. Foris 1836 k. preuss. Geh. General-Postamts-Revisor in Berlin war. Um dieselbe Zeit stand ein jüngerer Bruder desselben als Lieut. im k. preuss. 29. Infant.-Regim.

N. Pr. A.-L. I. S. 158 und 159. — *Freih. v. Ledebur*, I. S. 226.

Forisch v. Siedbrückburg. Erbländ.-österr. Adelsstand. Diplom von 1808 für Alexander Forisch, k. k. Rittmeister bei Landgr. Friedrich zu Hessen-Homburg-Husaren, mit dem Prädicate: v. Siedbrückburg.

Megerle v. Mühlfeld, S. 184.

Formacher auf Lilienberg. Erbländ.-österr. Adelsstand. Diplom von 1739 für Maximilian Anton Formacher, geschworenen Verhörs- und Schrannen-Sollicitator des Herzogth. Krain und für den Vetter desselben, Bernardin Formacher, mit dem Prädicate: v. Formacher auf Lilienberg.

Megerle v. Mühlfeld, Ergänz.-B. S. 297.

Formberger auf Eigelsberg und Erlastegen. Kurpfälzischer Adelsstand. Diplom vom 24. Apr. 1712 für Johann Zacharias Formberger, Gerichtsschreiber zu Murach und Besitzer der Landsassen-Güter Eigelsberg und Erlastegen. Der Stamm blühte fort u. ein Urenkel des Diplom-Empfängers, Franz Ferdinand v. F., geb. 1769, kön. bayer. Hauptmann, wurde mit seinem Vetter, Wolfgang Ferdinand v. F., geb. 1788, k. bayer. Landgerichts-Assessor in Riedenburg, in die Adelsmatrikel des Kgr. Bayern eingetragen.

v. Lang. S. 338. — W.-B. d. Kgr. Bayern, V. 45. — *v. Hefner*, bayer. Adel, Tab. 78 u. S. 77.

Formentini zu Tulmein und Biglia, Freiherren. Reichs- und erbländ.-österr. Freiherrenstand. Diplom vom 1. Sept. 1623 für Caspar v. Formentini, k. k. Kämm., und gewesenen inner-österr. Regierungsrath, sowie für die Wittwe seines Bruders, Carl von Formentini, k. k. Kämmerers, Raths, Aufbots-Obersten über das Landvolk der Grafschaft Görz und Hauptmanns zu Gradisca, Anna Maria v. Rohrbach, Unter-Hofmeisterin der adeligen Frauenzimmer der Gemahlin K. Ferdinands II., und für ihre vier Kinder: Ludwig, Ferdinand, Elisabeth und Aurora v. Formentini, mit dem Prädicate: zu Tulmein und Biglia. — Altes Adelsgeschlecht, welches schon seit 1319 in Friaul und Goerz angesessen war und theilweise noch ist. Dasselbe stammt ursprünglich aus Trient, wo ihm im 13. Jahrh. die Herrschaft Cusano zustand. Als Stammvater wird Johannes Porcarius orcachio genannt, welcher 2. Juli 1184 ausgedehnte kaiserliche Privilegien erhielt. Ein Urenkel desselben, Simon Porcachio, Vorschneider des Patriarchen zu Aquilega, führte zuerst den Namen Formentini oder Furmentini. Derselbe lebte um 1310 und sein Sohn, Niclas, erlangte mit seinen Brüdern, Johann und Leonhard F., 3. Aug. 1350 die Lehensfähigkeit und 13. Jan. 1357 den Reichsadel. — Die absteigende Stammreihe der jetzigen Freih. v. F. ist folgende: Carl v. F.: Anna Maria v. Rohrbach, nachmalige Freifrau v. F. zu Tulmein und Biglia; — Freih. Ludwig I.: Anna Grf. v. Suamberg; — Freih. Franz Ignaz I.: Felicitas Grf. v. Lanthieri; — Freih. Ludwig II.: Beatrix Grf. Coronini-Cronberg; — Freih. Franz Ignaz II.: Anna Maria Grf. v. Scotti; — Freih. Paul Emil: Ludovica Freiin v. Ressaux-Ressa, verm. 1780; — Freih. Franz Ignaz III., gest. 1849, Herr auf Cusano und Usizza: Josepha Grayer; — Frcih. Michael Emil Paul, gest. 1841: Josepha Lucia Edle v Liebenwald; — Freih. Joseph Florian, geb. 1832, Herr auf Cusano und Usizza, jetziges Haupt des freiherrl. Stammes und Freih. Emil Clemens Franz, geb. 1837: Gebrüder. — Als Brüder des Freih. Michael Emil Paul wurden neuerlich noch genannt: die Freiherren Nicolaus, Ludwig, Anton, Paul, Emil und Franz.

<small>Schmuts, I. S. 388. — Geneal. Taschenb. d. freih. Häuser, 1948, S. 432. 1857. S. 163 u. 1858. S. 168. — v. Hefner, görzer Adel, Tab. 25 und S. 27.</small>

Formentini. Erbländ.-österr. Adelsstand. Bestätigungsdiplom des den Vorfahren im Jahre 1357, s. den vorstehenden Artikel, verliehenen Adelsstandes für Franz Formentini, Steiermärkisch-ständischen Kanzlisten.

<small>Megerle v. Mühlfeld, Ergänz. Bd. S. 267.</small>

Fornasari v. Verce. Erbländisch-österr. Adelsstand. Diplom von 1764 für Lucas Fornasari aus Goerz, mit dem Prädicate: v. Verce.

<small>Megerle v. Mühlfeld, S. 184.</small>

Forno, Freiherren (Stammwappen: in Blau ein brennender Kamin. Späteres, in Schlesien geführtes Wappen: in Blau fünf neben einander gestellte, goldene Wecken, von drei, 2 und 1, goldenen Sternen begleitet). Böhmischer Freiherrnstand. Diplom vom 6. April 1648 für Horaz Fornio, Herrn auf Ratschütz im Jauerschen, Lissa bei Neumarkt und Stabelwitz im Breslauischen. Derselbe, aus einem italienischen Geschlechte stammend, war von 1650 bis zu seinem Tode, 1654, Kammer-Präsident in Ober- und Niederschlesien und hinterliess Nachkommen, von welchen Anton Freih. v. Forno, Herr des k. freien Burg-Lehns Lissa noch 1724 lebte.

<small>Sinapius, II. S. 381. — Gauhe, II. S. 296. — Freih. v. Ledebur, I. S. 226 und III. S. 223. — Siebmacher, IV. 60.</small>

Forray, Grafen. Erbländ.-österr. Grafenstand. Diplom vom 14. Juni 1847 für Julie Grf. Brunswick v. Korompa, verw. Freifrau v. Forray, Oberhofmeisterin bei I. K. H. der Erzh. Maria, Wittwe des Erzh. Palatin, und zwar mit dem Rechte der Vererbung auf ihre Nachkommen, s. Bd. II. S. 111.

<small>Geneal. Taschenb. d. gräfl. Häuser. 1859. S.148.</small>

Forsellius. Im Königr. Preussen erneuerter Adelsstand. Erneuerungsdiplom vom 1. Febr. 1776 für Friedrich v. Forselius, k. russ. Major, Herrn der Güter Plauschwarren, Schillenicken etc. in Litthauen, aus einem liefländischen Adelsgeschlechte stammend. Ein Sohn desselben, Johann Friedrich v. F., geb. 1764, stand in seiner Jugend im k. preuss. Dragoner-Regim. v. Posadowski und war später als k. preuss. Rittm. a. D. Herr der Güter Bernaiten, Milchbude, Plauschwarren, Rinduppen und Schillenicken, sämmtlich im Kr. Heidekrug.

N. Pr. A.-L. I. S. 47; v. Fortelius, II. S. 181 und V. S. 159. — Freih. v. Ledebur, I. S. 226. — W.-B. der preuss. Monarch., III. 19. — Kneschke, IV. S. 129.

Forstheim, s. Holzmeister v. Forstheim.

Forst. Ein in der Oberlausitz im 15. Jahrh. von 1407 an im Görlitzischen vorgekommenes Adelsgeschlecht, welches, neben einem Antheile an Friedersdorf bei der Landskrone, Girbigsdorf unweit Görlitz und Schönberg bei Lauban besass, nach Allem aber nicht lange geblüht hat.

Frh. v. Ledebur, I. S. 286.

Forster, Forstern, Förster (Schild geviert: 1 und 4 in Silber ein schräglinks gelegter Zweig mit drei grünen Blättern u. 2 und 3 in Blau zwei schrägrechte, silberne Balken). Ein im Gothaischen mit Herbsleben begütertes und durch Buschschwobach und Burghausen zur reichsfreien Ritterschaft der fränkischen Cantone Altmühl und Ottenwald gehöriges Adelsgeschlecht, aus welchem die Söhne des Onoldsbach'schen Geh.-Raths Jacob Philipp v. F.: Jacob Wilhelm, gest. 1722, k. preuss. Geh.-Rath und Georg, fürstl. Sachsen-goth.-altenb.-Geh.-Rath, zwei Linien, die ältere und jüngere, stifteten.

Biedermann, Canton Altmühl, Tab. 149 und 150. — N. Geneal. Handb. 1777. S. 67—69. und 1778. I. S. 65—67. — Brückner, Beschreib. d. Kirchen- und Schulstaates im Herzogth. Gotha, III. 9. Stck. S. 39 u. 40. — v. Hellbach, I. S. 374, auch unter Berufung auf Fabri. Staatsanzeigen, VIII. S. 657. — Freih. v. Ledebur, I. S. 226. u. III. S. 253.

Forster, Forster zu Mantl (Schild quergetheilt: oben in Blau drei achteckige, silberne Sterne neben einander und unten in Silber zwei ins Kreuz und mit den Spitzen nach oben gelegte Spiesse, zwischen welchen auf dem schrägrechts liegenden ein schwarzer Vogel sitzt). Kurpfälzischer Adelsstand. Diplom vom 19. Apr. 1784 für Johann Conrad Forster, Besitzer des Landsassen-Gutes Unter-Mantl. Die Vorfahren desselben waren bis auf den Ur-Ur-Grossvater daselbst Amtsrichter gewesen und der Sohn, Franz Benno v. Forster, geb. 1753, war als k. bayer. quiesc. Forstmeister zu Pressat und Herr des Ritter- und Landsassen-Guts Unter-Mantl in die Adelsmatrikel des Kgr. Bayern eingetragen worden.

v. Lang, S. 338 und 339. — W.-B. d. Kgr. Bayern, V. 43. — v. Hefner, bayer. Adel, Tab. 87. und S. 77.

Forster (Schild geviert: 1 und 4 in Silber ein aufwachsender, grün gekleideter Mann mit weissem Kragen etc. einen Tannenbaum über die rechte Schulter haltend und 2 und 3 in Roth eine silberne Lilie.) Adelsstand des Königr. Bayern. Diplom vom 6. März 1816 für Georg Christoph Forster, k. bayer. Handlungs-Appellationsgerichts-Assessor in Nürnberg, sowie Kaufmann und Besitzer der Messingfabrik zu Hammer bei Lauf am Holz. — Derselbe war 1766 geboren.

v. Lang, Supplem. S. 99. — W.-B. d. Kgr. Bayern, V. 44. — v. Hefner, bayer. Adel Tab. 87 und S. 77.

Forster v. Philippsberg. Im Kgr. Bayern bestätigter, alter Adelsstand. Bestätigungsdiplom vom 28. März 1823 für Gottfried Ernst v. Förster, k. bayer. Kämmer. und Rittmeister, mit dem Prädicate: v. Philippsberg. Der Ahnherr der ursprünglich aus Posen stammenden Familie war Feldhauptmann des K. Maximilian I. u. hatte 5. Juli 1508 den Adel erhalten.

Regier.-Blatt d. Kgr. Bayern 1823. Nr. 16. — v. Hellbach, I. S. 373. — W.-B. d. Kgr. Bayern, X. 32. — v. Hefner, bayer. Adel, Tab. 57 und S. 77.

Forster v. Wildenforst. Altes bayerisches, von 948—1475 mehrfach vorgekommenes u. um 1498 erloschenes Adelsgeschlecht. Heinrich F. lebte um 1230. — Nach Absterben des Stammes waren die wahrscheinlich stammverwandten v. Degenberg die Erben.

Wig. Hund, I. S. 222. — Monum. boic, Bd. S. 304.

Forstheim, s. Holzmeister v. Forstheim.

Forsthuber, Edle v. Forstberg. Erbländ.-österr. Adelsstand, mit dem Prädicate: Edle v. Forstberg. In neuester Zeit standen in der K. K. Armee mehrere Sprossen des Stammes: Albert F. Edl. v. F., Major im 13. Grenz-Inf.-Reg.; Adolph F. Edl. v. F., Hauptmann im 47. Inf.-Reg.; Gustav F. Edl. v. F., Oberlieutenant im 61. u. Alexander F. v. F., Oberlieutenant im 47. Inf.-Reg.

Handschr. Notiz.

Forstmeister v. Gelnhausen, Freiherren (in Blau ein aufrecht gestellter, oben beknöpfter, goldener Haken, dessen Spitze unten nach links steht und welcher in der Mitte rechts widergebakt ist. Der Haken wird rechts von drei goldenen Schindeln, von denen zwei nach aussen unter einander, eine aber in der Mitte nach innen stehen und über welchen in der rechten Oberecke des Schildes ein kleines, rothes Kreuz schwebt, links aber von vier, 1 2 und 1, gleichen Schindeln beseitet). Altes, rheinländisches Adelsgeschlecht, welches früher zu der reichsunmittelbaren, mittelrheinischen Ritterschaft gehörte, dessen fortlaufende Stammreihe Humbracht vom Anfange des 14. Jahrh. bis zu seiner Zeit gegeben hat. Caspar Forstmeister v. Gelnhausen starb in den ersten Jahrzehnten des 16. Jahrh. als Rechtslehrer in Tübingen in grossem Ansehen; Philipp Benedict F. v. G., des deutschen Ordens Ritter, war im Anfange des 17. Jahrh. Comthur zu Sachsenhausen und Ellingen, Geh.-Rath und Ober-Hofmarschall bei dem Hoch-Deutschmeister und Raths-Gebändiger der Ballei Franken etc. und im Anfange des 19. Jahrh. lebte Carl Franz Freih. F. v. G., Comthur zu Coblenz und Muffendorf, kurcöln. Geh. Staats- und Conferenzminister, General-Lieut. u. Oberst-Hofmarschall, wie auch des H. deutschen Ritter-Ordens w. Staats- und Conferenz-Minister. — In der zweiten Hälfte des 18. Jahrh. hatte das Geschlecht zu den Gütern in der Wetterau u. am Mittelrhein in der jetzigen preussischen Rheinprovinz Neuerburg bei Heinsberg, Schwadorf bei Cöln u. Traar bei Crefeld an sich gebracht.

Humbracht, Tab. 149. — *Gauhe*, I. S. 546 und 547. — *v. Hattstein*, I. S. 202—205. — *Frh. v. Krohne*, I. S. 301. — N. Geneal. Handb. 1777. S. 69. und 70. 1778. I. S. 67—70. — *Robens*, Elem. Werk, II. S. 18 u. Nr. 14 u. desselben niederrheinischer Adel, I. S. 228—232. — *Freih. v. Ledebur*, I. S. 227. — *Siebmacher*, I. 127: Die Forstmeister v. Geilhausen, Rheinländisch. — *Salver*, S. 628. — Suppl. zu Siebm. W.-B. IV. 11. — W.-B. der preuss. Rheinprovinz, II. Tab. 18. und S. 133. — *Kneschke*, III. S. 144 u. 145.

Forstmeister v. Lebenhan (in Silber zwei gekreuzte Streitkolben und zwischen denselben oben eine rothe Rose u. in der Mitte, rechts, wie links, eine dergleichen). Altes, fränkisches, im Rittercanton Rhön-Werra begütertes, auch im Cölnischen und Bergischen aufgeschworenes Adelsgeschlecht. Zuerst kommt Friedrich F. v. L. 1235 vor und Theodoricus Senior F. v. L. empfing 1260 die würzburg. Lehen Lebenhan, Neustadt und Rothenkolben. Der Stamm blühte, auch in mehreren Nebenlinien, fort, bis Melchior Adolph F. v. L. zu Steinach und Unter-Ebersbach denselben 9. Sept. 1629 schloss.

v. Hattstein, II. Suppl. I. S. 14—17. — *Biedermann*, Canton Rhön-Werra, Tab. 389—193. *Siebmacher*, I. 105: Die Forstmeister, Fränkisch.

Forstner v. Billau. Erbländ.-österr. Adelsstand. Diplom von 1791 für Johann Forstner, Kreis-Commissair in Oesterreich ob der Enns, mit dem Prädicate: v. Billau.

Megerle v. Mühlfeld, S. 184.

Forstner, auch **Freiherren** (Schild geviert: 1 und 4 in Gold ein an der rechten Seite des Feldes stehender, am inwendigen Theile zweimal geasteter Baumstamm, aus welchem oben drei grüne Blätter keimen und vor demselben ein aufwachsender, vorwärts sehender, schwarz gekleideter Tiroler etc., welcher in der Rechten ein, mit der Schärfe dem Baume zugewendetes Beil emporhält und 2 von Silber, Schwarz, Roth und Gold und 3 von Gold, Roth, Schwarz u. Silber viermal schräglinks gestreift). — Altes, ursprünglich oberösterreichisches mit der Familie Forstner v. Dambenoy einen Stamm ausmachendes Adelsgeschlecht, welches früher zu dem schwäbischen Rittercanton Neckar-Schwarzwald-Ortenau und der Ritterschaft im Unter-Elsass gehörte, 1757 in der Person des Schlosshauptmanns Carl Freih. v. F. auf Gömtow in Meklenburg die Rechte des eingeborenen meklenburgischen Adels erlangte und 1761 auch dem fränkischen Rittercanton Altmühl einverleibt wurde. — Den Namen Forster soll schon um 930 Anton Heisch geführt haben, doch sind die älteren Familien-Nachrichten im 30jährigen Kriege verloren gegangen und es finden sich genaue Nachrichten über das Geschlecht nur von der zweiten Hälfte des 17. Jahrh. an. Um diese Zeit war dasselbe zu Breitenfeld unweit Linz angesessen und breitete sich von da in Schwaben, im Unter-Elsass, in Meklenburg, Dänemark und den Niederlanden aus. Wolfgang v. F. starb 1680 als h. württemb. Geh.-Regier.-Rath und Kammerpräsident und Christoph v. F., gest. 1688, Kanzler der württemb. Grafschaft Mömpelgard, war mit dem Gute Dambenoy bei Mömpelgard beliehen worden. Von Letzterem stammt der 1767 nach Preussen gekommene Zweig, auch haben Sprossen des meklenburgischen Zweiges in der k. preuss. Armee gedient und den Stamm fortgesetzt. — Für Meklenburg beruht der Freiherrnstand der Familie auf der oben erwähnten Aufnahme des Carl Freiherren v. Forstner in die meklenburgische Ritterschaft, für Württemberg auf dem Freiherrn-Diplome vom 15. Juli 1827 für Georg Ferdinand Forstner v. Dambenoy, Professor der Staatswissenschaft an der Universität Tübingen und für den Bruder desselben, Christian Heinrich Friedrich v. F. und für Preussen auf längerem Gebrauche und Anerkennungen einzelner Mitglieder durch Cabinetsordres vom 22. Juli 1854 und 25. Jan. 1855. — Freih. Georg Ferdinand 1764, starb 1832 im Pensionsstande zu Pfedelbach bei Oehringen, mit Hinterlassung zweier Töchter und eines Sohnes, Wilhelm Freih. v. F., welcher früher in der k. württemb. Armee als Lieutenant stand.

<small>Freih. v. Hoheneck, I. S. 380-388. — N. Pr. A.-L. II. S. 182. — Cast, Adelsbuch des Kgr. Württemberg, S. 419. — Freih. v. Ledebur, I. S. 227 und III. S. 253. — Siebmacher, V. 49. 1: Forstner, Österreichisch. — v. Meding, III. S. 183—185. — Suppl. zu Siebm. W.-B. IV. 11. — Meklenb. W.-B. Tab. 16. N. 57 und S. 21. — Kneschke, II. S. 153—155. — v. Hefner, meklenb. Adel, S. 8.; württemb. Adel, Tab. 8. und S. 7. und preuss. Adel, Tab. 52 und S. 42.</small>

Fort, Le Fort, Freiherren. Reichsfreiherrnstand. Kursächs. Reichs-Vicariatsdiplom vom 25. Sept. 1790 für Ludwig August Carl v. Le Fort. Ein ursprünglich aus der Normandie stammendes, nach Italien und später nach Russland gekommenes Adelsgeschlecht, welches nach neueren Angaben ein Reichsfreiherrndiplom vom 22. Dec. 1698 besitzt und jetzt in zwei Linien, der älteren in Meklenburg und der jüngeren in Pommern, blüht. Der neuere Personalbestand findet sich im Geneal. Taschenb. d. freih. Häuser. — Louis Baron Le Fort, Herr auf Wendhoff, erhielt 1803 die Rechte des eingeborenen meklenb. Adels und kommt später als Klosterhauptmann zu Dobbertin vor. In neuerer Zeit erwarb das Geschlecht auch in Pommern Papendorf im Kr. Greifswalde und Pulow im Kr. Franzburg.

<small>Freih. v. Ledebur, I. S. 227 u. III. S. 253. — Tyroff, I. 200. — Suppl. zu Siebmacher, W.-B. X. 19. — Meklenburg. W.-B. Tab. 16, Nr. 57. u. S. 21. — Pommerusches W.-B. I. Tab. 67 u. S. 178 u. 179. — Kneschke, I. S. 150 u. 151. Geneal. Taschenb. der freih. II. 1859. S. 194—197.</small>

Fortaller, Furtaller. Altbayerisches Adelsgeschlecht, welches zuerst 1231 vorkommt, 1554 erlosch u. von den Götzengrien beerbt wurde.

<small>Wigul. Hund, III. S. 321.</small>

Fortis, Freiherren. Erbländ.-österr. Freiherrnstand. Diplom von 1817 für Anton Fortis, k. k. Appellationsrath zu Mailand.

<small>Megerle v. Mühlfeld, Ergänz.-Bd. S. 56.</small>

Fortis. Adelsstand des Kgr. Bayern. Diplom vom 6. Juni 1824 für Alexander Fortis, nach dem Rechte der Erstgeburt. Derselbe war der Sohn des, durch Erlangung des k. bayer. Max-Joseph-Ordens, 1806 persönlich geadelten k. bayer. Majors u. später Obersten Wilhelm Joseph v. Fortis.

<small>B. Regier.-Blatt, 1824. — v. Lang, S. 339. — W.-B. d. Kgr. Bayern, X. 21.</small>

Fossa zu Forchtenegg und Halfing. Ein in Bayern vorgekommenes Adelsgeschlecht, aus welchem Amon v. F. zu F., H. und Niederufels, kurbayer. Hauptmann, 1640 und Ferdinand Cajetan v. F. auf F. und H., kurbayer. Rath und Truchsess und Pfleger zu Aurburg am Inn 1715 vorkommt. — Nach Siebmacher, V. 60., gab es in Bayern noch ein anderes Geschlecht v. Fossa, doch fehlen über dasselbe weitere Nachrichten.

<small>Oberbayer. Archiv, II. S. 292 u. VIII. S. 106. — Siebmacher, V. 68.</small>

Fouqué, La Motte Fouqué, Freiherren (in Blau ein goldener Querbalken, unter welchem eine goldene Kugel schwebt). Ein aus der Normandie und ursprünglich wohl aus Norwegen stammendes Rittergeschlecht, dessen Stammreihe in der zweiten Hälfte des 13. Jahrh. mit Wilhelm de La Motte Fouqué, mit Johanna le Maréchal verm., Herrn der später in Trümmern gefallenen Veste La Motte Fouqué, beginnt. Die Nachkommen desselben wurden Besitzer der Lehngüter Montfaucon, Assi und Ballon und mehrere kamen mit den Häusern La Roche, Jaquelin und Lescure und einmal auch mit dem Hause Savoyen in verwandschaftliche Verbindung. Der Hauptzweig des Stammes gelangte durch die Vermählung der Erbtochter der Familie Latassagne in den Besitz der Baronie Thonnaiboutonne und der Rittersitze St. Surin und La Gréve an der Garonne unweit Bordeaux. Bei dem Widerrufe des Edicts von Nantes lebten zwei Brüder, Hector, Lehnshaupt und Besitzer der Herrschaft und Carl, Beide dem evangelischen Glauben zugethan. Ersterer hielt, meist wohl in Rücksicht auf die Gefahrdung der Unterthanen seiner Baronie, sein Bekenntniss geheim, Letzterer verliess die Heimath, kam nach Holland und vermählte sich mit einer v. Robillard aus einer ebenfalls ausgewanderten, französischen Familie, welche Mutter dreier Söhne wurde. Unerwartet starb Hector de la M.-F. — die Treue der Diener rief den Erben zurück, doch dieser wollte von Gewissenscapitulationen nichts wissen und da der rechtmässige Erbe nicht erschien, so fiel das erledigte Lehn dem nächstverwandten, katholischen Lehnserben, dem Prinzen von Talmont, zu: die in der Normandie zurückgebliebene Linie sah sich, wenn auch der katholischen Kirche treu, von der Nachfolge ausgeschlossen, da auf dieselbe ein Protestantenverdacht gefallen war. Carl de L. M. F. starb in Holland. Die Wittwe genoss weitere Beihülfe von Seiten der Generalstaaten, fand später, von dem k. grossbrit. Hof unterstützt, einen Zufluchtsort in Celle und zog ihre Söhne gross. Der älteste, früher in kursächs. Diensten, starb später als k. preuss. Oberst, der jüngste verlebte sein Leben als pens. kurhannov. Oberstlieutenant in Celle, der mittlere aber, Heinrich August Freih. de la M.-F. stieg in der k. preuss. Armee von Ehrenstufe zu Ehrenstufe, wurde 1759 zum General der Infanterie und 1760 zum Dompropste zu Brandenburg ernannt u. starb 1774 nach 59jähriger Dienstzeit. Aus seiner Ehe mit Elisabeth Maria Mason stammten, neben einer Tochter, zwei Söhne. Der ältere Sohn konnte wegen schwächlicher Gesundheit nicht lange als Dragonerlieutenant dienen, pflegte dann den alternden Vater und vermählte sich später mit einer v. Schlegel. Der jüngere Sohn trat, nach dem Tode des Vaters, aus dem activen Dienste; lebte ein stilles Privatleben u. starb dann unvermählt.— Aus der Ehe des älteren Sohnes des Generals entspross Friedrich Baron de la Motte Fouqué, k. preuss. Major d. Cav. a. D., früher einer der namhaftesten Dichter der romantischen Schule, welcher, verm. mit Caroline Friederike Philippine v. Briest, s. Bd. II. S.73., 23. Jan. 1843 starb. — Der in der Normandie zurückgebliebene Zweig ist vor etwa 50 Jahren mit zwei katholischen Geistlichen erloschen.

N. Pr. A.-L. II. S. 182—185. — *Freih. v. Ledebur*, I. S. 227 und III. S. 253. — *v. Hefner*, preuss. Adel, Tab. 65 und S. 51.

Four de Camp, s. Carriere de Four de Camp, Bd. II. S. 232.

Fournier. Ein zum Geldern'schen Adel gehöriges Adelsgeschlecht, welches 1782 das adelige Haus Bellinghoven (Bellinghausen) unweit Erkelenz im damaligen Amte Geldern besass.

<small>N. Pr. A.-L. II. S. 43. — Freih. v. Ledebur, I. S. 227.</small>

Fourquin. Erbländ.-österr. Adelsstand. Diplom von 1806 für Joseph Fourquin, k. k. Obersten bei dem Geniecorps.

<small>Megerle v. Mühlfeld, Ergänz.-Bd. S. 287.</small>

Fours, des Fours, Grafen, s. Desfours, Grafen. Bd. II. S 461.

Foyker, Folker, Ritter. Erbländ.-österr. Ritterstand. Diplom von 1852 für Victor F., k. k. Oberlieutenant im 2. Ulanen-Reg. Derselbe wurde bereits 1856 als k. k. Rittm. aufgeführt.

<small>Augsb. Allg. Zeit. 1852.</small>

Fraas v. Friedenfeld. Erbländ.-österr. Adelsstand mit dem Prädicate: v. Friedenfeld. Carl F. v. F. stand in neuester Zeit als Lieutenant im k. k. Jäger-Regimente.

<small>Militair-Schemat.</small>

Frad v. Fradeneck. Erbländ.-österr. Adels- und Ritterstand. Adelsdiplom von 1772 für Johann Anton Frad, Pfleger der gräflich Rosenbergischen Herrschaften in Kärnten, mit dem Prädicate: v. Fradeneck und Ritterstandsdiplom von 1817 für Franz v. Fradeneck, k. k. Hofrath der Central-Organisirungs-Hof-Commission.

<small>Megerle v. Mühlfeld, S. 110 u. Ergänz.-Bd. S. 287. — v. Hefner, krainer Adel, Tab. 6 und S. 8.</small>

Fräncking, Fränking, Franking, Grafen. Erbländ.-österr. Grafenstand. Diplom vom 24. Mai 1697 für Heinrich Gottlieb Freih. v. Fräncking. — Altes, schon über 600 Jahre in Bayern bekanntes Rittergeschlecht, welches im 16. Jahrh. nach Oesterreich und später auch nach Ostfriesland kam. — Das der Familie noch zustehende Stammschloss und die Herrschaft Ober- und Unter-Fräncking oder Franking liegen im Innkreise des Landes ob der Enns, in dem ehemaligen bayerischen Pflegegerichte Wildshut. Als Stammvater wird Heinrich (nach Bucelini: Ulrich) v. F., welcher um 1254 vorkommt, angenommen. Die Söhne desselben, Ulrich, Otto, Heinrich und Bernhard, treten 1286 in einer Urkunde des Klosters Raitenhasslach auf; Ortlieb und Haidenreich werden 1343 und 1360 und Ulrich, Ortlieb's Sohn, 1352 u. 1364 theils in Urkunden des Stifts Reichersperg, theils in Enenkels Collectaneen, I. S. 367., genannt; Georg, Ulrichs Sohn, lebte noch 1401, der Sohn Georgs, Oswald I. noch 1440 und durch zwei Urenkel des Letzteren, Christoph und Wilhelm, schied sich der Stamm in eine ältere und eine jüngere Linie. — Von Christoph, dem Stifter der älteren Linie, entsprossten aus zweiter Ehe mit Appolonia Schellerin v. Adeldorf zwei Söhne, Sebulanus und Johann Joel. Sebulanus vermählte sich mit Regina v. Messenpeckh und aus dieser Ehe stammte Otto Heinrich Freih. v. F., welcher, verm. mit Gertraud Freiin v. Preysing, der nächste Stammvater der späteren Grafen v. F. wurde. Johann Joel v. F. erlangte durch Diplom vom 26. Jan. 1605 für sich, seines Bruders Sohn, Otto Heinrich, und die gesammte Nachkommenschaft den Freiherrnstand, hinterliess aber selbst keine männlichen Nachkommen, Otto Heinrich aber pflanzte den Stamm fort und der Enkel, oder Urenkel, Heinrich Gottlieb (nach Bucelini: Ortlieb) Freih. v. F. brachte, wie oben angegeben, den Grafenstand in die Familie. Derselbe war mit Maria Elisabeth Grf. v. Fugger-Kirchberg, welche 1712 als Wittwe starb, vermählt und von seinen Nachkommen lebte Graf Franz Felix, kurbayer. w. Kämm. und Regierungs-Rath, noch 1772. — Die jüngere, von Wilhelm v. F. gegründete Linie setzte der Sohn desselben aus der Ehe mit Agathe v. Vöhlin, Osswald, fort. Derselbe, Inhaber der Freisingenschen und Regensburgischen Lehen zu Wiselburg, Herr zu Donaudorf und Krumpen-Nussbaum, wurde 1586 unter die niederösterr. Ritterstandsgeschlechter aufgenommen und hinterliess aus erster Ehe mit Maria Erlpeckhin vier Söhne, Georg Wilhelm, Otto Victor, Osswald den Jüngeren und Johann Sigismund, von welchen die drei ersteren männliche Nachkommen, welche Wissgrill nennt, hinterliessen. — Die ältere, gräfliche Linie blüht jetzt in den Nachkommen des Grafen Ludwig, Landstandes in Ober-Oesterreich u. k. k. Directors beim Landgerichte zu Linz, welcher, geb. 1802, sich 1828 mit Rosalie v. Preuer vermählte und vor einigen Jahren gestorben ist und zwar mit Hinterlassung einer Tochter, Grf. Maria, geb. 1830, verm. 1852 mit Michael Mihanović, k. k. Hauptmann und zweier Söhne, Adolph Gr. Franking, Freiherrn v. u. zu Alten-Franking, geb. 1829. k. k. Lieut. und Ludwig Gr. F., geb. 1835, k. k. Lieut. in d. A.

Bucelini, III. S. 42. — Gauhe, I. S. 548 und 549, auch unter Berufung auf Winckelmanns Oldenburg. Chronik. — Wissgrill, III. S. 80—83. — v. Lang, S. 29. — Deutsche Grafenh. d. Gegenw., I. S. 241 und 242. — Geneal. Taschenb. d. gräfl. Häuser. 1859. S. 280. und histor. Handb. zu demselben, S. 223. — Siebmacher, I. 94; v. Frängking, Bayerisch. — Tyroff, II. 167: Freih. v. Fräncking. — W-B. d. Kgr. Bayern, I. 38 und v. Wölckern, Abth. I. — v. Hefner, bayer. Adel: Gr. v. F. und Ergänz.-Bd. S. 6.

Fränzl v. Festeneck, Ritter. Erbländ.-österr. Ritterstand. Diplom von 1849 für Maximilian Fränzl, k. k. Rath im Finanz-Ministerium, mit dem Prädicate: v. Festeneck.

Handschr. Notiz.

Fräss v. Ehrfeld. Erbländ.-österr. Adelsstand. Diplom von 1793 für Thaddeus Fräss, Ober-Einnehmer der k. k. Staatsschulden-Casse und für den Bruder desselben, Joseph Anton Fräss, Handelsmann zu Villach, mit dem Prädicate: v. Ehrfeld.

Megerle v. Mühlfeld, S. 185.

Fragner, Edle. Erbländ.-österr. Adelsstand. Diplom von 1788 für Augustin Fragner, k. k. Feldkriegs-Secretair, wegen 49jähriger Dienstleistung, mit dem Prädicate: Edler v.

Megerle v. Mühlfeld, S. 154.

Fragstein, auch **Freiherren.** Böhmischer Freiherrnstand. Diplom vom 30. Apr. 1664 für Johann Christian v. Fragstein, Herrn auf Gandau, Jäschgüttel und Krolkwitz, kais. Rath und Ober-Amts-Kanzler in Ober- und Nieder-Schlesien und vom 18. Jan. 1709 für Wenzel Ferdinand v. Fragstein, Regenten in Cameralibus zu Oppeln und Ratibor. — Altes, schlesisches Adelsgeschlecht aus dem Stammhause Nimsdorf im jetzigen Kr. Kosel, welches der Familie schon vor 1682 zustand. — Freih. Johann Christoph, gest. 1682, hinterliess mehrere

Söhne, von welchen Freih. Johann Anton, Herr auf Herzogswaldau, Mittel-Olbendorf, Gandau und Jäschgüttel, als kais. Kämm. und Oberamtsrath im Herzogthum Schlesien noch nach Anfange des 18. Jahrh. vorkommt. Der Sohn des Letzteren, Freih. Carl Anton, Herr auf Ossig, war später k. Regierungsrath des Fürstenthums Brieg und Consistorial-Präsident. Nach ihm ist wohl die freiherrliche Linie ausgegangen. Die adeligen Linien blühten fort. In der ersten Hälfte des 18. Jahrh. lebten Carl Maximilian v. F., Dom-Prälat etc. zu Breslau, gest. 1736; Joh. Georg v. F., Ober-Landschreiber der Fürstenthümer Troppau und Jägerndorf und Ferdinand Leopold v. F., Land-Rechts-Beisitzer im Troppauischen. In neuerer Zeit war Maximilian v. F., Herr auf Jasionna, 1806 Kreis-Deputirter im Kr. Tost-Gleiwitz und das eben genannte Gut hatten später ein Enkel desselben, Eduard v. F., inne. Ein v. F. nahm 1809 den Abschied aus k. preuss. Diensten und wurde Major im Corps des Herzogs von Braunschweig-Oels; ein k. preuss. Major v. F. starb 1817 im Pensionsstande und ein Anderer, bis 1820 k. preuss. Major und Commandeur eines Landwehr-Bataillons, in Jahre 1825. — Nach Bauer, Adressbuch, S. 64., war ein Sprosse des Stammes Herr auf Pöhlom im Kr. Rybnik.

Sinapius, II. S. 332. — Gauhe, I. S. 519 und 550. — Megerle v. Mühlfeld, Ergänz.-Bd. S. 56. — N. Pr. A.-L. S. 185 und 186. — Freih. v. Ledebur, I. S. 227 und III. S. 253. — Schlesisch. W.-B. Nr. 320.

Fraisel. Erbländ.-österr. Adelsstand. Diplom von 1756 für Johann Joseph Fraisel, Doctor der Rechte, Nieder-Oesterr. Regier.-Rath und Kanzlei-Director.

Megerle v. Mühlfeld, S. 185.

Franc, Ritter. Diplom von 1759 für Johann Franc, Nieder-Oesterr. Regierungs-Rath und Directorial-Haupttaxator, wegen adeligen Herkommens und 20jähriger Dienstleistung.

Megerle v. Mühlfeld, S. 110.

Franc v. Liechtenstein (im Roth auf einem grünen Dreiberge ein silberner, krähender Hahn mit goldenem Kamme etc., welcher nach einer in der rechten Oberecke des Schildes strahlenden Sonne gekehrt ist) Reichsadelsstand. Diplom vom 30. März 1697 für Johann Simon Franc, kais. Pfalzgrafen und Prorector des Gymnasiums zu Frankfurt a. M. mit dem Prädicate: v. Liechtenstein. — Altes, ursprünglich aus Herfeld in der jetzt kurhessischen Provinz Fulda stammendes Geschlecht, in welcher Stadt Johann Franc 1616 als Kirchen-Senior starb. Ein Enkel desselben, Johann Simon (I) geb. 1619, liess sich in Frankfurt a. M. nieder und kam 1671 in den Rath. Von Letzterem entspross der obengenannte Johann Simon (II.), geb. 1644, welcher Theologie studirte und dann grosse Reisen machte. Der Stamm hat fortgeblüht und Sprossen desselben sind jetzt theils in Frankfurt am Main, theils zu Laubach im Grossh. Hessen begütert.

Kneschke, III S. 145 und 146; nach handschr. Notizen. — v. Hefner, hessischer u. frankfurter Adel.

Francheville, du Fresne de Francheville. Im Königr. Preussen anerkannter, alter Adelsstand. Anerkennungsdiplom vom 17. Sept. 1774 ür Joseph du Fresne de Francheville, k. preuss. Hofrath und Mitglied der Academie der Wissenschaften. — Ein ursprünglich aus dem Hennegau stammendes Adelsgeschlecht, welches früher die Herrschaft Fresne an der Schelde besass, später in die Picardie kam und aus dieser in Folge der Religionsstreitigkeiten sich nach Berlin wandte. — Der obengenannte Joseph du F. v. F., zu seiner Zeit als Schriftsteller und Dichter weit bekannt, starb 1781 mit Hinterlassung von sechs Kindern. Von den Söhnen war C. v. F. Vorleser und Bibliothekar des Prinzen Heinrich von Preussen und ein Bruder desselben, Stephan du F. v. F., lebte 1805 als Postmeister zu Münsterberg. Ein Sohn des Letzteren kommt noch 1828 als Capitain und Chef der k. preuss. 31. Infant.-Reg.-Garnison-Compagnie zu Erfurt vor.

N. Pr. A.-L. II, S. 186. — Frh. v. Ledebur, I. 227. — W.-B. d. preuss. Monarch. III. 20.

Franchi v. Franckenfeld. Erbländ.-österr. Adelsstand. Diplom von 1736 für Sebastian Bonaventura Franchi, mit dem Prädicate: v. Franckenfeld.

Megerle v. Mühlfeld, Ergänz.-Bd. S. 287.

Francini, s. Curti Franzini, Ritter und Edle, Bd. II. S. 377 und 378.

Franck. Ein in Ostpreussen vorgekommenes Adelsgeschlecht, welches mit Haack im Kr. Mohrungen und mit Palschau begütert war.

N. Preuss. Provinz.-Bl. 2. Folge, V. Hft. 4. S. 266. — Freih. v. Ledebur, I. S. 227.

Franck (Schild geviert: 1 und 4 von Roth und Silber geviert, ohne Bild und 2 und 3 in Blau ein goldener, eine silberne Lilie haltender Löwe). Reichsadelsstand. Diplom von 1710 für Heinrich Franck. Der Stamm hat fortgeblüht und die Familie ist 1814 in die Adelsmatrikel des Kgr. Bayern eingetragen worden, doch hat v. Lang dieselbe nicht erwähnt.

Megerle v. Mühlfeld, Ergänz.-B. S. 287. — W.-B. d. Kgr. Bayern, V. 45. — v. Hefner, bayer. Adel, Tab. 87 und S. 77.

Franck. Erbländ.-österr. Adelsstand. Diplom von 1722 für die Gebrüder Peter Paul und Joseph Sebastian.

Megerle v. Mühlfeld, Ergänz.-Bd. S. 289.

Franck. Erbländ.-österr. Adelsstand. Diplom von 1775 für Johann Peter Franck, Platzlieutnant zu Kufstein in Tirol.

Megerle v. Mühlfeld, Ergänz.-Bd. S. 288.

Franck, Ritter (in Roth ein goldener Reichsapfel, dessen Spange und Kreuz mit Edelsteinen besetzt ist). Reichs- und erbländ.-österr. Ritterstand. Diplom vom 17. Juli 1773 für Johann Jacob Franck, Patrizier und Mitglied des grossen Raths der Stadt Mühlhausen, wegen seiner Niederlassung als Banquier und Grosshändler in Wien und wegen Associrung zur Tabackspachtung. Derselbe, gest. 1788, wurde nach Ankaufe des früher fürstl. Hartmann-Lichtensteinschen Freihauses zu Wien, welches eine ständische Gült ist, 1785 als Landmann unter die neuen Geschlechter des nieder-österr. Ritterstandes aufgenommen. Aus seiner Ehe mit Rosina v. Fries entsprossten zwei Töchter, Anna Magdalena Ursula, geb. 1774 und Sophia Rosine, geb. 1783, so wie zwei Söhne, Johann Jacob, geb. 1776 und Franz Joseph

Johann, geb. 1779. Die Wittwe vermählte sich 1789 mit Georg Adam Edlen v. Neuberg, welcher das Banquiergeschäft fortsetzte.

Wissgrill, III. S. 30. — Megerle v. Mühlfeld, S. 110.

Franck v. Franckenburg (in Roth ein aufspringender, in der rechten Vorderpranke ein Schwert haltender, goldener Löwe) Böhmischer Adelsstand. Diplom von 1679 für Tobias Franck aus Liegnitz, nach 20jährigen treuen Kriegsdiensten mit dem Prädicate: v. Franckenburg. Derselbe starb als k. k. Oberstwachtmeister und Consul in Liegnitz 17. Dec. 1686. Zweimal vermählt, zuerst mit Elisabeth v. Wieghorst und später mit einer v. Wolf, setzte er den Stamm durch mehrere Söhne und Töchter fort, doch lebte bei seinem Tode nur noch eine Enkeltochter.

v. Hellbach, I. S. 376. — N. Pr A. - L. II. S. 187. — Freih. v. Ledebur, I. S. 228.

Franck, Frankh, v. Franckenbusch, auch **Ritter** (Schild geviert: 1 und 4 in Silber ein, aus einem Geländer aufwachsender Hirsch und ein in der rechten Oberecke des Feldes schwebender Stern und 2 und 3 in Roth zwei Büffelshörner und zwischen denselben ein Stern). Reichs- und böhmischer Adels- und böhmischer und erbländ.-österreichischer Ritterstand. Reichsadelsdiplom von 1719 für Franz Georg Frankh, Raitrath der Böhmischen Kammerbuchhaltung, mit dem Prädicate: v. Frankenbusch und Böhmisches Adelsstandsdiplom von 1737 für denselben; böhmisches Ritterstandsdiplom von 1751 für Franz Franck v. Frankenbusch, Minderschreiber der Landtafel zu Prag und erbländisch-österreichisches Ritterstandsdiplom von 1760 für Leander v. Frankenbusch, k. k. Rath und Assessor bei dem Oberstburggrafenrechte zu Prag, wegen seiner, seines Vaters und Bruders Verdienste.

Megerle v. Mühlfeld, S. 110 u. S. 185. Ergänz.-B. S. 140 u. S. 277. — Suppl. zu Siebm. W.-B. VII. 12.

Franck, genannt **Laroche.** Ein in Preussen vorgekommenes Adelsgeschlecht, aus welchem Georg Carl v. F., gen. L. 1795 k. preuss. Bergrath war und Helmuth v. F., gen. L. 19. Nov. 1837 als k. preuss. Bergrath zu Dortmund starb.

Freih. v. Ledebur, I. S. 228.

Franck v. Negelsfürst. Erbländ.-österr. Adelsstand. Diplom von 1778 für Franz Heinrich Franck, k. k. General-Auditor-Lieutenant in dem Warasdiner Generalate, mit dem Prädicate: v. Negelsfürst.

Megerle v. Mühlfeld, Ergänz.B., S. 288.

Francke, Franke (Schild quergetheilt: oben in Blau ein über zwei goldene Querbalken gelegter, goldener Sparren und unten der Länge nach getheilt: rechts in Gold eine auf einem Getreidefelde stehende, weibliche, weissgekleidete Jungfrau, welche in der Rechten eine Sichel und unter dem linken Arme ein silbernes Füllhorn mit Blumen hält und links in Silber ein Baumstamm, welcher drei neue grüne Zweige getrieben hat). Adelsstand des Kgr. Preussen. Diplom vom 6. Juli 1798 für Gottlieb Heinrich Francke, Herrn auf Rückersdorf im Kr. Sprottau. Nach dem Tode desselben war das genannte Gut noch 1836 im Besitze der Kinder seines Sohnes, Gottlieb Friedrich v. Francke.

v. Hellbach, I. S. 376. — N. Pr. A.-L. II, S. 187 u. V. S. 159 und 160. — *Freih. v. Ledebur*, I. 228 und III. S. 253. — W.-B. d. preuss. Monarch., III. 20. — Schlesisches W.-B. Nr. 111. — *Kneschke*. IV. S. 130.

Francke v. Giessbach. Ein im 16. und im Anfange des 17. Jahrh. in Schlesien vorgekommenes Adelsgeschlecht, aus welchem nur Valentin Francke v. Giessbach, kaiserl. Rath und Landes-Bestellter des Fürstenthums Münsterberg - Franckensteinschen Weichbildes, gest. 28. Apr. 1616, bekannt ist. Derselbe besass die Güter Belmsdorf, Kaubitz und Nobschütz und soll aus dem Erzgebirge nach Schlesien gekommen sein.

Sinapius, II. S. 826. — N. Pr. A.-L. II. S. 187. — *Freih. v. Ledebur*, I. S. 228.

Francken (Schild durch einen goldenen Querbalken getheilt: oben Roth ohne Bild und unten in Silber drei, 2 und 1, rothe Herzen). Reichsadel. Diplom von 1600. Zu dem Geschlechte mit dem angegebenen Wappen gehörte der 16. Mai 1804 verstorbene k. preuss. Oberstlieutenant v. Francken, Commandeur des Regiments v. Chlebowsky.

Freih. v. Ledebur, I. S. 228. — *Tyroff*. I. 81.

Francken, Franckhen, Frankhen, Franquen (Schild geviert: 1 und 4 in Gold ein an die Theilungslinie angeschlossener, halber, schwarzer Adler, und 2 und 3 in Silber ein grüner Kranz). Böhmischer Adelsstand. Diplom vom 13. Juni 1663 für Johann Georg Francke. Die Familie hatte in der zweiten Hälfte des 17. Jahrh. im Plessenschen die Güter Goldmannsdorf und Woschczyc inne und erwarb in der Umgegend derselben im 18. Jahrh. noch mehrere andere Güter. Klein-Schweinern im Kr. Kreuzburg war noch 1774 in der Hand des Geschlechts. Mehrere Sprossen des Stammes haben in neuerer Zeit in der k. preuss. Armee gestanden. Ein Major v. F. commandirte zuletzt ein Bataillon vom 37. Infant.-Regim. und starb 1836, ein anderer Major v. F. hatte sich in der Schlacht bei Laon ausgezeichnet und ein v. F. stand 1836 im k. preuss. Artilleriecorps. Dieselben schrieben sich sämmtlich Frankhen.

N. Pr. A.-L. II. S. 190 und V. S. 162. — *Freih. v. Ledebur*, I. S. 228.

Francken (Schild quergetheilt: oben in Blau ein aufwachsender, doppelt geschweifter goldener Löwe u. unten Silber ohne Bild). Reichsadelsstand. Diplom vom 17. März 1773 für Friedr. August Francken, kursächs. Oberlieutenant.

W.-B. d. sächs. Staaten, VII. 38. — *v. Hefner*, sächs. Adel, Tab. 28. und S. 27.

Francken. Adelsstand des Königr. Preussen. Diplom vom 18. Juli 1858 für Gustav Conrad Joseph Gottfried Francken, Rittergutsbesitzer auf Wetz im Rh.inlande.

Handschr. Notiz.

Franckenfeld, s. Franchi v. Franckenfeld, S. 309.

Franckenstein (Schild der Länge nach getheilt: rechts in Gold zwei schwarze, schräglinke Balken und links in Schwarz auf weissen Felsen eine links gekehrte, weisse Gemse: nach Siebmachers Abbildung. Die „Declaration" sagt dagegen : „das vörder Theil schwarz der Gemss und der Felsen weiss, das ander Theil etc."). Ein schon 1456 in der Person des Peter v. F., Mitglieds des Raths zu Breslau vorgekommenes und noch im Anfang des 17. Jahrh. zum schlesischen, im Breslauischen begüterten Adel gehörendes Geschlecht, welches 1610 die Güter Gandau, Jäschgüttel und Schweinern besass.

N. Pr. A.-L. II. S. 190. — Freih. v. Ledebur. I. S. 228.

Franckenstein, Freiherren, s. Frankenstein, Freiherren.

Franckenstein, s. Goll v. Franckenstein.

Francke, Frakck v. der Franze (in Roth auf grünem Boden ein schräglinks gelegter, oben und unten abgehauener, verkohlter Baumstamm mit drei gestümmelten Astenden). Ein zu den alten preussischen Landesrittern gehörendes Adelsgeschlecht, welches früher auf Fronzu unweit Marienwerder sass. Der Stamm hatte fortgeblüht und ein k. preuss. Lieutnant v. Francki war 1820 Herr auf Warneinen im Kr. Osterode.

Freih. v. Ledebur. I. S. 228 u. III. S. 253.

François (in Blau drei silberne zweifüssige Seehunde, oben einen und unten zwei, von welchen letzteren die Schwänze sich kreuzen). Alter, französischer Adelsstand. Kaiserliches Adelserneuerungsdiplom vom 21. März 1744 für die Gebrüder August Carl, Carl Stephan und Wilhelm Heinrich de François. — Französisches Adelsgeschlecht, in welches früher die Beinamen: de Riancour, de Neufchateaux, de St. Terre etc. gekommen waren und aus welchem 1685, in Folge der Aufhebung des Edicts von Nantes, ein Sprosse Frankreich verliess, sich nach Kursachsen wendete und sich in Wittenberg niederliess. Der Sohn dieses Emigrirten, Stephan von F., war kursächs. Hauptmann und hatte sich mit Henriette Wilhelmine aus dem Winkel vermählt, aus welcher Ehe die drei Brüder, s. oben, stammten, welche eine Erneuerung des ihnen zustehenden Adels erlangten. Von diesen drei Brüdern setzte August Carl v. F., gest. 1801, kursächs. Hauptmann, in der Ehe mit Louise v. Brück a. d. Hause Niemegk, gest. 1791, durch sechs Söhne u. zwei Töchter den Stamm fort. Von Letzteren starb die eine, Henriette, 1833 als verm. Frau v. Raschkau u. die andere, Christiane Charlotte, schon 1802 als Gemahlin des kursächs. Majors v. Unwerth. Von den Söhnen starb Wilhelm v. F. 1821 als kursächs. Hauptmann ohne Nachkommen u. Adolph v. F., königl. sächs. Capitain und unvermählt, blieb in der Schlacht bei Dennewitz. Die vier anderen Brüder hatten sämmtlich Nachkommenschaft. Dieselben waren: August v. F., gest. 1835, k. sächs. Hauptmann a. D., später Kreisdeputirter des Gubner und Sorauer Kreises und Herr auf Baudach, Eckurtswalde und Schniebinchen im Kr. Sorau, verm. mit Emilie Juliane v. Zeschau a. d. Hause Jessen, aus welcher Ehe sechs Söhne und zwei Töchter entsprossten; — Ernst v. F., k. preuss. Major, verm. in erster Ehe mit Friederike v. Raschkau, aus welcher Ehe eine Tochter und ein Sohn stammten; — Louis v. F., k. sächs. Hauptm. a. D., Herr auf Kochsdorf bei Sagan, verm. mit Clementine v. Zeschau a. d. Hause Jessen, aus welcher Ehe drei Söhne und drei Töchter entsprossten und Carl v. F., k. preuss. Oberst und Commandeur des 37. Infant.-Regiments, verm. mit einer v. Wangerow, aus welcher Ehe

1839 zwei Söhne und fünf Töchter lebten. Ueber die Nachkommen der genannten vier Brüder giebt das N. Preuss. Adelslex., V. S. 160 und 161, in einem nach Allem aus der Familie selbst gekommenen Artikel sehr genaue Auskunft, doch ist in demselben der vom Freih. v. Ledebur angeführte Wilhelm v. F., früher Commandeur des kön. preuss. 16. Infant.-Reg., welcher 1839 Generalmajor wurde, nicht aufzufinden. — Nach Bauer, Adressbuch, S. 75. war 1857 der k. preuss. Premierlieutenant v. F. Herr auf Nieder- und Mittel-Helmsdorf bei Sorau, Julius v. F., Domainen-Pächter zu Ulbersdorf, Herr auf Bernsdorf bei Sorau, und Hermann v. F. Herr auf Priebkow bei Neu-Stettin. — Ob die drei schweizerischen Geschlechter dieses Namens, von welchen das eine zu den Patriziern von Lausanne zählt, das zweite der Stadt Genf angehört und das dritte aus dem französischen Theile des Canton Bern und namentlich aus der Stadt Porrentrut oder Pruntrut stammt, mit der hier besprochenen Familie in stammverwandtschaftlicher Verbindung stehen, muss dahin gestellt bleiben.

<small>N. Pr. A.-Lex. II. S. 187, unter Berufung auf L. Lavade Dictlon. hist. etc. du Cant. de Vaud, S. 130 u. V. S. 160 u. 161. — Freih. v. Ledebur, I. S. 228 u. III. S. 253 u. 254. — W.-B. d. sächs. Staaten, III. 92.</small>

Frangipau, Grafen zu Tersatz. Ein ursprünglich friaul'sches Adelsgeschlecht, welches auch in Krain und Steiermark begütert wurde. Wolf und Franz Grafen v. F. kommen 1656 vor.

<small>v. Hefner, Stammbuch, I. S. 376.</small>

Frank, Freiherren. (Schild geviert: 1 und 4 in Gold ein aufwachsender, bärtiger Mann mit blauem Hute, blauem Rocke etc., welcher in der Rechten eine irdene Bierkanne, in der Linken aber eine Weintraube hält, Stammwappen und 2 und 3 in Roth auf einem doppelten Fusse von Quadersteinen ein weisser, schwarzausgefugter, runder Thurm mit einer, in einem Knopf sich endigenden Kuppel: Kemnath, Kemnat). Kurbayerischer Freiherrnstand. Diplom vom 24. Apr. 1769 für Florian Christoph v. Frank, kurbayer. Regierungs-Canzler und Lehenpropst zu Amberg, auch Pfleger zu Rieden, und zwar unter Vermehrung des Wappens mit dem alten Kemnathschen Wappen. — Derselbe stammte aus einem Geschlechte, in welches der Adel 1572 gekommen war und sein Sohn, Joseph Max Xaver Freih. v. F., geb. 1773, Herr auf Döfring zu Hohenkemrath, k. bayer. Kämm. und ehemaliger Hof-Kammer- und Regierungsrath zu Amberg, wurde in die Freiherrenclasse der Adelsmatrikel des Kgr. Bayern eingetragen.

<small>v. Lang, S. 126. — Tyroff, II. 78. — W.-B. d. Kgr. Bayern, II. 97 u. v. Wölckern. Abth. II. S. 720. — v. Hefner, bayer. Adel. Tab. 31 und S. 34. — Kneschke, I S. 151 und 152. — Stammwappen: Suppl. zu Siebm. W.-B. IX 14 u. Tyroff, II. 78.</small>

Frank (in Gold ein aufwachsender, vorwärtsschender, bärtiger Mann mit blauen Hute, blauem Rocke etc., in der Rechten eine irdene Bierkanne, in der Linken eine Weintraube, oben am Stengel mit zwei grünen Blättern besetzt, haltend). Reichsadelsstand. Diplom von 1749 für Johann Frank in Frankfurt a. M. und von 1780 für den Bruder desselben, Philipp Jacob Frank, alten Altmeister zu Strassburg und für den gleichnamigen Sohn desselben, fürstl. anspachischen

Geh.-Rath und Banquier zu Strassburg. Letzterer erkaufte die Güter Leinstetten, Bettenhausen und Lichtenfelss und wurde 1785 in die elsassische Reichsritterschaft aufgenommen. Wie das Wappen ergiebt, gehörten dieselben zu der 1572 in den Adelsstand versetzten Familie Frank und waren eines Stammes mit dem im vorstehenden Artikel besprochenen freiherrl. Geschlechte v. Frank.

<small>v. Hefner, Stammb., I. S. 376. — Suppl. zu Siebmacher, W.-B. IX. 14. — Tyroff, II. 78.</small>

Frank, Freiherren. Reichsfreiherrnstand. Diplom von 1800 für Peter Anton Frank, k. k. Hofrath und Reichs-Referendar. Derselbe war früher Professor der Rechte zu Mainz gewesen.

<small>Megerle v. Mühlfeld, Ergänz.-Bd. S. 57.</small>

Frank v. Frankenau. Dänisches, aus Sachsen stammendes Adelsgeschlecht. Der Stammvater desselben war ein geborener Naumburger.

<small>v. Hellbach, I. S. 376, nach: Lexic. over adel. Fam. I. Danmark, I. S. 167 u. nach Müller im Allg. Anzeig. d. Deutschen, 1821 S. 3067.</small>

Frank v. Frankenberg. Tiroler Adelsgeschlecht, in welches 1. März 1629 der Adel gekommen war. Mit den Söhnen des Joseph F. v. F., welche, bis auf Einen, Balthasar F. v. F., welcher unvermählt starb, sich dem geistlichen Stande gewidmet hatten, erlosch um 1690 das Geschlecht.

<small>v. Hefner, ausgestorbener tiroler Adel, Tab. 3.</small>

Frank v. Frankenstein. Im Fürstenthume Schwarzburg-Sondershausen erneuerter Adelsstand. Diplom vom 3. Aug. 1802 für Christoph Heinrich F. v. F., mit dem Titel eines Legationsrathes. Derselbe lebte in den Niederlanden und war der Sohn des 1764 verstorbenen Friedrich Wilhelm F. v. F., welcher in k. preuss. Diensten 1759 in der Schlacht bei Cunnersdorf schwer verwundet worden war.

<small>Stammbuch, I. S. 376.</small>

Frank v. Frauenstein. Böhmischer Adelsstand. Diplom von 1671 für Johann Frank mit dem Prädicate: v. Frauenstein.

<small>Zedler, IX. S. 1671. — v. Hellbach, I. S. 376.</small>

Frank v. Fürstenwerth, Freiherren. Freiherrnstand des Fürstenthums Hohenzollern-Hechingen. Diplom vom 20. Aug. 1806 für Franz Anton v. Frank, fürstl. hechingenschen Geh.-Rath und Regierungs-Präsidenten, mit dem Prädicate: v. Fürstenwerth.

<small>Freih. v. Ledebur, III. S. 254.</small>

Frank v. Seewies. Erbländ.-österr. Adelsstand. Diplom v. 1822 für Carl Frank, k. k. Hauptmann bei Erzherz. Carl-Infant., mit dem Prädicate: v. Seewiess.

<small>Megerle v. Mühlfeld, Ergänz.-Bd. S. 288.</small>

Franken, Francken, Freiherren (Schild geviert: 1 in Roth ein aufrecht gestellter, silberner Anker; 2 in Gold ein rothes Herz; 3 in Gold ein rechts gekehrter, gekrönter, doppelt geschweifter, rother Löwe, über dessen Leib drei neben einander in die Höhe stehende, silberne Spitzen gehen und 4 in Blau ein weisser Felsenberg). Reichsfreiherrnstand. Diplom vom 20. Februar 1721 für Johann (nach Anderen Joseph) Bernard (Bernhard) v. Franken, k. k. Geh.-Rath, kurpfälz. Conferenzminister, Gesandten am k. k. Hofe etc. u. vom 13. Nov. 1731 für den Bruder desselben, Philipp Wilhelm v. Franken, kurpfälz. Geh. Raths-Secretair etc. — Ein dem Rheinlande angehörendes, aus Montjoie im jetzigen Regier.-Bez. Aachen stammendes Adelsgeschlecht, von welchem Fahne eine Stammreihe gegeben hat, welche mit N. v. Franken zu Montjoie beginnt. Von demselben stammten drei Söhne: N. v. Franken, Canonicus und kurpfälz. geistlicher Rath zu Düsseldorf, Johann Bernhard v. F. und Philipp Wilhelm v. F., welche Letztere, s. oben, den Freiherrnstand in die Familie brachten. Freih. Johann Bernhard, oder nach Siebenkees: Joseph Bernard, gest. 1746, 1725 kurpfälz. Gesandter am k. k. Hofe und bei dem Congress zu Soissons, so wie beim Reichstage zu Regensburg, Herr der Stadt Erkelenz, der Grafschaft Winklasen und von Lernberg und Birkenfeld, war der Liebling des Kurfürsten Carl Philipp von der Pfalz, welcher ihm 1727 die Stadt Erkelenz im Herzogthume Jülich erblich schenkte. Ueber seine Nachkommenschaft gehen die Angaben von Siebenkees und Fahne weit auseinander. Nach Siebenkees, einem im Ganzen sehr sorgsamen Forscher, entspross vom Freiherrn Joseph Bernard aus der Ehe mit Maria Anna Sibylla v. und zum Pütz, gest. 1740, Freih. Joseph Heinrich, gest. 1782, kurpfalz-bayer. Geh.-Rath, welcher nach dem Tode des Vaters die Stelle eines bevollmächtigten Gesandten am Reichstage zu Regensburg erhielt und später kurpfälz. Landschafts-Commissar zu Neuburg a. d. Donau u. Oberforstmeister zu Burglengenfeld und Pointen im Nordgaue wurde. Von Letzterem stammten zwei Söhne, Freiherr Joseph Bernhard (II.) u. Freih. Franz Wilhelm. Freih. Joseph Bernhard II. kurpfalzbayer. w. Kämm. u. k. k. Oberstwachtmeister, vermählte sich in erster Ehe 1783 mit Maria Anna Freiin v. Franken, gest. 1785, Tochter seines Vetters, Bernard Bertrams Freih. v. Franken auf Haugenstein, kurpfälz. Geh.-Raths u. in zweiter Ehe 1786 mit Josepha Maximiliana Grf. v. Lodron, aus welcher Ehe fünf Söhne: Joseph, Wilhelm, Aloysius, Carl und Friedrich entsprossten; — Freih. Franz Wilhelm aber war kurpfalzbayer. w. Kämm., adeliger Regierungsrath zu Amberg, und Landrichter zu Kotzting und Neukirchen und hatte sich mit Caroline Freiin v. Verger vermählt. — Dagegen giebt Fahne an, dass von dem, v. ihm Johann Bernhard genannten v. Franken, neben vier Töchtern, ein Sohn Johann Werner v. F., gest. 1796, kurcöln. Major, gestammt habe, nennt als Söhne desselben folgende Sprossen des Stammes: Philipp Freih. v. Franken zu Rott und Euleuburg, Johann Ernst Albert v. F. zu Veinau und Johann Bernhard v. F., gest. 1779, kurcöln. Major u. schliesst die Stammreihe mit der Nachkommenschaft des Ersten und Letzten dieser Brüder. Freiherr Philipp Wilhelm, s. oben, hatte nach Fahne vier Söhne und von ihm stammt das Haus Horr, s. unten, ab. — Der Adelsmatrikel der preuss. Rheinprovinz wurde die Familie in der Freiherrnclasse unter Nr. 32. 50 und 94 einverleibt und zwar unter Nr. 32 Bernhard Albert Ferdinand Carl Freih. v. F., laut Eingabe d. d Haus Ingenray bei Geldern, 20 Juni 1829, unter Berufung auf das Freiherrndiplom von 1721 und unter Nr. 50 und 94 die verwittwete Freifrau v. Francken, geb. v. Neuen und Carl Joseph und Friedrich Joseph Freiherren v. F., laut Eingabe d. d. Haus Horr, 18. Juni 1829 und Hans Rösrath, 4. Juni 1830, unter Berufung auf das Diplom von 1731. — Nach neueren Angaben im Geneal. Taschenb. d. freih. Häuser hatte übrigens Freih. Joseph Heinrich, s. oben, einen älteren Bruder, den Freiherrn Johann Werner, gest. 1769, Herr zu Erkelenz, Düsselstein etc., kurpfälz. Major u. Sulzbachscher Kammerherr, war zweimal vermählt. Aus der ersten Ehe mit Maria Johanna Theresia Freiin D'Olne de St. Hadelin zu Jngenray stammte ein Sohn, Freih. Johann Bernhard, dessen Nachkommenschaft noch jetzt zu Jngenray in der Preuss. Rheinprovinz, s. oben, fortblüht, aus der zweiten Ehe aber mit Maria Anna Freiin Bertolpf v. Belven zu Venauen, gest. 1795, entsprossten zwei Söhne: Freiherr Philipp, Herr zu Eulenbroich, von welchem Nachkommen noch leben und Freiherr Johann Ernst Albert. Letzterer, gest. 1796, Herr zu Venauen und Forstbach, war mit Isabella Freiin v. Mosbach gen. Breidenbach zu Seelscheidt vermählt. Der Sohn aus dieser Ehe, Freih. Carl Philipp, gest. 1814, Herr zu Venauen, Hauptmann etc. hatte sich mit Adelheid Freiin v. Ritz zu Wachendorf, gest. 1853, vermählt u. aus dieser Ehe stammt Freiherr Johann, geb. 1813, Herr des Rittersitzes Freiheit, verm. mit Maria Elisabeth Grames, geb. 1813, aus welcher Ehe, neben zwei Töchtern, drei Söhne stammen, die Freiherren Franz, geb. 1838, Joseph, geb. 1842 und Carl, geb. 1844.

v. Hellbach, I. S. 376. — *Fahne*, I. S. 103. — Geneal. Taschenb. d. freih. Häuser, 1849 S. 315 u. 1857 S. 191—193. — *Tyroff*, I. S. 225 und *Siebenkees*, I. S. 279—281. — W.-B. der Preuss. Rheinprovinz, I. Tab. 36. Nr. 77. und Tab. 37. Nr. 73 u. S. 36 u. 37. — *Kneschke*, III. S. 146—148. — *v. Hefner*, preuss. Adel, Tab. 52 u. S. 42.

Franken-Sierstorpff, Grafen, s. Sierstorpff, **Grafen.**

Frankenau, Franckenau (in von Blau und Silber quergetheiltem Schilde ein rechtsspringender Hirsch von natürlicher Farbe, durch dessen Geweihe ein die eisenfarbene Spitze nach unten kehrender, goldener Pfeil geschossen ist). Schlesisches, im 17. und im Anfange des 18. Jahrh. im Münsterbergischen begütertes, später ausgegangenes Adelsgeschlecht.

Spener, Theor. Insign. S. 244. — *Sinapius*, I. S. 364. — N. Pr. A.-L., II. S. 188. — *Siebmacher*, I. 55. v. Franckenau, Schlesisch. — *Meding*, II. S. 172 und 173.

Frankenau. s. Appolt, Edle v. **Frankenau**, Bd. I. S. 96.

Frankenau, s. Frank v. Frankenau, S. 314.

Frankenberg (in Schwarz vierzehn, 4. 4. 4. und 2., silberne Münzen). Altes, rheinländisches Adelsgeschlecht, welches die Erbburg-Vogtei Frankenberg bei Aachen inne hatte. Die genannte Vogtei kam durch eine Erbtochter an die von Bawir. Der Stamm ist längst erloschen, doch hat das Wappen noch im Wappenbuche der Preuss. Rheinprovinz Aufnahme gefunden.

Freih. v. Ledebur, I. S. 228. — *Siebmacher*, II. 108. — W.-B. d. Preuss. Rheinprovinz II. Tab. 57. Nr. 113 und S. 157.

Frankenberg, Frankenberg-Proschlitz, Freiherren, und Frankenberg-Ludwigsdorff, Grafen (Stammwappen: in Gold drei, 2 u. 1, rothe Schindeln, oder Ziegelsteine. Freiherrliches Wappen: Schild geviert, mit

Mittelschilde. Im Mittelschilde das Stammwappen, 1 und 4 in Silber drei grüne, linkshin in schroffe Spitzen aufsteigende grüne Berge u. 2 und 3 in Schwarz ein einwärtsgekehrter Fuchs. — Gräfliches Wappen: Schild geviert, mit geviertem Mittelschilde und mit Herzschilde. Im Herzschilde das Stammwappen und im Mittelschilde das freiherrliche Wappen. Im gevierten Hauptschilde 1 und 4 von Silber u. Blau geweckt, mit darüber gezogenem, blauem Querbalken und 2 und 3 in Schwarz ein goldener, gekrönter und doppelt geschweifter, rechts streitender Löwe: Schellendorf). Böhmischer Freiherrn- und Grafenstand. Freiherrliche Diplome von 1650 für Hans Wolf v. Frankenberg; vom 6. Mai 1720 für Johann Moritz v. F., Proschlitzer Linie, Landschafts-Richter und Landes-Aeltesten zu Brieg und von 1733 für Eberhard Sylvius v. F., Ludwigsdorfer Linie, so wie Grafendiplom von 1700 für die Gebrüder Johann Wolfgang Freih. v. F. k. k. Geh.-Rath, Landeshauptmann des Fürstenthums Glogau, Vicekanzler des Königr. Böhmen und Leopold Sigmund Freih. v. F., Domdechanten u. General-Vicarius des Fürstenthums Breslau und Diplom von 1714 für Johann Wolfgang Grafen v. F. mit der kaiserlichen Erlaubniss mit seinem angestammten Namen und Wappen den Namen und das Wappen der ausgestorbenen Freiherren v. Schellendorf führen zu dürfen. — Eins der ältesten, schlesischen Adelsgeschlechter, welches Sinapius schon in eine sehr frühe Zeit, über welche nur Sagen herrschen können, versetzt hat. Gewiss ist nur, dass es schon im 13. Jahrh. in Schlesien bekannt war und dass man nach dieser Zeit annahm, dass es aus der Pfalz nach Schlesien gekommen sei. Die ältesten Besitzungen desselben lagen in den Fürstenthümern Oels und Brieg: im Oelsischen liegt das Stammhaus Ludwigsdorf und im Briegschen das Stammhaus Proschlitz, nach welchen beiden Gütern die 1528 entstandenen zwei Hauptlinien des Stammes sich nannten. Die Sprossen beider Häuser breiteten sich im Laufe der Zeit in Schlesien immer weiter aus und der mehrfach wechselnde Güterbesitz wurde immer ansehnlicher. Hans Wolf v. F., s. oben, nach neueren Angaben aus der Hauptlinie Ludwigsdorf, Commandant zu Brieg, brachte zuerst den Freiherrnstand u. die Söhne desselben, die oben genannten Gebrüder, Johann Wolfgang u. Leopold Sigmund, den Grafenstand in die Familie. Graf Johann Wolfgang, gest. 1719, hinterliess aus der Ehe mit Sophie Magdalena v. Hohberg, Enkelin des Wolf Freiherrn v. Schellenberg, des Letzten seines Mannsstammes, sieben Söhne, doch sind nur von dem vierten derselben, Maximilian Joseph, Oberamtsrathe in Schlesien aus zweiter Ehe mit Maria Josepha Antonie Grf. v. Abensperg-Traun männliche Nachkommen und zwar drei Söhne, die Grafen Johann Joseph, Franz Johann Joseph und Joseph Franz Otto, bekannt — Was die Freiherren v. Frankenberg-Proschlitz anlangt, so besass Adam v. F. um 1625 die Güter Proschlitz, Logendorf, Matzdorf, Schönfeld u. Reinersdorf im jetzigen Kreise Kreuzburg. Von demselben stammten zwei Söhne, Adam II., gest. 1640, von welchem zwei Söhne entsprossten, Moritz und Adam III., und Hans von Frankenberg, Herr auf Proschlitz, Reinersdorf, Neudorf und Kostau. Letzterer, gest. 1701,

Landrichter zu Pitschen und Kreuzburg, hinterliess drei Söhne, Hans, Daniel Gustav und Carl, von welchen Daniel Gustav durch seinen Sohn der nächste Stammvater der Freiherren v. Falkenberg-Proschlitz wurde. Von Daniel Gustav stammte nämlich der obengenannte Freih. Hans Moritz, Herr auf Proschlitz, Neudorf etc., verm. mit einer Freiin v. Sobeck. Von mehreren Söhnen aus dieser Ehe setzte Freiherr Joachim Sylvius den Stamm fort. Derselbe vermählte sich mit einer v. Teichmann, Herrin auf Schreibersdorf und von ihm entsprossten fünf Söhne: Carl, Ernst, Sylvius, Wilhelm und Adolph, von welchen der zweite, dritte u. vierte Nachkommenschaft hatten. — Neben der gräflichen und freiherrlichen Linie hat übrigens der adelige Stamm in mehreren Zweigen fortgeblüht. Der Personalbestand der Familie in neuester Zeit war folgender: Frankenberg-Ludwigsdorf, Grafen: Joseph Gr. v. F.-L., Freih. v. Schellendorf, geb. 1802 — Sohn des Grafen Joseph Herrn auf Alt-Warthau, aus der Ehe mit Maria Theresia Grf. v. Nostiz — k. preuss. Geh. Regierungs-Rath a. D. Derselbe hatte, neben zwei Schwestern, Grf. Johanna vermählte Grf. v. Kospoth u. Grf. Luise verw. Grf. Saurma v. der Jeltsch, zwei Brüder, die Grafen Friedrich und Ernst. Vom Grafen Friedrich, gest. 1852, Herrn der Herrschaft Hartmannsdorf und Klein-Krausche, k. preuss. Kammerherrn und Landrath a. D., stammen aus der Ehe mit Antonie Grf. Tenczin-Paczinski, geb. 1801, vier Söhne: Graf Ludwig, geb. 1819, verm. mit Elisa Freiin v. Logan, geb. 1824, — Graf Joseph, geb. 1821, Herr der Rittergüter Alt- und Neu-Warthau, Klein-Krausche, mit Nieschwitz und Alt-Jäschwitz, verm. mit Rosa Freiin v. Hauer geb. 1847; — Graf Siegfried, geb. 1822, Herr auf Kokoschütz, verm. mit Luise Steidl v. Tulechow, geb. 1835 — und Graf Friedrich, gebor. 1829, Herr auf Pilchowitz, Wielopole und Wilchwa, k. preuss. Lieut. im 2. Landwehr-Ulanen-Regimente, verm. mit Maria Grf. v. Praschma, geb. 1821. — Graf Ernst, gest. 1855, Herr der Herrschaft Tillowitz, war vermählt mit Eleonore Grf. v. Ledebur-Wicheln, geb. 1807, aus welcher Ehe, neben einer Tochter, Eleonore vermählten Grf. v. Henckel-Donnersmarck, geb. 1837, ein Sohn stammt: Graf Friedrich, geb. 1835, Herr der Herrschaft Tillowitz, k. preuss. Lieutenant im 6. Landwehr-Husaren-Regim. — Freiherren v. Frankenberg-Proschlitz. Vom Freiherrn Ernst, s. oben, stammte Freiherr Heinrich, gest. 1857, Herr auf Paulsdorf, Wilkau, Bauthen, Borken, Seubersdorf und Dietrichswalde, vermählt mit Minna v. Schwanenfeld, aus welcher Ehe neben zwei Töchtern, zwei Söhne, Franz, geb. 1844 und Ernst, geb. 1846, entsprossten. — Freiherr Sylvius hinterliess drei Söhne. Dieselben sind: Freih. Rudolph, Mitbesitzer ton Schreibersdorf, Landesältester a. D. etc.; verm. mit Josephine v. Wilamowitz, aus welcher Ehe, neben einer Tochter, Adele vermählte Freifrau v. Rothkirch-Panthen, geb. 1834, drei Söhne stammen, die Freiherren: Otto, geb. 1835, Ernst, geb. 1836, k. preuss. Lieutenant. und Herrmann, geb. 1841. — Freiherr Hermann, Mitbesitzer von Schreibersdorf, k. preuss. Major a. D. — und Freih. Julius, Mitbesitzer von Schreibersdorf, Landesältester a. D., verm. mit Mathilde v.

Frankenberg-Proschlitz, aus welcher Ehe zwei Töchter, die Freiinnen Clara und Anna und zwei Söhne, Freih. Caesar, k. preuss. Lieut. und Freih. Arthur, k. preuss. Lieut., leben. — Vom Freiherrn Wilhelm, s. oben, stammt Freih. Albert, k. preuss. Major a. D. — Zu den adeligen Linien gehören nach Bauer, Adressbuch S. 64: Wolf Sylvius Leopold v. F.-L., Herr auf Nieder-Schüttlau, k. preuss. w. Geh.-Rath, Ober-Appellations-Chef-Präsident a. D. Mitglied des Herrenhauses und Kron-Syndicus; N. N. v. F.-L., Herr auf Cziassnau und Molna, Landesältester; Balthasar v. Frankenberg, Lüttwitzer Linie, Herr auf Bielwiese und Gaffron, und Wilhelm v. F., Herr auf Klein-Hennersdorf. Nächstdem besitzt ein k. preuss. Lieutenant v. F. das Gut Lang-Hermsdorf, ein v. F.-L. k. preuss. Lieutenant a. D. das Gut Schlochau und Ida v. F.-L. ist Herrin auf Ober-Graeditz.

Hübner, Tab. 993. — Sinapius, I. S. 29–31 und S. 364–373, u. II. S. 79–86. — Gauhe, I. S. 550 u. 51. — Megerle v. Mühlfeld, Ergänz.-Bd. S. 14 und S. 57. — N. Pr. A.-L. II. S. 188. — Freih. v. Knesebeck, S. 129 und 130. — Deutsche Grafenh. d. Gegenwart I. S. 239 u. 240. — Freih. v. Ledebur, I. S. 228–230 u. III. S. 254. — Geneal. Taschenbuch d gräfl. Häuser, 1859, S. 278–280; 'Frankenberg-Ludwigsdorff, Gr. u. histor. Handb. zu demselben, S. 222. — Geneal. Taschenb. d. freiherrl. Häuser, 1857, S. 193–195 und 1859, S. 198: Frankenberg-Proschlitz, Freiherren. — Siebmacher, I. 54: v. Frankenberg, Schlesisch. — Spener, Theor. Insigu. S. 201. — v. Meding, II. S. 173 und 174. — Suppl. zu Siebm. W.-B. Gr. v. F. — Schlesisches W.-B. Nr. 188; Gr. v. F. und Freih. v. Schellendorf. — v. Hefner, preuss. Adel. Tab. 3, S. 8. und Tab. 52 und S. 43.

Frankenberg, s. Hutten zu Frankenberg und Stekelnberg.

Frankenberger. Erbländ.-österr. Adelsstand. Diplom von 1755 für Niclas Anton Frankenberger, Landschafts-Apotheker zu Klagenfurth.

Megerle v. Mühlfeld, Ergänz.-Bd. S. 288.

Frankenburg. Adelsstand des Kgr. Bayern. Diplom von 1859 für die in morganatischer Ehe mit dem k. bayer. Feldmarschall etc., Prinzen Carl von Bayern vermählte Wittwe des Bühnendarstellers Hölken, geb. Schöller, mit dem Namen: v. Frankenburg.

K. bayer. Regier.-Blatt, 1859. — v. Hefner, Stammbuch, I. S. 377.

Frankenburg, s. Franck v. Frankenburg, S. 310.

Frankenbusch, s. Franck v. Frankenbusch, S. 310.

Frankendorf. Erbländ.-österr. Adelsstand. Diplom von 1766 für Leopold Frankendorf, k. k. Obersten und Commandanten des Okellischen Infanterie-Regiments, wegen 38jähriger Dienstleistung.

Megerle v. Mühlfeld, S. 135.

Frankenfeld, s. Franchi v. Frankenfeld, S. 309.

Frankenheld, s. Kolb v. Frankenheld.

Frankenhoven, Frankeshoven. Rheinländisches Adelsgeschlecht, welches gegen Ende des 16. Jahrh. Gustorf im jetzigen Kr. Grevenbroich und im Anfange des 17. Jahrh. Gelsdorf im Kr. Ahrweiler und Heimerzheim im Kr. Rheinbach, besss. Später ist der Stamm erloschen.

Fahne, II. S. 42. — Frh. v. Ledebur, I. S. 230.

Frankenstein, Grafen. Thüringisches Dynastengeschlecht, dessen gleichnamiges Stammhaus an der Werra lag. Der Stamm ist zu Ende des 11. Jahrh. erloschen und ihr reiches Erbe fiel an die Grafen v. Falkenstein in Henneberg.

<small>v. Hefner, Stammbuch I. S. 377.</small>

Frankenstein an der Werra, Grafen (im Schilde ein gekrönter, aufgerichteter, vorwärtssehender, gelöwter Leoparde). Altes Dynastengeschlecht, dessen Stammhaus, wie das des im vorstehenden Artikel aufgeführten Grafengeschlechts, ebenfalls an der Werra lag. Aus diesem Stamm lebte Ludwig Gr. v. F. noch 1306.

<small>Schannat. S. 63. — v. Meding. II. S. 176 u. 177.</small>

Frankenstein, Grafen (Schild quergetheilt: oben in Gold auf einem grünen Berge eine schwarze Henne mit rothem Kamme und Barte u. unten in Roth drei, 2 und 1, silberne Kugeln). Altes, nach Albinus von den Grafen zu Henneberg stammendes Grafengeschlecht, welches sich von dem Stamme mit Ludwig v. Vrankenstein um 1090 abzweigte und 1347 erloschen ist.

<small>Albinus. Hist. d. Gr. v. Werthern. S. 63. — Lucae, Fürstensaal, S. 1178. — Gottschalk. Ritterburgen, VII. S. 285. — v Meding. II. S. 174.</small>

Frankenstein, Franckenstein, Freiherren (Schild zweimal quer und einmal der Länge nach getheilt, sechsfeldrig, mit Mittelschilde. Im goldenen Mittelschilde das rothe Eisen eines schräglinks und mit der Schneide aufwärtsgekehrten Breitbeils ohne Stiel: Stammwappen. 1 und 6 in Gold drei herzförmig mit den Stielen an einander gestellte, rothe Kleeblätter, oder nach Anderen rothe Herzen, die beiden oberen schräg gestellt, das untere gestürzt: Wappen des erloschenen Geschlechts v. Cleen, Clee, Klee; 2 und 5 in Blau ein vorwärtsgekehrter, silberner Turnierhelm, aus welchem rechts-sehend ein silberner Schwan mit rothen Flügeln, von welchen jeder mit zwei Querbalken oben einem schwarzen und unten einem goldenen, belegt ist und 3 u. 4 durch einen rothen Querbalken getheilt: oben in Gold drei nebeneinanderstehende, fünfblättrige, rothe Rosen mit goldenen Butzen u. unten Gold ohne Bild: die Felder 2 und 5 und 3 und 4 enthalten das vierfeldrige Wappen des erloschenen alten bayerischen Geschlechts v. Sachsenhausen, nachdem in dasselbe das v. Cleensche Wappen gekommen war). Reichsfreiherrnstand. Diplom vom 16. Jan. 1670 für die drei Gebrüder v. F.: Johann Friedrich, kurmainz. Hofmeister und Ober-Amtmann zu Kitzingen, Johann Daniel, kurmainz. Ober-Amtmann zu Amorbach, Buchen und Waldthurm u. Johann Peter, fürstl. würzburg. Hofmarschall und Oberamtmann zu Lohr, so wie für den Vetter derselben, Philipp Ludwig v. F., Herrn zu Ockstadt, Ritterrath des Canton Mittelrhein u. Kaiserliches Diplom vom 8. Sept. 1707 für die Familie zu Erlaubniss, mit ihrem alten, angestammten Wappen das Wappen des alten, erloschenen, rheinländischen Geschlechts v. Sachsenhausen zu vereinigen. — Altes, stiftsfähiges Adelsgeschlecht, dessen gleichnamige Stammburg in der alten Grafschaft Katzenellnbogen, (Fürstenthum Starkenburg des Grossherz. Hessen) zwei Stunden von Darmstadt, lag und welches schon in sehr früher Zeit den ehemaligen reichsritterschaftlichen Cantonen am Rhein und in Franken einverleibt war. — Arbogast v. F. soll, der Familiensage nach, schon

948 vorgekommen sein, doch beginnt die, wie angenommen wird, urkundlich bestätigte Stammreihe erst um 1115 mit Ludwig F., Ritter. Aus der Nachkommenschaft desselben, welche sich in mehrere, längst schon ausgegangene Zweige schied, hatte um 1522 Johann v. F. zu Ockstadt, genannt Alt-Henn, Ermel v. Clenn, genannt Sachsenhausen, zur Gemahlin. Dieselbe wird von Schannat: Catharina v. Clee, von Humbracht aber Irmel v. Cleen genannt und war der letzte weibliche Sprosse ihres alten, im Mannsstamme nach 1520 erloschenen Geschlechts. Aus dieser Ehe stammten zwei Söhne, von welchen der Aeltere, Rudolph v. F., 1552 Fürstbischof zu Speyer wurde und 1560 starb, der Jüngere aber, Gottfried v. F., in erster Ehe verm. mit Gertrud Kämmerer von Worms, Freiin v. Dalberg und in zweiter Ehe mit Margaretha v. Oberstein, durch seine Söhne, Bartholomaeus v. F. aus erster und Johann v. F. aus zweiter Ehe, der nächste Stammvater zweier Linien, der noch blühenden rheinischen Linie zu Ockstadt und der erloschenen fränkischen Linie zu Ulstadt, wurde. Die noch blühende Linie zu Ockstadt umfasst die Nachkommenschaft des Bartholomaeus v. F. zu Ockstadt, welcher in erster Ehe mit Maria Nagel v. Dirmstein u. in zweiter mit Anna Buches v. Staden sich vermählt hatte. Der Ur-Ur-Enkel desselben, Carl Friedrich Freih. v. F., geb. 1716, kurmainz. Hof- und Regierungs-Rath, war mit Charlotte Elisabeth Theresia Freiin v. Kesselstadt vermählt u. aus dieser Ehe entspross Freih. Johann Carl Friedrich, Herr zu Ockstadt, Hollstadt u. Erpen, früher fürstl. würzburg. Ober-Amtmann zu Rimvar und Proselzheim etc., welcher sich 1765 mit Franzisca Helene Freiin v. Falkenstein zu Ulstadt vermählte und durch diese Vermählung die Besitzungen der mit dem Vater der Letzteren, Johann Carl Ernst Freiherrn v. Falkenstein, 1756 im Mannsstamme erloschenen Linie seinen Nachkommen erworben hat. Die erloschene Linie zu Ulstadt gründete Freiherr Johann, verm. in erster Ehe mit Hildegard Nagel v. Dirmstein und in zweiter mit Margaretha Riedesel v. Bellersheim. Von den Nachkommen desselben wurde Johann Carl Freih. v. F. 1684 Fürstbischof zu Worms und Johann Philipp Anton 1746 Fürstbischof zu Bamberg. Mit dem Bruder des Letzteren, dem obengenannten Johann Carl Ernst Freih. v. F., Herrn zu Ulstadt und Ober-Leimbach, kurmainz. Geh.-Rathe und Ober-Stallmeister, ging 1756 im 5. Gliede vom Stifter der Mannsstamm der ulstädter Linie aus, da aus seiner Ehe mit Henriette Grf. zu Eltz, nur zwei Töchter, die schon oben genannte Gemahlin des Johann Carl Friedrich Freih. v. Frankenstein, Ockstädter Linie, und Maria Anna Walburga verw. Grf. v. Seinsheim stammten. — Was die neueren genealogischen Verhältnisse der Linie zu Ockstadt anlangt, so entsprossten aus der Ehe des Freiherrn Johann Carl Friedrich mit Franzisca Helene Freiin v. Frankenstein-Ulstadt, s. oben, drei Söhne und fünf Töchter und von den Söhnen setzte der Jüngere, Freiherr Anselm, geb. 1770, Herr auf Ockstadt, Hollstadt und Erpen, k. bayer. Kämm., in erster Ehe vermählt mit Maria Theresia Freiin v. Würtzburg und in zweiter mit Ursula Grf. v. Seinsheim, durch zwei Söhne den Stamm fort. Der jüngere dersel-

ben, Freih. Theodor, k. bayer. Kammerjunker und Rittmeister, vermählte sich 1852 mit Maria Speth v. Zwiefalten, starb aber schon im nächsten Jahre ohne Nachkommenschaft, von dem älteren Sohne aber, dem Freiherrn Carl, gest. 1845, Herrn auf Ockstadt, Ulstadt etc., k. bayer. Kämm. und erblichem Reichsrathe, stammen aus der Ehe mit Leopoldine Grf. Apponyi v. Nagy-Appony, geb. 1804, drei Söhne: Freiherr Georg, geb. 1825, Herr der Herrschaften Ockstadt, Ulstadt und Bülzburg, k. bayer. Kämm. und erblicher Reichsrath der Krone Bayern, verm. 1857 mit Mâria Prinzessin v. Oettingen-Wallerstein, geb. 1832; — Freiherr Heinrich, geb. 1826, k. k. Kämm. und Rittm. in d. A., verm. 1856 mit Helene Grf. v. Arco-Zinnenberg, geb. 1837 — und Freih. Carl, geb. 1831, k. bayer. Kammerjunker und Legationsrath.

<small>Humbracht, S. 107 u. 108. — Schannat, S. 83. — Gauhe, I. S. 552. — v. Hattstein, I. S. 206—208. — Biedermann, Ort Steigerwald, Tab. 163—173 und Ort Rhön-Werra, I. Verz. — Salver, S. 146. Nr. 53. S. 543, 545 u. S. 682. — N. Geneal. Handb. 1777. S. 70—73 u. Nachtrag, I. S. 50. — Lang, S. 126. — Gottschalk, Ritterburgen Deutschl. VI. S. 359. — Cast, Adelsbuch d. Grossh. Baden, 2. Abth. — Geneal. Handb. der freih. Häuser, 1849. S. 126—129, 155. S. 156 und 157 und 1859. S. 198—200. — Siebmacher, I. 123: v. Franckenstein, Rheinländisch. Stammwappen. — v. Meding, II. S. 174—176. — Suppl. zu Siebm. W.-B., II. 13. — Tyroff, I. 134 u. Siebenkees, I. S. 233—237. — W.-B. d. Kgr. Bayern, II. 97 und v. Wölckern, 2. Abth. — v. Hefner, bayer. Adel, Tab. 81 und S. 34.</small>

Frankenstein, s. Franz v. Frankenstein und Goll v. Frankenstein.

Frankenthurn, s. Gautsch v. Frankenthurn.

Franner v. Frannersburg, Edle. Erbländ.-österr. Adelsstand. Diplom von 1825 für Caspar Franner, k. k. Oberlieutenant, mit dem Prädicate: Edler v. Frannersburg. Der Stamm wurde fortgesetzt und in neuester Zeit war Joseph Franner Edler v. Frannersberg in der k. k. Militair-Rechnungsbranche angestellt.

<small>Handschr. Notiz.</small>

Franque. Adelsstand des Herzogthums Nassau vom 7. März 1841 für D. Johann Baptist Franque, jetzigen herz. Nassau.-Ober-Medicinalrath und Referenten bei der Landesregierung zu Wiesbaden. Derselbe hat den Stamm in männlicher und weiblicher Linie fortgesetzt.

<small>Handschriftl. Notiz. — v. Hefner, nassauischer Adel. Tab. 12 u. S. 11.</small>

Franquemont, Grafen. Grafenstand des Königreichs Württemberg. Diplom vom 27. Mai 1813 für Friedrich Freiherrn v. Franquemont, später k. württemb. General der Infanterie, Staatsminister, lebenslängl. Mitglied der Kammer der Standesherren etc. Der Empfänger des Diploms stammte von dem Herzoge Carl Eugen zu Württemberg ab und ist ohne Nachkommen gestorben, auch hat der Bruder desselben, der k. württemb. Oberst Freih. v. Franquemont, Nachkommen nicht hinterlassen. Die Schwester Beider, Charlotte v. Franquemont war die Gemahlin des 1818 verstorbenen k. württemb. Ober-Jägermeisters Friedrich v. Lützow a. d. Hause Drei-Lützow.

<small>Archiv f. Gesch., Geneal. und Diplom. S. 85. — Cast, Adelsbuch d. Kgr. Württemberg, S. 419 und 420. — W.-B. des Kgr. Württ. v. Dorst, so wie von Tyroff: Gr. v. F.</small>

Fransecky, früher auch **Franseky, Fransky** (Schild quergetheilt: oben in Blau ein auf der Theilungslinie ruhender, geharnischter Arm, in der Faust einen krummen Säbel schwingend u. unten in Roth zwei goldene Sterne neben einander). Alt ungarischer Adelsstand im Königr. Preussen erneuert u. bestätigt. Bestätigungsdiplom vom 1. Nov. 1776 für Siegmund Cornelius Fransecky, k. preuss. Ingenieur-Lieut. und für Wilhelm Christian August Fransecky, Capitain im k. preuss. Infant.-Regim. v. Luck. — Der Stamm hat fortgeblüht und aus demselben stunden und stehen mehrere Sprossen in der k. preuss. Armee und sind in derselben zu hohen Ehrenstellen gelangt. Die Familie hatte im vorigen Jahrh. und später mehrere Güter in Pommern inne.

<small>N. Pr. A.-L. II. S. 190 u. 194 u. V. S. 162. — Freih. v. Ledebur, I. S. 230 u. III. S. 254. — W.-B. d. Preuss. Mon. III. 20. — Kneschke, I. S. 152 u. 153.</small>

Franski, Frantzki (in Roth ein schrägrechts gestellter, goldener, Baumstamm, oben und unten abgehauen und mit fünf gestümmelten Astenden an den Seiten). Polnisches, zum Stamme Ostrzew gehörenden Geschlecht, von der im vorstehenden Artikel aufgeführten Familie ganz verschieden. Ein v. Franski war 1845 als Premierlieutenant dem 33. k. preuss. Infant.-Regim. aggregirt.

<small>Freih. v. Ledebur, III. S. 254.</small>

Frantz, Frans, Freiherren (Schild geviert, mit Mittelschilde. Im silbernen Mittelschilde ein rechtsaufspringender blau gekrönter, rother Löwe. 1 und 4 in Gold auf grünem Dreiberge ein in die Höhe kugelförmig aufwachsender, grüner Baum und 2 und 3 in Roth ein blauer Querbalken, mit zwei neben einander stehenden, sechsstrahligen, silbernen Sternen belegt). Kurpfalzbayerischer Freiherrnstand. Diplom vom 13. Febr. 1780 für die Söhne des vom K. Joseph II. in den Reichsadelsstand erhobenen Johann Matthias v. Franz, Banquiers und Rathsherrn zu Cöln, so wie für den Sohn des Bruders des Letzteren. Die Familie wurde 1771 im Rheinlande im Kr. Uckerath und 1780 im Kr. Grevenbroich begütert, der Stamm blühte fort und laut Eingabe, d. d. Düsseldorf, 17. Sept. 1829, wurde Gottfried Sigismund Freih. v. Franz der Adelsmatrikel der Preuss. Rheinprovinz unter Nr. 82 in der Classe der Freiherren eingetragen.

<small>N. Pr. A.-L. V. S. 162. — Freih. v. Ledebur, I. S. 230. — W.-B. der preuss. Rheinprovinz, I. Tab. 37. Nr. 74 u. S. 37 und 38. — Kneschke, III, S. 148 und 149.</small>

Frantzius, Franzius (Schild mit Schildeshaupt. Im schwarzen Schildeshaupte zwei neben einander stehende, silberne Sterne und im goldenen Schilde ein, den linken Fuss in die Höhe hebender Kranich). Polnischer, im Königr. Preussen anerkannter Adelsstand. Adelsdiplom vom 11. Nov. 1790 für Theodosius Christian Frantzius, Kaufmann, und k. preuss. Adelsanerkennungsdiplom vom 10. Dec. 1803. — Die Familie war in Polen dem Stamme Faczala einverleibt worden.

<small>Freih. v. Ledebur, I. S. 230 und III. S. 254.</small>

Frantzius, Franzius (Schild quergetheilt: oben in Blau drei silberne Sterne u. unten in Gold auf grünem Boden ein Kranich). Preuss. Adelsstand. Diplom vom 23. März 1804 für Johann Friedrich Frantzius, Gutsbesitzer und Kaufmann in Danzig. Die Aehnlichkeit des Wappens mit dem im vorstehenden Artikel erwähnten Wappen lässt wohl annehmen, dass beide Familien v. Frantzius stammverwandt sind. —

Die Familie blühte fort. Ein v. F. war 1836 Director des Banco-Comtoirs zu Danzig und ein Bruder deselben Assessor bei dem Ober-Appellationsgerichte zu Danzig u. die Güter Banditten im Kr. Preuss. Eylau, Uhlkau im Kr. Danzig etc. kamen in die Hand des Geschlechts. Noch in neuester Zeit besass dasselbe nach Bauer, Adressbuch, S. 66. das genannte Gut Uhlkau, so wie Kalthof im Kr. Rosenberg, Westpreussen, und Zwada im Kr. Graudenz.

<small>N. Pr. A.-L. II. S. 191 und III. S. 162. — *Freih. v. Ledebur*, I. S. 230 und III. S. 254. — W.-B. der Preuss. Monarch. III. 20.</small>

Franul. Erbländ.-österr. Adelsstand. Diplom von 1712 für Johann Baptist Franul.

<small>*Megerle v. Mühlfeld*, Ergänz.-B. S. 288.</small>

Franz. Reichsadelsstand. Diplom vom 21. März 1713 für Johannes Franz, kaiserl. Kammergerichtsbeisitzer zu Wetzlar. Derselbe, ein Sohn des fürstl. hessensch. Hofgerichtsraths Conrad Franz, war später markgräfl. brandenb. bayr. Geh.-Rath und Hofgerichts-Präsident.

<small>*Strieder*, hess. Gelehrt. Geschichte, IV. S. 161.</small>

Franz, Frantz v. Franitzen, Ritter und Edle. Reichsritterstand. Diplom von 1736 für Albert Franz, k. k. Oberstlieutenant, mit dem Prädicate: Edler v. Franitzen.

<small>*Megerle v. Mühlfeld*, Ergänz.-Bd. S. 140.</small>

Franz v. Nordenfels. Erbländ.-österr. Adelsstand. Diplom von 1794 für Carl Franz, k. k. Oberlieutenant, mit dem Prädicate: v. Nordenfels.

<small>*Megerle v. Mühlfeld*, Ergänz.-Bd. S. 288.</small>

Franzen, Ritter. Böhmischer Ritterstand. Diplom vom 31. Dec. 1686 für Caspar Franzen. Das Geschlecht hatte in Schlesien die Güter Auchwitz und Jakubowitz inne.

<small>*v. Hellbach*, I. S. 378. — *Freih. v. Ledebur*, I. S. 230.</small>

Franzenshuld, s. Hartmann v. Franzenshuld, Edle.

Franzhausen. Altes, niederösterr. Adelsgeschlecht, welches auch Freundsbausen, Frounshausen geschrieben wurde, aus dem längst in Ruinen zerfallenen Schlosse und Edelsitze jenseits der Trasen unterhalb Herzogburg. Rüger v. Frounshausen kommt urkundlich schon 1298 vor und Otto u. Erhardt v. Freundzhausen treten 1314 u. 1321 las Zeugen auf. Der Stamm blühte noch in das 15. Jahrh. hinein u. Sigmund Franzhauser erhielt 1423 vom Bischofe Nicodemus zu Freisingen einige Lehen.

<small>*Wissgrill*, III. S. 84.</small>

Franzin. Ein aus Italien stammendes, tiroler Adelsgeschlecht, welches früher den Namen Avancini führte, 1630 den Adel erhielt u. zu Zinnenberg auf dem Eppan sass. Dasselbe ist, so viel bekannt, neuerlich erloschen.

<small>W.-B. d. Kgr. Bayern, V. 45. — *v. Hefner*, bayer. Adel, Tab. 87 u. S. 77 u. tiroler Adel, Tab. 6. und S. 6.</small>

Franzini, s. Curti Franzini, **Ritter und Edle**, Bd. II. S. 377 und 378.

Franzon v. Donnerfeld. Erbländ.-österr. Ritterstand. Diplom von 1805 für Andreas, Dominik, Franz und Anton Franzon, mit dem Prädicate: v. Donnerfeld.
Megerle v. Mühlfeld, Ergänz.-Bd. S. 141.

Fraporti v. Fraporta, Ritter. Reichsritterstand. Diplom vom 5. Nov. 1700 für Dr. Johann Fraporti, oberösterr. Regierungsrath und für die Söhne desselben, mit dem Prädicate: v. Fraporta und mit Vermehrung des, der Familie zustehenden, früheren, altadeligen Wappens.
v. Hefner, Stammbuch I. S. 378.

Frass (im Schilde ein halber Hund, mit einem Knochen im Rachen). Altbayerisches Adelsgeschlecht, aus welchem zuerst Ulrich Frass, Ritter, urkundlich 1326 vorkommt. Der Stamm blühte in die erste Hälfte des 16. Jahrh. hinein, ging aber 1530 aus.
Wigul Hund, III. S. 311. — Monum. boic. V. S. 586.

Frass (im Schilde ein Wolf). Altbayerisches Adelsgeschlecht, im Allgäu gesessen. Heinrich Frass v. Wolfburg, Ritter, um 1500, hatte sein Stift zu Memmingen.
Wigul Hund, III. S. 312

Frass v. Friedenfeldt, Ritter und Edle. Reichsritterstand. Diplom von 1714 für Johann Rudolph Frass, mit dem Prädicate: Edler v. Friedenfeldt.
Megerle v. Mühlfeld, Ergänz.-Bd. S. 141.

Frasshausen. Altes, oberbayerisches Adelsgeschlecht aus dem gleichnamigen Stammsitze, dem jetzigen Frasthausen im Gerichte Wollfertshausen. Als Erster des Stammes kommt Bernhardt F. 1347, als Letzter Jorg F. 1459 vor. Das Wappen: ein durch eine gestürzte Spitze von Roth, Silber und Schwarz getheilter Schild, ging auf die Tuchsenhauser über.
Wigul Hund, III. S. 312. — Monum. boic. VIII. S. 346 und X. S. 538.

Frats, Fraats. Mark-Brandenburgisches Adelsgeschlecht, welches vom 14. bis 18. Jahrh. unweit Ruppin begütert war. Krenzlin stand der Familie bereits 1327 und noch 1710, Dabergotz u. Werder 1491 und Letzteres noch 1700 zu. Später ging in der ersten Hälfte des 18. Jahrh. der Stamm aus.
Freih. v. Ledebur, I. S. 280.

Frauenberg. Schwäbisches Rittergeschlecht aus der gleichnamigen Stammburg bei Stuttgart. Dasselbe gehörte schon 1151 zu den württembergischen Ministerialen u. ist 1638 erloschen.
v. Hefner, ausgestorbener schwäbischer Adel, Tab. 3 und S. 11.

Frauenberg, s. Altenburger v. Marchenstein u. Frauenberg, **Freiherren**, Bd. I. S. 57 und Plappart v. Frauenberg.

Frauenberg, Frauenberger, Fraunberger zu Grünbach am Kamp und Eisenreichs (Schild geviert: 1 und 4 in Roth ein rechtshin galoppirendes, weisses Pferd mit goldenem Zügel und Zaum und 2 u. 3 in Blau drei schräglinks unter einander gelegte Fischreusen). Altes, ursprünglich bayerisches Adelsgeschlecht, welches im 15. u. 16. Jahrh. zum niederösterr. Ritterstande gehörte. Georg Fraunberger zu Grünbach kommt urkundlich 1430 vor; Wolfgang F. führte 1439 bei dem Leichenzuge des K. Albrecht II. das Trauerpferd wegen Portenau; Georg der Jüngere v. Fraunberg war um 1457 mit Veronica v. Harrach vermählt; Georg Fraunberger zu Eisenreichs, Ritter, tritt 1501 als Zeuge auf und Johann v. Frauenberg zu Grünbach u. Eisenreichs vermählte sich 1551 mit Catharina v. Jörger, starb aber nach einigen Jahren, ohne Nachkommen zu hinterlassen. Zuletzt kommt noch 1553 Haymeram oder Emeran v. Frauenberg, fürstl. Freisingerscher Pfleger zu Ulmerfelden, vor. Später ist, nach Bericht des Freiherrn Ennenkel um 1586, der Stamm in Niederösterreich erloschen.

Wissgrill, III. 8. 85 u. 86.

Frauenberg, Fraunberg, v. und zu Alten-Frauenberg, Freiherren (Schild geviert 1 und 4 in Roth ein silberner Pfahl: Stammwappen und 2 und 3 in Roth ein golden bewehrtes, aufgezäumtes, sich bäumendes, weisses Ross ohne Sattel). Reichsfreiherrnstand, in Bayern ausgeschrieben 2. Dec. 1630. — Eins der ältesten Adelsgeschlechter Altbayerns, eines Stammes und Wappens mit den Grafen v. Haag und den Freiherrn v. Fraunhofen, und einst mit den Familien Andlaw, Strundeck und Meldingen zu den vier Erbrittern des heil. röm. Reichs gehörig. Die fortlaufende Stammreihe des Geschlechts beginnt gegen Ende des 13. Jahrh. mit Seyfried, welcher mit seiner Gemahlin die Grafschaft Haag erhielt. Von dem Sohne desselben, Berthold, Herrn der Grafschaft Haag und Reichs-Erb-Vier-Ritter, stammten zwei Söhne, Seyfried II. und Wittilo, welche zwei Linien des Geschlechts gründeten: Ersterer die 1566 wieder ausgegangene Linie der Grafen v. Haag, Letzterer die Frauenbergsche Linie, welche dauernd fortgeblüht hat und aus welcher Vitus 1563 zum Bischofe des Hochstifts Regensburg gewählt wurde. — Das Haupt der Familie war in neuester Zeit: Adolph Freih. v. u. zu Alten-Fraunberg, geb. 1800 — Sohn des 1814 verstorbenen Freiherrn Franz Paulo, des h. r. R. letzten Erbritters, k. bayer. Präsidenten des Obersten Gerichtshofes zu München etc. aus zweiter Ehe mit Hyacintha Grf. v. Rechberg u. Rothenlöwen, gest. 1854 und Enkel des 1782 verstorbenen Freih. Maximilian Joseph, fürstl. Freising. Geh. Raths- und Oberst-Jägermeisters etc., verm. mit Maria Josepha Freiin v. Rechberg u. Rothenlöwen, gest. 1798. — Herr auf Fraunberg und Rieding, verm. 1835 mit Maria Anna Maier, aus welcher Ehe zwei Töchter, die Freiinnen Hyacintha, geb. 1836 und Carolina, geb. 1841 und zwei Söhne stammen: Freih. Theodor, geb. 1837 und Freih. Adolph, geb. 1839. — Der Bruder des Freiherrn Franz Paula, s. oben, Freih. Joseph Maria, k. bayer. Geh.-Rath und Domherr zu Regensburg, früher Bischof zu Augsburg, starb 1842 als Erzbischof zu Bamberg.

Wigul Hund, II. S. 70—86. — Bucelini, II. Sect. III. S. 123. — Seifert, Geneal. adel. Aeltern d. Kinder, S. 99. — Gauhe, I. S. 553 u. 554. — v. Lang, S. 137. — Geneal. Taschenb. d. freih. Häuser. 1856. S. 179—181 und 1857 S. 195 und 196. — Siebmacher, III. 120. — Spener, Hist. Insign. c. 26. — W.-B. d. Kgr. Bayern, II. 94 und v. Wölckern, 2. — v. Hefner, bayer. Adel, Tab. 31 u. S. 34 und Ergänz.-Bd. Tab. 5. und S. 13.

Frauendorf, Freiherren. Preussischer Freiherrnstand. Diplom vom 11. Febr. 1815 für Carl de la Rivalière-Preignac, mit Beilegung des Namens v. Frauendorf. — Französisches, nach Preussen eingewandertes Adelsgeschlecht, aus welchem der Diplomempfänger, früher am k. preuss. Hofe bedienstet, die Domaine Frauendorf bei Frankfurt a. d. Oder und bei Erhebung in den Freiherrnstand nach derselben den Namen: v. Frauendorf erhielt. Ein de la Rivalière-Preignac starb 1754 als k. preuss. Major des Ingenieur-Corps und Nachkommen desselben waren Officiere in der k. russischen Armee. Der Stamm ist erloschen.

Freih. v. Ledebur, I. S. 230. II. S. 297 u. III. S. 254. — W.-B. d. preuss. Mon. II. 35.

Frauenstein, Frowinstein, Vrowenstein. Altes, rheinländisches Adelsgeschlecht, dessen Stammsitz Schloss und Dorf Frauenstein, 2 Stunden von Wiesbaden in dem gleichnamigen Amte, war. Von der Stammburg finden sich noch stattliche Ruinen vor. Das Geschlecht war im Rheingaue reich begütert und hatte sich in zwei Hauptäste getheilt. Der eine derselben führte das kurmainzer Erbhof-Marschallamt und schrieb und nannte sich: Marschälle v. Frauenstein, der Andere bediente sich nur des Geschlechtsnamens. Eine andere Linie waren wohl die v. Schierstein, welche in dem nahen Schierstein am Rheine ihren Adelssitz hatten und fast gleiches Wappen mit den v. Frauenstein führten. — Sifrid I. v. Frauenstein, Erbhofmarschall des Erzstiftes Mainz um 1231, starb 1234 und Sifrid V., 1312—1318 mit einer v. Scharfenstein vermählt, war der letzte männliche Sprosse seines Astes. Derselbe hinterliess nur zwei Töchter, von denen die Eine, Elisabeth, mit Emmerich I. v. Rheinberg vermählt war. — Von dem anderen Aste lebte Emmerich v. F. um 1380 und Margaretha v. F. war 1339 Aebtissin des Klosters Altenmünster zu Mainz. — Im 15. Jahrh. war das ganze Geschlecht bereits ausgegangen.

Handschr. Notiz.

Frauenstein, s. Frank v. Frauenstein, S. 314.

Fraundorfer (in Silber ein grüner Strauch mit fünf gelben, s. g. Frauenblümchen). Niederösterreichisches Ritterstands-Geschlecht, aus welchem zuerst Andreas Frawndorfer, Ritter, 1370 als Zeuge auftrat und aus welchem noch 1534 Sebastian Fraundorfer zu Staetten auf dem niederösterreichischen Landtage unter dem Ritterstande erschien.

Wissgrill, III. S. 86.

Fraunhofen, Freiherren (Schild geviert: 1 und 4 in Roth ein silberner Pfahl: Stammwappen der Fraunbergs und der Fraunhofen u. 2 und 3 in Gold zwei über einander gestellte, mit den Mundstücken links gekehrte, schwarze Jagdhörner). Reichsfreiherrnstand. Diplom vom 27. Juni 1559 für die Herren zu Alt- und Neu-Fraunhofen: Thesarus V., den Bruder desselben, Martin und den Vetter, Jacob. Eins der ältesten und angesehensten Adelsgeschlechter Alt-Bayerns, eines Stammes und Wappens mit den Grafen v. Haag und den Freiherren v. Frauenberg, Fraunberg. Das gleichnamige Stammhaus liegt unweit Landshut an der Vilz und die alten Stammgüter stehen der Familie schon über 800 Jahre zu. Das Geschlecht hatte, seinem Ursprunge nach, vor dem übrigen bayerischen Adel die Reichsunmittelbarkeit voraus und wie auch Bayern zu jeder Zeit dagegen sprach, die v. Fraunhofen gingen bis zur Auflösung des h. r. Reichs bei dem Kaiser zu Lehen und wurden bei den Reichstagen aufgerufen. — Thesarus I. v F. erwarb um 1374 durch Vermählung mit einer Grf. zu Orttenburg die Herrschaft Geissenhausen. Von dem Bruder desselben, Innolidoch v. F., stammte aus der Ehe mit Utta Grf. v. Abensberg Wilhelm v. F., vermählt mit einer Grf. v. Montfort, des Herzogs Heinrich des Reichen zu Landshut begünstigter Hofmeister, welcher viele Besitzungen kaufte u. denselben seinen Namen gab, so: Schenkenöd, nun Neu-Fraunhofen, Ernststein, nun Fraunstein, Winhering, nun Fraunbüchl etc. — Der gleichnamige Enkel des Thesarus I. ein Sohn Caspars v. F. aus der Ehe mit einer Grf. v. Hohenzollern, war ebenfalls Hofmeister und erwarb sich um Bayern grosse Verdienste. Auf ihn waren alle Güter gefallen, in die sich seine Söhne theilten, bis der Urenkel, Thesarus V., als einziger seines Stammes später den ganzen Besitz in seine Hand bekam. Derselbe hatte, wie oben angegeben, den Reichsfreiherrnstand in die Familie gebracht, wobei der alte Streit über die Reichsunmittelbarkeit von Neuem ausbrach. Freiherr Jacob, s. oben, Vetter des Thesarus V., wurde von dem Vizdom des Herzogs Wilhelm IV. gefänglich eingezogen und über ein Jahr lang in enger Haft behalten, wenn auch der Kaiser Gegenbefehle gab. Thesarus V. war fünfmal vermählt und zwei Söhne aus vierter Ehe mit Anna Freiin v. Nussdorff, die Freiherren Hans Wolfgang u. Hans Wilhelm, gründeten zwei neue Hauptlinien, die zu Alt- und zu Neu-Fraunhofen. Die erste dieser beiden Linien erlosch in der fünften Generation 1793 mit Adam Seifried Freih. v. und zu Alt-Fraunhofen, worauf die Güter an Leopold Albrecht Maria Freih. v. und zu Neu-Fraunhofen, einem Ur-Ur-Enkel des Stifters seiner Linie, des Freih. Hans Wilhelm, fielen. Leopold Albrecht Maria Freih. v. und zu Alt- und Neu-Fraunhofen, gest. 1809, kurbayer. und kurtrierscher Kämmerer, Herr zu Poxau, Marklhofen etc. war mit Ernestine Freiin v. Ocfort zu Stachesried, gest. 1785, vermählt. Aus dieser Ehe entspross Freih. August, gest. 1825, k. bayer. Kämm. und Regierungsrath in Landshut, verm. mit Walburga Grf. v. Preysing-Moos und der Sohn aus dieser Ehe ist: Carl Freih. v. und zu Alt- und Neu-Fraunhofen, geb. 1794, Herr zu Poxau, Marklhofen, Aiglhofen, Stolzenberg, Vilsöhl, Hofstaring, Herren-Haslbach etc., k. bayer. Kämm., verm. 1819 mit Friederica Frelin v. Aretin, geb. 1798, Palastdame I. M. der Königin von Bayern.

Wigul Hund, II, S. 86—94. — *Bucelini*, II. Sect. 3. S. 124. — *Seifert*, Geneal. adelig. Aeltern etc. S. 110. — *Gauhe*, I. S. 554. — *Biedermann*, Canton Altmühl, Tab. 195—198. — *Salver*, S. 542 und 558. — *Wissgrill*, III. S. 86—68. — *v. Lang*, S. 127 und 128. — Geneal. Taschenbuch der freih. Häuser, 1853. S. 122—124 und 1857. S. 196. — *Siebmacher*, I. 25: Freiherr v. Fraunhofen und Suppl. V. 14. — *Tyrof*, I. 3. Tab. 214 und *Siebenkees*, I. S. 363. — W.-B. des Kgr. Bayern, II. 98 und *v. Wölckern*, Abth. 2. — *v. Hefner*, bayer. Adel, Tab. 31 und S. 34 und Ergänz.-Bd. Tab. 5 und S. 13.

Fraydtennegg, Ritter. Erbländ.-österr. Ritterstand. Diplom vom 21. Juni 1643 für die Gebrüder Christoph und Heinrich v. Fraydtennegg. Die Vorältern derselben hatten den Adel vom K. Carl V. erhalten. Franz v. F. wurde 1705, mit Bewilligung der steirischen

Stände, von seinem Oheim, Johann Adam v. Moncello, adoptirt und Franz v. F. wurde 1820 in Steiermark immatriculirt.

Schmutz, I. S. 391. — *v. Hefner*, Stammbuch, I. S. 379.

Frays, Freiherren. Freiherrnstand des Königr. Bayern. Diplom vom 25. Aug. 1817 für August Frays, k. bayerischen Hauptmann im 6. Linien-Infant.-Reg.

v. Lang, Suppl. S. 43. — W.-B. d-s Kgr. Bayern, II. 99 und *v. Wölckern*, Abth. 2. — *v. Hefner*, bayer. Adel, Tab. 31 und S. 35.

Frech. Ein, früher im Lüneburgischen vorgekommenes, nur dem Wappen nach bekanntes Adelsgeschlecht. Der Name kommt unter den Ahnen der v. Garssenbüttel vor.

v. Meding, III. S. 186.

Frech v. Ehrimfeld, Ritter u. Edle. Alter Reichsritterstand. Diplom von 1732 für Franz Carl Joseph Frech v. Ehrimfeld, k. k. Rath, Oberbeamten und Cameral-Controleur der Haupt- und Rothenthurmmauth in Wien, mit dem Prädicate: Edler v. Ehrimfeld, und vom 13. März 1734 für den Bruder desselben, Johann Paul Frech, Magistratsrath und Buchhalter in Wien, mit dem gleichen Prädicate. Ein Urahn derselben, Christoph Frech, hatte vom K. Albrecht II., 1438, den Adel erhalten.

Megerle v. Mühlfeld, S. 110. — *Kneschke*, IV. S. 131 und 132.

Freckmann v. Rossenfeld. Reichsadelsstand. Bestätigungsdiplom von 1703 für Bertram Jacob F. v. R., Advocaten in Schlesien.

Megerle v. Mühlfeld, Erg.-Bd. S. 268.

Fredenwalde. Altes, uckermärkisches Adelsgeschlecht, aus welchem der Letzte seines Stammes, Jordan v. F., noch 1375 auf seinem Rittersitze zu Zolchow lebte. Das Stammhaus Friedenwalde war schon vor langen Zeiten an die v. Stegelitz u. von diesen durch Kauf an die v. Arnim gekommen.

Grundemann, S. 38. — N. Pr. A.-L. V. S. 162.

Fredricks. Ein ursprünglich dem ehemaligen Schwedisch-Pommern, jetzigem Regierungs-Bezirk Stralsund, angehöriges Adelsgeschlecht, welches nach Russland kam u. aus welchem mehrere Sprossen in k. russ. Dienste traten. Ein General v. F. war 1818 k. russ. Stallmeister.

Geneal. diplom. Jahrbuch, I. S. 80. — N. Pr. A.-L. VI. S. 30.

Fregenfels, Ritter. Böhmischer Ritterstand. Diplom vom 26. Decemb. 1671 für Heinrich v. Fregenfels.

v. Hellbach, I. S. 379 und 380.

Freiberg, s. Freyberg.

Freienhagen, s. Rosenstern, Freienhagen v. Rosenstern.

Freier, s. Freyer.

Freier (in Gold ein schräglinks gelegtes, von Lorbeer umwundenes Schwert). Preussischer Adelsstand. Diplom vom 15. Octob. 1840 für den k. preuss. Oberamtsrath und Pachter der Domainen Goldbeck und Wittstock Freier. Derselbe, gest. 1845, erwarb später in der Priegnitz die Güter Hoppenrade und Rosenwinkel. Der Stamm wurde fortgesetzt. Friedrich Wilhelm v. Freier kommt 1857 als err auf Garz u. Hoppenrade und ein Bruder desselben als Herr auf Osenwinkel und Wuticke II. vor.

<small>N. Pr. A.-L., VI. S. 143 — Freih. v. Ledebur, I. S. 230 u. III. S. 254.</small>

Freiesleben, Edle (Schild geviert mit Mittelschilde. Im schwarzen Mittelschilde auf grünem Boden ein vorwärtssehender, geharnischter Ritter, welcher in der Rechten ein rothes Herz emporhält und die Linke auf eine zu den Füssen liegende, grosse, blaue Weltkugel setzt: Stammwappen. 1 und 4 in Gold ein an die Theilungslinie angeschlossener, halber, schwarzer Doppeladler; 2 in Roth ein silberner Querbalken und 3 ebenfalls in Roth zwei das Feld ganz überziehende, gekreuzte, oben u. unten auf jeder Seite zweimal geastete, weisse Baumstämme). Böhmischer Adelsstand. Wappenbrief von 1544 für die Gebrüder Leonhard und Aegidius Freiesleben, welche aus Böhmen stammten und sich in dem Kriege gegen die Türken ausgezeichnet hatten und Adelsdiplom vom 3. Oct. 1586 für die Gebrüder Esaias, Christoph und Ambrosius Freiesleben. Die Nachkommen derselben wanderten, nachdem Daniel v. Freiesleben, k. k. Hofsecretarius, 1640 unter die niederösterr. neuen Ritterstandsgeschlechter angenommen worden war, ohne dass in der ständischen Registratur Acten über seine Einführung vorkommen, im 30jährigen Kriege aus Böhmen nach Sachsen, und kamen, ohne von dem Adelsprädicate weiteren Gebrauch gemacht zu haben, aus Sachsen auch in das Reussische. Aus der reussischen Linie erhielt Johann Friedrich Freiesleben, gräfl. reuss-plauenscher Vice-Canzler zu Gera, 2. Juni 1728 ein kaiserliches Erneuerungsdiplom des, der Familie zustehenden Adels und zwar mit Erhebung in den Ritterstand, mit Wappenverbesserung u. mit dem Prädicate: Edler v. — Nachkommen desselben kamen auch nach Preussen und Sachsen. Ein v. F. starb 1807 als k. preuss. Oberstlieutenant; ein Sohn desselben, B. v. F., früher k. preuss. Oberstlieutenant und Commandeur seines Landwehr-Bataillons zu Thorn, kommt 1845 als k. preuss. Generalmajor zur Disposition vor. Johann Friedrich Edler v. Freiesleben, k. sächs. Oberlieutenant, trat 1852 aus dem activen Dienste.

<small>Wingrill, III. S. 95; am Schlusse des Artikels: Freyesleben. — N. Pr. A.-L. II. S. 195. — Freih. v. Ledebur, I. S. 233; Freysleben und III. S. 254: auch Freiesleben. — Siebmacher, III. 54: Freisleben. Oesterreichisch: vermehrtes Wappen. — W.-B. d. sächs. Staaten, III. 93: v. Freyesleben. — Oesterreichisch: vermehrtes Wappen und V. 41; die Freiesleben. Knechke, II. S. 155 u. 156. — v. Hefner, sächs. Adel. Tab. 26 u. S. 27.</small>

Freilingen. Altes, rheinländisches Adelsgeschlecht aus dem gleichnamigen Stammhause in der Bürgermeisterei Lommersdorf des Regierungs-Bez. Aachen. — Eberhard v. F. hatte 1417 ein Burglehn zu Blankenheim inne u. Simon v. F., als Bastart bezeichnet, wurde 1471 von dem Erzbischofe Ruprecht v. d. Pfalz zu Cöln auf dem Schlosse Hardt gefangen gehalten.

<small>Fahne illustr. II. 1. S. 120 und 121. — N. Pr. A.-L. II. S. 191.</small>

Freimann v. Randeck, s. Freymann v. Randeck, Randegg, Edle.

Freindl v. Freindelsberg. Galizischer Adelsstand. Diplom von 1796 für Joseph Freindl, Bergrath und Salzsud-Salinen-Intendant zu Bolechow in Galizien, mit dem Prädicate: v. Freindelsberg.

<small>Megerle v. Mühlfeld, Ergänz.-B. S. 288.</small>

Freisseisen, s. Frendl v. Freisseisen.

Freitag, Freytag F. v. Kupferberg (im Schilde eine, ein Herz haltende Bärentatze). Böhmischer Adelsstand. Diplom für Laurentius Freitag, I. U. D., fürstl. münsterberg. Rath u. Canzler der Herrschaft Trachenberg. Derselbe, gest. 1622, war Herr der Güter Michelwitz, Sopratschine, Stusa etc. und hatte den Beinamen von seinem Geburtsorte, der Bergstadt Kupferberg am Bober, angenommen. Von seinen Nachkommen war Friedrich v. F. und Sopratschine, Herr auf Pirschen, Stusa, etc. um 1682 k. Mannrechtsbeisitzer und Landesältester des Fürstenthums Breslau.

<small>*Sinapius*, II. S. 627. — *Gauhe*, I. S. 563. — *Freih. v. Ledebur*, I. S. 233: Freytag v. Kupferberg. — *Siebmacher*, V. 145.</small>

Freitag, s. Freytag.

Frely v. Sonnenthal. Erbländ.-österr. Adelsstand. Diplom v. 1778 für Gottfried Anton Frely, mit dem Prädicate: v. Sohnenthal.

<small>*Megerle v. Mühlfeld*, Ergänz. Bd. S. 289.</small>

Fremantle, Freiherren. Erbländ.-österr. Freiherrnstand. Diplom von 1817 für Sir Thomas Fremantle, Admiral der k. grossbritann. Seemacht, zur Belohnung der Verdienste, welche sich derselbe 1813 und 1814 als Befehlshaber im adriatischen Meere, im Einvernehmen mit den k. k. Truppen, um das Wohl des österreichischen Kaiserstaates erworben hatte. — Diese Erhebung wurde 1822 auch den Nachkommen des Diplomsempfängers bestätigt.

<small>*Megerle v. Mühlfeld*, S. 49 u. 50. — Correspond. von und für Deutschland. 1844. Nr. 151.</small>

Fremelsberg. Altes, niederbayer. Adelsgeschlecht, aus welchem Chuno F. schon um 1100 vorkommt. Der Stamm ging um 1400 aus.

<small>*Wigul Hund*, III. S. 313. — Monum. boic. XIII. S. 24. — *v. Hefner*, ausgestorbener bayer. Adel, Tab. 2. und S. 4.</small>

Frencke. Altes, hildesheimisches Adelsgeschlecht, aus welchem die Gebrüder Herbord, Hermann u. Hartung v. Frencke 1208 Domherren im Hochstifte Hildesheim waren. Friedrich v. F. lebte noch 1536 und Heinrich v. F. starb 1548 als Domherr zu Hildesheim. Mit ihm ist wohl der Stamm ausgegangen.

<small>*Lauenstein*, Historie von Hildesheim, S. 229 und 236. — *Letsner*, Corveysche Chronik, S. 100 b. — *Gauhe*, II. S. 297. — *v. Meding*, III. S. 186.</small>

Frende, Ritter. Erbländ.-österr. Ritterstand. Diplom von 1855 für Friedrich Frende, k. k. Präsidenten des Landgerichts Czernowitz.

<small>Augsburg. Allg. Zeitung 1855.</small>

Frendl v. Freisseisen. Erbländ.-österr. Adelsstand. Diplom von 1771 für Lorenz Ignaz Frendl, Schemnitzer Bergwerks-Practicanten, wegen der Verdienste seiner Vorältern, mit dem Prädicate: v. Freisseisen.

<small>*Megerle v. Mühlfeld*, S. 185.</small>

Frens, Frentz, s. Raitz v. Frentz, Freiherren.

Frents, Freutz v. Gey (in Silber ein schwarzer gezinnter Querbalken). Altes, jülisches Adelsgeschlecht, welches auch von dem schon 1560 inne gehabten Sitze Gey im Kr. Düren den Beinamen führte.

Dasselbe erwarb 1600 in demselben Kreise auch Nideggen u. besass Gey noch 1850.

Fahne, II. S. 43. — Freih. v. Ledebur, I. S. 231.

Frentzel v. Königshayn und Liebenstein, auch **Frenzel** (Schild geviert: 1 und 4 der Länge nach getheilt: rechts in Silber ein links steigender, schwarzer Hahn und links in Roth ein aufgerichteter, rechtsgekehrter, silberner Windhund mit goldenem Halsbande u. 2 u. 3 in Silber zwei über einander stehende, schwarze Sparren). Reichsadelsstand. Diplom vom 19. Mai 1544 für Joachim Frentzel, mit dem Prädicate: v. Königshayn und Liebenstein, den Namen zweier ihm gehörigen Dörfer bei Görlitz u. mit Besserung des alten angeerbten Wappens. — Das Geschlecht zählte zu den Patriciern der Stadt Görlitz, ging aber schon 1581 mit Johann Frentzel v. Königshayn wieder aus.

Frh. v. Ledebur, I. S. 231 und III. S. 254. — Dorst, allg. W.-B. II. S. 188 und 189.

Fresacher. Erbländ.-österr. Adelsstand. Diplom von 1721 für Johann Michael Fresacher in Kärnten.

Megerle v. Mühlfeld, Ergänz.-Bd. S. 289.

Frese (in Roth ein silbernes Nagelspitzenkreuz). Ein braunschweigisches, längst ausgegangenes Adelsgeschlecht.

Siebmacher, I. 185: Die Fresen, Braunschweigisch. — v. Meding, I. S. 160.

Frese (in Silber drei schrägrechts neben einander aufwärts gekehrte, schwarze Bolzen). Altes, bremensches Adelsgeschlecht, dem Wappen nach verschieden von dem im nachstehenden Artikel besprochenen, ebenfalls bremenschen Adelsgeschlechte. — Goedecke Frese wurde 1307 bei einem Aufruhre aus der Stadt Bremen vertrieben.

Mushard, S 632.. — v. Meding, I. S. 159 und 160.

Frese, Frese, genannt v. Quiter (in Blau ein offener, adeliger Turnierhelm, unten golden und die Oeffnung von drei Reifen roth, oben aber mit einem silbernen u. blauen Wulste, welcher mit drei rothen, je mit einer silbernen Straussfeder bestecketen, Kugeln besetzt ist). Altes, urkundlich schon im 13. und 14. Jahrh. vorkommendes, ostfriesländisches und bremensches Adelsgeschlecht, welches auch im Oldenburgischen und Braunschweigischen begütert wurde und auch nach Preussen, Oesterreich und Dänemark gekommen ist. Dasselbe wurde in früher Zeit auch Fresen, Vrese, Friesen und Vriesz geschrieben u. später trat eine Linie, die zu Etelsen, s. unten, mit dem Beinamen: v. Frese, genannt v. Quiter, auf, welcher Beiname durch Vermählung eines Sprossens dieser Linie mit einer v. Quiterschen Erbtochter in dieselbe gekommen sein soll. — Die Gebrüder Gerhard und Diethard F. lebten nach Mushard 1254; Franz F. wurde 1352 Dechant des Stifts Camin und 1367 Dompropst zu Colberg; Johann Frese kommt 1437 als Drost zu Fredeburg u. erzbischöfl. Amtmann zu Vörde vor; Outraben F., ein Enkel Wilckes F., eines Bruders des obengenannten Johann F., diente in der k. span. Armee als Oberst etc. — Nach Anfange des 18. Jahrh. und noch 1720 lebten vier Brüder: Hans Joachim, k. preuss. Oberstlieutenant; Otto Dietrich, k. dän. Oberstlieutenant; Christian Ernst, k. k. Oberstlieutenant und Anton Casimir, herz. holstein-gottorp. Major. — Später, 1759, blieb Carl Georg v. F., k. preuss. Premier-Lieutenant, bei Maxen u. Nicolaus Christoph v. F., welcher als Officier in der Garde des Königs Friedrichs II. bei Hochkirch schwer verwundet worden war, vermählte sich 1772 mit Lucia v. d. Becken. Nach demselben ist wohl der Name des Geschlechts in Preussen nicht mehr vorgekommen, wohl aber hat der Stamm im Kgr. Hannover fortgeblüht und gehört durch Besitz der Güter Uiterstewehr und Hinte in Ostfriesland, so wie Poggemühlen u. Etelsen, s. oben, im Bremenschen zum ritterschaftlichen Adel der bremenschen, und ostfriesischen Landschaft. Mehrere Sprossen des Geschlechts haben bis auf die neueste Zeit in der k. hannov. Armee gestanden.

Mushard, S. 235—243. — *Gauhe*, I. S. 555. — *Swea Rikes* Matrik. II. S. 1457 und 58. — *Freih. v. Krohne*, I. S. 304—310. — N. Geneal. Handb. 1778. I. Nachtr. S. 50 u. 51. — *Spangenberg*, N. vaterl. Archiv. 1827. II. S. 19 u. 1828. I. S. 364. — N. Pr. A.-L. V. S. 183 und 161. — *Freih. v. d. Knesebeck*, S. 130. — *Freih. v. Ledebur*, I. S. 281 und III. S. 254. — *Siebmacher*, I. 164: v. Frese, Braunschweigisch. — *v. Meding*, I. S. 159. — W.-B. des Kgr. Hannov. C. 10 und S. 6.

Fresecken. Altes, westphälisches, wohl schon im 16. Jahrh. erloschenes Adelsgeschlecht, welches auch Freseken, Frezeken geschrieben wurde und, in der Stadt Neheim a. d. Ruhr ansehnlich begütert, auch unter dem Namen Neheim vorkommt. v. Steinen sagt nach Mülherr: Freseken in der Grafschaft Arnsberg im Stifte Cöln in Westphalen: in Gold ein springender, rother Fuchs. Nach Siegeln lebte Mervasius de Neheim 1336 u. Hermann u. Diederich Freseken 1380 u. noch 1423.

v. Steinen, III. S. 1043 und Tab. 60.

Fresin, Fresln. Ein ursprünglich Lüttich'sches Adelsgeschlecht, welches gegen Ende des 17. Jahrh. nach Ostpreussen kam. Zuerst wird hier Christian v. F. genannt, welcher mit Anna Dorothea Köhn v. Jaski vermählt war. Caspar v. Fresin, gest. 1743, Herr auf Grunau, Colmen, Wormen, k. preuss. Oberst, hinterliess aus der Ehe mit Christiane v. Korben mehrere Kinder und der Stamm blühte fort u. wurde ansehnlich begütert. — Bei der preussischen Besitznahme von Geldern, 1720, besassen die Grafen v. Frezin, nach Allem zu diesem Geschlechte gehörig, das Gut Windvouderen und im Lande Kessel das Haus Horst. — In neuester Zeit kommt ein v. Fresin als Herr auf Korschen im Kr. Rasteburg u. Franz v. Fresin als Herr auf Grunau (Seniorat) im Kr. Sensburg vor.

N. Pr. A.-L. II. S. 191 und 192 und V. S. 164. — *Freih. v. Ledebur*, I. S. 231 und 232 und III. S. 254.

Frettenheim zu Frettenheim auf der Gau. Altes, rheinländisches Adelsgeschlecht, welches 1598 mit Anna Christine v. Frettenheim zu F. erloschen ist. Dieselbe war mit Georg Philipp v. Geispitzheim vermählt.

Humbracht, Tab. 298.

Freudemann. Reichsadelsstand. Diplom für Georg Friedrich Freudemann, in kurbraunschw.-lüneb. Militairdiensten zu Celle. Das Diplom ist, so viel bekannt, um die Mitte des 18. Jahrh. ausgestellt worden, der Diploms-Empfänger war zuletzt kurbraunschw. General-Lieutenant und der Stamm ist später wieder ausgegangen.

Freih. v. d. Knesebeck, S. 130.

Freudenberg, auch **Freiherren** (Schild von Silber und Roth quergetheilt, ohne Bild). Altes, bayerisches Adelsgeschlecht, der Sage nach v. Wetzil v. Freudenberg, einem der vielen Söhne des Babo Grafen v. Abensperg, stammend, welches den Namen von dem Markte Freudenberg unweit Amberg in der Ober-Pfalz führt, in welcher es zweifelsohne zu den ältesten Stämmen zählte, reich begütert war u. in vielen Linien, welche bis auf eine einzige erloschen sind, blühte. — Zur Zeit der Reformation verlor die Familie den grösseren Theil ihres Grundbesitzes und schied sich nun in zwei Hauptlinien, in die katholische und protestantische Linie. Erstere erlosch 1775 mit Maria Franzisca v. Freudenberg, Aebtissin und Reichsfürstin zu Ober-Münster und die Güter kamen an andere Familien. Die protestantische Linie wanderte aus u. wendete sich in andere deutsche Länder, so wie nach Russland und Schweden, wo mehrere Sprossen zu Ehre und Ruhm gelangten. In der Heimath blieben endlich nur noch die Reichslehen der Collatur Neukirchen im Sulzbachischen übrig, welche Freiherr Ernst Ludw., Deutsch-Ordens-Ritter, General und Commandant in Darmstadt, als Senior der Familie, 1803 zuletzt vom Kaiser u. Reich zu Lehen erhielt. — Als nächster Stammvater aller jüngeren Linien des Stammes wird Johann Ludwig, Herr auf Weissenberg, genannt. Von ihm, verm. mit Apollonia Hofer v. Urfarn, stammte, unter anderen Kindern, Johann Albrecht, gest. 1698 als hess. Oberst und Commandant der Veste Risselsheim, verm. mit Antoinette Hund v. Saulheim. Der Sohn des Letzteren, Johann Adolph Gottlieb, hessischer General und Commandant in Giessen, hatte aus seiner Ehe mit Clara Elisabeth v. Geismar, verm. 1719, funfzehn Kinder u. zu diesen gehörten auch Georg Wilhelm, gest. 1803, fürstl. ansbach. Kämm., Geh.-Rath, Ober-Falkenmeister und Ober-Amtmann in Wassertrüdingen, so wie Ernst Ludwig, s. oben u. Carl Christian, gest. 1796, Herr der Collatur Neukirchen, k. russ. Oberst und Inspector des Marine-Arsenals in Riga. Letzter war mit Juliana v. Rosenberg vermählt und aus dieser Ehe entspross Georg Hermann Julius, gest. 1837, früher in k. russ. Seediensten, später k. bayer. Platzmajor in Lindau, welcher in die Adelsmatrikel des Kgr. Bayern eingetragen wurde. Aus seiner Ehe mit Maria Regina v. Miller stammt Julius Theodorich Carl Freih. v. Freudenberg, geb. 1815, Herr der Collatur Neukirchen, k. bayer. Lieut. à la suite.

Wigul. Hund, II. S. 101—104. — v. Hattstein, II. S. 105—108. — Einsinger v. Einzing. Bayer. Löwe, II S. 291-296. — Salver, S. 301. — N. Pr. A.-L. V. S. 164. — Freih. v. Ledebur, I. S. 232. — Siebmacher, I 77 : v. Freudenberg, Bayerisch. — v. Meding, III. S. 187. — Tyroff, I. 82: Freih. v. Freudenberg und Siebenkees, I. S. 15 und 16. — W.-B. des Kgr. Bayern, XI. 58: v. F. — v. Hefner, bayer. Adel, Tab. 81 und S. 77 u. Ergänz.-Bd. S. 13.

Freudenberg, feste Herren zu Freudenberg, s. Zedlitz-Neukirch, **Freiherren**.

Freudenfels, s. Froelich v. Freudenfels, **Freiherren**.

Freuenhaus, s. Banden v. Freuenhaus, Bd. I. S. 185.

Freudenhelm (im Schilde drei kleine Halbmonde, die beiden oberen mit den Hörnern nach oben, der untere mit den Hörnern nach unten gekehrt). Ein in der zweiten Hälfte des 18. Jahrh. in Preussen vorgekommenes Adelsgeschlecht, aus welchem Friedrich Heinrich v. F., k. preuss. Hauptmann a. D. in Magdeburg das Gut Qualwitz im Kr. Wohlau kaufte u. 1763 das schlesische Incolat erlangte. Der Stamm ist erloschen.

N. Pr. A.-L. V. S. 164. — Freih. v. Ledebur, I. S. 232 und III. S. 351.

Freudenheim, s. Gleisner v. Freudenheim, **Edle.**

Freudenhofer. Schlesisches, im Oelsischen in der 2. Hälfte des 17. und im Anfange des 18. Jahrh. vorgekommenes Adelsgeschlecht, welches sich v. Freudenhofer u. Zettwing schrieb. Johann Friedrich v. F. und Z. starb 1710 als fürstl. württemb. ölscher Regierungsrath mit Hinterlassung eines Sohnes, Friedrich v. F., welcher nach Allem der Letzte seines Stammes war.

Sinapius, II. S. 628 u. desselben Olsnographia, I. S. 682. — N. Pr. A.-L. II. S. 192. — Freih. v. Ledebur, II. S. 232. — Siebmacher, III. 75: v. Freudenhofer, Oesterreichisch.

Freudenreich. Altes Patriciergeschlecht der Stadt Bern, welches früher Rigadio hiess. Peter Rigadio de Joyeuse war im Anfange des 16. Jahrh. k. franz. Geschäftsträger in der Schweiz. Der Sohn desselben aus der Ehe mit Elisabeth Bern, Peter R. de J. verdeutschte den Namen Joyeuse in Freudenreicher, aus welchem später Freudenreich entstand. Mehrere Sprossen des Stammes kamen in der Republik Bern zu den höchsten Ehrenstellen und in neuerer Zeit, 1836, lebten zwei Glieder der Familie in Neuwied.

Leu, Schweizer Lexicon, VIII. S. 322 und 323. — N. Pr. A.-L. II. S. 192. — Berner Bürgerbuch.

Freudenstein, s. Gremp u. Freudenstein.

Freund. Ein in Preussen vorgekommenes Adelsgeschlecht, zu welchem der aus Pommern gebürtige, in k. preuss. Militairdiensten stehende Johann Anton v. Freund gehörte, welcher 1798 General-Major wurde u. pensionirt 1809 starb.

Freih. v. Ledebur, I. S. 232.

Freund, Freund zu Polnisch-Weistritz (Schild der Länge nach getheilt: rechts in Schwarz eine goldene Lilie und links in Roth ein silberner Löwe). Altes, schlesisches Adelsgeschlecht aus dem unweit Schweidnitz gelegenen Sitze Polnisch-Weistritz, nach welchem sich dasselbe auch geschrieben hat, auch führte eine Linie des Stammes den Beinamen Neudeck von dem Gute dieses Namens bei Polkwitz unweit Schweidnitz. — Hans Freund war 1390 Hof-Cavalier am Hofe der Herzogin Agnes zu Schweidnitz und Gregor v. F. starb 1552 als Rathsmann zu Schweidnitz, wie das kostbare alabasterne Grabmal desselben in der Pfarrkirche zu Schweidnitz ergibt, welches für seine Zeit ein Kunstwerk war. Der Stamm soll nach Einigen erst im 17. Jahrh. ausgegangen sein, während Andere annehmen, dass Johann v. F. auf Weisteritz, gest. 15. Nov. 1596, der Letzte seines Mannsstammes gewesen sei. Gewiss ist, dass derselbe Nachkommen nicht hatte und dass die Güter die 1599 gestorbene Gemahlin erbte.

Sinapius, II. S. 628 und 629. — N. Pr. A.-L. II. S. 192 und 193. — Siebmacher, II. 50.

Freund v. Sternfeld (in Blau drei, 2 u. 1, goldene Sterne). Reichsadelsstand. Diplom vom 7. Aug. 1769 für Christian Friedrich Freund aus Giessen, Vormundschaftsrath und Hofmeister des Grafen Franz zu Erbach-Erbach, mit dem Prädicate: v. Sternfeld. Die Erhebung in den Adelstand erfolgte ehe der Diplomsempfänger mit dem jungen Grafen auf Reisen ging, wegen seiner Verdienste um denselben, durch Vermittelung der in Vormundschaft regierenden Frau Grf. Wittwe Leopoldine, geb. Rheingr f. v. Dhaun-Grumbach. Bald nach seiner Erhebung in den Adelsstand vermählte sich derselbe zu Lausanne mit einem Fräulein v. Chauvanne und erhielt 1772 vom Landgrafen Ludwig IX. zu Hessen-Darmstadt den Oberst-Lieutenants-Character. Weitere Nachrichten fehlen.

Handschriftl. Notiz. — *Freih. v. Krohne*, I. S. 310.

Freund v. der Than. Fränkisches, erloschenes Adelsgeschlecht.

Freih. v. Krohne, I. S. 310 und II. S. 340. — *Siebmacher*, II. 80.

Freundsberg, Freundsperg, Freundtsperg, Fronsperg, Freih. zu Mindelsheim. Altes, tiroler Adelsgeschlecht aus dem gleichnamigen Stammschlosse bei Schwarz im Innthale mit der dazu gehörenden Herrschaft, welche dasselbe später an Oesterreich gegen die Herrschaften Petersberg und Sterzling vertauschte. Zuerst kommen urkundlich Heinricus und Ulricus de Friuntsperg 1180 und 1190 vor. Gerg v. F. und der Sohn desselben, Georg II., standen bei K. Maximilian I. u. K. Carl V. in hoher Gnade, brachten die Herrschaft Mindelheim in Schwaben, so wie die genannten österreichischen Herrschaften an sich und erlangten das Erbküchenmeister- und Truchsessen-Amt des Hochstifts Freisingen, doch ging schon 1586 mit Georg II. der Stamm aus.

Wigul Hund, II. S. 104. — *Monum bolc.*, VIII. S. 134. — *v. Hefner*, ausgestorb. tiroler Adel, Tab. 3.

Freunwald, s. Degoriczia v. Freunwald, Bd. II. S. 440.

Frey. Oberösterreichisches Adelsgeschlecht, aus welchem Ferdinand v. F., kais. Rath u. Ober-Kriegs-Commissar, 1697 dem oberösterreichischen Ritterstande einverleibt wurde. Von demselben stammten aus der Ehe mit Maria Claudia Johanna v. Hochstain zwei Söhne, Carl Joseph Octavian und Johann Philipp Ferdinand v. F. Ersterer kaufte das Gut Weyr am Trau-See und vermählte sich mit Maria Theresia Haidin v. Dorf, Letzterer, gest. 1730, hinterliess aus der Ehe mit Maria Catharina Herrin zu Tambach zwei Söhne, Joseph und Ludwig v. F.

Freih. v. Hoheneck, I. S. 119 und 692 und II. Iu Suppl. S. 12. — *Gauhe*, II. S. 297 und 298. — *Zedler*, IX. S. 1839.

Frey v. Dheren, Dhern, Dehren (in Blau unter einem goldenen Schildeshaupte drei, 2 u. 1, aufrecht gestellte, goldene Korngarben). Altes, rheinländisches Adelsgeschlecht, welches bereits Bd. II. S. 443 im Artikel: Dehren, Derr, auch Freiherren, besprochen worden ist, hier aber, da sich dasselbe vielfach Frey v. Dheren etc. schrieb, nochmals nach ungedruckten Archivalien erwähnt sein mag. — Die Burg Dehren an der Lahn im herzogl. nassauischen Amte Limburg, welche 1190 mit Frio v. D. zuerst genannt wird und eine Landesburg der

Grafschaft Dietz war, hat dem auf ihr sitzenden Rittergeschlechte den Namen gegeben. Dasselbe gehörte zu den nassauischen Vasallen und war zu Obertiefenbach, Hadamar, Ahlbach etc. mit Gütern und Gefällen belieben und zu Driedorf, Ditkirchen, Limburg, Dauborn etc. allodial angesessen. Ein Ast des Stammes wohnte zu Eltville im Rheingaue und hier starb, wie Bd. II. S. 443 angegeben, der letzte männliche Sprosse. Der Name des Geschlechts ging später, 1753, auch in weiblicher Linie mit Maria Johanna Freiin v. Dheren, welche sich mit Adolph Wilhelm Franz Freiherrn v. Greifenklau vermählt hatte, aus u. ein Theil der Familiengüter, namentlich auch die Burg Dehren, kam an einen Ast der Familie v. Greifenklau, welcher sich bis zu seinem Erlöschen, nachdem das Greifenklausche Wappen mit dem Frey v. Dehrenschen vereinigt worden war, Greifenklau-Dehren nannte u. schrieb. — Die Frey v. D. waren übrigens auch Burgmanne zu Hohenstein und trugen von dem Erzstifte Mainz, neben anderen Gütern, auch das bei Gladbach gelegene Dorf Hausen im jetzigen h. nassauischen Amte Langen-Schwalbach zu Lehen. — Die Burg zu Dehren ist jetzt im Besitze des Wilhelm Freih. v. Düngern und die Burg zu Eltville in dem der Grafen v. Grunne.

<small>Handschriftl. Notiz. — *Bodmann*, Rheingauer Alterthümer, I. S. 305.</small>

Frey v. Freyenfels (Schild geviert: 1 und 4 in Roth auf grünem Rasen ein springendes, weisses Pferd u. 2 und 3 in Schwarz drei neben einander aufgerichtete, goldene Korngarben). Böhmischer Adelsstand. Diplom vom 25. Jan. 1658 für Heinrich Frey, mit dem Prädicate: v. Freyenfels und Bestätigungsdiplom des der Familie zustehenden Adels vom 26. December 1671. — Die Familie erwarb in Schlesien Burkersdorf im Schweidnitzschen, Friedersdorf im Strehlenschen und Ober- und Nieder-Peucke im Oelsischen. Die beiden letzteren Güter besass um 1693 und noch im Anfange des 18. Jahrh. Heinrich Wilhelm F. v. F. und die beiden ersteren hatte 1725 Jacob Ernst F. v. F. inne. Der Stamm blühte fort u. noch in das 19. Jahrh. hinein, in welchem derselbe 7. Febr. 1804 mit Hans Sylvius v. F., k. preuss. Staabs-Capitain, erlosch. — Die von Einigen zu diesem Geschlechte gerechnete freiherrliche Familie v. Freydenfelss in Böhmen und Mähren, s. den betreffenden Artikel, ist, vom Standpunkte der Heraldik aus, als ein ganz anderes Geschlecht zu betrachten.

<small>*Sinapius*, I. S. 373 und II. S. 629. — *Gauhe*, II. S. 300 u. 301: Freyenfels. — *v. Hellbach*, I. S. 381. — N. Pr. A.-L. II. S. 194 und 195. — *Freih. v. Ledebur*, I. S. 232 und 233. — *Siebmacher*, V. 71. — *v. Meding*, III. S. 189.</small>

Frey v. Schönstein, Freiherren (Schild geviert: 1 und 4 quergetheilt: oben in Schwarz ein aufwachsendes, einwärtsgekehrtes, golden bewehrtes, silbernes Einhorn und unten, ebenfalls in Schwarz, drei im 1. Felde schräglinke, im 4. schrägrechte silberne Balken u. 2 u. 3 in Gold drei 2 u. 1, abgerissene Leopardenköpfe, von denen die beiden oberen auswärts, der untere rechts gekehrt ist). Erbländisch-österr. Freiherrnstand. Diplom vom 7. Nov. 1823 für Franz Xaver v. Schönstein, k. k. Hofrath der ungarischen Hofkammer. Derselbe, gest. 1825, stammte aus einem alten, reichsritterschaftlichen Adelsgeschlechte, welches 1633 die Landmannschaft in Steiermark erhalten hatte u. von ihm entspross Carl Freih. Frey v. Schönstein, geb. 1797, k. k. Kämm. und Ministerial-Rath im Finanz-Ministerium, verm. in erster Ehe mit Rosalie v. Kleye, gest. 1846 u. in zweiter mit Amalie v. Winther. Aus der ersten Ehe stammt Freiin Flora, geb. 1846. — Aus der Ehe des 1835 verstorbenen Bruders des Freiherrn Carl, des Freiherrn Joseph, k. k. Hofraths, mit Josephine Gräfin Kokorzowetz v. Kokorzowa lebt ein Sohn, Freiherr Edwin, geb. 1835, k. k. Lieutenant.

<small>Geneal. Taschenb. d. freih. Häuser, 1856 S. 182 und 1857 S. 197.</small>

Freyberg, Freiherren (Stammwappen, welches die eisenberger Linie führt: Schild quer von Silber und Blau getheilt: oben ohne Bild, damascirt, unten drei, 2 und 1, goldene Kugeln. Wappen der öpfinger Linie: Schild geviert: 1 und 4 das Stammwappen; 2 in Blau ein geasteter, schrägrechter, silberner Balken und 3 in Gold ein der Länge nach von Silber und Schwarz getheilter, schrägrechter Balken; Wappen der erloschenen aschauer Linie: im Schilde statt der drei Kugeln drei Sterne und Wappen der 1690 ausgestorbenen löwenfelser Linie: Schild geviert mit blauem Mittelschilde und in demselben ein gestürzter Mond zwischen drei, 2 und 1, goldenen Sternen. 1 u. 4 das Stammwappen, doch verändert: in Blau neun, 3, 3 und 3, goldene Kugeln unter einem silbernen Schildeshaupte ohne Bild und 2 u. 3 in Gold ein aus einem silbernen Dreiberge aufwachsender, schwarzer Löwe; welcher mit den Vorderpranken einen nach auswärts gebogenen, rechts dreimal, links zweimal geasteten, abgehauenen, silbernen Baumstamm vor sich hält: Löwenfels). Reichsfreiherrnstand. Erneuerungsdiplom vom 21. März 1586 für Georg Ludwig v. F. zu Justingen u. Oepfingen u. der späteren Erlaubniss vom 11. Juni 1586 zur Beilegung des Justingenschen u. Oepfingenschen Wappens; vom 3. Octob. 1644 für die Gebrüder Caspar und Conrad Sigmund v. F., Eisenberg-Allmedinger Linie und Erneuerungsdiplom des alten Freiherrnstandes vom 27. Sept. 1655 für Hans Dietrich v. F., gemeinsamen Stammvater der Linien Eisenberg-Raunau u. Hürbel. — Altes, schon in früher Zeit zur schwäbischen Reichsritterschaft zählendes Adelsgeschlecht, welches das Erbkümmerer-Amt im Hochstifte Augsburg, so wie in der Propstei Ellwangen erlangte. Einer Familiensage nach, auf welche Bucelini im Sinne seiner Zeit eingegangen ist, stammt das Geschlecht aus Graubündten, wo Homagius Curius, aus einem edlen römischen Geschlechte, sich im Anfange des 9. Jahrh. niedergelassen, 2 Meilen von Chur ein Schloss erbaut u. nach demselben sich de libero monte genannt haben soll. Die Sage erzählt weiter, dass ihm aus der Ehe mit einer Colonna ein Sohn Tomann, Thomas, gestammt habe, welcher von Einigen, anstatt des Vaters, für den Erbauer des erwähnten Schlosses gehalten wird. Dieser Tomann sei in heftige Fehde mit einem v. Sax gerathen, in Folge welcher, nach seinem Tode, die Wittwe, aus dem alten Geschlechte Brandis, ihre Güter verkauft, sich nach Schwaben begeben, sich daselbst angekauft u. das später Freyberg genannte Schloss Medingen unweit Füssen am Lech im ehemaligen Bisthume Augsburg angelegt habe. Doch genug, dass die Freiberge ein alter Stamm sind, steht historisch fest. Schon gegen

...de des 12. Jahrh. schied sich derselbe in mehrere Hauptstämme u. es bildeten sich namentlich die Linien zu Achstetten, Aschau, Löwenfels, Eisenberg und Angelberg, aus welcher Letzteren die Seitenlinie zu Justingen u. Oepfingen hervorging. Von allen diesen Linien, welche ein sehr umfangreiches Besitzthum erwarben u. von denen sich im Laufe der Zeit mehrere andere Nebenlinien abzweigten, welche sich nach ihren Gütern nannten, so dass im Ganzen in Schwaben 16 u. in Bayern 10 besondere Häuser vorgekommen sind, haben dauernd nur die zu Eisenberg und Oepfingen fortgeblüht: die übrigen gingen im Strome der Zeit wieder aus. Die Linie zu Achstetten, einem Schlosse zwischen Ulm und Bibrach, welche um 1165 Adam v. F. stiftete, schloss Philipp Eduard v. F. um die Mitte des 17. Jahrh. Die Aschauer Linie, um 1198 gegründet von Berchtold, gehörte Bayern an u. erwarb gegen Ende des 14. Jahrh. durch Vermählung und Kauf Hohen-Aschau und Wildenwarth, so wie später auch die Güter Haiming u. Spitzenberg. Dieselbe, von welcher ein Nebenzweig kurze Zeit zu Kammerberg sass, starb in der Mitte des 18. Jahrh. aus. Die Löwenfelser Linie ging um 1254 von Conrad v. F., verm. mit einer Erbtochter aus dem Stamme der Löwenfelser, aus. Dieselbe begab sich später ins Salzburgische, so wie nach Kärnten u. erlosch in der Mitte des 17. Jahrh. Die fortblühende Linie zu Eisenberg, welche den Namen von dem Schlosse Eisenberg, später Ruine im k. bayer. Landgerichte Füssen, erhielt, stiftete um 1286 Burkard v. F. Dieselbe schied sich nach hundert Jahren mit den Söhnen des Peter v. F., Sigmund und Wilhelm, in zwei Hauptlinien. Ersterer wurde der Stammvater der neuerlich erloschenen Seitenlinien zu Hopfrau, einem Schlosse im kön. bayer. Landgerichte Füssen und zu Wellendingen im jetzigen Kgr. Württemberg, so wie der noch in zwei Aesten blühenden Almerdinger Seitenlinie. Von dem aus der Eisenberger Linie stammenden Wilhelm v. F. nahm auch die Seitenlinie zu Raunau, Hürbl und Haldenwang, welche in zwei Aesten dem zu Raunau u. zu Haldenwang, Knöringen, Offingen und Landstrost fortgesetzt worden ist, ihren Anfang. — Die ebenfalls fortblühende Angelberger Linie, aus welcher in der ersten Hälfte des 16. Jahrh. ein Zweig die Reichsherrschaft Justingen und Oepfingen im Württembergischen an sich brachte, steigt von Heinrich v. F., genannt Stubenrauch, welcher im Anfange des 14. Jahrh. vorkommt, herab. Justingen gelangte später an die Almendinger Linie, Oepfingen aber verblieb bis zu Anfange des 19. Jahrh. in der Hand der Familie. Zahlreiche Sprossen des Stammes, welcher von früher Zeit an für Kirche und Staat viel gethan, haben Beiden, vorzüglich der Kirche in sehr hohen geistl. Würden, vielfache u. ausgezeichnete Dienste geleistet. — Aus dem zuletzt bekannt gewordenen neueren Personalbestande der Familie mag Nachstehendes hier erwähnt sein: Angelberger Linie zu Justingen und Oepfingen: Freiherr Benedict, geb. 1798 — Sohn des 1847 verstorbenen Freiherrn Anton, k. bayer. Kämmerers und Oberamtmanns aus erster Ehe mit Aloysia Freiin v. Riedheim, — k. bayer. Kämmerer u. Revierförster zu Ansbach, verm. mit Caroline Freiin v. Ascheberg, geb. 1808, aus welcher Ehe, neben zwei Töchtern, zwei Söhne, Ludwig, geb. 1843 und Carl, geb. 1847, stammen. Die drei Halbbrüder des Freiherrn Benedict aus des Vaters zweiter Ehe mit Josepha Freiin v. Gumppenberg, gest. 1851, sind: Freiherr Reinhard, geb. 1814, k. bayer. Kämmerer u. Landcommissair zu Landau; Freih. Ludwig, geb. 1815, k. bayr. Kammerjunker, Landrichter zu Schrobenhausen etc. und Freih. Alexander, geb. 1821, k. bayer. Artillerie-Hauptmann, verm. mit Thecla Freiin v. Freyberg-Eisenberg. — Eisenberger Linie: Ast zu Almendingen: Zweig auf Almendingen im Kgr. Württemberg: Freiherr Maximilian, geb. 1809 — Sohn des Freih. Anton Xaver aus der Ehe mit Maria Freiin v. Speth-Granheim — Herr auf Gross- und Klein-Almendingen u. Altheim bei Ulm, k. bayer. Lieutenant a. D., verm. mit Maria Freiin v. Gemmingen-Hornberg, aus welcher Ehe Kinder leben. — Zweig von Almendingen zu Jetzendorff im Kgr. Bayern: Freiherr **Maximilian**, geb. 1825, — Sohn des 1851 gestorbenen Freiherrn Max Procop, k. bayer. Kämmerers, Staatsraths und Vorstands des Reichsarchivs, aus der Ehe mit Caroline Grf. v. Montgelas — Herr auf Jetzendorff, k. bayer. Kämm. und Regierungs-Assessor zu München. Von dem Bruder des Freiherrn Max Procop, dem Freiherrn Wilhelm, kön. bayer. Kämm. und pens. Vice-Oberst-Stallmeister, stammen aus der Ehe mit **Maria Electrine Stunz**, gest. 1847, drei Söhne, die Freiherren: Carl, k. bayer. Artillerie-Oberlieutenant, Julius und Ludwig. — **Ast zu Raunau, Hürbel und Haldenwang**: Zweig zu Raunau: Freih. Joseph, Herr auf Raunau im Algaeu, k. bayer. Kämm., Oberst und Kreis-Inspector der Landwehr von Schwaben u. Neuburg. Derselbe hat Nachkommenschaft. — Zweig zu Haldenwang: Freih. Clemens, Herr auf Knöringen, Haldenwang, Landstrost und Offingen, k. bayer. Kämm., Reichsrath und quiescirt. Ober-Appell. Gerichtsdirector, vermählt mit Catharina v. Zwehl, gest. 1822, aus welcher Ehe Freiherr Rudolph stammt. Derselbe, Gutsbesitzer zu Knöringen, k. bayer. Kämm., hat sich mit Antonia Grf. v. Oberndorff, geb. 1825, vermählt und hat eine zahlreiche Nachkommenschaft und unter diesen als ältere Söhne die Freiherren Alfred u. Clemens. Der Bruder des Freiherren Clemens, Freih. Maximilian Vincenz, k. bayer. Kämm., ist General-Major à la suite u. Hofmarschall S. K. H. des Herzogs Maximilian in Bayern.

Wigul Hund, II. — *Bucelini*, II. S. 83—84 und 86. — *Hübner*, II. Tab 532—540. — *Gauhe*, I. S. 556—559. — *v. Hattstein*, III. S. 192—198 und Tab. 10 und Suppl. zu Bd. I. S. 10. — *Biedermann*, Canton Ottenwald, Gebürg. Rhön-Werra, Steigerwald, Altmühl und Baunach u sehr vielen O. s. Register. — *Wissgrill*, III. S. 88 und 89. — *v. Lang*, S. 123—125. — *Cast*. Adelsb. des Kgr. Württemberg S. 197—200. — Geneal. Taschenb. der freih. Häuser, 1856. S. 183—186 und 1857 S. 197—200. — *Siebmacher*, I. 50: Freih. und Herren v. Justingen, 79; v. Freyberg zu Aschau, Bayerisch, 83; v. Freyberg, 112: v. Freyberg v. Eisenberg, Schwäbisch und V. 11. — *Spener*, Histor. Insign. L. III. c. 40. — *Tyroff*, I. 58 u. *Siebenkees*, I. S. 363—365. — W-B. des Kgr. Bayern, II. 99: Freih. v. F.-Eisenberg etc., 100: Freih. v. F. zu Oepfingen und XIV. 75: Freih. v. F. zu Hürbel etc. und *v. Wölckern*, Abth. 2. — *v. Hefner*, bayer. Adel, Tab. 32 und S. 35., württemb. Adel, Tab. 9 und S. 7 u. Ergänz.-Bd. S. 13.

Freyberg (in Silber ein Bein mit schwarzem Strumpfe). Ursprünglich ein altes Patriciergeschlecht der Stadt Freiberg, welches den Namen Freyberger führte, durch den Bergbau zu Vermögen und Ansehen kam, in der nächsten Nähe von Freiberg Freibergsdorf u. den Thurnhof an sich brachte und diese Besitzungen im 13—16. Jahrh.

inne hatte. Im 16. Jahrhunderte kam der Adel in die Familie. Die Angabe, dass dieselbe, wie Beckmann glaubt, aus Franken stammt, ist unrichtig, oder nicht zu erweisen. Von den älteren Sprossen des Stammes hat Moller, Freibergische Chronik, mehrere aufgeführt. Zuletzt wird Melchior Freyberger genannt, welcher 1512 Senior des Domcapitels zu Freiberg war. Im 17. Jahrh. kaufte sich die Familie im damaligen Churkreise mit den Gütern Gross- und Klein-Möhlau bei Bitterfeld an, hatte auch schon 1595 Schmöckwitz bei Teltow, so wie im Anhaltischen 1504 Köthen und Elsdorf 1626 inne. — Hans Ernst v. F. u. Wilhelm Heinrich v. F., Beide fürstl. anhaltsche Geh.-Räthe, kommen unter den Mitgliedern der einst so bekannten Fruchtbringenden Gesellchaft, Ersterer mit dem Namen: der Ausführende, Letzterer mit dem Namen: der Gleichgefärbte, vor. Der Stamm hat fortgeblüht und besass in neuerer Zeit das Gut Sandberg im Kreise Zauche-Belzig, Prov. Brandenburg.

Knauth, S. 506. — *Beckmann*, VII. c. 2. S. 222 u. 223 u. Tab. 4. — *Gauhe*, II. S. 298—300 nach *Beckmann. Moller*, Freib. Chronik, I. u. II. u. *Müller*, Annal. Saxon. S. 388. — *Zedler*, IX. S. 1856. — *Freih. v. Ledebur*, I. S. 232.

Freyberg (in Silber ein schrägrechter, schwarzer Balken). Ein in der zweiten Hälfte des 16. und im 17. Jahrh. im Meklenburgischen vorgekommenes Adelsgeschlecht, welches im Amte Wredenhagen Dambeck, so wie auch die Güter Gotthun und Karchow an sich gebracht hatte. — Albrecht Andreas v. Freyberg kommt 1680 als Pommernscher Regierungsrath vor. — Im Anfange des 18. Jahrh. lebte in Meklenburg nur noch ein einziger Sprosse des Stammes.

Gauhe, I. S. 560. — *Freih. v. Ledebur*, I. S. 232 und III. S. 254.

Freyberger v. Geissenhausen (in Schwarz ein goldener, ausgerundeter Handkorb, nach Anderen ein Topf, mit einer über sich gestellten Handhabe oder einem Henkel). Ein ursprünglich bayerisches Adelsgeschlecht, welches in Niederösterreich ansässig wurde. Wolfgang Freyberger v. G., Herr auf Ober-Fellabrunn und Mäggerstorf, kommt 1561 und noch 1577 vor, u. Wolfgang Freyberger v. G., Herr zu Reinbrechtspölla u. Praitenaichen, der Kais. Maj. Hofdiener, zählte 1582 die Leibsteuer. Nach Friedesheim ging 1589 in Niederösterreich der Stamm aus. In Bayern kommt Sigmund Freyberger zu Geissenhausen noch 1517 vor.

Wissgrill, III. S. 90. — Oberbayerisches Archiv, VIII. S. 72.

Freyburg, Grafen. Altes Dynastengeschlecht aus dem Stammsitze Freiburg im Breisgau, über welches durch Mones Fleiss sehr viele Urkunden bekannt geworden sind.

Mone, Zeitschrift für die Geschichte des Oberrheins, Bd. I—IX.

Freyburg (Schild durch einen goldenen Sparren, mit einer goldenen Lilie besetzt, von Blau u. Roth getheilt). Ein schwäbisches Adelsgeschlecht, welches auch zu dem Patriciate der Reichsstadt Memmingen gehörte und auch den Beinamen: zur Cappel führte.

N. Pr. A.-L. II. S. 194. — *Siebmacher*, V. 268.

Freyburg, Freiburg (Schild der Länge nach getheilt: rechts in Silber ein grüner Weinstock mit drei blauen Trauben u. links in Roth die Stange eines goldenen Hirschgeweihes). Ein zu dem Adel im Kgr. Preussen zählendes Geschlecht, aus welchem Christian Friedrich

v. Freyburg 15. Febr. 1832 als k. preuss. Oberstlieutenant a. D. zu Löwenberg starb.

N. Pr. A.-L. II. S. 194. — Frh. v. Ledebur, I. S. 232 und III. S. 254.

Freyburg (Schild quergetheilt: oben in Roth eine von zwei Löwen beseitete Burg und unten in Silber ein vor drei Bäumen schreitender Löwe). Ein ebenfalls im Kgr. Preussen blühendes Adelsgeschlecht, von welchem aber nur das auch in sächsischen Sammlungen mehrfach vorkommende Wappen bekannt ist. Zu welcher der beiden preussischen Familie v. Freyburg die in neuerer Zeit in der k. preuss. Armee gestandenen Officiere dieses Namens gehören, muss dahin gestellt bleiben.

Freih. v. Ledebur, I. S. 232 und III. S 254.

Freydang, Edle. Erbländ.-österreichischer Adelsstand. Diplom von 1777 für Franz Xaver Freydang mit dem Prädicate: Edler v.

Megerle v. Mühlfeld, Ergänz.-Bd. S. 289.

Freydenegg. Diplom von 1732 für Jacob v. Freydenegg über die Bewilligung zur Annahme des Namens: v. Moncelli. — S. v. Fraydtenegg, S. 328.

Megerle v. Mühlfeld, Ergänz.-Bd. S. 289.

Freydenfeld, s. Böhm v. Freudenfeld, Bd. I. S. 517; Dietrich v. Freydenfeld, Bd. II. S. 490 und Koschin v. Freydenfeld.

Freydhoffer, Edle v. Steinbruck, Ritter. Erbländ.-österr. Ritterstand. Diplom von 1746 für Carl Freydhoffer, k. k. Feldkriegscommissair und für die Brüder desselben, Franz, Joseph und Anton Freydhoffer, mit dem Prädicate: Edle v. Steinbruck.

Megerle v. Mühlfeld, Ergänz.-Bd. S. 141.

Freydorff. Adelsstand des Grossherzogth. Baden. Diplom v. 1806 für den in morganatischer Ehe erzeugten Sohn des Markgrafen Christoph zu Baden u. der Catharina Fux, vermählt 28. Sept. 1779, Carl Wilhelm, mit dem Namen: v. Freydorff.

Cast, Adelsb. d. Grossh. Baden, Abth. 3.

Freyenberg, s. Fuchs v. Freyenberg u. Katzer v. Lindenheim u. Freyenberg.

Freyenburg, s. Waldschacher v. Freyenburg.

Freyend. Ein im Kgr. Preussen vorgekommenes Adelsgeschlecht, welches aus Litthauen stammen soll u. aus welchem mehrere Sprossen in der k. preuss. Armee gestanden haben. Ein v. F., Hauptmann im k. preuss. Infant.-Regim. v. Sanitz, starb 1806 u. ein Major v. F. im Dragoner-Regiment v. Prittwitz 1809, auch stand noch 1813 ein Premier-Lieutenant v. F. im 18. Infant.-Regiment. — Neuerlich ist der Mannsstamm erloschen und Name und Wappen sind 1856 an die Familie John gekommen, s. den Artikel: John v. Freyend.

N. Pr. A.-L. II. S. 194. — Freih. v. Ledebur, I. S. 232 u. III. S. 254.

Freyenfeld, s. Garzarolli v. Garzarollhof; **Freyenfeld,** s. Janckwitz v. Freyenfeld, **Ritter. Freyenfeld,** s. Pospichel v. Freyenfeld u. **Freyenfeld,** s. Simon v. Freyenfeld.

Freyenfelss, s. Frey v. Freyenfelss, S. 337.
Freyen-Seiboltsdorf, s. Seiboltsdorf, **Freiherren und Grafen.**
Freyenstein, s. Slama v. Freyenstein, **Ritter.**
Freyenthurm, s. Enzenberg zum Freyen- u. Jöchelsthurm, **Grafen,** S. 126—128 u. Erstenberg zum Freyenthurm, **Freiherren,** S. 149 und 150.
Freyenthurn, Ritter, s. Kuntz v. Freyenthurn, Ritter; und **Freyenthurn, Freiherren,** s. Zingris v. u. zum Freyenthurn, Freiherren.
Freyenwald, s. Jonack v. Freyenwald.
Freyenwart, s. Falkenau, v. u. zu Falkenau auf Freyenwart, **Freiherren,** S. 195.
Freyenwörth, s. Ehrmanns, Ehrmanns v. u. zu Falckenau auf Freyenwörth, S. 52.
Freyer, Ritter. Reichsritterstand. Diplom vom 12. Dec. 1695 für Kilian v. Freyer, k. k. Oberstwachtmeister im Reg. Sachsen-Coburg. Derselbe stammte aus einer Familie, in welche zu Ende des 16. Jahrhunderts der Adel gekommen war.

v. Hefner, Stammbuch, I. S. 383.

Freyer, Ritter. Böhmischer Ritterstand. Diplom vom 13. Aug. 1707 für Johann Freyer, Bürger u. Handelsmann zu Breslau. Derselbe starb schon 23. Nov. 1707 und hinterliess nur Töchter.

N. Pr. A.-L. V. S. 164.. — Freih. v. Ledebur, I. S. 283.

Freyer v. Grünau. Altes, bayer. Adelsgeschlecht, welches zuerst 1330 vorkommt und 1597 erloschen ist.

v. Hefner, ausgestorbener bayer. Adel, Tab. 2 u. S. 4.

Freyfeld, s. Coelestin v. Freyfeld, Bd. II. S. 300.
Freyhaide, s. Penater v. Freyhaide.
Freyhaimb, s. Pernstich v. Freyhaimb.
Freyhof, s. Verbruch v. Freyhof.
Freyhold (in Silber ein mit drei goldenen Sternen belegter, schräglinker, rother Balken). Ein zum preussischen Adel gehörendes Geschlecht, welches in einer Linie sich auch Freyhold-Ustarbowski schreibt, s. den Artikel: Ustarbowski, Freyhold-Ustarbowski. — Ein v. Freihold stand 1806 als k. preuss. Staabscapitain im Infanter.-Regim. v. Kalkreuth und starb 1820 im Pensionsstande und ein Anderer 1823 als k. preuss. Capitain des 14. Infanterie-Garnisons-Bataillons. Der Bruder des Letzteren trat 1818 aus dem activen Dienste. In neuester Zeit standen noch sechs Sprossen des Stammes in der k. preuss. Armee.

N. Pr. A.-L. VI S. 30. — Freih. v. Ledebur, I. S. 233 und III. S. 254.

Freyling, Freiherren, s. Schifer, Freih. v. u. zu Freyling auf Tax- u. Puechberg.
Freymann v. Randeck, s. Freimann v. Randeck, S. 330. Ueber das Vorkommen des Stammes in Nieder-Oesterreich, seit 1688 auf Essling und Knandorf und später auf Freisitz Aichberg zu Ober-Rohrbach u. Edelsitz Perzlhof an der Erlauf, hat bis 1786 Wissgrill genaue Nachrichten gegeben.

Wissgrill, III. S. 90 und 91.

Freyriedt, s. Bevier v. Freyriedt, **Ritter u. Freiherren,** Bd. 1. S. 402.

Freysalsfeld, s. Chitry v. Freysalsfeld, Bd. II. S. 263.

Freyschlag. Ein im 16. Jahrh. in Nieder-Oesterreich vorgekommenes Adelsgeschlecht, aus welchem Rudolph v. Freyschlag zu Abstorf ob' der Trasen 1534 und 1535 auf den niederösterr. Landtagen zu Wien auf der Ritterbank sass. Derselbe war mit Anna v. Oberhaim, des Vincenz v. Oberhaim auf Winkelberg Tochter, vermählt.

Wissgrill, III. S. 92.

Freyschlag v. Freyenstein. Reichsadelsstand. Diplom vom 26. Apr. 1646 für Adolph Freyschlag, Pfleger zu Wildenholz, mit dem Prädicate: v. Freyenstein. Der Stamm hat fortgeblüht u. ein Urenkel des Diploms-Empfängers, Ignaz Cajetan Freyschlag v. Freyenstein, geb. 1741, ehemaliger fürstl. passauischer Hofrath, Truchsess und Polizei-Commissair in Passau, wurde in die Adelsmatrikel des Kgr. Bayern eingetragen.

v. Lang, S. 339. — W.-B. des Kgr. Bayern, V. 46. — *v. Hefner,* Tab. 87 und S. 77. —

Freyschlag v. Schmidenthall. Böhmischer Adelsstand. Diplom von 1730 für Johann Joseph Ignaz Freyschlag, Decan der Domkirche zu St. Peter in Budissin, mit dem Prädicate v. Schmidenthall.

Megerle v. Mühlfeld, Ergänz.-Bd. S. 289.

Freising zu Aichach. Reichsadelsstand. Diplom vom 31. Mai 1559 für Hans Mayr zu Freysing, mit der Bewilligung, sich künftig v. Freysing zu Aichach nennen und schreiben zu dürfen. Derselbe stammte durch seine Mutter aus dem alten Geschlechte: v. Aichach: eine Abstammung, welche in Adelsdiplome bestätigt wurde. Später, 1563 u. 1583, ist das Diplom auf zwei weitere Mayr ausgedehnt worden.

Wigul Hund, III. S. 315. — *v. Hefner,* tiroler Adel, Tab. 7 und S. 6 und Ergänz.-Bd. Tab. 9 u. S. 23.

Freysinger, Freysing (Schild geviert: 1 und 4 Silber und 2 und 3 Schwarz ohne Bild, Feld 1 aber am oberen Rande mit einem schwarzen Bande quer belegt). Altes, bayerisches Adelsgeschlecht, welches nach Niederösterreich kam u. zu welchem, wie sich aus Nachstehendem ergiebt, der im vorhergehenden Artikel genannte Empfänger des Reichsadelsdiplom gehörte. — Görig Freysinger und Agnes, seine Hausfrau, kommen schon 1354, Reinhard v. Freysing 1392, Seybold Freysinger, Ritter, 1402 u. Hans Freysinger 1404 u. 1417 urkundlich vor. Bernhard Freysinger kaufte 1440 Schloss und Gut Pergau in Niederösterreich und von seinem Nachkommen hatte Hans Freysinger, Ritter, noch 1534 dieses Schloss und Gut inne. — Hans v. Freysing zu Aichach und Nargoll — nach Allem der im vorstehenden Artikel genannte Haus Mayr zu Freysing — vermählte sich mit Dorothea Hölzler, welche ihm das Gut Sachsenbrunn bei Kirchberg in Niederösterreich zubrachte und hatte, neben einigen Töchtern, drei Söhne, Georg, Christoph u. Philipp. Letzterer, gest. 1573, war Canonicus im Stifte zu Innichen in Tirol. Den Stamm setzte sein Bruder, Christoph zu Aichach-Strassfried und Sachsenbrunn, fort. Derselbe, herz. bayer. Regierungsrath zu Burghausen, vermählt mit Margaretha Auer v. Aurberg, verkaufte 1570 Sachsenbrunn. Aus seiner Ehe stammte, neben zwei vermählten Töchtern, ein Sohn, Johann Baptist v. F., oberösterr. Regierungsrath zu Innsbruck, welcher sich 1584 mit Maria Magdalena Vintler v. Platsch vermählte u. noch 1629 mit dem Edelsitze Cammerhof bei Atzelstorf, einem Zinzendorfschen Lehen, beliehen wurde. Aus seiner Ehe stammten zwei Söhne: Christoph Friedrich und Johann Christoph v. F. Ersterer, Herr zu Aichach u. Strassfried, Erzherz. Sigismunds in Tirol Hofrath u. später oberösterr. Hofkammerath zu Innsbruck, war mit Anna Christiana v. Hohenrenter vermählt, hatte aber keine Nachkommen und starb, nachdem er lange als Wittwer gelebt und Wohlthäter vieler Klöster gewesen, 20. März 1667 als Letzter seines alten Stammes.

Wissgrill, III: S. 92—94.

Freysleben (in Schwarz ein aufsteigender Löwe von natürlicher Farbe, welcher mit beiden Vorderpranken eine grosse silberne Hellebarde hält). Ein aus Franken nach Niederösterreich gekommenes Adelsgeschlecht, dem Wappen nach ganz verschieden von dem auch in Niederösterreich vorgekommenen Adelsgeschlechte v. Freiesleben, s. den betreffenden Artikel, S. 330. — Bartholomae v. Freysleben, Doctor der Rechte und bereits 1506 einer der ersten Räthe im Regimente der niederösterr. Lande, kaufte kurz vor seinem Todde, 1510, die Herrschaft und Veste Lichtenstein, erhielt die Bestätigung seines alten Adels mit einem ritterlichen Wappen u. starb 1511. Die Söhne desselben, Georg und Christoph v. F., waren 1534 gemeinschaftlich mit der Veste und Herrschaft Lichtenstein begütert und Georg v. F. kommt noch 1544 vor. Von Letzterem entspross Bartholomae der Jüngere, k. k. Feld-Oberst und Oberst-Hauszeugmeister. Derselbe, gest. 1570, verkaufte 1559 Lichtenstein an Andreas Freih. v. Pögl, besass aber auch die Güter Haydersfelden und Hinterstorf noch 1567. Männliche Nachkommen aus seiner Ehe mit Catharina Teger, gest. um 1579, sind nicht bekannt: nach Allem ging mit ihm der Stamm aus.

Wissgrill, III. S. 94 und 95.

Freysleben (Schild geviert: 1 und 4 in Roth drei schräglinke, silberne Balken und 2 und 3 in Silber ein goldener, eine Hellebarde haltender Greif). Reichsadels- und Ritterstand. Adelsdiplom vom 2. Juni 1738 und Ritterstandsdiplom vom 16. Jan. 1753. Zu diesem Geschlechte gehörte B. v. Freysleben, welcher 1847 als k. preuss. Generalmajor zur Disposition vorkommt.

Freih. v. Ledebur, I. S. 233.

Freystedt auch **Freiherren**. Reichsadels- und Freiherrnstand des Grossherzogthums Baden. Adelsdiplom vom K. Joseph II. für Carl Friedrich Hermann Freystedt, markgräfl. badenschen Obersten. Derselbe, geb. 1749 zu Carlsruhe, trat in badensche Militairdienste, ging 1773 in russische und dann in preuss. Dienste u. kehrte später nach Baden zurück, wo er Oberst wurde. Der Stamm hat fortgeblüht und C. Fr. H. v. Freystedt wurde 1847 in den badenschen Freiherrnstand erhoben.

Cast, Adelsb. des Grossh. Baden, Abth. 3.

Freytag, Freitag, auch **Freiherren u. Grafen** (Stammwappen: in Blau drei, 2 und 1, silberne Ringe. Wappen der v. Freytag v. Löringhof zu Gödens: Schild geviert: 1 und 4 das Stammwappen und 2 u. 3 in Gold ein schwarzer, hinter grünen Bäumen hervorbrechender Löwe). Reichs- Freiherrn- und Grafenstand. Freiherrndiplom vom 3. Febr. 1749 für Franz Jacob v. Freytag u. Grafendiplom vom 2. Jan. 1692 für Haro Burkard, Franz Heinrich und Carl Philipp Freih. v. Freytag (Freydag). — Altes, westphälisches Adelsgeschlecht, welches, urkundlich schon 1245, 1257 und 1287 vorkommend, sich zeitig in Niedersachsen ausbreitete und nach Cur- und Liefland kam. Dasselbe wird in lateinischen Urkunden des 13. und 14. Jahrh. de Sexta seria genannt u. erscheint dann in deutschen Urkunden mit den Namen: Frydagh, Vrydag, Fridag, Freytag etc. — Heinrich v. F. war 1402 Abt der Benedictiner- Abtei Brauweiler (im jetzigen Landkreise Cöln) u. Hans v. F. welcher von dem Schlosse Löringhof (im jetzigen Kreise Recklinghausen, Prov. Westphalen) den Beinamen Löringhof angenommen hatte, zählte 1491 zu den Ordensmeistern in Liefland. — Im 16. Jahrh. breitete sich ein Zweig des Stammes auch in Ostfriesland aus und besass die Herrlichkeit Gödens. Diese Herrlichkeit brachte Franz Fridag v. Löringhof durch Vermählung mit Almet v. Oldenboccum, Erbtochter zu Gödens, in seine Linie. Von ihm stammten zwei Söhne, Haro zu Gödens und Melchior Ernst, Häuptling zu Ustertewehr, welche den Stamm in zwei Linien fortsetzten. Die Linie des Letzteren erlosch schon mit dem gleichnamigen Enkel, die des Ersteren aber, welcher mit einer Freiin v. Knyphausen vermählt war, blühte in zahlreichen Sprossen fort u. von seinen Söhnen, Franz Ico zu Gödens u. Johann Wilhelm zu Emden, fingen zwei neue Linien des Stammes an. Franz Ico, Drost zu Liere, wurde vom K. Ferdinand III. in den Freiherrnstand erhoben Der freiherrliche Titel war also schon vor dem oben erwähnten Reichsfreiherrndiplom in die Familie gekommen und findet sich in dem angegebenen Grafendiplome. Freih. Franz Ico war mit Elisabeth v. Westerholt vermählt, aus welcher Ehe mehrere Söhne entsprossten. Von diesen wurde Carl Philipp, gest. 1698, Malteser Ritter, Grossprior in Ungarn, Comthur zu Tobel, Rothweil etc., Johann Ernst, Jco Wilhelm und Maximilian traten in den Jesuiter-Orden und Haro Burkard, der Aelteste dieser Söhne, Herr der Herrlichkeit Gödens, k. k. Kämm. und Abgesandter in den Niedersächsischen u. westphälischen Kreisen, wurde mit seinen Brüdern, s. oben, in den Grafenstand erhoben. Letzterer starb 1692 unvermählt und verfällte die Herrlichkeit Gödens auf seinen noch einzig lebenden Bruder, Franz Heinrich, s. oben, k. k. Kämm., Reichshofrath und Abgesandten am kurbrandenb. Hofe und später auch in den niedersächs.- und westphälischen Kreisen. Derselbe, gest. 1694, war mit Sophia Elisabeth Grf. v. Altenburg vermählt u. hinterliess mehrere Söhne. Von diesen starb Franz Wilhelm 1722 als k. poln. und kursächs. Oberstlieutenant und k. k. Kämm. und Burkhard Philipp, k. k. Kämm. u. Reichshofrath, vermählte sich 1708 mit Edel Auguste Grf. v. Bielcke, war 1720 und 1721 Abgesandter an den k. schwedischen und dänischen Höfen und schloss 1746 die gräfliche Linie. — Von Johann Wilhelm v. F., s. oben, Drosten zu Emden und Assessor des ostfries. Hofgerichts, stammten mehrere Söhne, welche meist in Kriegsdienste traten und von denen nur Haro Heinrich, Drost zu Aurich und 1700 ostfries. Hofrichter den Stamm durch mehrere Söhne fortsetzte. Von diesen war Eberhard Hermann k. preuss. Kammerjunker, Carl Wilhelm Major der brandenb. Compagnie de Marine zu Emden, Haro Burkard Capitain Aide de Camp zu Weissenfels und Franz Heinrich fürstl. ostfries. Jägermeister u. es wurde durch dieselben die Linie des Johann Wilhelm fortgesetzt. — Von den erwähnten Hauptlinien zweigten sich im Laufe der Zeit mehrere nach ihren Besitzungen genannte Häuser ab. Zu diesen gehören die Häuser Aden, Buddenborg a. d. Lippe, Camen Grevel, Herbeck, Hockerde, Husen, Lanstrop, Loxten, Schörlingen, Waltrop, Wischelingen etc. — Der Stamm hat fortgeblüht u. gehört im Kgr. Hannover durch Besitz der Güter Münder im Calenbergischen, Estorf im Hoyaischen und eines Burgmannshofes in Quakenbrück im Osnabrückschen zu den ritterschaftlichen Adel der genannten Landschaften, auch kommt in neuster Zeit im Königreich Preussen August Freiherr v. Frydag als Herr auf Buddenburg und Niederhofen im Kr. Dortmund u. Massen (Majorat) im Kr. Hamm vor.

Gauhe, I. S. 560—563. u. II. S. 301 und 302; Die v. Freytag im Hildesheimschen, nach der Historie von Hildesheim, S. 238—240. — *Zedler*, IX. S. 1894. — *Freih. v. Krohne*, I. S. 311—313. — *Kneph*, Material. 1788. S. 574: Freytag v. Löringhof. — *Schmidt*, Beitrag zur Gesch. d. Adels, I. S. 181 und II. S. 310. — N. Pr. A.-L. V. S. 164 und 166. — *v. Firks*, Ursprung des Adels in den Ostseeprov., S. 169. — *Freih. v. d. Knesebeck*, S. 131. — *Freih. v. Ledebur*, I. S. 296 und III. S 254. — *Siebmacher*, I. 190: Die Freytag, Westphälisch u V. 12: Freih. v. F. — Lexicon over adelige Familier i Danmark, I. Tab 28. Nr. 66. — *v. Steinen*, Tab. 58. — *Neimbt*, curländ. W.-B., Tab. 12. — W.-B. des Kgr. Hannover, C. 61 u. S. 61 v. Freitag in Niedersachsen und v. Freitag (v. Löringhof) a. dem Hause Gödens in Westphalen; richtiger im Kgr. Hannover. — *Kneschke*, II. S. 161—163. — *v. Hefner*, hessischer Adel, Tab. 3. und S. 9.

Freytag (Schild quergetheilt u. oben mit Wolkenschnitten). Westphälisches, aus der Grafschaft Mark stammendes Adelsgeschlecht, welches schon 1328 mit Huckarde im jetzigen Kr. Dortmund begütert war und später im 14. Jahrh. auch Kirchlinde, Pentling und Drenhusen, Letzteres auch noch 1421, inne hatte. Das Gut Huckarde war noch 1556 in der Hand der Familie, nach dieser Zeit aber erlosch der Stamm.

Freih. v. Ledebur, I. S. 233.

Freytag (in Schwarz eine silberne Glocke). Altes, westphälisches und braunschweig-lüneburgisches Adelsgeschlecht, welches schon in Mindenschen Urkunden des 13. Jahrh. vorkommt. Hemsen u. Landesbergen im Hoyaischen standen dem Geschlechte schon 1287 zu. Der Stamm, welcher mehrfach mit dem die Ringe führenden Geschlechte v. Freytag verwechselt wurde, blühte noch im 17. Jahrhunderte, ist aber dann erloschen.

Freih. v. Ledebur, I. S. 238. — *Siebmacher*, I. 184: Die Freytag, Braunschweigisch.

Freytag v. Freydenmuth (Schild der Länge nach getheilt: rechts in Silber auf grünem Dreiberge ein aufrechtstehender, rechtsgekehrter, gekrönter, doppelt geschweifter, goldener Löwe, welcher in der aufgehobenen rechten Vorderpranke an einem Stiele mit zwei grünen

Blättern eine blaue Weintraube hält und links in Roth ein silberner Querbalken, mit einer rothen Rose an einem grünen, zweiblättrigen Stiele belegt). Erbländ.-österr. Adelsstand. Diplom vom 25. April 1681 für Georg Sigmund u. Hieronymus Freytag mit dem Prädicate: v. Freydenmuth zu Plazegg. Dieselben stammten aus einer Familie, aus welcher Andreas u. Abraham Freytag 5. Nov. 1590 vom Herzoge Ferdinand in Tirol einen Wappenbrief erhalten hatten.

Kneschke, IV. S. 132 nach Handzeichnung und handschr. Notizen.

Freytag v. Schönleuten (in Schwarz eine silberne Glocke). Altes, bayerisches Adelsgeschlecht, dem Wappen nach eines Stammes mit dem im Artikel S. 347 besprochenen Geschlechte, welches sich nach nach dem Sitze Schönleuten bei Aichach nannte u. schrieb. Dasselbe tritt in bayerischen Urkunden schon 1307 auf und noch 1618 kommt ein Freytag v. Schönleuten als leuchtenberg'scher Hofmeister vor.

Hund, III. S. 314. — Monum. boica, V. S. 245.

Freytag zu Waldbach u. Göttfritz, Freytager, Freytager (Schild von Silber u. Roth durch eine aufsteigende, blaue Spitze, an welche eine grosse, silberne Glocke geheftet ist, getheilt). Niederösterreichisches, zum Ritterstande gehöriges Adelsgeschlecht, aus welchem Wolfgang Freytager 1496 mit Gross-Göttfritz und Nonndorf begütert war und im genannten Jahre vom K. Maximilian I. die landesfürstlichen Lehen über diese Güter erhielt. 1502 kommt derselbe mit dem Zusatze: Freytag zu Waldbach und Göttfritz vor und erscheint noch 1534 als Zeuge in einem Kaufbriefe. Später findet sich der Name des Geschlechts nicht mehr vor. — Mit Wolfgang F. zu Waldbach u. Göttfritz waren die Herren v. Sinzendorff durch Vermählungen verwandt und dieselben beerbten den Nachlass.

Wissgrill, III. S. 95 und 96.

Freywald, Freiwald, Donat v. Freywald, auch Ritter (Schild geviert: 1 und 4 in Gold ein einwärtssehender, gekrönter, schwarzer Adler u. 2 u. 3 in Schwarz ein einwärtssehender gekrönter, goldener doppelt geschweifter Löwe. Das ererbte Wappen vor 1618 war: Schild der Länge nach getheilt: rechts in Roth ein blauer Globus mit Centrum und links in Gold ein rother Triangel). Böhmischer Adelsstand. Adelsbestätigungsdiplom vom 28. Sept. 1618 für die Vettern: Donat Freywald, kaiserl. Rath, Leib-Medicus, Comes Palat. Caes. etc. und Georg Donat Freywald und Ritterstandsdiplom vom 3. Februar 1684 für Christoph und Donat Gottlieb v. Freywald. — Sächsisches Adelsgeschlecht, welches schon 1550 mit Flöhe im Erzgebirge und in der Oberlausitz mit Kayna unweit Bautzen angesessen war. Gauhe nahm an, dass das Adelsbestätigungsdiplom von 1618 ein Adelserhebungsdiplom gewesen sei u. zwar weil in diesem Diplome die glücklichen Curen des Donat Freywald erwähnt würden und die Formalien des Diploms: Beilegung der gewöhnlichen Ahnen in aufsteigender Linie etc. eigentlich eine Ertheilung des Adels anzeigten, doch ist in diesem Diplome mit klaren Worten gesagt, dass die beiden Empfänger desselben in den alten vorigen adeligen Stand erhoben und dass ihnen erlaubt würde, ihr anererbtes adeliges Wappen und Kleinod verändert, geziert und verbessert, s. oben, zu führen. — Von Donat v. Freywald stammte nach Val. König, nach Anderen aber von dem Vetter desselben, dem unten noch näher erwähnten Georg Donat v. Freywald, herz. sachs. altenb. Hofrath u. Consistorial-Präsidenten, Christian v. F., Herr auf Kayna und von diesem Centurius v. F., Herr auf Leibsdorff. Von Letzterem entsprossten zwei Söhne, Heinrich und Ernst v. F. von welchen der Erstere — die Angaben von Valent. König und Gauhe sind, wie der grosse Fleiss des Geh.-Raths v. Gabelenz auf Poschwitz herausgestellt hat, unricht'g — den Stamm fortsetzte. Heinrich Donat v. Freywald, gest. 1711 und der Erste, welcher das Rittergut Schwanditz besass, war in erster Ehe mit Veronica Justine v. Bärenstein a. d. Hause Kertschütz und in zweiter mit Anna Magdalena Schütz v. Mossbach vermählt. Aus der ersten Ehe stammten zwei, aus der zweiten fünf Söhne. Von den Söhnen aus erster Ehe blieb Siegmund Donat v. F. 1704 in der Schlacht bei Höchstaedt, Friedrich Donat v. F. aber, gest. 1740, kursächs. Oberstwachtmeister, hinterliess aus seiner Ehe, neben drei Töchtern, Auguste Ernestine, gest. 1756, verm. mit Christian Friedrich v. Roebel, Auguste Heinrique, gest. 1787, vermählt mit Carl Gottlob v. Polenz und Caroline Friederike, verm. mit Carl Christian v. Below, zwei Söhne, Friedrich Donat v. F., gest. 1741 im 13. Jahre und Heinrich Donat v. F., gest. 1785, kursächs. Major, verm. mit Johanna Caroline Friederike v. Rüdiger, aus welcher Ehe eine einzige Tochter stammte, Auguste Friederike Sophie, welche sich 1789 mit Carl Haubold Dietrich v. Schleinitz vermählte. Die Nachkommenschaft des Letzteren starb sonach im Mannsstamme aus. Aus der zweiten Ehe des Heinrich Donat v. F. stammten fünf Söhne: Carl Donat, gest. 1714; Ernst Donat, gest. 1757, kursächs. Oberst; Christian Donat, gest. 1751, war bereits 1731 kursächs. Dragoner-Hauptmann; Heinrich v. F., gest. 1765, früher in fürstl. hessischen Militairdiensten u. Sigismund Donat v. F., gest. 1745, in kursächs. Militairdiensten. Von diesen fünf Brüdern hatte Heinrich Donat v. F. nur einen Sohn, Wilhelm Donat v. F., welcher 1785 seine Linie schloss, von den vier Söhnen des Christian Donat v. F. aus der Ehe mit Martha Elisabeth v. Stein a. d. Hause Cospoda, aber setzte Julius Ludwig v. F. gest. 1791 den Stamm fort. Aus seiner Ehe mit Christiana v. Rockhausen entsprossten zwei Söhne Johann Ludwig Donat v. F. und Carl Ferdinand Donat, so wie eine Tochter, Luise Friederike Auguste, welche sich mit Friedrich August v. Carlowitz a. d. Hause Gross-Hartmannsdorf vermählte. Aus der Ehe des Johann Ludwig Donat v. F., gest. 1812, mit Luise Friederike v. Kutschenbach stammten, neben einem Sohne; Friedrich Julius Donat v. F., gest. 1832, drei Töchter, Emilie Luise Henriette, gest. nach 1840, verm. mit Carl Friedrich August Treusch v. Buttlar, Mathilde Alma Henriette, verm. mit Oscar v. Brandenstein und Ottilie Rosalie Henriette v. F., gest. 1844. Der Bruder des Johann Ludwig Donat v. F., der obengenannte Carl Ferdinand Donat v. F. starb 20. Oct. 1837 u. mit ihm erlosch der Mannsstamm der Schwanditzer Linie und wohl des ganzen Geschlechts. — Was noch den im Adelsbestätigungsdiplome von 1618 erwähnten Vetter des kais. Raths etc. Donat Freywald, Georg Donat Freywald, anlangt, so war derselbe — ein Sohn des 1641 zu Torgau verstorbenen Donat Freywald, ehemaligen Canzlers der Grafen v. Eberstein in Pommern — herz. sachsen-altenburg. Hofrath und Consistorial-Präsident. Während Einige von Nachkommen desselben nicht sprechen, nehmen Andere, s. oben, ihn als nächsten Stammvater der späteren Sprossen des Stammes an.

Cotter, Elogia Clar. Viror. I. S. 36. — Knauth, S. 506. — Val. König III. S. 284—306. — Gauhe, II. S. 206—208. Donat v. Freywald. — Zedler, IX. S. 1896. — s. Uechtritz, Diplom. Nachr. V. S. 31 und 32. — Geh.-Rath v. Gühelens in den Mittheilungen der Geschichts- und Alterthumsforschenden Gesellschaft des Osterlandes, Bd. II.: Stammtafel der in männlicher Linie ausgestorbenen Familie v. Freiwald auf Schwanditz. Als Ergänzung und Fortsetzung de. Nachrichten von Val. König und von s. Uechtritz. — Freih. v. Ledebur, I. S. 232 und 234. — v. Meding, I. S. 160—162. — Suppl. zu Siebm. W. B. V, 27. — Tyroff, II. 220. — W.-B. d. sächs. Staaten, VI. 28. — v. Hefner, sächs. Adel, Tab. 28 und S. 17. — Knesebke, II, S. 163 und 164.

Freser. Polnisches, zu dem Stamme Alabanda gehörendes Adelsgeschlecht, aus welchem Wladislaus v. Frezer 1836 Bureau-Dirigent bei dem Provinzial-Steuer-Directorate zu Posen und der Sohn desselben, Ludomir Wladislaus Victor, 1854 Appellations-Gerichts-Referendar in Bromberg war. Zu diesem Geschlechte gehörte wohl auch Matthias v. Freser, welcher 1803 zu Gorzewo im Kr. Wongrowiec u. Imiolki im Kr. Gnesen sass.

Freih. v. Ledebur, III. S. 254 und 255.

Friccius. Reichsadelsstand. Diplom aus den ersten Jahren der Regierung des K. Franz I. (1745 etc.) für Christian Ernst Friccius, k. dänischen Etatsrath und Canzler des Herzogthums Holstein. Der Sohn desselben, Ferdinand Carl v. Friccius, war um die Mitte des 18. Jahrh. Dompropst des hannoverschen Domstifts zu Hamburg.

Lexicon over adel. Familier i Danmark, I. S. 158. — Freih. v. d. Knesebeck, S. 131.

Frick v. Frickenburg. Erbländ.-österr. Adelsstand. Diplom von 1762 für Johann Georg Frick, Spitalverwalter zu Feldkirch, mit dem Prädicate: v. Frickenburg.

Meyerle v. Mühlfeld, Ergänz.-Bd. S. 289.

Fricken, Frick. Ein ursprünglich braunschweigisches Adelsgeschlecht, welches nach Familienpapieren bis zur Reformation im Braunschweig-Wolfenbüttelschen begütert war, dann sich nach Hildesheim wendete u. später nach Münster kam, wo Sprossen des Stammes bis zu dem Ende des 18. Jahrh. meist in kurcölnischen Militairdiensten standen. — In früher Zeit schon war ein Zweig des Geschlechts mit dem deutschen Orden nach Curland gekommen, aus welchem in neuerer Zeit der k. russische General-Lieutenant und k. General-Adjutant v. F. stammte. Aus dem westphälischen Aste des Stammes entspross früher ein v. F., welcher Adjutant des als Held bekannten Ludwig Prinzen von Baden war u. gegen Ende des 17. Jahrh. als Oberst und Commandant zu Ofen starb. In neuerer Zeit war ein v. F. 1836 Bürgermeister zu Belen bei Warendorf, Provinz Westphalen, ein anderer Sprosse des Stammes war 1847 Hauptmann im Warendorfer Bataill. des kön. preuss. 13. Landwehr-Regiments und Ferdinand Ignaz v. Fricken, k. k. Hauptmann, war noch 1850 mit Charlotte Grf. v. Zedtwitz a. d. Hause Oberneuberg vermählt.

N. Pr. A.-L. VI. S. 31. — Frh. v. Ledebur, I. S 234 u. III. S. 255.

Frick v. Frickenhausen. Fränkisches Adelsgeschlecht, welches mit den Städchen Frickenhausen angesessen, der reichsfreien Ritterschaft des Cantons Steigerwald einverleibt war. Der Stamm, aus welchem Arnold F. v. F., der Alte, 1250 lebte, ist mit Conrad F. v. F. zu Beroldsheim nach 1347 wieder ausgegangen.

Biedermann, Canton Steigerwald, Tab. 208.

Frickhendorf. Altbayerisches Adelsgeschlecht aus dem gleichnamigen Stammhause bei Pfaffenhofen an der Ilm. Magold de F. kommt zuerst 1036 vor u. zuletzt tritt Heinrich F. 1443 auf.

Wig. Hund, III. S. 313. — Monum. boic. V. S. 97. und VI. S. 24.

Frid v. Fridburg, Edle u. Ritter. Reichsritterstand. Diplom von 1763 für D. Alexius Carl Frid, Arzte in Wien, mit dem Prädicate: Edler v. Friedburg.

Megerle v. Mühlfeld, Ergänz.-Bd. S. 141.

Frideburg. Ein im 13. und 14. Jahrh. vorgekommenes Rittergeschlecht, welches an der Saale auf einem Schlosse neben dem Dorfe gleiches Namens sass.

Hoppenrod, Stammbuch, Strassb. 1570 S. 34 und 35.

Frideckfeld, s. Brojatsch v. Fridekfeld, **Freiherren**, Bd. II. S. 87.

Friderici, Friederici (in Blau eine aus der rechten Oberecke des Schildes hervorbrechende, strahlende Sonne, welche von einem in der linken Oberecke stehenden, goldenen Sterne begleitet ist und unten auf zwei gekreuzten Todtenknochen ein vorwärtsgekehrter Todtenkopf). Adelsstand des Kgr. Preussen. Diplom vom 20. Octob. 1742 für Christian Friderici, Lieutenant im k. preuss. Husaren-Regimente v. Bronikowski, wegen der vor den Augen des Königs in der Schlacht bei Chotusitz bewiesenen Tapferkeit. — Von den Söhnen desselben starb 1825 der 1810 in den Pensionstand versetzte k. preuss. Oberst v. F., verm. mit einer v. Steinmann. Nachdem Letztere 28. Septemb. 1842 gestorben erhielten 14. Nov. 1842 die drei Söhne derselben, die Gebrüder: Friedrich Wilhelm v. Friderici, k. preuss. Hauptmann und Adjutant bei dem General-Commando des 2. Armeecorps, Friedrich Heinrich v. F., Seconde-Lieutenant im k. preuss. 7. Landwehr-Regim. und Friedrich Bogislaus Julius v. F., die Königliche Bestätigung, den Namen ihrer verewigten Mutter dem angestammten Namen beifügen und sich von Friederici-Steinmann nennen zu dürfen. Ein v. Friderici-Steinmann war 1857 mit Lanisch im Kr. Breslau begütert. — Nach dem Dresdner Calender zum Gebrauche der Residenz, 1846 S. 146 u. 1847 S. 159, ist die in Sachsen noch neuerlich vorgekommene Familie v. Friederici, zu welcher Gustav v. F., gest. 1860 als k. sächs. Generallieutenant, Divisionair der Infanterie u. Gouverneur der Residenz Dresden, gehörte, eines Stammes mit der hier in Rede stehenden, preussischen Familie v. F. Dagegen sagt Freiherr von Ledebur, III. S. 255.: „die v. Friederici in Sachsen sind ein anderes Geschlecht (1 und 4. Q. in Silber neun Rosen. 2 u. 3 Q. Gold ohne Bild)." Sollte dieser Wappenangabe nicht der unrichtige Namen eines Siegels zum Grunde liegen? Von der Tinctur des 1. u. 4. Feldes abgesehen, kommt dasselbe ganz mit dem Wappen der bekannten braunschweigischen Familie v. Oldershausen überein.

<small>v. Hellbach, I. S. 384. — N. Pr. A.-L., I. S. 40 und II. S. 195. — Freih. v. Ledebur, I. S. 234 und III. S. 255. — W.-B. d. preuss. Monarch. III. 21. — Kneschke, III. S. 149 und 150. — W.-B. d. sächs. Staaten VII., 40. — v. Hefner, sächs. Adel, Tab. 29 u. S. 27.</small>

Friederici (Schild durch einen silbernen Querbalken getheilt: oben in Blau drei, 2 und 1, silberne Sterne und unten ebenfalls in Blau eine schräglinks gelegte, fliegende, goldene Fahne). Reichsadelsstand. Diplom vom 26. Aug. 1786 für Ludwig Friederici, kursächs. Lieutenant. Der Stamm ist 1825 erloschen.

<small>Suppl. zu Siebm. W.-B. XI. 25 unter dem unrichtigen Namen: v. Ludwig. (Vorname des Diplomsempfängers). — W.-B. d. sächs. Staaten, VII. 39. — v. Hefner, sächs. Adel, Tab. 29 und S. 27.</small>

Friderici v. Fridwald. Erbländ.-österr. Adelsstand. Diplom von 1763 für Georg Conrad Friderici, k. k. Hauptmann bei Graf Puebla Infanterie, wegen 38jähriger Dienstleistung, mit dem Prädicate: v. Fridwald.

<small>Megerle v. Mühlfeld, S. 185 und 186.</small>

Fridericis, de Fridericis zu Eggenheim u. Ursana. Erbländ.-österr. Adelsstand. Diplom vom 30. Apr. 1679 für die Gebrüder Friedrich: Elias, Maximilian und Johann Christian, mit dem Namen: de Fridericis zu Eggenheim und Ursana.

<small>v. Hefner, Stammbuch, I. S. 384.</small>

Friebe-Gerth. Adelsstand des Kgr. Preussen. Diplom v. 28. März 1857 für Carl Otto Friedrich Friebe-Gerth.

<small>Freih. v. Ledebur, III. S. 255.</small>

Frieben (Schild der Länge nach getheilt: rechts in Silber ein die Sachsen links kehrender, schwarzer Adlersflügel, mit einem goldenen Kleestengel belegt und links in Blau drei, 2 und 1, sechsstrahlige, goldene Sterne). Adelsstand des Kgr. Preussen. — Diplom vom 28. Aug. 1753 für Johann Heinrich Frieben, k. preuss. Lieutenant u. für die Söhne seines Bruders, Ludwig und Johann Gottfried Frieben. Der Stamm blühte fort und mehrere Sprossen desselben standen in der k. preuss. Armee. Ein Major v. F. u. ein Hauptmann v. F. dienten im Anfange dieses Jahrh. im k. preuss. Infant.-Regim. v. Rüchel in Königsberg. Ersterer starb 1820 als pension. Oberst und Commandant des 4. Garnisonsbataillons, Letzter trat 1808 als Major aus dem activen Dienste und war später Postmeister zu Insterburg. Ein Hauptmann v. F. stand 1852 im k. preuss. 11. Infant.-Regimente.

<small>v. Hellbach, I. S. 384. — N. Pr. A.-L. I. S. 43. II. S. 196 und V. S. 165. — Freih. v. Ledebur, I. S. 234. — W.-B. der preuss. Monarchie III. 21. — Kneschke, IV. S. 132 u. 133.</small>

Fried. Böhmischer Adelsstand. Diplom vom 4. Jan. 1672 für Gottlieb Martin Fried, Handelsmann in Breslau.

<small>v. Hellbach, I. S. 384. — Freih. v. Ledebur, I. S. 234. und III. S. 255.</small>

Friedau. Altes, steiermärkisches Rittergeschlecht, nicht zu verwechseln mit der neueren steiermärkischen Familie Pauer v. Friedau welches die gleichnamige Herrschaft inne hatte.

<small>Schmutz, I. S. 416.</small>

Friedbeer. Adelsstand des Kgr. Bayern. Diplom von 1830 für

Helena Friedbeer, Herrin auf Trappach, Wittwe des kön. bayer. Regierungsrathes Friedbeer.

v. Hefner, Stammbuch 1. S. 384.

Friedberg. Altes, steiermärkisches Rittergeschlecht, welches auf der gleichnamigen Herrschaft sass und schon 1114 und noch 1446 vorkam, in welchem letzteren Jahre Wolf v. Friedberg sich zu dem grossen Aufgebote gegen die Ungarn stellte.

Schmutz, I. S. 420.

Friedberg, Edle (Schild geviert: 1 u. 4 in Gold ein rechtssehender, schwarzer Adler; 2 in Blau ein einwärtsgekehrter, gekrönter, doppelt geschweifter, goldener Löwe und 3 ebenfalls in Blau ein hinter einer silbernen Zinnenmauer aufwachsender, silbern geharnischter, vorwärtssehender, in der Rechten ein Schwert schwingender Ritter, vor welchem auf der Mauer eine brennende Granate liegt). Altes, schon im 13. Jahrh. bekanntes, böhmisches Adelsgeschlecht, aus welchem ein Sprosse bei Abfassung der 1356 publicirten goldenen Bulle K. Carls IV. thätig gewesen sein soll. — Dasselbe, in früher Zeit mächtig, reich u. angesehen, hiess urkundlich später: de Monte pacis und bekleidete die Pfalzgrafenwürde der Krone Böhmen, verlor aber durch Verhältnisse der Zeit von seinem Einflusse, bis in Folge der Verdienste, welche ein Sprosse des Stammes sich im 30jährigen Kriege erworben hatte, K. Ferdinand III. unter Verbesserung des Wappens: (aus dem gekrönten Helme wächst der Ritter des 3. Feldes, in der Linken einen Palmzweig haltend, zwischen sechs Fahnen auf. Die drei rechts stehenden Fahnen sind schwarz und golden, die links stehenden von Blau und Silber gestreift und jede mit der kaiserlichen Namenschiffre in Schwarz: F. III. bezeichnet) den alten Adel des Geschlechts mit neuem mit dem Prädicate: Edle v. bestätigte. — Eine neuere Stammreihe der Familie in absteigender Linie ist folgende: Wenceslaus Salomo de Montepacis; — Johann Salomo Edler v. Friedberg; — Rudolph Salomo Edler v. Friedberg. Durch drei Söhne des Letzteren, Ernest, Johann Salomo und August, schied sich der Stamm in drei Linien, in welchen derselbe jetzt blüht. Ernest Edler v. Friedberg, k. k. Rath u. Vice-Präsident, gest. 1854 zu Stry in Galizien, war mit Wilhelmine Gertrude Freiin v. Goubau, gest. 1855, vermählt, aus welcher Ehe vier Söhne entsprossten: Eduard verm. mit Elise de Ballet; Julius; Adolph, Beide haben zwei Töchter, u. Edmund Edler v. F., k. k. Hauptmann im 12. Feld-Jäger-Bataillon, aus dessen Ehe mit Anna Herbert, neben zwei Töchtern, Mathilde und Hermine, zwei Söhne stammen, Edmund u. Ernst. Von Johann Salomo Edlen v. F., s. oben, entsprossten drei Söhne, Wilhelm, verm. mit Leontine Grf. v. Nayhauss, Julius u. Ernst, von August Edlen v. F. aber stammt aus der Ehe mit Anna Maria Freiin v. Staël-Holstein: Emanuel Edler v. F., k. k. Hauptmann.

Handschr. Notizen.

Friedberg (Schild geviert: 1 u. 4 in Silber auf rauhem, spitzigen Felsen ein runder, rother Thurm mit gleichen Mauerzinnen und zwei Schiesslöchern und 2 und 3 in Schwarz ein aufwachsender, vorwärtssehender, geharnischter Mann, mit roth u. weissen Federn bestecktem Helme und mit rother, golden besetzter Schärpe und goldenem Degen behängt, welcher in der Rechten eine von Roth u. Silber quergetheilte Standarte hält und die Linke an den Degen setzt). Franz Anton Edler v. Friedberg, des h. R. R. Ritter und der reichsunmittelbaren Ritterschaft am Ober-Rhein und in der Wetterau einverleibtes Mitglied, K. Carl's VI. Truchsess und später des K. Franz I. und der K. K. Maria Theresia wirklicher Mundschenk, wurde als Landesmitglied des Niederösterreich. Ritterstandes 1740 aufgenommen und eingeführt. Bald nachher wurde derselbe niederösterr. Regierungs-Rath, starb aber ohne Nachkommen zu Wien 7. Aug. 1767. — Das Geschlecht, aus welchem derselbe stammte, gehörte zu dem Adel der Wetterau u. die Vorfahren standen in hohen kurmainzischen-cölnischen u. pfälzischen Staats- und Militairdiensten. Durch Klugheit, Treue und Tapferkeit zeichnete sich besonders Franz Georg v. Friedberg, Oberst der rheinischen Reichstruppen im Kriege gegen Frankreich, am Rheine aus.

Wissgrill, III. S. 96 und 97.

Friedberg, s. Ebelin auf Friedberg, Bd. II. S. 618 u. Fieger, Füger v. Friedberg u. Hirschberg, **Freiherren u. Grafen**, S. 248 u. 249.

Friedburg, s. Döbler v. Friedburg, Bd. II. S. 512.

Friedeberg, Ritter und Freiherren. Böhmischer Ritter- und Freiherrenstand. Ritterstandsdiplom vom 6. März 1667 für die Gebrüder Johann Ignatz Melzer und Jacob Ferdinand Melzer mit dem Namen: v. Friedeberg und Freiherrendiplom vom 24. März 1670 für Johann Ignaz Ritter v. Friedeberg, früher Oberfiscal im Herzogth. Schlesien, seit 1667 aber Ober-Amtsrath im genannten Herzogthume. Derselbe starb 1677 und hinterliess zwei Söhne, welche nach Anfange des 18. Jahrh. noch lebten. Die Familie war in Schlesien mit Märzdorf im Kr. Poln. Wartenberg begütert.

Henel, Sileograph. renov. Cap. 8. — Sinapius, II. S. 332. — Gauhe, II. S. 302. — v. Hellbach, I. S. 385. — N. Pr A.-L. II. S. 196. — Freih. v. Ledebur, I. S. 234.

Friedeberg, s. Löffler v. Friedeberg, **Ritter**.

Friedeborn (in Blau ein goldener Springbrunnen). Angesehenes Stettiner Stadtgeschlecht, aus welchem mehrere Sprossen, wohl in Folge der Erhebung in den schwedischen Adelsstand, sich des Adelstitels bedienten. Melchior v. F. war k. schwedischer Geh. Ober-Appellationsrath und ein Sohn desselben, Paul v. F., starb 1722 zu Cleve als k. preuss. Geh. Regier. und Kriegsrath. — Alexander v. F., kön. preuss. Oberst und Commandant von Cüstrin, starb 1725. Aus seiner Ehe mit Charlotte Weiler stammten zwei Söhne, welche in der kön. preuss. Armee standen und eine Tochter vermählte sich mit dem k. preuss. Landrathe v. Gloger zu Frankfurt a. d. O. — Die Familie besass schon 1600 in Pommern Bugewitz im Kr. Anclam und im Brandenburgischen 1691 Eichow im jetzigen Kr. Cottbus und Selchow im Kr. Sternberg. Später ist der Stamm erloschen.

N. Pr. A.-L. V. S. 165. — Freih. v. Ledebur, I. S. 234 und III. S. 255.

Friedeburg (in Roth eine steinfarbene Burg mit zwei Eckthürmen). Adelsstand des Fürstenthums Schwarzburg-Sondershausen. Diplom vom 1. Octob. 1805 für Ferdinand Stiefbold, mit dem Namen: v. Friedeburg. — Der Empfänger des Diploms war ein Sohn des Badenschen Lieutenants Stiefbold. Die Nachkommen sind jetzt im Grossh. Baden bedienstet.

<small>Cast, Adelsb. d. Grossh. Baden, Abtheilung 3. — v. Hefner, Stammbuch 1. S. 385.</small>

Friedenberg, Friedenberg auf Algersdorf (Schild mit Schildeshaupte. Im silbernen Schildeshaupte drei neben einander stehende, rothe Rosen u. im rothen Schilde ein silberner, gestürzter Greifenfuss). Schlesisches Adelsgeschlecht, welches das Gut Algersdorf unweit Münsterberg an sich brachte. Anton Oexel v. F. war 1720 Canonicus zu St. Johann in Breslau und Johann Anton v. F., verm. mit einer Freiin v. Kottulinsky, war 1730 im Schweidnitzischen begütert. Neuere Nachrichten über die Familie fehlen.

<small>Sinapius, I. S. 374 und II. S. 629. — Gauhe, II. S. 302. — N. Pr. A.-L. II. S. 196. — Freih. v. Ledebur, I. S. 234. — v. Meding, III. S. 188.</small>

Friedenberg, s. Friederich v. Friedenberg, S. 356.

Friedenfeld, s. Frass v. Friedenfeld, S. 325.

Friedenfels, s. Drottleff v. Friedenfels, **Freiherren**, Bd. II. S. 588 und 589.

Friedenfels, s. Just v. Friedenfels.

Friedenhirt, s. Friederich v. Friedenhirt.

Friedenreich. Böhmischer Adelsstand. Diplom v. 9. Febr. 1652 für Heinrich Rudolph Friedenreich.

<small>v. Hellbach, 1. S. 345.</small>

Friedensberg, Friedl v. Friedensberg, Friedlieb v. Friedensberg. Schwedischer Adelsstand. Diplom vom Könige Carl XI. von Schweden für Moritz Conrad (Friedlieb) Friedl, Doctor der Rechte zu Greifswalde und k. schwed. Justizrath, mit dem Namen: v. Friedensberg. — Die Vorfahren desselben waren Stadtrichter zu Osnabrück u. zu Diepholz angesessen. Der Erhobene erwarb 1702 Dambeck im Greifswalder Kr. und starb 11. Aug. 1722 als Herr auf Klein-Kiessow. Aus seiner Ehe mit einer Tochter des Bürgermeisters Volkmann zu Stargard hinterliess derselbe nur zwei Töchter, Catharina und Christina v. Friedensberg.

<small>N. Pr. A.-L. V. S. 165. — Freih. v. Ledebur, 1. S. 234.</small>

Friedensburg. Ein zum preussischen Adel gehörendes Geschlecht, welches sich früher auch: de la Paix schrieb und aus welchem mehrere Sprossen in die k. preuss. Armee traten. — Carl v. Friedensburg wurde 1836 als k. preuss. Oberst pensionirt und ein Bruder desselben, früher in k. preuss. Diensten, starb 1813 als k. württemb. Major. — Noch in neuester Zeit war ein v. F. Hauptm. im k. preuss. 23. Infant.-Regimente.

<small>N. Pr. A.-L. II. S. 196. — Freih. v. Ledebur, I. S. 234 und III. S. 255.</small>

Friedensfeld, s. Ogaro v. Friedensfeld, u. Laskiewitz v. Friedensfeld, **Ritter. Friedenstein**, s. Liepore v. Friedenstein.

Friedenthal, s. Pino v. Friedenthal, **Ritter u. Freiherren.**

Friedenzweig, s. Hollner v. Friedenzweig.

Friederich (Schild geviert: 1 und 4 in Blau eine auf einer Felsspitze stehende, weisse Taube, im Schnabel einen grünen Palmzweig haltend; 2 ebenfalls in Blau acht silberne, kreisförmig gelegte Münzen und 3 der Länge nach getheilt von Blau u. Gold mit einem, einen schwarzen Thurm zeigenden, silbernen Herzschilde). Adelsstand des Grossh. Baden. Diplom von 1833 für Franz Albert Friederich, grossherz. bad. a. o. Gesandten u. bevollm. Minister am k. württemb. Hofe. Derselbe war später Gesandter am k. franz. Hofe.

Cast. Adelsbuch des Grossherzogthums Baden, Abtheilung 3.

Friederich v. Friedenberg. Erbländ.-österr. Adelsstand. Diplom von 1753 für Johann Caspar Friederich, Wechsler zu Prag, mit dem Prädicate: v. Friedenberg.

Megerle v. Mühlfeld, Ergänz.-Bd. S. 290.

Friederich v. Friedenhirt, Edler. Erbländ.-österr. Adelsstand. Diplom von 1784 für Bernhard Valentin Friederich, Dechanten u. Pfarrer zu Raabs, wegen 32jähriger Dienstleistung, mit dem Prädicate: Edler v. Friedenhirt.

Megerle v. Mühlfeld, S. 186.

Friedeshaim, Friedesheim, auch **Freiherren.** Erbländ.-österreich. Freiherrnstand. Diplom vom K. Leopold I. für Christoph Ferdinand v. Friedeshaim, früher k. k. Rittmeister, und für die Vettern desselben, Georg Ehrenreich und Adolph Günther v. Friedeshaim. — Altes, niederösterreichisches Adelsgeschlecht, welches ursprünglich den Namen: Böham führte, aber mit den Böham der Beham zu Haggenberg, s. Bd. I, S. 272 u. 273, in keiner Verbindung stand. Dasselbe stammte aus Böhmen und war später aus Böhmen nach Schwaben, Tirol und Oesterreich gekommen. — Joachim Boham war schon 1397 bekannt, hatte aus seiner Ehe mit Elisabeth Greifensteiner oder von Greifenstein viele Kinder und lebte noch 1441. Von seinen Kindern sind nur die Söhne, Wilhelm, Adam und Bernhard, welche 1458 urkundlich als Brüder und als Söhne des Joachim Beham auftreten, zu mannbarem Alter gekommen u. nur der Jüngste, Bernhard, hat den Stamm fortgesetzt. Derselbe, gest. 1507, nahm zuerst in Schwaben den Namen: v. Friedeshaim an und diente zuerst dem Erzherzog Sigismund in Tirol und später dem K. Maximilian I. in der Landvogtei Schwaben. Von seinen Söhnen aus der Ehe mit Barbara v. Hönigl kam der Aelteste, Bernhard der Jüngere, gest. 1547, nach Niederösterreich, kaufte 1525 die Herrschaft Lengenfeld und hinterliess aus zweiter Ehe mit Margaretha v. Blumeneck, gest. 1572, eine zahlreiche Nachkommenschaft. Von seinen Söhnen stifteten Ludwig Böham v. Friedeshaim, Wilhelm Bernhard B. v. F. u. Johann Thomas B. v. F. drei Linien. Von Ludwig B. v. F., gest. 1580, verm. mit Dorothea v. Hohberg, stammte Melchior v. F., welcher, da seine Kinder aus der Ehe mit Susanna v. Mamming jung starben, seine Linie wieder schloss. — Wilhelm Bernhard B. v. F., niederösterr. Regierungsrath, hatte 1580

Dorf und Gut Siessenbach gekauft und war 1595 und 1599 Verordneter des Ritterstandes der niederösterr. Landschaft. Ihm verdanken die niederösterreichischen Stände das ausgezeichnete, s. g. Friedeshaimsche, von Wissgrill sorgsam benutzte Wappenbuch der adeligen Geschlechter vom Grafen- Herren - und Ritterstande in Niederösterreich in drei Abtheilungen, in welchen die Wappen mit grösster Genauigkeit nach den Regeln der Heraldik gemalt sind. Die Linie desselben ging mit seinem Sohne aus erster Ehe mit Genoveva v. Leysser: Helmhard v. F., wieder aus. Letzterer, verm. mit Sidonia v. Hohberg, unterzeichnete mit seinen Vettern, Pilgram und Carl v. Friedeshaim 1608 auf dem Congresse zu Horn in Nieder-Oesterreich das grosse Bündniss der protestantischen österreichischen Stände mit den Ständen von Böhmen und Mähren und wurde später, 1620, nach Einziehung seiner Güter, in die Acht erklärt, hatte aber schon vorher Oesterreich verlassen. — Johann Thomas B. v. F., der Stifter der dritten Linie, s. oben, gest. 1587, war mit Judith v. Sinzendorf vermählt und von seinen Söhnen setzte Pilgram v. F. u. Carl v. F. den Stamm fort. Pilgram v. F., gest. 1612 war mit Benigna v. Sachwitz vermählt und aus dieser Ehe stammte Franz Albert v. F., gest. vor 1646, vermählt mit Maria Catharina Freiin v. Steger, aus welcher Ehe Christoph Ferdinand, verm. mit Felicitas Freiin v. Ginger, entspross, welcher, s. oben, den Freiherrnstand in die Familie brachte. Derselbe hatte Kinder, doch ist Näheres über dieselben nicht bekannt. — Carl v. F., gest. 1647, vermählt mit Judith Freiin v. Rüber, wurde, weil er 1608 das erwähnte Bündniss der protestantischen Stände unterzeichnet hatte, 1620 ebenfalls in die Acht erklärt, 1621 aber mit seiner Gemahlin begnadigt, erhielt 1623 sein Haus, so wie den Freisitz u. Edelhof Burghof bei Crems- wieder zurück und leistete 1629 dem röm. Könige Ferdinand III. als Erzherzog mit anderen niederösterr. Ständen die Erbhuldigung. Von seinen Söhnen waren Georg Ehrenreich und Adolph Günther, wie oben angegeben, die Mitempfänger des Freiherrndiploms. Beide erlangten in Folge ihres mütterlichen Erbrechts einige Rübersche Güter in Ungarn. Ueber ihre Nachkommenschaft fehlen nähere Nachrichten.

Wissgrill, III. S. 97—102.

Friedheimb, s. Aperger v. Friedheimb, Bd. I. S. 91.

Friedhuber v. Grubenthal, auch **Ritter**. Galizischer Adels- und Ritterstand. Adelsdiplom von 1794 für Anton Friedhuber, Salinen-Markscheider und Ober-Amts-Assessor zu Wieliczka, mit dem Prädicate: v. Grubenthal u. Ritterstandsdiplom für denselben, wegen 47jähriger Dienstleistung, unter Beibehaltung des Prädicats: v. Grubenthal. Der Stamm hat fortgeblüht. In neuester Zeit stand Michael F. v. G. als Lieutenant im k. k. 45. Infant.-Regim.

Megerle v. Mühlfeld, S. 110 u. Ergänz.-B. S. 290.

Friedl v. Friedrichsberg. Erbländ.-österr. Adelsstand. Diplom von 1820 für Johann Friedl, k. k. Capitain-Lieutenant, mit dem Prädicate: v. Friedrichsberg. Der Stamm hat fortgeblüht. In neuester Zeit war Anton F. v. F. Hauptmann I. Cl. im k. k. 9. Artill.-Regim.

und Joseph F. v. F., Artill. Officier, Oberlieut. im k. k. 8. Grenz-Infant.-Reg.

Megerle v. Mühlfeld, Ergänz.-Bd. 8. 290.

Friedland. Die Tochter des bekannten, 1788 verstorbenen kön. preuss. Generalmajors Johann Sigismund v. Lestwitz, welcher für seine 1760 in der Schlacht bei Torgau bewiesene Tapferkeit später das halbe Amt Friedland im Brandenburgischen erhalten hatte, aus der Ehe mit Catharina Charlotte v. Treskow: Henriette Charlotte v. Lestwitz, hatte sich mit einem Herrn v. Borcke vermählt, wurde aber von demselben geschieden und nahm dann mit Königl. Genehmigung nebst ihrer Tochter, Henriette Charlotte v. Borcke, von dem als Erbtochter ihr zugefallenen Amte Friedland den Namen an. Die Tochter, Henriette Charlotte v. Borcke, genannt Friedland, gest. 1848, vermählte sich mit dem 1834 verstorbenen Peter Grafen v. Itzenplitz, k. preuss. Staatsrathe etc. und durch diese Vermählung ist das v. Lestwitzsche Wappen: (Stamm Nowina: in Roth zwischen einem silbernen Kesselringe ein silbernes unten verlängertes u. spitz zugehendes Passionskreuz) als linke Hälfte in das Wappen der Grafen v. Itzenplitz gekommen.

Deutsche Grafenh. d. Gegenwart, I. S. 404—406. — Freih. v. Ledebur, I. S. 234 und 235.

Friedrich, Freiherren (im blauem mit einer silbern und roth gestückten Einfassung umgebenen Schilde ein silberner doppelt geschweifter, mit einer goldenen Laubkrone gezierter Löwe mit ausgeschlagener, goldner Zunge und ausgeschlagenen Krallen, über welchen und über die Schildesfläche sich ein rother Querbalken hinzieht). Freiherrnstand des Grossherzogthums Hessen. Bestätigung des Freiherrnstandes vom 6. Aug. 1827 für Ferdinand August Friedrich, Sohn des 1808 verstorbenen Prinzen Friedrich Georg August v. Hessen-Darmstadt aus morganatischer Ehe mit Caroline Friederike Seitz, geb. 1768, verm. 1788 und gest. 1812, welchen der Vater wegen seiner legitimen Abstammung seinen eigenen Namen: Friedrich beigelegt hatte. Derselbe, geb. 1800, grossh. hess. Kammerherr, war vermählt mit Franzisca Anna Werr, geb. 1804, gest. 1844, welche durch grossh. hessisches Patent vom 14. März 1827 die Vorzüge des Adels erhalten hatte. Aus dieser Ehe stammt eine einzige Tochter, Freiin Agnes, geb. 1828, welche sich 1847 mit Arwied Freih. v. Witzleben a. d. Hause Werben, herz. nassauischen Kammerjunker und Oberlieutenant a. D. vermählte.

Geneal. Taschenbuch der freih. Häuser, 1854. S. 146 und 147 und 1857, S. 701. — v. Hefner, hessischer Adel, Tab. 9 und S. 9. — Illustrirte deutsche Adelsrolle, I. Tab. 9. Nr. 8 u. 8. 74 und 75.

Friedrich, Edle. Erbländ.-österr. Adelsstand. Diplom von 1770 für Joseph Franz Friedrich, k. k. Hof- u. Landbauschreiber, mit dem Prädicate: Edler v.

Megerle v. Mühlfeld, S. 186.

Friedrich v. Adelsfeld. Erbländ.-österr. Adelsstand. Diplom von 1773 für Philipp Friedrich, k. k. Salz- und Obermauthamts-Controleur zu Zeng, mit dem Prädicate: v. Adelsfeld.

Megerle v. Mühlfeld, S. 186.

Friedrich v. Friedrichsthal, Ritter (in Gold ein schrägrechter, mit drei unter einander stehenden, sechsstrahligen, goldenen Sternen belegter, blauer Balken). Erbländ.-österr. Ritterstand. Diplom vom 3. Juni (4. Sept.) 1812 für Jgnaz Aloys Friedrich, Herr des Gutes Uhrzitz in Mähren, wegen Verbreitung der Landescultur u. der Viehzucht und als Geschäftsleiter der damaligen Steuerregulirung, mit dem Prädicate: v. Friedrichsthal.

Megerle v. Mühlfeld, S. 111. — Kneschke, IV. S. 133.

Friedrich v. Schwerenkampf, Edle. Erbländ.-österr. Adelsstand. Diplom von 1820 für Joseph Friedrich, k. k. Premier-Rittmeister bei Marquis Sommariva-Kürass., mit dem Prädicate: v. Schwerenkampf. Derselbe war 1856 Oberstlieutenant im Invalidenhause zu Tyrnau in Ungarn.

Megerle v. Mühlfeld, S. 186.

Friedrich v. Stromfeld. Erbländisch-österr. Adelsstand, mit dem Prädicate: v. Stromfeld. Von den Sprossen des Stammes standen in neuester Zeit in der k. k. Armee: Emanuel Friedrich v. Stromfeld, Ober-Kriegs-Commissar II. Classe u. ökonomischer Referent bei dem Landes-General-Commando zu Lemberg; Joseph F. v. St., Oberstlieutenant im 8. Dragoner-Regimente nnd Franz F. v. St., Major im 12. Infant.-Regim.

Militair-Schematism., neueste Jahrgg.

Friedrichs (in Blau ein vorwärts gekehrter, silberner, von sechs goldenen Sternen umgebener Ochsenkopf). Ein zu dem Adel im Kgr. Preussen gehörendes Adelsgeschlecht, aus welchem mehrere Sprossen in der k. preuss. Armee dienten. Carl v. F. war 1835 Premier-Lieutenant im 34. Infant.-Reg. u. 1852 stand im 2. Artill.-Regiment ein v. F. als Premierlieutenant u. ein Anderer als Seconde-Lieut. im 18. Landwehr-Regimente.

Freiherr v. Ledebur, I. S. 235 u. III. S. 255.

Friedrichsberg, s. Friedl v. Friedrichsberg, S. 357.

Friemar, Vriemar. Altes, thüringisches Adelsgeschlecht aus dem gleichnamigen, drei Stunden von Gotha gelegenen Stammsitze, welches von 1313 bis 1397 vorkommt.

Schannat, S. 90. — Brückner, Beschreibung des Kirchen- und Schulenstaats im Herzogthume Gotha, II. 2. St. S. 7. 19 und 20., 5. St. S. 27 u. 6. St. S. 12. — Zedler, IX. S. 2132.

Friemel. Schlesisches Adelsgeschlecht, welches 1700 und noch 1722 Kurzwitz im Oelsischen, Räudchen im Guhrauschen u. Tschunkawe im Militschen 1720 und letzteres Gut noch 1731 besass u. aus welchem Sprossen in Civil- und Militairdiensten standen. Noch 1750 waren drei Gebrüder v. F. Officiere in der k. preuss. Armee und als 1775 Johanna Friederike v. Friemel starb, stand ein Bruder derselben als Lieutenant im k. preuss. Infant.-Regim. v. Sass. — Später ist der Stamm erloschen.

Sinapius, II. S. 629. — Zedler, IX. S. 2111. — Freiherr v. Ledebur, I. S. 235.

Friemersdorf, Frimersdorf, genannt **Pütsfeld** (in Silber ein schwarzer Querbalken, begleitet von drei, 2 und 1, schwarzen Muscheln)

Altes, niederrheinisches Adelsgeschlecht, dem ähnlichen Wappen und namentlich dem Helmschmucke nach: Kopf und Hals eines silbernen Schwanes, wohl eines Stammes mit den v. Metternich. Das gleichnamige Stammhaus im Landkreise Cöln hatte zwei Höfe u. Pützfeld, welches den Beinamen des Geschlechts gab, ist ein Dorf in der Nähe von Adenau. Das Geschlecht war schon 1504 mit Schmidtheim im jetzigen Kr. Gemünd begütert, hatte 1521 Kesseling und Lind im Kr. Adenau inne, erwarb dann noch andere Güter, sass 1744 noch zu Calenberg im Kr. Düren, so wie 1751 zu Kirspenich im Kr. Rheinbach und ist dann in der zweiten Hälfte des 18. Jahrh. erloschen.

Robens, niederrheinischer Adel, II. S. 242. — N. Pr. A.-L. II. S. 197. — Fahne, I. S. 105 und II. S. 44 und 218. — Freiherr v. Ledebur, I. S. 235.

Friemersheim, Friemersum (Schild quergetheilt: oben in Gold ein rother Löwe und unten in Blau drei silberne Rosen). Altes, rheinländisches Adelsgeschlecht aus dem gleichnamigen Stammhause im jetzigen Kr. Crefeld, welches der Familie schon 1297 zustand. Dieselbe sass auf diesem Sitze noch 1340 und hatte 1351 Lauerfrost im Kr. Rheinberg inne. — Der Stamm blühte bis in die zweite Hälfte des 17. Jahrh. fort, in welcher derselbe erlosch.

Freiherr v. Ledebur, I. S. 235.

Fries, Friess, auch **Ritter, Freiherren u. Grafen.** Erbländ.-österr.- und Reichs-Ritter-Freiherrn- und Grafenstand. — Erbländ.-österr. Ritterstandsdiplom von 1752 für Johann Friess, k. k. Commerzienrath und Niederlags-Verwandten in Wien, wegen Errichtung von Fabriken und geleisteter Geld-Anticipationen; Reichsritterstandsdiplom von 1757 für denselben, mit dem Prädicate: Edler v.; Erbländ.-österr. Freiherrnstands-Diplom von 1763 aus Allerhöchst eigener Bewegung für denselben, wegen alten Herkommens, im niederländischen Kriege geleisteter, nützlicher Dienste, zur Anlegung von Fabriken verwendeter, beträchtlicher Summen und gemachter Geld-Anticipationen für den Staat, besonders aber wegen, ohne Zuthat der Finanzen, bewirkter Versorgung des nach der Action bei Frankfurt a. d. Oder durch Polen, unter Commando des General-Feldzeugmeisters Freih. v. Laudon, zurück marschirten Armeecorps mit Geld und Lebensmitteln, so wie auch wegen geführter Direction des Bergwerks-Producten-Verschleisses; Reichsfreiherrn-Diplom von 1782 für denselben, (so giebt Megerle v. Mühlfeld an, während Wissgrill das Reichsfreiherrnstands-Diplom vom 15. Dec. 1762 datirt) u. Reichsgrafendiplom von 1783 für denselben als k. k. Hofrath. Nächstdem: Erbländ.-österr. Ritterstandsdiplom vom 31. Jan. 1775 für Philipp Jacob v. Fries, Senior des geistlichen Ministeriums zu Mühlhausen, mit dem Prädicate: Edler v. und Reichsfreiherrnstandsdiplom von 1791 für Philipp Jacob Edlen und Reichsritter v. Fries. — Die Genannten gehörten zu einem alten Patrizier-Geschlechte der früher mit der Schweizer Eidgenossenschaft im Bunde gestandenen Stadt Mühlhausen im Sundgaue und die Familie wurde 1792 unter die neuen niederösterr. Herrenstandsgeschlechter aufgenommen. Johann Jacob v. Fries, gest. 1757, Zunftmeister und Mitglied des inneren Raths zu Mühlhausen (Wissgrill legt schon demselben das adelige Prädicat bei, doch giebt Megerle v. Mühlfeld, S. 186 erst ein Adelsdiplom seines Sohnes Johann von 1758 an, doch ist letztere Jahreszahl jedenfalls ein Druckfehler und muss 1750 oder 1751 heissen) war mit Catharina Bregenzer vermählt, aus welcher Ehe zwei Söhne, Philipp Jacob u. Johann, stammten, welche das Geschlecht in zwei Linien fortsetzten. Philipp Jacob Reichsritter v. F., s. oben, starb 1784 und hinterliess aus der Ehe mit Rosina v. Engelmann, neben zwei Töchtern, einen gleichnamigen Sohn, welcher, s. oben, den Reichsfreiherrnstand erlangte u. die privilegirte Kattuufabrik zu Kettenhof bei Schwechat übernommen hatte. Derselbe war mit Anna Maria Schwarz vermählt u. aus dieser Ehe entsprossten die Söhne Johann Jacob, Johann Michael u. Johann Georg. — Der Stifter der zweiten Linie, Johann, gest. 1785, wurde, s. oben, Ritter, Freiherr und Graf. Derselbe, Herr der im fränkischen reichsfreien Rittercanton Altmühl gelegenen Herrschaften Dennenlohe und Ober-Schwanningen, so wie der Herrschaft Fösslau in Nieder-Oesterreich, k. k. Hofrath, Bankier und Grosshändler in Wien etc., um das Erzhaus Oesterreich und den Staat, s. oben die Angabe der Diplome, hoch verdient, hatte sich 1764 mit Anna d'Escherny (aus einem alten, aus dem Herzogthume Chablais in die Schweiz gekommenen Adelsgeschlechte) vermählt, aus welcher Ehe bei seinem Tode zwei Töchter, die Grf. Victoria Agnes und Sophia, und zwei Söhne, die Grafen Joseph Johann und Moritz lebten. Grf. Victoria Agnes vermählte sich 1788 mit Johann Adolph Grafen v. Schönfeld, kursächs, Kammerh., Geh.-Rathe und a. o. Gesandten und bevollm. Minister am k. k. Hofe und Grf. Sophia 1794 mit Heinrich Wilhelm Grafen v. Haugwitz auf Namiest, k. k. Kämm. Graf Joseph Johann, Herr der Herrschaften Dennenlohe, Ober-Schwanningen und Fösslau, starb schon 1788 unvermählt im 23. Lebensjahre, Graf Moritz aber, der Erbe der genannten Herrschaften, gest. 1825, bekannt als grosser Kunstfreund, vermählte sich 1800 mit Maria Theresia Josepha Prinzessin zu Hohenlohe-Waldenburg-Schillingsfürst. Aus dieser Ehe entspross Graf Moritz (II.) geb. 1804, Herr der Herrschaft Vöslau in Niederösterreich, k. k. Botschaftsrath etc., verm. 1836 mit Florentine Freiin v. Pareira-Arnstein, aus welcher Ehe, neben einer Tochter, Grf. Emma, verm. 1856 mit Maximilian Freih. v. Handel, k. k. Gesandten am k. württemb. Hofe, zwei Söhne stammen, die Grafen Ludwig, geb. 1839 und August, gest. 1841. — Der Bruder des Grafen Moritz (II.) ist Graf Victor, geb. 1812, k. k. Major, verm. mit Mathilde v. Strasser, aus welcher Ehe vier Töchter entsprossten und die vier Schwestern dieser Gebrüder sind: Grf. Theresia, geb. 1806; Grf. Adelheid, geb. 1810, verm. 1835 mit Anton Freih. v. Walterskirchen zu Wolfsthal, k. k. Kämm. und Rittm. in d. A.; Grf. Ida, geb. 1811, vermählt 1829 mit Georg Freih. v. Walterskirchen zu Wolfsthal, Herr auf Wolfsthal, k. k. Kämmerer, Geh.-Rath u. Hofrath u. Grf. Thecla, geb. 1813, verm. 1838 mit Johann Nepomuk v. Körvér, k. k. Obersten etc.

Leupold, I. S. 345—347. — *Wissgrill*, III. S. 102—105. — *Megerle v. Mühlfeld*, S. 19. 50. 111 und 186 und Ergänz.-Bd. S. 57. — Deutsche Grafenb. d. Gegenw. I. S. 244 und 245. — Geneal. Taschenbuch der gräfl. Häuser, 1859. S. 281 und 282 und histor. Handbuch zu demselben, S. 776. — Suppl. zu Siebm. W.-B.: Gr. v. F.

Friesen, Freiherren und Grafen. Reichsfreiherrn- u. Grafenstand. Freiherrndiplom vom 15. Aug. 1653 für Heinrich v. Friesen, Herrn auf Rötha etc. und für die Söhne desselben, Heinrich (II.) und Carl und Grafendiplom von 1702 für Julius Heinrich Freiherrn v. Friesen, k. k. General-Feldzeugmeister, Commandanten zu Landau etc. — Altes, unter dem Namen Friese oder Friess schon nach Anfange des 13. Jahrh. in der Schweiz bekanntes und um Basel begütertes Adelsgeschlecht, aus welchem mehrere Sprossen zu Ende des 13. oder im Anfange des 14. Jahrh. die Schweiz verliessen, sich nach Ober-Sachsen wendeten und sich wohl zunächst auf dem Lehengute Kauern bei Ronneburg (Herzogth. Sachsen-Altenburg) niederliessen, doch ist die älteste Urkunde über den Besitz dieses Gutes erst von 1488, in welchem Jahre Kurfürst Friedrich III. zu Sachsen und Johannes Herzog zu Sachsen einen Carl v. Friesen mit Kauern belehnten. Eine ältere Urkunde ist ein im k. sächs. Staatsarchive befindlicher Lehenbrief vom Markgrafen Friedrich dem Streitbaren zu Meissen, durch welchen Heinrich v. Friesen 1409 mit dem Gute Köttwitz bei Dohna belehnt wurde. — Das Gut Kauern stand der Familie einige Jahrhunderte zu und wird als Stammsitz angenommen, aus welchem mehrere Linien, welche im Laufe der Zeit wieder ausstarben, hervorgingen. Carl v. Friesen kaufte 1592 von den Pflugk's das Rittergut Rötha mit dem dazu gehörigen Städtchen, den Vorwerken zu Podschütz und Espenhein und den Dörfern Thecka, Goschwitz, Grossgötschau und Espenhain und wurde der nächste Stammvater der Linien, von welchen die noch blühenden zwei Hauptzweige des Geschlechts stammen. Der Sohn desselben, Heinrich, geb. 1578, brachte, s. oben, mit seinen Söhnen, Heinrich (II.), gest. 1689 und Carl (II.), gest. 1686, den Freiherrnstand in die Familie. Vom Freiherrn Heinrich (II.) stammte Freiherr Julius Heinrich, welcher, s. oben, in den Reichsgrafenstand versetzt wurde. Letzterer, gest. 1706 als k. k. General-Feldmarschall, bekannt durch die 1703 erfolgte tapfere Vertheidigung der Festung Landau u. durch die 1705 ermöglichte Einnahme der Festung Drusenheim von den Franzosen, war mit einer Marquise de Montbrun vermählt, aus welcher Ehe Graf Heinrich Friedrich entspross. Derselbe, k. poln. u. kursächs. Geh. Cabinets-Minister, Generallieutenant, Gouverneur zu Dresden etc., vermählte sich 1725 mit Augusta Constantia Grf. v. Cosel, welche ihm die Herrschaft Königsbrück in der Ober-Lausitz zubrachte. Von seinen beiden Söhnen, von welchen der eine jung starb, schloss Graf August Heinrich, Standesherr zu Königsbrück u. k. franz. Marechall de Camp, 29. März 1755 zu Paris die gräfliche Linie. — Freiherr Carl (II.) s. oben, kursächs. Geh.-Rath und Consistorial-Präsident, Herr auf Rötha, Cotta bei Pirna etc., war mit Justine Sophie v. Rabe vermählt, stellte 1668 das im 30jährigen Kriege verwüstete Schloss Rötha in jetziger Gestalt wieder her und erwarb zu demselben den bei Borna gelegenen, die Abtei genannten Wald. Der Enkel desselben, Freiherr Christian August, gest. 1737, kursächs. Generallieutenant, verm. mit Maria Charlotte v. Meisebug, hatte von seinem Grossvater das Gut Cotta geerbt, da sein gleichnamiger Vater schon 1681 gestorben war; vereinigte mit diesem Besitze 1717 nach dem ohne Nachkommen erfolgten Tode seines Oheims, des kursächs. Geh. Canzlers Otto Heinrich Freiherr v. F., den Besitz von Rötha mit Zubehör, nachdem er schon vorher, 1703, von seinem Schwager Arndt Adrian v. Stammer das Amt Rammelburg im Mannsfeldschen erkauft hatte und gab mit seinem Oheim, Otto Heinrich Freih. v. F. und seiner Tante, Henriette Freifrau v. Gersdorf den Hauptanlass zur Gründung des freiadeligen Magdalenen-Stifts in Altenburg, in welchem auch die Familie mehrere Stiftsdamen- und Erziehungsstellen zu besetzen hat. Die Söhne des Freiherrn Christian August theilten sich in die Güter Cotta und Rötha, behielten aber Rammelburg gemeinschaftlich u. stifteten die beiden noch blühenden Hauptlinien des Stammes. Die ältere, ehemals cottaische Hauptlinie begann Freiherr Carl August, gest. 1751 — älterer Sohn des Freiherrn Christian August — kursächs. Oberstlieutenant, Herr auf Cotta und Mitbesitzer des Amtes Rammelburg, vermählt mit Caroline Wilhelmine v. Wangenheim, aus welcher Ehe Freiherr Carl August (II.) geb. 1747, entspross. Letzterer vermählte sich mit einer v. Marschall, aus welcher Ehe zwei Söhne stammten, Freiherr Heinrich Adolph, gest. 1844, verm. mit Henriette Charlotte Luise v. Seidewitz, gest. 1846 und Freiherr Georg Maximilian, gest. 1845, verm. in zweiter Ehe mit Johanna Anna Sernau, welche Beide die ältere Hauptlinie in zwei Aeste, einen älteren und jüngeren, schieden. Haupt des älteren Astes ist Freiherr Richard, geb. 1808 — Sohn des Freiherrn Heinrich Adolph — k. sächs. Staatsminister, Minister der Finanzen etc. Die drei Brüder desselben, neben zwei Schwestern, sind Freih. Julius, geb. 1810, k. sächs. Ober-Appellations-Gerichtsrath, Freih. Edwin, geb. 1811, k. sächs. Major verm. mit Adelaide v. Tannhof, geb. 1810, aus welcher Ehe eine Tochter und ein Sohn, Heinrich Adolph, geb. 1847, stammt — und Freiherr Luitbert, geb. 1816, k. sächs. Hauptmann, verm. mit Caecilie Wilhelmine Sahrer, v. Sahr, geb. 1825, aus welcher Ehe zwei Söhne, Heinrich, geb. 1847 und Alexander, geb. 1849, entsprossten — Haupt des jüngeren Astes ist: Freiherr Gustav Adolph, geb. 1817 — Sohn des Freiherrn Georg Maximilian, s. oben. — Die vier Brüder des Freiherrn Gustav Adolph sind, neben zwei Schwestern: Freih. Carl Oscar, geb. 1821, vermählt mit Anna Clara Demisch, geb. 1826, aus welcher Ehe ein Sohn, Oscar Maximilian, geb. 1852, stammt; Freih. Maximilian Bernhard, geb. 1825, Rittergutsbesitzer, k. preuss. Lieut. im 11. Landwehr-Husaren-Reg. etc., verm. mit Caroline Freiin v. Bodelschwingh-Plettenberg, gest. 1858, aus welcher Ehe drei Söhne entsprossten: Gisbert, geb. 1855, Max, geb. 1856 u. Carl, geb. 1858; — Freih. Clemens Arthur, geb. 1827, k. preuss. Premierlieutenant und Freih. Kurt Ewald, geb. 1832, k. k. Lieutenant. — Die jüngere, oder röthaische Hauptlinie stiftete Freih. Johann Friedrich Ernst, gest. 1768 — jüngerer Sohn des obengenannten Freiherrn Christian August — Herr auf Rötha u. Mitbesitzer von Rammelburg, verm. mit Christine Jacobine Grf. von Werthern. Aus dieser Ehe entspross Freih. Johann Georg Friedrich, gest. 1824, k. sächs. Ober-Kammerherr, Herr auf Rötha mit Bornholz etc. Derselbe kaufte von seinem Vetter die andere Hälfte des Amtes Rammelburg, so wie von einem v. Schönfeld das Rittergut Trachenau u. war in erster Ehe mit Johanne Friederike v. Krosigk, gest. 1781 und in zweiter mit Julie Caroline Grf v. d. Schulenburg a. d. Hause Wolfsburg, gest. 1803, vermählt. Aus dieser zweiten Ehe stammt das jetzige Haupt der jüngeren Hauptlinie: Freiherr Friedrich, geb. 1796, Besitzer von Rötha mit Podschütz, Geschwitz, Gross-Petschau Espenheim u. der Abtei bei Borna, so wie des Gutes Trachenau mit Treppendorf, k. sächs. Kammerh. u. Geh. Finanzrath, Domherr zu Naumburg etc., verm. in erster Ehe mit Augusta Grf. v. Einsiedeln, geb. 1805 (gesch.) u. in zweiter mit Mathilde Grf. v. Kanitz, geb. 1821. — Die beiden Brüder des Freiherrn Friedrich sind, neben vier Schwestern: Freih. Ernst, geb. 1800, Besitzer des Amtes Rammelburg mit Hayda und Hilkenschwenda, k. preuss. Kammerherr etc., vermählt in erster Ehe mit Clara Grf. v. d. Schulenburg-Wolfsburg, gest. 1852 und in zweiter 1854 mit Caroline Freiin v. und zu Gilsa, geb. 1833 und Freiherr Hermann, geb. 1802, k. sächs. Kammerherr, verm. mit Camilla Freiin v. Brandenstein aus d. Hause Wüstenstein, geb. 1806, aus welcher Ehe, neben einer Tochter, vier Söhne stammen: die Freiherren: Heinrich, geb. 1831, k. sächs. Lieutenant; Johannes, geb. 1832, k. k. Lieuten. in d. A., Ernst, geb. 1836 u. Carl, geb. 1847. Von diesen Söhnen hat Freih. Johannes, durch Legat des 1842 verstorbenen k. sächs. General-Lieutenants v. Leysser, Besitzer des Fideicommiss- und Majorats-Gutes Friedrichsthal bei Berg-Giesshübel, mit Königl. Bestätigung vom 19. Mai 1843 mit seinem angestammten Namen und Wappen den Namen und das Wappen der v. Leysser vereinigt und schreibt sich demnach Freiherr v. Friesen, genannt v. Leisser.

H. Wilhelmi, Friesischer Stamm in einer Hochzeitspredigt, Leipzig, 1651 und desselben Colum stellatum Frisiacum. Lips. 1659. — *Knauth*, S. 506 u. 507. — *Val. König*, I. S. 393–415. — *Gauhe*, I. S. 564–568 und II. S. 303–307. — N. Geneal. Handb. 1777. S. 206 und 1778. S. 206. — *v. Uechtritz*, Diplom. Nachrichten, I. S. 67–71. — *Jacobi*, 1800, II. S. 713. — *Meyerle v. Mühlfeld*, Ergänz.-Bd. S. 14. — N. Pr. A.-L. II. S. 197. — Geneal. Taschenb. d. freih. Häuser, 1854. S. 124–129 u. 1859. S. 203–206. — *Freih. v. Ledebur*, I. S. 235 und III. S. 255. — *Siebmacher*, I. 149: die Friesen, Thüringisch. — *Tyroff*, I. 82. — W.-B. d. sächs. Staat, I. 53: Freih. v. F. und IX. 9: Freih. v. Friesen-Leyser. — *v. Briesen* und *L. Bergmann*, W.-B. des Johannit. Ordens, Lief. 1. Tab. 3. — *v. Hefner*, sächs. Adel, Tab. 8 und 9. S. 8, 9 und 10, und preuss. Adel, Tab. 52 und S. 43.

Friesendorf, s. Cronenwerth, Freiherren, Bd. II. S. 366.

Friesendorf, Freysendorp. Altes, westphälisches Adelsgeschlecht, welches in der Grafschaft Mark schon 1419 Camen besass, zu dieser Besitzung später andere Güter erwarb und im 17. Jahrh. auch im Hannöverschen und in Liefland begütert wurde. In der Grafschaft Mark stand dem Geschlechte noch 1711 Heringhoff in Camen, 1719 Opherdicke und 1720 Kotten zu. Später ist der Stamm ausgegangen. — Hermann Heinrich v. F. auf Opherdicke, gest. 1670, hatte 6 Söhne hinterlassen. Zu diesem Stamme gehörte auch Johann Friedrich v. Friesendorf, Herr auf Herdicke u. Kyrupp, welcher den schwedischen Freiherrnstand unter dem Namen: v. Cronenwerth, s. den betreffenden Artikel Bd. II. S. 366 erhalten hatte.

N. Pr. A.-L. V. S. 166. — *Freih. v. Ledebur*, I. S. 235.

Friesenhausen, auch **Gräfin**. Reichsgrafenstand. Diplom vom 14. März 1752 für Philippine Elisabeth v. Friesenhausen. Dieselbe, Tochter des kurpfälzischen Ober-Stallmeisters Philipp Sigismund v. Friesenhausen, hatte sich 1712 mit Friedrich Ernst Grafen v. Schaumburg-Lippe-Alverdissen vermählt und starb 3. August 1764. — Westphälisches Adelsgeschlecht, namentlich im Lippeschen begütert, welches bereits 1600 Ober- und Nieder-Maspe und Nieder-Belle u. 1662 Steinheim besass. Der Stamm breitete sich aus den Häusern Maspe und Belle weiter aus, war im 18. Jahrhunderte auch mit Amorkamp, Schmeckhausen und Horn begütert u. hatte letzteres Gut noch 1790 inne. — Carl Wilhelm v. Friesenhausen, grossbritann. General starb 1784. — Weitere Nachrichten über den Stamm fehlen.

<small>*Gauhe*, I. S. 568: am Schlusse des Artikels: Friesen. — *Zedler*, IX. S. 2122. — N. Geneal. Handb. 1778. Nachtr. II. S. 9. — *Jacobi*, 1800. II. S. 108: Gr. zu der Lippe-Alverdissen. — N. Pr. A.-L. V. S. 166. — *Freih. v. Ledebur*, I. S. 285. — Suppl. zu Siebm. W.-B.</small>

Friesshamer. Altes, bayerisches Adelsgeschlecht aus Friesheim unweit Stadt am Hof u. Regensburg. Georg F. war 1442 fürstl. Zöllner zu Oetting am Inn und Ulrich F. schrieb sich 1482: v. Euchendorf. — Adam und Melchior F. zu Siebenhirten erhielten in Nieder-Oesterreich 1508 einige landesfürstl. Lehenstücke und Gülten und Wolfgang F., Herr zu Eberstorf, Oberst-Kämm. in Oesterreich, 1512 verschiedene Eberstorfische Lehen. Spätere Glieder des Stammes kommen in Nieder-Oesterreich nicht mehr vor u. auch in Bayern ging der Stamm aus.

<small>*Wigul Hund*, III. S. 316. — *Wissgrill*, III. S. 105. — Monum. boic. IV. S. 400.</small>

Frimont, Grafen. Erbländisch-österr. Grafenstand. Diplom vom 27. Aug. 1828 für Johann Philipp, nach anderen Angaben Johann Maria Freiherrn v. Frimont, k. k. General der Cavallerie und Hof-Kriegs-Raths-Präsidenten etc., mit einer Dotation von sechs Ortschaften im Biharer Comitate in Ungarn, deren Hauptgut: Palota, eine Stunde von Gross-Wardein liegt. — Altes, lothringensches Adelsgeschlecht, aus welchem in der ersten Hälfte des 18. Jahrh. Sprossen nach Oesterreich kamen. Der alte Adel des Stammes wurde durch Diplom von 1766 für Peter Franz v. F., k. k. Oberst-Lieutenant bei dem Wurmserschen Corps, unter Verleihung des Reichs-Adelsstandes, bestätigt und den Grafenstand brachte, wie angegeben, Johann Philipp v. F. in die Familie. Derselbe, gest. 1831, — ein Sohn des Dominique de F., welcher als Major im Regimente Rougrave die k. französ. Kriegsdienste verlassen und 1766 als Gouverneur der Intendanz zu Finstringen in Deutsch-Lothringen gestorben war — hatte 1808 den erbländ.-österr. Freiherrnstand für das ganze Geschlecht erhalten, war auch 30. Nov. 1821 von dem Könige beider Sicilien Ferdinand I. zum neapolitanischen Fürsten v. Antrodoco ernannt worden. Aus seiner Ehe mit Catharina Mitterbacher v. Mitternburg entspross Adalbert Graf Frimont v. Palota, Fürst v. Antrodoco, geb. 1817. Die Schwester desselben, Grf. Theodore, geb. 1812, vermählte sich 1834 mit Andreas Lanyay v. Nagy-Lónya und Vásaros-Namény, k. k. Kämm. und Rittm. in der A. — Von dem Bruder des Grafen Johann, dem Freiherrn Maria Thomas Vitalis, stammte

Peter Freiherr v. Frimont, geb. 1798, k. k. Rittm. in der A., verm. mit Caroline Grf. Gyulai.

<small>*Megerle v. Mühlfeld*, Ergänz.-B. S. 57 und S. 290. — *v. Schönfeld*, I. S. 144. — Jahrb. d. deutsch. Adels, 1848. S. 305. — Oesterreichisches Militair-Conversations-Lexicon, II. S. 556—559. — Deutsche Grafenhäuser d. Gegenw. III. S. 129 u. 130. — Geneal. Taschenbuch d. gräfl. Häuser, 1859. S. 262 u. hist. Handb. zu demselben, S. 237.</small>

Frisch. Adelsstand des Kgr. Bayern. Diplom vom 31. Aug. 1819 für Dietrich Michael Frisch, grossh. meklenb. schwer. Leben-Vasall und Geh. Domainenrath.

<small>*v. Lang*, Supplem. S. 99. — *Freih. v. Ledebur*, I. S. 236. — W.-B. d. Kgr. Bayern, V. 46. — Meklenb. W.-B. Tab. 16. N. 59 u. S. 21. — *v. Hefner*, bayer. Adel, Tab. 81 u. S. 47 u. meklenb. Adel, S. 8.</small>

Frischdatzky, Frischtatzky v. Rosenhayn, Ritter. Böhmischer Ritterstand. Diplom von 1732 für Daniel Andreas Frischdatzky, mit dem Prädicate: v. Rosenhayn. — Der Diplomsempfänger starb 1740. Seine Wittwe, Beata v. Rousitz und Helm, besass das Gut Tollna im Kr. Lublinitz.

<small>*Megerle v. Mühlfeld*, Ergänz.-Bd. S. 141. — N. Pr. A.-L. V. S. 166. — *Freih. v. Ledebur*, I. S. 236 und III. S. 255.</small>

Frischeisen v. Eichenwald. Erbländ.-österr. Adelsstand. Diplom von 1852 für Carl Frischeisen, k. k. Obersten, mit dem Prädicate: v. Eichenwald. Derselbe wurde später unter den unangestellten k. k. Generalmajors genannt.

<small>Augsb. Allg. Zeit. 1852.</small>

Frischmann v. Ehrencron, Ritter. Böhmischer Ritterstand. Diplom von 1717 für Franz Frischmann, Gutsbesitzer in Böhmen, mit dem Prädicate: v. Ehrencron.

<small>*Megerle v. Mühlfeld*, Ergänz.-Bd. S. 141.</small>

Fritsch (Schild der Länge nach getheilt: rechts in Silber ein goldener Halbmond und links in Roth eine schwarze Kneifzange). Böhmischer Adelsstand. Diplom nach Angabe Einiger vom 11. Apr. 1665 für Johann Fritsch, doch finden sich über dieses Diplom auch andere Angaben, s. den Artikel Fritsche. So viel bekannt, ist der Mannsstamm 16. Febr. 1713 mit George v. F., Herrn auf Dobergast und Nicklasdorf im Strehlenschen, erloschen. Durch Vermählung der beiden Töchter desselben kam Dobergast an Sylvius v. Engelhard u. Nicklasdorf an Friedrich v. Wentzki.

<small>*Henel*, Sileosgr., S. 765. — *Sinapius*, II. S. 630. — *Zedler*, IX. S. 2144. — N. Pr. A.-L. II. S. 197 u. 198. — *Freih. v. Ledebur*, I. S. 236. — *Siebmacher*, V. 73.</small>

Fritsch, auch Freiherren und Grafen (Stammwappen: In Schwarz ein bis an den oberen Rand des Schildes reichender, silberner Sparren, welcher oben rechts und links und unten in der Mitte von einem sechsstrahligen, goldenen Sterne begleitet ist. Freiherrl. u. gräfliches Wappen: Schild geviert, mit das Stammwappen enthaltendem Mittelschilde. 1 und 4 durch eine aufsteigende Spitze in drei Felder getheilt: rechts in Gold eine rothe, links in Roth eine goldene Rose u. unten in Blau eine goldene Lilie; 2 und 3 in Silber ein die Sachsen einwärtskehrender, schwarzer Adlersflügel). Reichs- Adels- Freiherrn- und Grafenstand. Adelsdiplom vom 3. März 1730 für Thomas Fritsch, kursächs. Regierungsrath und Director des Münzcabinets (nach Anderen: kursächs. Hof- und Justitienrath und Geh. Referendar); Freiherrndiplom vom 3. Juni 1742 für denselben als wirkl. Reichshofrath und Grafendiplom im kursächs. Reichsvicariate vom 13. Sept. 1790 für den jüngeren Sohn desselben, Carl Abraham Freih. v. F., Herrn auf Zschochau und Mautitz. Der Adel der Familie wurde in Kursachsen 18. Apr. 1732 und der Freiherrnstand 25. Jan. 1743 amtlich bekannt gemacht. — Thomas Freiherr v. F. stammte aus einer oberpfälzischen Familie, wurde später kursächs. Geh.-Rath und Minister und ist besonders durch seine grosse Thätigkeit für Kursachsen und als Abgesandter zu dem Hubertsburger Friedensschlusse auf das Rühmlichste bekannt geworden. Derselbe hatte die meissenschen Mannslehne Seerhausen, Zschochau und Mautitz inne, hatte sich 1728 mit Johanna Sophia v. Winkler vermählt und starb 1775. Die beiden Söhne aus dieser Ehe, die Freiherren Jacob Friedrich u. Carl Abraham, stifteten zwei Linien, die ältere, welche im Freiherrnstande fortgeblüht hat und die jüngere, gräfliche. Der Gründer der Letzteren, Freiherr Carl Abraham, erhielt, s. oben, den Grafenstand. Derselbe, gest. 1812, war mit Charlotte Freiin v. Gartenberg-Sadogarska vermählt und sein Enkel, Graf Gustav, geb. 1817 — Sohn des Grafen August aus der Ehe mit Constantia v. Kiesewetter, — starb schon 1827, worauf Zschochau und Mautitz an die ältere, freiherrl. Linie gelangten. Die letztere Linie stiftete, wie angegeben, Freih. Jacob Friedrich, gest. 1814, Herr auf Seerhausen etc., herz. sachsen-weim. Geh.-Rath, verm. mit Johanna Sophia v. Häseler, gest. 1836. Aus dieser Ehe stammte Freih. Carl Wilhelm, gest. 1851, Herr auf Seerhausen, Goddula und Zschochau, grossh. sachsen-weim. w. Geh.-Rath, Kammerherr, Staatsminister, Ordenscanzler etc., verm. mit Henriette Freiin Wolfiskeel v. Reichenberg, geb. 1776. — Haupt der Familie ist jetzt der ältere Sohn aus dieser Ehe: Freiherr Carl, geb. 1804, Herr auf Seerhausen, grossh. und herz. sächs. Geh.-Rath u. bevollm. Gesandter am deutschen Bundestage, verm. mit Caroline Freiin v. Ziegesar, gest. 1842, aus welcher Ehe, neben drei Töchtern, von welchen die ältere, Freiin Ida, geb. 1833, sich 1856 mit Georg v. Brocken zu Hohen-Luckow in Meklenburg-Schwerin vermählte, zwei Söhne stammen, die Freiherren Otto, geb. 1834 und Carl, geb. 1837. — Die beiden Brüder des Freiherren Carl sind: Freiherr Georg, geb. 1807, grossherz. sächs. Kammerherr und Ober-Forstmeister, verm. in erster Ehe mit Nancy v. Rosenbach, gest. 1838 u. in zweiter Ehe mit Sophie Freiin v. Herda zu Brandenburg, geb. 1823, aus welcher erster Ehe ein Sohn, Freiherr Carl, geb. 1838, aus der zweiten aber zwei Söhne, Georg, geb. 1849 und Friedrich, geb. 1851, stammen — und Freiherr Albert, geb. 1808, Herr auf Zschochau, k. sächs. Oberst und früher Flügel-Adjutant Sr. Maj. des Königs, verm. 1838 mit Lucy Miss Barton, geb. 1811, aus welcher Ehe eine Tochter, Margaretha, geb. 1842, u. ein Sohn, Maximilian, geb. 1844, entsprossten.

Handschriftl. Notizen. — *Megerle v. Mühlfeld*, Ergänz.-Bd. S. 57. — N. Pr. A.-L. II. S. 197 und 198. — Geneal. Taschenb. d. freih. Häuser, 1849 S. 129—131 und 1859. S. 206 u. 207. — *Freih. v. Ledebur*, I. S. 236. — *Tyroff*, II. 97. — W.-B. d. sächs. Staat. I. 24: Gr. v. F. und 54: Freih.v. F. — *Kneschke*, I. S. 155 und 156. — o., *Hefner*, sächs. Adel, Tab. 2 und 3. u. Tab. 9. S. 10. u. preuss. Adel, Tab. 52 und S. 43.

Fritsch, Fritsche, Freiherren (in Gold zwischen zwei zu einem Kranze sich beugenden, grünen Zweigen, rechts einem Lorbeer- und links einem Eichenzweige, zwei in einander gelegte Hände (s. g. Treuhand). Ein in der preussischen Rheinprovinz vorgekommenes, freiherrliches Geschlecht, dessen Name in die Matrikel der genannten Provinz unter Nr. 4 der Freiherrnclasse eingetragen worden ist. Doch findet sich in der Liste der Freiherrn bei dem Namen nur angegeben, dass Freiherr v. Fritsch gestorben sei.

<small>*Freih. v. Ledebur*, I. S. 236 : Fritsche, Freiherren. — W.-B. d. Preuss. Rheinprovinz, I. Tab. 135, Nr. 269 und S. 120 und 121: Freih. v. Fritsch.</small>

Fritsch, Ritter. Erbländ.-österr. Ritterstand. Diplom von 1854 für J. Fritsch, k. k. Statthaltereirath.

<small>*Augsb. Allg. Zeit.*, 1854.</small>

Fritsch v. Minenfeld. Erbländ.-österr. Adelsstand. Diplom von 1760 für Johann Christoph Fritsch, k. k. Feld-Artillerie-Mineur-Hauptmann, wegen 43jähriger Dienstleistung, mit dem Prädicate: v. Minenfeld. Der Stamm ist, so viel bekannt, wieder erloschen.

<small>*Megerle v. Mühlfeld*, S. 196.</small>

Fritsche (in Schwarz ein gekrönter, goldener Löwe). Böhmischer, in Kur-Brandenburg anerkannter und bestätigter Adelsstand. Adelsdiplom vom 11. April 1665 (v. Hellbach's Angabe: 1565 ist unrichtig) für Johann Fritsche, Gerichtsschöppen zu Grüneberg u. Anerkennungsdiplom vom 18. Juni 1686 für den Sohn desselben, Johann Christoph v. Fritsche, kurbrandenb. Rath. Letzterer erhielt 18. Juni 1686 die Bestallung für seine Besitzung bei Sonnenburg. Im Artikel: Fritsch, s. S. 366 — ist angegeben worden, dass das Diplom von 1665 auch einer fast gleichnamigen Familie mit ganz anderem Wappen beigelegt worden sei. Da das in diesem Artikel oben angegebene Wappen sich in den ersten, so ausgezeichnet redigirten Bänden des Wappenbuches der preuss. Monarchie findet, so ist wohl anzunehmen, dass das Diplom von 1665 mit dem kurbrandenburgischen Bestätigungsdiplome von 1686 in die hier besprochene Familie gehöre. — Der Stamm blühte fort und ein v. F., Major im k. preuss. Infant.-Regim. v. Grawert, fiel 1806 in der Schlacht bei Auerstädt. Derselbe war mit einer Grf. v. Nostitz vermählt, aus welcher Ehe mehrere Kinder entsprossten. Zu denselben gehörte Friedrich v. F., welcher sich 1807 bei der Vertheidigung von Colberg auszeichnete u. später Förster zu Wasze-Spind im Kr. Gumbinnen war.

<small>*N. Pr. A.-L.* II. S. 198 u. V. S. 167. — *Freih. v. Ledebur*, I. S. 236. — W.-B. d. Preuss. Monarch., III. 21.</small>

Fritsche (Schild von Silber und Blau quer getheilt, mit einem aufgerichteten Greif von gewechselten Farben). Adelsstand des Kgr. Preussen. Diplom vom 15. Juli 1843 für August Ludwig Leopold Fritsche, k. preuss. Regierungs-Präsidenten zu Cöslin.

<small>*Freih. v. Ledebur*, III. S. 255.</small>

Fritscheisen v. Eisenberg, Ritter. Böhmischer Ritterstand. Diplom vom 26. März 1670 für Wolfgang Fritscheisen, mit dem Prädicate: v. Eisenberg.

<small>*v. Hellbach*, I. S. 387.</small>

Fritschs. Böhmischer Adelsstand. Diplom vom 31. Octob. 1668 für Zacharias und Georg Fritschs.
v. Hellbach, I S. 387.

Fritz (Schild geviert mit einem Löwen, über welchen ein mit einer Krone belegter Querbalken geht). Ein in Tirol blühendes Adelsgeschlecht, in welches der Adel 10. Dec. 1755 kam.
v. Hefner, Stammbuch I. S. 387.

Fritz v. Adlerscron. Schlesisches, im Troppauischen um 1721 blühendes Adelsgeschlecht.
Sinapius, II. S. 630.

Fritz v. Adlersfeld, Ritter. Böhmischer Ritterstand. Diplom von 1721 für Johann Maximilian Fritz, Bürgermeister zu Troppau, mit dem Prädicate: v. Adlersfeld.
Megerle v. Mühlfeld, Ergänz.-Bd. S. 142.

Fritz v. Cauwenstein, Ritter und Edle. Reichsritterstand. Diplom von 1710 für Johann Baptist Fritz mit dem Prädicate: v. Cauwenstein.
Megerle v. Mühlfeld, Ergänz.-Bd. S. 141.

Fritz v. Rustenfeld. Erbländ.-österr. Adelsstand. Diplom von 1764 für die Gebrüder: Leopold Fritz, Fähnrich im k. k. Infanterie-Regim. Graf v. Neipperg und Joseph Fritz, so wie für den Vetter derselben, Carl Joseph Fritz, Hofsecretair der k. k. Hofkammer, mit dem Prädicate: v. Rustenfeld.
Megerle v. Mühlfeld, S. 186.

Fritze im Lauenburg-Bütowschen, s. Wrycz.

Fritze, Fritzen (Schild der Länge nach getheilt: rechts in Roth ein silbernes Einhorn und links sechsmal schräglinks gestreift von Blau und Gold, mit einer Rose in der Mitte von gewechselter Farbe). Reichsadelsstand. Diplom vom 13. Sept. 1636 für die Gebrüder: Joachim Ernst Fritze, kurbrandenb. Rittmeister und Herrn auf Antheil Wallwitz bei Zielenzig, Christian Wilhelm Fritze, Bürgermeister zu Sonnenburg und Peter Fritze. — Christian Wilhelm v. Fritze hatte drei Söhne, von welchen Georg v. F., Herr auf Dobergast, 1713 starb. Joachim Ernst v. F. war 1745 Rittmeister im k. preuss. Regimente Prinz Anhalt und Christoph Wilhelm v. F. Bürgermeister u. Accise-Einnehmer zu Sonnenburg. Der Sohn des Letzteren, Friedrich Wilhelm v. F., starb 1795 als Capitain im k. preuss. Infanterie-Regimente v. Blankensee. Soviel bekannt, gehört auch in diese Familie der k. preuss. Major v. Blankensee, welcher 1805 Platzmajor zu Glatz war. Der Familie stand 1665 im Brandenburgischen auch Pfeiferhahn zu und die Güter Kurtschow u. Wallwitz waren noch 1795 in der Hand des Geschlechts.
N. Pr. A.-L. II. S. 198 u. V. S. 167. — Freih. v. Ledebur, I. S. 236.

Fritsendorfer, Fritzenstorfer. Altes, längst erloschenes, österreichisches Rittergeschlecht, welches in Urkunden auch Fritzestorfer, Frizlstorfer, Vritzerstorf, v. Frizendorf, v. Frizensdorfer etc. geschrieben vorkommt. Der älteste Sitz und das Stammgut desselben war Frizelstorf in Nieder-Oesterreich, zu welcher Besitzung im 14. und 15. Jahrhundert noch die Schlösser und Herrschaften Leibn,

Mollenburg, Schwallenbach, Cronseck, Schiltern, Harras, Stränzendorf, Oberbeiss, Schwarza, Reuzersdorf etc. kamen. — Hainricus de Vricestorff kommt schon 1268 und Otto Frizelsdorfer 1290 urkundlich vor. — Der Stamm blühte fort und bis in die zweite Hälfte des 15. Jahrh. hinein. Ulrich v. Frizenstorf zu Frizelstorf etc. erschien noch 1479 auf dem niederösterr. Landtage zu Wien und lebte noch 1483. Später kommt der Name des Geschlechts nicht mehr vor.

Wissgrill, III. S. 105—109.

Friwiss v. Wertershain, Edle. Erbländ.-österr. Adelsstand, mit dem Prädicate: Edle v. Wertershain. In neuester Zeit standen in der k. k. Armee: Anton F. Edler v. W., Oberstlieutenant bei der technischen Artillerie, Carl F. Edler v. W., Lieutenant im 7., Georg im 26. und Joseph im 47. Infant.-Regim.

Milit.-Schematismus d. österr. Kaiserth.

Frobel, Ritter. Böhmischer Ritterstand. Diplom vom 16. Nov. 1656 für Heinrich und Friedrich Frobel und vom 5. August 1700, für Johann Julius Frobel. — Die Familie erwarb in der zweiten Hälfte des 18. und in der ersten des 19. Jahrh. in Schlesien mehrere Güter. Johann Carl v. F., Marschcommissar und Kreisdeputirter im Liegnitzschen Kreise, war Herr auf Rausse bei Neumarkt und Carl v. F. 1836 Herr auf Scheibe und Beinlichgut bei Neisse. Nach Bauer, Adressbuch S. 66 besass ein v. Frobel, k. preuss. Lieut. a. D., 1857 das Gut Jauchendorf im Kr. Namslau.

N. Pr. A.-L. II. S. 198 und III. S. 255. — Freih. v. Ledebur, I. S. 236 und 237 und III. S. 255. — Schlesisches W.-B. III. Nr. 178.

Frobelwitz, Fröbelwitz, Frobelwitz-Frutzky. Altes, schlesisches Adelsgeschlecht, welches in früher Zeit den polnischen Beinamen Frutzky führte und namentlich im Oelsischen begütert war, wo auch das Stammhaus Krumpach liegt. Ein, den Namen des Geschlechts führendes Gut findet sich im Kr. Neumarkt. Caspar v. Frobelwitz-Frutzky kommt 1468 als Herr auf Schmarker und Ellguth unweit Trebnitz vor; Hans v. F. auf Ellguth war 1614 Landes-Aeltester des Oelsnischen Fürstenthums und um dieselbe Zeit lebte Melchior v. F., Herr auf Krumpach; Sigismund v. F., bekleidete 1636 ebenfalls die Würde des Landesältesten des Fürstenthums Oels und Hans v. F. der Jüngere, Herr auf Sakkerschöwe im Kr. Trebnitz, lebte noch 1664. Mit demselben ist nach Allem später der Stamm ausgegangen.

Okolsky, Orb. Polon. III. S. 1. — Sinapius, I. S. 374 und II. S. 630. — Gauhe, I. S. 371. — Zedler, IX. S. 2148. — N. Pr. A.-L. II. S. 198 u. 199. — Freih. v. Ledebur, I. S. 237. — Siebmacher, I. 56: v. Fröbelwitz, Schlesisch. — v. Meding, III. S. 183 und 189.

Froben (zwei aus Wolken kommende Arme, welche einen Schlangenstab halten, auf welchem eine Taube sitzt: das bekannte Buchdruckerzeichen der Frobene). Ein in Kur-Brandenburg und im Kgr. Preussen sehr bekannt gewordenes Adelsgeschlecht, welches ursprünglich aus der Schweiz stammte und zu dessen Stamme der gelehrte Buchdrucker Johann Froben mit seinen Söhnen, Hieronymus und Johann den Jüngeren und seinen Enkeln, Ambrosius und Aurelius, welche das namentlich in Bezug auf die griechischen Kirchenväter so wichtige Geschäft des Vaters u. des Grossvaters fortsetzten, gehörte.

— Aus der Schweiz kam das Geschlecht nach Deutschland und zwar zuerst in die Rheinlande und dann nach Kur-Brandenburg. In Letzterem waren Hieronymus und Johann Froben die Ersten und dieselben erhielten vom K. Carl dem V. ein Reichsadelsdiplom, welches zuerst 15. Juni 1629 für Johann Werner, Johann und Wolf Georg F., wegen ihrer, dem deutschen Kaiserhause geleisteten Dienste u. später, 10. Juli 1754, für Johann Georg v. F. erneuert und bestätigt wurde. — Der ursprüngliche Name derselben und des Geschlechts war: Frobenius. Ein Nachkomme des Hieronymus v. F., Emanuel v. F., kurbrandenb. Stallmeister, fiel 1675 in der Schlacht bei Fehrbellin, seinen Herrn, den Kurfürsten Friedrich Wilhelm zu Brandenburg rettend, als Opfer seiner Treue: eine That, welche in der preussischen Geschichte vielfach verewigt ist und welche namentlich der Urenkel des Geretteten, König Friedrich II. von Preussen, Memoires de Brandenbourg, S. 148 u. 149 auf rührende Weise als Beispiel seltener Treue aufführt. — Carl Leopold, ein Bruder des Emanuel v. Froben, wurde 1691 Amtshauptmann zu Bingen. — Jacob Christian Friedrich v. F., wohl auch ein Bruder des Emanuel v. F., war Herr auf Quandditten und die Gemahlin desselben, Maria Kallheim, erhielt 1683 das adelige Prädicat und in Bezug auf die von Emanuel v. Froben geleisteten Dienste in das Wappen ein weisses Pferd. Ein aus dieser Ehe entsprossener Sohn wurde der Schwiegersohn des bekannten Bischofs Ursin v. Bär. Derselbe starb 1757 als k. preuss. Geh. Justiz- und Kammergerichts-Rath und hinterliess sechs Söhne, doch hat nach Allem der Stamm in das 19. Jahrh. nur im Grossh. Baden hereingeblüht, wo derselbe ansässig ist.

Freih. v. Krohne, I. S. 314—318. — N. Pr. A.-L. II. S. 199. — *Cast*, Adelsb. d. Grossh. Baden, Abth. 3. — *Freih. v. Ledebur*, I. S. 237. — *Siebmacher*, III. 131 und Suppl. X. 13.

Frohberg-Montjoie, Grafen. Reichsgrafenstand. Diplom v. 21. Februar 1743 für Philipp Joseph Anton Eusebius v. Frohberg, genannt Montjoie, Landcommenthur der deutschen Ordens-Ballei Elsass und Burgund, k. k. Geh.-Rath und Botschafter in der Schweiz und für die drei Brüder desselben, Carl Magnus, Simon u. Franz Xaver, welche Standeserhöhung auch in Frankreich durch eine, in die Register des Parlaments zu Besançon aufgenommene königl. franz. Urkunde vom 31. Juli 1743 bestätigt wurde. Altes, elsassisches Adelsgeschlecht, welches früher das Rittergut Hirfingen besass und nach dieser Besitzung sich Frohberg v. Hirfingen, später aber, nach Uebertragung des Familiennamens: Frohberg in das Französische: Montjoie, Frohberg, genannt Montjoie, oder Frohberg-Montjoie schrieb. — Der Stamm blüht jetzt im Kgr. Bayern, in welchem Graf Magnus Carl 22. Dec. 1817 in die Grafenclasse der Adelsmatrikel eingetragen wurde und besteht jetzt in den beiden Häuser Gersfeld an der Rhön und Rausshofen. — Haupt der Linie zu Gersfeld an der Rhön ist: Graf Ludwig, geb. 1834, Sohn des 1855 verstorbenen Grafen Ernst aus der Ehe mit Laurentia Maria v. Valon, Grf. v. Armbrugeac und Haupt der zweiten Linie zu Rausshofen: Graf Johann Nepomuk, geb. 1842 — Sohn des 1857 gestorbenen Grafen Maximilian, k. bayer.

Kämmerers und Majors in d. A. aus erster Ehe mit Anna Holláky-Kiss-Halmagy, gest. 1844. — Aus der zweiten Ehe des Grafen Maximilian mit Antonia Grf. v. Joner-Tettenweiss, geb. 1823 u. vermählt 1853, stammen zwei Söhne: Graf Clemens, geb. 1854 u. Graf Victor, geb. 1855. — Die beiden Brüder des Grafen Maximilian sind, neben einer Schwester, Melanie verw. Gräfin v. Leyden: Graf Ludwig, geb. 1811, k. bayer. Major, verm. 1840 mit Clara v. Paur und Graf Carl, geb. 1826 k. bayer. Rittmeister.

<small>*Megerle v. Mühlfeld*, Ergänz. Bd. S. 14. — *v. Lang*, S. 29 und 30 und Suppl. S. 20. — Deutsche Grafenhäuser der Gegenwart, I. S. 246 und 247. — Geneal. Taschenb. d. gräflichen Häuser, 1857. S. 265 und 1859 S. 262 und 263. — *Siebmacher*, II. 35. — *Tyroff*, I. 177. — W.-B. d. Königr. Bayern, I. 39 und *v. Wölckern*, Abtheil. L — *v. Hefner*, bayer. Adel, Tab. 4. u. S. 10 u. Ergänz.-Bd. S. 6.</small>

Frobburg, Froburg, Grafen. Altes, aus Italien nach Oesterreich gekommenes Adelsgeschlecht, welches früher de Monte Gaudii hiess und ursprünglich aus der Schweiz stammte, in welcher im Canton Solothurn das Stammhaus lag. Bucelini beginnt die Stammreihe mit Ludwig, welcher um 1370 päpstlicher Hofmarschall, Königs Ludwig zu Jerusalem und in Sicilien Statthalter, wie auch k. franz. Rath war. Von demselben stammten zwei Söhne: Wilhelm Bischof zu Bitello im Neapolitanischen und Johann. Der Enkel des Letzteren, Theodoricus, nannte sich zuerst Freiherr v. Froburg und zwar mit dem Beinamen: Tulliers. Von den Nachkommen lebte noch 1660 Johann Georg v. Tulliers, Graf v. Froburg.

<small>*Bucelini*, III. — *Lucae*, Grafensaal, S. 966—969. — *Gauhe*, I. S. 571 u. 572. — *Zedler*, IX. S. 2150. — *Siebmacher*, II. 16.</small>

Fröbner. Ein in Ostpreussen vorgekommenes Adelsgeschlecht, welches in den Kreisen Rastenburg und Angerburg die Güter Baumgarten, Gross-Guya, Rodehlen, Rosenstein, Schültgen und Seelack an sich gebracht hatte. — Sebastian v. F., Herr auf Rodehlen, war 1614 Landrath und Amtshauptmann zu Barthenstein. — Der Stamm ist in der ersten Hälfte des 18. Jahrh. mit Friedrich Wilhelm v. Fröbner, erloschen.

<small>N. Pr. A.-L. V. S. 167. — *Freih. v. Ledebur*, I. S. 237.</small>

Fröden. Reichsadelsstand. Diplom vom 10. Mai 1779 (1778) für Carl Friedrich Benjamin Fröden, kursächs. Obersten und Oberzeugmeister. Die amtliche Bekanntmachung dieser Erhebung erfolgte in Kursachsen 1. Octob. 1779. — Vater und Grossvater des Erhobenen hatten in der kursächs. Armee gestanden. Später ist der Stamm erloschen.

<small>Handschriftl. Notizen. — W.-B. d. sächs. Staaten, VI, 29.</small>

Fröhlich, Freiherren. Erbländ.-österr. Freiherrnstand. Michael Freiherr v. Fröhlich, k. k. Feldmarschalllieutenant, war von 1799—1815 erster Inhaber des 28. Infant.-Regiments. Ein Sohn desselben blieb als General-Major in Polen.

<small>Handschriftl. Notiz.</small>

Fröhlich (Schild blau u. durch eine aufsteigende, goldene Spitze mit einem auf grünem Dreihügel stehenden Weinstocke getheilt: rechts eine dreizackige, rechtsfliegende, silberne Fahne am Stocke, links eine goldene Sonne). Adelsstand des Kgr. Bayern. Diplom von 1821 für Johann Christian Fröhlich, Banquier zu Augsburg. — Ein

Sohn desselben, Robert v. Fröhlich, übernahm 1858 das grosse Bankhaus des Freiherrn v. Eichthal in München.

<small>W.-B. d. Kgr. Bayern, V. 48. — v. Hefner, bayer. Adel. Tab. 88 u. S. 77.</small>

Fröhlich. v. Elmbach (in Roth ein aus dem rechten Schildesrande hervorkommender, geharnischter Arm, dessen Faust mit einem etwas gebogenen Säbel die braune Stange einer auf einem Hügel stehenden, nach rechts zu wehenden, roth, weiss u. blau gestreiften Fahne spaltet u. mit der Spitze des Säbels auf einen Kreis von fünf, nach dem linken Schildesrande zu stehenden, sechsstrahligen, goldenen Sternen zeigt). Erbländ.-österr. Adelsstand. Diplom vom 4. Mai 1824 für Joseph Fröhlich, k. k. Ober-Lieutenant, wegen 36jähriger Dienstleistung, mit dem Prädicate: v. Elmbach. Der Empfänger des Diploms, geb. 1767 zu Kornitz in Mähren, trat 1788 freiwillig in das Infanterie-Regiment Kaiser Nr. I, nahm an allen Feldzügen gegen Frankreich von 1792 bis 1815 Theil und trat erst 1828 im 40. Dienstjahre aus dem activen Dienste. Das Prädicat: Elmbach bezieht sich auf eine Waffenthat, welche derselbe 1799 als Feldwebel in der Schweiz ausführte, bei welcher er, nach Uebersteigung des Panixberges, mit Freiwilligen auf einem Nothstege einen Bach passirte, u. den in die Flucht gejagten Feind bis zu dem Dorfe Elm im Kanton Glarus verfolgte. — Der Stamm blühte fort. Im neuesten Jahrgange des Militair-Schematismus sind angegeben: Johann F. v. E. unter den k. k. unangestellten Obersten; Ludwig F. v. E. k. k. Oberstlieutenant im General-Quartier-Meister-Stabe und Ferdinand F. v. E. Major im k. k. 8. Infanterie-Regimente.

<small>Handschr. Notiz. — Militair-Schematismus des österr. Kaiserthums 1861.</small>

Fröhlich v. Fröhlichsburg (Stammwappen: in Silber ein aus einem grünen Dreiberge aufwachsender, rother Hirsch mit achtendigem Geweihe. Vermehrtes Wappen nach dem Diplome von 1702: Schild geviert, mit das Stammwappen enthaltendem Mittelschilde. 1 u. 4 von Gold und Schwarz quergetheilt mit einer, aus dem Schwarzen aufwachsenden, vorwärtssehenden, blau gekleideten Jungfrau mit goldenem Gürtel, welche auf dem Haupte einen mit einem Pfauenschweife von drei Federn besteckten Kranz von rothen Rosen trägt u. beide Hände ausbreitet u. 2 und 3 von Silber und Roth quergetheilt mit einem auf einem grünem Dreiberge stehenden Thurm von gewechselten Farben). Erbländ.-österr. Adelsstand. Bestätigungsdiplom des der Familie zustehenden Adelsstandes von 1702 für Dominik Fröhlich v. Fröhlichsburg, oberösterr. Hofkammer-Secretair und Hausmeister zu Neuhof u. für die beiden Vettern desselben, Johann Christoph F. v. F., Professor und Regimentsadvocaten u. Franz Ignaz F. v. F. und zwar mit Vermehrung des Wappens, s. oben. Dieselben stammten aus einer tiroler Adelsfamilie, als deren Glied der kaiserliche Rath und Fiscal Fröhlich v. Fröhlichsburg mittelst eines besonderen kaiserlichen Diploms vom 20. Mai 1692 anerkannt worden war. — Doch nimmt man meist an, der alte Stamm der Fröhlich v. Fröhlichsburg sei 1603 erloschen und später nur Beiname und Wappen auf das hier in Rede stehende Geschlecht übergegangen. Zwei

Urenkel des genannten kaiserl. Raths und Fiscals F. v. F., die Gebrüder: Joseph Franz de Paula, Anton F. v. F., geb. 1769, ehemaliger fürstl. passauischer Truchsess und Johann Baptist Anton F. v. F., geb. 1778, ehemaliger fürstl. passauischer Hofrath, wurden in die Adelsmatrikel des Kgr. Bayern eingetragen. Später, um 1820, ist die Familie ausgegangen.

<small>v. *Lang*, S. 339 und 340. — *Megerle v. Mühlfeld*, Ergänz.Bd. S. 291: Fröhlich v. Fröhlichspurg. — W.-B. d. Kgr. Bayern, V. 47. — *v. Hefner*, bayer. Adel, Tab. 88 und S. 77 und 78 und tiroler ausgestorbener Adel, Tab. 3. — *Kneschke*, IV. S. 134 und 135.</small>

Fröhlich v. Landes-Stoll. Erbländ.-österr. Adelsstand. Diplom von 1771 für Carl Ferdinand Fröhlich, k. k. Oberlieutenant im 2. wallachischen Grenz-Infanterie-Regimente, mit dem Prädicate: v. Landes-Stoll.

<small>*Megerle v. Mühlfeld*, Ergänz.-Bd. S. 291.</small>

Fröhlich v. Salionze, Freiherren (Schild geviert, mit rothem Mittelschilde, in welchem drei silberne Straussenfedern neben einander aufgerichtet stehen. 1 und 4 in Gold ein zweiköpfiger, schwarzer Adler und 2 und 3 in Blau ein mit acht Kugeln, wohl schwarz in Silber, belegter, gerader Sparren: nach einem Abdrucke des Petschafts). Erbländ.-österr. Freiherrnstand. Diplom vom November 1851 für Johann Fröhlich, k. k. Hauptmann und Flügeladjutanten Sr. M. des Kaisers, in Betracht seiner für die That bei Salionze am Mincioflusse erfolgten Ernennung zum Ritter des k. k. militair. Maria Theresien Ordens, mit dem Prädicate: v. Salionze. — Derselbe wurde später Major, war Flügeladjutant beim ersten Armee-Corps etc. u. ist jetzt k. k. Oberst.

<small>Handschriftl. Notiz.</small>

Frölich (in Silber ein schräglinker, von Gold und Blau in drei Reihen geschachter Balken). Ein von Siebmacher und Sinapius unter dem schlesischen Adel aufgeführtes Geschlecht. Ob das von v. Hellbach, I. S. 389, angeführte böhmische Adelsstands-Diplom vom 15. Juni 1652 für Abraham Frölich in diese, oder in die Familie Frölich v. Freudenstein gehöre, muss dahin gestellt bleiben.

<small>*Sinapius*, S. 375. — *Siebmacher*, I. 65: Die Frölich, Schlesisch. — *v. Meding*, III. S. 189.</small>

Frölich (Früheres Wappen: in Roth ein rechtsgekehrter, aufspringender, natürlicher Hirsch. Verbessertes Wappen laut Diploms vom 18. Mai 1861: in Roth ein rechtsgekehrter, aufspringender, silberner Hirsch. Aus dem gekrönten Helme mit roth und silbernen Helmdecken wächst der silberne Hirsch des Schildes auf). Adelsstand des Königr. Preussen. Diplom vom 5. Nov. 1787 für Peter Friedrich Frölich, k. preuss. Lieutenant im Husaren-Regimente Prinz Eugen von Württemberg. Der Diploms-Empfänger, geb. 1752, war der Sohn des 1775 als Premier-Lieutenant in demselben Regimente gestorbenen Carl Friedrich Frölich. Er war 1769 in Militairdienste getreten, nahm 1794 seinen Abschied als Rittmeister und starb 1803. Aus seiner Ehe mit Christiane Charlotte v. Woisky stammten, neben zwei Töchtern, zwei Söhne, von welchen der ältere, Carl Friedrich Wilhelm, geb. 1785, schon 1790 starb, der jüngere aber, Ernst August Moritz, geb. 1787, den Stamm fortsetzte. Letzterer trat 1803 gleichfalls in das oben genannte Husaren-Regiment ein, war während der Freiheitskriege Adjutant des Generals v. Zieten und hatte den ehrenvollen Auftrag erhalten, dem Könige Friedrich Wilhelm III. von Preussen die Nachricht von der zweiten Capitulation von Paris zu überbringen. Von 1829 bis 1838 war derselbe Commandeur des I. k. preuss. Cuirassier-Regiments und zuletzt General-Major u. Commandeur der III. Cavallerie-Brigade. 1843 nahm er seinen Abschied als General-Lieutenant u. starb 1858. Aus seiner Ehe mit Eleonore Elisabeth v. Schiller lebt, nachdem ein älterer Sohn, Theodor, geb. 1836, schon im folgenden Jahre starb, der jüngere Sohn, Moritz Adolph v. Frölich, geb. 1839, k. preuss Lieutenant im I. Garde-Dragoner-Regimente. Derselbe erhielt 1861 das oben erwähnte, das Wappen der Familie verbessernde Diplom.

<small>Handschr. Notiz. — N. Pr. A.-L. II. S. 200. — Freih. v. Ledebur, I. S. 237. — W.-B. d. Preuss. Monarch. III. 2J.</small>

Frölich v. Freudenfels. Böhmischer Adelsstand. Diplom vom 26. Dec. 1676 für Johann Georg Frölich, kaiserlichen Rath, mit dem Prädicate: v. Freudenfels. Derselbe, geb. zu Oberglogau und gest. zu Breslau 27. Nov. 1697, wohl der Letzte seines Stammes, früher der Fürsten und Stände in Schlesien General-Steuer-Einnehmer, vermachte mehreren Stiften und Kirchen, so wie Schulen ansehnliche Legate, auch gelangte durch seinen letzten Willen eine sehr bedeutende Bibliothek an die Ordens-Bibliothek des Matthias-Stifts.

<small>Henel, Silesiograph. Cap. 7. S. 178. — N. Pr. A.-L. II. S. 200. — Freih. v. Ledebur, I. S. 237.</small>

Frölich v. Freudenstein (Schild geviert: 1 und 4 in Schwarz ein silberner, in der rechten Vorderpranke ein Schwert schwingender Löwe und 2 und 3 in Gold ein schwarzer Korb). Ein nur in dem Werke des Freiherrn v. Ledebur angegebenes und durch dasselbe bekanntes Adelsgeschlecht, welches wohl den böhmischen Adelsstand erhalten hatte und Schlesien angehörte.

<small>Freih. v. Ledebur, III. S. 255.</small>

Frölich v. Frölichsthal. Erbländ.-österr. Adelsstand. Diplom von 1825 für den k. k. Hofarzt D. Anton Frölich, mit dem Prädicate: v. Frölichsthal. Der Stamm ist fortgesetzt worden und Victor F. v. F. ist jetzt Oberlieutenant im 5. k. k. Cuirassier-Regimente.

<small>Handschriftl. Notiz. — Militair-Schematismus, 1861.</small>

Frönau, Freiherren. Kurbayerischer Freiherrnstand. Diplom vom 15. Juli 1754 für Johann Georg Emanuel v. Frönau, kurbayerischen adeligen Regierungs-Rath zu Landshut und zwar unter Vermehrung des Wappens mit dem alten Offenstettenschen Wappen. — Von dem Diploms-Empfänger, in dessen Familie vom K. Leopold I. der Adel gekommen war und dessen Tochter sich mit dem kurbayer. Staatscanzler Kreitmayr vermählt hatte, stammten als Enkel die Gebrüder: Joseph Joachim Max Friedrich Freiherr v. Frönau-Offenstetten, geb. 1788, Herr auf Mezenhof und Praunershof u. Joseph Adam Max Paul Freiherr v. F., geb. 1774, Obercontroleur des k. bayer. Ober-Mauth- und Zoll-Amtes Burghausen.

<small>v. Lang, S. 126. — W.-B. d. Kgr. Bayern, II. 100 und v. Wölckern, Abtheil. 2. — v. Hefner, bayer. Adel, Tab. 32 und S. 35. — Knesckke, II. S. 164 und 165.</small>

Fröschl v. Marzoll. Altes, bayerisches, ursprünglich aus Wasserburg am Inn stammendes Adelsgeschlecht. Dasselbe kam später nach Salzburg, gelangte in dortiger Gegend zu hohem Ansehen und grossem Reichthum, besass Marzoll bei Berchtesgaden, nach welcher Besitzung es sich nannte und hatte auch zu Reichenhall ein gefreites Haus: zum Traunstein, welches in der Landtafel stand. — Peter F. zum Traunstein und Degenhard F. zu Marzoll kommen 1490 vor. Christian Fröschl zu Marzoll, Marschall des Hochstifts Passau, starb 1508. In der zweiten Hälfte des 16. Jahrh., in welcher Sigmund F. u. Joseph F. lebten, sank der Wohlstand des Geschlechts. Letzterer, welcher sich auf die Alchemie gelegt, hatte aus der Ehe mit Margaretha Pfeffenhauser Nachkommen, doch ging später der Stamm aus.

Wigul Hund, III. S. 318. — *v. Hefner*, Stammbuch, I. S. 388.

Frohberg, s. Elger v. Frohberg, S. 81.

Frohn. Reichsadelsstand. Diplom vom 11. Oct. 1762 für Johann Peter Frohn, fürstl. löwenstein-wertheimschen Hofrath und Amtmann zu Virneburg. Von demselben stammte Ludwig Volrath v. F., kurtrierscher Geh.-Rath und später Kammergerichts-Assessor zu Wetzlar, welcher eine zahlreiche Nachkommenschaft hinterliess. Aus derselben wurden sechs Söhne in die Adelsmatrikel des Kgr. Bayern eingetragen: Johann Peter v. F., geb. 1773, k. bayer. Stadtgerichts-Assessor in Augsburg; Peter Ferdinand v. F., geb. 1775, Protocollant des Stadtgerichts Kempten; Anton Daniel v. F., geb. 1777, k. bayer. Kreisrath und Kron-Fiscal zu Burghausen; Joseph v. F., geb. 1784, k. bayer. Advocat; Ludwig Joseph v. F., geb. 1785, k. bayer. Forst-Practicant und Albert Anton v. F., geb. 1786.

v. Lang, S. 340 und 341. — Calender des k. u. Reichskammergerichts zu Wetzlar, nach 1782. — Suppl. zu Siebm. W.-B. X. 13. — *Tyroff*, II. 58.. — W.-B. d. Kgr. Bayern, V. 48. — *v. Hefner*, bayer. Adel, Tab. 88 u. S. 79. — *Kneschke*, III. S. 150 u. 151.

Frohnberg, s. Kraft v. Festenburg u. Frohnberg.

Frohnhöfer, Frohnhöffer, Fronhoefer, Fronhofer. Märkisches Adelsgeschlecht, welches 1536 den Rittersitz Stolzenhagen unweit Angermünde in der Uckermark kaufte u. später Lunow, Woiletz, Kartzow, Parmen und Stegelitz erwarb. Der Stamm blühte in die zweite Hälfte des 18. Jahrh. hinein und Parmen war noch 1756, so wie Stegelitz 1781 in der Hand des Geschlechts. Nach dieser Zeit ist dasselbe erloschen.

Grundmann, S. 22. — N. Pr. A.-L. V. S. 167. — *Freih. v. Ledebur*, I. S. 237.

Froideville, Monod de Froideville, Freiherren. Reichsbarone des Kaiserthums Frankreich. Diplom vom 8. Mai 1811, nach dem Rechte der Erstgeburt. — Ein aus dem Waadtlande der Schweiz stammendes Adelsgeschlecht, welches nach Preussen und später auch nach Bayern gekommen ist. In k. preussischen Kriegsdiensten zeichneten sich namentlich zwei Brüder aus: Gabriel Monod de F., k. preuss. General-Major, gest. 1758 an den in der Schlacht bei Zorndorf erhaltenen Wunden und Franz Isaac v. F., gest. 1794 als Generalmajor und Mitglied des Ober-Kriegscollegiums. Dieselben waren Söhne des Gabriel Monod de F., Herrn zu Ballens und Yens im Canton Bern, aus der Ehe mit Susanna v. Crousaz und nächst ihnen standen noch zwei andere Brüder in der preuss. Armee, Samuel Ludwig v. F., Major im Dragoner-Regimente Bayreuth, welcher sich bei Hohenfriedberg sehr auszeichnete u. Marcus Daniel v. F., Hauptmann bei Czettritz-Dragonern. Der zuerst genannte General-Major Gabriel Monod v. F. besass die Urschkauer Güter bei Glogau und war zweimal vermählt, zuerst mit einer v. Kalkreuth und später mit einer v. Bülow, hinterliess aber keine Nachkommenschaft. Ein Neffe desselben zeichnete sich bei der Belagerung von Torgau aus u. war später Invalidenhauptmann zu Herford. — Im Königreiche Bayern wurde in die Freiherrnclasse der Adelsmatrikel eingetragen und zwar am 4. Dec. 1817 Alexander Heinrich Theodor Freiherr v. Froideville, geb. 1802, Eleve im königl. Cadetten-Corps zu München. Der Vater desselben war der Empfänger des oben erwähnten französischen Reichs-Baronen-Diplom, doch fehlen über denselben weitere Nachrichten.

_{Biograph. Lexicon aller Helden etc. I. S. 435 u. ff. — May, Histoir Militaire de la Suisse, VII. S. 481. — v. Lang, Supplem. S. 43 und 44. — N. Pr. A.-L. II. S. 200. — Frh. v. Ledebur, I. S. 237 u. III. S. 255. — W.-B. d. Kgr. Bayern, III. 1. u. v. Wölckern, Abtheil. 3.}

Froidevo, Freiherren. Erbländ.-österr. Freiherrnstand. Diplom von 1785 für Joseph Froidevo, k. k. Hofrath.

_{Megerle v. Mühlfeld, Ergänz.-Bd. S. 142.}

Fromberg. Reichsadelsstand. Bestätigungs-Diplom vom 9. Mai 1732 für Christian Friedrich Fromberg, k. poln. und kursächs. Commerzienrath, Herrn auf Kieslingswalde etc., wegen treu geleisteter Dienste und in Betracht seiner adeligen Abkunft mit Besserung und Mehrung des Wappens: (Schild geviert: 1 und 4 von Silber u. Roth durch eine rechte Stufe getheilt: Wappen des bayerischen Geschlechts v. Fromberg (Fronberg) und 2 und 3 in Blau ein grüner Berg mit einem, auf der Spitze desselben stehenden, grünen Baume). Der erneuerte Adelsstand wurde in Kursachsen 1. Dec. 1732 notificirt. — Der Empfänger des Adels-Bestätigungsdiploms stammte aus einem alten, aus Bayern nach Schlesien gekommenen Adelsgeschlechte, aus welchem mehrere Glieder den Adel abgelegt hatten und dessen Vater zu Hirschberg in Schlesien durch seine mercantilischen Kenntnisse den Grund zu der späteren Blüthe des Handels in dieser Stadt gelegt hatte. Die Familie erwarb in der Oberlausitz ansehnliche Güter und blühte in Sachsen und Preussen fort. — Julius Bernhard v. Fromberg ist k. sächs. Bergrath zu Schwarzenberg und noch in neuerer Zeit stand ein Hauptmann v. F. im 31. k. preuss. Infanterie-Regiment u. ein Premier-Lieut. v. F. in der Artillerie des 1. Aufgebots d. 2. Batall. des 7. Landwehr-Regim.

_{Handschriftl. Notizen. — Freih. v. Ledebur, I. S. 237 und III. S. 255. — Dorst, Allg. W.-B. I. S. 112. — W.-B. der sächs. Staaten, II. 64. — Knesche, I. S. 156 und 157. — Schlesisches W.-B. II. Nr. 151. — v. Hefner, sächs. Adel, Tab. 29. und S. 27.}

Fromhold. Böhmischer Adelsstand. Diplom von 1733 für Gottfried Ferdinand Fromhold, Secretair bei dem Domcapitel St. Johann zu Breslau.

_{Megerle v. Mühlfeld, Ergänz.-Bd. S. 291.}

Fromm v. Frommenthal. Erbländ.-österr. Adelsstand. Diplom von 1811 für Caspar Fromm, k. k. Lieutenant bei Carl Eugen Graf Erbach-Infanterie.

_{Megerle v. Mühlfeld, Ergänz.-Bd. S. 291.}

Fronauer, Fronau, Frenau, Franau. Eins der reichsten niederösterreichischen Ritterstandsgeschlechter im 14. und 15. Jahrhunderte, welches aus Bayern stammte. Das gleichnamige Stammhaus lag bei Roding in der oberen Pfalz u. Gerwicus de Fronowe tritt schon 1182 auf. Die Gebrüder Hartwic und Rudiger v. Franau kommen 1271 als Zeugen vor und Friedrich Franauer starb 1293 als Bischof zu Chiemsee. In Oesterreich erscheint urkundlich zuerst 1317 Rapoto v. Fronau, dessen Söhne den Stamm weiter fortsetzten, wie Wissgrill sehr genau angiebt. Das Geschlecht blühte noch in das 16. Jahrh. hinein und dasselbe schloss Gamaret oder Conrad der Jüngere v. Fronau zu Dürrnkrut, Erdperg, Neusiedel an der Zaya, Gaiselberg, Schrick etc., welcher noch 1508 der niederösterreichischen Landschaft Verordneter des Ritterstandes war. Aus seiner Ehe mit Elisabeth v. Stainpeiss stammte nur eine Tochter, Margaretha, welche sich mit Hans dem Jüngeren Herrn v. Lamberg vermählte. — Es hat übrigens in früher Zeit in Bayern noch zwei gleichnamige Geschlechter gegeben.

_{*Wigul. Hund*, III. S. 317. — *Wissgrill*, III. S. 109—115. — Monum. boic. V. S. 182.}

Fromberg. Altes, bayerisches Adelsgeschlecht aus dem gleichnamigen Stammhause im Gerichte Burglengenfeld in der oberen Pfalz, welches um 1610 erloschen ist — Die in Sachsen u. Preussen blühende Familie v. Fromberg nimmt an, mit demselben in ursprünglichem Zusammenhange gestanden zu haben.

_{*Wigul Hund*, III. S 320.}

Frondorf. Altes Rittergeschlecht, dessen längst eingegangenes Stammhaus im nassauischen Amte Usingen lag. Fridericus de Vrondorf tritt schon 1189 auf. Die Frondorf waren Burgmänner zu Reiffenberg und kommen zuletzt 1409 vor.

_{*Vogel*, Topographie von Nassau, S. 262. — Urkundenbuch des historischen Vereins für Niedersachsen, II. S. 32.}

Fronhammer, Fronhaimer, Fronhammer v. Malching. Bayerisches, aus dem Freisingenschen stammendes Adelsgeschlecht, welches auch nach Niederösterreich kam. In Bayern erscheint urkundlich zuerst 1415 Ulrich Fronhammer u. es blühte hier der Stamm bis nach 1593. In Oesterreich kommt zuerst 1496 Ludwig Fronhammer v. Malching als Aman (Obmann) der bischöfl. freisingenschen Herrschaften, Güter und Lehen in Oesterreich vor. Wolfgang Fronhammer, Ritter, kaufte 1528 das Gut Ainödt und 1538 Abstorf und Lucas Fronhammer v. Malching zu Praitenaich (Breiteneichen) wurde 1586 den niederösterr. alten Ritterstandsgeschlechtern einverleibt. Derselbe lebte noch 1613 — zwei Jahr später vermählte sich seine zweite Gemahlin, Sophia Herrin v. Sonderdorf mit Christoph Herrn v. Rappach und brachte demselben das von Lucas F. v. M. geerbte Gut Praitenaich zu. Sonach ist mit Letzterem der Stamm wohl auch in Oesterreich erloschen.

_{*Wigul Hund*, III. S. 317. — Monum. boic. V. S. 224. — *Wissgrill*, III. S. 115 und 116. — *v. Hefner*, ausgestorbener bayer. Adel, Tab. 2 u. S. 4.}

Fronhorst. Niedersächsisches Adelsgeschlecht, welches im Magdeburgischen 1594 Hornhausen unweit Oschersleben und in Westphalen 1700 Hausberge im Mindenschen besass. — August Georg Christoph v. Fronhorst, gest. 1725, war k. preuss. Kammerherr, Oberküchenmeister und Amtshauptmann zu Marienfliess. Der Stamm ist erloschen.

Freih. v. Ledebur, I. S. 237.

Fronmüller zu Weidenwerg und Grosskirchen, Freiherren. Erbländ.-österr. Freiherrnstand. Diplom von 1705 für Joseph Benedict v. Fronmiller zu W. u. G., Landeshauptmann zu Klagenfurt. Derselbe gehörte zu einem Geschlechte Ober-Kärntens, welches ursprünglich Hess hiess u. 1532 geadelt wurde. Die Aeltern des Christoph Fronmüller nahmen von einer Frohnmühle den Namen an. K. Matthias I. ertheilte der Familie den Reichsritterstand und K. Ferdinand II. gab derselben 1630 den Beinamen: v. Waidenburg u. 1636 die ungarische Ritterwürde, Letztere wegen guter Ritterdienste bei der Belagerung Szigeths. — Der Stamm hat fortgeblüht und noch in neuester Zeit stand Eduard Freiherr v. Fronmüller, Edler v. Waidenburg u. Grosskirchen als Hauptmann I. Classe im k. k. 10. Infanterie-Regimente.

Megerle v. Mühlfeld, Ergänz.-Bd. S. 57. — v. Hefner, Stammbuch, I. S. 389.

Fronsberg, s. Babel v. Fronsberg, Bd. I. S. 159 und 160 u. Freundsberg, Fronsperg, Freiherren zu Mindelheim, S. 336.

Froon v. Kirchrath, Freiherren. Erbländ.-österr. Freiherrnstand. Diplom von 1793 für Joseph Froon v. Kirchrath, k. k. Obersten im Ingenieurcorps.

Megerle v. Mühlfeld, Ergänz.-Bd. S 57 und 58.

Froreich. Altes, liefländisches Adelsgeschlecht, welches, dem Namen nach, aus Deutschland entspross und, wie Einige annehmen, mit dem deutschen Orden nach Lief- und Curland kam. Der Familiensage nach wendete sich Metzig v. Froreich im Anfange des 15. Jahrh. mit einem Herzoge in Pommern in dieses Land, doch giebt Elzow an, dass Jürgen v. F. 1590 zuerst nach Pommern gekommen, vom Herzoge Casimir zum Oeconomjerathe u. Landrentmeister ernannt und 1615 mit dem Lehngute Neurase belehnt worden sei. Richard v. F. wurde 1621 Hofrath des Herzogs Franz, später Dompropst zu Colberg und 1662 mit Schulzenhagen und Kaltenhagen belehnt. Die Söhne desselben, Paul Richard und Georg Friedrich v. F., stifteten die Kaltenhagensche und Schulzenhagensche Linie u. später besass das Geschlecht in Pommern die Güter Jüdenhagen, Plümenhagen, Datjow, Papenzin, Barkenhagen u. Zowen. — In der zweiten Hälfte des 17. Jahrh. kam auch ein Zweig der Familie nach Dänemark und aus demselben war Paul Richard v. F. Kammerherr des Königs Christian V. von Dänemark und starb 1722 im 92. Jahre. — Zahlreiche Sprossen des Stammes haben mit Auszeichnung in der k. preuss. Armee gedient und dieselben sind meist in dem N. Pr. Adelslexic. genannt. — Noch in neuerer Zeit stand ein v. F. als Premier-Lieut. im k. preuss. 9. Infant.-Regim. u. ein Seconde-Lieutenant im 24. Inf.-Regim.

Freih. v. Krohne, I. S. 318. u. II. S. 412. — Brüggemann, I. II. Hauptst. — N. Genenl.

Handbuch, 1777. S. 207—211. — N. Pr. A.-L. II. S. 201. — *Freih. v. Ledebur*, I. S. 237 und III. S. 255. — Suppl. zu Siebm. W.-B. VII. 13 und *Tyroff*, I. 24 (geben der Familie den freiherrl. Titel). — Pommersches W.-B. I. Tab. X. u. S. 29. — *Kneschke*, I. S. 157 u. 158.

Frosch, Ritter. Erbländ.-österr. Ritterstand. Diplom von 1779 für Franz Frosch, k. k. Kriegscommissair zu Freyburg.

Megerle v. Mühlfeld, Ergänz.-Bd. S. 142.

Frosch (im Schilde ein schrägrechts gezogener Bach mit drei Fröschen unter einander). Ein nur dem Wappen nach, mit welchem im 16. und 17. Jahrh. Johann u. Christian v. F. siegelten, vom Freih. v. Ledebur angeführtes Adelsgeschlecht.

Freih. v. Ledebur, I. S. 235.

Frosch (in Blau auf grünendem Boden ein grün belaubter Baum). — Ein in Preussen vorgekommenes Adelsgeschlecht, aus welchem Friedrich Christian v. F. aus Neuenbrunn im Hannöverschen, gest. 14. Sept. 1787, k. preuss. Major, Canonicus zu St. Peter und Paul in Magdeburg und Herr auf Wollenrade unweit Osterburg in der Altmark war. Ein Sohn desselben, Friedrich v. F., starb 1782, als k. preuss. Fähnrich u. die Tochter, Catharina Margaretha v. F., welche unvermählt geblieben, 1796 zu Magdeburg. — Schon vorher stand ein v. F. in Geldern u. erhielt 1750 als Capitain den Abschied. Der Stamm ist erloschen.

N. Pr. A.-L. V. S. 167. — *Freih. v. Ledebur*, I. S. 238.

Froschauer v. Mosburg und Mühlrain. Ein zum Adel Tirols gehörendes Geschlecht, aus welchem in neuester Zeit Adolph F. v. M. und M. k. k. Lieutenant im 27. Infant.-Regimente ist.

Milit. Schematismus.

Froschheim, Freiherren. Im Königr. Bayern anerkannter und bestätigter Freiherrnstand.- Bestätigungsdiplom vom 1. Mai 1786 für Joseph Daniel (Adam Joseph) Freih. v. Froschheim, Herrn auf Fuchsmühl, kurbayer. Kämmerer und Ritterrath zu Amberg. — Adelsgeschlecht der oberen Pfalz, aus welchem Dionys Daniel v. Froschheim auf Fuchsmühl, kaiserl. Truchsess und Pfleger zu Bernau 1707 auf dem Landtage der Ober-Pfalz erschien. Der oben genannte Empfänger des Freiherrndiploms wurde noch als k. bayerischer Kämmerer in die Freiherrnclasse der Adelsmatrikel des Kgr. Bayern eingetragen. Nach Allem ist mit ihm später der Stamm erloschen.

v. Lang, S. 128. — W.-B. des Kgr. Bayern, III. 1. und *v. Wölckern*, Abtheil. 3. — *v. Hefner*, Stammbuch, I. S. 389.

Froschmair Edler v. Scheibenhof, Ritter. Erbländ.-österr. Ritterstand. Diplom von 1748 für Joseph Adam Froschmair, k. k. Tabor-Mauthamts-Controleur u. Banco-Bauzahlmeister, mit dem Prädicate: Edler v. Scheibenhof.

Megerle v. Mühlfeld, Ergänz.-Bd. S. 142.

Frossard v. Wartburg. Erbländ.-österr. Adelsstand. Diplom von 1856 für Carl Frossard, k. k. Obersten und Adjutanten S. K. H. des Feldm. Erzherz. Johann.

Augsburg. Allg. Zeitung 1856. — Milit.-Schemat. 1857. S. 1056.

Frost. Reichsadelsstand. Diplom vom 11. Juni 1667, für Ernst Boguslaus Frost, Doctor der Medicin u. kurbrandenb. Leibmedicus.

Derselbe war ein Sohn des Predigers Frost in Guben. — Der Stamm wurde fortgesetzt. Jacob v. F. war kurbrandenb. Geh. Kammerrath in Stettin und ein Sohn des Letzteren kurbrandenb. Hauptmann und Herr auf Frostenwalde und Gross-Pinnow im Kr. Randow. Mit dem 1742 an den bei Czaslau erhaltenen Wunden gestorbenen k. preuss. Premierlieutenant Ernst Boguslaus v. Frost ist nach Allem der Stamm erloschen.

N. Pr. A.-L. V. S. 167. — Freih. v. Ledebur, I. S. 238 und III. S. 255.

Früchtenthal, s. Fekondo v. Früchtenthal, S. 220.

Frühbauer v. Raimsfeld. Erbländ.-österr. Adelsstand. Diplom von 1821 für Michael Frühbauer, k. k. Oberlieutenant bei der Altofner Montur-Oeconomie-Commission, mit dem Prädicate: v. Raimsfeld.

Megerle v. Mühlfeld, Ergänz.-Bd. S. 291.

Fryscheysen v. Eisenfeld. Erbländ.-österr. Adelsstand. Diplom von 1800 für Franz Fryscheysen, k. k. Artillerie-Major, mit dem Prädicate: v. Eisenfeld.

Megerle v. Mühlfeld, S. 137.

Fuchs, Fuchss, Grafen (Schild geviert, mit silbernem Mittelschilde, in welchem ein rother Fuchs nach der rechten Seite aufspringt: Stammwappen. 1 u. 4 in Blau zwei neben einander aufrecht gestellte, silberne Garben und 2 und 3 in Silber zwei rothe Pfähle). Reichsgrafenstand. Diplom vom 6. Nov. 1781 für Joseph Johann Nepomuk Freiherrn v. F., Grosshändler in Wien, wegen seiner und seiner Vorältern um die Handelschaft erworbenen, besonderen Verdienste etc. — Ein, wie Wissgrill annimmt, altes, österreichisches Adelsgeschlecht, aus welchem Hans Fuchs 26. Juli 1535 ein kaiserliches Bestätigungsdiplom des alten Adels u. des Wappens der Familie erhielt. Andere halten das Geschlecht für einen Seitenzweig des alten tirolischen Stammes Fuchs v. Fuchsberg und sagen, dass Johann F. v. F. im 17. Jahrh. aus Tirol nach Oesterreich gekommen sei und sich mit einer Freiin v. Wangler vermählt habe. Der Enkel des Letzteren, Carl, erwarb sich zuerst bei Errichtung des Freihafens zu Triest durch Ausrüstung von Schiffen auf eigene Kosten und Gefahr grosse Verdienste, und der Sohn desselben, Paul, wurde Chef eines grossen Handelshauses in Wien. Da die Familie im Laufe der Zeit bei der Handelsschaft sich des Adels begeben hatte, so wurden die Söhne Pauls, Joseph Johann Nepomuk u. Carl Joseph, 20. Juni 1765 in den erbländ.-österr. Ritter- und 21. März 1774 in den Reichsfreiherrnstand erhöben. Freiherr Carl Joseph blieb ledig, Freiherr Joseph Johann Nepomuk aber vermählte sich mit Maria Caecilie v. Fillenbaum, brachte, s. oben, den Grafenstand in die Familie, erhielt 28. Nov. 1786, nachdem der Mannsstamm der Grafen v. Rappach erloschen, das durch dieses Erlöschen erledigte Erbland-Stabelmeister-Amt in Oesterreich ob und unter der Enns als erbliches Mannslehn und erwarb sehr grossen Grundbesitz. Aus seiner Ehe entsprossten fünf Söhne, die Grafen: Carl, Ignaz, Joseph, Aloys und Franz Xaver, von welchen Ignaz und Aloys den Stamm fortsetzt n. Graf Ignaz, gest. 1838, k. k. Kämmerer war mit Anna v. Grosser, gest. 1834 u. Graf

Aloys, gest. 1836, mit Caroline Mäderer v. Ehrenreichskron, gest. 1842, vermählt. — Der neuere Personalbestand des gräflichen Hauses war folgender: Anton Graf Fuchs zu Puchheim und Mitterberg, geb. 1786 — Sohn des Grafen Ignaz — Herr der Herrschaften Schiltern und Kronsegg in Nieder-Oesterreich etc. Obersterblandstapelmeister in Oesterreich ob und unter der Enns, verm. 1827 mit Sidonia Grf. v. Wurmbrand-Stuppach, geb. 1800, aus welcher Ehe eine Tochter entspross, Grf. Maria Anna, geb. 1828, verm. 1850 mit Carl Wolfgang Grafen v. Aichelburg, k. k. Kämmerer. Von den Brüdern des Grafen Anton war Graf Joseph, gest. 1850, Herr der Herrschaft Frei-Aumühl, k. k. Kämmerer und Major in der A., mit Leopoldine Grf. Barkoczy v. Szala vermählt. Die anderen beiden Brüder sind: Graf Ignaz, geb. 1791, k. k. Kämmerer und Oberst in d. A. und Graf Baptist, geb. 1793, k. k. Kämm. u. Rittm. in der A. Die Schwester derselben, Grf. Vincenzia, geb. 1798, verm. sich 1824 mit Vincenz Grafen v. Waldstein-Wartenberg. — Von dem 1836 verstorbenen Grafen Aloys, s. oben, stammt, neben einer Tochter, Grf. Antonie, geb. 1800, verm. 1839 mit Ignaz Posch, ein Sohn, Graf Johann, geb. 1805, Officiant im k. k. Justiz-Ministerium, verm. 1851 mit Leopoldine v. Hahöcker.

Wissgrill, III. S. 116 und 117. — Megerle v. Mühlfeld, S. 18, 50 und 111. — Deutsche Grafenhäuser der Gegenwart I. S. 247 und 248. — Geneal. Taschenb. d. gräfl. Häuser, 1859. S. 284 und histor. Handb. zu demselben, S. 229. — Tyroff, II. 284: Freiherren und Grafen v. F. — W.-B. d Kgr. Bayern. I. 40 und v. Wölckern, Abtheil. I. — v. Hefner, bayerisch. Adel Tab. 5 und S. 10.

Fuchs, Freiherren (Schild geviert mit silbernem Mittelschilde, in welchem sich ein schrägrechts gelegter, grüner Eichenzweig mit einem schräglinks gelegten Palmzweige kreuzt, welche beide Zweige mit einem goldenen Bande mittelst Schleife zusammengebunden sind. 1 und 4 in Gold ein golden gekrönter und bewehrter, schwarzer, halber Adler und 2 u. 3 in Blau ein einwärts gekehrter, doch auswärts sehender Fuchs). Reichsfreiherrnstand. Diplom von 1700 für Paul v. Fuchs, k. preuss. w. Geh. Kriegsrath, Etatsminister und Kanzler v. Hinterpommern u. k. preuss. Bestätigungsdiplom des Freiherrnstandes vom 10. Jan. 1701. Derselbe, gest 1704 — ein Sohn des Superintendenten Samuel Fuchs in Stettin — Herr auf Malchow im Brandenburgischen, Fuchshöfen und Wedderau in Ostpreussen etc. hatte vom K. Leopold I. den Reichsadelstand erhalten und diese Erhöhung war in Kurbrandenburg 11. Dec. 1684 anerkannt worden. Der Sohn desselben — die einzige Tochter hatte sich mit dem k. preuss. Geh. Staatsminister v. Schmettau vermählt — Freiherr Johann Paul war k. preuss. Hof- und Ravensbergischer Appellations-Gerichtsrath und mit dem Sohne des Letzteren, dem k. preuss. Lieutenant Freih. v. Fuchs, starb 1738 der Stamm aus.

Jugler, Beitr. zur juristischen Biographie, VI. S. 213. — v. Hellbach, I. S. 390 und 391. — N. Pr. A.-L. I. S. 36 und II. S. 201 und 202. — Freih. v. Ledebur, I. S. 338. — W.-B. der Preuss. Monarch. II. 37 und III. 22. — Kneschke, IV. S 185 und 186.

Fuchs (im Schilde ein aufgerichteter und auf dem Helme ein sitzender Fuchs). Ein im 17. und 18. Jahrh. in Ostpreussen vorgekommenes Adelsgeschlecht, welches wohl mit der fränkischen, besonders im Würzburgischen begüterten Familie der Fuchs zu Bimbach,

Bornheim etc. einen Ursprung hatte. — Balthasar v. F. kommt 1606 und als Hauptmann zu Oeltzko 1619 u. der Bruder desselben, Hans Albrecht, Oberschenk, auf Seepothen 1607 und auf Arnau 1614 vor. — Der Stamm blühte fort und demselben gehörten noch 1784 die Güter Fuchshöfen im Kreise Königsberg und Rutkowitz im Kr. Neidenburg.

Freih. v. Ledebur, I. S. 238 und III. S. 255.

Fuchs (Schild durch eine aufsteigende, gebogene Spitze getheilt, dreifeldrig. 1, rechts oben, in Silber ein mit einem goldenen Kleestengel belegter, schwarzer Adlersflügel; 2, links oben, in Gold ein aufrecht gestellter rother Fuchs und 3, in der Spitze, in Blau drei, 1 und 2, sechsstrahlige, goldene Sterne). Adelsstand des Königr. Preussen. Diplom vom 20. Nov. 1716 für Johann Heinrich Fuchs, k. preuss. Geh. Justizrath. Derselbe starb 1727 als k. preuss. Geh. Staats- und Kriegsminister und sein Sohn, Conrad Ludwig v. F., war 1746 k. preuss. Kriegs- u. Domainenrath in Magdeburg. Der Stamm hat fortgeblüht u. in neuester Zeit gehörte zu demselben der k. preuss. Oberstlieutenant v. F. im 33. Infanterie-Regimente.

v. Hellbach, I. S. 391. — N. Pr. A.-L. I. S. 88 und II. S. 202. — Freih. v. Ledebur, I. S. 238 u. III. S. 255. — W.-B. d. preuss. Monarch. II. 22. — Kneschke, IV. S. 136 u. 137.

Fuchs (in Silber ein nach der linken Seite springender rother Fuchs und im rechten Oberwinkel des Schildes ein achtstrahliger, goldener Stern). Altes, wie Beckmann annimmt, ursprünglich elsassisches Adelsgeschlecht, welches im 17. Jahrh. nach Niedersachsen kam und sich dann im Braunschweigischen, in Ostfriesland, Schweden, Anhalt etc. ausbreitete. — Nicolaus v. Fuchs war um 1579 Stadtmeister zu Strassburg, welche Würde nur die Vornehmsten des Adels erhielten. Der Sohn desselben, Hans Nicolaus v. F., gest. 1644, wurde Statthalter und Graf des damals zu Lauenburg gehörigen Landes Hadeln u. vier Söhne des Letzteren aus der Ehe mit einer Freiin v. Putlitz wendeten sich in die oben genannten Länder. — Der jüngste derselben, Nicolaus Christoph v. F. gest. 1683, fürstl. Anhalt-Zerbstscher Stall- und Jäger-Meister, setzte den Stamm dauernd fort. Von ihm entspross Hans Christoph v. F., ebenfalls fürstl. Anhalt-Zerbst. Stall- und Jäger-Meister, Herr auf Lidingerwort, dessen zwei Söhne, Carl Wilhelm und Friedrich Ludwig v. Fuchs das Geschlecht weiter fortpflanzten. Dasselbe hatte 1754 Pfriemsdorf bei Köthen u. Golm unweit Delitzsch inne und besass in neuerer Zeit Röcknitz bei Wurzen und Hohenstein bei Delitzsch.

Beckmann, VII. S. 224 u. Tab. B. Nr. 1. — Gauhe, I. S. 289. — Freih. v. Ledebur, I. S. 238. — v. Meding, I. S. 162. — Kneschke, II. S. 165 und 166.

Fuchs. Adelsstand des Kgr. Bayern. Diplom vom 8. Aug. 1826 für Johann Georg Fuchs, Herrn auf Falkenberg.

W.-B. d. Kgr. Bayern, X. 22. — v. Hefner, bayer. Adel, Tab. 72 und S. 74.

Fuchs. Adelsstand des Kgr. Bayern. Diplom von 1854 für Dr. J. N. Fuchs, Professor zu München.

Augsb. Allg. Zeit. 1854.

Fuchs v. Bimbach und Dornheim, Freiherren und Grafen (Schild geviert: 1 u. 4 in Gold ein einwärts springender, rother Fuchs: Stammwappen und 2 und 3 sechsmal in die Länge, oder pfahlweise, mit gewechselten Farben: d. h. von der Mitte des Feldes tritt die andere Farbe ein, getheilt: v. Rosenberg). Reichsfreiherrn- und Grafenstand. Freiherrndiplom vom 9. Nov. 1699 für Ludwig Reinhold Fuchs v. Bimbach, fürstl. würzburgischen Obersten, mit Beilegung des Wappens des erloschenen fränkischen Geschlechts v. Rosenberg u. Grafendiplom von 1705 für Christoph Ernst Freih. F. v. B., k. w. Geh.-Rath und Gesandten am niedersächs. Kreise. — Eins der ältesten u. angesehensten fränkischen Rittergeschlechter, welches schon 1190 vorkommt u. aus welchem Johann Georg F. v. B. 1622 Fürstbischof zu Bamberg wurde. — Der Stamm breitete sich im Laufe der Zeit in drei Hauptstämmen aus, welche ihre Stammreihe meist bis auf den Anfang des 14. Jahrh. zurückführen: die Fuchs v. Dornheim, genannt Sontheim, die Fuchs v. Wohnfurt und Rügheim und die Fuchs v. Bimbach, von denen nur der letzte Stamm noch blüht, welcher, nach Abgang des Hauptstammes der Fuchs v. Dornheim, letzteren Namen zu dem seinen gesetzt hat. Jeder dieser Stämme schied sich in mehrere Aeste, die, nach ihren Gütern genannt, nach und nach wieder ausstarben. Von den urkundlich 1300 erscheinenden Fuchs v. Dornheim, genannt Sontheim zweigten sich ab die F. v. Burteswagen, Neidenfels, Wallburg, Winkler, Maisontheim, Wiesentheid, Speckfeld, Kirchenschönbach, Rüdenhausen und Mainstockheim. Die letzte Erbtochter des Stammes F. v. D. vermählte sich 1690 mit Ludwig Reinhold Fuchs v. Bimbach, s. oben, welcher den Namen Dornheim annahm. — Die Fuchs v. Wohnfurt u. Rügheim treten zuerst urkundlich 1303 auf, blühten bis um 1660 und zu denselben gehörten die Aeste zu Hassfurth, Hoherrieth, Schweinshaupten, Burgpreppach und Leutzendorf. — Die schon um 1293 vorgekommenen Fuchs v. Bimbach beginnen die ununterbrochene Stammreihe von 1502 an und schieden sich später in die Linien zu Gleisenau, Burgpreppach und Schweinshaupten, welche letzteren Güter durch Vermählungen der Erbtöchter der Aeste Burgpreppach und Schweinshaupten an den Stamm zu Bimbach gelangten. — Die gräfliche Linie ist schon in den Söhnen des ersten Grafen F. v. B. wieder erloschen. Franz Ludwig Ernst Graf Fuchs v. Bimbach, Domherr zu Bamberg, kam noch 1737 vor. — In neuester Zeit ist das Haupt der Familie Franz Lothar Freih. F. v. B. und D., geb. 1804, — Sohn des 1823 verst. Freih. Friedrich Joseph — k. bayer. Kämmerer, verm. in erster Ehe mit Franzisca Catharina Ehrenfest und in zweiter mit der Schwester derselben, Regina Ehrenfest. Aus beiden Ehen leben Nachkommen. Aus der ersten entsprossten, neben zwei Töchtern, den Freiinnen Regina, geb. 1835 und Emma, geb. 1837, zwei Söhne, Freih. Otto, geb. 1833 und Freih. Franz, geb. 1838 und aus der zweiten stammen, neben einer Tochter, Josephine, geb. 1849, ebenfalls zwei Söhne, Reinhold, geb. 1845 und Anton, geb. 1847. — Von dem 1842 verstorbenen Bruder des Freiherrn Franz Lothar, dem Freih. Georg Carl, vermählt mit Henriette Riedel, stammt eine Tochter, Freiin Franzisca, geb. 1833, verm. 1849 mit Bruno v. Wessenig, k. bayer.

Rittmeister. Die Schwester des Freiherrn Franz Lothar, Freiin Wilhelmine, geb. 1808, ist seit 1826 vermählt mit Edmund Grafen von Linden auf Burgberg, k. württemb. General-Major und Commandanten der Reiterdivision.

v. Gleichenstein, Nr. 25: Fuchs v. Wünfurt (Wolfufurt). — *Gauhe*, I. S. 573 u. 574. — *v. Hattstein*, III. S. 199—203. — *Biedermann*, Canton Baunach, Tab. 80—63. Canton Altmühl, Tab. 180 und Canton Ottenwald, Suppl. — *Salver*, S. 335. 343. 344. 391—393. 397 u. a. v. a. O. — N. Geneal. Handb., 1777. S. 73 und 1778. S. 73 und 74. — *v. Lang*, S. 199. — Jahrb. d. deutschen Adels, 1847. S. 338. — Geneal. Taschenb. d. freih. Häuser, 1856. S. 191 u. 192. und 1857. S. 206 und 207. — *v. Hefner*, Stammbuch, I. S. 390. — *Siebmacher*, I. 100: Die Fuchsen. Fränkisch. — *v. Meding*, I. S. 162 und 163. — *Tyroff*, I. 174. — W.-B. d. Kgr. Bayern, III. 2 u. *v. Wölckern*, Abth. 3. S. 3 und 4. — *v. Hefner*, bayer. Adel, Tab. 32 und S. 35. — *Kneschke*, I. S. 158 u. 159.

Fuchs v. Ebenhofen (in Gold ein rother Fuchs). Tiroler Adelsgeschlecht, welches mit den Beinamen: Ebenhofen 1616 auch in Schlesien vorkam.

Sinapius, II. S. 631.

Fuchs v. Freyenberg. Reichsadelsstand. Diplom von 1737 für Johann Leopold Fuchs, Doctor der Rechte, mit dem Prädicate: v. Freyenberg.

Megerle v. Mühlfeld, S. 187.

Fuchs v. Fuchsberg, auch **Grafen** (Schild geviert mit einem rothen, eine eingebogene blaue Spitze zeigenden Mittelschilde: Edle v. Passeyr, erloschen mit Reinbert P. um 1390. 1 u. 4 in Gold ein rother, linksspringender Fuchs: Stammwappen) und 2 und 3 in Silber ein blauer Querbalken, mit einem darüber gelegten, rothen Löwen: Löwenberg oder Lebenberg, erloschen 1410 im Mannsstamme mit Leonardus v. L.). Altes, tiroler Rittergeschlecht, welches zuerst 1162 vorkommt und mehrfach aus Franken hergeleitet und mit dem Stamme der fränkischen Fuchs: der Fuchs v. Bimbach etc. in Verbindung gebracht worden ist. — Nach Angabe des Grafen v. Brandis lebte dasselbe zu seiner Zeit schon vor 400 Jahren rittermässig in Tirol und nahm den Beinamen von dem Schlosse Fuchsberg unter St. Paul an, welches Schloss Ulrich Fuchs bereits 1267 besass. Von 1383 an schrieb sich die Familie auch: v. Jauffenburg und Passeyer, weil Christoph Fuchs die letzte Erbtochter, Barbara v. Passeyer, zur Gemahlin gehabt hatte. 1421 vermählte sich Wolfgang F. v. F. zu Jauffenburg mit Dorothea v. Lebenberg, der Letzten ihres Geschlechts und Erbin des Schlosses Lebenberg; Georg war 1464 kais. Oberhofmarschall und Diego 1483 Landhauptmann an der Etsch; Christoph, früher Commandant zu Kuffstein, wurde nach dem Tode seiner Gemahlin Canonicus und starb 1542 als Bischof zu Brixen und Johann Philipp kommt 1620 als kaiserl. Kriegsrath und Oberst-Feldzeugmeister vor. — 1603 war vom K. Rudolph II. der Freiherrn- und 1634 vom K. Ferdinand II. der Grafenstand in die Familie gekommen, in welchem Letzteren der Stamm fortblühte, bis mit Johann Gr. F. v. F., welcher 1828 auf dem Löwenberg in Tirol starb, das Geschlecht erlosch.

Bucelini, II. S. 89. 90 und S. 127—129. — *Gr. v. Brandis*, S. 54 und 16 und Nr. 4. — *Gauhe*, I. S. 575 und 576. — *Wissgrill*, III. S. 123—126 — *Siebmacher*, I. 23. — *Spener*, Histor. Insign. S. 621 und 622 und Tab. 28. — *v. Meding*, I. S 164 und 165. — W.-B. des Kgr. Bayern, I. 41 und *v. Wölckern*, Abtheil. 1. — *v. Hefner*, bayer. Adel, Tab. 4 und S. 10 und ausgestorbener tiroler Adel. Tab. 3

Kneschke, Deutsch. Adels-Lex. III.

Fuchs v. Grünfeld. Erbländisch-österr. Adelsstand. Diplom von 1758 für Johann Carl Fuchs, wegen guter Besorgung des Bancalgefälls im Senftenberger Bezirke in Böhmen, mit dem Prädicate: v. Grünfeld und von 1760 für Johann Anton Fuchs und den Bruder desselben, Johann Ambrosius Fuchs, wegen geleisteter Bancaldienste u. vom Ersterem im preussischen Kriege bewiesener Treue.

Megerle v. Mühlfeld, S. 187.

Fuchs v. Kanderberg (in Silber eine rothe, altförmige Kanne). Altes, fränkisches Adelsgeschlecht, welches, begütert zu Hohenburg, Trieffenfeld, Mutershausen, Altfelden, Neuenburg etc., dem Rittercanton Baunach einverleibt war. Dasselbe kam seit 1303 mit Conrad F. v. K. bis 1525 vor, in welchem Jahre Anton die ganzen Besitzungen der Familie an sich gebracht hatte und später wohl den alten Stamm schloss. Da von demselben immer nur das Kanderberg'sche und nicht das Fuchs'sche Wappen geführt wurde, hat man vermuthet, dass der Name Fuchs nur in Folge von Erbschaft Fuchs'scher Güter zu dem Geschlechtsnamen Kanderberg gekommen sei.

B. G. Struve, neueröffnetes histor. und polit. Archiv, I. S. 220. — *Biedermann*, Canton Baunach, Tab. 32 u. 33. — *Siebmacher*, II. 75. Nr. 2: Fuchsn. v. Kanderberg Riedern, Fränkisch. — *v. Meding*, I. S. 165.

Fuchs zu Puchheim, Mitterberg und Radaun, s. Fuchs, Fuchss, Grafen, S. 381.

Fuchs v. Renstein. Erbländisch-österr. Adelsstand. Diplom von 1786 für Anton Joseph Fuchs, k. k. Gülten-Schätzungs-Commissair und Pächter der Herrschaft Starhemberg-Vischau, mit dem Prädicate: v. Renstein.

Megerle v. Mühlfeld, S. 187.

Fuchs v. Todtenfelss. Böhmischer Adelsstand. Diplom von 1709 für Andreas Sebastian u. Franz Sebastian Fuchs, mit dem Prädicate: v. Todtenfelss.

Megerle v. Mühlfeld, Ergänz.-Bd. S. 291 u. 292.

Fuchs v. Wohnfurt, s. Fuchs v. Bimbach, S. 383—385.

Fuchsberger. Ein in Nieder-Oesterreich vorgekommenes Adelsgeschlecht. Johann Fuchsberger, früher Bürgermeister in Steyer und sehr wohlhabend, kaufte um 1521 die Veste und Herrschaft Cronseck in Nieder-Oesterreich, ein damals brandenburgisches Lehn, erhielt 1523 die Belehnung, verkaufte aber die genannte Herrschaft schon 1531 wieder. Aus seiner Ehe mit Barbara Eggenberger v. Eggenberg stammte ein Sohn, Matthias v. F., welcher vom K. Matthias II. 9. Nov. 1564 für seine Hofforderungen den Ritterstand mit Wappenverbesserung: (in Schwarz auf grünem Rasen ein rechts laufender Fuchs und auf dem gekrönten Helme ein goldengekrönter, ausgebreiteter, schwarzer Adler) und einige Lehen bei Enns erhielt. Ueber Aufnahme unter die niederösterr. Stände des neuen Ritterstandes hat Wissgrill Nachrichten nicht aufgefunden.

Wissgrill, III. S. 126.

Fuchsius, Fuxius (Schild geviert, mit silbernem Mittelschilde, in welchem ein grünes Kleeblatt mit kurzem Stiele schwebt. 1 und 4 in

Blau drei, 2 und 1, sechsstrahlige, goldene Sterne und 2 u. 3 in Gold ein einwärts gekehrter, rother Löwe). Reichsadelsstand. Diplom im kurpfälz. Reichsvicariate vom 13. Juni 1792 für Johann Engelbert Fuchsius, kurpfälz. Geh.-Rath, Gesandten des westphälischen Kreises etc. Derselbe starb 1828 als Präsident des rheinischen Cassationshofes. Von seinen Söhnen wurde Carl Clemens Franz Anselm v. F. Oberbürgermeister der Stadt Düsseldorf und ein anderer Sohn war 1838 Appellationsrath zu Cöln. — In die Adelsmatrikel der preuss. Rheinprovinz wurden, laut Eingabe d. d. Düsseldorf, 19. Dec. 1829, unter Nr. 137 der Classe der Edelleute, Joseph und Carl v. Fuchsius eingetragen.

N. Pr. A.-L. V. S. 168. — Fahne, I. S. 106. — Freih. v. Ledebur, I. S. 239. — W.-B. der Preuss. Rheinprovinz, I. Tab. 38. Nr. 75 und S. 38 und 89. — Kneschke, IV. S. 137.

Fuchsstainer, Ritter. Böhmischer Ritterstand. Diplom von 1726 für Johann Michael Fuchsstainer, k. k. Kammer-Procurator in Mähren.

Megerle v. Mühlfeld, S. 111.

Fuchstadt. Altes, längst erloschenes, fuldaisches u. fränkisches Adelsgeschlecht, aus welchem Heinrich F. bereits 1341 fuldaischer Lehnsmann war und Conradus de F. 1359 als Canonicus zu Erfurt starb.

Schannat, S. 83. — Mone, Zeitschr. f. die Gesch. des Oberrheins, IV. S. 254. — Siebmacher, II. 72: v. Fuchstadt, Fränkisch. — v. Meding, III. S. 190. — Tyroff, I. 186.

Fübich. Erbländ.-österreich. Adelsstand. Diplom von 1772 für Balthasar Fübich, k. k. Capitain-Lieutenant bei Graf Buttler Infanterie.

Megerle v. Mühlfeld, Ergänz.-Bd. S. 291.

Führenpfeil v. Pfeilheim. Ein in Krain vorgekommenes, später wieder ausgegangenes Adelsgeschlecht, aus welchem Wolf Andre F. v. P. 5. Februar 1689 die Landstandschaft im Herzogthume Krain erhielt.

v. Hefner, Stammbuch, I. S. 391.

Führer v. Führenberg, Ritter (in Schwarz ein die Hörner nach oben kehrender, silberner Halbmond mit Gesicht, aus welchem fünf goldene Flammen nach oben schlagen). Reichsritterstand. Diplom vom K. Carl V. für Hieronymus v. Führer, k. k. Obersten, wegen der bei dem Entsatze von Wien bewiesenen Tapferkeit u. mit Bestätigung des altadeligen Geschlechtswappens. — Derselbe stammte aus einer kärntner Adelsfamilie und sein Urenkel, Christoph, — Sohn des Hieronymus II. und Enkel des Jacob v. F. — wurde zum Burggrafen zu Warasdin in Croatien ernannt, erlangte 1621 eine neue kaiserliche Bestätigung des ihm zustehenden Reichsritterstandes mit dem Prädicate: v. Führenberg und wurde, nachdem er sich in Steiermark angekauft, als Landmann den steiermärkischen Ständen einverleibt. Der Stamm blühte fort, Sprossen desselben dienten mit Auszeichnung in der k. k. Armee und zu dem der Familie zustehenden Gute Jaming kam durch Vermählung auch die Herrschaft Rabensberg. Johann Anton Ritter F. v. F., welcher von dem obengenannten Christoph im vierten Gliede stammte, k. k. Oberstwachtmeister in d.

A., k. k. Rath und Kreishauptmann des Cillerkreises in Steiermark, starb 1771 u. hinterliess vier Söhne, über welchen Leupold Näheres mitgetheilt hat.

<small>Leupold, I. 2. S. 348 und 349. — Schmutz, I. S. 429. — Siebmacher, III. 87. — Kneschke, II. S. 166 und 167.</small>

Führer v. Haimendorf, auch **Ritter** (Stammwappen, welches noch jetzt die jüngere Linie des Stammes führt: Schild der Länge nach getheilt: rechts in Roth eine an die Theilungslinie angeschlossene, halbe, silberne Lilie u. links in Silber ein ebenfalls an die Theilungslinie angeschlossenes, halbes, rothes Rad. Vermehrtes Wappen der älteren Linie zu Haimendorff und Wolkersdorf nach dem Diplome von 1688: Schild geviert, mit das Stammwappen enthaltendem Mittelschilde. 1 und 4 in Gold ein einwärtssehender, gekrönter, schwarzer Adler und 2 u. 3 unter einem silbernen Feldeshaupte von natürlichen Wolken von Schwarz und Gold quergetheilt mit einem einwärts gekehrten, doppelt geschweiften und gekrönten Löwen von gewechselten Farben). Erbländ.-österr. Ritterstand. Diplom von 1820 für Carl Führer v. Haimendorf, k. k. Lieutenant in d. A. und Herrn auf Hogeschin. — Die Familie F. v. H. ist ein altes, ursprünglich zu dem Adel des Elsasses und der Rheinlande gehörendes Geschlecht, welches schon in sehr früher Zeit um Strassburg angesessen gewesen sein soll. Später wendete es sich nach Franken u. sass auf dem Schlosse Michelfeld bei Schwäbisch-Hall. Als Stammvater wird Reinwald Führer, Rath und Diener des K. Rudolph I., genannt, welcher im Dominikaner-Kloster zu Mainz begraben wurde. Conrad Führer, wohl ein Sohn Reinwalds, wendete sich 1274 aus Mainz zuerst nach Nürnberg, wo die Nachkommen 1501 das Patriziat erlangten: im genannten Jahre wurde Sigmund II. zuerst in den Rath zu Nürnberg gewählt. — Christoph F., Kriegsrath des fränkischen Kreises, erhielt durch kaiserliches Diplom von 1599 das althergebrachte adelige Wappen der Familie, so wie das 1547 gestiftete Führer'sche Fideicommiss Haimendorf und Kientzenau unter dem Laim- und Moritzberge bestätigt und durch kaiserliches Diplom von 1688 wurde der älteren Linie zu Haimendorf und Wolkersdorf das angestammte Wappen vermehrt. — Von den drei Hauptlinien, in welche der Stamm sich geschieden, blüht nur noch die von Christoph IV. F., gest. 1633, gegründete, ältere Hauptlinie zu Wolkersdorf. Die mittlere Sigmundsche Hauptlinie zu Steinbühl und Himmelgarten, welche Johann Sigmund, gest. 1642, stiftete, ist mit dem Landpfleger Georg Sigmund 1767 erloschen und die jüngere, Moritzische Hauptlinie auf Renzenhof starb 1782 mit dem Rittmeister Carl Moritz aus. — Aus der älteren Hauptlinie gingen später zwei Speciallinien hervor: die Christophsche und die Carl-Gottliebsche, welche beide noch blühen und von denen die erstere das vermehrte Wappen von 1688, s. oben, die letztere das einfache Stammwappen führt. Das Geschlecht hat sich um Nürnberg vielfache Verdienste erworben und hat mehrere sehr gelehrte Männer hervorgebracht, zu welchen namentlich gehören: Christoph III. gest. 1610, welcher seine Reise in das gelobte Land lateinisch und deutsch beschrieben hat und Christoph VII. gest. 1732, w. kais. Rath, kurmainz., fürstl. braunschw. und pfalz-sulzbach. Geh.-Rath, Vorderster Losunger u. Reichsschultheiss zu Nürnberg und Präses des Pegnesischen Blumenordens. — Im jetzigen Jahrh. hat der Stamm aus zahlreichen Gliedern bestanden, von denen mehrere in Nürnberg bedienstet waren, während andere in der k. bayer. und k. k. Armee dienten. v. Lang allein hat, als in der Adelsmatrikel des Kgr. Bayern eingetragen, aus der älteren Christophschen Linie acht und aus der jüngeren Carl-Gottliebschen Linie vier Familienglieder genannt. — Der Familienname wurde übrigens sonst, bis auf Siebmacher, stets: Fürer geschrieben und nur erst in neuerer Zeit hat man ihn mehrfach wieder nach Megerle v. Mühlfeld: Führer geschrieben.

Biedermann, Nürnberg. adel. Patriciat, Tab. 368—389. — N. Geneal. Handb. 1777. S. 211—216 u. 1778. II. S. 273—275. — *v. Lang*, S. 341—343. — *Megerle v. Mühlfeld*, Ergänz.-Bd S. 142. — *Siebmacher*, I. 205: Die Führer. Nürnbergische Patricier, V. 22. Nr. 5. und VI. 22. Nr. 10. — *Jungendres*, Einleit. In die Heraldik, S. 182 u. 189 u. 192 u. 193 u. Tab. V. Nr. 40 und VI. Nr. 51. — *Tyroff*, I. 28. Nr. 2 und 3 u. *Siebenkees*, I. S. 36—38. — Suppl zu Siebm. W.-B. VII. 14. — W.-B. des Kgr. Bayerns, V. 49 und 50. — *v. Hefner*, bayer. Adel, Tab. 68 u. S. 78. — *Kneschke*, IV. S. 138—140.

Führer v. Sonnenfeld. Erbländ.-österr. Adelsstand mit dem Prädicate: v. Sonnenfeld. Anton F. v. S. stand in den letzten Jahren als Hauptmann bei der k. k. technischen Artillerie.

Militair-Schematismus.

Füldner. Böhmischer Adelsstand. Diplom vom 7. Sept. 1722 für Johann Jacob Füldner, herz. württemb. Hofrath. Die Notification dieser Erhöhung an die Breslauer Oberamts-Regierung erfolgte 28. Octob. 1736. Der Diploms-Empfänger, gest. 1743 als k. preuss. Oberamts-Regierungsrath, hatte den Stamm fortgesetzt. Von den Nachkommen standen Mehrere als Officiere in der k. preuss. Armee und noch 1847 war ein v. F. Lieutenant im Wohlauer Landwehr-Bataill. — Die Familie hatte in Schlesien das Gut Langendorf im Kr. Polnisch-Wartenberg 1774 und noch 1804 Schmiedefeld im Kr. Breslau inne.

Megerle v. Mühlfeld, Ergänz.-Bd. S. 292. — N. Pr. A.-L. II. S. 202. — *Freih. v. Ledebur*, I. S. 239 und III. S. 255. — Schlesisches W.-B. III. Nr. 178.

Füljod, Ritter. Erbländ.-österr. Ritterstand. Diplom von 1817 für Claudius Füljod, Hofrath der k. k. Hofkammer.

Megerle v. Mühlfeld, S. 111.

Füll v. Windach u. Kammerberg, Freiherren. Kurbayerischer Freiherrnstand vom 21. Juni 1691 für Johann Ullrich v. Füll wegen Abtretung des Gutes Velding an das Schloss Dachau und zwar unter Vermehrung des Wappens mit dem alten Kammerberg'schen Wappen. Derselbe stammte aus einer münchner Familie, aus welcher Franz Füll, Mitglied des innern Raths, 1610 den Adel erhalten hatte. Der Sohn des Letzteren war Kriegs-Commissair in Savoyen u. erhielt mit dem Titel: Don eine erbliche Commende des Ordens St. Mauritii et Lazari in Piemont und ein Enkel desselben war der oben erwähnte Freiherr Johann Ulrich, von welchem im zweiten Gliede Freiherr Ferdinand Joseph Franz de Paula stammte, welcher, geb. 1764, Herr auf Grunertshofen, Windach und Eresing, k. bayer Oberlieutenant a.

D. in die Adelsmatrikel des Kgr. Bayern eingetragen wurde. Mit ihm ist um 1820 das Geschlecht erloschen.

v. Lang, S. 129 und 130. — Suppl. zu Siebm. W.-B. VII. 12. — W.-B. des Kgr. Bayern, III. 2 und XIV. 44 und *v. Wölckern*, Abtheilung 3. — *Kneschke*, II. S. 167 u. 168.

Füllen, Fallen v. Gelspolzheim. Altes, erloschenes, elsassisches Adelsgeschlecht, welches jetzt nur durch das von Siebmacher gegebene Wappen bekannt ist.

Siebmacher, I. 195.

Füllenbach (im Schilde ein Ochsenkopf). Schwäbisches Adelsgeschlecht aus dem gleichnamigen Stammhause bei Augsburg, welches im Augsburger Patriciate von 1241 bis 1429 vorkam. Ein Zweig des Stammes war schon im 14. Jahrh. landsässig. — Das Wappen einer gleichnamigen bayerischen Familie giebt Siebmacher IV. 185 (in Silber ein Hahn) unter den Geadelten mit dem Namen Villenbach.

v. Stetten, Gesch. d. adel. Geschl. in Augsburg, S. 44.

Füller v. der Brücke, Freih. Erbländisch-österr. Freiherrnstand. Diplom v. 1827 für Maximilian Füller, k. k. Oberlieutenant, mit dem Prädicate: v. der Brücke. Derselbe ist später als Major aus dem activen Dienste getreten.

Handschriftl. Notiz.

Füllnstein. Niederösterreichisches Adelsgeschlecht, aus welchem Georg Christoph v. Füllnstein, k. k. Hofrath, von 1572—1586 mit dem Schlosse u. Gute Triebeswinkel begütert war. Dasselbe Schloss und Gut besassen daun Hermann Jacob und Hans Christoph v. Füllnstein, Gebrüder, wohl die Söhne oder Brüder des Georg Christoph v. F., welche diese Besitzung an Georg Federle verkauften. — Albert v. F. war 1597 ältester Hofkammerrath von Seite der k. k. Hofkammer bei der gräfl. Hardeggschen Untersuchungs- und Processsache und Elias v. F., Geh. Canzleischreiber K. Rudolph II., vermählte sich 1603 mit Caecilia Zaininger. Nach ihm kommt der Name der Familie, welche in keiner Matrikel unter den Landleuten aufgeführt wird, nicht mehr vor.

Wissgrill, III. S. 128 und 129.

Fümee, Ritter u. Edle. Erbländ.-österr. Ritterstand. Diplom von 1754 für Johann Jacob Fümee, k. k. Leib- und Oberstabschirurg, mit dem Prädicate: Edler v.

Megerle v. Mühlfeld, Ergänz.-Bd. S. 142.

Fünckl, Ritter. Erbländ.-österr. Ritterstand. Diplom v. 27. Februar 1763 für die Gebrüder Gallus, Conrad und Thomas Fünckl. Vorher, 1522, hatte Sebald Fünckl zu Hasendorf, k. k. Hofpfennig-Meister, einige landesfürstliche u. passauische Lehen im Tulner-Felde erhalten. Die Familie ist noch im 16. Jahrh. in Niederösterreich wieder ausgegangen.

Wissgrill, III. S. 199.

Fünfkirchen, Grafen. Erbländ.-österr. Grafenstand. Diplom von 1698 für Johann Bernhard Freiherrn v. Fünfkirchen u. für die Söhne seines Bruders, Johann Ernst, die Freiherren Johann Leopold u. Johann Joseph u. die gesammte Nachkommenschaft. — Das Geschlecht

Fünfkirchen zählt zu den ältesten Adelsfamilien des Erzherzogthums Oesterreich u. stammt nach Einigen aus Ungarn, nach Anderen aber, und wohl richtiger, aus Wien. Wilhalm Vnenffkirchen erscheint urkundlich 1250 und Leupoldus de quinque Ecclesiis 1276. Ulrich Fünfkircher, Münz-Meister zu Wien, tritt schon 1302 als Ulrich v. Fünfkirchen auf und die Nachkommenschaft desselben findet sich in Wissgrills Werke. Von Ulrich stammte im vierten Gliede Philipp, welcher 1411 in dem Lehnbuche des Herzogs Albrecht IV. zu Oesterreich genannt wird u. mit dem Bucelini, welcher Philipps Vorfahren nicht kannte, erst die fortlaufende Stammreihe beginnt. Philipp und seine Nachkommen heissen urkundlich: Ritter. Von Philipp im 4. Gliede stammte Johann Bernhard, niederösterr. Hofkammerrath und Oberstfeldproviantmeister, welcher mit seinem Bruder, Johann Maximilian, den übrigen Geschwistern und dem gesammten Geschlechte vom K Rudolph II. 31. Jan. 1603 als Freien und Freiinnen in den Herrenstand erhoben wurden. Freiherr Johann Bernhard starb 1626 und von seinen Söhnen aus der Ehe mit Barbara Freiin v. Teuffenbach pflanzte Johann Sigismund, vermählt mit Anna Polyxena Elisabeth Herrin v. Schärffenberg, den Stamm fort. Derselbe hinterliess zwei Söhne, Johann Bernhard und Johann Ernst. Ersterer wurde, s. oben, mit den Söhnen des Letzteren, Johann Leopold und Johann Joseph, in den Grafenstand erhoben. — Graf Johann Bernhard starb 1700, ohne männliche Nachkommen zu hinterlassen, von den Söhnen des Grafen Johann Ernst aber, welcher sich in erster Ehe mit Catharina Theresia Grf. v. Slawata und in zweiter Ehe mit der Nichte derselben, Maria Theresia Gräfin v. Slawata, vermählt hatte, durch welche Beide, nach Erlöschen des Mannsstammes des gräflichen Hauses Slawata, die Herrschaft an die Familie Fünfkirchen gelangte, setzte der Sohn erster Ehe, Graf Johann Leopold, s. oben, den Stamm fort. Derselbe, gest. 1730, k. k. w. Geb.-Rath u. Kämmerer, vermählt mit Maria Esther Anna Grf. v. Paar, hinterliess, unter anderen Nachkommen, den Grafen Johann Franz de Paula, gest. 1782, welcher in erster Ehe mit Anna Catharina Grf. v. Desfours, gest. 1751, vermählt war. Aus dieser Ehe stammten zwei Söhne, Graf Johann Ferdinand und Graf Johann Franz de Paula Joseph, von welchen die jetzigen Sprossen des gräflichen Stammes entsprossten. Graf Johann Ferdinand, gest. 1794, Majoratsherr auf Steinabrunn, k. k. Kämm., verm. mit Genovefa Grf. v. Montelabete, verw. Grf. v. Wengersky, hinterliess einen Sohn, Graf Johann Franz de Paula, gest. 1815, verm. mit Sophia Dorothea Freiin Opdenhamm, gen. v. Schoppingk, welche sich in zweiter Ehe mit Michael Gr. Esterházy de Galantha vermählte u. 1844 starb. Graf Johann Franz de Paula Joseph, gest. 1807, k. k. Kämmerer etc. Herr der Herrschaft Chlumecz, war in zweiter Ehe, in welcher derselbe seine Linie fortsetzte, verm. mit Josepha Grf. Chorinsky v. Ledske. — Der Personalbestand des gräflichen Hauses, welches in den Linien zu Steinabrunn und zu Chlumecz blüht, war in neuester Zeit folgender: I. Linie zu Steinabrunn: Otto Franz Gr. v. und zu Fünfkirchen, Freiherr v. Steinabrunn, geb. 1809 — Sohn des

1815 verstorbenen Grafen Johann Franz de Paula — Herr der Herrschaften Steinabrunn und Neu-Ruppersdorf, k. k. Kämm., Landes-Präsident etc. zu Salzburg, vermählt 1826 mit Luise Grf. v. Wurmbrand, geb. 1802, aus welcher Ehe, neben zwei Töchtern, Gräfin Sophie, geb. 1829, verm. 1846 mit Ferdinand Grafen v. Brandis, k. k. Kämm. und Grf. Caroline, geb. 1833, zwei Söhne stammten: Graf Franz, geb. 1827, k. k. Kämmerer etc. u. Graf Heinrich, geb. 1830, k. k. Kämmerer und Rittmeister. Die Schwester des Grafen Otto Franz, Gr. Franzisca, geb. 1801, war zuerst vermählt mit Clemens Grafen v. Kesselstatt, k. k. Rittm., gest. 1828 u. hat sich in zweiter Ehe 1830 wieder vermählt mit Georg Grafen zu Stockau, k. k. Major in d. A. — II. Linie zu Chlumecz: Graf Friedrich Dominik, geboren 1805 — Sohn des 1807 gestorbenen Grafen Johann Franz de Paula Joseph — Herr der Herrschaft Morawetz mit der Burg Mittrow in Mähren, k. k. Kämm. u. Rittm. in d. A., verm. 1832 mit Sidonia Grf. v. Chotek, geb. 1805, aus welcher Ehe, neben zwei Töchtern, Gräfin Isabella, geb. 1833 und Grf. Theresia, geb. 1835, drei Söhne entsprossten: Graf Ferdinand, geb. 1834, k. k. Oberlieutenant, Graf Ernst, geb. 1837, k. k. Lieutenant und Graf Franz, geb. 1839. — Von den Schwestern des Grafen Friedrich Dominik ist Grf. Maria, geb. 1793, seit 1838 Wittwe von dem k. k. Rittm. in d. A. Eduard Grafen v. Belcredi und Gräfin Caroline, geb. 1795, seit 1839 Wittwe des Andreas Grafen Hadik v. Futak, k. k. Kämmerers u. Rittm. in d. A.

Gr. v. Brandis, Nr. 5. — *Gr. v. Wurmbrand*, Collect. geneal. fam. Austr., Cap. 20. S. 67. — *Hübner*, III. Tab. 873. — *Gauhe*, I. S. 578 und 579. — *Zedler*, IX. S. 2238. — *Wissgrill*, III. S. 129—141 mit vier Ahnentafeln. — Geneal. Jahrb. d. deutschen Adels, Jahrgang 1844 u. ff. — Deutsche Grafenh. d. Gegenwart, I. S. 253 und 254. — Geneal. Taschenb. der gräfl. Häuser, 1859. S. 284—286 u. hist. Handb. zu demselben, S. 230. — *Siebmacher*, IV. 13 u. Suppl. VI. 22. — *Tyroff*, I. 82: F. H. v. F. — *Hyrtl*, I.

Fürnberg, Weber v. Fürnberg, Ritter u. Edle. Reichs- und erbländ.-österr. Ritterstand. Diplom vom 23. Dec. 1732 für Johann Carl Weber, Doctor der Medicin und die Brüder desselben, Ignaz Joseph u. Johann Friedrich Weber, mit dem Prädicate: Edle v. Fürnberg. — Die Empfänger des Diploms stammten aus einem, den schwäbischen Reichslanden entsprossenen Adelsgeschlechte, aus welchem die Vorältern mit dem Namen: Weber nach Steiermark und Oesterreich gekommen waren. Johann Carl Weber Ritter und Edler v. Fürnberg, k. k. niederösterr. Regierungsrath in Sanitätssachen, später der verw. Herzogin v. Savoyen-Soissons Leibmedicus, Herr der Herrschaften Weiteneck, Leiben, Weinzierl, Weixelbach und Wocking, wurde als Landesmitglied unter die neuen Geschlechter des niederösterr. Ritterstandes 1738 angenommen und mit seinem Sohne, Carl Joseph, 1743 bei der Versammlung der drei oberen Stände eingeführt. Derselbe bestimmte in seinem 1748 niedergelegten Testamente die Herrschaften Weiteneck und Leiben zu einem Fideicommiss für seine männliche Nachkommenschaft, welches durch kaiserliches Diplom bestätigt wurde. Sein Sohn, Carl Joseph Weber Edler v. F., k. k. Truchsess u. niederösterr. Regierungsrath, erbte die Allodialgüter und die Herrschaften Weinzierl, Weichselbach und Wocking u. hinterliess, neben einer Tochter, Eleonore, welche sich mit Joseph Edlen v. Pelser, k.

k. Hofrath, vermählte, zwei Söhne: Joseph und Bernhard. Joseph Ritter und Edler v. F., k. k. Oberstlieutenant, Herr der Fideicommissherrschaften Weiteneck und Leiben und Herr vieler anderer Herrschaften u. Güter, erwarb sich, nach seinem Austritte aus dem activen Militairdienste, durch grosse und kostspielige Unternehmungen im Holzhandel um Wien ein grosses Verdienst, verkaufte aber 1795 die meisten seiner grossen Herrschaften und hinterliess aus der Ehe mit Theresia v. Schellerer, ohne männliche Nachkommenschaft, nur eine Tochter. — Bernhard Ritter und Edler v. F., k. k. Truchsess und niederösterr. Landrath, machte grosse Reisen und lebte 1793, als Wissgrill schrieb, noch unvermählt. Mit ihm hören die Nachrichten über die Familie auf.

Wissgrill, III. S. 141 u. 142. — *Megerle v. Mühlfeld*, S. 141: Weber, Edler v. Fürnberg.

Fürst, Ritter und Edle (Schild quergetheilt: oben in Silber drei schrägrechte, rothe Balken u. unten in Gold ein blauer Sparren, rechts und links oben von einer blauen Lilie begleitet). Kurpfälzischer Ritterstand. Diplom vom 7. Juli 1792 für Johann Nepomuk Fürst, kaiserl. Reichshofgerichts-Agenten. Derselbe, geb. 1765, wurde später als k. bayer. Landrichter zu Deggendorf in die Adelsmatrikel des Kgr. Bayern eingetragen.

v. Lang, S. 343. — W.-B. des Kgr. Bayern, V. 50. — *v. Hefner*, bayer. Adel, Tab. 88 und S. 79.

Fürst v. Kupferberg, Fürst u. Kupferberg, auch **Freiherren** (Schild geviert: 1 und 4 in Silber zwei rothe Pfähle und 2 und 3 von Gold u. Blau quergetheilt, mit einem linksgekehrten, springenden Wolf, welcher einen roth gefiederten Pfeil zerbricht). Böhmischer Freiherrnstand. Diplom vom 13. Mai 1669 für Johann Georg Fürst v. Kupferberg, Herrn auf Albrechtsdorf. — Schlesisches Adelsgeschlecht, welches von seinem Stammsitze, der Bergstadt Kupferberg am Bober, den Beinamen annahm. Sinapius leitet das Geschlecht, welches Gauhe für ein altes, angesehenes Breslauer Stadtgeschlecht hält, aus Franken her und giebt an, dass Georg v. F. a. d. Hause Süssengrund im Bambergischen nach Schlesien gekommen u. dass sein gleichnamiger Sohn Georg II., gest. 1600, Kupferberg und Kittlitztreben 1596 erkauft habe. Diese Besitzungen gingen von Letzterem auf seinen Sohn Georg III., gest. 1648, Herrn auf Kupferberg, Röhrsdorf etc. und fürstl. liegnizischen Rath, über und von diesem entspross der obengenannte Johann Georg F. v. K., welcher den Freiherrnstand erhielt. Freiherr Johann Georg lebte noch 1723 in hohem Alter, hatte aber keine männliche Nachkommen. Den Stamm setzte der Bruder, Maximilian Ferdinand v. F., Herr auf Albrechtsdorf, Rohrau und Tschuder, durch einen Sohn, Sigmund, fort, von welchem Carl Joseph Maximilian v. F. stammte. Derselbe wurde 1763 k. preuss. w. Geh. Staatsminister und war von 1770—1779 Grosskanzler, wurde aber in letzterem Jahre in Folge des bekannten Arnold'schen Processes seiner Dienste als Grosskanzler entlassen. Man nahm später allgemein an, dass Arnold den König Friedrich II. durch falsche Angaben hintergangen und dass das Kammergericht nur pflichtgemäss gehandelt habe, auch wurden unter der Regierung des Königs Friedrich Wilhelm II die in diesem Processe angeklagt Gewesenen vollständig freigesprochen und entschädigt. Die Ehe des Grosscanzlers v. F. mit Sophie Grf. v. Podewils blieb kinderlos und so erlosch mit ihm 29. März 1790 der Stamm.

Sinapius, I. S. 375 und 376 und II. S. 333 und 682. — *Gauhe*, I. S. 379 und 380. — N. Pr. A.-L. II. S. 202 und 203. — *Freih. v. Ledebur*, I. S. 239. — *Siebmacher*, I. 63: Die Fürsten, Schlesisch. — *v. Meding*, III. S. 197 und 198.

Fürst zu Senfteneck (in Roth ein querliegender Weberschütze). Ein im 15. Jahrh. zu dem niederösterreichischen Ritterstande gehörendes Geschlecht. Michael Fürst, Pfleger der Veste Reinsperg, kommt 1428 und 1433 in Zinzendorfschen Urkunden vor und eben derselbe, oder ein Jüngerer dieses Namens, Herr zu Senfteneck erhielt 1459 verschiedene landesfürstliche und freisingsche Lehen bei Wangen, Wiselburg etc. Michael Fürst zu Senfteneck kam auch 1477 auf den Landtag zu St. Pölten u. war mit Paraxedis v. Perkhaim vermählt und Thomas, oder Thoman Fürst zu Selteneck tritt noch 1493 als Zeuge auf.

Wissgrill, III. S. 143.

Fürst zu Ulrichskirchen und Seiberstorf (Schild geviert: 1 und 4 der Länge nach getheilt: rechts in Silber eine rothe und links in Roth eine silberne Lilie und 2 und 3 in Schwarz ein aufrecht stehender, rechtssehender, goldener Greif). Erbländisch-österr. Adelsstand. Diplom von 1578 für Georg und Weickard Fürst. Dieselben waren die Söhne des aus dem Lande ob der Enns nach Niederösterreich gekommenen Doctor der Rechte Johann Georg Fürst, welcher 1534 Hofrichter der landesfürstl. Burg Welss war. — Weickard Fürst, Herr zu Seiberstorf und Ulrichskirchen in Nieder-Oesterreich, kais. Rath, war von 1564—1576 Landschreiber bei der Landeshauptmannschaft ob der Enns und setzte sich im letztgenannten Jahre auf seiner Herrschaft Ulrichskirchen zur Ruhe. Derselbe war schon 1565 mit Seiberstorf begütert und kaufte 1575 die Herrschaft Ulrichskirchen, worauf er 1578 den nieder-österreichischen Ritterstandsgeschlechtern einverleibt wurde. Von mehreren in der Ehe mit Clara v. Pinzenau erzeugten Kindern kamen nur zwei Töchter zu reiferem Alter: Catharina, welche sich mit Paul Neuhofer v. Poppen vermählte, aber schon 1589 nicht mehr lebte und Eva, welche nach dem 1589 erfolgten Tode der Schwester sich mit ihrem Schwager und den unmündigen Kindern derselben verglich, die Herrschaft Ulrichskirchen übernahm u. dieselbe ihrem Gemahle, Johann Baptist Grafen v. Kollonitsch, k. k. Kämmerer u. niederösterr. Regierungsrathe, zubrachte. Grf. Eva starb 1624 u. mit ihr ging der Name ihres Geschlechts aus.

Wissgrill, III. S. 143 und 144.

Fürstenau, Fürstenauer (Schild quergetheilt: oben in Gold ein blau gekleideter Mann mit geflügeltem Arme und unten in Blau drei abwärt sgehende, silberne Flammen). Böhmischer Adelsstand. Diplom von 1541 für Caspar Fürstenau, Patricier der Stadt Breslau. Die Söhne desselben, Alexander, Magnus, Caspar u. Carl v. F. erhielten 8. Nov. 1590 eine kaiserliche Vermehrung ihres Wappens. Caspar v.

Fürstenau kommt 1622 als Landesältester des Görlitzschen Kreises und Carl v. F. als kais. Kriegsoberst vor. — Die Familie war im 17. Jahrh. in der Oberlausitz und zwar im Görlitzer Kreise mit Arnsdorf, Döbschütz, Grune, Klingewalde, Gross-Krausche, Lissa, Sobra und Zobel begütert u. blühte noch in die zweite Hälfte des 18. Jahrhunderts hinein, in welcher dieselbe 1760 erlosch.

Grosser, Lausitz. Merkwürdigk. I. S. 219 u. 238. — *Gauhe*, I. S. 580: im Artikel: Fürst. — *Freih. v. Ledebur*, I. S. 239. — *Siebmacher*, IV. 63.

Fürstenau, s. Hartinger v. Fürstenau.

Fürstenberg, Fürsten und Landgrafen (Schild golden, mit doppeltem Silber und Blau eingefassten Wolken u. in demselben der rothe Fürstenbergsche Adler, auf der Brust mit einem gevierten Herzschilde: 1 und 4 eine silberne Kirchenfahne: Werdenberg und 2 und 3 ein schrägrechter, gezahnter, schwarzer Balken). Erbländ.-österr.- und Reichsfürstenstand. Erbländ. Fürstendiplom von 1716 für Frobenius Ferdinand Graf zu Fürstenberg, k. k. Geh. Rath und Kammerrichter zu Wetzlar, so wie für den Bruder desselben, Philipp Carl Gr. zu F., Bischof zu Lavant und den Vetter Joseph Ernst Grafen zu Fürstenberg-Stühlingen, wegen ihres uralten, mit Churfürsten und anderen Fürsten verwandten Geschlechts und zwar nach Abgang der Fürstlich Fürstenberg-Heiligenbergischen Linie und Reichsfürstendiplom von 1762 für Joseph Ernst Grafen zu Fürstenberg mit allen seinen Nachkommen männlichen u. weiblichen Geschlechts. — Altes, schwäbisches und österr. Dynastengeschlecht, nach Zell, Geschichte des badischen Wappens, 1858, Stamm- und Wappengenossen der Zähringer, welches mehrfach von den ältesten deutschen Agilolfingischen Königen hergeleitet worden ist. Als Stammvater wird Egon I., um 670, angegeben und der Sohn desselben, Cuno, 748 als Graf zu Fürstenberg und Landgraf zu Stühlingen aufgeführt. Von seinen Nachkommen stiftete Friedrich III., gest. 1559, durch seine Söhne, Christoph I., gest. ebenfalls 1559 und Joachim I., gest. 1598 die Kinzingerthalsche oder Blombergische u. die Heiligenbeinische Hauptlinie, welche Letztere jedoch, nachdem sie 12. Mai 1664 die reichsfürstliche Würde u. 1667 Sitz und Stimme auf dem Reichstage unter den Fürsten erlangt hatte, mit dem Fürsten Egon Anton, Stattbalter des Kurfürstenthums Sachsen, 10. Oct. 1716 zu Wermsdorf bei Mutschen wieder ausstarb. — Die Kinzingerthalsche Linie hatte sich durch Christophs II., gest. 1614, Söhne, Wratislaus II., gest. 1642 u. Friedrich Rudolph, gest. 1655, in die 1744 mit dem Fürsten Carl Friedrich Nicols wieder abgestorbene Linie Fürstenberg-Mösskirch u. die noch blühende Stühlingensche Nebenlinie ausgebreitet, welche nicht nur die Heiligenbeinsche Hauptlinie beerbten, sondern auch nach Erlöschen derselben, s. oben, 10. Dec. 1716 den Fürstenstand erhielten. — Im Anfange des 19. Jahrh. und später blühte die Linie Fürstenberg-Stühlingen in drei Aesten fort: in der fürstlichen Reichslinie in Schwaben, in der fürstl. Pürglitzischen Subsidiallinie in Böhmen und in der landgräflich Weitraschen Subsidiallinie in Niederösterreich. Die ersten beiden Linien führten, nachdem die früher nur dem Erstgeborenen' des Fürstenbergischen Hauses Stühlingen zuständig gewesene reichsfürstliche Würde durch Diplom vom 19. Jan. 1762, s. oben, auf die gesammte Nachkommenschaft des damaligen Fürsten Johann Wilhelm Ernst ausgedehnt worden war, den fürstlichen Titel, die übrigen Verwandten in Oesterreich hingegen den landgräflichen Titel fort, wie dies auch noch jetzt der Fall ist, wo, ausser der fürstlichen Linie in Schwaben und der fürstlichen Linie in Oesterreich, zwei landgräfliche Linien, die eine in Oesterreich, die andere in Mähren blühen. — Die Häupter dieser Linien waren in neuester Zeit: fürstliche Linie in Schwaben: Carl Egon, geb. 1820 — Sohn des 1854 verstorbenen Fürsten Carl Egon aus der Ehe mit Amalia Prinzessin von Baden — Fürst zu Fürstenberg, Landgraf in der Baar u. zu Stühlingen, Graf zu Heiligenberg und Werdenberg, Freih. zu Gundelfingen, Herr zu Hausen im Kinzigthal, Messkirch, Hohenlöwen, Wildenstein, Waldsperg, Werenwag, Immendingen, Weitra und Pürglitz etc., grossh. bad. General etc., vermählt 1844 mit Prinzessin Henriette zu Reuss-Greiz, geb. 1824, aus welcher Ehe neben einer Tochter, Prinzessin Amalie, geb. 1848, ein Sohn entspross, Erbprinz Carl Egon, geb. 1852. Ueber die staatsrechtlichen und Familienbeziehungen des fürstlichen Hauses Fürstenberg in früherer, wie in neuerer Zeit ist namentlich Cast, s. unten, nachzusehen. — Fürstliche Linie in Böhmen: Fürst Maximilian Egon, geb. 1822 — zweiter Sohn des 1854 verstorbenen Fürsten Carl Egon, s. oben — folgte in den böhmischen Fideicommissherrschaften Pürglitz, Kruschowitz, Nischburg, Skrziwan, Podmokl, Wschetaten etc. und wurde Gründer dieser zweiten hausverfassungsmässigen Subsidiallinie. — Landgräfliche Linie in Oesterreich: Johann Landgraf zu Fürstenberg in der Baar und zu Stühlingen, Herr der Herrschaften Weitra, Reinpolz und Veste Waasen etc., geb. 1802 — Sohn des 1856 verstorbenen Landgrafen Friedrich Carl aus der Ehe mit Theresia Prinzessin von Schwarzenberg — k. k. w. Geh.-Rath, Kämmerer und Oberst-Ceremonien-Meister, verm. 1836 mit Caroline Prinzessin v. Auersperg, geb. 1809, aus welcher Ehe, neben drei Töchtern, zwei Söhne stammen, die Landgrafen: Eduard, geb. 1843 und Vincenz, geb. 1847. — Landgräfliche Linie in Mähren: Landgraf Friedrich, geb. 1793 — Sohn des 1814 verstorbenen Landgrafen Friedrich Joseph aus der Ehe mit Josephine Grf. v. Zierotin, gest. 1857 — k. k. w. Geh.-Rath u. Kämmerer, General der Cav. etc. — Die jetzt vorkommenden Geschwister der genannten Häupter der einzelnen Linien des Gesammt-Stammes sind in dem neuesten Jahrgg. des Gothaischen Geneal. Taschenb. sehr genau verzeichnet.

Hübner, I. S. 266—268 — *Wissgrill*, III. S. 144—187 unter Benützung der trefflichen Diplomat.-geneal. Deduction des fürstl. Fürstenbergischen Geschlechts, eines Manuscripts des fürstl. Fürstenb. Hofkammerraths und Archivars Carl Joseph Döpfer. — *Jacobi*, 1800. I. S. 414—419. — *Meyerle v. Mühlfeld*, S. 5. — *Schmutz*, I. S. 430. — Allgem. gen.- und Staatshandb. 1824. I. S. 279—284 — *Münch*, Geschichte des Hauses und Landes Fürstenberg, 3. Bd. mit Kupfern, Urkunden u. Beilagen, Aachen und Leipzig, 1824. — N. Pr. A.-L. II. S. 203 u. 204. — Goth Geneal. Taschenb. 1836. S. 103. 1848. S. 125. 1849. S. 124 und 1859. S. 124—127. — *Masch*, Regenten-Almanach, S. 47. — *Cast*, Adelsb. d. Kgr. Württemberg, S. 9—12 und Adelsbuch d. Grossh. Baden, Abth. 1. — *Siebmacher*, I. 16, VI. 11 und Suppl. VI. 1. — *Spener*, Histor. Insig. S. 19. — *Trier*, S. 400—403. — W.-B. des Kgr. Württemberg: Fürsten v. F.

Fürstenberg, Freiherren u. Grafen (Schild geviert: 1 u. 4 in Gold zwei rothe Querbalken: Stammwappen und 2 u. 3 in Gold zwei rothe Pfähle). Reichsfreiherrnstand und Grafenstand des Königr. Preussen nach dem Rechte der Erstgeburt. Freiherrn-Diplom vom 26. April 1660 für Dietrich Caspar, Friedrich Wilhelm, Ferdinand, Franz Wilhelm u. Johann Adolph v. Fürstenberg u. Grafendiplom vom 15. Oct. 1840 für Franz Egon Freiherrn v. Fürstenberg-Stammheim, so wie vom 16. Jan. 1843 für Franz Egon Ludwig Freiherrn v. Fürstenberg-Herdringen. — Altes westphälisches und rheinländisches Adelsgeschlecht, der Sage nach von Otto Grafen v. Oldenburg aus Wittekind's Stamme entsprossen. Otto's jüngster Sohn, Dietrich erbaute, so fährt die Sage fort, in Westpahlen an der Ruhr (im jetzigen Kreise Soest) das Schloss Fürstenberg und nannte sich nach demselben. Aus diesem Schlosse, welches urkundlich 1311 in der Hand der Familie war, breitete sich das Geschlecht, dessen Stammreihe Mehrere mit Reinhold v. F. um 1115 beginnen, immer weiter aus, zählte stets zu den angesehensten Adelsfamilien u. kam mit Marus v. F., gest. 1560 in moscowitischer Gefangenschaft, nach Cur- und Liefland, wo dasselbe bis 1780 geblüht hat. — In den Stammländern widmeten sich viele Sprossen des Geschlechts dem geistlichen Stande und gelangten zu den höchsten Würden in den Erzstiften Cöln und Mainz u. in den Hochstiften Paderborn, Münster, Hildesheim etc. wodurch das Ansehen und der Reichthum der Familie immer mehr stiegen. — Der nächste Stammvater der jetzigen Freiherren u. Grafen v. F. ist: Christian Franziscus Theodor V. Freiherr v. und zu F., gest. 1775, k. k. w. Kämm. und Reichshofrath, kur-cöln. Geb.-Rath und adel. Rath im Herzogth. Westphalen, auch Erbdrost der Aemter Bielstein, Walden- und Fredeburg, Erbvoigt zu Grafschaft und Ewig, Gerichtsherr zu Horst und Oberkirchen, Erbgesessener zu Schnellenberg, Waterlapp, Herdringen, Ichterloh etc. etc., welcher viermal vermählt war u. aus den drei ersten Ehen dreizehn Kinder hatte, von welchen nur der Sohn aus zweiter Ehe mit Maria Agnes Theresia Ludovica Freiin v. Hochstedden, gest. 1727: Freiherr Lothar Clemens, den Stamm fortsetzte. Derselbe, gest. 1791, kur-cöln. Geb.-Rath, war mit Sophie Charlotte Wilhelmine Grf. v. und zu Hoensbroich, gest. 1798, vermählt und aus dieser Ehe pflanzten zwei Söhne, Friedrich Leopold und Theodor den Stamm in zwei Hauptlinien, der älteren u. jüngeren, fort. Freiherr Friedrich Leopold, gest. 1835, Herr zu Fürstenberg, Waterlapp, Schnellenberg, Herdringen, Adolphsburg etc. Erbdrost, vermählte sich 1788 mit Ferdinandine Freiin v. Weichs zur Wenne, gest. 1846, aus welcher Ehe vierzehn Kinder entsprossten. Von dem ältesten Sohne, dem Freiherrn Franz Egon Philipp, gest. 1832, stammt, neben zwei Schwestern, Ferdinandine Freifrau v. Schorlemer und Sophie Grf. zu Westerholt und Gysenberg und drei Brüdern, Franz Egon Ludwig, welcher, s. oben, 1843 den preussischen Grafenstand erhielt. Derselbe, Graf v. F.-Herdringen, geb. 1818, Erb-Truchsess im Herzogth. Westphalen und erbl. Mitglied des k. preuss. Herrenhauses etc., vermählte sich 1847 mit Caroline Freiin v. Staël-Südthausen, geb. 1830, aus welcher Ehe, neben zwei Töchtern, ein Sohn entsprosste: Engelbert, geb. 1850. — Von den sechs Brüdern des Freiherrn Franz Egon Philipp haben fünf, die verstorbenen Clemens und Friedrich und die lebenden, Theodor, Franz Friedrich u. Joseph eine zahlreiche Nachkommenschaft, welche im Geneal. Taschenb. der freih. Häuser sehr genau angegeben ist. — Die jüngere Linie setzte der Stifter, Freiherr Theodor, fort. Derselbe, gest. 1828, Herr zu Obsinnich, Stammheim etc. hatte sich 1793 mit Sophia Freiin v. Dalwigk-Lichtenfels, gest. 1843, vermählt. Aus dieser Ehe stammt, neben der verstorbenen Sophie Freifrau v. Oer zu Egelberg und der ebenfalls verstorbenen Therese Grf. Beissel v. Gymnich, so wie der verm. Marianne v. Romberg-Brünninghausen, ein Sohn, Franz Egon, welcher, s. oben, 1840 den preuss. Grafenstand erhielt. Derselbe, geb. 1797, k. preuss. Kammerherr, Mitglied des k. preuss. Herrenhauses auf Lebenszeit, reich begütert in den Provinzen Westphalen und Niederrhein, vermählte sich 1829 mit Pauline v. Romberg a. d. Hause Brünninghausen, aus welcher Ehe, neben drei Töchtern, den Freiinnen Sophie, geb. 1833, Caroline, geb. 1835 und Isabella, geb. 1842, drei Söhne entsprossten, die Freiherren: Gisbert, geb. 1836, Carl, geb. 1844 und Clemens, geb. 1847.

Humbracht, Tab. 23 und 24. — Gauhe, I. S. 582—584. — v. Hattstein, III. S. 216—223. und Tab. 10. — v. Steinen, I. Tab. 16. Nr. 4 und II. S. 1507. — N. Pr. A.-L. II. S. 204. u. 205. — Fahne, I. S. 106. — Deutsche Grafenhäuser der Gegenwart, I. S. 255 und 256. — Freih. v. Ledebur, I. S. 240 und III. S. 256. — Geneal. Taschenb. d. freih. Häuser, 1854. S. 151—156 und 1859. S. 207—210. — Geneal. Taschenb. d. gräfl. Häuser, 1859. S. 266 und 287 und histor. Handb. zu demselben, S. 232 und 1111. — Siebmacher, II. 107. — Münsterscher Stifts-Calender von 1784. — v. Meding, II. S. 177 und 178 u. Tyrof, I. 18. — Suppl. zu Siebm. W.-B. II. 8. — W.-B. des preuss. Rheinprov. II. Tab. 19, Nr. 87 u. S. 134. — v. Hefner, preuss. Adel, Tab. 53 und S. 43.

Fürstenbusch, Grafen. Alter Herrenstand des Kgr. Ungarn und Böhmischer Grafenstand. Herrenstandsdiplom von 1707 für die ganze Familie und Grafendiplom vom 28. Juni 1736 für Johann Daniel Freiherrn v. Fürstenbusch, k. k. General-Feldzeug-Meister, Hofkriegsrath, etc. — Nach Einigen stammten die Grafen v. F. aus dem edlen Geschlechte der v. Fürstenbusch zu Gasseneck und Aueck, Auegg, welches zu dem alten Adel des Herzogthums Jülich gehörte, doch giebt Freih. v. Ledebur an, dass diese Annahme unbegründet sei. Nach dem genannten Schriftsteller kamen die Gebrüder Rüdiger Goswin, Franz Gottfried u. Johann Daniel v. Fürstenbusch, von dem Kurfürsten Philipp Wilhelm v. der Pfalz (vermuthlich Nachkommen zur linken Hand) empfohlen, aus Wasserburg an den kaiserlichen Hof u. erhielten 1690 ein Anerkennungsdiplom des ihnen zustehenden Adels und 1715 das ungarische Indigenat. — Der Mannsstamm des Geschlechts ist mit dem Enkel des Empfängers des Grafendiploms, s. oben, dem Grafen Carl Vincenz 10. März 1837 erloschen. Derselbe, k. k. Registratur-Directions-Adjunct bei der obersten Justizstelle, hatte sich mit Franzisca Freiin v. Fleischmann vermählt u. aus dieser Ehe entspross nur eine einzige Tochter, Gräfin Caroline, gebor. 1803, welche sich 1822 mit Carl Grafen v. Heussenstamm k. k. Regierungs-Rathe vermählte, 1832 aber geschieden wurde.

Zedler, IX. S. 2264. — Leupold, I. S. 349—362: mit den Diplomen. — Megerle v. Mühlfeld, S. 19. — N. Pr. A.-L. II. S. 205 und V. S. 168. — Deutsche Grafenhäuser d. Gegenwart, III S. 131 u. 132. — Freih. v. Ledebur, I. S. 240 und III. S. 240. — Geneal. Taschenbuch d. gräfl. Häuser, 1859. S. 267 und histor. Taschenb. zu demselben, S. 235. — Tyrof, III. 1. 35

Fürsteneck, s. Entress v. Fürsteneck, auch **Freiherren**, s. S. 124.

Fürstenfeld. Ein von 1202—1420 in Steiermark begütertes, reiches Adelsgeschlecht.

<small>Schmutz, I. S. 483 und 434.</small>

Fürstenmühl. Ein in neuerer Zeit in Preussen und Oesterreich vorgekommenes Adelsgeschlecht. Ein von F. war 1845 Domainen-Rentmeister zu Cosel und vor einigen Jahren wurde Joseph v. F. Lieutenant in der k. k. Armee.

<small>Freih. v. Ledebur, I. S. 240 und III. S. 256.</small>

Fürstenrecht. Ein zu dem Adel des Herzogthums Nassau gehörendes Geschlecht. — Etienne Schadt, gest. 1810, ein Sohn des fürstl. Nassau-Saarbrück'schen Oberförsters Johann Schadt aus der Ehe mit Maglane Schank, wurde um 1794 vom Fürsten Heinrich Ludwig zu Nassau-Saarbrück, oder wie Andere angeben, von Franz Carl Philipp Grafen v. Ingelheim in Folge des demselben zustehenden grossen pfalzgräflichen Comitivs, mit seinem älteren Bruder, Stephan, und seiner Schwester, unter Beilegung des Namens: v. Fürstenrecht in den Adelsstand erhoben und von dem genannten Fürsten zu Nassau-Saarbrück zum Jagdjunker ernannt. Später war derselbe fürstl. Nassau-Saarbrückscher Oberjägermeister und herzogl. Nassauischer Commissair. — Stephan v. Fürstenrecht, gest. 1835 als herz. Nassauischer Oberforstmeister, war mit Luise Benedicte v. Rudow vermählt, aus welcher Ehe vier Söhne und drei Töchter entsprossten. Von den Söhnen war der eine Officier in der k. k. Armee und lebte später, verm. mit einer verw. v. Brasseur, in Wien; Carl von F. wurde 1815 herz. Nassau. Oberlieutenant; Ludwig ist Forstmeister u. Ober-Forstbeamter in Wiesbaden und der vierte Sohn war 1839 Forstbeamter zu Pfaffenrode unweit Saarbrück. Von den Töchtern vermählte sich die eine, Frl. Luise, 1839 mit dem grossh. hessischen Hauptmann und Kammerherrn Friedrich Freiherrn v. Bellersheim, genannt Stürzelsheim.

<small>Handschriftl. Notiz. — Diplom. Jahrb. für den Preuss. Staat, 1841, Abth. 2. S. 79. — N. Pr. A.-L. V. S. 168 und VI. S. 31. — Freih. v. Ledebur, I. S. 240 u. III. S. 256. — s. Hefner, nassauer Adel, Tab. 12 und 8. 11.</small>

Fürstenstein. Altes, schlesisches, im 14. Jahrh. im Liegnitzischen vorgekommenes Adelsgeschlecht, dessen Stammsitz wohl das bekannte jetzt Hochbergsche Schloss Fürstenstein war.

<small>Sinapius, II. S. 632.</small>

Fürstenstein, Grafen (Schild geviert, mit Mittelschilde. Im blauen Mittelschilde ein silberner, schrägrechts gestellter Anker ohne den oberen Querbalken: Stammwappen der Familie le Camus. 1 u. 4 von Schwarz und Silber geviert, ohne Bild: v. Diede zum Fürstenstein; 2 in Roth ein nach einwärts springendes, weisses Ross: das s. g. sächsische Ross als besonderes Gnadenzeichen und 4 in Blau ein weisses Zinnencastell, aus dessen Zinnen nach einwärts eine weisse Stange mit Schleuder hängt). Grafenstand des Königreichs Westphalen. Kaiserlich Französisches Bestätigungsdiplom vom 17. Apr. 1812 für

Peter Alexander le Camus Grafen v. Fürstenstein, k. westphäl. Staats-Rath und Minister der auswärtigen Angelegenheiten. — Derselbe, gest. 1824, stammte aus dem alten, französischen Adelsgeschlechte le Camus, welches nach den Antillen ausgewandert war und sich daselbst ansässig gemacht hatte und erhielt nach Aussterben des alten, hessischen Adelsgeschlechts: Diede v. Fürstenstein, 24. Dec. 1807 das heimgefallene Lehen: Fürstenstein als Allod, u. zwar mit dem aus diesem dynastischen Besitze hergeleiteten Grafentitel. Nachdem das Königr. Westphalen wieder aufgelöst worden war, wurde die Herrschaft Fürstenstein, als ein durch Aussterben des Geschlechts der Diede v. Fürstenstein an Kur-Hessen zurückgefallenes Lehen, in Anspruch genommen u. kam wieder aus dem Besitze der Familie le Camus. — Graf Peter Alexander hatte sich 1809 mit Adelheid Grf. v. Hardenberg, geb. 1784, vermählt, welche später Erbfrau auf Kodersdorf in der Oberlausitz und Ober-Hofmeisterin I. K. H. der Prinzessin Carl von Preussen war. Aus dieser Ehe entspross, neben einer Tochter, Grf. Adelheid, geb. 1816, vermählt 1845 mit Ludwig Grafen v. der Asseburg, k. preuss. Kammerherrn und w. Geh.-Rath und Ober-Jägermeister etc., ein Sohn Graf Adolph, geb. 1818, Herr auf Ullersdorf in der Oberlausitz, k. preuss. Kammerherr, Landrath des Kr. Rothenburg etc.

<small>Freih. v. d. Knesebeck, S. 375. — Diplom. Jahrb. für den preuss. Staat, 1843. S. 250. — N. Pr. A.-L. VI. S. 31 und 32. — Deutsche Grafenh. d. Gegenw. III. S. 132 u. 133. — Freih. v. Ledebur, I. S. 240 und 111. S. 256. — Geneal. Taschenb. d. gräfl. Häuser, 1854. S. 254 u. 1859. S. 288 und histor. Handbuch zu demselben, S. 236. — v. Hefner, preuss. Adel, Tab. 8 und S. 8.</small>

Fürstenstein, s. Diede zum Fürstenstein, Bd. II. S. 476 u. 477; **Fürstenstein**, s. Hochberg, **Grafen auf Fürstenstein und Fürstenstein**, s. Oyen zu Fürstenstein, **Grafen.**

Fürstentreu, s. Kessler v. Fürstentreu.

Fürstenwärther, Burgsassen zu Odenbach, Freiherren. Im Königreiche Bayern anerkannter Freiherrnstand. Kurpfälzisches, fortwährend als freiherrliches angenommenes Adelsdiplom von 1711 für Carl Emil, Burgsassen zu Odenbach, Sohn des Pfalzgrafen Friedrich Ludwig, regierenden Herzogs von Zweibrücken, aus morganatischer Ehe mit Maria Elisabeth Hepp. mit dem Namen: v. Fürstenwärther. — Carl Emil v. F., Hofmeister der verwittweten Herzogin von Zweibrücken zu Dörmorschel, war in erster Ehe verm. mit Sophia Juliana v. Kellenbach, gest. 1715 und in zweiter mit Elisabeth Dorothea v. Steincallenfels zu Assweiler und starb 1758. Von mehreren Kindern desselben war Ernst Ferdinand Ludwig v. F., geb. 1737, Capitain in dem k. franz. Regim. Royal Deuxponts, in zweiter Ehe vermählt mit Elisabeth Charlotte v. La Roche, gest. 1800. Aus dieser Ehe entspross Freiherr Carl, gest. 1817, k. k. Kämm., Geh.-Rath, Feldmarschall-Lieut., Inhaber des 56. Inf.-Regim. und Capitain-Lieut. der 1. Arcieren Leibgarde, verm. 1799 mit Antonie Tapp v. Tappenburg und der älteste Sohn desselben war Freiherr Ludwig, gest. 1841, k. k. Major, verm. 1831 mit Theresia v. Welzenstein, aus welcher Ehe das jetzige Haupt der Familie stammt: Freiherr Franz, geb. 1833,

k. k. Hauptmann. Die Geschwister desselben sind: Freiherr Carl, geb. 1836, k. k. Lieutenant und Freiin Pauline, geb. 1839. — Die Schwester des Freiherrn Ludwig, Freiin Caroline, geb. 1804, hat sich 1834 mit Paul Freiherrn v. Haen, k. k. Generalmajor und Commandanten des Invalidenhauses zu Padua vermählt und nächst derselben leben vier Brüder: Freiherr Joachim, geb. 1809, k. k. Statthaltereirath zu Gratz, verm. 1834 mit Clementine Herrin u. Grf. v. Schärffenberg, geb. 1808, aus welcher Ehe eine Tochter, Freiin Clementine, geb. 1837 und zwei Söhne entsprossten: Freiherr Johann, geb. 1835, k. k. Lieut. und Freiherr Leo, geb. 1840; — Freiherr Anton, geb. 1810, k. k. Oberstlieutenant in d. A.; — Freih. Carl, geb. 1811, k. k. Hauptmann in d. A., verm. in zweiter Ehe mit Crescentia Grf. zu Lodron, geb. 1817 und Freih. Leopold, geb. 1815, Herr zu Ergolding in Bayern, k. k. Oberstlieuten. und Local-Genie-Director in Königsgrätz, verm. 1846 mit Maria Grf. v. Pergen, geb. 1826, aus welcher Ehe zwei Töchter, Gabriele, geb. 1848 und Marianna, geb. 1851 und ein Sohn, Maximilian, geb. 1856, stammen. Neben der im Vorstehenden besprochenen älteren Linie in Oesterreich blüht noch eine jüngere Linie in Bayern, welche das Prädicat: v. Kellenbach führt. Der Stifter dieser Linie war Freiherr Carl Leopold, gest. 1802, k. franz. Oberst im Regimente Royal Suede und verm. mit Sophie v. Kankreuter. Derselbe war ein Bruder des oben genannten Freiherrn Ernst Ferdinand Ludwig und nahm von seiner Stiefmutter, Sophia Juliana v. Kellenbach, s. oben, der ersten Gemahlin seines Vaters, des Freiherrn Carl Emil und der Tochter des Heinrich Philipp v. Kellenbach und der Maria Barbara v. Friesel, das Prädicat: v. Kellenbach an, welches die jüngere Linie zum Unterschiede von der älteren noch jetzt führt. Von ihm entspross Freih. Carl Heinrich, genannt v. Kellenbach, gest. 1842, k. bayer. Major, verm. mit Henriette Freiin v. Closen-Haydenburg und von diesem Freih. Otto gest. 1853, k. k. Lieutenant und Freih. Emil Leopold, geb. 1825, k. bayer. Forstbeamter zu Passau. Die Schwester der beiden Letzteren, Freiin Bertha, geb. 1827, vermählte sich 1844 mit Carl Freih. v. La Roche, Edlen Herrn v. Starkenfels.

Gauhe, II. S. 323 und 324: nach dem MSCpt. Geneal. — v. Lang, S. 130. — Jahrb. des deutschen Adels, Jahrg. 1847. — Geneal. Taschenbuch d. freih. Häuser 1849, S. 181 u. 132. 1859, S. 211 und 212. — W.-B. d. Kgr. Bayern, III. 3 und v. Wölckern, 3. Abth. S. 6 u. 7 — v. Hefner, bayer. Adel, Tab. 32 und S. 35. — Hyrtl, II. S. 177—180. — Kneschke, I. S. 159.

Fürth (im Schilde ein aufrechtstehendes Kreuz). Ein im 17. Jahrh. und noch im Anfange des 18. Jahrh. vorgekommenes, rheinländisches Adelsgeschlecht aus dem gleichnamigen Stammhause im Kr. Grevenbroich. Die Familie besass Saar bei Odenkirchen im Kr. Gladbach 1603, Hamme im Kr. Crefeld 1630 und Nideggen im Kr. Düren und hatte ersteres Gut noch 1701 inne.

Fahne, I. Tab. II. 70 und II. S. 45. — Freih. v. Ledebur, I. S. 240.

Fürth, Brewer, genannt v. Fürth zu Warden und Limiers, Freiherren (Schild geviert: 1 und 4 schräg geviert: oben u. unten in Silber drei rothe Pfähle u. rechts u. links in Gold ein vorwärtssehender, schwarzer Löwenkopf: Fürth, Stammwappen; 2 und 3 in Blau ein kleiner, goldener Schild, quergetheilt durch einen schwarzen Balken, welcher oben von zwei nebeneinander stehenden und unten von einem, den Bogen nach oben kehrenden, schwarzen Hufeisen begleitet ist u. unter dem kleinen Schilde ein goldenes Mühleisen: Schrick). Reichsfreiherrnstand. Diplom vom 17. März 1773 für Franz v. Fürth, Herrn zu Warden und Limiers, Mitgliede des kaiserlichen Schöppenstuhls u. regierenden Bürgermeister zu Aachen und zwar mit dem Namen: v. Brever (Brewer), genannt v. Fürth zu Warden und Limiers u.- unter Beifügung des Wappens der Familie v. Schrick, eines alten, im Mannsstamme erloschenen Aachener Patriciergeschlechts, aus welchem die Gemahlin des Diplomsempfängers, Constantia v. Schrick, stammte, zu dem v. Fürthschen Wappen. — Die Familie v. Fürth ist ein altes, wahrscheinlich aus Westphalen stammendes Adelsgeschlecht, des Herzogthums Jülich, in welchem dasselbe seit Anfange des 15. Jahrh. vorgekommen ist. Die fortlaufende Stammreihe beginnt mit Gottschalk v. Fürth, welcher sich 1415 im Gefolge des K. Sigismund befand, als Johann I v. Loin, Herr zu Heinsberg und Levenberg, als Gesandter des Herzogs von Brabant an den kaiserlichen Hof kam. Derselbe trat in die Dienste des genannten Herrn v. Heinsberg, war 1448 Amtmann des zur Herrlichkeit Heinsberg gehörigen Amtes Millen und wurde 1449 Statthalter des Fürstbischofs von Lüttich, Herzogs zu Bouillon und Grafen zu Loin, als Vormundes der Johanna, Tochter und Erbin des Herrn v. Heinsberg. Von Gottschalk v. F. stammte Matthias v. F., gest. 1482, welcher die Grf. Jacoba, zweite Tochter Johann's I. v. Heinsberg nach Thoer begleitete, als dieselbe Aebtissin des dortigen Frauenstifts wurde. Von demselben läuft die Stammreihe, wie folgt, fort: Johann Matthias v. F., genannt v. Brever, gest. 1527, Schultheiss zu Wasserburg 1470, verm. mit Agathe v. Brever; — Peter v. F., gen. v. B, gest. 1530, Schultheiss zu Gladbach, verm. mit Catharina v. Leroth; — Gottschalk, gest. 1580, vermählt mit Catharina v. Hückelhofen; — Wilhelm, gest. 1623, Stadtschultheiss zu Jülich und herz. Voigt zu Eschweiler, verm. mit Anna Clara v. Borken, Herrin zu Giersdorf, erhielt 3. Oct. 1593 den Reichsadelsstand; — Peter, gest. 1652, herz. Burggraf zu Haimbach, verm. mit Sophia Catharina v. Heister; — Johann Wilhelm, gest. 1698, Mitglied des kais. Schöppenstuhls und regierender Bürgermeister zu Aachen, vermählt in erster Ehe mit Adelheid v. Stücker, genannt v. Hochstadter; — Freiherr Franz, s. oben. Die Söhne des Letzteren, die Freiherrn Caspar Joseph und Carl Deodat wurden die Stifter der noch jetzt blühenden zwei Linien des freiherrlichen Stammes. Freih. Caspar Joseph, gest. 1783, Oberst-Lieutenant in kurpfälz.-bayer. Diensten und beigeordneter Voigt, Major zu Aachen, war verm. mit Bernardine Felicitas v. Pelser-Berensberg. Aus dieser Ehe entspross Freiherr Carl Damian Felix, gest. 1832, grossh. hess. Kammerherrn, verm. in zweiter Ehe mit Anna Maria v. Born und aus dieser Ehe stammt Freiherr Carl, k. k. Major, verm. mit Maria Josephine Edlen v. Körber, aus welcher Ehe, neben zwei Töchtern, Catharina, geb. 1850 und Aloysia, geb. 1852, ein Sohn stammt: Felix Friedrich, geb.

1847. Der Bruder des Freiherrn Carl ist neben zwei Schwestern, den Freiinnen Felicitas und Catharina, Freiherr Joseph, k. k. Hauptmann, verm. mit Anna v. Brck. Die drei Brüder des Freiherrn Carl Damian Felix, die Freiherren Joseph, Theodor und Bernhard sind mit Nachkommenschaft gestorben. Freih. Joseph, gest. 1844, k. preuss. Geh. Regier.-Rath und Landrath, auch Oberstlieutenant in der Landwehr, war mit Brigitta Freiin v. Kollenbach vermählt und aus dieser Ehe entspross Freiherr Emil, k. preuss. Regierungs-Rath zu Cöln, verm. mit Thecla v. Dalwigk, aus welcher Ehe ein Sohn, Maximilian, geb. 1852, stammt; — vom Freiherrn Theodor, gest. 1800, Herrn zu Siersdorf, stammt aus der Ehe mit Theresia Bauens Freiherr Theodor (II.), Herr zu Siersdorf und Freiherr Bernhard, gest. 1849, k. preuss. Appellations-Gerichts-Rath, hinterliess aus der Ehe mit Christiana v. Oliva, neben zwei Töchtern, den Freiinnen Maria und Hildegarde, zwei Söhne, Freih. Hermann, k. preuss. Gerichts-Assessor und Freih. Eberhard, k. preuss. Lieutenant. — Der Stifter der zweiten Linie, Freih. Carl Deodat, s. oben, gest. 1805, Herr zu Rivieren (Reviren), Warden und Münz, Mitglied des kais. Schöppenstuhls, war vermählt mit Josephine Theresia v. Schrik. Aus dieser Ehe entspross Freiherr Maximilian, gest. 1835, k. k. Oberstlieutenant, verm. mit Elise v. Rohl und aus dieser Ehe stammt Freih. Carl, k. k. Hauptmann bei der Militair-Oeconomie-Verwaltung zu Brünn, verm. mit Agnes v. Wirbitzky, aus welcher Ehe eine Tochter lebt, Freiin Ida, geb. 1841. — In die Adelsmatrikel der preuss. Rheinprovinz waren aus der älteren Linie laut Eingabe d. d. Geilenkirchen, 21. Juni 1829, unter Nr. 15 der Classe der Freiherren eingetragen worden d. Freiherren Joseph u. Bernhard, s. oben, nebst Theodor, Franz, Caspar u. Franz Casimir Ludwig. — Aus diesem Stamme entspross auch Elisabeth Felicitas Freiin v. Fürth, verw. Grf. v. Uetterodt, Mutter des Grafen Ludwig Wolf Sigismund Uetterodt zum Scharffenberg, welcher, begeistert von echthistorischem Sinne, schon seit vielen Jahren für die Geschichte des herrlichen Thüringens lebt u. die Früchte seiner viel aufopfernden Thätigkeit hoffentlich in nächster Zeit zum Gemeingut der historischen Forschung machen wird.

<small>N. Pr. A.-L. VI. S. 32 und 33. — Diplom. Jahrb. für d. Preuss. Staat. 1841. S. 79 und 1843 S. 290. — Fahne, II. S. 44. — Freiherr v. Ledebur, I. S. 240 und 241. — Geneal. Tasch. d. freih. Häus. 1859. S. 212—215. — Tyroff. I. S. 82. — Suppl. zu Siebm. W.-B. VIII. 5. — W.-B. d. Preuss. Rheinprovinz, I. Tab. 38. No. 76 u. S. 39. — Kneschke, III. S. 152 u. 153. — v. Hefner, preuss. Adel, Taf. 53 und S. 43.</small>

Füssen. Ein zum adeligen Patriciate der Stadt Augsburg früher gehöriges Geschlecht, wohl aus der Stadt Füssen stammend, aus welchem Hermann v. F. 1301 Stadtpfleger war.

<small>v. Stetten, Gesch. d. adel. Geschlechter in Augsburg, S. 46.</small>

Fuess. Altes, bayer. Adelsgeschlecht, aus welchem Herman Fuez schon 1180 und Wolfhart 1226 vorkommen. Niclas F. war noch 1492 Unterrichter zu München.

<small>Wigul Hund, III. S. 322. — Monum. boic. VIII. S. 413.</small>

Fuemsteiner zu Manharting. Altes, bayerisches Adelsgeschlecht, aus welchem zuerst Berthold 1286 vorkommt. Wolfhart erscheint urkundlich 1365 u. Georg 1417. Mit Letzterem ist 1454 der Stamm ausgegangen.

<small>*Wigul Hund*, III. S 322. — Monum. boic. VIII. S. 553.</small>

Füge, Fügen. Ein auf Rügen begütert gewesenes Adelsgeschlecht, zu welchem Otto Fuge gehörte, welcher 1450 Bürgermeister zu Stralsund und Herr von sechs Dörfern war. Derselbe, ehrgeizig, herrschsüchtig u. grausam, widersetzte sich zuerst zu Gunsten Meklenburgs der vom Herzoge Wratislaw IX. verlangten Huldigung der Stadt und lebte dann in offener Fehde mit dem Landvoigte Barnekow, den er auch umbringen liess. Er herrschte dann unbeschränkt in Stralsund, doch bald wurden die Bürger seiner Macht überdrüssig u. er musste die Stadt mit drei Rathsherren verlassen. Letztere fielen bald in die Hände des Herzogs Wratislaw und wurden nach kurzem Processe gerädert. Wohin Otto Fuge gekommen, blieb unbekannt. Seine Güter wurden eingezogen u. der Stamm ist mit ihm erloschen.

<small>*Wackenroder*, Altes u. Neues Rügen, S. 60 und 61. — *Gauhe*, II. S. 311—313. — N. Pr. A.-L. II. S. 206.</small>

Fugger, Grafen u. Fugger-Babenhausen, Fürsten. Reichsgrafen- u. Reichs-Fürstenstand. Grafendiplom vom 14. Nov. 1530 für Raimund und Anton Fugger und Fürstendiplom vom 1. Aug. 1803 für Anselm Grafen v. Fugger-Babenhausen, nach dem Rechte der Erstgeburt. — Als Stammvater des berühmten Fugger'schen Geschlechts wird Hans oder Johannes Fugger, ein thätiger Weber im Dorfe Graben am Lechfelde bei Augsburg, genannt. Der gleichnamige, älteste Sohn, ebenfalls Webermeister, erhielt durch Heirath mit Clara Widolph 1370 das Augsburger Bürgerrecht, trieb neben der Weberei Leinwandhandel und betheiligte sich bei dem Bergbaue, wurde aus der Zunft der Weber einer der Zwölfer im Rathe und hinterliess, als er 1409 starb, seinen Söhnen, Andreas und Jacob, so wie seinen vier Töchtern ein für die damalige Zeit schon sehr ansehnliches Erbe von dreitausend Gulden. — Die genannten Söhne setzten die väterlichen Geschäfte mit grosser Umsicht und grossem Glücke fort u. stifteten zwei Linien des Stammes. Die Nachkommenschaft des Andreas F., welcher schon vorzugsweise: der reiche Fugger hiess, erhielt 1452 einen kaiserlichen Wappenbrief (in Blau ein goldenes Reh) u. nannte sich Fugger vom Reh, doch ging diese Linie 1583 wieder aus, Jacobs Nachkommen aber bekamen 1473 einen kaiserlichen Wappenbrief (Schild von Gold und Blau der Länge nach getheilt mit zwei Lilien von gewechselter Farbe) und hiessen nach ihrem Wappen: Fugger von der Ilgen, Fugger v. d. Lilien. — Von Jacob stammten drei Söhne, Ulrich, Georg und Jacob, welche in ihrem Edelsinne in der Jacober-Vorstadt zu Augsburg die s. g. Fuggerei erbauten: 106 kleine Häuser, welche armen Bürgern gegen geringen Zins überlassen wurden und werden. — Ersterer hatte drei Söhne, doch setzten diese, von welchen der Letzte, Hieronymus, 1536 starb, den Stamm nicht fort. Jacob erwarb, nachdem die Familie zu dem grössten Reichthume, wie die dem kaiserlichen Hofe jederzeit gewährten, höchst bedeutenden Vorschüsse bezeugen, gekommen war, die Grafschaft Kirchberg, wurde mit derselben als Reichslehn belehnt und zugleich, 17. Juni 1514, geadelt und gegraft und erwarb auch noch anderen grossen Grundbesitz, welchen er, da er keine Nachkommen hatte, den Söhnen seines Bruders Georg hinterliess. Von Georg F. stammten aus der Ehe mit Johanna Imhof zwei Söhne, Raimund und Anton, welche, s. oben, den Grafenstand mit Privilegien aller Art, wie dieselben bisher nie vorgekommen, in die Familie brachten und den Stamm in zwei Hauptlinien schieden, in die Raimundus-Linie und in die Antonius-Linie. Beide Linien schrieben sich Grafen v. Kirchberg und Weissenhorn u. breiteten sich in mehrere Speciallinien aus. Die Raimundus-Hauptlinie zerfiel durch Raimunds Söhne, Johann Jacob und Georg, in zwei Linien: Johann Jacob gründete die Pfirtische oder die nach ihm genannte Linie u. Georg die Kirchberg-Weissenhornische- oder Georgs-Linie. Von der Pfirtschen Linie hatten sich drei Aeste abgezweigt: der Franz-Benns'sche zu Göttersdorf, der Constantins-Ast zu Semedingen und der Johann-Friedrichs-Ast zu Zinneberg und Adelshofen; welche aber sämmtlich später wieder ausgingen. Die Kirchberg-Weissenhornsche oder Georg'sche Linie bestand ungetheilt fort. — Die Antonius-Hauptlinie wurde wegen ihres Stimmrechts bei dem schwäbischen Kreise bis 1806 als eigentliche Reichslinie angenommen. Durch Anton's Söhne, Marx, Hans u. Jacob, breitete sich dieselbe in drei Linien aus. Die Marx Fuggersche Linie starb 1676 aus, die Hans Fuggersche u. Jacob Fuggersche Linie blühten fort. Der Hans Fuggersche Stamm schied sich in zwei Aeste: in den Johann-Ernst'schen oder Glött'schen u. in den Otto-Heinrich'schen oder Kirchheim'schen Ast. Der Johann-Ernst'sche Ast trennte sich in den noch blühenden Anton-Ernst'schen Zweig zu Glött, welcher neuerlich als Zweig: Hans-Fugger-Glött oder Marx-Fugger-Oberndorf aufgeführt wurde und in den ausgestorbenen Ludwig-Xaver'schen Zweig zu Stettenfels. Der Otto-Heinrich'sche Ast zweigte drei Zweige ab: den Zweig zu Mickhausen, zu Kirchheim und zu Wörth, später Nordendorf. Von diesen Zweigen wurde bis jetzt nur der Zweig zu Kirchheim fortgepflanzt, welcher jetzt Zweig Hans-Fugger-Kirchheim heisst. — Die Jacob-Fugger'sche Linie trennte sich durch die Brüder Johann zu Babenhausen und Hieronymus zu Wöllenburg in die beiden Haupt-Aeste zu Babenhausen und zu Wöllenburg. Der Ast zu Babenhausen schied sich durch die Brüder Rupert u. Johann Jacob in die Zweige Babenhausen u. Boos. Der Ruppert'sche Zweig zu Babenhausen ging 1758 und der Wöllenberg'sche Hauptast 1764 aus. Von der ganzen Linie blühte nur der Zweig zu Boos fort und in demselben brachte Graf Anselm, s. oben, 1803 den Reichsfürstenstand, bei welcher Erhebung die damaligen Reichsherrschaften Babenhausen, Boos und Kettershausen unter dem Namen: Babenhausen zu einem Reichsfürstenthume erhoben wurden. Nach diesem Fürstenthume wurde später u. wird noch jetzt der Stamm mit dem Namen: Fugger-Babenhausen aufgeführt. — Aus dem Stamme, welcher sich, wie angegeben, weit ausbreitete, sind zahlreiche Sprossen hervorgegangen, welche zu hohen geistlichen und weltlichen Würden gelangten und der Name Fugger findet sich unter den Bischöfen zu Regensburg und Constanz und Fürstpröpsten zu Ellwangen, so wie unter den kaiserlichen Räthen, Präsidenten des Reichskammergerichts etc. Die reichen Glücksgüter des Geschlechts wurden übrigens vielfach für Staat und Kirche, für Wissenschaft und Kunst mit freigebiger Hand verwendet. Raimund und Anton Fugger waren Mäcene in vollem Sinne des Wortes und brachten viele alte Werke der Kunst aus Italien und Griechenland nach Bayern; auch zählte die Bibliothek Anton's zu den bedeutendsten Büchersammlungen seiner Zeit; Hans Jacob Fugger aber, gest. 1575, Herr zu Kirchberg, Weissenhorn, Pfirt etc., kaiserl. Rath, als Gelehrter eben so, wie Marcus, gest. 1597, und Philipp Eduard Fugger, gest. 1618, rühmlich bekannt, schrieb 1555 den auch für dieses Werk wichtigen „Oesterreichischen Ehrenspiegel", welchen Siegmund v. Bircken 1619 herausgegeben hat. — Was die Stammreihen des Geschlechts im 18. u. 19. Jahrh. anlangt, so finden sich in dem Werke: „deutsche Grafenhäuser der Gegenwart" mehrere leicht zu übersehende Nachweise, und der jetzige zahlreiche Personalbestand des Gesammthauses Fugger ist im Gothaischen genealogischen Taschenbuche sehr genau angegeben. Die Häupter der einzelnen Linien waren in neuester Zeit folgende: Fugger-Babenhausen: Fürst Leopold, geb. 1827 — Sohn des 1836 verstorbenen Fürsten Anton Anselm aus der Ehe mit Franzisca Prinzessin v. Hohelohe-Partenstein-Jagstberg — Standesherr und Fürst zu Babenhausen, Boos, Pless, Wald, Wöllenburg, Markt, Bieberbach etc., Graf v. Kirchberg u. Weissenhorn, erbl. Reichsrath der Krone Bayern, Subsenior des fürstl. und gräfl. Hauses Fugger, verm. 1857 mit Anna Grf. v. Gatterburg, geb. 1838. — Raimundus-Linie: Graf Raimund, geb. 1810 — Sohn des 1846 gestorbenen Grafen Friedrich aus erster Ehe mit Franzisca Freiin v. Freiberg-Eisenberg-Knöringen — Standesherr und Graf zu Kirchberg, Weissenhorn, Pfaffenhofen, Wullenstetten etc., erblicher Reichsrath der Krone Bayern; Senior des fürstl. u. gräfl. Fugger'schen Hauses der Raimundus-Linie, verm. 1842 mit Bertha Grf. v. Oettingen-Spielberg, geb. 1818. — Antonius-Linie: Hansscher Ast: Johann-Ernestinischer Zweig zu Glött: Graf Fidel, geb. 1795 — Sohn des 1826 verstorbenen Grafen Joseph Sebastian, aus der Ehe mit Maria Aloysia Adelheid Grf. v. Waldburg-Wolfegg — Standesherr und Graf zu Glött, Oberndorf und Nordendorf etc., Graf v. Kirchberg und Weissenhorn, erbl. Reichsrath der Krone Bayern, Senior des fürstl. u. gräfl. Fugger'schen Hauses Antonianischer Linie, vermählt 1820 mit Theresia Freiin v. Pelkhofen, geb. 1799. — Otto-Heinrich'scher Zweig, zu Kirchheim: Graf Philipp, geb. 1820 — Sohn des 1837 verstorbenen Grafen Joseph aus der Ehe mit Anna Maria v. Desloch, — Standesherr u. Graf zu Kirchheim, Eppishausen etc., Graf v. Kirchberg u. Weissenhorn, Freih. v. Hoheneck, erbl. Reichsrath der Krone Bayern, Subsenior des fürstl. u. gräfl. Fugger'schen Hauses Antonianischer Linie etc., succedirte seinem Vetter, dem 1840 verstorbenen Grafen Maximilian, nach dem Tode seines 1838 verstorbenen Oheims, des Grafen Friedrichs, Erben der Freiherren v. Hoheneck. — Der

Hans-Fugger-Nordendorf'sche Zweig ist im Mannsstamme 1848 mit dem Grafen Carl Anton Fugger — dem Sohne des Grafen Johann Carl Alexander — erloschen und es leben nur noch weibliche Sprossen dieser Linie. — Sämmtliche Glieder des Fugger'schen Hauses, welche bei dem Reichthume u. Glanze ihres Stammes auf die ehrendste Weise in Hans Fugger und dem gleichnamigen Sohne desselben, s. oben, ihre Stammväter dankbar vor der Welt stets anerkannten u. anerkennen, pflegen den Stammnamen: Fugger schlechthin zu ihrem Taufnamen zu setzen und fügen dann, wie aus Vorstehendem erhellt, hinzu: Grafen v. Kirchberg und Weissenhorn. Die Besitzungen des Hauses Fugger im Kgr. Bayern stehen unter der oberlandesherrlichen Ober-Hoheit der Krone Bayern und die Besitzer derselben sind Standesherren und erbliche Reichsräthe des Königreichs. Die Besitzungen im Kgr. Württemberg werden zwar nur als ritterschaftliche behandelt, doch sind die Besitzer als Personalisten in die Liste der Standesherren des Königreichs eingetragen.

Joh. Engerdi, Epaenesis duar. illustr. Famil. Montfortior. et Fuggerorum. Ingolst. 1579. — *Bucellini*, II. Sect. 3. S. 8. — *Imhof*, Lib. VII. c. 3. — *Hübner*, II. Tab. 541—557. — Durchleuchtige Welt, Hamburg, 1710. II. S. 276—312. — *Gauhe*, II. S. 313—321. — Pinacotheca Fuggerorum in Kierchperg et Weissenhorn. Edit. Nov. Mult. imaglo. aucta Ulmae 1754. — *Biedermann*, Canton Altmühl Tab. 180. — *v. Stetten*, augsburg. adel. Geschlechter, S. 200 und ff. — *Büsching*, Erdbeschreib. 5. Auflage, III. 2. S. 1638. — *Wissgrill*, III. S. 127 und 128. — *Jacobi*, 1800, II. S. 39—46. — *v. Lang*, S. 4 und 5 u. Suppl. S. 20. — Allgem. und geneal. Staatshandb. 1824. I. S. 284—287 u. II. S. 562—569. — *Masch*, Regenten-Almanach, S. 44—46. — *Cast*, Adelsbuch d. Kgr. Württemberg, S. 14—16. — Deutsche Grafenh. d. Gegenwart, I. S. 249—253. — Gothaischer gen. Hofcalend. 1825. II. S. 158—164 u. ff. Jahrgg. — *Siebmacher*, III. 27 und V. 9: unter dem erdachten Titel: Gr. v. Severin, Fugger'scher Linie. — *Spener*, hist. Insign. S. 127 und Tab. V. — *Tries*, S. 514—516. — *Gatterer*, Handbuch d. Geneal. u. Heraldik, Ausg. von 1762: von Büsching abweichende Eintheilung der Linien. — Kalender d. St. Huberts-Orden vom Jahre 1786. — *v. Meding*, III. S. 190—197. *Tyrof*, II. 36: Gr. Fugger zu Babenhausen. — W.-B. d. Kgr. Bayern, I. 42 und v. Wölckern, Abth. 1; Gr. v. F., XI. 4: Fürst. F. zu B. u. KI. 43: Gr. F. zu Kirchheim. — W.-B. des Kgr. Württemb.: Gr. F. zu K. und W. — *v. Hefner*, hoher Tab. 46 und S. 21; bayer. Adel, Tab. 5 und S. 11 und württemb. Adel, Tab. 2 und S. 2.

Faglar, s. Foglar, Foglarn, Fuglar, auch **Freiherren**, S. 289 u. 290.

Fahrlohn. Ein von Henel und Sinapius zum schlesischen Adel gerechnetes Geschlecht, dessen Adel aber neuerlich Freih. v. Ledebur in Frage gestellt hat. — Johann Heinrich F. war 1728 Director und Ober-Zoll-Amtmann im Herzogthume Schlesien.

Henel, Silesiogr. Cap. 8. S. 772. — *Sinapius*, II. S. 632. — *Freih. v. Ledebur*, I. S. 239.

Fahrmann, Fahrmänner, s. Vormann.

Fahrmann, s. Bode, Bd. I. S. 503.

Fulbach, Faulbach. Hessisches, zum Fuldaischen Lehnhofe gehöriges Adelsgeschlecht, aus welchem Wolfgang v. F. 1527 zu Fulda beliehen wurde und welches auch dem fränkischen reichsunmittelbaren Rittercanton Baunach einverleibt war. Niclas v. F. lebte 1235; Gottfried hatte 1280 das ganze Dorf Raubach u. einen Hof zu Ebra inne u. Georg und Valentin sassen noch 1582 zu Cleussdorf.

Schannat, S. 83. — *Biedermann*, Canton Baunach, Tab. 219—221. — *Zedler*, IX. S. 2295. — *Siebmacher*, I. 142: v. Fulbach, Hessisch. — *v. Meding*, III. S. 197.

Fulko, Fulco, Grafen. Ein im 11.—13. Jahrh., laut alter Briefe, sowohl verschiedener Klöster, als der Stadt Breslau, in Schlesien vorgekommenes, aus Polen stammendes Grafengeschlecht, welches zu dem alten, polnischen Stamme Lis oder Bzura (Mzura) gehörte. Fulco war Woywode zu Cracau u. sein Sohn Poznanus lebte um 1082. Petrus I. F., gest. 1091, erlangte 1072 das Bisthum Breslau und Fulko Erzbischof zu Gnesen, starb 1258.

<small>Okolski, II. S. 137. — Henel, Silesiogr. c. 8. S. 337. — Sinapius, II. S. 86 und 87.</small>

Fuldner, s. Feldner, S. 222.

Fulger, Edle. Erbländ.-österr. Adelsstand. Diplom von 1792 für Rainer Fulger, k. k. Geh. Cabinets-Secretair u. für den Bruder desselben, Hyacinth F., Secretair bei der k. k. Staatscanzlei, mit dem Prädicate: Edle v.

<small>Megerle v. Mühlfeld, Ergänz.-Bd. S. 292.</small>

Fullen, Füllen, Falle. Altes, niedersächsisches Adelsgeschlecht aus dem Stammhause Fulle unweit Walsrode im Amte Rethem an der Fulda im jetzigen Kgr. Hannover. Otto v. F., Domdechant zu Verden, kommt urkundlich 1475 vor. Valent. König nennt zuerst den Drosten zu Gronenberg, Friedrich v. F., zu dessen späteren Nachkommen Jobst v. F., Herrn auf Dratum und Stockum unweit Osnabrück, gest. 1653 als Drost zu Gronenberg und Fürst-Osnabrück'scher Hof-Marschall und Friedrich v. F., Herr auf Eystrup, fürstl. braunschw.-lüneburg. Drost zu Steierborg und Schatzrath der Grafschaft Hoya, gehörten. Von Letzterem stammten zwei den Stamm fortsetzende Söhne, Statz Friedrich und Johann Hartmann v. F. Statz Friedrich v. F., kursächs. Kriegsrath, Assessor des Oberhofgerichts zu Leipzig und Ober-Land-Commissar, erwarb theils durch Vermählung, theils durch Kauf die Güter Markkleeberg, Cröbern, Störmthal und Liebertwolkwitz bei Leipzig und von ihm stammten Statz Friedrich (II.), gest. 1703 als kursächs. Major u. Commissarius des Leipziger Kreises, welcher sich 1699 mit Juliane Maria Grf. v. Schönburg vermählt hatte, und Staz Hilmar v. F., kursächs. Kammerherr u. Oberhofgerichts-Assessor zu Leipzig, welcher 1711 auf dem Wahltage zu Frankfurt a. M. den Ritterschlag erhalten hatte und 1734 noch lebte. — Von Johann Hartmann v. F., s. oben, Herrn auf Sietke im Braunschweigischen, stammte ein Sohn, Johann Friedrich v. F., welcher k. russ. Oberst war. — Der Stamm blühte fort und in Sachsen war noch Störmthal 1751 und in Hannover 1777 Bierde bei Ahlden im Lüneburgischen in der Hand desselben, später aber ist derselbe, welcher noch 1786 genannt wird, ausgegangen.

<small>Bucelini, III. S. 46—48. — Knauth, S. 507. — Valent. König, II. S. 390—413. — Gauhe, I. S. 585 u. 586. — Zedler, IX. S. 2310. — Freih. v. Ledebur, I. S. 239. — Siebmacher, I. 188; v. Fullen, Westphälisch. — Scheele, Ducat. Lüneburg. Tabula. — v. Meding, I. S. 166: v. Fulda, Fullen. — Tyroff, I. 105.</small>

Fullstein, Herborth u. Fulstein, Supa v. Fullstein. Altes, mährisches, böhmisches und schlesisches, in mehreren Linien unter den angegebenen Namen vorgekommenes Adelsgeschlecht, welches ursprünglich Broda hiess, später aber von dem am Troppauischen gelegenen, längst in Ruinen liegenden Schlosse Fullstein den Namen annahm. Dietrich v. Broda kam 1248 aus Mähren mit dem Bischofe Bruno v. Schönberg nach Ollmütz u. erhielt das Schloss Fullstein. Der Sohn desselben, Herborth, ein Ritter von riesiger Gestalt, drängte, so erzählt die Sage, 1278 bei der Schlacht auf dem Marchfelde den K. Rudolph I. sehr hart und Dietrich's Enkel, Georg Herborth Supa, vollendete um 1300 den Bau der Burg Fullstein unweit Hohenplotz und Leobschütz. Ueber den Beinamen Supa fehlen alle Nachweise. Georg Supa v. F. stand um 1494 am Hofe des Herzogs Casimir zu Teschen u. Gross-Glogau und Erich Supa v. F., nach Sinapius ein Sonderling der eigensten Art, starb 1562 auf dem Schlosse Fullstein in Mähren u. mit ihm ging die den Beinamen Supa führende Linie aus. — Aus der in Schlesien mit mehreren Gütern angesessenen Linie, welche nur den Namen Fullstein führte, war Johann v. F. 1495 Hof-Marschall des Herzogs Heinrich I. zu Münsterberg; Heinrich v. F. starb 1538 als Weihbischof zu Breslau u. Bischof zu Leucopolis und Ogirez v. F. versah 1560 die Stelle der Troppauischen Stände im Ober-Recht zu Breslau. Mit ihm ist nach Allem die schlesische Linie des Stammes ausgegangen. — Die v. Herborth und Fulstein, auch Herburt v. Fullstein, waren in Polen, Galizien, Mähren, Oesterreich und Schlesien begütert u. 7. Oct. 1628 starb Johann H. v. F., Castellan zu Caminiecz, wohl der Letzte seines alten Stammes. — Vor ihm liess 1615 Johann Felix II. v. F., ein gelehrter Antiquarius, auf seinem Schlosse Dobrimil den ersten Band von Duglossi Histor. Poloniae, drucken.

Sinapius, I. S. 454 u. 455 u. II. S. 682 u. 683. — *Gauhe*, II. S. 324 327. — *Zedler*, IX. S. 2217. — *Freih. v. Ledebur*, I. S. 345: Herborth v. Fulstein.

Funck (in Silber fünf, 2 u. 3, Flammen). Ein zum curländischen Adel gehöriges, zu Kaiwen bei Puckum begütertes Geschlecht, welches 1784 in Ostpreussen das Gut Raudischken im Kr. Gerdauen besass u. aus welchem der 1830 verstorbene k. preuss. General-Major u. Commandant von Colberg, Friedrich Wilhelm v. Funck, stammte. Derselbe hinterliess aus der Ehe mit einer v. Dresky zwei Söhne, welche in der k. preuss. Armee standen.

N. Pr. A.-L. I. S. 207. — *Freih. v. Ledebur*, I. S. 239 und III. S. 256. — *Neimbt, curländ. W.-B.* Tab. 13.

Funck, Funcke, Funke (in Silber ein rechtsgekehrter, gekrönter Löwe, dessen Kopf, die rechte Vorder- und Hinterpranke und der Schweif golden, die übrigen Theile aber schwarz sind. Der Kopf wird von Einigen mit einem Menschengesichte angegeben). Reichs-Adelsstand. Diplom vom 20. Oct. 1732 für Ferdinand Wilhelm Funcke, Herrn auf Burgwerben unweit Weissenfels, in Kursachsen notificirt 14. März 1733 und kursächs. Reichsvicariatsdiplom vom 22. Januar 1742 für den jüngeren Bruder des Ferdinand Wilhelm v. F.: Ferdinand August Funcke, k. russ. Legationsrath. — Die Empfänger der genannten Diplome stammten aus dem Braunschweigischen, dem Wappen nach aber hing der Stamm mit dem von Henel, Silesiogr. C. 8. S. 765 und Sinapius, II. S. 632 unter dem schlesischen Adel mit dem Namen: v. Funcken aufgeführten Geschlechte zusammen, wenn nicht der gleiche Name die Veranlassung zur Ertheilung dieses Wappens gab. Die Familie besass schon 1702 Groitzsch und 1722 Jesewitz unweit Delitzsch und hatte, neben Burgwerben, später auch die Güter Gross- und Klein-Goddula bei Merseburg, Teuchern bei Weissenfels und Markkleeberg bei Leipzig inne. Letzteres Gut mit einem

Antheile von Cröbern war, so wie Burgwerben, noch in neuester Zeit in der Hand der Familie. Andere Güter, s. unten. Von den Sprossen des Stammes haben Mehrere in k. sächs. Militairdiensten gestanden. Carl Wilh. Ferd. v. Funck starb 1828 als k. sächs. Generallieutenant. Derselbe war ein höchst wissenschaftlich gebildeter Mann, welcher sich, nachdem er sich, in innigem Verkehre mit Göthe und Schiller, als Dichter in den „Horen" bekannt gemacht hatte, auch als tüchtiger Historiker auswies. Von ihm wurde die zu Züllichau 1792 erschienene „Geschichte K. Friedrichs II.", welche man lange Zeit für eine Arbeit des bekannten Historikers Dietrich Hermann Hegewisch hielt, geschrieben und später gab derselbe die trefflichen „Gemälde aus dem Zeitalter der Kreuzzüge, Leipzig, 1820—1824, 4 Bände" heraus. Nach seinem Tode erschienen noch 1829 die für die Kriegsgeschichte mehrfach wichtigen „Erinnerungen aus dem Feldzuge des sächsischen Corps unter dem General Grafen Reynier im Jahre 1812." — **Franz Leopold v. F.**, Herr auf Burgwerben, trat 1827 als k. sächs. Hauptmann aus dem activen Dienste u Hugo v. F. ist k. sächs. Oberlieutenant der Reiterei. Nach Bauer, Adressbuch. S. 68 war 1857 Hans Ferdinand Freiherr v. Funcke, k. preuss. Lieutenant, Herr auf Löbnitz bei Delitzsch und Aemilius Eduard Alexander v. F. Herr auf Schafstedt bei Merseburg.

v. Uechtritz, diplom. Nachrichten, V. S. 33—35. — N. Pr. A.-L. II. S. 206 und 207. — *Freih. v. Ledebur*, I. S. 289 und III. S. 255 und 256. — *Tyroff*, II. 79. — Suppl. zu Siebmacher, W.-B. X. 13. — W.-B. d. sächs. Staaten, II. 65. — *Knechke*, II. S. 168 und 169. — *v. Hefner*, sächs. Adel, Tab. 29 und S. 27.

Funck v. Funckenau. Böhmischer Adelsstand. Diplom von 1736 für Franz Ferdinand Funck, Rechnungsrath der böhmischen Buchhaltung, mit dem Prädicate: v. Funckenau.

Megerle v. Mühlfeld, Ergänz.-Bd. S. 292.

Funck v. Senfftenau. Schwäbisches Adelsgeschlecht, dessen Stammreihe Bucelini mit Sigismund F. v. S., welcher mit einer v. Schrobenhausen vermählt war, um 1300 beginnt. Von den Nachkommen desselben bekleideten Mehrere das Bürgermeisteramt der ehemaligen Reichs-Stadt Memmingen und 1676 lebten zwölf Sprossen des Stammes. Das Wappen glich ganz dem im Artikel Funck angegebenen Wappen: in Silber ein gekrönter Löwe etc.

Bucelini, Tom. IV. — *Gauhe*, I. S. 566. — *Siebmacher*, II. 152, III. 199. IV. 68 und V. 366: Die Funcken, Kemptensche ehrbare Patricier.

Funk. Böhmischer Adelsstand. Diplom vom 30. Dec. 1673 für Johann Georg Funk. Derselbe ist wohl der Stammvater der in Schlesien vorgekommenen Familie dieses Namens, s. den Artikel: Funck.

v. Hellbach, I. S. 398.

Funk (in Blau ein brennender, grüner Busch, über welchem ein goldener Stern schwebt). Adelsstand des Königr. Preussen. Diplom vom 25. Aug. 1856 für Julius Albert Funk, Herrn auf Hohendorf bei Luckau.

Freih. v. Ledebur, III. S. 256.

Furlani. Erbländisch-österr. Adelsstand. Diplom von 1716 für Franz Ignaz Furlani, k. k. Holztax-Einnehmer in Görz.

Megerle v. Mühlfeld, Ergänz.-Bd. S. 292.

Furlani v. Felsenberg. Erbländ.-österr. Adelsstand. Diplom von 1737 für D. Johann Andreas Furlani v. Führnberg, Arzt u. Physicus zu Oedenburg, zu Veränderung des Prädicats v. Führnberg in v. Felsenberg. Der Empfänger des Diploms war wohl ein Nachkomme des Franz Ignaz v. Furlani, s. den vorstehenden Artikel, welcher Letztere, was Megerle v. Mühlfeld übersehen, den Adel mit dem Prädicate: v. Führnberg erhalten hatte.

Megerle v. Mühlfeld, Ergänz.-Bd. S. 292.

Furlani v. Felsenburg. Erbländ.-österr. Adelsstand. Diplom von 1773 für Andreas Furlani, Doctor der Philosophie und Medicin, auch Arzt in der k. k. Militair-Academie zu Wienerisch-Neustadt, mit dem Prädicate: v. Felsenburg.

Megerle v. Mühlfeld, S. 187.

Furrich v. Furrichshain. Erbländ.-österreich. Adelsstand. Diplom von 1835 für Anton Joseph Furrich, k. k. Waldamts-Inspector, mit dem Prädicate: v. Furrichshain.

Handschriftl. Notizen.

Furth v. Furtenburg. Erbländ.-österr. Adelsstand. Diplom vom 20. Nov. 1581 für die Gebrüder Wolfgang und Gregorius Furth und für den Vetter derselben, Christoph F. Dieselben stammten aus einem ursprünglich bürgerlichen, wohlhabenden Geschlechte in Wien, welches auch Fuert, Fuerth, geschrieben wurde und schon lange das s. g. Hasenhaus in der Kärntnerstrasse besessen hatte und in welches später in Folge geleisteter Hof- und Staatsdienste der Adel kam. — Die in den Adelsstand versetzten, genannten Gebrüder Wolfgang und Gregor waren Söhne des Hans Erasmus Fuerth. Gregor v. F. war 1576 kais. Rath und Geh. Zahlmeister und kommt noch 1596 als kais. Hofcommissair bei einer Verhandlung zwischen David Grüner und der niederösterreichischen Kammer vor. Aus der Ehe desselben mit Elisabeth Schallanzer stammten, neben fünf Töchtern, auch fünf Söhne. Von den Söhnen vermählte sich Hans Carl mit Felicitas v. Mallenthein, Erasmus, niederösterr. Hofsecretair, 1602 mit Catharina v. Saint-Hilaire, verw. v. Schmidt, Philipp Jacob, kaiserl. Feld- und Hauszeugwart, mit Maria Hedwig v. Sachwiz, Christoph 1607 mit Maria Salome v. Grünthal und Felician, kais. Rittmeister und zuletzt Obermustermeister in Ungarn, mit Elisabeth v. Rauchenberg, deren Tochter, Susanna Catharina noch 1661 als Gemahlin des Johann Seyfried v. Mallenthein vorkommt. — Wolfgang v. F., s. oben, war schon 1581 kais. Rath und Vicedom in Niederösterreich, Herr zu Nussdorf a. d. Donau und zum Edelsitz Würfelhof und wurde 1601 bei der niederösterr. Landschaft unter die neuen Ritterstandsgeschlechter aufgenommen, so wie auch 1603 als Landmann in Oesterreich ob der Enns immatriculirt. Derselbe erhielt 30. Sept. 1608 mit seinen Vettern, den obengenannten fünf Gebrüdern Hans Carl, Erasmus, Philipp Jacob, Christoph und Felician, eine Wappenverbesserung mit dem Prädicate: v. Furtenburg, auch ertheilte ihm K. Matthias gleich nach der österreich. Erbhuldigung 1608 mehrere Lehenstücke, Höfe und Zehende als landesfürstliche Lehen. Er starb 1610 und hinterliess aus der Ehe mit Maria Magdalene Urkauff drei Söhne und drei Töchter. Von den Töchtern starb Margaretha jung, oder doch unvermählt, Anna vermählte sich 1594 mit Simon Engl v. Wagrain und Elisabeth 1601 mit Wolfgang v. Strasser zu Gleiss. Von den drei Söhnen vermählte sich Hieronymus F. v. F. 1614 mit Maria Fatzi u. blieb wohl ohne Nachkommen. Johann Helfried, oder Helfreich, vermählt mit Catharina Nüsser, wurde 1619 k. k. Oberst-Proviantamtsverweser in Ungarn und Oesterreich u. kommt noch bis 1626 in mehreren Acten der k. k. Hofkammer vor. Nachkommen desselben sind auch nicht bekannt. Johann Baptist Georg, geb. 1629, Wolfgang's ältester Sohn, kais. Rath und Salzamtmann zu Wien, Grundherr zu Nussdorf, Kihrling etc. legte mit kaiserlicher Genehmigung seinem Freihofe u. Edelsitze Würfelhof zu Nussdorf den Namen Furtenberg bei. Derselbe vermählte sich 1598 in erster Ehe mit Eva Struz zu Hayding und in zweiter mit Anna v. Schütter. Aus der ersten Ehe entsprossten, neben einer Tochter, Maria Anna, zwei Söhne, Wolfgang, oder Wolf Christoph und Johann Helfreich und aus der zweiten Ehe stammte, neben einer Tochter, Anna Elisabeth, welche sich mit Franz Wolfgang v. Cranne vermählte, ein Sohn, Rudolph Heinrich. Wolf Christoph hinterliess aus der Ehe mit Christina v. Rächwein eine einzige Tochter, Anna, welche sich mit einem Freiherrn v. Muggenthal vermählte, Rudolph Heinrich aber, vermählt mit Catharina Mürzer, hatte drei Kinder, Johann Anton, Anna Elisabeth und Susanna Catharina, welche 1668—1671 unter Vormundschaft standen. Ihre Mutter kommt 1672 als wieder vermählte v. Plabenfeld vor. **Mit Johann Anton F. v. F. ging 1679 der Mannsstamm des Geschlechts aus.**

Wissgrill, II. S. 187—190.

Furtenbach, Fürtenbach. Ein namentlich in Bayern und Württemberg blühendes Adelsgeschlecht, welches ursprünglich aus Oesterreich stammt u. von da nach Schwaben gekommen ist und sich weiter ausgebreitet hat. — Die genauen Nachrichten über die Familie beginnen mit Hans Furtenbach, Obersten unter dem K. Friedrich III., welcher sich später in Feldkirchen, wo er 1489 starb, niedergelassen hatte. Von dem Sohne desselben, Hanns F. II., entsprossten drei Söhne, Erasmus, Bonaventura und Hieronymus, welche drei Hauptlinien stifteten: die Feldkirchische, Reichenschwander- u. Gwickische Linie. Die Feldkirchische Linie, welche den Adel 1618 erlangt hat, gründete Erasmus, vermählt mit Catharina Hinterofer: dieselbe hat fortgeblüht, doch fehlen nähere Nachrichten aus neuerer Zeit u. es ist nur aus der Adelsmatrikel des Kgr. Bayern Zacharias Joseph v. F., Feldkirchner Linie, geb. 1792, bekannt. — Der Stifter der in Bayern fortblühenden Reichenschwander Hauptlinie, welche sich später in die Johann Wilhelmische und Jacob (Jobst) Wilhelmische Speciallinie schied, war Bonaventura F., welcher sich in Nürnberg niederliess, sich 1524 mit Helena Derrer vermählte, Reichenschwand und das Lusthaus auf dem Künschrotenberg, nachher Thummenberg bei Nürnberg, an sich brachte u. 6. Februar 1548 eine Kaiserliche Urkunde erhielt, in welcher ihm der Adel und die Erlaubniss ertheilt wurde, sich nach seinem Gute Reichenschwand zu schreiben, auch sein altes Wappen: in Blau ein silberner, wellenweise gezogener Schrägbalken, verbessert wurde. Der Sohn des Bonaventura v. F.: Hans v. F. IV., gab, wegen eines Streites mit der Stadt Nürnberg, das Bürgerrecht daselbst auf u. begab sich nach Reichenschwand, welche Besitzung von Bonaventura als Prälegat seinen Söhnen u. den Nachkommen derselben vermacht worden war. Seit 1768 ist diese Linie in Nürnberg wieder ämterfähig u. wird dem dortigen Patriciate gleich geachtet. — Die Gwick'sche Hauptlinie, welche sich in mehreren schwäbischen Reichsstädten ausbreitete, stiftete Hieronymus F. 1. Derselbe, gest. 1559, verm. mit Anna Weitenauer, kaufte das nahe bei Lindau gelegene Gut Geringen, und seine Nachkommen haben sich um Augsburg, Ulm, Memmingen, Lindau, Kempten und Leutkirch mehrfach verdient gemacht. Durch die drei Söhne des Stifters schied sich die Gwickische Hauptlinie, welche nach neueren Nachrichten erloschen ist, in drei Speciallinien, von denen zuerst die von Martin v. F. ausgegangene Linie, in Lindau und Augsburg ausstarb. Von den anderen beiden Linien stammte die eine von Hieronymus II. v. F. her, welcher sich 1561 in Leutkirch vermählte, u. der Stammvater aller Sprossen des Stammes wurde, welche sonst in Memmingen, Kempten, Danzig, Inspruck, Neckarsulm, im Anspachschen und in Westphalen vorkamen, so wie auch der, welche, als Siebenkees (1791) schrieb, noch in Leutkirch, Ravensburg u. Arbon lebten. — Diese Linie hatte 1623 den Reichsadel erhalten. Die Familie hatte in Franken und Schwaben mehrere Güter erworben und Sprossen derselben sind an Höfen, im geistlichen und Gelehrtenstande, sowie in Civil- und Militairdiensten zu ansehnlichen Ehrenstellen gelangt. Von den älteren Gliedern des Geschlechts, die sich Ruf u. Ehre erwarben, nennt das Neue Preussische Adels-Lexicon Mehrere, u. aus späterer Zeit giebt v. Lang die in die Adelsmatrikel des Kgr. Bayern eingetragenen Sprossen an. Zu diesen gehörten: Sigmund Ferdinand Wilhelm v. F., k. bayer. quitt. Major; Jobst Wilhelm, v. F. Herr auf Oberndorf und Leuzenberg, k. bayer. pens. Pfleger des ehemaligen Amts Lauf; Friedrich Wilhelm Carl v. F., k. bayer. Hauptmann etc. etc. Auch ist der Name des Geschlechts mehrfach in den Listen der k. preuss. Armee vorgekommen. Ein v. F. blieb als k. preuss. Oberst und Commandeur des Regiments v. Zastrow in der Schlacht bei Jena; Söhne desselben waren später Officiere in der k. preuss. Armee und Andreas Friedrich v. F. starb 1844 als Hauptmann a. D.

Bucelini, II. S. 92. — *Zedler*, IX. S. 2334. — *v. Stetten*, Augsb. Adelsgeschlechter, S. 298 und Tab. 11, Nr. 10. — *v. Lang*, S. 343 u. 344 und Suppl. S. 99 und 100. — N.Pr. A.-L. II. S. 205 und IV. S. 452. — Geneal. Jahrb. d. deutschen Adels, Jahrg. 1845. — Freih. v. *Ledebur*, I. S. 240. — Siebmacher, V. Zusatz 48 oder V. 366: v. F. Kemptensche Patricier. — Suppl. zu Siebm. W.-B. III. 13. — *Tyrof*, I. 28 u. Siebenkees, I. S. 16 u. 17. — W.-B. d. Kgr. Bayerns, V. 62. — W.-B. d. Kgr. Württemberg, Nr. 180 und S. 46. — *v. Hefner*, bayer. Adel, Tab. 88 und S. 78 u. württemb. Adel, Tab. 19 und S. 15. *Kneschke*, II. S. 169 und 170.

Furtenburg, s. Furth v. Furtenberg, S. 411 u. 412.

Furttenburg, s. Popp v. Furttenburg.

Fuschikowsky v. Grünhof, auch **Ritter**. Erbländ.-österr. Adels- u. Ritterstand. Adelsdiplom von 1764 für Ernst Ignaz Fuschikowsky, Bürger zu Teltsch in Mähren, mit dem Prädicate: v. Grünhof und Ritterdiplom v. 1816 für Joseph Fuschikowsky v. Grünhof, Besitzer des Guts Pollerskirchen.
<small>*Megerle v. Mühlfeld*, Ergänz.-Bd. S. 142 und S. 292 und 293.</small>

Fussberg. Altes bayerisches Adelsgeschlecht. Das Stammhaus gleichen Namens lag im Gerichte Bruck und die Familie hatte ihr Stift zu Jndersdorff. Später schrieben die Dichtel sich v. Fussberg.
<small>*Wig. Hund*, III. S. 322.</small>

Fuxeder v. Lichtensteg. Erbländ.-österr. Adelsstand. Diplom von 1820 für Franz Fuxeder, k. k. pens. Oberstlieutenant, mit dem Prädicate: v. Lichtensteg.
<small>*Megerle v. Mühlfeld*, S. 187 u. 188.</small>

Fuxmagen. Ein ursprünglich aus Hall im Innthal stammendes, tiroler Adelsgeschlecht, welches um 1510 mit Hanns F., tiroler Regimentsrathe, erloschen ist.
<small>*v. Hefner*, ausgestorbener tiroler Adel, Tab. 3.</small>

Fuxsteiner v. Fuxstein, auch **Ritter**. Böhmischer Adels- und erbländ.-österr. Ritterstand. Adelsdiplom von 1724 für Johann Michael Fuxsteiner, Fiscal in Mähren, mit dem Prädicate: v. Fuxstein und Ritter-Diplom von 1726 für denselben als Kammerprocurator in Mähren.
<small>*Megerle v. Mühlfeld*, Ergänz.-Bd. S. 142 und S. 238.</small>

Fyffe, Freiherren. Erbländ.-österreich. Freiherrnstand. Diplom von 1762 für Johann Tyffe aus England.
<small>*Megerle v. Mühlfeld*, Ergänz.-Bd. S. 58.</small>

G.

Gaba, v. Gaba und Ribian, auch **Freiherren**. Altes, ursprünglich böhmisches Adelsgeschlecht, welches nach Schlesien kam und im Münsterbergischen 1670 mit Bernsdorf und Wenigennossen u. 1696 mit Nieder-Kunzendorf begütert war. Der Stamm blühte bis gegen Ende des 18. Jahrh. und ist, soviel bekannt, mit dem 29. Jan. 1795 zu Treuenbrietzen verstorbenen Wenzel Friedrich Rudolph Freiherrn v. Gaba u. Ribian, Herrn auf Niederkunzendorf, erloschen.
<small>*Sinapius*, II. S. 632 und 633. — *Freiherr v. Ledebur*, I. S. 241.</small>

Gabain. Französisches, unter der Regierung des Kurfürsten Friedrich Wilhelm zu Brandenburg nach Preussen gekommenes Adelsgeschlecht, aus welchem mehrere Sprossen in die k. preuss. Armee traten, während andere sich der Fabrik- und Manufacturthätigkeit widmeten. Zu den in k. preuss. Militairdiensten gestandenen Sprossen des Stammes gehörte namentlich der 1837 verstorbene Major C. v. G. und der um diese Zeit im 1. Infant.-Reg. dienende Hauptmann v. G. — Ein v. G. gehörte übrigens zu den unglücklichen Officieren, welche 1809 wegen Antheils an der Schill'schen Unternehmung in Wesel von den Franzosen erschossen wurden und denen später ein Denkmal errichtet worden ist.

N. Pr. A.-L II. S. 207 u. 208. — Freih. v. Ledebur, I. S. 261.

Gabel. Ein ursprünglich aus Deutschland stammendes, dänisches Adelsgeschlecht, welches seit der Mitte des 17. Jahrh. in Dänemark zu hohem Ansehen kam. Friedrich v. Gabel, k. dän. Geh.-Rath und Statthalter in Copenhagen, starb 1673, Woldemar v. G., k. dän. Geh. Rath etc., 1720, Friedrich der Jüngere, ein Sohn des Geh.-Raths Friedrich v. G., Herr auf Brantewitz, Bärelsee etc., 1708 als Vice-Statthalter in Norwegen, Stifts-Amtmann zu Aggerhuus und Gouverneur zu Ferwa und 1715 ein von Gabel, k. dän. Vice-Admiral. 1717 lebte Christian Carl v. G., Herr auf Bregenwed und Gabelslacke, k. dän. Kammerherr und Ober-Kriegs-Secretair und ein v. G., k. dän. Staats-Rath wurde 1721 Präsident des Ober-Admiralitäts-Collegium etc. So blühte, mit hohen Ehrenstellen betraut, der Stamm noch in das 19. Jahrh. hinein, zu dessen Anfange Christian Carl v. Gabel, k. dän. Geh.-Rath und Kammerherr, vorkam. — Nachweise, welche die neuere Zeit betreffen, fehlen.

Gauhe, II. 1479 und 1480. — Lexicon over adel. Famil. i Danmark, Bd. 1. – Jakobi 1800, I. S. 88.

Gabelens, v. d. Gabelenz, v. d. Gabelentz, Gablenz (in Silber eine eingebogene, rothe, gestürzte Spitze, mit einer dreizinkigen, mit den äussern Zinken auswärts gebogenen, silbernen Streugabel ohne Schaft belegt und auf dem Helme zwei Adlerflügel von Roth und Silber, der rechte schrägrechts, der linke schräglinks getheilt, oder auch ein die rothen Sachsen rechtskehrender, geschlossener Adlerflug mit silbernen Schwingen). Eins der ältesten und angesehensten meissenschen Adelsgeschlechter, dessen Stammhaus nach Allem das Dorf Gablenz bei Werdau ist, wenn auch Knauth dasselbe, gewiss unrichtig, aus Schlesien herleiten wollte, da es erst aus Sachsen nach Schlesien kam. Auf dem genannten Gute wohnte Georg v. d. G. schon 1221 und stand bei dem Markgrafen Friedrich zu Meissen in grosser Gunst. Im Jahre 1315 lebte Eckhard v. d. G., nach dem Stadtbuche der Stadt Sommerfeld an der schlesischen Gränze, S. 1006, in dieser Stadt und Horn, Fridericus Bellicosus, S. 679 und 680, führt zwei Urkunden von 1388 an, in welchem Albrecht v. d. G. als Zeuge auftritt. Nach der zweiten dieser Urkunden gehörte derselbe zu den Burgleuten in Altenburg. Albertus v. d. G. war 1436 Abt des Klosters zu Altenburg und versah das Kloster Pforte mit mehreren Einkünften und Georg v. d. G. verkaufte 1529 dem Kurfürsten Johann dem Beständigen zu Sachsen das Burglehn zu Altenburg, auf welchem er und seine Voreltern gelebt. Um diese Zeit war Hans von d. G. brandenburgischer Rath u. stiftetete, begütert mit Kletzwalde etc. eine preussische Linie des Stammes, welche 1657 mit dem k.

schwedischen und polnischen Oberstlieutenant Christoph Friedrich v. d. G. wieder ausging. — Die hier in Rede stehende Familie wurde in dem s. g. Pleissenerlande, namentlich im Altenburgischen, reich begütert und Wendischleuba stand derselben schon 1483, Poschwitz 1583, Cunewalde 1590 etc. zu. Der Stamm blühte fort u. trieb Sprossen, welche zu hohen Ehrenstellen gelangten. Georg Carl Gottlob v. d. G. starb 1777 als k. preuss. Generallieutenant und Commandant von Schweidnitz und 1831 starb Hans Carl Leopold v. d. G., herz. sächs. altenb. w. Geh.-Rath, Kanzler, Obersteuerdirector und Kammerherr, Herr auf Poschwitz und Lömnitz. — Von den jetzt lebenden Sprossen des Stammes ist namentlich und nennen: H. L. v. d. G., herz. sachs. altenb. Geh.-Rath, Herr auf Poschwitz etc., bekannt als grosser Sprachforscher und Historiker, welcher der so fleissigen Geschichts- und Alterthumsforschenden Gesellschaft des Osterlandes, die auch für Genealogie viel Erspriessliches geleistet, die regste Theilnahme zuwendet.

Knauth, S. 507. — *Sinapius*, I. S. 376 und II. S. 633. — *Val. König*, III. S. 807–814. — *Gauhe*, I. S. 587. — *Hürschelmann*, Sammlung zuverlässiger Stamm- und Ahnentafeln, S. 21 und desselben geneal. Adelshistorie, I. S. 144–146. — N. Geneal. Handb., 1777 S. 216 u. 217 u. 1778 S. 275. — *v. Uechtritz*, diplom. Nachr. IV. S. 50–59. — N. Pr. A.-L. II. S. 208. — *Freih. v. Ledebur*, I. S. 241. — *Siebmacher*, I. 153 u. *v. Gabelentz*, Meissnisch. — *v. Meding*. II. S. 178. — *Tyroff*, II. 10. — W.-B. der sächs. Staat. I. 100.

Gablenz, auch Freiherren (in Blau zwei neben einander aufgerichtete, mit einem rothen Querbalken belegte, dreizinkige Streugabeln mit goldenen Stielen). Ein zu dem Adel der Lausitz und der angränzenden Theile Schlesiens und Sachsens gehörendes Adelsgeschlecht, welches auch in die Mark und nach Pommern gekommen ist. Ob und in welchem Zusammenhange die hier in Rede stehende Familie ursprünglich mit dem im vorigen Artikel besprochenen Geschlechte gestanden habe, muss dahin gestellt bleiben: man hat beide Familien, welche mehrfach für Linien eines Stammes genommen wurden, untereinander geworfen und die grosse Verschiedenheit der Wappen nicht beachtet, so dass selbst v. Meding das im Anfange dieses Artikels gegebene Wappen nur als Variante des im vorstehenden Artikel erwähnten Wappens anführte Erst neuerlich hat Freiherr v. Ledebur, wohl sehr richtig, der Heraldik Rechnung getragen und beide Stämme sorgsam gesondert. — Die Familie v. Gablenz soll nach Mehreren aus Polen, von den Jablonowskern abstammend, über Crossen vor langer Zeit in die Lausitz eingewandert sein und wurde später in der Mark und dann auch in Pommern ansässig. Friedersdorf unweit Sorau stand der Familie schon 1430 zu, im 17. Jahrh. sass dieselbe zu Damnitz, Döbern, Göhren, Hänichen, Hermswalde, Kälcke und Spree u. im 18. Jahrh. war dieselbe, neben mehreren Besitzungen aus dem 17. Jahrh., mit Berna, Döllingen, Gallowitz, Heydersdorf, Leine, Rengersdorf, Niederschreibersdorf und Torga begütert und im 19. Jahrh. besass dieselbe Kroppen etc. Nach Bauer, Adressbuch, S. 68, war 1857 Anton Freih. v. G., k. sächs. Kammerherr, Herr auf Seifersdorf im Kr. Liegnitz, Otto Ernst v. G., k. sächs. Rittmeister a. D., Herr auf Liebstein, im Kr. Görlitz und Freifrau v. G., geb. v. Lützerode, Herrin auf Schwoitzsch im Kreise

Breslau. — Das geneal. Handbuch der freiherrl. Häuser führt die Familie als freiherrlich auf und nennt als nächsten Stammvater der freiherrl. Linie den k. sächs. General-Lieutenant u. Gouverneur der Residenzstadt Dresden Heinrich Adolph v. G., gest. 1843. Derselbe vermählte sich 1799 mit Charlotte v. Stieglitz und aus dieser Ehe entsprossten, neben einer Tochter Maria Adolphine, vermählt 1831 mit Paul Emil v. Uechtritz, k. sächs. Kammerherrn, drei Söhne: Freiherr Heinrich, geb. 1804, k. sächs. Rittm. in d. A.; Freih. Anton August, geb. 1810, grossh. sachs. weim. Kammerh., Rittm. in d. A., verm. mit Auguste Freiin v. Lützerode, aus welcher Ehe, neben drei Töchtern, drei Söhne stammen: Carl, geb. 1841, Ernst, geb. 1845 u. Curt, geb. 1847 und Freih. Ludwig, geb. 1814, k. k. Generalmajor u. Brigadier, verm. 1853 mit Helene Freiin v. Eskeles. — Zahlreiche Sprossen des Stammes standen und stehen in der k. sächs. Armee, werden aber in den officiellen Listen nur mit dem adeligen Prädicate aufgeführt.

Magnus, Soranische Chronik, S. 9. — *Gauhe*, I. S. 588 nach Grosser, Lausitzer Merkwürdigkeiten. — N. Pr. A.-L. II. S. 209 u. V. S. 170. — Geneal. Taschenb. d. freih. Häuser, 1853. S. 132 und 133 (das angegebene Wappen gehört in die im vorstehenden Artikel besprochene **Familie**) und 1855, S. 168 und 169. — *Freih. v. Ledebur*, I. S. 241. — *v. Meding*, II. S. 179. — W.-B. d. Sächs. Staat. IV. 31.

Gabelkover v. Gabelkoven, Gablkoven, Gabblkover, Freiherren und Grafen (Stammwappen: in Roth zwei gekreuzte goldene Feuergabeln an langen Stangen. Freiherrliches Wappen: Schild geviert mit das Stammwappen zeigendem Mittelschilde, oder auch der Länge nach getheilt: rechts in Roth eine aufgerichtete, goldene Streugabel und links in Silber ein einwärtsgekehrter, rother Löwe. 1 und 4 in Gold ein rechtshin zur Hälfte aufspringender, schwarzer Jagdhund mit goldenem Halsbande u. 2 u. 3 in Schwarz eine grüne Hollunderstaude mit ihren sichtbaren Wurzeln: Schotten v. Holderthal, zum Wappen gekommen 1606. Gräfliches Wappen: Schild zweimal quer u. zwei mal der Länge nach getheilt, 9feldrig: 1 und 4: Feld 1 u. 4 und Feld 2 und 8: 2 und 3 des freiherrlichen Wappens; 3 und 7 in Silber ein einwärts gekehrter rother Löwe; 4 in Blau ein goldener Anker; 5 das Stammwappen und 6 in Blau zwei schräglinke, silberne Balken). Erbländ.-österr. Freiherrn- und Grafenstand. Freiherrndiplom von 1652 für Zacharias IV. Gabelkover v. Gabelkoven auf Helfenberg u. Püchel, k. k. Landrath in Steiermark und für die Vettern desselben, Joseph Anton u. Adam Seyfried G. v. G. und Grafendiplom von 1715 für Martin Joseph Anton Freih. G. v. G., sowie von 1718 für Johann Philipp Anton Freih. G. v. G., k. k. Geh.-Rath. — Das ritterliche, freih. und gräfl. Haus Gabelkover v. Gabelkoven stammt aus Bayern und zwar aus dem Stammhause Gabelkoven unweit Dingeltingen im Amte Landshut. Dasselbe kam im 15. Jahrh. nach Oesterreich und Steiermark, wurde 1628 in Niederösterreich unter die Landmannsglieder des Ritterstandes aufgenommen und breitete sich in Oesterreich, Steiermark, Kärnten, Schwaben, Franken und Thüringen weit aus. — Bernhard Gabelkhofer v. Freynberg kommt als Lehnsinhaber der Schlösser und Güter Gavelkhofen u. Griessbach urkundlich schon 1223 vor; Peter G. stiftete 1230 einen Jahrstag in der Kirche zu

Griessbach u. Bernhard II. war 1241 Domherr zu Regensburg. Von den Nachkommen war Paul G., gest. 1496, in zweiter Ehe vermählt mit Ursula Schott v. Holderthal, aus welcher Ehe 9 Kinder stammten, von denen vier Söhne das Geschlecht in vier Linien fortsetzten. Wolfgang stiftete die Steyerische Linie, in welche, wie angegeben, der Freiherrn- und Grafenstand kam, Leonhard die mit dem Freiherrn Joseph Anton zu Anfange des 18. Jahrh. erloschene Linie in Kärnten, Zaccharias II. die im Ritterstande verbliebene Linie in Oesterreich und Ruprecht die Linie in Schwaben, welche mit seinen Enkeln, Wolf Ruprecht und Georg, im 17. Jahrh. wieder ausstarb. Der in Franken und Thüringen vorgekommene Zweig war aus der Linie in Oesterreich hervorgegangen. — Die älteren Sprossen des sehr gliederreichen Stammes haben Bucelini und Johann Balthasar G. v. G., s.-unten, welcher noch 1717, in hohem Alter als herz. sachsen-goth. Geh.-Rath und Präsident des Ober-Consistoriums lebte und aus der Ehe mit einer v. Hopffgarten einen Sohn, Hans Siegfried, herz. braunschw. Kammerjunker, hatte, sehr genau angegeben und Wissgrill hat sich mit dem ihm eigenen Fleisse über die späteren genealogischen Verhältnisse der Familie bis 1797 verbreitet. Um diese Zeit blühten noch die freiherrl. Linie in Steiermark und die Linie in Oesterreich. Graf Johann Philipp Anton, s. oben, hinterliess aus der Ehe mit Maria Antonia Rosamunda Freiin v. Sinnich nur zwei Töchter, Antonia und Carolina, welche Letztere 1751 als vermählte Grf. v. und zu Auersperg starb. Graf Martin Joseph Anton, s. oben, wird nur von Megerle v. Mühlfeld genannt und Wissgrill erwähnt denselben nicht, so ist wohl auch diese gräfliche Linie nicht fortgesetzt worden. — Mit Wissgrill hören alle zuverlässigen Nachrichten über die Familie auf und neuere geneal. Werke verbreiten sich nicht mehr über dieselbe.

Bucelini, III. S. 46—49. — *I. B. Gabelkover v. Gabelkoven, Stemma Genealogicum Familiae de Gabelkoven*, Gothae, 1709. — v. *Gleichenstein*, Nr. 16. — *Gauhe*, I. S. 588—592. — *Wissgrill*, III. S. 191—201. — *Megerle v. Mühlfeld*, S. 19 und Ergänz.-Bd. S. 14. — *Schmutz*, I. S. 435 und 436. — *Tyroff*, II. 265. — Suppl. zu Siebm. W.-B. I. 29.

Gabler. Böhmischer Adelsstand. Diplom von 1735 für Johann Ernst Gabler, k. Steueramts-Director in Böhmen.

Megerle v. Mühlfeld, Ergänz.Bd. S. 293.

Gabler v. Adlersfeld, Ritter und Edle. Reichsritterstand. Diplom von 1795 für Anton Gabler, Magistratsrath zu Eger, mit dem Prädicate: Edler v. Adlersfeld. Der Stamm hat fortgeblüht. In neuster Zeit standen die Brüder Alois und Georg Ritter G. v. A. als Hauptleute in der k. k. Armee.

Megerle v. Mühlfeld, Ergänz.-Bd. S. 142.

Gabruque. Ein nach Schlesien gekommenes, französ. Adelsgeschlecht, welches 1817 Reumen im Kr. Neisse besass.

Freih. v. Ledebur, III. S. 256.

Gadau. Mark-Brandenburgisches Adelsgeschlecht, welches in Meklenburg-Schwerin im Amte Wredenhagen mit Loppien begütert war und auch in Vor-Pommern Hügelsdorf besass. Letzteres Gut brachte ein v. Gadau, k. dän. Kammerjunker, durch Vermählung mit einer v. Behr, aus welcher Ehe eine zahlreiche Nachkommenschaft stammte, an sich, doch fanden denselben bald die Lehnsfolger ab. — Aus dem Artikel: Gadow, s. unten, ergiebt sich, dass Gadau und Gadow ein Stamm sind.

Gauhe, II. S. 327. — *v. Hellbach*, I. S. 400.

Gadebusch, Gadebutz, Gedebutz. Ausgestorbenes, meklenburgisches Adelsgeschlecht, welches stets ein gleiches Wappen, wie die v. Bülow führte: in Blau vierzehn, 4. 4. 3. 2. 1., goldene Pfennige oder Kugeln, weshalb man auch angenommen, dass das Geschlecht zu dieser Familie gehört habe.

v. Meding, I. S. 166 nach dem Manuscripte abgegangener meklenb. Familien.

Gaden. Ein ansehnliches Adelsgeschlecht in Niederösterreich unter den ersten Erbmarkgrafen und Herzogen des Landes, dessen Stammsitz das Schloss und Pfarrdorf Gaden im Wiener Walde unweit Heiligenkreuz war. — Wichardus u. Ulricus de Gaden treten schon 1094 in den ältesten Urkunden des Klosters Mölck auf und Ulrich v. Gaden mit dem Beinamen: der Esel, kommt noch 1337 vor. Nach dem Tode des Letzteren, 1356, erschienen urkundlich zwei Töchter desselben, Catharina verm. v. Pottenstein und Chunegund vermählte Khlingenfurter. Später kommt der Name des Geschlechts nicht mehr vor.

Wissgrill, III. S. 201—203.

Gaden v. Lohausen. Böhmischer Adelsstand. Diplom von 1735 für Catharina Ottilia Gaden, geborene Böhmer, Wittwe des Kaufmanns Gaden, mit dem Prädicate: Lohausen.

Megerle v. Mühlfeld, Ergänz.-Bd. S. 293.

Gadendorff. Ein ursprünglich holsteinisches Adelsgeschlecht, aus welchem Angeli zuerst Dettlev u. Gottschalck v. G. nennt, welche 1386 in Streit mit der Stadt Lübeck kamen. 1387 verband sich Dettlev v. G. mit Anderen vom holsteinischen Adel gegen Lübeck, doch wurde das Bündniss verrathen und Dettlev fiel auf dem Kirchhofe seines eigenen Dorfes durch das Schwert des Hauptmanns der Lübecker. — 1593 verkaufte die Familie, welche damals noch aus drei Sprossen bestand, die holsteinischen Güter an die v. Pogwisch, nachdem früher, 1525, Claus v. G. als Hofcavalier nach Preussen gekommen war. Derselbe begleitete nämlich die Tochter des Königs Friedrich I. von Dänemark, erste Herzogin von Preussen, nach Königsberg und vermählte sich mit Barbara v. Falkenhain, aus welcher Ehe zwei Töchter u. ein Sohn entsprossten. Von den Töchtern vermählte sich die eine mit einem Freiherrn v. Heydeck, die andere mit Fabian Burggrafen zu Dohna-Reichertswalde. Aus der Ehe des Sohnes stammte Clement v. G., mit welchem die preussische Linie, welche mit Gnotlau und Saalau im Kr. Insterburg und auch im Schaakenschen begütert war, wieder ausstarb. Ein v. G. besass 1714 im Braunschweigischen noch das Gut Schliesstädt bei Schöppenstädt. Mit ihm oder bald nachher ging der Stamm aus.

Angeli, holstein. Adelschronik, S. 14. — *Gauhe*, I. S. 592. — N. Pr. A.-L. V. S. 170. — *Freih. v. Ledebur*, I. S. 242.

Gadenstedt, Gadenstädt. Altes, hildesheimisches u. lüneburgisches Adelsgeschlecht, aus dem gleichnamigen Stammhause im Hildesheimischen, im Amte Peine, welches der Familie schon 1262 zustand, in welchem Jahre Berthold v. G. nebst anderen des Ritterstandes auf dem Landtage zu Braunschweig erschien. Nach dieser Zeit kommt in Urkunden von 1305, 1312 etc. der Name des Geschlechts oft vor. Zu Ende des 16. Jahrhunderts wurde die Familie auch in der Grafschaft Wernigerode und später im Lüneburgischen und im Gandersheimschen begütert und jetzt gehört dieselbe zu dem ritterschaftlichen Adel der hildesheimischen und lüneburgischen Landschaft und besitzt drei Güter in Gadenstedt, sowie ein Gut in Grossen-Ilsede im Hildesheimischen und das Gut Immensen im Lüneburgischen.

Schannat, S. 91. — *Gauhe*, I. S. 592 und 593. — *Schmidt*, Beiträge zur Geschichte des Adels, I. S. 192 und II. S. 310. — *Freih. v. d. Knesebeck*, S. 132. — *Freih. v. Ledebur*, I. S. 242. — *Siebmacher*, I. 180 und 183: Gadenstet, Braunschweigisch. — *Harenberg*, Histor. dipl. eccl. Gandersh. Tab. 31. Nr. 4. — *v. Meding*, I. S. 167. — W.-B. d. Kgr. Hannov. C. 2 u. S. 7. — *Kneschke*, II. S. 170.

Gadern. Ein in der ersten Hälfte des 17. Jahrh. in der Oberlausitz vorgekommenes Adelsgeschlecht, aus welchem Wilhelm v. G. auf Oybin bei Zittau lebte.

Freih. v. Ledebur, I. S. 242.

Gadolla, Ritter. Erbländ.-österr. Ritterstand. Diplom von 1784 für Johann Gadolla, Steiermärkischen Landrechts-Advocaten. Derselbe wurde als Herr auf Reifenstein 1785 in die steierische Landmannschaft aufgenommen.

Megerle v. Mühlfeld, Ergänz.-Bd. S. 142. — *Schmutz*, I. S. 440.

Gadomski. Polnisches, zu dem Stamme Rola gehörendes Adelsgeschlecht, welches nach Ost- und Westpreussen kam und mit Browien, Kownottken, Logdau u. Thurau im Kr. Neidenburg, mit Dziesne im Kr. Strasburg, Montig im Kr. Rosenberg und Thymau im Kr. Graudenz begütert war. Die noch 1670 im Bütowschen vorgekommene Familie Gadomraski gehörte wohl zu diesem Stamme.

Freih. v. Ledebur, I. S. 242 und III. S. 256.

Gadow. Altes, meklenburgisches Adelsgeschlecht, welches früher mit Leppin im Amte Wredenhagen und neuerlich mit Potrems im Amte Güstrow begütert war, schon 1581 im Brandenburgischen Dessow, Protzen u. Steffin inne hatte und über hundert Jahre auch in Pommern im Franzburger Kreise ansässig ist. Ein gleichnamiger Ort liegt übrigens auch im Kr. Ost-Priegnitz und wird von denen, welche das Geschlecht für ein ursprünglich mark-brandenburgisches halten, als Stammhaus angenommen. Die Familie ist auch nach Dänemark gekommen. Dieselbe hat dauernd fortgeblüht und nach Bauer, Adressbuch, S. 70 war 1857 August v. Gadow, grossh. meklenburg. schwerinscher Kammerherr und Mitglied des preussischen Herrenhauses, Herr auf Dechow und Adolph v. Gadow, Curator des adeligen Familienstifts in Barth, Herr auf Hugolsdorf mit Alt-Seehagen u. Neuhof.

v. Pritzbuer, Nr. 52. — *Gauhe*, II. S. 327: Gadau. — *v. Behr*, Rer. Meklenb. Libr. VIII. S. 1570. — *Brüggemann*, 9. Hauptst. — N. Pr. A.-L. II. S. 206 und 209. — *Freih. v. Lede-*

bur, I. S. 242. — *v. Meding*, II. S. 179. — Lexic. over adel. Famil. i. Danmark, I. Tab. 31 Nr. 49 und S. 167. — Pommersches W.-B. I. Tab. 40 und S. 109. — *Knesehke*, I. S. 160 und 161

Gaedecke. Adelsstand des Kgr. Preussen. Diplom vom 12. Jan. 1787 für Johann Philipp Gädecke, k. preuss. Stabscapitain im Dragoner-Regim. Graf Lottum und zwar in Anerkennung seiner geleisteten vorzüglichen Dienste. Derselbe hinterliess aus der Ehe mit einer v. Engelbrecht fünf Söhne: Philipp, gest. 1792 als k. preuss Officier; — Hans, nahm als Capitain 1804 den Abschied u. lebte auf seinem Gute Blumenthal bei Neisse, bis ihn der Befreiungskampf von Neuem zu den Waffen rief, in welchem er, aus der Ehe mit einer v. Rottenberg zwei Söhne, Beide Officiere, hinterlassend, als Major und Commandant eines Landwehr-Bataillons in der Schlacht bei Möckern fiel; — Friedrich, gest. 1840 als k. preuss. Generalmajor a. D.; — Christian, lebte auf seinem Gute Klockow bei Polzin in Pommern u. hatte aus der Ehe mit einer v. Mesewitz einen Sohn, welcher in der k. preuss. Armee stand — u. Georg, k. preuss. Officier, gest. 1807.

v. Hellbach, I. S. 400: Gädeck. — N. Pr. A.-L. IV. S. 453. — *Freih. v. Ledebur*, I. S. 241 und 242. — W.-B. d. Preuss. Monarch., III, 22. — Pommersches W.-B. III. Tab. 34 u. S. 112. — *Knesehke*, I. S., 161.

Gäfertsheim, Gäfert v. Gäfertsheim. Reichsadelsstand. Diplom von 1753 für Carl Friedrich Gäfert, herz. meklenb. strelitzsch. Amtmann, mit dem Prädicate: v. Gäfertsheim. Der Sohn desselben war herz. meklenb. Kammerjunker und der Enkel Friedrich Albrecht Julius v. G. starb 1809 als k. preuss. Hauptmann a. D. Mit demselben ist wohl der Stamm ausgegangen.

N. Pr. A.-L. V. S. 171. — *Freih. v. Ledebur*, I. S. 242. — Suppl. zu Siebm. W.-B. X. 13. mit dem unrichtigen Namen: Gälfert, v. Gälfertshelm. — *Knesehke*, III. S. 154.

Galler, Galler, Grafen. Reichsgrafenstand. Diplom vom 12. Mai 1680 für zwölf Freiherren v. Galler u. für die Nachkommenschaft derselben. — Dieselben stammten aus einem der ältesten Adelsgeschlechter der Herzogthümer Steiermark, Kärnten und Krain. Heinrich Galler, Ritter, kommt mit seiner Ehefrau, Adelheid, urkundlich 1115 vor. Die Söhne aus dieser Ehe waren Werner, gest. 1196 als erster Propst des Stifts Seccau und Peringer oder Berengerus. Letzterer setzte den Stamm durch seine Söhne, Dietmar I. u. Otto fort, welche Beide noch 1280 lebten. Die Söhne Dietmar's I. aus der Ehe mit Adelheid Sauer: Otto II., Dietmar II., Erkerl, Ottocar, Conrad und Oertlein kommen von 1296 bis 1317 mehrfach urkundlich vor und die weitere Stammreihe hat Bucelini bis zu seiner Zeit sehr genau angegeben. Hans Galler zu Schwamberg, Waldschach u. Kainach erhielt 4. Juni 1607 und Siegmund Galler 1. Dec. 1611 den Freiherrnstand. Die Tochter des Letzteren aus der Ehe mit Anna Freiin v. Herberstein, Freiin Benigna, war die Stammmutter der später ausgestorbenen Fürsten v. Eggenberg. — Später kam, wie oben angegeben, durch zahlreiche Sprossen des freiherrlichen Stammes der Reichsgrafenstand in die Familie. Die Nachkommen derselben im 18. Jahrhundert konnte selbst Wissgrill's Fleiss nicht ermitteln u. derselbe giebt nur 11 Grafen v. G. an, welche im genannten Jahrh. lebten u. zwar folgende: Johann Christians Gr. v. G. auf Schwamberg, k. k. Kämmerers,

Obersten u. Inner-Oesterr. Kriegsraths-Vicepräsidentens, drei Söhne aus der Ehe mit Maria Theresia Grf. v. Breuner: **Graf Johann Maximilian**, verm. mit Esther Susanna Grf. v. Saurau; Gr. **Johann Siegmund Friedrich**, verm. mit Elisabetha Grf. v. Wagensperg und Gr. Johann Georg Wilhelm, verm. 1714 mit Maria Anna Grf. v. Weissenwolf; — Graf Carl Ernst, k. k. Kämm., General-Feldwachtmeister etc., gest. 1746, vermählt mit Maria Gabriele Gräfin und Herrin zu Stubenberg; — Graf Sigismund Ernst. Freiherr auf Schwambach, Herr zu Lainach, Waldschach und Freudenberg, k. k. Kämm. u. bis 1778 Landrath in Kärnten; — Graf Johann Carl, gest. 1778, k. k. Kämm. und Oberst, verm. mit Elisabetha Grf. v. Seilern; — Graf Johann Joseph, gest. als k. k. Kämmerer; — Graf Leopold Erhard auf Lainach, kurpfälz. Geh.-Rath, Kämmerer und gewesener Vicepräsident der Regierung zu Neuburg, vermählt mit Maria Josepha Theresia Grf v. Lamberg; — Graf Ferdinand, Sohn des Vorigen, vermählt mit einer Freiin v. Lattermann — und Graf Franz Carl, gest. 1818, Herr der Herrschaften Schwarzeneg u. Wasen in Steiermark, verm. in zweiter Ehe mit Theresia Grf. v. Königsacker und Neuhaus, geb. 1782 und verm. 1801. — Der Stamm blühte in neuester Zeit in zwei Linien. Erste Linie: Leopold Graf G. v. Schwamberg, Freiherr auf Schwamberg, Waldschach u. Lainach, Herr auf Waasen, geb. 1792, — Sohn des 1792 verstorbenen Grafen Clemens August aus der Ehe mit Eva Anna Maria Freiin v. Berchem — k. k. Rittm. in d. A., verm. mit Theresia Elisabetha Prabitsch, aus welcher Ehe, neben einer Tochter, drei Söhne leben, die Grafen: Stephan, geb. 1833, **Sigmund**, geb. 1838 und Carl, geb. 1841, sämmtlich in der k. k. **Armee**. — Zweite Linie: Graf Leopold, geb. 1807 — Sohn des 1818 verstorbenen Grafen Franz Carl. — Von den Schwestern des Grafen Leopold vermählte sich Grf. Isabella 1826 mit Gustav Grafen v. Stainach u. Grf. Caroline war mit Carl Grafen Galler v. Schwarzeneg, k. k. Hauptmann, vermählt. — Der Bruder des Grafen Franz Carl, Graf Ludwig, geb. 1794, wurde Dom- und Capitular-Herr zu Olmütz.

Buccelini, II. S. 131 und III. S. 49. — Graf v. Wurmbrand, Collectan. genealogico-historica etc. S. 149. — Gauhe, I. S. 601. — Wissgrill, III. S. 213—215. — Schmutz, I. S. 443. — Deutsche Grafenh. d. Gegenw. I. S. 259 u. 260. — Geneal. Taschenb. d. gräfl. Häuser, 1859, S. 290 u. 291 und histor. Handbuch zu demselben, S. 239. — Siebmacher, I. 48: Die Galler, Steierisch. — v. Meding, II. S. 180.

Gämbsen. Ein nur dem Wappen nach bekanntes, steiermärkisches Adelsgeschlecht.

Siebmacher, II. 45 und III. 77. — v. Meding, II. S. 180 und 181.

Gaemmerler. Reichsadelsstand. Kurpfälzisches Reichsvicariatsdiplom vom 13. Sept. 1790 für Franz Joseph Gämmerler, der Rechte Licentiaten und Advocaten in Amberg. Derselbe ist später in die Adelsmatrikel des Königr. Bayern eingetragen worden.

v. Lang, S. 344. — W.-B. d. Kgr. Bayern, V. 52.

Gämperger v. Gamsenfeld. Erbländ.-österr. Adelsstand. Diplom von 1743 für Joseph Podiwin Gämperger, Rathsverwandten zu Prag, mit dem Prädicate: v. Gamsenfeld.

Megerle v. Mühlfeld, Ergänz.-Bd. S. 293.

Gändlhoff, s. Huber v. Aichamb u. Gändlhoff.

Gaengel v. Ehrenwerth. Erbländ.-österr. Adelsstand. Diplom von 1709 für Rudolph Gängel, mit dem Prädicate: v. Ehrenwerth.

Megerle v. Mühlfeld, Ergänz.-Bd. S. 293.

Gaensefleisch, Gensfleisch, G.-Sorgenloch und G.-Gutenberg. — Altes Patriciergeschlecht der Stadt Mainz. Humbracht führt die Familie als ein unmittelbar reichsfreies, rheinländisches Adelsgeschlecht auf und beginnt die Stammreihe mit Tilemann G. um 1311. Die Urenkel desselben schieden den Stamm im Anfange des 15. Jahrh. in zwei Hauptlinien: G.-Sorgenloch u. G.-Gutenberg. Sorgenloch war ein bei Mainz gelegenes Dorf u. Gutenberg ein in demselben gelegener Hof. Catharina G. kommt in der Mitte des 15. Jahrh. als Aebtissin zu St. Clara in Mainz vor; Johann G. war 1499 weltlicher Richter zu Mainz und Michael, Burgmann zu Oppenheim, starb 1545 als Schöffe zu Frankfurt am Main. Mit Lezterem schliesst die von Humbracht gegebene Stammreihe und mit ihm ist wohl der Stamm erloschen. Aus der Gutenberg'schen Linie stammte Henne (Johann) Gensfleisch, genannt Gutenberg, der Erfinder der Buchdruckerkunst u. als solcher ein Wohlthäter der Menschheit. Die Jugendjahre desselben sind in Dunkel gehüllt: geboren gegen Ende des 14. Jahrh., wanderte er 1420 in Folge von Streitigkeiten zwischen den Bürgerlichen u. den Patriciern seiner Vaterstadt mit seiner Familie aus und wahrscheinlich führten ihn ungünstige Glücksumstände zur Erlernung und Ausübung mechanischer Künste. 1434 und später in Strassburg, kehrte er nach 1444 nach Mainz zurück, arbeitete hier, nach manchem fruchtlosen Versuche, mit erneuertem Eifer an der Verwirklichung seiner Idee und schloss 1450 mit dem reichen Mainzer Bürger Johann Fust einen Vertrag, um gemeinschaftlich die Buchdruckerkunst auszuüben. Letzterer unterstützte Gutenberg mit den nöthigen Summen und mit seinem Rathe, bis die Gesellschaft, wohl durch Theilnahme des kunstfertigen Peter Schöffer, des Erfinders der s. g. Matrizen, an dem Geschäfte, sich im Streite auflöste u. Jeder eine Druckerei anlegte. Fust's Druckerei erhob sich durch Schöffers Geschicklichkeit über die des bescheidenen Gutenberg, welcher, wenn auch vom Stadtsyndicus Humery unterstützt, mit vielen Sorgen zu kämpfen hatte, bis Adolph II. von Nassau, Kurfürst zu Mainz, ihn zum adeligen Hofdienstmanne erhob, als welcher er 1468 starb.

Humbracht, Tab. 290. — *Gauhe,* I. S. 598. — *J. D. Köhler,* hist. Ehrenrettung Johann Guttenbergs, Leipzig, 1741. — *J. Oberlin,* Essai d'annales de la vie de Gutenberg, Strassb. 1801. — *J. F. Née de la Rochette,* Eloge historique de J. Gensfleisch dit Gutenberg, Par. 1811. — *J. Ritschel v. Hartenbuch,* der Buchdruckerkunst Erfindung. Sondershausen u. Leipzig, 1820. S. 16—18.

Gärtner, Freiherren. Ein 1720 unter die Landstände in Oesterreich ob der Enns aufgenommenes, freiherrliches Geschlecht, welches, wie angenommen wird, aus der alten nürnberger Patricierfamilie dieses Namens stammte. — So viel bekannt, ist Johann Thomas Freiherr v. G., gest. 1730, Herr zu Grueb, der Erste gewesen, welcher, nachdem er kaiserlicher Rath u. Ober-Commissar geworden, sich in Oberösterreich niedergelassen hat. Derselbe war in erster Ehe mit Johanna Wagner von Frunnenhausen, Wittwe des Freiherrn v. Oexels, kaiserl. Postmeisters zu Wien, in zweiter mit Maria Anna v. Schutzbar, genannt Milchling u. in dritter mit Anna v. Stein vermählt. Aus der zweiten Ehe entspross ein Sohn, Freih. Carl und aus der dritten ein Sohn, Freiherr Franz Johann. — Weiteres über die Familie ist nicht bekannt.

Freih. v. Hoheneck, I. S. 694 und II. S. 14. — Gauhe, II. S. 327 und 328.

Gärtler v. Blumenfeld. Erbländ.-österr. Adelsstand. Diplom von 1758 für Johann Valentin Gärtler, Senior des Stadtrathes zu Olmütz und Stadtrichter, wegen 23jähriger Dienstleistung, so wie wegen der 1742 bei dem feindlichen Einfalle der Preussen und bei der Belagerung von Olmütz bewiesenen Treue, mit dem Prädicate: v. Blumenfeld. Der Stamm hat fortgeblüht: noch in neuester Zeit standen Joseph G. v. B. als Hauptmann, Paul G. v. B. als Oberlieutenant und Ignaz G. v. B. als Lieutenant in der k. k. Armee.

Megerle v. Mühlfeld, S. 188.

Gaertner, Freiherren. (Schild geviert mit Mittelschilde. Im silbernen Mittelschilde auf grünem Boden ein dürrer Birnbaum mit vielen Aesten. 1 und 4 in Blau ein an die Theilungslinie angeschlossener, halber, silberner Adler u. 2 u. 3 in Gold drei schwarze Querbalken. Das reichsritterliche Wappen glich ganz dem Beschriebenen, nur stand auf dem Schilde keine Krone, sondern zwischen den beiden Helmen eine zweihenkelige Vase, aus welcher ein grünbelaubter Baum aufwuchs). — Reichsfreiherrnstand. Diplom vom 22. Februar 1771 für Carl Friedrich Edlen v. Gärtner, k. k. Reichshofrath und kursächsisches Reichs-Vicariats-Freiherrn-Diplom vom 21. April 1792 für August Gottlieb Edlen v. Gärtner, kursächs. Vice-Canzler und Polizei-Director zu Dresden. — Der Vater des Freiherrn Carl Friedrich, Carl Wilhelm Gärtner, k. k. w. Reichshofrath, früher k. poln. und kursächs. Ober-Commissair aller königl. und kurf. Gebäude, hatte 8. Nov. 1750 den Reichsritterstand mit dem Prädicate: Edler v. erlangt, eine Erhebung, welche in Kursachsen, 22. Apr. 1742, amtlich bekannt gemacht wurde. Freiherr August Gottlieb war ein jüngerer Bruder des Freiherrn Carl Friedrich. Letzterer war mit Eleonore v. Löwen, gest. 1800, vermählt, aus welcher Ehe drei Söhne entsprossten, die Freiherren: Friedrich, geb. 1768, k. k. Geh.-Rath und nieder-österr. Appellations-Gerichts-Präsident etc., Conrad, k. k. Hofrath u. Careno. — Freiherr Friedrich hatte sich 1801 mit Theresia v. Vocken, gest. 1825, vermählt und aus dieser Ehe stammen zwei Töchter, die Freiinnen Ludovica, geb. 1803 u. Sophie, geb. 1804. Die Familie ist auch nach Preussen gekommen u. nach Bauer, Adressbuch, S. 68 war Carl Freih. v. Gärtner 1857 Herr auf Bagenz im Kr. Spremberg.

Handschriftl. Notiz. — Megerle v. Mühlfeld, Ergänz.-Bd. S. 58 und 142. — Freiherr v. Ledebur, I. S. 246. — Geneal. Taschenb. der freih. Häuser, 1853. S. 133 u. 134 und 1855. S. 173. — Suppl. zu Siebmacher, W.-B. VIII. 5. — Tyroff, I. 86. — W.-B. d. österr. Monarch., X. 56. — Hyrtl, I. S. 133 u. 134. — Kneschke, II. S. 171 u. 172.

Gärtner v. Baumgarten. Erbländ.-österr. Adelsstand. Diplom von

1771 für Johann Franz Gärtner, k. k. Rittmeister bei Graf Serbelloni Cuirassier, mit dem Prädicate: v. Baumgarten.

Megerle v. Mühlfeld, Ergänz.-Bd. S. 293.

Gärtner v. Liniensturm. Erbländ.-österr. Adelsstand. Diplom von 1817 für Anton Gärtner, k. k. Oberlieutenant bei Freiherr Froon v. Kirchrath Infanterie, mit dem Prädicate: v. Liniensturm.

Megerle v. Mühlfeld, S. 188.

Gärtner v. Rosenheim. Erbländ.-österr. Adelsstand. Diplom von 1793 für Cajetan Gärtner, k. k. pens. Oberstwachtmeister, mit dem Prädicate: v. Rosenheim.

Megerle v. Mühlfeld, S. 188.

Gaertringen, s. Hiller v. Gaertringen, **Freiherren.**

Gaffer v. Feldenreich. Erbländ.-österr. Adelsstand. Diplom von 1752 für Johann Michael Gaffer, k. k. pens. Hauptmann, mit dem Prädicate: v. Feldenreich.

Megerle v. Mühlfeld, Ergänz.-Bd. S. 293.

Gaffron, Gaffron-Kunern, Freiherren. Freiherrnstand des Königr. Preussen. Diplom vom 15. Octob. 1840 für Hermann v. Gaffron-Oberstradam, Herrn auf Kunern, k. preuss. Geh. Regier.-Rath und ersten Director des königl. Credit-Instituts für Schlesien. — Eins der ältesten schlesischen Adelsgeschlechter, welches früher Gaveron und Geferon geschrieben wurde und aus welchem Przibe v. Gaveron 1358 urkundlich vorkommt. Die mehrfach angenommene Abstammung aus der polnischen Familie Gawkronsky wird durch die ganz verschiedenen Wappen vom heraldischen Standpunkte aus nicht bestätigt. — Die v. Gaffron besassen schon im 14 u. 15. Jahrh. die Güter Gross- und Klein-Gafron bei Steinau und Kraschen-Gafron bei Wartenberg, auch soll das Geschlecht nach Familiensage schon im 13. Jahrh. in Schlesien reich begütert gewesen sein. 1358 gab Przibe (Przepko) s. oben, das Gut Buschka an Thamme v. Hayn u. dessen Nachkommen zu Lehn. Im 15. und 16. Jahrh. verbreiteten sich die v. Gaffron in den Fürstenthümern Oels und Wartenberg, in welchem sie mehrere Güter erwarben und sich in drei Linien schieden: in die v. G.-Oberstradam, G.-Zobel und G.-Trembatschau. Die letzteren beiden Linien gingen wieder aus, erstere aber blühte fort u. erlangte, s. oben, den Freiherrnstand. — Sigismund v. Gaffron-Oberstradam verliess 1628 das Herzogthum Oels, nachdem er das Gut Schellendorf in einem Processe gegen Hannibal Burggrafen zu Dohna verloren hatte und begab sich auf eins seiner anderen Güter, nach Haltauf bei Münsterberg. Seit dieser Zeit kommt das Geschlecht im Münsterbergischen und im Streblenschen vor. Maximilian v. G., Herr auf Haltauf, k. k. Rittm., verlor 1677 durch die Wuth der ungarischen Insurgenten sein Leben. Der einzige Sohn desselben, Adam Abraham v. G. trat in k. dänische Kriegsdienste, vermählte sich mit Christine v. Trolle, Enkelin des Reichsrath und Statthalters von Norwegen Helge v. Trolle und starb 1739 als k. dän. Generallieutenant und Gouverneur v Nyborg. Der Sohn desselben, Pulle Max v. G., k. dänischer Hauptmann, erbte von seiner Tante Juliane v. G., vermählten Frau v. Kohlhaass-Lehnaus das Gut Haltauf in Schlesien und brachte 1736 durch Vermählung mit Julie v. Lohenstein die Güter Kunern u. Schreibendorf an sich. Das Gut Kunern kam später in den Besitz eines Enkels des Pulle Max v. G., Wilhelm Leopold v. G., Landesältesten des strehlenschen Kreises, während Ober- und Nieder-Kunern, Haltauf und Merzdorf an die jetzt freiherrliche Linie gelangten. Das Haupt dieser Linie ist Freiherr Hermann s. oben, geb. 1797 — Urenkel des oben genannten Pulle Max v. G. — Mitglied des k. preuss. Herrenhauses etc. verm. 1819 mit Johanna Röstel, geb. 1799, aus welcher Ehe zwei Söhne stammen: Freiherr Rudolph, geb. 1821, k. k. Rittmeister und Freih. Theodor, geb. 1823, Herr auf Haltauf und Merzdorf, Landesältester des münsterbergischen Kreises etc., vermählt mit Maria v. Schönermark, geb. 1828, aus welcher Ehe ein Sohn, Max, geb. 1852 und eine Tochter, Hedwig, geb. 1858, entsprossten.

Okolski, Orb. Pol., II. S. 156 und 598. — *Sinapius*, I. S. 376—378 und II. S. 633—635. — *Gauhe*, S. 594 und 595. — N. Pr. A.-L. II S. 209. — *Freih. v. Ledebur*, I. S. 252 u. III. S. 256. — Geneal. Taschenbuch d. freih. Häuser, 1855 S. 169—171 u. 1859. S. 216. — *Siebmacher*, I. 52. — *v. Meding*, III. S. 198. — Lexic. over adel. Famil. i. Danmark, I. Tab. 31. — *Dorst*, Allgem. W.-B. II S. 153 und 154: v. G. — *Knesckke*, I. S. 16, Freih. und 162.

Gagern, auch Freiherren. Altes Adelsgeschlecht des vormals pommerschen Fürstenthums Rügen, welches ursprünglich Gawern hiess u. wohl wendischen Ursprungs war. In allen bekannten Lehnsbriefen, auch noch in dem letzten von 1703 kommt das Geschlecht mit dem erwähnten Namen Gawern vor, doch nannten sich Sprossen desselben schon im 16. und 17. Jahrh. Gagern. Nach Annahme der Familie führt dieselbe den Namen von dem Dorfe Gawern oder Gawarne im Kirchspiele Gingst auf Rügen, welches urkundlich schon 1232 vorkommt, aber erst im Anfange des 14. Jahrh. ausschliessendes Besitzthum des Stammes wurde. Der Erste, dessen Name erhalten worden ist, Pribe Gawern wohnte 1322 zu Tor-Becke bei Gingst, einem eingegangenen Hofe und Henriette Gawern 1362 zu Wolsekenitze, dem jetzigen Volsviz bei Gingst. 1487 ertheilte Herzog Bogislaus X. in Pommern dem Claus Gawern und 1540 Herzog Philipp der damaligen Familie v. Gawern Hand-Bestätigungen der älteren Lehnbriefe über die Güter in Gawern, Teschwitz, Tessitz (Titzitze), Finkenthal, Carlitz, Carow, Carnewitz u. Stubben. Durch einen Vergleich wurde 1573 Gawern an den Herzog Ernst Ludwig in Pommern abgetreten und verkauft und es blühte der Stamm nun nur noch in den Linien Finkenthal und Teschwitz, von welchen letztere fortgeblüht hat. Die Stammreihe dieser Linie steigt, wie folgt, herab: Martin Moritz v. G., Herr auf Teschwitz, k. schwed. Hauptmann: Anna v. Kleth; — Woldemar Moritz v. G., geblieben als Oberst in baden-durchlachschen Diensten in der Schlacht bei Friedlingen, vermählt mit einer Tochter des Grafen Claude de St. Pol, Generals en chef der Republik Venedig; — Claudius Moritz v. G., 1693 aufgenommen in die reichsunmittelbare Ritterschaft am Rhein: Maria Jacobea v. Steinkallenfels, Herrin auf Morschheim bei Alzey; — Johann Friedrich: Margaretha Eleonore v. Usedom a. d. Hause Ziermosel. — Carl Christoph Gottlieb, herz. pfalz-zweibrück. Geh.-Rath und Oberst-

Hofmeister und des reichsritterschaftlichen Cantons am Oberrhein Ritterrath: Susanna Esther Freiin La Roche v. Starkenfels; — Johann Christoph Ludwig (kommt mit sehr verschiedenen Vornamen vor, doch sind die beiden ersten überall Johann Christoph und der hier zugefügte Name wohl der richtige), gest. 1852, kön. niederländ. Geh.-Rath und Kämm., gewes. Gesandter an den Congressen zu Wien und Paris und an dem deutschen Bunde etc.: Caroline Freiin v. Gaugreben. Aus der Ehe des Letzteren, bekannt als ausgezeichneter Staatsmann und publicistischer Schriftsteller, entsprossten, neben zwei Töchtern, Freiin Amalie, geb. 1798, vermählt 1817 mit Anton Philipp Freih. v. Breidbach-Bürresheim, genannt v. Riedt, k. k. Kämm. h. nassau. Oberst-Stallmeister etc. und Freiin Caroline, geb. 1801, verm. 1830 mit Philipp Freih. v. Mauchenheim, genannt Bechtolsheim, k. bayer. Kämm., Wittwe seit 1852, fünf Söhne, welche sämmtlich in die Fusstapfen des für Deutschlands Wohl so begeisterten, trefflichen Vaters traten: Freiherr Friedrich, geb. 1794, vormals k. niederl. General-Major, gefallen als grossh. badenscher General-Lieutenant 1848 im Gefechte gegen die Hecker'sche Freischaar; — Freih. Carl, geb. 1796, k. bayer. pens. Major, vermählt mit Sophia Freiin v. Falkenhausen, aus welcher Ehe eine Tochter, Freiin Charlotte, geboren 1847, stammt; — Freiherr Heinrich, geb. 1799, gewes. grossh. hess. Staats-Minister und Präsident der ehemaligen deutschen National-Versammlung zu Frankfurt a. M., vermählt in erster Ehe 1828 mit Louise v. Pretlack, gest. 1831 und in zweiter 1839 mit Barbara Fillmann, aus welcher Ehe, neben zwei Töchtern, vier Söhne entsprossten: Friedrich, geb. 1842, Maximilian, geb. 1844, Hans, geb. 1847 und Ernst, geb. 1849; — Freih. Moritz, geb. 1808, h. nassau. Kammerh., Regier.-Rath und Amtmann zu St. Goarshausen, verm. 1838 mit Augusta Freiin v. Wintzingerode, gest. 1843, aus welcher Ehe eine Tochter und ein Sohn, Hans, geb. 1843, leben — und Freiherr Maximilian, geb. 1810, Herr auf Hornau, gewes. Unterstaats-Secretair im deutschen Reichs-Ministerium des Auswärtigen, später k. k. Hof- u. Ministerial-Rath im Ministerium der auswärtigen Angelegenheiten, verm. in erster Ehe 1835 mit Franzisca Lambert vom Cap, gest. 1849 u. in zweiter 1854 mit Dorothea Biedenweg. Aus letzterer Ehe entspross eine Tochter, Franzisca, geb. 1855, aus der ersten Ehe aber stammen, neben drei Töchtern, fünf Söhne: Friedrich, geb. 1839, Heinrich, geb. 1841, Joseph, geb. 1845, Carl, geb. 1846 und Franz, geb. 1849. Die bisher aufgeführten Sprossen des Stammes wurden neuerlich zu der I. Linie von Monssheim gehörig aufgeführt. — Zu der II. Linie zu Gauersheim gehört Freih. Ernst, geb. 1807, Pfarrer zu Schifferstadt bei Speier. Der Bruder desselben, neben einer Schwester, Freiin Clara, geb. 1805, ist Freiherr Ferdinand, geb. 1815, Herr auf Gauersheim, verm. 1852 mit Maria v. Kieffer, aus welcher Ehe ein Sohn, Johann Ernst, geb. 1854 u. eine Tochter, Anna Magaretha, geb. 1856, entsprossten. — Im Kgr. Bayern ist die Familie 20. Jan. 1835 in die Freiherrnclasse der Adelsmatrikel eingetragen worden.

Micrael, S. 468. — Wackenroder, Altes und Neues Hügen, S. 241. — Gauhe I. S. 329.

— N. Pr. A.-L. II. S. 209 und 210. — *Freih. v. Ledebur*, I. S. 241 und III. S. 256. — Geneal. Taschenb d. freih. Häuser, 1848. S. 115—117 u. 1857 S. 212—214. — *Siebmacher*, III. 159; Gogern, Pommersch. — *v. Meding*, I. S. 167. — Suppl zu Siebm. W.-B. III, S. — W.-B. d. Kgr. Bayern, XI. 21. — Pommersches W.-B. I. Tab. 2 u. 6 u. S. 7 u. 8. — *Kneschke*, I. S. 162 u. 163.

Gagern-Cranssen (Schild der Länge nach getheilt: rechts von Silber und Schwarz schräglinks getheilt mit einem in der Mitte aufrecht stehenden, von Schwarz u. Silber quer getheilten Widerhaken: Gagern und 2 und 3 in Silber ein rothes Einhorn). Adelsstand des Königr. Preussen. Diplom vom 5. Apr. 1854 für Wilhelm Christian Adrian Cranssen, Gutsbesitzer zu Klein-Buckow im Kr. Nieder-Barnim, Stiefenkel des verstorbenen k. preuss. General-Lieut. a. D. v. Gagern, mit dem Namen: v. Gagern-Cranssen.

Freih. v. Ledebur, III. S. 256 und 257.

Gagg v. Löwenberg, Ritter. Reichsritterstand. Diplom von 1749 für Joseph Anton Gagg v. Löwenberg, k. Oberamtsrath.

Megerle v. Mühlfeld, Ergänz.-Bd. S. 142. — Suppl. zu Siebm. W.-B. IX. 15.

Gajdler v. Wolfsfeld, Ritter. Erbländ.-österr. Ritterstand. Diplom von 1773 für Joseph Gajdler v. Wolfsfeld, k. k. Rittmeister.

Megerle v. Mühlfeld, Ergänz.-Bd. S. 143.

Gahmen. Westphälisches, erloschenes Adelsgeschlecht, welchem der Schulzenhof zu Gahmen im Kreis Dortmund gehörte. Caspar v. Gahmen kommt 1627 als Richter zu Lünen vor u. Philipp Christoph v. Gahmen starb 1746 zu Glogau.

v. Steinen, IV. S. 209 und S. 877. — *Freiherr v. Ledebur*, I. S. 242 und 243.

Gajewski. Polnisches, zum Stamme Jelita gehörendes Adelsgeschlecht, aus welchem Apollinar v. G., Herr auf Komorowo im Kreise Bomst, 1845 Landschaftsrath im Grossh. Posen war. Früher kamen aus diesem Geschlechte vor: Adalbert, Castellan von Rogasen, Lucas, Castellan v. Santoc und Franz, Castellan von Konary, auch Starost von Kosten.

Freih. v. Ledebur, I. S. 243 und III. S. 257.

Gailer. Reichsadelsstand. Kurpfälzisches Reichsvicariatsdiplom vom 6. Juli 1792 für Franz Xaver Gailer, Rentbeamten in Landsberg. Derselbe, geb. 1762, trat später in den Ruhestand u. wurde in diesem in die Adelsmatrikel des Kgr. Bayern eingetragen.

v. Lang, S. 344.

Gail, s. Gayl u. **Gailing**, s. Gayling.

Gaillac, Freiherren. Freiherrnstand des Kgr. Preussen. Diplom vom 10. Mai 1727 für Jacques Francois Gaillac. Derselbe stammte aus einem schweizerischen Geschlechte.

v. Hellbach, I. S. 402. — N. Pr. A.-L. II. S. 210. — *Freih. v. Ledebur*, I. S. 243. — W.-B. d. Preuss. Monarch., II. 36.

Gaillard de Fassignies, Freiherren. Erbländ.-österr. Freiherrnstand. Diplom von 1764 für Emanuel Gaillard de Fassignies, k. k. Hauptmann des Windischen Infant.-Regiments, wegen alten Adels u. langjähriger Dienste.

Megerle v- Mühlfeld, S. 51.

Gainbald, Gainbold, Gainwald. Ein in Niederösterreich gegen Ende des 15. u. im 16. Jahrh. vorgekommenes Adelsgeschlecht. Christoph

G. wurde 1495 und Lorenz 1522 mit dem Sitze und dem Schlosse zu Vesten Wasen belehnt; Anton zahlte 1561 Gülten zu Wasen u. Christoph zu Wasen lebte noch 1582. Nach dieser Zeit kommt der Name des Geschlechts nicht mehr vor.

Wissgrill. III. s. 205.

Gaisberg, Geisberg, Gaesberg, Freiherren. Im Kgr. Württemberg anerkannter Freiherrnstand. Anerkennungsdiplom vom 29. Novemb. 1824 für die gesammte Familie. — Altes, ursprünglich aus dem Schweizer Cantone Thurgau stammendes, unter dem Namen Geissberger und Geissberg schon im 11. Jahrh. vorgekommenes Rittergeschlecht, welches später nach Schwaben und Schlesien kam. Der schwäbische Zweig kann die fortlaufende Stammreihe vom 14. Jahrh. an nachweisen. Der älteste, sicher bekannte Ahnherr ist Friedrich v. G., 1318 württemb. Vogt zu Schorndorf und des regierenden Grafen Eberhard II. vertrauter Rath. Die Familie, welche vom Entstehen der freien unmittelbaren Reichsritterschaft bis zur Auflösung derselben, zuerst bei dem Rittercanton Kocher wegen Kleinbotwar, Schaubek und Hohenstein und wegen ihres Mitbesitzes an Zwingenberg u. Schöckingen den Rittercantonen Ottenwald und Neckarschwarzwald fortwährend einverleibt war, theilte sich im 17. Jahrh. in zwei nach ihren Besitzungen genannte Hauptlinien, deren Stifter zwei von des genannten Friedrichs v. G. Nachkommen im 8. Gliede waren: es gründete nämlich Freih. Sebastian, gest. 1675 die Linie zu Helfenberg, welche früher die Schnaither Linie genannt wurde und Ulrich Albrecht, gest. 1679, württemb. Oberrath, Burgvogt und Hofmeister, die Linie zu Schöckingen. Die Linie zu Helfenberg umfasst die Nachkommenschaft von des Stifters Urenkels, Benjamin Friedrichs, gest. 1776, welcher Helfenberg erwarb, Sohne: Carl Christian Benjamin Friedrich, gest. 1813, k. württ. Kammerh. und Major d. Cav., verm. mit Caroline Johanne Wilhelmine Freiin v. Gaisberg, gest. 1837. Diese Linie besitzt das Rittergut zu Heesenberg nebst Schlosse im O. A. Marbach, ersteres jedoch in Gemeinschaft mit der Familie v. Bouwinghausen. Die Linie zu Schöckingen theilte sich mit des Stifters, s. oben, Söhnen, Johann Heinrich und Ernst Friedrich, in den älteren und jüngeren Ast. Diese Linie besitzt das Rittergut Schöckingen im O. A. Leonberg nebst Antheil an Balzheim, Musingen, Böfingen, Grimmelfingen und Ringingen. Der ältere Ast begreift die Nachkommenschaft von des Stifters Johann Heinrich, gest. 1685, k. württemb. Regierungsraths-Präsidenten u. Hofgerichts-Assessors, Urenkel: Ludwig Heinrich, gest. 1828, k. württemb. Kammerh., Vice-Landjägerm. u. Oberforstm. zu Kirchheim aus der Ehe mit Caroline Luise Friederike Göler v. Ravensburg, gest. 1784, der jüngere Ast aber umfasst die Nachkommenschaft von des Stifters Ernst Friedrich, gest. 1637, Oberförsters zu Leonberg, drei Urenkeln: Friedrich Carl Johann Dietrich, Reinhard und Carl Friedrich. — Die Sprossen der schwäbischen Linie widmeten sich seit dem 14. Jahrh. fast ausschliesslich dem Dienste des regierenden Hauses Württemberg u. zeichneten sich durch Bekleidung hoher Staatwürden, so wie im Militairdienste durch Treue und Tapferkeit vielfach aus, wie von Cast sehr genau zusammengestellt worden ist. Derselbe hat auch den gesammten Personalbestand von 1844 sorgfältig angegeben.

Jacob v. Schickfuss, Schlesische Chronik, Lih. IV. S. 136. — *Bucelini*, III. S. 300 u. 348 und IV. S. 384. — *Sinapius*, I. S. 381 und II. S. 638. — *Gauhe*, II. S. 349. — *Freiherr v. Krohne*, II. S. 1. — N. Geneal. Handb., 1777. S. 75—80. 1778. I. S. 74—79 u. Nachtrag, I. S. 51. — N. Pr. A.-L. II. S. 210. — Cast, Adelsb. d. Kgr. Württemberg, S. 200—204. — *Freih. v. Ledebur*, I. S. 243 und III. S. 257. — *Siebmacher*, I. 113; v. Gaisberg, Schwäbisch. — Suppl. zu Siebm. W.-B. III. S. — *Tyroff*, I. 86. — Schlesisches W.-B. Nr. 362.

Gaismar, s. Geismar.

Gaisruck, Freiherren und Grafen. Reichsfreiherrn- und Grafenstand. Freiherrndiplom von 1637 und Grafendiplom von 1667 für die gesammte Familie, letzteres Diplom mit Vermehrung des gräflichen Wappens durch das Wappen der ausgestorbenen Familie v. Lindeck. — Altes, österreichisches, namentlich in Steiermark und Kärnten begütert gewordenes Adelsgeschlecht, dessen Stammreihe Bucelini mit Nicolaus v. G. um 1490 beginnt. Von den Nachkommen desselben blieb Carl v. G. 1616 als k. k. Oberst in den Treffen bei Gradiska; Franz Leopold und Georg Christoph Gr. v. G. waren 1704 k. k. Kämm. und Graf Franz Andreas lebte 1737 als k. k. Generalmajor. — Der Stamm blühte fort und in neuester Zeit wurde Alois Graf v. Gaisruck, k. k. Kämmerer u. zu Pressburg lebend, unter den unangestellten Generalmajors der k. k. Armee aufgeführt.

Gauhe, I. S. 596 und 596 nach Bucellui, III. — *Freih. v. Krohne*, II. S. 411—418. — *Siebmacher*, I. 49: v. Gaessrugg, Steierisch und III. 85: v. Gaisrugg, Steierisch. — *v. Meding*, III. S. 198 und 199. — *Tyroff*, II. 265: Freih. u. Graf v. Gaisbruck.

Gal (in Blau, drei, 2 u. 1. goldene Galläpfel). Lüttiches Adelsgeschlecht, welches im 17. Jahrh. noch Moiterre besass, dann in's Cölnische kam und 1720 noch zu Dunstekoven und Heimerzheim im Kr. Rheinbach angesessen war. — Dasselbe ist nicht mit der aus Irland stammenden Familie v. Gall zu verwechseln.

Fahne, II. S. 45. — *Freih. v. Ledebur*, I. S. 243.

Galbrecht. Ein in Pommern gegen Ende des 17. u. im 18. Jahrh. angesessenes Adelsgeschlecht, welches auch nach Liefland kam, wo dasselbe das Gut Godmansdorf erwarb. In Pommern hatte die Familie 1695 und später die Güter Viatrow im Kr. Stolpe, zu denen im 18. Jahrh. noch Moitzelfitz, Petershagen und Schwarlow im Kr. Fürstenthum Camin etc. kamen. Schwarlow stand dem Geschlechte noch 1778 zu. — Christian v. G., k. preuss. Oberst, vermachte der Stadt Stolpe ein Legat zu milden Zwecken.

Brüggemann, IV. S. 402. — N. Pr. A.-L. V. S. 173. — *Freih. v. Ledebur*, I. S. 243 u. III. S. 257.

Galcrewski. Polnisches, zum Stamme Slepowron zählendes Adelsgeschlecht, welches in Westpreussen 1772 mit dem Gute Sortyka im Kr. Strassburg begütert war.

Freih. v. Ledebur, III. S. 257.

Galecki. Polnisches, in den Stamm Junosza eingetragenes Adelsgeschlecht, aus welchem Ignaz v. G. 1778 Starost von Bromberg und später Woiwode von Posen war. Die Familie besass 1789 Radlowo im Posenschen und 1804 Goycly unweit Kowall.

Freih. v. Ledebur, I. S. 243 u. III. S. 257.

— 431 —

Galemski. Polnisches, dem Stamme Dolenga einverleibtes Adelsgeschlecht, welches in Westpreussen 1772 Gorzekom im Kr. Strassburg inne hatte.

<small>Freih. v. Ledebur, III. 8, 257.</small>

Galen, Freiherren und Grafen. Reichs-Freiherren- und Grafenstand des Kgr. Preussen. Freiherrndiplom vom 20. Juli 1665 für Heinrich v. Galen, Herrn zu Assen, Bispinck, Romberg, Hundlingshoff u. Ottenstein. Reichsgrafendiplom von 1702 für Christoph Heinrich Freiherrn v. Galen, k. k. Kämm. und Reichshofrath u. preussisches Grafendiplom vom 8. Nov. 1804 für den Erbkämmerer des Fürstenthums Münster Ferdinand Freiherrn v. Galen und zwar bei Gelegenheit der Huldigung in Münster. — Eins der ältesten, rheinländischen und westphälischen Adelsgeschlechter, dessen Name als Name des Dorfes Gahlen unweit Dinklage schon 1163 vorkommt. Zu dem ältesten Besitzthume der Familie, welches im Laufe der Zeit sehr wuchs, gehört das Schloss Assen im Münsterschen: in Cöln war das Geschlecht schon 1226 angesessen. Im 16. Jahrh. kam der Stamm aus Westphalen nach Kur- und Liefland, kehrte aber später wieder nach Westphalen zurück. Eberhard v. G. war um 1460 Abt zu Brauweiler; Heinrich von G. kommt 1551 als Grossmeister des Schwertordens in Liefland vor und Dietrich, Heinrichs Bruder, Feldherr des liefländischen Ordens, erhielt von dem Orden als Anerkennung seiner Tapferkeit u. seiner erspriesslichen Dienste, die Güter Lutzen, Curtzen etc., sowie das Obermarschall-Amt der Herzogthümer Curland und Semigallien. Der gleichnamige Sohn des Letzteren hatte zwei Söhne, Christoph Bernhard v. G., gest. 1678, welcher 1650 Bischof zu Münster wurde und sich als Kriegs- und Staatsmann bekannt machte und Johann Heinrich v. G., welcher, s. oben., den Freiherrnstand in die Familie brachte und in erster Ehe mit Anna Freiin v. Droste zu Vischering, in zweiter aber mit Anna Elisabeth Freiin v. Reck vermählt war. Aus der ersten Ehe entspross Freiherr Franz Wilhelm, verm. mit Ursula Helene Freiin v. Plettenberg und aus der zweiten Freiherr Christoph Heinrich, welcher sich in Oesterreich ankaufte u., s. oben, den Reichsgrafenstand erlangte, aus der Ehe mit Maria Susanna Grf. v. Saurau aber männliche Nachkommen nicht hinterliess. Freih. Franz Wilhelm hatte dagegen eine zahlreiche Nachkommenschaft, welche sich in Westphalen immer weiter ausbreitete und aus derselben stammte auch der Erbkämmerer Ferdinand Freib. v. G., welcher, wie erwähnt, in den preussischen Grafenstand erhoben wurde. Von Letzterem entspross das jetzige Haupt der Familie: Graf Matthias, geb. 1800, Herr auf Bispick und Gottendorf (Fideicommiss), Assen, Hundlingshoff, Neugraben, Romberg u. Galen, Erbkämmerer im Fürstenthume Münster, vermählt 1825 mit Anna Maria Freiin v. Kettler, geb. 1803, aus welcher Ehe, neben drei Töchtern, von welchen Grf. Maria, geb. 1826, mit August Grafen v. Spee, k. preuss. Kammerherrn, vermählt ist, acht Söhne stammen: die Grafen Friedrich, Ferdinand, Maximilian, Wilderich, Paul, Clemens, Christoph u. Hubert. Der Bruder des Grafen Matthias ist Graf Ferdinand, geb.

1803, k. preuss. Kammerherr und Geh.-Rath, a. o. Gesandter früher am k. sächs., später am k. spanischen etc. Hofe, verm. 1835 mit Anna Grf. v. Bocholtz-Asseburg, geb. 1813, aus welcher Ehe ein Sohn, Graf Clemens, geb. 1838, entspross.

<small>Gauhe, I. S. 596 und 597 u. II. S. 330—337: Christoph Bernhard v. G., Bischof zu Münster. — Wissgrill, III. S. 203 und 204. — Megerle v. Mühlfeld, S. 19. — N. Pr. A.-L. II. S. 210 und 211. — Freih. v. d. Knesebeck, S. 132. — Deutsche Grafenh. d. Gegenwart, I. S. 256 und 257. — Freih. v. Ledebur, I. S. 243 und III. S. 257. — Geneal. Taschenb. d. gräfl. Häuser, 1859. S. 288 und 289 u. hist. Handb. zu demselben, S. 236. — Siebmacher, I. 126: v. Gaelen, Rheinländisch und I. 191: v. Galen, Westphälisch. — Osnabrückscher Stiftscalender von 1773, Münsterscher Stiftscalender von 1784 und v. Meding, I. S. 167 und 168: Freiherren v. Galen. — Suppl. zu Siebm. W.-B. IV. 12. — W.-B. d. preuss. Monarch. I. 39. — W.-B. des Kgr. Hannover, A. 11 und S. 7.</small>

Galenzewsky. Polnisches, nach Ostpreussen gekommenes Adelsgeschlecht, welches im Gilgenburgischen begütert war.

<small>Freih. v. Ledebur, III. S. 243.</small>

Galesi, Freiherren. Erbländ.-österr. Freiherrnstand. Diplom vom 20. März 1720 für Carl v. Galesi, k. k. Secretair. Derselbe stammte aus einem alten, aus Sicilien nach Friaul gekommenen Adelsgeschlechte, dessen Sprossen seit langer Zeit in den vornehmsten Aemtern gestanden und dem Erzhause Oesterreich treu gedient hatten. Der Empfänger des Freiherrndiploms war bei dem Marquis de Prie sowohl im Haag, als in Rom Gesandtschafts-Secretair gewesen u. erhielt 1718 den Titel eines kaiserlichen Secretairs.

<small>Gauhe, II. S. 337 nach Butkens, Troph. de Brabant, II. S. 195.</small>

Galhau. Ein zu dem Adel des Grossherzogthums Niederrhein gehörendes Geschlecht, aus welchem die Schwestern v. Galhau 1857 im Mitbesitze von Fremmersdorf im Kr. Saarlouis waren.

<small>Bauer, Adressbuch, 1857. S. 69.</small>

Galiardi, Freiherren. Spanisches, aus der Provinz Biskaja stammendes Adelsgeschlecht, aus welchem einige Sprossen, welche den freiherrlichen Character führten, nach Schlesien in das Brieg'sche kamen und 1728 mit dem Gute Gross-Wilkau im Kr. Nimptsch begütert waren.

<small>Sinapius, II. S. 334.</small>

Galinden, Galingen. Ein in Ostpreussen vorgekommenes Adelsgeschlecht, welches mit Thiergarten unweit Riesenburg begütert war, auch wird ein wohl zu demselben Stamme gehörendes Adelsgeschlecht: Galinski, Golinski aufgeführt, welches Galinden im Kr. Mohrungen, Moschnitz im Kr. Osterode etc. besass.

<small>Freih. v. Ledebur, III. S. 243.</small>

Gall, Grafen. Ein ursprünglich aus Irland stammendes reichsgräfliches Geschlecht, aus welchem um die Mitte des 17. Jahrh. Wilhelm Graf v. Gall, Freiherr v. Burg, Herr auf Balmotin und Galston, kais. Oberst etc. in Schlesien die Herrschaft Hohlstein mit Giersdorf etc. unweit Löwenberg kaufte. Derselbe starb, ohne Nachkommen zu hinterlassen, 1655 und wurde in der Klosterkirche zu Grüssau begraben. Sein Erbe war ein Vetter, Walther Graf v. Gall, mit welchem später der Stamm wieder ausging.

<small>Gauhe, I. S. 598 nach Lucae, Schlesisch. Chronik u. Sinapius, II. S. 87. — N. Pr. A.-L. II. S. 211. — Freih. v. Ledebur, I. S. 243 u. 244.</small>

Gall, Ritter. Erbländ.-österr. Ritterstand, Diplom von 1711 für Matthias Gall, Syndicus der Stadt Wien, wegen ausgezeichneter Dienstleistung. — Der Stamm hat fortgeblüht. Noch in neuster Zeit stand Carl Ritter v. Gall als Lieutenant im 49. k. k. Infant.-Regim.

Meyerle v. Mühlfeld, S. 112.

Gall, Edle. Erbländ.-österr. Adelsstand. Bestätigungsdiplom von 1715 für Franz Andreas v. Gall, Doctor und Stadtphysicus in Wien, mit dem Prädicate: Edler v.

Meyerle v. Mühlfeld, Ergänz.-Bd. S. 193.

Gall (Schild quergetheilt: oben in Gold ein rechtsgekehrter, schwarzer Hahn und unten in Schwarz drei goldene Pfähle). Ein in Preussen vorgekommenes Adelsgeschlecht, welches mit Damerau und Neusaass-Wolka begütert war. Ein v. Gall trat 1808 als k. preuss. Hauptmann aus dem activen Dienste und starb 1816 als Kreis-Polizei-Inspector in Trier und ein v. G. besass 1823 das Gut Sentmaring bei Münster.

N. Pr.-A.-L. II. S. 211. — Freih. v. Ledebur, I. S. 244 und III. S. 257. — Siebmacher, V. 279.

Gall v. Gallenfels, Freiherren. Erbländ.-österr. Freiherrnstand. Diplom vom 12. Dec. 1695 für Jacob Sigmund Gall v. Gallenfels, kurbayer. Kriegsrath, General-Feld-Wachtmeister und Commandanten zu Braunau, so wie für die drei geistlichen Brüder desselben: Anton, Abt zu Sittich, Georg Andreas, Erzpriester in Ober-Krain u. Ludwig, Guardian des Franziscaner-Ordens und für die Söhne des verstorbenen Bruders: Daniel, Anton und Sigmund, Pfarrer zu Gallenfels. Dieselben gehörten zu einem alten krainischen Adelsgeschlechte und waren die Söhne und Enkel des kaiserl. Raths u. Landes-Forstmeisters in Krain Hans Jacob Gall v. Gallenfels.

Geneal. Taschenb. d. freih. Häuser, 1849. S. 515.

Gall v. Gallenstein, auch Freiherren (Stammwappen: in Roth ein rechtsspringendes, gekröntes, silbernes Einhorn). Altes, ursprünglich schweizerisches Adelsgeschlecht des Herzogthums Krain, welches nach Valvasor schon 1388 das 5 Meilen von Laibach gelegene Schloss Gallenstein besass. — Martin G. v. G. kommt 1546 als k. k. General der croatischen Gränze vor u. Thomas G. v. G., k. k. Major, war 1592 Commandant der Festung Wihitzsch in Croatien. Zu Ausgange des 17. Jahrh. standen Bernhard G. v. G. u. Friedrich G. v. G. als Oberste in der k. k. Armee und Wolff Andreas Gall Freiherr v. Gallenstein und St. Georgenberg, k. poln. und kursächs. Kammerherr, war 1726 kurprinzl. sächs. Oberst-Stallmeister. — Nach der Mitte des siebzehnten Jahrh. kam auch die Familie in Hessen vor und 1660 war Cosmus G. v. G. fürstl. hessenscher Oberst und Ober-Forstmeister der Grafschaft Nidda. — Der Stamm blühte, in Oesterreich begütert, fort und wurde unter die nieder-österr. Stände aufgenommen. In neuester Zeit stand Joseph Gall v. Gallenstein als Lieutenant im k. k. 14. Infant.-Regim.

Gauhe, I. S. 592 und 593 nach Valvasor, Ehre d. Herzogth. Crain und Bucelini, II. S. 93. — Wissgrill, III. S. 207—212. — Tyroff, II. 167; Gall Freiherr v. Gallenstein und 196; G. v. G. — Suppl. zu Siebm. W.-B. VI. 11.

Gallardi, Ritter. Erbländ.-österr. alter Ritterstand. Bestätigungsdiplom von 1710 für Franz Eugen Gallardi, k. k, Rittmeister.

Megerle v. Mühlfeld, Ergänz.-Bd. S. 143.

Gallas, Grafen. Altes, aus dem Bisthume Trient stammendes Adelsgeschlecht, aus welchem sich Pancratius Gallas v. Galasso gegen Ende des 16. Jahrh. in den Kriegen in Flandern und Italien bekannt machte. Von demselben entspross Matthias G., gest. 1647, k. k. General-Lieutenant, welcher um 1631 in den Reichsgrafenstand versetzt wurde, nach dem Tode des Herzogs Albrecht zu Friedland vom Kaiser Ferdinand II. die Herrschaft Friedland erhielt, von der reichen Beute bei Eroberung der Stadt Mantua etc. die Herrschaften Reichenberg, Seidenberg und Kirchenberg erkaufte und im trientinischen Gebiete das Schloss Campo und Martarello besass. Derselbe hinterliess zwei Söhne, die Grafen Franz und Anton. Der einzige Sohn des Letzteren, Graf Philipp Franz, Herr in Ronow und Schön-Johnsdorf, kaiserl. Landes-Hauptmann der Fürstenthümer Grotkau und Neisse, starb nach 1730, ohne Nachkommen zu hinterlassen. Graf Franz war kaiserl. General und hatte den Titel: Herzog v. Lucera erhalten. Von ihm stammte ein einziger Sohn, welcher ebenfalls den Titel: Herzog zu Lucera führte, früher Statthalter und Oberst-Landmarschall in Böhmen war und 1719 als Vicekönig und Statthalter von Neapel starb. Derselbe hinterliess aus erster Ehe mit einer Gräfin v. Dietrichstein einen Sohn, den Grafen Philipp Joseph, k. k. Geh.-Rath, Statthalter und Oberst-Hof-Lehnrichter in Böhmen, welcher den Titel: Herzog v. Lucera fortführte. Mit demselben erlosch 1757 der Stamm der Grafen v. Gallas: zum Erben der vielen gallas'schen Besitzungen war Christian Philipp Graf v. Clam, s. Bd. II. S. 281, berufen worden.

Hübner, III. XII. Suppl. — Gauhe, I. S. 598 n. 599; nach Galeal Gualdo, Histoir. de Guerre d'Allem. Pufendorf, Schwedische Kriegsgeschichte, Ziegler, histor. Schauplatz etc. — Freih. v. Ledebur, I. S. 244. — Suppl. zu Siebm. W.-B. VIII. 14.

Gallasch, Edle. Erbländ.-österr. Adelsstand. Diplom von 1793 für Johann Gallasch, gewesenen Postmeister zu Iglau, wegen seiner Dienstleistung durch 16 Jahre bei dem Militair und durch 15 Jahre bei dem Postwesen, mit dem Prädicate: Edler v.

Megerle v. Mühlfeld, S. 188.

Gallu zu Rudolfseckh und Puechenstein. Ein von v. Meding nach Bartschens Wappenbuche aufgeführtes, steiermärkisches Adelsgeschlecht, welches, wie das Wappen: in Roth ein gekröntes, silbernes Einhorn, ergiebt, eines Stammes mit dem Geschlechte Gall v. Gallenstein war.

v. Meding. II. S. 180.

Gallenberg, Grafen. Reichsgrafenstand. Diplom von 1666 für Georg Sigmund v. Gallenberg, Landes-Verweser des Herzogthums Krain. Altes Adelsgeschlecht des Herzogthums Krain, welches von den Grafen v. Scherffenberg, die Schönleben und Andere von den Herzogen in Franken ableiten, stammen soll und das Oberst-Land-Jägermeister-Amt in Krain bekleidete. Bucelini fängt die Stammreihe mit Ortolph II., dem Sohne Ortolphs I., Herrn zu Scherffenberg, an, welcher um 1000 das Schloss Gallenberg erbaute und den Namen desselben annahm. Von seinen Nachkommen hinterliess Nicolaus v. Gallenberg, gest. 1391, zwei Söhne, Albert, welcher die Osterbergsche, im 16. Jahrhundert wieder erloschene Linie gründete u. Aegidius, welcher den Stamm dauernd fortsetzte. Des Letzteren Enkel, Johann v. G., verlor, weil er auf der Seite des Erzherzogs Albert gestanden, die Schlösser Gallenberg und Hohenwang, doch erwarb sein Sohn, Friedrich v. G., das Schloss Lueg. Von Letzterem entspross im 5. Gliede Johann Adam v. G., gest. 1664, dessen Sohn, Georg Sigmund, s. oben, den Grafenstand in die Familie brachte. — Die von **Johann Adam** fortlaufende Stammreihe ist folgende: Johann Adam, Herr zu Gallenberg: Felicitas Herrin v. Scheyern; — Georg Sigmund erster Graf v. G.: Catharina Grf. v. Schrattenbach; — Seyfried Balthasar Gr. v. G., Freiherr zum Thurn, Rosseck und Gallenstein, Edler Herr zu Einödt, Erbvoigtherr zu Minkendorf, gest. 1760, Oberstland-Jägermeister in Krain und der windischen Mark etc.: Maria Caroline Grf. Ursini v. Rosenberg, gest. 1708; — Wolfgang Sigmund gest. 1773, k. k. Kämmerer, Geh.-Rath und Landeshauptmann zu Laibach: zweite Gemahlin: Caecilia Esther Grf. v. Orzon, vermählt 1745; — Joseph Sigmund, gest. 1800, k. k. Kämm., Geh.-Rath und Gouverneur in Galizien: Maria Grf. v. Spork, gest. 1810; — Wenzel Robert, gest. 1839: Julia Grf. v. Guicciardi, gest. nach 1854; — Friedrich, geb. 1809, Oberst-Erbland-Jägermeister in Krain, k. k. Kämm. und Rittm. in d. A., verm. in erster Ehe mit Pauline Grf. v. Szirmay, gest. 1840 u. in zweiter 1844 mit Pauline Freiin Skrbensky v. Hrzistie. Die drei Brüder des Grafen Friedrich sind, nachdem Graf Joseph, k. k. Kämm., Oberst und Commandant des 5. Dragoner-Regiments, 1858 gestorben, neben einer Schwester, Grf. Julie, geb. 1808, verm. 1836 mit Andreas Grafen zu Stolberg-Stolberg, k. hannov. Geh.-Rath, Graf Hugo, geb. 1805, Pfarrer zu Gross-Tajax in Mähren; Graf Hector, geb. 1814, k. k. Kämm. etc. und Graf Alexander, geb. 1816, k. k. Kämm. und Hauptmann, verm. 1857 mit Theresia Freiin v. Bose.

J. L. Schönleben, Genealogia familiae Comitum de Gallenberg, Labaci, 1680. — Hübner, III. Tab. 906—909. — Gauhe, I. S. 600 und 601; nach Valvasor und Bucellini. — Deutsche Grafenhäuser der Gegenwart I. S. 258 und 259 und III. S. 478. — Geneal. Taschenb. der gräfl. Häuser, 1859, S. 289 und 290 und histor. Handb. zu demselben, S. 238.

Gallenstein, Ritter, s. Thaurer Edle v. Gallenstein, Ritter.

Gallensteiner. Ein in Steiermark ansässig gewordenes Adelsgeschlecht, aus welchem Hermann Christoph und Wolf Friedrich v. G. 1654 landständig wurden.

Schmutz, I. S. 443.

Galler, s. Gäller, Grafen, S. 421 und 422.

Gallera, Galera, auch **Freiherren**. Ein aus Polen nach Ostpreussen gekommenes Adelsgeschlecht, welches auch den freiherrlichen Titel führte. — Ein Hauptmann v. Cisielski brachte in der ersten Hälfte des 18. Jahrh. einen Anverwandten, Joseph Freih. v. Gallera, mit nach Preussen, wo er ihn erziehen liess. Derselbe erwarb später das Gut Kopicken bei Lyck. Später kam sein Bruder, Freih. Bogis-

law, ebenfalls nach Preussen und wurde Herr auf Bönkeim im Kreise Preuss. Eylau. Der Sohn des Letzteren, Johann, hatte zwei Söhne, Joseph und August Georg, von welchen der Eine 1822 als k. preuss. Capitain a. D. starb.
<small>N. Pr. A.-L. V. S. 273. — Freih. v. Ledebur, I. S. 144.</small>

Gallich, Edle v. Gallichsburg, Erbländ.-österr. Adelsstand. Diplom vom 23. Mai 1849 für Johann Gallich, k. k. Hauptmann des Karlstädter Artillerie-Bezirks, mit dem Prädicate: Edler v. Gallichsburg.
<small>Handschriftl. Notiz.</small>

Galliczíny, s. Aumer v. Galliczíny, Bd. I. S. 148.

Gallois, Freiherren. Erbländ.-österr. Freiherrnstand. Diplom von 1817 für Franz v. Gallois, k. k. Generalmajor. — Der adelige ursprünglich französische Stamm hat in Oesterreich fortgeblüht. Franz v. Gallois war in neuester Zeit Lieutenant im k. k. 38. Infant.-Regim.
<small>Megerle v. Mühlfeld, S. 51. — Suppl. zu Siebm. W.-B. III. 19 : v. G.</small>

Galloway. Ein ursprünglich irländisches Adelsgeschlecht, aus welchem ein Sprosse zu Ende des 17. Jahrhunderts Commandant zu Brieg war.
<small>Sinapius, II. S. 635.</small>

Gallwitz, Gallewitz. Böhmischer Adelsstand. Diplom vom 17. Aug. 1529, doch ist, wie das N. Preuss. Adels-Lex. angiebt, ein Guschkow v. Gallwitz schon um 1335 unter dem Herzoge Conrad I. zu Oels vorgekommen. Das gleichnamige Stammhaus der dem Fürstenthume Oels angehörigen Familie liegt in der Nähe von Namslau. Der Stamm hat fortgeblüht und noch in neuerer Zeit standen Sprossen desselben in der k. preuss. Armee. 1830 war Gurctzki, ein Vorwerk von Rossberg im Kr. Beuthen, in der Hand der Familie und 1857 wird von Bauer, Adressbuch, S. 69, August v. Gallwitz als Herr auf Ober-Dziersno im Kr. Tost-Gleiwitz aufgeführt.
<small>N. Pr. A.-L. II. S. 111 und 112. — Freiherr v. Ledebur, I. S. 244 und III. S. 257. — Schlesisches W.-B. Nr. 459.</small>

Galschwitz, Galschütz, Gallschüts. Altes Adelsgeschlecht in Meissen, welchem wohl eins der beiden gleichnamigen Güter unweit Meissen und Mügeln den Namen gegeben hat. Elisabeth v. Galschütz war zur Zeit der Reformation Kloster-Jungfrau zu Seusslitz und erhielt 1541 nach Einziehung des Klosters auf Lebenszeit jährlich 40 Gulden. Um dieselbe Zeit kommt Hans v. G. als kursächs. Statthalter des Fürstenthums Sagan vor. Später ist der Stamm, welchen Knauth nicht mehr erwähnt, ausgegangen.
<small>Lucae, Schlesische Chronik, S. 1083. — Unschuldige Nachrichten von theologischen Sachen, XII. S. 233. — Gauhe, II. S. 341.</small>

Galvagna Freiherren. Erbländisch-österr. Freiherrnstand. Diplom vom 15. Febr. 1830 für Franz v. Galvagna, k. k. Geh.-Rath u. Präsidenten des Cameral-Magistrats zu Venedig. Derselbe, geb. 1773 — ein Sohn des Antonio de Galvagna aus der Ehe mit der Edlen Giovanna Repossi — stammte aus einem schon seit mehreren Jahrhunderten in mehreren Linien in Montferrat, Mantua und Piemont blühenden Adelsgeschlechte, welches sich später theilweise in Venedig ansässig machte und nach der österreichischen Besitznahme Venedigs durch Diplom vom 6. Mai 1821 und vom 13. Octob. 1822 als adelig anerkannt und bestätigt wurde. — Freiherr Franz hatte sich 1817 mit Maximiliana Grf. v. Guidoboni vermählt und aus dieser Ehe entspross Freiherr Emilio, geb. 1818, verm. 1840 mit Alba Grf. v. Albrizzi, aus welcher Ehe zwei Söhne stammen, die Freiherren Franz, geb. 1841 und Joseph, geb. 1843.

<small>Geneal. Taschenb. der freih. Häuser, 1848. S. 118 und 1856, S. 199 und 200. — *Hyrtl*, II. S. 123 und 124. — *Kneschke*, II. S. 172 und 173.</small>

Gamba, Freiherren. Reichsfreiherrnstand. Diplom von 1706 für Marcellus Gamba und den Bruder desselben, Johann Jacob.

<small>*Megerle v. Mühlfeld*, Ergänz.-Bd. S. 59.</small>

Gambs v. Gamsberg. Erbländ.-österr. Adelsstand. Diplom von 1788 für Paul Friedrich Julius Gambs, Landrechts-Vicepräsidenten zu Neiss und Johannesberg, mit dem Prädicate v. Gamsberg.

<small>*Megerle v. Mühlfeld*, Ergänz.-Bd. S. 294. — Suppl. zu Siebm. W.-B. X. 14.</small>

Gambsenberg, s. Schönpflug v. Gambsenberg.

Gamen. Böhmischer Adelsstand. Diplom von 1736 für Philipp Christoph Gamen, k. k. Rath, Amts-Assessor u. Secretair des königl. Amtes zu Glogau.

<small>*Megerle v. Mühlfeld*, Ergänz.-Bd. S. 294.</small>

Gamerra, Ritter und Edle und Freiherren. Reichs-Ritter- und erbländ.-österr. Freiherrnstand. Ritterstandsdiplom von 1764 für Peter Gamerra, Handelsmann zu Triest, mit dem Prädicate: Edler von und Freiherrndiplom für denselben, wegen 25jähriger Consulatsdienste zu Salonichi.

<small>*Megerle v. Mühlfeld*, S. 51. — Suppl. zu Siebm. W.-B. XI. 9.</small>

Gamitz, Gaemits. Ein ursprünglich spanisches Adelsgeschlecht, welches Ruias de Gamitz hiess. Zu demselben gehörte Alphons R. de G., welchen K. Maximilian II. aus Spanien als Rath mit sich nach Oesterreich brachte und welcher, mit Getzendorf angesessen, 1572 unter die neuen Geschlechter des niederösterr. Ritterstandes aufgenommen wurde.

<small>*Wissgrill*, III. S. 215 und 216.</small>

Gamm. Eins der ältesten meklenburgischen Adelsgeschlechter, welches auch mit den Namen: de Feama und Gamme vorkam. Henricus de Gamma tritt urkundlich schon 1218 auf u. Johannes Gamme, Miles, siegelte 1352. Das Gut Glin im Güstrowschen stand der Familie bereits 1375 zu und später hatte dieselbe das ebenfalls im Güstrowschen gelegene Carow, Göhren im Amte Plau etc. inne, auch wurde das Geschlecht in Schlesien im Grünebergschen u. Freystädtschen begütert u. kam auch nach Dänemark. — Als v. Meding schrieb (1786) beruhte der Stamm nur noch auf zwei Personen, auf Christoph Otto v. Gamm, herz. meklenb. Geh.-Raths-Präsidenten (welcher zu Ende des 18. Jahrh. nicht mehr lebte) und auf dem einzigen Sohne desselben. Dass Letzterer den Stamm fortgesetzt habe, ist nicht bekannt. Christoph Otto von Gamm war übrigens der Verfasser des mit der grössten Mühe und Genauigkeit zusammengetragenen Manuscripts über meklenburgische abgegangene Familien, welches v. Meding so sehr benutzen konnte.

<small>*v. Pritzbuer*, Nr. 46. — *Gauhe*, I. S. 601 und 602. — *v. Behr*, R. M. S. 1613. — N. Pr.</small>

A.-L. II. S. 212 und V. S. 173. — *Freih. v. Ledebur*, I. S. 244. — *v. Westphalen*, Monum. Inedita, IV. Tab. 19. Nr. 48. — *v. Meding*, I. S. 168—171. — Lexic. over adel. Famil. i Danmark I. Tab. 31. Nr. 28 und S. 170. — Mcklenb. W.-B. Tab. 17. Nr. 61 und K. 3 u. S. 21.

Gammenstedt. Thüringisches, längst erloschenes Adelsgeschlecht aus dem unweit Gotha gelegenen Stammsitze Gammstedt, welches auf demselben urkundlich 1291 vorkam.

v. Hellbach, I. S. 405 nach Brückner, Nachricht. z. Beschreib. des Kirchen- u. Schulen-Staats im Herzogth. Gotha, II. Stck. 7. S. 63.

Gamperger v. Gamsenfeld, Ritter. Erbländ.-österr. Ritterstand. Diplom von 1776 für Franz Joseph Gamperger v. Gamsenfeld.

Megerle v. Mühlfeld, Ergänz.-Bd. S. 143. — Suppl. zu Siebm. W.-B. VII. 18.

Ganahl v. Bergbrunn. Erbländ.-österr. Adelsstand. Diplom von 1804 für Johann Ganahl, Arzte in Bludenz, mit dem Prädicate: v. Bergbrunn.

Megerle v. Mühlfeld, Ergänz.-Bd. S. 294.

Ganahl zu Zangenberg. Erbländ.-österr. Adelsstand. Diplom vom 24. Octob. 1803 für Joseph Ganahl, Gerichtsschreiber zu Dornbirn in Vorarlberg. Derselbe, geb. 1759, wurde als k. bayer. Landrichter zu Dornbirn in die Adelsmatrikel des Kgr. Bayern eingetragen.

v. Lang, S. 345. — W.-B. d. Kgr. Bayern, V. 54.

Gans (in Roth, auch in Grün oder Blau eine weisse Gans). Ein in Thüringen, im Braunschweigischen und Hildesheimischen begütert gewesenes, in einer Linie auch nach Ostpreussen gekommenes Adelsgeschlecht, welches, wie Gauhe annimmt, sich aus den Rheinlanden nach Thüringen gewendet hatte. — Von Dietrich G., Herr des Gerichts Tennstedt (im jetzigen Kr. Langensalza), stammten zwei Söhne, Eckhardt, Herr zu Tennstedt und Wolf, Pfandinhaber des Hauses Tannrode. Durch die beiden Söhne des Letzteren, Peter und Baltzer Eckhard, entstanden zwei Linien, von denen die des Letzteren, welcher mit einer v. Sundhausen vermählt war, mit der aus dieser Ehe entsprossenen Tochter, Magdalene G., wieder erlosch. Die Nachkommenschaft des Peter G. war von längerer Dauer. Derselbe war in der ersten Hälfte des 17. Jahrh. der letzte Besitzer des Stammhauses Tennstedt und machte sich später im Wolfenbüttelschen ansässig, wo er herz. Rath und Hofmeister war. Von dem Sohne desselben, Friedrich Wilhelm G., Herrn zu Lutter, Rode und Gitter, h. wolfenbütt. Geh.- und Landrathe stammten, unter anderen Söhnen, Joachim Friedrich v. G., h. meklenb.-güstrowscher Geh.-Rath u. Präsident, welcher im hohen Alter ohne Nachkommen starb und Philipp Ernst v. G. zu Lutter, Rode, Gittel etc., k. schwed. Rittmeister schloss 22. Octob. 1708 den Mannsstamm der Hauptlinie. Die einzige Tochter desselben, Sophia Druida v. G., hatte sich mit dem h. wolfenbüttelschen Ober-Marschall Christian v. Schack vermählt. Die nach Ostpreussen unter dem letzten Hochmeister H. Albrecht zu Brandenburg mit Melchior v. Gans gekommene Linie, welche schon 1562 Gansenstein, vorher Brzosowken, im Kr. Angerburg und Poppitten im Kr. Mohrungen inne hatte und später noch andere Güter erwarb, ging bald nach Erlöschen der thüringischen Hauptlinie, 1710, mit Friedrich Wilhelm v. G. aus. Derselbe starb im genannten Jahre mit Frau und Kindern an einem ansteckenden Fieber, doch soll nach Angabe Einiger ein Sohn der Seuche entgangen sein, aber bald nachher unvermählt als der Letzte des Stammes gestorben sein. — Führten „die Gansen in Thüringen", wie wohl anzunehmen ist, das von Siebmacher unter den thüringischen Adelsfamilien angegebene Wappen, welches im Schilde und Helmschmucke ganz mit dem Wappen des alten märkischen Geschlechts: Gans, Edle v. Putlitz übereinkommt, so ist Letzteres allerdings für einen Zweig des hier in Rede stehenden Stammes zu nehmen. Hätte aber das von Siebmacher I. 162 unter dem Namen: „v. Ganse, Meissnisch" gegebene Wappen der thüringischen Familie dieses Namens gehört, so könnte man wohl, wie von Gauhe geschehen, vom heraldischen Standpunkte aus zwei verschiedene Familien annehmen, denn das zuletzt angezogene Wappen zeigt auf dem Helme einen grünen Kranz, welcher mit sechs wechselnd roth und silbernen Straussenfedern besteckt ist. Die Gans erscheint in grünem Felde. — Zu übersehen ist übrigens nicht, dass Knauth unter dem meissenschen Adel die Familie Gans nicht aufgeführt hat.

Gauhe, I. S. 602 und 603 nach dem ihm eingesendeten Manuscr. genealog. — N. Pr. A.-L. V. S. 172. — Freih. v. Ledebur, I. S. 244. — Siebmacher, I. 150: Die Gansen, Thüringisch.

Gans, Edle Herren v. Putlitz, s. Putlitz.

Gans in Weberstede (im Schilde ein springender Bock mit zurückgelegten Hörnern). Ein zum Fuldaischen Lehnshofe gehörendes, schon 1334 vorkommendes Adelsgeschlecht.

Schannat, S. 94. — v. Meding, I. S. 171.

Gansauge, Adelsstand des Kgr. Preussen. Diplom vom 2. Octob. 1786 für Anna Elisabeth Gogel, Wittwe des in der Altmark begütert gewesenen k. preuss. Geh.-Rathes Gansauge, u. für die Kinder derselben, Albrecht Ludwig, Ernst Friedrich — so stehen die Vornamen im Diplome, doch hiessen dieselben nach Angabe eines Familiengliedes: Friedrich August und Christian — und Elisabeth Gansauge. — Der Geh.-Rath G., dessen Geschäftsgewandtheit u. Einsicht König Friedrich II. von Preussen vielfach verwendete, stammte aus einer nach Einigen braunschweigischen, nach Anderen hessischen Adelsfamilie, welche längere Zeit das adelige Prädicat abgelegt hatte. Die obengenannte Tochter desselben, Fräulein Elisabeth, vermählte sich mit einem Grafen v. Chasot, welcher 1812 als k. russischer Oberst starb. Die beiden Söhne waren an der Saale begütert u. hatten Aufnahme im Collegiatstifte zu Magdeburg gefunden. Der ältere von Beiden, Friedrich August von G., Fürstl. Anhalt-Dessauischer Oberamtmann zu Mühlingen, war mit einer Grf. Henckel v. Donnersmarck vermählt und starb 1810 mit Hinterlassung zweier Söhne, Albrecht und Friedrich Hermann, welche der Freiheitskrieg unter die Fahnen rief und die später in der k. preuss. Armee zu hohen Ehrenstellen gelangten. Der Erstere derselben vermählte sich mit einer v. Tümpling u. der Letztere, welcher sich auch als militärischer Schriftsteller bekannt machte, mit einer Frl. Fränckel. — Christian v. G., der jüngere Bruder des Friedrich August v. G., gest. 1821, war mit einer Brandt v. Lindau vermählt, aus welcher Ehe zwei Söhne, Friedrich

Tusmann u. Otto v. G. stammton. Ersterer trat in k. preuss. Staats-, Letzterer in Militairdienste. Die Familie war noch 1854 in der Priegnitz mit Neu-Buchholz, Glöven, Lennewitz, Quitzöbel und Roddau begütert.

N. Pr. A.-L. II. S. 212 und 213. — *Freih. v. Ledebur*, I. S. 244 und 245. — W.-B. der Preuss. Monarch., III. 23. — *Kneschke*, I. S. 163 und 164.

Ganser v. Ganss (Schild geviert: 1 und 4 in Blau auf einem Hügel eine weisse Gans und 2 und 3 in Silber ein aufwachsender schwarzer Adler). Ein früher in Schwaben, später in Schlesien u. Niederösterreich vorgekommenes Adelsgeschlecht, dessen Stammvater nach Allem der aus Ungarn gebürtige Peter Ganser, K. Rudolphs II. Kriegszahlmeister, war, welcher 9. Dec. 1582 den Adel erhielt. — Die Familie kam im 17. Jahrh. aus Schwaben nach Schlesien und erwarb später die Güter Greisau im Kr. Neisse und Weydenau im österr. Schlesien.

Sinapius, II. S. 635. — *Freih. v. Krohne*, II. S. 413. — *Wissgrill*, III. S. 217 und 219. — *Freih. v. Ledebur*, I. S. 245. — *Siebmacher*, IV. 71.

Gansser und Greissau, Ritter. Böhmischer Ritterstand. Diplom von 1727 für Friedrich Sebastian Gansser, k. Regierungsrath zu Neyss, mit dem Prädicate: v. Gansser und Greissau.

Megerle v. Mühlfeld, Ergänz.-Bd. S. 143.

Ganster v. Wagersbach, Edle. Erbländ.-österr. Adelsstand. Diplom von 1810 für Joseph Carl Ganster, Stadt- und Landrath in Kärnten, mit dem Prädicate: Edler v.

Megerle v. Mühlfeld, S. 189.

Gantzken, Canske, Gontzken (in Roth ein silberner Schwan). Altes, erloschenes, pommernsches Adelsgeschlecht, welches im Lauenburgischen mit Schimmerwitz, welches Gut noch 1724 in der Hand der Familie sich befand, angesessen war.

Micrael, S. 486. — N. Pr. A.-L. II. S. 213 und 214. — *Freih. v. Ledebur*, III. S. 245. — *Siebmacher*, III. 159. Nr. 11. — *v. Meding*, I. S. 171. — Pommersches W.-B. V. Tab. 15. und S. 28.

Gantzkow, Gantzken (in Roth ein aus dem linken Schildesrande hervorwachsendes, silbernes Einhorn). Pommersches Adelsgeschlecht, aus welchem Erdmann Gantzke das Dorf Deutsch- oder Gantzken-Pribberow bei Greiffenberg und Kardemin bei Regenwalde von den v. Osten und v. Blücher als Afterlehn erhielt. In der zweiten Hälfte des 17. Jahrh. besass die Familie auch Dargsow und Wildenhagen unweit Camin, so wie Sellin bei Greiffenberg. Letzteres Gut stand dem Geschlechte noch 1758 zu. Später fand sich dasselbe nicht mehr unter dem in Pommern begüterten Adel. — Ein Major v. Gantzkow commandirte noch 1836 in Grossglogau die Garnisoncompagnie des k. preuss. 18. Infant.-Regim.

Micrael, S. 486. — *Brüggemann*, I. 9. Hauptst. und II. S. 441 und 442. — N. Pr. A.-L. II. S. 213 und 214. — *Freiherr v. Ledebur*, I. S. 245 und III. S. 257. — *Siebmacher*, III. 159. Nr. 12. — *v. Meding*, I. S. 171 und 172. — Pommersches W.-B. V. 14 und S. 28.

Ganzpflyck. Böhmischer Adelsstand. Diplom von 1671 für N. N. Ganzpflyck aus Hammersberg.

v. Hellbach, I. S. 406.

Capp, Edle. Erbländ.-österr. Adelsstand. Diplom von 1765 für

Franz Xaver Gapp, k. k. Hofrichter zu Lambach in Oberösterreich, mit dem Prädicate: Edler v.

Megerle v. Mühlfeld, Ergänz.-Bd. S. 294.

Garapich v. Sichelburg, Ritter. Erbländ.-österr. Ritterstand. Diplom von 1811 für Michael Garapich, Advocaten in Lemberg, mit dem Prädicate: v. Sichelburg.

Megerle v. Mühlfeld, S. 112.

Garb, Edle v. Gibelli, Ritter und Freiherren. Reichsritter u. Freiherrnstand. Ritterdiplom von 1715 für Jacob Emanuel Garb, k. k. Residenten zu Ulm und Augsburg und für den Bruder desselben, Johann Carl Garb, k. k. Geh. Kammer-Juwelier, wegen ihrer Vernunft und ihrer Geschicklichkeit, mit dem Prädicate: Edler v. Gibelli und Freiherrndiplom von 1722 für Ersteren als k. k. Rath, Residenten etc. wegen Gelehrsamkeit und guten Herkommens aus höchst eigener Bewegung.

Megerle v. Mühlfeld, S. 51 und S. 112.

Garczynski, v. Rautemberg-Garczynski, auch Grafen. Grafenstand des Kgr. Preussen. Diplom vom 6. Febr. (8. Dec.) 1839 für Thaddaeus v. G., Herrn auf Bentschen, Garczyn etc., k. preuss. Kammerherrn. — Altes, polnisches, zu dem Stamme Sass gehörendes Adelsgeschlecht, welches im Posenschen und in Westpreussen ansehnliche Besitzungen erwarb. Samson v. G., gest. 1667, war Land-Fähnrich von Culm, der älteste Sohn desselben, Stanislaus, Castellan von Konary und der jüngere, Damian, Land-Fähnrich von Posen. Der ältere Sohn des Letzteren, Stanislaus, geb. 1737, wurde Castellan von Inowraclaw und der jüngere, Stephan, gest. 1755, Woiwode von Posen. Von Letzterem stammte der Grossvater des obengenannten Grafen Thaddaeus, Eduard v. G., Castellan von Rospierz. — Graf Thaddaeus, geb. 1791, vermählte sich 1827 mit Adelaide v. Stutterheim, geb. 1804.

N. Pr. A.-L. II. S. 214. — Deutsche Grafenh. d. Gegenw. III. S. 134. — Freih. v. Ledebur, I. S. 245 u. III. S. 257. — Geneal. Taschenb. d. gräfl. Häuser, 1854. S. 258 und 1859. S. 291 und histor. Handbuch zu demselben, S. 240.

Gardaner. Ein in Schlesien vorgekommenes Adelsgeschlecht, welches im Schweidnitzschen 1533 Teichenau und 1505 Piltzen und Commerau besass. Eine v. Gardaner und Teichenau war 1540 mit einem von Sebottendorf und Kunern vermählt.

Sinapius, II. S. 635 und 636. — Siebmacher, II. 53.

Gardelle, de la Gardelle. Ein aus Frankreich in die Rheinprovinz gekommenes Adelsgeschlecht, aus welchem Johann Jacob und Carl de la Gardelle, lt. Eingabe d. d. Schloss Falkenstein im Trierschen, 2. Sept. 1829, unter Nr. 147 der Classe der Edelleute, in die Adelsmatrikel der Preussischen Rheinprovinz eingetragen wurden.

N. Pr. A.-L. V. S. 173. — Freih. v. Ledebur, I. S. 245. — W.-B. der Preuss. Rheinprovinz, I. Tab. 39 Nr. 77 und S. 40.

Gardie, de la Gardie, Grafen. Schwedischer Grafenstand. Diplom vom 10. Mai 1615 für Jacob de la Gardie. — Die Familie war vor 1777 in Schwedisch-Pommern begütert.

Freih. v. Ledebur, III. S. 257. — Schwed. W.-B. Grafen, I. 3.

Carfass. Ein in Preussen vorgekommenes Adelsgeschlecht, aus welchem ein Sprosse, welcher bei dem Regimente v. Belling-Husaren gestanden, 1771 Brigadier bei der Regie zu Klitschdorf war. Die Tochter desselben, Maria Sophia Johanna, wurde in demselben Jahre in das Potsdamer Waisenhaus aufgenommen.

Freih. v. Ledebur, I. S. 245.

Gariboldi, Ritter und Edle. Ein ursprünglich aus Hetrurien nach Wälsch-Graubündten oder Rhäzien und von da nach Oesterreich gekommenes Adelsgeschlecht, aus welchem Johann Baptist Edler v. Gariboldi, des H. R. R. Ritter, kais. Rath und Salz-Oberamtmann in Nieder-Oesterreich und Mähren, Herr zu Dornau und Schönau, nachdem er 1663 das Gut und Schloss Dornau angekauft, 1667 unter die nieder-österreichischen neuen Ritterstandsgeschlechter aufgenommen wurde. Derselbe, gest. 1684, war vermählt mit Maria Renata Vogt v. Wierand, Herrin auf Schönau, aus welcher Ehe drei Söhne, Johann Baptist (II.), Johann Carl und Johann Ignaz Joseph und drei Töchter, Maria Therese, Maria Pauline und Maria Anna, stammten. Von den Töchtern vermählte sich Maria Theresia mit Ferdinand Freiherrn v. Rüssenstein und Maria Anna mit Carl v. Harzenberg — über die Söhne finden sich folgende Nachrichten vor: Johann Baptist (II.) vermählte sich mit Sophia Engelburgis Grf. v. Trautmannsorf u. erkaufte mit seiner Gemahlin 1682 das Schloss und Gut Dürrenthal, welches, da diese Ehe kinderlos blieb, laut Testaments 1689 auf den jüngeren Bruder, Johann Ignaz Joseph v. G., überging, welcher Letztere mit seinem Bruder, Johann Carl, 1691 bei der nieder-österreich. Landschaft den Geschlechtern des alten Ritterstandes einverleibt wurde. Johann Carl, 1692 nieder-österr. Landrechts-Beisitzer, verm. mit einer v. Pinelli, hinterliess keine Nachkommen, Johann Ignaz Joseph aber, Herr zu Dürrenthal, kaiserl. Truchsess, gest. 1718 als Verordneter des nieder-österr. Ritterstandes, hatte aus der Ehe mit Maria Anna Theresia Freiin v. Rüssenstein drei Söhne, Johann Carl, Carl Leopold und Franz Joseph, welcher Letztere als k. k. Lieutenant unvermählt starb. Der ältere dieser Söhne, Johann Carl, bereits 1721 kaiserl. Truchsess und des nieder-österr. Landrechts Beisitzer, setzte in der Ehe mit Elisabeth v. Bayer den Stamm fort. Aus dieser Ehe entspross Johann Carl Joseph, gest. 1791 als k. k. Berg-Oberamtsrath zu Idria, verm. mit Anna Regina v. Khossen, aus welcher Ehe zwei Söhne entsprossten: Carl Ignaz, Justitiar der k. k. Berg-Kammeralherrschaft Idria u. Franz Anton, welcher in k. k. Militairdienste trat. — Der Stamm hat fortgeblüht: in neuester Zeit stand Anton Ritter v. G. als Oberlieutenant im k. k. Pionnier-Corps u. Alois Ritter v. G. als Lieutenant im k. k. Marine-Infanterie-Regimente.

Wissgrill, III. S. 218—220.

Garlicki. Polnisches, zu dem Stamme Strzemin zählendes Adelsgeschlecht, aus welchem Valentin v. G. 1855 im Kreis Mogilno des Grossh. Posen Herr zu Kruchower-Mühle war.

Freih. v. Ledebur, III. S. 257.

Garlinski. Polnisches, dem Stamme Poray einverleibtes Adelsgeschlecht, welches in Ostpreussen die Güter Browien, Thurau u. Wolla im Kr. Neidenburg an sich brachte.

Freih. v. Ledebur, I. S. 245 und III. S. 257.

Garlopeh. Ein früher zu dem lüneburgischen adeligen Patriciate gehörendes Geschlecht.

Hüttner, Stamm- und Geschl.-Reg. d. lüneb. adel. Patricier-Geschlechter, Nr. 19.

Garmissen, früher auch **Germersen**. Altes, urkundlich schon 1379 und 1420 vorgekommenes Adelsgeschlecht, aus welchem nach Angabe Einiger Sigisband G. schon 998 gelebt haben soll. Der älteste Calenberg'sche Lehnbrief ist von 1418, der Lüneburg'sche von 1484, der Pless'sche von 1515 und der Grubenhagensche von 1528. — Der Familie, welche im Kgr. Hannover zu dem ritterschaftlichen Adel der hildesheimischen Landschaft gehört, stehen die Güter Friedrichshausen und Dassel zu.

Letzner, Dasselsche Chronik, S. 186 a und b. — *Freih. v. Krohne*, II. S. 4. — *Freih. v. d. Knesebeck*, S. 133. — *Siebmacher*, II. 123. — *v. Meding*, II. S. 188. — W.-B. des Königr. Hannover, C. 52 und S. 7. — *Kneschke*, II. S. 173.

Garn. Adelsstand des Kgr. Preussen. Diplom von 1786 bei Gelegenheit der Huldigung des Königs Friedrich Wilhelm II. für die Söhne des Amtmanns zu Burgstall Christian Friedrich Garn: Johann Christian Garn, k. preuss. Major und Franz August Garn. Wie angegeben, führt Freiherr v. Ledebur das Diplom an, v. Hellbach dagegen u. das N. Preuss. Adels-Lexic. erwähnen ein Diplom von 1792 für die Gebrüder Wilhelm und Constantin Garn, Söhne des Majors Garn im k. preuss. Bataillon Salm. Nach letzterer Angabe sind wohl zwei Diplome in die Familie gekommen, oder das Diplom ist erst später ausgefertigt worden. — Die Familie besass schon 1748 in der Altmark im Kr. Stendal das Gut Gross-Schwarzlosen u. 1767 Gohre und hatte ersteres Gut noch 1803 inne. Der Stamm hat fortgeblüht und mehrere Sprossen desselben traten in die k. preuss. Armee.

v. Hellbach, I. S. 407. — N. Pr. A.-L. II. S. 214 und V. S. 173. — *Freih. v. Ledebur*, I. S. 245. — W.-B. d. preuss. Monarch., III. 23.

Garnier, Garnier und Besançon, Garnier-Turawa, Grafen (Schild quergetheilt: oben in Blau eine goldene Kugel, aus welcher zu jeder Seite ein silberner Flügel hervorgeht, und unten in Silber zwei rothe schrägrechte Balken. Bei Erhebung in den Grafenstand ist der Schild, das Stammwappen, unverändert geblieben und es sind nur zu dem Helme des Stammwappens zwei Helme als rechter und linker hinzugekommen). Grafenstand des Kgr. Preussen und zwar mit der Bestimmung, dass die gräfliche Würde auf den jedesmaligen Besitzer des Majorats Turawa, in sofern er zur Familie v. Garnier gehöre, vererben solle. Diplom vom 14. Aug. 1841 (nach Anderen vom 9. April 1842) für Franz Seraphin v. Garnier, Majoratsherrn auf Turawa. — Die Familie v. Garnier ist ein altes, ursprünglich französisches Adelsgeschlecht, aus welchem sich Sprossen in der ersten Hälfte des 18. Jahrh. in Oesterreich niederliessen, von welchem Peter Garnier Herr der Herrschaft Lublinitz, 1729 in den böhmischen Ritterstand versetzt wurde. Von den Vorfahren kommen schon 1472, 1513 und 1524 Pierre de Garnier und der Sohn desselben, Henri de Garnier, in den Listen des Heerbannes als Edelleute in der Dauphiné vor.

Letzterer vermählte sich später mit Ginette de Bonvelon u. der Sohn aus dieser Ehe, Claude de Garnier, gest. um 1560 war mit Isabella v. Bocchozol vermählt. — Eine Bestätigung des angestammten Adels erhielten vom Parlemente der Dauphiné 5. Juni 1556 Julian Henri und Barbara de Garnier, verm. mit Philipp v. Corsan und Franz, verm. mit Perronne de la Poppe, erlangte 30. April 1640 von der Cour des nides du Dauphiné zu Vienne eine abermalige Bestätigung des alten Adels der Familie. — Peter Ritter v. Garnier, s. oben, war mit einer Tochter aus der italienischen Familie Chini vermählt. Aus dieser Ehe entspross Andreas, welcher, vermählt mit einer Freiin v. Waldstetten, der gemeinschaftliche Stammvater aller späteren Sprossen des Stammes in Schlesien wurde. Die fünf Söhne desselben waren: Franz Xaver, gest. 1838, erster Majoratsherr auf Turawa, welches Majorat er von der Schwester seines Vaters, Barbara Grf. Gaschin v. und zu Rosenberg, erbte, verm. mit Therese Freiin v. Zedlitz-Leipe und Stifter der Linie Garnier-Turawa; Anton Herr auf Langendorf, verm. mit Barbara v. Garnier a. d. Hause Berdzau, Stifter der Linie Garnier-Langendorf; Alois, Herr auf Kalinow und Kalinowitz, vermählt mit Maria Theresia v. Biedau, Stifter der Linie Garnier-Kalinow; Andreas, Domherr zu Breslau und Gross-Glogau und Hans Hiob, vermählt mit Anna Freiin v. Beess, gest. ohne Nachkommen. — Die Linie Garnier-Turawa hat dauernd fortgeblüht. Graf Franz Seraphin, s. oben, gest. 1853, — Sohn des ersten Majoratsherrn Franz Xaver, k. preuss. Majors a. D. — zweiter Majoratsherr und k. preuss. Major a. D., war in erster Ehe mit Adele Grf. Huc de Bethusy, gest. 1812 und in zweiter mit Eugenie Grf. Schack v. Wittenau vermählt. Aus der ersten Ehe entsprossten zwei Söhne: Graf Constantin und Theodor v. Garnier. Graf Constantin, geb. 1808, dritter Majoratsherr des 13. Mai 1797 gestifteten Majorats Turawa im Kr. Oppeln etc., k. preuss. Major a. D. u. Mitglied des k. preuss. Herrenhauses, vermählte sich 1841 mit Clara v. Rappold, geb. 1821 und aus dieser Ehe stammen, neben einer Tochter, Thusnelda, geb. 1843, drei Söhne: Constantin, geb. 1842, Carl, geb. 1847 und Hans, geb. 1850. — Der Bruder des Grafen Constantin, Theodor v. G., geb. 1811, Herr auf Ober-Kunzendorf bei Münsterberg, vermählte sich 1837 mit Emilie von Garnier a. d. Hause Langendorf, geb. 1814, und es entsprossten aus dieser Ehe die Töchter Anna und Maria u. die Söhne Xaver und Eugen. — Aus der zweiten Ehe des Grafen Franz Seraphin, s. oben, stammen, neben einer Tochter, Adelheid, verm. Frau v. Graeve, ebenfalls zwei Söhne: Albert v. G., geb. 1817, verm. mit Valeria v. Jaroszin-Jarotzky, geb. 1824, aus welcher Ehe mehrere Kinder leben und Hermann v. G., geb. 1819. — Von dem jüngeren Sohne des ersten Majoratsherrn Franz Xaver v. G., s. oben, von Anton v. G., gest. 1857, Herrn auf Eckersdorf, k. preuss. Rittm. a. D., stammt aus der Ehe mit Auguste v. Werner; Hugo v. G., geb. 1825, Herr auf Eckersdorf, Grüneiche, Neu-Vorwerk u. Hammer im Kr. Namslau, k. preuss. Premier-Lieut. in d. Landwehr.

Megerle v. Mühlfeld, Ergänz.-Bd. S. 142. — N. Pr. A.-L. II. S. 214 und 215. — D. Grafenhäuser der Gegenwart, III. S. 135—137. — *Freih. v. Ledebur*, I. S. 245 und 246 und III. S. 257. — Geneal. Taschenb. der gräfl. Häuser. 1859. S. 291—293 und histor. Handb. zu demselben, S. 242. — *Dorst*, Allgem. W.-Bd. II. S. 5 und 6: Gr. v. G. u. T. u. S. 11. — Schlesischen W.-B. Nr. 124 und Nr. 430.

Garnier, Freiherren (Schild geviert: 1 und 4 in Blau drei, 2 und 1, goldene Sterne u. 2 und 3 in Gold der doppelte kaiserliche schwarze Adler mit der Reichskrone, doch ohne Schwert und Zepter). Ein aus dem Elsass nach Oesterreich und Schlesien gekommenes, freiherrliches Geschlecht, aus welchem die Gebrüder Leopold Heinrich und Johann Christoph stammten. Ersterer, Herr auf Riegel und Lichteneck im Breisgau, k. k. General, wurde als Herr auf Weinsteig 1663 als Landesmitglied dem Nieder-österreichischen Herrenstande einverleibt. Der einzige Sohn aus seiner Ehe mit Lucia Ludomilla Freiin v. Goldeck, welcher ihn überlebte, war Freih. Leopold Heinrich (II.), Herr auf Steinsitz, k. k. Mundschenk, des Nieder-österr. Landrechts-Beisitzer etc., welcher 1721 ohne männliche Nachkommen starb. — Freiherr Johann Christoph, Herr auf Leubel, Exau, Tschipkei und Tschepline, k. k. Oberst und fürstlich Lobkowitzscher Amtsverweser des Fürstenthums Sagan, stiftete drei Carmeliter-Klöster zu Gross-Strenz, Freystadt und Wohlau, that andere milde Werke und starb später unvermählt. Nach dieser Angabe ist der Stamm, welcher, dem Wappen nach, mit dem gleichnamigen in Schlesien blühenden Geschlechte in keiner Verbindung stand, erloschen.

Henel, Silcograph. renov. Cap. VII. S. 488. — *Sinapius*, II. S. 334 und 335. — *Gauhe*, II. S. 342 und 343. — N. Pr. Adels-Lex. II. S. 214 und 215. — *Freih. v. Ledebur*, I. S. 245.

Garr. Reichsadelsstand. Diplom von 1706 für Johann Georg Garr, Salz-Amtmann zu Straubing.

Megerle v. Mühlfeld, Ergänz.-Bd. S. 294.

Garr auf Katzberg. Reichsadelsstand. Diplom vom 7. Sept. 1786 für Johann Georg Garr zu Katzberg, Kurbayer. Regierungsrath zu Straubing und Lehnbesitzer auf Katzberg. Derselbe trug den erhaltenen Adel mit Prädicato auf seinen, mit Kurfürstl. Genehmigung 11. Juni 1773 adoptirten Tochter-Sohn, Maximilian Joseph Heinrich Zauner, geb. 1769, über, welcher später in die Adelsmatrikel des Kgr. Bayern eingetragen wurde.

v. Lang, Suppl. S. 100 und 101. — W.-B. d. Kgr. Bayern, V. 55.

Garrelts. Adelsstand des Königr. Preussen. Diplom vom 30. Mai 1820 für Gerhard Andreas Garrelts, k. preuss. Premier-Lieutenant.

v. Hellbach, I. S. 407. — N. Pr. A.-L. II. S. 215. III. S. 7. und V. S. 173 und 174. — *Freih. v. Ledebur*, I. S. 246. — W.-B. d. Preuss. Monarch. III. 23.

Garsch, Burggrafen. Eins der ersten und vornehmsten niederösterreichischen Herrenstandsgeschlechter, in älteren Zeiten selbst mit den Markgrafen und den ersten Herzogen Babenbergischen Stammes blutsverwandt, welches in alten lateinischen Urkunden bald Comites, bald Burggravii et Castellani Comites in Gors, Gorz, Goerse, Gars, Garsch genannt wird. Wolfgang Lazius leitet die Grafen zu Garsch u. Perneckh von den Grafen v. Playen zu Hardeck, Znoym u. Peylnstein her, welche Abstammung auch der Abt Bernard Link annahm. Nach Letzterem kommen zuerst vor: Eccwardus et Huldericus Comites, des Markgrafen Leopolds des Frommen von Oesterreich nahe Verwandte, von denen der eine in Perneckh, der andere in Garsch wohnte. Nach denselben treten urkundlich zwischen 1136 und 1140 auf: Erkinbertus Castellanus in Gors, so wie 1145 Wolfkerus, filius Erchenberti de Gorz. Spätere bekannt gewordene Sprossen hat Wissgrill aufgeführt. Conrad oder Chunrad Burggrave zu Garsch u. Margareth, seine Hausfrau (der Geschlechtsname derselben ist unbekannt), lebten nach Freiherrn v. Ennenkel noch 1382. Nach Conrad kommt kein Mannssprosse des Stammes mehr vor, denn es sind nur zwei Töchter desselben: Anna, vermählt mit Andreas Herrn v. Lichtenstein des „Kamrer" in Steyermark und Margareth, verm. mit Gerhard dem Aelteren v. Fronau oder Fronauer, bekannt.

Wissgrill, III. S. 220—224.

Garssenbüttel. Altes, braunschweigisches Adelsgeschlecht, welches das Erbküchenmeister-Amt des Herzogthums Braunschweig bekleidete. Köhler giebt an, dass Rudolphus Garssenbüttel, Dapifer, noch 1348 gelebt habe, dass aber der Stamm im 14. oder im 15. Jahrhundert erloschen sein müsse, da später das 1510 ausgestorbene Geschlecht v. Honlage das Erbküchenmeister-Amt des Herzogthums Braunschweig verwaltet habe. — Nach weiteren Ermittelungen ist der Garssenbüttelsche Stamm mit Hartwieg v. G. 1. Sept. 1625 ausgegangen. Es müssen daher die v. Honlage das genannte Erbamt vor Abgang der v. Garssenbüttel erhalten haben, oder das Honlage'sche Geschlecht ist erst nach 1625 erloschen. — Der Name der Familie kommt auch in Märkischen Urkunden vor: Wedekind v. Garsebüttel, Ritter, tritt 1328 als Zeuge auf.

J. D. Köhler, von den Erblandhofämtern, S. 16. — Gercken, Cod. diplom. IV. S. 464. — v. Meding, I. S. 172 und 173 und II. S. 726.

Garten. Ein zu dem preussischen Adel gehörendes Geschlecht, welches Einige von David G. herleiten wollen, welcher ein Anführer der Polen gewesen sein soll, die 1327 die Mark verheerten. Sprossen des Stammes, welcher bis 1762 ein Burglehn zu Storckow besass, kommen seit der Mitte des 18. Jahrh. in der k. preuss. Armee vor.

N. Pr. A.-L. II. S. 215 und V. S. 174. — Freih. v. Ledebur, I. S. 216.

Gartner. Ein von Siebmacher dem bayerischen, von Henel dem schlesischen Adel zugerechnetes Geschlecht.

Henel, Silesiogr. renov. S. 636 und 668. — Sinapius, II. S. 636. — Siebmacher, I. 98: Die Gartner, Bayerisch.

Gartow. Altes, lüneburgisches Adelsgeschlecht aus dem gleichnamigen, der Familie schon 1225 zustehenden Stammhause, eines Stammes, wie das Wappen (im Schilde eine Greifenklaue) zeigt, mit den Familien v. Jeetze und v. d. Knesebeck, welches auch in der Altmark mehrere Güter erwarb. Dasselbe ist in der zweiten Hälfte des 17. Jahrh. erloschen.

Freih. v. Ledebur, I. S. 246.

Gartzen, Garssen (in Silber drei, 2 und 1, golden gekrönte Eisvögel auf grünem Rasen, mit rothem Schnabel und Füssen, welche in der rechten Klaue einen goldenen Ring halten). Reichsadelsstand.

Diplom vom 15. Juni 1721. Ein aus dem Hildesheimschen stammendes, im Jülichschen im Kr. Bergheim begütertes Adelsgeschlecht, nicht zu verwechseln, wie die Wappen ergeben, mit der Familie v. Garz, aus welchem Ferdinand und Joseph v. G., so wie Helene und Henriette v. G., laut Eingabe d. d. Haus Quadrath und Kirchhenten 2. Juli 1829, unter Nr. 22 der Classe der Edelleute, in die Adelsmatrikel der Preuss. Rheinprovinz eingetragen wurden. 1836 standen zwei Sprossen des Stammes als Lieutenants in der k. preuss. Armee und ein Premier-Lieutenant v. G. war 1845 Kreis-Secretair zu Bitburg.

N. Pr. A.-L. II. S. 216. — Freih. v. Ledebur, I. S. 246 u. III. S. 257. — W.-B. d. Preuss. Rheinprovinz, I. Tab. 39 Nr. 78 und S. 40.

Gartnern, Freiherren und Edle. Reichsfreiherrnstand. Diplom von 1718 für Johann Thomas Edlen v. Gartnern, k. k. Oberst-Kriegs-Commissar.

Megerle v. Mühlfeld, Ergänz.-Bd. S. 58. — Suppl. zu Siebm. W.-B. I. 2.

Garz-Gartz (in Silber ein goldener Greif). Ein in der Altmark u. in Schlesien begütert gewesenes, zu den Familien der Stadt Salzwedel gehörendes Adelsgeschlecht, welches in Schlesien mit Strachwitz im Breslauschen schon 1579 und in der Altmark mit Buch unweit Stendal und mit Klein-Garz und Rietze bei Salzwedel 1607 begütert war. Das Gut Langendorf im Kreis Polnisch-Wartenberg stand der Familie noch 1718 zu. Der Stamm, von dessen Sprossen Sinapius u. Gauhe Mehrere angeführt haben, ist wohl mit dem im Decemb. 1785 in Breslau verstorbenen k. preuss. Major Georg Friedrich v. Garz erloschen.

Angeli, Märk. Chronik, I. S. 39. — Sinapius, I. S. 378 u. II. S. 636 und 637. — Gauhe, I. S. 603 und 604. — Freih. v. Ledebur, I. S. 246. — Siebmacher, V. 74. — v. Meding, II, S. 181.

Garzali. Erbländ.-österr. Adelsstand. Diplom von 1802 für Jacob Garzali, k. k. Oberstlieutenant des Gradiscaner-Regiments.

Megerle v. Mühlfeld, S. 188.

Garzarolli v. Garzarollhof auf Freyenfeld, Ritter. Erbländ.-österr. Ritterstand. Diplom von 1724 für Anton Garzarolli v. Garzarollhof, mit dem Prädicate: Edler Herr v. u. zu Garzarollhof auf Freyenfeld.

Megerle v. Mühlfeld, Ergänz.-Bd. S. 142.

Garzoni Edle v. Hohenberg, Ritter. Reichsritterstand. Diplom von 1729 für Bartholomäus Garzoni, Eisenwerks-Inhaber in Krain, mit dem Prädicate: Edler v. Hohenberg.

Megerle v. Mühlfeld, Ergänz.-Bd. S. 143.

Gaschin, Grafen, Freiherren v. u. zu Rosenberg (Schild geviert mit Mittelschilde. Im rothen, mit einem Herzogshute bedeckten Mittelschilde ein silberner Querbalken, belegt mit einer rothen Doppelrose. 1 in Blau ein gekrönter, einwärts gekehrter, goldener Löwe; 2 in Gold ein gekrönter, blauer Adler; 3 in Gold sieben blaue aufwärtsgerichtete Spitzen, deren mittlere an die Linie des oberen, ersten Feldes reicht; die anderen verlieren sich von beiden Seiten etwas nach Höhe und Grösse, sind pyramidalförmig, werden unten stärker und laufen dünner nach oben als spitzige Säulen aus und 4 in Blau zwei schräglinks über einander gestellte, goldene Pflugräder mit acht Speichen). Reichsgrafenstand. — Nicolaus Carl, Joachim Ludwig, Melchior Ferdinand und Johann Georg Freiherren Gaschin v. u. zu Rosenberg wurden 7. Jan. 1633 in den Grafenstand erhoben, doch wurde erst den beiden Letzteren 24. Juli 1663 der Grafenstand bestätigt und das Diplom über diese Erhebung ausgefertigt. — Der Ursprung des Gaschinschen Hauses verliert sich in dunkle Zeit: in die Zeit der Sage, in welcher nach derselben ein aus Mähren stammendes edles Geschlecht unter dem Namen: Velener an der Oder u. Weichsel, so wie an der Donau blühte. Die Familiensage fährt nun fort, dass, als die Markomannen Mähren behaupteten, sich ein König dieses Volkes auf der Jagd verirrt und bei einbrechender Nacht einen Vogelsteller, Namens Velenus, getroffen habe, welcher denselben gastfreundlich zu sich führte. Der König lud später denselben zu sich in seine Residenz zu Brünn und beschenkte ihn mit vielen erblichen Besitzungen, welche rings um einen weithin sich erstreckenden Berg lagen, den Velenus sich ausgewählt hatte. Die Nachkommen desselben verbreiteten sich bald aus Mähren nach Böhmen, Polen, Russland und kamen später auch nach Schlesien. Nach der 1241 erfolgten Theilung der Besitzungen nahmen sie theils von denselben, theils von ihren Thaten andere Namen an und so entstanden aus dem Stamme der Velener in Mähren, Böhmen und Polen mehrere Familien. Aus letzterem Lande ging die Familie Clemasci oder Clemas de Gaschin hervor. Boleslaus der Keusche, König in Polen, lud, da er von der Tapferkeit der Velener gehört, den Ormus V. aus Mähren zu sich nach Polen ein. Ormus erbaute in Polen die nach ihm genannte Stadt Velene-Wielun. Später traten die Nachkommen diese Stadt an den König Casimir in Polen ab und wohnten auf ihren Gütern um Wielun, welche sie Gaschowitz, Gaschitzki, Gaschin etc. nannten, woher der jetzige Name stammt. — Nicolaus Gaschitzki v. Gaschin a. d. Hause Wiersclas erwarb 1454 Besitzungen in Schlesien und durch Vermählung mit Magdalena v. Klemma aus Velenischem Stamme erhielt er das Kunkel-Lehn Katscher als erbliches Mannslehn. Derselbe wurde der nächste Stammvater des jetzigen gräflichen Hauses Gaschin. Sein Sohn, Melchior G. v. G., gab die Besitzungen in Polen auf, brachte die Stadt und Herrschaft Rosenberg an sich, erbte Katscher, erhielt 1631 vom K. Ferdinand II. den Freiherrnstand mit dem Prädicate: v. Gaschin, v. und zu Rosenberg und war mit Margaretha aus Skal-Velenischem Stamme vermählt. Aus dieser Ehe stammten, neben einer Tochter, Anna, die vier oben genannten Brüder, welche, wie angegeben, den Grafenstand in die Familie brachten. Von denselben starb Graf Nicolas Carl als Malteser-Ritter ohne Erben; Graf Joachim Ludwig hinterliess aus seiner Ehe mit einer Gräfin v. Haugwitz drei Töchter, Juditha, Margaretha und Euphemia Polyxena verm. Grf. v. Lichnowsky; Graf Melchior Ferdinand, k. k. Kämm., Präsident der Kriegs- und Domainen-Kammer von Schlesien, Landeshauptmann der Herzogthümer Oppeln und Ratibor und der Grafschaft Glatz, Herr der vom K. Ferdinand III. zur Belohnung seiner Verdienste erhaltenen Herrschaft Zyrowa, stiftete auf dem zu dieser Herrschaft gehörigen, in ganz Ober-Schlesien sichtbaren Chelm (Anna)-Berge den Convent der reformirten Franziscaner Ordens-Mönche und die Kirche zu Sancta Anna 1655 u. 1665, errichtete aus seinen vier grossen Herrschaften Rosenberg, Woischnick, Polnisch-Neukirch und Zyrowa ein Familien-Majorat, welches stets der Aelteste in gerader Linie besass und starb 1665 ohne Leibeserben, Graf Johann Georg aber, gest. 1669, Herr auf Hultschin, Katscher, Wissoka und Bodzanowitz, k. k. Geh.-Rath und Landeshauptmann von Troppau, hinterliess aus der Ehe mit Anna Grf. v. Oppersdorf drei Söhne, die Grafen: Georg Adam Franz, Ferdinand Otto, gest. 1701, Herrn auf Wyssocka und Katscher und Rudolph, gest. 1815, Landeshauptmann des Fürstenthums Troppau, vermählt in erster Ehe mit Julianna Polyxena Freiin v. Conny und in zweiter mit einer Freiin v. Zierotin, aus welchen Ehen drei Töchter stammten: Anna Ludmilla, Kloster-Jungfrau, Catharina verm. Grf. v. Colonna und Johanna Emerentia verm. Grf. v. Gallas und Herzogin v. Lucera. Der Aeltere dieser Brüder, Graf Georg Adam Franz, gest. 1719, setzte den Stamm fort. Aus seiner ersten Ehe mit einer Gräfin v. Saurau entsprossten, neben einer Tochter, der vermählten Grf. v. Saurau, zwei Söhne, die Grafen Franz Carl und Johann Joseph. Graf Franz Carl, zweiter Besitzer des oben erwähnten Majorats, verm. mit Maria Theresia Grf. v. Guttenstein, starb 1733 kinderlos und ebenso Graf Johann Joseph, gest. 1740, dritter Majoratsherr, verm. mit Franzisca Freiin v. Schubert. Aus der zweiten Ehe des Grafen Georg Adam Franz mit Elisabeth Prinzessin v. Popel-Lobkowitz stammte Graf Carl Ludwig, gest. 1754, vierter Majoratsherr, verm. in erster Ehe mit Anna Sophia Drächler v. Portenstein und in zweiter mit Wilhelmine Grf. Althan. Von ihm entsprossten fünf Söhne: Graf Anton, gest. 1796, kinderlos, fünfter Majoratsherr, wegen seiner Riesenkräfte unter dem Namen „der Starke" bekannt; Graf Ferdinand, gest. 1758; Graf Rudolph, gest. 1756 und Graf Armand, gest. 1772, Herr der mährisch-schlesischen Herrschaften, so wie auf Katscher. Derselbe war mit Charlotte Freiin v. Reisewitz vermählt und aus dieser Ehe stammten, neben einer Tochter, Aloysia vermählte Grf. v. Renard, drei Söhne, die Grafen: Franz Anton, Anton Leopold und Leopold Amand. Graf Franz Anton, verm. mit einer Grf. Renard, übernahm 1799 die vier grossen Majorate, verkaufte aber 1802 und 1803 die Herrschaften Rosenberg u. Woischnik und stiftete ein neues Majorat in der dafür erworbenen Herrschaft Tost-Peiskretscham. 1807 wurden die drei Majorate allodificirt und nach dem in letzterem Jahre erfolgten Tode des Grafen Anton Leopold kaufte Graf Leopold Amand die Herrschaft Zyrowa und 1814 von dem Grafen Franz Anton die Herrschaft Tost-Peiskretscham. Polnisch-Wartenberg wurde parcellirt und kam in fremde Hand bis auf ein Drittheil, welches Graf Leopold Amand unter dem Namen: Herrschaft Roschowitz und Rittergut Kochanietz nach dem Tode des Bruders, des Grafen Franz Anton, gest. 1827, kinderlos, erbte, 1833 aber an die Grf. v. Sprinzenstein verkaufte. Graf Leopold Amand, gest, 1848, k. k. Rittm. a. D., war Besitzer der allodificirten Herrschaft Zyrowa, der Herrschaften Tost und Peiskretscham und des Fürstl.-Erzbisch.-Ollmützer Lehns Katscher. (Erstere Besitzung steht der Familie seit 1650, letztere schon seit 1460 zu.) Aus seiner Ehe mit Ernestine Grf. v. Strachwitz-Susky-Gross-Zauche entsprossten neben zwei Töchtern, Grf. Caroline, vermählt mit Erdmann v. Stockmanns, gest. 1857 und Grf. Louise, geb. 1818, verm. mit Franz Grafen Ursini v. Blagay, k. k. Kämm., Hofrath etc. zwei Söhne, die Grafen Amand und Ferdinand. Amand Graf v. Gaschin Freih. v. und zu Rosenberg, geb. 1815, Herr der Herrschaft Polnisch-Krawarn, Makau etc. Mitbesitzer der Lehnsherrschaft Katscher, vermählte sich mit Fanny Grf. Leszczyc v. Sumin-Suminski, Besitzerin der Herrschaft Neu-Grabia in Westpreussen, aus welcher Ehe, neben zwei Töchtern, Grf. Wanda, verm. 1856 mit Hugo Grafen Henckel v. Donnersmarck, k. preuss. Lieutenant a. D. u. Grf. Pamela, ein Sohn stammt: Graf Niclas, geb. 1852. — Der Bruder des Grafen Amand, Graf Ferdinand, geb. 1827, Herr auf Podersdorf am Neusiedler See in Ungarn, ist Mitbesitzer der Lehensherrschaft Katscher.

<small>Handschriftl. Notizen. — Henel, Silesiogr. renov. Cap. VII. S. 235. — Sinapius, II. S. 90 und 91 und desselben Olsnograph. II. S. 576. — Gauhe, I. S. 604. — Wissgrill, III. S. 224—226. — N. Pr. A.-L. II. S. 215 u. 216. — Deutsche Grafenh. d. Gegenwart, I. S. 261 u. 262. — Freih. v. Ledebur, I. S. 246 und 247 und III. S. 258. — Geneal. Taschenb. d. gräfl. Häuser. 1859. S. 293 und histor. Handb. zu demselben, S. 242. — Suppl. zu Siebm. W.-B. VII. 14. — W.-B. d. Preuss. Monarchie VIII. 6. — Schlesisches W.-B. Nr. 231.</small>

Gasperini, Edle und Ritter. Erbländ.-österr. Ritterstand. Diplom von 1743 für Johann Stephan Gasperini, Wechsel-Negotianten und innern Rathsfreund in Kärnten, mit dem Prädicate: Edler v.

<small>Megerle v. Mühlfeld, Ergänz-Bd. S. 143.</small>

Gassarister v. Pfeilheim. Erbländ.-österr. Adelsstand. Diplom von 1725 für Jacob Gassarister zu St. Veit in Kärnten, mit dem Prädicate: v. Pfeilheim.

<small>Megerle v. Mühlfeld, Ergänz-Bd. S. 294.</small>

Gassen. Ein im 14. Jahrh. zum fuldaischen Lehnshofe gehörendes Adelsgeschlecht, aus welchem Johannes Gassen, Castrensis des Abts zu Fulda, 1376 vorkommt.

<small>Schannat, S. 91. — v. Meding, III. S. 199.</small>

Gasser, Freiherren. Erbländ.-österr. Freiherrnstand. Diplom von 1807 für Peter v. Gasser, k. k. pension. Major.

<small>Megerle v. Mühlfeld, Ergänz-Bd. S. 58.</small>

Gasser v. Streitberg. Erbländ.-österreich. Adelsstand mit dem Prädicate: v. Streitberg. Carl Gasser v. Streitberg war 1856 k. k. Feldkriegs-Commiss. Adjunct erster Classe.

<small>Handschriftl. Notiz.</small>

Gassler. Im Kgr. Bayern anerkannter Adelsstand. Anerkennungsdiplom vom 1. Oct. 1805 für Johann Michael v. Gassler, Comes Palatinus, Regierungs-Secretair und Malteser-Commende-Amtmann in Landshut. Derselbe, aus einer Familie stammend, in welche 1620 ein Wappenbrief gekommen war, hatte 2. Jan. 1799 von dem Grafen v. Etzdorf ein Pfalzgräfliches Adelsdiplom erhalten. — Die beiden

Söhne desselben: Ignaz Michael v. Gassler, zu Kläham, kön. bayer. Administrator der ehemaligen Johanniter-Ordens-Commende in Landshut, geb. 1770 u. Johann Michael v. Gassler, k. bayer. Hofgerichts-Advocat in Straubing, geb. 1774, wurden in die Adelsmatrikel des Kgr. Bayern eingetragen.

<small>v. Lang, S. 345. — W.-B. d. Königr. Bayern, V. 53.</small>

Gassner. Ein in Nieder-Oesterreich vorgekommenes Adelsgeschlecht, aus welchem Peter Gassner 1524 einige Landesfürstliche Lehen zu Sirchenfeld (Syhrenfeld, später Sirafeld) und Gerungs empfing und die Gebrüder Hans und Valentin Gassner 19. Nov. 1567. eine Verbesserung des Wappens (in Roth auf grünem Rasen zwei gegen einander aufspringende, weisse Ziegen) vom K. Maximilian II. erhielten. Nach Angabe des Freiherrn v. Ennenkels ist dieses ritterliche Geschlecht noch im 16. Jahrh. in Nieder-Oesterreich ausgegangen.

<small>Wissgrill, III. S. 226 u. 227.</small>

Gast v. Belsheim, Beilsheim. Ein im 14. Jahrh. zum Fuldaischen Lehnshofe zählendes Adelsgeschlecht. Ulrich Gast v. Belsheim wurde 1357 zu Fulda beliehen.

<small>Schannat, S. 91. — v. Meding, III. S. 199.</small>

Gasteiger v. und zu Lorbeerau, Ritter u. Edle. Erbländisch-österr. Ritterstand. Diplom von 1774 für Joseph Gasteiger, Hammergewerke und Eisen-Obmann im Bruckerkreise in Steiermark, wegen des, durch den Eisenhandel dem Staate verschafften Nutzens, mit dem Prädicate: Edler v. u. zu Lorbeerau.

<small>Megerle v. Mühlfeld, S. 112.</small>

Gasteiger v. Rabenstein und Kobach, Edle. Erbländ.-österr. Adelsstand. Diplom von 1713 für Johann Paul Gasteiger, Bürger zu Clausen in Tirol, mit dem Prädicate: Edler v. Rabenstein und Kobach. Der Stamm hat fortgeblüht. In neuester Zeit standen in der k. k. Armee: Marcus Aurelius Gasteiger Edler v. Rabenstein und Kobach, Hauptmann 1. Cl. im 27. Inf.-Regim. u. Reinhold G. Edler v. R. u. K., Lieutenant im 24. Infant.-Regim.

<small>Megerle v. Mühlfeld, S. 295. — Milit.-Schematism. d. Oesterr. Kaiserth.</small>

Gastell, Edle. Reichsadelsstand. Diplom vom 29. Octob. 1777 für Gottfried Wilhelm Gastell, Herrn auf Ringenhain, Schwarznauslitz und Steinigtwolmsdorf in der Ober-Lausitz, mit dem Prädicate: Edler von. Die Erhebung in den Adelsstand wurde in Kursachsen 16. Februar 1779 amtlich bekannt gemacht. — Nach Allem ist der Stamm später wieder ausgegangen.

<small>Freih. v. Ledebur, I. S. 247 u. III. S. 258. — Tyroff, II. 196: das vor Erhebung in den Adelsstand geführte Wappen. — Kneschke, III. S. 155 u. 156.</small>

Gastheimb, Freiherren und Grafen. Böhmischer alter Freiherrnund Grafenstand. Freiherrn-Diplom von 1701 für Johann Jacob v. Gastheimb und Grafendiplom von 1743 für Johann Daniel Freiherrn v. Gastheimb, Kreishauptmann des Königgrätzer Kreises in Böhmen. — Altes, steiermärkisches Adelsgeschlecht, in welches 1519 ein kaiserlicher Wappenbrief für die Brüder Johannes, Gregor und Balthasar, die Gastgeber aus dem Lande Steier, gekommen war. Von denselben wurden Johannes und Gregor durch kaiserl. Diplom von 1536 in den Adelsstand erhoben, doch haben nach Allem die Linien Gregor's und Balthasar's nicht fortgeblüht, denn die Familiennachrichten sprechen nur von Johann's Sohne, Gregor (II.). Letzterer bekleidete eine Hauptmannsstelle an der ungarischen Gränze, zeichnete sich bei der Belagerung von Canissa aus und fiel später als Held im weiteren Türkenkriege. Seine sieben Söhne: Georg Christoph, Hans Adam, Hans Ehrenreich, Hans Friedrich, Hans Siegmund, Hans Jacob und Hans Caspar, k. k. Rittm., erhielten 1655 durch kaiserliches Diplom die Erlaubniss, sich: v. Gastheimb schreiben zu dürfen. Von diesen Brüdern wurde Johann Jacob v. G., welcher 1660 das Incolat von Böhmen erhalten hatte, 1701, s. oben, in den alten Herren- und Freiherrnstand erhoben und der Enkel desselben, Freiherr Johann Daniel, s. oben, brachte den Grafenstand in die Familie, doch ist wohl die gräfliche Linie bald wieder erloschen, während die freiherrliche, welche in Schlesien im Gross-Strehlitzer Kreise ansehnliche Güter erwarb, fortgeblüht hat. Die bekannte Stammreihe Letzterer ist folgende: Freiherr Carl: Anna Freiin v. Blum; — Freih. Carl (II.), k. k. Generalmajor u. Commandant des Invalidenhauses zu Pesth: Maria Theresia Grf. Bagoroti; — Freih. Franz Joseph, gest. 1811, k. k. Kreis-Commissair: Theresia Tomola, gest. 1839; — Freih. Moritz, gest. 1855, Herr auf Gross-Kunzendorf, Strachwitzthal u. Franzberg in Oesterr. Schlesien, k. k. Lieut. in d. A.: Mathilde Klose; — Freiherr Heinrich: geb. 1826, k. k. Rittmeister in d. A., verm. 1852 mit Maria Emanuella Freiin Henn v. Henneberg, geb. 1833, aus welcher Ehe, neben einer Tochter, Leocadia, geb. 1854, zwei Söhne stammen: Moritz, geb. 1853 und Hans, geb. 1856. Die Geschwister des Freiherrn Heinrich sind: Freiherr Moritz Felix, geb. 1828, k. k. Rittmeister und Freiin Bertha Theresia, geb. 1832, vermählt 1854 mit Carl Rothauscher, k. k. Major.

Megerle v. Mühlfeld, Ergänz.-Bd. S. 14 u. 58. — N. Pr. A.-L. II. S. 216. — *Freiherr v. Ledebur*, I. S. 247 und III. S. 258. — Geneal. Taschenbuch d. freih. Häuser, 1856. S. 200 und 201 u. 1859. S. 216 u. 217. — Suppl. zu Siebm. W.-B. VIII. 14. — *Tyrof*, II. 285: Ritter v. G., Freih. v. G. u. Gr. v. G.

Gastorf, Freiherren. Ein in Niederösterreich im 17. Jahrh. vorgekommenes, freiherrliches Geschlecht, aus welchem Friedrich Sigismund Freih. v. Gastorf 7. Nov. 1682 den neuen Nieder-österr. Herrenstandsgeschlechtern einverleibt und im December des genannten Jahres eingeführt wurde. Ueber den Stamm selbst, oder über andere Sprossen desselben ist nichts aufzufinden. Der Schild war quergetheilt: oben Roth ohne Bild u. unten der Länge nach getheilt: rechts Schwarz und links Silber, Beides ebenfalls ohne Bild.

Wissgrill, III. S. 227.

Gatersleben, Gattersleben. Altes, niedersächsisches Adelsgeschlecht, welches im Hochstifte Halberstadt das gleichnamige Stamm-Schloss an dem grossen Gatterslebenschen See und als bischöfliches Lehen das Gut Winninge besass. Der Name des Geschlechts kommt in alten Klosterbriefen und Landesfürstlichen Diplomen vielfach vor:

Rudolph und Johannes v. Gatersleven traten 1197 in der Bulle des Bischofs Gardolph zu Halberstadt als Zeugen auf und Dietrich v. G. war 1277 Landhofmeister des deutschen Ordens in Preussen. Um dieselbe Zeit kommt Henrich v. Gatersleben als Hofmarschall des Herzogs Albert zu Sachsen vor. Später und bis zum Erlöschen des Stammes im 14. Jahrh. haben sich einige Sprossen desselben von Neu-Gatersleben, wie auch Herren v. Gatersleben genannt.

Leuckfeld, Antiquit. Blankenburg., S. 45. — *Spangenberg*, Adelsspiegel, I. S. 335. — *Gauhe*, II. S. 343.

Gattenhofen. Ein aus Franken stammendes, nach Ostpreussen gekommenes Adelsgeschlecht, welches schon 1518 das Gut Barencken im jetzigen Kr. Fischhausen besass, später mehrere andere Besitzungen, zu denen namentlich Norkitten im Kr. Insterburg gehörte, erwarb und wohl in der zweiten Hälfte des 18. Jahrh. erloschen ist, in welcher 1780 Pistken im Kr Lyck der Familie noch zustand. — Barbara Dorothea v. G., gest. 1694, war die Gemahlin des kurbrandenburg. Generals Georg Heinrich v. d. Gröben u. Gertraud v. G., Tochter Albrecht's v. G., Herrn auf Norkitten nach Einigen die Grossmutter, nach Anderen die Mutter des in der Preussischen Geschichte so berühmten Feldmarschalls Friedrich Leopold Grafen v. Gessler. Letztere Annahme ist wohl nicht richtig, da König, ein meist sehr gründlicher Forscher, angiebt, dass die Mutter desselben Euphrosina v. Rosenau gewesen sei.

Gauhe, II. S. 343 u. 344. — N. Pr. A.-L. II. S. 216: hinsichtlich des Wappens unter Berufung auf Hasse's W.-B. S. 47 und 83 b. — *Freiherr v. Ledebur*, I. S. 247. — *Tyroff*, II. 180.

Gatterburg, Grafen. Erbländ.-österr. Grafenstand. Diplom von 1717 für Constantin Joseph v. Gatterburg, Freiherrn auf Röz, k. k. Vorschneider, Mundschenken, Truchsess u. Hofkammerrath, wegen erwiesenen zweihundertjährigen altadeligen u. ritterlichen Geschlechtes, sowie wegen der zu den Staatsbedürfnissen geleisteten, beträchtlichen Darlehen, über Erhebung in den Herrenstand der Grafen. — Ein ursprünglich oberösterreichisches, früher Gattermayr genanntes Adelsgeschlecht, welches nach Niederösterreich kam, wo dasselbe 14. Juni 1675 unter den landsässigen Adel aufgenommen wurde. Aegidius Gattermayr, welcher zu Anfange des 16. Jahrh. lebte, war mit Maria Magdalene Fuchs vermählt und hatte aus dieser Ehe drei Söhne, Michael, Nicolaus und Wolfgang, welche als ungarische Edelleute und Ritter vorkommen. Michael, unter K. Ferdinand I. Hauptmann über deutsches Fussvolk, fand seinen Tod 1558 in Comorn u. hinterliess sechs Söhne, Aegidius II., Andreas, Hans Georg, Martin, Bartholomäus und Matthias, welche sämmtlich 30. Juli 1561 in den erbländ.-österr. Adelsstand versetzt wurden. Aegidius II., kais. Rath und Hofkriegs-Zahlmeister erhielt 1592 vom K. Rudolph II. für sich und seine Nachkommen mehrere besondere Vorzüge und Freiheiten. Von den Enkeln desselben wurden die Söhne des Aegidius III.: Carl Ludwig, Maximilian Ernst und Franz Elias v. Gattermayr, unter Bestätigung des alten Adels u. der früher der Familie ertheilten Privilegien, 15. Octobr. 1653 mit dem Namen: v. Gatterburg in den Reichs- und erbländisch-österr. Ritterstand erhoben, Maximilian Ernst's jüngster Sohn aber: Constantin Joseph brachte, wie oben angegeben, den Grafenstand in die Familie. Von dem Grafen Constantin Joseph, gest. 1734, stammte aus der Ehe mit Maria Theresia Benigna Freiin v. Löwenstock: Graf Anton Paul, gest. 1771, k. k. Hauptmann und von Letzterem aus der Ehe mit Maria Anna Franzisca v. Hawraneck: Graf Procop Anton, verm. mit Maria Anna Grf. v. Vetter, aus welcher Ehe, neben einer Tochter, Grf. Johanna Anna, zwei Söhne entsprossten, die Grafen Carl Joseph und Anton. Haupt des gräflichen Hauses war in neuester Zeit: Ferdinand Graf v. Gatterburg, Freiherr auf Retz, Herr zu Zwölffaxing u. Pellendorf, geb. 1803, Landstand in Niederösterreich, Böhmen, Mähren und Schlesien, Indigena in Ungarn, k. k. Kämmerer, vermählt 1828 mit Maria Grf. Podstatzky-Lichtenstein, geb. 1803, aus welcher Ehe, neben sechs Töchtern, sechs Söhne stammen, die Grafen: Constantin, Alfred, Ferdinand, Franz, Carl und Guido.

Wissgrill, III. S. 227—236, mit zwei Ahnentafeln. — *Megerle v. Mühlfeld*, S. 19. — Deutsche Grafenh. d. Gegenw. I. S. 262 264. — Geneal. Taschenb. d. gräfl. Häuser, 1859. S. 294 u. 295 und histor. Handbuch zu demselben, S. 244. — *Tyroff*, II. 241.

Gaubiz, Gaublitz, Gaublitzer. Altes, nieder-österreichisches Rittergeschlecht, dessen Stammhaus das grosse Pfarrdorf Gaubiz, insgemein Gauwitsch, war, ein theils Fürstl. Lichtenstein'sches, theils Passauisches Lehen. Aus demselben tritt Alber v. Gouvic urkundlich schon 1200 auf. Der Stamm blühte durch die nächsten Jahrhunderte fort und noch 1422 erhielten Heinrich, Niclass, Georg und Udalrich Gaubizer v. Gaubiz und Heertstätten vom Herzoge Albert V. zu Oesterreich verschiedene von der Herrschaft der Burg Lna abhängende Gülten und Zehente zu Lehen. Später ist der Name des Geschlechts nicht mehr vorgekommen.

Wissgrill, III. S. 237.

Gaudecker, Gntacker. Ein auch unter den Namen: Sigeler, Segeler, Wargel u. Wangen vorgekommenes Adelsgeschlecht, welches in Pommern, namentlich im Fürstenthum Caminschen Kreise u. in Ostpreussen mehrere Güter erwarb, zeitig, 1599, auch in Hessen und später, 1798 in Schlesien begütert war. Nach Bauer, Adressbuch, 1857, S. 70, war Albert v Gaudecker, k. preuss. Landrath a. D., Herr auf Kerstin, Kruckenbeck u. Krühne im Fürstenth. Caminschen Kr. und ein v. Gaudecker Herr auf Zuchen im Kr. Neu-Stettin. — Dem Wappen nach: in Roth drei, 2 und 1, mit den Schallöffnungen zusammengestellte Jagdhörner, kam früher das Geschlecht auch in Polen vor und gehörte zu dem Stamme Kroje.

N. Preuss. Provinz-Blatt. 2. Folge. VI. Bd. S. 135. — N. Pr. A.-L. II. S. 216. — *Freih. v. Ledebur*, I. S. 247 und III. S. 258. — *Siebmacher*, III. 171.

Gaudelitz. Sächsisches Adelsgeschlecht, welches Zschepen bei Delitzsch 1540 und Oelzschau unweit Torgau inne hatte. Wolf Georg v. G. war noch 1649 Kammer-Page bei dem Kurfürsten Friedrich Wilhelm zu Brandenburg und reiste dann auf seine Güter nach Sachsen. In der zweiten Hälfte des 17. Jahrh. ist nach Allem der Stamm erloschen, denn Knauth giebt (1691) Zschepen als Besitz der Familie v. Haacken und Oelzschau (Oeltscha) als Besitz der Familie v. Wesenigk an.

Freih. v. Ledebur, I. S. 248.

Gaudententhurm, s. Iser u. Wutteriu v. Gaudententhurm.

Gaudento à Turri, Freiherren. Reichsfreiherrnstand. Diplom von 1783 für die Gebrüder Gaudenz Anton, Johann Franz und Jacob Joseph Gaudento a Turri, Patricier zu Trient.

Megerle v. Mühlfeld, Ergänz.-Bd. S. 58.

Gaudot. Im Königr. Preussen anerkannter Adelsstand. Anerkennungsdiplom vom 21. Mai 1710.

N. Pr. A.-L., V. S. 174 — Freiherr v. Ledebur, I. S. 248. — W.-B. d. Preuss. Monarch. III. 23.

Gaudy, Gaudi, auch Freiherren. Freiherrnstand des Kgr. Preussen. Diplom vom 19. Sept. 1786 für Leopold Otto v. Gaudy, königl. preuss. w. Geh.-Staats-Kriegs- u. dirigenden Minister. Ein ursprünglich schottländisches Adelsgeschlecht, welches mit dem 1665 verstorbenen Kur-Brandenburg. Generalmajor v. Gaudy nach Preussen kam. Von den Nachkommen desselben sind Mehrere in der k. preuss. Armee zu hohen Ehrenstellen gelangt. Andreas Erhard v. G., königl. preuss. Oberst des v. Schlichtingenschen Regiment fiel 1745 bei Habelschwerdt auf dem Bette der Ehre und K. Friedrich II. v. Preussen hat denselben in seinen Memoiren sehr ehrenvoll erwähnt. Aus seiner Ehe mit Maria Elisabeth v. Grävenitz entsprossten mehrere Söhne, welche in die k. preuss. Armee traten, namentlich Friedrich Wilhelm Ernst und Freiherr Leopold Otto v. Gaudy, s. oben. — Ersterer, gest. 1788, k. preuss. Generallieutenant, Chef eines Füselier-Regiments etc. war mit Wilhelmine Sophie Charlotte v. Hack a. d. Hause Gross-Kreuz vermählt u. hinterliess nur eine Tochter, welche sich 1781 mit einem Grafen v. Wedell in Ostfriesland vermählte. Der Bruder desselben, Freiherr Leopold Otto v. G., wurde, nachdem er in Militairdiensten gestanden, Präsident der Magdeburgischen Kammer, 1775 w. Geh. Staats- und Kriegsrath etc. u. 1789, in welchem Jahre er noch starb, Amtshauptmann zu Fischhausen. Der dritte berühmte Sprosse des Stammes war Friedrich Wilhelm Leopold v. G., gest. 1823 als k. preuss. Generallieutenant a. D. Derselbe wurde 1802 Commandant eines Grenadierbataillons, 1806 Gouverneur des Kronprinzen, 1813 Militair-Gouverneur von Schlesien, 1814 k. preuss. General-Gouverneur von Sachsen, nach dem Frieden aber erster Commandant von Danzig und Generallieutenant.

Berliner militairischer Taschencalender, Jahrg. 1793. — Pantheon des Preuss. Heeres, I. S. 224. — N. Pr. A.-L. II, S. 217 und 218. — Freih. v. Ledebur, I. S. 248 u. III. S. 358.

Gauer, Gawera. Altes, meissensches Adelsgeschlecht, dessen Name von Knauth ohne Weiteres genannt wird. Dagegen giebt Gauhe nach dem ihm zu Gebote gestandenen Genealog. Manuscripte in Folge von aus dem Fürstl. Archive zu Altenburg ausgezogenen Nachrichten an, dass Conrad v. Gauer, genannt der Strenge, von Otto, Burggrafen zu Leissnig u. Herrn zu Rochsburg, 1347 eine Hufe Landes in Kynitz erkauft habe und dass später, 1530, Quirinus Gauer mit dem Kurfürsten Johann dem Beständigen zu Sachsen auf dem Reichstage zu Augsburg bei Uebergabe der Augsburgischen Confession gewesen sei. Nach dieser Zeit kommt der Name des Geschlechts mit näheren Angaben nicht mehr vor und so war wohl, als Knauth schrieb, der Stamm längst erloschen.

<small>Knauth, S. 507. — Gauhe, II. S. 341.</small>

Gauerstadt, Guberstat. Eine im Coburgischen u. Hennebergischen ansässig gewesene, später aber wieder erloschene adelige Familie.

<small>v. Hellbach, I. S. 409 nach Gruner, Beschreibung des Fürstenth. Coburg, III. S. 62.</small>

Gaugrebe, Gaugreben, Gograffen, auch Freiherren. Altes, westphälisches und waldecksches Adelsgeschlecht, welches in Westphalen im jetzigen Kr. Eslohe schon 1370 Nordernau und im Kr. Brilon 1380 Brunskappel und Siedlinghausen, sowie im Waldeckschen 1397 Wedinghusen besass u. aus welchem Godthardt Gogreve 1430 von Theodor Erzbischof zu Cöln das Marschall-Amt im Hochstifte Herforden zum Lehn erhielt. Dasselbe schloss sich dem Herrenstande an und trug 1461 die Herrschaft Grünberg und Schloss Godelsheim im Waldeckschen dem Landgrafen Ludwig von Hessen zu Lehen auf. Der Stamm, aus welchem mehrere Sprossen in der k. preuss. Armee standen, hat fortgeblüht u. nach Bauer, Adressbuch, S. 70 war Carl Freiherr v. Gaugreben 1857 Herr auf dem alten Besitze der Familie Bruchhausen im Kr. Brilon.

<small>v. Hellbach, I. S. 409 und 410. — N. Pr. A.-L. II. S. 218. — Freih. v. Ledebur, I. S. 248 und III. S. 258. — Herzwördt, Westph. adel. Stammbuch, S. 416. — v. Steinen, III. Tab. 55. Nr. 2. — v. Meding, II. S. 201 u. 202. — Robens, Element. Werk d. Wappenkunde, II. 48. — Vetter, Bergische Ritterschaft, S. 27. — W.-B. d. preuss. Rheinprov. II. Tab. 19. Nr. 38 und S. 134.</small>

Gaultier, Gaultier de St. Blancard, auch Freiherren. Reichsfreiherrnstand. Diplom vom 23. März 1721 für Pierre Gaultier de Saint-Blancard. — Ein gegen Ende der Regierung des Kurfürsten Friedrich Wilhelm von Brandenburg nach Berlin gekommenes, aus dem Languedoc stammendes Adelsgeschlecht, als dessen Stammvater Jean Gaultier, Major der Stadt Aignesmorte in Languedoc, welcher in der Mitte des 16. Jahrh. lebte, genannt wird. Von den Nachkommen desselben war der Empfänger des angeführten Freiherrndiploms kursächs. Geh. Kriegsrath und Directeur des plaisirs zu Dresden und starb daselbst 1742. — Nach dem N. Preuss. Adels-Lexic. blühte der Stamm in Preussen fort. Franz v. Gaultier war k. preuss. Ober-Gerichts- und Ober-Consistorial-Rath und der Sohn desselben, Heinrich Franz G. de St. B., vermählte sich mit der Tochter des k. preuss. Geh.-Raths u. Generalfiscals Friedrich Benjamin d'Auières, s. Bd. I. S. 86, u. der Henriette Anne de Palleville.

<small>N. Pr. A.-L. II. S. 218 u. V. S. 174. — Freih. v. Ledebur, I. S. 248. — Suppl. zu Siebm. W.-B. VI. 19.</small>

Gaun, Gaun v. u. zum Löwengang, Edle u. Ritter. Altes, tiroler, adeliges Landmannsgeschlecht, aus welchem Johann Paul Edler v. Gaun v. und zum Löwengang, der gesammten Erblande Ritter, Landmann in Tirol und im Königreiche Ungarn, 1725 als Landesmitglied den niederösterreichischen neuen Ritterstandsgeschlechtern einverleibt wurde und wenig Jahre darauf das Baronat im Kgr. Ungarn erlangte. — Das Ritterstandsdiplom der gesammten kaiserlichen Erblande kam 5. Juni 1674 in die 17. März 1568 geadelte Familie und in demselben, ausgestellt für Jacob v. Gaun und die beiden Vettern desselben; Wolf Sigmund u. Johann Valentin v. Gaun, mit dem Prädicate: v. und zum Löwengang, ist angegeben, dass das Geschlecht schon damals über dreihundert Jahre in Tirol u. namentlich zu Margareit oder Margarano ansässig gewesen sei. Der Stammvater des Geschlechts, Wilhelm Gaun, von welchem die ununterbrochene Stammreihe fortläuft, kommt urkundlich 1369 und 1387 vor und Wissgrill hat bis zu seiner Zeit sehr genaue Nachrichten über die Linie in Niederösterreich, sowie über den Hauptstamm in Tirol gegeben.

Wissgrill, III. S. 239—241.

Gauthoi v. Földerban. Erbländ.-österr. Adelsstand. Diplom von 1788 für Franz Gauthoi, k. k. Hauptmann, mit dem Prädicate: v. Földerban.

Megerle v. Mühlfeld, Ergänz.-Bd. S. 295.

Gautsch v. Frankenthurn. Erbländ.-österr. Adelsstand. Diplom von 1821 für Augustin Gautsch, k. k. Hauptmann bei dem Peterwardeiner Garnisons-Artillerie-Districte, mit dem Prädicate: v. Frankenthurn.

Megerle v. Mühlfeld, Ergänz.-Bd. S. 295.

Gauvain. Französisches, in Folge der Religionsstreitigkeiten in das Brandenburgische gekommenes Adelsgeschlecht, aus welchem ein Sprosse in der k. preuss. Armee bis zum Generallieutenant stieg. Der Sohn desselben war 1730 k. preuss. Ober-Gerichts-Rath zu Stettin. Der in der zweiten Hälfte des 18. Jahrh. im Brandenburgischen mit Werder im Kr. Ruppin begüterte Stamm blühte fort und in den Listen der k. preuss. Armee ist der Name des Geschlechts bis auf die neuste Zeit mehrfach aufgeführt.

N. Pr. A.-L. II. S. 218 und V. S. 174. — Freih. v. Ledebur, I. S. 248.

Gavel. Ein im 15. Jahrh. in der Altmark vorgekommenes Adelsgeschlecht, aus welchem Mente v. Gavel 1455 Rathsmann zu Salzwedel war und Fritze v. Gavel 1461 zu der Wegenitz bei Seehausen wohnhaft war. Mit diesem alten Stamme hängt wohl das in neuerer Zeit in Liefland blühende Adelsgeschlecht v. Gavel (in Blau ein goldener, mit einem blauen Sterne belegter und von drei goldenen Sternen begleiteter Sparren) zusammen, aus welchem Gottlob Fabian v. Gavel auf Raden sich 1781 mit Johanna Christiane Friederike v. Heynitz vermählte und in der Oberlausitz das Gut Quasdorf unweit Rothenburg an sich brachte.

Gercken, Fragm. March. II. S. 115 u. IV. S. 58. — Freih. v. Ledebur, I. S. 248.

Gaven, Gauen, Gawen. Altes, schlesisches Adelsgeschlecht, welches, als Sinapius schrieb, nicht mehr vorkam. Hans v. Gaven lebte noch 1412 als Fürstl. Hauptmann zu Liegnitz, hatte zwei Brüder, Albrecht und Conrad v. G. und sein gleichnamiger Sohn kommt noch 1421 vor. Später, 1490, hielt sich Nicol Gawen im Schweidnitzschen u. Heinrich Gawen 1519 zu Cossau (Cossenbau) im Liegnitzschen auf. Nach dieser Zeit ist der Stamm ausgegangen.

Sinapius, I. S. 379.

Gavre. Eins der ältesten brabantischen Adelshäuser, welches von langen Zeiten her den gräflichen Titel von Beaurien führte. Carl v. Gavre war um 1500 Grand Bailly von Hennegau und von seinen Nachkommen erhielt Rasse v. Gavre, Graf v. Beaurien, k. span. Rittmeister, 1625 den Titel eines Marquis d'Ayseau.

<small>Gauhe, I. S. 605 nach Butekeus L'erect. de tout. les terr. et famill. duBrabant.</small>

Gawlewski, Gawlowski v. Gawlow. Polnisches Adelsgeschlecht, welches zu dem Stamme Ostoja gehörte u. noch 1641 in Ober-Schlesien, sowie in Cracovien und Massovien angesessen war.

<small>Okolsky, II. S. 376. — Sinapius, II. S. 637. — Freik. v. Ledebur, I. S. 248.</small>

Gay, Ritter und Edle. Reichsritterstand. Diplom von 1733 für Aloys Gay, kaiserl. Reichshofrath-Agenten, mit dem Prädicate: Edler von.

<small>Meyerle v. Mühlfeld, Ergänz.Bd. S. 143.</small>

Gayer v. Ehrenberg, auch Freiherren. Erbländ.-österr. Adels- und Freiherrnstand. Adels-Diplom von 1764 für Anton Franz Gayer, mit dem Prädicate: v. Ehrenberg und Freiherrndiplom von 1818 für Johann Aloys Gayer v. Ehrenberg, Hofrath der k. k. Obersten-Justizstelle.

<small>Meyerle v. Mühlfeld, S. 188 und Ergänz.-Bd. S. 58.</small>

Gayer v. Gayersfeld. Erbländ.-österr. Adelsstand. Diplom von 1816 für Philipp Gayer, k. k. Oberlieutenant bei der Brünner Militair-Oeconomie-Commission mit dem Prädicate: v. Gayersfeld. Der Stamm hat fortgeblüht. In neuester Zeit wurde Aloys G. v. G. unter den k. k. unangestellten Obersten aufgeführt und Joseph G. v. G. war Hauptmann im k. k. 49. Inf.-Regimente.

<small>Meyerle v. Mühlfeld, Ergänz.-Bd. S. 295.</small>

Gayette. Französisches, im 18. Jahrhunderte nach Preussen gekommenes Adelsgeschlecht, aus welchem bis auf die neueste Zeit mehrere Sprossen in der k. preuss. Armee standen. Zu denselben gehörten: Friedrich Wilhelm v. Gayette, gest. 1796; Carl Adam v. G., gest. 1803, k. preuss. Major und der k. preuss. Oberst v. Gayette, welcher 1836 Inspecteur der schlesischen Festungen war.

<small>N. Pr. A.-L. II. S. 219. — Freih. Ledebur, I. S 248.</small>

Gayl, Gail. Ein nach Einigen ursprünglich dem Elsass, nach Anderen dem Patriciate der Stadt Cöln angehörendes Adelsgeschlecht, in welches Bestätigungsdiplome des Reichsadels 12. Mai 1546 u. 1. Jan. 1573, letzteres Diplom für Philipp v. Gayl, gelangten. Die Familie breitete sich später weit aus, kam nach Westphalen, Curland u. in die Altmark, sowie in die Ortenau, nach Oldenburg etc. und auch nach Polen, wo Adam v. Gayl 26. Oct. 1775 das Indigenat erhielt. — Casimir Wilhelm v. G., zur curländischen Linie gehörig, trat in k. preuss. Dienste, kaufte 1776 in der Altmark das Gut Eichstedt bei Stendal und wurde Land- und Ritterschafts-Director. Zweimal vermählt, hinterliess er, neben drei Töchtern, sechs Söhne, welche in die kön. preuss. Armee traten. Der älteste dieser Söhne, Capitain Wilhelm, war später Oberrechnungs-Rath und Präsident in Stettin, der zweite,

Friedrich, trat als Generalmajor aus dem activen Dienste, der dritte, Carl, blieb 1814 als Hauptmann des 2. Infant.-Regiments etc.

N. Pr. A.-L. II. S. 219 und V. S. 174 und 175. — *Fahne*, I. S. 106. — *Freih. v. Ledebur*, I. S. 248 u. III. S. 258. — *Siebmacher*, V. 147. — *Tyroff*, II. 7: F. H. v. Gail, Reichsritterschaftl. Orteuausches Geschlecht. — *Neumbt*, Curländ. W.-B. Tab. 13. — *Dorst*, Allgem. W.-B. II. S. 11 u. 12.

Gayling, Gailling, Gayling v. Altheim, auch Freiherren. Altes, stifts- und ritterbürtiges Adelsgeschlecht, welches zu den reichsritterschaftlichen Cantonen im Elsass und der Ortenau gehörte und dessen älteste Stammburg, der längst in Ruinen zerfallene Hauenstein, am Main, in der Gegend von Aschaffenburg, lag. Urkundlich tritt zuerst Hans Gayling, genannt Wessel, in einer Bulle des Papstes Urban IV. auf. Seit dem Anfange des 14. Jahrh. nahm das Geschlecht das Prädicat von Altheim an: einem Flecken im zu der Grafschaft Hanau gehörigen Amte Bobenhausen. Die fortlaufende Stammreihe beginnt mit Georg Gayling v. Altheim, Ritter, welcher 1429 mit Anna v. Bobenhausen, der Letzten ihres Stammes, vermählt war. — Die Nachkommen schieden sich zuerst in die ältere Linie zu Illesheim in Franken und die jüngere zu Bobenhausen in Hessen. Die Linie zu Illesheim erlosch gegen Ende des 16. Jahrh. mit der Tochter des Albert Gayling, Dorothea, zweite Gemahlin des Ritters Götz v. Berlichingen, worauf Illesheim an das Geschlecht Berlichingen kam. Die Linie zu Bobenhausen theilte sich im Laufe der Zeit in zwei Linien: die 1612 wieder ausgegangene Johannische und die Rudolphsche Linie, welche dauernd fortgeblüht hat und zu reichem Grundbesitz gelangt ist. Dieselbe beginnt mit Rudolph G. v. A. gest. 1450, verm. mit Margaretha Wambold v. Umstadt. Von Letzterem stammte im fünften Gliede Christoph Heinrich G. v. A., gest. 1650, kaiserl. und kurbayer. General etc., einer der Helden des 30jährigen Krieges, welcher durch seine erste Gemahlin, Eva Maria, Erbtochter des Johann Philipp, des letzten Freiherren v. Sulz, neben anderen Gütern im Elsass, die Schlösser Niedermothenburg und Buchsweiler erlangt hatte. Auf Christoph Heinrich G. v. A. folgten in absteigender Linie: Philipp Heinrich, gest. 1684: Martha Salome Böcklin v. Böcklinsau; — Philipp Christoph: Anna Maria Wurmser v. Vendenheim; — Friedrich Jacob: Augusta Eleonore v. Doeben; — Christian Heinrich, gest. 1812, grossh. bad. Geh.-Rath, Kämm. und Justizminister: Augusta Wilhelmine Freiin v. Berstett; — Carl Ludwig Reinhard, gest. 1822, k. k. Kämm., grossh. bad. Hofmarschall etc.: Sophie Caroline Freiin v. Oberkirch. Aus der Ehe des Letzteren entsprossten zwei Söhne, Freiherr Carl, geb. 1814, Grundherr und Mitbesitzer der Fidei-Commiss-Güter etc., k. k. Kämm. und Officier in d. A., verm. 1845 mit Luise Freiin v. Roggenbach, geb. 1824, aus welcher Ehe, neben einer Tochter, zwei Söhne stammen: Heinrich, geb. 1847 und Carl, geb. 1849 — und Freiherr Christian, geb. 1818, Grundherr u. Mitbesitzer der F.-C. Güter etc., k. k. Kämm. und Officier in d. A., verm. 1847 mit Caecilie Freiin v. Lotzbeck. — Senior der Familie war in neuster Zeit der jüngere Bruder des Freiherrn Carl Ludwig Reinhard, s. oben, Freih. Wilhelm, im Grossh. Baden und im Grossh. Hessen reich begütert, grossh. bad. General d. Cav., zweiter Inhaber des Leib-Dragon. Reg., Gouverneur der Bundesfestung Rastatt etc.

<small>*Humbracht*, Tab. 179. — *Ziegler*, Histor. Labyrinth, S. 418. — *Gauhe*, I. S. 595. — *Biedermann*, Canton Altmühl, Tab. 199 u. Canton Ottenwald, Tab. 292. — *Oetter*, historische Bibliothek, I. S. 49—72: *J. G. Maurer*, Genealogie u. historische Nachrichten von der längst erloschen. Linie in Franken des noch florirenden adelig-gayling. Geschl. — N. Geneal. Handbuch, 1777. S. 74 und 75 u. 1778. I. S. 79—81. — N. Pr. A.-L. V. S. 175. — *Cast*, Adelsbuch d. Grossh. Baden, 2. Abth. — Geneal. Taschenb. d. freih. Häuser, 1848, S. 118—121. u. 1859, S. 217 und 218. — *Siebmacher*, II. 106: v. G., Rheinländisch. — *v. Meding*, II. 179 u. 180. — *Tyroff*, II. 7.</small>

Gaymann, Geymann, Freiherren. Erbländ.-Österr. Freiherrnstand. Diplom von 1625 für Hans Paul v. Gaymann. — Oberösterreichisches, später nach Niederösterreich gekommenes Adelsgeschlecht, welches, nach den Angaben des Grafen v. Wurmbrand und des Freiherrn v. Hoheneck aus der ersten Hälfte des 18. Jahrh., schon seit einigen Jahrhunderten in Oesterreich, im Besitz der Schlösser Gallspach und Träteneck, bekannt war. Conrad G. beschenkte 1209 das Kloster St. Floriani mit reichlichen Stiftungen und Heinrich G. besass schon 1300 das Schloss Gallspach. Die Nachkommen des Letzteren erwarben später die Herrschaft Rossitz (Rossaz) in Nieder-Oesterreich. — Johann G., Ritter, war 1503 Ober-Comtur des St. Jorgen-Ordens zu Mühlstadt in Kärnten und wurde vom K. Maximilian I. zum Reichsfürsten u. Gross-Hochmeister des genannten Ordens ernannt. — Von den Enkeln des oben erwähnten ersten Freiherrn Hans Paul war Hans Gottlieb k. k. Kämm. und Verordneter des Nieder-österr. Herrenstandes und Hans Sigismund, deutscher Ordens-Ritter, welcher noch 1726 lebte, Comthur zu Gross-Sonntag. Neben demselben ist nur Freih. Johann Jacob Friedrich vorgekommen, welcher 1740 k. k. Kämm., Oberst und Commandant der Festung Stuhlweissenburg war. Aus der Ehe desselben mit Maria Anna Regina Freiin v. Teüffenbach stammten zwei Söhne, Johann Ernst Sigismund und Johann Carl, von welchen der Eine 1755 in der k. k. Militair-Academie zu Wien erzogen wurde. Weitere Nachrichten über Fortblühen des Stammes konnte Wissgrill nicht ermitteln.

<small>Graf *v. Brandis*, Nr. 10. — Graf *v. Wurmbrand*, Collect Geneal. c. 18. S. 59—61. — *Seifert*, Stammtafeln, II. Nr. 3. — Freiherr *v. Hoheneck*, I. S. 149—164. — *Gauhe*, I. S. 605 und 606. — *Wissgrill*, III. S. 304—314, mit einer Stammtafel. — *Siebmacher*, I. 36: Die Geymäuer, Oesterreichisch u. III. 32: dem Herrenstande zugerechnet. — *Spener*, Hist. Insign. S. 129 u. Tab. VI. — *v. Meding*, I. S. 173.</small>

Gaza, Gazan v. Gaza. Ein zu dem preussischen Adel gehörendes Geschlecht, aus welchem ein Sprosse 1806 als Oberst bei der westphälischen Füselier-Brigade stand, später aber zur Gensdarmerie versetzt wurde, 1820 den Abschied nahm u. einige Jahre nachher starb. Die einzige Tochter desselben, Augusta, vermählte sich 1819 mit Theodor Grafen v. Schlippenbach auf Hennersdorf bei Neisse. Noch in der neuesten Zeit ist übrigens der Name des Geschlechts in den Listen der königl. preuss. Armee vorgekommen.

<small>N. Pr. A.-L. II. S. 219. — *Freih. v. Ledebur*, I. S. 245 und 249.</small>

Gazzoletti v. Thannenbüchel. Erbländ.-österr. Adelsstand. Diplom von 1773 für Franz Gazzoletti, Festungs-Caplan zu Covolo in Tirol und für den Bruder desselben, Donat Gazzoletti, mit dem Prädicate: v. Thannenbüchel.

<small>*Megerle v. Mühlfeld*, Ergänz.-Bd. S. 295.</small>

Gebauer. Ein in Preussen vorgekommenes Adelsgeschlecht. Ferdinand August v. Gebauer, früher k. preuss. Hauptmann im Regimente v. Kowalsky, starb 1773 als Major a. D., nachdem ein Jahr früher seine Gemahlin, eine geborene v. Anckenstein, gestorben war. Derselbe hinterliess nur eine Tochter.

<small>N. Pr. A.-L. V. S. 175. — Freih. v. Ledebur, I. S. 249.</small>

Gebeckenstein. Ein nach Hoppenrod ehemals in den sächsischen Landen angesessen gewesenes Adelsgeschlecht.

<small>Hoppenrod, Stammbuch etc. Strassburg, 1570. S. 35.</small>

Gebel v. Geburg. Galizischer Adelsstand. Diplom von 1794 für Anton Aloys Gebel, Kreis-Secretair zu Stry in Galizien, mit dem Prädicate: v. Geburg.

<small>Megerle v. Mühlfeld, S. 188.</small>

Gebeltzig, Gebelske, Gbelssk. Schlesisches u. lausitzisches Adelsgeschlecht, welches auch nach Ostpreussen kam. Heinrich Gebelske war von 1422 bis 1436 Marschall des Herzogs Ludwig II. zu Liegnitz, später aber bis 1446 Marschall bei der Fürstl. Wittwe Elisabeth und Nicol v. Gebeltzig, der Theologie Baccalaureus, kommt 1496 als Plebanus zu Sorau vor. Das Stammhaus der Familie war wohl das gleichnamige Gut bei Rothenburg in der jetzigen Provinz Schlesien, in welcher die heutige Kreisstadt Hoyerswerda der Familie 1516 zustand und noch 1747 Ober-Alt-Wohlau in der Hand derselben war. In Ostpreussen schrieb sich das Geschlecht, begütert mit Gross-Quittainen im Kr. Preuss.-Holland u. Wilmsdorf: Gebelssk. — Der Stamm ist erloschen, doch finden sich über den Abgang desselben verschiedene Angaben. Einige nehmen an, dass das Geschlecht 5. April 1747 mit Rudolph Ferdinand v. G. ausgestorben sei, während Andere glauben, dass, wofür auch Siegel in sächsischen Wappensammlungen mit Umschrift stimmen, dasselbe erst um 1766 mit Abraham Gottlob v. Gebeltzig erloschen sei.

<small>Magnus, Chronic. Sorav. S. 10. — Sinapius, I. S. 379. — Gauhe, I. S. 606. — Freih. v. Ledebur, I. S. 249. — v. Meding, III. S. 201.</small>

Gebhard, Gebhart, Gebhard v. Göppelsperg (Schild von Blau, Gold und Schwarz quergetheilt: oben eine goldene Krone, in der Mitte u. unten eine silberne Lilie). Schles'sches Adelsgeschlecht, aus welchem nur Johannes Gebhard v. Göppelsperg, geb. zu Nimptsch 1577 und gest. 1622, Regierungs-Secretair des Herzogs Johann Christian zu Brieg, bekant ist.

<small>Henel, Silesiogr. renov., Cap. 7. S. 386. — Sinapius, II. S. 637. — N. Preuss. A.-L. II. S. 220. — Freih. v. Ledebur, I. S. 249.</small>

Gebhard. Böhmischer Adelsstand. Diplom vom 9. Aug. 1600 für die Gebrüder Lorenz und Barthel Gebhard in der Oberlausitz.

<small>Freih. v. Ledebur, I. S. 249.</small>

Gebhard. Reichsadelsstand. D. Justus Gebhard, kaiserlicher Reichshofrath, wurde um 1625 in den Adelstand erhoben, soll aber, da er keine Familie hatte, den Adel nicht geführt haben. Derselbe, geb. zu Camenz 1588 und gest. zu Wien 1658, früher Syndicus zu Camenz und dann zu Zittau, wurde später an den kaiserlichen Hof berufen und zu wichtigen Geschäften und Sendungen gebraucht, wie Gauhe sehr umständlich angegeben hat.

<small>*Gauhe*, II. S. 345—348: nach Müller, Pufendorf, Carpzov, so wie namentlich nach Lessing, 200jähriges Gedächtniss gelehrter Camenzer, S. 100.</small>

Gebhard, Gebhard, sonst **Wesener** genannt. Reichsadelsstand. Heinrich Gebhard, genannt Wesener, Herr auf Selmnitz, früher gräflich reuss. Canzler zu Gera, später herz. sachs. altenb. Geh.-Rath u. Canzler und als solcher zu Sendungen an den Kaiserlichen u. andere Höfe verwendet, wurde vom K. Ferdinand II. in den Adelsstand versetzt, doch ist Näheres über das Diplom nicht bekannt. Derselbe starb 1653 mit Hinterlassung eines Sohnes, Christoph v. G., genannt Wesener, Herrn auf Tschippach.

<small>*Gauhe*, II. S. 348 und 349: nach Cotterus, Elog. clar. Altenb. P. 2.</small>

Gebhard (in Blau ein Engel, dessen rothe Flügel je mit einem goldenen Sterne belegt sind und welcher in jeder Hand einen Fisch hält). — Im Königr. Preussen bestätigter Adelsstand. Bestätigungsdiplom vom 12. Decemb. 1753 für den k. preuss. Consistorialrath v. Gebhard.

<small>N. Pr. A.-L. I. S. 43. — *Freih. v. Ledebur*, I. S. 249. — W.-B. d. preuss. Monarch. III. 24.</small>

Gebhardi, Freiherren. Reichsfreiherrnstand. Diplom vom 8. Sept. 1785 für Wilhelm Gebhardi, herz. braunschweig. Kammerrath zu Braunschweig.

<small>Handschriftl. Notiz. — Suppl. zu Siebm. W.-B. XI. 3. — *Kneschke*, III. S. 156.</small>

Gebhardt. Erbländ.-österr. Adelsstand. Diplom von 1802 für Franz Carl Anton Gebhardt, Doctor der Medicin und Chirurgie, Magister der Geburtshülfe und jubilirten Professor an der Universität Freiburg.

<small>*Meyerle v. Mühlfeld*, S. 189.</small>

Gebhardt v. Hartenfels, Ritter. Reichs-Ritterstand. Diplom von 1712 für Franz David Gebhardt, k. k. Hof- und Feldkriegssecretair, mit dem Prädicate: v. Hartenfels.

<small>*Meyerle v. Mühlfeld*, Ergänz.-Bd. S. 143 und 144.</small>

Gebler, Freiherren (Schild geviert mit Mittelschilde. Mittelschild quer getheilt: oben in Gold ein aufwachsender, schwarzer Doppeladler und unten von Roth und Silber schrägrechts getheilt, ohne Bild. 1 und 4 in Blau drei, 1 und 2, sechsstrahlige, goldene Sterne und 2 und 3 in Gold zwei ins Andreaskreuz gelegte, silberne Pfeile.). Erbländ.-österr. Freiherrnstand. Diplom vom 8. Dec. 1768 für Tobias Philipp Ritter v. Gebler, k. k. Staatsrath in inländischen Geschäften und zwar aus höchsteigener Bewegung u. mit dem Incolate der K. K. Erblande. Derselbe, gest. 1786 als k. k. Geh.-Rath und Vicekanzler der vereinigten Hofcanzlei, Hofkammer- und Banko-Deputation, gehörte zu einer ursprünglich oberrheinischen Adelsfamilie und war der Sohn des Fürstl. Reuss-Greizischen Canzlers Tobias Georg v. G. und der Enkel des Herz. Sachsen-Naumb.-Zeitzischen Hofraths Tobias Wilhelm v. G. Nachdem er als k. preuss. Legations-Secretair in holländische Dienste getreten u. mehrere Jahre Charge d'Affaires der Republik gewesen, wurde er k. k. Commerz- u. Bergrath, später Hofrath bei der böhmisch-österreich. Hofcanzlei und als solcher 1763 in den Reichsritterstand versetzt, erlangte 1765 das böhmische, mährische und schlesische Incolat, wurde in demselben Jahre den tirolischen, 1766 den nieder-österreichischen, kärntner und krainer, 1770 den steirischen Ständen und 1783 der Ritterschaft im Breisgau einverleibt. Aus seiner Ehe mit Maria Anna v. Werdt stammten, neben einer Tochter, Maria Elisabeth, zwei Söhne, Joseph Franz, geb. 1760 und Johann Heinrich, geb. 1765, welche aber 1794 der niederösterr. Landmannschaft entsagten.

Leupold, I. 3. S. 365 und 366. — *Wissgrill*, III. S. 241—243. — *Megerle v. Mühlfeld*, S. 51 und 112. — Suppl. zu Siebm. W.-B. V. 29. — W.-B. d. Oesterr. Monarch. X. 56. — *Kneschke*, II. S. 174.

Geböckh, Geebeckh, Freiherren. Erbländ.-österr. Freiherrnstand. Diplom vom 15. Sept. 1655 für die Gebrüder Hans Rudolph Wilhelm, Heinrich Wilhelm und Maximilian Carl v. Geböckh auf Arnbach und Sulzmoss in Nieder-Oesterreich, und zwar unter Hinzufügung der Wappen der v. Muhrer und v. Messenböckh zu dem angestammten Wappen. — Das Geschlecht zählt zu den alten bayerischen Adelsgeschlechtern und das Stammhaus desselben war das gleichnamige Städtchen bei Rothenburg a. d. Tauber, welches später in andere Hände kam, doch erwarb die Familie dafür Güter in den Rittercantonen Rhön und Werra, im Wurzburgischen u. in Nieder-Oesterreich. — Der obengenannte Freiherr Hans Rudolph Wilhelm zu Arnbach und Sulzmoss wurde 1663 als Niederösterr. Landesmitglied unter die neuen Herrenstandesgeschlechter aufgenommen. Die Tochter desselben, Maria Catharina, war 1681 mit Andreas Christian Grafen v. Jörger, kaiserl. Generalfeldwachtmeister, vermählt. Später kam in Niederösterreich nur noch Freih. Veit Adam vor, welcher mit seiner Gemahlin, Maria Neuwirth v. Spillwert den Edelhof Treuninghof bei Ranna besass, welchen Letzteren von der kinderlosen Wittwe der Vetter, Georg Tollinger v. Grüenau, 1695 erbte. Dagegen blühte im 18. und 19. Jahrh. der Stamm in Kur-Bayern und Kur-Pfalz fort. Freih. Johann Heinrich, Herr zu Sulzmoss und Kurbayer. Kämmerer, lebte noch 1776, Freiherr Johann Theodor, Herr zu Arnbach und Sulzmoss, kommt noch 1785 als kurpfalzbayer. Kämmerer u. Hauptmann a. D. vor und ein Ur-Ur-Enkel des Freiherrn Hans Rudolph Wilhelm: Freiherr Ferdinand Theodor, Herr auf Arnbach und Sulzmoss, geb. 1777, wohl ein Sohn des Freiherrn Johann Theodor, wurde in die Adelsmatrikel des Königr. Bayern eingetragen.

Wissgrill, III. S. 242. — *v. Lang*, S. 131. — W.-B. d. Kgr. Bayern, III. 3 u. v. *Wölckern*, Abth. 3. S. 9. — *v. Hefner*, bayer. Adel 33 und S. 36. — *Kneschke*, II. S. 175 und 176.

Gebsattel, auch Freiherren. Im Königr. Bayern, in Folge eines nachgewiesenen ursprünglichen Besitzstandes der Freiherrn-Würde, anerkannter Freiherrnstand. — Altes, zur vormaligen unmittelbaren Reichs-Ritterschaft des fränkischen Cantons Rhön-Werra gehöriges Adelsgeschlecht, dessen Stammhaus das jetzige Städtchen Gebsattel bei Rothenburg a. d. Tauber war, welches später an das Ritterstift Comburg kam. Die Familie beginnt ihre Stammreihe mit Götz G., um 1180. Der Sohn desselben, Philipp, soll 1234 auf dem Turniere zu Würzburg gewesen sein und seine Nachkommen schieden sich in mehrere Linien, welche bald wieder ausgingen. — Der nächste Stammvater der späteren Sprossen des Stammes ist, im zwölften Gliede von Götz stammend: Wolf Christoph, Fürstl. Bamberg. Rath und Amtmann zu Hochstädt, ein Sohn des Philipp v. G., gest. 1540, Herrn auf Treunfeld, aus der Ehe mit Johanna Maria v. Berlichingen und Bruder des Johann Philipp v. G., von 1599 bis 1609 Fürstbischof zu Bamberg. Von Wolf Christoph, gest. 1631, verm. mit Anna Elisabeth v. Rabenstein, läuft absteigend, wie folgt, die Stammreihe fort: Adam, geb. 1606: erste Gemahlin: Magdalena v. Bastheim; — Hans Otto zu Trappstadt, Streifdorf, Sontheim und Leutershausen, gest. 1688: Maria Magdalena v. Buchholz; — Ferdinand Gottfried, gest. 1716: Amalia Maria v. Ebersperg, genannt Weyhers; — Johann Gottfried Christoph, geb. 1680, Herr auf Sontheim, Lebenhahn und Leutershausen, kurcöln. Kämm., des Ober-Rheinischen Kreises Oberst und Ritterrath des Canton Rhön-Werra: Christiane v. Bastheim, gest. 1756. Durch die beiden Söhne des Letzteren, Constantin Wilhelm und Franz Philipp entstanden die beiden Linien zu Sontheim und zu Lebenhahn. Erstere blühte fort. s. unten, Letztere erlosch mit den Kindern des Stifters, welcher, gest. 1796, Ritterhauptmann des fränkischen Cantons Rhön-Werra und Ober-Marschall zu Würzburg, dreimal vermählt war und zwar in erster Ehe mit Maria Amalia v. Hettersdorf, in zweiter mit Maria Juliane v. Babenhofen und in dritter mit Sophia v. Mauchenheim, genannt Bechtoldsheim. Nachkommen brachte nur die erste Ehe und zwar entsprossten aus derselben Lothar Carl Anselm, welcher 1846 als Erzbischof zu München-Freisingen starb und Philipp Conrad, gest. 1837, k. bayer. Kreis-Gerichts-Director zu Schweinfurt, aus dessen Ehe mit Johanna Friederike v. Stein-Barchfeld nur eine einzige Tochter, Josepha, entspross, welche sich 1837 mit Friedrich Grafen v. Hegnenberg-Dux vermählte. — Der Stifter der Linie zu Sontheim, Freih. Constantin Wilhelm, gest. 1788, vermählte sich mit Augusta Friederike Freiin v. Boineburg. Aus dieser Ehe stammte Freih. Lothar Augustin Daniel, gest. 1824, k. bayer. Kämm. und Generalmajor, verm. mit Josepha Maria Freiin v. Guttenberg, gest. 1815. Von demselben entspross Freih. Constantin Wilhelm, geb. 1783, Herr zu Lebenhahn, grossh. toscan. Kämm., verm. mit Friederike Freiin v. Bode. Der Sohn aus dieser Ehe ist: Freih. Victor, geb. 1826, k. bayer. Kämm., verm. mit Emma Freiin v. Guttenberg, aus welcher Ehe drei Söhne stammen: Constantin, geb. 1854, Hermann, geb. 1855 u. Ludwig, geb. 1857.

<small>*Schannat,* S. 91. — *Gauhe,* I. S. 606. — *v. Hattstein,* I. S. 213 u. 214. — *Biedermann,* Canton Rhön-Werra, Tab. 27—33. — *Salver,* S. 469, 516, 537. 590. 606 u. 748. — N. Geneal. Handb. 1777. S. 81 und 82 und 1778 S. 81—83. — *v. Lang,* Supplem. S. 44 und 45. — Gen. Taschenb. d. freih. Häuser, 1848. S. 121—123 und 1859. S. 218 und 219. — *Siebmacher,* I. 102; v. Gebustel, Fränkisch. — Fuldaischer Stiftskalender. — *v. Meding,* I. S. 173 und 174. — Suppl. zu Siebm. W.-B. II. 15. — *Tyroff,* I. 50 und *Siebenkees,* I. S. 58. — W.-B. des Kgr. Bayern, III. 4 u. v. *Wölckern,* Abth. 3.</small>

Gedeler, Gödeler. Ein in Preussen in der zweiten Hälfte des 17. und im 18. Jahrh. vorgekommenes Adelsgeschlecht, aus welchem

Gottfried v. G., Ingenieur und Baumeister zu Halle, zu seiner Zeit durch von ihm ausgeführte Bauwerke sich bekannt machte. Ein Sohn desselben starb 1765 als k. preuss. Ingenieur-Hauptmann u. Christian Wilhelm v. G. starb 1774 als Major im k. preuss. Infant.-Regim. v. Britzke.

Freih. v. Ledebur, I. S. 249.

Gedroyc. Polnisches, zum Stamme Poray zählendes Adelsgeschlecht, welches in das Brandenburgische kam. Ein kurbrandenb. Kammerjunker v. Gedroyc, welcher drei Brüder u. zwei Schwestern hatte, starb 1665.

Freiherr v. Ledebur, I. S. 249 u. III. S. 258.

Gedult v. Jungenfeld, auch Freiherren. Reichsadelsstand und im Grossherz. Hessen anerkannter Freiherrnstand. Anerkennungsdiplom vom 12. April 1820. — Adels-Diplom vom 18. Jan. 1530 für Hans Leonhard Gedult, Kriegsrath, Leibgarde-Hauptmann und Kämm. und für die Brüder desselben, Johann Conrad, Obersten und kaiserl. Rath und Maximilian Ernst, Leibgarde-Hauptmann und Kämmerer und Adelsbestätigungsdiplom vom 8. Sept. 1696 für Johann Conrad v. Gedult, kais. Rath und Postmeister zu Mainz, mit dem Prädicate: v. Jungenfeld. Letzterem folgten in absteigender Linie: Franz Emmerich, gest. 1743; Philipp Moritz, gest. 1768 und Franz Anton Xaver Joseph, gest. 1782, dessen beide Söhne, Franz Anselm Joseph Edmund, gest. 1840, grossh. bess. Kammerh. und Postmeister zu Mainz und Franz Edmund Johann Nepomuk, gest. 1840, grossherz. hess. Ober-Gerichtsrath, die beiden Linien gründeten, in welchen der Stamm jetzt blüht. Als Haupt der älteren Linie wurde 1855 genannt: Freih. Rudolph, geb. 1812, Postsecretair zu Mainz, welcher in der Ehe mit Margaretha Philippine Bibon die Linie durch drei Söhne fortgesetzt hatte und als Haupt der jüngeren Linie: Freih. Edmund, geb. 1803, Dr. Jur. und grossh. hess. Regierungsrath zu Darmstadt, welcher, verm. mit Auguste Sophie v. Müller, seine Linie ebenfalls fortgesetzt hat. Weiteres über die Familie ergiebt das nachstehende Werk.

Geneal. Taschenb. d. freih. Häus., 1853. S. 138 und 139 u. 1855. S. 175—177. — Handschriftl. Notiz.

Geerhardt v. Straussenberg. Erbländ.-österr. Adelsstand. Diplom von 1765 für Joseph Adam v. Geerhardt, k. k. Stückhauptmann, wegen 33jähriger Dienstleistung, mit dem Prädicate: v. Straussenberg.

Megerle v. Mühlfeld, S. 189.

Geggenhofer. Altes, schlesisches Adelsgeschlecht, aus welchem Mertz Christoph v. Geggenhofer 1564 zu Breslau starb.

Henel, Silesiogr. renov., Cap. 3. S. 765. — Sinapius, II. S. 637. — Siebmacher, II. 48.

Gehema. Ein vermuthlich Friesisches Geschlecht, welches in die spanischen Niederlande kam, diese aber, wie der Fürstl. Meklenb. Hofmedicus v. Gehema zu Güstrow, unter dem 8. Sept. 1695 angab, der reformirten Religion wegen, verliess. Aus diesem Geschlechte besass Abraham v. G. in der Mitte des 17. Jahrh. in der Gegend von Thorn in Westpreussen einige Güter.

Freih. v. Ledebur, I. S. 249.

Gehle, s. Chalong, genannt Gehle. Bd. II. S. 252.

Gehler. Böhmischer Adelsstand. Diplom vom 16. Octob. 1650 für Bartholomäus Gehler, Bürgermeister und Syndicus der Stadt Görlitz. Ob derselbe den adeligen Stamm fortgesetzt, ist nicht bekannt. Sprossen der görlitzer Familie Gehler gelangten aber später in Leipzig zu grossem Ansehen und führten das im Diplome von 1650 angegebene Wappen: (in Gold ein schräglinks gelegter, abgeschnittener, kurzer Stock einer Rosen-Staude, aus dessen rechter Seite an einem Stiele neben einander drei rothe Rosen entsprossten).

Freih. v. Ledebur, I. S. 240 und III. S. 258. — Dorst, Allgem. W.-B. II. S. 158 u. 159.

Gehuldegg. Erbländ.-österr. Adelsstand. Diplom von 1764 für Georg Gehnidegg, k. k. Hauptmann bei Emanuel Gr. Starhemberg-Infanterie.

Megerle v. Mühlfeld, S. 189.

Gehofen. Altes, thüringisches Adelsgeschlecht aus dem gleichnamigen Stammhause bei Sangershausen, welches dem Stamme schon 1278 zustand. Derselbe blühte bis gegen Ende des 17. Jahrh. und noch 1680 standen der Familie im Schwarzburg-Rudolstädtschen die Güter Borxleben u. Ichstedt zu.

Freih. v. Ledebur, I. S. 249.

Gehren. Reichsadelsstand. Diplom von 1758 für Georg Erhard Gehren, Doctor der Medicin zu Gartow und später zu Neu-Brandenburg. Derselbe stammte aus einem, wie angenommen wird, sächsischen Adelsgeschlechte, aus welchem Nicolas v. G. 1468 mit dem Herzoge Friedrich zu Sachsen als Hofmeister desselben nach Königsberg kam und 1476 Bürgermeister der Stadt Königsberg wurde, welche Würde auch sein Sohn, Hans v. G., bekleidete. Der Enkel desselben, Reinhold, ging wieder nach Deutschland u. wurde Professor zu Rostock. Weder Letzterer noch seine nächsten Nachkommen machten von dem der Familie zustehenden Adel Gebrauch, bis Reinholds Urenkel, der oben genannte D. Georg Ehrhardt G., ein neues Adelsdiplom erhielt. — Die Familie hatte in Ostpreussen die Güter Kipitten, Podubren, Pogirmen und Wilgaiten an sich gebracht.

N. Pr. A.-L. S. 175. — Freih. v. Ledebur, I. S. 249.

Gehring. Adelsstand des Königr. Bayern. Diplom vom 1. Mai 1835 für Friedrich August Gehring, Fürstl. Reuss. Rath und Bürgermeister zu Lobenstein. Derselbe, gest. 1853, hat den Stamm fortgesetzt und die Hinterlassenen besitzen die Güter Wolfersdorf u. Knau im Reussischen.

W.-B. d. Kgr. Bayern. XI. 59. — v. Hefner, II. 89 u. S. 78. — Kneschke, II. S. 177.

Geibler. Adelsstand des Königreichs Preussen. Diplom für Carl Wilhelm Ludwig Geibler, Herrn auf Klein-Küssow etc., k. preuss. Regierungsrath. Nach Bauer, Adressbuch, S. 70, lebte derselbe 1857 als Regierungsrath a. D. in Stargard.

N. Pr. A.-L. II. S. 220. — Freih. v. Ledebur, I. S. 249. — W.-B. d. preuss. Monarch., III. 24. — Pommernsches W.-B. III. S. 44 u. Tab. 14. — Kneschke, I. S. 165.

Geiger, Edle (Schild geviert: 1 u. 4 in Blau ein einwärts gekehrter, silberner Löwe und 2 und 3 in Gold zwei rothe Querbalken). Kurpfälzischer Adelsstand. Diplom vom 29. März 1774 für Joseph Anton Geiger, kurpfälz. Geh. Regier.- und Ober-Appellations-Gerichts-Rath in Mannheim, mit dem Prädicate: Edler v. — Der Stamm wurde fortgesetzt und die Söhne des Diploms-Empfängers, Gottfried Maria Edler v. G., geb. 1775, k. bayer. General-Secretair des Ministeriums der Finanzen und Leopold Maria Edler v. G., geb. 1777, k. bayer. Rentbeamter zu Bayreuth, wurden in die Adelsmatrikel des Königr. Bayern eingetragen.

v. Lang, S. 346. — W.-B. d. Königr. Bayern, V. 56. — v. Hefner, II. 89 und S. 78. — Kneschke, III. S. 167.

Geiger. Erbländ.-österr. Adelsstand. Diplom von 1789 für Johann Adam Geiger, Magistratsrath zu Wien.

Megerle v. Mühlfeld, Ergänz.-Bd S. 293.

Geilberg, Freiherren. Erbländ.-österr. Freiherrnstand. Diplom von 1713 für Franz Dominik v. Geilberg.

Megerle v. Mühlfeld, Ergänz.-Bd. S. 58.

Geilenkirchen. Cölnisches Patriciergeschlecht, aus welchem Caspar Drach v. Geilenkirchen noch 1601 als kurcölnischer Greve lebte. Derselbe hatte Kinder.

Freih. v. Ledebur, I. S. 250.

Geisendorf, genannt **Grösser.** Ein in Nürnberg vorgekommenes Adelsgeschlecht, welches aus Böhmen zu den Burggrafen von Nürnberg gekommen sein soll. Wolfgang v. Geisendorf kommt urkundlich schon 1294 vor. Arnold v. G., welcher in der zweiten Hälfte des 14. Jahrh. dem K. Carl IV. diente, sass zu Cadolzburg u. Farrnbach und hinterliess drei Söhne, welche sich durch die Beinamen: der Grösser, der Mittler und der Kleiner unterschieden. Die Linien der beiden Letzteren erloschen, die des Ersteren blühte fort und schrieb sich: Geisendorf-Grösser. Die Sprossen des Geschlechts, welche Voigte u. Pfleger zu Erlach, Mainbernheim u. Münchsteinach waren, hatten ansehnliche Güter und Lehen, wegen welcher sie oft uneinig wurden und mit ihren Unterthanen gegen einander zogen. — Nach Nürnberg kam zuerst Christoph v. G.-G., Beider Rechte Doctor und Rath des Markgrafen von Brandenburg, welcher sich 1542 mit der Tochter des Georg Kötzels vermählte. Später kam das Geschlecht mit mehreren der angesehensten Patricier-Familien Nürnbergs in Verwandtschaft. Andreas Paul, gest. 1650, wurde 1632 Nürnbergischer Pfleger zu Reicheneck. Der Sohn desselben, Wolf Friedrich, zog mit den Fränkischen Kreisvölkern in den Türkenkrieg und blieb 1664 in einer Schlacht u. der Sohn des Letzteren, Johann Sebastian, welchen Siebenkees zuletzt nennt, diente ebenfalls gegen die Türken und starb später, 1717, zu Nürnberg. Doch hat der Stamm fortgeblüht und noch 1791 hat Tyroff das Wappen des Achatius Wilhelm Carl v. Geisendorf genannt Groesser abgebildet.

Schütz, Corp. hist. Brandenb. diplom., IV. Abh. S. 151. — Suppl. zu Siebm. W.-B. VII. 14. — Tyroff, I. 27 und Siebenkees, I. S. 58 und 59; nach handschriftl. Nachrichten.

Geisler, Geissler, G. v. und zu Delning, auch Freiherren (Schild geviert mit Mittelschilde. Im gekrönten, von Silber und Schwarz der Länge nach getheilten Mittelschilde ein bis an den oberen Schildesrand reichender Sparren von gewechselten Farben: Stammwappen: 1 der Länge nach getheilt: rechts in Silber ein an die Theilungslinie angeschlossener, halber, schwarzer Adler, links von Roth u. Schwarz der Länge nach getheilt, mit einem durch das Rothe gehenden, schwarzen Querbalken; 2 und 3 von Roth und Gold viermal quer gestreift und 4 der Länge nach getheilt: rechts eben so von Schwarz und Roth getheilt, mit einem durch das Rothe sich ziehenden, schwarzen Querbalken und links in Silber ein an die Theilungslinie angeschlossener, halber, schwarzer Adler). Altes, schlesisches Adelsgeschlecht, nicht zu verwechseln mit der Familie v. Geisler u. Pohlsdorf. — Thomas Giseler war 1288 Canonicus zu Breslau und D. Georg v. Geisler a. d. Hause Ober-Stohnsdorf starb 1432 als Dompropst zu Liegnitz und Domherr zu Olmütz. Vom 15. Jahrh. an kam das Geschlecht in Schlesien zu bedeutendem Grundbesitz. Zu dem ältesten Besitzthume gehörte Ober-Stohnsdorf bei Hirschberg und Bielau im Kr. Goldberg-Heinau. Im 16. Jahrh. kam die Familie nach Böhmen, erlangte den Freiherrnstand, ging aber schon 1608 wieder aus. In Bayern war Hans Caspar v. Geisler, Stadthauptmann zu München, in der ersten Hälfte des 17. Jahrh. Gutsbesitzer der Hofmark Deining und Leitenbach in der Ober-Pfalz. Derselbe hatte diese Hofmark schon 1612 inne, verkaufte sie aber, mit Vorbehalt des Prädicats, an die Familie v. Löwenthal. Der Stamm blühte fort und vier Ur-Urenkel des Hans Caspar: die Gebrüder Carl Joseph, geb. 1765, Siegelbeamter in Amberg, Joseph Sebastian, geb. 1771, k. bayer. Ober-Lieutenant, Johann Nepomuk, geb. 1773, k. bayer. Rentbeamter zu Schönberg u. Martin Anton, geb. 1779, Priester zu Schondorf, wurden in die Adelsmatrikel des Kgr. Bayern aufgenommen. Das Wappenbuch des Kgr. Bayern legt denselben das obenangegebene vierfeldrige Wappen, mit Mittelschilde bei, welches nach Allem das bei Erhebung in den Freiherrnstand in die Familie gekommene Wappen ist. — In Schlesien hat der Stamm noch zu Anfange dieses Jahrh. geblüht u. ist auch noch später in der Preussischen Rheinprovinz vorgekommen.

Sinapius, I. S. 341—346. — *Gauhe*, I. S. 607 und 608. — *v. Lang*, S. 346 und 347. — N. Pr. A.-L. II. S. 220 und 221. — *Freiherr v. Ledebur*, I. S. 250. — *Siebmacher*, II. 38**: Freiherren Geisler und Herren v. und zu Deining und 48: Geisler, Schlesisch. — *v. Meding*, II. S. 183—185: v. Geissler und v. Geisler, Freiherren. — W.-B. der Preuss. Monarch. III. 24: v. Geisler. — W.-B. d. Königr. Bayern, V. 56. — W.-B. d. Preuss. Rheinprovins. II. Tab. 20. Nr. 39 u. S. 134 u. 135. — *v. Hefner*, II. 89 u. S. 78 u. 79. — *Knescbke*, III. S. 157—160.

Geisler, Geissler, Freiherren. Erbländ.-österr. Freiherrnstand. Diplom von 1761 für Ignaz Geisler, k. k. Rittmeister bei Graf Nadasd-Husaren.

Megerle v. Mühlfeld, S. 52.

Geisler, Geissler, Edle u. Ritter. Erbländ.-österreich. Adels- und Ritterstand. Adelsdiplom von 1766 für Johann Georg Geisler, königl. Richter zu Znaym und Passagefäll-Administrator, mit dem Prädicate: Edler v. und Ritterstandsdiplom von 1769 für Denselben als königlichen Richter zu Znaym u. Administrator der deutsch-erbländ. Mauth, des Mährischen Consumptions-Aufschlages, des Tranksteuer- und Stärkgefälls.

Megerle v. Mühlfeld, S. 112 u. S. 199.

Geisler und Pohlsdorf (Schild durch einen von Silber und Gold geschachten Sparren in drei Theile getheilt: oben, rechts und links, in Roth ein silberner Stern und unten in Schwarz ein gekrönter, goldener Löwe, welcher in der rechten Vorderpranke einen silbernen Stern hält). Schlesisches Adelsgeschlecht, als dessen Stammvater Andreas v. Geisler, Herr auf Pohlsdorf, Tscheschendorf und Gohlsdorf, genannt wird. Derselbe, gest. 1623, war kaiserl. Pfalzgraf, Fürstl. Liegn.-Briegscher Rath, des Fürstenthums Liegnitz Canzler und der Herren Fürsten und Stände in Schlesien Landes-Bestellter. Der Sohn desselben, Joachim v. G. auf Pohlsdorf, setzte durch seinen Sohn, Joachim Ernst, das Geschlecht fort u. von Letzterem stammte Joachim Andreas, welcher 26. März 1705 ein Adelsbestätigungsdiplom erhielt, Pohlsdorf verkaufte und dafür das Gut Kodlewe im Trebnitzschen erwarb, welches noch 1720 in der Hand der Familie war.

Henel, Silesiogr. renov. Cap. 8. S. 669. — *Sinapius*, I. S. 385 und 386. — *Gauhe*, I. S. 608. — N. Pr. A.-L. II. S. 221. — *Freih. v. Ledebur*, I. S. 250. — *v. Meding*. II. S. 185 und 186.

Geislern, Freiherren (Schild geviert: 1 und 4 in Gold ein an die Theilungslinie angeschlossener, golden gekrönter und bewehrter, halber, schwarzer Adler und 2 und 3 in Roth ein über den ganzen Schild gezogener, schräglinker, silberner Balken, belegt mit drei unter einander stehenden, blauen Lilien). Erbländ.-österr. Freiherrnstand. Diplom von 1810 für Ferdinand Ritter v. Geislern, Herrn auf Hoschtiz in Mähren, wegen Veredelung der Schafzucht und für den Bruder desselben, Johann Nepomuk Ritter v. Geislern, k. k. Hofrath der vereinigten Hofcanzlei, wegen geleisteter Staatsdienste. Der Vater Beider, Johann Georg Geisslern, königl. Richter zu Znaim, hatte 24. Apr. 1766 den erbländ.-österr. Adels-, 1. Apr. 1769 aber den Ritterstand und 9. Febr. 1771 das böhmische Incolat erlangt. Freiherr Johann Nepomuk war später k. k. Geh.-Rath und illyrischer Hofcanzler.

Megerle v. Mühlfeld, S. 51. — Geneal. Taschenbuch d. freih. Häuser, 1854. S. 164 u. 165 und 1855. S. 177. — *Hyrtl*, I. S. 160. — *Kneschke*, II. S. 178 und 179.

Geismar, Gaismar, auch Freiherren (in Silber ein links springender, schwarzer Hirsch mit 12endigem Geweihe, oder nach Anderen ein schwarzer Gaisbock). Altes, hessisches und thüringisches Adelsgeschlecht, als dessen Stammhaus in Hessen das Städtchen Geismar, oder Hofgeismar, welches 912 erbaut wurde, in Thüringen aber Geismar im Kr. Heiligenstadt, Reg. Bezirk Erfurt, genannt wird. — Berthold v. G. tritt in einer vom Erzbischofe Siegfried zu Mainz 1199 ausgestellten Urkunde als Zeuge auf u. schon vorher, 1139, erscheint Conrad v. G. urkundlich, kommt auch 1152 in der Fundationsurkunde des thüringischen Klosters Georgenthal vor, doch beginnt die ordentliche Stammreihe erst um 1391 mit Curt v. G., gräfl. Waldeckschen Amtmanne zu Wildungen. Nach der Mitte des 17. Jahrh. wurde die Familie auch in Westphalen begütert, kam später an den Oberrhein, zählte zu der Ritterschaft des fränkischen Cantons Rhön-Werra u. kam auch nach Dänemark, so wie in neuerer

Zeit nach Russland u. Württemberg. Johann Friedrich v. G., hessischer Linie, gest. 1697, war Ober-Hofmeister am k. dänischen Hofe u. ein Baron v. G. war 1836 k. russ. General-Lieutenant u. General-Adjutant. — Lorenz Henning v. G. kommt 1777 und noch 1786 als Stadtschultheiss zu Heiligenstadt vor. — Der Stamm hat, so viel bekannt, wie in der thüringischen, so in der hessischen Linie fortgeblüht, auch kommt jetzt noch im Königr. Sachsen der Name des Geschlecht als Beiname einer Linie der Familie v. Egidy, s. Bd. III. S. 44, vor.

v. Gleichenstein in den nicht paginirten Stammtafeln der Gotha diplomatica. — *Seifert*, Geneal. adeliger Aeltern und Kinder, S. 115 und 116. — *Gauhe*, I S. 509—610; nach *Müller*, Annal. Saxon., Spangenberg etc. — *v. Hattstein*, I. S. 109—114. — *Biedermann*, Canton Rhön-Werra. Tab. 344 — N. Geneal. Handb 1777, S. 82 und 83 und 1778, S. 83 und 84. — N. Pr. A.-L. II. S. 221 und 222. — *Freih. v. Ledebur*, I. S. 250. — *Siebmacher* I, 143: v. Geismar, Hessisch. — Suppl. zu Siebm. W.-B. IV. 12: F. H. v. G. — Württemb. W.-B. S. 44 und Nr. 166: Freih. v. Gaismar. — W.-B. der sächs. Staaten, III. 95. — *Kneschke*, II. S. 179 und 180.

Geismar zu Stockum (Schild quergetheilt: oben in Silber ein aus der Theilungslinie aufwachsender, schwarzer Adler u. unten in Roth ein schwebendes, sechsspeichiges, silbernes Rad). Hessisches Adelsgeschlecht, ganz verschieden, wie die Wappen ergeben, von dem ebenfalls in Hessen, s. den vorstehenden Artikel, vorgekommenen Adelsgeschlechte dieses Namens, in welches 1752 durch Vermählung des einen Sprossens desselben mit einer v. d. Wenge'schen Erbtochter das Gut Stockum kam, durch welches die Familie im Königr. Hannover zu dem ritterschaftlichen Adel der Osnabrückschen Landschaft gehört. — Die von dem Freih. v. d. Knesebeck, unter Berufung auf Wenck, hess. Landes-Geschichte, II. Urk. von 1300., und III. Urk. S. 164, 188 u. 255 angegebenen älteren Nachweise über das Geschlecht werden auch von der im vorstehenden Artikel besprochenen Familie in Anspruch genommen und stehen wohl auch derselben zu.

Freih. v. d. Knesebeck, S. 133. — W.-B. d. Kgr. Hannover, C. 63 und S. 7. — *Kneschke*, II. S. 180.

Geispitsheim, auch Freiherren. Eins der ältesten u. angesehensten rheinländischen Adelsgeschlechter, welches den Namen von dem elsassischen Schlosse und Städtchen Geispitzheim, zwei Meilen von Strassburg, annahm, in mehreren Linien, in denen der Bube v. G., Fetzer, Vetzer, v. G. und Krieg v. G. blühte, später auch aus Elsass in die Pfalz und das Triersche kam und sich mehrfach, wie schon Gauhe angiebt, des freiherrlichen Titels bediente. — Humbracht beginnt die ordentliche Stammreihe mit Abbo v. Geisbodesheim um 1083, von dessen Nachkommen sich eine mit Staro v. G. beginnende Linie v. Geispusch, eine andere aber v. G., genannt Fetzer, oder Vetzer nannte, welche Letztere aber mit Eberhard, Amtmann zu Bacharach, 1520 wieder ausging. Eine dritte Linie stieg abwärts von Peter v. G., Ritter, welcher 1380 starb. Von den Nachkommen desselben war Wolf Bernhard 1667 Geh.-Rath zu Simmern u. Oberhauptmann zu Kreuznach und der Bruder desselben, Georg Augustin, Nassau Weilburg, Ober-Jägermeister. Beide setzten den Stamm fort und der Enkel des Letzteren, Freiherr Carl Friedrich, war 1737 kurpfälz. Kammerherr und hatte zwei Söhne, Rudolph Moritz, geb. 1719 und Casimir Georg, geb. 1730. — Später ist der Stamm erloschen. Ein Allianzsiegel aus der zweiten Hälfte des 18. Jahrh. zeigt rechts das Geispitzheimsche Wappen: in Silber über einander zwei spitzgezogene, schmale rothe Balken und links das in den Suppl. zu Siebm. W.-B. IX. 9. unter dem Namen v. Bode gegebene Wappen: Schild quergetheilt: oben in Blau auf grünem Hügel eine weisse Taube und unten in Silber ebenfalls auf grünem Hügel ein Rosenstock mit drei rothen Rosen. Letzteres Wappen war wohl das der Bd. I. S. 503 erwähnten braunschweigischen Familie v. Bode und spricht für die am Schlusse des eben citirten Artikels ausgesprochene Vermuthung.

Humbracht, I. Tab. 188 und 189; *Krieg v. G.* — *Gauhe*, I. S. 610. — *Freih. v. Ledebur*, I. S. 250. — *Siebmacher*, I. 193: v. Geispitzheim, Elsassisch. — *v. Meding*, II. S. 181 und 182.

Geispolzheim, s. Kranz v. Geispolzheim.

Geispusch (in Silber sieben schwarze Rauten, 4 und 3). Ein aus dem Stamme Geispitzheim, s. den betreffenden Artikel, sich mit Storo v. Geispitzheim oder Gaispitzheim vom Hauptstamme ohne bekannten Grund abgezweigtes, rheinländisches Adelsgeschlecht, welches Namen und Wappen veränderte. Man nimmt an, dass der Name im 15. Jahrhundert wieder ausgegangen sei.

Humbracht, S. 188. — *Siebmacher*, II. 104: Gaispitz, Rheinländisch. — *v. Meding*, II. S. 182 und 183.

Geissberg. Ein ursprünglich schwäbisches, später schlesisches Adelsgeschlecht, aus welchem Nicol v. Geissberg 1396 in Schweidnitzischen Privilegien vorkommt. Noch 1607 wird Friedrich v. G. als kaiserl. Kriegs-Oberst genannt.

Henel, Siles. ren., c. 7: S. 409. — *Burgermeister*, Schwäbischer Reichsadel. — *Sinapius*, I. S. 381; nach *Schickfus*, Lib. 4. S. 136 und II. S. 637 und 638; nach *Henel*. — *Siebmacher*, I. 113: Geisberg, Schwäbisch. — *v. Meding*, II. S. 183.

Geissel. Adelsstand des Königr. Preussen. Johann v. Geissel wurde 1845 Erzbischof zu Cöln und später Cardinal.

Freih. v. Ledebur, I. S. 250 und III. S. 258.

Geist, Geyst zu Wildeck (in Blau eine, auf einem goldenen Dreihügel stehende, zum Flug sich anschickende, weisse Taube). Ein zu dem schwäbischen Adel früher gehörendes Geschlecht.

Siebmacher, I. 121: Die Geyst zu Wildeck, Schwäbisch. — *v. Meding*, III. S. 201.

Geist, genannt **Hagen**, auch **Freiherren u. Grafen** (in Gold drei, 2 und 1, rechtsgekehrte, schwarze Haken, nach Anderen: Gemshörner). Ein ursprünglich meklenburg. Adelsgeschlecht, welches schon 1303 Hanshagen, 1447 Mistorf u. Zürckow, 1550 Boitzenburg, 1592 Suckow und noch 1778 Zibühl besass. In der jetzigen Provinz Sachsen stand Gröningen und Hordorf bei Oschersleben bereits 1653 und noch 1763 und in Schlesien Freihan unweit Militsch 1702 der Familie zu. Dieselbe gelangte auch in der Mark Brandenburg im 18. Jahrh. in den Besitz mehrerer Güter und sass noch 1817 auf Gross- und Neu-Beeren bei Teltow. — Ueber den Beinamen: Hagen fehlen zuverlässige Nachweise: eine blosse Vermuthung ist, dass in Meklenburg sich ein Sprosse des Stammes mit einer Erbtochter aus einem Münsterschen Geschlechte v. Hagen vermählt und deren Güter mit der Bedingung erhalten habe, dass er den Namen Hagen annehme und fortführe. — Nach dem bekannten genealogischen Manuscripte, welches Gauhe zur Hand hatte, stammte von Jordan v. G., einem Sohne des Joachim v. G. auf Boitzenburg, Bernhard v. G., k. dänischer General und Ober-Marschall. Der Sohn des Letzteren, Ulrich, Domdechant zu Magdeburg, hinterliess sechs Söhne. Dieselben waren folgende: Bernhard Levin v. G. u. H., kursächs. Geh.-Kriegsrath und später kurpfälz. Oberhofmeister, dessen Sohn noch 1709 als k. poln. und kursächs. Kammerherr vorkam; August Heinrich, Domdechant zu Brandenburg; Moritz, Herr auf Gröningen, gest. 1712, Domherr in Magdeburg; Johann Adolph, gest. 1718, Domdechant zu Havelberg; Erasmus Graf von Geist und Hagen, gest. 1702, kurpfälz.-Geh.-Rath, Oberhofmeister des Pfalzgrafen Carl und k. k. Kämmerer und Georg Wilhelm, Herr auf Getsch, kursächs. Oberst-Lieutenant, welcher 1727 noch lebte. — Der Mannsstamm blühte noch in die zweite Hälfte des 18. Jahrh. hinein, bis derselbe mit dem k. preuss. Geh.-Rathe Freih. v. Hagen, sonst Geist genannt erlosch, worauf Hans Heinrich Arnold v. Beeren, Herr auf Gross- und Neu-Beeren, 9. Apr. 1786 den preussischen Freiherrnstand mit dem Namen: v. Geist, genannt v. Beeren (auch Beeren-Geist geschrieben) s. Bd. I. S. 267, erhielt, doch ging, wie angegeben, diese Linie 16. Decemb. 1812 im Mannsstamme wieder aus.

Sinapius, II. S. 91 und 92: Grafen v. Geist und Hagen. — *Gauhe*, I. S. 611: G. u. H. und S. 739 und 740: Hagen, sonst Geist genannt. — N. Pr. A.-L. II. S. 222 u. 223 u. V. S. 175. — *Freih. v. Ledebur*, I. S. 250. — *Tyroff*, II. 178: Freih. v. Geist, genannt v. Beeren.

Geisweiler auf Roggenbach, Freiherren. Reichsfreiherrnstand. Kurpfälzisches Reichs-Vicariatsdiplom vom 24. Sept. 1790 für Franz v. Geisweiler, Herrn auf Roggenbach. Derselbe, geb. 1755, gehörte zu einem ursprünglich rheinländischen Adelsgeschlechte und wurde später als k. bayer. Hofgerichtsrath und herz. Sachsen-Coburgscher Kammerjunker in die Adelsmatrikel des Königreich Bayern eingetragen.

v. Lang, S. 131. — Suppl. zu Siebm. W.-B. VI. 14: Stammwappen, die v. Geisweiler am Rhein. — *Tyroff*, II. 38. — W.-B. d. Kgr. Bayern, III. 4 und *v. Wölckern*, Abth. 3. S. 11 und 12. — *v. Hefner*, bayer. Adel, Tab. 33 und S. 36. — *Kneschke*, III. S. 160 und 161.

Geitinger. Reichsadelsstand. Diplom von 1740 für Matthias Geitinger, k. k. Hofkriegs-Secretair.

Megerle v. Mühlfeld, Ergänz.-Bd. S. 295.

Geitzkofler, Geitzigkoffler v. Haunsheim, auch Freiherren. Altes, schwäbisches Adelsgeschlecht, in welches später der Freiherrnstand kam und dessen Stammreihe Bucelini schon um 1170 beginnt. Zacharias v. G. kommt 1595 als Reichs-Pfennigmeister in Schwaben, so wie als kais. Rath, Kämmer. und General-Proviantmeister vor. Von dem Sohne desselben, Ferdinand v. G., k. k. Obersten, stammte Rudolph v. G, welcher den Stamm fortsetzte.

Gauhe, I. S. 611 und 612 nach Bucelini, IV. u. Burgermeister, vom Schwäb. Reichsadel.

Gelb. Ein zur ehemaligen elsassischen Ritterschaft gehöriges Adelsgeschlecht, welches im vorigen Jahrh. nach Bayern kam u. aus welchem Ludwig Carl Theodor v. Gelb, geb. 1760, als k. bayer. Artillerie-Oberst und Director des Zeughauses in die Adelsmatrikel des Kgr. Bayern eingetragen wurde.

_{v. Lang, Suppl. S. 101. — W.-B. d. Kgr. Bayern, V. 57.}

Gelber v. Gelberstein, Edle. Erbländ.-österr. Adelsstand. Diplom vom 13. Oct. 1846 für Georg Gelber, k. k. pens. Hauptmann, mit dem Prädicate: Edler v. Gelberstein.

_{Handschriftl. Notiz.}

Gelbhorn (in Silber ein schrägrechter, rother Balken, welcher mit drei schwarzen, goldenbeschlagenen Jagd-Hörnern belegt ist). Altes, schlesisches Adelsgeschlecht, welches, wie Sinapius angiebt, von Spener und Siebmacher mit der schlesischen Familie v. Gellhorn, s. unten, verwechselt worden ist. Vom Standpuncte der Heraldik aus ist freilich die Familie v. Gelbhorn ein ganz anderes Geschlecht, als das v. Gellhorn, doch wissen Henel und Sinapius nur allein das Wappen der ersteren Familie anzugeben: alle weiteren Nachweise fehlen.

_{Sinapius, I. S. 336. — Siebmacher, I. 55 mit dem Namen: v. Gellhorn, Schlesisch. — v. Meding, I. S. 174.}

Gelbke. Adelsstand des Kgr. Würtemberg. Diplom von 1829 für den damals in k. württemb. Militairdiensten stehenden N. N. Gelbke. Derselbe trat später in k. preuss. Dienste, wurde Präses der königl. Geschütz-Commission in Berlin und starb später als Major der k. preuss. Garde-Artillerie-Brigade. Derselbe hat ein mit vieler Pracht ausgestattetes Ordens- und Wappenwerk herausgegeben.

_{N. Pr. A.-L. V. S. 176. — Freih. v. Ledebur, I. S. 250 und III. S. 258.}

Geldenwigt, Freiherren. Ein in der Pfalz vorgekommenes, freiherrliches Geschlecht, welches aus Halberstadt gestammt haben soll. Zu demselben gehörte Joachim Freih. v. G., welchen im 30jährigen Kriege Herzog Albrecht v. Friedland mit fünf anderen jungen Edelleuten, wie man erzählte, mit sich nahm und dem K. Ferdinand II. vorstellte, welcher ihn als Edelknaben annahm. Eine Schwester desselben, Freiin Eleonora Catharina, vermählte sich mit Christian Carl Grafen v. Wrschowetz-Sekerka.

_{N. Pr. A.-L. V. S. 176: nach Lenz, Halberstädt. Stiftshistorie und Leuckfeld, Antiquit: Halberstad.}

Geldern zu Arçen, Geldern-Arçen (Schild der Länge nach getheilt: rechts in Blau ein einwärts gekehrter, gekrönter und doppelt geschweifter, goldener Löwe: Geldern und links in Gold ein ebenfalls einwärts gekehrter, doppeltgeschweifter, schwarzer Löwe: Jülich). Reichsgrafenstand. Kurpfälzisches Reichs-Vicariatsdiplom vom 15. Juli 1790 für Friedrich Adolph Freiherrn v. Geldern. — Die Grafen v. Geldern — nach älteren Schreibarten auch Geller, Gelder, Gueldre, Gelre, — leiten, auf Grund der Urkunden im Archive der Familie, ihren Ursprung von den Herzogen von Geldern aus Egmont'schen Geschlechte her, von welchen die Vorfahren im Gebiete des Herzogthums im 15. u. 16. Jahrh. mit Gütern beschenkt und belehnt wurden, das Stammgut Arçen bei Geldern aber ist durch Erbschaft von den Dynasten v. Arkel (Arçen) und Büren in den Besitz des Geschlechts gekommen. Reynald v. Geldern, geb. 1476, ein Enkel des nach dem kinderlosen

Tode des Grossoheims 1423 zur geldernschen Erbfolge berufenen Arnold v. Egmont, erhielt die Herrschaft Arçen und wurde später, nicht der Blutsverwandtschaft wegen, sondern für rühmliche Dienste und Waffenthaten von dem letzten Herzoge Carl v. Geldern, gest. 1538, mit den Gütern Blyenbeck, Aefferden, Gribbenforst und Grousfort beschenkt. Mit diesem Reynald v. G. beginnt die Stammreihe der jetzt noch blühenden zwei Linien des gräflichen Geschlechts. Derselbe, gest. 1523, vermählte sich mit Alcida Schenk v. Nydeggen, einer reichen Erbtochter, welche ihm zu seinem Stammsitze Arçen etc. noch beträchtliche Güter in Boell und Dirheim, so wie im Gebiete von Berg und Montfort hinzubrachte, auch erbte er von seiner Mutter, Elsbeth v. Haefften, gest. 1504, einen Theil der Herrschaft Varic. Aus seiner Ehe entsprossten, neben drei Töchtern, Henrica, Aebtissin des Marienklosters zu Ruremond, gest. 1548, Catharina, verm. mit Henrich v. Stepprod, Herrn zu Dornich u. Doddendal, und Anna, verm. mit Johann Quadt Herrn zu Wyckrad, aus welcher Ehe die jetzt noch blühende, standesherrliche Familie der Grafen Quadt v. Isny in gerader Linie abstammt, zwei Söhne, Diderich (Deric) und Valenus. Diderich vermählte sich 1536, laut des vom Herzoge Carl v. Geldern, welcher auch 1501 die Ehebredung der Aeltern bestätigt hatte, unterzeichneten Ehevertrags, mit Friederike v. d. Vorst und Keppel. — Als, wie oben angegeben, Herzog Carl v. G. 1538 gestorben war, nahm die Familie ihren bleibenden Sitz in der Stadt Geldern, in welcher sie ein eigenes Haus, den Arçel-Hof, besass, so wie in dem nahen Stammhause Arçen, von welchem die Nachkommen von jeher den Beinamen führten. Nach Diderichs Tode gelangten die Güter an den ältesten Sohn, Reiner, welcher sich 1570 mit Margareta v. d. Vorst-Rechteren vermählte, durch welche er nicht nur das älterliche Stammgut Dörrenwerth, sondern auch einen erheblichen Theil des ersten Gemahls derselben, Jost v. Rossem, Herrn auf Zuylen, erhielt. Nach den Syndicats-Urkunden der Geldernschen Ritterschaft war der genannte Reiner v. Geldern, Freih. v. Arçen schon 1560 bei derselben aufgeschworen und da sein ältester Sohn, Rainer (II), 1603 durch Vermählung mit der Erbtochter Catharina v. Palandt zu Wachendorf die Herrschaft Buchen im Lande Jülich an sich brachte, so wurde die Familie von dieser Zeit an auch der Jülich'schen Ritterschaft einverleibt und die Söhne des Stammes wurden in den deutschen Orden, die Töchter aber in adelige Stifte, z. B. Maria vom Capitol in Cöln, aufgenommen. In Folge einer späteren Vermählung des Johann Gottfried v. G. mit Anna Catharina v. Palandt wurde das Geschlecht mit den jülichschen Unterherrschaften Vogtsbell, Frechen und Schlossberg, welche früher den Freiherren v. Haes, v. Hochsteden und v. Merode zustanden, belehnt, auch erlangten die Brüder Marsil und Rainer v. G. 1650 aus dem Erbe der Familie v. Wachtendonc die Herrschaft Thürnich, doch entspann sich über dieselbe ein Prozess, in Folge dessen durch Vergleich die genannte Herrschaft 1707 an die v. Rolshausen abgetreten wurde. Im Besitze der geldernschen Güter verblieb die Familie bis 1779, in welchem Jahre die Herrschaft Arçen durch Cessionsvertrag an die Freiherren v. Wymar zu Kirchberg überging. — Die Güter Bachem, Frechen, Hochsteden und Vogtsbell kamen, nachdem ein grosser Theil derselben über 100 Jahre der Familie entzogen und den Grafen von Wolnsheim zu Lehn übertragen worden war, nach langem Prozesse wieder an den Grafen Friedrich, s. oben, welcher durch Vermählung mit der Erbtochter Friederike von Steinen zu Scherfen namhafte Besitzungen im Herzogth. Berg erwarb. — Nach dem Tode des 1828 verstorbenen, in die Grafenclasse der Adelsmatrikel des Kgr. Bayern 29 Aug. 1816 eingetragenen Grafen Friedrich Adolph und seines Sohnes, des Grafen Carl Theodor, gest. 1831, bayr. Kämm. u. Obersten, welcher, laut Eingabe d. d. Nürnberg, 30. Juni 1829 unter Nr. 3 der Grafenclasse der Adelsmatrikel der Preuss. Rheinprovinz einverleibt wurde, gingen die Güter Bachem, Frechen und Hochsteden an die beiden Söhne des Letzteren aus der Ehe mit Anna v. Ernesty auf Hermannsdorf: die Grafen Carl Theodor (II.) und Ludwig über, welche dieselben 1835 an Theodor Grafen v. Fürstenberg-Stammheim verkauften und sich hierauf in Bayern niederliessen. Daselbst hat Graf Carl Theodor die Rittergüter Zangberg und Kirchtambach, Graf Ludwig aber die Güter Thurnstein, Postmünster und Brombach in Niederbayern, so wie die Herrschaft Roggenburg in Schwaben erworben und die beiden Linien haben jetzt in den Schlössern Zangberg und Thurnstein den ständigen Wohnsitz begründet. Beide Brüder haben durch zahlreiche Nachkommenschaft den alten Stamm fortgesetzt. Graf Carl Theodor (II.), geb. 1806, Herr auf Zangberg etc., k. bayer. Kämm., vermählte sich 1832 mit Maria v. Oppen, aus welcher Ehe neben acht Töchtern, fünf Söhne entsprossten: die Grafen Carl Theodor (III.), geb. 1833, k. k. Oberlieut.; Gustav, geb. 1837, k. k. Lieutn.; Theobald, geb. 1838, k. k. Lieutn.; Oscar, geb. 1842 und Eugen, geb. 1849. — Graf Ludwig, geb. 1808, Herr zu Thurnstein etc., k. k. Kämmerer und Major à la suite, vermählte sich 1834 mit Wilhelmine Freiin v. u. zu Guttenberg, welche ihm, neben zwei Töchtern, fünf Söhne gebar, die Grafen Theodor, geb. 1836, Adolph, geb. 1841, Hermann, geb. 1844, Richard, geb. 1846 und Otto, geb. 1845. —

Handschriftl. Notizen. — v. Lang, Suppl. S. 20 und 21. — N. Pr. A.-Lexic. II. S. 42 u. S. 224. u. V. S. 176. — Fahne, II. S. 46. — Freih. v. Ledebur, I. S. 250. — Geneal. Taschenbuch d. gräfl. Häuser, 1859. S. 295 und 296 und histor. Handb. zu demselben, S. 1111. — Robens, Element. Werk. II. 78 und Tyroff, II. 23: v. Gelder. — W.-B. d. Kgr. Bayern. I. 44 und v. Wölckern. Abth. I. — W.-B. d. Preuss. Rheinprov. I. Tab. 40. Nr. 79 u. S. 40.

Geldern (Schild quergetheilt: oben in Schwarz ein grüner Kranz, durch welchen schräglinks eine von Blau u. Silber quergestreifte Fahne gelegt ist und unten in Silber ein aufwachsender, schwarzer Adler). Eine, den Fürstenthümern Reuss angehörende Adelsfamilie, deren Adel am 19. Mai 1816 u. 28. März 1846 erneuert und bestätigt worden ist. Der w. Geh.-Rath v. Geldern ist Vorsitzender der Obersten-Landesverwaltungs-Behörde Jüngerer Linie Reuss zu Gera und ein Sohn desselben, Dr. Bruno v. G., ist Rath der Landes-Regierung Aelterer Linie Reuss zu Greiz.

Handschriftl. Notiz. — W. B. d. Sächs. Staaten, VI. 33.

Gelehn, Geleen, s. Chalong, genannt Gehle, Bd. II. S. 252.

Gelnhausen, Freiherren, s. Forstmeister v. Gelnhausen, S. 302 u. 303.

Gélieu. Adelsstand des Königr. Preussen. Diplom vom 1. Sept. 1736 für Jonas Gélieu. Der Stamm hat fortgeblüht und noch in neuster Zeit stand ein Lieutenant v. G. bei dem k. preuss. Garde-Schützen-Bataillon.

Freih. v. Ledebur, I. S. 150 und III. S. 258. — W.-B. d. Preuss. Monarch. III. 24.

Gellern. Ein in Westpreussen vorgekommenes Adelsgeschlecht, aus welchem Gabriel und Samuel v. Gellern, Herren auf Blumenstein bei Marienburg 1778 um Erneuerung ihres Adels einkamen, doch ist nicht bekannt, dass ihrem Gesuche nachgekommen worden sei. Dieselben beriefen sich besonders darauf, dass sie Nachkommen des Johann v. G., dessen Epitaphium sich in Danzig fände und des Heinrich v. G. wären, welcher Letztere das Rittergut Lissau im Marienburger Werder besessen habe.

N. Pr. A.-L. V. S. 176.

Gellhorn, auch Freiherren und Grafen (Stammwappen: in Blau ein schwarzes Jagdhorn mit goldenen Beschlägen und Bande. Gräfliches Wappen: Schild geviert mit Mittelschilde, in welchem letzteren eine gekrönte Säule steht, an der das Jagdhorn des Stammwappens hängt. 1 und 4: ein felsiges Gebirge mit einem vorbeifliessenden Strome u. 2 und 3 ein Kreuz. Die Tincturen sind nicht bekannt). Böhmischer Freiherrn- und Grafenstand. Freiherrndiplom vom K. Ferdinand III. für Ernst v. Gellhorn, Herrn auf Peterswaldau etc. k. k. Kämm. und Obersten und Grafendiplom für denselben vom 25. Octob. 1656. — Altes, schlesisches Adelsgeschlecht, welches nach einer, von Hermann, Prax. Herald. und Sinapius erzählten Familiensage vom Schallen u. Gellen eines Jagdhorns den Namen erhalten haben soll. Sichere Nachweise beginnen erst um die Mitte des 15. Jahrh., in welcher Georg v. G. 1449 Herr auf Stoschendorf bei Reichenbach war. Nicol v. G. Königshayn genannt, lebte 1457 am Hofe der Herzogin Hedwig zu Lüben u. Georg v. G. war 1470 Hauptmann zu Ohlau u. Nimptsch im Briegischen. Im 16. u. 17. Jahrh. breitete sich der Stamm immer weiter aus und kam in den Besitz mehrerer Stammhäuser und Güter, von welchen namentlich die Häuser Rogau im Schweidnitzischen und Schwentnig im Nimptschen bekannt wurden. — Aus dem Hause Rogau stammte Friedrich v. G., gest. 1636, Herr auf Rogau, Weigelsdorf, Peterswaldau, Merzdorf, Peiskersdorf u. der Burg zu Schweidnitz, königl. Kammerrath in Schlesien, Ober-Rechts-Beisitzer und Landesältester von Schweidnitz und Jauer, wie auch des Erzh. Carl zu Oesterreich, Bischofs zu Brixen und Breslau, Geh.-Rath und Kämmerer: ein Mann, auf welchen, wie Schickfus, Lib. IV. S. 83, sagt, das ganze Vaterland ein „sonderes" Auge wendete und welcher zu seiner Zeit fast für den reichsten Edelmann in Schlesien galt. Aus seiner ersten Ehe mit Maria v. Reibnitz entspross Ernst v. G., gest. 1679, welcher, wie oben angegeben, den Freiherrn- und Grafenstand in die Familie brachte. Letzterer war in erster Ehe vermählt mit **Augusta Sibylla** Prinzessin zu Schleswig-Holstein-Sonderburg, gest.

1672, aus welcher Ehe zwei Söhne stammten, von welchen von Sinapius 1728 als Magnum Illustr. Stemmatis Decus genannt wird: Ernst Julius Graf v. G., Freiherr von Peterswaldau, Herr der Herrschaft Blansko etc., k. k. Kämm. und k. Ober-Amts-Rath in Schlesien. Die Schwester desselben war seit 1699 Wittwe von dem k. Oberamtscanzler Grafen v. Schlegenberg. Später ist die gräfliche Linie, welche das Schloss Peterswaldau bewohnte: ein Schloss welches damals durch prachtvolle Einrichtungen, Parkanlagen und Befestigungen zu den schönsten Schlössern in Schlesien gerechnet wurde, wieder ausgegangen, ohne dass über den Abgang derselben sichere Nachrichten sich vorfinden: im Munde des Volks lebte lange die betrübende Sage von einem Zweikampfe zwischen Brüdern, doch wer vermag in Bezug auf solche Sagen von vielem Falschen das ewaige Wahre zu scheiden. — Von den adeligen Linien des Stammes blühten und blühen mehrere fort, namentlich die Nachkommen des im 2. Jahrzehnt dieses Jahrh. zu Liegnitz verstorbenen v. Gellhorn, welcher mit einer v. Gersdorf vermählt war, die des August Ferdinand v. G., k. preuss. Landraths des Frankensteiner Kreises, Herrn auf Kobelau und des Hans Ernst Carl v. G. auf Nieder-Kunzendorf bei Schweidnitz. — Zu den begüterten Sprossen des Stammes gehörten nach Bauer, Adressbuch, S. 70 in neuerer Zeit (1857): Ubaldo v. G., k. preuss. Landrath des Schweidnitzer Kr., Premier-Lieut. a. D., Herr auf Mittel-Arnsdorf, Grunau und Jacobsdorf im Kr. Schweidnitz; August Rudolph v. G., Herr auf Peterwitz im Kr. Strehlen; Benno v. G., k. preuss. Geh. Finanz-Rath, Herr auf Tschinschwitz im Kr. Striegau und Friedrich Wilhelm v. G., Herr auf Wehowitz im Kr. Leobschütz und Antheil Klein-Hoschütz im Kr. Ratibor.

Lucas, Schlesisch. Denkwürd. S. 943 — *Henel*, Silesiogr. renov. S. 364 u. S. 738. — *Sinapius*, I. S. 356-389 und II. S. 92—95. — *Gauhe*, I. S. 612 u. 613. — N. Pr. A.-L-x. II. S. 224 und 225. — *Freih. v. Ledebur*, I. S. 251 und III. S. 258. — *Siebmacher*, I. 55: mit dem unrichtigen Namen: v. Gellhorn, und V. Zus. 13: v. Gelhorn. — *v. Meding*, I. S. 174—176; v. G. und Grafen v. G. — Schlesisch. W.-B. Nr. 158.

Gelmini v. Kreutzhof. Erbländ.-österr. Adelsstand. Diplom von 1788 für die Gebrüder Franz und Johann Peter Gelmini aus Sacco in Tirol, mit dem Prädicate: v. Kreutzhof.

Megerle v. Mühlfeld, Ergänz.-Bd. S. 295.

Gelsdorf. Ein zu dem preussischen Adel gehörendes Geschlecht, aus welchem seit dem 17. Jahrh. Sprossen in kurbrandenburgischen und später in k. preuss. Militairdiensten standen. Dasselbe wurde im 18. Jahrh. in Pommern begütert, besass Schönenberg im Kr. Schlawe 1724 und Camnitz im Kr. Rummelsburg 1753 und hatte noch 1836 im Fürstenthum Caminer Kr. Moizelin und Parsow inne, welche Güter damals dem k. preuss. Capitain a. D. v. G. zustanden. Ein Capitain v. G. starb 1813 an schweren Wunden und ein jüngerer Bruder desselben war schon 1806 in Colberg gefallen. — Da Abbildungen des Wappens nicht bekannt sind, mag hier dasselbe nach Lackabdrücken folgen: Schild geviert: 1 Blau ohne Bild; 2 ein einwärtsgekehrter Löwe; 3 drei, 2 und 1, Mühleisen und 4 in Blau sechs, 3. 2 und 1. (Freih. v. Ledebur sagt: zehn, 4. 3. 2. 1) Kugeln. Nach Letzterem erhielt Wilhelm Albert Reinhold Gelsdorff auf Mötzlin

24. Jan. (16. Octob.) 1857 den Adelsstand des Kgr. Preussen mit demselben Wappen, nur sind die Bilder im dritten Felde: Maueranker genannt und in das 4. Feld neun Getreidekörner gesetzt.

<small>N. Pr. A.-L. II. S. 225. — Freih. v. Ledebur, I. S. 251 und III. S. 258.</small>

Gemberly v. Weidenthal, Ritter. Erbländ.-österr. Ritterstand. Diplom vom 29. Februar 1779 für Ernst Ignaz Gemberly, Postmeister zu Stremberg, mit dem Prädicate: v. Weidenthal. Derselbe, ein Sohn des Salzversilberers Gemberly zu Tuln, war zu seiner Zeit als öconomischer Schriftsteller bekannt und erhielt für Lösung mehrerer Preisfragen die Preise. Von ihm stammte Ernst Franz Joseph Ritter v. G., geb. 1788, Gutsbesitzer auf Innersee, Landgerichts Hag im Salzachkreise, welcher in die Adelsmatrikel des Königr. Bayern eingetragen wurde.

<small>Megerle v. Mühlfeld, S. 112 u. Ergänz.-Bd. S. 295; am ersteren Orte als Ritterstands- am letzteren als Adelsdiplom aufgeführt. — v. Lang, S. 347. — W.-B. d. Kgr. Bayern, V. 58.</small>

Gembicki, Gembiecki. Polnisches, zu dem Stamme Nalenz gehörendes Adelsgeschlecht, welches in Pommern das Gut Repzin im Kr. Schievelbein 1836 und noch 1847 inne hatte. Ein Capitain v. G. stand 1836 im k. preuss. 6. Landwehr-Regimente.

<small>N. Pr. A.-L. II. S. 225.</small>

Gemeiner, Edle. Adelsstand des Königr. Bayern. Adels-Erneuerungs- u. Edelndiplom vom 1. Sept. 1813 für Johann Gottfried Gemeiner, Herrn auf Maria-Kirchen, Furth, Sattlern und Löwenhof zu Sendling, herz. Sachsen-Weim. und Eisenach. Finanzrath. Derselbe, geb. 1750, und in die Adelsmatrikel des Königr. Bayern eingetragen, stammte aus einer Familie, welche, eines Ursprungs mit den 1753 als adelig ausgeschriebenen Gmainer, in der Ober-Pfalz die Landsassen-Güter Bernau, Ritzmannsdorf, Schönstein und Wetzelsberg besass, diese Güter aber im 30jährigen Kriege verlassen musste und sich in Regensburg niederliess.

<small>v. Lang, S. 348. — W.-B. d. Kgr. Bayern, V. 57.</small>

Gemmell zu Flischbach, Freiherren. Reichsfreiherrnstand. Diplom vom 17. October 1691 für Wolf Heinrich v. Gemell, k. k. österr. und kurbayer. Obersten, Kriegs-Commissar, Hof- und Kriegsrath, Truchsess u. Kammerrichter. — Ein ursprünglich lievländisches Adelsgeschlecht, aus welchem Georg Gemmell die fränkischen Güter Ober- und Unter-Flischbach an sich brachte und so der Stammvater des Geschlechts in Deutschland wurde. Wolf Albrecht, Kriegs-Oberst des K. Friedrich III., fiel in der Schlacht bei Caroli gegen die Türken; Johann Wolf war 1505 kaiserlicher Kriegs-Oberst; Johann, gest. 1562, Rathsherr zu Nürnberg; Sigismund blieb 1624 als kaiserl. Oberst-Wachtmeister im Treffen bei Allringen; Wolf Heinrich, s. oben, brachte den Freiherrnstand in die Familie; Johann Achaz verlor im Treffen bei St. Gotthardt das rechte Bein und Christoph starb 1718 als Oberst des fränkisch-boyneburgischen Regiments. Später begab sich Christoph Heinrich Carl, gest. 1763, nach Oesterreich u. wurde im k. k. Ingenieur-Corps angestellt. Um diese Zeit trat der Religionswechsel der Familie ein, in dessen Folge die Besitzungen derselben in fremde Hände gelangten. Der Stamm hat fortgeblüht u. in neuester Zeit wurde Maximilian Freih. v. Gemmell zu Flischbach, geb. 1827, k. k. Finanz-Procurators-Adjunct, vermählt mit Carolina Constantia Freiin v. Parascowitz-Gasser, gest. 1856, genannt. Die Schwester desselben ist Freiin Anna Matthilde, geb. 1827.

<small>Geneal. Taschenb. d. freiherrl. Häuser, 1859. S. 219 und 220.</small>

Gemmingen, Freiherren. Reichsfreiherrnstand. Diplom vom 25. Mai 1182 für Bernolf G. und den Bruder desselben, Heinrich G. Die Ernennung geschah auf dem Reichstage zu Mainz und die Diploms-Empfänger, zwei ebenso durch Reichthum als Macht ausgezeichnete Männer, werden im Diplome: Dynastae et Viri nobiles genannt. — Die freiherrliche Familie v. u. zu Gemminger gehört zu den ältesten und angesehensten Adelsgeschlechtern des früheren römisch-deutschen Reichs. Eine Familiensage, welche eben als Sage zu beurtheilen ist, sucht den Ursprung des Geschlechts in dem römischen Patricierstamme der Gemminier. und erzählt, dass dasselbe unter dem K. Alexander Severus um 224 mit anderen römischen Familien über die Alpen gekommen sei und sich in Deutschland niedergelassen habe. Lassen wir diese Sage — historisch steht fest, was ja hinreichend ist, dass das Geschlecht schon in früher, dunkler Zeit bekannt war. Als erster näher bekannter Ahnherr wird Ulrich G. angenommen, welcher um 872 auf der Burg und Veste Gemmingen im Craichgau, dem jetzigen Grossh. Baden, sass und als Wohlthäter des damals neugestifteten Klosters Murrhardt genannt wird. Später, 1259, war Hans v. G. kaiserl. Landvoigt zu Sünsheim und in demselben, verm. mit einer v. Grumbach, verehrt der ganze Stamm den urkundlich festgestellten allgemeinen Stamm-Vater des späteren Stammhauses. Der Sohn desselben, Diether I., vermählte sich 1283 mit Metza v. Thalheim und aus dieser Ehe entsprossten zwei Söhne: Diether II., oder der Aeltere, gest. 1374, verm. mit Elisabeth v. Mauer und Diether III. oder der Jüngere, gest. 1359, verm. mit Anna v. Gosheim. Dieselben stifteten durch ihre Nachkommen zwei Hauptstämme, welche in mehreren Aesten, Zweigen und Linien fortgeblüht haben, über deren genealogische Verhältnisse bei dem grossen Umfange derselben auf mehrere der unten angeführten Werke, namentlich auf die von Reinhard v. Gemmingen und von Cast, so wie auf das geneal. Taschenbuch der freiherrl. Häuser zu verweisen ist. Für die Zwecke dieses Werkes mag Folgendes genügen: Der ältere Hauptstamm stammt von Dietrich dem Aelteren, dessen Enkel, Dietrich V. und Reich-Hans, Söhne des 1414 verstorbenen Dietrich IV., den Stamm in zwei Aeste, den älteren zu Hagenschiess und den jüngeren zu Guttenberg schieden. Der ältere Ast zu Hagenschiess umfasst die Nachkommenschaft des Dietrich zu Hagenschiess, verm. mit Agnes v. Selbach. In der 8. Generation war Wolf Ludwig in erster Ehe mit Maria Jacobea Fugger und in zweiter mit Franziska Juliana v. Kaltenthal vermählt und seine Söhne, Wolf Dietrich und Reinhard Ludwig, gründeten zwei Linien, von welchen die ältere zu Mühlhausen und Gmünd in Oesterreich, mit des Stifters Ur-Ur-Enkel, dem Freih. Rudolph, k. k. Hauptmann, 12. Sept.

1848 erlosch, die jüngere aber zu Steinegg, gestiftet von Reinhold Ludwig und seiner Gemahlin, Maria Keller v. Schleitheim, noch fortblüht und deren Haupt in neuester Zeit Freih. Hermann, geb. 1803, verm. mit Elisabeth v. Kurnatowska, geb. 1819, war. — Den jüngeren Ast zu Guttenberg gründete Hans v. G., genannt Reich-Hans, gest. 1490, Dr. jur. und Amtmann zu Neustadt, verm. mit Catharina Landschaden v. Steinach, welcher, mit Zustimmung des Lehnsherrn, des Bischofs Reinhard zu Worms, die Burg Guttenberg kaufte und mit derselben 1452 belehnt wurde. Von dem Urenkel desselben, Wolf Dietrich, gest. 1596, stammten zwei Söhne, Dietrich, gest. 1658, Director der Ritterschaft im Creichgau, welcher den Hauptstamm fortsetzte und Wolfgang Dietrich Posthumus, gest. 1658, welcher die gemmingen-bonfelder Linie stiftete. Die Hauptlinie Gemmingen trennte sich mit des Stifters Söhnen in zwei Nebenlinien: Bleickard Dietrich, gest. 1695, gründete die Linie zu Gemmingen-Gemmingen und Otto Dietrich, ebenfalls gest. 1695, die Linie zu Gemmingen-Fürfeld, welche Beide fortgeblüht haben. Haupt der Nebenlinie zu Gemmingen-Gemmingen war in neuester Zeit Freiherr August, geb. 1792, Grundherr zu Gemmingen und Ittlingen, grossherzoglich badischer Kammerherr, vermählt 1818 mit Amalia Freiin v. Gemmingen-Michelfeld, geb. 1801. Die Nebenlinie zu Gemmingen-Fürfeld theilte sich durch zwei Urenkel des Stifters, durch Philipp Dietrich, gest. 1785, in den Fürfelder, und durch Johann Dietrich, gest. 1803, in den Stuttgarter Zweig. Haupt des Ersteren ist Freih. Ernst, geb. 1834 und Haupt des Letzteren Freih. Carl, geb. 1804, k. württemb. Ober-Amtsrichter zu Heilbronn, verm. 1835 mit Beatrix Freiin v. Fahnenberg, geb. 1812. Die Linie zu Bonfeld hat sich später in zwei Nebenlinien, die ältere zu Bonfeld vom oberen Schlosse und die jüngere zu Bonfeld vom unteren Schlosse geschieden. Haupt der ersteren war in letzter Zeit: Freih. Carl Philipp Reinhard, geb. 1797, Herr zu Hüffenhardt, Wollenberg, Kälbertshausen und Neckar-Mühlbach im Grossh. Baden, Herz. Sachs.-Meining. Land-Jägermeister, verm. in erster Ehe mit Emma v. Uttenhofen, gest. 1846 und in zweiter mit Hippolyte Gräf. v. Zeppelin-Aschenhausen, geb. 1821, Haupt der Letzteren aber, der jüngeren Nebenlinie zu Bonfeld vom unteren Schlosse: Freih. Carl, geb. 1779, seit 1854 Senior der Familie, Antheilsbesitzer der Herrschaft Guttenberg, k. württemb. Kammerh. u, Kreis-Ober-Forstm. a. D., verm. 1806 mit Juliane Freiin v. St. André, gest. 1856. — Der jüngere Hauptstamm stammte von Dietrich (III.) dem Jüngeren, gest. 1359, welcher mit Anna v. Gosswein vermählt war. Der Urenkel desselben, Eberhard, gest. 1480, hatte aus der Ehe mit Barbara v. Neipperg zwei Söhne: Arm-Hans und Eberhard, welche die Gründer zweier Aeste waren. Der ältere zu Michelfeld erlosch 1575, der Bürger Ast aber blühte fort, welcher die Descendenz des 1501 verstorbenen Eberhard umfasst. Durch die Enkel desselben, Eberhard und Reinhard entstanden zwei Linien, von denen die von Eberhard gestiftete Linie zu Bürg in allen ihren Nebenlinien wieder ausgegangen ist, während die von Reinhard, gest. 1598 und verm. mit Helena

v. Massenbach, angefangene Linie zu Homberg fortgeblüht hat. Von Reinhard's gleichnamigem Urenkel, gest. 1707, stammten aus der Ehe mit Maria Elisabeth v. Neipperg drei Söhne, welche die Gründer der Nebenlinien zu Treschklingen, Babstadt und Michelsfeld waren. Die Nebenlinie zu Treschklingen stiftete Freiherr Eberhard, gest. 1768, k. k. General-Feldmarschall-Lieutenant, verm. mit Clara Freiin v. Zyllenhard und Haupt dieser Nebenlinie war in neuester Zeit: Freiherr Carl, geb. 1806, Herr zu Treschlingen, Rappenau, Ittlingen, Burg, Aderspach, Rauhof etc., grossh. bad. Kammerherr, verm. 1835 mit Franzisca Grf. v. Ingelheim, genannt Echter v. und zu Mespelbrunn. — Die Nebenlinie zu Babstadt stammt vom Freih. Friedrich, gest. 1738, zuerst verm. mit Maria Flandrina Thumb v. Neuburg und später mit Wilhelmine Leopoldine Rüdt v. Collenberg. Das jetzige Haupt dieser Nebenlinie ist: Freih. Hermann, Herr zu Babstadt, geb. 1820, verm. mit Pauline Freiin v. Ellrichshausen, geb. 1825. — Die Nebenlinie zu Michelfeld steigt von dem Freiherrn Ludwig, gest. 1793, verm. mit Regina Albertina v. Gemmingen, herab und das Haupt derselben ist: Freiherr Ludwig, geb. 1793, Herr auf Michelfeld, Beibingen, Leibenstädt, Widdern etc., vermählt mit Arsene Amelot de Flamand. — Die Freiherren v. G. waren übrigens wegen ihres sehr ansehnlichen u. weit verbreiteten Güterbesitzes der reichsunmittelbaren schwäbischen, fränkischen und rheinischen Reichsritterschaft von deren Anbeginn bis zur Auflösung der Reichsverfassung einverleibt u. viele Sprossen des Stammes bekleideten bei diesen Körperschaften als Ritter-Räthe, Hauptleute, Special- und General-Directoren die höchsten Aemter. Bei Auflösung des Reichs wurden 1806 die Besitzungen dem Königr. Württemberg und dem Grossh. Baden grundherrlich untergeordnet.

Reinhardus de Gemmingen, Discursus de Famil. Gemming. origine et immedictate etc. 1630. — *Bucelini*, II. S. 96—99 und II. b. S. 133 und 134 und III. Append. S. 219 und 266. — *Burgermeister*, Biblioth. equestr. I. Nr. 2. S. 521—557. — *Humbracht*, Tab. 25—31. — *Schannat*, S. 91. — *Gauhe*, I. S. 613—616. — *v. Hattstein*, I. S. 215—232 und II. S. 115—119. — *Biedermann*, Canton Ottenwald, Tab. 48—94. — N. Geneal. Handbuch 1777. S. 83—89 u. 1778. I. S. 84—90 u. Nachtrag I. S. 51. — *Wissgrill*, III. S. 243—248. — *Cast*, Adelsbuch d. Kgr. Württemberg, S. 205—215 und Adelsb. d. Grossh. Baden, Abth. 3. — Geneal. Taschenb. d. freih. Häuser, 1849. S. 136—145. 1856. S. 204—215 und 1859. S. 220—226. — *Freih. v. Ledebur*, I. S. 151 und III. S. 258. — *Siebmacher*, I. 122. v. G. Rheinländisch. — *v. Meding*, I. S. 176. — Suppl. zu Siebm. W. II. 18. Freih. v. G — *Tyroff*, I. 13. — W.-B. d. Kgr. Württemb.: Freih. v. G — W.-B. d. Königr. Bayern, XIV. 4: Freih. v. Gemmingen-Hageuschiess.

Gemmingen v. Massenbach, Freiherren, s. v. Massenbach-Gemmingen, Freiherren.

Gemrich v. Neuberg, auch Ritter. Erbländ.-österr. Adels- und Ritterstand. Adelsdiplom von 1723 für Johann Ignaz Gemrich, Rath bei dem Oberst-Burggrafenrechte zu Prag, mit dem Prädicate: v. Neuberg und Ritterstandsdiplom von 1760 für denselben als k. k. Rath und Beisitzer des Oberstburggrafenrechts, wegen 38jähriger Dienstleistung.

Megerle v. Mühlfeld, S. 113 und Ergänz.-Bd. S. 296.

Gemünden. Ein zu dem Adel des Königr. Bayern und der Preussischen Rheinprovinz gehörendes Adelsgeschlecht, welches aus dem Niederlanden stammen soll u. aus welchem Philipp v. Gemünden sich

1674 zu Grosswinternheim im Ober-Amte Oppenheim niederliess. Von seinen Nachkommen wurde Georg Peter v. G., geb. 1773, kön. bayer. Rath u. Geh.-Secretair in München, in die Adelsmatrikel des Kgr. Bayern u. Friedrich Peter v. G., laut Eingabe d. d. Medenscheid, 4. Juli 1829, unter Nr. 100 der Classe der Edelleute in die der preuss. Rheinprovinz eingetragen.

v. Lang, S. 348. — N. Pr. A.-L. V. 176. — Freih. v. Ledebur, I. S. 251. — W.-B. des Kgr. Bayern, V. 58. — W.-B. d. Preuss. Rheinprov. I. Tab. 40. Nr. 80 und S. 41.

Gencich v. Löwenhof. Reichs-Adelsstand. Diplom von 1763 für Joseph Gencich, mit dem Prädicate: v. Löwenhof.

Megerle v. Mühlfeld, S. 189.

Geneyne, Freiherren. Erbländ.-österr. Freiherrnstand. Diplom von 1799 für Johann Georg v. Geneyne, k. k. Geh.-Rath, Feldmarschall-Lieutenant, commandirenden General in Slavonien und Syrmien etc. aus allerhöchsteigener Bewegung.

Megerle v. Mühlfeld, S. 52.

Genghofen, Genghoven. Ein in der Grafschaft Mark in der zweiten Hälfte des 18. und im Anfange des 19. Jahrh. vorgekommenes Adelsgeschlecht. Johann Ulrich Wendelin v. G. siedelte aus Nürnberg in die Grafschaft Mark über und lebte 1769 und 1770 wechselnd in Hagen, Werle und Schwelm. Derselbe legte der Regierung mehrere Pläne zur Landesverbesserung vor, doch wurde von denselben kein Gebrauch gemacht. Neben zwei Töchtern hatte er einen Sohn, welcher noch im Anfange dieses Jahrhunderts in der Grafschaft Mark lebte.

N. Pr. A.-L. V. S. 176. — Freih. v. Ledebur, I. S. 251.

Gendt v. Gendtedel, Freiherren. Freiherrenstand des Fürstenthums Hohenzollern-Hechingen. Diplom vom 14. Oct. 1825 für den 9. März 1825 in den Adelsstand erhobenen Wilhelm de Gent, wohnhaft zu Delft.

Freih. v. Ledebur, III. S. 258.

Gent, Freiherren. Niederrheinisches, seit der Mitte des 15. Jahrh. bis in die zweite Hälfte des 17. Jahrh. bekanntes Adelsgeschlecht, welches namentlich im Gelder-Lande und im Herzogthume Cleve begütert war. Das Stammhaus Gent lag in der Betuwe. Gisenburg und Wiingarden standen der Familie schon 1450 u. Severnich noch 1670 zu. — Otto Freih. v. G. machte sich 1629 um das Kurhaus Brandenburg bei der Eroberung von Wesel aus den Händen der Spanier sehr verdient. — Derselbe war mit Sophie Elisabeth v. Wachtendonck vermählt und Johann Walkion Freih. v. G., Herr auf Biesterfeld, wohl ein Sohn aus dieser Ehe, lebte noch 1660.

N. Pr. A.-L. V. S. 177. — Freih. v. Ledebur, I. S. 251.

Gentill v. St. Martinsbrunn. Erbländ.-österr. Adelsstand. Diplom von 1750 für Joseph Michael Gentili, Doctor der Rechte und Bergrichter zu Pergine, mit dem Prädicate: v. St. Martinsbrunn.

Megerle v. Mühlfeld, Ergänz.-Bd. S. 296. — Suppl. zu Siebm. W.-D. VIII. 14.

Gentilott v. Engelsbrunn, Freiherren. Erbländ.-österr. Freiherrnstand. Diplom von 1729 für Johann Franz Gentilott v. Engelsbrunn, Ober-Oesterreichischen Geh.-Rath und Hofvicekanzlers Adjuncten.

Megerle v. Mühlfeld, Ergänz.-Bd. S. 58 und 59.

Gentschik v. Gežowa, Ritter. Erbländ.-österr. Ritterstand mit dem Prädicate: v. Gežowa. Carl Ritter G. v. G. stand in letzter Zeit als Hauptmann im k. k. 11. Infant.-Regim.

<small>Handschriftl. Notiz. — Suppl. zu Siebm. W. B. VII. 19: v. Genschük, Ritter.</small>

Gentzkow, Genzkow, Jenzkow, Genschau, Jenschau. Altes meklenburgisches Adelsgeschlecht aus dem gleichnamigen, später aus der Familie gekommenen Stammhause bei Friedland in Meklenburg-Strelitz, aus welchem Lytcken Genschau „Knape" schon in Urkunden des 13. Jahrhundert vorkommt. Das Geschlecht besass im Strelitzischen 1319 Dewitz, so wie Sadelkow 1500, nahm auch an der 1572 erfolgten Ueberweisung der Klöster Antheil. Später wuchs der Güterbesitz mehrfach u. zu demselben kamen Besitzungen in Meklenburg-Schwerin, so wie in Vor- und Hinterpommern hinzu. Der Stamm blühte fort und hatte in Meklenburg-Strelitz noch 1808 Bredenfeld und Jatzke, so wie in Hinter-Pommern Varchentin und in Vor-Pommern 1835 die Güter Broock, Buchholz und Büssow und 1837 auch Bartow inne. — Mehrere Sprossen des Stammes haben in k. preuss. Kriegs- und Staatsdiensten, so wie in der k. hannöv. Armee gestanden. Von ersteren sind namentlich zu nennen: Carl August Wilhelm v. G., seit 1790 k. preuss. Generalmajor, gest. 1797 a. D. und Friedrich v. G., 1804 k. preuss. Geh. Justizrath und Director bei dem westpreuss. Hofgerichte zu Bromberg. — Die oben genannten pommernschen Güter: Broock, Buchholz und Büssow besass noch 1835 Carl v. G. unter Vormundschaft seiner Mutter, einer geborenen v. Arnim.

<small>Bernh. Latomus, Beschreib. d. Adels im Lande Stargard. — Pritzbuer, Nr. 53. — Gauhe, II. S. 486: Jenschau, Geuschau, — v. Behr, Res Mecklenb. S. 1614. — v. Kamps, Handb. des mekleub. Civil-Rechts, S. 542. — N. Pr. A.-L. II. S. 225 und 226. — Freih. v. d. Knesebeck, S. 134. — Freih. v. Ledebur, I. S. 252 und III. S. 258. — v. Meding, I. S. 176. — Tyroff, II. 183. — Meklenb. W.-B. Tab. 17. Nr. 62 und S. 4 und 21. — W.-B. d. Kgr. Hannover, C. 54 und S. 7. — Kneschke, II. S. 180 und 181.</small>

Gentzsch, s. Göntzsch.

Genzinger, Edle. Erbländ.-österreich. Adelsstand. Diplom vom 29. Jan. 1780 für Peter Leopold Genzinger, Doctor der Philosophie und Arzneikunde, mit dem Prädicate: Edler v.

<small>Leupold, I. S. 366 und 367. — Megerle v. Mühlfeld, S. 188.</small>

Geörgen, St. Geörgen und Pösing, Grafen. Die Grafen v. St. Geörgen und Pösing, oder Bösing, Comites de St. Georgio et Bazin, wie man annimmt aus edlem, deutschen Stamme und Abkömmlinge der früheren Grafen v. Altenburg und Homburg, besassen nicht nur in Ungarn beträchtliche Pfandherrschaften, sondern auch viele eigenthümliche Herrschaften in Nieder-Oesterreich und gehörten urkundlich zu den angesehensten Geschlechtern des Niederösterr. Herrenstandes, wenn auch dieselben in den Matrikeln nicht vorkommen. Chunradus, oder Conrad Graf v. Altenburg kam 1028 oder 1030 nach Ungarn als kaiserl. Abgesandter und der Sohn desselben, Ernestus, Ernustus, Hernustus, machte sich in Ungarn ansässig und wurde der Stammvater der späteren Grafen v. St. Geörgen und Pösing, deren Stammreihe Wissgrill sehr weitläufig und genau angegeben hat. Der Stamm blühte bis in die erste Hälfte des 16. Jahrh. hinein, in welcher 1543 Graf Christoph II., in kinderloser Ehe verm. mit Elisabeth Grf. zu Salm u. Neuburg am Inn, den Stamm des alten Geschlechts schloss.

Die hinterlassene Wittwe vermählte sich in zweiter Ehe mit Adam Freiherrn Hofmann zu Strechau und Grünbühel und starb 1557 im Schlosse zu Steyr.

Wissgrill, III. S. 248—266.

Georgen. Ein früher in Schlesien, namentlich im Breslauischen, vorgekommenes, aber nur dem Namen und Wappen nach bekanntes Adelsgeschlecht.

Lucae, Schles. Chronik, S. 258. — Sinapius, II. S. 638. — Siebmacher, III. 94.

Georgendiel v. Georgenthal, Ritter und Edle Herren. Reichsritterstand. Diplom von 1725 für Philipp Wilderich Georgendiel, aus höchst eigener Bewegung, mit dem Prädicate: Edler Herr v. Georgenthal.

Megerle v. Mühlfeld, S. 113.

Georgier, s. Andrié, d'Andrié, Baron, Vicomte de Gorgier, Bd. I. S. 81.

Geppert. Galizischer Adelsstand. Diplom von 1789 für Joseph Geppert, Salinen-Arzt zu Wielizka.

Megerle v. Mühlfeld, Ergänz.-Bd. S. 296.

Gera, Freiherren u. Grafen. Erbländ. österr. Freiherrn- u. Grafenstand. Freiherrndiplom von 1589 für Franz v. Gera auf Strassfried, Herrn zu Michelstätten und Clement in Niederösterreich, so wie für die Vettern desselben u. vom 5. Dec. 1589 für Raymund v. Gera, Freiherrn auf Strassfried und Arnfels, Herrn zu Dürnkrut, Drössing u. Walterskirchen in Nieder-Oesterreich, so wie für seine Brüder und Wittwe und für das ganze Geschlecht und zwar mit dem Vorbehalte, sich wegen ihres so alten bekannten adeligen Geschlechts nur Herren v. Gera nennen zu mögen, und Grafendiplom vom 3. Sept. 1666 für Johann Veit Herrn v. Gera, Freih. v. Arnfelss, Herrn zu Eschelberg, Lichtenhaag, Freyn, Stambsriedt u. Schöndorf, k. k. Kämmerer etc. mit dem Titel: Graf u. Herr v. Gera und Arnfelss und mit dem besonderen Privilegium: de non utendo et de non derogando. — Die Freiherren und Grafen v. Gera zu Arnfelss, Waxenberg, Eschelberg etc. gehörten zu den alten und vornehmeren Herrenstands-Geschlechtern in Oesterreich ob und unter der Enns und stammten, wie meist angenommen wird, aus Ost-Franken, wo sie schon vor länger als fünfhundert Jahren unter dem dortigen Adel vorkamen. Dass, wie Bucelini und Zeidler, Itiner., I. S. 112 angeben, die Familie aus dem gräflichen Hause Reuss herzuleiten sei, wird von Gauhe u. A. bestritten. — Peter v. G. und sein Sohn, Georg, wendeten um 1371 aus Franken nach Kaernten, wo Georg v. G., welcher noch 1402 lebte, Schloss u. Herrschaft Strassfried an sich brachte, auch Fürstl. Bamberg'scher Hauptmann zu Wolfsberg und Verweser der Bambergischen Gebiete und Herrschaften in Kärnten war. Letzterer — die von Bucelini gemachten Angaben sind mehrfach unrichtig — hatte zwei Söhne, Wilhelm und Johann, welcher den Stamm fortsetzte. Von den sechs Söhnen desselben pflanzte nur Andreas I., gest. 1486, das Geschlecht fort u. durch die Söhne Sigismund, Andreas und Jobst aus erster Ehe u. Erasmus aus zweiter Ehe breitete sich der Stamm in Kärnten, Steiermark u.

Oesterreich weit aus. Von Sigismund entspross der obengenannte Freih. Raymund, gest. 1607, welcher eine zahlreiche Nachkommenschaft hatte, doch starb seine Linie schon 1641 mit dem Sohne, Johann Philipp, Herrn auf Walterskirchen, aus. Ueber die Nachkommenschaft der übrigen, den Stamm fortsetzenden Brüder des Sigismund v. G., den Söhnen des Andreas I., Andreas II., Johann und Jodocus, so wie über das ganze Geschlecht und über die genealogischen Verhältnisse desselben hat Wissgrill die genauesten Nachrichten gegeben, aus welchen erhellt, dass die Linie der ebengenannten drei Brüder im Laufe der Zeit ebenfalls bald wieder erloschen. — Erasmus, Sohn des Andreas I. aus zweiter Ehe, s. oben, gründete die in Oesterreich ob der Enns und in Steiermark blühende Linie. Derselbe, gest. 1567, Herr zu Arnfelss in Steiermark und Pfandinhaber der Herrschaften Waxenberg u. Freystatt in Oberösterreich, k. k. Kämm., Geh.-Rath und Hofkammerpräsident, hatte aus erster Ehe zwei Söhne, Carl und Johann Christoph, von welchen Letzterer den Stamm fortsetzte. Ein Enkel desselben war Johann Veit, gest. 1703, welcher, wie oben angegeben, den Grafenstand in die Familie brachte. Von seinen mehreren Söhnen hinterliess Graf Johann Ernst nur Töchter, Graf Johann Otto hatte zwei Söhne Johann Joseph und Franz Adam, doch konnte Wissgrill nicht ermitteln, ob dieselben den Stamm fortsetzten und Graf Johann Maximilian, des Grafen Johann Veits jüngster Sohn, gest. um 1743 kinderlos, war in genannter Zeit in Oesterreich der Einzige seines Stammes. Mit ihm, oder bald nach ihm mit den genannten Söhnen des Grafen Johann Otto, ist nach Allem das alte Geschlecht erloschen.

Bucelini, II. b. S. 135 u. III. S. 52. — *Graf v. Wurmbrand,* Collect. genealog.-hist. Cap. 59, S. 148 — *Gauhe,* I. S. 616 und 617. — *Freih. v. Hoheneck,* I. S. 141. — *Wissgrill,* III. S. 266—278; mit Ahnentafeln. — *Schmutz,* I. S. 480. — *Siebmacher,* I. 20; F. H. v. G. — *Spener,* Histor. Insign. S. 450 und Tab. 17. — *v. Meding,* I. S. 176—178. — Suppl. zu Siebm. W.-B. XII. 24; F. H. v. G.

Geraltowski. Ein früher in Schlesien blühendes Adelsgeschlecht aus dem Hause Geraltowitz im Oppelschen, welches nach Okolki um 1380 nach Polen kam und welches derselbe zu dem Stamme Saszor (in Silber ein schwarzer Adler ohne Kopf) rechnete. Auf diese Angabe ging auch zuerst Sinapius ein, später aber giebt derselbe an, dass die Familie zu dem Stamme Jastrzembiec (in Blau ein die Spitzen in die Höhe kehrendes, silbernes Hufeisen und zwischen demselben ein rothes Kreuz) gehöre. — Nach Balbin, Miscell., Dec. II. Lib. 2., kommt in der Ahnentafel des Andreas Grafen v. Kaunitz Dorothea v. Geraltowska um 1560 als Gemahlin des Peter v. Kaunitz vor.

Okolski, III. S. 54. — *Sinapius,* I. S. 389 u. 390 und II. S. 633. — N. Pr. A.-L. II. S. 226. — *Siebmacher,* I. 73: Die Geroltowsky. — *v. Meding,* I. S. 176.

Geramb, Edle und Ritter, auch Freiherren. Reichs- und erbländ.-österr. Ritter- und Freiherrenstand. Reichsritterstandsdiplom von 1770 für Franz Anton Geramb, Niederösterr. Mercantil und Wechselrath, mit dem Prädicate: Edler v.; erbländ.-österr. Ritterstandsdiplom von 1770 für Carl Geramb, Münzmeister in Prag, mit dem Prädicate: Edler v. und von ebenfalls 1770 für Franz Carl Geramb, Ober-Wirthschafts- u. Waldungs-Inspector zu Nagybanien, so wie für die Brüder desselben, Ignaz Victor, k. k. Rittmeister, Johann Adalbert, k. k. Ober-Lieutenant bei Graf Serbelloni Kürassier und Gottlieb Xaver, Ober-Hüttenverwalters-Adjuncten, gleichfalls mit dem Prädicate: Edle v. und Freiherrn-Diplom von 1791 für Julius Ferdinand Edlen v. Geramb, so wie von 1808 für Ernst Edlen v. Geramb, k. k. Rittmeister und Director des Waisenhauses zu Raab. — Freih. v. Krohne nennt die Familie als alten, aus Ungarn stammenden, österr. Adel. — Joseph Freih. v. Geramb war in neuester Zeit k. k. Hauptmann.

<small>Freih. v. Krohne, II. S. 2 und 3; mit dem Wappen. — Megerle v. Mühlfeld, S. 82 und 113 und Ergänz.-Bd. S. 59 und S. 144. — Suppl. zu Siebm. W.-B. IX. 15; v. G., Ritter.</small>

Gerard v. Festenburg. Erbländ.-österr. Adelsstand. Diplom v. 1785 für Johann Chrysostomus Gerard, k. k. Grenadier-Hauptmann bei Graf Wenzel Colloredo Infanterie, mit dem Prädicate: v. Festenburg.

<small>Megerle v. Mühlfeld, Ergänz.-Bd. S. 296. — Suppl. zu Siebm. W.-B. VIII. 14.</small>

Gerbel v. Gerbelsberg. Erbländ.-österr. Adelsstand. Diplom von 1793 für Franz Joseph Gerbel, k. k. Fortifications-Rechnungsführer zu Olmütz wegen 46jähriger Dienstleistung mit dem Prädicate: v. Gerbelsberg.

<small>Megerle v. Mühlfeld, S. 189.</small>

Gerbelingerode. Erloschenes, eichsfeldisches Adelsgeschlecht.

<small>v. Hellbach, I. S. 418 nach Wolf, Urkundenbuch des eichsfeldischen Adels, S. 12.</small>

Gerber (im Meere eine, eine Fackel emporhaltende Seejungfer, welche sich einem rechtsstehenden Felsen, auf welchem ein zum Fluge geschickter Adler sitzt, zuwendet). Reichsadelsstand. Diplom von 1790 für Gottlob Gerber, Doctor der Arzneikunde und k. polnischen Geh.-Rath. — Der Stamm hatte fortgeblüht und von den Nachkommen besass der k. preuss. Hauptmann v. G., welcher 1820 den Abschied genommen, das Gut Heinzendorf bei Guhrau. Nach Bauer, Adressbuch, S. 75 stand dieses Gut 1857 der Tochter desselben, Frau Theophile verm. v. Gorczkowska, zu.

<small>N. Pr. A.-L. II. S. 226. — Freih. v. Ledebur, I. S. 252 u. III. S. 258. — Suppl. zu Siebm W.-B. XI. 9: im Schilde nur eine auf dem Meer schwimmende Seejungfer mit Fackel, welche sich auf dem Helme wiederholt, während der dem oben beschriebenen Wappen ein geharnischter Arm mit einem Schwerte in der Faust aufwärts. — W.-B. d. Preuss. Monarch. III. 35. — Schlesisches W.-Bd. Nr. 255.</small>

Gerber. Erbländ.-österr. Adelsstand. Diplom von 1818 für Johann Gerber, k. k. Gubernial-Secretair und Registraturs-Director in Böhmen, wegen fünfzigjähriger Dienstleistung.

<small>Megerle v. Mühlfeld, S. 189.</small>

Gerber, Edle. Erbländisch-österr. Adelsstand, mit dem Prädicate Edle v. In letzter Zeit standen in der k. k. Armee: Alois Edler v. G., Platz-Oberst-Lieutenant zu Theresienstadt; Alois, Carl und Johann Edle v. G., Hauptleute und Franz und Leopold Edle v. G., Oberlieutenants.

<small>Handschriftl. Notiz.</small>

Gerbershausen. Ein früher auf dem Eichsfelde vorgekommenes, längst ausgegangenes Adelsgeschlecht.

<small>v. Hellback, I. S. 418. nach Wolf Urkundenbuch, S. 12.</small>

Gerbert v. Iornau, Ritter. Böhmischer Ritterstand. Diplom vom

19. Juni 1686 für Johann Franz Gerbert, mit dem Prädicate: v. Hornau. Der Stamm hat fortgeblüht und in neuester Zeit war der k. k. Oberlieutenant Gustav Gerbert v. Hornau Professor am Cadetten-Institute zu Hainburg.

<small>Handschriftl. Notizen. — v. Hellbach, I. S. 413. — Suppl. zu Siebm. W.-B. IV. 2.</small>

Gerbhard, Gerbhardt (Schild der Länge nach getheilt: rechts von Schwarz und Gold in 11 Reihen, jede zu fünf Feldern, geschacht und links in Gold ein rechts gekehrter, rother Greif). Adelsstand des Königr. Preussen. Diplom vom 2. Nov. 1742 für Friedrich Christian Gerbhard, Herrn auf Polgsen, Nixen und Arnsdorf im Kr. Wohlau. Derselbe war mit Johanna Goldammer vermählt und hatte einen Sohn und drei Töchter. Der Sohn, Christian Wilhelm v. G., starb, so viel bekannt, unvermählt und der Mannsstamm ist mit ihm wieder erloschen. Von den Töchtern war die Eine, Christiane Beate, gest. 1807, mit dem herz. braunschw. Regierungs-Präsidenten Freih. v. Seidlitz vermählt. — Die genannten schlesischen Güter standen noch 1756 sämmtlich der Familie zu. — v. Hellbach schreibt: Gerbert, Gerbhardt und nimmt das Diplom v. J. 1743 an. Nach Allem ist 1742 das richtige Jahr und die richtige Schreibart: Gerbhardt.

<small>v. Hellbach, I. S. 413. — N. Pr. A.-L. I. S. 40 u. V. S. 177. — Freih. v. Ledebur, I. S. 252 und III S. 258; im Artikel: v. Gerber. — W.-B. d. Preuss. Monarch. III. 25. — Kneschke IV. S. 141.</small>

Gerburg, s. Stöckhl v. Gerburg.

Gerded. Eine nach v. Hellbach 18. April 1811 in den Adelsstand des Kgr. Preussen erhobene Familie, doch findet sich diese Erhebung in keinem, die preussischen Standeserhöhungen sonst sehr genau berücksichtigenden Werke vor. Wohl Verwechselung mit v. Gerdtel.

<small>v. Hellbach, I, S. 413.</small>

Gerdes. Schwedischer Adelsstand. Diplom vom 20. Juni 1693 für David Georg Gerdes. — Mushard führt die Familie unter dem Bremen'schen Adel auf und Johann Jacob Gustav v. Gerdes war 1783 und noch 1791 in Pommern Herr auf Tarnow im Kr. Regenwalde.

<small>Mushard, S. 244. — Freih. v. Ledebur, III. S 258. — v. Meding, II, S. 186. — Suppl. zu Siebm. W.-B. V. 16. — Schwedisches Reichs-W.-B., Ritter 138. 1240.</small>

Gerdtel. Im Königr. Preussen erneuerter und bestätigter Adelsstand. Diplom vom 18. April 1812 für die ostpreussische Familie v. Gerdtel. — Theodor v. G. starb 1832 als Hauptmann im k. preuss. 6. Infant.-Regim.; August Georg Reinhard v. G. war 1845 Leibpage Sr. Maj. des Königs und später standen zwei Lieutenants v. G. im k. preuss. 8. Iufant.-Regimente.

<small>v. Hellbach, I. S. 413. — N. Pr. A.-L. II. S. 227 und V. S. 177. — Freih. v. Ledebur, I. S. 252 — W.-B. d. Preuss. Monarch. III. 25.</small>

Geresleben, früher Garnsleben. Ein früher in Schlesien vorgekommenes Adelsgeschlecht, welches im Breslauischen begütert war.

<small>Henel, Silesiogr. ren. Cap. 3. S. 772: Garnzleben. — Sinapius, I. S. 390 und II. S. 638. — Siebmacher, II. 52. — v. Meding, II. S. 186 und 187.</small>

Geret. Polnischer Adelsstand. Diplom vom 26. Oct. 1775 für Samuel Ludger Geret, Doctor juris und Syndicus zu Thorn. — v. Hellbach nennt einen früher ordinirten Prediger und Emissair, später aber k. preuss. Hof- und Kriegsrath v. Geret, welcher ein **Adelsdiplom** des Königr. Preussen erhalten habe, doch ist nur über das erwähnte polnische Adelsdiplom Näheres bekannt und nach Allem gehörte der genannte Hof- und Kriegsrath v. G. in die Familie, welche dieses Diplom erhielt. — A. v. Geret war 1820 als Registrator bei dem Ober-Landesgericht zu Marienwerder angestellt.

<small>v. Hellbach, I. S. 419. — Freih. v. Ledebur, I. S. 252 und berichtigt III. S. 258 u. 259.</small>

Gergely v. Szekelkö. Erbländ.-österr. Adelsstand. Diplom von 1804 für Johann Gergely, k. k. Oberlieutenant bei dem ersten Szeckler Infant.-Regim., mit dem Prädicate: v. Szekelkö. — Ein Lieutenant v. Gergely stand 1856 in der k. preuss. 1. Ingenieur-Inspection.

<small>Megerle v. Mühlfeld, Ergänz.-Bd. S. 296. — Freih. v. Ledebur, III. S. 259.</small>

Gergens v. Eschenau. Erbländ.-österr. Adelsstand. Diplom von 1818 für Carl Gergens, k. k. Oberlieutenant und Adjutant bei Freih. Vincent Chevauxlegers, mit dem Prädicate: v. Eschenau.

<small>Megerle v. Mühlfeld, S. 189.</small>

Gergsfeld, s. Thomann v. Gersfeld.

Gerhab, Gerhaben. Die Gerhaben v. Hochenburg, zu Wolfpässing, Dieterstorf, Streithofen, Azelstorf etc. waren ursprünglich Oesterreicher vom alten Ritterstande, welche im 17. Jahrh. ausgingen. Johann Gerhab besass 1481 einige Walseeische Lehenstücke im Turnerfelde. Der Stamm, über welchen Wissgrill Weiteres angegeben hat, blühte bis gegen die Mitte des 17. Jahrh., in welcher Zeit Franz Andreas Gerhab v. Hochenburg, Herr zu Dietersdorf in Nieder-Oesterreich, noch 1649 lebte. Derselbe war im genannten Lande der Letzte seines Geschlechts.

<small>Wissgrill, III. S. 278 und 279. — Siebmacher, III. 82. — v. Meding, II. S. 187.</small>

Gerhard, Gerard, Ritter (Schild geviert: 1 u. 4 von Silber und Roth schräglinks getheilt mit einem rechts gekehrten Löwen von gewechselten Farben, welcher in der rechten Pranke drei Blitze hält und 2 und 3 in Silber ein schwarzer Doppeladler). Alter böhmischer Ritterstand. Diplom vom 8. Aug. 1665 für Jacques Gerard.

<small>v. Hellbach, I. S. 418. — Suppl. zu Siebm. W.-B. VIII. 14. v. Gerard.</small>

Gerhard, Gerhard v. Grabkowitz. Böhmischer Adelsstand. Diplom von 1629 für Georg Gerhard, Herrn auf Grabkowitz, Canzler des Fürstenthum Oels. Nach anderen Angaben ist das Diplom von 1617. Derselbe starb 1639 ohne Nachkommen.

<small>Sinapius, Olsnographia, I. S. 640 u. II. S. 108 und Schles. Curiositäten, II. S. 638 und 639. — N. Pr. A-L. II. S. 227. — Freih. v. Ledebur, I. S 252 u. III. S. 259.</small>

Gerhardt (Schild geviert mit Mittelschilde. Im blauen Mittelschilde ein aus dem untern linken Rande desselben aufwachsender, rechtsgekehrter, zehnendiger Hirsch. 1 u. 4 in Gold drei blaue Querbalken und 2 u. 3 in Silber drei vierstrahlige, goldene Sterne u. zwar im 2. Felde 2 u. 1, im 3. aber 1 u. 2). Adelsstand des Königreich Preussen. Diplom vom 9. Oct. 1787 für Johann Carl Gerhardt, k. preuss. Lieutenant im Husaren-Regimente v. Usedom. — Sehr wahrscheinlich ist, dass der Diploms-Empfänger der 1807 auf dem Felde der Ehre gebliebene Major v. G. im k. preuss. Regimente v. Towarzysc war. Der Stamm hat fortgeblüht. Mehrere Sprossen desselben haben in k. preuss. Militair- und Staatsdiensten gestanden und in Pommern kam das Gut Carwen im Kr. Stolp, so wie in Westpreussen die Herrschaft Flatow in die Hand der Familie. Nach Bauer, Adressbuch, S. 70, war der k. preuss. Landrath und Polizei-Director v. G. 1857 in der Provinz Sachsen Herr auf Grossengottern VII. im Kr. Langensalza.

v. Hellbach, I. S. 418 und 419. — N. Pr. A.-L. II. S. 227. — Freih. v. Ledebur, I. S. 252. und III. S. 209. — W.-B. d. preuss. Monarch. III. 26. — Kneschke, IV. S. 141 u. 142.

Gering, Ritter. Erbländ.-österr. Ritterstand. Diplom von 1777 für Friedrich Gering, Director des Tomaszower Districts im Belzer Kreise.

Megerle v. Mühlfeld, Ergänz.-Bd. S. 144.

Geringer v. Oedenberg, Freiherren. Erbländ.-österr. u. ungarischer Freiherrenstand, Ersterer durch Diplom vom 20. April 1802, Letzterer durch Diplom vom 29. Juli 1809 für Gabriel Geringer v. Oedenberg, k. k. Obersten des Szekler-Husaren-Regiments. Derselbe, ein Sohn des Joseph Geringer, gest. 1794, gebürtig aus Oedenburg, welcher als k. k. Rittmeister im Husaren-Regiment Freih. Barco am 23. Juni 1789 den erbländisch-österr. Adelsstand mit dem Prädicate: v. Oedenberg erlangt hatte und mit Catharina Wolfsacker vermählt war, starb 1825 als k. k. Generalmajor und hinterliess aus der Ehe mit Sophia v. Bruckenthal zwei Söhne, die Freiherren Carl Gabriel und Vincenz Franz. Letzterer, k. k. Rittmeister in d. A. ist 1849 gestorben, Ersterer aber, geb. 1806, ist k. k. Geh.-Rath u. Reichsrath.

Megerle v. Mühlfeld, S. 52 u. S. 189 u 190. — Geneal. Taschenb. d. freih. Häuser, 1849. S. 146 und 1859. S. 226.

Gerlach (im rotheingefassten, schwarzen Schilde ein aus Flammen hervorspringendes, weisses Ross). Im Königr. Preussen erneuerter Adelsstand. Erneuerungs-Diplom für den 1742 als k. preuss. Hofgerichts-Rath zu Cöslin verstorbenen Lebrecht v. Gerlach. — Von demselben — einem Sohne des Jacob v. G., kaiserlichen Obersten über ein Regiment Cavallerie, welcher 1435 am St. Lorenztage von dem K. Sigismund in den Ritterstand erhoben worden war — entsprossten zwei Söhne, Friedrich Wilhelm v. G., k. preuss. Geh. Ober-Finanz-Kriegs- u. Domainen-Rath u. Otto Lebrecht v. G., k. preuss. Oberstwachtmeister, Herr auf Zeblin etc. Von diesen beiden Brüdern hatte der Erstere zwei Söhne, Ludwig August Wilhelm u. Carl Friedrich Leopold und der Andere aus der Ehe mit einer v. Kleist einen Sohn, Otto Friedrich Carl Heinrich. Der Stamm blühte fort u. brachte mehrere Güter in der Neumark, in Pommern, wo derselbe das Indigenat erlangte und zwar namentlich im Kr. Fürstenthum Camin und Cöslin sowie in Ostpreussen an sich und Sprossen desselben sind zu hohen Ehrenstellen in kön. preuss. Militair- und Staatsdiensten gekommen. Bauer, Adressbuch, S. 70 gab 1857 folgende an: Leopold v. Gerlach, k. pr. Generallieutenant und Generaladjutant, später, 1861, gestorben, u Ernst Ludw. v. Gerlach, k. pr. Appellations-Gerichts-Präsident zu Magdeburg, Herren auf Rohrbeck im Kr. Königsberg, N. M. so wie v. G., k. preuss. Landrath a. D., Herr auf Parsow (Majorat) und Schwemmin im Kr. Fürstenthum Camin und Frau v. Gerlach, geb. v. Beyme zu Passow, Herrin auf Drosedow und Trienke ebenfalls im Kr. Fürstenthum Camin.

Freih. v. Krohne, II. S. 4 und S. 413. — *Brüggemann*, I. 2 Hptst. — N. Preuss. Adelslexic. V. S. 177 und 178. — *Freih. v. Ledebur*, I. S. 252 und III. S. 259. — Suppl. zu Siebm. W.-B. VI. 19. — W.-B. d. Preuss. Monarchie III. 24. — Pommersches W.-B. III. Tab. 14. und S. 44. — *Kneschke*, I. S. 165 und 166.

Gerlach, Freiherren. Freiherrnstand des Grossherz. Hessen. Diplom vom 15. März 1838 für den grossh. hess. Obersten v. Gerlach. Soviel bekannt, gehört derselbe, welcher in neuester Zeit als Oberst a. D. vorkommt, zu der im vorstehenden Artikel besprochenen Familie. — Ob die in neuester Zeit in der k. k. Armee stehenden Lieutenants, Maximilian Freih. v. G. und Alexander Freih. v. G. zu dieser Familie, oder einer anderen dieses Namens gehören, muss dahin gestellt bleiben.

Handschriftl. Notiz.

Gerlach (in Silber ein schwarzes, aus blauem Wasser halb emporsteigendes Pferd). Adelsstand des Königr. Preussen. Diplom vom 15. Octob. 1840 für den k. preuss. Regierungs-Präsidenten Gerlach in Cöln.

N. Pr. A.-L. VI. S. 143. — *Freih. v. Ledebur*, III. S. 259.

Gerlacher v. Gerlachsberg. Erbländ.-österr. Adelsstand. Diplom vom 29. Nov. 1841 für Franz Gerlacher, k. k. Oberlieutenant a. D., mit dem Prädicate v. Gerlachsberg. — Derselbe lebte in neuester Zeit im Genusse des wiener Invaliden-Instituts-Emolumenten-Aequivalents zu Neu-Lerchenfeld bei Wien und der Sohn desselben, Paul G. v. G., war Lieutenant im Invalidenhause zu Pettau.

Handschr. Notiz.

Gerlachsheim. Altes, längst erloschenes oberlausitzisches und schlesisches Adelsgeschlecht aus dem gleichnamigen Stammhause bei Görlitz. — Guncelinus v. G. war 1320 bei dem Herzoge Conrad I. zu Oels gern gesehen, Arnold v. G. lebte 1337 am Hofe des Herzogs Boleslaus zu Liegnitz, Johann v. G. 1340 an dem zu Oels und Gucellinus v. G. kommt noch 1357 im Bernstadtschen vor. Zuletzt wird noch 1365 Hedwig v. G. als Priorissa des Klosters Trebnitz genannt.

Sinapius, I. S. 390. — *Gauhe*, II. S. 350 u. 351.

Gerlich v. Gerlichsburg, Edle. Erbländ.-österr. Adelsstand. Diplom vom 23. Mai 1849 für Johann Gerlich, k. k. Hauptmann des Carlstädter Artillerie-Bezirks mit dem Prädicate: Edler v. Gerlichsburg. Der Stamm hat fortgeblüht. In neuester Zeit stand Rudolph G. Edler v. G. als Oberlieut. u. Stabs-Officier Adjut. im k. k. 3 Artill. Regim. u. Joh. G. Edler v. G. als Oberlieut. im k. k. 3. Jäger-Bataillon.

Handschriftl. Notiz.

Gerliczi, Gerlistye, Gerlicich, Ritter und Edle und Freiherren. Erbländ.-österr. Ritter- u. Freiherrnstand. Ritterstandsdiplom von 1749 für Johann Felix v. Gerliczi, k. k. Hauptmanns-Amtsverwalter und Repräsentanten zu Fiume, Buccari und Tersat, mit dem Prädicate: Edler von u. Freiherrndiplom von 1775 für denselben, als k. k. Rath, Repräsentanten und Militair-Commandanten der Stadt u. des Hafens zu Fiume, wegen altadeligen Herkommens u. 32jähriger Dienstleistung. Der freiherrliche Stamm hat fortgeblüht und in den letzten Jahren wurde Joseph Freiherr v. Gerliczy unter den unangestellten k. k. Feldmarschall-Lieutenants aufgeführt.

Leupold, I. 3. S. 367. — Megerle v. Mühlfeld, S. 52 u. S. 113.

Gerlitzki, Gerlicki, Garlitzki. Ein zu dem polnischen Stamme Pruss I. gehörendes Adelsgeschlecht, welches nach Ostpreussen kam und das Gut Malschöwen an sich brachte, später aber wieder ausging. — Ob dasselbe zu dem im vorstehenden Artikel besprochenen Stamme gehört habe, ist nicht bekannt.

Freih. v. Ledebur, I. S. 252 u. III. S. 259.

Gerloss. Niederösterr. Adelsgeschlecht, welches schon im 12. u. 13. Jahrh. unter den Herzogen Babenbergischen Stammes bekannt war, mit Hollabrunn, Weyhburg, Sitzendorf, Schönkirchen, Dürrnleiss, Eckendorf, Marggerstorf etc. begütert wurde, zu dem damaligen vornehmen Landadel gehörte u. später unter die Ministerialen u. Dienstherren gehörte. Cunrad v. Gerloss kommt urkundlich schon 1190 vor. Der Stamm blühte bis in die zweite Hälfte des 14. Jahrh. hinein und Peter oder Petrein der Gerlosser, der sich zuletzt, unter Hinweglassung des Namens Gerloss, blos Peter v. Schönkirchen schrieb, tritt urkundlich noch 1363 auf. Später findet sich der Name des Geschlechts nicht mehr vor.

Wissgrill, III. S. 180—182.

Germain, Ritter und Edle. Reichsritterstand. Diplom von 1766 für Philibert Germain, k. k. Rath und Schlosshauptmann zu Schlosshof, Hollitsch und Eckartsau, mit dem Prädicate: Edler v.

Megerle v. Mühlfeld, Ergänz.-Bd. S. 144.

Germar. Altes, thüringisch-sächs. Adelsgeschlecht, welches urkundlich nach Einigen schon 1130 vorgekommen sein soll, doch ist über dieses Vorkommen Näheres nicht bekannt. Später, 1230, sass dasselbe auf dem gleichnamigen Stammschlosse, welches jetzt Görmar heisst, im Kr. Mühlhausen, Provinz Sachsen. — Curt v. G. zog nach Müller, Annal. Saxon., 1461, mit dem Herzoge Wilh., zu Sachsen in das gelobte Land und wird von Spangenberg, Adelsspiegel, II., als Kriegsheld genannt und Hans v. G., Landescomthur der Ballei Thüringen, unterschrieb 1554 den Naumburgischen Vertrag zwischen dem Kurfürsten August zu Sachsen und dem Herzoge Johann Friedrich zu Sachsen. Ein anderer Hans v. G. war 1564 kursächs. Rath und machte, wie Bayer, Geograph. Jenensis, S. 422, angiebt, mehrere milde Stiftungen; Heinrich v. G. kommt 1650 als kursächs. Oberstlieutenant vor etc. Die Familie, welche schon 1568 und später in Thüringen Gebesee unweit Weissensee besass, wurde im 18. Jahrh. in der Oberlausitz, der Neumark, Pommern u. Westpreussen begütert und mehrere Sprossen des Stammes, welcher auch im Kgr. Sachsen unweit Rochlitz das Rittergut Gebülzig mit Naundorf an sich brachte, haben in k. preuss. und k. sächs. Militairdiensten gestanden. Ein Major v. G. commandirte 1839 im k. preuss. 26. Infant.-Regiment und Anton Friedemann v. G. k. sächs. Lieutenant trat 1825, Curt Ewald

v. G. aber als k. sächs. Major aus dem activen Dienste. — Nach Bauer, Adressbuch, S. 71, besass 1857 der k. preuss. Hauptmann v. Germar zu Stettin das Gut Stolzenfelde im Kr. Arnswalde.

Gauhe, I. S. 617. — *Brückner*, Beschreibung des Kirchen- und Schulstaates im Herzogth. Gotha. I. 3. Stck. S. 231 u. 241. — N. Pr. A.-L. V. S. 178. — *Freih. v. Ledebur*, I. S. 252 und III. S. 259. — *Siebmacher*, I. 146; v. Germar, Thüringisch. — *v. Meding*, II. S. 187 u. 188. — *Kneschke*, II. S. 182 und 183.

Germersen, Garmissen. Altes, später erloschenes, hildesheimisches Adelsgeschlecht, aus welchem Sigisband G. schon 998 gelebt haben soll.

Lettner, Dasselsche Chronik, S. 186 a. und b. — *Siebmacher*, II. 128. — *v. Meding*, II. S. 188.

Germershausen. Ein ursprünglich dem Eichsfelde angehöriges, im 17. Jahrh. erloschenes Adelsgeschlecht, dessen Namen ein hessisches Dorf führt und welches auch in der Mark Brandenburg vorgekommen ist, in welcher Volkmar v. Germershausen, ein Hofdiener des Kurfürsten Joachim II., Lehne und Eigenthum in der zweiten Hälfte des 16. Jahrh. zu Falkenberg und zu Straussberg in den Kr. Nieder- und Ober-Barnim besass. Im Eichsfelde stand der Familie noch 1610 Gröningen unweit Oschersleben zu.

Wolf, Urkundenbuch, S. 13. — *Freih. v. Ledebur*, I. S. 252 und 258.

Germersheim, Edle. Im Königreiche Bayern anerkannter Adelsstand. Pfalzgräflich Fürstenbergisches Adelsdiplom vom 6. Febr. 1784 für Peter Franz Joseph Germersheim, kurmainzischen Stadt- u. Amtsvoigt zu Külsheim, welches Diplom 12. Jan. 1785 von den Landrechten in Freiburg ausgeschrieben wurde. — Die Familie stammte aus der Stadt Dünkelsbühl u. der Urgrossvater des Diploms-Empfänger war zuerst in würzburgische Dienste getreten. Zwei Söhne des Letzteren, Christoph Caspar Bernard v. G., geb. 1758, k. bayer. Finanzrath in München und Johann Andreas v. G., geb. 1774, k. bayer. und gräfl. Fugger'scher Patrimonial-Beamter in Möhren, wurden nebst dem Sohne ihres verstorbenen Bruders Johann Philipp: Johann Fidel v. G. zu Dillingen, geb. 1800, bei Anfertigung der Adelsmatrikel des Königr. Bayern, in dieselbe eingetragen.

v. Lang, S. 349. — W.-B. d. Königr. Bayern, V. 59 — *v. Hefner*, II. 90 und S. 79. — *Kneschke*, IV. S. 142 und 143.

Germeten, Ritter und Edle. Böhmischer alter und Reichsritterstand. Diplom des alten, böhmischen Ritterstandes von 1728 für Bernhard Heinrich v. Germeten, k. k. Hof-Kammer- und ungarischen Hofcanzleirath und Reichs-Ritterstands-Diplom von 1732 für Denselben, mit dem Prädicate: Edler von.

Megerle v. Mühlfeld, Ergänz.-Bd. S. 144.

Gernler. Ein aus Tirol 1792 nach Bayern ausgewandertes Adelsgeschlecht, aus welchem Peter Franz Ludwig v. Gernler, geb. 1767 zu Toul, k. bayer. Capitain der Gensdarmerie, in die Adelsmatrikel des Königr. Bayern eingetragen wurde.

v. Lang, S. 349. — W.-B. d. Kgr. Bayern, V. 60.

Geroldsegg, Geroldseck, Hohen-Geroldsegg, Freiherren und Grafen. Altes, rheinisches Herren- u. Grafengeschlecht, aus dem längst in

Ruinen zerfallenen, gleichnamigen Stammschlosse, welches gewöhnlich Hohen-Geroldsegg genannt wurde, unweit Elsass-Zabern lag und nicht mit dem Bergschlosse Kufstein in Tirol verwechselt werden darf, welches letztere auch unter dem Namen: Geroldsegg vorkommt. Zwei, Walther und Heinrich, Herren zu Geroldsegg waren von 1260 bis 1273 nach einander Bischöfe zu Strasburg. Der Stamm blühte in das 17. Jahrh. hinein, bis Jacobus Graf zu Geroldsegg 26. Juli 1634 den Mannsstamm schloss. Die Erbtochter desselben, Anna Maria, war mit Friedrich Marggrafen zu Baden vermählt, brachte diesem aber aus dem väterlichen Erbe nur die Herrschaften Lahr und Mahlberg in der Ortenau zu: die Herrschaft Hohen-Geroldsegg fiel als Reichslehn an das Reich zurück und als solches erhielt diese Herrschaft Philipp Adam v. Cronberg, welcher in den Grafenstand erhoben wurde, s. den betreffenden Artikel, Bd. II. S. 362 u. 363. Als später, 1. April 1692, Graf Crato Adolph Otto v. Cronberg ohne männliche Nachkommenschaft starb, gelangte Hohen-Geroldsegg abermals an das Reich, worauf mit der genannten Herrschaft Carl Caspar Herr v. d. Leyen belehnt wurde, welcher 1710 Aufnahme im Schwäbischen Grafen-Collegium fand.

Bucelini, II. 8. 11. — *Hübner*, II. Tab. 481. — *Gauhe*, II. 6. 1490 und 1491. — Gr. Jac. *Kremer*, Pragmatische Geschichte des Hauses Geroldsegg, wie auch der Reichsherrschaften Hohen-Geroldsegg, Lahr und Mahlberg, Carlsruhe, 1767. — *Siebmacher*, II. 19: Herren Geroltzeck. — *Spener*, Historia Insign. S. 104. — *v. Meding*, II. S. 188 und 189.

Geroldschützer, s. Studnitz.

Geroltstein, s. Manderscheid, Grafen.

Gerolt, Gerolt zur Leyen. Rheinländisches Adelsgeschlecht, in welches der Adel 16. April 1614 gekommen ist und welches den Beinamen: Leyen von einer der Familie schon seit 1623 gehörenden Besitzung dieses Namens bei Linz im Regier.-Bez. Coblenz führt. — Rudolph Jacob, Carl Ferdinand, Carl Friedrich Maria u. Friedr. Carl v. Gerolt zur Leyen wurden, laut Eingabe d. d. Haus zur Leyen 3. Juli 1829, in die Adelsmatrikel der Preuss. Rheinprovinz eingetragen u. unter Nr. 20 der Classe der Edelleute einverleibt. — Später war ein v. G. k. preuss. Appellations-Gerichtsrath zu Cöln und Carl Ferdinand v. Gerolt, Herr auf Burg zur Leyen noch in neuester Zeit k. preuss. a. o. Gesandter u. bevollm. Minister in Nordamerika.

N. Pr. A.-L. V. S. 179. — *Freih. v. Ledebur*, I. S. 258. — W.-B. d. preuss. Rheinprov. I. Tab. 41. Nr. 51 und S. 41. — *Kneschke*, IV. S. 143 und 144.

Geroltstein, Gerhartstein. Altes, namentlich im Rheingau begütert gewesenes, früher sehr ausgedehntes Rittergeschlecht, dessen Name in Urkunden mehrfach verschieden geschrieben wurde, was irrthümlich Anlass gegeben hat, mehrere Geschlechter aus demselben zu machen. Es hiess bald Geroltstein, Girstein, Geritstein u. Gerestein, der ursprüngliche und wahre Name war Gerhartstein. Die gleichnamige, lange schon in Ruinen liegende Stammburg gewahrt man in diesen noch jetzt im Hinterlands-Walde an der Wisper über dem Dorfe Geroltstein im Herz. Nassau. Amte Langen-Schwalbach. Es war ein mainzisches Dienstmannsgeschlecht, hatte vom Erzstifte beträchtliche Lehne inne und sass als Burgmann auf fast allen rheingauischen u. Privatburgen. Das Erbbegräbniss befand sich im Rheingauer Kloster Eberbach, welchem es auch ansehnliche Güter geschenkt hatte. Urkundlich kommt zuerst 1261 Henricus de Gerhardstein vor und der Stamm blühte bis in die zweite Hälfte des 16. Jahrh. hinein, in welcher Wilhelm, Friedrich u. Heinrich 1569 u. 1573 den Manuesstamm schlossen. Die Stammlehne fielen meist an Hessen, als Herr der Grafschaft Katzenelnbogen. Später findet man mit einem Theile derselben, namentlich der Junkernburg zu Geroltstein, den Erb-Amtmann Brenner v. Geroltstein beliehen, dessen Familie nun auch das Geroltsteiner Wappen und Kleinod dem ihrigen beifügte, s. den betreffenden Artikel, Bd. II. S. 56 u. 57.

_{Handschriftl. Notiz. — *Bodmann*, Rheingauer Alterthümer, I. S. 312. — *Arnoldi*, Miscellaneen, S. 267.}

Gerolzhofen, s. Lamprecht v. Gerolzhofen.

Gerresheim (in Blau mit goldenem Schildesrand ein aufgerichtetes Reh). Im Königr. Preussen erneuerter Adelsstand. Diplom vom 3. Oct. 1735 (nach Anderen 1733) für den Fürstl. Hessen-Darmstädt'schen Minister-Residenten und Legationsrath v. Gerresheim. — Das neuerlich im Kgr. Sachsen vorgekommene Geschlecht v. Gersheim, s. den betreffenden Artikel, ist, wie das Wappen ergiebt, eine andere Familie.

_{*v. Hellbach*, I. S. 420. — N. Pr. A.-L. V. S. 178 u. 179. — *Freih. v. Ledebur*, I. S. 253. — W.-B. d. Preuss. Monarch. III. 26.}

Gerometti, s. Mayergross v. Gerometti.

Gerreth. Ein im 18. Jahrh. in Pommern vorgekommenes Adelsgeschlecht, aus welchem Johann Gottfried v. Gerreth 1749 und noch 1763 Glietzig im Kr. Regenwalde besass.

_{*Freih. v. Ledebur*, III. S. 259.}

Gersch, Ritter. Erbländ.-österr. Ritterstand. Diplom vom 28. Aug. 1816 für Johann Franz Gersch, Mährischen Gubernialrath, wegen 45jähriger Dienstleistung.

_{Handschriftl. Notiz. — *Megerle v. Mühlfeld*, S. 113.}

Gerschow. Ein zu dem Preussischen Adel gehörendes Geschlecht, aus welchem in neuester Zeit ein Sprosse als Oberstlieutenant in der k. preuss. Garde-Artillerie stand.

_{*Freih. v. Ledebur*, I. S. 252 und III. S. 259.}

Gersdorf, Gersdorff, auch Freiherren u. Grafen. Böhmischer Reichs- und preussischer Freiherrenstand u. böhmischer- und Reichsgrafenstand, so wie Grafenstand der Königreiche Preussen und Dänemark. Diplom des böhmischen Freiherrenstandes vom 29. Aug. 1668 für Georg Rudolph v. G. und des böhmischen Freiherrn- u. alten Herrenstandes vom 9. Jan. 1696 für Rudolph v. G.; Reichsfreiherrndiplom vom 17. Octob. 1672 für Nicolaus v. G.; Diplom des böhmischen Grafenstandes vom 17. März 1701 für Georg Rudolph Freih. v. G.; Reichsgrafen-Diplom von 1723 für Christoph Friedrich Freih. v. G.; Kursächs. Reichs-Vicariats-Grafendiplom vom 28. Aug. 1745 für Gottlob Friedrich v. G.; Preuss. Grafenstand vom 7. Juni 1824 für Georg Ernst v. G.; dänischer Grafenstand vom 25. Dec. 1841 für Christ. Ludwig Joh. Adolph Dormund v. G., mit dem Zusatze: Hardenberg-Reventlow u. preuss. Freiherrnstand von 1840 für Wigand Adolph v. G. — Altes, weit verzweigtes, reich begütertes, lausitzisches Adelsgeschlecht, welches aus der Lausitz nach Schlesien, Böhmen und in's Meissen'sche, später aber auch nach Dänemark, Liefland etc. kam. Ueber den Ursprung desselben sind die Angaben verschieden. Früher wollte man den Stamm aus Burgund herleiten und später hielt man sich meist an Carpzovs Annahmen und glaubte, dass das Geschlecht aus dem Quedlinburgischen von den Geronen stamme, doch hat in neuerer Zeit Freih. v. Ledebur sich dahin erklärt, dass die v. G., welche in der Gegend von Quedlinburg in älteren Urkunden auftreten, einem anderen Geschlechte angehörten. So ist denn auch von diesem Geschlechte, wie von so vielen alten Familien am richtigsten zu sagen: der Ursprung verliert sich in eine mehrfach sehr dunkle Zeit. Die ersten sicheren Nachrichten über das Auftreten des Geschlechts finden sich in der Oberlausitz, in welcher sich dasselbe wohl in der zweiten Hälfte des 10. Jahrh. ansässig gemacht haben mag. Fest steht, dass Baruth schon 1266 der Familie zustand und dass im 13. u. 14. Jahrh. mehrere Sprossen des Stammes in Lauban wohnten, von welchen Michael v. G. 1274 und 1277, Franz v. G. 1323 u. 1326 und Caspar v. G. 1393 das Bürgermeister-Amt in dieser Stadt verwalteten, auch kommt Christian v. G. in einem Resignations-Briefe des Herzogs Heinrich zu Jauer 1319 als Zeuge vor. Nach dieser Zeit breitete sich der Stamm, dessen Glieder zu den wichtigsten Aemtern und Würden in den Markgrafthümern Ober- und Nieder-Lausitz gelangten — von 1430 — 1697 waren zehn v. G. Amtshauptleute zu Görlitz — so sehr aus, dass 1525 in der Schlacht bei Pavia 27 Söhne der Familie geblieben sein sollen, 1527 bei einem zu Zittau abgehaltenen Geschlechtstage über 200 Sprossen des Stammes mit 500 Pferden eintrafen und Caspar Dornav vor über zweihundert Jahren an Johann Nicolaus v. G. schrieb, dass, könnte der Stammvater der Familie wieder aufstehen, derselbe 1300 Enkel zählen würde, welche sich in 9 Königreichen u. Ländern verbreitet hätten und in Verwandtschaft mit 130 vornehmen Familien wären. Die Zahl der im Laufe der Zeit in der Lausitz entstandenen Linien und Häuser ist sehr gross. Die am meisten bekannt gewordenen sind die Häuser: Tauchritz, Lautitz, Meffersdorf, Horcka, Krischa, Malschwitz, Baruth, Ubyst, Gröditz, Ruhland, Pliskowitz etc. über deren Glieder Carpzov die möglichst genauen Angaben mit grossem Fleisse zusammengetragen hat. — Wie in der Lausitz, so entstanden auch im Meissenschen und in Schlesien mehrere Dörfer und Rittersitze, welche nach Allem den Namen von der Familie erhielten. Ueber den anderen reichen Grundbesitz der Familie in der Ober-Lausitz, im Meissenschen, in der jetzigen Provinz Schlesien u. zwar im Kr. Görlitz, so wie in anderen Kreisen Schlesiens, in anderen Provinzen der Preuss. Monarchie: in den Provinzen Sachsen, Brandenburg, Pommern u. Preussen, so wie in Schwaben, Böhmen u. Dänemark, hat Freih. v. Ledebur mit dem ihm eigenen Fleisse und seiner Genauigkeit die sichersten Nachweise gegeben. — Die Linien, in welche, wie oben angegeben, der Freiherrn- und Grafenstand kam, sind bis auf die, welche den preussischen Grafenstand erlangte, sämmtlich erloschen. Georg Rudolph, früher Freiherr, später Graf, s. oben, k. k. Geh.-Rath, Herr auf Weichau etc. starb kinderlos und eben so auch Freiherr Rudolph, k. k. Geh.-Rath, welcher nach Einigen später noch den Grafenstand erhalten haben soll. Aus der Malschwitzer Linie entstanden durch die Gebrüder Gottlob Ehrenreich, Herrn auf Kaupe und Bolbritz u. den oben erwähnten Freiherrn Nicolaus zwei gräfliche Linien. Der Sohn des Ersteren, Christoph Friedrich, erhielt, wie angeführt, 1723 den Reichsgrafenstand, doch erlosch seine Linie, welche als Linie zu Uhyst a. d. Spree auftrat, schon 16. Juli 1751 mit dem einzigen Sohne, dem Grafen Friedrich Caspar; Gottlob Friedrich aber, ein Sohn des Freiherrn Nicolaus, kursächs. Conferenz-Minister etc. erhielt das Grafendiplom von 1745 und stiftete die gräfliche Linie zu Baruth, welche mit seinem Enkel, dem Grafen Friedrich Alexander, 22. Jul. 1790 im Mannsstamme wieder ausging. Christian Graf v. Gersdorff-Hardenberg-Reventlow ist 1847 ohne Nachkommen gestorben. — Die gräfliche Linie in Preussen hat fortgeblüht und schreibt sich: Gersdorff-Hermsdorf. Der Empfänger des Grafendiploms, Graf George Ernst, geb. 1796, Herr auf Hermsdorf, Jannowitz und Lipsa, k. preuss. Kammerh. etc. vermählte sich dreimal. Aus erster Ehe mit Henriette v. Helldorff-Bedra stammt Grf. Henriette, geb. 1817, verm. 1844 mit Eduard Christoph v. Reitzenstein, a. d. Hause Schönberg, jetzt k. sächs. General-Major, aus der dritten Ehe aber mit Miss Caroline Vanneck aus altem irrländ. Geschlechte, neben einer Tochter, Anna, geb. 1848, ein Sohn, George Ernst, geb. 1843. — Der Bruder des Grafen George Ernst: Carl Julius v. G., geb. 1798, k. sächs. Major a. D., vermählte sich 1825 mit Agnes v. Reitzenstein a. d. Hause Venusberg, geb. 1805, aus welcher Ehe zwei Söhne entsprossten: Maximilian v. R., geb. 1826, welcher in k. sächs. Justizdienste trat und Carl v. R., geb. 1831, Doctor der Rechte und k. k. Lieutenant. — Ueber die vielen, besonders bekannt gewordenen Sprossen des Stammes aus älterer u. neuerer Zeit geben die unten angeführten Schriften die möglichst genauen Nachweise. Hier mögen nur aus dem 18. und 19. Jahrh. nachstehende Namen genannt sein: David Gottlob v. G., gest. 1732, königl. preuss. Generallieutenant, Regimentschef etc.; Otto Ernst v. G., gest. 1773, k. preuss. Generalmajor a. D. und früher Chef eines Husarenregiments; Adolph Traugott v. G., Herr auf Meffersdorf, welcher 1779 die bekannte Oberlausitzer Gesellschaft der Wissenschaften zu Görlitz gründete, welche mit treuem Eifer und grosser Thätigkeit für die Wissenschaften und namentlich für die Geschichte der Lausitz so viel geleistet hat; Carl August v. G., gest. 1787, kursächs. General; Carl Friedrich Wilhelm v. G., gest. 1829, k. sächs. Generallieutenant, königl. Generaladjut. und Commandant des adeligen Cadettencorps; Georg Rudolph v. G., Oberhofmarschall und Hans Gustav v. G., Ceremonienmeister am k. sächs. Hofe; Dr. Heinrich August Freih. v. G., grossh. sachs. weim. Geh. Justizrath in Eisenach u. v. A. — Im Kgr. Sachsen standen in neuester Zeit die Güter Venusberg p. r. und Gröditz (seit 1640) dem Geschlechte zu: die meisten Besitzungen liegen jetzt im Kgr. Preussen. Nach Bauer, Adressbuch, 1857. S. 71 waren im genannten Königreiche begütert: Wolf Emil v. G., Hauptm. a. D. Landschaftsdirector und Landesältester, auf Ober-Kosel bei Rothenburg; Wolf Rudolph, Prem.-Lieut. a. D. auf Hähnichen; Christian Erdmann Paul Max v. G., k. Landrath, auf Kunersdorf; Romillo v. G. auf Ober-Gubren; Otto und Gustav v. G. auf Rothenburg, Noes und Wioska; Hugo v. G. auf Petershain; Carl v. G., K. Kammerherr, auf Alt-Seidenberg (Majorat) und Ostrichen; Paul v. G. auf Gross-Krauscha; Hermann v. G. auf Bauchwitz und Georg Ernst Graf v. G. Herr der oben genannten drei Güter.

M. Chr. Gottl. Bischmann, Dissert. Memor. famil. Gersdorfiorum s. Görlit. 1706, wieder abgedruckt in Hofmanni Scriptor. Rer. Lusatic. 1719, Tom. I. Pars II. Nr. 7. S. 154—160 u. in Val. König's Adelshistor. — Carpzov, II. S. 43 und 83—140. — Sinapius, I. S. 390—400 und II. S. 95 und 96. — Val. König, III. S. 315—416. — Gauhe, I. S. 613—634 — Küster, Access. ad Biblioth. Brandenb. II. S. 82. — v. Uechtritz, I, S. 71—111. — Hupel, Materialien, 1788 S. 461 und 1789. S. 122. — Jacobi, 1800, II. S. 214. — Gersdorfsche Familien-Nachrichten, Quedlinburg, 1818. — Megerle v. Mühlfeld, Ergänz.-Bd S. 14. — N Pr. A.-L. II S. 227—230. — Deutsche Grafenh. d. Gegenw., I. S. 264—266. — Freih. v. Ledebur, I. S. 253 —255 und III. S. 259. — Geneal, Taschenb. d. gräfl. Häuser, 1859 S. 296. und 297 u. histor. Handb. zu demselben, S. 245. — Siebmacher, I. 53; v. Girsdorf, Schlesisch u. 162; v. Gersdorf, Meissnisch. — Dienemann, S. 341 und Nr. 43. — v. Meding, I. S. 178—180. — Lexic. over adel. Famil. i Danmark, I. S. 174. — Tyrof, I. 141. — Suppl. zu Siebm. W.-B. VII. 1: Gr. v. G. — W.-B. der Sächs. Staaten, I. 25: Gr. v. G. und II. 66: v. G.

Gersheim (in Roth ein schwarzer Querbalken, oben von zwei, unten von einer weissen Rose begleitet). Ein zu dem Adel im Königr. Sachsen gehörendes Geschlecht, dem Wappen nach ganz verschieden von der Familie v. Gerresheim, s. den betreffenden Artikel, aus welchem Friedrich v. Gersheim als Zeichenlehrer am Gymnasium u. Seminar zu Bautzen angestellt ist. — Das im Dresdner Calend. z. Gebr. f. d. Resid. 1847. S. 161 auf die Familie bezogene Diplom von 1733 gehört der Familie v. Gerresheim.

Freih. v. Ledebur, III. S. 259. — W.-B. d. Sächs. Staaten, VII. 41.

Gerskow. Ein im Meklenburgischen 1800 und noch 1811 mit Dambeck begütertes Adelsgeschlecht, aus welchem Carl v. G. 1811 k. preuss. Major und Chef der 2. Nieder-Schlesisch. Brigade-Garnison-Compagnie zu Glatz war und F. J. v. G. 1813 als k. preuss. Major a. D. zu Treptow a. d. T. lebte.

Freih. v. Ledebur, I. S. 255.

Gerssanich v. Heldenstein. Erbländ.-österr. Adelsstand. Diplom von 1785 für Anton Gerssanich, k. k. Oberlieutenant bei dem Carlstädter-Ottochaner-Gränz-Regimente, mit dem Prädicate: v. Heldenstein.

Megerle v. Mühlfeld, Ergänz.-Bd. S. 296.

Gerstäcker, Freiherren. Erbländ.-österr. Freiherrnstand. Diplom von 1817 für Wenzel Gerstäcker, Capitain-Lieutenant des k. k. 4. Jäger-Bataillons. — Wenzel Freih. Gerstäcker v. Simplon, k. k. Hauptmann 1. Classe, war in den letzten Jahren Commandant der Infant.-Schul-Comp. zu Klosterneuburg.

Megerle v. Mühlfeld, Ergänz.-Bd. S. 59.

Gerstein v. Hohenstein (in Blau ein Berg mit drei Felsspitzen und auf jeder derselben eine goldene Lanze). Reichsadelsstand. Bestätigungsdiplom vom 1. Nov. 1799 für Carl Franz Gerstein, kurbraunschw.-lüneburg. Major, mit der Befugniss, sich Gerstein v. Hohenstein zu nennen u. zu schreiben. — Mehrere Sprossen des Stammes haben in neuerer Zeit in der k. preuss. Armee gestanden. — Das von Siebmacher III. 114 zum schwäbischen Adel gerechnete Geschlecht v. Gerstein war dem Wappen nach: in Silber ein rothes Schildchen und im rechten Obereck ein rother Ring, ein ganz anderes Geschlecht.

Freih. v. d. Knesebeck, S. 134. — Freih. v. Ledebur, I. S. 255 und III. S. 259.

Gerstenberg (in Silber ein dreihügeliger Berg). Ein schon in Urkunden des 13. und 14. Jahrh. vorkommendes, thüringisches Rittergeschlecht aus dem gleichnamigen Stammsitze bei Altenburg. — Der Stamm blühte in das 18. Jahrh. hinein und ist, wie angenommen wird, 1710 mit Heinrich Wilhelm v. G. erloschen. Ist letztere Angabe, so wie das immerhin noch in Frage zu stellende Wappen richtig, so war dasselbe ein für sich bestehendes Geschlecht.

Freih. v. Ledebur, I. S. 255.

Gerstenberg (in Silber ein gebogener, rother Sparren). Ein zum sächsischen Adel gehörendes Geschlecht, aus welchem mehrere Sprossen in der kur- und k. sächs. Armee standen. Carl Friedrich Ernst v. Gerstenberg trat 1847 als k. sächs. Oberst aus dem activen Dienste. Die Familie erwarb im Weimarischen Burg-Sulza und theilweise auch die Saline Sulza.

Freih. v. Ledebur, III. S. 259. — W.-B. d. Sächs. Staaten, III. 96.

Gerstenberg, Gerstenberger, Gerstenbergk (in Blau ein Ritter, welcher einen Lindwurm tödtet). Reichsadelsstand. Diplom von 1610 (nach Anderen 1601) für D. Marcus Gerstenberg, h. sachsen-altenb. Kanzler und für die Brüder desselben, Michael und Joachim G. und Erneuerungsdiplom vom 17. Octob. 1723 (nach Anderen 1712) für Georg Heinrich v. G. Seconde-Lieutenant im k. preuss. Regimente Anhalt-Bernburg. — Die Diploms-Empfänger gehörten zu einem ursprünglich erfurter Patriciergeschlechte, welches v. Hellbach mit den anderen Familien dieses Namens verwechselt hat. Die drei oben genannten Brüder, welche den Adelsstand in die Familie brachten, waren die Söhne des Jacob G., Stadtvoigts zu Buttstädt im Weimarischen. Von diesen Brüdern kam namentlich Dr. Marcus v. G. zu hohem Ansehn und Gaube hat sein Leben nach Cotterus, Vita D. Marci G., in einem längeren Artikel beschrieben. Derselbe, gest. 1613 als kursächs. Geh.-Rath, Herr auf Drackendorf, Schwerstädt, Schiebelau, Leutenthal, Prosdublich etc., hinterliess zwei Söhne, Marcus (II.) v. G., gest. 1634, h. sachs.-altenb. Hofrath u. Johann v. G., gest. 1622, Herrn auf Schwerstädt und Leutenthal, dessen Sohn, Johann Marcus v. G., Herr auf Uhlstädt, Leutenthal etc., 1637 diese Linie schloss. Doch hat eine andere Linie den Stamm bis in die neueste Zeit fortgesetzt, u. in dieselbe ist durch Adoption, über welche aber genauere Nachrichten fehlen, der Name: v. Gerstenbergk, Edle v. Zech, genannt v. Müller gekommen. Die Edlen v. Zech, später Freiherren u. Grafen, s. den betreffenden Artikel, waren ein zum Adel Kursachsens gehörendes Geschlecht und der Zuname: v. Müller schreibt sich von dem grossh. sachs.-weimar. Kanzler der Landes-Regierung und Geh. Rathe v. Müller her. — Friedrich Leopold Wolf Ludwig Wendelin v. Gerstenbergk, Edler v. Zech, genannt v. Müller ist Herr auf Rautenberg u. grossh. sachs.-weimar. Kammerherr.

<small>*v. Gleichenstein*, Nr. 28. — *Gauhe*, I. S. 634—638 und II. S. 355 und 356. — *v. Falkenstein*, Thüringische Chronik, Lib. II. Pars II. S. 1392—408. — *Brückner*, Kirchen- u. Schulenstaat im Herz. Gotha, III. S. 72 und 73. — *v. Hellbach*, I. S. 421. — N. Pr. A.-L. V. S. 179. — *Freih. v. Ledebur*, I. S. 255 und 256. — *Siebmacher*, IV. 73 und V. 300. — W.-B. d. Sächs. Staaten, III. 97.</small>

Gerstenbrand, Ritter. Erbländ.-österr. Ritterstand. Diplom vom 10. Febr. 1797 für Franz Gerstenbrand, Hofrath bei dem k. k. Hofkriegsrathe.

<small>*Megerle v. Mühlfeld*, Ergänz.-Bd. S. 144. — *Kneschke*, IV S. 144.</small>

Gerstenfeld, s. Birek v. Gerstenfeld, Bd. I. S. 452.

Gerstmann (Stammwappen: in Roth ein mit drei goldenen Gerstenähren belegter, silberner Schrägbalken. Wappen nach dem Diplome für Dr. Martin G.: Schild geviert: 1 und 4 ein Füllhorn und in demselben wie Sinapius sagt, auch drei Gersten-Aehren und 2 und 3 zwei schräge Balken). Böhmischer Adelsstand. Diplom von 1571 für D. Martin Gerstmann, Dom-Dechanten zu Breslau u. Kanzler des Bischofs zu Olmütz, später, von 1574—1585 Bischof zu Breslau. Derselbe gehörte zu einem sehr angesehenen Patriciergeschlechte der Stadt Breslau, aus welchem Sinapius mehrere Sprossen, welche zu ihrer Zeit berühmt waren, nennt. Die Familie hatte sich in zwei Linien, die Bunzlauische und Liegnitzische geschieden. Zu Ersterer gehörte der oben genannte Bischof. Aus der Liegnitzischen Linie führt Sinapius zuerst den Bürgermeister Martin G. zu Liegnitz, gest. 1557, und dann zwei Brüder auf: David G., gest. 1607, Herrn auf Jannowitz, Schweinitz, Dohnau und Scheibsdorf und Bartholomaeus G., gestorb. 1623, Herrn auf Jannowitz, Siegersdorf, Schmochwitz, Schweinitz u. Scheibsdorf.

<small>*Sinapius*, II. S. 639 und 640 nach Lucae und Henel. — *Freih. v. Ledebur*, I. S. 256.</small>

Gerstmann. Erbländ.-österr. Adelsstand. Diplom von 1819 für Ludwig Gerstmann, k. k. Haupt-Zollleggstatt-Einnehmer zu Brody.

<small>*Megerle v. Mühlfeld*, S. 190.</small>

Gerstmayer v. Kollinsfeld. Erbländ.-österr. Adelsstand. Diplom von 1783 für Jacob Kilian Gerstmayer, k. k. Hauptmann bei Erzherzog Ferdinand Toscana Infant. mit dem Prädicate: v. Kollinsfeld.

<small>*Megerle v. Mühlfeld*, Ergänz.-Bd. S. 296.</small>

Gerstner, Ritter. Erbländ.-österr. Ritterstand. Diplom von 1811 für Franz Gerstner, Doctor der Philosophie, Professor an der Universität Prag und Director der polytechnischen Lehranstalt, so wie der Wasserbau-Direction.

<small>*Megerle v. Mühlfeld*, Ergänz.-Bd. S. 144 und 145.</small>

Gerstner v. Gerstenkorn. Erbländ.-österr. Adelsstand. Diplom von 1816 für Gottlieb Gerstner, k. k. Oberlieutenant, mit dem Prädicate: v. Gerstenkorn.

<small>*Megerle v. Mühlfeld*, Ergänz.-Bd. S. 296.</small>

Gerswalde. Altes Adelsgeschlecht in der Uckermark aus dem

gleichnamigen Stammhause, welches an die v. Kettelhack und von diesen an die v. Arnim kam. Zander v. Ghyrswalde hatte nach K. Carl IV. Landbuche 1375 in Kukstede und Lauenhagen Güter.
Grundmann, S. 40 — N. Pr. A.-L. V. S. 179.

Gerterode. Eichsfeldisches, erloschenes Adelsgeschlecht aus dem gleichnamigen Stammsitze zwischen der Stadt Worbis u. Keula.
Wolf, Urkundenbuch, S. 13.

Gertinger, Ritter. Ein in Ober- und Niederösterreich vorgekommenes Rittergeschlecht. Tobias Reichsritter v. Gertinger wurde 1630 im Lande ob der Enns dem Ritterstande einverleibt und als kaiserl. Geh. Hofsecretair und Herr des Gutes Gasseneck 1639 unter die neuen Ritterstandsgeschlechter der Nieder-österreichischen Stände aufgenommen. Der niederösterr. Ritterstandsmatrikel ist nur die Bemerkung beigefügt, dass die Linie des Tobias Ritter v G. bereits im 17. Jahrh. wieder ausgegangen sei.
Wissgrill, III. S. 282.

Gertzgen, Gertzen, genannt **Sintzig,** Rheinländisches Adelsgeschlecht, welches mit Gerzen im Kr. Lechenich schon 1380, so wie mit Sintzig oder Sintzenich in demselben Kreise 1458 begütert war und zu diesen Besitzungen später mehrere Güter erwarb. Der Stamm ist mit Johann Heinrich v. Gertzgen 20. Apr. 1673 ausgestorben.
Fahne, I. S. 109. — Freih. v. Ledebur, I. S. 256.

Gervaise-Cousy. Altes Adelsgeschlecht der französischen Provinz Isle de France, aus welchem der Religionsstreitigkeiten wegen Christoph v. Gervaise-Cousy zu Ende des 17. Jahrh. Frankreich verliess und mit seiner Familie und seinem zum grössten Theile geretteten Vermögen in Berlin durch den Kurfürsten Friedrich III. Schutz fand. Derselbe hatte aus der Ehe mit Anna v. Lievrad aus einem vornehmen flandrischen Geschlechte zwei Töchter, von denen sich die ältere, Maria Anna, mit Perier Labitole, die jüngere aber, Susanna, mit einem Herrn v. Memviele-Lago vermählte.
Tyrof, I. 67 und Siebenkees, I. S. 38.

Gervasi, Grafen. Erbländisch-österr. Grafenstand. Diplom von 1713 für Rochus Hieronymus Gervasi.
Megerle v. Mühlfeld, Ergänz.-Bd. S. 14.

Gervasi v. Ransoff und Sancto-Angelo. Reichsadelsstand. Diplom von 1788 für Johann Gervasi aus Trient, mit dem Prädicate: v. Ransoff u. Sancto-Angelo.
Megerle v. Mühlfeld, Ergänz.-Bd. S. 296.

Gervay. Erbländ.-österr. Adelsstand. Diplom von 1817 für Sebastian Gervay, k. k. Staatsraths-Official.
Megerle v. Mühlfeld, Ergänz.-Bd. S. 297.

Gerzabeck v. Gerzabina und v. Beglerbeg, Ritter und Freiherren. Böhmischer Ritter- und erbländ.-österr. Freiherrnstand. Ritterstandsdiplom von 1749 für Johann Joseph Gerzabeck, k. k. Capitain-Lieutenant, mit dem Prädicate: v. Gerzabina u. Freiherrn-Diplom von 1771 für denselben als k. k. Kreishauptmann zu Czaslau, mit dem hinzugekommenen Prädicate: v. Beglerbeg.
Megerle v. Mühlfeld, Ergänz.-Bd. S. 59 und S. 145. — Suppl. zu Siebm. W.-B. VI. 19: F. II. v. G.

Geschau. Adelsstand des Kgr. Polen. Diplom von 1555 für Caspar Geschau zu Conitz. Der gleichnamige Sohn desselben starb 1584 als Abt des Cisterzienser Klosters zu Oliva.
Freih. v. Ledebur, I. S. 256.

Geschowski, Gezowski. Polnisches, nach Schlesien gekommenes Adelsgeschlecht, welches 1698 mit Lubie im Kr. Tost begütert war.
Freih. v. Ledebur, III. S. 259.

Gessenhard, Edle. Erbländisch-österr. Adelsstand. Diplom von 1769 für Martin Gessenhard, k. k. Kammerthürhüter, mit dem Prädicate: Edler v.
Megerle v. Mühlfeld, Ergänz.-Bd. S. 297.

Gessler, Grafen (Schild mit Mittelschild. Im silbernen Mittelschilde, gekrönt mit fünfperliger Krone, der preuss., schwarze Adler u. im blauen Schilde ein silberner Querbalken, oben von zwei, unten von einem silbernen Sterne begleitet). Grafenstand des Königreichs Preussen. Diplom vom 31. Juli 1745 für Friedrich Leopold v. Gessler, k. preuss. Generallieutenant. — Ein ursprünglich schweizerisches Adelsgeschlecht, welches bis 1418 Grüningen im Canton Zürich besass, später nach Schwaben und um 1618 nach Pommern, so wie im 18. Jahrh. nach Ostpreussen und Schlesien kam. Nach Diethmar lief der Stamm absteigend, wie folgt: Leopold, k. k. Oberst: Elisabeth Freiin v. Schenk; — Conrad, k. k. General-Wachtmeister: Luise v. Sanitz; — Conrad Ernst, Herr auf Schwessin in Pommern, k. k. Capitain: Euphrosyne v. Rosenau; — Conrad Ernst (II). s. unten. — Unter den in Ostpreussen erworbenen Gütern befand sich namentlich Schwaegerau im Kr. Insterburg, welches in der zweiten Hälfte des 17. Jahrh. in der Hand des genannten Conrad Ernst (II.) v. Gessler, k. preuss. Obersten, verm. mit Gertraud v. Gattenhofen, war. Aus dieser Ehe stammte der obengenannte Graf Friedrich Leopold, dessen Namen die Geschichte Preussens auf einem ihrer ehrenvollsten Blätter für immer aufgezeichnet hat. Derselbe, gest. 1762 als königl. preuss. General-Feldmarschall, verwandelte 4. Juni 1745 die schon fast verlorene Schlacht bei Striegau als Führer der k. preuss. Reiterei in den glänzenden Sieg bei Hohenfriedberg und erhielt in voller Anerkennung seiner für die preuss. Waffen, den Ruhm derselben und den ganzen preuss. Staat so ausgezeichneten Waffenthat den oben angeführten Grafenstand. Aus seiner Ehe mit Anna Eleonora Gräfin v. Stanislawsky-Seeguth entsprossten, neben sieben Töchtern, drei Söhne, doch ist die weitere Nachkommenschaft später bis auf zwei Sprossen des Geschlechts erloschen. Der älteste Sohn des Grafen Friedrich Leopold: Graf Georg Ludwig Conrad, hatte aus der Ehe mit Juliane Elisabeth Freiin v. Liedlau und Ellguth zwei Söhne, von denen der ältere vor ihm unvermählt starb, der jüngere aber, Graf Ludwig Wilhelm, den Stamm fortsetzte. Letzterer war in erster Ehe mit Beata Amalia Freiin v. d. Tann und in zweiter mit Mariane v. Siegroth vermählt. Aus der ersten Ehe entspross Graf Heinrich und aus der zweiten Graf Wilhelm, geb. 1796, welcher sich nicht vermählt hat. Vom Grafen Heinrich, gest. 1834, k. preuss. Rittmeister, verm. mit Gottliebe v. Desaris, gest. 1833, stammt: Graf Friedrich, geb. 1826, Majoratsherr auf Schoffczütz und Lomnitz unweit Rosenberg in Ober-Schlesien, k. preuss. Prem.-Lieutenant im 1. schweren Landwehr-Reiter-Reg., verm. 1857 mit Hedwig Grf. Montis de Mazin a. d. Hause Jeroltschütz, geb. 1836.

Gauhe, II. S. 356 und 357. — *Militairisches Pantheon*, II. S. 9. — N. Pr. A.-L. II. S. 230 und 231. — *Deutsche Grafenh. d. Gegenwart*, III. S 137 und 138. — *Freih. v. Ledebur*, I. S. 256 und 257 und III. S. 259. — *General. Taschenb. d. gräfl. Häuser*, 1859. S. 297 u. 298 u. histor. Handb. zu demselben, S. 247. — *Siebmacher*, II. 87; v. G. Schwäbisch. — *Diethmar*, S. 59. Nr. 7. — W.-B. d. Preuss. Monarch. I. 40. — Schlesisch. W.-B. Nr. 279.

Gessler v. Geslern zu Brunegg. Erbländ.-österr. Adelsstand. Diplom von 1726 für Johann Joseph Gessler, Obervoigt zu Horb in Vorder-Oesterreich, mit dem Prädicate: v. Gesslern zu Brunegg.

Megerle v. Mühlfeld, Ergänz.-Bd. S. 297.

Gesslingshausen. Altes, in Camburgischen und namentlich in Sonnenfeldschen Urkunden von 1263. 1279. 1283. 1294 und 1297 vorkommendes Adelsgeschlecht.

Schöttgen u. Kreysig, Diplomat. F. III. S. 636. — *Gruner*, Beschreib. von Coburg, III. S. 112. — *v. Hellbach*, I. S. 423.

Gettkandt. Adelsstand des Königreichs Preussen. Diplom für den später, 1808, verstorbenen k. preuss. General-Major und Chef eines Husaren-Regiments Ernst Philipp v. G.

N. Pr. A.-L. II. S. 231. — *Freih. v. Ledebur*, I. S. 257. — W.-B. d. Preuss. Monarchie III. 26.

Getzendorf, Gezendorfer. Eins der ältesten ritterlichen Geschlechter in Oesterreich ob u. unter der Enns, welches in alten Urkunden auch Gözendorfer, Götzeinsdorf und Gözindorf geschrieben wurde. Hugo und Starchant v. Gezindorf kommen in zwei Urkunden des Klosters Admont schon 1170 vor. Der Stamm blühte noch bis in die erste Hälfte des 15. Jahrh. hinein: Jacob v. Getzendorf lebte noch 1422 u. Stephan Gezendorfer, Ritter, war 1435 mit Barbara v. Harrach zu Goggatsch vermählt. Beide waren wohl die Letzten ihres Stammes.

Wissgrill, III. S. 314 und 315.

Geuder, Geuder, genannt v. Rabensteiner, Geuder v. Heroldsberg, Freiherren. Altes, der gewöhnlichen Annahme nach böhmisches Adelsgeschlecht, welches nach Franken auswanderte. Als Ahnherr des ganzen Stammes wird Sigmund Geuder, gest. 1278, genannt, welcher sich mit einer v. Cammerstein vermählte u. dadurch das gleichnamige Stammschloss derselben im jetzigen Landgerichte Schwabach erhielt, dasselbe aber kurz vor seinem Tode an die Grafen v. Nassau verkaufte. Derselbe hinterliess zwei Söhne, Sigismund G., dessen älterer Sohn, Sebastian, Landvoigt im Elsass und Hauptmann in Schwaben, der jüngere aber, Georg, des K. Carl IV. Grosshofmeister u. Hofrichter, so wie 1358 Abgesandter am päpstlichen Hofe war u. Hermann G. Von Letzterem stammte aus der Ehe mit Margaretha v. Seckendorf: Heinrich (I.) G., welcher nach Nürnberg ging, 1349 in den dortigen Rath kam, 1366 Rathsschultheiss wurde und 1389 starb. Seit dieser Zeit u. bis jetzt ist der Hauptstamm des Geschlechts fortwährend im Nürnberger Patriziat gewesen. — Schon im 16. Jahrh. war übrigens die Familie wegen des Gutes Zaneck der schwäbischen Ritterschaft, so wie auch 1613 der Ritterschaft des fränkischen Cantons Gebürg und später auch der des Cantons Altmühl einverleibt, und mehrere Glieder der Familie wurden in den genannten Cantonen Ritterhauptleute und Ritterräthe. Conrad I. welcher 1391 lebte, stiftete eine eigene Linie, die Conradinische, welche aber später sowohl in Nürnberg, als in Schwaben und im Elsass wieder ausgegangen ist. Zu derselben gehörte Philipp Geuder, gest. 1591, welcher als Senator zu Nürnberg mit vielen wichtigen Angelegenheiten und Sendungen der alten Reichsstadt betraut wurde. — Später theilte sich das Geschlecht in zwei Hauptlinien durch die beiden Söhne Jacobs G., welcher 1612 das Bürgerrecht in Nürnberg aufgegeben: Johann Philipp und Johann Andreas. Johann Philipp G., Brandenburg. und Anhaltscher Rath und Hofmeister, Ritterhauptmann des Cantons Gebürg, Special-Director aller sechs Cantone in Franken und General-Director der gesammten unmittelbaren Reichsritterschaft aller drei Kreise, Erbschenk des Hochstifts Würzburg u. des H. R. Reichs-Ritter, war in zweiter Ehe vermählt mit Anna Elisabeth Rabensteiner v. Delau, von welcher sein Sohn, Philipp Carl, den Zunamen: Rabensteiner annahm und zu dieser Annahme ein kaiserliches Diplom vom 7. Mai 1693 erhielt. Derselbe wurde somit der Stifter der älteren Geuderschen Hauptlinie der Rabensteiner, welche nach Preussen kam und im Brandenburgischen ansässig wurde. Johann Georg Freiherr v. G., gen. R., gest. 1747, war k. preuss. Geh. Kriegsrath, Hof-Marschall des Markgrafen Carl und Johanniter-Ordenskanzler zu Berlin und der Sohn desselben, Friedrich Christoph, geb. 1710, k. preuss. Kammerherr u. Gesandter am h. württemb. Hofe, auch standen mehrere Glieder der Familie in der k. preuss. Armee und noch 1835 lebte ein Freib. v. G,. genannt R., welcher 1787 k. preuss. Kammerh. geworden war. — Der zweite Sohn Jacobs, s. oben, Johann Andreas, stiftete die zweite, jüngere Hauptlinie der Geuder v. Heroldsberg. Letzteres Prädicat ist dem Markte Heroldsberg mit drei Schlössern u. etwa tausend Einwohnern im jetzigen Landgerichte Erlangen entnommen. Es erwarb nämlich Heinrich II., der zweite Sohn des oben erwähnten Heinrich I., mit Conrad I. 1391 vom Herzoge Swantibor von Pommern das Amt Heroldsberg mit allen dazu gehörigen Ehren, Rechten, Dörfern u. Unterthanen und dasselbe ist unausgesetzt in der Hand der Familie verblieben. Der Sohn Heinrichs II., Seitz Geuder zu Heroldsberg, war der Stadt Nürnberg oberster Feldhauptmann gegen die Hussiten. Aus seiner Ehe mit Margaretha v. Uttenhofen stammte unter Anderen Martin, welcher 1442 Amt u. Markt Neuhof im jetzigen Landgerichte Markt Erlbach kaufte. Der Enkel desselben, Sebald, vermehrte den Besitz durch Stein. Von Letzterem stammte der oben genannte Jacob, aus dessen Ehe mit Sabina Welfer die Stifter der beiden Hauptlinien, Johann Philipp und Johann Andreas, s. oben, hervorgingen. Des Letzteren Urenkel, Freiherr Johann Adam Rudolph, gest. 1789, Bürgermeister, Scholarch, Septemvir und oberster Hauptmann der Reichsstadt Nürnberg, k. k. w. Rath und Ritterrath des Cantons Gebürg, war in zweiter Ehe vermählt mit Luise Wilhelmine v. Stauff zu Adlitz, gest. 1783. Aus dieser Ehe entspross Freiherr Wilhelm, gest. 1801, h. württemb. Kammerjunker, verm. mit Auguste v. Egloffstein, gest. 1797 und der Sohn desselben, Ernst Freiherr v. G. v. und zu Heroldsberg, Stein und Untersdorf, geb. 1788, k. bayer. Kammerjunker, war in neuester Zeit Senior des Gesammthauses. Aus seiner Ehe mit Juliana Brixner stammt ein Sohn, Freiherr Christian, geb. 1816, welcher sich mit Sophie v. Ott vermählte, aus welcher Ehe zwei Töchter stammen. Ueber den Bruder des Freiherrn Wilhelm, den Freih. Christoph und die Hinterbliebenen desselben giebt das Geneal. Taschenb. d. freih. Häuser die neuesten Nachrichten.

<small>*Beckmann*, VII. S. 224—229 und Tab. B. Nr. 2. — *Gauhe*, I. S. 638 und 639. — *Biedermann*, Nürnberg Patriciat. Tab. 46 u. ff. — *Will*, Nürnb. Münzbelustig. I. S. 154. — *Dienemann*, S. 256 Nr. 30 und S. 294. — N. Geneal. Handb. 1777 S. 89—91 und 1778. I. S. 90—92. — *E. C. Bezzel*, kurze Nachr. von Hrn. Phil Gender v. Heroldsberg 1781. — *v. Lang*, S. 350 und 351. — N. Pr. A.-Lex. II. S. 231 und V. S. 179. — *Freih. v. Ledebur*, I. S. 227. — Geneal. Taschenb. d. freih. Häuser, 1856. S. 216—219 und 1857 S. 227 und 228. — *Siebmacher*, I. 109: Die Rosensteiner, Fränkisch, 205: Die *Gender*, Nürnb adel Patric. und VI. 21. — *v. Meding*, III. S. 201—204. — Suppl. zu Siebm, W.-B. II. 10 Freih. v. G. genannt R. und IV. 12: G. v. H. — *Tyroff*, I. 39 und 118 und *Siebenkees*, I. S. 39 und 40. — W. B. d. Kgr. Bayern, V. 60; v. G. genannt R. und IX. 93: G. v. Heroldsberg, Freih.</small>

Geusau. Altes, thüringisches Adelsgeschlecht, welches sich aus den Häusern Farrnstädt, Heygendorf an der Unstrut und Ustrunzen unweit Sangerhausen ausbreitete. Ein Dorf, welches den Namen des Geschlechts trägt, liegt unweit Merseburg. Urkundlich kommt zuerst Hans v. G. 1443 und 1448 vor, die ordentliche Stammreihe aber beginnt erst mit Ulrich und Balthasar v. G., welche 1453 Schloss u. Amt Vitzenburg den Herren v. Querfurt gegen Heygendorf u. eine Summe Geldes abtraten. Ulrich's Linie schloss 1581 der Urenkel, Günther, Balthasars Linie aber blühte in mehreren Zweigen fort. Von seinen Enkeln starb Levin, Herr auf Heygendorf, früher kursächs. Amtshauptmann zu Sachsenburg u. Weissensee, und Statthalter der Ballei Thüringen, 1594 als commandirender Oberster der kursächs. Hülfstruppen gegen die Türken zu Volckersdorf unweit Wien. Von den Söhnen desselben war Georg h. Sachs.-Altenburg. Hofrath, unter dessen sieben Enkeln Levin II., Herr auf Farrnstaedt als Director des Querfurter Kreises vorkommt. — Nach Gauhe lebten 1730 Victor v. G., k. preuss. Oberst, welcher später, 1734, starb; Hartmann v. G., k. poln. u. kursächs. Kammerjunker und Ober-Forst- und Wildmeister zu Siebenlehn und Levin III. v. G , herzogl. Sachs. Eisenach. Kammerjunker und Kammerrath. — Der Stamm, welcher schon im 15. Jahrh. mit Heygendorf im Weimarischen u. mit Farrnstädt u. Vitzenburg unweit Querfurt begütert war, blühte fort, war noch in neuer Zeit in Thüringen und der jetzigen Provinz Sachsen angesessen und es sind aus demselben mehrere Sprossen hervorgegangen, welche namentlich in K. Preuss. und grossh. bad. Diensten zu hohen Ehrenstellen gelangten. Ein v. G. starb 1808 als k. preuss. Generallieutenant, Chef des Ingenieurcorps etc. und ein Anderer v. G., früher k. preuss. Capitain, 1826 als grossh. badischer Generalmajor, Ober-Stallmeister etc. Letzterer war ein Sohn des 1829 verstorbenen grossh. bad. Oberhofmeisters und Generals v. G. Später, 1835, war ein v. Geusau k. preuss. Major u. Commandeur eines Landwehr-Bataillons in Halle und um dieselbe Zeit lebte ein Major v. G. in Weimar, so wie in neuester Zeit in Oesterreich Eduard Freiherr v. Gensau, k. k. Major in Pension.

Bayer, Geograph. Jenens. S. 160. — Spangenberg, Chronic. Mansfeld., S. 548. — Val. König, I. S. 419—435. — Gauhe, I. S. 640 und 641: nach Bayer, Spangenberg und Müller, Annal Saxon. — N. Geneal. Handb. 1777. S. 213 und 1778. S. 277—279. — v. Uechtritz, Geschlechts-Erzähl. I. Tab. 9 und 64 und diplomat. Nachrichten, II. S. 42. — N. Pr. A.-L. II. S. 231 und 232. — Freih. v. Ledebur, I. S. 257. — Suppl. zu Siebm. W.-B. V. 22. — W.-B. d. Sächs. Staaten, III. 98.

Gevenich. Altes, erloschenes, rheinländisches Adelsgeschlecht aus dem gleichnamigen Stammsitze im Kr. Erkelenz, Regier.-Bezirk Aachen. Christine v. Gevenich war noch 1650 mit Wilhelm v. Cottenbach vermählt.

Freih. v. Ledebur, I. S. 257.

Gevertshagen, Gevertshan, Geverzhayn, auch Freiherren. Rheinländisches, namentlich dem Herzogthume Jülich. Berg so wie Kur-Cöln angehöriges Adelsgeschlecht, aus welchem Bertram Goswin Freih. v. G. gegen Ende des 17. Jahrh. zum Prälaten der freien reichsfürstl. Abtei St. Cornelii-Münster in Jülich erwählt und 1699 auf einer Reise nach Aachen meuchelmörderischer Weise erschossen wurde. Der Stamm hat in das 18. Jahrh. fortgeblüht, ist aber dann erloschen. Ein gleichnamiges Gut liegt in der preuss. Rheinprovinz im Kr. Gimborn. Die Familie war schon 1566 und noch 1700 mit demselben und mit Keldenich im Kr. Bonn, so wie 1721 mit Roth im Kr. Mühlheim begütert.

Gauhe, II. S. 357 nach Hamburg. Histor. Remarqu. 1699. S. 253. — Robens, Elem. Werk, I. 29 und desselben niederrheinisch. Adel. II. S. 349. — Vetter, Bergische Ritterschaft. S. 28. — Fahne, I. S. 110. — Freih. v. Ledebur, I. S. 254. — W.-B. d. Preuss. Rheinpr. II. Tab. 20. Nr. 40 und S. 135.

Geyer. Reichsadelsstand. Diplom vom 15. Juli 1737 für Hans Daniel Wilhelm Geyer, kursächs. Hauptmann. Die Notification dieser Erhebung erfolgte in Kursachsen 12. Febr. 1738.

Handschriftl. Notiz. — W. B. der Sächs. Staaten, VII. 41.

Geyer, Geyer zu Ezenberg, Geyer zu Lauf. Reichsadelsstand. Diplom vom 18. Nov. 1707 für die Gebrüder Balthasar und Ulrich Geyer u. zwar für Ersteren mit dem Prädicate: v. Ezenberg, für Letzteren mit dem Prädicate: zu Lauf. Dieselben waren Söhne des Ulrich Geyer, Bürgermeisters zu Hemmau und Besitzers landsässiger Güter. Ueber Balthasar v. G. zu Ezenberg fehlen weitere Nachrichten, Ulrich aber, Inhaber eines Hammerguts zu Lauf, hat den Stamm fortgesetzt und zwei Enkel desselben, die Gebrüder: Johann Nepomuk v. G., geb. 1748, k. bayerischer Landsass zu Laufenthal und Johann Joseph v. Geyer, geb. 1753, Landsass zu Eigelsberg, wurden in die Adelsmatrikel des Kgr. Bayern eingetragen.

v. Lang, S. 351. — Megerle v. Mühlfeld, Ergänz.-Bd. S. 297. — W.-B. d. Kgr. Bayern, V. 61.

Geyer, Ritter und Edle. Erbländ.-österr. Ritterstand. Diplom von 1716 für Johann Carl Geyer, mit dem Prädicate: Edler v.

Megerle v. Mühlfeld, Ergänz.-Bd. S. 145.

Geyer, Geier, Geyern. Ein früher im Magdeburgischen vorgekommenes Adelsgeschlecht. Carl Dietrich v. Geyern besass 1655 ein Gut zu Gross-Salza und Friedrich Rudolph v. Geier, herzogl. Stallmeister zu Barby, Herr zweier Güter zu Gross-Salza u. Süldorf, starb 10. Juli 1744, vier Schwestern hinterlassend, ohne Leibeserben.

Freih. v. Ledebur, I. S. 257.

Geyer. Ein in Preussen in der Person des Sigismund Friedrich Wilhelm v. Geyer vorgekommenes Adelsgeschlecht. Derselbe, gebürtig aus Oesterreich, starb 29. Febr. 1788 als k. preuss. Ingenieur-Hauptmann.

Freih. v. Ledebur, I. S. 257 u. 259.

Geyer v. Edelbach, Freiherren (Schild geviert: 1 und 4 in Blau auf dreieckigem, weissen Hügel ein einwärtssehender, zum Fluge geschickter Geier und 2 und 3 in Roth ein länglichter, von Weiden geflochtener, brauner Korb). Erbländ.-österr. Freiherrnstand. Diplom vom 25. Mai 1665 für Christoph Ehrenreich Geyer v. Edelbach, Herrn zu Reinprechtspölla und Ober-Pärschenbrunn in Niederösterreich und zu Triesch in Mähren. — Altes, österreichisches Adelsgeschlecht, dessen Sprossen schon lange vorher, ehe sie als Landleute immatriculirt wurden, im Besitz verschiedener Lehen- und eigenthümlicher Güter waren. Nicolaus G. v. E. lebte 1562 auf dem Freisitze zu Edelbach, welchen Lorenz G. 1596 von Reichard Herrn v. Strein zu Schwarzenau und Reichard G. 1617 von Johann Joachim Herrn v. Zinzendorf zu Lehen empfingen. — Christoph Ehrenreich G. v. E, s. oben, früher fürstl. Passauscher Rath und Oberkastner zu Stockerau, wurde 1635 als Landmann in Nieder-Oesterreich unter die neuen Ritterstandsgeschlechter aufgenommen, 1637 als N.-O. Regiments-Rath angestellt, 1654 zum N. O. Land-Untermarschall ernannt, 1656 unter die alten Ritterstandsgeschlechter versetzt u., wie angegeben, in den Freiherrnstand erhoben, von welcher Erhöhung aber erst die Söhne Gebrauch machten. Derselbe, gest. 1667, war vermählt mit Barbara Aemilia Gold v. Lampoding, welche ihm das Gut Pärschenbrunn zubrachte u. aus dieser Ehe stammten drei Söhne, Franz Christoph, Carl Leopold und Adam Ehrenreich u. zwei Töchter, Maria Elisabeth, vermählt mit Georg Wilhelm Edlen Herrn v. Walterskirchen, und Maria Anna Sabina, verm. mit Johann Ludwig v. Franking. Freih. Franz Christoph, welcher bald nach dem Tode des Vaters die Herrschaft Triesch an Ferdinand Ernst Gr. v. Herberstein verkaufte, war mit Maria Eleonora Grf. v. Kollonitsch vermählt, doch sind Nachkommen aus dieser Ehe nicht bekannt. Freiherr Carl Leopold, Herr zu Erla, Vesten-Grafendorf u. Ober-Pärschenbrunn, kaufte zu diesen Besitzungen noch Gut und Dorf Ebenberg. Aus seiner Ehe mit Elisabeth Magdalena Schmidt v. Wellenstein stammte ein Sohn, Freiherr Carl Anton, welcher 1732 noch lebte, über welchen aber weitere Nachrichten fehlen.

Wissgrill, III. S. 283 und 284.

Geyer v. Geyersdorff, Edle. Erbländ.-österr. Adelsstand. Diplom von 1820 für Johann Geyer, k. k. Oberlieutenant mit dem Prädicate: Edler v. Geyersdorff.

Megerle v. Mühlfeld, Ergänz.-Bd S. 297.

Geyer v. Giebelstatt, auch Grafen (in Blau ein silberner Widderkopf u. Hals, mit auswärts rund gebogenen, goldenen Hörnern: Stammwappen. Gräfliches Wappen: Schild geviert mit das Stammwappen zeigendem Mittelschilde. 1 und 4 in Roth ein aus dem linken Feldesrande hervorgehender Arm in silbernem Harnische, welcher mit einem Schwerte droht und 2 und 3 in Silber an einer goldenen Lanze eine aufrecht stehende, rechts wehende, mit einer goldenen Sonne bezeichnete, rothe Fahne). Reichsgrafenstand. Diplom vom 14. Mai 1685 für Heinrich Wolff v. Geyer, Herrn auf Giebelstatt, Goldbach, Rheinsbrunn, Neukirchen etc. — Altes, fränkisches Adelsgeschlecht aus dem gleichnamigen Stammsitze, dem Schlosse und Flecken Geyer im Ansbachischen, eine Meile von Weissenburg. Dasselbe wurde besonders im Würzburgischen begütert und bekannt. Sebastian war im 15. Jahrh. bisch. würzburg. Rath und Amtmann, welche Würden später auch der Sohn, Philipp, bekleidete. Von Letzterem stammte Johann Heinrich, welcher in Kriegsdiensten stand, und von diesem Heinrich Wolfgang, gest. 1640, vermählt mit Johanna Agatha Senfft v. Sulburg, aus welcher Ehe als Posthumus ein gleichnamiger Sohn entspross, der oben genannte Graf Heinrich Wolfgang. Derselbe wurde nach seiner Erhebung in den Grafenstand, wenn auch die Reichs-Ritterschaft in Franken am Kaiserlichen Hofe lange dagegen Einspruch versuchte, 1689 in der erhaltenen gräflichen Würde von Neuem bestätigt und 1693 zu Nürnberg auf dem Kreistage unter die fränkischen Reichsgrafen mit Sitz und Stimme eingeführt. Seine Ehe mit Helena Juliana v. Wolmershausen blieb kinderlos, u., nachdem er seine sämmtlichen Allodial-Güter dem Könige Friedrich I. von Preussen zu eigener Administration cedirt hatte, erlosch mit ihm, wie v. Meding, Freih. v. Ledebur u. A. annehmen, 24. Aug. 1708 der alte Stamm. Dagegen sagt Gauhe, dass er 1714 noch im 74. Jahre gelebt habe u. allerdings sagten die Durchlauchtige Welt, Ausgabe von 1710 u. Trier 1714 nichts von dem Erlöschen des Geschlechts.

<small>Durchlauchtige Welt, II. S. 631 und 532. — Schannat, S 91. — Gauhe, I. S. 641 und 642, nach Imhof. Notit. Proc. S. R. Imper. — v. Hattstein, III. Suppl. S. 35. — Freih. v. Ledebur, I. S. 257. — Siebmacher, I. 103 Nr 10; die Geyer, Schwäbisch und Suppl. VII. 29; G. v. G. VI: Grafen und Herren der Fränkischen Bank, Nr 4. — Trier, S. 546 u. 547. — v. Meding, I. 181 und 182; G. v. G. und v. G. Grafen.</small>

Geyer v. Ostersburg, s. Geyersberg, Grafen.

Geyer, Geyr v. Schweppenburg, Freiherren (in Gold der rechts gekehrte, abgerissene Hals und Kopf eines gekrönten, schwarzen Geyers). Reichsfreiherrnstand. Diplom vom 21. Febr. 1743 für Rudolph Adolph Ritter Geyer v. Schweppenburg, kurcöln. Hofrath, General-Einnehmer u. Amtmann zu Erb- und Brauweiler. — Altes, ursprünglich paderbornsches, in Westphalen und den Rheinlanden blühendes Adelsgeschlecht, als dessen ältester, bekannter Ahnherr Johann Gyr, Gaugraf in Warburg, genannt wird, welcher urkundlich 1288 in einem Lehnbriefe über das Gut Leuchte im Kloster zu Hardenhausen vorkommt, u. von welchem Alle in alten Urkunden auftretenden Herren v. Gyr, Geir und Geyer abstammen. Johann Geyr v. Warburg zu Leuchte, ein Sohn des Dettmar G., wurde 1490 mit Roden im Waldeckschen belehnt und starb 1510. Aus seiner Ehe mit Elsa v. Loss-Mollhausen stammte Johann Heinrich, verm. mit Gertrud v. Hamerschlug, dessen Enkel, Conrad G. zu Roden, gest. 1598, ein Sohn des Peter G. und der Gertrude Drost v. Füchte, vermählt mit Anna v. Gerolt, das alte Stammgut Leuchte an die v. Spiegel verkaufte. Von ihm läuft die Stammreihe absteigend, wie folgt, fort: Herbold v. G. zu Roden, Gaugraf zu Warburg, gest. 1643: zweite Gemahlin: Anna v. Mennen; — Peter v. G. zu Roden, General-Einnehmer des Erzstiftes Cöln, gest. 1683: zweite Gemahlin: Maria Sibylla v. Bequerer; — Rudolph Adolph, gest. 1752, erhielt 9. Juni 1717 (nach einer anderen Angabe 1714) den Reichsritterstand, mit dem Prädicate: v. Schweppenburg und später, s. oben, den Freiherrnstand,: Marie de Groote, Erbin von Disternich u. Ingelfeld. — Ferdinand Balthasar zu Schweppenburg u. Müddersheim, zu Andrimont, Winterburg, Ursfeld, Schallmar etc., kurcöln. Geh.-Rath und Amtmann zu Erp: Agnes Aliba de Fays, Erbin von Andrimont; — Rudolph Adolph und Cornel, Stifter der zwei Linien, der älteren zu Schweppenburg und der jüngeren zu Müddersheim, in welchen beiden der freiherrliche Stamm jetzt blüht. — Aeltere Linie zu Schweppenburg: Freiherr Rudolph Adolph, gest. 1795, Herr zu Schweppenburg, Andrimont, Ursfeld etc., kurpfälz. Geh.-Rath v. Voigt-Major zu Aachen, vermählte sich mit Maria Anna Isabella v. Backum zu Lathum. Aus dieser Ehe entspross Freiherr Joseph Emanuel, gest. 1814, design. Voigtmajor zu Aachen und beigeordneter Bürgermeister zu Cöln, verm. mit Maria Agnes Hendrix u. aus dieser Ehe stammt das jetzige Haupt der älteren Linie: Freiherr Franz, geb. 1800, Herr zu Andrimont, Ursfeld, Winterburg etc., k. preuss. Major a. D., verm. mit Henriette Grf. Capellini v. Wickenburg, gest. 1339. — Jüngere Linie zu Müddersheim: Freiherr Cornel Joseph, gest. 1832, Herr auf Müddersheim, zum Busch, Nieder-Aussem, Rath etc., kurcöln. Geh.-Rath und General-Einnehmer, vermählt in zweiter Ehe mit Maria Franzisca v. Becker zu Benesis. Aus dieser Ehe stammt das jetzige Haupt der jüngeren Linie: Freih. Eberhard, verm. mit Eva Lyversberg. Ueber alle weitere u. die neuesten genealogischen Verhältnisse der Familie giebt das geneal. Taschenb. d. freih. Häuser genaue Auskunft u. die Güter der Familie hat Freih. v. Ledebur sorgfältig aufgezeichnet. — Nach Bauer, Adressbuch, S. 71 und 72 waren im Kgr. Preussen 1857 begütert: Friedrich Freih. v. Geyr, k. preuss. Kammerh., Herr auf Müddersheim im Kr. Düren, Max Freih. v. G., Herr auf Rath im Kr. Mülheim; Freifrau Clementine v. G., geb. v. Wassenaer auf Graueburg im Kr. Bonn u. Fräulein v. G. auf Schloss Arst im Kr. Cöln.

Fahne, I. S. 110. — Geneal. Taschenb. d. freih. Häuser, 1849. S. 146—150. 1856. S. 219 —221 und 1859. S. 226—228. — Freih. v. Ledebur, I. S. 257 und III. S. 259 und 260. — W.- B. d. Preuss. Rheinprovinz, I. Tab. 41 u. S. 41 u. 42. — Knesckke, I. S. 166 u. 167.

Geyern, s. Schenck v. Geyern.

Geyersberg, Geyersperg, Grafen (Schild geviert: 1 und 4 in Gold ein zum Flug sich anschickender, schwarzer Geyer: Stammwappen u. 2 und 3 in Blau auf einem dreifachen, rothen Hügel ein grosser, goldener Stern: angeerbtes Wappen des erloschenen, fränkischen Adelsgeschlechts Fuchs v. Kandelberg). Reichsgrafenstand. Diplom vom 28. Juni 1676 für Wolf Christoph den Jüngeren, Freiherrn v. Geyersberg, Edlen Herrn v. Osterburg, Herrn der Herrschaft Gleiss etc., so wie für den Bruder desselben, Maximilian Adam u. den Vetter, Hans Adam, Freiherren, mit gesammter Nachkommenschaft. — Altes, österreichisches Adelsgeschlecht, welches, noch im Ritterstande lebend, Geyer Edle v. Osterburg u. nach Erhebung in den Herrenstand Geyer Freiherrn v. Geyersberg, Edle Herren v. und zu Osterburg hiessen. Dasselbe stammt ursprünglich aus Franken, wo ihm im 14. Jahrh. das längst in Ruinen liegende Schloss Geyersberg unweit Coburg zustand. Die ziemlich ausführlichen Nachrichten über den Stamm, welche Freiherr v. Hoheneck gegeben, hat Wissgrill noch vervollständigt und Beide sind die sorgsamsten Schriftsteller über das Geschlecht. — Veit Geyer lebte 1370 auf dem Schlosse oder Sitze Geyersberg, auch Zeisperg genannt, in Franken und die Söhne desselben, Johann und Osswald I. treten urkundlich 1401 und 1410 auf. Der Sohn des Letzteren, Osswald II. Geyer zu Geyersberg in Franken, lebte noch 1500 und wurde der allgemeine Stammvater des sich später sehr weit ausbreitenden Geschlechts. Aus seiner Ehe mit Anna v. Grumpach entsprossten vier Söhne, Balthasar, Hans, Adam und Georg Geyer, von welchen eben so viele Linien des Geschlechts entstammten, welche sämmtlich in Oesterreich, wo sie nach und nach viele ansehnliche Herrschaften, Schlösser und Güter erwarben, fortgesetzt wurden. — Von den Nachkommen erhielten die Gebrüder Roman, Carl und Hector G. mit ihren Vettern Simon, Georg, Adam, Melchior, Gotthard u. Hans die Geyer 1531 von dem Könige Ferdinand I. Erzh. zu Oesterreich über die Vesten Osterberg (Osterburg), Haindorf und Herrnalss sammt Zugehörungen die Lehen, auch bestätigte der genannte Ferdinand I., kraft Diploms vom 5. Mai 1536 (nach Freiherr v. Hoheneck: 1530), den angeführten Brüdern und dem ganzen Geschlechte das alte Geschlechtswappen und zwar unter Verbesserung u. Vermehrung und mit der Erlaubniss sich Edle v. und zu Osterburg schreiben und nennen zu dürfen. Später, 22. Aug. 1650, wurden die Gebrüder Hans Ehrenreich und Christoph Adam mit ihren Vettern, Wolf Christoph der Aeltere und Maximilian Adam die Geyer v. Osterburg sammt der ganzen Nachkommenschaft, mit dem Ehrentitel: v. Geyersberg Edle Herren v. Osterburg, in den Freiherrnstand erhoben u. der Sohn des Freiherrn Wolf Christoph: Wolf Christoph der Jüngere, gest. 1681, brachte, wie oben angegeben, den Grafenstand in die Familie. Aus seiner Ehe mit Anna Barbara Freiin Geyer v. Geyersberg entsprossten zwei Söhne, Hans Ehrenreich und Wolf Georg Ehrenreich. Ersterer starb jung u. Letzterer, gest. 1705, Herr der Herrschaft Gmünd in Nieder-Oesterreich, hatte aus der Ehe mit Margaretha Freiin v. Geyersberg nur einen Sohn, welcher, geb. 1679, vor erreichter Voigtbarkeit unvermählt starb, und so war Graf Wolf Georg Ehrenreich der Letzte seiner Linie. — Graf Maximilian Adam, gest. 1678, — zweiter Sohn des Freiherren Wolf Christoph des Aelteren u. jüngerer Bruder des Grafen Wolf Christoph des Jüngeren — vermählte sich mit Catharina Salome Freiin zu Eck zu Hungersbach, gest. 1706, aus welcher Ehe vier Söhne stammten, die Grafen Hector Maximilian, Christoph Carl, geblieben 1689 als k. k. Hauptmann bei der Belagerung von Mainz, Christian Adam, umgekommen in venetianischen Kriegsdiensten zu Morea und Johann Ehrenreich. Der älteste dieser Brüder, Graf Hector Maximilian, hatte aus der Ehe mit Maria Elisabeth Freiin v. Eck zu Hungersbach zwei Söhne, Christian Maximilian, geb. 1684, u. Carl Friederich, geb. 1686, über welche Näheres nicht bekannt ist, der jüngste dieser Brüder aber, Graf Johann Ehrenreich, gest. 1741, lebte am k. poln. u. kursächs. Hofe in Dresden als Kammerherr und Oberhofmeister der verw. Königin und Kurfürstin Christiana. Derselbe war mit Wilhelmine Henriette Grf. und Herrin v. Stubenberg, sächsischer Linie, gest. 1790, vermählt, aus welcher Ehe ein Sohn, Graf Johann Heinrich, geb. 1739, stammte, welcher 1800 noch lebte und später den Mannsstamm des alten Geschlechts schloss. — Nach Jacobi ist die österreichische Linie (d. h. der österreichische Zweig der jüngeren gräflichen Linie, welche sich in den österreichischen u. den sächsischen Zweig geschieden hatte) mit dem Grafen Johann Ehrenreich, Herrn zu Gmünd, geblieben als k. k. Kämmerer und Oberst 16. Juni 1746 in der Schlacht bei Piazenza, im Mannsstamme erloschen. Wissgrill, der möglichst so genaue Wissgrill, erwähnt Letzteren nicht; es muss daher dahin gestellt bleiben, ob der genannte Schriftsteller denselben übersehen, oder ob Jacobi, ebenfalls ein Name vom besten Klange in der Wissenschaft, den Namen eines der beiden Söhne des Grafen Hector Maximilian, s. oben, mit: Johann Ehrenreich verwechselt hat. Krebel, Jacobis Vorgänger, Gen. Handbuch von 1776, II. S. 163 hat früher angegeben, dass die österr. Linie 1754 mit dem Grafen Johann Albrecht in männlicher Linie ausgegangen sei: auch diesen nennt Wissgrill nicht.

<small>*Bucelini*, II. — *Gr. v. Wurmbrand*, Collect. geneal. S. 139. — *Hübner*, Tab. 842—846. — *Gauhe*, I. S. 642—644. — *Freih v. Hoheneck*, I. S. 166—182. — *Wissgrill*, III. S. 284—304: mit Ahnentafeln. — *Jacobi*, 1800, II. S. 215. — *Siebmacher*, I 34: Geyer v. Osterperg, Oester. Herrenstand. — *Spener*, Histor. Insign. S. 129 und Tab. 7. — *v. Meding*, I. S. 182 und 183. — Suppl. zu Siebm. W.-B. II 3: Gr. und Herren v. Geyersperg.</small>

Geymann, s. Gaymann, S. 460.

Geymann, Gaymann, Freiherren. Erbländisch-österr. Freiherrnstand. Diplom vom 29. Juli 1625 für die Gebrüder Hans Paul und Hans Ludwig G. mit der gesammten Nachkommenschaft, unter dem Titel Freiherren zu Gallspach und Trauttenegg auf Walchen u. Wildenhag. — Das über 6. Jahrhunderte in Oesterreich bestandene Geschlecht der v. Geymann oder Gaymann zu Gallspach hat seinen Ursprung in Oesterreich ob der Enns genommen. Conradus Geymann, Miles, kommt urkundlich schon 1204 vor, auch treten in Urkunden des Klosters St. Florian 1241 Heinrich u. 1277 Hans G. auf, welche wohl Conrads Söhne waren. Der Stamm, über welchen Wissgrill sehr genaue Nachrichten gegeben, blühte in Oesterreich ob der Enns fort u., nachdem Hans Geymann, welcher als Gross- und Hochmeister des Fürstl. St. Jörgen Ordens zu Mülstatt in Kärnten, 1513 zum Reichsfürsten und 1519 vom K. Maximilian I. zum ersten seiner Testaments-Executoren ernannt worden war (doch setzte derselbe seinen Stamm nicht fort), brachten die Söhne des Hans Christoph G. zu Gallspach, Trattenegg, Walchen, Freyn und Rossaz, aus zweiter Ehe mit Juliana

v. Mamming, die oben genannten Gebrüder Hans Paul und Hans Ludwig G. den Freiherrnstand in die Familie. Letzterer, Herr zu Schwarzgrüb, kaiserl. Truchsess u. zuletzt Vorschneider, verm. mit Gertraud Freiin v. Concin, starb 1630 ohne Kinder, Freiherr Hans Paul aber, gest. 1655, setzte den Stamm fort. Aus seiner Ehe mit Maria Salome Schifer Freiin zu Freiling stammten, neben fünf Töchtern, eben so viele Söhne: Hans, Hans Ferdinand, Hans Jacob, Hans Ehrenreich u. Hans Dietmar. Von diesen pflanzte nur Hans der Aeltere und Hans Ehrenreich den Stamm fort. Freih. Hans der Aeltere, eigentlich Johann Baptist (●) war mit Maximiliana Sophia Freiin v. Volckra vermählt, aus welcher Ehe, neben einer Tochter, Maria Anna Elisabeth, vermählt mit Friedrich Herrn v. Schwanne, zwei Söhne stammten: die Freiherren Johann Ernest und Johann Carl. Letzterer starb 1707 als der Nieder-Oesterr. Landschaft Verordneter des Herrenstandes ohne Leibeserben, von Johann Ernest aber entspross aus der Ehe mit Anna Catharina Grf. v. Kollonitsch ein Sohn, Freih. Johann Jacob, k. k. Kämmerer u. Oberst, welcher 1740 noch Commandant der Festung Stuhlweissenburg war, so aus der Ehe mit Maria Anna Regina Freiin v. Teuffenbach, so viel bekannt ist, zwei Söhne hinterliess, Johann Ernst Sigismund u. Johann Carl, von welchen der Eine 1755 in der k. k. Militairacademie zu Wien erzogen wurde — Freih. Hans Ehrenreich — der andere Sohn des Hans Paul und der Bruder des Freiherrn Hans des Aelteren, s. oben, — Herr der Herrschaft Wolfpassing an der Yppa, vermählte sich mit Susanna Rosina Grf. v. Traun, aus welcher Ehe zwei Söhne entsprossten, Johann Gottfried u. Johann Sigismund. Ersterer, der N. O. Landschaft Verordneter des Herrenstandes und seit 1710 Landes-Ausschuss, starb 1712 unvermählt, Letzterer aber lebte noch 1726 als k. k. Hauptmann: somit lebten später nur noch die beiden Söhne des Freiherrn Johann Jacob, s. oben, — dass dieselben den Stamm fortgesetzt, ist nicht bekannt.

Bucelini, II. b. S. 59—62. — *Gr. v. Brandis*, Nr. 10. — *Gr. v. Wurmbrand.*, Collect. geneal. Cap. 18. S. 59—62. — *Seifert*, Stammtafeln, II. Nr. 3. — *Gauhe*, I. S. 605 und 606. — *Freih. v. Hoheneck*, I. S. 149—164. — *Wissgrill*, III. S. 304—314. — *Siebmacher*, I. 36: Die Gaymäuner, Oesterreichisch u. III. 32: Oesterr. Herrenstand. — *Spener*, Histor. Insign. S. 129 und Tab. VI. — *v. Meding*, I. S. 173.

Geymüller, Ritter und Freiherren. Erbländ.-österr. Ritter- u. Freiherrnstand. Ritterstandsdiplom vom 9. Juni 1810 für die Gebrüder Johann Heinrich, Johann Jacob und Heinrich Geymüller, Banquiers in Wien, mit den Neffen derselben; und zwar aus höchsteigener Bewegung und Freiherrndiplom von 1830 für die genannten drei Gebrüder. — Johann Jacob Ritter v. G. wurde 15. März 1812 unter die neuen niederösterreich. Ritterstandsgeschlechter aufgenommen.

Megerle v. Mühlfeld, S. 113. — *Kneschke*, IV. S. 144 und 145.

Geyse. Reichsadelsstand. Diplom zu Anfange des 18. Jahrh. für Georg Heinrich Geyse, kurhannov. Obersten. Die Familie hat im Braunschweigischen fortgeblüht und besitzt Plessische Lehne, welche den Ahnherrn des Geschlechts, dem Amtmanne Eckhardt Geyse zu Bovenden, um 1630 verliehen worden waren.

Freih. v. d. Knesebeck, S. 134.

Geyso, auch Freiherren (Schild der Länge nach getheilt: rechts in Silber ein rother Löwe u. links in Blau ein gesichteter, halber Mond, zwischen dessen links gekehrten Hörnern ein achtstrahliger, goldener Stern schwebt). Altes, hessisches Adelsgeschlecht, welches nach Angabe des Freih. v. d. Knesebeck urkundlich schon 1140 vorkommt. Dasselbe soll ursprünglich den Namen: Montag geführt u. Urban Montag (1362) wegen seines langen, weissen Haares und spitzen grauen Bartes den Beinamen: Geiss erhalten haben, welchen die Nachkommen als Geschlechtsnamen gebrauchten. Ein Enkel desselben, Reinhard Geiss, welcher grosse Reisen gemacht, war als Erzähler derselben am Hofe des K. Sigmund sehr beliebt, erhielt den Adel und begleitete später den Kaiser auf seinen Zügen. Sein Enkel, Johann Geiss, gest. 1661, wurde der nähere Stammvater der jetzigen Sprossen des Geschlechts. Derselbe siegte im 30jährigen Kriege als hessischer General in sieben Schlachten. Nach beendigtem Kriege wurde er vom Landgrafen Wilhelm zum Geh.-Rath ernannt und später vom K. Leopold I. mit seiner Nachkommenschaft, und zwar mit Veränderung des Namens: Geiss in: Geyso, in den Freiherrnstand erhoben, ohne dass er für seine Person von dieser Erhebung Gebrauch machte. Er hinterliess ein grosses Vermögen und die Rittergüter Völkershausen, Mommen u. Borken in Hessen, so wie Rosdorf, Tafta u. Mannsbach im Ritter-Canton Rhön-Werra. Ein Sohn seines Bruders, Eduard, starb 1707 als k. dän. Generallieutenant und Gouverneur der Herzogthümer Schleswig und Holstein. — Johanns Stamm blühte fort und die neuere Stammreihe seiner Linie ist folgende: Johann Leopold: Felicitas Christine Freiin v. Boyneburgk; — Caspar Eberhard zu Mannsbach und Wenigentaft, Truhenmeister des Rittercantons Rhön-Werra im Buchischen Quartier: erste Gemahlin: eine v. Herda zu Brandenburg, u. zweite Gemahlin: Wilhelmine v. Weisbach; — Hans Johann Friedrich, k. preuss. Major: Ursula Anna v. Szawelska; — Franz zu Tafta etc., gest. 1835, grossh. sächs. Kammerh. und Major: Wilhelmine Freiin v. Boyneburgk zu Lengsfeld; Otto, k. k. Lieut. a. D., Hermann (leben beide in Amerika) und August, k. k. Lieut a. D., Gebrüder. Ueber die Geschwister des Freih. Franz und namentlich über die Nachkommenschaft des Freih. Caspar Adam Eberhard aus beiden Ehen giebt das geneal. Taschenb. der freih. Häus. Nachricht.

Biedermann, Canton Rhön-Werra, Tab. 345. — *Wenck*, hess. Land. Gesch. Bd. II. Urkunde von 1140. — *Freih. v. d. Knesebeck*, S. 135. — *Freih. v. Ledebur*, I. S. 258. — Geneal. Taschenb. d. freih. Häus. 1857. S. 231-235.

Geyspiz, Gayspiz (in Silber sieben schwarze Rauten, welche in zwei Reihen, oben vier, unten drei, quer an einander gelegt sind). Altes, erloschenes Adelsgeschlecht, welches zur oberrheinischen Reichsritterschaft gehörte. Heinrich G. war gegen Ende des 15. Jahrh. in Nieder-Oesterreich mit Nondorf und Grünenbach begütert und Procop Herr v. Geyspitz konnte wegen Krankheit 1508 auf dem Landtage zu Crems nicht erscheinen. Andere Sprossen des Geschlechts kamen in Oesterreich nicht vor. Wie das Wappen ergibt ist das hier in Rede stehende Geschlecht ganz verschieden von dem ebenfalls in den Rheinlanden vorgekommenen Geschlechte: v. Geispitzheim (:in Silber drei spitzgezogene, schmale rothe Balken), s. S. 470 und 471.

Wissgrill, III. S. 314.

Gesewski, Geschau-Gesewski. Ein polnisches, 1777 im Lauenburgischen vorgekommenes Adelsgeschlecht, s. auch den Artikel: Geschau, S. 651.
Freih. v. Ledebur, III. S. 260.

Gfällenburg, s. Roskoschny v. Gfällenburg.

Gfässer, Freiherren. Erbländ.-österr. Freiherrnstand. Diplom von 1792 für Joseph Paulin v. Gfässer, jubilirten böhmischen Land-Rath.
Megerle v. Mühlfeld, Ergänz.-Bd. S. 59. — Suppl. zu Siebm. W.-B. VII. 13. v. G., Ritter.

Gförer v. Ehrenberg. Adelsstand des Fürstenthums Hohenzollern-Hechingen. Diplom von 1850.
Freih. v. Ledebur, III. S. 260.

Gfug, Gefuge, auch Freiherr u. Graf. Böhmischer Freiherrn- u. Grafenstand. Freih.-Diplom vom 2. März 1667 für Carl Christian v. Gfug, Herrn auf Mantze im Briegischen u. Grafendiplom vom 7. Apr. 1701 für denselben. Altes, schlesisches Adelsgeschlecht, aus welchem Anton Gefuge, Rath am Hofe der Herzogin Elisabeth zu Liegnitz, 1438 Liebenau im Liegnitzischen kaufte. Spätere Sprossen des Stammes giebt Sinapius bis zu Christoph Heinrich an, welcher sich 1717 v. G. zu Schollendorf schrieb und der freien Standesherrschaft Wartenberg Landhofgerichts-Assessor war. — Graf Carl Christian — ein Sohn des Adam v. G. auf Mantze, Bobrau etc. aus der Ehe mit Anna Barbara v. Eben und Brunnen und Enkel des Caspar v. G. auf Strachau, vermählt mit einer v. Senitz und Raukau — vermählte sich 1697 mit Eleonora Carolina Grf. v. Hochberg und Fürstenstein, doch blieb die Ehe kinderlos und so ging mit ihm 1721 die gräfliche Linie wieder aus. — Der Stamm im Adelsstande blühte fort und viele Sprossen desselben haben als Stabs- u. Subaltern-Officiere in der k. preuss. Armee gedient. Hermann v. Gfug, k. preuss. Lieutenant, besass nach Bauer, Adressbuch, S. 72, 1757 das Gut Gross-Waugern im Kreise Wohlau.
Sinapius, I. S. 379—381 und II. S. 97 und 98. — *Gauhe*, I. S. 644 nach Lucas Schles. Chron. — *Megerle v. Mühlfeld*, Ergänz.-Bd. S. 14. — N. Pr. A.-L. II. S. 232. — *Freiherr v. Ledebur*, I. S. 258. — *Siebmacher*, I. 74: v. Gefüeg, Schlesisch. — *v. Meding*, III. S. 200 und 201.

Ghelen, Edle. Erbländ.-österr. Adelsstand. Diplom von 1753 für Johann Leopold von Ghelen, Stadt- und Landrichter in Wien, mit dem Prädicate: Edler von.
Megerle v. Mühlfeld, Ergänz.-Bd. S. 297. — Suppl. zu Siebm. W.-B. II. 23: Die van Ghelen, oder van Gallen.

Ghillány, Ghillány de Laczi, Ghilácny. Ungarisches Adelsgeschlecht, aus welchem Elias Ghillany de Laczi, gest. 1803, k. preuss. Major a. D., früher Buckowine bei Trebnitz u. später Grüttenberg unweit Oels besass. — Simon v. Ghilány stand in neuester Zeit als Oberlieutenant im k. k. 1. Dragoner-Regimente.
Freiherr v. Ledebur, I. S. 253.

Ghilte, Gylte, s. Gilten.

Ghisels. Ein zum Adel der preuss. Rheinprovinz gehörendes Geschlecht, welches in der Person des Johann Nicolaus Joseph Franz

Xaver v. Ghisels, laut Eingabe d. d. Cöln, 31. Juli 1829, in die Adelsmatrikel der genannten Provinz unter Nr. 86 der Classe der Edelleute eingetragen worden ist.

Freih. v. Ledebur, I. S. 258. — W.-B. d. Preuss. Rheinprov. I. Tab. 42, Nr. 83 u. S. 42.

Ghislain, Freiherren. Erbländ.-österr. Freiherrnstand. Diplom von 1810 für Joseph Ghislain, Ritter v. Beaumont St. Quentin.

Megerle v. Mühlfeld, Ergänz.-Bd. S. 59.

Ghoute, Ghuten. Altes, mecklenburg. Adelsgeschlecht, aus welchem Daniel Ghuten, Knape, urkundlich 1380 vorkommt.

v. Meding, I. S. 183: nach dem Mscr. abgegangener meklenb. Familien.

Ghyr. Altes, längst erloschenes, lüneburgisches Adelsgeschlecht, welches 1338 noch blühte.

v. Meding, II. S. 189 und 190.

Gian-Filippi, Grafen u. Marquis. Italienisches, aus Rom u. Florenz stammendes Adelsgeschlecht, welches früher de Filippi hiess. Während der Unruhen zwischen den Bianchi und Neri verliess dasselbe Florenz und begab sich in das Neapolitanische und Genuesische, so wie nach Frankreich und Deutschland, auch zog ein Zweig in das Venetianische, zu welchem im 14. Jahrh. Bartholomaeus, ein Sohn des Johannes de Filippi, gehörte. Seine Söhne theilten sich, nahmen aber zum Andenken ihres Grossvaters den Namen: de Gian-Filippi an, welcher auch später beibehalten wurde. — Durch Diplom vom 15. Februar 1788 erhielt die Familie den Marquisenstand des Kgr. Sardinien, welche Standeserhöhung auch 10. Febr. 1789 für das ganze Venetianische Gebiet anerkannt wurde. Seitdem der Stamm sich aus Florenz nach Verona begeben, haben daselbst Sprossen desselben hohe Ehrenstellen bekleidet. — Ob zu diesem Geschlechte Ludwig Ritter v. Giani gehört, welcher neuerlich k. k. Oberst im Generalquartiermeister-Stabe war, muss dahin gestellt bleiben.

Tyrof, I. 130 und *Siebenkees,* I. S. 57: nach handschriftl. Nachrichten.

Giannattasio del Rio, Freiherren. Erbländ.-österr. Freiherrnstand. Diplom von 1810 für Joseph G. del R., k. k. Hauptmann im Freih. v. Duka Infant.-Regimente.

Megerle v. Mühlfeld, Ergänz.-Bd. S. 59.

Giannini, Grafen. Reichsgrafenstand. Diplom von 1708 für Carl Anton v. Giannini, Marchese Carpineti di Suavio et San Martinno, Gusnaco etc., Herrn der Herrschaften Huldschin und Dobroslawitz in Schlesien, des Herzogs von Modena Geh.-Rath und Gesandter am k. k. Hofe. — Derselbe, ein Sohn des Christoph Marchese Giannini aus der Ehe mit Augustina Contessa D'alli, stammte aus einem italienischen, in den Herzogthümern Modena und Mantua begüterten Geschlechte, aus welchem der ihn betreffende Zweig im 18. Jahrh. nach Deutschland kam und in Nieder-Oesterreich und Schlesien das Incolat erlangte. Graf Carl Anton, gest. 1742, wurde 1724 unter die niederösterr. Herrenstandsgeschlechter aufgenommen und hatte aus fünf Ehen dreizehn Kinder, wie Wissgrill sehr genau angiebt. Von Letzteren war Graf Franz Gregor, gest. 1758, Domherr und Domscholaster zu Olmütz, Domherr zu Breslau und infulirter Propst zu St. Moritz in Olmütz; Graf Leopold Joseph wurde Obersthofmeister der Herzogin Elisabeth Sophia zu Braunschweig-Wolfenbüttel und hatte aus der Ehe mit Johanna Maximiliana Grf. v. Ronow u. Biberstein einen Sohn, den Grafen August Wilhelm, welcher, 1767 gestorben, herz. braunschw. Oberst und mit Henriette Grf. v. Schönburg vermählt war und Graf Ernest Friedrich Alexander, gest. 7. März 1775, k. k. Geh. Rath und Kämm. und General-Feldmarschall-Lieutenant, war in kinderloser Ehe mit Leopoldine Freiin v. Popp aus Schlesien vermählt. Dieselbe, gest. 1773, war von ihrem Gemahl geschieden und hatte im Testamente vom 1. März 1771 als Erben ihrer Güter: Dirschel und Ehrenberg im Kr. Leobschütz und Liebelin und Weisseck im Troppauschen den König Friedrich II. von Preussen eingesetzt, doch nahm derselbe die Erbschaft nicht an. Dass Graf August Wilhelm den Stamm fortgesetzt, ist nicht bekannt: derselbe ist wohl erloschen.

Wissgrill. III. S. 316 und 317. — *Megerle v. Mühlfeld*, S. 19. — *Freih. v. Ledebur*, I. S. 258 und 259. — *Tyroff*, II. 241.

Giboldshausen. Eichsfeldisches, längst erloschenes Adelsgeschlecht.
v. Hellbach, I. S. 426 nach Wolf, Urkundenbuch, S. 13.

Gibsone, Freiherren. Im Kgr. Preussen anerkannter Freiherrnstand. Anerkennungsdiplom vom 9. Jan. 1777 für Alexander v. Gibsone, k. grossbritt. Consul in Danzig. Derselbe, gest. 1835, gehörte zu einer alten, vornehmen, englischen Familie, aus welcher sich einige Zweige nach Danzig gewendet hatten und später in Pommerellen und zwar im Neustädter Kreise begütert wurden.

v. Hellbach. I. S. 426. — N. Pr. A.-L. I, S. 47 u. II. S. 259. — W.-B. d. Pr. Monarch. II. 37.

Giech, Grafen. Reichsgrafenstand. Diplom vom 24. März 1695 für Christian Carl I. Freiherrn v. Giech. — Das gräfliche Haus Giech, welchem, — nachdem dem Haupte der Familie schon 1831 von der Krone Bayern, in Berücksichtigung früherer staatsrechtlicher Verhältnisse, das Prädicat: Erlaucht verliehen worden war — als Besitzer der Herrschaft Thurnau im April 1861 vom Könige Maximilian II. von Bayern die Eigenschaft eines standesherrlichen Hauses im Sinne des Artikels XV. der deutschen Bundesacte, sohin auch die Theilnahme an allen hieraus fliessenden Ehrenrechten und Vorzügen, in soweit hierauf nicht bereits rechtsverbindlich verzichtet worden, zuerkannt wurde, entspross aus einem der ältesten und vornehmsten fränkischen Rittergeschlechtern. — Das Stammhaus, das Bergschloss Giech, wurde von Chynomund v. G. 1255 an Heinrich I. Bischof von Bamberg verkauft, ist aber von dem jetzigen Familienhaupte durch Kauf wieder erworben worden. — Als näherer Stammvater des Hauses wird Dietz v. G. genannt, welcher 1510 Senior der Familie wurde und 1516 starb. Von ihm stammte im dritten Gliede Joachim, gest. 1635, dessen Enkel, Christian Carl I., 22. März 1680 den Reichsfreiherrn u. später, s. oben, den Reichsgrafenstand in die Familie brachte. Letzterer, gest. 1695, hinterliess zwei Söhne, Christian Carl II. und Carl Gottfried, welche zwei Linien, die zu Buchau und zu Thurnau gründeten, von welchen die letztere schon mit dem Stifter 25. Aug. 1729 wieder ausging. Die erstere Linie stieg, wie folgt herab: Christian Carl II., gest. 1697: Maximiliana Catharina Grf. v. Khevenhüller, gest. 1726; — Carl Maximilian, gest. 1748, führte nach Abfindung seines jüngeren Bruders, Christian Carl III., die Primogenitur ein und erbte von seinem Oheime 1729 die Herrschaft Thurnau: Henriette Christiana Grf. v. Wolfstein, gest. 1749, Erbtochter des letzten Grafen v. Wolfstein; — Christian Friedr. Carl, gest. 1797: Auguste Friederike Grf. zu Erbach-Schönberg, gest. 1801; — Carl Constantin Ernst Heinrich, gest. 1818: Caroline Wilhelmine Grf. v. Schönburg-Wechselburg, gest. 1836; — Franz Friedrich Carl. Letzterer, geb. 1795, Graf und Herr v. Giech, Standesherr u. erblicher Reichsrath der Krone Bayern, Herr der Herrschaft Thurnau, Herr zu Buchau, Wiesentfels etc. etc. (succed. seinem Bruder, dem 1846 verstorbenen Grafen Friedrich Carl Hermann), früher Regierungs-Präsident von Mittelfranken, resignirt als solcher 1840, Abgeordneter zur deutschen National-Versammlung, vermählte sich 1830 mit Francisca Grf. v. Bismark, geb. 1813, aus welcher Ehe ein Sohn, Graf Carl Gottfried, geb. 1847 u. drei Töchter stammen, die Gräfinnen: Anna, geb. 1849, Carolina, geb. 1850 und Julia, geb. 1854. — In Bezug auf die oben erwähnten staatsrechtlichen Verhältnisse des gräflichen Hauses v. Giech mag Nachstehendes hier Platz finden: Die Grafen Christian Carl II. und Carl Gottfried erwarben durch 1699 mit Brandenburg-Bayreuth abgeschlossenen, vom K. Leopold I. bestätigten Vertrag für 26,000 Gulden die Landeshoheit über den Markt Thurnau mit Zubehör und nahmen über diese Besitzungen die hohe und fraisliche Obrigkeit als Afterlehn vom Hause Brandenburg zu Lehn. 1726 erfolgte die Aufnahme in das fränkische Reichsgrafen-Collegium: die übrigen reichsunmittelbaren Güter des Hauses waren dem fränkischen Rittercanton Gebürg einverleibt. 1796 hob die Krone Preussen den ohne Beistimmung des Kurhauses Brandenburg mit Bayreuth 1699 geschlossenen Vertrag zwar auf u. übernahm die Landeshoheit über die Herrschaft Thurnau mit Zubehör, genehmigte aber dem gräflichen Hause durch Erklärung vom 10. Nov. 1796 ansehnliche persönliche und dingliche Vorrechte, so wie, wie früher, eine Regierungs-Canzlei und ein Consistorium u. zwar nur mit Unterordnung unter Hoheit des Fürstenthums Bayreuth. Doch hat das fränkische Grafen-Collegium bis zu seinem Ende das Gräflich-Giechische Haus als Collegialmitglied anerkannt und behandelt.

Durchl. Welt. Ausg. von 1710, II. S. 533—546. — Seifert, rechttaufeinanderfolg. Ahnentaf. Tab. 14. — Hübner, III. Tab. 902. — Burgermeister, Schwäb. Reichsadel, S. 661. — Gauhe, I. S. 645 und 646. — v. Hattstein, Supplem. zu Bd. I. S. 34. — Biedermann, Geneal. der fränk. Grafenhäuser, Tab. 110—124 und Canton Altmühl, I. Verzeichn. — Salver, S. 146. 253. 255. 267. 270. 279. 315. 330. 351. 482. 503. 515 und Tab. I. Nr. 2. 4. Nr. 11, 14 Nr. 37 etc. — Jacobi, 1800, II. S. 180. — v. Lang, S. 30. — Allg. Geneal.- und Staatshandb. 1834. S. 571 und 572. — Gothaisch. Hofcalender, 1834. S. 174 und 175. — Deutsche Grafenh. der Gegenw. I. S. 266—268. — Gothaisches Geneal. Taschenb. 1859. S. 242. — Siebmacher, I. 104; v. Gloch, Fränkisch u. V. Zusatz, I. Nr. 4; Gr. v. G. — v. Meding, III. S. 204—210. — Tyroff, I. 157. — W.-B. d. Kgr. Bayern, I. 45 und v. Wölckern, Abtheil. I.

Giegling v. Ehrenwerth. Fürstl. Hohenzollern-Hechingenscher Adelsstand. Diplom vom 27. Apr. 1807 für Johann Nepomuk Giegling, Fürstl. Hohenzollern-Hechingenschen Hof- und Regier.-Rath, mit dem Prädicate: v. Ehrenwerth.

Freih. v. Ledebur, III. S. 260.

Giehrl v. Sonnenberg. Kurpfälzischer Adelsstand. Diplom vom 4. Juli 1792 für Johann Georg Vitus Giehrl, kurpfälzischen Amtsrichter zu Missbrun und Gerichtsschreiber zu Treswitz und Tennesberg, mit dem Prädicate: v. Sonnenberg. Derselbe, geb. 1748, wurde als k. bayer. quiescirter Amtsrichter etc. in die Adelsmatrikel des Kgr. Bayern eingetragen.

<small>*v. Lang*, S. 351. — W.-B. d. Kgr. Bayern, V. 61.</small>

Giel v. Gielsperg. Altes, schweizerisches und schwäbisches Adelsgeschlecht, welches, wie Bucelini angiebt, nach dem Archive der Abtei zu St. Gallen in sehr früher Zeit die Schlösser Gielsperg, Glattburg, Liebenberg, Bichlingen, Wengi, Zuckenriedt etc. besass. Die fortlaufende Stammreihe beginnt aber erst um 1167 mit Arnold G. v. G. Von den Nachkommen desselben war Rudolph G. 1460 Hofmarschall des Abts zu St. Gallen. Derselbe hinterliess mehrere Kinder. Von diesen war Amalia Aebtissin zu Meggenau, Gotthard Abt zu St. Gallen und Johann und Rudolph, welcher mehrere Söhne hatte, fielen in den Kriegen mit Schwaben. Bernhard Christoph, später Romanus genannt, war 1640 Abt zu Kempten und von seinem Bruder, Johann Christoph, welcher in Kriegsdiensten stand, stammte Romanus Christoph. Weiteres über die Familie ist nicht bekannt.

<small>*Bucelini*, III. Appendix, S. 290. — *Gauhe*, I. S. 646. — *v. Hattstein*, III. Supplem. S. 86. — *Freih. v. Krohne*, II. S. 5—7. — *Siebmacher*, I. 202: Die Giel v. Gielsperg, Schweizerisch und III. 108: G. v. G. Schwäbisch. — *v. Meding*, II. S. 190.</small>

Gienanth, Freiherren. Freiherrnstand des Königr. Bayern. Diplom von 1835 für Ludwig v. Gienanth, k. bayer. Reichsrath und Hütten-Herr zu Hochstein. Derselbe, gest. 1848, war als Ritter des Civil-Verdienst-Ordens der bayer. Krone 1819 in die Adelsmatrikel und 1835 in die Freiherrnclasse derselben eingetragen worden. Von ihm stammt Freih. Carl, vermählt 1843 mit Mathilde Freiin v. Horn, aus welcher Ehe, neben zwei Töchtern, fünf Söhne stammen: Ludwig, geb. 1844, Eugen, geb. 1845, Gustav, geb. 1847, Max, geb. 1848 u. Edmund, geb. 1851. — Die Schwester des Freih. Carl, Freiin Julie, vermählte sich 1835 mit Gustav Freih. v. Gemmingen-Hagenschiess, Herrn auf Unter-Bessenbach, k. bayer. Kämmerer.

<small>*v. Lang*, Suppl. S. 101. — Geneal. Taschenbuch d. freih. Häuser, 1858. S. 189 u. 1859. S. 299. — W.-B. d. Kgr. Bayern, V. 62. Ritter v. G. u. XI, 23: Freih. v G.</small>

Gienger, Günger, Freiherren. Ein ursprünglich schwäbisches, schon im 14. Jahrh. zu den Patriciern der Reichsstadt Ulm gehörendes Geschlecht, welches nach Oesterreich kam, den Freiherrnstand, s. unten, erlangte und sich Gienger v. und zu Grünbühel, Ennseck, Wolfseck etc. schrieb. Die Vorfahren des Stammes hat Wolfgang Lazius genau angegeben. Jacob Gienger war 1424 und 1432 Stadtrichter in Ulm und von dem ältesten Sohne desselben, Johann, stammte unter vielen Söhnen Damian Gienger, Ritter, welcher wegen seiner bei dem Bauern-Aufruhre in Schwaben bewiesenen Tapferkeit 1544 vom Könige Ferdinand I. zum Ritter des h. Reichs geschlagen wurde und aus erster Ehe mit Ursula Schüz v. Raittenau fünf Töchter und eilf Söhne hinterliess, welche fast alle in Tirol und in Oesterreich in erzherzogliche und kaiserliche Dienste traten u. über welche sämmtlich Wissgrill die genauesten Nachrichten giebt. — Von diesen Söhnen pflanzte der vierte Jacob G. zu Grünbühel die Linie zu Grünbübel in Nieder-Oesterreich und Cossmar G. zu Wolfseck, der achte Sohn, die Linie zu Wolfseck in Oesterreich ob der Enns fort. Letzterer, gest. 1592, früher in kais. Kriegsdiensten, später k. Rath und Oberdreissiger zu Ungarisch-Altenburg und zuletzt von 1561 bis um 1582 Vicedöm in Oesterreich ob der Enns, brachte 1566 die Herrschaft und Veste Wolfseck als Pfandschaft von den v. Senftenau'schen Erben an sich und erlangte später, 1582, wegen seiner besonderen Verdienste, durch kaiserliche Bestätigung dieselbe eigenthümlich. Aus seiner zweiten Ehe mit Catharina Haidenreich v. Bidenegg stammten, neben acht Töchtern, acht Söhne, von welchen der zweite Sohn, Hans Adam G. zu Wolfseck und Rotteneck, erst Beisitzer des kais. Reichs-Kammergerichts zu Speier, dann kais. Rath und zuletzt Vicedom in Oesterreich ob der Enns, nachdem fünf Söhne aus seiner Ehe mit Maria Magdalena Füger zu Hirschberg vor ihm gestorben waren, 1623 den Mannsstamm seiner Linie, welche im weiblichen Stamme noch fortblühte, schloss. — Jacob G., s. oben, wurde der Stifter der Linie zu Grünbühel in Nieder-Oesterreich. Derselbe, gest. 1578, nach mehreren Aemtern zuletzt nieder-österreichischer Hofkammerrath zu Wien, kaufte 1552 von Kilian v. Veldendorf das Gut und Schloss Grünbühel mit Zubehör in Nieder-Oesterreich und wurde der nächste Stammvater aller späteren v. Gienger in Oesterreich. Aus seiner zweiten Ehe mit Barbara Kölepöckh zu Salaberg stammte Niclas G., gest. 1636, Herr der Herrschaften Grünbühel, Rabenstein, Altenhofen u. Ranzenbach, welcher mit seinem Vetter, Johann Friedrich G. und der gesammten Nachkommenschaft Beider 1. Mai 1608 den erbländisch-österr. Freiherrnstand erhielt, doch wurde erst durch kaiserliches Diplom vom 5. Mai 1635 die Bestätigung des Herrenstandes für das gesammte Geschlecht ausgefertigt, worauf die Freiherren Niclas und der Vetter desselben, Johann (Ferdinand) Friedrich 1635 in das Gremium des Herrenstandes der Nieder-Oesterr. Landschaft eingeführt wurden. — Freih. Niclas setzte den Stamm, wie Freih. v. Hoheneck und Wissgrill näher erörtern, fort und von den Nachkommen kam Freih. Johann Franz 1738 in die Ritter-Academie der Nieder-Oesterreichischen Landschaft zu Wien. Derselbe trat später in kur-bayerische Hof- u. Staatsdienste, vermählte sich mit einer Freiin Schrenk v. Nozing und ein Sohn aus dieser Ehe, Freih. Joseph, wurde 1769 kurfürstl. Edelknabe am Hofe zu München. In Oesterreich kam in der zweiten Hälfte des 18. Jahrh. der Name des Geschlechts nicht mehr vor u. auch von dem Fortblühen desselben in Bayern ist Näheres nicht aufzufinden.

Lastus, de migratione gentium Lib. VIII. S. 288 und 289. — *Gauhe*, I. S. 646 u. 647. — *Freih. v. Hoheneck*, I. S. 184—191. — *Wissgrill*, III. S. 317—327. — *Spener*, Histor. Insign. Lib. II. Cap. 30.

Sieraltowski. Polnisches, zum Stamme Jastrzembiec gehörendes, in Schlesien vorgekommenes Adelsgeschlecht.
Freih. v. Ledebur, III. S. 360.

Sieroszwski. Polnisches, in den Stamm Lubicz eingetragenes

Adelsgeschlecht, welches in Westpreussen 1820 mit Lonken im Kr. Schlochau begütert war.

Freih. v. Ledebur, I. S. 259.

Giercrynski. Polnisches, zum Stamme Gerald zählendes Adelsgeschlecht, welches im Ermelande das Gut Schönfliess im Kr. Pr. Holland erworben hatte.

Freih. v. Ledebur, I. S. 259 und III. S. 260.

Giersleben, Ceresleben, Görsleben. Ein früher im Brandenburgischen vorgekommenes Adelsgeschlecht, aus welchem Leonhard v. Giersleben 1617 von Joachim v. Buntsch das Gut Kirschbaum im Kr. Sternberg, Reg.-Bez. Frankfurt a. d. O., kaufte. Von den Söhnen desselben kommt Caspar 1618 und Hans 1621 vor.

Freih. v. Ledebur, I. S. 259.

Giesche, Ritter. Böhmischer Ritterstand. Diplom vom 29. April 1712 für Georg v. Giesche.

v. Hellbach, I. S. 427.

Giese, Gise, Freiherren (Schild geviert: 1 in Blau ein einwärtssehender, doppelt geschweifter, gekrönter, rother Löwe, welcher mit beiden Vorderpranken einen, mit der Spitze in die Höhe gerichteten Federpfeil vor sich hält. 2 und 3 in Gold drei rothe Querbalken und 4 in Blau ein einwärts gekehrter, in einer königlichen Krone stehender, silberner Schwan). Reichs- u. Freiherrnstand des Kgr. Bayern. Reichs-Freiherrn-Diplom von 1667 für Franz v. Giese, Pfalz-Neuburgischen Geh.-Rath, Regierungs-Präsidenten und Obercanzler so wie für Philipp v. G., kurbrandenburg. Ober-Ingenieur u. Kammerjunker, welcher 1662 den Friedrich-Wilhelms-Canal zur Vereinigung der Spree mit der Oder angelegt hatte u. 1698 als k. dänischer Generallieutenant starb, u. bayerisches Freiherrndiplom vom 28. Oct. 1805 für Friedrich August Koch Edlen v. Teublitz, k. bayer. a. o. Gesandten u. bevollmächt. Minister im Haag, mit dem Namen: Freih. v. Giese. — Die Familie v. Giese, Gise ist ein altes, ursprünglich westphälisches Adelsgeschlecht, welches in dem einen Zweige, wie alte Lehnsbriefe ergeben, schon seit 1667 den reichsfreiherrlichen Titel führte, welchen Franz v. G., pfalz-neuburgischer w. Geh.-Rath, Regierungs-Präsident und Canzler des Hubertus-Ordens, erhalten hatte. — Philipp Wilhelm Freih. v. G., geb. 1753, Herr auf Luzmanstein, k. bayer. Kämm., und ehemaliger Landesdirectionsrath, der Letzte seines Stammes, nahm mit Königl. Erlaubniss den k. bayer. Legationsrath Friedrich August Koch Edlen v. Teublitz als Adoptivsohn an, worauf derselbe, wie oben angegeben, in den Freiherrnstand des Königr. Bayern versetzt wurde. Von Letzterem, gest. 1860, Herrn auf Lutzmannstein u. Teublitz, k. bayer. Kämmerer, Minister a. D., u. Staatsrath — einem Sohne des herz. oldenburg. Conferenz-Raths Conrad Reinhard v. Koch, welcher als herz. holst.-schlesw. Hof- u. Justizrath 27. Nov. 1769, mit dem Prädicate: Edler v. Teublitz, in den Reichsritterstand erhoben worden war und einem Enkel des Hof-Kammeraths v. Koch in Darmstadt — entsprossten aus der Ehe mit Franzisca v. Bertrand St. Renny Grf. v. La-Perouse, neben drei Töchtern;

Caroline Freifrau Pergler v. Perglas, Maria Grf. v. Gravenreuth und Adelheid Freifrau v. Moreau zwei Söhne: die Freiherren Maximilian und Ludwig. Maximilian Freih. v. G., k. bayer. Kämmerer, welcher 1853 k. bayer. Minister-Resident am k. sächs. und grossh. sachsen-weimarschen Hofe, so wie an den herz. sächs. Höfen wurde, vermählte sich 1847 mit Anna Grf. Tascher de la Pagerie, aus welcher Ehe ein Sohn, August, geb. 1850 und eine Tochter, Maria, gab. 1853, stammen, aus der Ehe des Freiherrn Ludwig aber, k. bayer. Kämm. und Hauptmann à la suite, vermählt mit Christine Freiin Mandl v. Deutenhofen, entspross ein Sohn, Reinhart, geb. 1855.

v. Lang, S. 131 und 407 und Suppl. S. 45. — Geneal. Taschenb. d. freih. Häuser, 1857 S. 241 und 242 und 1859 S. 280 und 231. — W.-B. d. Kgr. Bayern. III. 6. und *v. Wölckern*, Abth. 3. S. 13 u. 14. — *v. Hefner*, bayer. Adel, Tab. 33 und S. 36. — *Kneschke*, I. S. 167 und 168.

Giese. Gise (Schild quergetheilt: oben in Gold ein wachsender rother Löwe und unten in Blau zwei silberne Querbalken). Adeliges Patriciergeschlecht der Stadt Danzig, aus welchem Thielemann v. G. 1537 Bischof von Culm und 1539 Bischof von Ermland wurde.

Freih. v. Ledebur, III. S. 260.

Giese. Ein in Rügen vorgekommenes Adelsgeschlecht, welches 1800 die zu der Insel Rügen gehörende kleine Insel Hiddensee besass.

Freih. v. Ledebur, III. S. 260.

Gieze. (Schild schräg-rechts getheilt: rechts in Gold eine vom rechten Schildesrande an die Mitte der Theilungslinie stossende, grüne Spitze und links in Grün drei, 2 u. 1, goldene Sterne). — Adelsstand des Königr. Preussen. Diplom v. 1843 für Hans Wilhelm Giese, k. preuss. Obersten. Derselbe starb 1855 als Generalmajor a. D. Ein Sohn desselben stand später als Lieutenant im k. preuss. 31. Infant.-Regimente. —

Freih. v. Ledebur, I. S. 259 und III. S. 260.

Giesenberg. Altes, niederrheinisch-westphälisches Adelsgeschlecht aus dem gleichnamigen Stammhause unweit Dortmund, welches schon 1217 der Familie zustand. Adolph Arnold war 1688 Domherr zu Hildesheim, Johann Franz v. u. zum Giesenberg in demselben Jahre Domherr zu Osnabrück und Johann Heidenreich v. u. zum G. 1689 Domherr des Erzstifts Trier. Später, 1727, starb zu Heinrichenburg im Hildesheimischen der letzte männliche Sprosse des alten Stammes. Nach den v. Steinen gemachten Mittheilungen kann dieser Letzte wohl kein Anderer gewesen sein, als Adolph Arnold, Domherr und Herr zum Giesenberg, Heinrichenburg, Voerde und Asterlagen, welcher 1678 aufgeschworen hatte und unvermählt starb. Asterlagen fiel an seine Schwester, eine verw. v. Palant und der Enkel einer anderen Schwester, ein v. Westerholt, erbte die übrigen Güter, worauf später Namen und Wappen (in Gold drei rechtssehende, neben einander gestellte, schwarzer Amseln) auf eine der Linien der Freiherren v. Westerholt übergingen, welche sich v. Westerholt und Gysenberg schrieb und das erwähnte Wappen bei Erhebung in den Grafenstand beibehalten hat: Feld 1 u. 4 des gevierten Hauptschildes

des Wappens der Grafen v. u. zu Westerholt, s. den betreffenden Artikel.

<small>*Gauhe*, I. S. 648; nach dem Metpt. Genealog. — *v. Steinen*, III. S. 748 und 749 u. Tab. 48: Wappen der gleichstammigen Familie v. Krawinckel. — N. Pr. A.-L. V. S. 179. — *Freih. v. Ledebur*, I. S. 259. — *Siebmacher*, I. 132: v. Giesenberg, Rheinländisch. — *v. Meding*, II. S. 185 u. 196.</small>

Giesenburg, Freiherren. Böhmischer Freiherrnstand für Tobias v. Giesenburg. Derselbe war in Schlesien Herr auf Lauterbach im Kr. Bolkenhain und Stephanshain im Kr. Schweidnitz, welches letztere Gut schon 1662 in der Hand des Vaters, Tobias v. Weene u. Giesenburg, k. k. Obersten über ein Regiment Cuirassier und nach Einigen der Empfänger des Freiherrn-Diploms, war. Der Sohn, Freih. Tobias, starb 1708 u. hatte aus seiner Ehe mit einer Grf. v. Nimptsch u. Oelse, welche 1715 starb, keine Nachkommen.

<small>*Naso*, Phönix Redivivus, S. 65. — *Sinapius*, II. S. 335. — *Gauhe*, II. S. 358. — *Freih. v. Ledebur*, I. S. 259.</small>

Giesl v. Gieslingen. Erbländ.-österr. Adelsstand. Diplom v. 1773 für Johann Giesl, k. k. Oberlieutenant und Leibgarde-Arcier, mit dem Prädicate: v. Gieslingen.

<small>*Megerle v. Mühlfeld*, Ergänz.-Bd. S. 297.</small>

Giesser v. Giessenburg. Erbländ.-österr. Adelsstand. Diplom von 1810 für Adam Giesser, k. k. Obersten bei Graf v. Erbach Infanterie, mit dem Prädicate: v. Giessenburg.

<small>*Megerle v. Mühlfeld*, Ergänz.-Bd. S. 297.</small>

Giesser v. Winzer. Ein in Bayern vorgekommenes Adelsgeschlecht, welches zu Ober-Winzer unweit Regensburg sesshaft war.

<small>*v. Hellbach*, I. S. 427: nach Hartmann's Sammlungen.</small>

Gigans v. Riesenstein. Böhmischer Adelsstand. Diplom vom 26. März 1678 für Caspar Gigans, mit dem Prädicate: v. Riesenstein.

<small>*v. Hellbach*, I. S. 428.</small>

Gilbert de Spaignart. Gilbert v. Spaignasrd. Ein ursprünglich hennegauisches Adelsgeschlecht, aus welchem M. Christian, Christoph und Theodor, alle Drei Gilberti de Spaignart, 1. Juni 1615 von dem Grafen Ernst Wilhelm zu Ortenburg, kraft des ihm zustehenden grossen Comitivs, mit kaiserlicher Vollmacht ein Bestätigungsdiplom des Adels der Familie erhielten. Georg G. v. S. starb 1630 als Prediger zu Danzig und Johann G. v. S. 1678 als kurbrandenb. Auditeur u. Hof- u. Kammergerichts-Advocat.

<small>Preussische Lieferungen, I. S. 252 und 254. — N. Pr. A.-L. V. S. 179 u. 180. — *Freih. v. Ledebur*, I. S. 259. — *v. Meding*, II. S. 190 und 191.</small>

Gileis, Gilleis, Freiherren u. Grafen. Reichsfreiherrn- und Grafenstand; Freiherrndiplom vom 1. Nov. 1479 für Wolfgang Georg v. G., k. k. Kämm., Hauptmann der Arcieren-Leibgarde, Oberst-Hofmarschall, Amts-Verwalter etc. und Grafendiplom von 1699, doch wird das Grafendiplom einzig von dem geneal. Taschenb. der gräfl. Häuser angegeben, während andere Schriftsteller nur das Freiherrndiplom erwähnen, es muss daher das Grafendiplom wohl in neuerer Zeit ausgefertigt worden sein. — Altes, ursprünglich österreichisches Rittergeschlecht, welches früher Gilaeuzer, Gillaus, Gillais und Gilles geschrieben wurde. Als Stammhaus ist wohl das Gut Gillaus, ein Dorf und Amt der Herrschaft Härtenstein am Crems-Flusse anzunehmen und der von Einigen in Franken oder gar in Schottland gesuchte Ursprung der Familie ist nicht erwiesen. — Conrad oder Chunrad der Gilaeuser tritt urkundlich schon 1273 und 1274, so wie Otto Gileis 1289 u. 1308 auf. — Die ununterbrochene Stammreihe läuft von der Mitte des 15. Jahrh., wie folgt, fort: Johann, insgemein Hans Gilleis, lebte noch 1450: Anna Frizenstorfer zu Leibn; — Georg Gilleis zu Pezenkirchen: zweite Gemahlin: Maria Magdalene Müllwanger; — Veit, 1530 und 1534 nieder-österr. Landschaft-Viertel-Hauptmann: Anna Matseeber, Herrin der Veste Sonnberg mit Ober-Hollabrunn; — Freih. Wolfgang Georg, s. oben, gest. 1593: Catharina Freiin Teufel v. Gunderstorf; — Andreas, gest. 1624, k. k. Kämm. u. Rath: erste Gemahlin: Margaretha Freiin v. Herberstein; — Wolfgang Georg II., gest. 1651, niederösterr. Landrechtsbeisitzer: Isabella Freiin v. Rüber; — Georg Julius, gest 1700, k. k. Kämmer. u. Herr der Herrschaften Kattau, Missingdorf und der Veste Therasburg, welche Besitzungen derselbe zu einem Familienfideicommiss machte: Sabina Christiana Grf. u. Herrin v. Starhemberg, Mutter von zwanzig Kindern; — Georg Franz Anton, gest. 1729, k. k. Kämm. etc.: erste Gemahlin: Maria Maximiliana Sidonia Grf. v. Althann; — Johann Julius Christoph, gest. 1763, k. k. Kämm. etc.: Johanna Theresia Grf. v. Nimptsch; — Johann Christoph Julius, gest. 1782, k. k. Kämm.: Maria Anna Grf. v. Spindler, erbte von dem Bruder ihrer Mutter, Franz Philipp, letztem Grafen v. Andlern, 1790 die Herrschaften Chudowin, Willimau und Teutsch-Jössnigg in Mähren; — Joseph Calasanz, gest. 1827 u. Johann Julius, geb. als Posthumus 1783, Herr der obengenannten Fideicommissgüter, k. k. Kämm. u. Bergrath, schloss den Mannsstamm seines alten Geschlechts 1. Aug. 1841: Maria Sophia, Freiin v. Hingenau, geb. 1793. — Die Schwester des Grafen Johann Julius, Grf. Therese, geb. 1779, vermählte sich 1800 mit Moritz Grafen v. Dietrichstein und von dem Grafen Joseph Calasanz, s. oben, k. k. Kämm. u. Oberst-Lieutenant, stammten aus der Ehe mit Maria Anna Leopoldine Grf. v. Attems zwei Töchter, Grf. Octavia, geb. 1806, Mitglied des Klosters der barmherz. Schwestern zu Kremsier und Grf. Leopoldine, geb. 1807 u. verm. 1828 mit Hermann Eduard Grafen v. Attems.

<small>*Gr. v. Wurmbrand*, Coll. hist.-geneal., Cap. 12. S. 27. — *Gauhe*. I. S. 648 u. 649. — *Wissgrill*, III. S. 325—336 mit zwei Ahnentafeln. — Grafenh. d. Gegenwart, III. S. 139—141. — Geneal. Taschenb. d. gräfl. Häuser, 1854, S. 264 u. 1857, S. 272 u. histor. Handb. zu demselben, S. 248. — *Siebmacher*, I. 23: v. Gilleis, Herren. — *Spener*, Histor. Insign. S. 451 u. Tab. 17. — *v. Meding*, II S. 191—193: Gileis, Freiherren.</small>

Gilenberg, s. Löw v. Gilenberg. —

Gilg v. Gilgenburg. Reichsadelsstand. Diplom von 1762 für Johann Gilg, Doctor und Physicus zu Tyrnau, mit dem Prädicate: v. Gilgenburg.

<small>*Megerle v. Mühlfeld*, Ergänz.-Bd. S. 297.</small>

Gilgen, zur Gilgen. Altes, schweizerisches Adelsgeschlecht, dessen Stammreihe mit Ulrich um 1335 beginnt. Von den Nachkommen war Bonifacius noch 1722 Abt zu Pfeffers.

<small>*Bucelini*, III. S. 106. — *Gauhe*, I. S. 649.</small>

Gilgenheimb. Hentschel v. Gilgenheimb (Schild quer getheilt: oben in Blau ein grasender Hirsch und unten in Gold zwei schrägrechte silberne Balken). Böhmischer Adelsstand. Diplom vom 4. April 1644 für Johann Hentschel, Herrn auf Giesmannsdorf und Zaupitz unweit Neisse etc., mit dem Prädicate: v. Gilgenheimb. Der Stamm blühte fort und im Anfange des 18. Jahrh. war Johann Carl II. v. G. Fürst-Bischöfl. Regierungsrath und Hofrichter zu Neisse. Der Enkel desselben, Leopold v. G., k. preuss. Landrath und Landschafts-Director, besass die Familiengüter Franzdorf, Kuschdorf und Schwandorf, sämmtlich unweit Neisse, auch war derselbe Lehnsträger der Voigtei Weidenau in Oesterreich-Schlesien. Nach seinem Tode fielen 1822 die Güter bei Neisse an die Wittwe, eine Freiin v. Wilczeck, der älteste Sohn aber, Erdmann v. G., folgte im Besitze der Voigtei Weidenau und nach dem Tode der Mutter fielen an denselben auch die Franzdorfer Güter. Die Brüder desselben, Joseph Theodor u. Erhard v. G., s. unten. — Der im N. Preuss. Adelslex. zu dieser Familie gerechnete Freiherr Johann Gottfried Joseph, kurmainz. und fürstl. bamberg. Rath und Herr der Güter Gulau, Girlsdorf, Johannesthal, Baumgarten und Jexau gehört nicht zu der Familie Hentschel v. Gilgenheimb, sondern zu dem Geschlechte Hentschel u. Gutschdorf. — Nach Bauer, Adressb., S. 72 war 1857 Erdmann v. G., k. preuss. Kammerh. und Landschafts-Director a. D., Herr auf Franzdorf, Kuschdorf u. Natschke im Kr. Neisse und in demselben Kreise besassen die Brüder Erdmann, Joseph Theodor u. Erhard v. G. das Gut Schwandorf.

Sinapius, II. S. 640 und 641. — *Gauhe*, II. S. 413 und 414. — N.Pr. A.-L. II. S. 383 u. 234 u. V. S. 80. — *Freih. v. Ledebur*, I. S. 259 u. III. S. 260.

Gillardi. Kurbayerischer Adelsstand. Diplom vom 4. Mai 1757 für Catharina Gillardi, Besitzerin der zu Allersberg errichteten Golddraht-Fabrik und zweier erworbener Hofmarken. Zwei Enkel derselben, Benedict Joseph Anton, geb. 1771, k. bayer. Hauptmann und der Vetter desselben, Joseph Maria Jacob, geb. 1772, Inhaber der leonischen Drahtfabrik in Allersberg, wurden in die Adelsmatrikel des Kgr. Bayern eingetragen.

v. Lang, S. 352. — W.-B. d. Kgr. Bayern, V. 62.

Gillenbach, s. Utsch v. Gillenbach.

Giller v. Lilienfeld (Schild geviert: 1 u. 4 in mit Silber eingefasstem Blau ein goldener Stern und 2 u. 3 in Silber ein schräglinker, mit drei goldenen Lilien belegter, rother Balken). Ein zu den Patriciern der Stadt Troppau in Oesterr.-Schlesien gehörendes Geschlecht, eines Stammes mit der Familie v. Gillern.

Henel, Silesiogr. renov. Cap. 7. S. 411. — *Sinapius*, II. S. 641. — *Freih. v. Ledebur*, I. S. 259.

Gillern, Giller, Ritter und Edle, auch Freiherren (Schild geviert, ganz wie das im vorigen Artikel beschriebene Wappen, nur ist in dem der Freiherren noch ein Mittelschild mit einem Türkenkopfe gekommen). Reichsadelsstand von 1721, erbländisch-österreichischer von 1724, böhmischer von 1725 und Reichsritterstand mit dem Prädicate:

Edler Herr von 1726. Die drei ersten Diplome für Carl Joseph G., Fürstl. Liechtensteinschen Hofrath; das letztere für denselben als k. k. Rath, wegen guten Herkommens und wegen der bei Gelegenheit der ungarischen Unruhen, zum Schutze Mährens geleisteten Dienste. Erbländ.-österr. Freiherrenstand von 1727 und böhmischer von 1732: Diplome für die Vettern Carl Joseph Edlen Herrn v. G., k. k. Hofkammer-Rath und Johann Christoph Edlen Herrn v. G., Landesdeputirten zu Glogau, so wie erbländ.-österr. Freiherrnstand: Diplom von 1766 für Christian Matthias Anton v. G., k. k. Oberstlieutenant. — Das Geschlecht erwarb im 18. Jahrh. in Schlesien mehrere Güter und war noch in diesem Jahrh. mit Kulmickau im Kr. Steinau etc. und im Brandenburgischen 1817 mit dem Vorwerke Lindow unweit Ruppin begütert. — Aeltere Sprossen des Stammes, welche sich in zwei Linien geschieden, hat von Beiden Sinapius aufgeführt. — Dominica Freiin v. Gillern war bis zu der 1810 erfolgten Secularisation des fürstlichen Stifts- und Jungfrauen-Klosters des Cistercienser-Ordens zu Trebnitz in Schlesien Aebtissin u. regierende Frau.

Sinapius, II. S. 641. — N. Pr A.-L. II. S. 234 u. V. S. 180. — *Freih. v. Ledebur*, I. S. 259 und III. S. 260. — Suppl. zu Siebm. W.-B. II. 24. — Schlesisches Wappenb. Nr. 318.

Gillet, Freiherren. Erbländ.-österr. Freiherrenstand. Diplom von 1810 für Anton v. Gillet, k. k. General-Feldwachtmeister und Brigadier.

Megerle v. Mühlfeld, S. 52.

Gillhausen, Gilhausen. Im Kgr. Preussen anerkannter Adelsstand. Anerkennungsdiplom vom 10. April 1823 für Friedrich Wilhelm Conrad v. Gillhausen, k. preuss. Major. — Ein Hauptmann v. G. stand 1852 im k. pr. 16. Inf.-Regim. und die verw. Frau v. Schell, geb. v. Gillhausen besass 1857 das Gut Rechen im Kr. Bochum.

v. Hellbach, I. S. 428 u. 429. — N. Pr A.-L. II. S. 234 u. V. S. 180. — *Freih. v. Ledebur*, I. S. 259. — W.-B. d. Preuss. Monarch. III, 27 — *Knesehke*, IV. S. 145 und 146.

Gilloi. Böhmischer Adelsstand. Diplom vom 20. Aug. 1700 für Christoph Heinrich u. Friedrich Wilhelm Gilloi.

v. Hellbach, I. S. 429.

Gilm v. Rosenegg. Erbländ.-österr. Adelsstand. Diplom v. 1739 für Franz Joseph Gilm, Untervogt und Rentmeister der Herrschaften Bludenz u. Sonnenberg, mit dem Prädicate: v. Rosenegg.

Megerle v. Mühlfeld, Ergänz.-Bd. S. 293. — Cast, Adelsbuch. d. Grossh. Baden, Abthl. 3. — W.-B. d. Kgr. Bayern, V. 63.

Gilowski, Gilewski. Polnisches, zum Stamme Kotwicz gehörendes Adelsgeschlecht, welches in Ostpreussen im Oletzkoschen begütert wurde.

Freih. v. Ledebur, I. S. 260 und III. S. 260.

Gilsa zu Gilsa, Freiherren (in Grün drei silberne, wellenweise gezogene Querbalken). Althergebrachter, im Königr. Westphalen 1813 bestätigter Freiherrnstand. — Altes Adelsgeschlecht, welches in Kur-Hessen, mit den Gütern Gilsa, Zimmersrode und Waltersbrück belehnt, zur dortigen Ritterschaft gehört und den Stammsitz Gilsa schon seit siebenhundert Jahren besitzt. Wiegand v. G. tritt 1253 und mit seinem jüngeren Bruder, Conrad, 1262 urkundlich auf. Letzterer kommt auch 1261 in einer Schenkungsurkunde des Klosters Heina, so wie Werner in einer solchen des Klosters Netz 1289 vor. Um 1411 öffneten die v. Gilsa den Landgrafen von Hessen ihre bis dahin reichsunmittelbare Stammburg und trugen dieselbe den Landgrafen zu Lehen auf. — Die Stammreihe der Familie vom 18. Jahrh. an ist folgende: Freih. Caspar Ludwig, gest. 1727, Herr zu Gilsa und Zimmersrode, Fürstl. Hessischer Ober-Einnehmer: Sabina Friederike Freiin v. Dallwigk zum Campf; — Carl Ludwig, gest. 1755, Herr zu Gilsa: Charlotte Freiin v. Löwenstein a. d. H. Römersberg; — Carl Ludwig Philipp, gest. 1823, kurfürstl. hess. Kammerherr und Oberstallmeister: erste Gemahlin: Wilhelmine Freiin v. Wintzingerode und zweite Gemahlin: Elisabeth Freiin v. Buttlar; — Friedrich Ernst Ludwig Heinrich. Letzterer, geb. 1799, jetzt Haupt der einen Linie der Familie, herz. nass. Ober-Jägermeister u. Kammerherr, verm. sich 1830 mit Auguste Freiin Marschall v. Bieberstein, geb. 1805, aus welcher Ehe, neben zwei Töchtern, drei Söhne stammen, die Freiherren: Ernst, geb. 1830, kurhess. Premierlieut., Otto, geb. 1835, k. k. Lieutenant und Adjutant im Genie-Corps und Adolph, geb. 1838, herz. nass. Artillerie-Lieutenant. — Haupt der anderen Linie ist Freih. Friedrich — Sohn des Freih. Georg, gest. 1812 als k. westphäl. Oberst eines Cuirassier-Regiments — Erbherr der Freih. v. Scholleyschen und v. Wöllwartschen Güter, k. preuss. Major und 1857 Commandeur des 8. Jäger-Bataillons, verm. 1839 mit Friederike Freiin v. Wittgenstein, geb. 1817, aus welcher Ehe zwei Töchter und drei Söhne stammen: Felix, geb. 1840, k. pr. Lieutenant, Moritz, geb. 1842 und Friedrich, geb. 1848. Der Bruder des Freih. Friedrich, Freih. Felix, ist Verwalter zu Gilsa. — Die früher in Hessen vorgekommene Familie v. Gilse oder Gilsa zu Seibertsdorf (Schild geviert: 1 u. 4 in Schwarz ein rechtssehender, goldener Adler u. 2 u. 3 von Blau u. Silber, oder auch von Roth und Silber geschacht) war dem Wappen nach zu urtheilen, ein ganz anderes Geschlecht.

<small>Schannat, S. 91. — Gauhe, I. S. 649 und 650. — Wenck, Hessische Landesgesch., II. Bd. Urkunde von 1261. — Rommel, Gesch. von Hessen, II. Anmerk. S. 180 und 228. — Gesetz-Büllet. d. Kgr. Westphalen, 1813. S. 359. — N. Pr. A.-L. II. S. 234 u. 235. — Freih. v. der Knesebeck, S. 136 u 375. — Freih. v. Ledebur, I. S. 260 u III. S. 260. — Geneal. Taschenbuch d. freih. Häuser, 1854. S. 172—174. 1855. S. 184—186, 1857. S. 235 und 1859. S. 229 und 230. — Siebmacher, I. 139; v. Gilse zu Gilse, Hessisch. — v. Meding, II. S. 193.</small>

Gilten. Eins der ältesten lüneburgischen Adelsgeschlechter, dessen Stammhaus seines Namens unfern des Einflusses der Leine in die Aller liegt, welches auch in alten Mindenschen Urkunden vorkommt, sich in der zweiten Hälfte des 16. Jahrh. in Schweden ausbreitete und später, 18. März 1775, mit Christian Burchard Thomas v. Gilten, lüneburg. Landcommissar, im Mannsstamme erloschen ist.

<small>Messenii Theatr. Nobilit. Suecanae, S. 70. — Pfeffinger, I. S. 492. — Gauhe, I. S. 650. — Freih. v. Ledebur, I. S. 260. — v. Meding, I. S. 134 und 135 u. III. S. 826. — Kneschke, III. S. 162—164.</small>

Giltra v. Altbach, Ritter. Böhmischer alter Ritterstand. Diplom von 1701 für Wilhelm Arnold Giltra v. Altbach.

<small>Megerle v. Mühlfeld, Ergänz.-Bd. S. 145.</small>

Gimborn, s. Wallmoden-Gimborn, **Grafen.**

Gimmi. Im Königr. Bayern bestätigter Adelsstand. Bestätigungsdiplom vom 20. Nov. 1813 des Pfalzgräflich v. Zeil'schen Adelsdiploms vom 1. Mai 1777 für Joachim Fidel Gimmi, ersten Rath und Ober-Amtmann zu Zeil und für die Brüder desselben, Ignaz u. Leopold Gimmi. Dieselben stammten aus der Grafschaft Scheer. Christoph G. war Geh. Canzleiverwalter zu Ueberlingen und der Sohn desselben, Anton Alois G. Gräfl. Zeilscher Rath und Landschreiber. Von Letzterem stammten die Empfänger des Adelsdiploms, von welchen Leopold v. G., geb. 1757, k. bayer. Siegelbeamter zu Kempten mit sechs Söhnen seines verstorbenen Bruders, des k. bayer. Landrichters zu Roggenburg, Ignaz v. G.: Joseph, geb. 1782, erstem Assessor des kön. Landgerichts Türkheim; Gilbert, geb. 1784, zweitem Assessor des Landger. Wertingen; Anton, geb. 1794; Carl, geb. 1798; Maximilian, geb. 1803 u. Franz, geb. 1813 in die Adelsmatrikel eingetragen wurden.

v. Lang, S. 352 u. 353. — Cast. Adelsb. d. Kgr. Württemb., Abth. 3. S. 420. — W.-B. d. Königr. Bayern, V. 63.

Gimnich, s Beissel v. Gimnich, **Grafen.** Bd. I. S. 282—284

Ginkel, Reede, Freiherren. Eins der angesehensten freiherrl. Häuser in den vereinigten Niederlanden, dessen Stammschloss gleichen Namens in der Provinz Utrecht liegt. Nach Gaube nahm Gerhard oder Gotthard v. G. 1691 als commandirender k. grossbrit. General die feste Stadt Athlone in Irland ein und erhielt den Titel: **Graf v. Athlone.** Von den Nachkommen war Reinhold Freiherr v. G., holländischer General, 1733 und später residirender Minister der General-Staaten am K. Preuss. Hofe. Der Stamm ist 1844 erloschen.

Gauhe, I. S. 3047 u. 3088. — Freih. v. Ledebur, I. S. 260 u. III. S. 260.

Ginsheim, Freiherren. Kurbayerischer Freiherrnstand. Diplom vom 26. März 1740 für Johann Maximilian Christoph v. Ginsheim, Herrn zu Schwindach und Martinsham, kurbayer. Truchsess, geistlichen Rath u. Hof-Kammer-Rath. Derselbe stammte aus einem bayer. Adelsgeschlechte, aus welchem Georg v. G. 1525 Silber-Kämmerer des Herzogs Ludwig von Bayern und Philipp Jacob in der zweiten Hälfte des 17. Jahrh. Vice-Oberst-Stallmeister des Kurfürsten Ferdinand Maria v. Bayern war. Das Geschlecht schrieb sich früher nach dem adeligen Sitze Günsham im Rottthal auch v. Günshaimb oder v. Günsham, war vor vierhundert Jahren lange Zeit im Markte Isen ansässig und hatte schon zu Ende des 16. Jahrh. das Gut Schwindach inne, stand auch mit vielen der angeschensten, bayerischen Adelsfamilien in Verwandtschaft. Die absteigende Stammreihe vom Freiherrn Johann Maximilian Christoph ist folgende: Freih. Johann Nepomuk, geb. 1736, kurbayer. Kämm. u. Rittmeister: Maria Sebastiane Freiin Köckh v. Maurstetten; — Freih. Anton Max, gest. 1844, k. bayer. pens. Hauptmann: Franziska v. Hueb; — Anton Freih. v. Ginsham zu Schwindach und Martinsham. Derselbe, geb. 1817, k. bayer. Hauptmann in Pension, vermählte sich mit Catharina Kainz aus Passau, gest. 1854, aus welcher Ehe eine Tochter, Freiin Catharina, geb. 1843 u. ein Sohn, Freiherr Carl Heinrich Hugo, geb. 1844, stammen.

v. Lang. S. 132. — Geneal. Taschenb. d. freih. Häuser, 1854. S. 174 und 175 und 1857.

S. 236 und 237. — *Siebmacher*, V. 80: v. Ginsheimb zu Schwindach, Bayerisch. — W.-B. d. Kgr. Bayern, III. 6. und *v. Wölckern*, S. Abth. S. 15. — *v. Hefner*, bayer. Adel, Tab. 33 u. S. 36. — *Kneschke*, III. S. 164 und 165.

Ginz, s. Rekowski, Ginz-Rekowski.

Ginzl v. Pacifico, Edle. Erbländ.-österr. Adelsstand. Diplom von 1798 für Anton Friedrich Ginzl, gewesenen freiherrl. v. Kranzischer Eisenwerks-Director und Grosshandlungs-Compagnon in Kärnten, mit dem Prädicate: Edler von Pacifico.

Megerle v. Mühlfeld, S. 190.

Gioanni v. Monte-Chiaro. Erbländ.-österr. Adelsstand. Diplom von 1774 für Franz Gioanni, mit dem Prädicate: v. Monte-Chiaro.

Megerle v. Mühlfeld, Ergänz.-Bd. S. 299.

Giorgio Santo, s. Battisti de Sante Giorgio, Bd. I. S. 223.

Giovanelli, Freiherren und Grafen, auch Fürsten. — Das alte, reichbegüterte und weit verzweigte Geschlecht Giovanelli stammt ursprünglich aus Gaudino, einem Flecken im Thale des Serio im Gebiete von Bergamo. In diesem Flecken lebte 1230 Alberico Zaonello, von dessen Enkel, Peter, gest. 1434, alle Linien des Hauses, sowohl die erloschenen, als die noch blühenden drei, die fürstlich-gräfliche, die gräfliche und die freiherrliche stammen. Von den Söhnen Peters gründete Vincenzo die in Venedig ansässige fürstlich-gräfliche Linie und Alessandro die beiden tiroler Linien, die gräfliche und die freiherrliche. — Dem Enkel des Letzteren, Joseph Petruzzo, welcher sich zuerst in der Mitte des 16. Jahrh. in Südtirol ankaufte, wurde mit seinen Brüdern und Vettern 1564 der alte Adel bestätigt und er selbst in den Reichsadelsstand erhoben. 1583 versetzte ein kaiserliches Diplom alle aus Gaudino von Peter G. stammende Sprossen des Geschlechts in den Reichsritterstand und als bald darauf Joseph Ritter v. G. das Schloss Gerstburg an sich brachte, erhielt er für sich und seine Nachkommen die Erlaubniss, sich Ritter von Gerstburg nennen zu dürfen. Josephs Sohn, Bernardin, wurde später der nähere Stammvater der tiroler-botzener älteren und der tiroler-trientinischen jüngeren Linie. Von den Söhnen desselben gründeten nämlich Georg Bernardin die Linie der Freih. zu Gerstburg und Hörtenberg und Giahalboldo der Jüngere die Linie der Grafen G. zu Gerstburg. — Die Venetianische Linie erhielt 1659 den Reichsfreiherrnstand, 1668 dar Patriciat zu Venedig, 1678 den Reichsgrafenstand in der Person des Freiherrn Johann Andreas, 1681 den ungarischen Magnatenstand und 1838 den erbländ.-österr. Fürstenstand nach dem Rechte der Erstgeburt in der Person des Grafen Andreas Giovanelli zu Morengo, Carpenedo, Telvana, S. Pietro, Herrn zu Caldaro und Laimburg etc. — In die tiroler gräfliche Linie kam der Reichsgrafenstand 2. Sept. 1790 durch ein kurpfälzisches Reichsvicariats-Diplom und in den Ast zu Botzen gelangte der erbländ.-österr. Freiherrnstand durch Diplom von 1839 für alle damals lebenden Nachkommen des 1812 verstorbenen Johann Joseph Reichsritters v. Giovanelli. — Näheres über die älteren und jetzigen genealogischen Verhältnisse der Gesammtfamilie ergeben die unten angeführten Schriften.

Deutsche Grafenh. d. Gegenw. III. S. 141–144. — Geneal. Taschenb. d. freih. Häuser,

1853. S. 147—149. 1855. S. 186—190 und 1857 S. 237. u. 238. — Geneal. Taschenb. der gräfl. Häuser, 1859. S. 299 u. histor. Handb. zu Demselben, S. 249. — Goth. geneal. Taschenbuch 1859. S. 128.

Girardi, Ereiherren. Reichsfreiherrnstand. Diplom von 1673 für Franz und Peter v. Girardi. — Dieselben stammten aus einem tiroler Adelsgeschlechte, in welches 1511 der Adel gekommen war und welches sich später in zwei Linien, in die zu Castell und zu Ebenstein schied. Die erstere Linie gehörte in neuester Zeit zu dem ritterschaftlichen Adel im Grossh. Baden.

Cast, Adelsb. d. Grossh. Baden, Abtheil. 2.

Girardi v. Castell, Freiherren. Erbländ.-österr. Freiherrnstand. Diplom vom 20. Mai 1673 für die Gebrüder Girardi, Casteller Linie: Peter, Oberstlieutenant und Land-Miliz-Hauptmann in Tirol u. Johann Franz, Oberjägermeister zu Freiburg im Breisgau, mit dem Prädicate: Girardi v. Castellen zu Weyerburg und Limpurg. — Tiroler Adelsgeschlecht aus Mori bei Roveredo, welches 1511 den Adel erhielt und sich in zwei Linien: zu Castell und zu Ebenstein, doch mit ganz verschiedenen Wappen, fortsetzte. Den Beinamen Limpurg führt die Familie von dem gleichnamigen Schlosse im Breisgau bei Saspach am Rhein, welches sie früher als österreichisches Lehn besass und noch jetzt als grossh. badensches Lehn besitzt. — Die Stammreihe steigt, wie folgt, vom Freiherrn Johann Franz herab: Johann Michael, Hauptmann des schwäbischen Kreis-Regiments v. Enzberg: Maria Barbara Würtz v. Rudenz; — Franz Anton Joseph: zweite Gemahlin: Helena v. Gohr; — Thaddäus, wurde 1795 von Oesterreich belehnt, nachdem die älteren Brüder, Franz, Carl und Christoph ohne Nachkommen gestorben und ein vierter Bruder, Johann, den geistlichen Stand erwählt hatte, k. franz. Aide-Major: Catharina Ludovica Gaston de Pollier; — Franz, gest. 1850, ehemaliger Hauptmann im k. franz. Regimente Elsass: Marie Sophie de Piquot; — Franz Thaddäus, gebor. 1807, grossh. bad. Bezirksförster zu Bruchsal. Von Letzterem stammen drei Söhne: Carl Eduard, geb. 1841, Franz Heinrich, geb. 1843 und Ernst Ludwig, geb. 1847. — Nächstdem leben noch Nachkommen von dem Bruder des Freiherren Franz, dem 1849 verstorbenen Freih. Leopold, k. k. Lieut. a. D., verm. mit Barbara Reisinger v. Reising.

Cast, Adelsb. d. Grossh. Baden, Abth. 2. — Gen. Taschenb. d. freih. Häuser, 1857. S. und 240 und 1856. S. 192.

Giresch v. Ritterthal. Erbl.-österr. Adelsstand. Diplom von 1795 für Wenzel Giresch, Postmeister zu Pisek, mit dem Prädicate: v. Rittersthal.

Megerle v. Mühlfeld, Ergänz-Bd. S. 298.

Girods de Gaudy. Altes, französisches, auch in der Schweiz und Savoyen vorgekommenes Adelsgeschlecht, aus welchem Alphonse G. de Gaudy 1785 in die k. pr. Armee trat und nachdem er zuletzt Kreis-Brigadier bei der Gensdarmerie gewesen, 1826 als Oberst den Abschied erhielt. Derselbe hatte sich 1806 mit Hedwig v. Warsing vermählt und setzte den Stamm fort. Ein Hauptmann G. v. G. stand 1854 im k. preuss. Garde-Jäger-Bataillon und eine Tochter war mit dem k. preuss. Major v. Thadden vermählt.

N. Pr. A.-L. II. S. 235 u. V. S. 180. — Freih. v. Ledebur, I. S. 269.

Gironcoli v. Steinbrunn. Erbländ.-österr. Adelsstand. Diplom von 1760 für Franz Johann Gironcoli, Richter u. Rector der Stadt Görz mit dem Prädicate: v. Steinbrunn.
_{*Megerle v. Mühlfeld*, S. 190.}

Girsewald, Freiherren. Freiherrnstand des Herzogthums Braunschweig. Diplom vom 2. April 1827 für Gustav Conrad Alexander v. Girsewald. — Ein Geschlecht altpatrizischen Ursprungs, welches im Anfange des 15. Jahrh. am rechten Weserufer im Göttingenschen u. Grubenhagenschen ansässig war und früher Griesewold, auch Girsewold genannt wurde. Der Adel kam durch Diplom vom K. Joseph II. in die Familie, nachdem, wie in demselben angegeben, der erwähnte Ursprung nachgewiesen worden war u. zwar mit dem Namen: v.Girsewald. — Der Empfänger des Freiherrndiploms erhielt dasselbe für seine Ergebenheit, für seinen Muth u. seine Ausdauer in den Jahren 1809 in Deutschland und 1812—1815 in Spanien und Italien. Derselbe, geb. 1785, später h. braunschw. Oberstallmeister, Kammerherr, Generalmajor und Flügel-Adjutant, vermählte sich 1810 mit Catharina, des Joseph Raines Esq. Tochter, aus welcher Ehe neben drei vermählten Töchtern, zwei Söhne entsprossten: Gustav Wilhelm, geb. 1812, herz. braunschweigisch. Major, verm. 1843 mit Charlotte v. Bülow, geb. 1819 und Alexander, geb. 1815, herz. braunschw. Kammerherr und Vice-Ober-Stallmeister, Major und Flügeladjutant, vermählt 1847 mit Annie, geb. 1829, des k. grossbrit. Generals William Munro Tochter. Ersterer hat seine Linie, neben einer Tochter, mit einem Sohne, Conrad Günther, geb. 1847, Letzterer mit zwei Söhnen, Wilhelm, geb. 1851 und Conway, geb. 1853, fortgesetzt.
_{Geneal. Taschenb. d. freih. Häuser, 1853. S. 150 u. 151 u. 1857. S. 240 u. 241. — W.-B. d. Kgr. Hannover etc. D. 11 und S. 7: v. G.}

Girt, genannt Gerhard. Im Königr. Preussen anerkannter Adelsstand. Anerkennungsdiplom vom 25. Febr. 1785 für Friedrich Wilhelm Girt, genannt Gerhard, ehemaligen Rittmeister im k. pr. Husaren-Regimente v. Usedom und für den Bruder desselben, Heinrich Bernhard Siegfried G. genannt G. Ein Sohn des Ersteren blieb 1812 als Capitain des 4. ostpreuss. Landwehr-Regiments. Die Familie erwarb in Ostpreussen Kieselkehmen im Kr. Gumbinnen und Kuglacken im Kr. Wehlau, so wie Breitenfelde und Lanckau in Westpreussen im Kreis Schlochau, wurde auch später im Grossh. Posen begütert. — Franz G. v. G. war 1835 Herr auf Orlowo und 1846 auf Kawenczyn im Kr. Inowraclaw und lebte später als Rentier in Berlin.
_{*v. Hellbach*, I. S. 430. — N. Pr. A.-L. II. S. 235. — *Freih. v. Ledebur*, I. S. 260 u. III. S. 260. — W.-B. d. Preuss. Monarch. III. 25. — *Aneschke*, IV. S. 146.}

Girtler v. Kleeborn, Ritter. Erbländ.-österr. Ritterstand. Diplom vom 5. Mai 1795 für Joseph Girtler, Cabinetssecretair des Herzogs Albert von Sachsen-Teschen, wegen seiner Dienstleistung bei dem Gouvernement zu Brüssel, mit dem Prädicate: v. Kleeborn und vom 2. Aug. 1816 oder nach Anderen vom 28. März 1817 für Anton Girtler, Administrator des Gutes Kundschitz in Böhmen, wegen seiner Dienstleistung bei der Erbauung der Festung Josephstadt in Böhmen, ebenfalls mit dem Prädicate: v. Kleeborn.
_{*Megerle v. Mühlfeld*, S. 114.}

_{*Kneschke*, Deutsch. Adels-Lex. III.}

Gische, Glesche, auch Ritter. Böhmischer Ritterstand. Diplom von 1712 für Georg Gische, Handelsmann zu Breslau. Derselbe, aus einem ursprünglich polnischen Adelsgeschlechte, welches, als Sinapius schrieb, noch in der Woiwodschaft Sendomir unter dem Namen Gizza blühte, stammend, hatte drei Schwestern u. drei Brüder: Gottlieb Ferdinand v. Gische, geblieben 1712 zu Cavra in Spanien als k. k. Lieutenant, Georg Christian v. G., welcher zu Breslau lebte und Friedrich Wilhelm v. G.

Sinapius, II. S. 641. — N. Pr. A.-L. II. S. 236; v. Gisse. — *Freih. v. Ledebur*, I. S. 260 und III. S. 260.

Gise, s. G i e s e, **Freiherren**, S. 519 u. 520.

Gislanzoni. Erbländ.-österr. Adelsstand. Diplom von 1726 für Johann Maria Gislanzoni aus Worms.

Megerle v. Mühlfeld, Ergänz.-Bd. S. 298.

Gispersleben. Altes, längst erloschenes, adeliges Patriciergeschlecht der Stadt Erfurt aus dem gleichnamigen Stammhause, eine Meile von Erfurt, welches früher ein gräfl. Gleichensches Lehn war, später aber, als die Herren v. Gispersleben Bürger zu Erfurt wurden, unter der Botmässigkeit dieser Stadt kam. Albert v. G. war 1313 Rathsmitglied und Bürger zu Erfurt.

N. Pr. A.-L. V. S. 180 und 181.

Gittelde, Gitelde. Altes, braunschweigisches Adelsgeschlecht aus dem gleichnamigen, der Familie schon 1154 zugestandenen, eine Stunde von Gandersheim liegenden Stammhause, welches neben diesem auch die Güter Gronau und Einem, so wie seit 1311 Besitzungen im Halberstädtschen besass und aus welchem Hans v. Gittelde 1577 Administrator des Stifts Klus am Klausberge war. Der Mannsstamm des Geschlechts erlosch 1614 mit Berthold v. Gittelde u. im weiblichen Stamme ging der Name desselben 1689 mit Apollonie v. G., vermählten v. Morangen aus.

M. G. Ludwig, Leichenpredigt auf Apollonie v. Mohraugen, geb. v. Gittelde, Zeitz, 1689. — *Schannat*, S. 42. Bittelde statt Gittelde. — *Gauhe*, II. S. 359. — *Freiherr v. Ledebur*, I. S. 260. — *Siebmacher*, I. 181: v. Gitelde, Braunschweigisch. — *v. Meding*, II. S. 196 und 197 und III. S. 838.

Giuliani v. Nanburg, Edle und Ritter. Reichsritterstand. Diplom von 1788 für Dominik Anton Giuliani aus Trient, mit dem Prädicate: Edler v. Nanburg.

Megerle v. Mühlfeld, Ergänz.-Bd. S. 145.

Giusti, Freiherren. Erbländ.-österr. Freiherrnstand. Diplom von 1785 für Peter Paul Giusti aus Mailand.

Megerle v. Mühlfeld, Ergänz.-Bd. S. 59.

Givanni v. Pedemonte. Erbländ.-österr. Adelsstand. Diplom von 1737 für Jacob Givanni, Bürger, Wechsler und Seidenhändler zu Roveredo, mit dem Prädicate: v. Pedemonte.

Megerle v. Mühlfeld, Ergänz.-Bd. S. 298.

Gizycki. Im Kgr. Preussen anerkannter Adelsstand. Anerkennungsdiplom vom 6. Octob. 1820 für den k. preuss. Justiz- und Commissionsrath v. Gizycki. Derselbe stammte aus einem polnischen, zum Stamme Gozdawa gehörenden Adelsgeschlechte und von ihm entsprossten vier Söhne, von welchen der eine Justizrath und Rechtsanwalt beim Obertribunal in Berlin, der zweite Kreisgerichtsrath in Glogau, der dritte Rechtsanwalt in Samter und der vierte Hauptmann und Chef einer Invaliden-Compagnie zu Siegburg wurde.

N. Pr. A.-L. V. S. 191. — Freiherr v. Ledebur, I. S. 260 und 261. — W.-B. d. Preuss. Monarch. III. 27.

Glabaumen. Ein in Ostpreussen vorgekommenes Adelsgeschlecht, welches im Kreise Zieten im Balgaschen begütert war.

Freiherr v. Ledebur, I. S. 261.

Gladaun, s. Gladow, S. 532.

Gladebeck. Eins der ältesten niedersächsischen Adelsgeschlechter, aus dem gleichnamigen Stammhause in der Herrschaft Pless, unweit Göttingen, welches der Familie urkundlich schon 1234 zustand. Nach Meier, Antiquitates Plessenses, soll Statius v. Gladebeck schon 950 seine Tochter an Conrad Schwanringen vermählt haben. — Valentin König beginnt die Stammreihe der Familie mit Jobst v. G., Herrn auf Harste, dessen Ur-Ur-Enkel Bodo v. G., Herr auf Münchlohra, in der Mitte des 17. Jahrh. lebte. Des Letzteren gleichnamiger Sohn, gest. 1681, war kurbrandenb. w. Geh. Etats-Rath, Hofkammer-Präsident und Hauptmann der Aemter Lebus und Fürstenwalde u. hinterliess einen Sohn, Adolph Friedrich v. G., welcher 11. Nov. 1701 als der Letzte seines alten Stammes zu Paris starb, worauf das frühere Klostergut Münchlohra mit Zubehör in der Grafschaft Hohenstein, welches die Familie als Lehn trug, an die Krone Preussen zurückfiel.

Val. König, II. S. 414—420. — Gauhe, I. S. 651. — N Pr. A.-L. II. S. 236. — Freiherr v. Ledebur, I. S. 261. — Siebmacher, I. 184: v. Gladenbeck, Braunschweigisch.

Gladiss, Gladis, sonst insgemein **Glatz** (in Silber ein rother Hirsch). Eins der ältesten schlesischen Adelsgeschlechter aus dem Stammhause Gladis-Garpe im Kr. Sagan, welches Sinapius Gladissgorb schrieb u. zwar mit dem Zusatze, dass dieses Gut insgemein nur Gorb genannt würde. — Ein Zweig des Stammes kam zeitig nach Polen, schloss sich dem Stamme Gripha an und führte in Roth einen silbernen Greif. — Hans v. G. soll 1231 Hofcavalier der heiligen Hedwig und der Begleiter derselben auf der Flucht vor den Tartaren nach Crossen gewesen sein und Hentzlin Gladis kommt in einer Oelsischen Urkunde von 1376 vor. Von späteren Sprossen des Stammes giebt Sinapius bis zu seiner Zeit Mehrere an und von denselben stand im Anfange des 18. Jahrh. namentlich Sigismund Friedrich v. G., Herr auf Gross- und Wüsten-Dobritsch im Saganschen und Landesältester des Fürstenthums Sagan, seiner Gelehrsamkeit wegen in grossem Ansehen. In der zweiten Hälfte des 18. Jahrh. wurde die Familie auch im Brandenburgischen mit Klein-Ossnig im Kr. Cottbus und mit Seedorf im Kr. Crossen begütert und hatte in Schlesien im Kr. Kreuzburg noch 1830 Ober-Rosen und 1836 Omechau inne. Von den Sprossen des Stammes haben mehrere in k. preuss. Militair- u. Civildiensten gestanden und nach Bauer, Adressbuch, S. 72, war 1857 Carl Friedrich Adolph v. Gladiss, k. preuss. Lieutenant, Herr des oben genannten Gutes Klein-Ossnig.

Sinapius, I. S. 400 und 401 und II. S. 642. — Gauhe, I. S. 3088 und 3089. — N. Preuss.

A.-L. II. S. 237. — *Freiherr v. Ledebur*, I. S. 261. — *v. Meding*, I. S. 185. und 196 und III. S. 827.

Gladow, Gladowen, Gladigau. Altes Adelsgeschlecht der Altmark aus dem Stammsitze Gladigau, welches bis zu Anfange des 17. Jahrh. in der Grafschaft Ruppin mit Baumgarten, Lüchfeld und Sonneberg begütert war.

N. Pr. A.-L. II. S. 197. — Märkische Forschungen, III. S. 101. — *Freiherr v. Ledebur*, I. S. 261. — *v. Meding*, III. S. 210.

Glaeser, Ritter. Erbländisch-österr. Ritterstand. Diplom vom 2. Sept. 1844 für Anton Alois v. Glaeser, k. k. Gubernialrath und Kreishauptmann zu Teschen.

Handschriftl. Notiz.

Glaffey, Glafey. Reichsadelsstand. Diplom von 1748 für Adam Friedrich Glaffey. Von den Nachkommen desselben war Traugott Friedrich Johann v. G., vermählt mit Sophie v. Bardeleben, Reisemarschall des Markgrafen zu Schwedt und ein v. Glaffey nahm 1809 als Premierlieutenant und Adjutant im k. preuss. 3. Husaren-Regimente den Abschied u. wurde später herz. anhalt-dessauischer Ober-Stallmeister. — Die Familie war 1756 mit Stötteritz bei Leipzig u. 1766 mit Laue bei Delitzsch, so wie auch in der Lausitz angesessen.

N. Pr. A.-L. II. S. 237 und V. S. 181. — *Freiherr v. Ledebur*, I. S. 261 und III. S. 260 — Suppl. zu Siebm. W.-B. IX. 15.

Glaise v. Horstenau. Erbländ.-österr. Adelsstand. Diplom von 1806 für Wilhelm Glaise, k. k. Hauptmann des Mährisch-Schlesischen Gränz-Cordons, mit dem Prädicate: v. Horstenau. Der Stamm wurde fortgesetzt. In neuester Zeit war Edmund G. v. H. k. k. Lieutenant.

Megerle v. Mühlfeld, Ergänz.-Bd. S. 298.

Glan. Ein aus der Grafschaft Hoya in der jetzigen Landdrostei Hannover stammendes Adelsgeschlecht, welches in der zweiten Hälfte des 17. Jahrh. die Güter Diepholz und Siveringsen besass und 1805 auch Stickhausen in Ostfriesland inne hatte. — Sprossen des Stammes standen bis 1806 in k. preuss. Civildiensten in der Prov. Westphalen und später in der k. preuss. Armee. Ein v. G. war Bürgermeister der ostfriesischen Stadt Norden und ein Anderer Oberamtmann und Rentmeister zu Stickhausen. Carl v. G., k. preuss. Hauptmann a. D., starb 1839 im 75. Lebensjahre u. Rudolph Carl v. Glan, Commandant v. Glatz, wurde 1834 als General-Major pensionirt.

v. Steinen, I. S. 368. — N. Pr. A.-L. II. S. 237 und 238 und V. S. 181. — *Freiherr v. Ledebur*, I. S. 162.

Glandorff, auch Freiherren. Reichsfreiherrnstand. Diplom von 1725 für Ernst Franz Edlen Herrn v. Glandorff, k. k. Hofrath, Geh. Secretair und Reichs-Referendar. Derselbe stammte aus einem westphälischen Adelsgeschlechte u. war der Sohn des 1713 gestorbenen Wolff (nach anderen Adolph) Itel v. G., k. preuss. Geh. Kammerraths u. Gografen des Amtes Ravensberg. Bei Erhebung in den Freiherrnstand wurde das Stammwappen mit dem der westphälischen Familie v. Varendorf, wie folgt, zusammengesetzt: Schild geviert: 1 und 4 in Silber ein Stamm mit Eichelzweigen: Glandorffsches Stammwappen;

2 in Silber ein rother Fuchs mit weisser Brust zwischen zwei Straussenfedern, rechts einen rothen und links einen goldenen: Varendorfscher Helmschmuck und 4 quergetheilt: oben in Gold ein gekrönter, rechtsschreitender Löwe und unten Roth, ohne Bild: Varendorf.

Megerle v. Mühlfeld, Ergänz.-Bd. S. 59 und 60. — N. Pr. A.-L. V. S. 131. — Freiherr v. Ledebur, I. S. 261 und III. S. 260.

Glanz, Ritter. Erbländ.-österr. Ritterstand. Diplom von 1784 für Johann Thaddaeus Glanz, k. k. Hofrath.

Megerle v. Mühlfeld, Ergänz.-Bd. S. 145.

Glaris, genannt Tschudi v. und zu Greplang. Altes, schweizerisches Adelsgeschlecht, welches nach Bucelini 906 vom K. Ludwig IV. frei u. edel erklärt und von der Aebtissin zu Seckingen mit der Burg Glaris und dem zu derselben gehörigen Thale belehnt wurde. Dieses Lehn verblieb bis 1256 in der Familie, in welchem Jahre Rudolph v. Glaris, genannt Tschudi, ohne Nachkommen starb, worauf dasselbe an den Sohn der älteren Schwester, Diethelm v. Windegg, kam, welcher später die Burg Glaris mittelst Tausches dem Herzog Leopold von Oesterreich überliess. — Schon vor dieser Zeit hatten sich Sprossen des Stammes in Zürich niedergelassen u. gehörten zu den 36 Rittern, welche einst das Regiment der Stadt ausmachten. Nachdem dieses Regiment 1336 sein Ende erreicht hatte, blieben einige Glieder der Familie auch ferner in Zürich und die Nachkommenschaft derselben hat dauernd fortgeblüht — In Folge eines an Gauhe von der Familie eingesendeten Manuscripts hat derselbe sehr genaue genealogische Nachweise über den Stamm gegeben, auf welche hier verwiesen werden muss, auch kommt das Geschlecht noch später im Artikel: Tschudi zur Sprache.

Gauhe, I. S. 652—655. — Suppl. zu Siebm. W.-B. IV. 12: G. v. T. Freiherren.

Glasan, Glasen. Ein zu den alten preussischen Landesrittern gehörendes, westpreussisches Adelsgeschlecht, welches im Culmerlande mit Glazejewo oder Glasau begütert war.

Freiherr v. Ledebur, I. S. 261 und III. S. 260 u. 261.

Glasenapp (in Silber ein bis an den oberen Schildesrand reichender, rother Sparren, dessen linker Schenkel auf einem schräglinks liegenden, aufwärtssehenden Mohrenkopfe liegt. Das ursprüngliche Wappenbild war ein Sparren, welchen auf späteren älteren Siegeln ein gläserner Napf begleitete: durch Undeutlichkeit der Zeichnung ist später ein Mohrenkopf entstanden). — Eins der ältesten und angesehensten pommernschen Adelsgeschlechter, welches zu den schlossgesessenen Familien gehörte, schon seit sehr früher Zeit immer reich begütert war, sonst gewöhnlich Glasenap geschrieben wurde u. später sich auch in Liefland ausbreitete. Lubbert Glasenap tritt urkundlich 1306 und 1315 auf u. die Familie gehörte, wie pommernsche Chronisten anführen, zu den vier Geschlechtern, welche die Stadt Baerwalde im Neu-Stettinschen Kreise erbauten und standen unter denselben oben an. — Der reiche Besitz der Familie, welcher auch die Stadt Bublitz zustand, fand sich in vielen Kreisen Pommerns, namentlich im Greiffenberger, Neustettiner etc. Kreise, wechselte aber im

Laufe der Zeit, wie diess bei reich begüterten Familien so oft vorkommt, mehrfach. Ueber alle diese Besitzungen haben sich Bagmihl im Pommernschen Wappenbuche, so wie Freih. v. Ledebur sehr genau und übersichtlich verbreitet. — Von älteren Gliedern des Stammes wird Johann v. G., Domherr zu Stettin, als am Hofe des Herzogs Otto I. sehr angesehen genannt; Michel und Rüdiger Otto v. G. kommen als Geh. Räthe des Herzogs Philipp I. in Pommern vor; Peter v. G., einer der Reichsten der Familie, besass von 1579 an die Stadt Bublitz und Joachim v. G., Herr auf Grammenz, hatte zu seiner Zeit als Dichter Ruf. Später kamen mehrere Glieder der Familie in der k. preuss. Armee zu hohen Ehrenstellen. Caspar Otto v. G. a. dem Hause Würchow starb 1747 nach 68jähriger ruhmvoller Dienstzeit als k. preuss. General-Feldmarschall, Couverneur der Residenzstadt Berlin etc. und auch der ältere Bruder desselben, Erdmann v. G., früher in k. französischen Diensten, wurde 1714 zum k. preuss. General ernannt. Johann Reinhold v. G. war k. preuss. Major u. Chef eines leichten Dragoner-Regiments, welches derselbe 1760 errichtet hatte, welches aber nach dem Hubertusburger Frieden wieder aufgelöst wurde. Zahlreiche Sprossen des Stammes haben auch später u. bis auf die neueste Zeit in der k. preuss. Armee gestanden u. in den Armeelisten der letzten Jahre findet sich der Name des Geschlechts zehnmal vor. Bauer, 1857. S. 72 giebt als begütert Folgende an: Albert Wilhelm v. G. auf Bernsdorf, Reinhold v. G. auf Dallenthin, Kussow A. und Storkow A; Hermann v. G. auf Grünwald und Albert v. G. auf Würchow A und B. — Alle diese Güter liegen im Kreis Neu-Stettin und Storkow und Grünwald waren schon 1601 in der Hand der Familie. — Nach Freiherr v. Ledebur erhielten die beiden Söhne des 1827 verstorbenen v. Glasenapp auf Manow den Adelsstand des Kgr. Preussen und zwar zuerst, 30. Oct. 1839, Johann Heinrich Ferdinand G. auf Zethun, Sec. Lieutenant im 5. Husaren-Regim. und später, 20. Mai 1840, Reinhold August G., Sec. Lieut. im 9. Landw.-Regimente. Nächstdem wurde auch mittelst Diploms vom 18. Aug. 1842 Georg Friedrich Julius G., Sec. Lieutenant im 9. Infant.-Reg., in den Preussischen Adelsstand mit folgendem Wappen erhoben: in Blau der Ritter St. Georg auf weissem Rosse, einen schwarzen, feuerspeienden Drachen tödtend.

Micrael, S. 347. — Gauhe, I. S. 655 und 656. — Brüggemann, I. S. 253. — Hupel, Material, 1788, S. 566. — N. Preuss. Adels-L. II. S. 238 und 239. — Freiherr v. Ledebur, I. S. 261 und 262 und III. S. 261. — Siebmacher, III. 155. — Pommersches W.-B. I. S. 50–53 und Tab. 21. und alte Siegel; Tab. 23. — Knesche, I. S. 168 und 169.

Glasenapp-Glizminski (in Blau ein silberner Kesselrinken und zwischen dessen, wie ein Hufeisen nach oben ausgebogenen Henkeln ein blankes Schwert mit goldenem Griffe, die Spitze nach unten). Ein Zweig der im vorstehenden Artikel besprochenen pommernschen Familie v. Glasenapp, welcher sich nach Polen wendete und dem Stamme Nowina einverleibt wurde, daher auch das Wappen dieses Stammes annahm. Später wurde derselbe in Ostpreussen mit Gronden, Moythinen und Rogallen im Kr. Ortelsburg, so wie mit Ragainen im Kr. Labiau begütert.

Freiherr v. Ledebur, I. S. 262 und III. S. 261.

Glaser (in Gold zwei schwarze Adlerflügel). Ein noch im 17. Jahrh. unter den Cölnischen Adelsfamilien vorgekommenes Geschlecht.
Fahne, I. S. 113. — Freih. v. Ledebur, I. S. 262.

Glaser (in Roth ein silberner Hirsch). Reichsadelsstand. Diplom von 1740 für David Caspar Glaser, Herrn auf Wellendorf bei Sorau.
Megerle v. Mühlfeld, Ergänz.-Bd. S. 298. — Freiherr v. Ledebur, I. S. 262. — Tyrof, II. 182.

Glaser (Schild der Länge nach getheilt: rechts in Blau eine silberne Lanze und ein Säbel mit goldenem Griffe ins Andreaskreuz gelegt und zwischen denselben ein sechsstrahliger, silberner Stern u. links in Silber ein an die Theilungslinie angeschlossener, halber schwarzer Adler, welcher in der Klaue einen goldenen Scepter hält). Adelsstand des Kgr. Preussen. Diplom vom 25. Sept. 1787 für Friedrich Daniel Glaser, k. preuss. Major im Bosniaken-Corps. Derselbe starb 1805 als k. preuss. Generalmajor und Chef des 10. Husarenregiments. Der Stamm wurde fortgesetzt und ein Sohn, verm. mit einer v. Tenczin Paczinski, commandirte als Oberst das 11. preuss. Husaren-Regiment und trat 1835 als Generalmajor aus dem activen Dienste.
v. Hellbach, I. S. 431. — N. Pr. A.-L. II. S. 239. — Freih. v. Ledebur, I. S. 262. — W.-B. d. Preuss. Monarchie, III. 27. — Kneschke, I. S. 169.

Glaser, Glasser (Schild von Roth und Silber quergetheilt mit einem aufrecht gestellten, kreuzförmigen, eisernen, der bekannten Abbildung nach kaum deutlich zu beschreibenden Werkzeuge, nicht unwahrscheinlich einem Glaser-Diamanten aus früherer Zeit, dessen pfahlartiger Balken rechts, wie links, von einem sechsstrahligen, rothen Sterne begleitet ist). Reichsadelsstand. Diplom vom 23. Aug. 1788 für Johann Sigmund Philipp Glaser, Gutsbesitzer auf Zibelle unweit Rothenburg in der Oberlausitz.
Freih. v. Ledebur, I. S. 262. — W.-B. d. Sächs. Staaten, VI. 34.

Glaser v. Glassersberg. Erbländ.-österr. Adelsstand. Diplom von 1776 für Franz Xaver Glaser, Bürger zu Prag, wegen der Verdienste seiner Vorältern, mit dem Prädicate: v. Glassersberg.
Megerle v. Mühlfeld. S. 190.

Glasnotzki, Glaznocki. Polnisches, dem Stamme Pruss III. einverleibtes Adelsgeschlecht, welches nach Westpreussen kam und die Güter Marienfelde im Kr. Schlochau und Thymen im Kr. Graudenz erwarb.
Freih. v. Ledebur, I. S. 262 und III. S. 261.

Glasow. Ein in Pommern im Fürstenth. Caminschen Kreise 1700 mit Casimirshof begütertes Adelsgeschlecht, welches später in Ostpreussen die Güter Laxdehnen, Otten u. Partheinen im Kr. Heiligenbeil, Sausgarten im Kr. Pr. Eylau und Schönforst im Kr. Rosenberg an sich brachte. Mehrere Sprossen des Geschlechts standen in der k. preuss. Armee. Ein k. preuss. Capitain v. G. blieb 1806 bei Halle, ein anderer Capitain v. G. fiel 1813 und ein pens. Major v. G. starb 1821 zu Partheinen. — Nach Bauer, Adressbuch, 1857. S. 72 war

Joseph Friedrich Daniel Ernst v. Glasow Herr auf Partheinen und Lokehnen im Kr. Heiligenbeil.

N. Pr. A.-L. II. S. 289. — Freih. v. Ledebur, I. S.

Glattfort, s. Maffay Edle v. Glattfort.

Glatz, s. Gladiss, S. 531 und 532.

Glaubitz, Freiherren. Böhmischer Freiherrnstand. Diplom vom 13. Apr. 1699 für Christoph Franz v. Glaubitz; vom 26. Nov. 1700 für Johann Georg v. G.; von 1728 für Balthasar Abraham, Christoph Ferdinand und Carl Sigismund v. G. und vom 8. Apr. 1736 für Franz Erdmann und Caspar Friedrich v. G. — Altes, schlesisches Adelsgeschlecht, über dessen Namen und Ritterschlag Lucae u. Sinaplus die betreffende Familiensage mitgetheilt haben. Dasselbe war schon im 14. Jahrh. mit ansehnlichen Gütern in der Grafschaft Glatz angesessen und breitete sich dann weiter in Schlesien und Polen aus. Die Glatzischen Güter wurden 1343 an den Erzbischof Ernst zu Prag verkauft. — Im Laufe der Zeit schied sich der Stamm nach dem Wappenbilde: in Blau ein quer und mit dem Kopfe nach der Rechten gekehrt liegender Karpfen von natürlicher Farbe und mit rothen Flossen, in die Glaubitze mit dem Fische, welcher in der Mitte quer einmal mit einem Bande umwunden war und die Glaubitze ohne diese Binde, oder, wie sie sich selbst nannten, in die Gebundenen und Ungebundenen. Zu Ersteren gehörten die v. Glaubitz aus dem Hause Altgabel im Glogauischen und zu den Letzteren die v. G. aus dem Hause Brieg, ebenfalls im Glogauischen. Zu dem Hause Altgabel gehörten die Linien Gross- und Klein-Walditz und zu Gross-Krausche, zu dem Hause Brieg aber die Linien Kuttlau, Baunau, Dakau, Lang-Hermsdorf, Seppau etc. — Ausser diesen Stammgütern hatte das Geschlecht auch noch in vielen Theilen Schlesiens ansehnlichen Grundbesitz, welcher später aus der Hand der Familie gekommen ist. So besass Freiherr Christoph Franz das nachmalige Städtchen Dyherrnfurth a. d. Oder im Wohlauschen etc. Derselbe stammte aus dem Hause Brieg und zu demselben gehörten auch alle obengenannten in den Freiherrnstand versetzten Sprossen des Stammes. — Aus dem Hause Altgabel entspross Georg Rudolph v. Glaubitz, welcher im hohen Alter 1740 als k. preuss. Generallieutenant starb und aus dem Hause Brieg der 1806 im Dragoner-Regiment v. Voss stehende Major v. G., welcher später Oberst und Brigadier der Landgensd'armerie war. Ein Sohn des Letzteren, welcher sehr ehrenvoll die Feldzüge im Befreiungskriege mitgemacht hatte, starb als Justizrath im blühenden Mannesalter zu Breslau und eben daselbst verschied 5. Nov. 1833 ein 1807 aus dem activen Militairdienste getretener Major Freih. v. G., welcher früher ansehnliche Güter gehabt hatte. Mit demselben hören alle Nachrichten über den alten Stamm in Schlesien auf, doch hat ein Zweig aus dem Hause Altengabel, welcher nach dem Elsass gekommen war, sich im Grossh. Baden ausgebreitet u. fortgeblüht.

Balbin, Stemmat. Tab. S. 23. — *Okolski,* Orb. Pol., I. S. 210. — *Lucae,* Schles. Chronik, S. 1733. — *Sinapius,* Olsnograph. I. S. 746 und Schles. Curios. I. S. 401—410 und II. S. 335—337. — *Gauhe,* I. S. 656—658. — N. Pr. A.-L. II. S. 239 u. 240. — *Cast,* Adelsb. d.

Grossh. Baden, Abtheil. I. — *Freih. v. Ledebur*, I. S. 262 und 263 und III. S. 261. — *Siebmacher*, I. 67. Nr. I: v. Glaubitz und Nr. 3: Die Glaubitzer v. Brüg. — *Dienemann*, S. 167. Nr. 6. — *Meding*, I. S. 186 u. 187. II. S. 726 u. III. S. 827. — Schles. W.-B. Nr. 83.

Glauburg, Freiherren. Altes, aus dem unweit Altenstadt in der Wetterau oberhalb des Ortes Glauburg gelegenen, schon 844 bestandenen, gleichnamigen Bergschlosse stammendes Rittergeschlecht, welches daselbst mit den v. Stockheim, v. Düdelsheim, v. Buchen u. v. Bleichenbach zu den Burgmannen gehörte. Nachdem zu Ende des 12. Jahrh. die genannte Burg von Hermann v. Büdingen zerstört worden war, kam das Geschlecht nach Frankfurt a. M., in dessen Geschichte dasselbe sehr oft genannt wird. Das Frankfurter Bürgermeister-Amt war 52mal in der Hand der Familie, dieselbe zählte zu den Mitstiftern der altadeligen Ganerbschaft des Hauses Alten-Limpurg, trug verschiedene Lehen u. übte in mehreren Kirchen das Patronatsrecht aus. — Arnoldus de Glauburg, ein Nachkomme des in der St. Bartholomäi-Kirche beerdigten Johannes de Glauburg, tritt 1276 als Zeuge in einer den deutschen Orden betreffenden Urkunde auf und mit ihm fängt die fortlaufende Stammreihe der früher sehr zahlreichen Familie an. — Johann Hieronymus Freih. v. und zum Jungen, k. k. General-Feldzeugmeister, stiftete für das Geschlecht v. Glauburg aus der reichsfreien Burg zu Niederbach, mittelst Schenkungsurkunde d. d. Wien, 1. Mai 1722, ein Fideicommiss, dessen Nutzniessung jetzt dem k. bayer. Kämm. Ernst Freih. v. Dörnberg zusteht. — Die neuere Stammreihe der Familie bis zum Erlöschen des Mannsstammes ist absteigend folgende: Freiherr Johann Ernst, gest. 1732: Maria Eleonore Freiin v. und zum Jungen, gest. 1731; — Freih. Hieronymus Maximilian, gest. 1786, Schöff und Senator zu Frankfurt: Maria Charlotte Freiin v. Lersner, gest. 1782; — Freiherr Heinrich Ludwig, schloss 9. Nov. 1828 den Mannsstamm seines alten Geschlechts, Schöff und Senator zu Frankfurt: Maria Margaretha Freiin Baur v. Eysseneck, gest. 1808. Aus der Ehe des Letzteren entsprossten vier Töchter: Freiin Elisabetha, geb. 1780, Stiftsdame; Freiin Caroline, geb. 1786, verm. 1816 mit Ferdinand Maximilian Starck, J. U. Dr., Schöffen, Syndicus primarius und Gerichtsschultheissen zu Frankfurt a. M.; Freiin Mariane, geb. 1789, verm. 1816 mit Felix Freih. v. Stregen, gest. 1854 als k. k. Feldmarschall-Lieutenant a. D., welcher bei seiner Erhebung in den erbländisch-österr. Freiherrnstand, 30. Aug. 1851, mit seinem Namen und Wappen den Namen und das Wappen des alten Glauburg'schen Geschlechts annahm — und Freiin Auguste, geb. 1796, Stiftsdame.

N. Geneal. Handb., 1777. S. 220 und 1776 S. 279 und 280. Nachtrag, I. S. 93 und II. S. 9. — Geneal. Taschenb. d. freih. Häuser, 1856. S. 224—227 u. 1857 S. 242—244. — *Siebmacher*, I. 110: v. Glauburg, Frankfurt a. M. adelige Patricier. — *Kneschke*, III. S. 165 u. 166: nach Handschr. Notizen.

Glauch. Böhmischer Adelsstand. Erneuerungs-Diplom vom 18. April 1607 für das Geschlecht. Dasselbe war in der Ober-Lausitz mit Cosel bei Königsbrück begütert.

Freih. v. Ledebur, I. S. 263.

Glauch, Gluchowski, Gluchawski. Ein in Westpreussen vorgekommenes, zu Anfange des 18. Jahrh. mit Lucas v. Glauch erloschenes

Adelsgeschlecht. — Zu Anfange des 17. Jahrh. lebten die Gebrüder Hans und Georg, von denen der Erstere den Stamm fortsetzte. Der erwähnte Letzte des Geschlechts lebte in kinderloser Ehe mit einer v. Raben.

Preuss. Archiv, Jahrg. 1794. S. 74. — N. Pr. A.-Lex. V. S. 181. — Freih. v. Ledebur, I. S. 263.

Glaunach v. Katzenstein. Erbländ.-österr. Adelsstand. Diplom von 1708 für Johann Ulrich Glaunach, mit dem Prädicate: v. Katzenstein.

Megerle v. Mühlfeld, Ergänz.-Bd. S. 298.

Gleden (Schild von Roth und Silber quergetheilt mit einer fünfblättrigen Rose von gewechselten Farben). Ein nur dem Wappen nach bekanntes Geschlecht. Dasselbe findet sich an einem Epitaphium zu Essenrode im Lüneburgischen und die Familie ist mit den Geschlechtern v. Gloeden nicht zu verwechseln, s. die betreffenden Artikel.

v. Meding, III. S. 210.

Gleen, Glehn. Rheinländ. Adelsgeschlecht aus dem Stammsitze Glehn unweit Neuss. Die Familie war von 1550—1615 mit dem Bodenberger Hofe zu Poppenhoven in der Grafschaft Neuenar belehnt und zu demselben gehörte der kaiserliche General Freib. v. Glehn, welcher 1637 Nieder-Hessen im Besitz nahm.

Freiherr v. Ledebur, I. S. 263. — Fahne, I. Tab. II. Nr. 74 und 75: Siegel aus dem 15. Jahrh.

Gleiberg, Gliperg, Glixberg. Altes hessisches Adelsgeschlecht, dessen Name in der früheren Geschichte Hessens oft genannt wird.

Wenk, hessische Landesgeschichte, III. S. 164 u ff.

Gleichauf v. Gleichenstein. Erbländ.-österr. Adelsstand. Diplom von 1746 für Johann Conrad Gleichauf, Vorderösterreich, Prälatenstands-Rath und Syndicus, mit dem Prädicate: v. Gleichenstein.

Megerle v. Mühlfeld, Ergänz.-Bd. S. 298.

Gleichen, Grafen (Schild geviert mit Mittelschilde. Im blauen Mittelschilde ein golden gekrönter, silberner Löwe. 1 und 4 in Silber ein rechtsgekehrter Hirsch von natürlicher Farbe und 2 und 3 in Gold ein rothes Ankerkreuz). Altes, thüringisches Grafengeschlecht, welches meist im Gothaischen begütert war, mit den Grafen v. Käfernburg und mit den Grafen und nachherigen Fürsten zu Schwarzburg einerlei Ursprung gehabt zu haben scheint u. 17. Jan. 1631 erloschen ist. Der Stammsitz der Familie, die drei Gleichen, lag und liegt im Erfurter Gebiete. — Von den Sprossen des Stammes ist besonders Graf Ernst, welchen Andere Ludwig nennen, durch seine, nach dem Kreuzzuge von 1228, mehrfach angenommene, Doppelehe, welche zu manchen Erzählungen und Dichtungen Anlass gegeben, doch auch streng historische Untersuchungen hervorgerufen hat, bekannt geworden. Sehr angenehm liest sich: „Melechsala" in Musaeus „Volksmärchen" und historische Strenge findet sich in Galetti's „Thüring. Geschichte," von dem Prälaten Placidus Muth und in Vulpius „Curiositäten" Bd. 3. 4. 7 und 8. — Spener, Lucae, Franckenberg, Europ.

Herold, u. A., s. unten, haben möglichst genau den Stamm abgehandelt u. auf dieselben muss hier in Bezug auf weitere Angaben verwiesen werden.

Peckenstein, Theatr. Saxon. tripart. I. Nr. 15 und 16 und S. 1631. — *Spener*, Op. herald. Spec. S. 451. — *Lucae*, Grafensaal, S. 344. — *Hübner*, II. S. 355–358. — *v. Falkenstein*, thüring. Chronik, II. S. 797–803. — *Caspar Sagittar (Jovius)*, Historie der Grafen v. Gleichen, herausgegeben von Cyprian, Frankfurt, 1732. — *Gauhe*, I. S. 658. — *v. Hellbach*, Archiv für die Geograph., Geschichte und Statistik der Grafsch. Gleichen, Altenburg, 1805, 2 Bände besonders Bd. II. Abth. I. S. 1–99; giebt auch sehr genau die gesammten ehemaligen Besitzungen des Stammes. — *Siebmacher*, I. 17: Grafen v. G.

Gleichen, Gleichen-Russwurm, Freiherren (in Silber neben einander zwei mit den Klauen in die Höhe gestellte, somit gestürzte schwarze Bärentatzen, aus welchen nach älteren Siegeln drei, 2 und 1, Bluttropfen herabfliessen: Gleichen. — Gleichen-Russwurm: Schild geviert: 2 und 4 die Bärentatzen des v. Gleichenschen Stammwappens und 1 und 4 in Gold ein knieender schwarz gekleideter Mönch oder Ordens-Geistlicher, welcher mit beiden Händen ein offenes Gebetbuch, an der linken Hand aber einen Rosenkranz hält: Russwurm). Altes, thüringisches Rittergeschlecht, nach Einigen ein Ast der alten, im vorstehenden Artikel erwähnten Grafen v. Gleichen, nach Anderen Dienstmannen derselben. Sei das, wie es wolle, der Stamm ist, wenn man darauf ein besonderes Gewicht legen will, alt und diess genügt. — Im 14. 15. u. 16. Jahrhunderte erscheinen, und zwar neben Grafen v. Gleichen, mehrere Glieder des Geschlechts mit dem Adelsprädicate unter den deutschen Ordensrittern. — Als nächster Stammvater des Geschlechts wird Ernst v. G. genannt, von welchem die Stammreihe, wie folgt, herabsteigt: Curt I., Herr auf Ingersleben und Vasall des Herzogthums Gotha; — Hans Wilhelm I.; — Asmus, brachte Tröttstedt an sich; — Hans Wolf, h. sachs. weimar. Jägermeister und Landrath, erwarb 1579 Schloss und Stadt Tannrode, die Güter Gaufeld und Cottendorf, so wie das Einlösungsrecht des Dorfes Eichelborn zur Hälfte; — Curt II. oder Conrad, erhält die väterlichen Güter von seinem Bruder Friedrich Wilhelm, welcher Letztere das später von seinen drei kinderlosen Söhnen an die v. Kromsdorf verkaufte Lehengut Teutleben erwarb; — Hans Wilhelm II., Vater von 10 Söhnen u. vier Töchtern, verkauft Ingersleben an die v. Vasolt; — Hans Christoph, gest. 1713, erst in k. dänischen, dann in h. sach. weim. Militairdiensten, später h. sachs. goth. Kriegscommissair etc. und zuletzt h. sachs. saalfeldscher Schlosshauptmann, erwarb 1681 das Rittergut Etzelbach und schliesst 1700 einen Erbvertrag mit seinem Bruder Hans Wilhelm ab, nach welchem dieser Tannrode, er selbst aber Cottendorf und Gaufeld erhält; — Heinrich, gest 1767, baireuth. Geh.-Rath und Ober-Jägermeister, verm. mit Caroline Dorothea Sophie v. Russwurm, der Letzten ihres alten Namens, Herrin auf Bonnland mit Greifenstein, gest. 1788 (Tochter des Ernst Friedrich v. Russwurm, welcher 1732 den Russwurmschen Mannsstamm schloss); — Christian Ernst, gest. 1768, k. k. Oberst, vermählt mit Sophia v. Burgsdorf: nimmt mit seinem Bruder Wilhelm Friedrich (welcher, durch zahlreiche Schriften als Kenner der Natur bekannt, als markgr. bayreuth. Reise-Oberstallmeister und zweiter Chef des

Ober-Stallmeister-Amtes a. D. 1782 mit Hinterlassung zweier Töchter starb) laut kaiserlichen Diploms vom 25. Febr. 1732 den Namen Gleichen-Russwurm an und verbindet, wie oben angegeben, mit seinem angestammten Wappen das Russwurmsche Wappen; — Wilhelm Heinrich Carl, gest. 1816, kurcölnischer Kammerherr, vermählt mit Friederike v. Holleben, gest. 1852. Aus dieser Ehe stammen die drei Brüder: Heinrich Adalbert, Heinrich Raimund und Heinrich Alfred, Stifter der drei Linien, in welchen der Stamm jetzt blüht. — Das Geschlecht war übrigens ehemals reichsunmittelbar und ist, auf Grund des durch authentische Urkunden gelieferten Nachweises des demselben zustehenden freiherrlichen Titels, 29. Juli 1858 der Freiherrnclasse der Adelsmatrikel des Königr. Bayern einverleibt worden. — Die Besitzungen der Familie sind folgende: Schloss Greifenstein ob Bonnland im Kr. Unter-Franken des Königr. Bayern: ehemals reichsunmittelbar zum Rittercanton Rhön-Werra gehörig und 1732 beim Erlöschen des Mannsstammes der Familie v. Russwurm als Mann- u. Weiberlehen auf die Familie v. Gleichen übergegangen; das Rittergut Tannroda mit Cottendorf u. Böttelborn im Grossh. Sachsen-Weimar: alte Stammgüter; das Rittergut Birkigt im Herz. Sachsen-Meiningen: altes Familiengut; das Rittergut Brandenstein im Kgr. Preussen im Kr. Ziegenrück, Reg.-Bez. Erfurt: 1853 von der Familie v. Breitenbauch erkauft, welche gesammte Güter im gemeinschaftlichen Besitze der Familie sind. Nächstdem ist das 1810 erkaufte Rittergut Crölpa im Kr. Ziegenrück im alleinigen Besitze des Freih. Heinrich Raimund, s. unten, und das Rittergut Etzelbach im Herz. Sachsen-Altenburg, ein altes Familiengut, gehört den beiden Brüdern, den Freih. Heinrich Adalbert u. Heinrich Alfred. — Der Personalbestand aller drei Linien ist jetzt folgender: I. Linie zu Greifenstein ob Bonnland: Heinrich Adalbert Freiherr v. Gleichen, genannt v. Russwurm, geb. 1803, k. bayer. Kämm. und Landwehr-Oberstlieutenant, verm. 1828 mit Emilie v. Schiller (jüngsten Tochter des 1805 verstorbenen H. Sachs.-Weim. Hofraths Friedrich v. Schiller, verm. mit Charlotte v. Lengefeld, gest. 1826). Aus dieser Ehe stammt Freih. Ludwig, geb. 1836, k. bayer. Kammerjunker, verm. 1857 mit Elisabeth Freiin v. Thienen-Adlerflycht, geb. 1837. — II. Zweig zu Rudolstadt: Freiherr Heinrich Raimund, geb. 1805, Fürstl. Schwarzb.-Rudolstädt. Kammerherr und Oberhofmeister, verm. 1836 mit Antonie Freiin v. Gemmingen-Hornberg, geb. 1817, aus welcher Ehe ein Sohn, Heinrich Ernst Alfred, geb. 1852 u. drei Töchter entsprossten. Von Letzteren ist die älteste Freiin Friederike, geb. 1837, seit 1856 vermählt mit Jacob Hermann v. Bertrab, Fürstl. Schwarzb.-Rudolst. w. Geb.-Rathe und Minister. — III. Linie, ebenfalls zu Rudolstadt: Freih. Heinrich Alfred, geb. 1806, Fürstl. Schwarzb.-Rudolst. Kammerh. und Major a. D., verm. 1832 mit Sophie Grf. v. Spaur, geb. 1805, aus welcher Ehe eine Tochter, Freiin Emma, geb. 1833, verm. 1854 mit Lothar v. Wurmb, k. preuss. Landrath, und zwei Söhne stammen, die Freiherren Heinrich Carl, geb. 1837 und Heinrich Adolph, geb. 1839, Beide k. preuss. Lieutenants.

Handschr. Notizen a. d. Familie. — *Bucelini*, II. S. 12 u. III. Append. S. 147. — *J. Chrstn. Hessen*, Predigt zum Gedächtn. d. Hrn. Hans Christoph v. G., Rudolstadt, 1713. — Gotha diplom. u. *v. Gleichenstein*, in den nicht pagin. Stammtafeln. — *Sagittarius*, Histor. d. Grafschaft Gleichen, Frankf. a. M. 1732. S. 20. 33. 126. 132. 137. 164 u. 188, so wie S. 245. 301. 351. 396 und 397 und 449. — *Gauhe*, I. S. 658. — Abgedrung. wahrh. Repräsentation des pp. wider den Hrn. Landjägerm. (Hans Ludwig II.) v. Gleichen etc. ausgeübten ungerechtfertigten, gewaltsamen Verfahrens etc. in Sachen desselben wider den Hrn. Herzog Anton Ulrich zu Sachsen Meiningen etc. gedruckt im Sept. 1747. — *Biedermann*, Canton Rhön-Werra, 1. Verzeichn. — *Brückner*, Beschrelb. d. Kirch.- u. Schulenstaats d. Herz. Gotha, I. 10. Stck, S. 71. — Joh. *Chrst. Schmidt*, Rede bei Beisetzung d. Hrn. Ernst v. G., Bayreuth, 1761. — *Krebel*, Gen. Handb. 1770, II. S. 280. — *Hörschelmann*, Geneal. Adelshistor., Erfurt, 1772. I. 1. S. 129—138, mit zwei Ahnentafeln, und desselben Samml. zuverl. Stamm- und Ahnentafela, Coburg, 1774. S. 22. — N. Geneal. Handb. 1777. S. 91 u. 92 u 1778. I. S. 92. Nachtr. I. S. 55 u. Nachtrag II. S. 10. — *M. A. Weikard*, Biographie d. Hrn. Wilh. Friedr. v. G., gen. R., 1783, ohne Druckort. — Memoires de Mr. le *Baron Charles Henri de Gleichen*, publiés par A. W. Sulzbach, 1813. — *v. Lang*, Nachtr. S. 101 u. 102. — *Dr. F. Kraft*, Beitrag zur Lehre vom Consens der Agnaten zur Veräusserung eines Lehens, in Sachen der Gebrüder Freiherren v. G., gen. R., gegen den Grossh. Sachs.-Weim. Cammer-Fiscus, Darmstadt, 1853. — *Freih. v. Ledebur*, I. S. 263. — Geneal. Taschenb. der freih. Häuser, Jahrgang 1860. — *Siebmacher*, I. 145; v. Gleichen. Thüringisch und 144: Die Ruswörmb, Thüringisch. — *v. Meding*, II. S. 197 und 198; v. G. und v. G. gen. R. — Suppl. zu Siebm. W.-B. IV. 12; F. H. v. G. geu. Kusworm. — W.-B. d. Kgr. Bayern, V. 64; v. G. gen. R. — W.-B. d. Sächs. Staaten, VI. 35 ; v. G. u. 36 ; v. G.-R.

Gleichenmuth, s. Muttersgleich v. Gleichenmuth.

Gleichensee. Ein von Salver aufgeführtes Adelsgeschlecht, welches zu dem rheinländ. Adel gehörte.

Salver, S. 229.

Gleichenstein, sonst **Gypser**, genannt **Edle v. Gleichenstein**. Ein früher auf dem Eichsfelde, im Gothaischen und Weimarischen, so wie auch in Schweden vorgekommenes, altes Adelsgeschlecht, wohl aus dem gleichnamigen Schlosse auf dem Eichsfelde, welches an die Grafen v. Gleichen gekommen war, die es 1294 mit dem ganzen Eichsfelde an Kur-Mainz verkauften. Der Stamm blühte noch in das 18. Jahrh. hinein, ist aber dann nach Allem erloschen. Ueber Johann Basilius und Friedrich Rudolph Edle Herren v. Gleichenstein, als Historiker des H. Gotha bekannt, s. Bd. I. S. IX

Brückner, Samml. z. Gesch. d. Kirch.- u. Schul.-Staats des H. Gotha, III. 7. Stck., zwischen S. 72 und 73: Ahnentafel d. Joh. Friedr. v. G. — *v. Hellbach*, I. S. 433.

Gleichenstein, Freiherren (Schild geviert mit blauem Mittelschilde und in diesem ein rechts gekehrter Geharnischter mit offenem Visir und rothem Helmbusche, welcher in der Rechten ein Schwert emporhält und die Linke in die Seite setzt. 1 u. 4 in Gold ein von Schwarz und Silber in zwei Reihen geschachter, schrägrechter Balken und 2 und 3 in Roth ein quergelegtes, oben und unten von einem goldenen Stern begleitetes Mühleisen). Erbländ.-österr. Freiherrnstand. Diplom vom 9. April 1808 für Marquard v. Gleichenstein, Niederösterr. Regierungs- und Kammerrath und für den Bruder desselben, Carl v. G., Fürstl. Abt-Blasischen Geh.-Rath. — Die Diploms-Empfänger waren Söhne des Johann Conrad Gleichauf, gest. 1769, welcher, gebürtig aus der schwäbischen Fürstl. Abt-Blasischen Herrschaft Tiefen und des Nieder-Oesterr. Prälatenstandes Rath u. Syndicus, 23. Mai 1746 den erbländisch-österr. Adelsstand mit dem Prädicate: v. Gleichenstein, erhalten hatte. Freih. Marquard starb unvermählt 1813, Freih. Carl aber, gest. 1817, setzte in der Ehe mit Franzisca Beyer, gest. 1832, den Stamm fort. Aus derselben entspross Freih. Carl (II.) gest. 1852, Herr zu Buchholz und Antheil Ober-Buchenbach im Grossh. Baden, grossh. bad. Hofgerichtsrath a. D., verm. 1817 mit Antonia

Freiin v. Schönau-Wehr. — Der neuere Personalbestand der Familie war folgender: Freih. Oscar, geb. 1822 — Sohn des Freih. Carl (II). — Die Schwester desselben, Freiin Bertha, geb. 1818, verm. sich 1841 mit Johann Carl Freih. v. Ow zu Wachendorf und aus der Ehe des 1823 verstorbenen Bruders des Vaters, des Freiherrn Ignaz mit Anna Freiin v. Malfatti v. Rohrimbach und Dezza, entsprossten zwei Töchter, Freiin Mathilde, geb. 1812, verm. mit Marquard Huber und Freiin Anna, geb. 1815 und Freih. Hermann, geb. 1822, Gutsbesitzer zu Rothweil am Kaiserstuhl. — Den früheren Geschlechtsnamen: Gleichauf hat später die Familie weggelassen und sich nur des Prädicates: Gleichenstein bedient.

Meyerle v. Mühlfeld, Ergänz.-Bd. S. 60. — *Cast*, Adelsb. d. Grossh. Baden, Abth. 2. — Geneal. Taschenb. d. freih. Häuser, 1848, S. 136—138 u. 1857, S. 244. — *Tyroff*, II. 291.

Gleichmann. Reichsadelsstand. Kursächsisches Reichsvicariatsdiplom vom 31. Juli 1790 für Carl Otto Gleichmann, kursächs. Sous-Lieutenant. Ueber etwaige Fortsetzung des Stammes fehlen Nachrichten.

Tyroff, I, 213. — *Kneschke*, III. S. 166.

Gleinis, Gleinitzer v. Gleinz, Ritter, Gleinitz zu Gleinstätten, Gleinis zu Gleinstätten, Freiherren. — Altes in Steiermark und Kärnten ansässig gewesenes Adelsgeschlecht, welches später auch in Nieder-Oesterreich begütert wurde. Bucelini beginnt die Stammreihe desselben mit Eberhard v. Gleiniz, welcher 1334 lebte und mit Wandula v. Zepingen zu Raittenau vermählt war. Von seinen Nachkommen setzte der Sohn des Conrad Gleinitzer, Ruprecht, welcher in steiermärkischen Urkunden 1420 und 1443 vorkommt, in der Ehe mit Demuthis v. Holleneck den Stamm fort. Aus dieser Ehe entspross Friedrich v. G., welcher mit Agnes Welzer vermählt war und von ihm stammte Balthasar Gleinitzer zu Gleinstätten, welcher von 1505—1517 Fürstl. Salzburg. Vicedom zu Leibniz in Steiermark war und aus der Ehe mit Barbara v. Freyberg, neben mehreren Töchtern, vier Söhne, Friedrich, Seyfried, Balthasar u. Paulus, hatte. Balthasar d. Jüngere vermählte sich in erster Ehe mit Hippolyta v. Polhaim und wurde Vater zweier Söhne, Reimpert und Friedrich Christoph, von welchen Letzterer vermählt mit Anna Catharina v. Khüenburg, neben mehreren Kindern, den Sohn Christoph Heinrich hinterliess. Derselbe, k. k. Hofkriegsrath, erster Freih. v. Gleiniz zu Gleinstätten und Haidersfelden, wurde, nachdem er letzteres Schloss und Gut in Niederösterreich an sich gebracht, 1668 unter die neuen Niederösterr. Herrenstandes-Geschlechter aufgenommen. Aus der ersten Ehe mit Elisabetha Freiin v. Stadl stammte Freih. Christoph Andreas, verm. mit Catharina Grf. v. Herberstein, welcher in Wien lebte und noch 1690 als Zeuge auftrat. Mit ihm ist später in Nieder-Oesterreich der Stamm ausgegangen.

Bucelini, III. S. 55. — *v. Hattstein*, im grossen Specialregister: Gleinitz. — *Wissgrill*, III. S. 336 und 337. — *Schmutz*, I. S. 496. — *Siebmacher*, II. 45: Gläultz v. Glaenitzstein — *v. Meding*, II. S. 198 und 199.

Gleisberg, Gleissberg, Grafen (in Roth vier goldene Wecken, welche quer u. so übereinander gelegt sind, dass sie sich mit dem stumpfen

Ecken berühren). Altes thüringisches Grafengeschlecht, welches den Namen von einem noch in wenigen Ruinen sichtbaren Schlosse auf dem Gleissberge unweit Jena (jenseits der Saale, Dornburg gegenüber) führte und auch Glisberg, Glissberg, Glitzberg u. Gleitzberg geschrieben wurde. — Um 1030 lebte aus diesem Geschlechte Hildebrand, Bischof zu Zeitz, welcher den bischöfl. Sitz von da nach Naumburg verlegte. — Ueber das Erlöschen des Stammes finden sich verschiedene Angaben vor. Schannat u. A. geben an, dass mit dem Grafen Walther, welcher das Jacobskloster zu Erfurt gestiftet, 1036 das Geschlecht erloschen sei, worauf die Grafschaft an die Landgrafen zu Thüringen (nicht, wie Salver angiebt, an die Grafen Reussen im Voigtlande) gelangt wäre. Gauhe führt nach den Deutschen Act. Eredit. II. S. 605 an, dass noch 1151 ein Graf Wilhelm vorgekommen sei u. Andere erwähnen, dass in einem Consense des Landgrafen Albrecht zu Thüringen von 1272 Heinrich v. G. aufträte. Die Söhne des Letzteren, Heinrich und Walther, hätten 1278 das Kloster Walckenriedt beschenkt und Walther habe noch 1294 gelebt. Die eben genannten v. Gleissberg werden aber auch mehrfach für Sprossen einer adeligen Seitenlinie des alten gräflichen Stammes gehalten.

Lucae, Grafensaal, S. 970–974. — *Schannat*, S. 85. — *v. Falckenstein*, Thüringische Chron. II. S. 808. — *Gauhe*, II. S. 359. — *Döderlein*, hist. Nachr. von den Marschällen v. Calatin, I. S. 35 u. 36. — *Gebhardi*, histor.-geneal. Abhandl. II. S. 102–139. — *Hönn*, Wappen- u. Geschlechts-Untersuchung d. Kur- u. Fürstl. Hauses Sachsen, S. 226. — *v. Meding*, III. S. 212–214.

Gleisdorf, Gleisdorfer. Steiermärkisches, von 1305—1314 vorgekommenes Adelsgeschlecht.

Schmutz, I. S. 499.

Gleisenfels. Böhmischer Adelsstand. Diplom vom 8. Octob. 1652 für Kosiglowski v. Gleisenfels.

v. Hellbach, I. S. 434.

Gleisen, genannt **Dorengowski**, s. Dorengowski, Doringowski, Dorengowski-Gleisen, s. Bd. II. S. 549.

Gleisner, Gleissner v. Freudenheim, Edle. Erbländ.-österr. Adelsstand. Diplom von 1789 für Andreas Gleissner, wegen bei dem Bergbauwesen durch zwanzig Jahre bezeigter, thätiger Verwendung, mit dem Prädicate: Edler v. Freudenheim.

Megerle v. Mühlfeld, S. 190.

Gleispach, Grafen. Reichsgrafenstand. Diplom vom 25. Octob. (18. Nov.) 1677 für Hans Sigmund Freiherrn v. Gleispach, Inner-Oesterr. Hof-Kammerpräsidenten. — Eine der ältesten, angesehensten, grundherrlich begüterten Familien Steiermarks, deren Stammreihe Bucelini mit Rudolph v. G., um 1209, beginnt. Hans v. G. erbte durch seine Gemahlin, Agnes Tunauer, 1370 das Wappen ihres, im Mannsstamme erloschenen Geschlechts, sowie das Wappen des gleichfalls ausgestorbenen Stammes v. Fladnitz, und so wurde denn später das gräfliche Wappen, wie folgt, zusammengesetzt: Schild geviert, mit schwarzem, mit einem goldenen Querbalken belegten Mittelschilde (v. Fladnitz). 1 u. 4 in Roth auf einem weissen Dreiberge ein weisses, rechts springendes Ross (Stammwappen) und 2 und 3 drei goldene, rechtsgekehrte, quer neben einander gestellte Monde (Tunauer). Später fielen mehrere Sprossen des Geschlechts im Kampfe gegen die Türken, doch blühte der Stamm fort und Sigmund Friedrich v. G., k. k. Kriegsrath, erhielt 7. Sept. 1628 den erbl.-österr. Freiherrnstand. Von seinen Nachkommen wurde, s. oben, Freih. Hans Sigmund, gest. 1677, in den Grafenstand erhoben und im Anfange des 18. Jahrh. wurden die Grafen Carl Georg Friederich u. Maximilian Ernst unter den k. k. Kämmerern genannt. Ueber die weitere Fortsetzung des gräfl. Stammes fehlen in der betreffenden Literatur genaue Nachrichten und es ist nur nachstehender neuerer Personalbestand des gräflichen Hauses bekannt: Carl Gr. v. G., Freih. auf Waldegg und Ober-Rakitsch, Herr auf Kainberg und Pirkwiesen, geb. 1811, — Sohn des 1812 gestorbenen Grafen Carl Maria aus der Ehe mit Maria Elisabeth Grf. Kottulinsky v. Kottulin — Besitzer der Herrschaften Pirkwiesen und Johnsdorf, Herr und Landmann in Steiermark und Kärnten, k. k. Kämm. etc. Von den Schwestern desselben vermählte sich Grf. Agnes, geb. 1790, 1837 mit Johann Freih. Berger v. d. Pleisse, k. k. Feldzeugm., Geh.-Rathe etc. und Grf. Cajetana, geb. 1793, Besitzerin der Vereinigten Allodial-Herrschaften Ober-Radkersburg u. Rothenthurm, 1812 mit dem 1855 verstorbenen k. k. Kämm. Franz Grafen v. Wurmbrand-Stuppach. Von dem Bruder, dem Grafen Wenzel, gest. 1853, k. k. Statthalterei-Rath etc. entsprossten aus der Ehe mit Benedetta Grf. Ciurletti v. Schönbrunn drei Töchter und ein Sohn, Graf Johann, welcher als Edelknabe an den K. K. Hof kam.

Bucelini, III. S. 56. — *Gauhe*, I. S. 658 und 659. — *Schmutz*, I. S. 497. — Deutsche Grafenh. d. Gegenw., I. S. 268 u. 269. — Geneal. Taschenb. d. gräfl. Häus. 1859. S. 299 und 300 u. histor. Handb. zu demselben, S. 252. — *Siebmacher*, I. 431 v. Geysbach, Kärntnerisch, III. 41 u. IV. 13: Freih. d. G. — *v. Meding*, III. S. 211 u. 212.

Gleissenberg, Ritter. Böhmischer Ritterstand. Diplom von 1710 für Johann Christoph Gleissenberg, Herrn auf Graeschine im Woblauschen. — Die Familie wurde auch im Oelsischen begütert und hatte noch 1806 Comonno im Kr. Cosel inne. — Mehrere Sprossen derselben dienten in der k. preuss. Armee. Ein Oberst v. G. starb 1813 als Commandant von Glatz und in demselben Jahre auch ein Oberstlieutenant v. G. im 4. Inf.-Regim. Auch ist noch später der Name in der Liste der k. preuss. Armee vorgekommen.

Sinapius, II. S. 642. — *Megerle v. Mühlfeld*, Ergänz.-Bd. 8. 145. — N. Pr. A.-L. II. S. 240 u. 241. — *Freih. v. Ledebur*, I. S. 263.

Gleissenthal, Freiherren. Kurbayerischer Freiherrenstand. Diplom vom 25. Febr. 1697 für Johann Albrecht v. Gleissenthal. — Altes, nach Einigen ursprünglich pfälzisches, nach Anderen meissensches Adelsgeschlecht, aus welchem Utz v. Gleissenthal, Herr auf Deltsch, 1530 im Gefolge des Kurfürsten von der Pfalz auf dem Reichstage zu Augsburg bei Uebergabe der Confession war u. Hendrich v. Gleissenthal, Herr auf Graefenhainchen bei Bitterfeld, um 1550 in Sachsen lebte. — Im 17. Jahrh., in welchem die Familie auch in der Neumark begütert wurde, blühte dieselbe noch im Meissenschen und war im 18. auch in Bayern und Ostpreussen angesessen. Die Linie in

Bayern, aus welcher Georg v. G. 1577 Vicedom zu Amberg war und in die, wie oben angegeben, der Freiherrnstand kam, blühte fort, doch hat von diesem Fortblühen ein sonst tüchtiger Forscher, der aus v. Medings Werke bekannte Präsident Thomas Philipp v. d. Hagen, keine Kunde gehabt, denn derselbe sagt, Beschreibung der Stadt Freienwalde, S. 31: dass Heinrich v. G., Amtshauptmann in Freienwalde, als der Letzte seines Geschlechts 1666 gestorben sei u dass man bei seiner Beerdigung Helm u. Schild mit ins Grab gelegt habe. Wie Mancher hält sich für den Letzten seines Stammes u. wird auch von Anderen dafür gehalten und später ergiebt sich zweifellos, dass er der Letzte nicht gewesen sei! — Ein Urenkel des Empfängers des Freiherrndiploms, Freiherr Anton Wilhelm, Herr auf Schachendorf, Thellersdorf und Zandt, geb. 1774, wurde bei Anlegung der Adelsmatrikel des Kgr. Bayern in dieselbe eingetragen.

Knauth, S. 509. — Gauhe, II. S. 359 u. 360. — v. Lang, S. 133. — Siebmacher, I. 152. v. Gleissenthal, Meissnisch. — v. Meding, II. S. 199 und 200. — W. B. d. Kgr. Bayern, III. 7. und v. Hefner, bayer. Adel, Tab. 34 und S 36 und 37. — W. B. der Sächs. Staaten, VII. 63. — Kneschke, II. S. 185 u. 186.

Glembocki. Polnisches, zum Stamme Doliwa gehörendes Adelsgeschlecht, welches im Posenschen 1789 mit Glembokie u. Maszenice unweit Inowraclaw begütert war und aus welchem Felix v. G. in dem 1804 zum Kgr. Preussen gehörigen Kreise Peissern mehrere Güter besass.

Freih. v. Ledebur, I. S. 264, und III. S. 261.

Glich v. Miltsich. Böhmischer Adelsstand. Diplom vom 25. Mai 1509 für Hans Glich, gewesenen Bürgermeister zu Schweidnitz, und für den Bruder desselben, Franz G. für treue Dienste und Bestätigungsdiplom vom 18. Apr. 1606 für Hans Glich v. Miltzig, Bürgermeister zu Görlitz und Herrn zu Kösslitz und für die drei Vettern desselben, die Gebrüder Gottfried, Siegfried und Ehrenfried G. v. M. Die Familie war in der Oberlausitz mit den Gütern Kösslitz, Neundorf und Serchau unweit Görlitz angesessen, ist aber schon lange erloschen.

Freih. v. Ledebur, I. S. 264 u. III. S. 261 und 262. — Dorst, Allgem. W.-B. II. S. 63 und 64.

Glimes, Glymes, Grafen. Reichsgrafenstand. Diplom von 1643 für Wynand v. Glymes, Vicomte v. Judoigne, Herrn in Neufville und Hollebecke etc. — Derselbe stammte aus einem alten brabantischen Adelsgeschlechte, welches den Vicomtentitel von Judoigne führte und aus welchem, laut des Grafendiploms, viele Sprossen dem Erzhause Oesterreich u. der Krone Spanien in hohen Ehrenstellen ausgezeichnete Dienste geleistet haben. Graf Wynand setzte den Stamm fort.

Gauhe, I. S. 659 nach: L'erection de tout. famill. titrées du Brabant, S. 31. — Suppl. zu Siebm. W.-B. I. 6: Die Barone v. Glymes.

Glinden. Ein vom 14. bis 16. Jahrh. im Ruppinschen vorgekommenes Adelsgeschlecht. Albrecht v. G. war in der Mitte des 16. Jahrh. Fürstl. Pommerscher Hauptmann auf Grimma und Tribbesees u. mit dem Sohne desselben, Henning v. G., Patricier u. Kaufmann zu Stettin, erlosch 17. Mai 1616 der Stamm.

Freih. v. Ledebur, I. S. 264.

Glinowleckl. Polnisches, zu dem Stamme Prus II. zählendes Adelsgeschlecht, welches 1836 in Westpreussen mit Gutbien im Kr. Rosenberg begütert war.

Freih. v. Ledebur, I. S. 264.

Glinski, Glynsky (in Blau oben zwei neben einander stehende Sterne und unter denselben ein gestürzter Mond, der auf der Spitze eines in die Höhe gerichteten Pfeiles ruht). Polnisches, nach Schlesien gekommenes Adelsgeschlecht, aus welchem Matthäus Bartschin v. Clinsaki 1546 in der Maria Magdalena-Kirche zu Breslau, wie ein Epitaphium zeigt, begraben wurde und zu welchem wohl der 1800 als Commandant von Czenstochau verstorbene k. preuss. Oberstlieutenant Johann v. Glinski gehörte. — Ein v. G. war 1854 k. preuss. Ober-Steuer-Controleur zu Oblau.

Sinapius, I. S. 410. — Freih. v. Ledebur, I. S. 264 und III. S. 262. — Siebmacher, II. 47: v. Glynsky, Schlesisch. — v. Meding, II. S. 200 u. 201.

Glinski (in Gold ein vorwärts gekehrter, schwarzer Büffelskopf, welcher von dem rechten Horn nach unten mit einem blanken Schwerte durchbohrt ist). Polnisches, dem Stamme Pomian einverleibtes Adelsgeschlecht, welches nach Westpreussen kam und aus welchem Jacob v. Klinski oder Glinsky 1640 das Gut Klein-Böhlkau im Kr. Carthaus besass.

Freih. v. Ledebur, I. S. 264.

Glinski. Ein in der zweiten Hälfte des 18. Jahrh. in Ostpreussen und Litthauen begütert gewesenes Adelsgeschlecht, welches Glinnen und Kobillinnen im Kr. Lyck, Klein-Koschlau im Kr. Neidenburg und auch Güter im Schönbergschen im Kr. Neu-Holland inne hatte und aus welchem mehrere Sprossen in der k. preuss. Armee dienten. — Es gab übrigens in Polen noch andere Geschlechter dieses Namens, welche nach Okolski, I. S. 33 und II. S. 148, 466 und 573 zu den Stämmen Jastrzembiec, Lis u. Radwan gehörten.

Freih. v. Ledebur, I. S. 264.

Glisczinsky (in Blau ein goldener, mit der Sichel rechts gekehrter Halbmond, begleitet von drei goldenen Sternen). Polnisches, in Hinterpommern 1730 mit Reckow im Lauenburg-Bütowschen angesessenes Adelsgeschlecht, aus welchem mehrere Sprossen in die k. preuss. Armee traten. Zu denselben gehören namentlich der k. preuss. General-Lieut. v. G. u. der Generalmajor v. G. Nach Bauer, Adressbuch, S. 72 war Julius v. G. 1857 Herr auf Zemmen D. bei Bütow.

Freih. v. Ledebur, I. S. 264. — Erhebungen bei der Krönung am 18. Oct. 1861 im Staats-Anzeiger.

Gliscziaski (in Blau ein goldenes Hufeisen zwischen dessen nach oben gewendeten Stollen ein kleines, goldenes Kreuz schwebt). Polnisches Adelsgeschlecht, welches 1834 im Posenschen Gora im Kreise Schrimm besass.

Freiherr v. Ledebur, I. S. 264.

Glisczinski, Dejanica v. Glisczinski. Polnisches Adelsgeschlecht, aus welchem der k. preuss. Hauptmann a. D. D. v. G. stammte, welcher 1854 als Postmeister zu Bunzlau starb. Ein Sohn desselben,

Edmund D. v. G., war später Prem.-Lieut. im Regim. K. Franz. — Die Familie gehört, so wie die Familie v. Zameck-Glizinski und viele andere dieses Namens verschiedenen Stammes, zu den Geschlechtern, deren Vorfahren, s. den Artikel Brzczinski, Bd. II. S. 113, s. g. Gutsantheile mit adeligen Rechten verliehen worden waren.

Freih. v. Ledebur, I. S. 264.

Globen, Grafen, s. K a g e r, Grafen v. Globen.

Globig (in Silber auf grünem Boden drei neben einander stehende Schilfkolben und auf dem gewulsteten Helme sieben Schilfblätter). Altes, sächsisches Adelsgeschlecht aus dem ehemaligen Kurkreise u. aus dem schon in früher Zeit an die Landesherrschaft gekommenen, im jetzigen Kreise Wittenberg, Provinz Sachsen, liegenden, gleichnamigen Stammhause. Dasselbe breitete sich später namentlich aus dem Hause Grosswig bei Schmiedeberg weit aus und erwarb, wie im Kurkreise, auch im Erzgebirge und Meissenschen ansehnliche Güter. — Conrad v. Globig (Globek) tritt urkundlich 1292 als Zeuge auf; Ruprecht v. G. war nach Angeli 1323 Zeuge in einer Belehnung der Herzoge Rudolph u. Wenceslaus zu Sachsen von der Aebtissin zu Quedlinburg wegen der Mark-Brandenburgischen Stadt Nauen u. Andreas und Cuno v. G. zeugten in einer Verzichtsurkunde von 1390. — Der Stamm hat dauernd fortgeblüht und viele Sprossen desselben widmeten sich früher den kursächs. u. später den kön. sächs. Staatsdiensten und sind wie in diesen, so auch in Hof- u. Militairdiensten zu hohem Ansehen gelangt, auch ist durch Vermählungen die Familie mit den ältesten und angesehensten sächsischen Adelsfamilien in Verwandtschaft gekommen. — Hans Ernst v. G. war von 1806 bis 1826 kön. sächs. Staatsminister; Felix v. G. wurde Hofmarschall am k. sächs. Hofe, Felix Ernst v. G. 1847 Rittm. im 1. k. sächs. Reiterreg. etc. Im Königr. Sachsen hatte das Geschlecht in neuester Zeit die Güter Lippersdorf, Giesenstein und Sürssen inne und nach Bauer, Adressbuch, S. 73, war 1857 Frau v. Globig, geb. v. Lüttichau in der Neumark mit Guhden und Mohrin im Kr. Königsberg begütert und der K. Pr. Polizei-Districts-Commissar v. Globig besass das Gut Gruna unweit Görlitz.

Angeli, Märk. Chronik, S. 182. — Gauhe, I. S. 661: v. Globick. — v. Uechtritz, diplom Nachrichten, II. S. 50—57: Nachr. aus dem Kirchenbuche zu Grosswig von 1595—1776. — Freih. v. Ledebur, I. S. 264 und 265. — W.-B. d. Sächs. Staaten, VI. 37. — Kneschke, IV. S. 147 u. 148.

Globig-Jagdsheim (in Blau ein rechts gekehrter, goldener Löwe u. auf dem Helme zwei blaubekleidete Arme, welche in den Händen einen goldenen, mit Edelstein besetzten Ring emporhalten). Adelsstand des Kgr. Sachsen und erbländ.-österr. Adelsstand. Sächsisches Adelsdiplom vom 15. Febr. 1817 für August Gotthelf Globig, k. sächs. Hofjuvelier in Dresden u. für die Kinder desselben, mit dem Namen: v. Globig-Jagdsheim und erbländ.-österr. Adelsdiplom von 1820 für Denselben als Besitzer der Dominialgüter Luschau mit den Maierhöfen Kotschütz, Langewiesen und Wltschy in Böhmen.

Handschriftl. Notiz. — Megerle v. Mühlfeld, Ergänz.-Bd. S. 298. — Freih. v. Ledebur, III. S. 262. — W.-B. d. Sächs. Staaten, VI. 38.

Globitz, Globiz, vormals **Globitzer, Freiherren**. Erbländ.-österr. Freiherrnstand. Diplom von 1672 für Georg Christoph v. Globitz, k. k. Kämmerer und Hofkriegsrath, unter Vermehrung des angestammten Wappens mit den Grässweinischen und Kleindienstischen Geschlechtswappen. — Altes Adelsgeschlecht der Herzogthümer Krain und Steiermark, welches, schon seit mehreren Jahrhunderten in denselben bekannt, auch in Niederösterreich begütert wurde. Nach der Matrikel des niederösterr. Ritterstandes ist der Taufname des Ersten dieses Geschlechts in der Landmannschaft und das Jahr, in welchem derselbe in das Land gekommen, nicht bekannt. Die Linie desselben ging in Niederösterreich im Mannsstamme 1593 aus, doch lebten später noch Einige dieses Namens und Geschlechts, welche den Freiherrnstand erhielten, sich aber in den niederösterr. Herrenstand nie einführen liessen. — Die ältesten Globizer finden sich in krainer Urkunden: Jörig Glowitzer tritt 1342 als Zeuge auf; Pilgrim Glowitzer verkaufte 1376 eine Hufe bei Weichselberg; Pilgraim der Globitzer bestätigte 1379 und 1381 mit Unterschrift und Siegel Auerspergische Urkunden etc. etc. — Andreas Globizer, Ritter, lebte um 1460 und war mit Ursula v. Obritschan vermählt. Von ihm stieg der Stamm in der fortblühenden Linie, wie folgt, herab: Georg Globizer, Ritter, lebte noch 1487: erste Gemahlin: Kunigund Eggensteiner, zweite: Barbara v. Hallegg; — Michael Globizer oder v. Globiz, Ritter, empfing 1530 einige landesfürstliche und passauische Lehne: Anna v. Prösing; — Gabriel Globizer, Ritter, mit Eisenreich, Obergrünbach und Marbach in Niederösterreich begüterter Landmann, verm. mit Anastasia v. Prank, gest. 1593 ohne Leibeserben, und Johann Globizer oder v. Globicz zu Pankstein (Gebrüder), setzte in zweiter Ehe mit Benigna Freiin v. Grässwein den Stamm fort; — Wolfgang v. Globiz zu Pankstein und Trackenburg, erzherz. Mundschenk und Regier.-Rath zu Grätz und k. k. Kämmerer: zweite Gemahlin: Maria Catharina Freiin v. Herberstorf; — Georg Christoph Freih. v. Globiz, s. oben, später k. k. Generalmajor, gest. 1701, suchte um die Einführung in den niederösterr. Herrenstand nicht nach: zweite Gemahlin: Maria Barbara Grf. v. Herberstein; — Freiherr Franz Ferdinand wurde 1716, nach abgelegten Ahnenproben, Deutsch-Ordensritter, und Freiherr Carl Joseph (Gebrüder): Anna Catharina Grf. v. Paradeiser. Ueber etwaige Nachkommenschaft des Letzteren fehlen alle Nachrichten.

Wissgrill, III. S. 337—340. — *Schmutz*, I. S. 590. — *Siebmacher*, I. 49: v. Klobitz, Steiermärkisch, III. 82: Globitzer, Steiermärkisch und IV. 11: Freih. v. Globitz. — *v. Meding*, I. S. 188: nach Bartschens W.-B.

Glockmann. Ein in Ostpreussen in der zweiten Hälfte des 17. und in der ersten des 18. Jahrh. mit Gilgehner und Gudniken im Kr. Mohrungen, sowie mit Weeskenitt im Kr. Preuss.-Holland begütertes Geschlecht, aus welchem mehrere Sprossen theils in holländischen, theils in k. preuss. Militairdiensten standen. Friedrich Wilhelm v. G. war holländ. Oberst, und Leopold v. G., neben Anderen seines Namens, k. preuss. Artillerie-Officier. Später erlosch der Stamm.

N. Pr. A.-L. V. S. 182. — Freih. v. Ledebur, I. S. 265.

— 549 —

Glodowski. Polnisches, in den Stamm Przegonia eingetragenes Adelsgeschlecht, welches nach Westpreussen kam und 1730 im Kr. Schwetz das Gut Siemkowo besass.
Freih. v. Ledebur, III. S. 262.

Glöckelsberg, Ritter, s. Dietrich v. Glöckelsberg, Ritter, Bd. II. S. 490.

Glöckelsthurn, s. Tausch v. Glöckelsthurn.

Glöckner, Glökner v. Gluckenstein. Böhmischer Adelsstand. Diplom von 1710 für Carl Moritz Glöckner, Rechtscandidaten, mit dem Prädicate: v. Gluckenstein.
Megerle v. Mühlfeld, Ergänz.-Bd. S. 299.

Glöden (in Blau oder in Silber ein rechtsgekrümmtes, silbernes, oder blaues, auch wohl schräglinks gelegtes Büffelshorn). Altes, meklenburgisches und pommersches Adelsgeschlecht, welches auch in einer Linie, welche am 4. Sept. 1578 mit Anton v. G. erlosch, in das Lüneburgische kam und welches 1632 im Brandenburgischen mit Flemsburg im jetzigen Kr. Angermünde begütert war. Die Familie hatte die Union vom 1. Aug. 1523 unterschrieben, war 1564 u. 1592 in Meklenburg mit Neverin und Roggenhagen angesessen, und besass ersteres Gut noch 1607 und letzteres 1743, auch standen in Pommern 1714 die Güter Rendin und Tensin im Kr. Demmin dem Geschlechte zu.
v. Pritzbuer, Nr. 54. — *Büttner*, Geneal. d. adel. Lüneburg. Patricier. — *Gauhe*. II. S. 360. — *v. Behr*, Res Meckl. S. 1615. — N. Pr. A-L. II. S. 241 u. 242. — *Freih. v. Ledebur*, I. S. 265 und III. S. 262. — *v. Meding*. III. S. 214. — Meklenb. W.-B. Tab. 17. Nr. 63. u. S. 3 u. 22.

Glöden (in Blau ein sechsspeichiges, silbernes Rad). Altes, früher Glügen genanntes Adelsgeschlecht, dem Wappen nach verschieden von der im vorstehenden Artikel besprochenen Familie. Dasselbe war schon in der zweiten Hälfte des 14. Jahrh. in der Mark Brandenburg im jetzigen Kreise Prenzlau mit mehreren Gütern angesessen, hatte 1736 Kreckow in Meklenburg inne und wurde später auch in Pommern begütert. — Die Sprossen beider Familien v. Glöden sind schwer von einander zu scheiden, und zwar namentlich weil auch das märkische Geschlecht in Pommern und in Meklenburg Grundbesitz erwarb. Sonach muss dahingestellt bleiben, zu welcher Familie der im Anfange dieses Jahrhunderts gestorbene k. preuss. Generalmajor und Commandeur des Regiments Kurfürst von Bayern-Dragoner v. Glöden, der 1820 pensionirte Major des 8. Garnisonsbataillons v. G., gest. 1828, und Andere gehört haben. — Die hier in Rede stehende Familie v. Glöden hat fortgeblüht. Otto Friedrich Wilhelm v. Glöden wurde, laut Eingabe d. d. Düsseldorf, 29. Aug. 1829, unter Nr. 102 in die Adelsclasse der Adelsmatrikel der preuss. Rheinprovinz eingetragen, und derselbe ist später als Bau-Inspector zu Meurs im Regier.-Bezirke Düsseldorf aufgeführt worden. In neuester Zeit besassen, s. Bauer, Adressb. 1857, S. 73, Carl v. Glöden in Pommern die alten Familiengüter Glödenhof (früher Balitz genannt) und Griebow im Kr. Greifswalde.
N. Pr. A.-L. II. S. 241 u. 242. — *Freih. v. Ledebur*, I. S. 265 u. III. S. 262. — W.-B. d Pr. Rheinprov. I. Tab. 42. Nr. 84. u. S. 42 u. 43.

Gloes, Freiherren. Altes tiroler Adelsgeschlecht aus dem gleichnamigen Stammhause, einem Marktflecken auf dem Nonsberge. Wilhelm soll schon 1165 und Reinhard 1392 gelebt haben. Später kommt Zingelinus v. Gloes in einem zwischen den Grafen Albrecht in Tirol und zwischen Conrad Bischof von Trient geschlossenen Contracte als Zeuge vor, und Bernhard v. G. war Bischof zu Trient, Cardinal, Administrator des Stifts Brixen, und K. Ferdinand I. Geh. Rath. Derselbe, gest. 1539, brachte das Erbkämmerer-Amt in Tirol auf sein Geschlecht, welches später auch in den Freiherrnstand versetzt wurde.

Giano Pirro Pincio, Chroniche di Trento, 1548. 8—14. Buch. — *Bucelini*, II. 6. S. 138. — *Gauhe*, I. S. 661 u. 662: nach Gr. v. Brandis.

Gloger, Gloger v. Schwanenbach, Ritter. Böhmischer Ritterstand. Diplom vom 16. Dec. 1685 für Heinrich Gloger, mit dem Prädicate: v. Schwanenbach. — Schlesisches Adelsgeschlecht, welches auch im Brandenburgischen begütert wurde. Die Familie besass in Schlesien 1693 Karlsdorf und Weinberg im Kr. Nimptsch, und noch 1783 Saarawenze im Kr. Neumarkt, ebenso standen derselben auch schon 1693 im Brandenburgischen die Güter Skyren und Zettitz im Kreise Crossen zu, und noch 1825 hatte sie das Gut Rosengarten im Kreise Frankfurt im Besitz. Von den Sprossen des Stammes standen früher mehrere in der k. preuss. Armee. Ein Major v. G., früher im Regimente v. Kaufberg, starb 1812, und ein anderer Major und Kreisofficier bei der Gensd'armerie, früher Rittmeister im Dragoner-Reg. v. Kraft, im Jahre 1820. Noch 1836 lebte in Berlin ein Hauptmann v. G., welcher im Regimente des Königs gestanden hatte.

v. Hellbach, I. S. 435. — N. Pr. A.-L. II. S. 242. — *Freih. v. Ledebur*, I. S. 265.

Gloiach, Gloyach, Freiherren. Erbländ.-österr. Freiherrnstand Diplom vom 3. März 1563 für Andreas (II.) v. Gloyach, und Bestätigungsdiplom von 1642 für den Nachkommen desselben, Johann Andreas Panier- u. Freiherren v. G., inner-österr. Kammerrath, und für die ganze Familie. — Altes, steiermärkisches Adelsgeschlecht, aus welchem Sigmund Glojacher, Ritter, schon 1165, und Ernst v. G. 1284 vorgekommen sein sollen. Die ordentliche Stammreihe beginnt Bucelini mit Georg Glojacher, Ritter, welcher mit seinem Sohne, Andreas, 1496 von K. Maximilian I. verschiedene Lehen bei Cilly und Tüffer erhielt. Von Letzterem, vermählt mit Barbara v. Trautmannsdorf, stieg die Stammreihe, wie folgt, herab: Christoph v. G., 1517 und 1526 landesfürstl. Pfleger zu Wildon: Veronica v. Thurn; — Andreas (II.), k. k. Obersthofsilber-Kämmerer, erhielt, s. oben, den Freiherrnstand: zweite Gemahlin: Cordula v. Königsberg; — Veit Albrecht: Sidonia v. Teuffenbach; — Johann Andreas, s. oben, später kaiserl. Hofkammerrath, kaufte die Herrschaft Pottschach in Nieder-Oesterreich und wurde 1652 als Landesmitglied unter die nieder-österr. Herrenstandsgeschlechter aufgenommen: Anna Freiin v. Saurau; — Wolfgang Christoph, Landrath in Steiermark: Elisabetha Herrin v. Schärffenberg; — Maximilian Joseph, 1702 innerösterr. Regierungsrath und später k. k. w. Kämmerer: Maria Rosa

Freiin Gall v. Gallenstein; — Johann Leopold, Malteser-Ordens-Ritter, 1745 Ordens-Commandeur zu Troppau und seit 1758 Statthalter der Gross-Ballei der Deutschen Zunge zu Malta, schloss 5. Febr. 1767 den Mannsstamm seines alten Geschlechts.

<small>Bucelini, III. S. 57 und Append. S. 44. — Gauhe, I. S. 662. — Wissgrill, III. S. 340—343 mit drei Ahnentafeln. — Schmutz, I. S. 501 u. 502.</small>

Glomberg, Ritter, s. Levitschnigg Edler v. Glomberg, Ritter.

Glommer, Ritter. Böhmischer Ritterstand. Diplom von 1737 für Ferdinand Ignaz Glommer, Amts-Secretair zu Oppeln und Ratibor.

<small>Megerle v. Mühlfeld, Ergänz.-Bd. S. 145 u. 146. — Freih. v. Ledebur, I. S. 265.</small>

Glotz. Galizischer Adelsstand. Diplom von 1800 für Conrad Gottlieb Glotz, Banquier zu Lemberg, wegen Beförderung des Handels und der Fabricatur.

<small>Megerle v. Mühlfeld, S. 190.</small>

Gloveke. Ein nur nach einem Siegel von 1373 bekanntes, meklenburgisches Adelsgeschlecht.

<small>v. Meding, I. S. 188.</small>

Glowacki. Polnisches, dem Stamme Prus I. einverleibtes Adelsgeschlecht, welches im Posenschen im Kr. Gnesen 1770 mit Przybroda und 1778 mit Strzewko begütert war. Ersteres Gut war noch 1803 in der Hand der Familie. Um diese Zeit stand auch ein Sprosse des Geschlechts in der kursächs. Armee.

<small>Freih. v. Ledebur, III. S. 262.</small>

Glowczewski, Glofschewski, Glofty, Ghofty. Polnisches, zu dem Stamme Holobuk gehörendes Adelsgeschlecht, welches in Hinter-Pommern mit Modrow im Kr. Bütow vor 1777 und mit Lupow im Kr. Stolp 1783 begütert war. Der Name ist auch Beiname des Geschlechts v. Klopotek, welches noch 1820 das Gut Glowczewice A. und C. besass.

<small>Freih. v. Ledebur, I. S. 265 und III. S. 262.</small>

Glowinski. Polnisches, zu dem Stamme Godziemba zählendes Adelsgeschlecht, welches nach Westpreussen kam und 1789 im Kr. Strassburg das Gut Kantika besass.

<small>Freih. v. Ledebur, I. S. 265.</small>

Gluchowski. Polnisches, in den Stamm Prus II. eingetragenes Adelsgeschlecht, aus welchem Stanislaus Johann v. G. 1849 Herr auf Klein-Butzig im Kr. Flatow, Westpreussen, war.

<small>Freih. v. Ledebur, I. S. 265.</small>

Gluckenstein. Ein in Schlesien vorgekommenes Adelsgeschlecht, in dessen Hand 1720 die Güter Kleinhof und Warthe im Neisseschen waren. Nach Allem ist dies wohl dasselbe Geschlecht, welches S. 549 unter dem Namen Glöckner, Glökner v. Gluckenstein aufgeführt worden ist.

<small>Freih. v. Ledebur, I. S. 265.</small>

Gluderer. Reichsadelsstand. Diplom von 1764 für Joseph Anton Gluderer.

<small>Megerle v. Mühlfeld, Ergänz.-Bd. S. 299.</small>

Glücksberg, s. Pulciani v. Glücksberg.
Glücksfeld, s. Straff v. Glücksfeld und Zahorsky v. Glücksfeld.
Glückstein, s. Schuhmann v. Glückstein.
Glümer. Braunschweigisches Adelsgeschlecht, welches aus Dänemark stammen soll, wo ein Sprosse desselben zu den höchsten militairischen Ehrenstellen gelangte, in Folge eines Aufruhrs aber gegen Ende des 14. Jahrh. nach Braunschweig flüchtete. Ein Sohn desselben wurde in der ersten Hälfte des 15. Jahrh. Bürgermeister der Stadt Braunschweig. Von dieser Zeit an wurde die Familie zu den Patriciern Braunschweigs und später zu dem ansässigen Adel gerechnet. In einer in der Familie noch vorhandenen Urkunde von 1580 wird dieselbe zuerst als adelig aufgeführt, auch kam in der Mitte des 16. Jahrh. der Reichs-Adel in das Geschlecht. In neuerer Zeit (1839) blühten drei Linien mit nachstehendem Personalstande:
1. Linie: Weddo v. Glümer zu Wolfenbüttel, geb. 1767, herz. braunschweig. Major, verm. mit der Tochter des verstorbenen k. grossbrit. Generals Nesbit, aus welcher Ehe ein Sohn, Carl v. G., geb. 1798, und zwei Töchter, Agnes, geb. 1804, und Adolphine, geb. 1812, entsprossten. — 2. Linie: Louis v. G., geb. 1772, früher in herzogl. braunschweig., später in k. preuss. Diensten, Hauptmann a. D. zu Magdeburg, verm. in zweiter Ehe mit Wilhelmine Spohr, aus welcher zwei Söhne stammten, Weddo, geb. 1811, und Adolph, geb. 1814, welche beide in die k. preuss. Armee traten. Der Erstere vermählte sich 1833 und im folgenden Jahre wurde eine Tochter geboren. — 3. Linie: Die Wittwe und Kinder des Kämmerpräsidenten zu Coblenz Gottlieb v. Glümer. Unter den Kindern befand sich ein Sohn.

Freih. v. Ledebur,
N. Pr. A.-L. V. S. 182 u. 183: nach Nachrichten aus der Familie. — *Freih. v. Ledebur,*
I. S. 265. — W.-B. d. Kgr. Hannover und des Herz. Braunschweig, D. 5 und 8. 7.

Glynsky, s. Glinsky, S. 546.

Gmainer. In Kur-Bayern bestätigter Adelsstand. Bestätigungsdiplom vom 11. Aug. 1753 des dem kurfürstl. Rathe Georg Michael Gmainer, 1. Febr. 1741, kraft des grossen Comitivs, vom Pfalzgrafen Johann Jacob II. Grafen zu Waldburg-Zeil verliehenen Adelsstandes. Der Diploms-Empfänger, früher Hofkammer-Secretair, Jagdschreiber und Commandant der unter K. Carl VII. aufgebotenen Jäger, später Hofkammerrath und Jagdverwalter, stammte aus einer früher schon adelig gewesenen Familie der Oberpfalz ab, s. den Artikel: Gmeiner, S. 478. — Der Stamm wurde fortgesetzt, und ein Sohn des Georg Michael v. G., Franz Joseph von G., geb. 1758, Manual-Führer bei dem k. bayer. Mauth- und Hall-Oberamte Ulm, wurde bei Entwerfung der Adelsmatrikel des Kgr. Bayern in dieselbe eingetragen.

v. Lang, S. 353. — W.-B. d. Kgr. Bayern, V. 64. — *v. Hefner, bayer. Adel, Tab. 90 a.*
S. 79.

Gnadensthall, s. Milotzky v. Gnadensthäll.

Gnadkau, Gnadkowie, Gnadkau-Colombiewski. Ein noch in der zweiten Hälfte des 17. Jahrh. in Ostpreussen vorgekommenes Adelsgeschlecht, in dessen Hand früher mehrere Güter waren und aus welchem Georg Friedrich von Gnadkowie 1672 den Kurfürsten Friedrich Wilhelm zu Brandenburg bat, sein Lehen zu Korben im Amte Laptau im jetzigen Kr. Fischhausen verkaufen zu dürfen.

Freih. v. Ledebur, I. S. 265.

Gnaser. Altes, steiermärkisches, zwischen 1441 und 1534 vorgekommenes Adelsgeschlecht, welches nach Absterben der Rossecker das Wappen derselben geerbt hatte.

Schmutz, I. S. 508.

Gneisenau, Neidhart v. Gneisenau, Grafen. Grafenstand des Königr. Preussen. Diplom vom 8. Juni 1814 für August Wilhelm Anton Neidhart v. Gneisenau, k. preuss. General-Lieutenant, mit Ertheilung einer Dotation aus der Herrschaft Sommereschenburg bei Magdeburg. — Altes, ursprünglich wohl schweizerisches Geschlecht, welches auch Neidhardt, Neidthart und Neydhard geschrieben wurde und sich früher lange in den Reichsstädten, namentlich in Ulm, aufhielt, wo dasselbe zu den 17 alten Patricier-Familien gehörte, welche vom K. Carl V. 29. Octobr. 1552 zu edlen, rittermässigen, turnierfähigen, Lehns- und Wappen-Genossen erhoben wurden. — Von Ulm aus verbreitete sich der Stamm nach Schwaben, Franken, Cur- und Liefland, Oesterreich und Schlesien. — In Oesterreich blühten, wie Freih. v. Hoheneck sehr genau angegeben, im 16. Jahrh. zwei Zweige des Geschlechts: die Neidhardt v. Spattenbrunn oder Spätenprunn und die N. v. Gneisenau. Den ersten Zweig stiftete Johann N., welcher Spattenbrunn erbaute und ein Sohn des Conrad war, welcher sich in der Mitte des 16. Jahrh. nach Oesterreich gewendet hatte. Von Johanns Söhnen starb Eberhard 1680 als Cardinal, Wigulaeus aber setzte seine Linie fort, und der Sohn desselben, Johann Baptist, gest. 1722, früher k. k. Kammerrath, später Kammerpräsident in Schlesien und k. k. w. Geh. Rath, erhielt 1705 den Reichsgrafenstand. Der gleichnamige Sohn des Letzteren wurde 1725 auch böhmischer Graf und starb als k. k. w. Geh. Rath und Landeshauptmann des Fürstenthums Liegnitz, mit Hinterlassung zweier Söhne, welche die gräfliche Linie wohl nicht fortgesetzt haben. — Den Zweig N. v. Gneisenau (Gneissenau) gründete Johann N., welcher sich um die Mitte des 16. Jahrh. nach Oesterreich ob der Enns gewendet und Schloss und Landgut Gneisenau erworben hatte. — Frh. v. Hoheneck giebt über diesen Zweig des Stammes sehr interessante Nachweise, sowie auch die Copie eines Monuments, welches zwei Schwestern, Barbara und Susanna Neidthart, 1583 zur Ehre ihres Geschlechts, mit Angabe ihrer 64 Ahnen, errichten liessen. — Jacobs Enkel, Hans Wolf, hinterliess Schloss und Gut Gneisenau seiner Schwester, Ursula, welche sich mit Wolf Märck v. Haimenhofen vermählt hatte und deren Nachkommen den Namen: Märck v. Haimenhofen, Edle Herren v. Gneissenau führten. Jacobs männliche Nachkommen gingen im zweiten und dritten Gliede wieder aus. — Aus der nach Curland gekommenen Linie bekleideten Mehrere höhere Militairwürden in der k. russ. Armee, und dem ehemaligen Commandeur eines Infanterie-

Corps, General-Lieutenant und General-Adjutanten v. Neidhardt wurden im Januar 1836 die bedeutenden Güter Baldrzychow und Prawenczyce in der Wojewodschaft Masovien von dem K. Nicolaus I. erb- und eigenthümlich verliehen. Ueber das Fortblühen anderer Zweige des Stammes fehlen genaue Nachrichten. — Die preussischen Grafen Neidbart v. Gneisenau stammen von dem bekannten Helden in den Befreiungskriegen, dem oben genannten Grafen August Wilhelm Anton. Man hat früher gewöhnlich angenommen, dass derselbe 1760 zu Schildau in der jetzigen Provinz Sachsen geboren worden sei, wo damals sein Vater, k. k. Hauptmann, in Winterquartieren gelegen habe. Letzterer sei bald darauf gestorben und so sei er, noch ganz jung, zu seinem Grossvater gekommen, welcher, als Artillerie-Oberst allgemein geachtet, in Würzburg gestanden habe. Hier wäre ihm eine treffliche Erziehung zu Theil geworden, er habe dann in Erfurt studirt, sei 1782 als Lieutenant in anspach-bayreuthische Dienste, 1785 aber in k. preussische getreten, in welchen er 1789 das Patent als Hauptmann erhalten habe, und an diese Beförderung nun knüpft sich die ruhmvollste Laufbahn bis zum Feldmarschall! — Nach der Redaction des N. Pr. A.-L. aus „erster Hand" zugekommenen Nachrichten sind die Mittheilungen über die Jugendgeschichte des Feldmarschalls Gr. v. G. im Nekrolog der Deutschen, Jahrg. 1831, welche auch in das Werke, und namentlich in das Pantheon des preuss. Heeres, übergegangen sind, ungegründet. Als Geburts-Tag u. Jahr wird ebenfalls 28. Octbr. 1760 angegeben, der Ort der Geburt aber ist nicht genannt: Der Vater sei kgl. Bau-Inspector gewesen, u. davon, dass derselbe früher als Hauptmann in k. k. Diensten gestanden, wäre der Familie nichts bekannt. Zu bedauern ist, dass diesen Nachrichten aus so sicherer Quelle Näheres über die Abstammung nicht beigefügt worden ist, und so lässt sich nach dem Beinamen: v. Gneisenau nur vermuthen, dass der Feldmarschall Gr. v. G. ein Abkömmling der österr. Linie Neidhart v. G. gewesen sei und dass Freih. v. Hoheneck die Glieder derselben nicht vollständig gekannt habe. Graf August etc. erhielt, nachdem 1830 in Polen Unruhen ausgebrochen waren und dem zufolge mehrere Armeecorps zusammengezogen wurden, den Oberbefehl über die vier östlichen Armeecorps und starb in seinem Hauptquartiere Posen 24. Aug. 1831 an einer der Cholera ähnlichen Krankheit in Folge eines schlagartigen Anfalls. Derselbe hatte sich 1796 mit Caroline Freiin v. Kottwitz aus dem Hause Kaufungen, gest. 1832, vermählt, und der neuere Personalbestand des gräflichen Hauses war, nachdem der älteste Sohn aus dieser Ehe, Graf August Hippolyt, geb. 1798, k. preuss. Major a. D., Besitzer der Majoratsherrschaft Sommerschenburg, unvermählt gestorben, folgender: Graf Hugo, geb. 1804 — zweiter Sohn des General-Feldmarschalls Gr. v. G. — Besitzer der Majoratsherrschaft Sommerschenburg, k. preuss. Major a. D., verm. mit Minna Rudneck, aus welcher Ehe zwei Söhne stammen: die Grafen: Hugo, geb. 1836, k. preuss. Lieutenant, und Bruno, geb. 1852. — Der Bruder des Grafen Hugo ist, neben zwei Schwestern: Grf. Ottilie, geb. 1802, und Grf. Hedwig, geb. 1805, verm. 1828 mit Friedrich Gr. v. Brühl, k. preuss. General-Lieut. a. D.: Graf Bruno, geb. 1811, k. preuss. Major etc., verm. mit Leonore Freiin v. Klot-Trautvetter, aus welcher Ehe ein Sohn: Graf August, geb. 1837, und zwei Töchter entsprossten: Anna, geb. 1848, und Helene, geb. 1851.

Bucelini, IV: Neidhardt v. Ranstädt. — *Henel*, Silesiogr. renov. S. 516. — *Sinapius*, II. S. 156. — *Gauhe*, I. S. 1469—1472: Neidhardt. — *Zedler*, XXIII. S. 1624. — *Schmutz*, III. S. 7 u. 8. — *v. Hellbach*, I. S. 436. — N. Pr. A.-L. II. S. 243—246. — Deutsche Grafenb. der Gegenw. I. S. 270—274. — *Freih. v. Ledebur*, I. S. 265 u. III. S. 262. — Geneal. Taschenb. d. gräfl. Häus. 1859. S. 300 und 301 und histor. Handb. zu Demselben, S. 254. — *Siebmacher*, I. 37: Die Neidthart, Oesterreichisch, III. 72 u. IV. 133. — W.-B. d. Preuss. Monarch., I. 41: Gr. v. Gneisenau.

Gneuss, Greusse, Gnenzg. Altes, erloschenes, ursprünglich ober-, später, im 14. und 15. Jahrh., auch niederösterr. Rittergeschlecht. Alber der Gneuss kommt 1783 in einem Kaufbriefe des Gotteshauses zu St. Pölten vor, und Wernhart war 1338 landesfürstl. Pfleger zu Neuhaus. Der Stamm blühte in die zweite Hälfte des 15. Jahrh. hinein, und noch 1468 stellte Veit Gneuss zu Steinabrunn, mit seiner Ehefrau Margareth Kirchberger, einen Revers über einige Lehen an Heinrich Herrn v. Lichtenstein aus, in welchem auch Veits Bruder, Caspar Gneuss, genannt wird. Nach Allen waren dieselben die Letzten ihres Geschlechts.

Duellius, Excepta geneal.-histor. I. 1. S. 19. — *Freih. v. Hoheneck*, III. S. 194 u. 195. — *Wissgrill*, III. S. 343 und 344.

Gniewkowski. Polnisches Adelsgeschlecht, aus welchem Christoph v. G., k. preuss. Capitain, 1738 in der Altmark das Gut Herzfelde im Kr. Osterburg besass.

Freih. v. Ledebur, I. S. 265 u. III. S. 262.

Gniuski. Polnisches, zu dem Stamme Trach gehörendes Adelsgeschlecht, welches nach Westpreussen kam und aus welchem Johann v. G., gest. 1703, Herr auf Gellen, Hutta, Linsk, Nowawies, Okonin, Taschau und Taszewko im Kreise Schwetz, Wojwode von Pomerellen war.

Freih. v. Ledebur, I. S. 262.

Gnise v. Kobach, G. v. Robach, Ritter. Böhmischer Ritterstand. Diplom vom K. Rudolph II. für Melchior G. v. K. — Schlesisches Adelsgeschlecht, welches auf alten Monumenten Gniser v. Kobach heisst, später aber bald Gnise v. Kobach, bald Gnise v. Robach geschrieben wurde. Maternus Gnisen v. Robach, gebürtig aus Striegau, der Theologie Doctor, Domherr zu St. Johannis zu Breslau, Dechant zu Prag auf dem Wischerad und früher des K. Rudolph II. Hofcaplan, starb 1611. Von demselben stammte nach Sinapius Melchior G. v. R., s. oben, Ictus. Derselbe wurde, nachdem er in Italien studirt, kaiserl. Rath u. des St. Johann-Hierosolym-Ordens Advocat und desselben Priorats in Böhmen Canzler, erhielt, wie angegeben, den Ritterstand, und starb im Ruhestande zu Prag 1626. Mit ihm ist wohl der Stamm ausgegangen.

Henel, Silesiogr. renov. Cap. 7. S. 537. — *Naso*, Phönix rediv., S. 147. — *Sinapius*, II. S. 642 u. 643. — *Siebmacher*, IV. 75.

Gnotstadt, Gnottstadt. Altes, fränkisches, dem Rittercanton Steigerwald einverleibt gewesenes Adelsgeschlecht, welches um 1533 mit Hans v. Gnotstadt im Mannsstamme erlosch.

Biedermann, Canton Steigerwald, Tab. 209 u. 210. — Salver, S. 339. — Siebmacher, II. 74: v. Gnodstat, Fränkisch. — v. Meding, III. S. 214 u. 215.

Gobel auf Hofgiebing, Freiherren (in Gold ein unten aus den Seitenrändern des Schildes bis an den oberen Rand desselben aufsteigender, gerader, schwarzer Sparren und unter demselben drei, 1 u. 2, schwarze Kugeln). Kurbayerischer Freiherrnstand. Diplom vom 15. Mai 1766 für Franz Christoph Georg v. Gobel, kurbayerischen Kämmerer. Der Grossvater desselben, Christian v. Gobel, kurbayer. Rentmeister und später Geh. Rath und Landrichter zu Haag, hatte vom K. Ferdinand II. 1628 eine Bestätigung des der Familie zustehenden Adels, mit dem Prädicate: v. Hofgiebing, erhalten. Letzterer war ein Sohn des aus einem trierschen Geschlechte stammenden Johann Gregor Gobel, welcher 1590 aus trierschen in pfälzische Dienste getreten war. Der Stamm hat fortgeblüht, und vier Enkel des Freiherrn Franz Christoph Georg, die Gebrüder und Freiherren: Ludwig Franz Constantin, geb. 1782, k. bayer. Landgerichts-Assessor zu Amberg, Carl Franz Georg, geb. 1786, in k. bayer. Militairdiensten, Johann Max Joseph, geb. 1796, und Wilhelm Sigmund, geb. 1797, wurden bei Anlegung der Adelsmatrikel des Kgr. Bayern in dieselbe eingetragen.

Freih. v. Krohne, II. S. 8—10. — v. Lang, S. 133 u. 134. — Freih. v. Ledebur, I. S. 266. — Siebmacher, IV. 75. — Tyroff, I. 50. — W.-B. d. Kgr. Bayern, III. 7 u. v. Wölckern, Abtheil. 3. — v. Hefner, bayer. Adel, Tab. 34 und S. 37.

Gobel v. Weitersbach, Gobelius v. Weitersbach (Schild zweimal der Länge nach getheilt: rechts und links in Roth eine weisse Rose und in der Mitte in Silber ein aufgerichtetes, rothes Kreuz). — Reichsadelsstand von 1638 für Hubert Gobel, kaiserl. und kurtrierschen Rath und für die ganze, aus dem Trierschen stammende Familie, mit dem Prädicate: v. Weitersheim.

Freih. v. Krohne, II. S. 10—13 u. S. 413 und 414. — Freiherr v. Ledebur, I. S. 266. — Siebmacher, IV. 75.

Gobes v. Treuenfeld. Erbländ.-österr. Adelsstand. Diplom von 1779 für Johann Carl Gobes, Postmeister zu Zditz in Böhmen, mit dem Prädicate: v. Treuenfeld.

Megerle v. Mühlfeld, Ergänz.-Bd S. 299.

Gockowski (in Silber ein springender, rother Hirsch). Polnisches, dem Stamme Brochwitz einverleibtes Adelsgeschlecht, welches im Posenschen gegen Ende des 18. Jahrh. mit Gronowko im Kr. Kosten und mit Podobowice im Kr. Wongrowiec begütert war.

Freih. v. Ledebur, I. S. 266.

Goczkowski (in Silber eine rothe Zinnenmauer, aus welcher ein goldener Löwe halb hervorspringt, welcher mit den Vorderpranken einen goldenen Schlüsselring hält). Polnisches, zu dem Stamme Prawdzic gehörendes Adelsgeschlecht, welches nach Westpreussen kam und 1728 Parlin im Kr. Schwetz inne hatte. — Dahingestellt muss bleiben, ob Anton v. Goczkowski, welcher 1803 Herr auf Mauersin im westpreuss. Kr. Schlochau und Ustarzewo bei Wongrowiec im Posenschen war, zu diesem, oder zu dem im vorstehenden Artikel aufgeführten Geschlechte gehört habe.

Freih. v. Ledebur, III. S. 262.

Goczalkowski, Gocialkowski. Polnisches, zu dem Stamme Prawdzio zählendes Adelsgeschlecht, welches nach Westpreussen kam und 1728 Rynek im Kr. Loebau inne hatte. Zu demselben gehörte wohl August v. Gocialkowski, welcher 1804 Herr auf Czachorowo im posenschen Kreise Kroeben war. Zu verwechseln ist übrigens das Geschlecht nicht mit der, dem polnischen Stamme Sreniawa ohne Kreuz einverleibten Familie der böhmischen Freiherren v. Gotschalkowski, óder Gozalkowski, s. den betreffenden Artikel.

Freih. v. Ledebur, III. S. 262.

Goczewski. Polnisches, in den Stamm Ogonczyk eingetragenes Adelsgeschlecht, welches in Ostpreussen im Kr. Osterrode das Gut Gintlau an sich brachte.

Freih. v. Ledebur, I. S. 266 u. III. S. 262.

Godar v. Hofmann. Erbländ.-österr. Adelsstand. Diplom von 1752 für Matthias Godar, Hofmeister der Kirchbergischen Stiftung in Wien, mit dem Prädicate: v. Hofmann.

Megerle v. Mühlfeld, Ergänz.-Bd. S. 299.

Godard, Freiherren. Erbländ.-österr. Freiherrnstand. Diplom von 1811 für Matthäus Renatus Ritter v. Godart, k. k. Oberstwachtmeister.

Megerle v. Mühlfeld, Ergänz.-Bd. S. 60.

Goddaeus. Ein zu dem Adel in Kurhessen gehörendes Geschlecht, in welches nach v. Hellbach, welcher dasselbe: Godoeus schreibt, der Adel zu Anfange dieses Jahrh. gekommen ist. Aus diesem Geschlechte ist Eduard v. Goddaeus, kurhess. Ministerial-Rath, Vortragender Rath im Geh. Cabinet und Gesammt-Staats-Ministerium, und der Bruder desselben, Godwin Adalbert Hugo v. G., wurde 1858 grossherz. sachs.-weim. Hauptmann.

v. Hellbach, I. S. 437. — Handschriftl. Notiz.

Goddentow. Altes, hinterpommersches, später in West- und Ostpreussen ansässig gewordenes Adelsgeschlecht. Dasselbe hatte schon 1490 in Hinterpommern im lauenburg-bütowschen Kreise die Güter Damerkow, Goddentow, Koppenow und Reddestow inne, und besass, nachdem es noch andere Besitzungen erworben, noch 1730 Labuhn und 1804 Zdrewen. Im 18. Jahrh. wurde die Familie in Westpreussen in den Kreisen Strassburg und Loebau, und in Ostpreussen in den Kreisen Mohrungen, Neidenburg und Osterrode begütert und sass noch 1807 auf Nasteiken und Schmigwalde im Kr. Osterrode. — Mehrere Sprossen des Stammes standen in der k. pr. Armee.

Micrael, S. 487. — Brüggemann, 2. u. 11. Hauptstück. — N. Pr. A.-L. II. S. 246 — Freiherr v. Ledebur, I. S. 266 u. III. S. 262. — Siebmacher, III. 164. — v. Meding, III. S. 215. — Pommersches W.-B. III. Tab. 21 u. S. 70.

Godendorp. Ein wohl holsteinisches, längst ausgegangenes Adelsgeschlecht, von welchem nur ein archivalisches Siegel von 1402 bekannt ist.

v. Meding, II. S. 201.

Godenne, Freiherren. Erbländ.-österr. Freiherrnstand. Diplom von 1801 für Johann Jacob v. Godenne, vormaligen niederösterr. Finanzrath.

Megerle v. Mühlfeld, Ergänz.-Bd. S. 60.

Godewisch, zugenannt **v. der Gowe.** Altes, braunschweig. Adelsgeschlecht, welches mit Hermann dem Jüngeren, welcher 1683 noch zu Dassel lebte, oder mit dem Sohne desselben, Albrecht, erloschen ist.

Letzner, Dasselsche Chronik, S. 158 u. Corbeylsche Chronik, S. 160. b. — Siebmacher, II. 124; v. G., Braunschweigisch. — v. Meding, II. S. 201.

Godenick v. Godenberg. Erbländ.-österr. Adelsstand. Diplom von 1718 für Paschal Godenick, mit dem Prädicate: v. Godenberg.

Megerle v. Mühlfeld, Ergänz.-Bd. S. 299.

Godighe. Lüneburgisches, längst ausgestorbenes Adelsgeschlecht, von welchem nur ein Siegel im Archive des Klosters St. Michael zu Lüneburg bekannt ist.

v. Meding, III. S. 215 u. 216.

Godin, Freiherren. Reichsfreiherrnstand. Kurpfälzisches Reichsvicariatsdiplom vom 6. Juli 1792 für Carl Albert Xaver Ritter v. Godin, fürstl. bambergischen Hof- und Regierungsrath und Pfleger der Schönborn'schen Herrschaft Parsberg, und zwar bei Gelegenheit des Erkaufs von Parsberg. Der Vater desselben, Isaac Renée Gaudein (Godin), fürstl. Hohenlohe-Schillingsfürstischer Geh. Rath und Kanzlei-Director, hatte vom Kurfürsten Carl Theodor v. d. Pfalz 1765 den Adels- und 1790 den Reichsritterstand erlangt. — Bei Anlegung der Adelsmatrikel des Königr. Bayern wurde Freih. Carl Albert Xaver, geb. 1746, k. bayer. Landrichter zu Stadtamhof, in die Freiherrenclasse derselben eingetragen. Von demselben, gest. 1813, entspross Freih. Bernhard, k. bayer. Kämmerer und quiesc. Regier.-Präsident, verm. 1810 mit Antonia Freiin v. Schleich, geb. 1790, und aus dieser Ehe stammt Freih. Ludwig, k. bayer. Kämmerer und fürstl. hohenzollernscher Geh. Finanz-Rath.

v. Lang, S. 134. — Geneal. Taschenb. d. freih. Häuser, 1858 S. 195 u. 1859 S. 231 u. 232. — Tyroff, II. 78. — W.-B. d. Kgr. Bayern, III. 8 und v. Wölckern, Abth. 3. — v. Hefner, bayer. Adel, Tab. 34 u. S. 37. — Knechke, II. S. 187 u. 188.

Godlewski. Polnisches, zum Stamme Gozdawa zählendes Adelsgeschlecht, aus welchem Matthias Thaddaeus v. G. 1832 Kanzlei-Inspector bei dem Landgerichte in Posen war.

Freih. v. Ledebur, I. S. 266.

Goebel. Reichsadelsstand. Diplom vom 21. Dec. 1730 für Johann Wilhelm Goebel, herz. braunschweig. Hofrath und Professor zu Helmstädt und für die eheliche Nachkommenschaft desselben, mit der Erlaubniss, sich von den Gütern zu nennen und zu schreiben. Die amtliche Bekanntmachung dieser Erhebung erfolgte in Hannover 21. August 1732. — Der Stamm ist mit dem Sohne des Diploms-Empfängers, dem Fähnrich v. Göbel, wieder ausgegangen.

Freih. v. d. Knesebeck, S. 135 u. 136.

Goeben. Altes, urkundlich schon 1440 vorkommendes, bremensches Adelsgeschlecht, welches ursprünglich dem Kedinger Lande angehörte, mit Allworden, Döse und Esche begütert war und zu Ende des 16. Jahrh. auch nach Schlesien kam, wo Augustin v. Göben und Altworden um 1599 als Kammerrath und Hofmarschall des Herzogs Joachim Friedrich zu Brieg vorkommt. — In neuer Zeit, 1817, war die Familie in der Provinz Brandenburg im Kr. Ruppin mit Burow, Schulzenhof und Zernickow angesessen. — Mehrere Sprossen des Stammes standen in der k. preuss. und k. hannoverschen Armee und stehen in Letzterer noch jetzt. *u.m 30, 1850* ,

Sinapius, II. S. 643. — *Mushard*, S. 249. — *Freih. v. Krohne*, II. S. 13—15. — *Seea Rikes Matrikel*, II. S. 211. — *Scheidt*, Anmerk., S. 417. — *e. Kobbe*, Geschichte des Herz. Bremen, I. S. 296. — N. Pr. A.-L. II. S. 246 u. 247. — *Freih. v. d. Knesebeck*, S. 136. — *Freih. v. Ledebur*, I. S. 266. — Suppl. zu Siebm. W.-B. V. 16. — W.-B. d. Kgr. Hannover, C. 30 u. S. 7. — *Knescke*, II. S. 188.

Goechhausen. Reichsadelsstand. Diplom von 1608 für Samuel Göchhausen, herz. sachs.-weim. Rath. Derselbe, gest. 1658, stand seiner Gelehrsamkeit wegen am herz. Hofe, welchem er über fünfzig Jahre sehr treu gedient hatte, so wie auswärts, in hohem Ansehen und wurde um 1633 herz. weim. Geh. Rath, Canzler und Ober-Consistorial-Präsident. Der Stamm war fortgesetzt worden, und Heinrich v. G. kommt 1656 im Weimarischen, und Hermann Friedrich v. G. 1696 als herz. sachs.-weim. Kammerjunker und Ober-Jägermeister vor. Auch hat das Geschlecht weiter fortgeblüht. Ein Sprosse desselben, Friedrich Bruno v. G., trat als k. sächs. Hauptmann 1847 aus dem activen Dienste.

Müller, Annal. Saxon. S. 241. 416. 644 etc. — *Gauhe*, II. S. 359. — *Freih. v. Ledebur*, I. S. 266. — W.-B. d. Sächs. Staaten, IV. 32.

Göckel. Ein zu dem Adel im Grossh. Weimar gehörendes Geschlecht, welches nach dem 2. und 4. Felde des Wappens (Schild geviert 1 und 4 in Silber ein Kranich von natürlicher Farbe und 2 u. 3 in Gold ein schrägrechts gelegter, oben und unten abgehauener, rechts ein- und links zweimal geasteter Baumstamm, welcher von zwei rothen Rosen mit goldenen Butzen begleitet ist) mit dem alten adeligen Patriciergeschlechte der Stadt Frankfurt a. M. Jeckel, dessen Wappen Siebmacher, I. 211 giebt, in Verbindung gestanden zu haben scheint. — Carl v. Göckel ist Kreisgerichts-Vice-Director zu Weimar, Hermann Ludwig v. G. Amts-Actuar im Justizamte Eisenach, u. Hugo Ernst Albert v. G. seit 1854 grossh. sachs.-weim. Lieutenant, auch stand ein Lieutenant v. G., wohl der Vorstehende, bis 1853 im k. preuss. 34. Infant.-Regim.

Freih. v. Ledebur, I. S. 266 u. III. S. 262. — Handschriftl. Notizen.

Göckingk, auch **Freiherren.** Adelsstand des Königr. Preussen. Diplom vom 2. Decbr. 1768 für Sigismund Eberhard Friedrich Günther Göckingk, k. preuss. Husaren-Rittmeister. Derselbe, geb. 1738 zu Grüningen bei Halberstadt, starb 1803 als k. preuss. General der Cavallerie, nachdem er als General-Lieutenant längere Zeit das berühmte ehemalige v. Zietensche Husaren-Regiment commandirt und 5. Juni 1798 den Freiherrnstand erhalten hatte. — Später, 9. August 1778, erhielt Carl Ludwig Günther Göckingk, k. preuss. Rittmeister, so wie 1787 Leopold Friedrich Günther Göckingk, k. preuss. Kriegs- und Domainenrath, unter Ertheilung des Wappens im Diplome von 1768 (im golden eingefassten grünen Schilde eine silberne, schwebende Säule, rechts wie links von einem sechsstrahligen, silbernen Sterne begleitet), den Adelsstand des Königr. Preussen. Letzterer, 1748 ebenfalls zu Gröningen bei Halberstadt geboren — somit wohl, wie der Rittmeister Carl Ludwig Günther v. G., ein jüngerer Bruder des oben genannten Generals v. Göckingk — war zuerst Kanzlei-Director zu Ellrich, schrieb sich nach seinen Besitzungen in Pommern: v. Göckingk-Daldorf-Günthersdorf, wurde 1793 k. preuss. Geh. Ober-Finanzrath im General-Directorium zu Berlin, zog sich 1807 in gelehrte Muse zurück und starb 1828 zu Deutsch-Wartenberg in dem traulichen Familienkreise, welchen seine vermählte Tochter ihm geboten hatte. Er war zu seiner Zeit einer der besten deutschen Episteldichter, und auch noch später wurden und werden seine Episteln, Lieder und Sinngedichte, welche, neben einem reinen, biederen, mit Zartheit und Empfindung verbundenen Sinn, grosse Welterfahrung bezeugen, nach Verdienst geschätzt. Seine gesammelten Schriften erschienen zuerst Frankfurt 1780—85 in drei und 1818 in vermehrter Auflage in vier Bänden. — Brüggemann führt das Geschlecht unter dem Adel in Pommern auf der Vasallentafel, also begütert, s. oben, auf, doch kommt dasselbe unter dem jetzigen ansässigen pommerschen Adel nicht vor, wohl aber war in Ostpreussen im Kr. Memel das Gut Dumpen noch 1820 in der Hand der Familie. — Ein Sohn des Generals v. G. starb 1825 als Rittmeister im 3. Bataillon des 17. Landwehr-Regiments, und ein Anderer trat 1808 als Major d. Cav. aus dem activen Dienste. Von dem Ersteren stand 1836 ein Sohn im Civildienste und war zugleich Lieutenant im 3. Bataill. des 17. Landw.-Regim.

v. Hellbach, I. S. 437 u. 438. — N. Pr. A.-L. I. S. 45 u. II. S. 247. — Freih. v. Ledebur, I. S. 266 u. III. S. 262. — W.-B. d. Preuss. Monarch., III. 27. — Kneschke, I. S. 170.

Gödecke (in Silber auf grünem Hügel ein vor- und einwärtssehender, mit Laub bekränzter und umgürteter Mann, welcher mit der Rechten einen Speer auf die Erde setzt und die Linke in die Seite stemmt). Adelsstand des Herzogthums Nassau. Diplom vom 21. Juni 1830 für Friedrich Gödecke, herz. nassauischen Officier, später Oberst-Lieutenant a. D. Dem Oheime desselben, dem herz. nass. Major Gödecke, welcher sich als Commandeur des 2. Regim. Nassau in der Schlacht bei Ocana in Spanien sehr ausgezeichnet hatte, war schon 1810 der Adelsstand des Herz. Nassau verliehen worden. Letzterer starb später als k. niederländ. General. — Die hier besprochene Familie ist nicht mit der preussischen Familie v. Gaedecke (Schild schräglinks getheilt: rechts in Schwarz ein aufwachsender, gekrönter, goldener Löwe und links in Silber vier rothe Querbalken) s. S. 421, zu verwechseln.

Gesetz- u. Verordnungsbl. d. H. Nassau, 1810 u. 1830. — v. Hefner, Nass. Adel, Tab. 12 und S. 12. — Kneschke, III. S. 166 u. 167.

Göder v. Kriegsdorff. Altes, kärntner Adelsgeschlecht, nach Bucelini longobardischen Ursprunges, welches sich um 1300 nach Schwaben und Bayern wendete. Die Stammreihe fängt um die genannte Zeit mit Lintold G. an, welcher sich mit einer v. Kriegsdorff vermählte und mit derselben ihr gleichnamiges Stammhaus erhielt, dessen Name die Nachkommen als Beinamen annahmen. — Georg G. v. K. war 1545 Dechant der Abtei Berchtoldsgaden und Johann Bernhard um 1626 Geh. Rath des Herzogs Ferdinand in Bayern. Zwei Söhne desselben setzten den Stamm fort, doch reichen die Nachrichten über diese Angaben nicht hinaus.

Bucelini, IV. S. 93. — *Gauhe*, I. S. 662 und 663.

Gögger, Edle v. Löwenegg, Ritter. Böhmischer Ritterstand. Diplom vom 6. April 1713 für Coloman Gögger Edlen v. Löwenegg.

v. Hellbach, I. S. 438.

Göhausen, Edle. Erbländ.-österr. Adelsstand. Diplom von 1816 für Alexander Göhausen, k. k. Polizei-Director und Gubernialrath in Grätz, mit dem Prädicate: Edler v.

Megerle v. Mühlfeld, S. 190.

Göhl v. Pothorstein. In Kurbayern anerkannter Adelsstand. Ausschreibung vom 6. Aug. 1764. — Eine ursprünglich böhmische Familie, welche für ihre Verluste in den böhmischen Unruhen den Adel 21. April 1636 erhielt. — Bei Anlegung der Adels-Matrikel des Königr. Bayern wurden in dieselbe eingetragen die Brüder: Christoph Markus v. G. zu Pothorstein, geb. 1760, k. bayer. erster Kreisrath in Salzburg, und Jacob Christoph, geb. 1764, k. bayer. Mauthamts-Controleur zu Riedau.

v. Lang. S. 854. — W.-B. d. Kgr. Bayern, V. 65.

Göhren, s. Gehren, S. 466.

Gölderich v. Sigmarshofen, Gelderich v. Sigmarshofen. Altes, schwäbisches Adelsgeschlecht, dessen Wappen nur nach Siebmacher und nach v. Meding in Folge eines durch die freie Ritterschaft in Schwaben, Viertels am Neckar und Schwarzwald, Ortenauischen Bezirks attestirten Stammbaumes bekannt ist.

Siebmacher, I. Die Gelderich v. Sigmarshofen, Schwäbisch. — *v. Meding*, I. S. 189: Gölderich v. Sigmarshofen.

Göldlin v. Tieffenau, Freiherren. Reichsfreiherrnstand. Diplom vom 11. März 1732 für Peter Christoph Göldlin v. Tieffenau, k. k. Obersten, und vom 18. Aug. 1746 für den Vetter desselben, Franz Jodocus G. v. T., k. k. Hauptmann in d. A., und zwar mit dem Incolate der k. k. Erblande. — Dieselben gehörten zu einem schweizerischen, aus dem Stammschlosse Tieffenau in der ehemaligen Grafschaft Baden stammenden Adelsgeschlechte, dessen fortlaufende Stammreihe mit Werner v. Tieffenau anfängt. Derselbe hatte, neben Tieffenau und anderen Besitzungen, auch die Herrschaft Werdenberg und die Stadt Pforzheim, wurde aber wegen seines Ansehens und Reichthums sehr angefeindet, verliess Baden, wendete sich nach Strassburg und 1330 nach Zürich, wo er mit solcher Pracht auftrat, dass er die Beinamen Goldlein, Göldlein und Goldin erhielt, welchen die Nachkommen später als Geschlechtsnamen beibehielten. Die Nachkommen Werners wurden Mitglieder der Zürcher Regierung u. zeichneten sich auch in Kriegsdiensten aus. Durch zwei Söhne des

1542 verstorbenen Caspar G. v. T.: Thüring und Hector, entstanden zwei Linien. Thürings Nachkommenschaft, aus welcher Sprossen theils in der k. franz. Armee dienten, theils im Rathe zu Luzern sassen, starb in der ersten Hälfte des 17. Jahrh. aus, Hector's Nachkommenschaft aber wurde weiter fortgesetzt und Glieder derselben kamen in den innern Rath zu Sursee und bekleideten auch die Stadtammannswürde zu Luzern. — Joh. Jobst G. v. T. trat in k. k. Kriegsdienste. Von ihm entspross der oben genannte Freiherr Peter Christoph, welcher 1723 bei der Krönung des K. Carl VI. zu Prag zum Ritter geschlagen wurde und als k. k. General-Feldmarschall-Lieutenant 1741 an den bei Molwitz erhaltenen Wunden starb. Sein Neffe, Freiherr Franz Jodocus, s. oben, gest. 1772, kaufte sich in Böhmen an und setzte den Stamm, wie Leupold sehr genau angegeben, durch vier Söhne fort, von welchen der jüngste denselben weiter fortpflanzte.

Bucelini, IV. S. 101. — Gauhe, I. S. 663. — Leupold, I. 3. S. 368—376. — Megerle v. Mühlfeld, S. 52 u. 114 und Ergänz.-Bd. S. 60. — Siebmacher, I. 198: Die Göldly, Schweizerisch. — Suppl. zu Siebmacher W.-B. VI. 19. — Kneschke, II. S. 189 und 190.

Göler v. Ravensburg, Freiherren. Altes, rheinländisches, dem ehemaligen reichsritterschaftlichen Canton Craichgau einverleibt gewesenes Adelsgeschlecht, welches schon über 900 Jahre die Stammburg Ravensburg mit dem Orte Sulzfeld im jetzigen Grossherz. Baden besitzt u. ausserdem noch mit Kisselbronn, Flehingen, Lehrensteinfels u. Daisbach angesessen ist. — Als Stammvater wird Raban Göler genannt, welcher um 940 im Craichgau lebte, sein Bergschloss neu aufbaute u. dasselbe nach seinem Namen Ravensburg nannte. Der Sohn desselben, Carl, verm. mit Bertha Grf. vom Craichgau, wird 965 erwähnt. Nach seinem Tode, 1020, theilten sich die drei Söhne in das väterliche Erbe: Heinrich bekam Ravensburg und setzte mit diesem Namen den Stamm fort, an Hugo gelangte das Dorf Mentzingen und derselbe wurde der Stammvater der späteren Freiherren v. Mentzingen und Ulrich erhielt den Ort Helmstatt u. wurde der Ahnherr der jetzigen Grafen v. Helmstatt, s. die Artikel: Mentzingen, Freiherren und Helmstatt, Grafen. — Um 1075 lebte Ehrenlieb G. v. R., verm. mit Agnes Grf. v. Sulz, welcher das von ihm gebaute Dorf Sulzfeld nach seiner Gemahlin benannte. Conrad G. v. R. war 1199 Bischof zu Würzburg und Friedrich 1234 Bischof zu Eichstädt etc. Von Berchtold G. v. R., Ritter, gest. 1335, läuft die Stammreihe ununterbrochen fort. Der Sohn desselben, Berchtold (II.), musste mit seinem Vetter, Albrecht, 1365 Ravensburg, wegen einer Schuldforderung des Klosters zu Maulbronn, an Wilhelm Grafen v. Katzenellenbogen zu Lehen geben, später wurde Ravensburg hessisches u. dann badisches Lehen. Der Sohn Berchtold's (II.), Albrecht (II.), fiel 1411 in der Schlacht am Donnersberge und zwei seiner Söhne, Albrecht (III.) u. Hans, blieben 1431 als pfälzische Krieger auf lothringischen Schlachtfeldern; der dritte Sohn, Martin, der Letzte seines Mannsstammes war Domherr u. Subdiaconus des Hochstifts Speier. Papst Eugen IV. ertheilte demselben, damit der alte Stamm fortblühe, Dispensation von dem geistlichen Amte, worauf er sich 1433 mit Anna v. Hirschberg vermählte und das Geschlecht fortsetzte. Mit den Urenkeln desselben, Bernhard (II.) gest. 1597, verm. mit Maria v. Hirschborn und Hans, geb. 1601, verm. mit Anna Maria v. Gemmingen, schied sich das Geschlecht in zwei Linien, in die Bernhard-hirschhornische und in die Hansische Linie. Die bernhard-hirschhornische Linie starb mit dem Urenkel des Gründers, Friedrich Jacob, 1717 aus, da derselbe männliche Nachkommen nicht hinterliess, die Hansische Linie aber zerfiel mit den Urenkeln des Hans, den Söhnen Johann Bernhards des Jüngeren, gest. 1694: Johann Friedrich, gest. 1711, und Ludwig Ferdinand, gest. 1722, in die beiden Speciallinien, in welchen der Stamm noch jetzt blüht, in die Fritzische und in die Ferdinandische Linie. Nachdem Johann Friedrich gestorben, erlangte der Bruder desselben, Ludwig Ferdinand, nach langem Processe die Hälfte sämmtlicher Familien-Lehen und so kamen denn auf die Ferdinandische Linie drei Viertel, auf die Fritzische aber nur ein Viertel. Beide Linien trennten sich mit vier Urenkeln der Stifter je in zwei Zweige, die Fritzische Linie mit Joseph u. Eberhard in die nach ihrem Namen genannten Zweige und die Ferdinandische mit Franz und Benjamin in die ihre Namen führenden Zweige. — Ueber die jetzt lebenden, zahlreichen Sprossen beider Linien in je ihren zwei Zweigen und die dieselben zunächst betreffenden genealogischen Verhältnisse geben Cast und das Geneal. Taschenb. der freih. Häuser genaue Auskunft. Hier mögen nur aus neuester Zeit über die Häupter der vier Zweige des Stammes einige Nachweise folgen: Fritzische Linie: Josephinischer Zweig: Freiherr Ludwig, geb. 1819, Grundherr zu Sulzberg und Vogtherr zu Daisbach, grossh. bad. Major und Mitglied der adeligen Gesellschaft des Hauses Frauenstein zu Frankfurt a. M., verm. 1843 mit Hermine v. Oetinger, aus welcher Ehe drei Töchter und ein Sohn, Edmund, entsprossten. — Eberhardischer Zweig: Freiherr Adolph, geb. 1819, Grundherr zu Sulzberg u. Vogtherr zu Daisbach, verm. 1845 mit Anna Müller, geb. 1826, aus welcher Ehe, neben zwei Töchtern, drei Söhne stammen: Alfred, geb. 1848, Gustav, geb. 1852 und Emil, geb. 1856. — Ferdinandische Linie, Herren zu Kieselbronn: Franzischer Zweig: Freih. Ferdinand, geb. 1798, Grundherr zu Sulzberg etc. grossh. bad. Rittm. v. der A., verm. 1829 mit Clara Gerhard, gest. 1843, aus welcher Ehe eine Tochter und zwei Söhne stammen, die Freiherren: Ravan, geb. 1830, grossh. bad. Oberlieut. u. Siegmund, geb. 1831, grossh. bad. Oberlieutenant. — Benjaminischer Zweig: Freih. August, geb. 1809, Grundherr auf Sulzberg etc. grossh. bad. Generalmajor etc. vermählt 1839 mit Adelheid v. Holzing, aus welcher Ehe eine Tochter u. ein Sohn entsprossten: Freiherr August, geb. 1837, Forst- u. Landwirthschafts-Beflissener.

Bucelini, II. S. 100 u. II. b. S. 139. — Rombracht, Tab. 191. — Gauhe, I. S. 664 n. S. 3089—3091. — Biedermann, Geschl.-Reg. d. Ritterach. im Voigtlande, Tab. 176—186, u. Geschl.-Reg. d. Caut. Ottenwald, Suppl. — N. Gen. Handb. I. S. 93 u. 94. — Cast. Adelsb. d. Grossh. Baden, Abth. 2. — Freih. v. Ledebur, I. S. 264. — Gen. Taschenb. d. freih. Häus. 1855. S. 191—196 und 1862 S. 297—301. — Siebmacher, I. 129: Die Göler v. Ravensberg, Rheinländisch. — v. Meding, I. S. 189 u. 190. — Suppl. zu Siebm. W.-B. III. 7: Freih. G. v. Ravensburg. — Kneschke, III. S. 167 b. 169.

Cölnitz, Cöllnitz. Altes Adelsgeschlecht der Mark Brandenburg, in welcher ein gleichnamiges Dorf im Kreise Luckau liegt. Das Geschlecht, welches früher auch Goldenetz und Golnitz geschrieben wurde, war schon 1446 mit Kockrow unweit Cottbus begütert, hatte von der zweiten Hälfte des 15. Jahrh. bis in das 18. mehrere Güter inne u. besass noch 1802 Schlagenthin im Kr. Arnswalde, war auch seit der Mitte des 16. Jahrh. in Württemberg angesessen gewesen. Von dem im Württembergischen vorgekommenen Sprossen haben Burgermeister und Gauhe Mehrere genannt. Nach dem N. Preuss. Adels-Lexicon war das Geschlecht noch 1839 im Kgr. Württemberg begütert, doch hat Cast 1844 die Familie nicht mehr erwähnt. Im Königr. Preussen nahm schon in der 2. Hälfte des 18. Jahrh. der Stamm an Sprossen immer mehr ab.

Burgermeister, Schwäbischer Reichs-Adel, S. 280. — *Gauhe*, I. S. 663 u. 664. — N. Pr. A.-L. V. S 183. — *Freih. v. Ledebur*, I. S. 265 u. 269. — *Siebmacher*, I. 120: v. Göllnitz, Schwäbisch.

Göltinger v. und zu Hayding. Altes, ursprünglich bayerisches, von Wig. Hund näher beschriebenes Rittergeschlecht, welches durch mehrere Jahrhunderte in Oesterreich ob der Enns vorgekommen ist und schon im 15. Jahrh., begütert mit Franzhausen und Gözerstorf, zu den alten nieder-österr. Ritterstands-Geschlechtern gehörte. Caspar Göltinger zu Hayding unterschrieb 1451 das Bündniss der österr. Stände auf dem Congresse zu Mailberg und die Nachkommenschaft desselben blühte fort, bis mit Georg G. zu G., welcher 1582 noch lebte und seinen in der Jugend verstorbenen Söhnen, Stephan Georg und Sigismund, der Stamm zu Ende des 16. Jahrh. in Niederösterreich erlosch.

Duellius, Excerpt. geneal. histor. lib. I. S. 106. u. 246. — *Freih. v. Hoheneck*, III. 196 —201. — *Wissgrill*, III. S. 356—358.

Goens. Altes, hessisches Adelsgeschlecht.
Zangen, Regier.-Rath, in Justi hess. Denkwürdigk. IV. Abth. I. (1805) Nr. 13.

Goentzsch, Gentzsch. Reichsadelsstand. Diplom für Georg rl G. und für den Bruder desselben, den gewesenen Ober-Aufsehe er Wiltsch- und Mulden-Flössen. Die amtliche Bekanntmachung er Erhebung erfolgte nach dem Tode des Letzteren in Bezug auf ie Descendenz in Kursachsen 28. Nov. 1721.
Handschriftliche Notiz.

Göphardt. Reichsadelsstand. Kursächs. Reichs-Vicariats vom 31. Juli 1790 für die Gebrüder Friedrich August Göphar Carl Leopold G., Beide Premier-Lieutenants in kursächs. Di — Der Stamm wurde fortgesetzt und Sprossen desselben s später in der k. sächs. Armee. Adolph Georg Wilhelm Leopol k. sächs. Oberst und Unter-Commandant der Festung Kön trat 1853 aus dem activen Dienste.
Handschriftl. Notiz. — *Freiherr v. Ledebur*, III. S. 263. — *Tyroff*, I. 191. - Sächs. Staaten, V. 48. — *Kneschke*, III. S. 168 u. 169.

Göppl. Reichsadelsstand. Diplom von 1728 für Geor nand Göppl, k. k. Hauptmann bei Gr. v. Königsegg-Infanteri
Megerle v. Mühlfeld. Ergänz.-Bd. S. 299.

Göppelsberg. Ein in Schlesien vorgekommenes, in den bö

Adelsstand versetztes Geschlecht, aus welchem Johann Gebhard v. Göppelsberg, Fürstl. Briegscher Secretair, geb. 1577 zu Nimptsch, 21. März 1622 zu Brieg starb.

<small>*Freih. v. Ledebur*, I. S. 271.</small>

Görlts, Görls (Schild geviert: 1 u. 4 in Gold ein an die Theilungslinie angeschlossener, schwarzer, halber Adler und 2 und 3 in Roth ein schräglinker, rother, mit einem schwarzen Windspiel belegter Balken). Reichsadelsstand. Diplom vom 8. März 1778 für Ludwig Friedrich Göritz, Banquier in Augsburg. Derselbe war ein Sohn des h. württemb. Prälaten Georg Adam G. zu Hirschau und ein Enkel des Georg Levin G., welcher aus Arnheim in Geldern als Kammerrath in das Württembergische kam. — Bei Anlegung der Adelsmatrikel des Kgr. Bayern wurde der Sohn des Diploms-Empfängers: Christoph Ludwig v. G., geb. 1779, Kauf- und Handelsherr in Augsburg, in dieselbe eingetragen. Die Familie besass übrigens schon 1784 in Ostpreussen das Gut Zatzkowen im Kr. Sensburg und ein v. G. war 1843 Ober-Landes-Gerichts-Assessor bei der General-Commission in Stendal.

<small>*v. Lang*, S. 354 und 355. — *Freih. v. Ledebur*, I. S. 271 u. III. S. 263. — Supplem. zu Siebm. W.-B. XI. 40. — W.-B. d. Kgr. Bayern, V. 66: v. Göritz. — *v. Hefner*, bayer. Adel, Tab. 91 u. S. 79. — *Kneschke*, IV. S. 148.</small>

Görlts, genannt Schildsee, Freiherren, s. v. Goertz, v. Schlitz, genannt v. Görtz, Grafen.

Görlich, Ritter. Erbländ.-österr. Ritterstand. Diplom von 1755 für Franz Ignaz v. Görlich, k. k. Stadtadministrator zu Troppau.

<small>*Megerle v. Mühlfeld*, Ergänz.-Bd. S. 146.</small>

Görlitz (in Roth, zwischen zwei in die Höhe u. mit der Schneide abwärts, oder von einander gekehrten, eisernen Heppen oder Weinrebenmessern mit goldenen Griffen, eine Weintraube, am links gekehrten Stiele oberwärts mit einem grünen Blatte). Altes, schlesisches Adelsgeschlecht, welches im Crossenschen und Glogauischen begütert war. Nach dem N. Preuss. Adelslexicon blühte der Stamm noch in der ersten Hälfte des 19. Jahrh. und Ernst v. G., — Sohn des k. preuss. Obersten v. G., aus der Ehe mit einer v. Prittwitz — Rittmeister im 9. schlesischen Landwehrcavallerie-Regimente, vermählt mit einer v. Pertkenau, besass ansehnliche Güter bei Jauer u. Kanth, soll sich aber in Folge Concurses nach Sachsen begeben haben, doch fehlen weitere zuverlässige Nachrichten.

<small>*Sinapius*, I. S. 410 u. 411: unter Berufung auf Buccellni, Lucae, Henel, etc. — N. Preuss. A.-L. II. S. 247 u. 248. — *Freih. v. Ledebur*, I. S. 271. — *Siebmacher*, I. 62: v. Görlitz, Schlesisch. — *v. Meding*, II. S. 206.</small>

Görlitz, Grafen (Stammwappen: Schild der Länge nach getheilt: rechts in Gold ein aufrechtgestelltes, die Schärfe auswärtskehrendes silbernes Beil u. links in Silber ein solches goldenes Beil. Gräfliches Wappen: Schild der Länge nach getheilt: rechts in Schwarz ein die Sachsen rechtskehrender, gestürzter, goldener Flügel u. links in Gold zwei gekreuzte Beile mit braunen Stielen). Grafenstand des Königr. Württemberg. Diplom bei Annahme der Königskrone vom 1. Januar 1806 für Ernst Eugen v. G., k. württemb. Ober-Stallmeister. — Die

Grafen v. Görlitz, welche mehrfach von dem im vorstehenden Artikel besprochenen, schlesischen Adelsgeschlechte abgeleitet worden sind, stammen, wenn man das Wappen derselben, wie doch wohl geschehen muss, berücksichtigt, nicht von diesem, sondern von dem Geschlechte ab, welches Siebmacher unter den Meissenschen aufgeführt hat und zwar mit dem Wappen, welches oben als Stammwappen gegeben worden ist. Nun hat allerdings Knauth eine Familie v. Görlitz unter dem meissenschen Adel nicht aufgeführt, doch ist bekannt, dass im Querfurthschen 1580 Missmitz und im Weimarischen 1650 Pfulsborn und 1700 Eberstedt einer Familie v. Görlitz gehörte, welche, s. oben, im Schilde zwei aufrecht gestellte Beile führte. Aus diesem Stamme entspross nach Allem Georg Friedrich Ernst v. G., welcher 1748 in herz. württemb. Militairdienste trat, nach alten Siegeln die Beile gekreuzt führte, sich 1766 mit Philippine Freiin v. Holz, verwittw. Freifrau v. Münchingen vermählte und 1770 als h. württ. Kammerherr, Oberst u. Commandant der Leibgarde starb. Aus seiner Ehe stammte der obengenannte Graf Ernst Eugen, verm. mit Luise Charlotte Freiin v. Gemmingen-Fürfeld und gestorben 1830 als k. württemb. Kammerherr, w. Geh.-Rath und Ober-Hofmeister der verewigten Königin von Württemberg Charlotte. Derselbe hinterliess zwei Söhne, die Grafen Friedrich August Ernst und Carl August Ernst. Ersterer, geb. 1795, Mitglied der Ritterschaft des Jaxtkreises und Mitbesitzer des Ritterguts Hengstfeld, grossh. hess. Kammerherr und Geh.-Rath, bis 1848 a. o. Gesandter und bevollm. Minister am k. belgischen Hofe, war verm. mit Emilie v. Plitt, gest. 1847, Letzterer, gest. 1832, k. württemb. Kämm. und Stallmeister, hatte sich mit Mathilde Grf. v. Zeppelin, geb. 1806, vermählt, welche als Wittwe die Gemahlin des k. russ. Hof- und Colleg.- so wie Legations-Raths v. Stoffregen wurde. Aus der ersten Ehe derselben entspross Grf. Pauline, geb. 1829.

<small>N. Pr. A.-L. II. S. 247 u. 248. — Cust. Adelsb. d. Kgr. Württemberg, S. 216 und 217. — Deutsche Grafenh. d. Gegenw. I. S. 279 u. 280. — Freih. v. Ledebur, I. S. 271 und III. S. 263. — Genealog. Taschenb. d. gräfl. Häuser, 1857. S. 282 u. histor. Handb. zu demselben, S. 264. — Siebmacher, I. 156 : v. Görlitz, Meissnisch. — W.-B. d. Kgr. Württemb.: Gr. v. G.</small>

Görne. Altes, brandenburgisches Adelsgeschlecht, welches zeitig in das Magdeburgische und im 18. Jahrh. nach Pommern und Ost- u. Westpreussen kam und noch jetzt in der Altmark und in Westpreussen begütert ist. Im Brandenburgischen stand der Familie schon 1317 das Gut Werder im jetzigen Kr. Zauche-Belzig zu u. im Magdeburgischen hatte dieselbe bereits 1490 Dalchau inne, nach welchem letzteren Gute sich eine Linie des Stammes mit beibehaltenem Wappen, s. den Artikel: Dalchau, Bd. II. S. 405, nannte. — Von den Sprossen des Geschlechts wird zuerst Thomas v. G. und der Sohn desselben, Christoph v. G., Domsenior zu Magdeburg, genannt. Von Letzterem stammte Christoph Georg v. G., Director der märkischen Ritterschaft und Domdechant zu Brandenburg und von ihm entspross Friedrich v. G., gest. 1745, Vice-Präsident des k. preuss. Generaldirectorium, dirigirender Minister des ersten Departements dieser obersten Centralbehörde, General-Postmeister etc. Minder glücklich war später in k. preuss. Staatsdiensten Friedrich Christoph v. G., welcher 1774 w.

Staats-, Kriegs- und dirigirender Minister wurde, doch lässt sich annehmen, dass die vom Könige Friedrich Wilhelm II. geübte Milde nicht unverdient war. Hans Christoph v. G., k. preuss. Geh. Oberappellations-Rath, wurde 1728 Geh. Kriegsrath und Carl Gottfried v. G. starb 1783 auf seinem Gute Nieder-Görne als k. preuss. Oberst u. vormaliger General-Intendant. — Zu den Hauptbesitzungen der Familie gehörten früher Briest und Nitzahne in der jetzigen Provinz Sachsen, im Brandenburgischen Plaue im Kr. West-Havelland und A. — Der Stamm hat dauernd fortgeblüht und nach Bauer, Adressbuch, 1857. S. 73, besass in Westpreussen im Kr. Deutsch-Krone ein v. Görne das Gut Kessburg u. ein anderer das Gut Wallbruch, auch hatte Frau Johanna v. G., geb. v. Jeetze in der Altmark Berkau im Kreise Stendal inne.

Seifert, General. adel. Aeltern und Kind. Tab. 60. — *Gauhe,* I. S. 668 u. 669. — *Dienemann,* S. 167. Nr. 8. u. 257. Nr. 35. — N. Pr. A.-L. II. S. 246. — *Freih. v. Ledebur,* I. S. 271 und 272 u. III. S. 263 und 264. — *Siebmacher,* V. 145: mit dem unrichtigen Namen: v. Gähren. — *v. Meding,* III. S. 217 u. 218. — Suppl. zu Siebm. W.-B. I. 30. — W.-B. d. Sächs. Staaten, VII. 44.

Görner, Gorner. Ein unter diesem Namen im Anfange des 16. Jahrhunderts in Schlesien vorgekommenes Adelsgeschlecht, aus welchem 1505 die Gebrüder Georg, Caspar und Wenzel urkundlich auftreten. Dasselbe war aber kein besonderes Geschlecht, sondern gehörte zu der Familie v. Stosch, aus welcher ein Zweig früher Gora oder Guhren im Glogauischen besass und nach dieser Besitzung sich: Stosch v. Gor, Gorau, schrieb. Henel stellt die Görner ins Breslauische.

Henel, Silesiogr. renov. S. 772. — *Sinapius,* II. S. 644.

Görner. Böhmischer Adelsstand. Diplom vom 18. Juli 1697 für Georg August Görner, k. k. Ober-Fiscal im Herzogth. Schlesien.

v. Hellbach, I. S. 439.

Görnitz, Görnitz, genannt v. **Steyetz** oder **Steyss, Steyts,** und **Rosenfeld v. Görnitz,** genannt **Steyetz.** Ein in Ost- und Westpreussen begütert gewesenes Adelsgeschlecht, welches den Beinamen: Steyetz führte und aus welchem Heinrich v. G. gen. v. St., Herr auf Lerchenthal, um 1699 mit Tugendreich v. Seidlitz vermählt war. — Von den späteren Sprossen des Stammes erhielt Friedrich Wilhelm v. G., gen. v. St., k. preuss. Major, 15. Febr. 1788 die Erlaubniss, bei dem ihm erfolgenden Erlöschen seines Geschlechts den Gemahl seiner Nichte, Dorothea Maria Wilhelmine geb. v. Ziegler: Johann Abraham Friedrich Rosenfeld, k. preuss. Kriegs- und Domainen-Rath zu adoptiren, und zwar unter Beilegung des v. Görnitzischen Wappens und mit dem Namen: Rosenfeld v. Görnitz, genannt v. Streyetz. — Soviel bekannt ist Letzterer kinderlos gestorben: Angstkummetschen war noch 1799 in seiner Hand.

N. Pr. A.-L. V. S. 183 und 184. — *Freiherr v. Ledebur,* I. S. 272. — W.-B. d. Preuss. Monarch. III. 26.

Görschen. Altes, thüringisch-sächsisches Adelsgeschlecht, zu welchem Peter v. Görsene, welcher 1271 urkundlich vorkommt, gerechnet wird. Die Familie breitete sich aus dem Stammhause Gross- u. Klein-Görschen bei Lützen, welches noch bis auf die neueste Zeit im Besitze des Geschlechts war, weiter aus und mehrere Sprossen des Stammes, welcher 1760 Beichlingen bei Eckartsberga und in der Niederlausitz noch 1810 Gross-Goglow unweit Cottbus besass, haben in der k. preuss. so wie in der kur- u. k. sächs. Armee gestanden. — Der Stamm blühte fort: Hans Friedrich Hermann v. G. wurde 1852 Rittmeister im k. sächs. 1. Reiter - Regim. und nach Bauer, Adressb. 1857. S. 73, besass die verw. Frau v. G., geb. v. Schierstedt in der Provinz Sachsen in den Kreisen Jerichow I. und II. die Güter Dörnitz u. Paplitz.

<small>N. Pr. A.-L. II. S. 249. — Dresdner Calender z. Gebr. f. d. Resid., 1847. S. 161 u. 1848. S. 159. — *Freiherr v. Ledebur*, I. S. 272. — W.-B. d. Sächs. Staaten, VII. 45 u. neueres Wappen: 46.</small>

Görsleben, Gorsleben. Ein in der Neumark vorgekommenes Adelsgeschlecht, aus welchem 1625 die Brüder Hans und Caspar v. G. lebten. Ein Sohn des Ersteren, Leonhard v. G., war Herr auf Kirschbaum bei Sternberg.

<small>N. Pr. A.-L. V. S. 184; nach den Königschen Sammlungen.</small>

Görtz, v. Schlitz, genannt v. Görtz u. Schlitz v. Görtz, genannt Wrisberg, Grafen (Wappen der älteren Linie: v. Görtz, v. Schlitz, genannt v. Görtz: Schild geviert mit Mittelschilde. In dem mit einer Perlenkrone gekrönten, silbernen Mittelschilde zwei schräglinke, schwarze Balken, von denen jeder an der oberen Seite dreimal gezinnt ist: Stammwappen. 1 und 4 in Roth ein zusammen gelegtes, schrägrechts gestelltes, in der Mitte der beiden Seiten viereckig ausgeschnittenes, silbernes Parallellineal: Haxthausen und 2 und 3 der Länge nach getheilt: rechts in Gold drei, 2 u. 1, schräggevierte Schindeln: (Wappenbilder, welche sehr verschieden beschrieben werden) und links in Blau zwei übereinander gestellte, rechtsgekehrte, silberne Monde: Kerstlingerode. Wappen der jüngeren Linie: v. Schlitz v. Görtz, genannt v. Wrisberg: Schild geviert mit gekröntem, quergetheilten Mittelschilde. Oben in Silber die zwei gezinnten Schrägbalken des Schlitz-Görtzschen Stammwappens u. unten in Silber auf schwarzem Hügel ein grüner Pfittich mit rothem Halsband (Wrisberg). Der vierfeldrige Schild v. Wappen der Familien v. Haxthausen und Kerstlingerode zeigend, gleicht ganz dem der älteren Linien). Reichs- und im Königreiche Hannover anerkannter Grafenstand. Reichsgrafendiplom vom 6. Octob. 1726 für Friedrich Wilhelm Freiherrn v. Schlitz, genannt v. Görtz, kurbraunschw.-lüneburg. ersten Staatsminister etc. und Anerkennungs-Diplom des 1726 in die Familie gekommenen Reichsgrafenstandes von Georg Prinzen Regenten vom 18. März 1817 für die Gebrüder Plato, Werner und Moritz Freiherren v. Görtz-Wrisberg und vom 12. Juni 1817 für den Neffen der genannten drei Gebrüder: Ludwig Heinrich August Carl Freih. v. Görtz-Wrisberg. — Die Grafen v. Görtz-Schlitz u. die Grafen v. Görtz-Schlitz-Wrisberg stammen aus einem alten deutschen Rittergeschlechte, welchem schon seit dem 9. Jahrhunderte die in dem s. g. alten Buchenlande an der Fulda liegende, früher reichsunmittelbare, später unter grossh. hessische Oberherrschaft gekommene Herrschaft Schlitz zusteht und welches Jahrhunderte lang das Erbmarschallamt des Hochstifts Fulda bekleidete. Spangenberg und Winckelmann leiten den Stamm von den alten Grafen v. Görtz in Kärnten ab und nehmen an, dass ein Zweig desselben, aus Kärnten in das Buchenland gekommen, in demselben das Schloss Schlidsee erbaut und sich nach demselben genannt habe: eine Annahme, welche beide Namen des Stammes erklärt. Doch ist es nach Neueren unbekannt, ob der Beiname Görtz auf einer Adoption oder auf einer Erbeinsetzung unter der Bedingung der Führung dieses Namens, oder auf einem anderen Umstande beruhe u. man wisse nur, dass urkundlich dieser Beiname seit dem 15. Jahrh. vorkomme, doch hat Humbracht mit Otto v. Schlidsee, genannt v. Göritz, welcher 1100 gelebt haben soll, die Stammreihe begonnen. Von den Nachkommen führte nach Gauhe schon Wilhelm Balthasar, gest. 1631, kurmainzischer Oberamtmann zu Alsfeld den freiherrlichen Titel, während nach Anderen derselbe 15. Juli 1677 durch Johann Friedrich v. S., gen. v. G. und 14. Aug. 1694 durch die Gebrüder Philipp Friedrich u. Georg Ludwig Sittig in die Familie kam. — Von Wilhelm Balthasar entspross als zweiter Sohn Johann Volprecht, gest. 1677, Director der fränkischen Reichsritterschaft und Ritterhauptmann und der jüngere Sohn des Letzteren war der obengenannte Graf Friedrich Wilhelm, gest. 1728. Von demselben stammten aus der Ehe mit Anna Dorothea v. Haxthausen, gest. ebenfalls 1728, zwei Söhne: Johann und Ernst August, welche den Stamm in zwei Hauptlinien schieden, die zu Schlitz und zu Rittmarshausen u. die zu Wrisbergholzen, oder in eine ältere und jüngere: Der Stifter der älteren Linie, Graf Johann, gest. 1747, kurbraunschw.-lüneburg. Schlosshauptmann zu Hannover, vermählte sich mit Maria Freiin v. Schlitz, genannt v. Görtz, gest. 1773. Von ihm läuft absteigend die Stammreihe, wie folgt, fort: Gr. Georg, gest. 1794, k. k. Kämm. und k. franz. Gesandter im fränkischen Kreise: erste Gemahlin: Johanna Freiin v. Linteloo, gest. 1753; — Carl Heinrich Georg Wilhelm, gest. 1826, k. sächs. w. Geh.-Rath u. bevollm. Gesandter etc.: Dorothea Henriette Grf. v. Wurmbser, gest. 1827; — Friedrich Wilhelm, gest. 1839: Juliane Grf. v. Giech, gest. 1831; — Carl Heinrich. Derselbe, geb. 1822, Herr zu Wegfurt u. Rechberg, grossh. hess. Generalmajor à la suite, a. o. Gesandter u. bevollm. Minister am k. preuss., k. sächs. und k. hannov. Hofe, vermählte sich 1848 mit Anna Prinz. v. Sayn-Wittgenstein-Berleburg, aus welcher Ehe Erbgraf Emil, geb. 1851, lebt. Das Haupt der älteren Linie ist 1829, als standesherrlich zu dem Prädicate: Erlaucht berechtigt, von dem Grossh. v. Hessen bei der deutschen Bundesversammlung angemeldet worden. — Die jüngere Linie gründete Ernst August, gest. 1720, landgräfl. hessen-casselscher Oberkammerherr. Von demselben entspross Carl Friedrich, welcher 1737 bei Vermählung mit der Erbtochter Catharina Freiin v. Wrisberg mit Kaiserlicher Bestätigung mit seinem Namen und angestammtem Wappen den Namen und das Wappen seiner Gemahlin vereinigte. Aus seiner Ehe stammte Graf Ludwig, gest. 1806, Schatzrath und Ritterschafts-Deputirter, verm. mit Caroline v. Löwenfeldt, und von ihm entspross Werner Graf Schlitz v. Görtz-

Wrisberg, gest. 1860, Senior beider Linien des Stammes, Herr auf Wrisbergholzen, Rittmarshausen, Wesseln etc., Ritterschafts-Deputirter, verm. in erster Ehe mit Friederike v. Pawel-Rammingen, gest. 1835 und in zweiter, 1847 mit Annette v. Grävemeyer. Aus der ersten Ehe stammen, neben vier vermählten Töchtern, zwei Söhne, Graf Plato, geb. 1816, k. preuss. Lieutenant a. D. und Graf Clemens, geb. 1821, k. hann. Lieut. a. D. und aus der zweiten Ehe: Werner, geb. 1849. — Der Zwillingsbruder des Grafen Werner, Graf Moritz, gest. 1853, Herr auf Brunkensen u. Brünninghausen, k. bayer. Kämmerer, hat aus der Ehe mit Eugenie v. Staff, gesch. 1821 und gest. 1847, neben einer Tochter, Emma, verm. Freifrau v. Löhneysen, vier Söhne hinterlassen, die Grafen: Alfred, Gustav, Adolph u. Hermann, von denen Gustav und Hermann sich vermählten u. den Stamm fortgesetzt haben. Weiteres und Näheres findet sich in dem geneal. Taschenb. der gräfl. Häuser. — Ueber die im Kgr. Preussen vorgekommenen Sprossen des Stammes geben das N. Preuss. Adels-Lexic. und Freih. v. Ledebur Auskunft.

Spangenberg, Adelsspiegel, in den Stammtafeln der Familie. — *Winckelmann*, hessische Histor. Bd. II. — *Humbracht*, Tab. 236 u. 237. — *Schannat*, S. 152. — *Gauhe*, I. S. 666—668. — *v. Hattstein*, III. S. 459—464. — Com. de Coronini, Tentam. geneal.-chronol. Comitum Goeritiae, Vienn. 1752. — Biedermann, Canton Rhön-Werra, Tab. 85—90. — *Büsching*, Erdbeschreibung, III. 3. S. 607, 5. Aufl. — *Jacobi*, 1800, II. S. 216. — Allg. geneal.- u. Staatshandb. 1824. I. S. 572—574. — *Freiherr v. d. Knesebeck*, S. 136—138. — N. Pr. A.-L. II. S. 249 u. 250. — Deutsche Grafenh. d. Gegenw., I. S. 281—283 und II. S. 727—730. — *Freih. v. Ledebur*, I. S. 272. — Gothaisch. geneal. Taschenb. 1862, 8. 252 — Geneal. Taschenb. d. gräfl. Häuser, 1862. S. 303—305, u. histor. Handb. zu demselben, S. 265. — *Siebmacher*, I. 142; v. S. gen. G., Hessisch. — *v. Meding*, I. S. 190 u. 191: Freih. u. Gr. G. v. S. gen. — *Tyroff*, I. 110. — W.-B. d. Kgr. Hannover, A. 8 u. S. 15. u: 16 : -v. Wrisberg, Gr. v. s. gen. v. G.

Görtz, Goess (Schild geviert: 1 u. 4 in Blau auf grünem Dreihügel ein weisser Strauss oder Kranich, welcher im Schnabel einen goldenen Ring und in der rechten Klaue einen Stein hält und 2 u. 3 in Roth ein schräglinker, mit drei goldenen Sternen belegter, silberner Balken). Reichs- und erbländisch-österreichischer Adelsstand. Diplom vom 16. März 1630 für Anthony Görtz, k. k. Oberst-Wacht- und Rittmeister, und zwar in Anerkennung der von ihm und seinen Vorfahren in den vorgewesenen Kriegen, besonders dem Türkenkriege, geleisteten Dienste. Viele Sprossen des Geschlechts waren in Oberschlesien mit Plawniowitz, Grauden, Godow, und später mit Stübendorf, Stein, Zawada, Köpnitz und Stanowitz angesessen und sehr Viele haben in k. preussischen Kriegsdiensten gestanden. Von diesen ist besonders zu erwähnen: Carl Ferdinand von Görtz, welcher sich in der preuss. Rheincampagne auszeichnete, dann, 1806, bei der Belagerung von Glatz die preuss. Cavallerie commandirte, später Remonten-Inspecteur der schlesischen Cavallerie wurde und 1813 als k. preuss. General stand. Der Sohn desselben, Carl Sigismund v. Görtz, geb. 1803, trat in k. preuss. Staatsdienste und ist jetzt Geh. Regierungsrath und schlesischer Generallandschafts-Syndicus zu Breslau. — Nach Bauer, Adressbuch, 1857, S. 73, war der k. pr. Lieutenant a. D. v. Goertz Herr auf Czuchow im Kr. Rybuick.

Handschriftl. Notiz. — N. Preuss. A.-Lex. II. S. 250. — *Freih. v. Ledebur*, II. S. 264. — Schlesisches W.-B. Nr. 381.

Görtz v. Zertin. Erbländisch-österr. Adelsstand. Diplom von

1810 für Johann Görtz, k. k. Oberstlieutenant, mit dem Prädicate: v. Zertin.

<small>*Megerle v. Mühlfeld*, S. 190.</small>

Görtzke. Altes, magdeburgisches und brandenburgisches Adelsgeschlecht, welches schon 1375 im jetzigen Kr. Teltow die Güter Görsdorf und Schöneberg inne hatte, 1451 zu Fredersdorf im Kr. Nieder-Barnim sass u. später viele andere Güter erwarb. — Wolther v. G. kommt 1378 in einer Urkunde der Nicolaikirche zu Zerbst vor; Heinrich v. G. war 1450 und Johann 1620 Abt des Stifts Cornelius-Münster; ein k. schwed. Oberst v. G. kämpfte im 30jährigen Kriege und um dieselbe Zeit lebte Melchior v. G. a. d. Hause Bollensdorf als kurbrandenb. General-Kriegs-Commissar. Von Letzterem entspross Joachim Ernst v. G., gest. 1682, kurbrandenb. General-Lieutenant von der Cav., Gouverneur der Festung Cüstrin, Herr auf Fredersdorf Bollensdorf etc. Derselbe, früher in k. schwedischen Diensten, trat später, 1656, als Generalmajor in kurbrandenb. Dienste, focht in der Schlacht bei Fehrbellin wie ein Held, half später Stralsund belagern, machte mit dem Kurfürsten den berühmten Zug über das frische Haff und schloss später als bevollmächtigter Minister den Frieden von St. Germain ab. Aus seiner Ehe mit Lucia von Schlieben hinterliess er keine männliche Nachkommen. — Friedrich v. G., welcher sich schon 1794 bei Kaiserslautern ausgezeichnet, commandirte später das Regiment v. Owstin in Stettin und bis auf die neueste Zeit standen mehrere Familienglieder in der k. preuss. Armee. Nach Bauer, Adressb. 1857, S. 73 war der k. preuss. Major v. G. Herr auf Gross- und Kleinbeuthen, Jütchendorf II. und Thyrow im Kr. Teltow und ein v. G. Herr auf Kantow im Kr. Ruppin.

<small>*Gauhe*, I, S. 669; nach *Beckmann, Bucellni, Gernaan. sacr.*, und *Pufendorf*. — *Pauli*, Leben gr. Helden, IX. S. 29–48. — Biograph Lex. aller Helden u. Militärpers. II. S. 26 und 27. — N. Pr. A.-L. II. S. 251 u. V. S. 184. — *Freih. v. Ledebur*, I. S. 271 u. 273.</small>

Goes, Grafen (Schild geviert mit goldenem, den kaiserl. schwarzen Doppeladler mit der Reichskrone über den Köpfen zeigendem Mittelschilde. 1 u. 4 in Blau eine hohe silberne Säule mit goldenem Capital, auf welchem ein rother Herzogshut liegt und 2 u. 3 in Roth ein aufsteigender, golden gekrönter, silberner Löwe). Reichsgrafenstand. Diplom vom 2. Aug. 1693 für Johann Peter v. Goes, Freiherrn zu Carlsperg u. Mossburg, Herrn zu Ebenthal, Gradisch, Greiffenfels etc., k. k. Reichshofrath. — Ein aus den vormaligen spanischen Niederlanden nach Deutschland gekommenes Adelsgeschlecht, ursprünglich portugiesischen Ursprunges. Als näherer Stammvater der späteren Grafen v. Goes wird Damian de Goez oder Goes genannt, welcher 1495 in dem portugiesischen Flecken Alenguer geboren wurde. Von dem Enkel desselben, Franz v. Goes, stammten aus der Ehe mit Anna Regina v. der Hoorst zwei Söhne, Anton und Johann Baptist. Letzterer, früher Reichshofrath und als solcher 1. Juni 1638 mit seinem Geschlechte in den Freiherrnstand erhoben, bevollmächtigter Minister bei mehreren Gesandtschaften etc., wählte in den Funfziger Jahren den Priesterstand und starb 1696 als Cardinal-Priester und Fürst-Bischof zu Gurk, nachdem er sich um das Bisthum aus eigenen

Mitteln sehr verdient gemacht und für seinen Stamm ansehnliche Güter erkauft hatte. Von seinem Bruder, Anton, verm. mit Maria v. Millwelden, stieg der Stamm, wie folgt, herab: Johann Peter, Graf, s. oben, gest. 1716, Adoptivsohn seines Oheims, des Cardinals, und Universalerbe desselben, später k. k. bevollm. Minister bei mehreren Gesandtschaften, Landeshauptmann und Burggraf zu Kärnten etc.: Maria Anna Grf. von Sinzendorf; — Johann Anton, gest. 1748, Herr der Herrschaften Ebenthal etc. in Kärnten, sowie Pöllendorf und Neubau in Niederösterreich, wurde 1718 als Landmann den neuen Herrenstandesgeschlechtern einverleibt, später k. k. Geh. Rath und kaiserlicher Statthalter in der obern Pfalz; erste Gemahlin: Maria Grf. von Thürheim; — Johann Sigismund Rudolph und Johann Carl Anton, Gebrüder. Ersterer, gest. 1796, k. k. w. Geh. Rath etc., vermählte sich mit Maria Theresia Prinz. zu Schwarzenberg, gest. 1788, setzte aber seine Linie nicht fort; Letzterer aber, Graf Johann Carl Anton, k. k. Kämm. und General-Feldwachtmeister, Herr der Fideicommissherrschaften in Kärnten, pflanzte in der Ehe mit Maria Anna Grf. von Christallnigg den Stamm fort und aus dieser Ehe entsprossten, neben einer Tochter, Maria Anna verm. Freifrau von Rechbach, drei Söhne, Johann Peter, geb. 1774. Carl Johann, geb. 1775, und Rudolph Maria, geb. 1777, welche drei Linien stifteten. Vom Grafen Johann Peter, gest. 1846, k. k. Kämm., Geh. Rath, Hofmarschall etc. stammt aus zweiter Ehe mit Isabella Grf. v. Thürheim das jetzige Haupt der ersten Linie: Graf Anton, geb. 1816, Herr der Primogenitur-Güter Karlsberg, Moosberg, Ebenthal, Pach und Kreug in Kärnten, Ober-Erbland-Stabelmeister in Kärnten, k. k. Kämm. u. Major a. D., verm mit Theresia Grf. v. Wilczeck, geb. 1823, aus welcher Ehe eine Tochter, Maria, geb. 1854, und ein Sohn, Anton, geb. 1856, entsprossten. — Vom Grafen Carl Johann, dem Stifter der zweiten Linie, gest. 1843, k. k. Kämmerer und Hofrath, Herrn der Herrschaften Gradisch und Gradenegg, verm. mit Caroline Grf. Kazianer zu Katzenstein, stammte Peter Carl, gest. 1852, k. k. Kämm., verm. mit Maria Grf. von Welsersheimb, geb. 1824 und aus dieser Ehe entspross das jetzige Haupt der II. Linie: Graf Zeno, geb. 1846, Herr der Secundogenitur-Güter Gradisch und Gradenegg in Kärnten, unter mütterlicher Vormundschaft, und der Bruder desselben, Leopold, geb. 1848. — Graf Rudolph Maria, gest. 1852, k. k. Kämm. und pens. Bergrath, war mit Maria Anna v. Schäffer vermählt und von seinen drei Söhnen lebten in neuester Zeit noch: Graf Albert, geb. 1812, Haupt der dritten Linie, k. k. Hauptmann, verm. mit Liubiza v. Gagitsch, geb. 1833, und Graf August, geb. 1813.

Gauhe, I. S. 669—671; nach Freher, theatr. erudit. und Imhof, Notit. Proc. Imp. St. Rom in Mantissa. — Wissgrill, III. S. 344—347. —Schmutz, I. S. 509. — v. Schönefeld, I, S. 80—82. — Deutsche Grafenh. d. Gegenw. I. S. 272—274. — Geneal. Taschenb. d. gräfl. Häuser, 1862 S. 295 und 296 u. histor. Handb. zu demselben.

Goes (im Schilde eine stehende Gans). Ein, nur durch ein im Archive des Klosters St. Michael zu Lüneburg befindliches Siegel von 1450 bekanntes Adelsgeschlecht.

v. Meding, III. S. 206.

Goes, Göss, Göse (in Gold, wohl auch in Blau ein schwarzes, nach der linken Seite gebogenes Widderhorn). Ein in Ostpreussen und Curland vorgekommenes Adelsgeschlecht, welches noch im Kr. Memel Bachmann mit Zubehör und Lindenhof inne hatte. — Bauer Adressb. 1857, S. 73 führt unter dem Namen: v. Göse-Bachmann eine Stiftung auf, welcher die genannten Güter zustehen.

Freih. v. Ledebur, I. S. 266. — Tyrof, II. 172. — Neimbt, curländ. W.-B. Nr. 14.

Goeschen. Reichsadelsstand. Kursächsisches Reichsvicariatsdiplom vom 11. Sept. 1790 für Johann Julius Goeschen, k. preuss. Münzdirector zu Königsberg.

Handschriftl. Notiz. — Tyrof, I. 210. — Kneschke, III. S. 169.

Goessel. Adelsstand des Kgr. Preussen. Näheres über das Diplom ist nicht aufzufinden. — Die Familie besass 1847 in Schlesien im Kr. Rybnick das Gut Pschow und ein v. G. war 1854 Prem.-Lieut. im 22. Landw.-Reg.

Freih. v. Ledebur, I. S. 273 und III. S. 264. — W.-B. d. Preuss. Monarch. III 28. — Schlesisches W.-B. Nr. 199.

Gössinger. Reichsadelsstand. Diplom von 1727 für Franz Anton Gössinger, Schlesischen Hofkammerrath.

Megerle v. Mühlfeld, Ergänz.-Bd. S. 299.

Gössnitz. Altes sächsisches Adelsgeschlecht, nach Einigen aus dem gleichnamigen Stammsitze, dem Städtchen dieses Namens im Altenburgtschen, nach Anderen aus Gössnitz bei Eckardtsberga. Nach Herzog, Dresdner Kalender, kommt Titto v. Gössnitz 1328 urkundlich vor und Götz von Geussnitz auf Leubnitz war von 1445—1451 Voigt zu Zwickau. — Kommt der Name des Geschlechts auch mehrfach in Stammtafeln sächs. Familien vor, so finden sich doch in den bekannten Werken über den sächsischen Adel Stammreihen des Geschlechts nicht vor. Von den einzelnen Familiengliedern im Voigtlande, welche etwa genannt werden, führt Freiherr v. Ledebur den in der ersten Hälfte des 18. Jahrh. lebenden Georg Wolff v. G. zu Ingelsburg unweit Adorf an, dessen Tochter, Johanna Eleonora v. G., sich 1724 mit Georg Rudolph v. Hayn vermählte, durch welche Vermählung der Name des Geschlechts v. Gössnitz in die Ahnentafeln des später weit verbreiteten Geschlechts v. Hayn kam. — Von den Sprossen des Stammes haben Mehrere in der kur- u. k. sächs. Armee gedient und zu diesen gehören noch jetzt: Wolf Gustav Ferdinand v. G., k. sächs. Hauptmann und Wolf Georg v. G., k. sächs. Oberlieutenant.

Dresdner Calend. a. Gebr. f. d. Resid., 1847, S. 161, u. 1848, S. 159. — Freih. v. Ledebur, I. S. 273 u. III. S. 264. — Siebmacher, I. 165: v. Göstnitz, Meissnisch. — v. Meding, II. S. 206 u. 207. — W.-B. d. Sächs. Staaten, VII. 47.

Göstinger. Altes, steiermärkisches Geschlecht, welches das gleichnamige Schloss besass, aus dem Ingolstadtschen nach Steiermark kam und schon 1260 ausgegangen sein soll.

Schmutz, I. S. 526.

Göthe (im silbern eingefassten, blauen Schilde ein sechseckiger, silberner oder goldener Stern, welcher sich auf dem gekrönten Helme wiederholt). **Reichsadelsstand.** Diplom vom 22. Juni 1782 für D. Johann Wolfgang Göthe, herz. sachs. weimar.-eisenach. Kammerpräsidenten etc., und zwar in Folge der besonderen Wünsche des Herzogs Carl August zu Sachsen-Weimar. Göthe, genügt auch die einfache Nennung dieses Namens, so sei doch hinzugefügt: grossh. Sachs. Weim. Geh. Rath, Staatsminister etc., vermählte sich mit Christiane Vulpius und starb 22. März 1833. — Der Stamm hat fortgeblüht. — Die beiden Söhne des Geh. Raths v. Göthe sind: Dr. juris Wolfgang Maximilian v. G., k. preuss. Legations-Secretair und Walther Wolfgang v. G., Beide grossherz. Sachs. Weim. Kammerherren. — Ersterer war 1856 Legations-Secretair bei der K. Preuss. Gesandtschaft am päpstlichen Stuhle in Rom.

Freih. v. Ledebur, III. S. 264. — Kneschke, I. S. 170 u. 171.

Göthen v. St. Agatha. Erbländ.-österr. Adelsstand. Diplom von 1816 für Johann Göthen, k. k. Rittmeister mit dem Prädicate: v. St. Agatha.

Megerle v. Mühlfeld. S. 191.

Götschacker, Görtschacher, Görtschach. Altes, erloschenes, kärntner Rittergeschlecht, aus welchem früher einige Sprossen in Niederösterreich mit den Gütern Harrass, Gross, Kreuzenstätten etc. begütert waren. — Stephan v. G. kommt urkundlich 1356 vor u. Ulrich, Georg u. Hans die Görtschacher wurden 1427 mit Gütern und Grundstücken an der Piestink etc. von Reinprecht, Herrn zu Walsee, belehnt. Der Stamm blühte bis in die zweite Hälfte des 16. Jahrh. hinein. Urban v. G. zu Harrass auf Creuzenstätten wurde mit dem Schlosse u. Dorfe Harras Brandenburgischer Lehensherrschaft mit allem Zubehör 1562 durch Julius Grafen zu Hardegg als Markgr. Brandenb. Gewalthaber und Lehenrichter in Oesterreich belehnt und vermählte sich 1565 mit Catharina Schneckenreutter aus altem Ritterstande. Nach demselben kommt in österr. Urkunden der Name des Geschlechts nicht mehr vor.

Wissgrill. III. S. 363—365.

Götten, Ritter. Böhmischer Ritterstand. Diplom vom 11. Febr. 1667 für Edmund v. Götten.

v. Hellbach, I. S. 441.

Göttersdorf v. Roseneckh. Erbländ.-österr. Adelsstand. Diplom von 1735 für Rosalia Göttersdorf, mit dem Prädicate: v. Roseneckh.

Megerle v. Mühlfeld, Ergänz.-Bd. S. 299.

Göttfardt, Göttfarth, Gottfart, Gottfart. Altes, thüringisches Adelsgeschlecht, welches seinen Rittersitz zu Buttelstädt im Weimarischen hatte. Nach Müller, Annal. Saxon., lebten Hans, Dietrich und Leutolph v. G. um 1475, Caspar v. G. war 1567 und noch 1582 Herz. Rath und Hofmarschall in Gotha, welche Würden auch Hans Caspar 1597 und Valentin 1633 bekleideten; Hans Christoph u. Hans Georg; Fürstl. Weimarische Räthe, unterschrieben 1590 mit Anderen vom Adel die Brüderschaft wider das Fluchen, und zu Gaube's Zeit lebte Christian Heinrich v. G., Fürstl. Weimar. Kammerjunker. — Nach

Estor theilte sich das Geschlecht, dessen Name meist Göttfardt geschrieben und ausgesprochen wurde, in eine ältere und jüngere Linie. Jene war in der Mitte des 18. Jahrh. bereits erloschen und diese stand auf dem Falle. Nach Allem ist letztere in der zweiten Hälfte des 18. Jahrh. erloschen.

Gauhe, I. S. 671 u. 672, nach Spangenberg, II., Müller, Ann. Sax. u. Gryphius, vom Ritterorden. — *Estor*, Ahnenprobe, S. 489. — *Freih. v. Ledebur*, I. S. 275. — *Siebmacher*, I. 149: Gottfurt, Thüringisch. — *v. Meding*. II. S. 208 und 209.

Goettingen. Ein nur dem Namen nach bekanntes, rheinländisches Adelsgeschlecht.

Hoppenrod, S. 35.

Göttlich. Adelsstand des Königreichs Sachsen. Diplom vom 20. Juni 1818 für Christian Friedrich Göttlich, Oeconom und Besitzer des Rittergutes Nieder-Strahwalde bei Herrnhut.

Handschriftliche Notizen. — *Freih. v. Ledebur*, III. S. 264 u. 265. — W.-B. d. Sächs Staaten, VII. 48.

Götz (Schild der Länge nach getheilt: rechts in Roth eine Greifenklaue und links von Schwarz (auch Blau) und Gold der Länge nach getheilt, mit einem braunen Stamme, und an diesem zwei Seeblätter: Stammwappen. Das vermehrte Wappen kommt erst gegen Mitte des vorigen Jahrh. vor. Ob, wie angenommen worden ist, die Greifenklaue das v. Jeetze'sche Wappenbild sei, muss dahingestellt bleiben, doch spricht das Roth der rechten Schildeshälfte des v. Götz'schen Wappens, so wie namentlich der Schmuck des rechten Helmes: die gestürzte Greifenklaue, für diese Annahme nicht. Der Jeetze'sche Helm zeigt ja drei Fahnen, wechselnd roth und silbern, und hinter jeder Stange eine linksgekrümmte, schwarze Hahnenfeder). — Nach der linken Schildeshälfte des Wappens ein Zweig der aus Franken nach der Mark Brandenburg, Pommern, Böhmen, Schlesien, der Lausitz und Sachsen gekommenen alten Familie v. Götzen, Goetze, Goetz, s. den betreffenden Artikel. Der hier in Rede stehende Zweig trat in der zweiten Hälfte des 17. Jahrh., in der Oberlausitz begütert, auf, schreibt sich neuerlich stets: Goetz, führte früher, s. oben, nur das Stammwappen, breitete sich später weiter in Sachsen und in neuerer Zeit auch in Schlesien aus und ist allerdings, wenn auch v. Hellbach diess nicht glauben wollte, erst durch die von v. Uechtritz gegebenen Nachrichten aus den Kirchenbüchern zu Weissenfels, Hohenbocka, Görlitz und Bautzen näher bekannt geworden. Aus den von v. Uechtritz gemachten Mittheilungen lässt sich nachstehende Stammreihe zusammenstellen: Sebastian v. Götze auf Drosten: Margaretha v. Grosprespfelder; — Albrecht, gest. 1636, Herr auf Drosten, kursächs. Oberstlieutenant: Anna Maria v. Gersdorf auf Lippitsch; — Friedrich Albrecht, gest. 1702, Herr auf Hohenbucka, Brickwitz, Niemitsch, Litschen, Loppitsch und Opitz, kursächs. Oberstallmeister: I. Johanna Dorothea v. Bünau u. II. Maria Ernestine v. Gersdorf; — Friedrich, gest. 1755, Herr auf Hohenbucka, kursächs. Kammerh. u. Amtshauptmann zu Stollberg: Christiane Luise v. Thielau; — Friedrich Albrecht II., gest. 1780, Herr auf Hohenbucka, kursächs. Hof- und Justitienrath: Charlotte Erdmuthe v. Wobeser; — drei Gebrüder

v. Götz: Ludwig Eckard, Herr auf Jetschen, verm. mit Johanna Caroline Friederike v. Schönberg; Ernst Heinrich Adolph, gest. 1809, kursächs. Kriegsrath, und Carl Friedrich, kursächs. Kammerjunker und Oberforstmeister, Herr auf Litzschen, verm. mit Johanna Caroline Wilhelmine v. Gersdorf, aus welcher Ehe ein 1786 geborener Sohn entspross. — Die Familie hat in zahlreichen Sprossen fortgeblüht u. gehört zu dem im Königreich Sachsen und in der Provinz Schlesien begüterten Adel. In Sachsen stehen derselben die Güter Trattlau mit Zubehör bei Ostritz und Piskowitz bei Camenz zu, in Schlesien aber besitzt dieselbe Hohenbocka und Niemtsch bei Hoyerswerda, Brzezinke bei Namslau etc. — Zahlreiche Sprossen des Geschlechts standen in der kur- und k. sächs. Armee: Ernst Friedrich v. Götz, k. sächs. Rittm. a. D. ist Herr auf Piskowitz u. die Gebrüder Ferdinand u. Otto v. G. Beide k. sächs. Hauptleute, besitzen Trattlau; Adolph Otto v. G. wurde 1849 k. sächs. Hauptmann u. Carl Theodor v. G. 1849 k. sächs. Oberlieutenant. Nach Bauer, Adressbuch, 1857, S. 75, war der k. preuss. Landrath a. D. v. G., Herr auf Hohenbocka, verstorben, Adolph Hans Georg v. G., k. preus. Landrath und Landes-Aeltester etc. besass Niemtsch und Ernst v. G. hatte Brzezinke inne.

Grosser, Lausitz. Merkwürd. III. S. 40. — Gauhe, I. S. 673 u. 674. — v. Uechtritz, diplom. Nachr. V. S. 36—39, nach den obengenannten Kirchenbüchern. — N. Pr. A.-L. II. S. 252 und 254; das Wappen nach dem Hasse'schen W.-B. — Freih. v. Ledebur, III. S. 365. — Schlesisches W.-B. Nr. 198. — W.-B. der Sächs. Staaten, II. 68.

Götz (Schild der Länge nach getheilt: rechts ein Drutenfus und links eine Seejungfer). Ein im Kgr. Preussen vorgekommenes Adelsgeschlecht. Des erwähnten Wappens bediente sich Victor v. Götz, welcher 1772 als k. preuss. Major den Abschied nahm und 1780 als Ober-Forstmeister starb. Die Söhne desselben waren: Ferdinand Julius Victor v. G., Oberlandesgerichts-Präsident zu Cöslin, August Gerhard Ernst v. G., k. pr. Premierlieut., gefallen 1806 bei Auerstädt u. Victor Friedrich Otto v. G. Der Sohn des Ersteren, Ferdinand v. G. war Hauptmann im k. preuss. 30. Infant.-Regim. u. der einzige Sohn desselben, Victor Ferdinand v. G., starb 4. Febr. 1851 im 31. Jahre. Nach Allem war derselbe der Letzte seines Stammes.

Freiherr v. Ledebur, I. S. 275.

Götz, s. Götze, Diplom von 1722.

Götz. Reichsadelsstand, Diplom von 1791 für Philipp Maria Götz, k. k. Reichsagenten.

Megerle v. Mühlfeld, Ergänz.-Bd. S. 300.

Götz. Erbländ. österr. Adelsstand. Diplom von 1811 für Leonhard Götz, k. k. Lieuten. bei der Brünner Militair-Oeconomie-Commission.

Megerle v. Mühlfeld, Ergänz.-Bd. S. 300.

Götz und Astein, Agstein, Agtstein. Ein ursprünglich steiermärkisches, in der ersten Hälfte des 18. Jahrh. in Schlesien vorgekommenes Adelsgeschlecht. — Catharina v. Götz und Agstein, verm. mit Franz Maximilian v. Reisswitz auf Kranowitz, des Fürstenth. Troppau Oberst-Land-Richter, starb 1721 und 1722 Maximilian v. G. u. A., Herr auf Göllersdorf und des Fürstenth. Troppau Unter-Land-Kämmerer. Später, 1728, kommt noch Johann Baptista v. G. und A. als Land-Commissar des Fürstenthums Troppau vor.

Sinapius, II. S. 646.

Götz v. Blüthenthal. Erbländ.-österr. Adelsstand. Diplom von 1815 für Melchior Götz, k. k. Hauptmann bei Graf Kolowrat Infant., mit dem Prädicate: v. Blüthenthal.

Megerle v. Mühlfeld, S. 191.

Götz v. Götzen. Erbländ.-österr. Adelsstand. Diplom von 1753 für Johann Ferdinand Goetz, k. k. Hofagenten, mit dem Prädicate: v. Götzen.

Megerle v. Mühlfeld, Ergänz.-Bd. S. 299.

Goetz, Göz, v. und zu Lewenroth. Erbländ.-österr. Adelsstand. Diplom von 1705 für Johann Goetz, mit dem Prädicate: v. und zu Lewenroth.

Megerle v. Mühlfeld, Ergänz.-Bd. S. 300.

Götz v. Ohlenhusen, Olenhusen (Schild schräglinks getheilt: rechts, oben, in Roth ein aufwachsender, doppelt geschweifter, silberner Löwe; links, unten, in Gold ein schräg-linker, rother Balken). Reichsadelsstand. Bestätigungsdiplom vom 13. Juli 1591 für D. Joachim v. Götz, nachmaligen herz. braunschw. Canzler, mit dem Prädicate: v. Olenhusen. Derselbe wurde auch 17. Juni 1595 von dem Herzoge Heinrich Julius zu Braunschweig als damaliger herz. Kammerrath mit dem Erb-Küchenamte des Landes zwischen dem Deister und der Leine beliehen. — Die Familie gehört durch Besitz der Güter Ohlenbusen, Lutter und Uslar im Königreiche Hannover zu dem ritterschaftlichen Adel der Göttingenschen Landschaft und mehrere Sprossen des Geschlechts standen und stehen in der k. hannov. Armee.

Freih. v. d. Knesebeck, S. 136. — Freih. v. Ledebur, I. S. 275. — Siebmacher, III. 147: v. Götze, Braunschweigisch. — v. Meding, I. S. 191—193: Angabe des Diploms. — Tyroff, II, 220. — W.-B. d. Kgr. Hannover, E. 4 und S. 7. — Kneschke, II. S. 191 u. 192.

Götz und Schwanenfliess (Schild geviert: 1 in Silber ein an die Theilungslinie angeschlossener, gekrönter, halber, schwarzer Adler; 2 in Roth ein gekrönter, weisser Schwan; 3 ebenfalls in Roth drei übereinanderlaufende, schwarze Windspiele und 4 in Silber ein gekrönter, doppelt geschweifter, goldener Löwe). — Böhmischer Adelsstand. Diplom vom 13. Juni 1662 für Hans Goetz, Mitglied und später (1671) Präses des Raths der Stadt Breslau, k. k. Rath Herrn auf Höfchen, Peltschütz u. Polnisch Maschwitz, mit dem Namen: v. Götz u. Schwanenfliess. Der Diploms-Empfänger, gebürtig aus Brixenstadt in Franken, starb 1677 und der ältere Sohn desselben, Magnus Antonius v. G. u. S., gest. 1714, war ebenfalls Präses des Raths zu Breslau geworden. Ein Sprosse des Geschlechts a. d. Hause Laubsky im Oelsnischen, verm. mit einer v. Prittwitz und Gimmel, kaufte 1717 das Gut Allerheiligen im Oelsnischen und ein v. G. u. S. auf Krikau im Namslauischen war um diese Zeit mit Johanna v. Schreibersdorf u. Olbendorf vermählt. — Der Stamm blühte fort und zu demselben gehörte noch Johann Carl Wilhelm v. G., welcher 1832 als k. preuss. Generalmajor pensionirt wurde.

Sinapius, Olsnogr. I. S. 806 u. Schles. Cur. I. S. 411 u. 412 u. II. S. 646. — Gauhe, I.

Kneschke, Deutsch. Adels-Lex. III.

S. 674. — N. Pr. A.-L. II. S. 253 u. 254. — *Freih. v. Ledebur*, I. S. 275. — *Siebmacher*, V. 73*. — *v. Meding*. S. 221 u. 222.

Götze (im Schilde, mit von Roth und Silber in zwei Reihen geschachter Einfassung, ein blaues Andreaskreuz, oben und unten von einem Adlerskopfe und rechts und links von drei, 1 u. 2, brennenden Granaten begleitet). Adelsstand des Kgr. Preussen. Diplom vom 30. Juni 1722 für Ernst Ludwig Götze, k. preuss. Hauptmann im Regim. Prinz Leopold v. Anhalt-Dessau. Derselbe starb 17. Dec. 1745 als k. preuss. Generalmajor. Sein Sohn, Ludwig Carl Bogislaus, k. preuss. Quartiermeister-Lieutenant, kaufte in der Altmark 1726 Paris-Wendemark unweit Osterburg und erwarb noch später in demselben Kreise die Güter Gethlingen und Welle. Weitere Nachrichten über denselben fehlen.

v. Hellbach, I. S. 441. — N. Preuss. A.-L. I. S. 38. — *Freih. v. Ledebur*, I. S. 275. — W.-B. d. Preuss. Monarch. III. 28.

Götze (in Roth ein Ringkragen der k. preuss. Armmee). Adelsstand des Kgr. Preussen. Diplom vom 15. Juli 1732 für Christoph Götze, Officier in k. preuss. Diensten. Derselbe, geblieben 1757 als Major und Commandeur des k. preuss. Regiments Prinz Heinrich bei der heldenmüthigen Vertheidigung von Hirschfelden, war ein Bruder des im vorstehenden Artikel genannten Ernst Ludwig v. Götze, erhielt aber den Adel mit dem obengegebenen Wappen.

Freih. v. Ledebur, I. S. 275 u. 276. — W. B. d. Pr. Monarch. III. 28.

Götzen, Grafen (reichsgräfliches Wappen: Schild mit Mittelschilde siebenfeldrig, oben der Länge nach und zweimal quer und unten zweimal der Länge nach getheilt. In der Länge nach von Schwarz oder Blau getheiltem Mittelschilde quer gelegt ein abgestumpfter, starker, oben ein- und unten zweimal geästeter Zweig, von dessen beiden Enden an langen Stielen sich zwei grüne Seeblätter zu einander beugen, u. zweimal durch einander geschlungen, sich zu den Seiten neigen. 1 u. 4 in Silber ein einwärts sehender, gekrönter Adler; 2 u. 3 in Schwarz ein einwärts sehender, gekrönter, goldener Löwe; 5 in Silber vier schräglinke, u. 7. ebenfalls in Silber vier schrägrechte, rothe Balken und 6. quergetheilt: oben in Silber eine rothe, heidnische Mütze und unten in Gold ein blaues Polster mit goldenen Quasten. Wappen nach dem k. preuss. Grafendiplome von 1794: Schild geviert mit dem, das Stammwappen: den Ast mit den Seeblättern zeigenden Mittelschilde. 1 in Blau ein roth gesatteltes und gezäumtes, rechtsspringendes, silbernes Ross. 2 in Silber auf grünem Hügel eine steinfarbene Kirche mit rothem Dache; 3 ebenfalls in Silber auf einem grünen Hügel ein mit Befestigungen umgebenes Castell oder nach Anderen eine ummauerte Kirche und 4 in Blau ein nach rechts fortschreitender Infanterist, welcher in der Rechten ein Gewehr hält. Die Wappenbilder aller vier Felder beziehen sich auf glänzende Momente aus dem Kriegerleben des k. preuss. Generallieutenants Friedrich Wilhelm v. Goetzen als früheren Flügeladjutanten des Königs Friedrich II.). Reichs- und Preussischer Grafenstand. Reich grafen-Diplom vom 16. Aug. 1635 für Joh. Freih. v. Götzen, k. k. General-

Feldmarschall und Preussisches Grafendiplom vom 3. Mai 1794 für die sammte Nachkommenschaft des am 15. März 1794 verstorbenen k. preuss. General-Lieutenants Friedrich Wilhelm v. Götzen. — Die Grafen v. Götzen stammen aus einer alten Adelsfamilie der Mark Brandenburg, welche, wie mehrfach angenommen wird, mit den deutschen Rittern aus Franken in die Marken kam, zuerst mit Zehlendorf und Zühlsdorf begütert wurde, dann mehrere Güter an sich brachte u. in Schlesien, Böhmen, Pommern u. Ostpreussen sich ausbreitete. — Johann v. Götzen a. dem Hause Zehlendorf, gefallen 1645 als k. k. Feldmarschall in der Schlacht bei Jankau in Böhmen, trat 1625 im 26. Lebensjahre in k. k. Dienste, stieg in diesen rasch empor, erhielt 1633 den Freiherrnstand und brachte, s. oben, zwei Jahre später, nach dem Siege bei Nördlingen, den Grafenstand in seine Familie. Derselbe hinterliess aus der Ehe mit Appollonia Grf. v. Hoditz zwei Söhne, die Grafen Siegmund Friedrich u. Johann Georg, welche zwei Linien, die böhmische und die schlesische, gründeten. Ersterer, gest. 1662 als k. k. General-Feldm.-Lieutenant, hatte die Güter in Böhmen erhalten und pflanzte durch seinen Sohn, den Grafen Siegmund Friedrich (II.), welcher 1700 k. k. Geh.-Rath u. Statthalter in Böhmen war und dessen Sohn, Johann Maximilian, 1721 k. k. Geh.-Rath wurde, seine Linie fort. Später nahm man an, dass diese Linie erloschen sei, doch hat sich neuerlich ergeben, s. unten, dass diese Annahme falsch war. — Graf Johann Georg, der Stifter der schlesischen Linie, erbte von seiner Stiefmutter, Elisabeth v. Falken, die Herrschaft Kaltwasser und wurde 1661 als Landeshauptmann der Grafschaft Glatz u. k. k. Geh.-Rath vom K. Leopold I. mit den Gütern Scharfeneck und Tuntschendorf belehnt. Zu dem reichen Erbe des Vaters erwarb der Sohn desselben, Graf Johann Ernst, noch mehrere andere Güter, doch erlosch schon 1771 mit des Letzteren Enkel, dem Grafen Johann Carl Joseph, der Mannsstamm der schlesischen gräflichen Linie und die Allodialgüter erbte des letzten Grafen Neffe, Anton Alexander Graf v. Magnis. — Von dem in der Mark Brandenburg fortblühenden Götzenschen Stamme war Siegmund, der Bruder des Vaters des obengenannten Feldmarschalls Gr. v. G., der nähere Stammvater der späteren Grafen v. G. in Preussen. Aus der Ehe eines seiner Nachkommen, des k. preuss. Landraths und Herrn auf Gründel, Krantz und Tempelfelde Carl Ludwig v. G., mit Juliane Charlotte v. Sydow, stammte Friedrich Wilhelm v. G., gest. 1794 als k. preuss. General-Lieutenant und Gouverneur der Festung Glatz. Derselbe war früher 25 Jahre lang Flügel- und General-Adjutant des Königs Friedrich Wilhelm II. und hatte als Oberst, nachdem der Mannsstamm der gräflich Götzenschen Linie in Schlesien, s. oben, erloschen war, 24. Oct. 1771 die an die Krone Preussen als erledigte Lehen anheim gefallenen Güter erhalten. Aus seiner ersten Ehe mit einer v. Holwede stammten, neben einer Tochter, zwei Söhne u. aus der zweiten Ehe mit Friederike Grf. v. Reichenbach-Goschüz ein Sohn und eine Tochter, welche sämmtlich, s oben, in den Grafenstand des Königr. Preussen erhoben wurden. Die Söhne aus erster Ehe, Graf Friedrich

Wilhelm, k. preuss. General-Lieutenant und Graf Adolph, Herr der Herrschaft Scharfeneck und Landschafts-Director des Fürstenthums Münsterberg und der Grafschaft Glatz, sind Beide unvermählt gestorben, Ersterer 1820, Letzterer 1847, u. die Schwester derselben, Gräfin Luise, starb 1848 als verw. Grf. v. Magnis. Die Tochter aus der zweiten Ehe, Grf. Wilhelmine, geb. 1789, vermählte sich 1825 mit dem später, 1834, verstorbenen k. k. Feldmarschall-Lieut. Freih. v. Herzogenberg, der Sohn aber, Graf Kurd, geb. 1791, vormal. Herr auf Gross-Krutschen u. Ellguth, k. preuss. Kämmerh., verm. in erster Ehe mit Mathilde Grf. v. Reichenbach-Goschütz, gesch. u. als wiederverm. Fürstin v. Hatzfeldt gest. 1858 und in zweiter mit Molly Massely, geb. 1809, hat in beiden Ehen den Stamm fortgesetzt. Aus der ersten Ehe entsprossten, neben einer Tochter, Octavia, zwei Söhne, Graf Gustav, geb. 1817 und Graf Adolph, geb. 1821, Herr der 1771 zu einem Familien-Fidei-Commiss eingesetzten Herrschaft Scharfeneck mit Tuntschendorf, Nieder-Walditz etc., aus der zweiten aber, neben drei Töchtern, Walburgis, Marie und Agnes, zwei Söhne, Graf Wilhelm, geb. 1838, k. preuss. Lieut. u. Graf Max, geb. 1848. — Zu der gräflichen Linie, vormals in Böhmen, welche das Incolat in Böhmen 16. Jan. 1642 erhielt und den reichsgräflichen Titel mit dem Wappen des Diploms von 1635 führt, wurde in letzter Zeit zunächst gerechnet: Graf Carl, geb. 1815, — Sohn des 1855 verstorbenen k. k. pens. Oberamts-Officials Grafen Johann Anton Ernst aus der Ehe mit Maria Eckardt — verm. mit Luise Seidl, geb. 1821, aus welcher Ehe zwei Töchter und ein Sohn, Carl, geb. 1847, stammen. Der Bruder des Grafen Carl, Graf Ferdinand, geb. 1821, vermählte sich 1850 mit Catharina Ragencovich und ein Vetter des Grafen Johann Anton Ernst, Graf Joseph Franz Peter, geb. 1800, hat in zwei Ehen den Stamm fortgesetzt. Aus erster Ehe mit Maria Zambelli, gest. 1836, entsprossten eine Tochter, Elise, geb. 1831 u. ein Sohn, Ernst geb. 1829, aus der zweiten aber mit Catharina Marolini, neben einer Tochter, Pauline, geb. 1844, zwei Söhne, Peter, geb. 1839 u. Anton, geb. 1840. — Nach Bauer, Adressbuch, 1857. S. 73. blüht noch ein adeliger Zweig des Stammes, aus welchem ein Sprosse in Ostpreussen im Kr. Fischhausen Herr auf Korwingen ist und ein Anderer in Westpreussen im Kr. Elbing das Gut Reimansfelde besitzt.

Sinapius, I. S. 31—35; mit der Ahnentafel des Grafen Johann. — *Gauhe*, I. S. 672—674 u. II. S. 361—364. — N. Pr. A.-L. II. S. 251—254 u. III. S. 4 — Deutsche Grafenb. d. Gegenw. I. S. 264—266 — *Freih. v. Ledebur*, I. S. 276. — Geneal. Taschenb. der gräfl. Häuser, 1862, S. 305—307 und histor. Handb. zu demselben, S. 267. — *Siebmacher*, IV. 6: R.-Gr. v. G. — *v. Meding*, III. S. 219—221. — Suppl. zu Siebm. W.-B. VI. 10 u. VIII. 2; K.-Gr. v. G., Götz. — *Tyrof*, II. 123: Gr. v. G. Dipl. v. 1794. — W.-B. d. Preuss. Monarch. I. 43.

Götzendorf-Grabowski, Grafen, s. Grabowski, Grafen.

Götzenstein, Ritter, s. Le-Payen v. Götzenstein, Ritter.

Götzken, Ritter. Alter böhmischer Ritterstand. Diplom vom 12. Apr. 1709 für Anton Heinrich v. Götzken.

Megerle v. Mühlfeld, Ergänz.-Bd. S. 146. — *v. Hellbach*, I. S. 442.

Goffin. Ein früher zu der französischen Colonie in Berlin gehörendes Adelsgeschlecht, aus welchem mehrere Sprossen in der k. pr. Armee standen. Zu denselben gehörte unter Anderen der k. preuss.

Staabscapitain im Feld-Jäger-Regimente v. G., welcher 1810 aus dem activen Dienste trat und später, 1824, Oberförster zu Chrzelitz in Ober-Schlesien war.

N. Pr. A.-L. II. S. 255. — Freih. v. Ledebur, I. S. 267.

Gogel, s. Gansauge, S. 439 u. 440.

Goggendorfer, Gockendorf zu Illmau u. Gilgenberg. Altes, ursprünglich österreichisches Rittergeschlecht, welches bereits im 14. Jahrh. dem niederösterr. Ritterstande angehörte. Otto v. Gockkendorf kommt urkundlich als Zeuge 1266 vor, Arnoldus de Gockendorf 1287, Albrecht v. Gockkendorf, der ehrbare Mann, ebenfalls 1287 etc. Der Stamm blühte fort, bis zuletzt Wolfgang Goggendorfer zu Illmau, Ritter, sich 1534 mit Margaretha v. Hoheneck vermählt hatte. Seine Erben zahlten noch 1550 für die Herrschaft Illmau die Landesanlagen, 1579 aber erlosch die Familie gänzlich.

Wissgrill, III. S. 348 u. 349.

Gogolinski. Polnisches, zu dem Stamme Rola zählendes Adelsgeschlecht, welches nach Westpreussen kam u. 1820 im Kr. Schlochau das Gut Kiedrowice inne hatte.

Freih. v. Ledebur, I. S. 267.

Gograffen, s. Gaugreben, S. 456.

Gohr, Goer, Goor (in Silber drei, 2 u. 1, rothe Jagdhörner). Ein am Niederrhein begütert gewesenes Adelsgeschlecht, nicht zu verwechseln mit den aus der Twente stammenden Edlen v. Gore, deren Stammsitz die Stadt Goar ist und die Edelvoigte von Utrecht waren. Die Familie war 1585 mit Caldenbroich begütert und hatte im 17. Jahrh. die Güter Dornick, Gribben, Hinsbeck etc. inne, auch liegt ein den Namen der Familie tragendes Gut im jetzigen Kreise Neuss. — Der Bruder des 1572 verstorbenen Johann v. G., Coadjutors der Deutsch-Ordens Ballei Biesen, Wilhelm v. G., wendete sich 1532 nach Curland, setzte daselbst den Stamm fort und später kam das Geschlecht nach Ostpreussen, wo es im Kr. Fischhausen das Gut Kosacken besass.

Fahne, I. S. 44. — Freih. v. Ledebur, I. S. 266 u. 267.

Gohr, Gohren, auch Freiherren (in Roth ein schrägrechter, blauer Balken mit einem Weingewinde von sechs Blättern u. zwei Trauben). In der früheren Reichsritterschaft des Elsasses, so wie im Königr. Bayern anerkannter Freiherrnstand. — Altes Adelsgeschlecht der Altmark aus dem gleichnamigen, im Laufe der Zeit an die Familie v. Görne gekommenen, bei Stendal gelegenen Stammhause, welches schon 1287 Dahlen unweit Stendal, so wie im 14. Jahrh. Käthen, Möhringen und Schäplitz inne hatte, im 15. 16. und 17. Jahrh. noch mehrere andere Güter im Besitz hatte und noch 1661 zu Badingen sass. Später kam dasselbe nach Ostpreussen, wo es 1780 Kukowen im Kr. Oletzko erwarb, gehörte, wie angegeben, zur Ritterschaft des Elsasses und verzweigte sich aus dem Hause Nahrstedt in der Altmark auch nach Bayern, wo bei Entwerfung der Adelsmatrikel des Königreichs Bayern die Gebrüder Ludwig Joseph Maria k. bayer.

Kämm., w. Geh.-Rath und Obersthofmarschall und Franz Sebastian Carl, geb. 1759, k. bayer. Kämm., in die Freiherrnclasse derselben eingetragen wurden. Die adelige Familie v. Gohren, welche, s. den nachstehenden Artikel, in der Adelsmatrikel des Kgr. Bayern Aufnahme fand, ist, wie schon die Wappen ergeben, ein ganz anderes, mit der hier in Rede stehenden Familie nicht zu verwechselndes Geschlecht. — Früher standen übrigens mehrere Glieder der Familie in der k. preuss. Armee. Georg v. G., Rittm. im Kuirassier-Regim. Markgraf Albrecht zu Brandenburg, war mit einer v. Hohendorf vermählt und ein Sohn aus dieser Ehe, Ludwig v. G., in kinderloser Ehe mit einer v. Quast vermählt, starb 1771 als Oberst und Chef eines Besatzungsbataill. in Acken a. d. Elbe, auch lebte noch 1836 in Memel ein k. pr. Lieut. v. G., welcher früher Postmeister in Pritzwald gewesen war.

J. Fr. Seyfert, histor.-geneal. Beschreib. des adel. Geschl. v. Gohr, aus archivalischen Urkunden. Weissenfels, 1769. — v. *Lang*, S. 134 u. Suppl. S. 102. — N. Pr. A.-L. II. S. 255. — *Freih. v. Ledebur*, I. S. 267. — W.-B. d. Kgr. Bayern, III. 8 und v. *Wölckern*, Abtheil. 3. S. 20: Freih. v. G. — v. *Hefner*, bayer. Adel, Tab. 34 und S. 37. — *Kneschke*, I. S. 171 und 172.

Gohren (im silbernen Schilde im Fusse desselben ein gerader, rother Sparren, auf welchem, umgeben von grünen Zweigen, ein, den Kopf rechts kehrender Vogel sitzt). Ein in der Person des Christian Ludwig Friedrich v. Gohren, geb. 1789, k. bayer. Sportel-Rendanten bei dem Landgerichte Graefenberg, nach nachgewiesenem Besitzstande, 28. Apr. 1817 in die Adelsmatrikel des Königr. Bayern eingetragenes Adelsgeschlecht. Dasselbe ist auch in das Grossh. Sachsen-Weimar und in das Reussische gekommen. Dr. v. Gohren, grossherz. sachs.-weim. Justizrath, war lange, und noch 1842 und später, Universitäts-Amtmann in Jena und W. T. v. Gohren, geb. 1827 zu Gera, studirte 1848 zu Leipzig die Rechte und wurde, so viel bekannt ist, später im Fürstenth. Reuss Jüngerer Linie bedienstet.

Handschriftl. Notiz. — v. *Lang*, Supplem. S. 102. — W.-B. d. Kgr. Bayern, V. 66.

Golanski. Polnisches, zu dem Stamme Jastrzembiec gehörendes Adelsgeschlecht, welches 1789 in Westpreussen mit den Gütern Lyssan, Ziethen und Gross-Zawada im Kreis Schlochau angesessen war. Ein v. Golanski, Herr auf Zutiki in Polen, würde 1788 k. preuss. Kammerherr.

N. Pr. A.-L. II. S. 255. — *Freih. v. Ledebur*, I. S. 267.

Gold, Ritter und Edle. Erbländ.-österr. Ritterstand. Diplom von 1771 für Joseph Franz Xaver Edlen v. Gold, k. k. Hofrath und Geh. Referendar der böhmisch-österreich. Hofcanzlei, wegen 38jähriger Dienstleistung. Derselbe war 1773 als k. k. Hofkriegsrath mit dem Prädicate: Edler v. in den erbländisch-österr. Adelsstand erhoben worden.

Megerle v. Mühlfeld, S. 114 und Ergänz.-Bd. S. 300.

Gold v. Lampoding zu Senfteneck, auch Freiherren (Schild quergetheilt: oben in Silber zwei neben einander gestellte, an rothen Schnüren hängende rothe Post- oder Jagdhörner und unten in Roth ein dergleichen silbernes Horn mit silberner Schnur). Erbländ.-österr.

Freiherrnstand. Diplom vom 3. Aug. 1623 für Erasmus G. v. L. auf Senfteneck, Herrn zu Parschenbrunn, Vesten, Grafendorf und Spillern, Juris Doctor, Fürstl. Pass. Rath u. Niederösterr. Regimentsrath und Landuntermarschall und vom 12. Oct. 1665 für Johann Ulrich Gold v. Lampodin auf Senfteneck, Fürstl. Salzburg. Obersten, Commandanten der Festung Hohen-Salzburg und fürstl. Hofkriegsrath. — Ein aus dem Salzburgischen nach Oesterreich gekommenes Adelsgeschlecht, aus welchem Sebastian G. v. L. 1550 mit Senfteneck in Nieder-Oesterreich begütert war. Von den Söhnen desselben starb Christoph Ehrenreich 1589 und die einzige Tochter aus der Ehe mit Eva Wagner v. und zu Wagenhofen, Elisabetha, vermählte sich 1600 mit Seyfried v. Hoheneck und brachte demselben das ererbte Gut Senfteneck zu. — Emeram oder Haimeram Gold v. L., der Bruder des obengenannten Sebastian, bischöfl. passad. Pfleger der Herrschaft Mauttern in Nieder-Oesterreich, kaufte 1576 den Freisitz Grillenhof und starb 1586. Aus seiner Ehe mit Amalia v. Trenbach stammte mit zwei anderen Söhnen der oben genannte Freiherr Erasmus G. v. L., dessen Sohn aus zweiter Ehe mit Maria Jacobea v. Pinzenau, Andreas Leopold G. v. L., seiner Schwester, Barbara Aemilia, und dem Gemahle derselben, Christoph Ehrenreich Geyer v. Edelbach, das Gut Parschenbrunn 1635 abtrat und in Fürstl. Salzburgische Dienste sich begab. Nach ihm kam der Mannsstamm seiner Linie in Nieder-Oesterreich nicht mehr vor. — Einem anderen Zweige des Stammes gehörte Freiherr Johann Ulrich, s. oben, an. Die Nachkommenschaft desselben blühte im Salzburgischen fort und noch 1758 und 1760 kommt Franz Christoph Freiherr Gold v. L. als Fürstl. Salzb. Geh.-Rath, Hofkammervicepräsident, salzburgischer Landmann und fürstl. Pfleger zu Glanegg vor.

Wissgrill, III. S. 350—352.

Goldacker. Altes, thüringisches Adelsgeschlecht, welches nach Einigen aus Kärnten nach Thüringen, nach Anderen aus Kärnten erst nach Bayern und dann erst nach Thüringen gekommen sein soll. In der Gotha diplomatia wird die Stammreihe mit John v. G. angefangen, welcher, der Sage nach, 1221 mit der heiligen Elisabeth aus Kärnten nach Thüringen kam. Der Enkel desselben, Hermann, war um 1315 Hofmarschall bei dem Landgrafen Friedrich in Thüringen. Von demselben stammte John (II.) und von diesem Hartmann, Feldoberst des K. Maximilian des I. Von dem Sohne des Letzteren, Hartmann (II.), Kursächsischem Ober-Steuer-Director, stammte ein Enkel Burchard, k. k. Oberst und kurbrandenb. Kriegsrath, so wie Commandant zu Sieburg. Der Sohn desselben, Christoph Caspar, starb 1694 als kursächs. Kriegs-Commissar des thüringischen Kreises mit Hinterlassung dreier Söhne, von denen Julius August 1737 k. poln. und kursächs. Generalmajor der Cavall. war. Zwei ältere Sprossen des Stammes im 15. Jahrh. in Thüringen hat die Gotha diplomatica und zwei andere im 17. Jahrh. in Kurbrandenburg hat Gauhe nach Pufendorf angegeben. — Der Stamm, welcher in Thüringen unweit Langensalza schon 1600 Alterstedt, 1609 Weberstedt und 1725 Ufhoven besass u. 1639 in der Neumark im Kr. Soldin Berlinchen und Clausdorf inne hatte, blühte fort und viele Sprossen desselben standen in der kur- und k. sächs., so wie in der k. preuss. Armee. Im Kgr. Sachsen, wo noch im 3. Jahrzehnt dieses Jahrh. ein Generalmajor a. D. v. G. lebte, ist neuerlich der Name des Geschlechts nicht mehr vorgekommen, wohl aber sind nach Bauer, Adressbuch, 1857. S. 74 im Kgr. Preussen begütert: Wilibald v. G., Kammerh. und Adolph v. G., Premierlieut., Herren auf Ufhoven; Maximilian v. G., Oberstlieut. u. grossh. sächs. weim. Kammerherr, Herr auf Weberstedt I.; Wilibald v. G., Kammerh., Herr auf Mahlsdorf im Kr. Zauche-Belzig und Görtzke II., so wie Hohen-Lobbese im Kr. Jerichow I.; Georg Julius Richard v. G., Herr auf Alterstedt I. und die Gebrüder Hermann, Wilibald u. Julius v. G., Herren auf Altenstedt II. u. III. u. Weberstedt II. u. III. im Kr. Langensalza.

Bayer, Geograph. Jenens. S. 28. — Gotha diplom. II. S. 274 u. S. 322 und v. Gleichenstein, Geschlechts-Reg. der v. G. — Seifert, Geneal. adel. Aeltern u. Kinder, S. 141 u. 142. — Schannat, S. 91: Goltacker, 1472. — Gauhe, I. S. 674 u. 675. — Brückner, Beschreib. d. Kirch.- u. Schul-Staats im H. Gotha, I. Stck. 9. S. 42. — v. Uechtritz, Geschl. Erzähl. I. Tab. 53 u. 54. — N. Pr. A.-L. V. S. 185. — Freih. v. Ledebur, I. S. 267. — Siebmacher, I. 67: Die Goldacker, Bayerisch. — v. Meding, I. S. 198 u. 194. — Suppl. zu Siebm. W.-B. XI. 24: v. Goldacker auf Weber- u. Altenstedt. — W.-B. d. Sächs. Staaten, III. 99 und VII. 49.

Goldammer, Ritter (Schild mit Mittelschilde. Im rothen, mit Silber eingefassten Mittelschilde auf erdigem Hügel ein rechtsgekehrter Goldammer. Schild von Gold und Schwarz zwölfmal schräglinks getheilt). Erbländ.-österr. Ritterstand. Diplom vom 14. Sept. 1807 für Joseph Goldammer, k. k. böhmischen Gubernialrath u. Kreishauptmann zu Leutmeritz. Derselbe erhielt 20. Mai 1815 das Incolat. Der Stamm hat fortgeblüht und in neuester Zeit war Joseph Ritter v. G. Hauptmann 1. Cl. im k. k. 16. Jäger-Bataill.

Handschriftl. Notiz. — Megerle v. Mühlfeld, Ergänz.-Bd. S. 146.

Goldammer (Schild geviert mit Mittelschilde. Im blauen Mittelschilde ein schrägrechter, silberner, mit drei rothen Rosen belegter Balken. 1 u. 4 quergetheilt: oben in Grün ein, auf einer, die Theilungslinie berührenden, goldenen Krone sitzender, einwärts sehender Schwan und unten von Gold und Grün viermal quer getheilt u. 2 u. 3 in Gold ein einwärts sehender, schwarzer Löwe mit silbernen Tatzen u. silberner Krone.) Adelsstand des Kgr. Sachsen u. bestätigt im Kgr. Preussen. Diplom vom 2. März 1811 für Johann Christian Friedrich Goldacker, k. sächs. Lieutenant in d. A., mit seinen Kindern, Fedor Wilhelm Bruno, Otto Curt Hermann, Thecla Johanna Clementine, Feodor Alexander Bruno und Clemens Ferdinand Feodor G. Später erhielt durch Diplom vom 15. Febr. 1819 J. C. Friedrich v. G., Herr auf Dubran in der Niederlausitz, Laudes-Aeltester u. Kreisdeputirter in der Niederlausitz, im Kgr. Preussen die Anerkennung des ihm u. der Familie 1811 ertheilten Adels. Der Stamm hat fortgeblüht und nach Bauer, Adressbuch, 1857, S. 74, besass der k. preuss. Lieutenant v. Goldammer das Gut Liebsgen unweit Soran.

Handschriftl. Notizen. — N. Pr. A.-L. II. S. 255 u. 256 u. V. S. 185. — Freih. v. Ledebur, I. S. 267 u. III. S. 262. — W.-B. d. Pr. Mon. III, 29. — Dorst, Allgem. W.-B. II. S. 94 u. 95. — W.-B. d. Sächs. Staat. II. 65. — Kneschke, I. 172 u. 173.

Goldbach. Altes, thüringisches Rittergeschlecht, welches das im

Gothaischen gelegene Dorf Goldbach angebaut haben soll und aus welchem im Gothaischen von 1263 bis 1374 einige Sprossen vorkommen. Helwig v. G. war 1300 Landmeister des deutschen Ordens in Preussen, nachdem er vorher Landmarschall des Ordens gewesen. Derselbe wird von Gryphius u. A. ein Thüringer genannt und Hartknoch meldet, dass er 1301 die Landmeister-Würde niedergelegt und sich wieder nach Thüringen begeben habe. Nach Gauhe hat der Stamm fort- und noch bis gegen die Mitte des 17. Jahrh. geblüht und der genannte Schriftsteller rechnet zu demselben den kursächs. Amtshauptmann zu Querfurt Georg v. Goldbach, welcher das Schloss Querfurt 1642 den Schweden übergab.

Hartknoch, Altes und Neues Preussen, S. 296. — Gryphius, vom Ritterorden, S. 87. — Gauhe, I. S. 675 u. 676; auch nach Pufendorf, Schwed Kriegsgesch. — Brückner, Beschr d. Kirch, u Schul.-Staats im II. Goths, I. Stck. 9. S. 9 u. 10.

Goldbach (in Roth ein schräglinker, schwarzer Balken mit einem goldenen Strome, überdeckt von einem in der ganzen Länge des Schildes aufrechts gestellten, silbernen Anker mit goldenem Griffe). Böhmischer Adelsstand. Diplom von 1545. Ein in Schlesien im Breslauischen vorgekommenes Adelsgeschlecht, welches auch 1700 Gross-Muritsch unweit Trebnitz besass. — Anna Rosina v. Goldbach war zuerst mit Carl Siegfried Freih. v. Kittlitz auf Mechwitz und später mit Ernst v. Randow auf Bukowine vermählt. Nach Allem war dieselbe die Letzte ihres Stammes.

Sinapius, I S. 410. u. II. S. 643. — N. Pr. A.-L. II. S. 256. — Freih. v. Ledebur, I. S. 267. — v. Meding, I. S. 194.

Goldbach, Ritter (Schild geviert: 1 u. 4 in Blau ein schräglinker goldener, nach Anderen silberner Strom und 2 und 3 in Roth über einem Dreihügel eine goldene Sonne). Böhmischer Ritterstand. Diplom vom 16. Mai 1698 für Balthasar Goldbach, Rathsmann u. Kämmerer in Breslau. Ob und wie derselbe mit der im vorstehenden Artikel besprochenen Familie im Zusammenhange gestanden habe, ist nicht bekannt.

v. Hellbach, I. S. 443. — N. Pr. A.-L. II. S. 256. — Freih. v. Ledebur, I. S. 267.

Goldbach (in Silber ein schmaler, blauer Querbalken und über demselben, zwei goldene Pocale, und unter demselben ein solcher Pocal). Erneuerter Reichsadelsstand. Kursächs. Reichs-Vicariats-Diplom vom 23. Aug. 1745 für den k. russisch. w. Staatsrath v. Goldbach. Wie das Wappen ergiebt, gehörte derselbe zu der im nachstehenden Artikel besprochenen Familie: v. Goldbeck, welche ganz dasselbe Wappen führt.

Handschr. Notizen. — W.-B. d. Sächs. Staaten, VII. 50.

Goldbeck. Im Kgr. Preussen neubestätigter Adelsstand. Bestätigungsdiplom vom 28. März 1778 für Heinrich Sigismund v. Goldbeck, k. preuss. Präsidenten des Kammergerichts und für die drei Brüder desselben, k. preuss. Geh. Regierungsräthe und Kriegsräthe. — Ein wie mehrfach angenommen wird, ursprünglich thüringisch-sächs. Adelsgeschlecht, welches in die Altmark kam und im jetzigen Kreise Osterburg schon 1493 Biesenthal und 1495 Ballerstedt besass, doch ist, was den Ursprung der Familie anlangt, nicht zu übersehen, dass in der

Ost-Priegnitz ein Dorf Goldbeck liegt und dass dasselbe 1309 dem Geschlechte gehörte. In Sachsen stand noch 1609 Stötteritz bei Leipzig der Familie zu. Später wurde dieselbe auch in der Provinz Brandenburg und in Westpreussen begütert. — Der genannte Heinrich Sigismund v. Goldbeck, seit 1789 k. preuss. Geh. Staatsminister und seit 1795 Grosscanzler, Chef de Justice, Chefpräsident der Gesetzcommission etc. starb 1818. Von den beiden Söhnen desselben war der jüngere jung gestorben, C. F. v. G. aber lebte 1836 als Präsident, Ritterschafts-Director etc. und war mit Alexandrine Freiin v. Schrötter vermählt, aus welcher Ehe zwei Töchter entsprossten: Elisabeth, verm. mit Gustav Gr. v. Wartensleben, k. preuss. Kammerh. und Major a. D. Herrn auf Carow etc. und Mathilde, Wittwe des 1842 verstorbenen k. preuss. Majors Wilhelm Gr. v. Schlippenbach. Von den Nachkommen der Brüder des Heinrich Sigismund v. G. nennt das N. Preuss. Adelslexicon den Major a. D. v. G. zu Warburg, den Oberlandesgerichts-Präsidenten v. G. in Paderborn, welcher seine Linie fortgesetzt hat und den k. preuss. Hauptmann v. G. — Nach Bauer, Adressbuch, 1857, S. 74 war der Präsident a. D. und Ritterschafts-Director v. G. Herr auf Plan im Kreise Osthavelland.

Knauth, S. 503. — v. Hellbach, I. S. 443. — N. Pr A.-L. I. S. 48, II. S. 256 u. 257 u. V. S. 185. — Freih. v. Ledebur, I. S. 267 u. 268. — Siebmacher, I. 172: Die Goldbecken, Sächsisch. — v. Meding, I. S. 194. — Suppl. zu Siebm. W.-B. VI. 18. — Tyroff, I. 67. — W.-B. d. Pr. Monarch., III. 29.

Goldeck. Altes, steiermärkisches, seit 1305 vorgekommenes Rittergeschlecht.
Schmutz, I. S. 510.

Goldegg, Goldeckh, Freiherren (Schild roth und schräglinks getheilt mit aus der Theilungslinie in die obere Schildeshälfte aufsteigenden, vier silbernen Spitzen). Altes, tiroler Adelsgeschlecht aus dem Stammschlosse Goldegg im Gerichte Jenissen, welches in der Gegend um Lana mehrere Besitzungen hatte und das Erbschenken-Amt im Erz-Stifte Salzburg besass. Arcius und Goldecarus v. G. waren 1231 adelige Lehnsleute der Grafen v. Ulten. Mit Christoph v. G. erlosch 1473 der Stamm in Tyrol. Vorher aber hatte sich eine Linie desselben nach Bayern gewendet, welche nun das erwähnte Erbschenken-Amt an sich brachte und aus welcher Johann Matthias Freib. v. G. um 1660 k. k. Geh.-Rath und Hof-Canzler war.

Graf v. Brandis, II. S. 60. — Gauhe, I. S. 676. — Siebmacher, III.

Goldegg, Goldeckh (Schild schwarz und schräglinks getheilt mit aus der Theilungslinie in die obere Schildeshälfte aufsteigenden, vier silbernen Spitzen). Altes, niederösterreichisches Adelsgeschlecht, welches im 13. und 14. Jahrhunderte das Bergschloss Goldegg bewohnte, vielleicht zuerst erbaute und nach seinem Geschlechtsnamen nannte, oder, nach Gewohnheit älterer Zeit, davon den Namen führte und welches bei nur durch die Farben verschiedenen Wappen nach Allem eines Stammes mit dem im vorstehenden Artikel besprochenen tiroler Geschlechte war. — Otto à Goldeck, Nobilis vir, kommt urkundlich 1283 vor und Conrad v. Goldeck hatte in den Jahren 1286 und 1295 die Veste Stattneck im Ennsthale österr. Lehenschaft im

Besitz. Der Stamm blühte durch das 14. Jahrh. in das 15. hinein. Conrad Herr zu Goldeck kommt mit seiner Ehefrau, Agnes v. Perneck und seinem Sohne, Janns, urkundlich 1387 vor und noch 1427 wird in einer Urkunde von Stephan Herrn v. Zelking eines verstorbenen Herren Albert zu Goldegg gedacht. —

Wissgrill, III. S. 352—354, nach mehreren angegebenen Quellen.

Goldegg, Freih., vormals **Prückelmayr** genannt. (Schild geviert, mit blauem Mittelschilde, welches drei, 2 u. 1, fliegende goldene Lerchen zeigt. 1 u. 4 in Gold ein an die Theilungslinie angeschlossener, gekrönter, halber, schwarzer Adler und 2 u. 3 in Roth ein silberner Querbalken). Erbländ.-österr. Freiherrnstand. Diplom vom 9. Jan. 1648 für Johann Matthias Prückelmayr, k. k. Geh.-Rath und Hofcanzler, Herrn der Herrschaft Goldegg in Niederösterreich etc., mit dem Namen: Freiherr v. Goldegg. Derselbe, 1589 in einer armen Bauerfamilie zu St. Bernhard in Nieder-Oesterreich geboren und von einem gutherzigen Pfarrer unterstützt, studirte in Wien die Rechte, erhielt später ein Alumnat, wurde nach beendigten Universitätsstudien Doctor der Rechte, Gerichtsadvocat, 1631 Niederösterr. Kammerprocurator, bald darauf k. k. Rath, 1637 w. Hofrath etc. Sein Tod erfolgte 1657 und er hinterliess nur zwei Töchter, Freiin Anna Catharina, zuerst mit Philipp Jacob Freih. v. Unverzagt u. später mit Johann Adolph Grafen v. Wagensperg vermählt, welche 1669 die Herrschaft Goldegg an Maria Margaretha Grf. v. Trautson verkaufte und Freiin Luzia Ludomilla, welche sich mit Johann Heinrich Freiherrn v. Garnier vermählte. Dem St. Barbara-Convicte, in welchem er früher studirender Alumnus gewesen war, vermachte er zu einer ansehnlichen, seinen Namen führenden Stiftung für arme Studirende die Güter Azgerstorf und Liesing.

Wissgrill, III. S. 354 u. 355.

Goldegg. Goldegg v. u. zu Goldegg und Lindenburg, Ritter (Schild, geviert: 1 u. 4 in Roth eine schrägrechte, goldene Mauer mit drei eingeschnittenen Zinnen und 2 u. 3 in Blau ein rechts springendes, rothes Ross, mit weissem Leibgurte). Altes tiroler, in die Landesmatrikel, so wie die Adelsmatrikel des Kgr. Bayern eingetragenes Adelsgeschlecht, welches den Ritterstandstitel und das Prädicat: Lindenburg führt. Zu demselben gehört Hugo Ritter v. Goldegg in Botzen, welcher sich mit echt historischem Sinne und grossem Fleisse, unterstützt von umfangreichen Sammlungen, in die Geschichte der Adelsgeschlechter seines Vaterlandes so hineingearbeitet hat, dass derselbe jedenfalls zu den kundigsten Kennern des tiroler Adels zu rechnen ist.

Graf v. Brandis, Tab. I. der Wappen der übrigen landständigen Adelsgeschlechter in Tirol, Nr. 46. — W.-B. d. Kgr. Bayern, V. 67.

Goldenast, Freiherren. Reichsfreiherrnstand. Diplom von 1720 für Johann Leopold von Goldenast, Geh.-Rath des Reichsstifts Buchau in Schwaben.

Megerle v. Mühlfeld, S. 53.

Goldenberg, Goldschmid v. Goldenberg. Im Kgr. Preussen erneuerter Adelsstand. Diplom vom 7. Jan. 1791 für Emanuel Goldschmid,

k. preuss. Tribunals-Rath in Ostpreussen, mit dem Zusatze: v. Goldenberg. 1806 lebten zwei Brüder v. Goldenberg: der Aeltere war Director der Neu-Ostpreuss. Regierung zu Plock, der Jüngere aber Rath bei der südpreuss. Regierung und Mitglied des Pupillen-Collegiums zu Warschau und Carl v. G. starb 20. Sept. 1836 als Ober-Landesgerichts-Auscultator zu Königsberg i. Pr. Den Tod des Letzteren machte eine Tante, Luise verw. Hauptm. v. Negelein, geb. v. Goldenberg, bekannt. Die Familie besass eine Zeit lang in der Ober-Lausitz Arnsdorf und Ober- und Mittel-Weigsdorf.

N. Pr. A-L. II. S. 257 u. V. S. 185. — *Freih. v. Ledebur*, I. S. 268. — W.-B. d. preuss. Monarch. III. 29.

Goldenbogen. Altes, längst erloschenes westphälisches Adelsgeschlecht, von welchem nur das redende, von Hans Goldenbogen 1296 geführte Wappen bekannt ist.

v. Westphalen, Monum. Inedita, IV. Tab. 20, Nr. 22. — *v. Meding*, I. S. 195.

Goldenstein, s. Brandner v. Goldenstein, s. Bd. II. S. 20.

Goldenstern, s. Rizzoli v. Goldenstern.

Goldfuss. Adelsbestätigungsdiplom vom 8. Juli 1678. Ein zu dem in Schlesien begüterten Adel gehörendes Geschlecht, welches aus dem Reiche stammt und nach Angabe Mehrerer das Nürnberger Patriciat besass, in Folge dessen Sprossen des Stammes Stellen im Rathe der alten freien Reichsstadt bekleideten. Ein Zweig wendete sich nach Schlesien, wo bereits 1680 Hans Magnus v. G., kurbrandenb. u. später k. preuss. Rath, die Güter Kittelau und Reisau im Kr. Nimptsch besass. Derselbe war mit einer Tochter des Dichters Daniel Caspar v. Lohenstein vermählt, welchem diese Güter zustanden und aus dieser Ehe stammten drei Söhne und eine Tochter. Der Stamm, welcher in Schlesien im Laufe der Zeit noch andere Güter erwarb, auch nach Anfange des 18. Jahrh. in der Provinz Brandenburg begütert war, blühte fort. In neuerer Zeit war Friedrich v. G. k. preuss. Kriegs- und Domaineurath, sowie General-Landschafts-Repräsentant der Landschaften des Breslauer Oberamts-Regier.-Departements und ein Major v. G., Herr auf Nicklasdorf, starb nach 1830. — Nach Bauer, Adressbuch, S. 74, war 1857 Adalbert v. G., k. preuss. Landrath und Landesältester, Herr auf Gr. Tinz im Kr. Nimptsch und Nicklasdorf im Kr. Strehlen, Albert v. G. aber, k. preuss. Major a. D. Herr auf Kittelau im Kr. Nimptsch.

Henel, Silesiogr. S. 772. — *Sinapius*, II. S. 643. — *Gauhe*, II. S. 364. — *Freiherr v. Krohne*, II. S. 415 u 416. — N. Pr. A-L. II. S. 257. — *Freih. v. Ledebur*, I. S. 268 u. III. S. 262. — Schlesisch. W.-B. Nr. 330.

Goldltz (in Gold ein schwarzes, das Mundstück nach der Rechten kehrendes Jägerhorn mit rothem Beschläge und oben einmal geschlungenem Bande). Schlesisches, nicht mit der neumärkischen Familie v. Golitz zu verwechselndes Adelsgeschlecht, welches in den Fürstenthümern Oppeln und Ratibor begütert war.

Sinapius, I. S. 410 unter Berufung auf Bucellini, Spener, Henel und Lucas — *Siebmacher*, I. 52; Goldltz, Schlesisch. — *v. Meding*, III. S. 216.

Goldrain, Grafen, s. Hendl. v. Goldrain.

Goldrainer zu Mühlrain. Erbländisch-österr. Adelsstand. Diplom von 1751 für Philipp Jacob Goldrainer, Stadtschreiber zu Meran in Tirol, mit dem Zusatze: v. Goldrainer zu Mühlrain.
<small>*Meyerle v. Mühlfeld*, Ergänz.-Bd. S. 300.</small>

Goldschan. Altes, steiermärkisches Adelsgeschlecht, von welchem nur einige gegen Ende des 16. Jahrh. lebende Sprossen bekannt sind.
<small>*Schmutz*, I. S. 511.</small>

Goldscheider v. Rehnaberg. Erbländ.-österr. Adelsstand. Diplom von 1779 für Anton Leopold Goldscheider, Second-Rittmeister bei Herzog Albert zu Sachsen-Teschen Kuirass., mit dem Prädikate: v. Rehnaberg.
<small>*Meyerle v. Mühlfeld*, Ergänz.-Bd. S. 300.</small>

Goldschmid v. Goldenberg, s. Goldenberg, Goldschmid v. Goldenberg, s. S. 587 und 588.

Goldstein (in Roth drei, 2 u. 1, weisse Lilien, deren Spitzen einem, mit einem goldenen Sterne geschmückten Mittelschildchen zugewendet sind). Hallesches Stadtgeschlecht, welches schon 1570 Passendorf bei Halle, 1600 Dölkau bei Merseburg und Hohen-Priesnitz bei Delitzsch, 1660 Dölzig bei Leipzig und später noch andere Güter inne hatte. Die Annahme, dass dasselbe ein Zweig der alten, rheinländischen Familie der Freiherren und Grafen v. Goltstein sei, ist historisch nicht erwiesen. — Als näherer Stammvater wird der zu seiner Zeit als Rechtslehrer berühmte D. Kilian Goldstein genannt. Von den Söhnen desselben war der gleichnamige Sohn, gest. 1622, zuletzt h. sachs.-weim. Rath und Canzler, Joachim v. G., Herr auf Passendorf, kursächs. Canzler zu Merseburg und Carl v. G., früher in K. K. u. K. Schwedischen Kriegsdiensten, später, 1609, kursächs. Stiftshauptmann zu Quedlinburg und zuletzt Oberst und Commandant zu Königstein. Von seinen oder den Söhnen eines seiner Brüder wurde Carl Albrecht v. G., Herr auf Dölkau und Passendorf, erst h. sachs.-weissenf. Geh.-Rath und dann herz. sachs.-lauenburg. Geh.-Rath. Letzterer hinterliess zwei Söhne und der eine derselben war der gleich weiter zu nennende Carl Gottlob v. G. Der Stamm blühte in die zweite Hälfte des 18. Jahrh. hinein, in welcher Carl Gottlob v. G., k. poln. u. kursächs. Kammerherr, nachdem derselbe verm. mit Einer v. Bibra ohne Leibeserben geblieben war, laut kön.-kurfürstl. Bestätigungs-Urkunde vom 5. Sept. 1761 den jüngsten Sohn des Landjägermeisters v. Böltzig in Merseburg, Carl Wilhelm v. Böltzig, an Sohnes Statt mit der Bedingung annahm, Namen und Wappen der v. Goldstein fortzuführen, s. den Artikel: v. Böltzig, Bd. I. S. 521 u. 522. Der genannte Adoptivsohn vermählte sich mit Henriette v. Kutschenbach a. d. Hause Kaimberg bei Gera und wurde Vater mehrerer Söhne, von welchen jedoch nur der zweite Sohn, Carl Maximilian Friedrich, geb. 1780, verm. mit Henriette v. Berge a. d. Hause Lugk i. d. Niederlausitz, den Stamm durch drei Söhne und drei Töchter fortsetzte. Derselbe erhielt, nachdem sein Schwager, der k. sächs. Major v. B., als Letzter des Mannsstammes der v. Berge aus dem Hause Lugk 1815 in Flandern geblieben war, durch K. Preuss. Cabinetordre vom 24. Mai 1823 die Erlaubniss, mit seinem Namen und Wappen den Namen und das Wappen der v. Berge verbinden zu dürfen, s. den Artikel: v. Berge, Bd. I. S. 338-340. Das N. Preuss. Adelslexicon hat den Freiherrn Carl Maximilian Friedrich v. Goldstein-Berge, welcher 1836 in Berlin lebte, als Freund und Kenner der Genealogie, Heraldik etc. genannt, welcher unterstützt durch eine reichhaltige und seltene Sammlung von 1800 Bücherbänden etc. seit 20 Jahren mehrere, diese Wissenschaften betreffende Werke vorbereitete. doch sind dieselben, so viel bekannt ist, leider nicht zur Oeffentlichkeit gelangt.

Knanth, S. 509. — Jöcher, Compend. Gelehrt.-Lex. Ausg. von 1726. S. 1114. — Gauhe, I. S. 678; nach Bennert, Athen. Witteberg und Olearius, hallische Chron. — N. Pr. A.-L. II. S. 258 und 259. — Freih. v. Ledebur, I. S. 268 und III. S. 262. — Siebmacher, I. 167: die Goldstein, Sächsisch. — v. Meding, I S. 195. — W.-B. d. Sächs. Staaten, III. 20: Freih. v. G., 21: Freih. v. G.-Berge und 22: Freih. v. G.-Böltzig.

Golejewski, Grafen. Galizischer Grafenstand. Diplom von 1783 für Johann Golejewski.

Megerle v. Mühlfeld, Ergänz.-Bd. S. 15.

Golembiewski. Polnisches, dem Stamme Prawdzic einverleibtes Adelsgeschlecht, welches in der Provinz Preussen vorkam.

Freih. v. Ledebur, I. S. 268 und III. S. 262.

Golembocki. Polnisches Adelsgeschlecht aus welchem Ignaz v. G., ehemaliger Polnischer Oberst, 1803 das Gut Tworkown unweit Obornick besass.

Freih. v. Ledebur, III. S. 262

Golembski. Polnisches, in den Stamm Ogonczyk eingetragenes Adelsgeschlecht, welches in Ostpreussen im Kr. Neidenburg das Gut Koschlau an sich brachte.

Freih. v. Ledebur, I. S. 269 u. III. S. 262.

Golinski, Polnisches, zu dem Stamme Prawdzic zählendes Adelsgeschlecht, welches nach Ostpreussen kam und die Güter Browien, Thurau und Wolla im Kr. Neidenburg erwarb.

Freih. v. Ledebur, I. S. 268 u. III. S. 262.

Golitz (in Silber eine blaue, von zwei rothen Rosen begleitete Leiter). Altes Adelsgeschlecht der Neumark aus dem gleichnamigen Stammhause bei Lebus a. d. Oder, nicht zu verwechseln mit dem schlesischen Geschlechte v. Golditz. — Dasselbe hatte schon 1333 Mollnow, 1441 Hasenfelde, Quilitz und Tucheband, 1462 Diedersdorf und 1490 Dolgelin inne und erwarb später noch andere Güter, sämmtlich im Kr. Lebus. — Zuerst kommt Remegus v. G. mit seinem Neffen, Erich, zu Seelow vor und 1694 besassen Barthel und Caspar v. G. die Güter Clessin und Diedersdorf. Der Stamm blühte noch bis in die zweite Hälfte des 18. Jahrh. hinein, in welcher im Octob. 1760 Arnd Friedrich v. G., k. schwed. Oberstlieutenant, bei einer Ueberfahrt nach Schonen in der Ostsee ertrank. Derselbe, verm. mit Anna Sibylla v. Thümen, war der Letzte seines Stammes. Die Güter fielen als erledigte Lehne an die Krone Preussen zurück und wurden zu dem Amte Leubus geschlagen.

N. Pr. A.-L. V. S. 185; nach den König'schen Sammlungen. — Freiherr v. Ledebur, I. S. 268.

— 591 —

Golkowski. Polnisches, zu dem Stamme Strzemien gehörendes Adelsgeschlecht, welches in Westpreussen 1820 im Kr. Culm die Güter Klenczkowo, Sarnowo und Trzebieluch besass. Nach Bauer, Adressb. S. 74, war 1857 ein v. Golkowski Herr auf Ellernitz im Kr. Graudenz.
<small>*Freih. v. Ledebur*, I. S. 268.</small>

Goll v. Franckenstein. Erbländ.-österr. Adelsstand. Diplom von 1766 für Johann Goll, Wechsler zu Amsterdam, mit dem Prädicate: v. Franckenstein.
<small>*Megerle v. Mühlfeld*, Ergänz.-Bd. S. 300. — Suppl. zu Siebm. W.-B. XI. 10.</small>

Gollen Freiherren und Grafen. Erbländ.-österr. Freiherrn- und Grafenstand. Freiherrn-Diplom von 1706 für Procop Gervas v. Gollen, Herrn der Herrschaft Fischament, k. k. Niederösterr. Regimentsrath etc. und Grafendiplom für denselben vom 30. Juni 1719. — Der Diploms-Empfänger stammte aus einem ursprünglich niederländischen, später nach Schlesien gekommenen Adelsgeschlechte und wurde 1706 als Landmann unter die neuen niederösterr. Herrenstands-Geschlechter aufgenommen. Aus seiner Ehe mit Maria Anna Freiin v. Löwenthurn entsprossten zwei Söhne und drei Töchter, doch lebte, als er 1729 starb, neben seiner Wittwe, welche sich später in zweiter Ehe mit einem Baron v. Minquizburg vermählte, nur noch eine Erbtochter, Grf. Maria Therese, welche als vermählte Freifrau v. Dominique die Herrschaft Fischament 1755 an den k. k. Feldmarschall Grafen v. Batthyán verkaufte.
<small>*Wissgrill*, III. S. 355 u. 356.</small>

Goller. Adelsstand des Königr. Bayern. Diplom vom 27. Febr. 1817 für Johann Wolfgang Goller, k. bayer. Landrichter zu Amberg und Herrn auf Kollersried. Derselbe, geb. 1777 wurde nach seiner Erhebung in den Adelsstand in die Adelsmatrikel des Kgr. Bayern eingetragen.
<small>*v. Lang*, Suppl. S. 102. — W.-B. d. Kgr. Bayern, V. 63. — *v. Hefner*, bayer. Adel, Tab. 21 u. S. 80.</small>

Gollhofer, Gollhoffer, Ritter und Edle. Reichsritterstand. Diplom von 1737 für Maximilian Gundacker v. Gollhofen, k. k. Ober-Kammerfourier, mit dem Prädicate: Edler v. Derselbe war 1730 in den Reichsadelsstand versetzt worden.
<small>*Megerle v. Mühlfeld*, S. 114 u. 115 u. Ergänz.-Bd. S. 300.</small>

Gollner v. Goldnenfels, Freiherren. Erbländ.-österr. Freiherrnstand. Diplom von 1810 für Aloys von Gollner, k. k. Obersten bei v. Jordis Infanterie, mit dem Prädicate: v. Goldnenfels.
<small>*Megerle v. Mühlfeld*, S. 51.</small>

Gollob v. Taubenberg. Erbländ.-österr. Adelsstand. Diplom von 1778 für Johann Gollob, k. k. Major bei dem Oguliner Infant.-Regim., mit dem Prädicate: v. Taubenberg.
<small>*Megerle v. Mühlfeld*, Ergänz.-Bd. S. 309.</small>

Golocki. Polnisches, zu dem Stamme Pielesz gehörendes Adelsgeschlecht, welches in Westpreussen im Kr. Culm 1728 und noch 1760 das Gut Sarnowo besass.
<small>*Freih. v. Ledebur*, III. S. 262 u. 263.</small>

Golofkin, Golowkin, Grafen. Reichsgrafenstand. Diplom von 1707 für Gabriel Iwanowitsch Golofkin, k. russ. Oberkammerherrn etc. und k. russ. Anerkennungsdiplom des der Familie verliehenen Reichsgrafenstandes von 1710. — Der Empfänger der Diplome, aus einem alten, polnischen und russischen Hause stammend, wurde 1719 Reichsrath, 1721 Grosscanzler und starb 1734 mit Hinterlassung von 5 Söhnen, der Grafen: Iwan Gawrilowitsch, Michael Gawrilowitsch, Peter, Gabriel Alexander u. Alexander. Graf Iwan G., k. russ. Geh.-Rath, vermählte sich mit einer Fürstin Gagarin; Graf Michael G., k. russ. Cabinetsminister und Vicecanzler, gest. 1759, war mit Catharina Fürstin Ramdnuowski, Erbtochter des letzten Fürsten R., vermählt, aus welcher Ehe ein Sohn, Graf Alexander, k. russ. a. o. Botschafter im Haag etc. entspross, aus dessen Ehe mit Catharina Henriette Grf. zu Dohna, gest. 1768, neben zwei Töchtern, Maria verw. Grf. v. Kamecke, gest. 1769 und Natalie verw. Grf. v. Schmettau, gest. 1778, ein Sohn stammte: Graf Iwan Alexander, gest. 1794, k. russ. Staatsrath und Gesandter; — Graf Peter (Peter Alexandrowitsch), verm. mit Friederike Gräfin v. Kamecke, gest. 1788, Tochter seiner Nichte, Maria Gräfin v. Golofkin, erhielt 1766 die Erlaubniss, sich in den k. preuss. Staaten anzukaufen und erwarb Guten-Paaren im Kr. Ost-Havelland; — Graf Gabriel Alexander, früher in k. französ. Diensten unter dem Namen eines Marquis v. Ferrassieres, später holländ. General-Lieutenant und Commandant von Amsterdam, hinterliess eine Tochter Alexandrine, welche als Wittwe des Grafen Heinrich Alphons de Bruges 1839 in Berlin lebte — und Graf Alexander, welcher als k. preuss. Kammerherr und Directeur des plaisirs 1781 unvermählt starb. — Nächstdem hat Freih. v. Ledebur noch angegeben, dass Peter Friedrich Christoph Graf v. G. 1771 das Gut Harnekopf im Kr. Ober-Barnim erwarb.

<small>N. Preuss. A.-L. V. S. 186. — Freih. v. Ledebur, I. S. 269 u. III. S. 262.</small>

Golteren. Ein längst erloschenes Adelsgeschlecht, dessen Wappen, ein Baum mit Eicheln, nur durch ein Siegel von 1306 bekannt ist.

<small>v. Meding, III. B. 216 ; nach Chronecke der Sassen, Mentz, 1492.</small>

Goltstein, Goldstein, Freiherren und Grafen (Schild rund und achtmal von Gold und Blau quer getheilt, oder nach anderen Angaben in Gold vier blaue Querbalken). Reichsfreiherrn- und Grafenstand. Freiherrndiplom für Johann Wilhelm v. G., 1657 kurpfälz. Obersten und Statthalter zu Düsseldorf und später k. k. General-Feld-Zeugmeister und Grafendiplom vom. 8. Febr. 1694 für den Sohn desselben, Friedrich Theobald Freih. v. G., Herrn zu Gripswalde, Pfalz-Neuburg. Regier.-Rath, Kammerh., Gesandten am k. schwed. Hofe etc. — Die Freiherren u. Grafen v. Goltstein, früher auch Goldstein, Goldenstein und Golstyn geschrieben, stammen nach den gewöhnlichen Angaben aus dem alten mährischen Adelsgeschlechte der Freiherren Zwole (Swole, Swolsky und Stwole) und Goltstein. Ein Zweig des Stammes kam nach Kärnten, erbaute unweit Ketschach ein gleichnamiges Schloss und breitete sich auch in Mähren aus. Später verliess das Geschlecht Kärnten und Mähren und begab sich theils nach

Polen, wo es sich Stwolinsky und Goldstein nannte und dem Stamme Swinka einverleibt wurde, theils nach den Rheinprovinzen und nach Holland, von wo ein Zweig nach Franken gelangte. So entstanden zwei Linien, die polnische und die rheinische, welche Letztere im Laufe der Zeit im Herzogthume Jülich, in den Niederlanden und im Anspachischen ansehnliche Güter an sich brachte. — Fahne nimmt nur an, dass die Familie aus dem Jülich'schen von der Burg gleichen Namens stamme und dass Heinrich Goltstein 1180 als cölnischer Bürger urkundlich vorkomme. Nach den von Fahne gegebenen Stammtafeln steigt die Stammreihe der Grafen v. G., wie folgt, herab: Johann v. Goltstein, Herr zu Drimborn, 1465: Agnes v. Wyenhorst; — Johann II: Catharina v. Fürdt; — Reinhard: Alcid v. Breyl, Erbin zu Breyl; — Gerhard Herr zu Breyl: Margaretha v. Grein, Erbin zu Müggenhausen; — Walrav: Anna v. Holtzeit, gen. Oest; — Andreas: Johanna v. Torck; — Johann Wilhelm, wurde, s. oben, Freiherr: Veronica v. Holtrop; — Friedrich Theobald, Herr zu Gripswald, brachte, wie oben angegeben, den Grafenstand in die Familie, Pfalz-Neuenb. Regier.-Rath, Kammerh., Gesandter am k. schwed. Hofe etc.: Therese v. Blankard; — Johann Ludwig, Herr zu Breyl, Jülich-Bergischer Canzler: Anna Maria Luise v. Schaesberg; — Johann Ludwig Franz, Jülich-Berg. Canzler, kurpfälz. Statthalter etc.: Maria Amalia Therese v. Blankard; — Johann Ludwig Franz, Jülich.-Berg-Geh.-Rath, Hof- und Kammer-Präsident, Vice-Präsident etc., regierender Graf zu Schlenacken und Herr der Herrschaft Ulmen: Maria Luise Freiin v. Loe zu Wissen; — Franz Ludwig Joseph, gest. 1824 k. franz. Oberst d. Cav.: Luise Maria Grf v. Quadt-Wykradt; — Graf Arthur Friedrich, geb. 1813, Herr auf Breyl (seit 1512 in der Hand der Familie), Mitglied des k. Preuss. Herrenhauses auf Lebenszeit, verm. 1838 mit Mathilde Grf. v. Hoensbroech, geb. 1813, aus welcher Ehe drei Töchter, Eugenia, Elisabeth u. Maria, stammen. Von dem Bruder des Grafen Franz Ludwig Joseph, dem Grafen Friedrich Anton Maria, gest. 1852, k. franz. Marechal de Camp, entsprossten aus der Ehe mit Stephanie Vicomt. v. Quabeck zwei Söhne: Gr. Friedrich, geb. 1836, in k. franz. Militairdiensten und Graf Emanuel, geb. 1837. — Aus der freiherrl. Linie wurde Carl Nicolaus Philipp Wilhelm Freih. v. Goltstein, laut Eingabe d. d. Haus Meroedgen, 11. Juni 1829, unter Nr. 10 der Freiherrenclasse in die Adelsmatrikel der Preuss. Rheinprovinz eingetragen und nach Bauer, Adressb. S. 75, war 1857 Friedrich Carl v. Goltstein Herr auf Beck im Kr. Erkelenz.

Gauhe, I. S. 676 u. 677. — *B. P. de Glogol,* Schaupl. d. alt. ehem. Adels in Mähren, herausg. v. Ch. Pfeifer, Breslau 1741. — *v. Steinen,* Westph. Gesch. III. S. 636 651. — *Robens,* Niederrh. Ritterschaft, I. S. 138 u. ff.: das Grafendiplom S. 113—119. — N. Pr. A.-L. II. S. 259—261. — *Fahne,* I. S. 115. — Deutsche Grafh. der Gegenw. I. S. 271 und 275. — *Freiherr v. Ledebur,* I. S. 269. — Geneal. Taschenb. d. gräfl. Häuser. 1862. S. 297 u. 298 u. histor. Handb. zu denselben. S. 256. — *Siebmacher,* V. Anhang 32 oder V. 353: Gr. v.G. Durchlaucht. Welt, Ausgabe von 1767—76. II. Tab. 125: Gr. v. G. — Suppl. zu Siebmachers W. B II. 11: Freih. v. Goldstein. — *Tyroff,* I. 50; F. Hn. v. Goldstein. — W.-B. d. Preuss. Rheinprov. I. Tab. 13. Nr. 85: Gr. v. Goltstein u. 86. Freih. v. G., u S. 11.

Goltz, v. der Goltz, auch Freiherren und Grafen (Stammwappen: in Roth ein silberner, nach Anderen goldener Sparren, oder auch in Roth ein eingebogener, den oberen Schildesrand mit der Spitze nicht berührender, von Silber und Blau so getheilter Sparren, als wären zwei über einander gestellte Sparren, ein silberner und ein blauer, oder auch schwarzer an einander geschoben. **Wappen nach dem k. franz. Gnadenbriefe vom August 1653 und nach dem Freiherrn-Diplome von 1666**: in Blau ein goldener Sparren, oben von zwei goldenen Lilien und unten von einer dergleichen begleitet. **Wappen der Freiherren v. d. Goltz in Preussen**: Schild der Länge nach getheilt: rechts in Silber eine rothe, weiss ausgefugte Mauer, hinter welcher ein rechts sehender, goldener Löwe aufwächst, welcher in den Vorderpranken einen goldenen Ring hält und links der Sparren mit den Lilien nach dem Gnadenbriefe von 1653. Der aufwachsende Löwe ist das Stammwappen der Grafen v. Dinheim, s. unten, und der Ring ist durch Vermählung des Andreas Grafen von Dinheim mit der einzigen Tochter des Landrichters Johann Prawda hinzugekommen. **Gräfliches Wappen der Linie Clausdorf und Sortlaken**: in der Länge nach getheiltem Schilde die erwähnten Bilder der Freih. v. d. Goltz in Preussen und auf dem Schilde drei Helme. **Gräfliches Wappen der Linie Heinrichsdorf**: Schild der Länge nach getheilt mit gekröntem Mittelschilde, welches in Silber den Preussischen Adler mit Zepter und Reichsapfel zeigt. Der Schild enthält rechts, wie links, die Bilder des Wappens der gräflichen Linie Clausdorf. Auf dem Schilde drei Helme: das Kleinod des mittleren ist der Preuss. schwarze Adler, das der Linie Clausdorf zwei geharnischte Arme: die linke Hand hält einen goldenen Schlüssel, die rechte ein Schwert und Schlüssel und Schwert sind in das Andreaskreuz gelegt.) Kön. franz., Böhm.-Böhm. alter Herren-, Reichsfreiherren- und erbländ.-österr.- und Preussischer Grafenstand. K. franz. Gnadenbrief von 1652 für Joachim Rüdiger v. d. G. und Freiherrnstand für Denselben und für das ganze Geschlecht von 1666, welche Erhebung in Kur-Brandenburg 7. Nov. 1691 bestätigt wurde; Reichsfreiherrnstand vom 2. Juni 1689 für Georg Caspar v. d. G.; Böhmischer Freiherrenstand vom 13. März 1724 für Johann Ernst Wenzel v. d. G.; Böhmischer, alter Herrenstand und erbländ.-österr. Grafenstand v. 16. Sept. 1731 für Denselben; Reichsfreiherrnstand von 1764 für Johann Franz v. d. G., wegen von seinen Vorfahren in Böhmen und von ihm selbst im Münz- und Bergwesen geleisteter Dienste; Preussischer Grafenstand vom 19. Sept. 1786 für die Gebrüder August Stanislaus und Carl Friedr. Freih. v. d. G., Clausdorfer Linie, und für Henning Bernhard und Bernd Wilhelm, Heinrichsdorfer Linie, nebst dem Vetter derselben, Carl Alexander Freih. v. d G.; Preussischer Grafenstand vom 18. Jan. 1787 für Johann Wilhelm v. d. G. aus dem Hause Sortlaken, k. preuss. Generalmajor und vom 9. Mai 1789 für Carl Franz v. d. G., ebenfalls a. d. Hause Sortlaken. — Die Familie v. d. Goltz, in älteren Urkunden von 1337 etc. Goltiz und noch im 16. Jahrh. Goltzow geschrieben, ist ein sehr weit verzweigtes und in den preussischen Ost.-Provinzen reich begütertes Geschlecht. Dasselbe stammt der Familiensage nach von dem oben erwähnten Andreas Grafen v. Dinheim ab, welcher in der ersten Hälfte des 12. Jahrh. (1113 oder nach Anderen 1123) aus der

Gegend des Rheinstromes nach Polen kam, bis zum obersten Feldherrn des Königs Boleslaw III. stieg und durch Vermählung mit der Erbtochter des reichen Landrichters zu Gostyn, Johann Prawda, grosse Herrschaften an sich brachte, namentlich auch die Grafschaft Golczewo, welche letztere 1662 bei Theilung seines Erbes an den zweiten Sohn, Johann, fiel, welcher sich nach dieser Herrschaft Golczewo nannte. Seine Nachkommen schrieben sich Grafen Golczewo so lange, bis in Polen das Gesetz angenommen wurde, dass aller Adel gleich sein solle, worauf der Grafentitel wegblieb. Bei einer Gütertheilung schied sich 1369 der Stamm in zwei Linien, in die schwarze oder Clausdorfische und in die Weisse oder Heinrichsdorfsche, von denen erstere bis zur Theilung des Landes in Polen blieb, letztere aber schon lange vorher sich ins Brandenburgische wendete. — Nach Oesterreich kam die Familie mit Günther v. d. Golz, welcher sich 1598 mit Maria Salome Herrin von und zu Polheim vermählte und später k. k. commandirender General und Oberst eines Regiments zu Pferde war. Derselbe wird schon 1614 im K. K. Hofkammer-Archive als Freiherr aufgeführt und ebenso kommt auch der durch den 30jährigen Krieg berühmt gewordene Maximilian Martin v. G. als Freiherr vor. Von 1731 an schrieben sich die Sprossen der österr. Linie Grafen und mit dem Grafen Ernst Ignaz Johann Nepomuk erlosch gegen Ende des 18. Jahrh. diese katholische Linie. — Der oben genannte Joachim Rüdiger v. d. Goltz, welcher, wie angegeben, wegen der Verdienste, die er sich um die Krone Frankreich erworben, den Königlichen Gnadenbrief von 1653 und später den Freiherrnstand erhielt, gehörte zu der Clausdorfer Linie, trat 1654 als Oberst in kurbrandenb. Dienste, wurde später General und 1661 Gouverneur von Berlin, ging 1665 in k. dänische- und 1680 in kursächs. Dienste, commandirte in letzteren Diensten als General-Feldmarschall die sächs. Armee bei dem Entsatze Wiens und starb noch 1683. Die Anerkennung des Wappens mit den Lilien und des Freiherrnstandes erfolgte in Kur-Brandenburg, wie erwähnt, 1691 und zwar für einen legitimirten Sohn des Freih. Joachim Rüdiger. — Die Zahl der vielen Sprossen des Stammes, welche in kurbrandenb.- und k. preuss. Militair- und Staatsdiensten zu den höchsten Würden gelangt sind, ist so gross, als dass hier nur einige derselben genannt werden könnten. Das N. Pr. A.-L. nennt mehrere derselben und Viele sind in den deutschen Grafenh. d. Gegenw., bei Gelegenheit der geneal. Verhältnisse der gräflichen Linien, erwähnt. — Der gräfliche Stamm blüht jetzt in den Häusern Clausdorf, Heinrichdorf und Sortlack und zwar in den beiden ersteren Häusern in einer älteren und jüngeren Linie. Die beiden Linien des Hauses Clausdorf kommen auch als Linien zu Teschendorf und Linie zu Tlukum vor. Der freiherrliche Stamm zerfällt in die fünf Häuser Sortlack, Brotzen, Giesen, Curtow und Clausdorf. Von diesen hat sich das Haus Sortlack in die Linien Leissinen, Fingatten, Domnaw, Mertensdorf und Gross-Lauth und das Haus Clausdorf in die Linien Schellin, Kousbruch und Köpriewe geschieden. Die Grafen v. d. G. sind mit den Schönauer Gütern bei Marienwerder,

Czaicze, Tinkum und mehreren anderen Besitzungen in Ost- und Westpreussen begütert und den freiherrlichen Häusern gehörten in neuester Zeit Kreitzig bei Schievelbein, Kattun bei Schneidemühl, Kopriewe, Pozdanzig und Pflastermühle bei Schlochau, Tillitz bei Strassburg in Westpreussen, Mertensdorf und Sortlack bei Friedland in Ostpreussen und Kallen bei Fischhausen. Was den jetzigen Personalbestand der gräflichen, sowie die sehr zahlreichen Glieder der freiherrlichen Häuser anlangt, so ist hier auf die neuesten Jahrgg. der Taschenbb. der gräflichen- und freiherrlichen Häuser zu verweisen. —

Gauhe, I. S. 679—681 u. II. S. 361—367. — *Brüggemann*, I. 2. Hptst. — Histor.-geogr.-statist.- u militairische Beitr., die k. preuss. Staaten betreffend, III. 2. S. 511 u. ff. und namentlich S. 521, so wie Beilage I. u. V. — *Wissgrill*, III. S. 358—360. — *Megerle v. Mühlfeld*, S. 19 u. 53 u. Ergänz. Bd. S. 15 und 60. — N. Pr. A.-L. II. S. 261—265. — Deutsche Grafenh. d. Gegenw. I. S. 276—278. — *Freih. v. Ledebur*, I. S. 269 u. III. S. 263. — Geneal. Taschenb. d. gräfl. Häuser, 1862. S. 298—301 u. histor. Handb. zu Demselben, S. 257. — Geneal. Taschenb. der freih. Häuser, 1855. S. 196—207 und 1862 S. 301—310. — *Bauer*, Adressbuch, 1857. S. 75. — *Siebmacher*, I. 176; v. d. Goltz, Märkisch. — *Dienemann*, S. 185. Nr. 12. — *v. Meding*, II. S. 202—206; v. d. G. und Freiherr v. d. G. — Supplem. zu Siebm. W.-B. VI. 17; v. der Golze. — *Tyroff*, II. 96; Freiherr v. der Golz. — W.-B. der preuss. Monarch. I. Gr. u. G. und II. 37; Freih. v. G. — Pommersches W.-B. V. Tab. 1. und 12. und 8. 1 und 2; Freih. v. d. G. u. Tab. 3 und 1 und 8. 7 und 8; Gr. v. d. G.

Goltz. Adelsstand des Königr. Preussen. Diplom vom 4. Oct. 1836 für Gustav Hermann Leopold Goltz, Sec.-Lieutenant im k. preuss. 3. Cuirass.-Regim.

Freih. v. Ledebur, I. S. 270.

Goluchowski, Grafen. Erbländ.-österr. Grafenstand. Diplom von 1783 für Joseph Vincenz v. Goluchowski, unter Anerkennung des alten Grafenstandes. Altes, polnisches, zu dem Stamme Leliwa zählendes Adelsgeschlecht, welches ursprünglich aus der ehemaligen Wojewodschaft Kalisch stammt, sich früher: de magna Goluchow-Golochowski schrieb und schon in früher Zeit den Grafentitel führte. Der bekannte polnische Chronist Cromer nennt von 1340 an mehrere in Polen sehr bekannt gewordene Sprossen des Stammes. Nachdem 1772 Galizien als Königreich in den k. k. österr. Staatsverband einverleibt worden war, erhielt Joseph Vincenz v. G., s. oben, den Grafenstand des Kaiserreichs. In neuester Zeit war Graf Arthur, geb. 1808, ein Enkel des Grafen Joseph Vincenz, Haupt des gräflichen Hauses. Von den beiden Brüdern desselben, den Grafen Agenor, geb. 1812 und Stanislaus, geb. 1818, hat Ersterer, Dr. jur, k. k. Kämm., Geh. Rath, Statthalter etc., verm. 1848 mit Maria Grf. Baworowska, den Stamm, neben zwei Töchtern, durch drei Söhne, Agenor (II.), geb. 1849, Stanislaus, geb. 1853 und Adam, geb. 1855, fortgesetzt. —

Megerle v. Mühlfeld, Ergänz.-Bd. S. 15. — Deutsche Grafenh. d. Gegenw. III. S. 144 und 145. — Gen. Taschenb. d. gräfl. Häus., 1862. S. 301 u. histor. Handb. zu Demselben, S. 262.

Golzheim, s. Stach v. Golzheim.

Gondala, Grafen. Ein aus Hetrurien entsprossenes, später in Lucca, Ragusa und Tirol sesshaft gewordenes Grafengeschlecht, welches 1719 in Nieder-Oesterreich das Incolat erlangte. Graf Johann Baptist, k. k. General-Feldmarschall-Lieutenant, war in zweiter Ehe vermählt mit Maria Victoria Grf. v. Strozzi. Aus dieser Ehe entsprossten zwei Söhne, die Grafen Franz und Sigismund. Graf Franz, gest. 1717, k. k. General der Cav., Stifter des Gondalaischen Fideicommisses in Tirol und Oesterreich, hinterliess aus seiner Ehe mit Maria Anna Grf. v. Sereny, nur eine einzige Tochter, Grf. Johanna, welche sich mit ihrem Vetter, Sigismund, vermählte, s. unten, Graf Sigismund aber, früher in k. span., später in k. k. Kriegsdiensten, hatte aus seiner Ehe mit Catharine Marchese de Nalé vier Söhne, die Grafen Franz, Johann Baptist, Hieronymus und Sigismund den Jüngeren. Graf Franz (II.) Herr der Herrschaft Wangen in Tirol und des von dem Bruder seines Vaters, Franz I., bestimmten Fideicommisses in Tirol u. Niederösterreich, wurde 1719 unter die neuen Niederösterr. Herrenstands-Geschlechter aufgenommen. Aus seiner zweiten Ehe mit einer Gräfin v. Khuen stammten zwei Söhne, von welchen Anton Sigismund im Flor seines Lebens unvermählt, Franz Joseph aber Bischof zu Tempe, Domherr u. Domcustus zu Wien, 1774 starb. Graf Johann Baptist, Herr auf Wangen, war mit Maria Franziska Grf. v. Khuen vermählt, aus welcher Ehe Graf Anton, k. k. Kämm. u. Fidei-Commiss-Inhaber zu Wangen, entspross, welcher, verm. mit Josepha Grf. v. Rindsmaul, 1762 ohne Nachkommenschaft starb. Graf Hieronymus, in k. span. Kriegsdiensten, setzte ebenfalls den Stamm nicht fort, vom Grafen Sigismund dem Jüngeren aber, verm. mit Johanna Grf. v. Gondala, s. oben, stammte nebst mehreren Kindern Graf Sigismund Dominicus, Herr zu Wangen etc., k. k. Kämm., welcher 1764 das Fideicommiss antrat und sich mit Franzisca Grf. v. Bona vermählte. Ueber die etwaige Nachkommenschaft desselben, so wie über zwei Brüder, welche 1797 noch gelebt haben sollen, konnte Wissgrill nichts ermitteln.

Wissgrill, III. S. 360 und 361.

Gondkowski, Gontkowski. Polnisches, in den Stamm Korab eingetragenes Adelsgeschlecht, in dessen Hand im Posenschen 1803 die Güter Bozejewice, Bozejewiecki, Strzeszinko und Strzeszyno waren. Letzteres Gut stand der Familie noch 1820 zu. Früher war ein Zweig des Geschlechts nach Schlesien in das Wohlau'sche gekommen.

Henel, Silesiogr. renov. S. 772. — Sinapius, II. S. 614. — N. Pr. A.-L. II. S. 267. — Freih. v. Ledebur, III. S. 263.

Goner. Ein in Hinter-Pommern vorgekommenes Adelsgeschlecht, welches 1724 im Bütow'schen das Gut Oslawdamerow besass.

Freih. v. Ledebur, III. S. 263.

Ganowits. Altes, steiermärkisches Adelsgeschlecht, welches auf einem gleichnamigen Schlosse sass und von 1151 — 1448 vorkommt.

Schmutz, I. S. 518.

Gonschen, Goncz. Altes, pommernsches Adelsgeschlecht, von Micrael als: ein Geschlecht der Freien, aufgeführt. Dasselbe war noch 1639 im Lauenburg-Bütow'schen begütert und kam auch in Westpreussen mit dem Beinamen: Czerniewski von dem Gute Czerniau im Kr. Danzig vor.

Micrael, S. 487. — N. Pr. A.-L. II. S. 265. — Freih. v. Ledebur, III. S. 263. — Siebmacher, III. 164. — v. Meding, III. S 216. — Pommersches W.-B. V. Tab. 64 und S. 136.

Gonsczynski. Polnisches, dem Stamme Niesobia einverleibtes Adelsgeschlecht, welches 1760 in Westpreussen Niemczyk im Kr. Culm und Thyman im Kr. Graudenz inne hatte.

Freih. v. Ledebur, III. S. 263.

Gonsiorowski, v. Helden-Gonsiorowski. Polnisches, zu dem Stamme Slepowron gehörendes Adelsgeschlecht, welches im Posensches, in Ost- und in Westpreussen begütert wurde. Die Familie sass 1729 zu Popowo unweit Inowraczlaw, erwarb in der Nähe andere Güter und besass 1789 Leissen im Kr. Allenstein und 1820 Batlewo im Kr. Culm.

Freih. v. Ledebur, I. S. 270 und 271.

Gontard, Ritter und Edle und Freiherren (Wappen nach dem Diplome von 1768: Schild quergetheilt: oben in Gold eine quergelegte, den Griff links kehrende, zweispitzige Grabschaufel und unten in Blau eine über einem grünen Dreihügel aufgehende Sonne. Das in den Supplementen zu Siebmachers Wappenbuche, VII. 7 Nr. 2 mit dem Namen: F. Hr. v. Gontard gegebene Wappen ist wohl das Wappen der Freiherren und späteren Grafen v. Fries). Reichsritter- und Reichs-Freiherrenstand. Ritterstandsdiplom von 1768 für Jacob Gontard, Grosshändler zu Frankfurt a. M. mit dem Prädikate: Edler v. und Freiherrendiplom von 1780 für Denselben mit seiner Schwester, Ludovica vermählten Gräfin v. Nesselrode.

Meyerle v. Mühlfeld, Ergänz.-Bd. S. 60 und 146. — Suppl. zu Siebm. W.-B. IX. 15. Nr. 12: v. Gontard, R.

Gontard (Schild durch einen mit drei sechsstrahligen, silbernen Sternen belegten, rothen, schrägrechten Balken getheilt: oben, links, in Schwarz ein goldener Vollmond mit Gesichte und unten in Silber drei quer übereinander gelegte, schwarze Thürangeln). Reichsadelsstand. Diplom von 1767 für die Gebrüder Paul Gontard, k. k. Grenadier-Lieutenant bei Graf Plunquet Infanterie und für Carl Philipp Christian, k. preuss. Hauptmann. — Die Familie v. Gontard, zu welcher auch im vorstehenden Artikel genannte Jacob Freiherr v. Gontard gehörte, ist ein altes, französisches Adelsgeschlecht aus der Dauphiné, welches sich in Folge der Religionsstreitigkeiten nach Deutschland wendete und sich in zwei Linien schied, in die reformirte Linie in Frankfurt a. M. und in die katholische, zu welcher die obengenannten Empfänger des unter Bestätigung des alten Adels der Familie ertheilten Adelsstandes zählten. — Von dem zuerst nach Deutschland gekommenen Sprossen des Stammes, Anton v. G., stammten vier Söhne, Peter, Anton, Alexander Stephan und Alexander Ludwig. Aus der Ehe des Letzteren mit Eleonore von Kurz entsprossten die Gebrüder Paul und Carl Philipp Christian, welcher sich dem Bauwesen widmete. Derselbe, gest. 1791, kam als Ingenieur und Baumeister zu grossem Ansehen, trat 1764 als Hauptmann von der Armee und königl. Baumeister in Preussische Dienste und hat in Berlin und Potsdam viele Bauwerke und unter diesen sehr grossartige ausgeführt, deren Werth noch jetzt anerkannt wird. Aus seiner Ehe mit einer Tochter des markgräfl. brandenb. Geh.-Raths und Consistorialpräsidenten v. Erkert u. dessen Gemahlin Luise Marquise von Rigot-Montjoux aus der Dauphiné stammten, neben einer Tochter, Caroline Christine Elisabeth, welche noch 1836 als Wittwe des k. preuss. Majors und Kreisbrigadiers in der brandenburg. Geusdarmerie-Brigade

v. Tuchsen lebte, nachstehende sieben Söhne: Carl Heinrich Casimir v. G., gest. 1793, k. preuss. Lieutenant a. D.; Johann Adam Ernst, gest. 1807, k. preuss. Accise- und Zollrath a. D.; Johann Anton Paul, gest. 1813, k. preuss. Major und Kreisbrigadier zu Oels, welcher aus der Ehe mit einer v. Bockelberg eine Tochter hinterliess, welche sich mit Conrad Freih. v. Zedlitz-Neukirch zu Neumarkt vermählte; Carl Friedrich Ludwig, k. preuss. Oberstlieutenant und langjähriger Platzmajor v. Berlin, aus dessen Ehe mit einer v. Husaczewska mehrere Söhne entsprossten, welche in die k. preuss. Armee traten; Carl Friedrich August, k. preuss. Major a. D., lebte 1836 auf seinem Gute Tornow bei Spremberg in der Niederlausitz, welches Gut der Familie schon 1836 gehörte; Heinrich Leopold, k. preuss. Major a. D., lebte 1836 auf seinem Gute Scheibe bei Glatz und hatte zwei in der k. preuss. Armee stehende Söhne und Carl Friedrich, k. preuss. Capitain a. D., welcher um die genannte Zeit k. preuss. Kreiskassen-Rendant zu Sangershausen war.

Megerle v. Mühlfeld, Ergänz.-Bd. S. 300 u. 301. — N. Pr. A.-L. II. S. 266 und 267. — Freih. v. Ledebur, I. S. 271. — Suppl. zu Siebm. W.-B. IX. 15. Nr. 11.

Goor. Reichsadelsstand. Diplom von 1724 für Ferdinand Philipp G., k. k. Hofcourier.

Megerle v. Mühlfeld, Ergänz.-Bd. S. 301.

Goplein v. Eggenwald. Erbländ.-österr. Adelsstand. Diplom vom 17. Sept. 1695 für Matthias Goplein, mit dem Prädicate: v. Eggenwald. Die Familie gehörte zu dem steiermärkischen Adel.

Schmutz, I. S. 519.

Goppe v. Marczek. Ein dem fränkischen Rittercanton Rhön-Werra einverleibt gewesenes Adelsgeschlecht.

Biedermann, Canton Rhön-Werra, I. Verzeichniss.

Gorck, Gorcken, Jorck, Gurck. Altes, pommersches, von Micrael als Stettinisch aufgeführtes Adelsgeschlecht, welches im Kr. Stolp 1531 Carstnitz, Rambow, Stresow und Vietzig besass, dieselben lange und noch 1712 mit Wutzig im Kreis Dramburg inne hatte und auch in Ostpreussen begütert wurde, wo dem Geschlechte noch 1752 Zatzkow im Kr. Sensburg und 1775 Gelland in demselben Kreise zustanden.

Micrael, S. 487. — N. Preuss. A.-L. II. S. 267. — Freih. v. Ledebur, I. S. 271. — Siebmacher, III. 164. — v. Meding, III. S. 217. — Pommernsches W. Bd. IV. Tab. 50 n. S. 157: v. Gork.

Gorcynsky. Galizischer Adelsstand. Diplom von 1794 für Joseph Kalasanz Gorcynsky.

Megerle v. Mühlfeld, Ergänz.-Bd. S. 301.

Gourcy, Gorcey, Gorcy, Grafen (Wappen der älteren österreichischen Linie: Schild mit rothem Schildeshaupte, in welchem drei goldene Ringe neben einander stehen und im silbernen Schilde neun, 4, 3 und 2, Hermeline; Wappen der jüngeren Linie als Unterscheidungszeichen seit 1530 in Silber drei rothe Querbalken und anstatt der 9 Hermeline nur sechs, 1, 2 und 3). Erbländ.-österr. Grafenstand. Diplom von 1709 für die gesammte Familie in Oesterreich. — Die Grafen v. Gorcey, wie sich dieselben in neuester Zeit schreiben, stammen aus einem alten lothringischen Adelsgeschlechte, welches schon im 12 Jahrh. blühte, da im 13., 1218, Gottfried v. G., ein Sohn Richards v. G., urkundlich vorkommt. Den Ursprung der Familie leitet man aus Irland her und nimmt dieselbe und das Haus Kinsale als zwei Zweige eines Geschlechts, dessen Stammvater, Richard v. Courcy, ein Sohn des Roberts v. Courcy aus der Normandie, den Herzog Wilhelm den Eroberer 1066 bei dem Kriegszuge nach England begleitete. — Im Laufe der Zeit breitete sich das Geschlecht, dessen Name schon gegen Ende des 15. Jahrh. auf die dreifache, oben angegebene Weise geschrieben wurde, so aus, dass zwölf verschiedene Linien entstanden, von welchen später sieben wieder ausgegangen sind, während die übrigen fünf fortblühten. Die älteste derselben, von Bernhard Freih. v. G. de Veviers abstammend, schreibt sich Gorcey-Longuyon und gehört Böhmen an, die zweite und dritte Frankreich, die vierte Belgien und die fünfte Oesterreich. Letztere schreibt sich, wie die drei anderen Linien: Gourcy, stammt von dem ausgegangenen Hauptstamme Gourcy v. Charey ab und kommt unter dem Namen Gourcy-Droitaumont vor. — Das Haupt der älteren Linie in Böhmen: Gorcey-Longuyon, war in neuster Zeit: Gr. Heinrich, geb. 1815 — Sohn des 1849 verstorbenen Grafen Anton, k. k. Kämm., Majors in d. A. und Militair-Bade-Commandanten in Carlsbad, aus der Ehe mit Josephine v. Richter — k. k. Major, verm. mit Maria Fiáth v. Eörmenyes und Karansebes, aus welcher Ehe, neben einer Tochter, ein Sohn, Heinrich Caspar, geb. 1856, entspross. Als Haupt der jüngeren Linie in Oesterreich: Gourcy-Droitaumont wurde aufgeführt: Graf Ernst, geb. 1788 — Sohn des 1827 verstorbenen Grafen Franz Anton aus erster Ehe mit Clara Marquise v. Yve — verm. mit Elisabeth Freiin v. Mayr, geb. 1790, aus welcher Ehe vier Söhne stammen: Graf Franz, geb. 1819, verm. 1852 mit Clarissa Freiin v. Pillersdorf, geb. 1825, Graf Ernst, geb. 1821, k. k. Ministerial-Secretair im Ministerium des Innern; Graf Heinrich, geb. 1822, k. k. Rittm. in d. A., verm. 1852, mit Barbara Freiin Luzensky v. Luzna und Reglitze, geb. 1832 und Graf Carl, geb. 1826, k. k. Oberlieutenant in d. A.

<small>Deutsche Grafenh. d. Gegenw., III. S. 145 und 146. — Geneal. Taschenb. d. gräfl. Häuser, 1862, S. 302 u. histor. Handb. zu demselben, S. 263.</small>

Gorczyczewski. Polnisches, in den Stamm Ciolek eingetragenes Adelsgeschlecht, welches im Posenschen 1832 und später mit Golenczewo begütert war. Früher standen Sprossen des Stammes in der k. preuss. Armee und 1836 war Johann v. G. Herr auf Goleczewo und Landschaftsrath.

<small>N. Pr. A.-L. II. S. 267. — *Freiherr v. Ledebur*, I. S. 271.</small>

Gordon, Gordon v. Caldvells, Gordon v. Huntley, Gordon v. Westhall, auch **Freiherren.** Erbländ.-österr. Freiherrn- und Reichsgrafenstand. Freiherrn-Diplom von 1802 für Anton v. Gordon, k. k. Oberlieutenant bei Erzherzog Johann Dragoner, und Grafendiplom von 1701 für Jacob v. Gordon, k. russ. General. — Ein ursprünglich altschottländisches Adelsgeschlecht, welches den Namen von der Barouie Gordon in der Grafschaft Berwick (Mersey) in dem südlichen Theile des Königreichs angenommen hat. — Johann Gordon hinterliess bei seinem Tode nur eine Erbtochter, welche auf Befehl des Parlaments sich mit Alexander Setoun vermählte, worauf Letzterer, damit der Geschlechtsname Gordon nicht erlösche, den Namen Gordon annehmen musste und vom Könige Jacob II. 1449 zum Grafen v. Huntley ernannt wurde. Ein Nachkomme desselben, George Gordon, Graf v. Huntley, Lord Gordon v. Badenoch erhielt vom Könige Jacob VI. den Titel eines Marquis und später ertheilten König Jacob VI. und König Carl II. von England dem Geschlechte den Herzogstitel, zu welchem, ausser dem Herzoge v. Gordon, die Grafen Sutherland, die Vicomte v. Kemmore etc. gehören. — Zur Zeit des Protector Olivier Cromwell verliess der Urgrossvater der späteren Freiherren Gordon v. Huntley in Preussen, Alexander Gordon Freih. v. Westhall, früher k. schwedischer Oberst, seine Besitzungen und flüchtete mit zwei Brüdern aus Schottland auf das Continent. Die Brüder wählten Oesterreich, namentlich Oberschlesien und Polen, wo später John Gordon of Caldwells 30. Juli 1699 das Indigenat erhielt, er selbst aber die kurbrandenburg. Staaten zum Zufluchtsorte und liess sich bei Schievelbein, später zu Altschlawe in Pommern nieder. Von den nach Oesterreich gekommenen Sprossen des Stammes machte sich Johann G., k. k. Oberstlieutenant u. Commandant zu Eger, durch die 1634 erfolgte Ermordung des Herzogs Albrecht v. Friedland geschichtlich sehr bekannt u. aus Polen kam nach Oesterreich Patricius v. G., k. russ. General, gest. zu Ende des 17. Jahrh. Der zweite Sohn desselben war der obengenannte Jacob, gest. 1722, welcher den Reichsgrafenstand in die Familie brachte. — Der zuerst in das Brandenburgische gekommene Sprosse des Stammes vermählte sich mit einer v. Sydow und hinterliess, neben einer Tochter, einen Sohn, Bernhard Friedrich August v. G., welcher, nachdem er als k. preuss. Gardeofficier den Abschied genommen, sich bei Filehne in Westpreussen ankaufte, später aber, nach Ausbruch der schlesischen Kriege, in das v. Zietensche Husarenregiment eintrat, mehrmals verwundet war und 1757 starb. Aus seiner Ehe mit Elisabeth Clara v. Below a. d. Hause Datjow stammte ein Sohn, gest. 1820 als k. preuss. Major und Bataillons-Commandant, aus dessen Ehe mit Johanna Hennenberg neun Kinder entsprossten, von denen sieben Söhne: Friedrich, Bernhard, Adolph, Gustav, Ernst, Eduard und Hans, in die k. preuss. Armee traten. Im Königreich Sachsen erwarb die Familie die Güter Sacka und Priestäblich und Franz August nahm 1849 als k. sächs. Rittmeister im 2. leichten Reiterregimente den Abschied. — Nach Bauer, Adressbuch, S. 75 war 1857 ein v. Gordon Herr auf Sibsau, Piskarken, Laskowitz und Kawenczin im Kr. Schwetz und ein Anderer v. G. Herr auf Wiedersee im Kreise Graudenz.

Sinapius, II. S. 644. — *Gauhe*, II. S. 1494—1497. — N. Geneal. Handb. 1777. S. 222 u. 1778. S. 231. — N. Pr. A.-L. II. S. 267—269. — *Freiherr v. Ledebur*, I. S. 274.

Gorecki. Polnisches, zu dem Stamme Drya zählendes Adelsgeschlecht, welches im Posenschen 1833 das Gut Plawinck im Kreise Inowraclaw besass.

Freiherr v. Ledebur, I. S. 271.

Gorecki. Polnisches, dem Stamme Wieruszowa einverleibtes Adelsgeschlecht, aus welchem im Posenschen Joseph v. G. 1797 Herr auf Klein-Kaczkewo im Kr. Wongrowiec war.

Freih. v. Ledebur, III. S. 263.

Gorecki, s. Guretzki, Guretzki-Kornitz.

Gorgier de Andrié, s. Andrie, Baron, Vicomte de Gorgier, Bd. I. S. 81.

Goritzberg, s. Vidomich v. Goritzberg, Edle.

Gorizutti, Freiherren. Erbländ.-österr. Freiherrnstand. Diplom vom 24. Juni 1700 für Johann Baptist Gorizutti. — Altes, ursprünglich aus Venedig stammendes, görtzisches Adelsgeschlecht, in welches Hieronymus Gorizutti 13. Nov. 1513 den Reichsadel brachte. Die bekannt gewordene Stammreihe der Familie ist folgende: Johann de Gurizetti; Susanna de Soardi; — Johann Baptist, Freiherr, s. oben: Catharina Grf. Coronini v. Cronberg; — Caspar Anton: Felicitas Andrian v. Werburg; — Joseph Ignaz: Thaddäa Degrazia; — Johann Hieronymus, gest. 1817: Catharina Freiin v. Serzi, gest. 1799; — Joseph, gest. 1854, k. k. Kämm. und Oberstlieut. in Pension: Rosina Edle v. Crismanich, geb. 1799. — Freih. Procop, geb. 1826, Adjunct beim Gericht in Padua. — Von den drei Brüdern des Freiherrn Joseph ist Freih. Julius, verm. mit Maria Theresia di Cipriani, mit Hinterlassung eines 1830 geborenen Sohnes, Constantin, 1839 gestorben; Freih. Franz, geb. 1796, k. k. Kämm., Inhaber des 56. Inf.-Regim., Feldmarsch.-Lieutenant und Divisionair, hat aus erster Ehe mit Johanna v. Andrée, gest. 1841, einen Sohn, Maximilian, geb. 1838, k. k. Lieutenant und Freih. Johann, geb. 1798, k. k. Kämm., ist pens. General-Major.

Geneal. Taschenb. d. freih. Häuser, 1848. S. 138 und 139 und 1861. S. 219.

Gorner s. Görner.

Gorseck, genannt **Napolski**. Altes, schlesisches Adelsgeschlecht, aus welchem Adam Gorseck, genannt Napolski 1591 auf Gross-Jenkwitz bei Ohlau sass. Wahrscheinlich blühte die Familie noch einige Zeit in das 17. Jahrhundert hinein.

Sinapius, I. S. 411. — Freih. v. Ledebur, I. S. 272.

Gorski. Polnisches, in den Stamm Lodzia eingetragenes Adelsgeschlecht, aus welchem Nicolaus v. G. 1620 Unter-Starost zu Bromberg und noch 1754 ein Fräulein v. G. am kön. preuss. Hofe bedienstet war.

Freih. v. Ledebur, I. S. 272.

Gorski, s. Lehwald Gorski.

Gorszkowski, Gorzkowski. Polnisches, zu dem Stamme Tarnawa gehörendes Adelsgeschlecht, aus welchem ein Sprosse als k. preuss. Major 1823 starb und andere Glieder der Familie bis in die neueste Zeit in der k. preuss. Armee standen.

Freih. v. Ledebur, I. S. 272 u. III. S. 264.

Gorup v. Besánez, Freiherren. Erbländ.-österr. Freiherrenstand. Diplom v. 4. März 1816 für Franz Matthias v. Gorup, k. k. General-Feldm.-Lieut., mit dem Prädicate: v. Besánez. — Der Diploms-Empfänger, gest. 1835 als k. k. Geh.-Rath u. General der Cav. — ein Sohn des aus einem alten croatischen Adelsgeschlechte entsprossenen Adam v. Gorup aus der Ehe mit Catharina Maier — war in erster Ehe verm. mit Agnes v. Dominich, gest. 1800 und in zweiter mit Ferdinande v. Moitelle, aus welcher letzterer Ehe, neben einer Tochter, Freiin Aloysia, geb. 1808, verm. mit Wilhelm Freih. v. Gutstedt, k. k. Oberstlieut., vier Söhne stammen: Freih. Ferdinand, geb. 1806, k. k. Beamter; Freih. Gustav, geb. 1810, k. k. Rittm. im Kriegs-Archive, verm. mit Luise Reichle, geb. 1820, aus welcher Ehe zwei Töchter und zwei Söhne entsprossten: Arthur, geb. 1847 und Oscar, geb. 1850; Freih. Alfred, geb. 1812 und Freih. Eugen, geb. 1817, Dr. Med. u. ord. Prof. der Chemie a. d. Universität Erlangen.

Megerle v. Mühlfeld, Ergänz.-Bd. S. 61. — Geneal. Taschenb. d. freih. Häus. 1848. S. 139 und 140 u. 1862. S. 310 u. 311. — Kneschke, I. S. 173.

Gorzenski, Gorzynski. Altes, polnisches, zu dem Stamme Nalenz zählendes Adelsgeschlecht, aus welchem Macarius v. G. 1788 Castellan von Kamien und der Bruder desselben, Timotheus v. G., 1820 Erzbischof v. Gnesen war u. welches im Grossh. Posen und in dem jetzt zu Polen gehörigen Theile des ehemaligen Südpreussen viele und ansehnliche Güter erwarb. Nach Bauer, Adressb. S. 75, war 1857 Hieronymus v. G. Herr auf Grembie im Kr. Kröben und Michael v. G. auf Witaszyce im Kr. Pleschen, Josepha v. G. aber, verw. v. Gajewska, geb. v. Rychlowska, besass Cerekwice im Kr. Pleschen, Franzisca v. G., geb. v. Jaraczewski Wola xiozeca in demselben Kreise u. Antonie verw. v. G. mit ihren Söhnen Smielowo im Kr. Wreschen.

Freih. v. Ledebur, I. S. 273 und III. S. 264.

Goschitzky, Goscicki, Goszycki. Altes, polnisches Adelsgeschlecht, nach Sinapius nicht zu verwechseln mit dem zum Stamme Jastrzembiec gehörenden Geschlechte v. Goschitzky, welches aus Polen in das Crakauische und dann nach Schlesien kam, wo die drei Gebrüder Melchior, Jacob und Wenzel vom Könige Sigismund II. 29. Mai 1559 ein, ihre Geschlechtsvettern in Pole betreffendes Zeugniss erhielten, welches K. Ferdinand I. 1562 bestätigte. — Sinapius hat von der meist im Teschenschen und Oppelnschen begütert gewesenen Familie bis in die erste Hälfte des 17. Jahrh. mehrere Sprossen angegeben. — Nach neueren Annahmen hat Sinapius geirrt: es giebt nur eine Familie Goschitzki, oder Goscicki, Goszycki und dieselbe gehört zu dem Stamme Jastrzembiec. — Ein v. Goszicki war 1836 Land- und Stadtgerichtsrath zu Schubin und Gottlieb Ernst Heinrich v. Goszicki wurde 1838 als k. preuss. Generalmajor pensionirt.

Sinapius, II, S. 644 und 645. — N. Pr. A.-L. II. S. 269 u. V. S. 187, wo das Wappen richtig angegeben ist. — Freih. v. Ledebur, I. S. 273.

Gosdzlewski, Godzlewski, Gosdziesaewski. Polnisches, dem Stamme Slepowron einverleibtes Adelsgeschlecht, aus welchem in neuester Zeit ein Sprosse als Premierlieutenant im k. preuss. 5. Inf.-Reg. stand.

Freih. v. Ledebur, I. S. 273 u. III. S. 264.

Gosen. Ein in Neu-Vorpommern bis Ende des 18. Jahrh. vorgekommenes Adelsgeschlecht, welches die Güter Kakant, Mockhagen, Ferbelwitz u. Wittenhagen besass.

Freih. v. Ledebur, I. S. 273.

Gosk. Ein zum Adel im Grossh. Posen und Westpreussen gehörendes Geschlecht, welches auch unter dem Namen Gosk-Podjarski, nach dem Gute Podjasz im Kr. Neustadt, vorkommt und 1803 in Hinterpommern mit Czarndamerow im Kr. Bütow begütert war. Wilhelm Joseph v. Gosk war 1820 Herr auf Kozuszkowska-Wola im Kr. Inowraclaw und Kuczwaly im Kr. Thorn.

Freih. v. Ledebur, I. S. 273 u. III. S. 264.

Gosslar. Adelsstand des Königr. Preussen. Diplom vom 1. Nov. 1856 für Carl Berthold Gosslar, Second-Lieutenant im k. preuss. 5. Ulanen-Regimente.

Freih. v. Ledebur, III. S. 264.

Goslawski. Polnisches, in den Stamm Nalencz eingeschriebenes Adelsgeschlecht, welches im Posenschen das Gut Gorka und in Ostpreussen Wittichwalde im Kr. Osterode erwarb.

Freih. v. Ledebur, I. S. 273.

Goslinowski. Polnisches, zu dem Stamme Junosza zählendes, im Posenschen mit mehreren Gütern angesessenes Adelsgeschlecht, aus welchem Stanislaus v. G. 1836 Herr auf Zlotpiki, Johann Nepomuk v. G. 1850 auf Labizynek und Ignaz v. G. auf Staykowo und Joseph v. G. 1854 auf Niemczyn war. Nach Bauer, Adressb. S. 75, besass der Landschafts-Rath v. G. 1857 das Gut Kempa im Kr. Samter.

Freih. v. Ledebur, I. S. 273.

Gossler. Adelsstand des Königr. Westphalen. Diplom für Christian Conrad Gossler, welcher von 1808—1814 k. General-Procurator bei dem ehemaligen Appellationshofe zu Cassel und Requetenmeister im dortigen Staatsrathe war. Derselbe starb 1842 als k. preuss. w. Geh.-Ober-Justiz-Rath in Berlin. Sein Sohn, Gustav Albert v. Gossler, herz. Anhaltischer Staatsminister zu Dessau, besass nach Bauer, Adressb. S. 76, 1857 die Güter Zichtau I. u. II. im Kr. Gardelegen, Zöbigker im Kr. Querfurt u. Körbisdorf mit Naundorf im Kr. Merseburg.

Freih. v. Ledebur, I. S. 273.

Gossow. Adelsstand des Königr. Preussen. Diplom vom 5. Juni 1798 für den k. preuss. Geh. Justiz- und Tribunalrath Gossow. Die Familie war 1820 in Ostpreussen mit Maraunen im Kr. Heiligenbeil begütert.

v. Hellbach, I. S. 447. — N. Pr. A. L. V. S. 187. — Freih. v. Ledebur, I. S. 273 und III. S. 264. — W.-B. d. preuss. Monarch. III, 29.

Gosswin zu Fürstenbusch, Edle zu Gassenegg und Auegg. Erbländischösterr. Adelsstand. Bestätigungsdiplom desselben von 1702 für Rüdiger Gosswin v. Fürstenbusch, mit dem Prädikate: Edler zu Gassenegg und Auegg.

Megerle v. Mühlfeld, Ergänz.-Bd. S. 301.

Gostkowski, Gustkowski, auch Freiherren. Galizischer Freiherren-

— 605 —

stand. Diplom von 1782 für Stanislaus Gostkowski. — Polnisches, in den Stamm Drzewica eingeschriebenes Adelsgeschlecht, welches zeitig nach Pommern und später nach Ostpreussen kam. In Hinterpommern stand im Lauenburg-Bütowschen dem Geschlechte bereits 1523 Gross-Gustkow zu und Micrael führt die Gostkowken als: „zu Güstkow Erbgesessen" auf. — Zahlreiche Sprossen des Stammes haben namentlich in diesem Jahrh. in der k. preuss. Armee gestanden und mehrere derselben nennt das N. preuss. Adelslexicon. — Was den Besitz der Familie in neuester Zeit anlangt, so war nach Bauer, Adressb. S. 76, Caspar Ludwig v. G. 1857 Herr auf Gross-Gustkow, B. Albert v. G., Herr auf Oslawdemerow B. Beide im Bütowschen, Reinhold v. G. Herr auf Alt-Braa im Kr. Schlochau, ein v. G. Herr auf Wendisch-Plassow im Kr. Stolp und eine verw. Frau v. G. Herrin auf Klingenberg im Kr. Friedland.

Micrael, S. 487. — Brüggemann, I, 2 und 11. Hauptstück. — N. Pr. A.-L. II. S. 270. — Freih. v. Ledebur, I. S. 273 und III. S. 264. — Siebmacher, III. S. 164. — v. Meding, III S. 218. — Pommernsches W.-B. II. Tab. 39 u. S. 107.

Gostomski. Polnisches, zu dem Stamme Nalenz gehörendes Adelsgeschlecht, welches in Ost- und Westpreussen 1782 in den Kr. Königsberg, Neidenberg, Graudenz, Culm und Thorn mehrere Güter besass. — Den Namen Gostomski führen übrigens auch mehrere Geschlechter verschiedenen Stammes, namentlich Babka, Jakusz und Skorka, von dem Dorfe Gostomie im Kr. Karthaus in Westpreussen, wo ihren Vorfahren s. g. Gutsantheile mit adeligen Rechten verliehen worden sind.

Freih. v. Ledebur, I. S. 274. und III. S. 264.

Gostynski. Polnisches, dem Stamme Gryzima einverleibtes Adelsgeschlecht, welchem im Posenschen 1789 das Gut Lenartowo bei Inowraclaw zustand und aus welchem ein Sprosse noch 1818 dem k. preuss. 4. Hus.-Reg. aggregirt war.

Freih. v. Ledebur, I. S. 274.

Gosczynski. Polnisches Adelsgeschlecht, welchem früher in Westpreussen das Gut Goscyn, von welchem dasselbe den Namen hatte, gehörte.

Freih. v. Ledebur, I. S. 274.

Gotartowski. Polnisches, zu dem Stamme Boncza zählendes Adelsgeschlecht, welches 1782 in Ostpreussen und im Posenschen begütert war.

Freih. v. Ledebur, I. S. 274.

Gotenfelt. Ein zum Fuldaischen Lehnshofe noch 1475 gehörendes Adelsgeschlecht.

Schannat. I. S. 195. — v. Meding, I. S. 195.

Gotha. Altes, thüringisches Adelsgeschlecht, aus welchem in Gothaischen Urkunden Adelbert v. G. zu Valkenrode 1130, Dithwin de Gotha zu Graefenhahn 1230 und Kirstan de Gotha zu Ober-Mehlra 1305 vorkommt.

v. Hellbach, I. S. 448 nach: Brückner, Beschreib. d. Kirch.- und Schulen-Staats im Herz. Gotha, I, 3. St. S. 231, 5. St. S. 10 und 6. St. S. 10.

Gothenwahl. Böhmischer Adelsstand. Diplom vom 8. Juli 1658 für Melchior Aloysius Gothenwald.

v. Hellbach. I. S. 448.

Gotsch. Ein ursprünglich aus Schlesien stammendes Adelsgeschlecht, eines Stammes und Wappens mit den Schaffgotschen, welches in Ostpreussen, zumeist im Neidenburger Kreise, mehrere Güter erworben hatte. Der Name: Gotsch ist die Verkleinerung des Namens: Gotthard. — Zahlreiche Sprossen des Stammes haben in der k. preuss. Armee gestanden. Matthias v. G., k. preuss. Oberst und Commandant zu Spandau, verm. mit Theresie v. Sahla, starb 1739, und ein Bruder desselben, Georg v. G. war Herr auf Dietrichsdorf. Johann Jacob v. G., k. preuss. Oberstlieutenant a. D., starb 1773 und sein gleichnamiger Sohn 1832 als Gensdarmerie-Hauptmann. Derselbe war zuerst mit einer v. Prittwitz und später mit einer v. Freiburg a. d. Hause Passolo vermählt. Von vier Söhnen desselben trat der älteste 1829 in k. russische Dienste, zwei starben als k. preuss. Offiziere in der Blüthe der Jahre zu Neisse und der vierte war später Lieutenant im Gardereserve-Infant.-Regim. zu Spandau.

Henel, Silesiogr. renov. S. 646. — Sinapius, II. S. 645. — N. Pr. A.-L. II. S. 270. und 271 und V. S. 197. — Freih. v. Ledebur, I. S. 274. — Siebmacher, I. 61: Die Gotschen, Schlesisch.

Gotschalkowski, Gottschalkowski, Goczalckowski, auch Freiherren. Böhmischer alter Freiherrnstand. Diplom von 1705 für Georg Ludwig Goczalkowski v. Goczalkowicz. — Altes, polnisches, in den Stamm Grzeniawa oder Streniawa eingetragenes Adelsgeschlecht, welches in das Fürstenthum Teschen kam, wo auch das Stammhaus Goczalkowitz unweit Pless liegt und welches auch in der Gegend von Pitschen und Lublinitz begütert wurde. In Preussen kam später das Geschlecht unter dem Namen: Gottschalksdorf vor. — Freiherr Adam Wenzel, ein Sohn des obengenannten Freiherrn Georg Ludwig, Herr auf Ober-Lischna und Neudeck, des Fürstenthums Teschen Landrechts-Assessor, war 1740 Oberlandmarschall und um dieselbe Zeit war Johann Dietrich Achatius G. v. G. Herr auf Mashama u. Maximilian G. v. G. Herr auf Laschen. — Von der freiherrlichen Linie kommt noch 1745 Freiherr Heinrich als Herr auf Ober-Rosen bei Pitschen vor und ein G. v. G. war 1760 Landrath des Kreises Lublinitz und hatte aus der Ehe mit einer v. Larisch eine Tochter, welche sich mit Martin v. Kobilinski vermählte und mit der nach Allem der Stamm u. Namen in Preussen ausgegangen ist.

Okolski, III. S. 130. — Sinapius, I. S. 411 und II. S. 329. — Gauhe, II. S. 369. — Megerle v. Mühlfeld, Ergänz.-Bd. S. 60. — N. Pr. A. L. V. S. 198. — Freih. v. Ledebur, I. S. 274. — Siebmacher, I. 76: Gottschalkowsker, Schlesisch. — v. Meding, II. S. 208.

Gottberg. Reichsadelsstand. Diplom v. 8. Nov. 1595 für die Gebrüder Peter und Paul Gottberg. — Ein ursprünglich Hinter-Pommern angehörendes Adelsgeschlecht, welches schon im Anfange des 17. Jahrh. mit Gross- und Klein-Dübsow im Kr. Stolp und Werder im Kr. Wollin begütert war und bald mehrere andere Güter an sich brachte, später aber auch in Ost- und Westpreussen zu Grundbesitze kam. — Zahlreiche Sprossen des Stammes, von welchen das N. Preuss. Adelslex. Mehrere aufführt, traten in k. preuss. Militair- und Staatsdienste. — Die Familie ist jetzt noch in Preussen mit mehreren Gütern angesessen. Nach Bauer, Adressbuch, S. 76, waren 1857 nachstehende Glieder des Geschlechts begütert: Hans Hugo Erdmann v. G., Landrath und Landschaftsdeputirter, Herr auf Mahnwitz im Kr. Stolp; v. G., Landrath, Herr auf Gross-Glitten im Kr. Friedland; v. G., Herr auf Pr. Wilten, ebenfalls im Kr. Friedland; v. G. Major a. D., Herr auf Reblin im Kr. Schlawe; v. G., Major, Herr auf Starnitz und Gross-Dübsow im Kr. Stolp; v. G. Herr auf Labüssow und Hugo v. G., Herr auf Klein-Dübsow.

Micrael. S. 487. — Brüggemann, I. S. 153. — N. Pr. A.-L. II. S. 271. — Freih. v. Ledebur, I. S. 274 und III. S. 264. — Siebmacher, III. 164. — v. Meding, III. S. 218 und 219. — Pommersches W.-B. II. Tab. 2 und S. 4 und 5. — Knoschke, I. S. 174.

Gottburg, Hellmich v. Gottburg. Kurbrandenburgischer Adelsstand. Diplom vom 13. October 1663 für Andreas Hellmich, kurbrandenb. Oberstlieutenant der Artillerie, mit dem Prädicate: v. Gottburg. Der Stamm blühte fort und noch 1855 war Pregelswalde im Kr. Königsberg in der Hand der Familie.

Freih. v. Ledebur, I. S. 274 u. III. S. 264.

Gotter, auch Freiherr und Graf. Reichsfreiherrn- und preussischer Grafenstand. Freiherrndiplom von 1726 für Gustav Adolph v. Gotter, k. preuss. Geh. Rath und w. Kämmerer und Grafendiplom vom 29. Octob. 1740 für Denselben als k. preuss. Oberhofmarschall. Der Diplomempfänger, gest. 28. Mai 1762, zuletzt k. preuss. Staatsminister und General-Postmeister, stammte aus einer thüringischen Adelsfamilie, welche namentlich im Herzogthume Sachsen-Gotha vorkam, und zu welcher auch Heinrich Ludwig v. Gotter, gest. 1782, k. preuss. Oberstlieutenant und Chef eines Garnisonsbataillons zu Acken, gehörte. Die Wittwe des Letzteren lebte noch zu Ende des vorigen Jahrhunderts im Genusse einer königl. Pension zu Frankenstein in Schlesien. Nach Allem hat wohl weder die gräfliche, noch die adelige Linie des Geschlechts fortgeblüht.

K. Preuss. w. Geh. Staatsrath etc. S. 412. — Biograph. Lex. aller Helden etc. II. S. 60. — v. Hellbach, I. S. 448. — N. Pr. A.-L. II. S. 39 u. II. S. 271 u. 273. — Freih. v. Ledebur, I. S. 275. — Siebmacher, IV. 74. — W.-B. d. Preuss. Monarch. I. 42. Gr. v. G.

Gottern. Ein von v. Hellbach nach Brückner aufgeführtes, altes, ausgestorbenes, thüringisches, besonders gothaisches Adelsgeschlecht, dessen Stammgüter im Herz. Sachsen-Gotha lagen. Dasselbe stand wohl mit der im vorstehenden Artikel besprochenen Familie in Verbindung.

v. Hellbach, I. S. 448: nach Brückner, Gesch. d. Kirch.- u. Schulenst. im Herz. Sachsen-Gotha, I. 2. Stck. S. 231 u. 247. etc.

Gotteschnig v. Domasslaw. Erbländ.-österr. Adelsstand. Diplom von 1734 für Wenzel Franz Gotteschnig, Handelsmann in Wien, mit dem Prädicate: v. Domasslaw.

Megerle v. Mühlfeld, Ergänz.-Bd. S. 301.

Gottesmann, Ritter. Erbländ.-österr. Ritterstand. Diplom vom 19. Aug. 1777 für Joseph Carl Gottesmann, des Lembergischen Kreisdistricts II. erster Director zu Brezan.

Megerle v. Mühlfeld, Ergänz.-Bd. S. 146. — Kneschke, IV. S. 148 und 149.

Gottfarth, Gottfurt. Thüringisches, wohl zu Ende des 17. Jahrh.

erloschenes Adelsgeschlecht, welches Buttelstedt an der Scherkonde im jetzigen Grossh. Sachsen-Weimar besass.

Gauhe, I. S. 671 u. 672. — Estor, S. 489. — Freiherr v. Ledebur, I. S. 275. — Siebmacher, I. 149; v. Gottfurtt, Thüringisch. — v. Meding, II. S. 207.

Gotthal v. Gotthalovecz, Freiherren. Reichsfreiherrnstand. Diplom von 1716 für Gabriel Gotthal v. Gottnalovecz, k. k. Obersten und Vice-Commandanten der Festung Koppreinitz.

Megerle v. Mühlfeld, Ergänz.-Bd. S. 61. — Suppl. zu Siebm. W.-B. II. I.

Gottiva v. Löwenbrunn. Erbländ.-österr. Adelsstand. Diplom von 1810 für Procop Gottiva, k. k. Oberlieutenant, mit dem Prädicate: v. Löwenbrunn.

Megerle v. Mühlfeld, S. 191 u. Berichtigungen, S. 10.

Gottschalck (Schild geviert: 1 und 4 in Silber ein rechtsgekehrter Kranich, welcher in der aufgehobenen, rechten Kralle einen goldenen Pfennig hält; 2 in Blau vier, 2 und 2 und 3, ebenfalls in Blau, drei, 2 und 1, goldene Pfennige). Adelsstand des Fürstenthums Schwarzburg-Sondershausen, im Königr. Sachsen anerkannt. Adelsdiplom von 1805 von dem regierenden Fürsten zu Schwarzburg-Sondershausen, Günther Friedrich Carl, kraft des dem fürstlichen Hause Schwarzburg damals zustehenden grossen Comitivs, für Gotthelf Friedrich August Gottschalck, kursächs. Capitain u. den Bruder desselben, August Friedrich Gottschalck, kursächs. Lieutenant und Anerkennungsdiplom des dem Letzteren, k. sächs. Major, zustehenden Adels, laut amtlicher Bekanntmachung vom 3. Aug. 1824. — August Friedrich v. G. trat 1846 als k. sächs. Generalmajor und Commandant des Gardereiter-Regiments aus dem activen Dienste und ist 3. März 1861, mit Hinterlassung der Wittwe, Marianne v. G., geb. v. Gottschalck und Kindern, verstorben.

Handschriftliche Notiz. — Freih. v. Ledebur, III. S. 265. — W.-B. d. Sächs. Staaten, IV. 35. — Knechke, I. S. 175.

Gottschalcker und Gottschalkowsky, s. Gotschalkowski, S. 606.

Gottschalk (in Silber drei goldene Granatäpfel mit rothen Steinen). Ein vom Freih. v. Ledebur aufgeführtes Adelsgeschlecht der Ober-Lausitz, welches das Gut Hennersdorf unweit Görlitz besass. Zu demselben gehörte Ludwig Christian v. Gottschalk, kursächs. Rittmeister, dessen Sohn, Gottlob Ludwig Leberecht v. G., k. preuss. Capitain im Regimente v. Zaremba in Brieg war. — Als Ahnherr des Geschlechts dürfte Caspar Friedrich Gottschalk anzunehmen sein, welcher 1757 den Reichsadel erhielt.

Freih. v. Ledebur, I. S. 275 und III. S. 265.

Gottsched, Edle. Erbländ.-österr. Adelsstand. Diplom von 1795 für Maximilian Gottsched, Magistratsrath zu Leoben, wegen 45jähriger Dienstleistung, mit dem Prädicate: Edler v.

Megerle v. Mühlfeld, S. 191.

Gottschlig v. Ehrenburg, Ritter und Edle. Reichsritterstand. Diplom von 1759 für Johann Franz Gottschlig, k. k. Rittmeister bei Graf Eszterházy Husaren, mit dem Prädicate: Edler v. Ehrenburg.

Megerle v. Mühlfeld, Ergänz.-Bd. S. 146. — Suppl. zu Siebm. W.-B, X. 14.

Gottsfelden. Altes, fränkisches, dem Rittercanton Gebürg einverleibt gewesenes Adelsgeschlecht aus dem Stammschlosse Gottsfelden oder Gottesfeld, eine halbe Stunde von Creussen am rothen Main, welches nach Erlöschen des Stammes an Brandenburg-Culmbach zurückfiel. Arnold v. G., Ritter, kommt urkundlich 1376 vor; Georg v. G., Dr. und Domherr zu Bamberg und Augsburg, war 1493 Ober-Pfarrer zu Hof und Wolf v. G. lebte noch 1580. Mit demselben hören alle Nachrichten über das Geschlecht auf.

Biedermann, Canton Gebürg, Tab. 304. — *Salver*, S. 278.

Gottsmann v. Thurn. Altes, fränkisches Adelsgeschlecht, welches zur reichsunmittelbaren Ritterschaft des Canton Gebürg gehörte. Dasselbe stammte von dem alten Geschlechte der Baben ab und war eines Stammes und Wappens mit den Dürriegeln v. Rigelstein, s. Bd. II. S. 600. Der Zuname: Thurn entstand von einem Besitze dieses Namens unweit Forchheim, ausser welchem die Familie noch die Güter Büg und Brand inne hatte. Heinrich G. z. Th. war 1210 Domherr zu Bamberg und Conrad 1235 zu Eichstädt und Regensburg. Der nähere Stammvater des Geschlechts, Ulrich G. v. Th., kommt urkundlich 1303 vor. Der von ihm fortgepflanzte Stamm blühte noch in die zweite Hälfte des 16. Jahrh. hinein. Der Letzte seines Geschlechts im Mannsstamme, Hans Friedrich Gottesmann zum Thurn auf Neuenhauss, Büg, Brand und Stopfenheim, kais. Rath, Kammerjunker und Amtmann zu Heldrungen, zahlte noch 1575 im Canton Gebürg die Rittersteuer. Aus seiner Ehe mit Anna Magdalena v. Ebeleben stammten eine Tochter und zwei Söhne, Ruprecht und Johann Friedrich, welche beide vor dem Vater starben: die Erbtochter, Amalia, vermählte sich mit Heinrich v. Bünau, Herr auf Dreben und kursächs. Amtshauptmann.

Biedermann, Canton Gebürg, Tab. 305—308.

Gottwald, Ritter. Böhmischer Ritterstand. Diplom von 1728 für Johann Georg v. Gottwald. Schlesisches Adelsgeschlecht, aus welchem Johann Georg v. Gottwald 1690 Herr auf Kriegnitz unweit Lüben war. Aus der Ehe desselben mit Hedwig v. Braun stammte Johann Georg der Jüngere, welcher 1728 im Besitze von Kriegnitz folgte und mit einer v. Bibran vermählt war. Der Sohn aus dieser Ehe fiel als k. preuss. Hauptmann in den schlesischen Kriegen in der Schlacht bei Breslau und mit ihm ging der Mannsstamm aus. Der Name des Geschlechts erlosch später, 24. Juni 1791, mit der Gemahlin des Seniors Selbsherr zu Hainau, welche eine geborene v. Gottwald war.

Henel, Silesiogr. renov. S. 772. — *Sinapius*, II. S. 645 und 646. — N. Pr. A.-L. V. S. 188. — *Freih. v. Ledebur*, I. S. 275.

Gotzkow. Ein in Ostpreussen und Litthauen in der zweiten Hälfte des 18. Jahrhunderts reichbegütertes Adelsgeschlecht, von dessen Sprossen viele, von welchen Mehrere in der k. preuss. Armee standen, das N. Preuss. Adelslex. nennt. Noch 1820 standen in Ostpreussen im Kr. Gerdaunen die Güter Damerau, Popowken, Pröck und Gross-Sobrost der Familie zu.

N. Pr. A.-L. V. S. 189. — *Freih. v. Ledebur*, I. S. 276 und III. S. 265.

Goumoëns, s. Gumoëns, Freiherren.

Gowarzewski. Polnisches, dem Stamme Prawdzic einverleibtes Adelsgeschlecht, welches nach Westpreussen kam und das Gut Swientoslaw im Kr. Culm erwarb.
Freih. v. Ledebur, I. S. 276.

Gowinski, v. dem Bach-Gowinski. Polnisches Adelsgeschlecht, welches nach Westpreussen kam und 1782 das Gut Gross-Gowin im Kr. Neustadt besass. Später wurde dasselbe in Hinterpommern im Kreise Lauenburg-Bütow mit Mersinki begütert, welches Gut nach Bauer, Adressb. S. 76, der Familie noch 1857 zustand.
Freih. v. Ledebur, I. S. 277.

Goy. Altes Adelsgeschlecht der Grafschaft Mark, welches schon 1340 zu Goy und Hafkenscneidt im jetzigen Kr. Bochum sass, später mehrere andere Güter erwarb und noch 1710 Bruch und Erlecamp im Kr. Dortmund inne hatte. Nach dieser Zeit ist der Stamm erloschen.
Freih. v. Ledebur, I. S. 277. — v. Steinen, III. Tab. 4. Nr. 6.

Gozalkowski, s. Gotschalkoswki, Freiherren, S. 606.

Gozani. Erbländ.-österr. Adelsstand. Diplom von 1817 für Felix Marquis Gozani, k. k. pens. Hauptmann.
Meyerle v. Mühlfeld, Ergänz.-Bd. S. 301.

Gozimirski. Polnisches, dem Stamme Boncza einverleibtes, im Posenschen begütertes Adelsgeschlecht. Reinhold v. G. besass 1854 Marcinkowo-Gorne im Kr. Mogilna und Romuald v. G. Piaski im Kr. Gnesen. Nach Bauer, Adressb. S. 76, war 1857 ein Sprosse des Stammes Herr auf Koldrab im Kr. Wongrowitz.
Freih. v. Ledebur, I. S. 277 u. III. S. 265.

Graben. Altes, tiroler Adelsgeschlecht, welches nach Gr. v. Brandis schon 1330 vorkommt und zu welchem wohl die v. Graben gehören, welche in Niederösterreich von 1324—1421 aufgetreten sind. — Andreas v. G. war 1428 Hauptmann zu Ortenburg und Ulrich v. G. zu Ende des 15. Jahrh. Landeshauptmann in Steiermark. Carl v. G. lebte um die Mitte des 17. Jahrh. und hatte zwei Söhne, Otto Heinrich und Johann Sigismund, und Otto v. Graben zum Stein aus Insbruck wurde 1734 Ceremonienmeister am k. preuss. Hofe und Präsident der Societät der Wissenschaften.
Bucelini, II. S. 101. — Gauhe, I. S. 681 und 682. nach Gr. v. Brandis und Portges. Samml. von theolog. Sachen, Jahrg. 1731, S. 280. — Wissgrill, III. S. 365 u. 366. — Schmutz, I. S. 548 u. 549.

Grabinski, Grablenski. Polnisches, zu dem Stamme Pomian zählendes Adelsgeschlecht, aus welchem zwei Aebte des Cisterzienserklosters zu Oliwa vorkommen: Johann, gest. 1638 und Alexander, gest. 1659.
Freih. v. Ledebur, I. S. 277 u. III. S. 265.

Grabisch. Altes, schlesisches Adelsgeschlecht aus dem Stamme der Gorgowiczer. Hans Grabis zum Steine im Oelsnischen lebte 1501 unter den Herzogen Albrecht, Georg und Carl, Gebrüdern, zu

Oels; 1503 bekannten sich bei dem zu Franckstein gehaltenen Ritterrechté zu dem Grabischen Wappen Nicol Grabisch von Pelau im Oelsnischen und Jancke Grabisch zum Steine; Melchior Grabisch von Stein auf Schwundnig starb 1621 und noch 1650 war das Gut Schwundnig in der Hand der Familie. Nach dieser Zeit ist dieselbe erloschen.

Sinapius, I. S. 412. — N. Pr. A.-L. II. S. 273. — Freih. v. Ledebur, I. S. 277. — Siebmacher, I. 65; v. Grabisch, Schlesisch. — Spener, Thor. Insign. S. 213. — v. Meding, II. S. 208 u. 209.

Grabmayer v. Angerheim. Erbländ.-österr. Adelsstand. Diplom von 1779 für Johann Anton Grabmayer, Richter und Gerichtsschreiber zu Stein in Tirol, mit dem Prädicate: v. Angerheim.

Megerle v. Mühlfeld, Ergänz.-Bd. S. 301.

Grabmayr. Erbländ.-österr. Adelsstand. Diplom von 1708 für Jacob Grabmayr.

Megerle v. Mühlfeld, Ergänz.-Bd. S. 301.

Grabner. — Die Grabner zu Zögging, Rosenburg, Pottenbrunn, Judenau, Obersiebenbrünn etc. in Niederösterreich und später zu Josslowitz und Schlickerstorf in Mähren, waren ursprünglich alte Oesterreicher und gehörten zu den reichsten und ansehnlichsten Ritterstandsgeschlechtern des Landes. — Otto Grabner, mit welchem Bucelini die Stammreihe beginnt, kaufte mit Anna des Kadauer Tochter, seiner Hausfrau, 1314 von Friedrich Radler von Sichtenberg einige Lehengüter zu Stallersdorf und wurde mit denselben vom Herzoge Friedrich zu Oesterreich belehnt. — Der Stamm blühte, an Ansehen und Reichthum wachsend, fort. Sebastian Grabner, Ritter, Herr der oben genannten Güter in Niederösterreich und Mähren, gest. 1610, vermählte sich in erster Ehe 1578 mit Johanna Herrin v. Polheim und in zweiter mit Margaretha Herrin v. Zelking. Aus erster Ehe entsprossten zwei Töchter, Esther Sophia, verm. mit Gottfried Freih. v. Landau und Maria, verm. mit Johann Ludwig Freih. v. Hueffstein, und zwei Söhne, Johann Leopold und Friedrich Christoph. Johann Leopold starb kurz vor dem Vater auf Reisen im Auslande, Friedrich Christoph aber, verm. mit Petronilla Gerhab v. Hochenburg, ging 1618 oder 1619 in Folge der Religionsstreitigkeiten nach Franken, wo mit ihm später der Stamm erlosch.

Bucelini, III. Append. S. 241 und III. S. 58. — Wissgrill, III. S. 367—872.

Grabow (im Schilde ein Krebs). Ein aus dem Magdeburgischen stammendes Adelsgeschlecht, welches schon 1470 Mahlenzien im jetzigen Kr. Jerichow inne hatte und später mit Abbendorf, Gross-Gottschau und Haverland in der West-Priegnitz begütert wurde. Letzteres Gut stand noch 1773 der Familie zu.

Freih. v. Ledebur, I. S. 277.

Grabow (im Schilde ein aus geschachtem Grunde aufwachsender Löwe. Das Schach hat auf älteren Siegeln drei, auf neueren vier Reihen, auch findet sich auf letzteren nicht ein aufwachsender, sondern ein nach der rechten Seite fortschreitender, leopardirter Löwe. Der Schach ist wohl silbern und roth). Ein der Ostpriegnitz angehörendes Adelsgeschlecht, welches schon 1542 Grabow und Bantikow besass und im Ruppinschen bereits 1556 Lögow inne hatte. Zu diesen Gütern kamen später noch Andere und noch 1800 war Bantikow, so wie 1817 Gartow im Ruppinschen in der Hand des Geschlechts. Zu demselben gehörte Christoph Melchior (nach Anderen: Christoph Heinrich) v. G., gest. 1770, k. preuss. Generalmajor und Chef eines Füsilier-Regiments. — v. Meding, III. S. 212 führt ein von v. Westphalen, Monum. inedit. rer. Cimbric. I. S. 5 aus Ranzovii Origin. Cimbr. 1597, entlehntes Wappen auf: ein Schachbalken mit einem linksgekehrten, gekrönten, wachsenden Löwen überlegt und nennt das Geschlecht ein holsteinisches: Es muss dahin gestellt bleiben, ob dasselbe bei Aehnlichkeit des Wappens, zu dem hier in Rede stehenden Geschlechte gehörte.

<small>Biograph. aller Helden pp. II. S. 63. — N. Pr. A.-L. II. S. 273. — Freih. v. Ledebur, I. S. 277.</small>

Grabow (in Silber ein rother, mit drei neben einander stehenden, sechsstrahligen, goldenen Sternen belegter Querbalken). Altes, pommersches und meklenburgisches Adelsgeschlecht, aus welchem urkundlich schon 1206 Dietrich G. als Zeuge einer das Stift Cosswich (Ckoswig) im Anhaltschen betreffenden Donation von dem Herzoge Barnim in Pommern vorkommt und ein gleichnamiger Sprosse des Stammes 1327 des Herzogs Otto I. in Pommern Küchenmeister war. Die Familie, welche die Union der meklenburg. Ritterschaft von 1523 unterschrieb, war schon 1379 mit Lauken u. 1469 mit Gömtow, so wie im 16. Jahrh. mit Severin, Suckewitz und Woosten begütert, erwarb im 17. u. 18. Jahrh. noch andere Güter und sass noch 1790 zu Trechendorf. In Neu-Vorpommern waren schon im 16. Jahrh. die Güter Zausebuhr und Stralsund im Kr. Franzburg und später auch andere Güter in der Hand des Geschlechts. Aus dem nach Dänemark gekommenen Zweige starb ein Sprosse 1716 als k. dänischer General. — Da nach Allem die Glieder der hier in Rede stehenden Familie mit denen der im vorstehenden Artikel besprochenen mehrfach untereinander geworfen worden sind, so muss dahingestellt bleiben, ob hierher wirklich der k. preuss. Generalmajor v. Grabow gehört, welcher 1836 die 8. Infant.-Brigade commandirte. Dasselbe ist auch der Fall in Bezug auf den k. preuss. Major a. D. v. G., welcher um die genannte Zeit Postmeister in Neu-Stettin war.

<small>Micrael, S. 487. — v. Pritzbuer, Nr. 47. — Gauhe, I. S. 682. — v. Behr, Res Meckl. 8. 1614. — N. Pr. A.-L. II. S. 271 und 272. — Freih. v. Ledebur, I. S 277 u. III. S. 265. — Siebmacher, III. 164: Die Grobawen, Pommerisch und V. 154: v. Grabow, Meklenb. — Lexic. over adel. Famil. i Danm. I. Tab. 34. Nr. 122 und S. 189. — v. Meding, III. S. 212 und 213. Meklenb. W.-B. Tab. 17. Nr. 64 n. S. 3 n. 22 — Pommersch. W.-B. III. Tab. 36 u. S. 114.</small>

Grabow (in Silber ein grüner Querbalken, begleitet von drei, oben zwei und unten eine, rothen Rosen mit goldenen Butzen und grünen Spitzblättchen). Ein zu dem adeligen Patriciate in Lüneburg zählendes Geschlecht. Nach Büttner liess sich Johann v. Grabow zu Anfange des 14. Jahrh. in Lüneburg nieder und die Enkel desselben kamen in den Rath, doch erlosch der Mannsstamm schon gegen Mitte des 15. Jahrhunderts.

<small>Büttner, Genealogie des Lüneburg. Adel. Patric.-Geschl. Nr. 21. — v. Meding, III. S. 213 u. 214.</small>

Grabowiecki. Polnisches, in den Stamm Grzymala eingetragenes Adelsgeschlecht, welches 1856 im Posenschen mit Jakubowo im Kr. Samter begütert war.

Freih. v. Ledebur, III. S. 265.

Grabowski, Götzendorf-Grabowski und Grabowski zu Grylewo, Grafen. (Wappen nach dem Diplome von 1786: in Roth ein die Hörner nach oben kehrender, von einem Schwerte durchstochener Halbmond. Wappen des Hauses Götzendorf-Grabowski: Schild geviert mit Mittelschilde. Im blauen Mittelschilde ein die Hörner nach oben kehrender, goldener Halbmond, von einem aufrecht stehenden Schwerte durchbohrt, welches an der Spitze und oben zu jeder Seite von einem goldenen Sterne begleitet ist: Stammwappen: Zbiszwicz. 1: Stamm Korybut; 2: Turno; 3: Wierzhno und 4: Nalencz). Wappen des Hauses Grabowski zu Grylewo: der einfache, oben beschriebene Stammschild: Zbiszwicz). Preussischer Grafenstand. Diplom vom 19. Sept. 1786 für Peter Bonifacius v. Grabwski-Götzendorf auf Womwelno und vom 10. Sept. 1840 für Joseph Ignaz von Götzendorf-Grabowski, Herr auf Lukowo, General-Landschafts-Director und Landtags-Marschall des Grosherz. Posen etc. und für Joseph v. Grabowski, Herrn auf Grylewo Womwelno etc., für Beide nach dem Rechte der Erstgeburt. — Altes, polnisches, schon im 13. Jahrh. bekanntes Adelsgeschlecht, welches den Namen von dem Stammgute Grabowa in Pommerellen führt. 1283 begab sich ein Theil der Familie unter Bartholomaeus Grabowski nach Ungarn und siedelte sich bei Miscolcz a. d. Theiss an, aus dem in Pommerellen gebliebenen Zweige aber wurde Stephan G. 1354 von dem Hochmeister des deutschen Ordens, Winrich v. Knyprode, mit der Herrschaft Götzendorf belehnt und seit dieser Zeit führt das Geschlecht den Beinamen: Götzendorf. Als Pommerellen an Polen zurückfiel, wendete sich auch dieser Theil des Geschlechts nach Ungarn, und als später König Wladislav V. in Polen gegen die Kreuzritter zog, eilten die Gebrüder Johann und Farareus, welche am Hofe des König Sigmund gelebt hatten, ihren Landsleuten zu Hülfe und kämpften 1412 muthig in der Schlacht bei Tannenberg. Nach dieser Schlacht soll dem früheren Wappen, einem wachsenden, oben mit zwei Sternen besetzten Monde, das im Wappen erscheinende Schwert zugesetzt worden sein. Dieses Wappen erhielt den Namen Zbieswitz, d. h. bis zum Frühroth kämpfend, weil die Träger desselben die Kreuzritter die ganze Nacht bis zum Morgen verfolgten. So lautet die Familiensage. Nach Angabe des Freiherrn v. Ledebur führte das Geschlecht früher den Namen v. Götzen und einen quergetheilten Schild, oben mit einem aufwachsenden, schwarzen Adler und unten von Roth, Silber, Blau und Silber quergetheilt: Siebmacher, III. 168. Nachdem Stephan v. Götzen 1354 mit Götzendorf, s. oben, und 1374 mit Grabowo belehnt worden war, nannte sich das Geschlecht Götzen v. Grabow oder Götzendorf-Grabowski. — Als näherer Stammvater der Familie in Preussen wird Hartmann v. G., gest. 1588 — ein Sohn des Matthias G. und ein Enkel des Farareus G. — Rittmeister in Diensten des Herzogs Albrecht von Preussen, genannt. Der Sohn desselben aus erster Ehe mit einer Freiin v. Stolpmann, Albrecht v. G., verm. mit Dorothea v. Wolska, setzte den Stamm weiter fort und über die Nachkommenschaft ergeben die deutschen Grafenhäuser der Gegenwart genaue Nachrichten. In der nach diesem Werke leicht zu entwerfenden Stammreihe der Familie kommt unter den späteren Gliedern vor: Andreas Theodorus, gest. 1737, Castellan von Culm, in erster Ehe verm. mit Barbara v. Kleist und in zweiter mit Anna v. Bork. Von demselben entspross eine zahlreiche Nachkommenschaft, zu welcher auch Adam Stanislaus, gest. 1766, Bischof von Culm, Kujavien, Ermeland und Gambien, des h. r. R. Fürst etc. gehörte. Den Stamm setzte Johann Michael, gest. 1770, Truchsess von Bratzlaw, Schwertherr von Preussen, Unterkämmerer von Pommern etc. fort. Aus der Ehe desselben mit Antonilla Fürstin v. Woroniecka stammte Adam Matthias, gest. 1792, Starost v. Leipen, k. poln. Generalmajor etc., verm. mit Luise v. Turno, aus welcher Ehe zwei Söhne entsprossten: Joseph Ignaz, geb. 1791 und Adam, gest. 1823. Graf Peter Bonifacius, s. oben, war der Oheim des Grafen Joseph, des späteren Hauptes des Hauses Grabowski zu Grylewo und derselbe starb kinderlos. — Die beiden Linien, in welche der Preuss. Grafenstand durch Diplom von 1840 gekommen ist, blühen fort. Haupt des Hauses Götzendorf-Grabowski ist der obengenannte Graf Joseph Ignaz, geb. 1791, welcher sich 1819 mit Clementine v. Wyganowska vermählte, aus welcher Ehe, neben zwei Töchtern und einem 1858 verstorbenen Sohne, dem Grafen Wladislaus, Graf Adam stammt, geb. 1827, k. preuss. Kammerjunker, verm. 1853 mit Hedwige Fürstin Lubomirska, geb. 1830. — Haupt des Hauses Grabowski zu Grylewo ist Graf Eduard — Sohn des 1857 verstorbenen Grafen Joseph s. oben aus der Ehe mit Antoinette v. Niezychowska. Derselbe vermählte sich 1836 mit Josephine v. Koscielka, aus welcher Ehe, neben drei Töchtern, Marie, Hedwige u. Isabelle, zwei Söhne stammen: Stanislaus, geb. 1837 und Wladomir, geb. 1840. — Von den adeligen Linien des Stammes haben mehrere fortgeblüht. Von den Sprossen derselben waren nach Bauer, Adressbuch, S. 77, 1857 Folgende begütert: Augustin v. Grabowski, Herr auf Gorzowo im Kreise Obornik; Andreas v. G., Herr auf Paruschke im Kreis Flatow und Gabriele v. Grabowska zu Rzadkowo, Herrin auf Butzig im Kreise Flatow.

N. Pr. A.-L. II. S. 274 u. III. S. 3 u. VI. S. 139. — Deutsche Grafenh. d. Gegenw. III. S. 146—150. — *Freiherr v. Ledebur*, I. S. 277 u. 278 u. III. S. 265. — Geneal. Taschenb. d. gräfl. Häuser, 1862. S. 307 und 308 u. histor. Handb. zu demselben, S. 269 und 1112. — W.-B. d. Preuss. Monarch. I. 43. Gr. v. G. nach dem Diplome von 1786.

Grabowski, Grafen, (in Roth ein aufrecht gestelltes, die Schärfe rechts kehrendes, silbernes Beil mit braunem Stiele). Im Kgr. Preussen anerkannter Grafenstand. Anerkennungsdiplom vom 1. Dec. 1816 für die Familie. Altes, polnisches, dem Stamme Topor einverleibtes Adelsgeschlecht, zu welchem Albert Graf v. Grabowski, früher Hauptmann im k. preuss. 2. Garde - Regimente, gehörte. Der Grafenstand des Geschlechts wurde übrigens auch im Kaiserthume Russland 1836 anerkannt und das Anerkennungsdiplom für Stephan Gr. v. G., Minister und Staats-Sekretair des Kgr. Polen und für den Vetter desselben, Stanislaus Gr. v. G., ausgefertigt.

<small>N. Pr. A.-L. II. S. 274. — Freih. v. Ledebur, I. S. 279. — W.-B. d. Preuss. Monarchie. I. 44.</small>

Grabowski (in Blau ein kleines, goldenes Ordenskreuz auf einem silbernen Hufeisen, zwischen dessen nach unten gekehrten Stollen ein silberner, golden befiederter Pfeil abwärts hervorgeht). Polnisches, in den Stamm Dolenga eingetragenes Adelsgeschlecht, aus welchem Adam v. G. 1857 Herr auf Koninko im Kr. Schrimm war.

<small>Freih. v. Ledebur, I. S. 279. — Bauer, Adressb. S. 77.</small>

Grabowski (in Blau ein goldenes Hufeisen, zwischen dessen nach oben gerichteten Stollen ein kleines, goldenes Kreuz schwebt). Polnisches, in den Stamm Jastrzembiec eingeschriebenes Adelsgeschlecht, aus welchem Joseph v. G. 1857 das Gut Grabowa im Kreise Karthaus besass.

<small>Freih. v. Ledebur, I. S. 279. — Bauer, Adressb. S. 77.</small>

Grabowski (in Blau ein silbernes, mit den Stollen nach unten gekehrtes Hufeisen, welches von einem silbernen Pfeile schräglinks nach oben, nach einem neueren Siegel aber schrägrechts nach unten, durchbohrt ist). Adelsstand des Kgr. Preussen. Diplom vom 30. April 1797 für die Gebrüder Hans Gottlieb G., k. preuss Justizrath, Heinrich Wilhelm, k. preuss. Lieutenant und Bernhard G., Cornet bei den Bosniaken. Heinrich Wilhelm starb 1806 als k. preuss. Landrath u. Bernhard, welcher 1816 als Major aus dem activen Dienste trat, 1828 als Landrath des Bromberger Kreises. Zu dieser Familie gehörte der k. preuss. General-Lieutenant v. G., welcher 1847 Commandant von Wesel war u. ein k. preuss. Hauptmann a. D. v. G. ist jetzt Anstalts-Director zu Lichtenburg bei Prettin.

<small>Handschriftl. Notiz — v. Hellbach, I. S. 450. — N. Pr. A.-L. II. S. 274. — Freih. v. Ledebur, I. S. 279. — W.-B. d. Preuss. Monarch. III. 30.</small>

Grabowski. Ein in Pommern zu Gustkow im Kreise Lauenburg-Bütow 1803 und zu Zettin im Kr. Rummelsburg ansässig gewesenes Adelsgeschlecht. Zu demselben gehörte der 3. Dec. 1846 im 90. Jahre zu Minden verstorbene k. preuss. Major a. D. Georg Wilhelm Ludwig v. G. mit seinem 1805 als k. preuss. Oberstlieutenant verstorbenen Bruder Christian Gottlieb v. G.

<small>Freih. v. Ledebur, I. S 279.</small>

Grabowski. Ein in Ostpreussen 1775 im Kr. Neidenburg zu Cammerau und Conno begütert gewesenes Adelsgeschlecht.

<small>Freih. v. Ledebur, I. S. 279.</small>

Grabowski. Ein dem Preussischen Adel zuzurechnendes Geschlecht. Johann Christoph v. Grabowski, ein Sohn des Christoph Grabowius, Pfarrers zu Rhein, starb 16. Aug. 1762 als k. preuss. Vice-Präsident und Director des Pupillen-Collegiums. Der Sohn desselben, Johann Heinrich v. G., wurde 1757 k. preuss. Major.

<small>Freih. v. Ledebur, I. S. 279.</small>

Grabs v. Haugsdorf. Adelsstand des Kgr. Preussen. Diplom vom 2. August 1836 für Carl Eduard Grabs, Besitzer der Güter Haugsdorf und Logau im Kr. Lauban, mit dem Namen: Grabs v. Haugsdorf. In Westpreussen war noch 1856 Juhlbeck im Kr. Deutsch-Crone in der Hand der Familie.

N. Pr. A.-L. II. S. 274. — Freih. v. Ledebur, I. S. 279 u. III. S. 265. — Schlesisches W.-B. III. 180.

Grabski. Polnisches, zu dem Stamme Wezele zählendes Adelsgeschlecht, aus welchem Joseph Calixtus Maximilian Grabo v. Grabsky 1835 als Besitzer der Martzdorf'schen Güter im Kr. Deutch-Crone Westpreussen starb. Derselbe hinterliess, neben drei Töchtern, drei Söhne, die Gebrüder Rudolph, Edmund und Otto v. Grabski. — Anton v. G. war 1857 im Posenschen Herr auf Rusiborsz im Kr. Schroda.

Freih. v. Ledebur, I. S. 279. — Bauer, Adressb. S. 77.

Gracht, v. d. Gracht, auch Freiherren (in Silber ein rother Sparren, begleitet von drei schwarzen Merletten oder Stummelenten, zwei oben und eine unten). Spanischer Freiherrnstand. Diplom vom 23. Aug. 1660 für Johann Friedrich v. d. G., Herrn auf Vrembde, Olmon und Schardau in Brabant, Voigt in Mechelen. Derselbe gehörte zu einem belgischen Adelsgeschlechte, aus welchem Freiherr Leopold Friedrich, kurpfälz. Landmarschall, ausser den Gütern in Belgien, auch 1689 das Gut Eller im jetzigen Landkreise Düsseldorf besass. Seine Tochter und Erbin, Freiin Elisabeth Amalia Ludovica, brachte die Güter an ihren Gemahl, Degenhart Bertram v. Spee. — Aus einer Seitenlinie des Geschlechts stand ein Hauptmann v. d. G., welcher früher in fremden Diensten gewesen war, 1839 als Hauptmann im k. preuss. 37. Infant.-Regimente.

Gauhe, I. S. 682 und 683 nach L'erect. de toutes les terres du Brabant, S. 60. — N. Pr. A.-L. V. S. 189. — Freih. v. Ledebur, I. S. 279. — Vetter, Bergische Ritterschaft, S. 29. — Robens, Niederrhein. Adel, I. S. 178—181. — W.-B. d. Pr. Rheinprovinz, II. Tab. 21. Nr. 43 u. S. 135.

Gracht, s. Wolff-Metternich zur Gracht, Grafen.

Graczkowski. Polnisches, nach Ostpreussen gekommenes Adelsgeschlecht, welches 1740 mit Wlosta im Kr. Johannisburg begütert war.

Freih. v. Ledebur, III. S. 265.

Grad v. Graden. Erbländ.-österr. Adelsstand. Diplom von 1789 für Leopold Grad, k. k. Hauptmann bei Herzog Carl v. Lothringen Infanterie, wegen 48jähriger Dienstzeit, mit dem Prädicate: v. Graden.

Megerle v. Mühlfeld, S. 191.

Gradeneck, Gradnegg, auch Freiherren. Erbländ.-österr. Freiherrnstand. Diplom von 1558 für Franz v. Gradeneck. Altes, steiermärkisches Adelsgeschlecht.

Schmutz, I. S. 553. — Siebmacher, III. 24: v. Gradnegg, Steiermärkisch. — v. Meding, II. S. 209.

Gradenstein, s. Perin v. Gradenstein.

Gradner, Freiherren. Altes, steiermärkisches Adelsgeschlecht, aus welchem die Freiherren und Gebrüder Vigilius und Bernhard 1460 von dem Herzoge Sigmund aus Steiermark verwiesen wurden, worauf das Geschlecht sich nach Zürich wendete. In neuerer Zeit ist dasselbe unter den Patriciern und Adel in Zürich nicht mehr genannt worden.

Schmutz, I. S. 553.

Graebner, Grebner, Gräbner zu Wolfsthurn, Ritter. Böhmischer Ritterstand. Diplom vom 1. Juli 1700 für David Gräbner, Doctor der Medicin in Breslau und k. k. Hof-Medicus. Derselbe lebte noch 1723.

Sinapius, II. S. 646. — *Freih. v. Ledebur,* I. S. 277.

Graedl, Edle v. Bertolshofen, Ritter. Kurpfalzbaierischer Ritterstand. Diplom v. 19. Nov. 1790 für Johann Michael Graedl, Gräfl. v. Belderbuschischen Verwalter, mit dem Prädikate: Edler v. — Derselbe wurde als Besitzer v. Bertholshofen bei Anlegung der Adelsmatrikel des Kgr. Bayern in dieselbe eingetragen.

v. Lang, S. 846. — W.-B. d. Kgr. Bayern, V. 69.

Graefe (Schild blau und durch einen goldenen Streifen der Länge nach getheilt: rechts, vorn, ein an den Theilungsstreifen angeschlossener, halber, golden bewehrter, silberner, polnischer Adler: laut Beschlusses des polnischen Senats dem früheren Wappenbilde des Erhobenen beigefügt und links, hinten, zwei in einander verschlungene Sternenkränze, von welchen jeder aus zweiundzwanzig goldenen Sternen gebildet ist). Adelsstand des Kgr. Polen, im Kgr. Preussen anerkannt. Adelsdiplom vom 14. Februar 1826 für D. Carl Ferdinand Gräfe, General-Staabs-Arzt der k. preuss. Armee etc. und zwar auf Antrag des Senats im Kgr. Polen und Anerkennungsdiplom für Denselben vom 16. Nov. 1826. — Der Diploms-Empfänger, einer der berühmtesten Chirurgen seiner Zeit, starb 4. Juli 1841. Ein Sohn desselben, D. Albrecht v. Gräfe in Berlin, ist seit mehreren Jahren zu dem Rufe eines ausgezeichneten Augenarztes gelangt. — Ueber eine gleichnamige Adelsfamilie, welche im goldenen Schilde drei, 2 und 1, schwarze Einhornsköpfe führt, s. Suppl. zu Siebm. W. B. X. 7. 10., nach allem den Reichsadel in der zweiten Hälfte des 18. Jahrh. erhalten und nach Abdrücken von in neuerer Zeit gestochenen Petschaften fortgeblüht hat, fehlen bisher nähere Nachrichten.

N. Pr. A.-L. II. S. 275. — *Freih. v. Ledebur,* I. S. 279 u 280. — W.-B der Preuss. Monarch., III. 30.

Graefen, Grefen, Gräfe (in Silber ein goldenes, schwebendes Andreaskreuz). Sächsisches, von Siebmacher zu dem meissenschen Adel gezähltes, von Knauth aber unter diesem Adel nicht aufgeführtes Geschlecht, welches noch in der zweiten Hälfte des 17. Jahrh. zu Käsekirchen und Nautschütz (früher Neitschutz) bei Weissenfels angesessen war. Die Ritter- und Stiftsmässigkeit der Familie v. Graefe wurde noch 18. Febr. 1781 im Namen des Domcapitels zu Merseburg von dem Domdechanten Adolph August v. Berbisdorff bezeugt. — Nach Allem gehörte zu diesem Geschlechte der gegen Mitte des 18. Jahrh. vorgekommene k. preuss. Hauptmann v. Graefen im Dragoner-Regiment Bayreuth mit seinen Söhnen Albrecht Georg Ludwig, geb. 1739 und Carl Friedrich v. G., geb. 1744.

Freiherr v. Ledebur, I. S. 280. u. III. S. 265. — *Siebmacher,* I. 153: v. Grefen, Meissnisch.

Graefendorff, Grefendorf. Altes, thüringisches und voigtländisches Adelsgeschlecht aus dem gleichnamigen, der Familie schon 1203 zustehenden Stammhause unweit Ziegenrück in der jetzigen Provinz Sachsen, Regier.-Bez. Erfurt. Die Familie erwarb später die Güter Hassel, Ilm und Mechterstedt im Gothaischen, Kienau bei Ziegenrück, Mühlberg unweit Erfurt etc. und hatte Mechterstedt noch 1690 inne. — In der Gotha diplomatica wird die Stammreihe des Geschlechts mit Wolf v. G., Herrn auf Knau, um 1490 angefangen, dessen Enkel, Wolf Caspar, als Herr auf Hassel und Ilm vorkommt. Ein Enkel des Letzteren, Wolf Conrad, Oberstwachtmeister, kaufte 1657 einen Theil von Mechterstedt und hatte drei Söhne, Ludwig Günther, Friedrich Bernhard und Ernst Quirin, General-Major. Von diesen Söhnen hinterliess Ersterer, welcher 1698 durch Einfall eines Kellers den Tod fand, mehrere Söhne, von denen Adam Heinrich als Oberst-Wachtmeister aufgeführt wird. Später in der ersten Hälfte des 18. Jahrh. ging nach Allem der Stamm aus.

Knauth, S. 509. — v. Gleichenstein, Nr. 31. — Gauhe, I. S. 685 und 686. — Brückner, Kirch.- und Schulen-Staat des Herz. Gotha, II. 11. Stck. S. 50. 51. 59 u. 61. — Freiherr v. Ledebur, I S. 280. — Siebmacher, I. 164: v. Grefendorf, Meisnisch. — Ursinus, Gesch. d. Domkirche zu Meissen. S. 204: Grabstein Conradi de Grefendorff, Landvogts zu Meissen, 1407. — v. Meding, I S. 196: Gräffendorf. — Salver, S. 256. — W.-B. d. Sächs. Staaten, VII. 51.

Graefenthal, Gruventhal. Altes, thüringisches Rittergeschlecht, welches die im H. Sachs.-Coburgischen Amte des F. Altenburg am Ende des Thüringer Waldes gelegene gleichnamige Herrschaft mit dem Städtchen desselben Namens und dem dabei sich erhebenden Schlosse Wesperstein, so wie mehrere andere Güter besass, welcher sämmtliche Besitz nach Erlöschen des Geschlechts bei die Grafen v. Meran und Orlamünde und an die Herren v. Graefendorf und von diesen an die Grafen v. Pappenheim kam, welche sie von 1414 — 1612 als sächsische Lehen inne hatten, dann aber an Sachsen-Altenburg verkauften.

B. G. Struv, Prodromus histor. Graefenthal, Jenae 1715, im Auszuge in v. Falkenstein's thüring. Chronik, II. S. 945—947. — v. Hellbach, I. S. 451.

Gränitzer, Gränizer, v. Gräntzenstein. Erbländ.-österr. Adelsstand. Diplom von 1711 für Carl Franz Gränizer, Kanzler der Altstadt Prag und geschworenen Landesprocurator in Böhmen, mit dem Prädicate: v. Gräntzenstein.

Megerle v. Mühlfeld, Ergänz.-Bd. S. 301.

Gränsing. Altes, sächsisches Rittergeschlecht, aus welchem mehrere Sprossen im 15. u. 16. Jahrh. am kursächsischen Hofe bedienstet, zu der nächsten Umgebung der Kurfürsten und Herzoge zu Sachsen gehörten. — Balthasar v. G. begleitete nach Müller, Annal. Saxon., 1476 den Herzog Albrecht den Herzhaften auf seiner Reise nach Jerusalem zum heiligen Grabe; Hans v. G. war 1493, als Kurfürst Friedrich der Weise zu dem heiligen Grabe reiste, in dem Gefolge desselben und ein v. G. starb 1498 auf der Reise des Herzogs Heinrich zu Sachsen nach eben diesem Grabe. — Valentin König fängt die Stammreihe des Geschlechts, welches schon früher im Meissenschen die Güter Döblen, Zanckeroda, Weissig etc. inne gehabt, deren ältere Stammregister aber in Kriegszeiten verloren gegangen, mit Balthasar v. G. an, welcher, verm. mit Eusebia von Krostewitz, den Stamm fortsetzte, bis derselbe im 5. Gliede mit Hans Haubold v. Gränsing, Herrn auf Döhlau, Zauckeroda und Weissig im Mannsstamme ausging. Die Güter kamen dann durch Vermählung der Erbtöchter, Martha und Anna Elisabeth v. G., an die Edlen v. d. Planitz und an die v. Milckau.

Knauth, S. 509. — Val. König, II. S. 421—426. — Gauhe I. S. 686 und II. S. 373 und 374. — Freih. v. Ledebur, I. S. 281. — Siebmacher, I. 163: v. Grenssing Meissnisch. — v. Meding, I. S. 196 u. 197. — Kneschke, III. S. 170 u. 171.

Gränzenstein, Freiherren. Erbländ.-österr. Freiherrnstand. Diplom von 1816 für die Gebrüder Vincenz und Tobias v. Gränzenstein, Mifglieder der 1813 und 1814 bestandenen böhmischen adeligen Garde.

Megerle v. Mühlfeld, Ergänz.-Bd. S. 61.

Graerodt. Altes, rheinländisches Adelsgeschlecht, welches auch Gränrodt, Grawenrode, Gräroth, Grorod u. Grarodt geschrieben wurde. Die Stammreihe desselben beginnt Humbracht mit einem v. Grärodt, welcher zu Anfange des 15. Jahrh. lebte u. dessen Urenkel Philipp v. G. war. Der Enkel desselben, Melchior v. G., gest. 1551, kurmainz. Vicedom zu Aschaffenburg und Fürstl. Nassau'scher Amtmann zu Wiesbaden, hinterliess vier Söhne, Melchior II., Eberhard, Johann und Philipp v. G., über welche Humbracht Näheres angiebt. Von den Enkeln des Letzteren schloss Melchior (III.) 1650 den Mannsstamm seines Geschlechts mit Hinterlassung dreier Töchter, von welchen die mittlere, Anna Maria Sidonia, vermählte Knebel v. Katzenellnbogen, 1697 starb.

Humbracht, Tab. 284. — Gauhe, I. S. 1091. — v. Hattstein, I. S. 235. — Siebmacher, I. 129: Die Grarodt. Rheinländisch u. Suppl. VI. 28. — v. Meding, III. S. 214.

Graes, s. Grass, Freiherren.

Graesswein, Freiherren. Erbländ.-österr. Freiherrnstand. Diplom vom 28. Aug. 1607 für Alban v. Gässwein zum Weyer und Pichel, Herrn zu Orth a. d. Donau, Engelhartstetten, Praitenstetten etc. in Niederösterreich, kais. Oberst und Hofkriegsrath etc. — Altes, steiermärkisches Adelsgeschlecht, dessen Stammreihe Bucelini mit Friedrich Grässwein beginnt, dieselbe aber nur durch einige Generationen fortführt. Wipold G., Ritter, des Hans G. und der Elisabetha Einhofer oder Einhofer Sohn, lebte 1448 und noch 1476 und hatte seinen Sitz zum Weyer, so wie zu Lehen die Veystrizer Güter, welche schon der Vater inne gehabt hatte. Aus seiner Ehe mit Catharina Prandt v. Aibling entsprossten fünf Söhne, von welchen nur Wilhelm G. zu Weyer, k. k. Truchsess, welcher noch 1503 lebte, in der Ehe mit Affra Winkler den Mannsstamm fortsetzte und eine zahlreiche Nachkommenschaft erzeugte, über welche Wissgrill sehr genaue Nachrichten gegeben hat. Von Wilhelms Söhnen kommt noch 1576 Wolfgang G. vor, welcher, mit Maria v. Prankh vermählt, neben fünf Töchtern, welche jung oder unvermählt starben, fünf Söhne hatte. Zu diesen Söhnen gehörte Freih. Alban, welcher, wie oben angegeben, den Freiherrnstand in die Familie brachte. Derselbe, gest. 1619, war mit Barbara Schrott v. Kindberg vermählt, und hinterliess, neben einer Tochter, Genovefa Maria, welche sich mit Leopold Christoph Freiherrn v. Herberstein vermählte und für denselben 1629 aus landesfürstlicher Lehensgnade die Lehen zu Kümmerstorf, Probstorf,

Aidelstorf etc. erhielt, einen Sohn, Sigismund Maximilian, Herrn der Herrschaft Orth etc. Derselbe vermählte sich 1625 mit Eva Susanna Grf. v. Losenstein, starb aber schon 1628 ohne Nachkommenschaft und schloss den Mannsstamm seines Geschlechts in Oesterreich.

<small>*Bucelini*, II. S. 60. — *Wissgrill*, III. S. 374—378. — *Siebmacher*, II. 45. — *v. Meding*, III. S. 225.</small>

Graetter v. Stofflingen. Ein von v. Hellbach nach den Hartmann'schen Sammlungen aufgeführtes schwäbisches und schweizerisches Adelsgeschlecht.

<small>*v. Hellbach*, I. S. 451.</small>

Graetzel v. Graetz. Reichsadelsstand. Diplom vom 31. Dec. 1770 für Johann Heinrich Graetzel, kurbraunschw.-lüneburg. Ober-Commissair zu Göttingen, mit dem Prädicate: v. Graetz. Der Stamm hat dauernd im Kgr. Hannover fortgeblüht.

<small>*Freih. v. d. Knesebeck*, S. 138. — Suppl. zu Siebm. W.-B. VIII. 15. — W.-B. des Kgr. Hannover, F. 8 und S. 7. — *Kneschke*, III. S. 171.</small>

Graeve, Edle (Schild geviert mit blauem, ein silbernes, schwebendes Rad zeigenden Mittelschilde. 1 in Silber der golden gekrönte und bewehrte, preussische, schwarze Adler mit den goldenen Kleestengeln auf den Flügeln; 2 in Blau zwei, in's Andreaskreuz gestellte Schwerter mit goldenen Griffen; 3 ebenfalls in Blau ein aus der Theilungslinie hervortretender, rechts gekehrter, schwarz geharnischter Arm, in der Faust ein Schwert nach oben und einwärts haltend und 4 in Gold ein aus Bäumen am linken Schildesrande nach einwärts halb hervorspringender, goldener Hirsch mit achtendigem Geweihe). Adelsstand des Königr. Preussen. Diplom vom 2. Octob. 1786 für die Nachkommen des Johann Hieronymus und David Conrad Gravius mit dem Namen und Prädicate: Edle v. Graeve. — Der Stamm hat fortgeblüht und erwarb in Schlesien die Güter Geraltowitz und Gross-Ellguth im Kr. Cosel. Nach Bauer, Adressbuch, S. 78 war 1857 Heinrich Johann Louis v. Graeve Herr auf Gross-Ellguth.

<small>*v. Hellbach*, I. S. 451: mit von Anderen abweichenden Angaben über die Diploms-Empfänger. — N. Pr. A.-L., II. S. 275 und 276. — *Freih. v. Ledebur*, I. S. 282 u. III. S. 266. — W. B. der preuss. Monarch. III. 30. — Schlesisches W.-B. Nr. 130. — *Kneschke*, I. S. 175 und 176.</small>

Graeve, Edle (Schild geviert mit silbernem Mittelschilde und in diesem der preussische, schwarze Adler. 1 und 4 in Gold ein blaugerüsteter, nach der linken Seite gewendeter Ritter, auf dessen ausgestreckter Hand ein weisser Falke sitzt und 2 und 3 in Blau ein aus Wolken hervorbrechender geharnischter Arm, in der Faust ein Schwert haltend). Adelsstand des Königreichs Preussen. Diplom vom 15. Oct. 1786 mit dem Prädicate: Edle v. Näheres über den Diplomsempfänger ergeben die bekannten Quellen nicht. Der Stamm hat fortgeblüht und in Schlesien, Ostpreussen und im Posenschen Grundbesitz erworben. Der k. preuss. Kriegsrath Edler v. Graeve, muthmasslich der Empfänger des Adelsdiplom, besass noch 1805 in Schlesien das Gut Nimmersatt bei Polckenhain u. nach Bauer, Adressb. S. 78 waren 1857 begütert: v. Graeve, Landschaftsdirector, Herr auf

Gottswalde im Kr. Mohrungen, Alexander v. G., Herr auf Kolaczkowo im Kr. Gnesen und Carl v. G. mit Gemahlin, Johanna geb. v. Jeziorowska, auf Borek und Bruczkow im Kr. Krotoschin.

<small>N. Pr. A-L. II. S. 275 u. 276. — *Freiherr v. Ledebur*, I. S. 282. — W.-B. der Preuss. Monarch. III. 31.</small>

Graevemayer. Reichsadelsstand. Diplom vom 18. Dec. 1745 für Christoph Graevemayer, kurbraunschw.-lüneburg. Klosterrath. Die amtliche Bekanntmachung dieser Erhebung erfolgte zu Hannover 26. Oct. 1748. — Die Familie hat fortgeblüht und gehört durch den Besitz des Gutes Bemerode und zweier Güter in Münder im Calenbergischen im Königr. Hannover zu dem ritterschaftlichen Adel der Calenberg-Göttingen-Grubenhagenschen Landschaft.

<small>*Freih. v. d. Knesebeck*, S 139. — Suppl. zu Siebm. W.-B. I. 36 und IX. 16. — W.-B. d. Kgr. Hannover, E. 9 und S 7. — *Kneschke*, I. S. 176.</small>

Graevenitz, Grevenitz, Gräbenitz, auch **Grafen.** Reichsgrafenstand. Diplom vom 1. Sept. 1707 für Friedrich Wilhelm v. Graevenitz, herz. württemb. Oberhofmarsch., Premier-Minister, Gouverneur der gefürsteten Grafschaft Mümpelgard etc. — Altes, märkisches Adelsgeschlecht, welches nach Angelus unter dem K. Heinrich I. in die Marken gekommen sein soll. Dasselbe war schon in der zweiten Hälfte des 14. Jahrh. in der Altmark, in welcher auch ein gleichnamiges Gut unweit Stendal liegt, mit mehreren Gütern angesessen und breitete sich später in Meklenburg, in Württemberg, im Brandenburgischen, wo die Familie in Kur-Brandenburg das Erbtruchsessen-Amt erhielt, in Pommern, Ostpreussen, im Posenschen, in Schlesien, den Rheinlanden etc. aus. — Urkundlich kommt aus älterer Zeit Johann v. G. 1534 in einem Diplom des Stifts Bardowick (im jetzigen Kgr. Hannover) vor. — Aus den Marken kam die Familie nach Meklenburg, wo dieselbe schon 1598 mit Dodow im Amte Wittenburg begütert war und im 17. Jahrh. die Güter Werle, Wantzlitz, Zierzow, Schläne, Schwanenheide, Waschow etc. an sich brachte. Aus der meklenburgischen Linie lebte in der zweiten Hälfte des 17. Jahrh. Friedrich v. G., herz. meklenb.-schwer. Geh. Rath, Oberhofmarschall und Kammerpräsident etc., verm. mit Dorothea Margaretha v. Wendessen, gest. 1718, aus welcher Ehe eine zahlreiche Nachkommenschaft entsprosste, über welche Gauhe sehr genaue Nachrichten gegeben hat. Zu derselben gehörte der obengenannte Graf Friedrich Wilhelm, gest. 1754 als k. preuss. General-Lieutenant, nachdem er mit seiner Familie am herzogl. württemb. Hofe in Ungnade gefallen war. Graf Friedrich Wilhelm wurde 1726 in das fränkische Reichsgrafen-Collegium eingeführt, und wurde 1727 auf dem Kreis-Convente zu Nürnberg auch als fränkischer Kreisstand aufgenommen, und zwar wegen der von Württemberg aus dem Limpurgischen Heimfalle verliehenen Herrschaften Welzheim, Waibelhueb und Ober-Limbach, welche jedoch später von Württemberg wieder an sich gezogen wurden. — Von dem ältesten Sohne desselben aus zweiter Ehe mit Catharina v. Oertzen, gest. 1703, stammte Graf Friedrich Wilhelm, gestorb. 1760, bis 1733 herzogl. württemb. Oberhofmarschall, verm. mit Sophie Luise v. Wendessen, gest. 1779. Von demselben steigt die Stammreihe, wie folgt, herab: Graf Victor Ernst, gest. 1795, holländ. Major: Albertine Elisabeth Auguste Teutscher v. Lissfeld; — Ludwig Wilhelm, gest. 1841, k. württemberg. Oberst und Adjutant des Königs: erste Gemahlin: Friederike Albertine Freiin v. Reischach, gest. 1832; — Graf Friedrich, Freih. v. Welzheim, Waibelhueb und Ober-Limbach, geb. 1819. Der Bruder des Letzteren, Graf Carl, geb. 1826, ist k. k. Rittmeister im Adjutanten-Corps und aus der zweiten Ehe des Vaters mit Maria Freiin Rüdt v. Collenberg, geb. 1803, stammt eine Tochter, Grf. Marie, geb. 1837. — Der adelige Stamm des Geschlechts hat in Meklenburg und Preussen fortgeblüht. In Meklenburg, wo die Familie zu denjenigen gehört, welche an der 1572 erfolgten Ueberweisung der Klöster Antheil genommen haben, war 1837 ein v. G. Herr auf Zähr und ein Anderer Ober-Forstmeister zu Neu-Strelitz und im Königr. Preussen waren nach Bauer, Adressb., S. 78, 1857 begütert: Heinrich Moritz Albert v. G. Erbtruchsess der Kurmark Brandenburg, Herr auf Quetz (Fideicommiss) im Kr. Bitterfeld und Schilde im Kr. West-Priegnitz; Wilhelm Heinrich v. G., k. preuss. Major und Ritterschafts-Director, Herr auf Frehne im Kreise Ost-Priegnitz u. Gustav v. G., Herr auf Tlukum im Kreise Wirsitz.

Angeli, Annal. March. Brandenb. S. 39 u. 40. — *v. Pritzbuer*, Nr. 51. — *Imhof*, 5. Ausgabe, II. Lib. VIII. Cap. 4. §. 13 und 14 (das Blatt, auf Befehl des Herzogs Carl Alexander v. Württemberg aus allen Exemplaren herausgenommen, findet sich nur, mit Köhlers Correcturen, auf der Universitätsbibliothek zu Erlangen). — *Gauhe*, I. S. 683—686 und III. S. 1499—1501. — *Biedermann*, gräfliche Häuser in Franken, I. Tab. 125 und 126. — *v. Beer*, Res Meckl. S. 1616. — *Freiherr v. Krohne*, II. S. 416—419. — *Jacobi*, 1800, II. S. 217. — N. Pr. A.-L. II. S. 276 u. 277. — Deutsche Grafenh. d. Gegenw., I. S. 286 u. 287. — *Freih. v. Ledebur*, S. 283 u. 284 u. III. S. 266. — Geneal. Taschenb. d. gräfl. Häuser, 1862. S. 309 u. 310 u. histor. Handb. zu demselben, S. 272. — Durchl. Welt. II. S. 153. — *Dithmar*, 8. S. Nr. 9 u. Tab. 6. — *Dienemann*, S. 336. Nr. 19 u. S. 366 und 367. — *v. Meding*, II. S. 209 und 210. v. G. u. Gr. v. G. — Suppl. zu Siebm. W.-B. IV. 121 F. H. v. G. — Meklenburg. W.-B. Tab. 18. Nr. 66 und S. 5 u. 22: v. G. — Württemberg. W.-B. I: Gr. v. G. und S. 24. — Illustr. Adelsrolle, Tab 17. Nr. 4. und S. 116.

Gräs v. Greifenstern. Erbländ.-österr. Adelsstand. Diplom von 1782 für Johann Jacob Gräz, k. k. Oberlieutenant bei Gr. v. Riesch Dragoner, mit dem Prädicate: v. Greifenstern.

Megerle v. Mühlfeld, Ergänz.-Bd. S. 301 und 302.

Graf, Graf zu Herningnohe (in Silber ein schrägrechter, blauer, mit einem goldenen, eine goldene Lilie haltenden Löwen belegter Balken, welcher rechts, wie links, von einer blauen Lilie beseitet ist). Adelstand des Königreich Bayern. Diplom vom 1. Nov. 1807 für Dorothea Graf, Hammerwerksbesitzerin in Herningnohe und für die Nachkommenschaft derselben. — Der Sohn, Franz Xaver, geb. 1784, wurde in die Adelsmatrikel des Kgr Bayern eingetragen.

v. Lang, S. 355. — W.-B. d. Kgr. Bayern, V. 69.

Graf zu Kampill (Schild geviert: 1 und 4 in Gold ein rechtskehrter, schwarzer Greif und 2 und 3 in Roth eine fliegende, weisse Taube mit einem grünen Zweige im Schnabel. Dasselbe Wappen, nur noch mit einem, einen schwarzen Adler zeigenden, silbernen Mittelschilde kommt im Wappenbuche des Kgr. Bayern, III. 9, unter den Freiherren mit dem Namen: Graf v. Ehrenfeld vor, doch hat eine freiherrliche Familie dieses Namens v. Lang nicht aufgeführt). Erbländ.-österr. Adelsstand. Diplom von 1769 für Johann Jacob

Graf, Bürgermeister zu Botzen und für den Bruder desselben, Franz Graf, mit dem Prädicate: zu Kampill.

Megerle v. Mühlfeld, Ergänz.-Bd. S. 302. — W.-B. d. Kgr. Bayern, V. 70.

Grafen. Ein im 16. Jahrh. in Schlesien vorgekommenes Adelsgeschlecht. Georg v. G. starb 7. Nov. 1571 zu Breslau und wurde in der Kirche zu St. Maria Magdalena begraben.

Henel, Slicsiogr. ren. S. 772; nach Cunradi Siles. togata. — *Sinapius,* II. S 646.

Grafenreuth, s. Gravenreuth, Freiherren und Grafen.

Grafenstein (in Roth ein, mit einem rothen, einen weissen, viereckigen Stein haltenden Löwen belegter, schrägrechter, goldener Balken, welcher rechts, wie links, von einer silbernen Lilie begleitet ist). Kurbayer. Adelsstand. Diplom vom 17. Febr. 1758 für die Familie, unter Umwandlung des Namens: Graf in Grafenstein. Johann Georg v. Grafenstein zu Grumenab, Gänlas und Roettenbach, geb. 1742, ehemaliger Regierungsrath in Amberg und freiresignirter Landrichter zu Parkstein und Weiden, wurde bei Entwerfung der Adelsmatrikel des Kgr. Bayern mit seinen Schwestern, Susanna, geb. 1754, und Catharina, Besitzerinnen des Hammerwerks Altenenhaus in dieselbe eingetragen.

v. Lang, S. 355 u. Supplem. S. 102. — W.-B. d. Kgr. Bayern, V. 70.

Grafensteiner, Grafensteiner v. Gravenstein (Schild geviert: 1 und 4 in Silber ein links gewendeter, roth gekleideter Arm, welcher in der Hand einen Pfeil mit rothen Federn aufrecht hält und 2 und 3 in Schwarz ein schwebender, ausgebreiteter, goldener Adlersflügel). Ein in der zweiten Hälfte des 16., und in der ersten des 17. Jahrh. in Niederösterreich vorgekommenes Adelsgeschlecht. — Christoph Grafensteiner zum Forchtenauhof wurde 1579 den neuen Geschlechtern des niederösterreichischen Ritterstandes einverleibt. Nach ihm erscheint 1612 im Gültbuche Wolfgang Johann Grafensteiner v. Gravenstein zum Forchtenauhof und Felling, welcher auch 1617 mit seiner Gemahlin, Elisabeth Veronica v. Kuniz, in einem in den niederösterreich. Hofkammer-Acten befindlichen Reverse vorkommt. Die Tochter desselben, Maria Magdalena, vermählte sich mit Tobias Helfried dem Aelteren v. Kayserstein, kais. Rathe. Später kommt der Name des Geschlechts nicht mehr vor.

Wissgrill, III. S. 372.

Grafenwerder, Gravenwerder zu Grafenwerd. Altes, österreichisches Rittergeschlecht, aus welchem zuerst Meginhardus Miles de Grawenwerde mit Jutha seiner Ehefrau und den Söhnen Diepold und Alber v. Gravenwerde 1289 in einer Urkunde des Jungfrauenklosters zu Münnebach (Imbach) vorkommen. — Der Stamm blühte fort und noch in der zweiten Hälfte des 15. Jahrh. —Christoph Grafenwerder, Ritter, welcher bei dem Leichenzuge des K. Albrecht II. 1439 das Trauerpferd wegen der gefürsteten Grafschaft Tirol geführt hatte, verm. mit Magdalena Rädlbrunner, unterzeichnete noch 1451 das grosse Bündniss der Oesterreichischen Stände zu Mailberg; Albrecht Grafenwerder, Ritter, lebte 1472 in der Ehe mit Brigitta Traintner, doch war dieselbe schon 1478 Wittwe: Georg und Simon die Grafenwerder erschienen im Landtage zu Wien 1479 auf der Ritter-Bank und Wolfgang Grafenwerder und Georg Schrott die edelvesten Ritter waren 1480 und 1481 bei dem Aufgebote Hauptleute über das Fussvolk zu Steyer. Später, unter der Regierung des K. Ferdinand I, war das Geschlecht bereits gänzlich erloschen.

Wissgrill, III. S. 372—374.

Graff, Graffen, Grave, Graven (im Schilde fünf, 3 und 2, Rosen). Altes, rheinländisches und westphälisches Adelsgeschlecht. Dasselbe sass schon 1341 zu Graven im Kr. Opladen und 1436 zu Elp im Kr. Mettmann, hatte Hackfurt im Kr. Recklinghausen 1550, Anröchte im Kr. Lippstadt 1570 und Förde im Kr. Olpe 1584 inne und war noch 1667 mit Hassel im Kr. Recklinghausen begütert.

Fahne, II. S. 49. — Freih. v. Ledebur, I. S. 280.

Graff (im Schilde sieben, 3. 3 und 1.. Rauten). Das angegebene Wappen führte 1733 Friedrich v. Graff, Fähnrich im k. preuss. Regimente v. d. Goltz. Derselbe war der Sohn Einer v. Schierstedt. Freih. v. Ledebur vermuthet, dass er aus dem Geschlechte entspross, zu welchem Josua Georg de Grave, de Graff oder de Graf, wie dasselbe in verschiedenen Documenten genannt wird und welches in der Altmark Welle im Kr. Stendal 1679 und Flessau im Kr. Osterburg 1683 besass, gehörte.

Freih. v. Ledebur, I. S. 280.

Graff, Ritter. Erbländ.-österr. Ritterstand. Diplom vom 13. März 1841 für Adalbert Graff, k. k. Regier.-Rath u. Polizei-Director in Linz.

Handschriftl. Notiz.

Graff v. Ehrenfeld, Freiherren. Erbländ.-österr. Freiherrnstand. Diplom vom 16. Novemb. 1802 für Johann v. Graff, k. k. Major und Tiroler-Landschützen-Commandanten, mit dem Prädicate: v. Ehrenfeld.

Handschriftl. Notiz. — Megerle v. Mühlfeld, Ergänz.-Bd. S. 61.

Graff, Graff v. Ortenberg. Erbländ.-österr. Adelsstand. Diplom von 1812 für Simon Graff, k. k. Hauptmann bei Graf v. Kaunitz-Rietberg Infanterie, mit dem Prädicate: v. Ortenberg. — Der Stamm hat fortgeblüht: in neuester Zeit war Alexander Graf v. Ortenberg k.k. Hauptmann I. Cl. im 59. Infant.-Regim.

Megerle v. Mühlfeld, Ergänz.-Bd. S. 302.

Graffen (im Schilde zwei Adlers-Flügel). Paderbornsches Adelsgeschlecht, aus welchem Jost v. Graffen 1628 mit dem Gute Wichmannsberg belehnt war.

Freih. v. Ledebur, I. S. 280.